中国期货业协会联合研究计划
（第十六期）研究报告集

中国期货业发展创新与风险管理研究

中国期货业协会 ◎ 编

中国财经出版传媒集团
中国财政经济出版社
·北京·

图书在版编目（CIP）数据

中国期货业发展创新与风险管理研究. 14, 中国期货业协会联合研究计划（第十六期）研究报告集 / 中国期货业协会编. -- 北京：中国财政经济出版社, 2024.9
ISBN 978-7-5223-2819-5

Ⅰ. ①中… Ⅱ. ①中… Ⅲ. ①期货市场－经济发展－研究－中国②期货市场－风险管理－研究－中国 Ⅳ. ①F832.5

中国国家版本馆CIP数据核字(2024)第042080号

责任编辑：马　真　　　　　责任校对：胡永立
封面设计：杨　宇　　　　　责任印制：党　辉

中国期货业发展创新与风险管理研究
ZHONGGUO QIHUOYE FAZHAN CHUANGXIN YU FENGXIAN GUANLI YANJIU

中国财政经济出版社 出版
URL：http://www.cfeph.cn
E-mail：cfeph@cfeph.cn
（版权所有　翻印必究）
社址：北京市海淀区阜成路甲28号　邮政编码：100142
营销中心电话：010-88191522　编辑部电话：010-88190957
天猫网店：中国财政经济出版社旗舰店
网址：https://zgczjjcbs.tmall.com
中煤（北京）印务有限公司印刷　各地新华书店经销
成品尺寸：185mm×260mm 16开 52印张 995 000字
2024年9月第1版　2024年9月北京第1次印刷
定价：151.00元
ISBN 978-7-5223-2819-5
（图书出现印装问题，本社负责调换，电话：010-88190548）
本社质量投诉电话：010-88190744
打击盗版举报热线：010-88191661　QQ：2242791300

编委会

编委会主任 杨光

编委会委员 吴亚军 王颖 冉丽

执行主编 王春卿

责任编辑 贾燕 张陶陶 刘朔 刘月鹏 张冬 郭若宇

前　言

我国期货市场作为现代金融市场的重要组成部分，经过多年发展，总体运行保持平稳，市场机制日趋完善，市场质量稳步提升，守住了不发生系统性风险的底线。中央金融工作会议和中央经济工作会议明确了以金融高质量发展全面推进金融强国建设的重要部署，刚刚召开的二十届三中全会对进一步深化资本市场改革作出重要指示，也为市场发展提出了一系列新的课题。

研究工作是夯实市场发展基础、增加市场创新发展动能的重要途径，能够为金融强国建设、服务新质生产力发展提供强大助力。提升资本市场研究能力，必须紧紧围绕习近平总书记提出的加快建设安全、规范、透明、开放、有活力、有韧性的资本市场这一总目标，做到研究从业务中来、到业务中去，强化研究服务决策的功能，实现研究工作的深度、准度、效度的大幅提升。

做好期货市场研究工作，推进对市场发展规划以及战略性、基础性、前瞻性等重大问题的研究，是促进市场和行业高质量发展，进而更好服务国家重大发展战略的必然要求。"中期协联合研究计划"作为中国期货业协会（以下简称"协会"）组织和联合期货行业、社会研究力量的重要方式，自2003年开展以来，通过鼓励课题研究有效促进了研究成果助力期货市场建设。2023年7月27日，协会以"推动期货市场建设和期货行业高质量发展"为主题，以引导包括期货公司在内的研究机构开展"立足我国实体特色和产业优势，促进期货市场建设与功能发挥"及"《期货和衍生品法》颁布后期货交易所和经营机构创新发展"研究为主要导向，面向全社会发布中期协联合研究计划（第十六期）启动公告，组织和鼓励业内机构、大专院校、科研院所、实体企业等机构或单位，围绕市场建设、服务实体、公司发展、金融科技、监管自律五大研究方向下的多项命题开展课题研究。

本期联合研究计划得到了行业的积极响应，协会遵循公开、公平、公正的基本原则，经过形式审查、线上评审、专家集中评议，最终评选出获奖课题成果。为做好研究成果宣传工作，扩大成果在社会各界的影响力和关注度，协会现将第十六期联合研究计划部分获奖课题集录成册，以期对行业研究水平的提升和理论成果的落地和转化起到更好的推动作用。不足之处在所难免，请广大读者批评、斧正。

未来，中国期货业协会将全面深入贯彻落实党的二十届三中全会和中央金融工作会议、中央经济工作会议精神，牢牢把握"强监管、防风险、促进高质量发展"主线，持续履行《期货和衍生品法》赋予的"组织会员就期货行业的发展、运作及有关内容进行研究"的职责，做好行业研究的引导、组织、宣传工作，完善课题管理，推动成果转化应用，联合行业研究力量、加强行业研究交流，凝聚共识、形成合力，积极为市场发展提供更多视角和启迪，为助力期货市场建设和行业高质量发展贡献力量！

编委会

2024 年 9 月

目　　录

期货业数据治理和数据服务体系建设　1

- 一、引言 …………………………………………………………（ 2 ）
  - （一）研究背景 ……………………………………………（ 2 ）
  - （二）研究目标 ……………………………………………（ 2 ）
  - （三）研究思路 ……………………………………………（ 3 ）
  - （四）研究框架 ……………………………………………（ 4 ）
  - （五）研究工作方法 ………………………………………（ 4 ）
  - （六）研究成果创新点 ……………………………………（ 6 ）
- 二、数据治理体系建设 …………………………………………（ 6 ）
  - （一）数据治理体系建设总体思路 ………………………（ 7 ）
  - （二）公司数据治理体系规划 ……………………………（ 9 ）
  - （三）公司数据治理体系建设 ……………………………（17）
- 三、数据标准管理体系建设 ……………………………………（24）
  - （一）公司数据标准管理实践体系 ………………………（24）
  - （二）数据标准化框架 ……………………………………（27）
  - （三）数据标准分类体系 …………………………………（29）
  - （四）客户域数据标准建设成果 …………………………（32）
  - （五）数据标准认责 ………………………………………（34）
  - （六）数据标准落标执行 …………………………………（35）
- 四、数据质量管理体系建设 ……………………………………（36）
  - （一）数据质量管理实践体系 ……………………………（36）
  - （二）数据质量需求 ………………………………………（38）
  - （三）数据质量检查 ………………………………………（40）
  - （四）数据质量评估 ………………………………………（44）

（五）数据质量改进 …………………………………………………（47）
　　（六）数据质量控制 …………………………………………………（49）
五、数据服务体系建设 ……………………………………………………（49）
　　（一）数据服务体系建设目的 ………………………………………（50）
　　（二）数据服务体系技术底座建设 …………………………………（51）
　　（三）数据中台应用成果推广 ………………………………………（57）
六、结论 ……………………………………………………………………（63）
　参考文献 …………………………………………………………………（64）

我国"保险+期货"实现常态化的机制和途径研究
——基于问卷调查和案例剖析　　　　　　　　　　　67

一、引言 ……………………………………………………………………（68）
　　（一）研究背景与研究意义 …………………………………………（68）
　　（二）研究目标与研究内容 …………………………………………（70）
　　（三）研究方法与技术路线 …………………………………………（70）
　　（四）创新与不足 ……………………………………………………（73）
二、"保险+期货"的实践与研究进展 …………………………………（75）
　　（一）农户的风险感知与风险管理理论 ……………………………（75）
　　（二）我国"保险+期货"模式的产生和发展 ……………………（75）
　　（三）关于"保险+期货"的可持续、常态化研究 ………………（80）
　　（四）实现"保险+期货"常态化的框架设定 ……………………（83）
三、"保险+期货"实现常态化的背景调研——对黑龙江、辽宁两省
　　的粮农的风险管理现状考察 ………………………………………（86）
　　（一）黑龙江、辽宁两省问卷调研的主要情况汇总 ………………（86）
　　（二）"保险+期货"模式实现常态化运作所面临的制约因素 ……（93）
四、"保险+期货"常态化的供给与创新探索——基于鲁证期货桦川
　　玉米项目典型案例 …………………………………………………（98）
　　（一）案例实施背景 …………………………………………………（98）
　　（二）各方参与主体 …………………………………………………（100）
　　（三）"保险+期货+基差贸易"模式 ……………………………（100）
　　（四）"保险+期货"收入险模式 …………………………………（104）
　　（五）"保险+期货+基差贸易"模式与"保险+期货"收入险
　　　　　模式比较 ………………………………………………………（107）
五、农户对"保险+期货"模式的满意度分析 …………………………（109）
　　（一）变量说明 ………………………………………………………（109）

（二）关键变量的描述性统计 …………………………………………（111）
　　（三）实证结果 ……………………………………………………………（112）
　　（四）稳健性检验 …………………………………………………………（113）
　　（五）结果分析 ……………………………………………………………（114）
六、"保险＋期货"模式实现常态化的途径 ……………………………………（115）
　　（一）明确战略定位，将"保险＋期货"置入乡村振兴战略中 ……（116）
　　（二）将"保险＋期货"纳入我国农产品风险管理框架创新体系 ……（116）
　　（三）协调和优化监管 ……………………………………………………（118）
　　（四）充分发挥政府的作用 ………………………………………………（120）
　　（五）完善市场运作、落实"保险＋期货"模式的可持续发展 ……（122）
　　（六）满足金融机构和农户等参与主体的需求，提高满意度与
　　　　　积极性 ………………………………………………………………（124）
七、结论与政策建议 ……………………………………………………………（126）
　　（一）结论 …………………………………………………………………（126）
　　（二）政策建议 ……………………………………………………………（127）
附录　农户对"保险＋期货"模式满意度分析的实证与稳健性检验的
　　　完整结果展示 …………………………………………………………（129）
参考文献 …………………………………………………………………………（132）

从供需两端推动商品指数体系建设　　　　　　　　　　139

一、引言 …………………………………………………………………………（140）
　　（一）研究背景及意义 ……………………………………………………（140）
　　（二）研究方法及结论 ……………………………………………………（140）
二、商品指数产品对商品市场的影响 …………………………………………（141）
　　（一）海外研究：实证研究证明了商品指数对市场的合理有益
　　　　　影响 …………………………………………………………………（142）
　　（二）国内市场实证：商品指数持仓不会推升价格和波动 …………（143）
三、商品指数投资的收益来源 …………………………………………………（150）
　　（一）商品指数的价格收益：来源于抗通胀特性和未来数年的
　　　　　上涨预期 ……………………………………………………………（151）
　　（二）商品指数的展期收益：来源于产业端的"保费" ………………（156）
　　（三）商品指数的内部轮动收益：来源于结构化行情机会 …………（158）
四、商品指数对于财富管理的作用 ……………………………………………（160）
　　（一）新常态下资产配置的崭新格局：债券市场挑战与商品资产
　　　　　崛起 …………………………………………………………………（161）

（二）商品指数与CTA产品的差别：商品指数有不少比较优势 …… (163)
　　（三）股债商的收益风险特征：低相关资产，波动率短期自相关 … (165)
　　（四）固定比例配置：商品指数可以有效提高组合收益风险比 …… (168)
　　（五）风险平价模型：对组合的收益风险比提升明显 …………… (173)
五、商品指数对于产业套保的价值 …………………………………… (186)
　　（一）为宏微观研究提供参考 …………………………………… (187)
　　（二）降低产业的套保成本 ……………………………………… (187)
　　（三）丰富产业套保的工具 ……………………………………… (188)
　　（四）提升大宗商品的价格影响力 ……………………………… (189)
六、中国特色的指数体系展望 ………………………………………… (189)
　　（一）海外指数应用：跟踪商品指数的基金和商品指数衍生品 … (189)
　　（二）国内应用展望：中国特色商品指数体系 ………………… (193)
七、结论 ………………………………………………………………… (194)
　参考文献 ……………………………………………………………… (196)

期货合约期限结构影响因素研究　　　　　　　　　　199

一、绪论 ………………………………………………………………… (200)
　　（一）研究工作的目的与范围 …………………………………… (200)
　　（二）前人对期限结构的已有理论成果和不足 ………………… (200)
　　（三）研究的理论基础与分析 …………………………………… (202)
　　（四）本研究的创新点与研究思路 ……………………………… (202)
　　（五）预期结果和意义 …………………………………………… (203)
二、理论分析与基本框架假设 ………………………………………… (203)
　　（一）传统商品曲线理论讨论 …………………………………… (203)
　　（二）套利结构驱动商品合约期限结构 ………………………… (204)
　　（三）商品期货合约期限结构在商品利润方面的思考 ………… (207)
三、期限结构影响因素实证分析 ……………………………………… (208)
　　（一）成本抬升、供需向好情况下的期限结构影响因素分析 … (209)
　　（二）成本走弱、供需坍塌情况下的期限结构影响因素分析 … (230)
　　（三）基于远期预期的期现结构影响因素分析 ………………… (247)
四、关键因子量化实证分析 …………………………………………… (258)
　　（一）库存与期货跨期价差关系研究 …………………………… (258)
　　（二）玻璃库存、基差因子探究 ………………………………… (261)
五、结论与讨论 ………………………………………………………… (264)
　参考文献 ……………………………………………………………… (265)

我国 ETF 期权的波动率预测与应用研究　　269

一、绪论 …………………………………………………………… (270)
　　（一）研究背景 ………………………………………………… (270)
　　（二）研究内容与全文结构 …………………………………… (271)
　　（三）研究创新与局限性 ……………………………………… (272)

二、文献综述 ……………………………………………………… (272)
　　（一）波动率的相关研究与实证测度 ………………………… (272)
　　（二）基于机器学习方法的波动率预测 ……………………… (275)
　　（三）波动性、投资者情绪与流动性 ………………………… (290)

三、投资者情绪和市场流动性影响下的期权波动率预测 ……… (291)
　　（一）指标设计 ………………………………………………… (291)
　　（二）样本外预测指标 ………………………………………… (293)
　　（三）模型构建 ………………………………………………… (294)
　　（四）数据说明 ………………………………………………… (298)
　　（五）样本内预测结果 ………………………………………… (299)
　　（六）样本外预测结果 ………………………………………… (304)

四、基于机器学习的期权波动率预测 …………………………… (305)
　　（一）模型方法 ………………………………………………… (305)
　　（二）数据说明与描述性统计 ………………………………… (306)
　　（三）模型预测结果 …………………………………………… (309)

五、结论 …………………………………………………………… (312)
　　参考文献 ………………………………………………………… (313)

基于提升期货公司软实力的企业文化评价指标体系构建研究　　317

一、绪论 …………………………………………………………… (318)
　　（一）研究背景和意义 ………………………………………… (318)
　　（二）研究内容与研究方法 …………………………………… (319)
　　（三）难点与创新 ……………………………………………… (320)

二、相关文献综述 ………………………………………………… (320)
　　（一）关于企业文化概念的研究 ……………………………… (320)
　　（二）关于企业文化重要性的研究 …………………………… (321)
　　（三）关于企业文化建设路径的研究 ………………………… (321)

三、企业文化评价指标体系构建的理论分析 …………………… (322)
　　（一）经典的组织文化测量模型 ……………………………… (322)

（二）构建期货公司企业文化建设评价的指标体系 …………（324）
　四、期货公司文化建设评估指标体系构建的实证分析 ……………（331）
　　（一）基于层次分析法的期货公司文化建设评估指标体系构建 ……（331）
　　（二）以Z期货公司为例验证实证研究结论的科学性 …………（345）
　五、政策建议 …………………………………………………………（352）
　　（一）对行业构建期货公司文化评价指标体系原则的建议 …………（352）
　　（二）对行业文化建设实践的建议 ………………………………（353）
　参考文献 ………………………………………………………………（355）

氢能产业现状与氢能期货上市可行性研究　　　　　　　　359

　一、引言 ………………………………………………………………（360）
　二、氢能行业全景 ……………………………………………………（360）
　　（一）氢能的定义与分类 …………………………………………（360）
　　（二）氢能产业链 …………………………………………………（364）
　　（三）氢能供需基本面 ……………………………………………（368）
　三、氢能国内外发展模式及政策 ……………………………………（374）
　　（一）国外氢能发展典型模式 ……………………………………（374）
　　（二）我国氢能产业发展现状 ……………………………………（376）
　四、发展氢能市场的必要性 …………………………………………（378）
　　（一）氢能在实现"双碳"及能源转型中发挥重要作用 …………（378）
　　（二）中国具备成为氢能期现货交易中心的潜力 ………………（388）
　五、氢能现货期货市场现状及痛点 …………………………………（393）
　　（一）氢能现货定价体系 …………………………………………（393）
　　（二）建立氢能期货市场中的前期准备 …………………………（403）
　六、氢气期货合约初步方案设计 ……………………………………（406）
　　（一）氢气期货合约设计思路 ……………………………………（406）
　　（二）氢气期货合约设计方案 ……………………………………（413）
　七、研究成果与结论 …………………………………………………（413）
　参考文献 ………………………………………………………………（415）
　附录一：国内各地氢能政策（截至2022年底）……………………（419）
　附录二：国外氢能政策 ………………………………………………（430）

我国上市公司套期保值效果研究——基于是否会提高公司现金持有边际价值视角　　　　　　　　435

　一、引言 ………………………………………………………………（436）

- (一) 研究背景与研究意义 …… (436)
- (二) 研究目标和内容 …… (438)
- (三) 研究方法与技术路线 …… (439)
- (四) 创新点与不足 …… (442)

二、研究综述 …… (443)
- (一) 套期保值效果评价研究 …… (443)
- (二) 公司套期保值对现金持有边际价值影响研究 …… (444)
- (三) 公司套期保值和现金持有边际价值传导路径分析 …… (445)
- (四) 研究述评 …… (446)
- (五) 研究思路的设定 …… (446)

三、中国上市公司套期保值使用及效果分析 …… (447)
- (一) 中国上市公司套期保值发展 …… (447)
- (二) 有海外收入上市公司套期保值使用效果 …… (449)
- (三) 中国上市公司套期保值的突出问题 …… (452)
- (四) 中国上市公司套期保值的经典案例 …… (453)

四、公司套期保值与现金持有边际价值关系研究 …… (455)
- (一) 数据来源 …… (455)
- (二) 公司套期保值与现金持有边际价值关系 …… (456)

五、公司套期保值与现金持有边际价值传导机制 …… (464)
- (一) 投资中介效应 …… (464)
- (二) 融资约束中介效应 …… (465)

六、公司套期保值和现金持有边际价值异质性分析 …… (467)
- (一) 代理冲突的影响 …… (467)
- (二) 公司规模的影响 …… (469)
- (三) 公司现金持有水平的影响 …… (470)
- (四) 市场环境不确定性的影响 …… (472)

七、结论与建议 …… (474)
- (一) 主要结论 …… (474)
- (二) 思考和建议 …… (475)
- (三) 研究展望 …… (476)

参考文献 …… (476)

我国农产品期货合约分布特征转变与市场微观结构研究——以DCE玉米期货为例　481

一、引言 …… (482)

（一）研究背景与研究意义 …………………………………………（482）
（二）研究目标与研究内容 …………………………………………（484）
（三）研究方法与技术路线 …………………………………………（485）
（四）创新点与不足 …………………………………………………（488）

二、国内外相关研究综述 ………………………………………………（488）
（一）市场微观结构理论 ……………………………………………（488）
（二）市场微观结构中有关信息传递的研究 ………………………（490）
（三）市场微观结构中有关流动性成本的研究 ……………………（492）
（四）文献述评 ………………………………………………………（495）

三、我国农产品期货市场微观结构与价格形成 ………………………（496）
（一）不同类型的交易机制 …………………………………………（496）
（二）我国商品期货市场的交易机制演变 …………………………（497）
（三）做市商行为对价格形成的影响机制 …………………………（499）
（四）本部分小结 ……………………………………………………（500）

四、合约分布特征视角下的信息传递机制 ……………………………（500）
（一）信息驱动假设的验证 …………………………………………（501）
（二）信息传递的方向 ………………………………………………（505）
（三）信息传递的速度 ………………………………………………（508）
（四）本部分小结 ……………………………………………………（510）

五、合约分布特征视角下的流动性成本 ………………………………（511）
（一）流动性成本的时序特征 ………………………………………（511）
（二）流动性成本的分解 ……………………………………………（518）
（三）本部分小结 ……………………………………………………（523）

六、结论与建议 …………………………………………………………（525）
（一）主要结论 ………………………………………………………（525）
（二）政策建议 ………………………………………………………（526）

参考文献 …………………………………………………………………（527）

《期货和衍生品法》及其配套规则实施后期货公司风险监管指标体系研究　533

一、引言 …………………………………………………………………（534）
二、巴塞尔协议金融监管框架 …………………………………………（534）
（一）以"资本和风险资产计量"为核心的巴塞尔协议的建立 ……（535）
（二）巴塞尔协议三大支柱的确立 …………………………………（535）
（三）巴塞尔协议的进一步丰富和完善 ……………………………（536）

三、证券期货行业风险监管指标体系研究 (538)
 (一) 证券公司风险监管指标体系研究 (538)
 (二) 期货公司风险监管指标体系研究 (541)
 (三) 风险管理公司风险监管指标体系研究 (543)

四、新阶段期货公司风险监管指标体系探讨与建议 (548)
 (一) 期货公司发展的新阶段 (548)
 (二) 新阶段期货公司风险监管指标体系的设计思路 (548)
 (三) 新阶段期货公司风险监管指标体系的优化建议 (549)

五、结语与展望 (568)
 (一) 结语 (568)
 (二) 展望 (568)

参考文献 (569)

关于量化投研AI数字化体系的建设实践及创新应用　571

一、引言 (572)

二、平台建设实践及创新应用背景 (573)
 (一) 量化投研行业扫描 (573)
 (二) 平台建设背景 (575)
 (三) 平台建设实践的立意 (575)
 (四) 平台建设进展 (577)

三、平台数字化应用生态的研究 (579)
 (一) 构建量化投研AI数字化 (579)
 (二) 策略研究提升买方思维 (581)
 (三) 接近实盘的回测服务和仿真交易 (582)
 (四) 隐私计算实现数据协作 (590)

四、AI模型与量化投资 (591)
 (一) AI学习与量化投资：应用历史与研究进展 (592)
 (二) 数据预处理和实验设计 (598)
 (三) 实验结果分析 (601)

五、大模型 (611)
 (一) 大模型与量化投资 (611)
 (二) 数据预处理和实验设计 (614)
 (三) 结果分析 (614)

六、总结 (617)

参考文献 (618)

中国特色大宗商品指数影响因素及其在我国资产配置中的作用分析 621

- 一、绪论 ……………………………………………………………(622)
  - (一) 研究背景及意义 ……………………………………………(622)
  - (二) 文献综述 ……………………………………………………(623)
  - (三) 研究思路与方法 ……………………………………………(628)
  - (四) 研究创新与难点 ……………………………………………(629)
- 二、商品指数概述 …………………………………………………(630)
  - (一) 商品指数的定义 ……………………………………………(630)
  - (二) 国外主要商品指数的编制和发布 …………………………(631)
  - (三) 国内主要商品指数的编制和发布 …………………………(636)
  - (四) 对比国内外商品指数的共同点和不同点 …………………(641)
- 三、宏观视角下中国特色大宗商品价格波动特征分析 …………(643)
  - (一) 引言 …………………………………………………………(643)
  - (二) 数据描述 ……………………………………………………(643)
  - (三) 模型选择 ……………………………………………………(646)
  - (四) 实证结果 ……………………………………………………(646)
- 四、中国特色大宗商品指数对优化我国资产配置的作用 ………(654)
  - (一) 引言 …………………………………………………………(654)
  - (二) 研究方法 ……………………………………………………(654)
  - (三) 数据选取与处理 ……………………………………………(655)
  - (四) 商品指数投资组合的构建与分析 …………………………(656)
- 五、研究结论与深度思考 …………………………………………(660)
  - (一) 结论及不足 …………………………………………………(660)
  - (二) 对中国特色大宗商品期货指数影响因素的深度思考 ……(662)
- 参考文献 ……………………………………………………………(664)

中国特色商品指数体系建设与完善研究 667

- 一、引言 ……………………………………………………………(668)
- 二、商品指数基础介绍 ……………………………………………(668)
  - (一) 什么是商品指数 ……………………………………………(668)
  - (二) 商品指数的分类 ……………………………………………(669)
  - (三) 商品指数的作用 ……………………………………………(670)
- 三、中国的商品指数体系介绍 ……………………………………(671)
  - (一) 中国商品指数体系的发展及现状 …………………………(671)

（二）中国商品指数的现实应用效果 ……………………………… (674)
　　（三）中国商品指数体系存在的不足及短板 …………………… (675)
四、中国商品指数的编制方法与优化 ……………………………………… (676)
　　（一）中国商品指数编制的常见方法及对比 …………………… (676)
　　（二）国际常见商品指数编制方法的对比及分析 ……………… (682)
　　（三）国内商品指数主流编制方法存在的不足 ………………… (690)
　　（四）如何优化中国商品指数编制方法 ………………………… (693)
五、中国特色商品指数体系的构建与完善 ………………………………… (694)
　　（一）中外商品期货市场监管体系对比 ………………………… (694)
　　（二）中国特色商品指数——中国国际化商品指数介绍 ……… (699)
　　（三）中外商品指数在实际应用方面的差异 …………………… (701)
　　（四）当前中国交易型商品指数推出的必要性及难点 ………… (703)
　　（五）中国交易型商品指数推出的前景展望 …………………… (707)
六、结语 ……………………………………………………………………… (708)
参考文献 ……………………………………………………………………… (710)

基于已实现波动率的商品期货可变阈值跳跃识别研究　　711

一、引言 ……………………………………………………………………… (712)
　　（一）研究背景 …………………………………………………… (712)
　　（二）文献综述 …………………………………………………… (714)
　　（三）研究方法、研究意义与创新点 …………………………… (716)
二、理论模型 ………………………………………………………………… (717)
　　（一）已实现波动率 ……………………………………………… (717)
　　（二）日内波动的跳跃识别 ……………………………………… (718)
　　（三）两段式阈值跳跃识别 ……………………………………… (719)
　　（四）HAR – RV – CJ 模型 ……………………………………… (721)
三、数据处理 ………………………………………………………………… (721)
　　（一）我国商品期货价格数据处理 ……………………………… (721)
　　（二）日内收益波动的 L 型模式 ………………………………… (724)
四、波动率模型实证研究 …………………………………………………… (726)
　　（一）跳跃研究的品种选择 ……………………………………… (726)
　　（二）已实现波动率分析 ………………………………………… (748)
　　（三）日跳跃识别分析 …………………………………………… (751)
　　（四）日内跳跃识别分析 ………………………………………… (756)
　　（五）拟合预测模型比较分析 …………………………………… (761)

五、研究结论与政策建议 …………………………………………… (766)
 （一）研究结论 …………………………………………………… (766)
 （二）政策建议 …………………………………………………… (768)
参考文献 ………………………………………………………………… (769)

"保险+期货"常态化机制化研究——基于多元协同视角　773

一、绪论 …………………………………………………………………… (774)
 （一）研究背景及意义 …………………………………………… (774)
 （二）研究综述 …………………………………………………… (775)
 （三）研究内容与方法 …………………………………………… (776)
 （四）创新之处 …………………………………………………… (778)
二、"保险+期货"常态化机制化的机遇和挑战 ……………………… (778)
 （一）"保险+期货"常态化机制化的机遇 …………………… (779)
 （二）"保险+期货"常态化机制化的挑战 …………………… (785)
三、"保险+期货"常态化机制化的协同瓶颈 ………………………… (790)
 （一）研究方法与设计 …………………………………………… (790)
 （二）研究过程与结果 …………………………………………… (794)
四、"保险+期货"常态化机制化协同瓶颈的原因分析 ……………… (799)
 （一）主体协同瓶颈 ……………………………………………… (799)
 （二）政策协同瓶颈 ……………………………………………… (801)
 （三）产业协同瓶颈 ……………………………………………… (802)
五、"保险+期货"常态化机制化的政策建议 ………………………… (805)
 （一）主体协同：风险分担，利益共享 ………………………… (805)
 （二）政策目标协同：风险管理，推动发展 …………………… (806)
 （三）产业协同：配置资源，提升效率 ………………………… (807)
参考文献 ………………………………………………………………… (808)
附录 ……………………………………………………………………… (811)

中期协联合研究计划（第十六期）项目

期货业数据治理和数据服务体系建设

课题负责单位：中信期货有限公司
课题合作单位：星环信息科技（上海）股份有限公司
课题研究编号：2023360317
课题负责人：余以志
课题组成员：方　磊　刘静茹　刘慧超　沈一鸣　谢赞艺
　　　　　　丁　聪　段　珺　王佩瑾　佘名斌　王慧洁

一、引言

(一) 研究背景

2015年,我国发布《促进大数据发展行动纲要》《政府工作报告——"十四五"规划目标任务概述》,标志着"数据"上升到国家战略;2022年6月,中共中央、国务院发布《构建数据基础制度 更好发挥数据要素作用的意见》(以下简称"数据二十条")等政府文件,标志着数据正在成为重要的生产要素,数据的发展已彰显了一定程度的国家战略意义。

随着数据价值的进一步释放,亟须通过制定完备的体制机制对数据全生命周期进行规范管理。近年来,监管部门将数据治理和服务能力建设提到前所未有的高度。2021年,我国中央银行(以下简称"央行")发布《金融业数据能力建设指引》,提出数据战略、数据治理、数据规范等八项能力域。2022年,央行在《金融科技发展规划(2022—2025年)》中就数据能力、数据治理体系等提出明确要求。与此同时,监管部门围绕数据治理加大了检查力度,持续趋严的监管环境倒逼金融机构强化数据治理,提高数据质量和管理能力。

从行业发展趋势来看,2021年10月21日,《证券期货业科技发展"十四五"规划》正式发布,进一步强调了"十四五"推进行业数字化转型发展,提升行业数字化应用水平。从期货公司自身发展诉求来看,近年来一直注重信息技术投入,关注前沿技术趋势,鼓励业务创新。

数据对于公司的重要性日益凸显,其重要程度已经不亚于有形资产。数据驱动业务创新已经成为公司在激烈的竞争环境中获胜的必要条件。对于期货业来说,数据价值的发挥能够对期货公司多方面的能力建设提供支持,包括客户管理能力、产品管理能力、渠道管理能力、全面风险管理能力等。与此同时,外部的监管机构也需要期货公司定期提供数据,以供监管机构评估业务运行及风险管理情况,确保期货公司的审慎经营。但要让数据发挥最大价值,需要基于对数据有效的管理,只有可靠的、安全的、可用的数据才能为公司的管理决策和业务发展提供正确的指导。

因此,数据治理能力和数据服务能力建设已经成为期货公司在大数据环境下赢得竞争的两大基础保障,是建设数据要素市场与数据驱动型公司中不可或缺的底层能力。通过科学开展数据治理,实现数据在公司内部的"入-存-用-出"闭环管理,赋能公司数智经营,持续创造新的业务价值。

(二) 研究目标

期货公司目前拥有大量的客户数据、市场数据、交易数据等数据资源,数据应用需求日益旺盛。本文通过数据治理和数据服务体系建设，在基于合法合规的前提下，优化业务决策、加强风险管控、提升客户体验，助力公司实现数字化转型的蓝图规划。研究目标包含以下三个主要部分：

（1）构建数据治理体系，明确数据治理的组织结构，并建立数据管理主要制度、标准、流程和机制。在此基础上，初步构建统一的数据资产管理。

（2）针对客户域数据，编制数据标准，并制定数据质量规则。基于质量规则，开展数据质量检查，逐步提升数据质量，将其转变为常态化工作，实现数据资产管理的落地实施。

（3）基于数据中台的设计规划，在湖仓一体的技术架构上，建立数据管理机制，持续开展应用数据集市的建设研究工作。

（三）研究思路

数据治理已经成为国内金融机构一项势在必行且长期持续的工作。期货公司作为金融机构，拥有大量数据资源，推进数据治理工作的研究思路应该遵循体系规划、集中建设和常态运营三个阶段（见图1）。

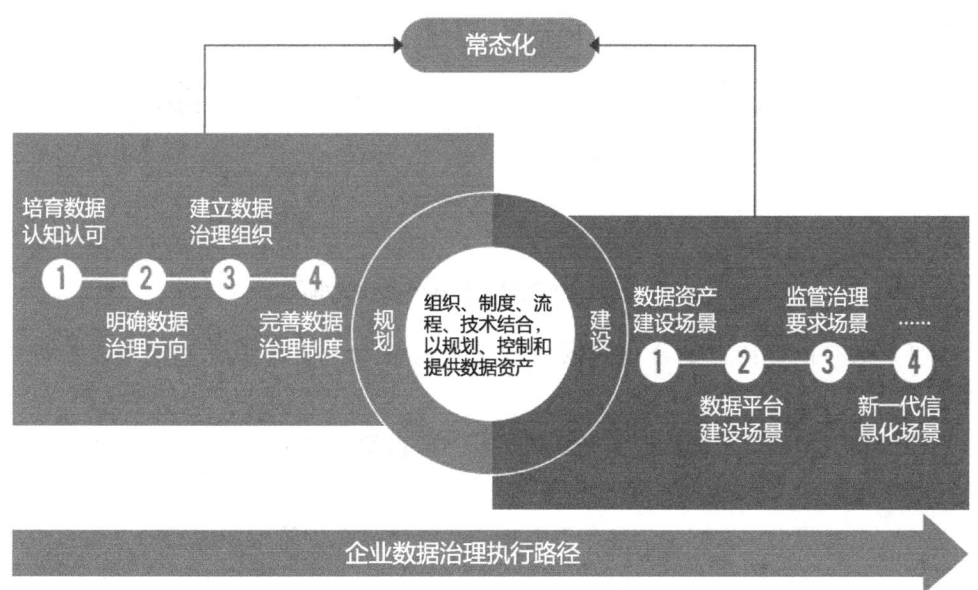

图 1　数据治理体系和数据服务建设研究路径

（1）体系规划阶段：培育公司对数据的认知，明确数据治理方向，将数据治理纳入公司业务发展战略，建立与管理文化配套的数据治理组织，分阶段开展不同数据域的治理。

（2）集中建设阶段：从建设场景出发，以数据治理专题为抓手，迭代进行数据治理建设相关工程，重点关注客户域数据治理，建设客户域数据标准，实现数据标准认责，全面推动提升客户域数据质量。

（3）常态运营阶段：在数据开发使用过程中持续开展数据治理，以客户域数据治理为基础，推动其他域的数据治理。

（四）研究框架

基于数据治理实践研究，汲取业界 DAMA、DCMM 等前沿理论指导，结合数据中台服务体系建设，聚焦"战略指导、组织机制、专项能力、技术支撑"四层建设，为公司数字化转型提供稳定数据保障基础。形成期货公司开展数据治理工作的体系框架，如图 2 所示。

图 2　数据治理及数据服务体系研究框架

（1）战略指导：制定公司数据治理愿景与使命，明确目标和原则，推进路线图。

（2）组织机制：数据治理工作实施保证，通过组织架构、制度、流程的建设和执行得以落实。

（3）专项能力：数据治理的工作内容，是具体的数据管理职能活动，由多个专题组成。

（4）技术支撑：基于数据中台（包含大数据平台、数据治理平台）技术底座，提供数据服务并支撑数据治理成果管理。

（五）研究工作方法

数据治理体系建设可以通过"两大基础、四大环节"方式，即构建组织架构、制度、流程的管理基础，以及建设数据治理与数据服务的技术基础，结合"盘、规、治、用"四大环节的数据治理落地工作方法（见图3）。

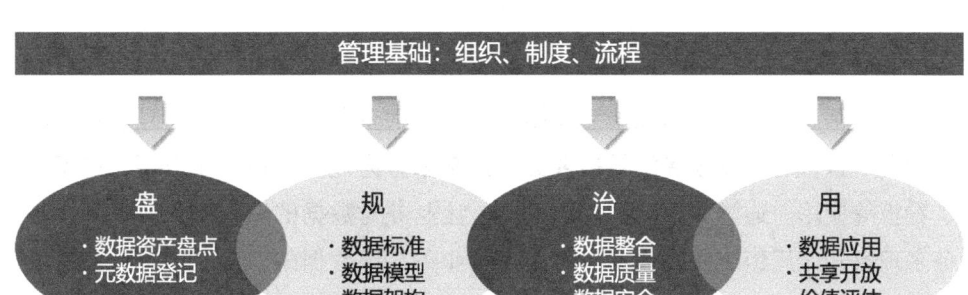

图3　数据治理体系建设方法

（1）管理基础。数据治理的管理基础在于关注组织、流程、制度、管理办法的建设。通过深入调研公司存在的数据治理和使用上的问题，制定相应组织、制度、流程等，并制定切实可行的实施路线图。

①盘：盘兵点将，总揽全局。全面实施数据盘点，摸清数据资产状况，制定数据资产管理机制。从业务和系统的角度梳理上海期货交易所数据资产现状，同时为治理体系、数据标准、数据质量、数据应用等环节提供相应输入。以客户域数据治理为例，开展获客渠道、客户经纪关系、客户账户、客户交易等系统数据盘点。

②规：标准操练，高效统一。建立企业级管控体系，制定公司数据标准，实施统一规范管理，促进数据整合效率，为数据质量管理提供标准依据。并在数据资产盘点过程中，对数据资产的业务、技术和管理层面提出定义并获得对口部门的确认，从中挑选必须订立数据标准的资产项，重点开展客户域数据标准编制工作，并最终发布。

③治：质量检阅，持续提升。持续推动数据标准落地和数据质量问题的解决，支持数据质量稽核和数据认责机制的执行。基于客户域数据标准编写相关系统的客户数据质量规范、规则，制订数据质量管理方案。

④用：方阵组合，强军作战。以数据需求和应用为作战目标，形成多种应用服务和共享数据能力的作战方阵，实现大数据强军作战。推动数据应用，发掘数据价值，借助数据管理与分析环境，提供可靠的客户数据，为业务分析应用提供及时、准确、一致的数据服务。

（2）技术基础。数据中台支持大数据存储及数据治理专题管理内容的落地和有效执行，数据治理工作和价值实现，最终是通过技术手段得以常态化与可持续的发展。

（六）研究成果创新点

第一，基于数据中台的数据治理体系建设推动企业级数据资产管理跃进。本文基于数据中台，将企业级多源异构数据汇聚起来，为业务端提供了分析、画像、报表、看板等应用。通过数据治理体系建设，让业务对数据的感知加深，进一步推动业务来理解和使用组织内的数据内容，实现业务关键数据的认责与定标。数据管理团队主动出击，拥抱业务，通过数据治理组织机制建设，构建企业级数据资产管理，把数据整理好、汇聚好，加工好，使用好，更好地帮助业务释放数据价值。

第二，数据治理体系建设成果逐步应用到数据开发管理中。本文通过搭建数据中台，实现数据治理体系建设成果落地，将治理能力嵌入数据开发流程，加速数据开发的效率，打通组织内团队间的协作壁垒，将数据治理体系建设落实到公司内各部门。

数据治理平台提供多样化数据相关工具，支撑全流程的可视化数据开发、监控、运维、告警与备份；实现数据统一化、可视化，构建企业级数据湖；提供一站式数据治理管控，支持数据治理专题工作，提升数据管理水平；实现管控、保护、提高数据资产价值；提供数据交换与共享，支持公司数据共享交换的基础性互联互通，促进数据交易；实现公司内外部跨层级、跨系统、跨部门的数据共享和业务协同提供基础支撑。

第三，数据治理体系专题建设之数据资产盘点智能应用。本文应用数据智能分析手段，开展系统数据盘点，基于制定的客户域数据标准，对各系统中的表字段进行智能推荐，以建立标准与表字段的映射关系，能够大幅提升数据盘点效率，缩减海量手工工作，有利于数据资源分类。

二、数据治理体系建设

2018 年 9 月，中国证券业协会牵头聘请数据治理专家组对 11 家券商的数据治理工作进行检查，以了解当前行业内数据治理水平。同年，中国证券业协会发布了《证券期货业数据分类分级指引》和《证券公司数据治理操作指引（征求意见稿）》，旨在加强数据安全的管控，进一步指导期货业的数据治理工作。

2021 年 1 月 28 日，时任证监会党委书记、主席易会满在证监会系统工作会议上强调，为实现"数据让监管更加智慧"的目标，需加强技术对业务的支撑能力，促进两者的融合，指出数据治理工作应坚持问题导向、应用导向和结果导向，全面推进数据治理，充分发挥数据资产的作用，使技术更好地赋能业务，让数据发挥其真正的价值。

随着信息化的不断推进，证券期货业快速发展，业务结构日趋多元化，金融机构积累了海量客户、交易等敏感数据，数据体量不断上升。同时，业务数据呈现出结构化程度高、机构内及机构间数据交换频繁、业务创新迅速等特点，数据的价值和重要性越发凸显，使数据成为公司关键资产。

数据治理作为金融机构打造数字化发展引领示范和赋能动力源的基础，通过合理的数据管理和应用、优化业务决策、加强风险管控、提升客户体验、保证合规要求等方面，可以更好地实现期货公司业务目标、推动行业可持续发展并提升核心竞争力。

（一）数据治理体系建设总体思路

在当今迅速发展的信息时代，公司对数据资产的重要性认识日益加深，越来越依赖数据资产作为公司决策的重要依据。然而，期货公司在数据管理方面面临诸多挑战。

首先，当前公司内部根据不同业务需求构建应用系统，导致公司面临缺乏统一的数据视图、系统间缺少数据交换管理流程、数据质量难以评估等一系列问题。因此，如何通过数据治理有效管理数据资产以提高业务运营管理水平，成为公司重要研究课题。

其次，数据具有多样性和复杂性，期货公司所持有的数据类型繁多，包括结构化数据、半结构化数据和非结构化数据，这些数据来源不一、格式不一，难以进行有效整合和管理。

最后，数据安全和隐私保护的问题。期货公司所持有的数据涉及大量客户敏感信息，一旦泄露将给客户和金融机构造成严重损失。这些问题，将导致数据难以发挥真正价值，甚至可能对公司决策产生负面影响。因此，数据治理必须持续且有效地推进，以提升数据资产的价值。

在当前强监管、严监管形势下，行业主管单位对证券公司数据治理工作的检查及督导会持续进行。在券商行业，根据证监会关于数据治理的要求，虽然大部分公司已制定了相关的规章制度，但在实际落地时缺乏具体指导，导致业内数据治理工作大多停留在制度建设上。

公司根据自身现状分析，并参考由中国电子信息行业联合会于 2018 年 3 月 15 日正式发布的、我国数据管理领域首个国家标准 GB/T 36073-2018《数据管理能力成熟度评估模型》（以下简称 DCMM），进行现状评估。通过了解当前公司痛点，可以针对性地推动数据治理工作。本期数据治理体系研究工作分为三阶段，如图 4 所示。

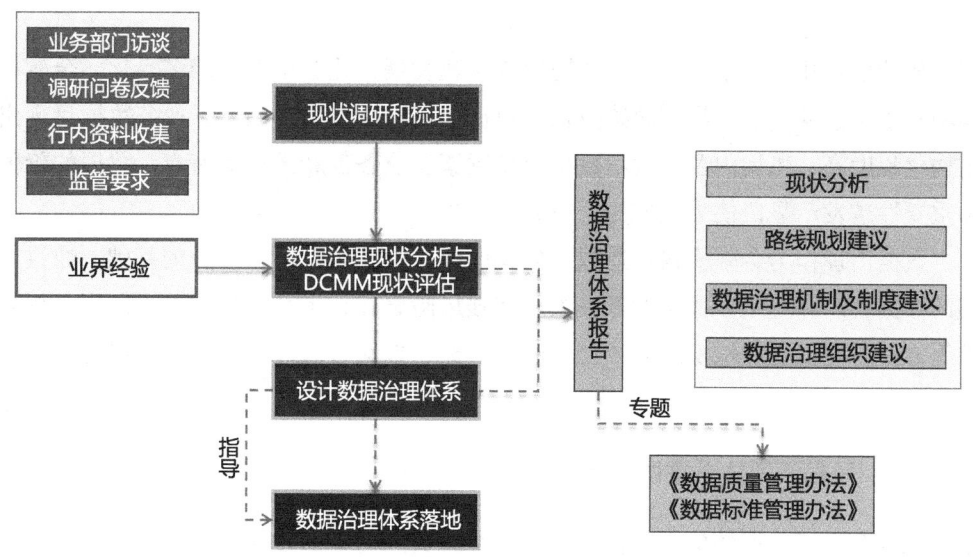

图 4　搭建数据治理体系工作方法

1. 现状调研阶段

采用（12 个业务部门 + 4 个技术部门）访谈、调研问卷反馈以及相关资料搜集、阅读和整理，三种齐头并进、互相补充的方式，对公司数据治理现状进行梳理。

2. 现状分析和 DCMM 现状评估阶段

从各部门实际问题出发，通过对实际数据问题的分析，推导出公司目前的数据治理内部诉求，结合外部监管要求，汇总得出总体的数据治理需求和对各项需求的迫切性。与此同时，结合行业 DCMM 数据治理成熟度评估体系及同业最佳实践，评估公司目前数据治理现状，有助于公司明确当前所属的能力等级，指导公司查找差距，达到提升和改进的目的。

3. 体系和路线图设计阶段

基于最佳实践、DCMM 现状评估结果以及公司对数据治理的需求，设计适合于本公司的数据治理体系，包括体系框架、组织、流程建议等。同时，通过分析数据治理需求间的依赖关系，考虑公司的需求迫切性，结合公司战略目标、业务需求、系统建设，在领导的指导下，找出当前的数据治理着手点，明确数据治理体系建设未来三年的目标及实施路线图。

（二）公司数据治理体系规划

1. 现状分析

公司现状评估围绕"8+1"这9个方面进行整体评估，"8"即《数据管理能力成熟度评估模型》的八大能力域，"1"为支持数据管理的相关技术平台。

根据DCMM模型中8项数据治理能力域的445项标准特征（见图5），对公司各项能力进行详细阐述和分级，有助于公司准确了解自身当前的能力水平现状。通过寻找自身不足之处，指导公司提升和改进，实现数据治理能力的优化。这些标准特征为公司提供了清晰的数据治理能力评估框架，有助于公司更好地管理和优化数据治理工作。

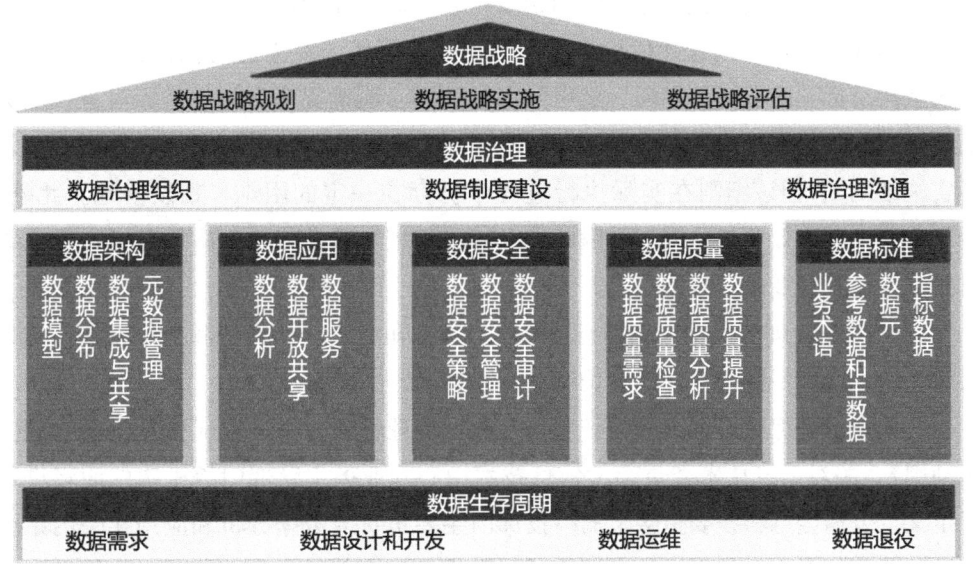

图5 DCMM数据治理能力域

根据18场调研的结果，公司目前的数据治理工作仍主要停留在各部门内部，公司尚未建立统一的数据治理体系和管理机制，从而缺乏自上而下的数据管理体系。长期来看，这种情况可能导致各部门出现"闭门造车"的情况。根据DCMM评估模型，对8个能力项进行了评估总结。

（1）数据战略。数据战略是指组织开展数据管理工作的远景、目的、目标和原则，以及目标与过程监控、结果评估与战略优化。

①数据战略规划。集团发布了《集团数字化"应用绽放"专项行动工作方案》和《数字化转型及蓝图规划》等文件。公司为贯彻集团"十四五"规划，制定了相应的战略规划。明确数字化工作的重点任务和实施计划。此外，公司致力于建设数

据中台，规范数据接口，实现数据的采集、清洗及合并，从源头遵循数据标准，确保数据质量。目前，数据中台的建设已经投入运营，相关的规范和标准正在制定之中。

②数据战略实施。根据公司定期提交的评估报告、问题清单、整改工作方案及对标提升工作任务清单和实施方案，集团将对公司的数字化工作进行评估，并确定未来"对标提升工作任务完成率"等指标要求。同时，公司已开展数据治理工作，并将治理成果逐步落地到数据治理平台上。

③数据战略评估。目前集团有一套具体的《数字化工作评估和对标提升工作方案》，并要求公司在固定时间向集团报送该方案。为确保评估的准确性和客观性，公司已聘请了内部审计机构或外部相关专业机构，将结合实际情况，共同完成数字化工作的评估。评估结果将形成正式的评估报告，此报告将对公司现有的数字化发展水平进行客观评估，梳理存在的问题清单，并制定相应的整改措施。同时，该报告将明确评估方式、拟选评估机构、评估指标范围等。在推进对标提升工作方面，公司坚持目标导向、任务导向、成果导向的原则，明确提升目标、对标对象、对标指标、工作计划，梳理任务清单，并制定实施方案。尽管公司已发布《数据安全管理实施细则》，但该细则在实际执行过程中仍存在一定的困难，难以落地。此外，由于公司未制定效益评估模型，因此难以通过模型对数据战略实施任务进行优先级排序、评估管理及审计范围制定。

（2）数据治理。数据治理是指通过明确相关角色、工作责任和工作流程，实现有效沟通，以确保数据资产能够长期可持续管理的过程。

①数据治理组织。集团层面已发布《数据治理管理方法》和《数据安全管理实施细则》，并对信息技术委员会、信息技术中心和业务主管部门等机构的职责进行了定义。公司金融科技委员会下的科技部门主要负责与数据分析和应用相关的系统建设。基于数据中台的建设也在逐步开展数据管理相关的工作。然而，公司尚未建立完整的数据治理组织，也没有明确人员、角色、岗位及职责的定义，且未建立数据的认责体系。因此，目前公司各部门遇到的数据问题暂时依靠各自的能力进行处理。

②数据制度建设。公司于2022年发布了《数据安全管理实施细则》。然而，公司尚未构建全面的企业级数据管理制度框架和数据政策，各部门也未设置专职或兼职的数据治理人员来负责或参与数据相关工作。

③数据治理沟通。公司尚未设立跨部门的沟通机制，当遇到数据问题时，各部门主要依赖OA系统和邮件方式进行沟通。现阶段，公司的数据治理工作是由科技部门主导，并组织各相关部门参与调研和沟通。

（3）数据架构。数据架构是指定义数据需求、指导数据资产的整合和控制，使数据投资与业务战略相匹配的一套整体构建和规范。

①数据模型。目前，数据中台的建设尚未进行与数据模型相关的设计，同时也没有建立模型管理的相关办法。此外，各部门目前各自管理指标，尚未建立指标模型。

②数据分布。在数据中台架构设计中，采用分层设计理念，共分为五个层次：操作数据层（ODS）、明细数据层（DWD）、公共维度层（DIM）、汇总数据层（DWS）和应用数据层（ADS）。同时，公司制定了《数据开发规范》，对每一层的功能、定位、特点以及库名和表名的规范进行了明确规定。这种分层设计方法有助于提高数据处理效率，保证数据质量，为公司的数据驱动决策提供有力支持。

③数据集成与共享。由于系统之间存在数据孤岛现象，导致数据集成和共享管理缺乏统一的管理办法和流程，从而造成系统间数据不一致。为了解决这一问题，数据中台被定位为数据集成及共享中心。目前，集团购买的外部数据被统一纳入数据湖中，并从操作数据层（ODS）推送给各个业务部门。然而，其他业务部门自行购买或采集的外部数据由各自进行管理，无法实现共享。

④元数据管理。在数据中台上开始采集和管理各类元数据，并建立了元数据目录。公司目前尚未建立相应的元数据管理规范和流程，也尚未规范元数据变更管理流程。

（4）数据标准。数据标准是指组织数据中的基准数据，为组织各个信息系统中的数据提供规范化、标准化的依据，是组织数据集成、共享的基础。

①业务术语。公司已经实现了系统的统一命名，并明确了主要业务部门和技术部门等系统的相关信息。同时，根据各业务部门的开发需求及已入湖的表信息，数据中台已设置了词根字典，以规范入湖的表字段命名。

②参考数据和主数据。业务管理部所使用的客户主数据覆盖了公司的期货、基金、股票期权业务所涉及的所有客户账户数据。这些数据对于业务分析和决策支持至关重要，因为它能够准确地反映客户的实际情况和需求。财务系统由集团统一构建，并对科目代码进行统一管理和维护，因此，科目主数据一般不会出现不一致的情况。如果需要变更科目，必须向集团提交变更需求，由集团进行科目管理。这样的流程确保了财务数据的准确性和合规性。公司各系统均配备代码表，其中包含客户行业属性、证件类型等信息。目前尚未建立企业级的代码表，这些代码表因系统不同而存在差异，这可能会给数据整合和数据分析带来一些挑战。

③数据元。账户管理系统的客户域数据标准在前期由业务管理部主导制定，并得到了其他部门的参与。该标准涵盖了适当性主题、业务主题、地址主题等多个主题，目前已定义了200多条标准，但其中并未明确指定对应的责任部门。这些数据标准的制定依据来源于正在建设的账户系统中的统一数据规则及数据接口规范。

④指标数据。公司尚未建立规范的指标体系。目前,运营管理部所生成的绩效类指标会保存在客户关系管理系统中。此外,许多业务部门,如交割部和金融部等,会在看板和报表开发需求中提出一些指标需求。一旦技术部门完成开发,这些指标将会存储在相应的系统内,例如,BI报表系统。

(5)数据质量。数据质量是指数据与其期望目标的切合度,即从使用者角度出发,数据满足用户使用要求的程度。

①数据质量需求。集团发布《数据质量管理实施细则》,但尚未明确数据质量管理目标,缺少相应的管理机制和流程。数据质量问题主要源于监管报送和数据使用过程中发现的数据问题,由发现部门提出后,各部门自行采取应对措施。数据问题主要包括以下几个方面:由于数据录入过程中的不规范,导致部分数据信息缺失严重,影响数据完整性;公司内部数据尚未明确主责系统,不同系统间的指标和维度存在差异,导致数据一致性不足;部分业务部门对数据及时性要求较高;数据获取延迟主要由数据在不同系统间流转链路过长所导致;获取外部数据时,数据源的不同可能导致数据口径不一致,影响数据规范性。

②数据质量检查。目前公司尚未实施主数据质量监控,也未规定数据质量监控的具体要求,因此尚未开展常规的数据质量检查工作。

③数据质量分析。公司目前尚未制定统一的数据质量报告模板,也未在全公司范围内开展数据质量分析活动,同时缺乏有效的组织层面数据质量问题评估分析方法。这些问题可能导致数据质量低下,从而对业务决策的准确性和效率产生不良影响。

④数据质量提升。尽管公司尚未在组织层面建立健全数据质量提升管理制度及方案,但各部门在日常业务开展过程中,仍能及时发现并整改数据质量问题,同时对数据质量核验环节中出现的问题进行组织整改,以确保数据质量的有效提升。

(6)数据安全。数据安全是指通过计划、制定、执行相关安全策略和规划,确保数据和信息资产在使用过程中有恰当的认证、授权、访问和审计等措施。

①数据安全策略。公司发布了《软件开发管理细则》和《数据安全管理实施细则》,已通过《ISO-20000信息技术服务体系》和《ISO-27001信息安全管理体系》认证。在数据安全方面,公司遵循《中华人民共和国网络安全法》《中华人民共和国数据安全法》《中华人民共和国个人信息保护法》《信息系统安全等级保护管理办法》的规定以及各监管部门的报送要求。此外,公司已编制软件正版化方案,以避免员工安装盗版或非正版软件而引发安全危险。同时,公司要求在对外传输数据时,须按照规定进行数据脱敏处理。关于个人信息数据安全保护,公司严格遵守《个人信息保护法》的相关规定。

②数据安全管理。业务部门内部实施数据访问和使用方面的监控措施,各业务

系统均具备安全的数据权限管控机制。针对不同的数据使用对象，公司运用数据脱敏、加密、过滤等技术来保护数据的隐私性。此外，各部门对其负责的数据都有严格的使用流程并具备高度的安全保密意识，严禁对外或对内部提供未披露过的数据。目前，公司尚未制定数据分类分级的相关制度和规范。

③数据安全审计。内部审计和外部审计应相结合，协同推动数据安全工作的开展。公司会基于审计结果不断优化数据安全相关流程、制度以及工作。

（7）数据应用。数据应用是指对内支持业务运营、流程优化、营销推广、风险管理、渠道整合等，对外支持数据开放共享、服务等。

①数据分析。公司主要依赖的分析系统包括 CMR 系统、反洗钱系统、BI 智能报表平台以及客户画像系统等。然而，公司部分部门的统计分析工作仍需要手工完成；综合服务部自行构建了内部数据库，以满足固定报表和临时统计的需求；业务管理部已根据证监会及中国期货业协会的文件要求，建立投资者适当性评估数据库；公司对于客户画像平台的建设尚处在初步阶段，暂未为零售客户建立起完整的标签体系，已开户客户的标签信息也仅为基础信息。另外，由于公司未开户的客户信息缺失严重，因而对于这部分客户的画像描绘亟须完善。

②数据共享开放。部分部门自主采购外部数据以丰富数据源类型。然而，这类数据主要沉淀在各部门内部，不与其他部门共享。数据中台汇聚各个部门数据，并主导公司外部市场数据采购，将数据采集到大数据平台后形成公共数据源供全公司使用。

③数据服务。公司借助数据中台提供数据服务，支撑公司对内数据的共享以及对外数据的开放。其中，合规管理部门及相关办公室负责面向监管的对外报送，由数据中台按需提供数据；内部部门根据自身业务需求，在科技部门的支持下提供基础数据或加工后的指标数据。

（8）数据生存周期。数据生存周期是指为实现数据战略确定的数据工作愿景和目标，实现数据资产价值，需要在数据全生命周期中实施管理，确保数据能够满足数据应用和数据管理需求。

①数据需求。目前公司没有与取数流程相关的规范制度，因此针对临时的取数需求，大多是通过邮件发送至技术部门，由技术部门采集数据后，再以邮件形式发给需求部门。此外，公司没有建立数据需求管理相关的制度规范和流程，且未对管理职责进行明确的划分。

②数据设计和开发。公司各业务部门均提出了与业务相关的报表和看板需求，并将这些需求提交至技术部门。未来，这些需求中的大部分将在商业智能系统中实现。此外，金融等部门还提出了围绕客户展开精准营销、客户画像、客户标签等客户分析类需求，这些需求将通过数据中台进行开发。由于公司业务系统众多，系统

间数据存在不一致的情况,希望通过数据中台的建设及使用,可以实现需求数据的采集、清晰、合并,以便业务部门通过数据中台统一获取数据以确保数据的一致性。

③数据运维。目前科技部门牵头建设数据中台,各源系统关键表数据已接入数据中台。未来将随着数据中台的开发,逐步实现全量源系统表的入湖,实现数据的统一管理。目前,公司针对数据操作发布了《信息系统上线管理细则》(2022年)、《数据备份及介质管理细则》(2022年)等。

④数据退役。目前,公司没有数据退役相关的制度规范,不同系统处理历史数据的方式可能存在不同。

2. 现状评估

DCMM将数据管理能力成熟度划分为五个等级,自低向高依次为初始级、受管理级、稳健级、量化管理级和优化级,不同等级代表公司数据管理和应用的成熟度水平不同(见图6)。

	L1:初始级	L2:受管理级	L3:稳健级	L4:量化管理级	L5:优化级
治理策略	尚未制定数据治理策略	有不严格或分散的数据管理策略	数据治理是企业总体管控策略的重要组成部分	已经建立较为健全的数据治理策略,并能够快速应对不断变化的数据环境	建立了定量的改进目标,并根据不断变化的环境进行主动优化
组织角色	未设定数据相关的岗位职责	有较为模糊的数据管理角色,但缺乏明确定义	各个部门设立明确的数据管理职责和岗位	数据管控组织体系已经延伸到组织各个层级	在健全的数据管控组织体系下,不断完善跨组织的数据人才流动和协同
流程制度	没有流程化的数据管理方法	分散的管理流程,但不作为强制性要求或仅在特定场景下使用	定义了流程和制度,并在具体实施过程中被遵守	使用统计数据和其他定量技术对流程进行测量和可进行预测	将快速反应的数据管理机制作为企业发展的核心竞争力

图6 DCMM数据管理能力成熟度等级

通过业务调研、技术调研的方式,梳理了目前公司主要系统的信息化建设现状,根据DCMM现状分析,得出目前公司的数据管理能力成熟度处于受管理级(二级)。在这一阶段,公司已经充分认识到数据作为资产的重要性,并根据管理策略的要求制定了相应的管理流程,然而各项数据治理工作都未明确、严格开展。同时,通过调研问卷,了解到各部门对于数据存在非常大的需求,希望依托公司数据治理的契机,实现对数据的初步管理,提高公司数据资产的质量。

3. 存在的问题

总体来看,随着公司信息化建设的发展,已经沉淀和积累了大量有价值的数据,为开展期货运营业务活动和风险防控提供了坚实的信息化支撑。尽管各业务部门已具备初步的数据管理能力,但目前数据治理工作主要停留在各部门内部,尚未建立企业级统一数据治理体系及管理机制,这是未来公司的改进方向。根据现状分析及评估,总结如下存在的问题。

在数据战略层面，各业务部门根据自身业务发展需求提出了数据能力的发展要求。然而，由于公司层面缺乏统一的数据治理规划和演进路径，各业务部门亟须总部的统筹引领来满足其需求。

在数据治理方面，目前尚未建立数字化组织架构体系，也没有明确数据治理组织、角色和职责的定义。此外，数据管理活动的流程制度还不够完善，目前仅发布了《数据安全管理细则》，而对各项数据治理相关工作的培训和宣贯存在缺失。

在数据标准层面，尽管账户管理系统在构建过程中已明确了客户数据标准，但未指定数据认责部门。此外，公司缺乏统一的数据标准体系，尚未建立各数据域的统一数据标准，尤其是指标数据，尚未形成系统化的数据标准及统一的管理机制。

在数据质量方面，各部门在监管报送和数据应用过程中已进行初步的数据质量规范检查，然而，这些检查仅限于各自使用的数据业务场景，且数据质量巡检主要依赖人工进行。目前缺乏系统全局性的数据质量管控机制，因此无法明确数据质量检测的范围和要求。

在数据安全层面，尽管公司已经制定了集团和公司层面的信息安全管理细则，对网络与信息安全作出了相关规定，然而在实践中针对数据安全的落地实施仍然面临诸多困难。目前，缺乏数据安全分类分级管控机制，信息安全管理颗粒度过于粗犷，实施层面的规范和流程亟待完善。

在数据应用层面，数据中台的投入运行已在一定程度上支持了特定场景化的数据分析与应用。然而，此阶段的数据分析仍缺乏全方位的整合以及深入到源头的渗透。人工智能的应用目前尚处于试点阶段，大数据挖掘类分析应用相对较少。此外，指标性数据主要沉淀在业务部门内部，跨业务、跨部门、跨系统的共享机制亟待完善。

在数据架构层面，各业务部门在信息化建设中逐步构建了各自的信息架构。然而企业级数据架构全景图一直缺失，导致业务系统间的数据存在孤岛现象，数据不一致性也较为突出，无法有效地组织管理和使用公司的数据资产。

在数据生存周期层面，公司各部门能够根据外部监管机构、集团、下属单位的数据要求，完成数据提供，但缺少企业级的统筹和协调，需要明确数据需求的管理机制，缺少企业级数据设计开发、数据运维、数据退役管理机制。

在技术平台工具方面，集团已着手构建数据中台，并开展了数据治理工作，以确保数据的合规性和质量。集团层面已经发布了相关的数据管理办法，以确保数据的规范化和标准化。公司已成功建立国产化自主可控的数据中台，并为业务部门的数据需求提供数据采集、数据处理等服务。本文研究成果将逐步落地到数据中台，以便对数据采集、数据开发、数据标准、数据质量等管理活动进行智能化的工具支持，提升数据处理效率和数据质量。

4. 指导方向建议

公司数据治理体系的建设指导方向是建立一个全面、规范、高效的数据管理体系，以满足公司业务发展需求和监管要求。具体指导方向包括以下几个方面。

（1）深化战略落地，推进数据治理体系规划：加快推动数据治理体系的建设及其演进路径的规划，并对各部室和直属单位的数据发展策略进行全面的引领和统筹。

（2）建立专业治理团队，制定体系化制度：建立专业数据管理组织体系，明确数据治理委员会、数据管理员、数据所有者等各角色的职责和权限，确保数据管理工作的协调和高效。同时，完善数据管理制度，确保数据管理的规范性和有效性，并明晰数据认责机制，推进数据文化建设，营造数据文化氛围，提高员工对数据的重视程度。

（3）构建企业级资源架构，提升数据整合能力：通过建立企业级数据资源架构和主题模型，形成公司统一的业务视图，开展跨部门、跨组织层级、跨业务领域的数据整合，提升数据整合能力。

（4）数据标准体系化，统一数据语言环境：建立和完善健全数据标准体系，制定并明确数据标准管理规范；统一业务和技术口径，确保重点专业领域的标准穿透；通过主数据标准化，实现公司内系统间的数据集成和拉通。

（5）建立数据质量管控机制：建立健全数据质量管理机制，制定完善的数据质量管控流程，明确数据质量问题管理规范；改进质量管理工具，通过自动化质量检查和质量监控，实现更高效、准确的质量管理。

（6）突出数据安全管控，制定数据分类分级：为确保数据安全合规性，必须建立全面、严密的流程和制度，明确管理要求，并完成数据分类分级管理。同时，应加强数据安全的统一管理，确保权责匹配。

（7）促进数据共享，创新数据应用服务：加快数据应用体系建设，通过强化分析模型构建和引入人工智能技术，推动更准确的前瞻性判断及创新的数字化业务模式。同时，建立企业级数据资产目录，规范数据服务管理，以最大化数据服务效能。

（8）搭建统一的规范化的数据中台：构建统一、规范化的数据中台，提升数据治理平台支撑能力，进一步规范"采、存、管、用"平台能力，确保数据标准和质量等管控要求的有效执行和落实。

5. 路线规划建议

基于现阶段公司数据治理能力分析结果和目标要求，分三个阶段逐步完成"十四五"数据中台建设工作，加快推进数字化建设。

第一阶段：做规划、建基础。构建数据治理蓝图框架，以规划工作路线来建立切实可行的组织架构与制度架构；制定数据中台整体规划，要明确"采、存、管、用"的平台整体架构设计，并整合现有的数据类系统资源，以启动数据治理工具功能建设；健全客户域数据标准，实现主数据的贯通，并结合客户的业务需求开展基础数据和指标数据的标准建设，推动标准执行，并建立数据模型；结合数据服务应用，打造运营数据分析和管理报表等应用，提高工作效率和决策准确性。

第二阶段：累资产、慧应用。完善数据治理团队，全面提升数据质量等管理机制，使公司总体达到 DCMM 三级水平；增强数据管理、分布式数据存储与计算、数据开发等平台的核心功能，以更好地支撑场景化治理与应用落地；试点数据赋能，包括主数据整合、风控、财务等应用；全面推进数据标准的建设和推广工作，通过健全数据标准体系，逐步提升数据质量、加固数据安全开展数据模型管理、数据生命周期需求管理；开展全域业务建模和数据资产汇聚，实现数据融合共享和横纵向业务协同，从而驱动生产方式、运营模式、治理体系的全方位变革。

第三阶段：优资产、强赋能。优化数据管理机制，完善组织架构与制度建设，以提升整体水平至 DCMM 四级标准；加强动态采集多类型数据的能力，结合物联网技术，形成云边端数据联动；增强平台对深度挖掘和智能分析的支撑能力，以全面赋能各应用领域，助推公司数据资产运营能力；全面开展各业务领域的业务基础数据与指标数据治理工作，并依托平台和制度形成高效的管理机制，推动各系统数据汇聚；实现数据资产积累，建立全域数据资产共享模式，创新核心业务数据场景应用，以实现生产运营信息化、管理决策智能化数字化。

（三）公司数据治理体系建设

1. 数据治理组织搭建策略

国内外公司的数据治理组织建设模式一般分为分布式、联邦式和集中式三种，如图 7 所示。三种方式各有优劣和适用条件，公司可以根据实际需要和资源现状进行选择，并在合适的阶段进行调整。

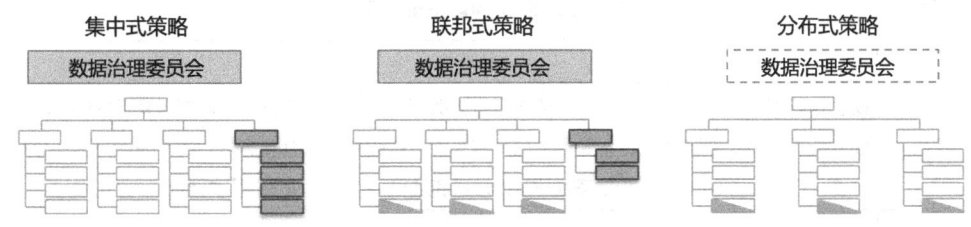

图 7　数据治理组织建设方式

（1）集中式策略。

特征：设立的数据治理部门权力更大，专职人员更多，数据治理部门是一个集权部门，拥有所有系统和项目的数据所有权和管理权，业务部门和技术部门使用数据的时候要向该部门提出申请，经授权审批后方可使用。

适用条件：此种建设模式适用于数据治理工作已经逐步进入常态化工作，数据治理已初显成效，此时有较大的说服力扩充管理部门的人员配备，集中担任全行的数据治理工作。

（2）联邦式策略。

特征：配置了数据治理专职部门来牵头数据治理工作，有专职人员负责数据治理各专题工作的持续推进，问题处理具有权威性，同时业务和技术部门中有常设的数据管理人员负责协调和沟通。

适用条件：此种模式适合数据治理体系建设阶段，各部门对数据治理工作的重要性认识不够，公司想要建立规范化的数据治理体系和数据治理文化，并建立企业级的数据治理规划。此时采取此种模式，可以充分调动全公司的力量，由集中的管理部门集中全公司的数据治理需求，制定数据治理规划，推行数据治理文化，逐步推动数据治理常态化管理机制。

（3）分布式策略。

特征：所有认责人员都隶属于各个业务部门或技术部门，没有集中的数据治理管理机构，集中的管控力度弱，对人员的组织协调能力和主观能动性要求非常高。

适用条件：此种模式要想取得良好的效果，必须以数据治理规划已经得到全公司认同，数据治理工作已经与全行日常管理工作紧密结合，数据治理已经成为各部门自发自觉的工作为前提，否则很难取得企业级的数据治理效果。很多公司在数据治理前期采用此种模式，但因为尚未建立数据治理体系和企业级的数据治理文化，无法站在全公司的视角进行规划和推进，缺少数据治理工作规范和指引，只能站在本部门的角度处理零散型的数据治理需求，最终难以取得良好的数据治理成效。三种模式的详细比较如表1所示。

表1　　　　　　　　　数据治理组织构建策略比对

比较项	集中式	联邦式	分布式
特点	设立专职部门开展公司的数据治理工作，所有数据治理职责都由该部门承担	设立专职部门作为数据治理的日常管理部门；牵头负责数据治理管理各环节的协调和组织工作	不设立专职部门来行使数据治理管理职责；各业务部门只负责本业务领域的数据治理工作
优点	设立专职部门作为公司数据资产的管理部门，职责明确，目标清晰；管理力度大，驱动力强	在较小的投入下可取得较好的数据治理成效；对现有的组织机构影响较小	关注单个业务领域的数据治理需求，起点较低；资源要求不高，容易推进本部门的数据质量改进

续表

比较项	集中式	联邦式	分布式
挑战	对现有的公司组织架构影响较大；投入较大，需要较多的人员配置	数据治理日常管理部门对其他部门的影响力有限；对数据治理日常管理部门的协调能力要求较高，需要较强的影响力和协调组织能力来推动数据治理工作	集中管控力度最弱；缺乏企业级视角，无法实现企业级的数据治理
实施难度	困难	中等	取得企业级数据治理成效困难

联邦式组织的一大特点就是需要依靠数据治理专职部门和专业的数据治理人员来持续推动数据治理工作；由数据治理专职部门与其他业务部门、分子公司横向成立"数据治理联合工作小组"是联邦式组织模式的核心，全面贯彻执行决策层的数据治理战略，推动数据治理工作的落实。

2. 建立数据治理组织

公司经过现状调研分析及评估，结合公司数字化转型组织现状和近期规划，借鉴同业数据治理组织建设经验，采用联邦式模式搭建数据治理组织。联邦式数据治理组织层级分为：决策层、管理层和执行层。

在数据治理联合工作组设立常设的专职管理岗，并构建专职、专业的数据治理人员团队，保证数据治理工作的持续开展，同时吸纳各业务领域、各层级相关人员，协同开展治理工作，推动数据治理的有效落实。建议"以事定岗、以岗定人"，基于公司实际情况设置执行层相关岗位，前期可采用专项组或虚拟岗位等方式，后期建议逐渐形成常设的数据治理岗位。公司建立组织机构健全、职责边界清晰的数据治理架构，数据治理组织机构包括数据治理委员会、数据治理管理小组、数据治理执行小组、业务主管部门、金融科技委员会，如图8所示。

数据治理组织由决策层、统筹层、执行层三层组成。由数据治理委员会作为组织决策层，在数字化工作小组设立常设的专职管理岗，并构建专职、专业的数据治理人员团队，保证数据治理工作的持续开展；同时吸纳各业务领域、各层级相关人员，协同开展治理工作，推动数据治理的有效落实。

(1) 数据治理委员会：作为数据治理决策者，是公司数据治理工作的决策机构，对公司数据治理工作承担最终责任。

(2) 数据治理管理小组：作为数据治理管理者，是公司数据治理工作的主要管理机构，负责统筹、管理、组织和协调数据治理工作，为公司各部门数据治理工作提供必要的指导和技术支持。

(3) 数据治理执行小组：作为数据治理执行者，是公司数据治理工作的主要执

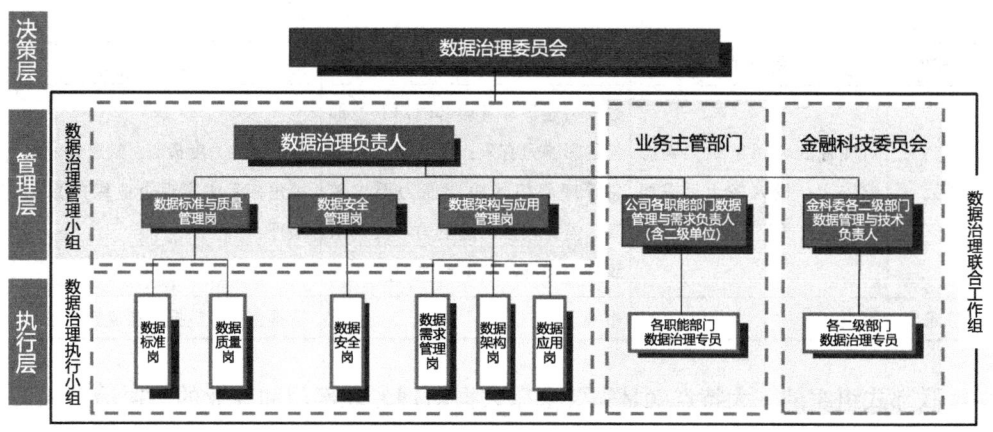

图 8 数据治理组织架构

行机构,依据数据治理规划和管理制度,牵头开展数据治理各项活动。

(4)业务主管部门:作为数据所有者和数据使用者,是数据治理工作的重要业务管理和执行部门,为数据治理工作提供业务方面的权威解释和指导,部门设置数据治理专员,负责本部门的数据管理工作。

(5)金融科技委员会:作为数据执行者和数据使用者,是数据治理工作的主要技术执行和数据服务提供部门,为数据治理工作提供技术方面的指导和支持,部门设置数据治理专员,负责本部门的数据管理工作。

3. 建立数据认责机制

数据认责机制的建立是要明确数据治理工作的相关各方的责任和关系,包括数据治理过程中的决策、执行、解释、汇报、协调等活动的参与方和负责方,以及各方承担的角色和职责等。数据认责过程中通常会遇到以下五种角色,即数据决策者、数据所有者、数据管理者、数据提供者以及数据使用者,如图9所示。

数据治理工作机制的建立,需要围绕数据,首先明确五个关键角色,以及各角色之间的关系。

(1)数据决策者:数据治理体系中负责领导数据治理工作,解决重大事件或工作分歧,聆听数据治理相关汇报,并提供政策、办法等相关指导的具体部门。

(2)数据管理者:负责构建公司数据治理体系并组织开展数据管理活动、统一进行数据需求及数据使用管理的具体部门。

(3)数据所有者:根据所具有的业务知识和能力,提供数据的业务需求,负责对相关数据含义及业务规则进行权威定义和解释,并对数据安全进行分类分级的具体部门。

(4)数据提供者:在数据管理者的组织和要求下,负责开展具体的数据管理活

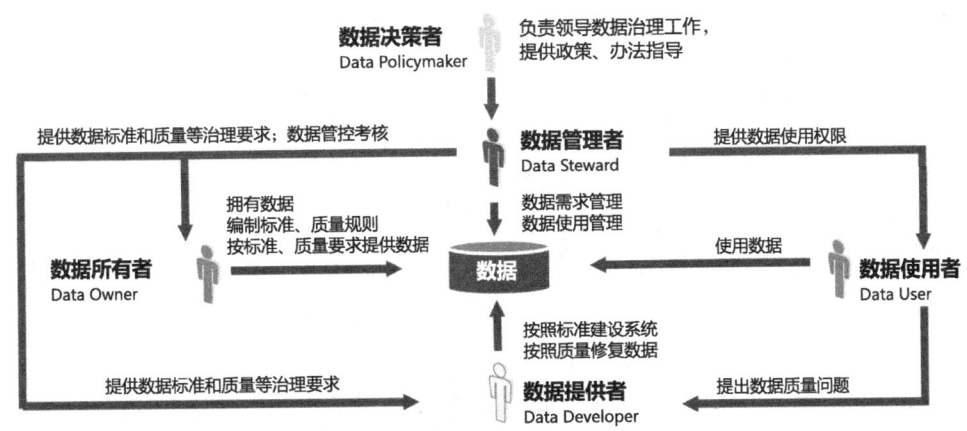

图 9 数据认责的五种角色

动，制订相关解决方案并根据数据治理成果进行系统建设，在数据使用者获取、应用数据过程中，按照相关数据制度、数据标准和规则、业务操作流程的要求提供数据与支持的具体部门。

（5）数据使用者：为支持自身业务经营管理和合规监管等需要，明确数据范围和使用方法，获取相关数据或开展数据应用的具体部门。

4. 建立数据治理制度

数据治理工作的开展和实施，需要以正式发布的管理办法来规范和约束。在本文研究基础上，逐步制定、完善和推行以下管理办法。

《数据治理管理办法》：是数据管理总纲文件，明确了数据治理的定义，数据治理的目的、范围、组织架构和职责，以及开展数据管理的内容、数据认责与考核依据。

《数据标准管理办法》：在总体数据管理办法的指导原则下，进一步明确在数据标准制定、维护、落地等环节的管理细则。例如，数据标准管理总体的管理流程在编制、发布、执行、停用、修订、维护等方面如何开展。

《数据质量管理办法》：在总体数据管理办法的指导原则下，进一步明确数据质量管理方面的细则。例如，数据质量如何界定、谁来负责；数据质量检查规则制定、评审、实施的流程；数据质量监控的流程；数据质量问题暴露后改造的流程，等等。

5. 建立数据治理流程

数据治理相关流程分为两类，一类是流转类流程，流程执行时在不同的环节和处理角色间流转；另一类是管理类流程，不进行流程的流转，主要用于数据治理组织进行日常的数据管理的参考流程。

（1）数据标准管理流程，如图10所示。

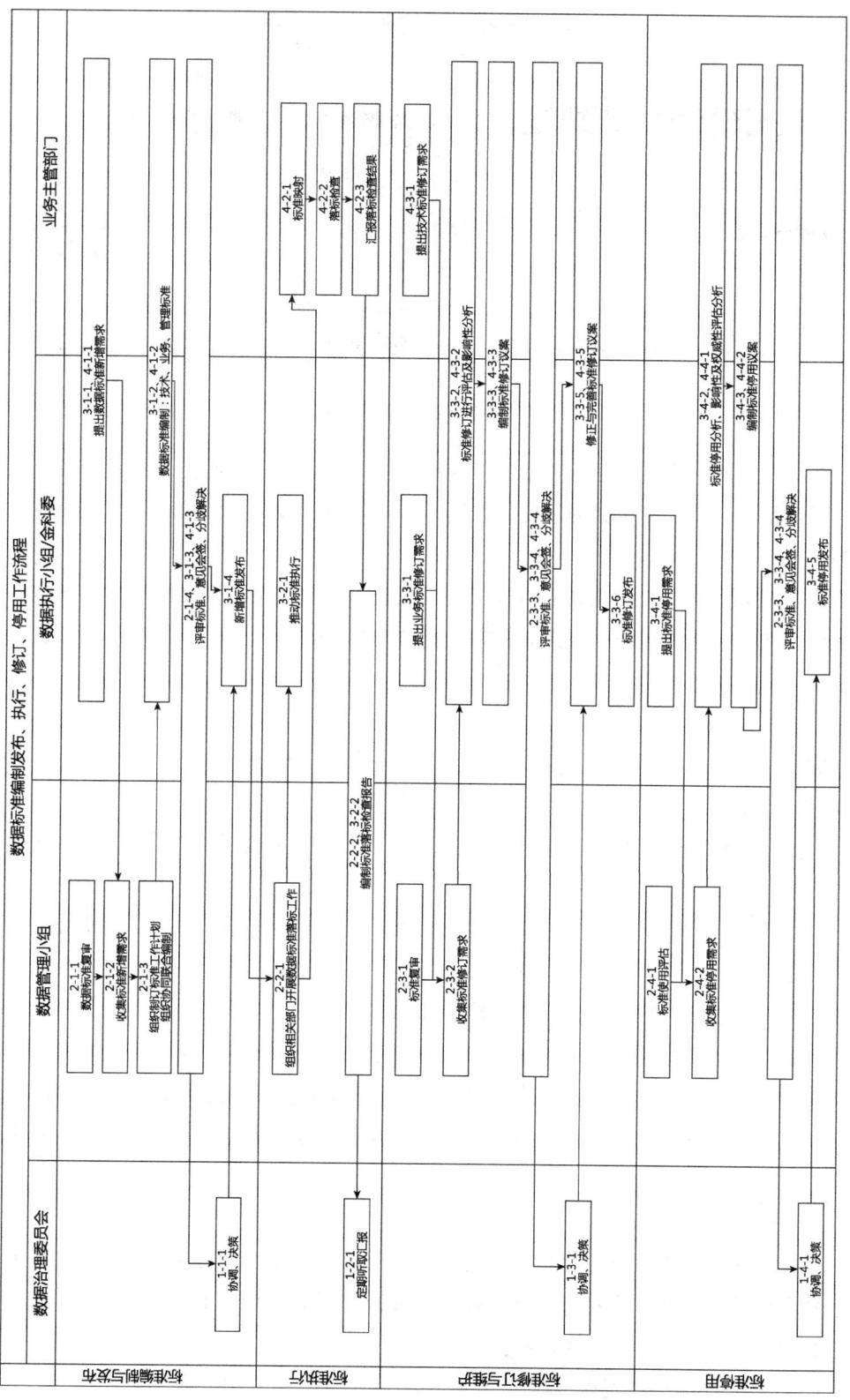

图 10 数据标准管理流程

①数据标准编制与发布流程（流转类）：指在公司开展数据标准的定义编制工作，并面向全公司发布相关标准规范内容的过程。

②数据标准执行流程（管理类）：指把公司已发布的数据标准应用于数字化建设，在信息系统落地并消除数据不一致的过程。

③数据标准修订与维护流程（流转类）：指随着管理和业务运营的发展变化，以及引用的国家标准或外部监管等外部数据要求的变化，对已发布的数据标准进行更新、完善和持续维护的过程。

④数据标准停用流程（流转类）：指对公司已发布数据标准进行评估，发现不再适用时，对该数据标准废止及发布的过程。

（2）数据质量管理流程如图11所示。

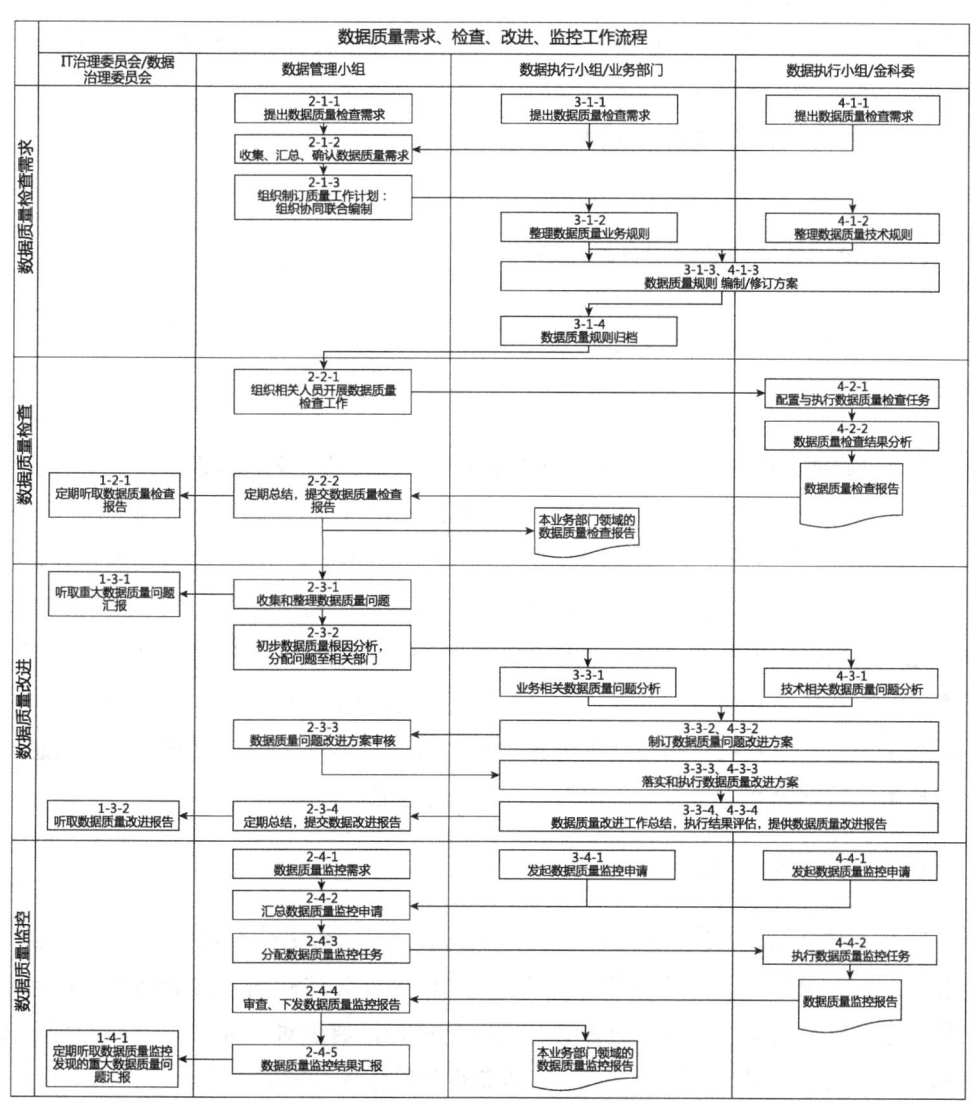

图11　数据质量管理流程

①数据质量需求流程（管理类流程）：指公司对数据的期望质量水平。质量需求通常是从业务和技术角度定义的规则，以确保数据满足其预期的用途和价值。数据质量规则将数据质量需求转化为可操作的具体要求的过程。

②数据质量检查流程（管理类流程）：指按要求执行数据质量规则，监测数据质量，开展数据质量评估的系列活动，数据质量评估是对数据质量检查结果的总结分析的过程。

③数据质量改进流程（流转类流程）：指采取一系列措施和策略，发现、分析、解决数据质量问题的过程，以提升公司数据的质量水平。高质量的数据对于有效的决策制定、业务运营和分析至关重要。

④数据质量监控流程（管理类流程）：指持续追踪、度量和评估数据的完整性、准确性、唯一性、一致性、规范性和及时性，以确保数据质量得以维持和改进的过程。

三、数据标准管理体系建设

（一）公司数据标准管理实践体系

1. 数据标准管理的研究意义

《礼记·中庸》记载："今天下，车同轨，书同文。"秦统一中原后，规定车辆上两个轮子的距离一律改为六尺，使车轮的间距相同，后又令李斯等人进行文字的整理统一工作。如果帝国的每个小地区都有一套律法、文字、语言和货币，那国家治理就非常困难，可见标准化在促进经济发展、治理国家中的重要作用。在以信息为基础的期货公司中，数据标准是实现数据资源共享的基础，是公司信息化战略的基础性工作。

庞大的数据使用催生了数据标准，切实有效的数据标准管理可以使信息的获取、转换、组织、存储、检索、开发、传递直到用户的利用等环节紧密有效地衔接起来，从而利于深层次地开发和利用信息资源，扩大信息共享的范围和效率，提高信息共享的价值。数据标准化建设为用户带来实际应用价值。

2. 数据标准管理概念

标准是对重复性事物和概念所作的统一规定，它以科学技术和实践经验为基础，经过各方面的协调一致，以特定的形式发布，作为社会共同遵守的准则和依据。标准化贯穿于标准制定、实施、监督和管理的全过程，通过对标准的制定、发布、实施和监督，来达到规范、协调、统一，以获得最佳秩序和效益。

数据标准是为在一定范围内获得最佳秩序，促进最佳共同效益，推进数据治理，在科学研究与经验总结的基础上,经协商一致制定并由组织内部一致认同的机构批准,共同使用和重复使用的一种规范性文件。

数据标准管理(亦称数据标准化)是指为促成数据标准的形成和使用而进行的与之相关的一系列活动,即制定和实施数据标准,提高数据管理水平的过程。从一定意义上讲,它是改进、保证和提高数据质量的一项重要措施。因此,人们把数据标准作为评价数据质量的一项重要指标。数据的获取、转换、组织、存储、检索、开发、传递,直到用户的利用,其中每一个环节都离不开数据标准。

因为在公司中,数据的生产和消费往往不是同一实体,所以只有严格按照标准进行,其最终产品和服务才有可能满足用户需求。数据标准作为公司经营管理中所涉及数据的规范化定义和统一解释,增强了业务部门和技术实施部门对数据定义和使用的一致性;通过促进系统集成,充分实现信息资源共享;作为信息系统开发时进行数据定义的依据,使得公司能够从提升管理能力的数据需求出发,建立起数据共享和信息交换的平台。数据标准管理需要通过建立开发一整套的数据管控流程和技术工具来确保公司各种数据的有效性。

3. 数据标准管理内容

数据标准定义的内容主要包括三方面,即数据业务属性、数据技术属性、数据管理属性,如表2所示。

(1) 数据业务属性:对数据业务含义的统一解释及要求。它包括数据的业务含义解释、数据产生过程中所要遵循的业务规则等。

(2) 数据技术属性:是公司业务在应用环境中对数据的统一技术规范。它包括对数据表示的规范定义。

(3) 数据管理属性:为确保对数据标准的管理,对数据标准的管理属性进行统一的定义。它包括每个信息项的数据标准的管理部门,数据标准的创设日期,更新日期,标准版本,失效原因以及失效日期。

表2　　　　　　　　　　数据标准定义属性说明

	属性项	说明	类型
业务属性	标准编号	对每个标准信息项赋予唯一的标识符。编码规则:需要新增	字符串
	标准主题	数据标准项对应数据标准体系中的主题	字符串
	一级分类	按照一定规则和特性,对信息类别进行定义并按照一定层次关系进行组合而形成的稳定架构。该属性项是对信息进行归类及管理的重要参照	字符串
	二级分类		字符串
	三级分类		字符串
	标准中文名称	依据国标、监管要求、公司规定、业务习惯、被普遍认可的数据项的中文语言描述的名称;每一个标准中文名称在各自主题下均是唯一的,不应在不同一级、二级或三级分类下出现相同的标准中文名称	字符串

续表

属性项		说明	类型
业务属性	业务定义	描述标准数据项业务概念以及相关业务规则。业务定义应为完整的一句中文描述，目的在于通过清晰准确的表述令标准使用者了解该条标准项的具体含义；业务定义以全角句号结束，切忌出现用标准名称解释标准名称的现象	超长字符串
	标准来源	描述数据标准的来源，包括国际标准、国家标准、行业标准、行业实践、监管规定（人行）、监管规定（证监）、监管规定（其他）、公司发文、公司协商一致等。其中，国家标准除国标委发布的标准外，还涵盖国家法律法规以及相关部委发布的文件；行业标准指金融行业标准；行业实践指同业经验；公司协商一致指在标准研讨过程中各部门共同讨论达成一致的标准；金标委发布的JR/T开头的文件应归为"监管规定（人行）"或"监管规定（证监）"或"监管规定（其他）"	枚举值
	定义依据	描述标准数据项定义所依赖的参考依据，是对标准来源的详细说明，具体描述数据标准定义的文档名称；在填写时，定义依据的文档名称顺序应与"标准来源"一一对应，文档名称以书名号标记，文档名称之间以全角分号隔开	超长字符串
	业务规则	描述编号类数据标准的编号规则，以及其他需要说明的业务规则。可为空，并用"/"表示并填充	超长字符串
	适应性	描述该数据标准项涉及的业务与公司当前业务的相关性，分为当前适应和未来相关。公司内已开展或计划开展相关业务则标记为"当前适应"；未开展相关业务则标记为"未来相关"	枚举值
	数据类型	描述标准数据项存储与表示数据信息的类型，包含：文本类、数值类、代码类、标志类、日期和时间类、编码类	枚举值
	取值范围	描述标准数据项所允许设定值的集合，代码型标准数据项的枚举值取值范围将在代码定义表中予以明确，不在取值范围中描述；对于代码类的数据标准项，若该条数据标准项只选取某公共代码的部分代码值，则在"取值范围"中简要说明代码值范围	超长字符串
	代码编号	若数据标准项的类型为代码类，则在该列对应单元格填写该数据标准项对应的统一代码编号	超长字符串
技术属性	数据表示	企业内部约定的数据存放格式，即这个标准字符型最长30位，在不同数据库类型中可以不同表述实现	超长字符串
	数据长度	描述从业务角度规定的数据项所允许的数据长度	数值类
	数据类型	描述从技术角度规定的数据项所允许的数据类型	超长字符串
	数据精度	描述从业务角度规定的数据项所表达的精确度，即小数点位数	数值
	计量单位	对于数据类型为数值类或金额类的数据标准项，需定义该数值或金额的度量单位，数值类的单位包括平方米、个、份数等，金额类的单位包括元、万元等	超长字符串

续表

属性项		说明	类型
管理属性	权威系统	描述当基础数据可来源于多个现有系统的情况下，为保证基础数据使用的一致性和准确性，由部门确定其中一个系统作为该数据的取值权威系统，当多个系统均有该数据标准项的值时，以该权威系统的值为准	超长字符串
	数据标准归口部门	描述参与数据标准制定及后续对该数据标准进行管理的部门	超长字符串
	数据标准状态	描述本条标准目前的状态，包括有效、失效和未生效	枚举值
	协作部门	该标准项的牵头业务管理部门，负责指定该信息项的业务规则和含义，并负责该信息项数据解释	超长字符串

（二）数据标准化框架

1. 整体框架概述

数据标准化的解决方案的整体框架包含以下几个组成部分。

（1）总体规划：对最终目标、标准体系架构、实施原则、标准制定、执行的目标和实施路线图作统筹规划。

（2）实施阶段：标准建设和管理分为四个阶段，分别是标准制定、标准落地、标准维护和标准监控。通过四个阶段，实现标准的价值，并对其进行持续维护和监控考核，如图12所示。

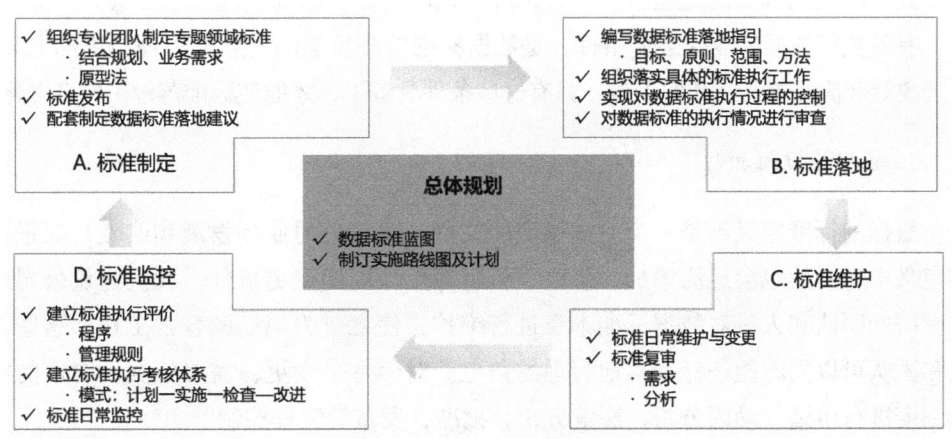

图12 数据标准体系框架

（3）全面管控：确立数据标准管理组织结构及职能，制定管理办法和技术规范，支持标准化工作实现。

2. 数据标准总体规划

数据标准建设是一项长期的、涉及面广的基础工作，需要公司在时间和人力等生产资源上有意识、有计划、持续地投入。数据标准的总体规划的目的是根据公司的战略目标和实际情况，确立数据标准化的价值和最终目标，并为达到最终目标订立行动计划和资源调配。

3. 数据标准制定

在进行数据标准制定之前，首先必须建立公司数据标准的体系和分类，并在此体系下按照总体规划的阶段和步骤，依据数据梳理的方法论，定义和标准化公司的数据项。这些数据项包括公司的最基础的数据（如客户、员工、机构、账户、品种、交易、资产、渠道、营销、行情等），各业务相关的公共数据，除此之外，还有指标类数据和应用专用类数据。标准制定是公司数据标准化的核心工作。

4. 数据标准落地

执行落地是在确立公司数据的标准化定义之后，公司数据标准化的关键步骤。公司信息化建设已经有显著成果，如何推广和执行数据标准，改造现有业务系统和管理分析类系统，尤其值得研究。在落地执行阶段，我们建议对于现有系统和计划建设新项目必须分别制定切实的标准化贯彻和合规管理制度；特别对于现有系统的改造，需要建立统领性重要项目，制定需要实施改造的系统的门槛条件，详细评估各个系统改造子项目的可行性和迫切性，然后根据优先级次序制定具体改造计划。具体到编写数据标准落地指引，明确标准落地的目标、原则、范围、方法。

有效执行数据标准的必要条件，是数据标准管理控制的措施如管理组织和人员、管理政策和流程等已经落实到位。只有这些条件具备了，才能使标准落地工作日常化。

5. 数据标准维护

数据的标准定义不是一个一成不变的文件。随着公司业务发展和改变，数据标准定义本身必然也会经历增加、修改、作废等生命周期变更事件。我们建议公司成立专门的团队和人员对数据标准本身进行维护，使之成为他们的日常工作。这些人员和团队可以同时担任标准落地管理的角色。对于每个变更，需要根据已制定的管理制度进行申请，动因分析，影响分析，批准，发布等流程控制。

6. 数据标准监控

数据标准监控是对标准落地过程和结果的反馈和管理。标准监控作为总体数据管理的措施之一，最终应该和元数据管理和数据质量管理相互配合执行。在确立了数据标准定义、在实际建设中执行数据标准的同时监控标准落地的情况有助于在省农信内部深入数据标准化意识，提高标准化管理的影响。

通过建立评价体系来推动数据标准体系的持续改进。建立考核体系实现对标准落地执行的评价和推动标准真正做到提升数据质量。

（三）数据标准分类体系

企业在进行数据治理的时候大多从数据标准管理入手，而数据标准管理工作的第一步就是确立数据标准管理的分类体系框架，分类体系是后续数据标准建设和维护的重要依据。

企业的数据可以按照多种方法进行分类，从而可能产生多种分类体系框架，由于数据标准是数据治理的主要依据和基础，为整个企业所共享，因此数据标准的稳定性非常重要，即使发生变更，也应尽量控制其影响范围。

按照数据的加工程度和面向应用场景可以将数据标准分类为：基础数据标准和指标类数据标准和应用类数据标准。基础数据是业务生产系统直接产生的、最原始的数据，指标数据是在基础数据的基础上经过加工衍生而产生的数据，两类数据具有不同的属性，其数据管理的特征、方式、方法也有很大的区别。

1. 基础类数据标准

以期货业务场景为主，结合《JR/T 0176 证券期货行业数据模型第 5 部分：期货公司逻辑模型》，主要涉及 12 类数据域：客户、员工、机构、地址、账户、品种、交易、资产、合同、渠道、营销、行情，数据域之间的关系如图 13 所示。

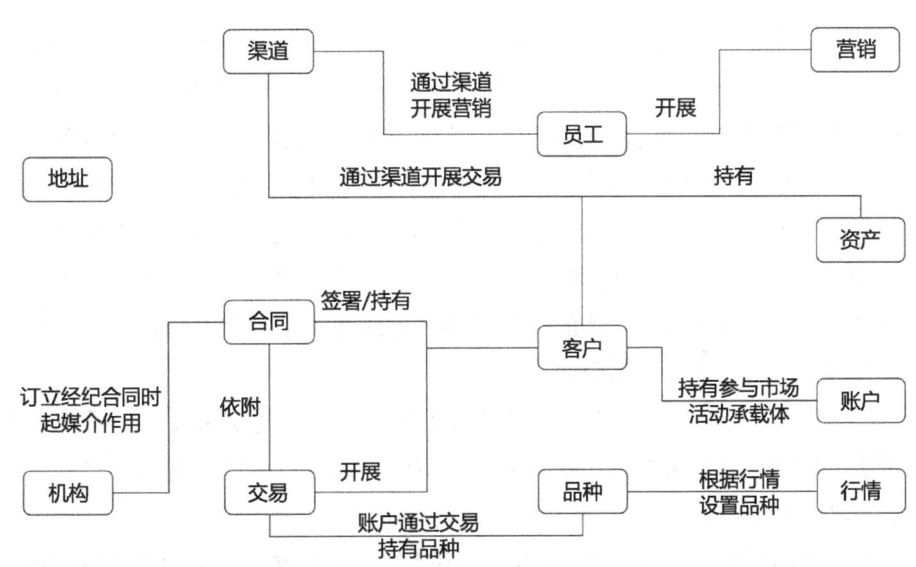

图 13　期货公司数据域关系图

（1）客户数据域：在期货公司开展交易业务或者被提供服务的对象。客户分为机构客户、个人客户、特殊法人客户、做市商等。

（2）员工数据域：在公司及其子公司中从事某项工作的人，包括全职、实习生以及虚拟员工等。

（3）机构数据域：期货公司的内部机构及与期货公司合作的外部机构，包含：交易所、证券营业部和居间人，其中居间人是指为投资者或期货公司介绍订约或提供订约机会的个人或法人，其主要作用是在投资者与期货公司订立经纪合同时起媒介作用。

（4）地址数据域：地址是指能够与客户取得直接联系的广义地理位置信息，包括物理地址、电话地址、邮件地址等。地址主题用于定义注册机构或用户地理位置。

（5）账户数据域：账户数据域是描述相关主体因业务需求在相关机构登记的各类账户信息，账户数据域按照账户类型划分三大类，包括交易账户、资金账户、银行账户。账户数据域包含了账户从申请、开立到销户过程中需要的完整信息，与主体、合同、交易、资产数据域有密切联系。

（6）品种数据域：品种数据域构建符合国际规范且适应国内资本市场现状的品种分类及定义。品种的范围不仅包括证券公司本身对外提供的金融工具和服务，还包括在证券公司业务流程中涉及的其他方提供的金融工具和服务。

（7）交易数据域：交易数据域记录了各种与证券公司相关活动的详细情况。这些活动通常指证券公司与客户等主体的交互活动，主要可以细分为委托、成交、资金变动、股份变动、其他交易事件等，交易数据域中记录了详细的交易和行为数据，还包括导致主体、账户、合同等其他数据域数据变化的非交易行为数据，即交易时间中产生的各类日志。

（8）资产数据域：记录主体拥有的资产，主要指客户主体的资产。这是指客户在进行出入金、交易、交割、行权、购买产品或服务、抵质押等各类交易行为后，在期货公司记录的持有资产和应偿负债的综合称谓。这些资产包括交易账户持有、资金账户持有等实际资产，同时也包括客户积分等虚拟资产，旨在全面描述客户主体的资产拥有情况。

（9）合同数据域：合同是证券公司根据相关法律法规、规章制度以及交易所的交易规则制定的协议。合同数据域的数据涵盖证券公司与交易对手方线上签署的电子化合同，客户与证券公司签署的开展某种业务或购买某种产品的协议，以及客户在进行证券交易时产生的交易合约。

（10）渠道数据域：渠道用于表述业务发生的地点、通道或路径，通常与业务事件关联。渠道数据域由电话、呼叫中心、柜台、银行、客户交易软件终端、合作方渠道及其他渠道组成。

（11）营销数据域：营销用于表述一个主体在意图开展营销活动的领域进行营销活动的行为方式，营销数据域的主要实体有：营销活动、营销任务等。营销数据标准针对营销相关数据项进行规范化约束，例如，活动名称、活动编号、活动类型等。

（12）行情数据域：包括交易品种合约在金融市场上价格及价格变动等情况。

基于期货客户管理业务场景及围绕客户管理建设的应用系统，本期研究课题中经过业务调研及系统盘点、客户域的基础数据分类框架体系，对客户数据域进行进一步细化，如图 14 所示。

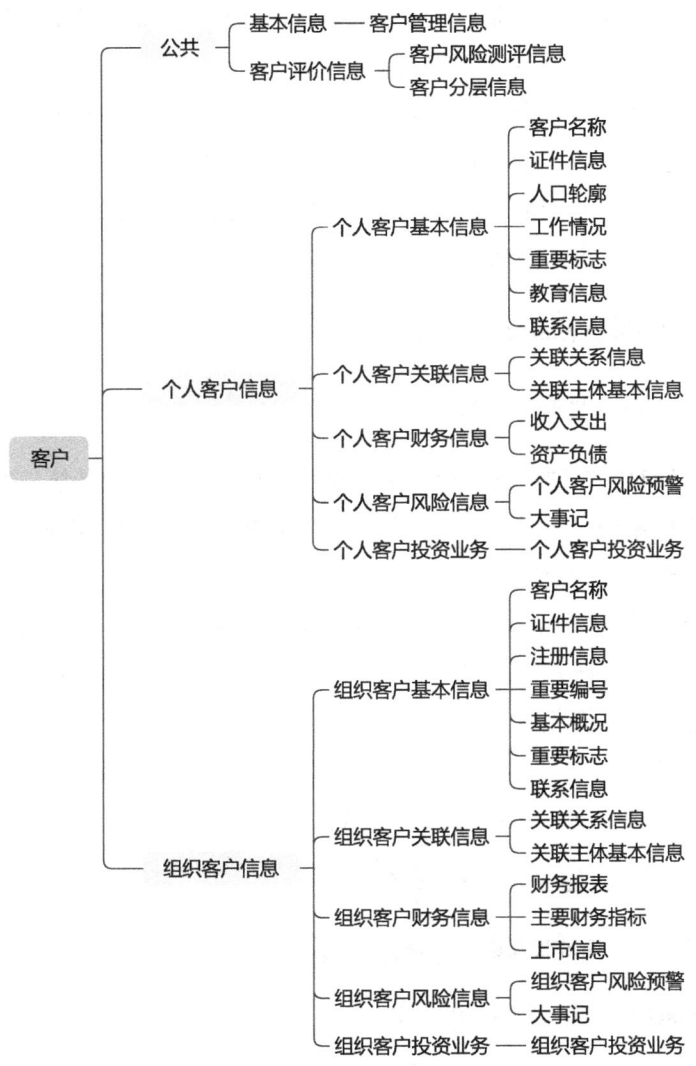

图 14　客户域基础数据标准分类框架体系

2. 指标类数据标准

统计信息是企业的重要信息资源，其是对期货类业务活动及其属性一种客观描述，是期货类企业活动中各种变化和发展特征的反映和表现，也是企业总体运行情况的一种综合表现。及时、准确、全面的统计信息又是十分有价值的信息资源，一经收集整理，便可以多次、反复使用，供各有关部门共享，作为制定期货类企业的微观经营举措和宏观管理策略的基础和依据。基于数据中台建立围绕客户画像标签的指标类数据标准，包括客户属性类、期货业务类、基金业务类、产品标签类。

（1）客户属性类：客户属性类涵盖了对期货公司客户进行记录及分析的指标，如基本属性、适当性、App 行为等指标信息。

（2）期货业务类：期货业务类涵盖了期货业务日常交易现状的指标，主要是资产情况、出入金、盈亏、手续费等指标。

（3）基金业务类：基金业务类涵盖了基金业务日常交易现状的指标，包含资产情况、业务机会、交易行为、基金创收（公募基金）等指标。

（4）产品标签类：产品标签类涵盖了期货公司推出的产品的相关指标，包含公募基金、私募基金等指标信息。

（四）客户域数据标准建设成果

1. 客户域系统数据盘点成果

本期研究针对客户域数据进行系统盘点，包括：账户管理系统、客户关系管理系统、期货交易系统（包含期货交易、股票现货交易、股票期权交易）、客户端App、私募及场外交易系统。

为探索公司各系统中的客户域表字段情况，本期研究主要探查大数据平台贴源层、主题明细层的数据表，识别客户域物理表 73 张，覆盖信息项 1639 项，其中与客户域数据标准相关信息项 288 项，相关盘点成果可应用于制定客户域数据资产目录（见图 15、图 16）。

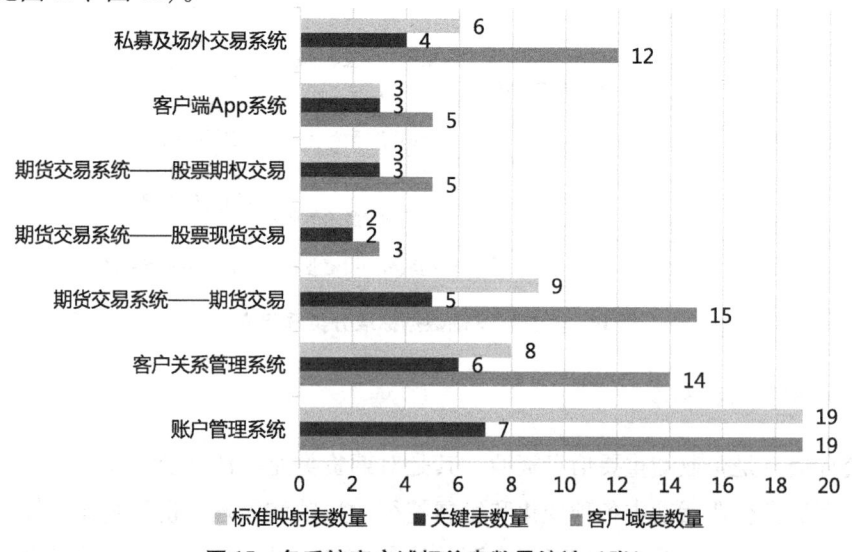

图 15　各系统客户域相关表数量统计（张）

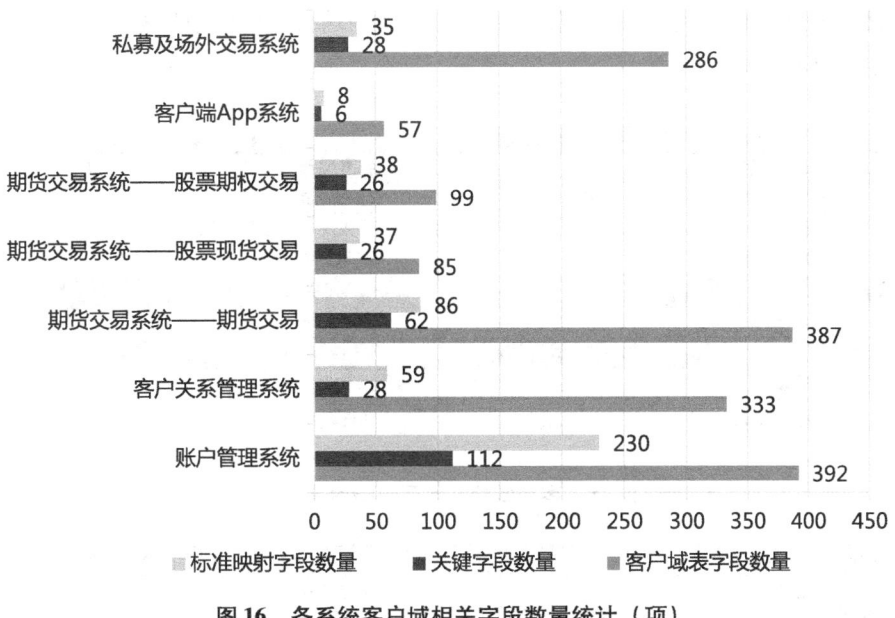

图16 各系统客户域相关字段数量统计（项）

2. 客户域基础数据标准成果

本期研究课通过借助数据治理平台智能元数据推荐功能，快速定位数据资源中客户相关字段信息，辅助客户域数据标准建设，建立客户域基础数据标准200项，如图17所示。

业务属性			
标准编号	PTY000001	标准主题	客户
一级分类	公共	二级分类	基本信息
三级分类	客户管理信息	标准中文名称	客户编号
业务定义	描述期货公司为统一管理，根据既定规则生成并分配给客户的唯一编码，在		
标准来源	公司规定；同业经验	定义依据	/
业务规则	公司统一客户编号可以参考账户系统。		
适应性	当前适用	数据类型	编码类
取值范围	/	代码编号	
技术属性			
数据表示		C..12	
数据类型	string	数据长度	<=12
数据精度	/	计量单位	/
管理属性			
权威系统	ECIF	数据标准归口部门	运营中心-业务管理部
数据标准状态	有效	协作部门	金科委-应用开发二部

图17 客户域基础数据标准样例

3. 客户域公共代码数据标准成果

本期研究借助数据治理平台元数据管理，能够快速检索相关客户域字段数据代码定义，辅助客户域代码数据标准建设，建立客户域公共代码数据标准 39 项，如图 18、图 19 所示。

业务属性			
所属主题	客户	标准编号	CD010001
标准中文名称	客户类别代码	标准来源	同业经验
业务定义	描述客户属于个人/机构/特殊机构。		
定义依据	/	引用文档	/
技术属性			
代码值编码规则	1级1位编码（1.1）	数据表示	C1
管理属性			
权威系统	ECIF	数据标准归口部门	运营中心-业务管理部
数据标准状态	有效	协作部门	金科委-应用开发二部

图 18　客户域公共代码数据标准示例

业务属性			
所属主题	客户	标准编号	CD010001
公共代码详情属性			
标准中文名称	代码值	代码值描述	代码值说明
客户类别代码	0	个人	
客户类别代码	1	机构	
客户类别代码	2	自营	
客户类别代码	3	特殊机构	

图 19　客户域代码值数据标准示例

4. 引用文档数据标准成果

本期研究建立数据标准知识库，搜集公司围绕数据管理及业务数据的标准发文，建立客户域官方文档数据标准 39 项，如图 20 所示。

业务属性	
标准编号	REF000001
标准中文名称	《GA 214.12-2004 常住人口管理信息规范 第12部分:宗教信仰代码》
发文机构	中华人民共和国公安部
发文文号	GA 214.12-2004　发文日期　2004-01-10

图 20　客户域官方文档数据样例

（五）数据标准认责

依据"谁申请、谁编制、谁管理"的思路认定新增数据标准的管理部门，即由申请新增数据标准的部门派人员参与该数据标准的定义编制并作为它的管理部门。

对于数据治理归口管理部门提出新增的数据标准，由落地该数据标准的信息系统业务需求提出部门派人员参与该数据标准的定义编制并作为它的管理部门。

在实际认定过程中出现分歧,由数据治理归口管理部门依据数据治理委员会审议决策意见认定数据标准的管理部门。

(六) 数据标准落标执行

在数据标准在制定之后,标准只有得到有效执行,并在执行的过程中不断得到修正和完善,其完整性、实用性和对系统建设的指导意义才能得到真正的体现。因此,在完成制定标准及系统映射后,数据标准的工作重点将落于数据标准落地执行上。这个过程涉及业务操作流程、源业务系统以及各类管理分析应用等,在落标范围不断深入的过程中会产生不同程度的影响。

数据标准的落地实施不能脱离其他应用系统建设而单独执行完成,它必须通过在应用系统实施建设过程中参照使用和遵循数据标准来得以实现。一般来说,数据标准可以通过以下几个方面来执行落地:针对重点规划的新建系统及运行稳定的系统,升级改造需要遵循数据标准;预计下线的系统不做强制要求;外购产品包选型中参照数据标准来考核评估;业务规则制定和推广时遵循数据标准等。

鉴于数据标准执行的影响甚广,在执行过程中必须遵守一定的工作原则,尽量降低对各方面的影响,实现数据标准的稳定落地。数据标准落地执行过程中的工作原则可以概括为"循序渐进、业务驱动、结合现实"。

1. 循序渐进

数据标准落地的首要原则是循序渐进。数据标准的执行不可能是齐头并进、一蹴而就,而必须依据先易后难、先新后旧、先小后大的思路确定优先顺序。优先考虑那些容易实现的标准内容来执行,难度较大的往后考虑;优先考虑在新系统建设实施过程中执行数据标准,然后考虑在稳定运行系统的升级改造中执行数据标准;先从小处着手,对那些影响范围小、见效快的落标工作先行考虑开展。

2. 业务驱动

数据标准落地的首要前提就是以业务为驱动。需要结合公司的整体战略规划和业务发展目标,明确公司最亟须解决的问题和最迫切的业务需求,才能实现数据标准的业务价值。

3. 结合现实

数据标准落地的重要原则是把握现实可行性。在结合业务明确需求的情况下,从执行难度、实施成本、实施风险和影响范围等多个方面充分考虑现实情况,根据难易程度制定切实可行的执行内容。

四、数据质量管理体系建设

数据质量管理是组织为确保其数据资源的高质量、可信性、准确性和完整性而采取的一系列有序步骤和方法。一个成功的数据质量管理实践体系是保障数据质量的关键因素,其结构通常涵盖组织、流程、技术和文档等多个层面。期货公司作为金融机构,需要依赖准确、可靠的数据进行交易执行、风险管理和业务决策,所以公司需建立一个全面的数据质量管理实践体系,覆盖数据的全生命周期,从数据采集到存储、处理、分析和报告,以确保数据在业务运作中的高质量和可信度。

(一)数据质量管理实践体系

1. 数据质量管理的研究意义

随社会信息化进程的不断加速,公司已由 IT(Information Technology)发展阶段进入 DT(Data Technology)阶段,数据在公司的发展中将扮演越来越重要的角色。然而,目前公司数据质量达不到标准,无法满足数据使用者要求;同时外部监管机构越来越关注数据质量问题,因此如何管控数据,保障公司存储数据质量达标,是本期研究的主要内容。

对于数据质量的定义最早可以追溯到 1996 年,Wang 等针对"数据质量"这一概念给出了一个初步的定义,即"适合数据消费者使用的数据"。2002 年 Kahn 等重新定义了"数据质量",对于原先的初始概念进行了完善。Kahn 等提出数据质量是"数据需要符合规范,并且满足或超过数据消费者的期望",即数据必须是有用的,并为数据消费者的任务提供应有的甚至超越原有的价值。2003 年,Olson 也提出了一个关于数据质量的定义"如果数据满足其预期用途的要求,那么数据具有质量"。2009 年国际标准化组织 ISO 在《GB/T 19000-2016 质量管理体系 基础和术语》中将质量定义为"产品和服务的质量不仅包括其预期的功能和性能,而且涉及顾客对其价值和受益的感知"。

本文研究中制定了《数据质量管理办法》,明确定义数据质量概念。"数据质量"是指确保数据符合其预期使用和管理目的,从技术、人员、流程上对数据的完整性、有效性、准确性、唯一性和一致性等维度的描述、度量和管理。"数据质量管理"是为促进数据资产质量的提升,在新系统建设、系统升级改造和日常管理过程中预防、发现和解决数据质量问题,发挥数据在公司管理中的效用。数据质量管理的研究具有广泛而深远的意义。

(1)支持决策:高质量的数据是正确决策的基础。通过研究数据质量管理,可以开发出更有效的方法来确保数据的准确性、一致性和完整性,从而提高决策的质量和可信度。

(2)降低风险:低质量的数据可能导致错误的决策、业务风险和不必要的损失。通过研究数据质量管理,可以降低因数据质量问题而引起的潜在风险,保护组织的利益。

(3)提高效率:数据质量管理的研究有助于发现和纠正数据质量问题,从而提高数据处理流程的效率。减少错误和重复工作,节省组织资源,提高整体工作效率。

(4)促进创新:优质的数据为创新提供了坚实的基础。通过研究数据质量管理,可以支持新技术、新业务模型和新数据应用的发展,推动组织的创新和竞争力。

(5)提升客户满意度:数据质量直接关系到客户信息的准确性和可靠性。通过研究数据质量管理,可以改进客户数据管理,提升客户满意度,增强客户忠诚度。

(6)支持数字化转型:近年来,数据在数字化转型的重要性被提上了前所未有的高度,数据驱动的决策、调度、运营,给公司插上了智能的翅膀,带来了巨大的业务价值。在公司信息化或者数字化的历史上,数据距离业务越来越近,数字化转型正从流程优先走向数据优先。随着组织向数字化转型,对高质量数据的需求变得更为迫切。数据质量管理的研究有助于应对数字化转型的挑战,确保数字化系统的高效运作。

(7)遵从合规性要求:在许多行业中,存在着对数据隐私和安全的法规和合规性要求。研究数据质量管理有助于确保组织符合相关法规,减少因违规行为而带来的法律责任。

(8)推动数据共享:高质量的数据更容易被信任和共享。数据质量管理的研究有助于建立共享数据的信任基础,促进数据在组织内外的有效共享。

2. 数据质量管理体系框架

数据质量管理活动是为了确保组织的数据达到预期标准而采取的一系列有组织的措施和实践,这些活动旨在确保数据准确、完整、一致、可靠、及时、可理解和可信赖,覆盖数据全生命周期,涉及管理活动如图 21 所示。

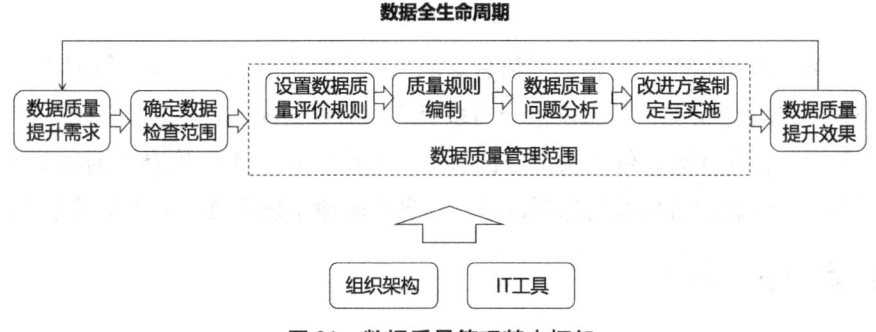

图 21 数据质量管理基本框架

(二) 数据质量需求

1. 数据质量分析目标

为了避免盲目性，数据质量检查通常需要围绕某个业务目标而开展，即为了实现某个业务目标而对相应范围的数据进行质量检查。因此，明确并正确理解业务目标是数据质量检查工作的第一阶段，也是整个工作开展的基础。

随着行业竞争的加剧，针对不同类型客户的精准营销方式和客户精细化管理成为期货公司竞争的着力点，而数据成为细化客户发展策略的重要支撑和必要保障。要全面实现和建立全行业客户的全方位信息视图，客户信息是基础，而客户信息的数据质量成为关键。

然而，客户信息质量不高，主要表现为客户信息收集不全，信息不完整、不准确、不一致，这将极大地影响客户管理和客户营销的效果。为此，有必要对客户信息质量进行一个全面的评估，在此基础上提出可行的数据质量提升建议。

2. 选择数据质量检查内容

数据质量检查的对象是实现业务目标需要的信息项，而这些信息项存在于公司信息系统中，因此在确定业务目标之后，紧接着需要根据业务目标选择纳入本次数据质量检查范围的信息项，以及相应的公司系统落地字段。主要分为如下内容来实施。

步骤一：确定信息项范围。数据质量分析部门需要讨论确定实现业务目标所需的信息项，在梳理时还应尽可能收集相关业务操作手册、公司发文等。需要注意的是，如果数据项有引用数据标准，在梳理时需注明。

步骤二：选择待检查信息项。为了提高数据检查工作的效率，可以考虑在第一步确定的信息项范围中再选择部分作为待检查的数据项，选择原则包括：

（1）业务关注程度，即在业务访谈中多次被提到或业务人员明确表示重要的数据项。

（2）数据获取情况，即在公司信息系统中能找到落地表、字段的数据项。

（3）系统应用情况，即供多个公司系统应用的数据项。

本阶段工作完成后，数据质量分析部门需要给出数据质量检查数据项清单，包括以下内容：信息项名称及信息项说明、信息项落地系统名称、表名称及字段名称。

3. 客户域信息项范围

公司各部门的数据域使用情况如表3所示，可以看出目前覆盖率最高的是客户数据域，故客户数据质量作为本文研究对象。

表3　　　　　　　　　　公司各部门数据域使用情况

一级部门	二级部门	客户	机构	账户	品种	交易	资产	合同	渠道	营销	行情	总计（个）
研究部门		√									√	2
一级部门A	服务部	√	√	√	√	√	√					6
	交割部	√	√	√	√	√	√	√				7
	管理部	√	√	√	√	√	√	√	√	√	√	10
	风控部	√	√	√	√	√	√	√	√	√	√	10
一级部门B	运营部	√	√	√	√	√	√		√		√	8
	金融部	√	√	√	√	√	√	√	√	√	√	10
	财富部	√	√	√	√	√	√	√	√		√	9
资产管理部门		√	√	√	√	√	√	√	√		√	9
财务部门		√		√				√				3
协同管理部门		√	√	√	√	√	√	√	√		√	9
科技部门	一部	√	√	√	√	√	√					6
	二部	√	√	√	√	√	√	√	√	√	√	10
	三部	√	√	√	√	√	√	√	√	√	√	10
总数（个）		14	10	13	12	12	12	10	9	7	10	

本期研究中，数据质量检查业务场景包括：个人客户九要素和组织客户九要素（见图22）。针对全公司各业务场景及系统涉及的全量表字段进行梳理，并开展数据质量探查，制定识别唯一客户的规则。

（1）个人客户以"证件类型+证件号码+中文名称"来唯一识别同一客户。

（2）组织客户以"统一社会信用代码或组织机构代码或营业执照+组织中文全称"来唯一识别同一客户。

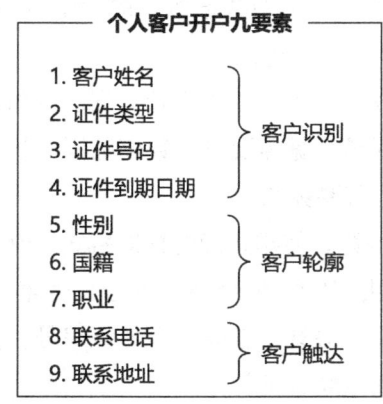
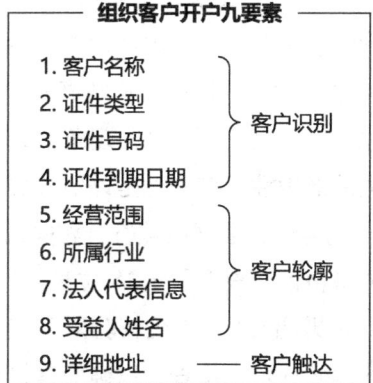

图22　个人/组织客户开户九要素

4. 客户域数据范围

公司使用的业务系统众多,其中涉及客户域信息的主要系统包括:账户管理系统、客户关系管理系统、期货交易系统、客户端 App。本文研究中,以账户管理系统作为客户域的主系统开展系统间数据一致性检查。

(1) 账户管理系统:是客户的账户业务办理系统,主要负责对客户的账户适当性开户;期货账户开立/销户/休眠/激活;基金和股票期权账户开立/销户,以及客户资料变更等功能。

(2) 客户关系管理系统:是客户关系管理系统,功能主要包括客户经纪关系管理、薪酬考核、业务办理流程、统计分析等功能。

(3) 期货交易系统:由交易、风险控制和结算三大系统组成,交易系统主要负责期货订单处理、行情转发及银期转账业务,结算系统负责期货的交易管理、账户管理、经纪人管理、资金管理、费率设置、日终结算、信息查询以及报表管理等,风控系统则主要在盘中进行高速的实时试算,来及时揭示并控制期货风险。根据业务的不同,数据分别存储于:期货交易数据库、股票现货交易数据库、股票期权交易数据库中。

(4) 客户端 App:负责对互联网客户提供期货/基金交易和行情信息、客户开户、业务办理、推送投研报告和市场热点资讯等。

(三) 数据质量检查

1. 数据质量度量维度

数据质量维度是数据质量评估的基础,由于不同领域和不同的人对其认知差异比较大,经过众多研究者的探索,目前数据质量维度的定义已日趋成熟,其中被最多使用的就是英国数据管理协会(DAMA UK)提出的数据质量的六个核心维度,包括准确性、规范性、一致性、唯一性、及时性、完整性。

(1) 准确性:数据必须反映真实世界的实际情况,不得伪造数据。例如,组织客户的总资产信息,不允许出现负值,故针对该数据需要进行数值范围的检查,以确保数据的准确性。准确性是评估数据质量的首要标准。

(2) 规范性:数据应该符合相关的业务规则,使用正确的存储格式。例如,个人客户的身份证,根据规定 18 位身份证号码由"6 位地区编码 +8 位出生年月日 +3 位编号(奇男偶女)+1 位校验码"组成,针对系统中存储的身份证编号,需要进行相关的编码规范性检查,以确保其符合国家标准的规定。

(3) 一致性:同一个数据对象的值应该是唯一的。例如,当指定 A 系统为公司的客户主系统,则需要确保其余涉及客户信息的系统中的客户信息与 A 系统中的一致,以避免产生不同系统中同一客户的信息存在差异。

(4) 唯一性:已经记录过的数据无须重复记录,这有助于提高数据使用效率,降低审计成本,节省存储空间。例如,唯一的证件编号仅能对应唯一的客户编号,以确保客户主体的唯一性。

(5) 及时性:数据应该及时更新,并且确保用户需要某一条数据时能在最短时间内找到该数据。过时的数据会影响数据分析结果的准确性和可靠度。因此,数据管理员或数据质量分析师需要定期整理数据,剔除过时数据,及时更新数据。

(6) 完整性:完整的数据才能有效满足使用者的需求。甚至在某些情况下,只有完整的数据才是有意义的。例如,当进行客户的开户时,若无法采集客户的完整信息(如国籍、性别等),当进行客户画像分析等数据应用时,可能无法得出高质量的分析结果。因此,公司应该预先定义所需的各种数据元素,确保数据库中存储了完整的数据。

系统表字段中的数据可以有不同的质量维度,因此具体表字段会有多条质量检查规则,编写需确保全面性。本文数据项质量检查维度说明如表 4 所示。

表 4 数据质量检查维度说明

规则类型	维度	规则维度	维度说明
CPT	完整性	1	不允许为空
		2	有条件为空
		3	默认值
		4	记录缺失
ARC	准确性	1	数值范围
		2	业务数值准确性
		3	关联标准
		4	业务日期准确性
		5	业务数据不符合业务定义
CST	一致性	1	主外键关联
		2	代码一致
		3	系统间一致
		4	系统内一致
		5	表间一致
UQN	唯一性	1	主键唯一
		2	业务对象唯一
		3	技术主键+业务主键检验

续表

规则类型	维度	规则维度	维度说明
VLD	规范性	1	长度检查
		2	编码检查
		3	精度检查
		4	特殊字符检查
		5	日期类型检查

2. 数据质量规则设计思路

数据规则设计思路主要基于数据标准及应用系统实现要求，主要覆盖以下四个场景：

（1）完整性：根据业务分析及调研，识别到关键信息项，针对关键信息开展完整性检查。

（2）标准要求：源系统数据需要满足期货公司数据标准的数据质量要求。

（3）内部一致：需要根据系统内业务功能处理逻辑，在一定范围内保证表间数据一致性。

（4）报送口径：针对监管报送的特定口径，如中国反洗钱监测分析中心发布的《金融机构大额交易和可疑交易报告数据报送校验规则 V1.3》，源系统在相关口径分类应能够保持解释一致。

3. 数据质量规则编制

数据质量检查规则是指判断数据项在系统落地字段中所存储的真实数据是否符合特定要求，数据质量检查规则的结果是表字段数据的通过率，也就是通过检查的数据记录数与总数据记录数的比率。

数据表字段可分为不同数据类别，包括文本类、数值类、代码类、标志类、日期时间类、编码类，在六大类数据质量度量维度上，针对不同数据类别编制质量规则，如表 5 所示。

表 5　　　　　　　不同数据类别的质量维度规则制定要求

维度	规则分类描述	编码类	代码类	数值类	日期与时间类	标志类	文本类
规范性	长度检查	不需要	不需要	不需要	不需要	不需要	如果文本类数据在表示上要求长度固定，需要

续表

维度	规则分类描述	编码类	代码类	数值类	日期与时间类	标志类	文本类
规范性	关键字检查	不需要	不需要	不需要	不需要	不需要	如果文本类数据在业务上要求包含关键字，需要
规范性	精度检查	不需要	不需要	需要	需要	不需要	不需要
规范性	类型检查	不需要	不需要	需要	需要	不需要	不需要
规范性	编码规则检查	如果编码类数据在业务上有确定编码规则，需要	不需要	不需要	不需要	不需要	不需要
准确性	值域检查	不需要	需要	不需要	不需要	需要	不需要
准确性	业务逻辑检查	不需要	不需要	如果数值类数据在业务上有要求取值范围，需要	如果日期与时间类数据在业务上有要求取值范围，需要	如果标志类数据在业务上与其他数据有逻辑上的关联性，需要	不需要
一致性	一致性检查	如果编码类数据在业务上有规定一致性，需要	如果代码类数据在业务上有规定一致性，需要	如果数值类数据在业务上有规定一致性，需要	如果日期与时间类数据在业务上有规定一致性，需要	如果标志类数据在业务上有规定一致性，需要	不需要
完整性	非空检查	如果编码类数据在业务上要求不可为空，需要	如果代码类数据在业务上要求不可为空，需要	如果数值类数据在业务上要求不可为空，需要	如果日期与时间类数据在业务上要求不可为空，需要	如果标志类数据在业务上要求不可为空，需要	如果文本类数据在业务上要求不可为空，需要
唯一性	非重复检查	如果编码类数据在业务上有唯一要求，需要	不需要	不需要	不需要	不需要	不需要

基于质量规则设计思路及场景，本期研究涉及账户管理系统、客户关系管理系统、期货交易系统、客户端App、私募及场外交易系统，总计编写规则636条。规则编制依据设计思路分布如图23所示。

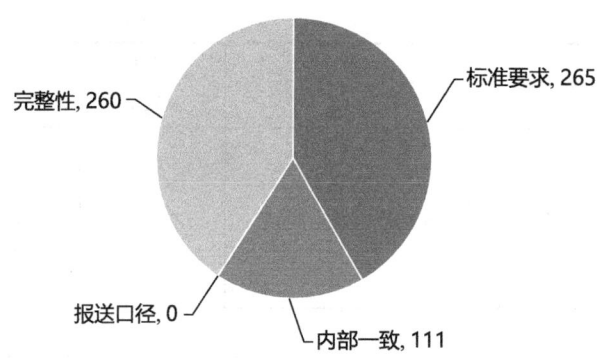

图 23 数据质量规则设计思路分布

根据质量管理维度划分情况如图 24 所示。

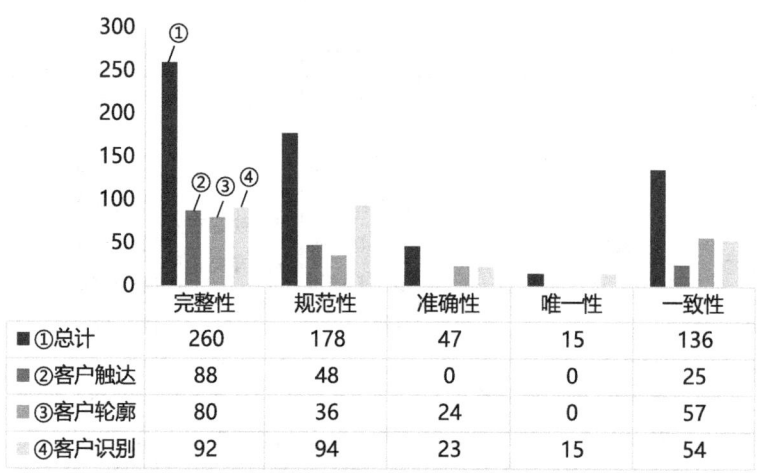

图 24 数据质量规则管理维度分布

数据项在系统落地字段中存储的真实数据有上万条，甚至更多，不可能人为地判断这些数据是否通过质量检查规则，需要结合数据治理平台，应用数据质量管理模块的规则模板及规则管理功能，批量编写检查脚本，并运行相应的检查程序，替代人工执行检查。

（四）数据质量评估

1. 数据质量评估实施

步骤一：获取数据。根据数据质量检查数据项清单，从各信息系统中将待检查的真实数据抽取出来，在大数据平台中独立划分存储空间，在数据治理平台上管理数据质量规则，独立运行质量任务，避免质量检查对源系统的运行影响。

步骤二：运行质量检查程序。启动数据治理平台上的质量检查任务，对上一步抽取出来的数据执行质量检查，得出每条质量检查规则的通过率。

步骤三：整理质量问题清单。根据质量检查规则的通过率整理质量问题清单，问题整理的原则是通过率在同维度信息中明显高于或低于其他类的，例如，哪类信息项类别通过率异常；哪类质量规则维度通过率异常；哪个源系统通过率异常；哪个管理部门管理的系统通过率异常。

异常的判定标准通常需要质量分析人员根据业务经验主观判断，或由业务部门提供经验值或阈值主观判断。例如，在检查的五类信息中，四类通过率均在60%—80%，只有一类在30%，则这一类通过率可视为异常。

应该达到相应通过率，但实际未达到的，例如，中文名称或证件号码非空率应该为100%，但检查出来只有95%。应该达到的通过率需要根据业务经验或业务逻辑来判断。对于通过率不符合预期的数据项即存在数据质量问题，需要整理形成质量问题清单，包括数据项名称、质量检查规则、通过率。

2. 数据质量评估业务应用

客户主题数据质量评估的是从数据层面全面评估全公司客户信息的数据质量，服务业务统一管理客户要求，面向企业级客户信息系统管理单一客户视图，为全面实现精准化客户营销和精细化客户管理提供良好的数据基础。质量评估的应用包含两方面。

一是指导识别同一客户。识别同一客户是期货公司账户管理系统的核心内容，根据客户统一识别规则，对客户主要来源系统的客户识别信息的质量问题现状进行全面评估，为账户管理系统提供指导和参考。

二是服务客户信息整合。客户信息整合是期货公司账户管理系统核心内容，同时也是风险管理的基础性工作。本文研究中，数据质量评估依据同业最佳实践，选择客户信息中关键且容易出现质量问题的表字段，从数据层面对这些信息进行全面质量评估，为客户信息整合提供指导和参考。

3. 数据质量评估技术实现

将编写的636条规则导入数据治理平台的"质量"模块中，并按照不同的规则组进行管理，如图25所示。

根据设置的规则组生成对应的质量任务，配置对应的调度信息，并运行质量任务，如图26所示。

图25 数据质量规则技术实现展示

图26 质量任务配置页面展示

4. 数据质量运行结果

通过数据治理平台"质量"模块运行质量规则，启动质量任务，获取运行结果并确认问题规则的问题点。本文研究中，账户管理系统、客户关系管理系统、期货交易系统、客户端App、私募及场外交易系统的规则未通过情况如图27所示。

各维度相关问题示例如下所列：

（1）完整性问题：部分表字段数据中存在空值。

（2）规范性问题：部分客户名称字段的数值显示为非文本类数据；部分证件编号的长度与相关规定不符；电话类字段中的部分数据存在"－"出现在数据开始位置的现象；客户名称、电话类字段中的部分数据存在特殊字符，如"－"；部分邮

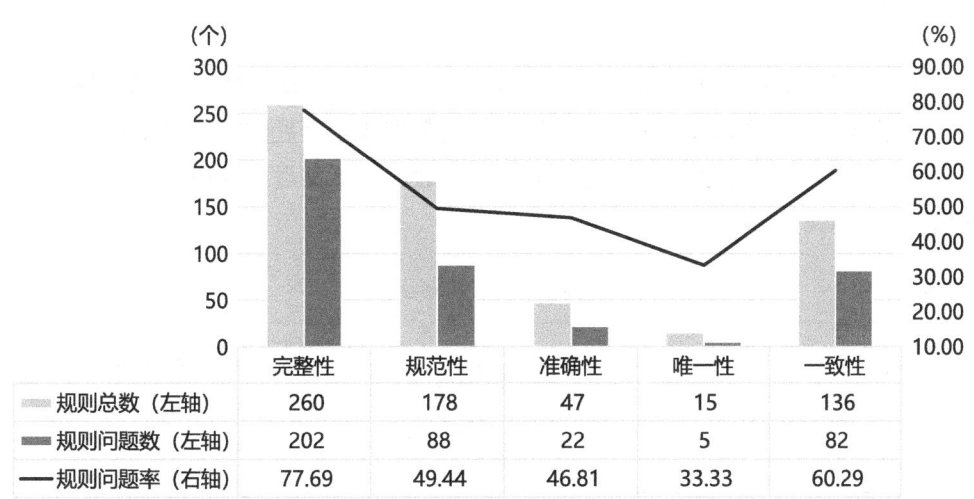

图 27　数据质量规则问题率分布

箱编码不符合规则需求，数据中不存在"@"字符。

（3）准确性问题：个人客户的生日与身份证件编码中的显示不一致。

（4）唯一性问题：同一组证件类别和证件号码对应的客户编号不唯一。

（5）一致性问题：代码类数据不在对应的系统代码值范围之内；代码类字段的部分数据不符合代码值编码规范；账户管理系统内部同一客户编号的部分字段在不同表中对应的信息不一致。

（五）数据质量改进

数据质量改进流程如图 28 所示。

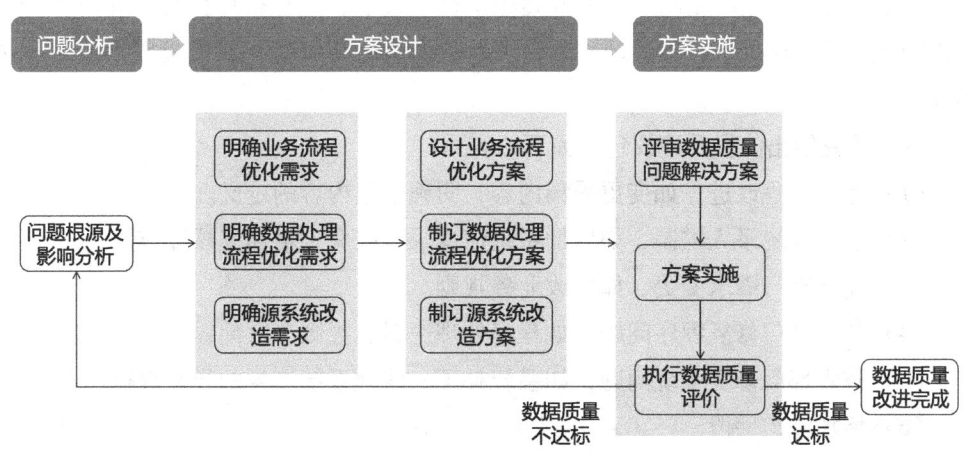

图 28　数据质量改进流程

1. 数据质量问题分析

问题分析是根据数据质量评价分析结果,通过与系统方、相关业务部门的调研,进行数据质量问题原因分析和影响分析。针对数据质量问题记录,数据治理管理小组牵头相关业务部门和技术部门合作分析产生数据质量问题的原因。分析质量问题原因分类如表6所示。

表6　　　　　　　　　　　质量问题原因枚举

原因大类	原因细类
数据录入问题	数据录入出错/遗漏
	数据无强制采集要求
	数据采集颗粒度不合适
业务处理问题	业务处理规则存在漏洞
	业务操作不符合系统规定
程序处理问题	系统设计缺陷
	程序存在"bug"
	系统配置有误
系统异常问题	系统异常产生问题数据
遗留历史问题	历史问题数据

2. 数据质量提升

方案设计是针对数据质量问题分析结果,明确业务流程、数据处理流程和源系统等方面的优化和改造需求,制订数据质量问题解决方案。

方案实施是数据质量问题解决方案经审核通过后,进行推广执行,并对执行结果进行数据质量评价,对不满足质量要求的数据进行持续优化,形成数据质量改进闭环。

本文研究给出的提升建议包含如下内容:

(1) 业务流程改进,如变更采集内容,明确采集内容的定义。
(2) 加强系统录入控制,如增加系统信息录入校验,增加复核环节。
(3) 业务部门需求变更,如修改业务规则。
(4) 技术部门修复程序问题,如程序处理逻辑、规则参数配置。
(5) 技术部门修复系统问题,如系统补丁、清理系统产生的异常数据。
(6) 增加监控手段。
(7) 建立考核体系。
(8) 组织开展培训,如业务岗位操作规范。

（六）数据质量控制

数据质量控制分为事前控制、事中控制和事后控制。

1. 事前控制

数据质量事前控制包括对质量规则的检查和数据源系统的检查，包括但不限于以下内容：数据上线前基于元数据对应的数据质量规则进行上线数据的质量检查；数据业务规则准确性、规范性检查；核对跨系统数据的一致；检查源系统变更情况，包括表结构变更情况、字段值变更情况。

2. 事中控制

数据质量事中控制应在数据流转和应用过程中设置关键质量控制节点，针对潜在数据质量风险制定数据质量检测计划，基于数据的质量规则对计划范围内的数据进行稽核。针对质量未达标的数据应发出告警，针对质量问题严重的数据宜设定熔断机制终止数据流转。

数据质量事中控制包括但不限于以下内容：对运行过程中的数据进行质量监控，基于数据质量评价规则对运行结果稽核并进行错误告警；对质量问题告警进行定位分析、相似问题分析，利用元数据的血缘分析定位问题数据路径接口节点及关联数据；对数据质量问题进行初步的分类、统计，形成数据质量报表；应支持对问题数据的增、删、改、查、熔断。

3. 事后控制

数据质量事后控制的重点是对事前和事中控制阶段暴露的质量问题进行归纳总结，包括但不限于以下内容：将生产运行中系统监控到的数据质量问题、员工报告的数据质量问题、维护时发现的数据质量问题统一汇聚到数据质量问题库，对问题的原因和解决方法进行分类；按周期形成质量分析报告，包括质量问题和影响，以及问题处理的情况等内容；针对数据完整性、唯一性、规范性、准确性、一致性以及统计口径等形成数据质量评估报告。

五、数据服务体系建设

2020 年开始，国家发展改革委官网发布"数字化转型伙伴行动"倡议，全球经济已进入数字化转型期，传统金融机构逐步加大金融科技的投入。数据驱动的数字化可以帮助传统金融机构充分了解用户需求的变化，以客户为中心，在营销、风控、经营分析等场景上为金融机构提供支持，提高运营效率，降低运营成本。

公司以充分了解用户需求的变化和提高运营效率为出发点，贯彻党的二十大精神，紧紧围绕《证券期货业科技发展"十四五"规划》。结合公司整体战略目标和信息技术发展规划，广泛汲取国内外同业成功经验，公司规划并开展了基于数据中台的数据服务体系建设。

（一）数据服务体系建设目的

近年来，随着金融科技的发展，公司数字化转型工作的稳步推进，IT系统建设取得了重大成果，已经建设和正在规划建设一批技术先进、功能完善、业务服务能力突出的信息系统。相关IT建设成果已积累海量数据资产。

数据已成为期货业的重要资产和核心竞争力。充分发挥数据价值，用数据驱动创新，促进行业高质量发展，已成为行业共识。为了能够进一步挖掘数据价值，释放数据要素的潜力，公司推动建设数据中台，旨在通过先进的大数据平台、统一的数据治理，对全域数据进行采集、计算、存储、加工和服务，沉淀数据资产，为业务层和决策层提供高质量服务。

在国产化浪潮的大背景下，公司积极融入国产生态，领先响应信创要求，建设自主可控的数据中台底座。公司自2022年启动数据平台技术架构升级，搭建起了一套企业级一站式高性能信创大数据平台，建立全面、智能、安全的国产化数字底座。平台提供便捷的系统安装部署、扩容升级、安全防卫、风险告警、权限管理功能，支撑业务敏捷化开展。

公司重点推进数据治理平台搭建工作，该旨在帮助企业更好地管理和利用数据，提高数据的质量和可用性，将数据治理成果深化到数据开发活动中，打通团队间协作壁垒，形成数据开发、治理一体的数据生产流水线，推动公司数字化转型。

1. 解决数据孤岛问题

公司IT建设已经发展到一定阶段，已出现各个业务部门使用独立的信息系统，造成数据分散存储、管理困难，形成了数据孤岛。不同部门对数据的定义不同，不同业务部门有各自的数据系统。数据孤岛的存在使得跨部门、跨业务线的数据共享和协同工作变得困难，导致了数据的价值无法发挥。数据中台的建设，可以实现数据的集中管理、标准化，将各业务系统的数据统一集成到大数据平台，打破系统间数据孤岛，实现数据在企业内的共享。

2. 提升数据治理水平

数据中台的数据治理平台支持开展数据治理活动，包括制定数据标准、提高数据质量、增强元数据管理等。数据质量的提升对企业有重要的意义，一方面，在数据质量较差的情况下，公司无法根据数据情况作出准确决策。另一方面，员工需要在质量较差的数据上，花费大量的时间来调查错误原因，以及纠正错误，从而造成用数时效率低下。因此，通过数据治理来提升数据质量，可以大幅度提高业务效率和生产力。

3. 支持智能决策和业务创新

数据中台的大数据平台为企业提供了一个集中的数据存储和处理的技术底座，支持发展人工智能技术、探索大模型的应用场景。通过对数据的深入挖掘和分析，企业可以更好地了解市场变动和用户需求，及时调整经营策略，促进业务创新，探索新的业务模式。

4. 提高数据的可扩展性和灵活性

与传统的数据仓库相比，数据中台的架构更加灵活，更贴近业务，支持数据的快速扩展和调整。这有助于企业更好地使用不断变化的市场和业务，快速推出新产品和服务，提高业务的灵活性和适应性。

5. 优化资源配置和利用

数据中台建设有助于企业更加全面地了解数据资产，合理配置和利用数据资源。通过对数据的全面管理，企业可以更好地了解数据的价值和潜在用途，合理配置数据分析、挖掘等资源，最大限度地发挥数据在业务中的作用，提高资源利用效率。

6. 提升企业数据安全

利用数据安全模块对数据进行敏感级别的设定，应用数据加密、脱敏等功能，以增强企业数据的安全性。

（二）数据服务体系技术底座建设

1. 数据中台技术架构

公司数据中台技术底座包含两部分：大数据平台、数据治理平台。大数据平台采用"湖仓一体"架构，这是一种融合数据湖和数据仓库的新型开放式数据平台，充分结合湖和仓的优势，在数据湖低成本的数据存储架构之上，继承了数据仓库的数据处理、分析和管理功能。数据治理平台提供数据资产目录和数据管控功能，支持数据治理专项工作成果落地。

（1）大数据平台技术架构如图29所示。

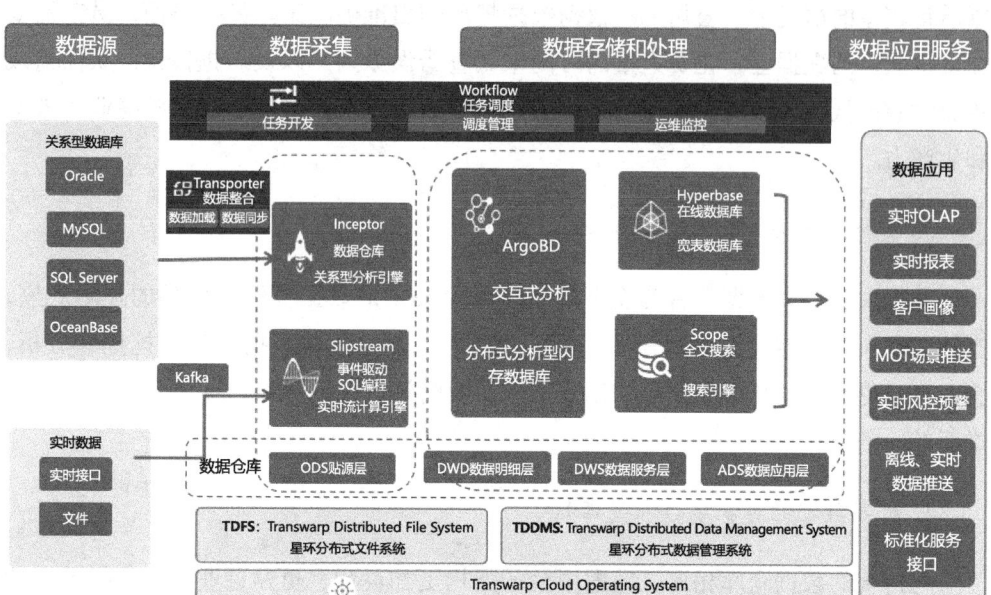

图29　大数据平台技术架构

①数据采集。大数据平台汇聚公司各个业务系统，根据时效性要求进行定时离线同步采集或实时采集，数据中台目前共接入37个数据源，其中，内部数据源24个，包括账户管理系统、客户关系管理系统、期货交易系统等；外部数据源13个，包括银行理财数据、机构客户数据、量化交易数据等。

关系型数据库的离线同步。关系型数据库的离线同步流程是最典型的数据同步流程，目前的业务需求对时效性的要求大多为T+1，使用数据治理平台的Transporter组件进行关系型数据库的离线同步将其他系统的数据采集到ODS层，通过在数据治理平台中配置数据加载任务，接入新增表或文件数据到数据中台，并支持采集接口并行度以及单个采集表的并行度控制，提升资源利用率，提高采集速度。

实时数据的同步流程。实时数据目前主要有接口和文件两种数据来源，都是用Kafka作为中间件，由实时流计算引擎Slipstream接入进行实时清洗分析，对接ArgoDB，构建实时数仓，支持准实时场景。

②数据处理。数据采集后的清洗、根据主题分类对数据进行初步整合和根据业务需求对数据进行关联计算，在本研究中统称为数据处理。

数仓分层可以简化数据清洗的过程，将一个复杂的任务分解成多个步骤来完成，每一层解决特定的问题，每一层的处理逻辑都相对简单和容易理解。数据发生错误时，相对容易定位出问题并作出局部调整。一些通用的中间层汇总数据，也能够帮助系统减少大量的重复计算。

公司采用通用的五层模型分层设计思路，分为操作数据层（ODS）、明细数据层（DWD）、公共维度层（DIM）、汇总数据层（DWS）和应用数据层（ADS）。

ODS 操作数据层。存储数据源中的数据，通过 Transporter 导入，原则上全量保留数据，在此层对增量数据或者拉链表数据进行合并。本层的数据大多按照源头业务系统的分类方式进行分类。数据结构与业务系统基本保持一致，不做长时间的存储。

DWD 明细数据层。对 ODS 层数据做标准化、格式转换、清洗过滤、空值处理、数据分割合并等清洗处理，作为数据仓库唯一的可靠、可信、准确的数据源。面向业务主题的划分遵从期货公司主题域的划分。其是保存最完整、最细粒度的历史数据。其维度/事实可保留历史变化。数据表名、字段命名规范化，统一数据类型定义。

DIM 公共维度模型层。维度是维度建模的基础，维度表中的列代表了维度属性，维度属性是查询约束条件、分组和报表标签生成的基本来源，是数据易用性的关键。DIM 层汇集了来自各系统的码表，并建立了统一的码表，来规避二义性风险。维度是事实表的入口点或链接，可以充当"查询"或"报表"约束的主要来源。

DWS 汇总数据层。对明细层数据进行预处理（轻度汇总、衍生），提升后续数据处理和访问性能，其特点是面向应用但不直接支撑应用，将应用过程中的常用的、公共的信息进行共同沉淀和处理，作为明细层和访问层之间的一个过渡层次，与明细层共同构成企业级数据仓库。DWS 层数据基于对象的整合拉通数据，会在 DWD 层的数据基础上，面向分析主题建模，整合汇总成分析某一个主题域的服务数据，提升公共指标的复用性，减少重复加工，一般是宽表。可以按日期分区存放。如果数据量较小，则不需要分区，采用先删除，再插入的方式。提供公共（多指标使用）/常用的派生/复合指标数据，以及轻度汇总预计算数据。

ADS 应用数据层。从明细层或公共汇总层抽取相关数据并进行转换和装载，支撑各个专业化的、个性化的业务部门分析应用建设。其特点是：非公用性的；个性化指标加工；基于应用展现的数据组装；面向应用；多层汇总；满足一些特定自定义查询；数据挖掘应用。

③数据对外服务方式。当前数据中台对外提供服务主要有三种方式，分别是：

第一，数据推送服务。场景最多的数据支持方式，将复杂的大数据计算放在关系型分析引擎或流处理引擎完成，将汇总后的结果表通过 Transporter 推送到对应系统的业务库或将实时数据推送到 Kafka 或 Redis 供下游系统消费，目标系统根据应用场景在前端进行数据展示。

第二，OLAP 实时分析。这是本文研究中重要的技术创新，支持复杂和灵活查询，通过条件筛选，因此结果无须固化到结果表中占用存储，根据条件查询场景和数据特性选择以下组件提供支持：

ArgoDB 作为分布式分析型数据库，可以替代"Hadoop + MPP"混合架构。支持标准 SQL 语法，提供多模分析、实时数据处理、存算解耦、混合负载、数据联邦、异构服务器混合部署等先进技术能力。在降低平台复杂性和 IT 总拥有成本的同时，提升业务响应速度。

Scope 是一款可以在毫秒时间内根据客户提供的搜索关键字对 PB 级的文档数据进行全文检索的分布式搜索引擎。

Hyperbase 是一种实时 NoSQL 宽表数据库。支持百万级高并发、毫秒级低延时业务需求，可以在高效支持公司的高并发精确查询与范围查询、流处理应用、全文搜索以及高并发非结构化数据检索。

适用于如数据报表、领导驾驶舱、数字大屏等即席查询，也可作为实时数据源，用于客户的实时风控、反洗钱监测或精准营销。

第三，统一接口服务。这是本文研究中的另一个重要的技术创新，通过 ESB 企业级服务总线系统，对公司其他系统提供标准化通用接口服务。ESB 作为 IT 架构的核心枢纽主要提供内部实时的调用服务。为各业务系统提供服务发布平台，提供服务集成相关功能，包括同步请求调用、异步请求调用、服务路由、通信协议适配、报文格式转换、消息发布订阅、服务安全控制、流量控制、服务监控等各类功能。同时制定系统接入的标准，对服务的生命周期进行统一管理，包括服务的规划和定义，服务的评审，服务的注册和发布，服务的运行监控管理，以实现企业级服务的标准化，提高服务的重用度和运行质量。

对于客户保证金率查询，反洗钱黑名单查询，客户反洗钱等级查询等标准化场景，数据中台提供统一的标准化数据接口服务。

（2）数据治理平台技术架构（见图 30）

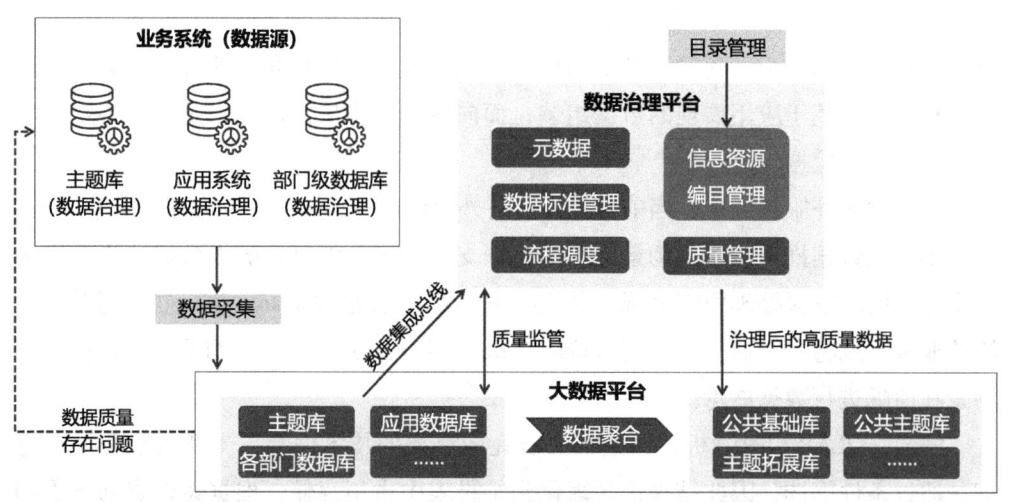

图 30 数据治理平台技术架构

数据治理平台由两个核心组件构成，分别是数据目录（Data Catalog）和数据管控（Governor）。

数据目录负责大数据平台建模、资产盘点、元数据数据分析功能；数据管控（Governor）负责各个类型数据标准的管理、贯标、落标检查的执行，在此基础上进行质量规则的撰写与管理、执行质量检查任务，获取数据质量报告与问题数据清单，方便用户了解数据质量概况，进行问题数据整改。

数据治理平台提供 Workflow 调度功能，平台提供在线编辑数据开发脚本以及在线脚本开发的版本管理功能，平台调度管理功能支持单个或批量任务的调度配置，支持任务的调度管理和查询，支持任务状态的通知以及监控统计信息的展示。

数据治理平台将加载任务，SQL 脚本、Python 脚本、Jar 包等数据处理程式进行子任务定义，形成相应的数据流程可调度的资源。在前端进行拖拉拽的方式轻松定义出相应的数据流程，支持界面进行手工调度数据流程运行以及日志数据查看等便于运维跟踪和分析。

数据治理平台借助 ETL 工具、接入各类应用系统以及各类数据库数据源。

数据目录支持创建数据模型，并借助数据管控对数据字典的模型字段进行映射、并构建基础标准对模型的映射关系。此外，数据目录还支持血缘分析，依赖 Inceptor 数据库。Inceptor 支持对组件中执行的 SQL 语句进行自动血缘解析。通过解析 SQL 语句，系统可以获得表粒度以及字段粒度的数据流转关系，并生成血缘图谱进行展示。

数据管控支持标准管理，将元数据与数据标准进行映射操作，进行基础数据和指标标准的落标评估。支持数据质量管理，管理数据质量模板及规则，在质量检查过程中，可借助血缘分析，以确认数据流向和数据的权威来源，从而对元数据进行相关的数据质量检查；质量任务还支持用户在定义的工作流中进行任务的调度和配置。

数据治理平台提供用户管理、功能权限、数据权限、审批、告警、运维等模块的基础服务。

2. 数据中台服务能力

数据中台不仅是一种技术架构，还是一种综合数据管理能力与组织策略落地的能力体现，它是在信息化基础上建立的可编织和可复用的数据分析能力。数据中台的总体能力可概括为两体系、三中心、六能力，如图 31 所示。

（1）两体系。

安全和运维保障体系。安全与运维保障体系涉及三个方面，包含平台稳定运行保障、安全保障以及组织保障。保障体系需要嵌入三中心、六能力建设的各个环

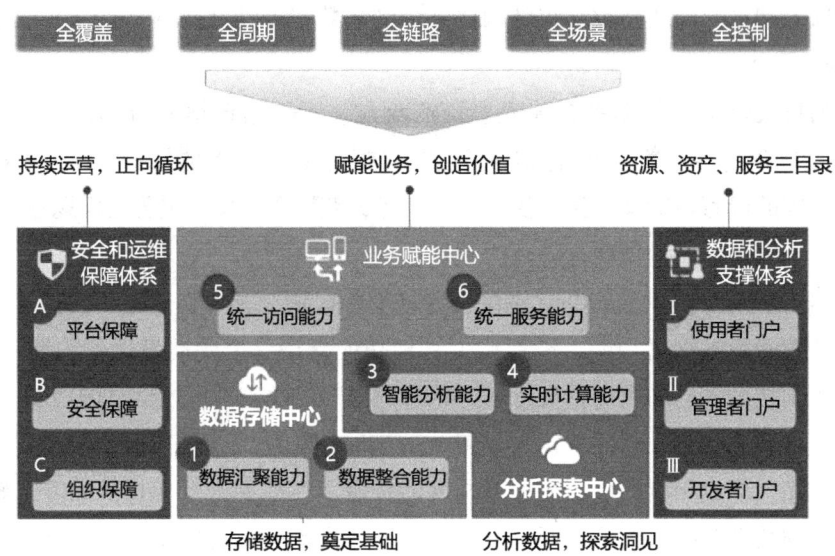

图31 数据中台服务能力

节中。数据中台作为技术底座提供平台安全和运维的功能，同时需要基于数据中台搭建保障组织，包括运维组织及分析团队组织等。本文研究建立的数据治理组织体系框架为安全运维保障体系的建设奠定了基础。

数据和分析支撑体系。有了组织团队就需要将之落实到数据的开发、管理、使用的全流程中，将各岗位的运营管理工作与平台操作有机结合，数据中台的建设离不开数据开发者（数据执行者）、管理者（数据决策者和管理者）和使用者（数据所有者和使用者），面向这三类用户构建数据资源目录，数据资产目录和数据服务目录，三目录体系搭建起数据管理的支撑体系。

（2）三中心。

数据存储中心。基于大数据平台构建存储中心，提升数据的汇聚和整合能力。

分析探索中心。基于大数据平台构建数据分析探索中心，提升智能分析能力和实时计算能力、业务智能推荐能力、全链路实时监测和保障能力。

业务赋能中心。基于大数据平台和数据治理平台构建业务赋能中心，提供统一的访问能力实现跨平台联邦、统一的访问层控制、统一的数据管控，确保数据安全可用，同时搭建统一的服务能力，支撑多场景的应用服务。

（3）六能力。

数据汇聚能力。数据中台融合了不同业务系统的数据时效和多样的应用场景，提供了多样化的数据聚合技术方案。通过批量同步、增量同步、准实时同步和实时同步的方式，以满足对各类结构化、非结构化和半结构化数据的快速同步需求，确保数据按照特定要求迅速汇聚至数据共享平台。不仅有助于提高数据同步效率，还确保了数据的完整性和一致性，为构建高效的数据共享平台提供了可靠支持，为公司提供了全面而可持续的数据整合解决方案。

数据整合能力。数据中台构建了一套完备的标准化数据底座，包括了贴源数据层、数据明细层、数据汇总层和数据应用层，形成一个有机而高效的数据架构。其中，数据明细层扮演着关键的角色，成为数据中台数据服务的核心基础。这一层次通过深度挖掘和下沉公司各业务场景的共性逻辑，将不同源头的数据进行整合，积累成为公司的核心数据资产，最大限度地发挥了数据资产的复用能力，为数据服务和数据应用层提供了强有力的支持。这种整合不仅提高了数据的质量和可信度，还使数据的管理和维护更加高效，为公司的数据驱动业务提供了坚实的基础。

智能分析能力。依托数据中台的能力，运用数据智能分析的技术，对各类数据进行分析和挖掘，为公司提供决策支持和战略指导。如实现对数据的深度分析、血缘分析、表变更影响程度排查等功能，可以做到字段级别的追踪，并可视化地展示血缘关系图，帮助开发人员深入了解数据。

实时计算能力。面向公司内部各应用及业务系统，通过定制化开发离线计算引擎和流计算引擎，和实时计算框架，实现对数据计算组件的封装和应用，高效解决高并发指标计算、高复杂度业务逻辑转换、大数据量并行计算、计算任务资源管理及监控等挑战，确保了数据中台的实时计算能力得到最大限度的发挥。

统一访问能力。统一访问能力提供一种能更灵活、快捷地进行数据集成的方法。统一访问能力解决"数据孤岛"困扰，为公司提供了灵活性和高效性的数据整合解决方案。相较于传统的ETL流程，统一访问避免了漫长的开发周期和高昂的运维成本，将数据整合过程大幅简化。通过数据联邦，公司能够实现即时、动态的数据整合，无须经历烦琐的转换过程，提高数据处理效率，降低操作复杂度。

统一服务能力。提供跨场景的防护能力，统一防护网关，保障数据隐私和安全，实现覆盖数采集、传输、存储、开发和分发等数据全生命周期安全。保障数据安全、受控的使用；利用多方安全计算、联邦学习等技术对数据脱敏，保证数据可以安全地实现内外部数据共享，提升数据价值。

（三）数据中台应用成果推广

1. 智能风控之数据中台应用

智能风控系统是依托于数据中台能力的一个重要应用系统，服务于期货公司内部业务职能及研究部门。对期货交易以及风控、期货研究数据进行清洗计算和分析透视，统计数据包含期货交易风险分级指标、期货停板压力测算指标、期货品种风险分级指标、信用风险分级指标、风控离线数据指标五大模块指标。落地保证金管理及风险控制业务，前置预警、压测，动态调整公司保证金及客户保证金标准，及时追保、强平。

公司保证金管理覆盖单品种调整、多品种调整、高风险/流动性不足品种三类场景，客户保证金管理覆盖特保准入、特保退出、节假日保留三类场景，风控动态管理包括每日高风险客户筛选、动态风险场景压测及处理三类场景。系统包含Ⅲ级风险响应级别和九大类风险处理场景。形成期货行业的市场风险控制体系。为日常公司保证金管理、特保客户动态维护管理及风控处理提供执行依据。其主要建设内容包括：智能风控管理驾驶舱、客户风险通知及处理、公司保证金智能管理、客户保证金智能管理、强制平仓智能管理。经纪业务市场风险控制指标如图32所示。

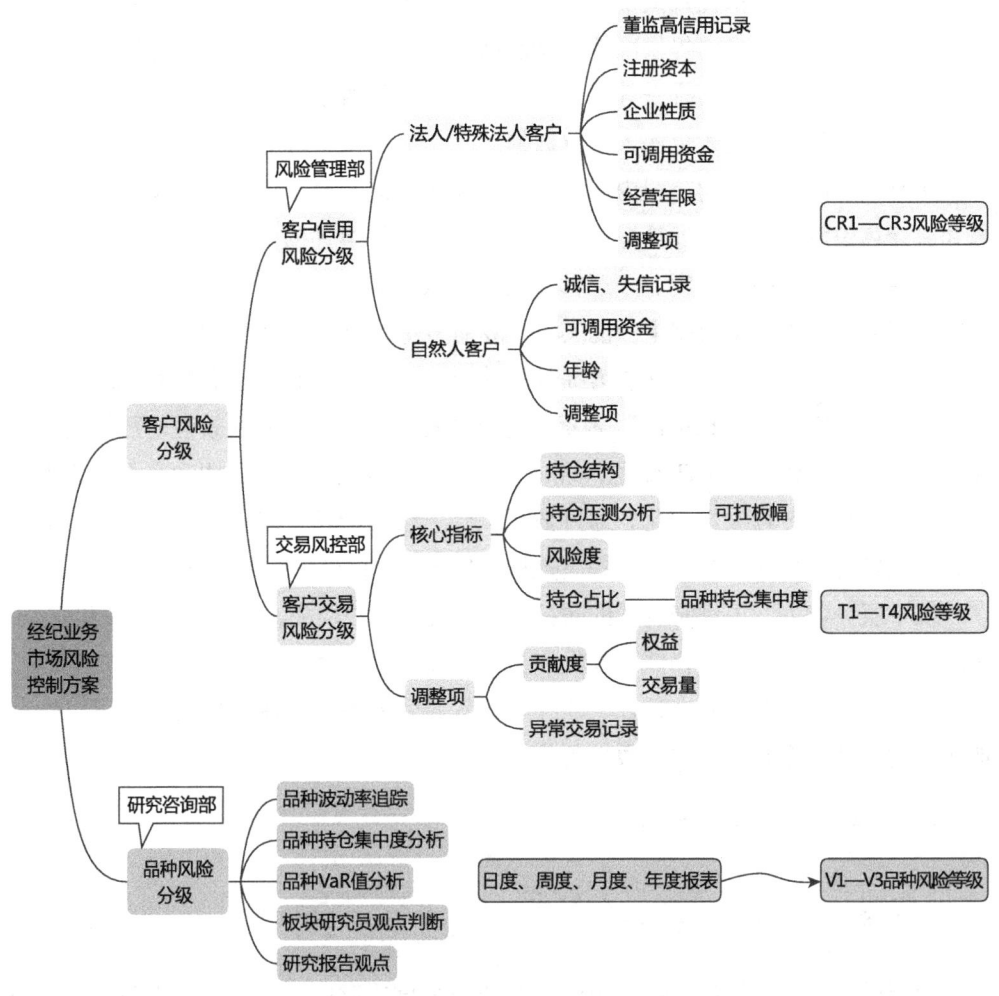

图32　经纪业务市场风险控制指标

2. 客户营销之App自分享看板应用

（1）应用背景。公司客户端App运营业务人员希望通过对App各个页面、模块的自分享功能进行数据追踪,关联客户身份,定位站内高分享率场景,优化核心分享链路,为 App 内容服务助力。数据中台需要对接埋点实时数据,并与数仓内海量业务数据进行关联,对需求提供数据支持以及 BI 看板支持。

(2)埋点数据。随着金融科技的发展,越来越多的功能可以在 App、网页或者微信小程序上实现,用户在使用的过程中,会在这些前端应用上留下大量的行为信息。业务人员借助大数据平台采集和加工用户的行为信息,设计业务指标,包括新增用户数、活跃用户数等,总体把握用户的核心需求,这对了解用户行为,优化产品功能,提高用户满意度,实现精准营销有着非常重要的意义。

目前对用户行为数据采集主要依靠埋点。埋点的基本原理是在前端(App、小程序和 PC 客户端)中部署采集用户行为的程序,该程序就是埋点程序。埋点程序的作用,就是监听用户在前端应用使用过程中触发的各种事件,如页面展示、点击、分享等。当埋点的事件触发时,前端会自动采集该事件,并实时或者定期将事件发生时的详细信息发送给服务器。需要埋点的事件或者与埋点事件相关的详细信息通常由业务人员依据业务需要制定,开发人员根据业务人员的需要在前端进行打点。

(3)数据处理及指标加工过程(见图 33)。埋点数据的加工处理主要放在大数据平台进行。埋点数据作为半结构化数据,以 json 的形式实时接入数据湖,技术人员对 json 文件进行解析和落库。数据开发人员使用解析好的数据,依照业务场景,在 DWS 层整合面向全公司的数据,并针对具体应用需求加工特定指标。

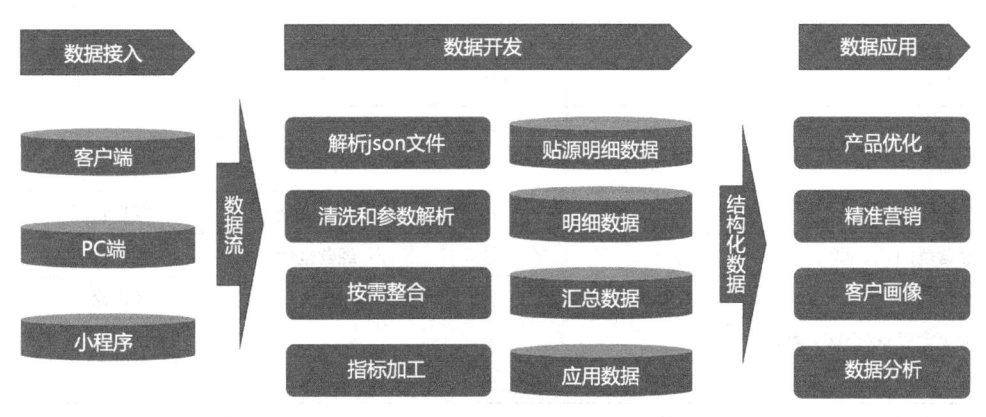

图 33　数据处理及指标加工流程

自分享看板包含了一系列涵盖分享全链路的指标。从分享者在前端浏览支持分享的内容开始,用户通过 App 自带分享功能,将内容分享到微信、朋友圈等社交软件上;被分享者通过分享链接直接进行浏览,或是通过分享链接打开前端应用进行浏览。

自分享在模型设计时,采用了星型模型。星型模型是数据仓库中一种常见的数据模型,通常包含一个中心的事实表与多个与之关联的维度表。事实表是星型模型的核心,存储了与业务过程相关的事实。维度表是事实表的关联维度,包含了描述事实信息的维度信息。维度表通过与事实表的关联键建立关系。

需求中的事实表为自分享事件表,从埋点数据中通过埋点 ID 筛选出与分享事件相关的所有数据。在设计前端埋点功能时,业务会确认要采集的用户行为事件以及参数,其中参数是指用户行为事件中关注的部分,例如,用户浏览的页面内容,是从哪个社交渠道对内容进行分享等。

3. 客户 KYC 之外部数据应用提升数据质量

(1)外部数据源。外部数据是公司获取客户信息的一个重要来源,公司工商数据是公司的外部数据之一,覆盖市场上大量公司的基本信息,经营信息和风险信息。

(2)应用背景。目前公司使用账户管理系统,核心模块包括适当性管理、期货账户、理财账户、股票期权账户、同步任务管理、档案、视频、监控中心云开户、监控中心统一开户等。为了比较外部客户数据与公司已有内部机构客户数据的差异,账户管理系统提出了数据比对的需求,对比分析同一信息项在各系统下的信息的一致性,进而完善客户信息,提升客户数据质量(见表7)。

表 7　　　　　　　　　　客户 KYC 比对分析信息项

信息项	是否九要素	九要素项	九要素场景
客户姓名	是	客户名称	客户识别
证件号码	是	证件号码	客户识别
注册地址	是	详细地址	客户触达
注册币种	否		
注册资金	否		
法定代表人或负责人	是	法人代表信息	客户轮廓
经营范围	是	经营范围	客户轮廓
单位性质	是	所属行业	客户轮廓
前十大股东/合伙人姓名	否		
前十大股东/合伙人持股比例	否		
前十大股东/合伙人持股(权益)数量	否		
高级管理人员(姓名+职务)	否		

通过对外部数据和内部数据进行机构客户数据比对,可以帮助识别和解决潜在的数据质量问题,提高数据的可信度,不仅可以发现潜在的重复、缺失或错误的数据,还能够及时更新客户信息,保持数据的时效性。这一应用场景有助于构建更为全面、完整和高质量的客户数据,加深使用部门对客户的认知,以便更好地服务客户,增强业务运营的可靠性和效率,为精准的业务决策提供可靠支持。

(3) 内外部数据比对场景。

场景1：同一字段在外部客户数据和账户管理系统中都存在记录，但其数据不一致。

场景2：同一字段在账户管理系统中为空，但在外部数据中存在记录。

场景3：同一字段在账户管理系统中存在记录，但在外部数据中为空。

(4) 数据治理平台应用。针对内外部数据比对的信息项需求，在账户管理系统所提需求的基础上进行了扩展，基于数据治理平台的质量管理模块，从数据质量的五个维度进行检查，包括完整性、准确性、唯一性、一致性、规范性。针对发现的客户数据质量问题，下发至业务部门进行整改提升，相关质量检查规则维护在数据治理平台中，便于查看及更新。

4. 期货实盘大赛之指标标准化应用

(1) 指标标准化背景说明。为实现数据治理体系的建设和成果落地，解决公司指标重复加工的问题，需要将数据治理能力嵌入数据开发流程中，加速数据开发的效率，提升指标的标准化。

公司首次举办期货实盘大赛，需要对参赛人进行账户收益等指标进行测算，以进行大赛排名。期货账户分析面向 App 用户，当客户在 App 平台交易一段时间后，需要对其交易的账户整体情况、盈利情况及风险情况等进行诊断。两个业务场景均由数据中台提供数据支持。在两个数据应用需求推进的同时，为避免重复开发以及同一业务场景下的相同指标存在口径不一致的情况，通过明确技术属性及其指标技术口径和取数规则，建立统一的账户指标加工规范，在整个公司层面，形成了明确业务含义及技术规范的账户指标标准。

(2) 应用说明。期货实盘大赛需求主要涉及对指标的加工，其中，期货实盘大赛的需求指标加工链路长，上下游依赖复杂。依据业务需求，对要加工的业务指标进行下钻，形成指标下钻文档。指标可分为面向公司全部客户的指标和仅面向期货实盘大赛客户的指标，需要考虑指标在未来的复用性。对面向全部客户的指标，放在 DWS 层，供以后使用；仅面向期货实盘大赛的指标表，放在 ADS 层。

账户分析需求侧重统计 App 用户期货交易的整体情况，在不同维度下进行指标加工。如指标的时间维度存在不同的统计周期，为了减少重复计算，将日统计的指标维度放在 DWS 层，供其他指标使用形成衍生指标。将月、季、年周期下的指标加工结果放在 ADS 层，直接供前台业务方使用。

(3) 指标标准化。根据期货实盘大赛和账户分析的指标需求，结合指标加工的方式，对指标进行拆解。拆解过程大致分为以下三个阶段，如图 34 所示。

图 34　指标标准化之指标拆解过程

指标标准包括基础属性、业务属性和技术属性,其中,基本属性包括指标名称;业务属性包括业务含义、业务口径和业务用途等;技术属性包括指标的数据类型、长度,精度等。业务属性可以明确定位和用途,统一业务解释;同时通过技术属性明确其指标技术的口径和取数规则等,确保指标加工的规范性。表 8 为部分指标标准。

表 8　　　　　　　　　　　　指标标准样例

指标名称	业务属性			技术属性			常用维度
	指标业务含义	指标业务口径	制订依据	数据类型	数据长度	数据精度	
成交额	成交量是指统计期内全部期货合约成交数量合计	买入成交额+卖出成交额	《证券期货业统计指标标准指引》	数值类	38	4	品种、合约系列、周期、账户
盈亏比	交易账户盈利金额和亏损金额的比例	盈利金额/亏损金额	行业依据	数值类	38	4	品种、合约系列、周期、账户
交易胜率	交易中盈利和持平订单的次数占总交易次数的比例	(盈利次数+持平次数)/交易次数	行业依据	数值类	18	6	品种、合约系列、周期、账户
夏普比率	投资组合超额收益与投资组合波动性(风险)之比	年化收益率/年化波动率	行业依据	数值类	18	6	账户
最大回撤率	统计期间内任一历史时点往后推,产品净值走到最低点时的收益率回撤幅度的最大值	(统计期内最大累计净值-当日累计净值)/统计期内最大累计净值	行业依据	数值类	18	6	账户
风险度	期货账户占用的保证金与账户总权益的比值,用于判断交易者所面临的账户持仓风险	占用保证金/客户权益	行业依据	数值类	18	6	账户

六、结论

随着数字产业化不断推进,近年来金融监管机构集中出台数据管理相关政策,积极推进金融机构数字化转型,数据早已成为加强期货公司核心竞争力的重要因素。为推进期货行业蓬勃发展,不断扩大行业规模及影响力,通过技术创新落地满足业务需求,期货公司致力于数据治理和数据服务能力的提升。本文研究基于数据中台技术底座建设,结合自上而下的数据治理体系建设,以及自下而上的数据服务体系建设,协同推进期货公司数字化转型。

本文研究初步构建期货公司数据治理体系,通过现状调研,基于DCMM成熟度评估,提供数据治理指导意见并规划数据治理路线。为公司搭建明确的数据治理组织架构,建立数据管理制度、标准、流程,落实数据认责机制,推动数据治理专项工作,积极推进数据治理宣贯,构建全公司的数据治理文化意识奠定了坚实的基础。

本文研究制定适应期货公司的数据主题域框架,并进一步细化客户域数据标准分类体系,经过多系统调研盘点分析,梳理客户域数据标准。基于数据治理组织建设成果,推动业务部门联合编制数据标准并搭建认责机制,初步构建统一的客户域数据资产,并将数据标准成果落地到数据治理平台,有助于数据标准认责部门管理标准。

本文研究建设数据质量管理的体系框架,基于数据标准建设成果,制定数据质量规则,开展数据质量检查,通过数据治理平台质量模块集中运行数据质量任务,下发业务部门数据质量问题清单,通过数据质量评估及改进流程不断提升公司客户域数据质量,指导业务部门识别同一客户,提升跨系统客户信息整合能力,为客户营销及风险管理提供有力保障。

本文研究健全期货公司数据服务体系,基于数据中台湖仓一体的技术架构,建立数据管理机制,建设"两体系、三中心、六能力"的数据服务能力,提供统一的数据治理,对全域数据进行采集、计算、存储、加工和服务,沉淀客户域数据资产,为业务层和决策层提供高质量服务。

本文研究是期货业数据治理及数据服务体系构建的起点,未来将根据路线规划持续推进数据治理组织优化及专项管理工作,秉持"以数据为基础、以平台为核心、以应用为导向"的理念,推进技术创新,赋能行业发展。在"建设中国特色现代期货市场,推动期货行业高质量发展"的思想指导下,不断深化金融科技创新成果的应用。

参考文献

[1] 中华人民共和国国务院. 促进大数据发展行动纲要 [Z]. 2015 年 8 月 31 日.

[2] 中华人民共和国国务院. 中共中央、国务院关于构建数据基础制度更好发挥数据要素作用的意见 [Z]. 2022 年 12 月 19 日.

[3] 中国人民银行. 金融数据中心能力建设指引 [Z]. 2023 年 7 月 25 日.

[4] 中国人民银行. 金融业数据能力建设指引 [Z]. 2021 年 2 月 9 日.

[5] 中国人民银行. 金融科技发展规划 (2022—2025 年) [Z]. 2022 年 1 月.

[6] 中国人民银行. 期货机构反洗钱执法检查数据提取接口规范（试行）[Z]. 2019 年 4 月 9 日.

[7] 证监会科技监管局. 证券期货业科技发展"十四五"规划 [Z]. 2021 年 10 月 21 日.

[8] 工业和信息化部. "十四五"大数据产业发展规划 [Z]. 2021 年 11 月 30 日.

[9] 中国证券监督管理委员会. 证券期货业统计指标标准指引（2019 年修订）[Z]. 2019 年 12 月 12 日.

[10] 中国证券监督管理委员会. 中国证券监督管理委员会关于期货市场客户开户管理规定 [Z]. 2009 年 8 月 27 日.

[11] 中国信息通信研究院. 数据安全治理实践指南 2.0 [Z]. 2023 年 1 月 5 日.

[12] 普华永道，南京银行. 从生产资料到生产力——商业银行数据资产及业务价值实现白皮书 [Z]. 2021 年.

[13] 头豹研究院. 2021 年中国数据治理行业：应用现况梳理 [Z]. 2021 年 6 月.

[14] 第三届中国数字银行论坛. 中小银行数据治理研究报告 [Z]. 2019 年 11 月 27 日.

[15] GB/T 36073-2018. 数据管理能力成熟度评估模型 [S]. 全国标准信息公共服务平台：中国国家标准化管理委员会, 2018 年 3 月 15 日.

[16] GB/T 19000-2016. 质量管理体系 基础和术语 [S]. 全国标准信息公共服务平台：中国国家标准化管理委员会, 2016 年 12 月 30 日.

[17] JR/T 0158-2018. 证券期货业数据分类分级指引 [S]. 中国证券监督管理委员会, 2018 年 9 月 27 日.

[18] JR/T 0250-2022. 证券期货业数据安全管理与保护指引 [S]. 中国证券监督管理委员会, 2022 年 11 月 14 日.

[19] JR/T 0197-2020. 金融数据安全分级指南 [S]. 中国人民银行, 2020 年 9 月 23 日.

[20] 中国信息通信研究院. 数据资产管理实践白皮书 (6.0 版) [M]. 北京: 现代出版社, 2023.

[21] International D. DAMA 数据管理知识体系指南 (原书第 2 版) [M]. 北京: 机械工业出版社, 2022.

[22] International D. DAMA-DMBOK: data management body of knowledge [M]. Westfield, Technics Publications, LLC, 2017.

[23] Olson J E. Data quality: the accuracy dimension [M]. Elsevier, 2003.

[24] English L P. Total Quality data Management (TQdM) Methodology for Information Quality Improvement [M] //Information and database quality. Boston, MA: Springer US, 2002: 85-109.

[25] 袁满, 刘峰, 曾超, 等. 数据质量维度与框架研究综述 [J]. 吉林大学学报 (信息科学版), 2019, 36 (4): 444-451.

[26] Wang R Y, Strong D M. Beyond accuracy: What data quality means to data consumers [J]. Journal of management information systems, 1996, 12 (4): 5-33.

[27] Kahn B K, Strong D M, Wang R Y. Information quality benchmarks: product and service performance [J]. Communications of the ACM, 2002, 45 (4): 184-192.

[28] Escobar C A, Macias D, McGovern M, et al. Quality 4.0-an evolution of Six Sigma DMAIC [J]. International Journal of Lean Six Sigma, 2022, 13 (6): 1200-1238.

[29] 古慧子. 数据中台铺设数字金融"高速路" [J]. 中国农村金融, 2023 (12): 101-102.

[30] 胡涛. 商业银行数据中台架构体系研究和设计 [J]. 信息技术与标准化, 2022 (6): 62-66.

[31] 徐永桂. 浙江农信数据中台设计与实现 [J]. 信息技术与标准化, 2021 (6): 39-43, 73.

[32] 高鸿升. 工商银行数据中台建设之路 [J]. 中国金融电脑, 2023 (9): 14-17.

[33] 蒋东兴, 高若楠, 王浩宇. 证券期货行业监管大数据治理方案研究 [J]. 大数据, 2019, 5 (3): 23-34.

[34] 姚卓. 金融数据治理体系建设 [J]. 金融科技时代, 2020, (9): 33-35.

[35] 刘音. DH 证券公司数据治理策略及实施保障研究［D］. 长春：吉林大学，2022.

[36] Leo Li. IDC TechAssessment：湖仓一体数据平台技术能力评估报告［R］，IDC，2023.

中期协联合研究计划（第十六期）项目

我国"保险+期货"实现常态化的机制和途径研究
——基于问卷调查和案例剖析

课题负责单位：中国农业大学中国期货与金融衍生品研究中心
课题研究编号：2023360336
课题负责人：安　毅
课题组成员：马荣远　谢　伟　曹付珍　葛　瑞　李　婷
　　　　　　李博瑞　李力胜　胡刘杰　张文玉

一、引言

(一) 研究背景与研究意义

1. 研究背景

进入 21 世纪后,在全球性金融危机、国际贸易摩擦事件、自然灾害、新冠疫情以及地缘政治和恐怖主义等事件的影响下,全球权益市场和农产品价格波动加大。然而与我国农业主体面临的市场风险加大不相对应的是,我国的风险管理工具和体系仍有诸多不足。在我国对价格支持政策进行调整与国内外农产品价格下跌压力加大的相互作用机制下,"保险+期货"应运而生、快速发展。

"保险+期货"是中央一号文件政策指导和微观主体微观创新的积极成果,也是我国农业风险管理方法由政策主导型向市场机制型转变的一项重要微观探索。其产生不仅是经济周期性衰退、农产品价格下跌、价格支持政策调整、期货市场加快发展共同作用的结果,还是我国农业风险管理体系不断变迁的突出表现,具有巨大的需求空间和发展潜力。因此,自"保险+期货"产生后,各界对其关注程度非常高。该模式在 2023 年的中央一号文件中再次被提及,这是自 2016 年以来,连续第 8 年被中央一号文件提及。

2015 年,中央一号文件提出"积极开展农产品价格保险试点"的新思路,大连商品交易所高度重视并积极创新,协调相关参与主体开发出了"价格保险+农产品期货"这种新型风险管理模式。基于设计机制合理,容易被农户理解和接受,能够起到稳定农户收入的作用,该模式被写入 2016 年中央一号文件。之后,中央一号文件对"保险+期货"项目的政策安排体现了持续部署、系统推进的特点,安排指引和微观实践探索之间也迅速形成一个高效互动的过程,取得了十分丰富的社会实践成果,产生了良好的效果和影响力。

其中,2016—2018 年,中央一号文件提出的基本要求是"稳步扩大'保险+期货'试点",以"稳"为主。到了 2018 年,郑州商品交易所和大连商品交易所共开展多个品种的"保险+期货"试点 126 个,效果十分良好,因此,2019 年中央一号文件的政策表述发生变化,明确要求"扩大'保险+期货'试点"。

2020—2023 年,中央一号文件对"保险+期货"的安排出现进一步提升。一是肯定。自 2021 年开始,中央一号文件不再使用"试点"一词,标志着对"保险+期货"模式已有成果和未来发展空间的充分肯定。二是优化。在 2020 年提出"优化'保险+期货'试点模式"的基础上,2022 年提出"优化完善'保险+期货'

模式"，2023年再次提出"优化'保险+期货'"。三是定位。2021年第一次提出"发挥'保险+期货'在服务乡村产业发展中的作用"。四是支撑。2023年中央一号文件明确提出应"发挥多层次资本市场支农作用"，这意味着其可以作为"保险+期货"的重要支撑。

尽管从市场规律和实践效果看，"保险+期货"模式前景良好，发展空间巨大，但结合我们之前的研究成果和最新的调研反馈（本研究团队的硕博士已在2023年夏季前往东北两省八个县市，收集到了千份关于《我国粮农的风险感知与金融风险管理工具选择》的调研问卷），经过对这些数据和资料的研究整理，我们也发现若想实现常态化和机制化，可能还存在一系列需要协调与被解决的问题。

因此，本研究将基于"农业风险加大但农业风险管理体系不够成熟"的现实困境，分析总结这些年以来"保险+期货"政策现有的成绩、经验、存在的问题。建议未来应充分利用现有的政策体系与体制优势，充分发挥多层次资本市场的支农助农作用，优化保险供给、引导农户需求、夯实期货市场、完善配套制度等，各部门真正形成合力，全面系统地解决现存问题，有效实现"保险+期货"模式的多样化创新、普及推广以及可持续发展模式，为政策的常态化提供思路和依据，最终为全面推进乡村振兴、加快建设农业强国提供有力的风险应对屏障。

2. 研究意义

（1）本研究将会利用我们调研团队最新的一手实地调研数据和其他的公开数据资料，全面、深入地了解了我国有一定代表性的玉米种植农户近几年的风险感知偏好，以及对于"保险+期货"、完全成本保险、政策性收入保险等农业金融风险管理工具的使用情况，考察"保险+期货"实现常态化的背景。并通过对鲁证期货桦川玉米项目典型案例的分析，探索金融机构在"保险+期货"常态化的供给与创新。

（2）开展多学科交叉研究，引入心理学、行为科学基础理论，将其与经典的农业经济学研究范式有机结合起来，构建农户风险感知、风险管理与行为决策的完整研究体系，分析"保险+期货"常态化的感知与需求。这一研究将加强对微观农户的心理和行为研究，为"保险+期货"政策的反馈和可持续发展提供依据。

（3）更好更多地发挥诸如"保险+期货"等各类金融工具在农业风险管理体系中的作用，在资源配置和生产经营中发挥的长、短期效果，提出传统的政策性工具与主流市场化工具的组合，或是向其他金融工具组合转型改良的合理路径，找到更广阔、更适合的应用前景，为我国实现农业现代化、乡村振兴、保障粮食安全提供决策依据和金融视角。

(二) 研究目标与研究内容

1. 研究目标

研究的总目标是：分析我国玉米种植户的农业风险感知和"保险+期货"的使用情况，研究该政策未来的发展方向，为政策的常态化机制化提供思路和依据。

研究的子目标有三个。

子目标1：通过问卷调查和案例剖析分析我国具有一定代表性的玉米种植户近若干年的农业风险感知变化和"保险+期货"等金融工具的使用情况。

子目标2：基于农户、金融机构、基层各级政府等参与者的现实感知与反馈，分析过去和当下已取得的成绩和存在的不足。

子目标3：根据上述分析，研究该政策未来的发展方向，为政策的常态化提供思路和依据。

2. 研究内容

第一，通过对黑龙江、辽宁两省的玉米种植户的实地调研，了解我国当下的风险管理现状，考察"保险+期货"实现常态化的背景。

第二，通过对鲁证期货桦川玉米项目典型案例的分析，探索"保险+期货"常态化的供给与创新。

第三，通过农户对"保险+期货"模式总体满意度的实证分析，分析"保险+期货"常态化的感知与需求。

第四，基于前文"保险+期货"模式实现常态化的机制与分析，给出"保险+期货"模式实现常态化的建议。

(三) 研究方法与技术路线

1. 研究方法

（1）问卷调研法。我们的研究团队根据目前"保险+期货"等各类政策性和市场化工具试点的情况，结合试点规模、成果、试点工具组合形式以及粮食主产区等代表性因素，从黑龙江和辽宁两省中选择了具有代表性的8个县市，以基层农户为调查对象，已经在2023年7月和8月上旬完成了一轮调研，主题为《我国粮农的风险感知与金融风险管理工具选择》。共走访了60余个村中约700名玉米种植户和300名稻谷种植户，收集问卷1000余份，其中玉米的有效问卷共600余份。较为全面、深入地了解农户近几年的风险感知偏好，并在此基础上采集了农户对于现有金融风险管理工具的使用情况。总体来说，此次调研收集到了大量的一手数据，为后续深入研究农户风险管理与决策提供了有力的数据支撑。同时，若有必要，我们也会根据项目和数据的需求前往其他粮食主产区继续调研，做好充足的现实了解和数据准备。

（2）案例研究法。本研究所选的案例分别代表了"保险+期货"价格险和收入险的两种不同类别，旨在通过分析案例所用模式能否持续经营，得出哪种模式经营更具可持续性的结论。

（3）有序Logistic回归。在有序Logistic回归模型中，因变量通常表示为有序的整数或类别，这些类别之间存在明确的顺序关系，例如满意度调查中因变量有序离散取值的情况（"非常不满意""不满意""一般""满意""非常满意"）等。模型的目标是通过拟合一个Logistic函数，将自变量与不同类别之间的概率之间的关系建模。这样可以预测因变量在不同类别之间的概率转移，并解释自变量对于因变量类别的影响。

2. 数据来源

（1）一手调研数据。我们的研究团队（全部由金融学专业的博士、硕士研究生组成）对我国稻谷、小麦、玉米三大主粮的种植户做了主题为《我国粮农的风险感知与金融风险管理工具选择》的实践调研。

①调研及问卷内容。本次调研旨在深入了解三大主粮粮农近些年的基本种植情况、风险感知以及各类金融工具的使用情况与选择偏好。根据三大主粮品种当下涉及的几种主流的政策性工具和市场化工具，本次调研涉及的金融风险管理工具主要包括：传统的物化成本保险、2016年开始试点的"保险+期货"模式、2018年开始试点的"完全成本保险"和"政策性收入保险"；也会涉及远期/订单农业、期权、贷款和债等金融工具。

问卷内容主要包括三部分：基本信息（包括农户的能力、素质）、2015—2023年的种植和收益信息；风险认知、感知、态度、种植意愿、金融工具的选择偏好；不同地区的粮农使用不同金融工具使用后的感受、对种植决策的影响、总体偏好选择。其中，2023年仅有种植数据，无收获、收益、保险赔付等信息。

②调研选址。结合政策试点规模、成果等情况，试点工具组合形式、后续发展，以及粮食产量、主产区代表等相关因素，调研选址将会覆盖黑龙江、辽宁、河南三大省份约15个县市，分别是：

黑龙江省：佳木斯市桦南县、佳木斯市汤原县、佳木斯市桦川县、佳木斯市富锦市、双鸭山市宝清县、齐齐哈尔市依安县；辽宁省：铁岭市铁岭县、辽宁省锦州市义县；河南省：安阳市滑县、新乡市原阳县、新乡市长垣市、许昌市鄢陵县、南阳市唐河县、周口市太康县、周口市项城市。

选址理由如下：黑龙江、辽宁与河南省均属于我国 13 个粮食主产区。从产量来看，根据《中国统计年鉴 2022》的数据，黑龙江省的玉米、稻谷产量均排名全国第一，河南省小麦产量全国第一，辽宁省和河南省的玉米产量也位居前列。代表性充足。从政策试点来看，无论是 2016 年开始试点的"保险+期货"模式，或是 2018 年开始试点的"完全成本保险"和"政策性收入保险"，这些地方都涉及首批试点地址。如：

2015 年 8 月，在辽宁省农委和大连商品交易所支持下，新湖期货和中国人民财产保险股份有限公司联合，在辽宁省锦州市义县探索开展全国首单玉米"保险+期货"试点，我国首个"保险+期货"模式的农产品价格保险诞生。

自 2016 年开始，鲁证期货便与桦川县政府及农户深入合作，连续开展了 5 年玉米"保险+期货"项目。2018 年中国期货业协会在该县专题组织召开研讨会，总结提炼出具有一定可复制性、可推广性的"桦川模式"，并入选中期协案例集，在全国形成一定影响。曾多次到全国各地进行"保险+期货"实践经验分享，大商所、期货日报、农民日报、金融日报等主流媒体多次到该县进行调研采访并报道。

2018 年开始试点的"完全成本保险"和"政策性收入保险"，共批复了 6 省 24 个产粮大县进行试点，其中许昌市鄢陵县和周口市项城市就为首批小麦完全成本保险的八大试点县之二；铁岭市铁岭县和辽宁省锦州市义县也为首批玉米政策性收入保险的四大试点县之二。

齐齐哈尔市玉米播种面积与产量位于黑龙江省前三，根据 2021 年 8 月《黑龙江省三大粮食作物完全成本保险和种植收入保险试点工作方案》，在依安县开展玉米收入保险试点，该县成为黑龙江省第一个玉米收入保险试点城市。

③调研成果。课题组已经在 2023 年 7 月中下旬和 8 月上旬完成了黑龙江和辽宁两省的 8 个县市（分别是黑龙江省佳木斯市桦南县、汤原县、桦川县、富锦市，黑龙江省双鸭山市宝清县，黑龙江省齐齐哈尔市依安县，辽宁省铁岭市铁岭县、辽宁省锦州市义县）的调研工作，走访了 60 余个村中约 700 名玉米种植户和 300 名稻谷种植户，收集问卷近千份。初步统计，玉米的有效问卷共 600 余份，稻谷的有效问卷 200 余份。较为全面、深入地了解农户近几年的风险感知偏好，并在此基础上采集了农户对于现有金融风险管理工具的使用情况。

总体来说，第一轮的调研收集到了大量的一手数据，为后续深入研究我国粮农风险管理与决策提供了有力的数据支撑。

（2）二手公开数据。国家公开的国内外的期/现货市场价格等市场信息数据、粮食产量数据；农户投保参保数据、农户信贷数据、种粮成本利润等农民收支数据、农户订单数据等。资料来源包括但不限于：国家统计局数据库、国家农业农村部网站数据库、中国银保监会数据库、Wind 等各类金融数据库、当地的统计年鉴等。

3. 技术路线图（见图1）

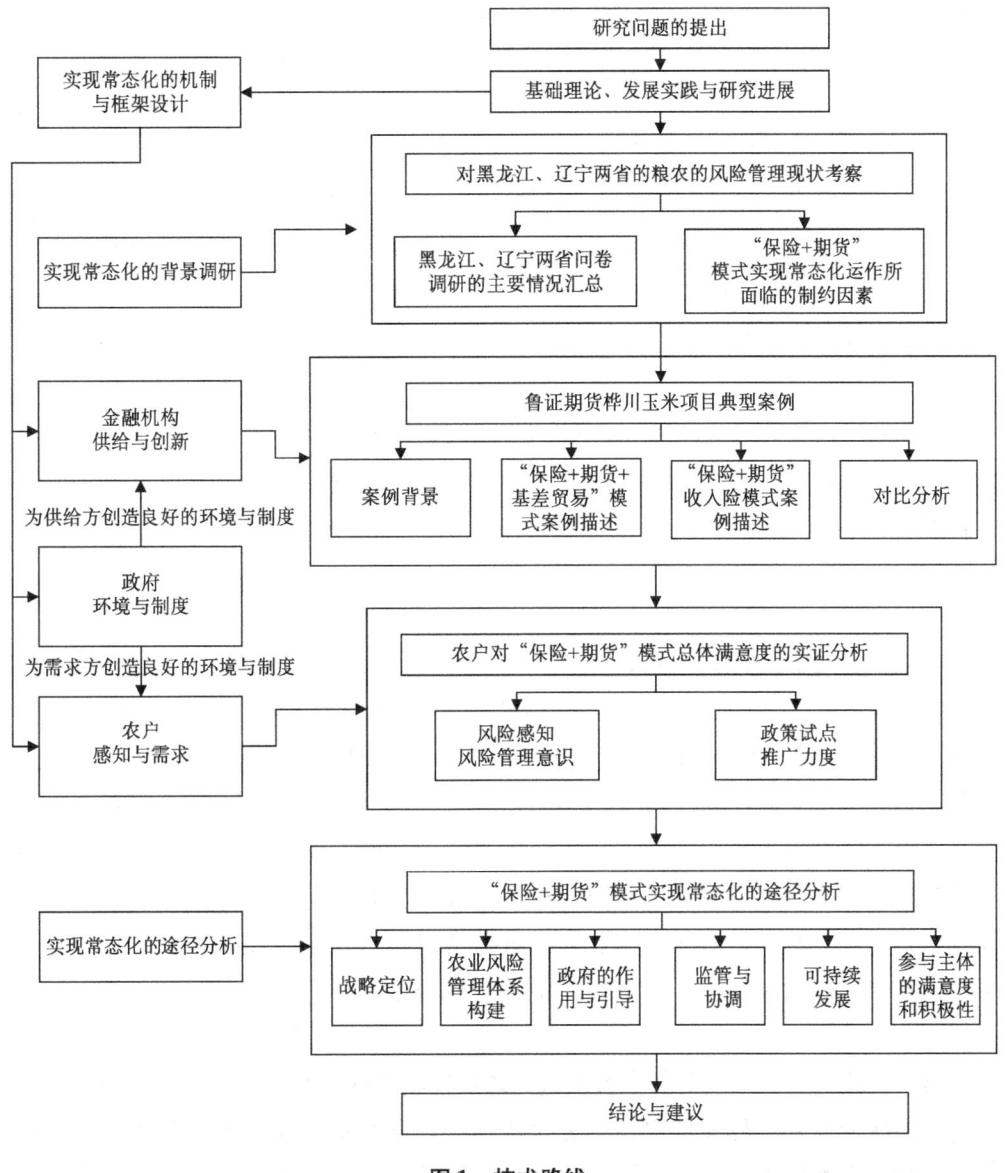

图1　技术路线

（四）创新与不足

1. 创新

第一，全面、深入地了解了我国有一定代表性的玉米种植农户近几年的基本信息、种植情况以及风险感知偏好,并在此基础上采集农户对于现有金融风险管理工具的使用与决策情况。

第二,虽然自2016年以来"保险+期货"已经连续八年被中央一号文件提及,但关于"保险+期货"常态化的说法最近才被提出,之前更多关注的是"试点""扩大试点""优化完善"等。因此,现有关于"保险+期货"模式常态化的学术讨论非常少,缺少关于该模式未来常态化发展的具体优化路径设计,该模式可持续发展的讨论相对多一些。本研究对于常态化的认知与研究框架作出了阐释,并分析了可持续发展和常态化之间相互依存、相互促进的循环关系。可持续发展为"保险+期货"模式提供了发展的基础和条件,而"保险+期货"模式的常态化则反过来推动了可持续发展的实现。这种循环关系将促进"保险+期货"模式在农业金融中的长期稳定发展。

第三,当下对于"保险+期货"的研究更多侧重于原理、定价、模式、功能、其与传统农业风险的关系、与农户风险感知的关系展开,只有少量针对现实试点案例梳理的文献,研究农户对该政策满意度的文章页相对很少,本研究对这二者均作了补充。

2. 不足

第一,受限于调研团队的人力与研究资源,无论是调研的品种与地区等方面都有一定的局限性。①调研品种:本研究是以三大主粮中的玉米作为研究对象(虽然也同时调研了稻谷,但由于政策与市场的种种原因,稻谷期货尚不能为稻谷"保险+期货"模式提供支持),没有覆盖更多的品种。②调研地区:调研地选择的是被誉为东北粮仓的黑龙江省与辽宁两省(该两省玉米产量基本位列全国第一和前五)的代表性地区,虽然研究中试点地的选取代表性较强,但相对于全国的试点模式而言,仍有一定局限性,无法覆盖现行所有试点的情况。因此,进一步的研究中可考虑扩展研究对象范围,将全国其他典型试点地区的情况吸纳进来,进行对比分析。

第二,缺少"保险+期货"收入险与政策性收入保险间的风险管理效果的比较研究。2018年中央一号文件提出的完全成本保险和政策性收入保险对"保险+期货"存在着某种替代作用,但在调研中发现,政策性收入保险可能存在没有更好的借鉴"保险+期货"收入险的成果和经验,过渡和衔接或存在问题,导致两个类似的险种目前同时出现,发展方向和最终形态难以界定。在本研究中有所涉及,但暂未对该部分单独进行深入剖析。

二、"保险+期货"的实践与研究进展

(一) 农户的风险感知与风险管理理论

风险感知指的是农户(决策者)对不确定事件发生的可能性以及由此带来的消极影响的认识程度(Slovic等,1982)。在早期研究中,学者史清华和姚建民(1994)以及Giancarlo和David(2001)基于农业生产经营过程出发,把农民所面对的农业风险分为两类:自然风险和市场风险。安毅和方蕊(2018)提出近年来市场风险会逐渐超过产量风险,应更加关注市场风险。

当农民对某种风险事件的认知程度较高时,对农民产生的消极影响也较大,农户对风险的认识水平既受其本身的影响,也受外部环境的影响,主观性很强。在农户的主观风险感知和客观农业风险之间,肯定会有一定程度的认知偏差,这种偏差会对农户的风险管理效果产生直接的影响(叶明华等,2014)。

尽管当前,在我国仍然有相当一部分的农户没有使用现代金融工具或工具组合来规避农业风险,但从整体上来看,国内农户的风险管理策略已经呈现出了多元化的发展趋势。

(二) 我国"保险+期货"模式的产生和发展

在农业风险环境和政策环境不断发生重大变化,订单农业进展缓慢、"订单+期货"模式创新受到多方面制约的背景下,如何推动风险管理模式的创新就成为新形势的需要。2014年,大连商品交易所组织期货经营机构在黑龙江省等农业大省进行玉米或大豆场外期权试点,助力种植户化解收获期市场价格下跌风险,效果良好。但是由于农民缺少专业的金融基础知识,"期权"模式的时间成本和难度都很高。因此,如何更好地给农户提供保险就成为创新的方向。在这种历史背景下,"保险+期货"模式应运而生,并且迅速出现了多样化的创新。

我国在开展"价格保险+期货"项目实践之前,期货交易所的研究人员就开始对美国的农业收入保险进行了系统的探究。在美国的收入保险中融入了期货元素,使收入保险成为美国农户重要的风险管理工具,也成为美国农业风险管理体系的基础内容。研究美国的农业收入保险有助于更好地了解我国"保险+期货"的基本设计机制及未来改进空间。

美国1966年开始探索农业收入保险,用以解决产量保险出现的问题。农业收入保险以农业收入为保险标的,是当保险责任范围内因素导致的农作物产量减少或价格波动使投保人实际收入低于保障收入水平时的一种保险(齐皓天、彭超,2015)。

由于收入保险的风险覆盖范围能从自然风险扩展到市场风险（张秀青，2015），是一种以收入为基础的价格保险产品，因此受到普遍认可和接受，发展十分迅速。在美国，农作物收入类保险的保费占总保费份额从1996年的8%迅速增长到2015年的82%。在农业收入保险中，较为普遍的是收入保障保险（Revenue Protection，RP）、地区收入保障保险（Area Revenue Protection，ARP），以及农场总收入保险（Whole Farm Revenue Protection，WFRP）。统计显示，2015年美国收入保障保险、地区收入保障保险和农场总收入保险的保费分别占据收入类保险总保费份额的95%、2%和0.7%。收入保险的成功实践在很大程度上归功于保险体系中对农产品期货市场的综合运用。在收入保障保险和地区收入保障保险这两个最普遍的价格类险种中，均使用芝加哥商业交易所的农产品期货价格作为计算赔付条件和赔付值的依据。

2015年8月，我国首个"保险+期货"模式的农产品价格保险诞生。大连商品交易所组织协调相关保险公司、期货公司以及涉农机构落地实施了新湖瑞丰玉米场外期权试点、新湖瑞丰鸡蛋价格险试点、美尔雅鸡蛋目标价格保值试点三个"保险+期货"农产品价格保险试点项目。其中，玉米价格保险合同确定，如果约定月份的玉米或者鸡蛋期货价格低于保险约定的期货价格（或现货价格），保险公司将按照投保数量和价差进行赔付。从事后结果看，由于理赔结算价低于目标价格，年底中保财险给农民（锦州义县桂勇玉米种植专业合作社、义县华茂谷物种植专业合作社）赔付了24.11万元玉米价格下跌赔偿，赔付率达208.2%。最终，合作社得到人保财险公司赔付的24.14万元，抵扣保费支出后合作社最终获利12.56万元。我国最早的农产品"价格保险+期货"基本合同条款如表1所示。

表1　　　　我国最早的农产品"价格保险+期货"基本合同条款

条款项目	内容		
保险人	中国人民财产保险股份有限公司大连分公司		
投保人	北京伟嘉集团	锦州义县桂勇玉米合作社	锦州义县华茂谷物合作社
保险	鸡蛋	玉米	玉米
投保数量	400吨	800吨	200吨
保险期限	2015年9月1日至2016年8月31日		
目标价格	8 000元/吨	2 160元/吨	2 160元/吨
保险金额	320.0万元	172.8万元	43.2万元
理赔结算价	2015年9月1日至2016年8月31日期间选取的玉米期货合约日收盘价算术平均值		
赔付金额	Max（目标价－结算价，0）×投保标的数量		

资料来源：任博彤. 从"保险+期货"看我国保险业服务"三农"新模式[J]. 上海保险，2017（2）：34—37.

从我国最初的"价格保险+期货"的产生看，其实际上是在多方面因素共同作用下，由微观主体探索创新出来的。这些因素包括：外部环境巨变（2008—2015年）造成的风险管理需求在不断增加、中央一号文件（2015年2月）对价格保险试点所做的前瞻性引导、期货交易所对美国收入保险的研究探索和吸收借鉴（2015年7月前），如图2所示。

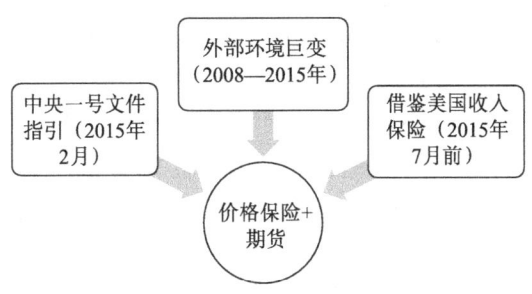

图2　我国"保险+期货"产生的多重因素

"保险+期货"模式在我国非常富有创新性，既在微观方面具有风险管理作用，也在政策方面具有调整启示意义。其一，期货市场在价格保险中的作用日益突出，有助于解决以往价格保险所面临的定价难问题。其二，保险公司所提供的价格保险正值玉米和鸡蛋价格大跌时期，有助于农户避开价格下跌风险，提高种粮和养殖积极性。其三，农产品价格保险的推广可以为农民、合作社创造一种新的融资方式。由于农产品价格保险有助于稳定农民收入，因而可以将保险保单在银行进行贷款质押，纾解农民贷款难困境。其四，为农业补贴政策改革提供了新的思路，最低收购价和临时收储政策可以转化为市场化的风险管理方法。财政部计算结果显示，我国的价格补贴效率仅为14%，而发达国家为25%（宋威萍，2016）。未来可以通过价格保险补贴，有效转变现有的收储体系，解决补贴效率低下的难题。其五，由于我国农产品市场规模庞大，该模式也使得长期面临业务空间不足的期货公司得以探索新的业务，保险公司亦可以寻找新的利润空间。

由于"保险+期货"模式最大的优点是将农户容易理解的保险直接呈现出来，其与"订单+期货"相比并不受合作社发展滞后的约束，对农户的损失补偿直接明了，因此试点地农户种植和养殖积极性很高。所以，中央高度重视这一模式的发展，自2016年以来中央一号文件已经连续八年提到"保险+期货"模式，对"保险+期货"的政策安排体现了持续部署、系统推进的特点。具体政策安排如表2所示。

表2　我国中央一号文件对保险、"保险+期货"的政策安排（2013—2023年）

年份	中央一号文件关于农业保险、期货的政策安排
2013	健全政策性农业保险制度，完善农业保险保费补贴政策
2014	不断提高稻谷、小麦、玉米三大粮食品种保险的覆盖面和风险保障水平。探索粮食、生猪等农产品目标价格保险试点

续表

年份	中央一号文件关于农业保险、期货的政策安排
2015	完善农产品价格形成机制。增加农民收入,必须保持农产品价格合理水平。继续执行稻谷、小麦最低收购价政策,完善重要农产品临时收储政策。积极开展农产品价格保险试点
2016	创新发展订单农业。资助订单农户参加农业保险。完善农业保险制度。把农业保险作为支持农业的重要手段,扩大农业保险覆盖面、增加保险品种、提高风险保障水平。积极开发适应新型农业经营主体需求的保险品种。探索开展重要农产品目标价格保险,以及收入保险、天气指数保险试点。探索建立农业补贴、涉农信贷、农产品期货和农业保险联动机制。稳步扩大"保险+期货"试点
2017	探索建立农产品收入保险制度。持续推进农业保险扩面、增品、提标,开发满足新型农业经营主体需求的保险产品,采取以奖代补方式支持地方开展特色农产品保险。鼓励地方多渠道筹集资金,支持扩大农产品价格指数保险试点。支持扩大农产品价格指数保险试点。深入推进农产品期货、期权市场建设,积极引导涉农企业利用期货、期权管理市场风险,稳步扩大"保险+期货"试点
2018	探索开展稻谷、小麦、玉米三大粮食作物完全成本保险和收入保险试点,加快建立多层次农业保险体系。深入推进农产品期货期权市场建设,稳步扩大"保险+期货"试点,探索"订单农业+保险+期货(权)"试点
2019	按照扩面增品提标的要求,完善农业保险政策。推进稻谷、小麦、玉米完全成本保险和收入保险试点。扩大农业大灾保险试点和"保险+期货"试点。探索对地方优势特色农产品保险实施以奖代补试点
2020	进一步完善农业补贴政策。调整完善稻谷、小麦最低收购价政策,稳定农民基本收益。推进稻谷、小麦、玉米完全成本保险和收入保险试点。优化"保险+期货"试点模式,继续推进农产品期货期权品种上市
2021	扩大稻谷、小麦、玉米三大粮食作物完全成本保险和收入保险试点范围,支持有条件的省份降低产粮大县三大粮食作物农业保险保费县级补贴比例。健全农业再保险制度。发挥"保险+期货"在服务乡村产业发展中的作用
2022	适当提高稻谷、小麦最低收购价,稳定玉米、大豆生产者补贴和稻谷补贴政策,实现三大粮食作物完全成本保险和种植收入保险主产省产粮大县全覆盖。加大产粮大县奖励力度,创新粮食产销区合作机制。优化完善"保险+期货"模式。实现三大粮食作物完全成本保险和种植收入保险主产省产粮大县全覆盖
2023	继续提高小麦最低收购价,合理确定稻谷最低收购价,稳定稻谷补贴,完善农资保供稳价应对机制。健全主产区利益补偿机制,增加产粮大县奖励资金规模。逐步扩大稻谷小麦玉米完全成本保险和种植收入保险实施范围。发挥多层次资本市场支农作用,优化"保险+期货"

资料来源:历年中央一号文件。

整体来看,"保险+期货"模式试点的变化主要有以下几大方向:

一是价格险向收入险转变。2016年郑州商品交易所发现"保险+期货"的前端产品设计单一,不能满足农户的风险管理实际需求,于是开始尝试改进基差风险控制,提出将探索引入收入保险、美式期权(保险)、阶梯式期权(保险)。2017年大连商品交易所借鉴美国作物保险制度,开展了6个玉米收入险和3个大豆收入险试点。2018年8月，财政部、农业农村部、银保监会《关于开展三大粮食作物完全成本保险和收入保险试点工作的通知》提出各选择两个县开展收入保险试点。从此开始，价格险向收入险的转变成为"保险+期货"试点的基本方向。截至2019年，全国已经开展300多个"保险+期货"试点项目，用于直接抵御价格下跌风险；同时也已有60余个试点用于应对收入风险。

二是场内期权市场加快发展。"保险+期货"试点迅速铺开的过程在一定程度上为交易所交易期权的上市创造了良好的氛围，推动了农产品期权的迅速上市。2017年3月，国内首个商品期权——豆粕期权合约在大商所挂牌交易。在期权设计上引入了做市商制度和投资者适当性制度，不仅有助于提高期权市场流动性，满足投资者的交易需求，而且有利于维护市场稳定、保护投资者利益。次月，郑州商品交易所上市了白糖期权，5个白糖"保险+期货"项目开始利用白糖期权对冲非方向性风险，降低了以往利用场外期权的成本和风险暴露。这也证明，交易所挂牌期权交易反过来为"保险+期货"的推广创造了更为便利的条件。

期权上市使得"保险+期货"试点不仅在降低保费、促进农民增收上取得进展，同时也使这种模式具有向"保险+期货+期权"模式转变的新动向。由于交易所期权市场建设无法"大跃进"，场外期权市场亦自有其灵活性，各期货交易所便开始在场外期权方面不断创新，以推动"保险+期货"试点的发展。

三是注重可复制性和可推广性。经过2012—2016年的初步实践，可复制性和可推广性成为2017年"保险+期货"试点探索的重要方向。从相关资料看，各交易所没有对可复制和可推广的条件予以界定，其重点介绍的是推广的方法和结果。2018年郑州商品交易所开始提出"点面结合"的方式推动试点推广。进入2019年各交易所开始进一步尝试探索覆盖县域的试点项目，注重"扩面"而非"增量"从而使该模式试点更加可复制化，利于大面积推广。

四是探索保险费率的降低方法。这里以郑州商品交易所为例。郑州商品交易所探索出多种行之有效的方法对试点成本进行控制。例如，规定参加试点保险公司的服务费率上限，增强期货公司在寻求合作保险公司时的议价能力，明确了保险公司的收益预期；规定郑州商品交易所支持总保费和单位保费（权利金）上限，引导期货公司和保险公司积极争取外部配套资金的同时，努力降低项目成本；在三门峡苹果"保险+期货"试点组织实施时，创新引入了竞争性报价机制控制保险（期权）费率。这些措施为试点顺利落地凝聚了合力、奠定了基础，更重要的是有效控制了试点成本，使得更多试点资金能够真正支农惠农，让参与群众能有更多获得感。

五是整合保险端和期货端。"保险+期货"涉及保险和期货两个行业的整合。为了实现整合的规范化和有效性，郑州商品交易所作出了多项探索。2019年试点建设着重提升保险公司试点地位，将其作为签订项目建设协议的合同方，同时要求承保理赔业务必须参照银保监会《农业保险承保理赔管理暂行办法》执行，且在理赔时原则上必须做到"零现金"转账到户，2020年试点进一步要求保险公司、期货公司提供足额支付到户证明及自查报告，强调事后管理。期货端管理方面，在2018年要求项目风险对冲须在特定法人户进行基础上，2019年进一步要求场外期权交易需在综合业务平台登记和结算，实现对场外期权交易及风险对冲的监管和追溯，提高了资金结算效率和项目规范度。

（三）关于"保险+期货"的可持续、常态化研究

1. 美国等其他国家"保险+期货"的相关研究

世界各国对自然风险主要通过农业保险与农业救济加以应对，而对市场风险则在政府政策支持的基础上，使用丰富的金融工具进行管理。美国作为金融市场以及农业发展最为发达的国家，其农业风险管理的发展历程值得学习借鉴。

1996年以前，美国农业风险管理主要依托传统农业保险与农产品价格支持政策，传统农业保险主要承保农民生产过程中自然灾害造成的风险，本质上来说是一种产量保险，而价格风险则是通过农产品价格支持政策来进行规避。1996年，《联邦农业促进与改革法案》取消了美国农产品价格支持政策，基于"保险+期货"的农业保险就转向由私营保险公司提供。这充分调动了保险公司和期货公司开发产品、拓展业务的积极性，大大提高了"保险+期货"产品的推广效率。柯炳生（2018）将1996年后美国农业支持政策分为政策性金融支持、脱钩收入补贴、目标价格补贴、目标收入补贴四类。自此，市场风险纳入政府农业支持政策体系，收入保险即美国意义上的"保险+期货"逐渐成为美国农业风险管理的主要方式。

美国保险及期货市场发展较早，为保险与期货的融合发展创造了良好的条件，较早就出现了相关理论研究。Francesco（1996）通过实证证明了农产品价格波动及供需量与期货市场价格变动具有相关关系，为期货引入农产品价格保险提供了思路和启发。Jerry（1998）根据《农业保险改革方案》创新出农产品收入险，并考虑将保险产品与相关农产品期货结合以应对价格波动风险。基于美国现代农业的特点，Olivier和Brian（2003）通过调查研究发现，农户可以通过参与期货市场和产量保险相结合的方式替代收入保险。Dmitry等（2006）对"保险+期货"模式进行了理论分析，并从收入保险的实施效果出发，结果显示该模式可以使农民在期货市场上的风险得到有效地转移，收入保险在缓解农产品价格波动方面发挥的重要作用。实际上，美国"保险+期货"模式，即"收入保险"，其本质为期货，保险公司仅仅充当了为农民进行风险管理的"代理人"角色（李俊海，2023）。Miranda和Gonzalez-vega（2011）结合保险和期货在风险分散方面的优势，提出可以将保险和期货进行结合，从而转移分散农产品的价格风险。由于美国保险公司可以直接参与期货市场，因而美国"保险＋期货"中保险机构占据主导，期货只是承担了金融工具的作用。Minghua等（2017）实证检验证明了"保险＋期货"模式能够实现农产品价格风险向期货市场的转移。

2. 我国"保险＋期货"相关研究

我国"保险＋期货"的发展起步较晚，但同样也是伴随着期货市场发展以及农产品价格市场机制改革而产生。学界关于"保险＋期货"的阐述最早源自马龙龙（2010）对影响中国农民利用期货市场因素的实证研究，他提出建立中介组织是提高农民利用期货市场意愿一大途径，而"农户＋保险公司＋期货"模式是他提出的六种模式之一。2016年中央一号文件首次提出"保险＋期货"试点，从此开始了该模式的应用探索，此后理论界对于"保险＋期货"的研究才正式开始。

（1）"保险＋期货"的定义及内涵。对于"保险＋期货"的认识，学界经历了从狭义到广义的过程。在起步阶段，很多学者将"保险＋期货"作为一种农业价格保险来看待。庹国柱和朱俊生（2016）认为农业价格保险的操作方式有两种：一种是作为保险的价格保险，另一种是所谓"保险＋期货"。两者的区别在于前者是真正的保险，而后者则是期货交易的中介买卖。鞠荣华等（2019）跳出了农产品价格保险的范畴，广义地解释了"保险＋期货"的内涵，他们认为"保险＋期货"的含义包括两个层次：一是市场不完善的情况下，保险机构和期货机构之间合作推出的价格保险和收入保险等产品；二是保险和期货市场完善情况下，保险公司直接利用期货市场的套期保值功能推出的价格保险和收入保险产品。

（2）"保险＋期货"案例模式研究。"保险＋期货"自诞生以来，涌现出了许多创新案例以及不同的模式，但基本都是在"保险＋期货"价格险和收入险的基本机制上衍生而来。曹婷婷和葛永波（2018）对陕西"保险＋期货＋银行"苹果产业扶持案例进行了分析；安辉等（2021）则是以吉林云天化玉米价格险试点为例，对新型"订单＋保险＋期货"模式运作模式进行了剖析；王鑫和夏英（2021）则是对现货市场定价和期货市场定价模式下的收入保险进行了对比分析。

（3）"保险＋期货"可持续经营与常态化发展的障碍。首先，"保险＋期货"的试点存在期货品种匮乏、场内期权不足以及场外期权成本过高的问题（余方平和王玉刚，2016；刘小微，2016）；朱俊生（2016）也从期货市场角度出发，提出"保险＋期货"形式的价格保险受制市场发展程度等因素，短期内难以大面积推开。

其次，在"保险＋期货"风险管理的操作细节方面，李铭和郑钧（2019）通过对我国"保险＋期货"服务路径的分析指出，我国"保险＋期货"模式农业风险管理链条较长，而发达市场的风险管理模式已形成网状结构。同时，目标定价的准确性很难得到保障，当基差不利时，农户会遭受巨大的损失（李铭和张艳，2019）。

再次，对于"保险+期货"风险管理过程中保险公司与期货公司的角色定位与权责划分问题，龙文军（2019）、吴开兵等（2021）指出在"保险+期货"试点中保险公司和期货公司责任划分不对等，保险公司在"保险+期货"参与方中只是赚取通道费，承担风险责任较少。刘志洋和马亚娜（2020）则是着眼于保险公司在"保险+期货"项目中的盈利状况，指出保险公司不亏损是"保险+期货"模式可持续经营的核心所在，只有如此保险公司才有积极性参与产品的设计与业务的探索。

最后，关于保险费率高的问题，政府补助压力过大，农民无力全额支付高额保费。葛永波和曹婷婷（2017）指出，当前农业价格保险保费过高，是农业价格保险市场对其认可程度不高的原因，如果没有外来资金的支撑，农民和合作社的保费压力会更大。张田和齐佩金（2019）则认为我国"保险+期货"项目的保费分摊机制在理论上是不可持续的。高万东和吕鹰飞（2023）认为现行"保险+期货"试点的保费在一定程度上偏高，会导致农户的参保积极性和政府补贴的使用效率下降。

（4）"保险+期货"的实施效果及意义。对于"保险+期货"的实施效果，学者根据国内外的现有案例及理论分析，围绕降低农业风险、保障农民收入、激发农户种粮积极性等方面作出阐述。董婉璐等（2014）、夏益国等（2015）通过对农产品"保险+期货"模式的效果分析，认为保险和期货的结合可降低农业风险，提高农民收入。方蕊等（2019）基于中介效应和调节效应的实证检验肯定了"保险+期货"提高农户种粮积极性的作用，并提出"保险+期货"在提高农户种粮积极性过程中，要以试点的可持续经营为前提。王鑫和夏英（2021）则通过对"保险+期货"收入险的运行效果进行剖析，认为收入保险试点项目的实施效果可归纳为稳收入、可持续、可复制。

对于"保险+期货"的现实意义，叶明华和庹国柱（2017）认为"保险+期货"试点对于粮价波动风险和农户收入变动风险的市场化管理作了有益的尝试和探索。吴星霞等（2020）认为"保险+期货"模式利用期货的价格发现功能使农产品市场价格险有了定价的依据，使得价格风险得以纳入承保范围。期货公司承担了再保险的角色，解决了我国保农产品价格险和收入险再保险环节由于缺乏政府补贴难以实现的问题。

（5）"保险+期货"未来的发展方向。不同学者对"保险+期货"未来的发展方向也提出了思考和见解，研究者们的观点从对价格型保险的关注逐步向收入险转移。安毅和方蕊（2016）通过对中美"保险+期货"模式的对比分析，提出价格型保险是提升市场配置资源效率、鼓励农户参保的重要选择，也是未来我国农业风险防控体系转变的重要内容。谢凤杰等（2017）认为收入保险比目标价格保险具有更强的政策可行性，是农业保险产业发展的重要探索方向。

随着相关试点的开展及研究的深入，学者们对于"保险+期货"未来的发展方向开始聚焦于两个方面。一方面是政府要进一步完善"保险+期货"顶层设计，健全该模式持续发展的制度体系（李正强和赵亮，2023）。另一方面则是重点关注收入险的发展。在中国场内期权市场发展成熟的情况下，庞竹（2018）认为在"保险+期货"模式中，保险公司可以通过直接购买场内期权实现风险对冲，以此简化风险管理的业务流程。郭金龙（2019）则认为收入保险可以替代价格保险和产量保险，且比价格保险有更明显的优势。李婷婷（2020）等提出农产品价格保险是收入保险的初级形态，专家学者要深入研究收入保险模式，为价格保险发展提供理论及实践支持，为农业保险发展指明方向。

3. 文献评述

综上所述，对于我国的"保险+期货"模式，已有不少学者对其进行了深入的研究，取得了很多优秀的成果，同时也有几点不足：（1）大多数研究侧重"保险+期货"的原理、定价、模式、功能、其与传统农业风险的关系、与农户风险感知的关系展开，只有少量针对现实试点案例梳理的文献；（2）缺少"保险+期货"收入险与政策性收入保险间的风险管理效果的比较研究；（3）缺少关于"保险+期货"模式未来常态化发展的具体优化路径设计。

（四）实现"保险+期货"常态化的框架设定

1. 对常态化的总体认识

"常态化"指的是某种模式或行为在特定领域或范畴内成为常规、常见或一种普遍的状态。对于"保险+期货"模式而言，要实现其常态化意味着该模式在经历了长期的布局与市场实践后，得到广泛应用、认可和接受，不再是一种新的尝试和实现，或一时性或局部性的现象，已成长为农业风险管理中的一种普遍的做法和选择，与其他传统的金融工具和策略并驾齐驱，共同服务农业风险管理。对于政府、相关金融机构与农户等各参与方而言，均能够长期稳定地参与并受益于这种模式。

实现"保险+期货"模式常态化的机制主要包括：

对于相关金融机构：①产品设计与创新：针对我国期货市场的现状与过往试点的经验，根据形势的动态发展不断创新相关金融产品，提供保障、满足需求。②权责划分与合作伙伴：目前保险公司积极性与主动性弱于期货公司，应进一步明确各自权责；同时也要建立进一步合作伙伴的关系，在产品开发、销售渠道等方面共享资源和经验，也应加强保险公司和期货公司之间的信息共享和交流，发挥各自优势，提高对市场的理解和洞察，共享市场信息和研究成果，为投保和交易提供准确的依据。

③教育培训：不仅要加强对自身从业人员的培训和教育，还应将科普落实到百姓家，提高参与者对"保险+期货"模式的认知和理解，增强专业素养和风险意识。

对于参与农户：①增强意识：应跳出原先的"农业种植只是靠天吃饭"的固有观念，了解各类风险对农业种植的影响与危害，提升自身对各类农业风险的感知，积极主动管理农业风险。②主动学习：积极学习更为先进的现代化农业风险管理理念与各类工具策略，在面对各类农业风险时有的放矢，科学应对。③积极参与并反馈：积极参与政府试点与金融机构推广的各类政策与产品工具，勇于尝试、持续参加。并与其沟通自身的需求与痛点，对产品的完善与发展提供需求建议。

对于政府：①战略定位：实现农业、农村和农民的协调发展是我国的长期基本国策。"保险+期货"作为普惠金融和农业风险管理体系建设的基础内容，也应该在国家"乡村振兴战略"中发挥长期的保驾护航作用。②政策安排与支持：中央一号文件对"保险+期货"的安排具有一系列配套政策，如"推进农产品期货期权市场建设""积极引导涉农企业利用期货、期权管理市场风险"；鼓励探索开展"农业保险+"，推进农业保险与信贷、担保、期货（权）等金融工具联动。③监管与协调：协调各相关部门，建立健全的监管机制，监督和管理模式的运作，加强对金融机构以及农户的监管，确保依法合规运营与合规参与，及时发现和处理市场风险和违规行为。

实现"保险+期货"模式常态化的途径包括：①明确战略定位，将"保险+期货"置入乡村振兴战略中。②将"保险+期货"纳入到我国农产品风险管理框架创新体系。③协调和优化监管。包括期货监管部门和保险监管部门的工作调整，并加强部门联动。④充分发挥政府的作用。包括统筹保费补贴、完善信息体系、开展风险管理培训工程、推动农业合作经济组织加快发展。⑤完善市场运作、落实"保险+期货"模式的可持续发展。⑥满足金融机构和农户等参与主体的需求，提高满意度与积极性。

通过综合运用上述的机制和途径，各方参与者共同努力推进，可以促进"保险+期货"模式的常态化发展。

2. 可持续和常态化的关系

"保险+期货"模式的可持续发展与常态化存在着较大的联系。

首先，"保险+期货"模式的可持续发展是实现该模式常态化的重要前提与基础。若"保险+期货"模式不具备可持续发展的基本要求，那实现常态化也是无从谈起的。可持续发展的目标是促进经济、社会和环境等因素的协调发展，这就需要政策和实践共同为其提供稳定高效的环境条件、适宜发展壮大的土壤，进而为其提供广阔的发展空间和机会。

其次,"保险+期货"模式常态化实现会反过来促进该模式的可持续发展。当"保险+期货"模式成为金融市场的常规选择和普遍应用时,它将形成一种稳定的市场机制和风控模式,为参与者提供长期稳定的风险管理和保险保障方案。这有助于促进农业与金融市场的稳定和发展,也为可持续发展创造了良好的环境。

总之,"保险+期货"模式的可持续发展和常态化是相互依存、相互促进的循环关系。其共同目标均为推动某种机制或模式在长期内产生积极影响,并为相关参与者创造稳定和可持续的环境。可持续发展为"保险+期货"模式提供了发展的基础和条件,而"保险+期货"模式的常态化则反过来推动了可持续发展的实现。这种循环关系将促进"保险+期货"模式在农业金融中的长期稳定发展。相较于联系而言,二者的区别相对很小。主要体现在:持续发展政策的实施旨在确保政策的长期效果、延续性和持久性,使其能够在较长时期内产生积极的社会和经济影响。而常态化则更加强调实现普遍的应用与接受,通过将某种模式或行为固定下来,确保其在长期内得以延续和普及。

3. 实现常态化的总体框架思路

常态化的实现需要在多个方面推动,根据参与者的情况,大致分为需求常态、供给常态、支持常态。需求常态与供给常态这两方面主要针对农户与相关金融机构,分别包括:农户的风险感知、风险管理意识等;产品的设计与优化、供给与创新等。支持常态主要针对政策的顶层规划与各级政府的支持,包括战略定位、农业风险管理体系、部门协调、市场监管、政府作用等。通过这些努力,"保险+期货"模式可以逐渐成为金融市场中的一种常规选择,丰富农户多元化的农业风险管理和保险保障方案,如图3所示。

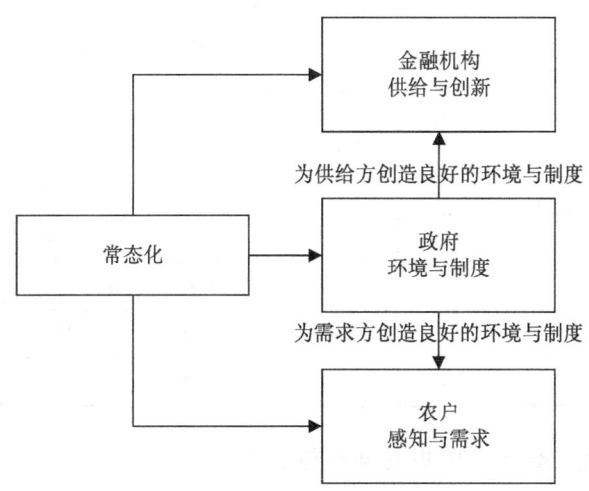

图3 实现常态化的总体框架思路

三、"保险+期货"实现常态化的背景调研——对黑龙江、辽宁两省的粮农的风险管理现状考察

(一) 黑龙江、辽宁两省问卷调研的主要情况汇总

1. 受访农户的基本情况

在已调研的 8 个县中,共采集到 650 份玉米种植户的有效问卷,将农户性别、年龄、健康状况、学历、职务、政治面貌、基本信息、种植情况、收入结构等基本信息做描述性统计,如表 3 所示。

表 3　　　　　　　　　　农户基本信息的描述性统计

变量名	样本量	均值	标准差	最小值	最大值
受访者性别	650	0.8938714	0.3082325	0	1
受访者年龄	650	54.00598	9.798568	26	88
受访者文化程度	650	1.920777	0.6176074	1	5
决策者性别	650	0.9760837	0.1529027	0	1
决策者年龄	650	54.12855	9.719798	27	88
决策者文化程度	650	1.944694	0.6297914	1	4
决策者受教育年限	650	7.893871	1.958195	5	15
家中户数	650	3.500747	1.309368	1	9
决策者健康状况	650	3.77728	0.6743978	2	5
家中村干部人数	650	0.5799701	0.8642705	0	2
家中党员人数	650	0.1733931	0.4608739	0	4
是否有高水平参与或干扰家中农业决策	650	0.2197309	0.4143741	0	1
决策者是否有外出务工经历	650	0.077728	0.2679433	0	1
是否参加合作社	650	0.1270553	0.4414868	0	8
玉米种植总面积	650	129.438	149.6272	1	1920
家庭总收入	650	180271.2	215375.3	0	3074038
种植收入占比	650	0.9582188	0.1431937	0	1.000046

由表 3 可发现:受访者中男女性别较为均衡,然而只有 16 户(占比 2.39%)农户的家中决策者的性别为女性,大部分家庭的决策者均为男性,这也符合基本事实。年龄方面跨度较大,最小的为 27 岁,最大的为 88 岁,受访者的年龄主要集中

在 40—65 岁（见图 4）。

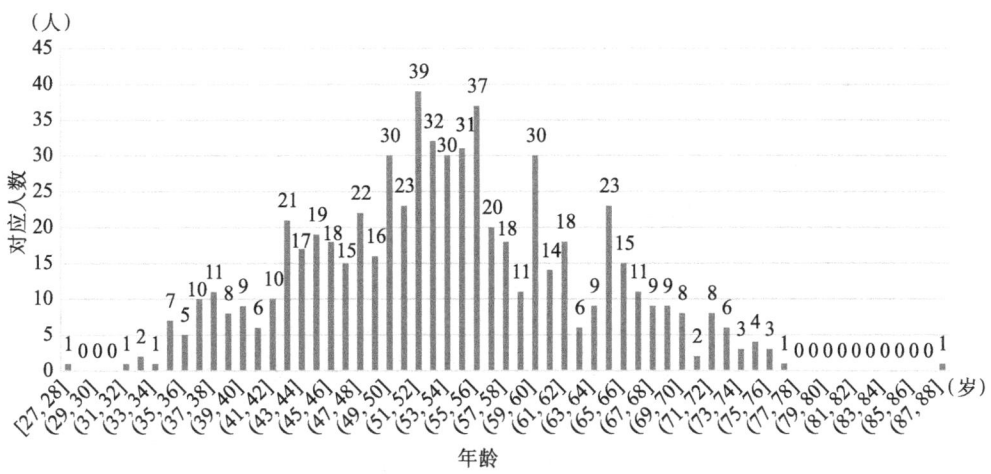

图 4　调研农户年龄分布情况

学历方面，受访者和决策者的整体文化程度均不高，主要集中在初中及以下的文化水平，占比将近 70%。决策者的平均受教育年限为 7.89 年，如表 4 所示。

表 4　受访和决策农户的文化程度

文化程度	受访者人数	百分比（%）	决策者人数	百分比（%）
小学及以下	130	20.00	130	20.00
初中	451	69.38	430	66.15
高中或中专	54	8.31	78	12.00
大专	14	2.15	12	1.85
本科及以上	1	0.15	0	0.00
总计	650	100.00	650	100.00

85.35% 的农户家庭中没有党员。同时，只有 21.9% 的农户表示，家中农业决策有外界的相对高水平指导（无论是外出务工经历、参与合作社、或是子女亲友中存在相对高水平，诸如高学历、在政商两界有一定职务、有着经验或见识很广或是在农业或金融相关机构等）参与或干扰了家中的农业决策（主要指金融风险管理工具的选择）。

种植面积方面，247 户（占比 38%）的农户种植面积在 50 亩以内，521 户（占比 80.15%）的农户种植面积低于 200 亩。95% 的农户收入来源基本来自农业种植，如图 5 所示。

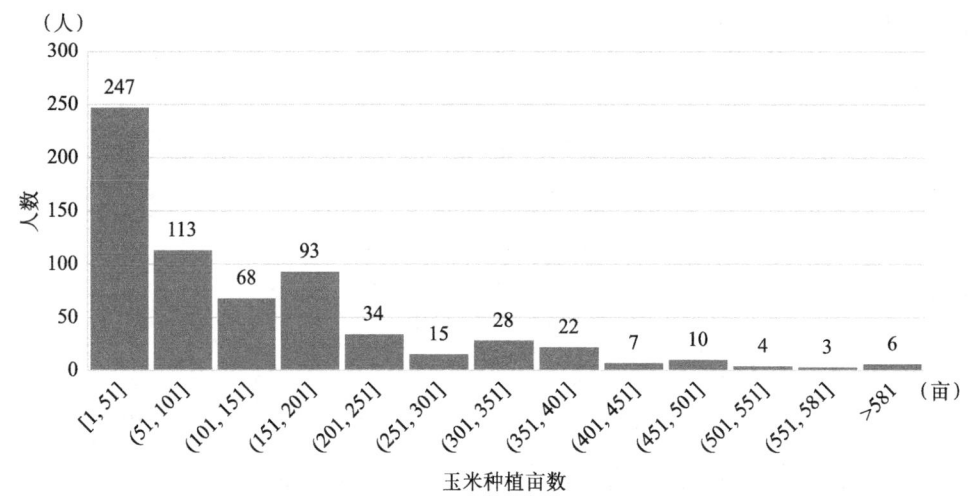

图 5　农户种植面积情况

2. 受访农户的风险感知

通过调研了解到，前些年农户获取农业市场信息的途径主要是邻里间交流和村里统一通知，随着智能手机和移动网络的普及，农户也开始使用手机、微信群、电视、电脑等新媒体了解市场信息，也有部分农户反映会从量贩那里了解价格信息。即便有这么多的途径，只有不到8%的农户认为其自身了解市场信息的途径是基本足够的，仍有76.68%的农户认为这些途径是不够充足的。当问到农户希望被提供哪些途径来丰富其了解市场信息的渠道时：

"手机、互联网、微信群等新媒体渠道"占比66.22%，排名第二，远高于排名最后的"发放报刊、杂志等纸质材料等传统方式自学"，大部分农户表示选择该渠道的重要原因是十分方便，同时，对于一些传统的学习方式自学的惰性较高，效果不佳。

提到最多的排名前三的途径中还包含了"政府和村部组织专业人员定期现场讲解"，以及"电视、课程等线上远程平台"，分别占比84.16%和47.23%，明显多于占比25.41%的"村里广播宣传和村内部的谈话会"。较多农户反映过该问题，他们更希望被提供一些更加深度、系统且专业的培训，而非仅是村内部人事的分享交流（部分农户认为村内部的培训人员自身素质都不一定过关）。这也体现出农户也在不断加强学习，与市场接轨，如表5所示。

由图6可发现，受访的农户对于自然灾害和价格风险几乎同样敏感，超过95%的农户在做种植决策时会首先考虑这两个因素。只有不到5%的农户担心国家政策的波动，说明现阶段大部分农户认为国家的"三农"政策已经基本趋于稳定，给予了他们一个相对安定的环境，用于农业种植。只有不到1%的农户担心自身的人力

表5　　　　　　　　　农户农业信息的获取途径等相关信息

项目	方式	户数（户）	占比（%）
获取农业市场信息的途径	邻里间交流	385	57.55
	村里统一通知	382	57.10
	通过农业合作社、农民专业技术协会等中介组织获得	70	10.46
	看手机、微信群、电视、电脑等媒体	511	76.38
	其他方式	171	25.56
农户认为这些途径是否充足	非常不充足	203	30.34
	不太充足	310	46.34
	基本可以满足需求	104	15.55
	比较充足	50	7.47
	非常充足，可以满足需求	2	0.30
希望被提供哪些途径了解市场信息	发放报刊、杂志等纸质材料等传统方式自学	95	14.20
	村里广播宣传和村内部的谈话会	170	25.41
	政府和村部组织专业人员定期现场讲解	563	84.16
	电视、课程等线上远程平台	316	47.23
	手机、互联网、微信群等新媒体渠道	443	66.22

财力情况不足以支持农业种植，这也从侧面验证了脱贫攻坚战取得的全面胜利，我国农民的生活水平持续改善。

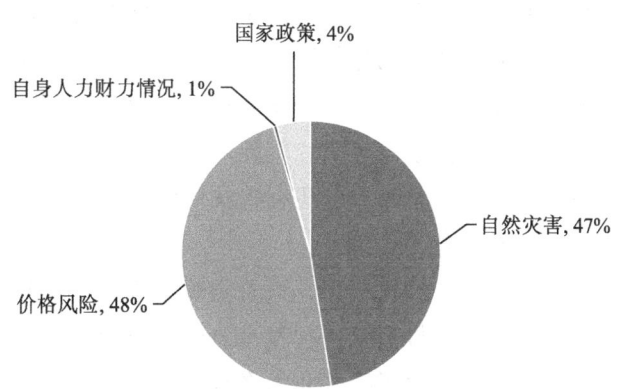

图6　农户在进行农业种植前最优先考虑的风险因素

3. 受访农户的农业风险管理基本情况

（1）农户参与农业保险的基本情况。仅有31户（总占比4.76%）农户表示在过去9年间（2015—2023年）从未购买过农业保险，其余农户均有参与过（见表6）。参与农业保险的具体险种和不参与的原因如图7所示。

表6　　　　　　　　　　受访农户中参与农业保险的情况

参与险种	购买过传统农业保险	参与过"保险+期货"模式	购买过完全成本保险	购买过政策性收入险
户数（户）	631	302	347	255

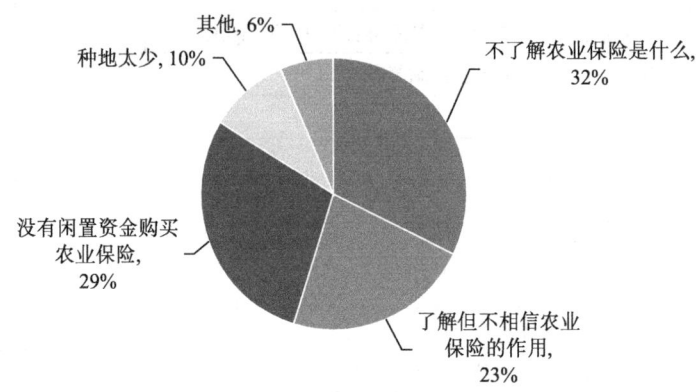

图7　不参加农业保险的原因

在参与过"保险+期货"模式的302户农户中，有278户参与过"保险+期货"模式的价格险，194户参与过"保险+期货"模式的收入险，其中有170户同时参与过"保险+期货"模式的价格险和收入险种。

（2）农户农业保险的选择偏好。直观结论显然是有市场化工具、期货工具的参与更好，但是，农户不一定对这类工具的体验就好，也未必认为保障更全面的收入险最好。我们在调研期间也了解到部分原因，主要是保费的性价比：在一些风调雨顺的地区，农户认为最便宜的传统物化保险便宜挺好的，期货类保险的保费普遍较贵，并非首选；有些农户觉得每年的产量都十分稳定，价格波动得厉害时，保价格就足矣，或是价格很稳定但产量波动较大，则保产量足矣，因此没必要买理论上最贵的收入险，因为保得越多保费就越贵；还有些农户认为其他的保险（如完全成本保险）赔付也很理想，价格也相对合理。

当询问农户在客观条件允许的情况下，最希望购买哪类险种时，分别有大约四成和三成的农户选择了产量险和价格险，这也与前面农户最在意的风险类型是自然风险与价格风险的统计相对应。收入险并非大多数人的首选，也能体现出更多的农户，在种植时并非同时十分担心价格与产量，由于地理位置、市场环境等原因，一般只重点担心一类风险，如图8所示。

（3）农户对于保费的反馈。目前试点的"保险+期货"模式项目的保费基本会给予农户大约八成的补贴，随着后期模式进一步的推广与普及补贴的力度有可能会降低。因此在调研期间，特意询问了农户愿意自缴的最高金额，差异性还是比较大的。有些农户虽然有着较为强烈的风险感知与保险认知，但是愿意自缴的保费确实很低，非常依赖政府补贴；有些农户体会到了模式的优势，则愿意缴纳更多的保费，如图9所示。

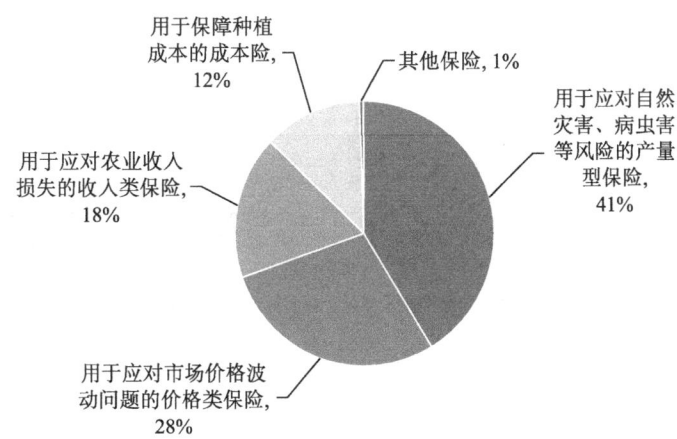

图8　农户在客观条件允许的情况下最希望购买的险种类型

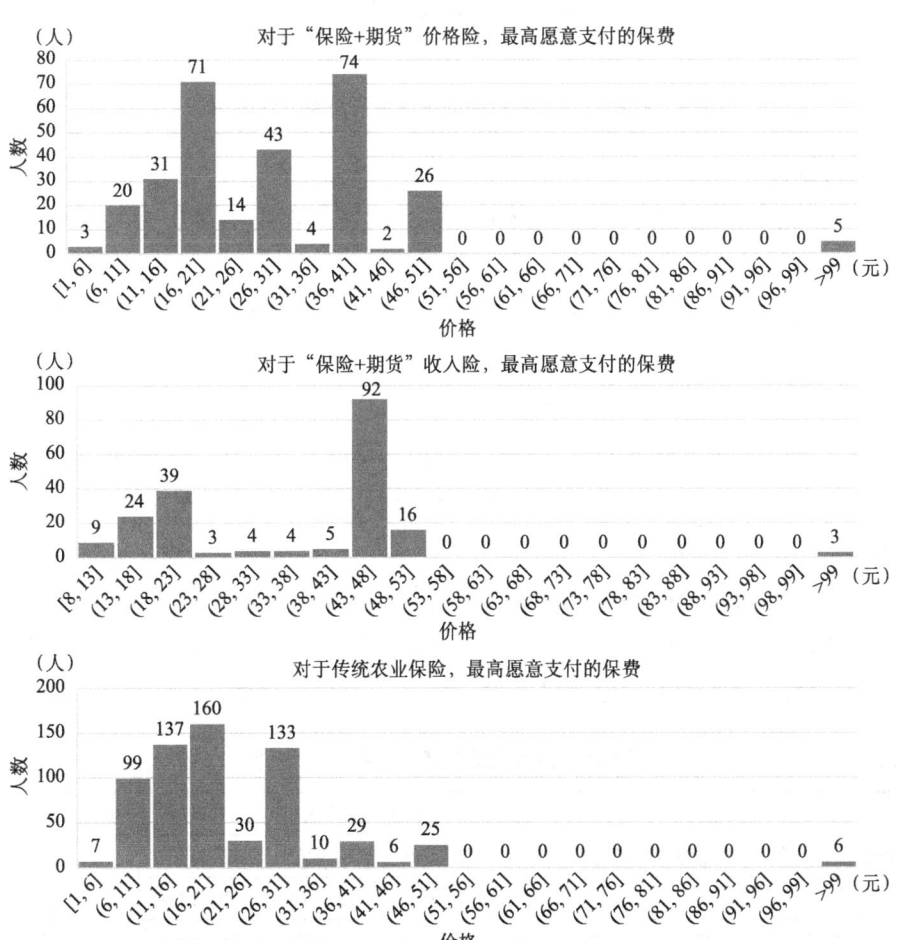

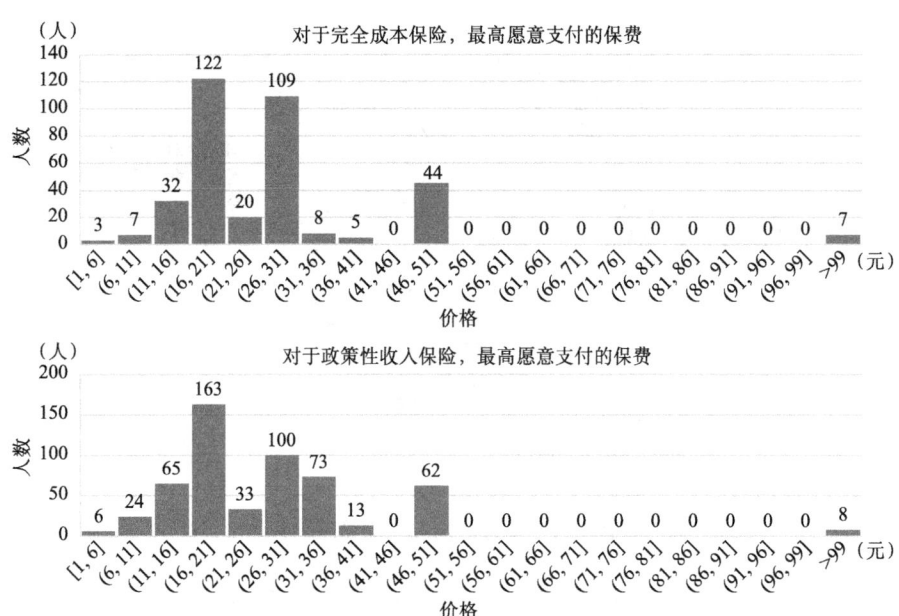

图9　农户对于几类不同的保险最高愿意支付的保费

可以看到：

①对于上述五类保险，农户选择的价格区间基本都集中在0—50元的范围内，超过100元的非常少，仅占比1%。

②相较于其他几类保险，农户愿意为传统农业保险支付的保费是最低的，87%的农户愿意支付的最高价格均低于30元，这个价格也基本与该保险的原价保持一致。

③然后是完全成本保险和政策性收入保险，情况基本一致。超过40元的比例不高，基本集中在15—30元，强于传统农业保险。同时，政策性收入保险略好于完全成本保险。

④愿意支付费用最高的是"保险+期货"，无论是超过30元的比例，还是整体的分别情况，均优于其他几类保险。值得注意的是，"保险+期货"收入险的"表现"令人惊喜，46%的农户愿意付出45元左右，如表7所示。

表7　　　　　不同类型的保险最高保费的描述性统计

指标	样本量	均值	标准差	最小值	最大值
对于传统农业保险，最高愿意支付的保费	650	21.92615	13.35404	0	100
对于"保险+期货"价格险，最高愿意支付的保费	650	13.27077	18.47442	0	150
对于"保险+期货"收入险，最高愿意支付的保费	650	10.80769	18.94372	0	150
对于完全成本保险，最高愿意支付的保费	650	15.33077	18.3576	0	150
对于政策性收入保险，最高愿意支付的保费	650	23.11692	17.37953	0	150

（4）农业保险对农户种植决策的影响。虽然购买了农业保险，但大多数农户表示即便参与了农业保险，也不会因为保险的存在而调整下一期的生产决策，即：是否购买保险并不影响种地的决策，如表8所示。

表8　　　　　　　　　　农业保险对农户种植决策的影响

指标	买不买保险完全不影响种地决策	占比（%）	会做少量调整	占比（%）	会做一定的调整	占比（%）	会做较多的调整	占比（%）	会因为保险的存在而重新规划	占比（%）
传统农业保险	652	97.46	5	0.75	8	1.20	4	0.60	0	0.00
"保险+期货"模式价格险	631	94.32	29	4.33	2	0.30	7	1.05	0	0.00
"保险+期货"模式收入险	594	90.28	40	5.98	13	1.94	12	1.79	0	0.00
完全成本保险	625	88.79	32	7.47	8	1.20	12	1.79	0	0.00
政策性收入险	630	94.17	20	2.99	17	2.54	2	0.30	0	0.00

可以发现，虽然愿意因为保险而改变种植策略的农户非常少，但"保险+期货"模式收入险相对其他险种而言，会让更多的百姓愿意为其改变种植策略。另外，"保险+期货"模式价格险、政策性收入险和完全成本保险的认可度则较低。

在调研期间，我们也尝试了解过其中原因：收入险给农户的保障最为全面，因此这样的结果并不意外；但由于政策性收入险的赔付标准较低、不够市场化，因此不如"保险+期货"模式收入险。同时，相较于传统农业保险，保险+期货"模式价格险和完全成本保险均能在特定情况下给予农户比较乐观的赔付。

总体来看，此次调研覆盖到了不同种植规模、年龄、学历的玉米种植户，虽然这些农户整体学历水平较低、获取农业市场信息的途径稍显不足，但大部分农户对于自然风险和价格风险都有着一定的感知，也都积极参与了政府推广的各类农业保险。在风险管理手段和农业保险种类的选择上也体现出了一定的差异性，但大部分农户哪怕是对自己购买的保险有着较高的满意度也不会因为农业保险的存在而改变自己的种植策略。这也说明了农户现阶段对于保险有了一定的认知，但仍亟待加强。

（二）"保险+期货"模式实现常态化运作所面临的制约因素

经过实地调研与文献阅读，发现了一些当下我国玉米种植户在农业风险管理上存在的问题，这些问题可能会对"保险+期货"模式实现常态化产生一定的制约。将这些制约因素总结如下。

1. 驱动力分析

（1）农户对保险的潜在需要和有效需求存在矛盾。从农业经济发展的基本规律以及农业风险由生产风险向价格风险转变的趋势看，我国涉农微观经济主体对各种风险管理策略的使用和对风险的认知程度一直在不断发生着变化。在进入 21 世纪后，我国不同地区、不同规模的农户对市场价格风险和政策风险的感知能力均出现迅速上升，超过了传统的产量风险。在传统的农产品价格支持政策出现松动、弱化以及市场价格波动幅度相应加大的趋势下，农户无论从理性还是感性角度都对各种市场化风险管理工具产生了强烈的需求。对于农业保险而言，即使国家的相关政策已经对其推广多年，但依然有很多农户因为不了解、不相信、缺资金等原因而不愿意购买。对于尚在发展初期的"保险＋期货"模式而言，如果没有必要的宣传推广和资金支持，就更难促成农户形成有效需求。

（2）保险公司的主动供给能力不足。"保险＋期货"模式的核心是保险，保险公司的参与热情和主动创新能力至关重要。从现实看，既然农户需求强烈，保险公司理应迅速增加供给，"价格保险＋期货"或者"收入保险＋期货"似乎很容易推广开来。然而，保险公司虽然在逐步参与其中，但事实是步伐很慢，也并没有全面发挥出其应有的创新作用，反而是期货交易所和部分地方政府在不遗余力地牵头推进项目试点。这充分说明了保险公司在农产品价格保险和收入保险创新方面存在着动力严重不足的问题。问题还不仅于此。

在已出现的一些案例中甚至还出现了保险公司为了短期利益捞取政府和期货交易所保费补贴的情况，也有的保险公司鱼目混珠，以产量保险替代价格保险或收入保险，以争取通过参与"保险＋期货"试点来提升"业绩"或"声誉"。

在保险公司层面出现动力和能力不足的原因是多方面的。比如认识不足、并不愿意推出低保费的保险品种、缺乏行业性的规划和引导、保险资金运用实行极为严格的规则监管、部分地方政府追求政绩急于求成而过度干预。

（3）保险产品的风险应对体系偏弱。在"保险＋期货"模式中，保险是核心，但是利用期货和期权管理保险公司的潜在风险至关重要。在该模式刚一产生时，业界和学术界就已发现了利用场外期权应对风险的成本很高，为解决这个问题，期货业内在农产品期货期权市场创新方面作出了多方努力，各类场外期权不断被开发出来，期货交易所（如郑州商品交易所）为"保险＋期货"项目中场外期权提供线上交易登记和现金结算等服务，场内期货期权的挂牌交易数量从无到有实现了快速增加。但是，这些进展依然在短期内改变不了为保险公司提供"再保险服务"的风险转移应对体系薄弱的问题。这一问题不仅体现在保险公司在直接利用期货和期权对冲风险方面面临的制度约束和能力约束，更多的是在于当前条件下保险公司所依托的期货公司风险管理公司业务实体较弱，还无法提供全方位或高水平的风险管理服务。

（4）试点工作的"任务性"明显。所谓任务性主要表现为"保险＋期货"试点成为了某种工作上或政治上必须完成的事项。客观地说，这些具有强烈任务性的设计安排或业绩评价标准并非没有其存在的现实合理性。例如，其能够迅速推动试点项目的普及推广，同时也能引发社会舆论对期货市场功能发挥持更加正面、积极的看法。但是，从长远看，这些做法也存在着明显的负面作用。

2. 潜在的挑战和机遇

（1）替代工具的创新与竞争。"保险+期货"模式的核心是为农户提供保险，但是在衍生市场和工具不断创新的趋势下，还有诸多替代方法会对其形成挑战。最突出的表现是场内期权交易市场发展十分迅速，可灵活管理风险的场外期权也出现快速创新，如郑州商品交易所在2016年提出引入的美式期权、阶梯型期权就可作为一种更加灵活的价格"保险"工具。虽然我国农户和合作社直接使用期货和期权管理风险的比例并不高，但是对期货、期权产品的间接应用已经在不断展开，且方法多种多样。虽然该模式未来的发展空间巨大，但并不是唯一的风险管理选择，也不能够涵盖所有的风险领域。因此必须在解决自身问题的同时，与其他风险管理工具共生并存、协调发展、融合创新。

（2）农户的风险感知可能钝化。从逻辑上看，在没有政策性工具或低成本市场工具的前提下，农户对各种风险是异常敏感的。但是在农户能够从场内持续获得很低成本的收入保险、价格保险或其他风险应对工具后，就很可能导致自身的风险感知能力发生变化。也就是说，由于农户能够较为轻易地获得来自保险领域的损失补偿，便很容易出现风险感知能力钝化或者有选择地忽略风险的问题。在这种情况下，农户通常会改变生产要素配置的谨慎心理，进而主动扩大生产要素的购买数量、调整产品种植方向和增加产品种植规模。如果大量的农户长期都具有同样的心理和决策行为，将会造成农产品价格持续下跌压力。这在经济快速衰退或农产品中长期熊市降临时，会对保险公司形成巨大的经营管理压力（这是因为在农产品价格快速下跌过程中，期货和期权市场的流动性消耗很快，不利于对保险产品开展有效的风险管理）。而如果要解决农户风险感知钝化的问题，最简单的办法似乎是提高保费中农户的自缴比例，让农户意识到要化解风险是有成本的，但这样做却会束缚"保险+期货"的长期推广。

（3）合作组织的作用有限。虽然国内已经启动了土地流转活动，但是小农户经营的总体状况没有得到根本改变。同时，我国农业合作经济组织在发展过程中面临诸多问题，如农户参与动力不足；空心村、空心社现象普遍；合作社独立性差，对龙头企业和政府依赖程度高，等等。这些问题对农业风险管理体系建设和方法创新具有很大的负面影响。

（4）农产品区域分布集中。我国农业生产具有区域集中性特征。由2020年之前开展"保险+期货"试点项目中所涉及的各种农产品和主要省区统计信息可以发现，虽然我国农产品生产的区域分布十分广泛，但集中的趋势也非常明显，从长远的角度看，这种明显的区域集中性特征还有进一步加强的趋势。从普及推广"保险+期货"项目的便利角度看，种植区域具有"集中性"似乎是有利的，"集中性"有利于该模式快速成规模地在一定区域内推行开来。但是，其中也隐含着资金支持难题。这些农产品集中种植的省区大多是相对落后的中西部地区，财政资金往往十分吃紧。如果开展大范围的保险补贴，地方政府的财政支出压力会很大。因此，要大面积推广"保险+期货"项目势必需要中央财政提供一定的资金支持。但这又涉及了如何处理中央和地方的财政补贴关系、如何处理区域布局和产业发展等一系列问题。

3. 外部推力和基础设施

（1）缺乏市场取向的总体性框架设计。改革开放后，我国的农业风险防控体系在很长一段时期内都是一种产量风险防控型体系。这一体系的突出特点有两方面。其一，将政策重点和思路放在了"防范产量波动风险"，确保粮食安全方面。其二，使用的主要政策工具是政府价格干预，试图通过有力地控制价格波动来确保产量安全。经过长期运行，这种市场风险防控体系存在的问题日益明显，即：强政府干预、弱市场参与；综合成本高、长期效率低。为此，中共中央和国务院根据农业风险管理实践的进展，不断尝试总结经验，推动市场化工具的普及使用。从最初尝试的发展订单农业，到尝试利用期货服务"三农"，再到开展新型农业保险，且在2016—2020年连续5年提出"保险+期货"试点，这些都是在既有的体制框架下所作出的努力和改进。但是，就如何协调好政府和市场、中央政府和地方政府的风险管理任务、传统政策工具和市场化工具的关系而言，我国还缺乏总体性的框架设计和总体安排。农产品的期货（期权）市场和现货市场的衔接、"保险+期货"和"订单+期货"模式的推广和运用等一系列重要的实践创新都还处在局部探索过程中。

（2）推动主体存在错位与缺位。从"保险+期货"的运作模式看，居于核心位置的应是保险，保险机构本应该是创新的首要推动者。但是，在试点中真正发挥指导和牵头作用的却是中国证监会和三家商品期货交易所。从内在原因看，期货交易所在推动"保险+期货"方面的主动性很高符合，期货市场亟须开拓创新和加速发展的现实情况。长期以来，期货交易所一直在市场开拓和生存压力下，不断探索如何更好地将期货、期权用于服务实体经济的实践中，且受到最高期货监管部门的全力支持和政策指引，为此其在不断开发和创新各种服务农户的新模式方面思路活跃、能动性高，各项创新进展也十分迅速。相比之下，保险公司长期以来业务稳定，服务实体经济特别是服务农户管理风险方面的意识要弱一些，行动慢一些。此外，由于保险机构没有处在期货市场发展创新的第一线,因此对期货市场发展方向和发展水平缺乏足够深入的认识,对利用期货管理保险产品风险的前瞻性理解不够。这些因素都导致保险机构无法在"保险+期货"创新中表现出良好的主动性和创造力。

当然,这种由期货界主导的"保险+期货"模式创新在微观上所呈现的创新主体错位问题并非一无是处,事实上其在一定时期内反而还具有很多的积极作用。由期货部门的主动牵头或参与"保险+期货",在现实中的益处很多。一方面是能够将利用期货和期权管理风险的方法更好地提供或传授给保险机构,另一方面也有助于突出期货和期权市场的重要作用,促进品种开发和市场快速发展。但是其不足之处也很明显。

(3) 缺乏具有可持续性的资金统筹安排。尽管"保险+期货"很容易被农户理解和接受,但是和"订单+期货"模式相比,其存在着成本支出高的问题。保险公司所面临的较高的风险管理成本势必会提升保费,进而降低农户购买保险的意愿。正因如此,在推广"保险+期货"的过程中,期货界、农业部门和部分地方政府都作出了艰苦的努力,以便吸引更多的农户和保险公司参与保险项目试点。从相关资料看,开展"保险+期货"的补贴资金只有原农业部、大连商品交易所、郑州商品交易所、上海期货交易所以及个别地方政府支持,农户承担比例达10%—30%,贫困地区绝大部分由政府或交易所买单。可以认为,这种资金支持存在着来源主体不合理、不稳定的问题,期货交易所是主要的资金支持者,支持资金每年都有大幅度增加,但不可能一直增加下去。相比之下,国家农业部门和地方政府虽有资金扶持活动,但起伏多变,逐渐呈现出以地方政府为主的特点。该模式一旦推广开来,补贴资金需求量较大仅靠期货界难以达到推广普及和可持续发展的目标,因此需要各级政府平衡好财政补贴方向,确定好投向生产保险和价格保险、收入保险等不同险种的资金比例。

(4) 期货和期权市场空间有限。由于"保险+期货"需要通过期货公司在期货市场或期权市场上对冲风险,所以期货、期权市场的空间大小和流动性至关重要。其一,对于国家计划推动的稻谷、小麦收入保险而言,期货市场缺乏必要的流动性,不具备开展"保险+期货"项目的基础。其二,已经广为开展的"保险+期货"尚未全部开发出对应的交易所期权品种。对于已经开发出交易所期权的农产品来说,期权市场也不一定是有效的手段。其三,农产品期货市场尽管在不断完善和快速发展,但是交易者结构散户化、主力合约月份不连续、国有企业和保险公司等参与期货市场面临诸多政策限制、做市商发展缓慢等问题会束缚农产品风险管理市场空间的扩大。

(5) 宣传不到位。就保险端而言,"保险+期货"所具有的易被农户接受的特性是其可普及推广的一个重要条件,但是在现实中我国对该模式的推广宣传还存在着严重的不足。尽管从期货交易所、保险公司、期货公司到中央政策、各地政府部门都花了很多精力在推广"保险+期货"试点工作，但相关信息的传递卡在了农户接收前的最后一步，广大农户对这种价格保险和收入保险都不甚了解。我们的调研发现，即使在很多开展了"保险+期货"试点的地区，甚至有农户反映根本没听说过这类保险项目，也没有专门的机构对其进行宣传推介。

（6）风险培训体系落后。虽然"保险+期货"模式中的保险十分容易被理解和接受，但是该模式依然涉及一些难以被农户认识或理解的期货元素。例如，其中的"期货"部分，对于大部分农民的文化层次，不易快速吸收相应的知识。同时，在我国现有的农业风险培训领域一直存在着一系列较为突出的问题，针对农户的风险、保险和期货培训始终存在空缺和不足，农业合作经济组织所能发挥的作用十分有限，现有的政策体系对农户的风险培训工作缺乏必要的考虑和设计。

四、"保险+期货"常态化的供给与创新探索——基于鲁证期货桦川玉米项目典型案例

（一）案例实施背景

为了防止供给大幅提高后"谷贱伤农"以及农民丰收后"卖粮难"等问题的发生，从2007年底开始，我国率先在东北三省和内蒙古实行玉米临时收储政策，即按照一定的价格（临储价格）敞开收购农民的玉米。该政策在保护农民种粮积极性、维护农民切实利益的同时，也逐渐扭曲了市场价格形成机制。随着国际大宗农产品价格的持续走低，国内外市场价格严重倒挂导致玉米进口激增，人为抬高玉米价格也抑制了玉米加工、流通、贸易等产业环节的需求，最终形成了巨量超额的玉米储备。为解决这一问题，我国开始"按照市场定价、价补分离的原则，积极稳妥推进玉米收储制度改革"。

2016年，实施了8年的玉米临储政策不再予以实施。由于国内政策的"兜底"，国内玉米价格波动幅度一直远低于国际价格波动幅度，临储政策的取消使国内玉米价格开始与国际市场接轨，波动幅度开始变得剧烈，这就导致部分玉米种植由盈利转为亏损，直至2020年玉米价格大幅上涨才结束了连续5年亏损（见图10、图11）。

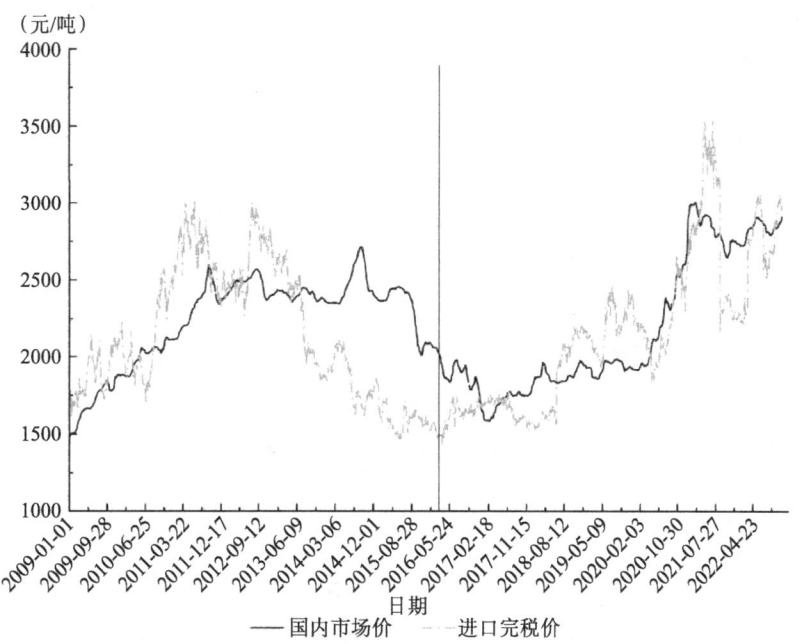

图 10　临储前后国内玉米价格走势

资料来源：全国农产品成本收益资料汇编、Wind。

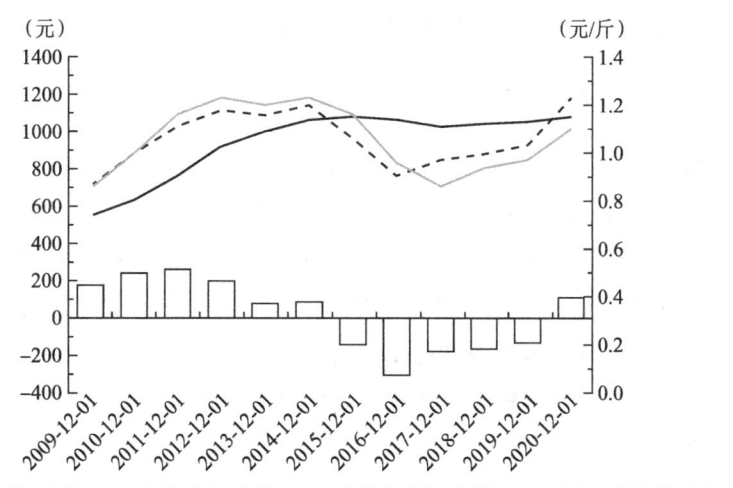

图 11　2009—2020 年国内玉米种植收益情况

资料来源：全国农产品成本收益资料汇编、Wind。

桦川县耕地辽阔、资源丰富，经济发展主要依靠第一产业。第一产业在该县生产总值占比中连年攀升，近几年对当地经济的拉动一直维持在 60% 以上。乡村人口在该县人口占比中一直维持 65% 以上，农民在人口分布中占绝对主导，是典型的产粮大县和农业大县。基本具备试点的种种条件。

(二) 各方参与主体

1. 桦川县农户及政府部门

"保险+期货"试点的重要目的之一就是保障农民收入,提高农民玉米种植的积极性。因此,桦川县农户是"保险+期货"项目的主要受益主体,也是"保险+期货"项目的基础用户。在项目实施过程中,桦川县政府主要在以下三方面发挥了重要作用:一是组织期货公司、保险公司在当地的调研与座谈,将农户与金融机构汇聚一堂,共同商议保险产品的具体条款内容;二是为项目的实施提供资金上的支持;三是为项目的顺利开展提供基础数据和必要协助。

2. 人保财险

人保财险在项目中主要发挥以下三方面作用:一是在先期调研基础上与期货公司确定具体的"保险+期货"实施方案,并在出具保单后,与桦川县当地种植户或合作社签订保险合同。二是在涉及具体产量的收入险项目中,依靠当地政府部门进行测产,履行查勘定损的职责。三是当保险合同中的理赔条款被触发时,履行保险人义务,组织理赔并与投保农户完成资金结算。

3. 鲁证期货及鲁证经贸

鲁证期货有限公司(以下简称"鲁证期货")是一家由中泰证券股份有限公司控股的大型期货公司,主要发挥了以下方面作用:一是在项目实施前,在当地政府的组织支持下,与人保财险积极配合,共同调研当地玉米种植农户的风险诉求并做好"保险+期货"相关的金融知识培训工作。二是在整个项目落地后,为保险公司提供场外期权以规避保险公司自身面临的玉米价格风险。三是鲁证期货作为期货公司,经营范围不包括现货贸易,因此,在项目实施过程中的基差贸易业务主要依托鲁证经贸完成。

(三) "保险+期货+基差贸易"模式

1. 落地过程 (见图 12)

2. 相关产品要素

共涉及 5666 户玉米种植户,覆盖全县玉米种植面积约 41 万亩,最终确定投保规模 24 万吨 (3 个 8 万吨保单)。鲁证期货为人保财险设计了结构化亚式期权作为

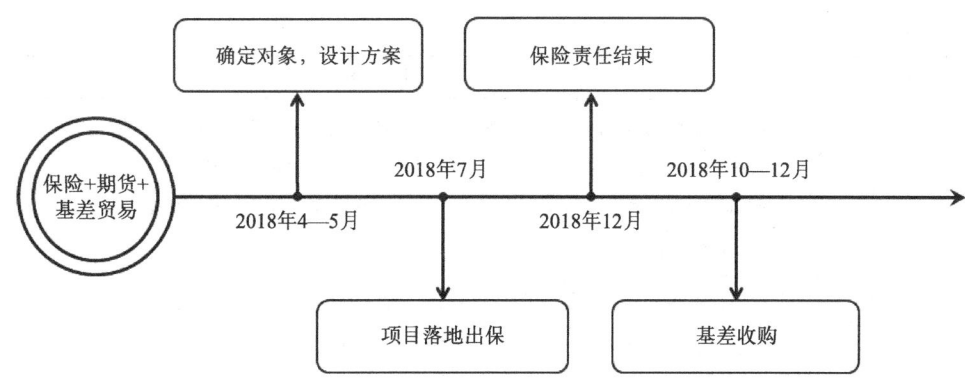

图 12 "保险+期货+基差贸易"项目落地过程

对冲工具,人保财险据此与桦川县农户协商出具了梯次赔付的保险保单。此次保单的理赔条件采用了收盘价均价作为结算价格(见表9)。

表9　"保险+期货+基差贸易"项目保单基本要素

保单要素	保单内容
目标价格	1878 元/吨(入场价格 1820 元/吨)
费率	3.37%,总保费 505.92 万元
投保量	8 万吨
保险期间	2018 年 7 月 15 日—2018 年 12 月 15 日
投保人	桦川县玉米种植农户
受益人	桦川县玉米种植农户 5666 户
结算价格	结算价格为 2018 年 11 月 15 日—2018 年 12 月 15 日期间玉米 1901 期货合约收盘价均价
理赔条件	①到期时,1783 元/吨 < 结算价格 < 1878 元/吨 赔付金额(每吨) = (1878 - 结算价格) × 35% ②到期时,结算价格 ≤ 1783 元/吨 赔付金额(每吨) = (1783 - 结算价格) × 100% + 33.25

人保财险承担了农户的玉米价格风险,针对玉米现货的流动性风险则通过与鲁证经贸确立基差交易来得到化解。最终确定基差为 -240 元/吨(见表10)。

表 10　"保险+期货+基差贸易"项目基差贸易合同具体条款

合同要素	合同内容
一、权利与义务	鲁证经贸对合作社收购自桦川县投保农户的玉米实行基差采购,对参保农户外的玉米进行市场收购。合作社在鲁证经贸监管下提供组织粮食收购、加工等相关服务
二、货物名称、规格、数量、单价	收购玉米为 2018 年新产玉米、国标二等规格、基差 -240 元/吨、点价依据为大商所玉米 1901 收盘价均价(均价期为 2018 年 11 月 15 日—2018 年 12 月 15 日)
三、交货及付款	规定了交货地点、时间、付款方式、时间等内容

续表

合同要素	合同内容
四、特别约定	说明了本合同项下的玉米为参加 2018 年度桦川县玉米"保险+期货+基差贸易"项目的玉米。合作社协助鲁证经贸到桦川县指定地点收粮、脱粒、装卸等工作,同时标明了对应不同水分的收购价格。合作社最终需向鲁证经贸提交收购玉米的农户清单等证明文件
五、违约责任	合作社收购玉米全部来源于桦川县农户,如有弄虚作假情形需支付违约金
其他条款	"六、不可抗力""七、争议解决""八、反商业贿赂条款""九、其他"

人保财险通过提高目标价格的方式增加了农户获得赔付的可能性,同时通过减少玉米价格部分下跌区间的赔付比例来实现风险的可控和费率的均衡。但人保财险在出具保单后,依旧面临着作为玉米价格下跌保险卖方所承担的价格风险。人保财险通过买入鲁证期货针对该项保单为其特别设计的结构化亚式期权来规避此项风险。该期权与 1820 元/吨的平值看跌期权费率相当,但提高了赔付的可能性,按照鲁证期货的预先测算,期望收益更高具有更好的预期赔付效果(见表 11)。

表 11 "保险+期货+基差贸易"项目期权基本要素

下单日期	期货收盘价(元/吨)	现货规模(万吨)	到期日	产品类型	执行价格(元/吨)	标的合约	权利金(万元)	行权日期	赔付企业(万元)
2018年7月14日	1820	8	2018年12月15日	结构化亚式看跌	1878	C1901 DCE	465.45	2018年12月15日	0

首先,由于此次鲁证期货此次承接的玉米场外期权规模较大,作为看跌期权的义务方为了避免因玉米期货价格下跌带来的风险,鲁证期货把部分期权头寸风险通过购买普通期权的形式转移给其他场外机构。虽然普通期权与结构化亚式期权在风险参数和结构化设计上并不完全吻合,但相反的交易方向和相近的期限结构还是有效地降低了鲁证期货的风险敞口。其次,依据期权头寸的 Delta,鲁证期货交易团队还结合研究部门对玉米行情的研判,在风控允许的阈值内进行动态对冲。除此之外,鲁证期货通过与玉米产业链上的不同主体开展期权交易,对冲项目的部分 Vega、Gamma 风险,进一步降低了风险敞口。

对于鲁证经贸与桦川县农户因签订基差贸易合同而产生的现货价格风险,鲁证经贸大部分风险通过基差贸易的方式转卖给玉米产业链中的下游企业。小部分则在对收购量的预估和保险期内收盘价均价跟踪观察的基础上,通过买入期货套保的方式对冲自身所面临的玉米价格上涨风险。

3. 项目成效及资金运用

保险期内玉米 1901 期货合约收盘价均价 1889.91 元/吨，高于执行价格未产生赔付责任。而在基差贸易的现货收购方，2018 年 10 月至 12 月，鲁证经贸陆续收购玉米现货 12729.39 吨，平均干粮采购价格 1683.15 元/吨。2018 年末玉米行情高涨，虽然该项目并未产生赔付，但在持有玉米价格保险且签订基差采购合同的情况下，农户不怕价格反向下跌，能够安心持有现货并择机高价售出。

该项目总保费为 505.94 万元，其中农户保费支出为 0，合作社实际保费支出金额为 25.29 万元，鲁证期货垫付 430.05 万元，桦川县政府补贴 50.59 万元。保险公司权利金支出 465.45 万元，因亚式期权标的资产收盘价均价未跌至亚式期权执行价格以下，期权到期收益为 0，因此保险公司最终收益为 40.48 万元（见表 12）。

表 12　"保险＋期货＋基差贸易"项目保险公司资金使用情况

项目	金额（万元）
保险费用收入（鲁证85%，桦川县政府10%，合作社5%）	505.94
权利金支付	465.45
期权收益	0
赔付总额	0
项目总盈亏	40.48

鲁证期货权利金收入 465.45 万元，扣减对冲成本、交易手续费、资金利息、调研宣传经费后盈利 69.87 万元。因垫付保费 430.04 万元，项目总盈亏 360.18 万元。但保费垫付最终通过大商所农民收入保障计划返还，故实际并未亏损（见表 13）。

表 13　"保险＋期货＋基差贸易"项目鲁证期货（鲁证经贸）资金使用情况

项目	金额（万元）
保险费实际垫付（约总保费的85%）	430.04
权利金收入	465.45
对冲盈亏（场内＋场外）	亏损 371.47
期权赔付总额	0
交易手续费	2.47
资金占用成本	17.65
调研、宣传经费	4
项目总盈亏	亏损 360.18

(四)"保险+期货"收入险模式

1. 落地过程(见图13)

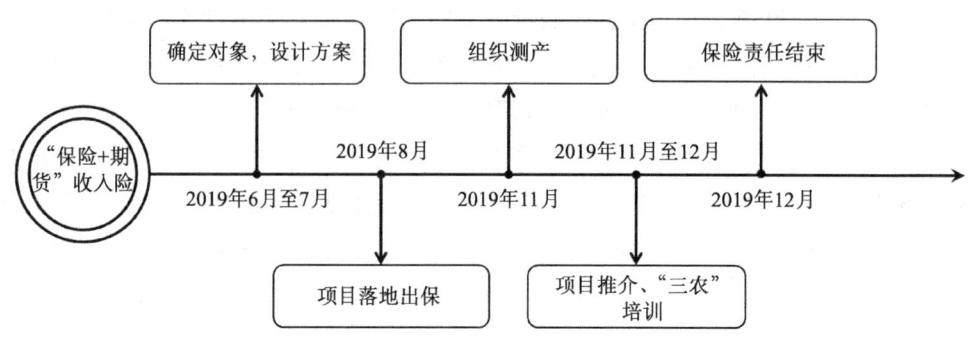

图13 "保险+期货"收入险项目落地过程

2. 相关产品要素

农户除了面临玉米收割后价格下跌风险以及"卖粮难"的问题外,限制农民收入的因素还有在生产过程中的自然灾害风险,因此收入险开始试点。此次项目覆盖全县玉米种植面积32.75万亩,折合现货量18.34万吨,为2555户玉米种植农户提供952元/亩的收入保障。在该模式下,人保财险为农户设计的保险产品既提供了2000元/吨的价格保障,又根据当地平均亩产提供了0.56吨/亩的产量保障。当实际收入低于保障收入时则产生赔付,实际产量由桦川县政府牵头,保险公司组建专家团队测定(见表14)。

表14 "保险+期货"收入险项目保险产品要素表

保险要素	保险内容
被保险人	桦川县2555户玉米种植农户
保险人	人保财险大连分公司
保险期限	2019年8月19日—2019年12月13日
保障收入	952元/亩,总保障金额3.12亿元
目标产量	0.56吨/亩
目标价格	2000元/吨
保险责任水平	85%
保费费率	7.5%(对应保障收入)
理赔依据	实际收入=实际产量×实际价格
理赔方式	MAX{(保障收入−实际收入),0}×投保亩数

人保财险出具保单后，主要面临着两方面的风险：一是面临桦川县农户因自然灾害而导致产量骤减的风险；二是面临着玉米价格下跌的价格风险。对于所面临的产量风险，人保财险通过购买商业再保险的方式转嫁给再保险市场，与再保险公司按照46.62%：53.38%的比例分担赔付总额。而对于面临的玉米价格下跌风险，由于保单条款中实际价格的确定是根据2019年11月14日—2019年12月13日大商所C2001合约日收盘价算数平均值。为了在费用有限的基础上尽可能地降低风险，人保财险最终选择了保底赔付及阶梯式赔付结构的亚式看跌期权（见表15）。

表15　　　　　　　　　"保险+期货"收入险项目期权产品要素

期权要素	期权内容
标的合约	C2001. DCE
期权类型	结构化亚式看跌
保底赔付	40元/吨
目标价格	2000元/吨（阶梯式）
期权期限	2019年8月19日—2019年12月13日
均值开始日	2019年11月14日
到期日	2019年12月13日
定价波动率	10%
权利金单价	74.8元/吨
规模	18.34万吨
总权利金	1371.70万元
行权日	2019年12月13日
结算价格	2019年11月14日—2019年12月13日大商所C2001合约日收盘价算数平均值
赔付结构	1. 1950元/吨＜到期结算价格≤2000元/吨，100%赔付差额 2. 结算价格≤1950元/吨，赔付｛（1950－结算价格）×38%＋50｝元/吨 3. 到期赔付单位金额不满40元/吨的均按照40元/吨进行赔付
赔付总额	1704.72万元

鲁证期货在此次项目中主要承担了因向人保财险出售结构化亚式看跌期权而产生的价格风险。针对场外期权义务方所担负的风险，鲁证期货在利用期货进行Delta对冲的同时，也积极利用新上市的玉米场内期权管理Vega、Gamma风险敞口。除此之外，针对场内简单期权不能完全满足风险管理需要的问题，鲁证期货也在通过场外期权市场的结构化产品进一步降低自身的风险敞口。

3. 项目成效及资金运用

2019年黑龙江部分地区遭遇内涝，桦川县受灾严重，玉米大幅减产。同时，玉米期货价格也受多重因素影响一路下行，玉米种植收入大幅下滑。灾后桦川县实际产量为 0.37 吨，保险期内玉米主力期货合约均价为 1836.95 元/吨，触发理赔条件，每亩获得 272.33 元的赔偿金额，在很大程度上维护了农户的种植收入。桦川地区玉米种植农户平均种植成本在 700 元/亩，根据参保与未参保两种情形具体对比如下：

若农户未参与收入保险：2019 年受灾后桦川县平均产量在 0.37 吨/亩，当地玉米现货销售价格 1600 元/吨左右，则该农户实际收入在 600 元/亩左右，考虑种植成本每亩亏损 100 元，折合每公顷亏损 1500 元。

若农户参与收入保险：在 600 元/亩收入基础上，每亩获得赔偿金额约为 270 元，考虑种植成本每亩仍可获得 170 元的盈利，折合每公顷盈利 2550 元。

项目到期后，最终理赔总额 8700 余万元，赔付率高达 376%。

在资金运用上，该项目总保费 2338.13 万元。其中，桦川县政府承担约 10% 共 256.98 万元，农户承担约 20% 共 444.46 万元，剩余 70% 共 1636.69 万元由期货公司垫付后交易所返还（见表 16）。

表 16　　　　"保险+期货"收入险项目农户资金损益

项目	金额
保费支付（农户）（万元）	444.46
保费支付（县政府）（万元）	256.98
期货公司垫付（万元）	1636.69
保费总额（万元）	2338.13
赔付总额（万元）	8787.31
赔付率（%）	376

保险公司在该项目中保险费用收入 2338.13 万元，收入资金主要用于自身风险的管理转嫁。最终因黑龙江地区遭遇内涝，在玉米大幅减产的情况下，玉米价格不升反降，导致发生巨额赔付。总亏损为 3109.56 万元（见表 17）。

表 17　　　　"保险+期货"收入险项目保险公司资金运用

项目	金额（万元）
保险费用收入	2338.13
权利金支付	1371.7
期权收益	1704.72
再保险费用	1090.04
再保险赔付	4096.64
赔付总额	8787.31
项目总盈亏	-3109.56

期货公司在该项目中收入权利金1371.7万元，主要用于支付对冲交易成本及期权买方到期收益。由于项目运行期间，玉米期货行情前期呈现单边下跌趋势，C2001合约30天实际波动率均值为8.4%，低于定价波动率10%。项目运行期间玉米期货波动较小，项目对冲实现了小幅盈利。期权合约到期时，标的资产价格到期均价为1836.95元/吨，计算应支付单价92.96元/吨的期权收益，期权到期收益支付总金额1704.72万元。除此之外，期货公司还在该项目中承担了交易手续费、资金占用成本、垫付保费税费等其他成本（见表18）。

表18　"保险+期货"收入险项目期货公司资金运用

项目	金额（万元）
权利金收入（+）	1371.7
场内（包括期货、期权）对冲盈亏（+/−）	491.67
赔付总额（−）	−1704.72
交易手续费（−）	−4.3
其他（垫付保费税费，6%）	−98.2
其他（资金占用成本）	−48.93
项目总盈亏	7.22

（五）"保险+期货+基差贸易"模式与"保险+期货"收入险模式比较

鲁证期货连续在桦川开展了7年玉米"保险+期货"，在"保险+期货"模式中深入探索凝练出了具有一定推广性、可复制性的"桦川模式"。上述两个典型案例，分别代表了价格险和收入险两种发展模式。

1. 两种模式的区别

（1）承保风险不同。"保险+期货+基差贸易"模式具体的操作流程主要分两部分：一方面，期货公司与保险公司联合设计保险产品，为农户提供玉米价格保险；另一方面，鲁证经贸通过政府指定合作社与农户签订基差采购合同，到期后以市场价格与固定基差+盘面点价相比的较优价格最终确定采购价格进行收购。因此，"保险+期货+基差贸易"模式承保的风险主要是价格风险和玉米现货的流动性风险，同时区别于"保险+期货"价格险标准模式的是增加了基差贸易的环节。

（2）保险费用不同。一般来说，玉米亩均产量在0.5吨左右，将两者的保费单价的单位进行统一，可以看出"保险+期货+基差贸易"模式保费单价为63.3元/吨，而"保险+期货"收入险模式保费单价为142.8元/吨，"保险+期货"收入险模式的保费单价是"保险+期货+基差贸易"模式的两倍之多。

二者承保风险的维度与程度都存在差异。"保险+期货+基差贸易"模式是在价格险的运作基础上，增加了基差贸易的环节，基差贸易本质上是一种商品交易的方式，不需要增加额外成本，因此该模式保费较低。而在"保险+期货"收入险模式中，由于承保风险为价格风险和产量风险两部分，产量风险部分需要付出额外成本通过再保险工具进行风险管理，因此该模式保费较高。

（3）理赔条件不同。"保险+期货+基差贸易"模式中，理赔依据以结算价格为对象，结算价格由期货主力合约收盘价在保险期内的均价确定。根据结算价格在不同价格区间，对应不同金额的保险赔付。该模式采用了分段赔付的方式，在不提高费率的基础上，提高了目标价格，增加了赔付的可能性。因此，其赔付结构是也呈现出阶梯状分布。"保险+期货"收入险模式中，理赔依据以实际收入为对象。实际价格由期货主力合约收盘价在保险期内的均价确定，而实际产量则由桦川县政府牵头，保险公司组建专家团队测定。当实际收入低于保障收入时，低多少赔多少，差额部分由保险公司全额赔付。因此，其赔付结构呈现出线性分布。

2. 两种模式的比较优势分析

首先，两种模式都能在一定程度上保障农户收入，但其保障的程度和维度却存在差异。"保险+期货+基差贸易"模式承保的是农户的价格风险和流动性风险，保障农户能够卖得出去并能卖个好价钱，本质上就是保证了农户生产的农产品可以以目标价格变现。农户的收入来自于价格和产量两方面，"保险+期货"收入险模式承保了农户的价格风险和产量风险，保障农户能够实现目标收入。因此，对于农户来说，"保险+期货"收入险模式更具比较优势。

其次，"保险+期货+基差贸易"模式的理赔采取了分段赔付的方式，其赔付结构呈现阶梯状分布。保单的理赔条款涉及分段函数的计算，对于文化程度普遍不高的农户来说，该模式的理赔条款难以理解，不容易被农户所接受。"保险+期货"收入险模式则是设置了目标收入，当实际收入达不到时，差多少补多少，其赔付结构呈现线性分布。对于农户来说，更容易理解和接受。因此，后者在农户易接受程度上更具比较优势。

最后，"保险+期货+基差贸易"模式与"保险+期货"收入险模式在保险费用上差距较大，后者费用是前者两倍以上。在不考虑保费的前提下，收入险对农户收入的保障优势明显，且在综合考量时优于价格险（方蕊，2020）。从两种模式运行的实际效果来看，收入险高额的赔付对于农户来说性价比也更高，因此最符合农户利益选择的模式是"保险+期货"收入险模式。但是在"保险+期货"实际推广过程中，在农户未对"保险+期货"运作模式及效果有深入了解的情况下，哪种模式性价比更高农户没有切身体会。短期内农户对价格高度敏感，影响农户参保的主要影响因素是保险费用。由于"保险+期货+基差贸易"模式在保险费用上优势明显,更容易成为农户短期内的选择。而在长期发展过程中,随着农户对"保险+期货"模式运作的了解,综合前述保障程度和易接受程度两方面的比较优势,"保险+期货"收入险模式则更具优势。这也是鲁证期货在桦川开展"保险+期货"项目过程中,先是作价格险试点,其后才慢慢开展收入险试点的主要原因。

五、农户对"保险+期货"模式的满意度分析

农户对"保险+期货"模式的满意度是该模式长期运营实现常态化的基础前提,因此了解哪些因素能够影响农户的满意度对于实践而言意义重大。本部分基于调研数据,从调研问卷的210道题目中挑选了28个重要变量对农户的满意度进行实证分析。

(一) 变量说明

首先挑选了3个变量用来描述农户的风险感知(x_1)和风险管理意识(x_2)这两个核心解释变量,用于"保险+期货"常态化的感知与需求研究。

其次考虑了政府和金融机构的行为对于农户满意度的影响,其中最重要和直接的行为是政策的安排或试点,以及对农户直接进行推广的方式和力度,因此,又选择了4个变量用来描述政策试点(x_3)和推广力度(x_4)这两个核心解释变量。

最后将另外21个变量分成四组,作为控制变量来描述农户基本信息、教育信息与社会关系网络、家庭种植信息和风险管理策略。

1. 被解释变量

农户对"保险+期货"模式总体满意度(y)。在调研过程中,调研员对农户进行了风险管理、金融工具和不同险种的特点科普等之后,引导农户基于对风险的认知和"保险+期货"模式参与情况的反馈,对于"保险+期货"模式的满意度作了一个整体的评价。根据李克特五级量表进行打分,评分标准:1—5分别表示:非常不满意—非常满意。

在调研过程中,调研员也问询了一些没有"保险+期货"模式试点地区的农户对于该模式的满意度,这部分农户的满意度与有机会参与试点农户对于满意度的评判方式会略有不同,为了降低其对实证结果带来的影响,解释说明如下:①即便是没参与过该模式的地区,还是有相当一部分农户之前就或多或少地了解过该政策,调研员又对该政策作了较为详细的介绍,因此他们的满意度打分确实也是建立在较为充分了解的基础之上,只是没有实际体验;②同一县域过往九年的政策试点基本一致,在实证中控制了县域这个虚拟变量;③同时控制了"该地区政策试点的年数"和"农户参与该模式的年数"这些十分重要的控制变量。

2. 核心解释变量

风险感知（x_1）。随着现代化、机械化、智能化农业的逐步发展，农业抵御自然灾害等风险的能力得到加强，产量安全问题得到越来越科学和完善的保障。然而随着农产品期货金融化，粮食价格也跟随全球权益市场价格波动而波动。对应的风险感知也可分为自然风险感知和价格风险感知。

根据以往学者的研究，这一变量由调研中农户对于某类风险事件发生的可能性大小和一旦发生后造成的损失或破坏程度共同决定。农户采用李克特五级量表法对发生频率和破坏程度进行打分，两部分的分数之和为风险感知的取值（Akhtar等，2018；尚燕等，2020；方蕊、安毅，2020）。本研究关注了农户对于：①种子、化肥价格上涨；②土地租金上涨；③可用耕地面积减少；④农业劳动力的损失；⑤政府农业政策波动、补贴减少；⑥干旱洪涝等恶劣气候；⑦病虫害；⑧找不到销售渠道；⑨市场价格下跌这几类风险事件的感知。调研过程中，调研员请农户根据李克特五级量表法对上述风险事件分别进行打分（1—5分别代表："几乎不可能—基本会发生"和"不严重—十分严重"）。在实证模型中，农户对于价格风险感知为①种子、化肥价格上涨；②土地租金上涨和⑨市场价格下跌这三类风险事件的感知的算术平均值；农户对于自然风险感知为⑥干旱洪涝等恶劣气候、⑦病虫害这两类风险事件的感知的算术平均值。

风险管理意识（x_2）。主要反映农户积极主动管理风险的意识，这种意识以调研问卷中"经过调研员的金融科普后，对农业风险管理必要性的看法"一题的答案为参考，根据李克特五级量表进行打分，评分标准：①觉得这些工具无用，又无须管理风险；②有了点相关意识，但认为自己私下采取措施就可以解决（如民间借贷、多样化种植等）；③有风险管理意识，会考虑使用这些新的险种或工具避险；④有风险管理意识，政府只要推行则会尽量配合尝试；⑤十分重视风险问题，愿意积极配合且主动寻求各种专业的农业风险管理工具和办法。

政策试点（x_3）。在调研的多个地区中，不同地区政策的试点与推广的时间并不完全一致。比如黑龙江省桦川县，该县的大多数乡村已连续试点5年；而有些地区还从未有过试点。

推广力度（x_4）。分为："政府和金融机构例行督促、催促购买力度"和"政府和金融机构科普讲解力度"，二者的区别主要在于前者更侧重于地方政府和金融机构是否是为了"政治任务"而只是单纯地引导农户购买，例行公事；后者主要指地方政府和金融机构是否不仅仅是"例行公事"般推广，而真正做到了积极地科普讲解新试点政策或工具的原理等相关知识。根据李克特五级量表进行打分，1—5分代表力度，1表示非常小，5表示非常大。

（二）关键变量的描述性统计

图 14 为农户对于"保险+期货"模式满意度的整体评分，1 分为最低，5 分为最高①。只有大约 34.58% 的农户的满意度为"不满意"和"完全不满意"，大部分农户还是很认可该模式的。表 19 为实证研究涉及的关键变量的描述性统计。

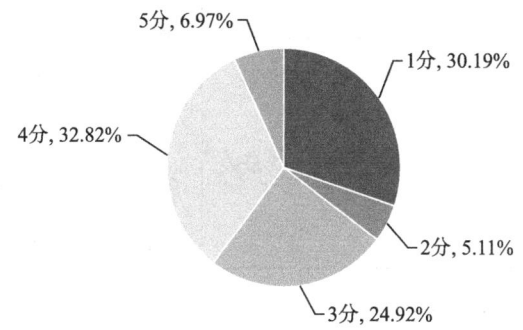

图 14　农户对于"保险+期货"模式满意度的整体评分

表 19　关键变量的描述性统计

变量分组/变量名称	变量赋值	样本量	均值	标准差	最小值	最大值
农户对于"保险+期货"的满意度（y）	1—5 表示满意度。1 为最差，5 为最好	646	2.812693	1.353912	1	5
风险感知（x_1）						
农户对于价格风险的感知	1—5 表示程度。1 为最低，5 为最高	650	3.82282	0.473055	2.33	5
农户对于自然风险的感知	1—5 表示程度。1 为最低，5 为最高	650	3.690385	0.674203	1.25	5
风险管理意识（x_2）						
农户对农业风险管理必要性的看法	1—5 表示程度。1 为最低，5 为最高	636	3.41195	1.063399	1	5
政策试点（x_3）						
"保险+期货"模式价格险在当地推广的年数	数字代表推广的年数	650	0.703077	0.834257	0	3
"保险+期货"模式收入险在当地推广的年数	数字代表推广的年数	650	0.870769	1.346767	0	3
推广力度（x_4）						
农户认为政府和金融机构对"保险+期货"模式的例行督促、催促购买力度	1—5 表示力度。1 为最低，5 为最高	650	1.789231	1.883398	0	5

---

① 本图数据进行了四舍五入处理。

续表

变量分组/变量名称	变量赋值	样本量	均值	标准差	最小值	最大值
农户认为政府和金融机构对"保险+期货"模式的宣传、科普讲解力度	1—5表示力度。1为最低，5为最高	650	1.472308	1.602195	0	5
农户基本信息						
受访者性别	1表示男性，0表示女性	650	0.892308	0.31023	0	1
农业决策者性别	1表示男性，0表示女性	650	0.975385	0.155069	0	1
农业决策者年龄	数字表示年龄	650	53.88615	9.403928	27	88
农业决策者健康情况	1—5表示程度。1为最差，5为最好	650	3.790769	0.672535	2	5
家中户数		650	3.512308	1.300943	1	9
农户教育信息与社会关系网络						
农业决策者受教育年限	数字表示年数	650	7.929231	1.948784	5	15
家中村/场干部人数	数字表示人数	650	0.078462	0.269104	0	1
家中党员人数	数字表示人数	650	0.172308	0.462294	0	4
农户家庭种植信息						
种地年数	数字表示年数	650	7.656923	1.763565	0	9
是否租用别人土地耕种	1表示"是"，0表示"否"	650	0.727692	0.448936	0	2
玉米种植总面积（取对数）	数字表示对数	650	1.830555	0.561422	0	3.2833
种植收入占比	数字表示比例	650	0.956996	0.145093	0	100%
是否会继续种粮	1表示"是"，0表示"否"	646	0.993808	0.078506	0	1
农户风险管理策略						
是否买过"保险+期货"模式价格险	1表示"是"，0表示"否"	650	0.421539	0.494186	0	1
是否买过"保险+期货"模式收入险	1表示"是"，0表示"否"	650	0.295385	0.456567	0	1
是否买过传统农业保险	1表示"是"，0表示"否"	650	0.943077	0.231874	0	1
是否买过完全成本保险	1表示"是"，0表示"否"	650	0.524615	0.499778	0	1
是否买过政策性收入保险	1表示"是"，0表示"否"	650	0.803077	0.39798	0	1
决策者是否有外出务工经历	1表示"是"，0表示"否"	650	0.08	0.271502	0	1
是否有过农业贷款	1表示"是"，0表示"否"	650	0.378462	0.485377	0	1
是否参加过农业合作社	1表示"是"，0表示"否"	650	0.118462	0.323403	0	1

（三）实证结果

本部分使用Stata17软件对数据进行处理，使用有序Logistic回归模型（Ordered Logistic Regression）模型分析各种解释变量对农户满意度的影响。采用前向逐步回归法（Forward Stepwise Regression），先将核心解释变量进行回归，然后在每一步中都选择能提高模型质量的自变量，逐步加入控制变量，直到达到符合预设的停止规则，此时所有可选变量都已经加入到模型中。回归的结果如表20所示（正文中只展示关键变量的结果，完整结果见附录）。

表20　影响粮农参与"保险+期货"模式满意度的因素分析的回归结果

变量名称	农户对于"保险+期货"模式的满意度			
	回归1	回归2	回归3	回归4
价格风险感知	0.484***	0.442**	0.414**	0.424**
	(2.75)	(2.47)	(2.26)	(2.26)
自然风险感知	-0.265**	-0.254**	-0.259**	-0.230*
	(-2.12)	(-1.98)	(-1.99)	(-1.73)
农业风险管理必要性	0.703***	0.668***	0.624***	0.675***
	(8.72)	(8.10)	(7.10)	(7.32)
该模式价格险在当地推广的年数	0.00487	-0.0207	-0.0293	-0.277
	(0.03)	(-0.13)	(-0.18)	(-1.30)
该模式收入险在当地推广的年数	0.345**	0.360**	0.315*	0.542*
	(2.23)	(2.25)	(1.96)	(1.86)
例行督促、催促购买力度	-0.381***	-0.377***	-0.321**	-0.325**
	(-2.82)	(-2.76)	(-2.34)	(-2.28)
宣传科普讲解力度	0.428***	0.392**	0.386**	0.436***
	(2.74)	(2.50)	(2.48)	(2.70)
农户基本信息		已控制	已控制	已控制
农户教育信息与社会关系网络		已控制	已控制	已控制
农户家庭种植信息			已控制	已控制
农户风险管理策略				已控制
县虚拟变量	已控制	已控制	已控制	已控制
观测值	636	636	636	636

注：括号内为 t 值。*、**、*** 表示系数在1%、5%、10%的显著性水平下显著。

（四）稳健性检验

本部分使用Stata17软件对数据进行处理，采用普通最小二乘回归（Ordinary Least Squares Regression，OLS）和有序probit回归（Ordered Probit Regression）对第三部分的结果进行稳健性检验，表21中的回归1与表20的回归4的识别策略一致，均为有序Logistic回归。回归的结果如表21所示（正文中只展示关键变量的结果，完整结果见附录)。

表21 影响粮农参与"保险+期货"模式满意度的因素分析的稳健性检验结果

变量名称	农户对于"保险+期货"模式的满意度		
	回归1	回归2	回归3
价格风险感知	0.424** (2.26)	0.261** (2.35)	0.195* (1.78)
自然风险感知	-0.230* (-1.73)	-0.125 (-1.59)	-0.192** (-2.42)
农业风险管理必要性	0.675*** (7.32)	0.422*** (7.92)	0.437*** (8.77)
该模式价格险在当地推广的年数	-0.277 (-1.30)	-0.172 (-1.39)	-0.171 (-1.42)
该模式收入险在当地推广的年数	0.542* (1.86)	0.362** (2.10)	0.349** (2.00)
例行督促、催促购买力度	-0.325** (-2.28)	-0.158** (-1.99)	-0.148* (-1.88)
宣传科普讲解力度	0.436*** (2.70)	0.213** (2.34)	0.178* (1.95)
农户基本信息	已控制	已控制	已控制
农户教育信息与社会关系网络	已控制	已控制	已控制
农户家庭种植信息	已控制	已控制	已控制
农户风险管理策略	已控制	已控制	已控制
县虚拟变量	已控制	已控制	已控制
观测值	636	636	636

注：括号内为 t 值。*、**、*** 表示系数在1%、5%、10%的显著性水平下显著。

(五) 结果分析

三个回归模型的结果基本完全一致，模型的稳健性得以保障。下面对这些变量进行分类说明。

风险感知（x_1）："价格风险感知"与满意度显著正相关。大部分地区在最开始推广"保险+期货"时一般先推广价格险，农户在学习了解了期货市场的功能后，很容易将价格风险、期货市场和"保险+期货"模式牢牢绑定。在调研期间也发现，这种思维模式相对固定。因此，对于价格波动敏感的农户，会主动地去了解并使用"保险+期货"帮助自己管理价格风险。同时，这些比较关注价格风险的农户也明白价格的波动是难以预测的，而"保险+期货"为价格提供的保护会使其长期预期收益的波动降低，因此满意度较高。

"自然风险感知"与满意度负相关,但结果显示该结论不够稳健,有序概率模型的 p 值为 0.112。分析原因可能是因为调研地区的大部分农户都认为当地基本风调雨顺,虽然有着一定的感知,但都认为"庄稼不收年年种",对自然风险的存在较为不敏感。同时,这些地区"保险+期货"模式收入险的赔付标准相对较低,不能完全满足农户的需求。因此,那些自然风险感知较强的农户可能会因此而对"保险+期货"价格险感到不满。由于结果不够显著,这一结论仍需进一步探讨。

风险管理意识(x_2)。该变量与农户的满意度显著正相关,且在1%的统计水平下显著,为模型中众多核心解释变量中显著性最高的一个。这也再次印证了"保险+期货"模式存在的意义,农户积极主动管理风险的意识越强,越能意识到该模式的优势,满意度也越高。

政策试点(x_3)。"'保险+期货'模式价格险在当地推广的年数"与满意度不相关,但"'保险+期货'模式收入险在当地推广的年数"与满意度显著正相关。这也说明,当农户真正连续多年参与后,对保险的认知更加清晰、熟悉,此时才会有较高的满意度。同时可以看到,相较于"保险+期货"模式价格险,推广收入险的作用更加明显一些。

推广力度(x_4)。"政府和金融机构例行督促、催促购买力度"与满意度显著负相关,而"政府和金融机构科普讲解力度"与满意度显著正相关。这一结果首先肯定了政府和金融机构科普讲解的成效,农户真正懂得了解之后,自然能体会到该模式的效用。而一味地催促购买,会使农户误解为该保险是政府和保险公司的"政治任务"或"面子工程",未必能给自身带来实实在在的好处。推广力度很重要,方式更加重要。

在四组控制变量中,"农业决策者受教育年限"在5%的统计水平下显著,且系数为正,即农业决策者受教育年限越长,对"保险+期货"的满意度越高。

因此,从实证结果可以看出,要想提高农户对"保险+期货"模式的满意度,应重点提高农户的风险感知(特别是对于价格风险的感知)、主动管理农业风险并参与农业保险的意识。在这些基础之上,地方政府部门积极努力,通过一定的规划,持续推广"保险+期货",让农户在不同年份的不同行情波动之下去感受"保险+期货"模式的实实在在的好处。同时,政府和金融机构也要注意推广的方式,应主要以科普讲解为主,而非单纯的督促、催促购买。农户在真正了解和体会到之后,对于该模式的满意度自然能够得以提升。与此同时,受教育水平相对较高的农户对"保险+期货"这种相对复杂的农业政策接受度和满意度更加理想,因此更加宏观的层面也得以验证:建设教育强国是中华民族伟大复兴的基础性工程,乡村教育振兴意义重大。

六、"保险+期货"模式实现常态化的途径

"保险+期货"是我国农业风险管理方法由政策主导型向市场机制型转变的一

项重要微观探索。其产生不仅是经济周期性衰退、农产品价格下跌、价格支持政策调整、期货市场加快发展共同作用的结果，还是我国农业风险管理体系不断变迁的突出表现，具有巨大的需求空间和发展潜力。因此，自"保险+期货"产生后，各界对其关注程度非常高。但是要真正发挥这一风险管理模式在扶农助农中的优势，需要将其纳入乡村振兴战略、农业经济政策调整和风险防控体系升级的整体性框架中进行综合考虑、精细安排，通过完善主体利益、风险释放、资金支持这几个方面充分调动各参与者的积极性、提高其满意度，实现推广普及、持续创新和可持续发展，最终实现常态化运行。

（一）明确战略定位，将"保险+期货"置入乡村振兴战略中

实现农业、农村和农民的协调发展是我国的长期基本国策。我国很长时期都需要不断深化农村改革、持续建设现代农业和长期加强农业、农村工作。这样，乡村振兴战略也就为"保险+期货"模式的创新和持续发展创造了更广阔的空间，也提出了全新的要求。从另一方面看，"保险+期货"作为普惠金融和农业风险管理体系建设的基础内容，也应该在国家"乡村振兴战略"中发挥长期的保驾护航作用。

从各地试点已经取得的效果看，"保险+期货"模式可以在乡村振兴战略中积极展开定位，从多方面发挥出积极作用，并以此为深入创新和长期发展打下坚实的基础。其一，充分借助保险和期货所能发挥的风险缓释作用，以普惠金融发展规划为契机逐步推广"保险+期货"的基本模式，通过为农户的基本利益提供保护，来稳定农户和大市场、现代农业发展的关系，实现乡村繁荣稳定。其二，通过"保险+期货"风险处理机制，优化各类农业经营主体的生产要素配置，助推建立符合现代农业发展趋势的产业体系、生产体系和经营体系，促进农业经营的集约化、组织化、产业化、规模化发展，实现农村产业兴旺。其三，以保险、期货、订单工具组合合理替代传统的农业支持政策，通过市场化的工具和手段提高农户的种养积极性，为提高食物供给能力提供充分保障。其四，确保收入富裕目标不被价格和产量风险所冲击，最终稳定农户收入，保障农户利益。

（二）将"保险+期货"纳入我国农产品风险管理框架创新体系

1. 农户、市场与政策的系统性

"保险+期货"是农业风险管理的一个重要分支，有必要将其纳入"政府—市场（工具）—农户（组织）"所形成的整体风险管理架构中进行考虑。类似的研究和设想在国外早已开展。OECD早在2009年对政府、市场和农户的风险管理作用做了一个框架型阐释。不过，这一阐释并没有详细勾勒出政府和农户、市场之间的相

互作用机制。事实上，无论从国内还是国外的实践看，在农业风险防范、风险管理策略的选择和政府政策设定三者之间并不存在完全线性的关系，而是一个内部各因素相互影响、相互联系，在一定方面又存在矛盾的系统性问题。可见，研究农业风险管理并不能仅进行单向的研究，既不能仅着眼于从风险来源到选择工具的角度进行研究，也不能局限于从可选工具到最优政府政策的简单路线。在实现"保险＋期货"的推广普及方面也存在同样的问题（见表22）。

表22　　　　　　　　　农户的风险管理策略与政策支持

	农户	市场	政策
风险防范	技术选择 组织化	风险管理培训	宏观经济政策 灾害和疾病防护 培训政策
风险缓释	分散化生产（养殖） 垂直一体化	生产/销售订单 期货和期权、互换、保险	反周期项目 病变防控 税收调节
风险处理	非金融借款 非农业收入	出售金融资产 向银行借款	减灾 社会援助 农业支撑项目安排

资料来源：OECD. Managing Risk in Agriculture, A Holistic Approach [R]. OECD, 2009。

2. 风险管理框架的整体思考

应摆脱仅将其作为一种单一工具的思维束缚，将其建立在一个既能适应国内外市场环境变化和全球竞争趋势，又能确保食物安全和农民利益的整体性风险应对框架中。这一风险应对框架和以往的政策发挥主导作用的农业风险防控体系迥然不同，其更应是一种以市场机制和市场手段发挥基础性作用的全新设计。

在这种新的风险管理型农业体系中，除了对直接关乎粮食安全的部分基础农产品在一定时期内采用最低收购价等农产品价格支持政策，政府不再过多地通过价格干预来直接帮助农户应对和化解市场风险，取而代之的是鼓励金融机构开展可服务于农户管理风险的新型工具（或工具组合）创新，推动农业合作经济组织走向独立和成熟，尽快建立起"事前利用订单和衍生工具规避价格风险，事后利用各种保险补偿风险损失"的微观风险管理机制，农户能够借助合作经济组织或者龙头企业的力量充分利用各类金融工具来主动应对市场风险和生产风险。不同的工具各有侧重点，既有竞争也有互补。

考虑到政策—市场—农户的系统性和复杂性关系，国家相关部门应制订一份中长期的《农业风险管理支持规划》，将农产品市场风险防控体系的调整思路和具体推进办法予以细化，还要需要立法机构、财政部门、国家发展改革委、农业部门、期货监管机构、银保监管机构共同商讨建立起一个能够促进农业风险管理创新的协同支持体系，同时也为"保险+期货"试点的全面推开、实现可持续化、常态化构建坚实的体制基础。

3. 不同品种的风险管理方法设定

对于小麦和稻谷而言，出于粮食安全的战略考虑，国家势必将在很长一段时期内实行强有力的最低收购价政策，因此利用市场化工具化解农户风险的空间和机会并不大。虽然2018年中央一号文件提出要探索对小麦和稻谷开展收入保险试点的初步指引，但很明显在小麦和稻谷上开展完全市场化的收入保险试点会面临不容易解决的现实难题。收入保险的本质是保护农户不受价格或产量下降造成的对收入的冲击，而这两个风险问题对于小麦、稻谷而言，正常情况下其不确定性程度并不高。由于有最低收购价政策来兜底价格，农户并不担心价格下跌冲击，从连年丰收的现实情况看产量风险的发生概率也并不高。对于农户来说，很可能并不希望花费更多的保费购买并非必要的收入保险。此外，对于小麦和稻谷而言，国内期货市场自身也存在问题，不活跃的期货交易无法为收入保险的定价和风险对冲提供充分有效的外部支持。

在三大主粮作物中除了稻谷和小麦，剩下的就是玉米。应该说，玉米的市场化和本土化程度都很高，期货市场较为成熟，也是最早开展"价格保险+期货"的品种，因此最有可能成为大规模开展收入保险试点的品种，该品种"收入保险+期货"有大规模推广的空间。

和玉米相比，市场化程度同样已经很高的还有白糖、菜籽、棉花、大豆等品种，在这些品种上长期开展"保险+期货"的条件已经较为成熟。对于其他品种，如苹果、红枣、鸡蛋、天然橡胶等，可以进行局部性或区域性的推进。

（三）协调和优化监管

在"保险+期货"产生初期，起牵头作用的是期货交易所，期货界自上而下都为"保险+期货"试点推广作出了巨大的努力。但是，随着"保险+期货"的持续推广和普及，加强期货监管部门和保险监管部门的监管工作协调已经显得至关重要，期货监管部门为期货界减负，银保监会为保险和银行业加压应成为新的方向。

1. 期货监管部门的工作调整

在"保险+期货"模式的试点和推广中，期货监管部门作出了诸多的监管安排和工作要求，既对期货交易所给予了指导和建议，直接或间接推动了期货交易所、期货公司对该模式的深度参与，又通过制度供给，加快了农产品期货和期权品种创新,丰富了风险管理的渠道,降低了风险管理的成本。但是,从长期看,监管部门应逐渐改变期货界存在的"超负荷"参与"保险+期货"项目推广的问题,着手考虑为期货交易所特别是期货公司减轻压力,将监管工作的重点转向加强"保险+期货"的环境建设,推动农产品期货和期权市场规模扩大和走向成熟,以便为保险产品提供合理的定价依据和风险管理支持服务。

第一,深入推动市场微观结构的创新,在有效管控和防范风险的前提下,优化农产品期货市场和期权市场的交易者结构,开拓市场空间提升合约流动性,有效增强期货市场价格发现和套期保值的基本功能,为推广普及"保险+期货"创造持续、有力的场内和场外市场支持条件。

第二,继续支持和鼓励"保险+期货"模式创新和普及推广,但不将参与"保险+期货"作为期货公司硬性监管指标。为期货公司或其风险管理子公司创造条件,促进其根据自身能力主动投入到"保险+期货""订单+期货"等各种风险管理模式的创新活动中,进而为保险公司、农业企业提供更专业的风险对冲或风险管理服务。

2. 保险监管部门的工作调整

只有充分调动保险公司创新保险产品的积极性,以商业化作用机制发挥其推广"保险+期货"试点的主动性,才能全面激活整个"保险+期货"中各金融工具之间的联动机制,让各参与方各取所需、各得其利,实现保险项目的可持续化发展。在此过程中,需要保险监管部门全面参与其中。

对于保险监管部门来说,可以在多方面予以引导和规范:探讨全面承接对收入保险和价格保险的规范、引导和推动工作;支持和鼓励保险公司积极创新保险品种;加快探索收入保险和价格保险走向全面商业化运营所需具备的条件;确保保费厘定具有合理和可持续性,细化保险赔付价格核定流程,扎实提高保险产品为农民收入服务的效果;继续强化监管,"抓好农业保险保费补贴政策落实,督促保险机构及时足额理赔";逐步放开对承保农业保险的保险公司直接参与农产品期货交易对冲风险的限制,允许保险公司开展为实现风险管理目的而从事的额度内商品期货和期权交易。

3. 加强部门联动

2016年中央一号文件曾前瞻性地提出"探索建立农业补贴、涉农信贷、农产品期货和农业保险联动机制"。实现"保险+期货"的可持续发展,特别应加强银保监部门和期货监管部门的合作。保险监管部门应和期货监管部门共同探索推动保险公司利用期货和期权降低风险的具体途径和方法,对保险公司直接利用期货、期权对保险进行再保险予以规则和制度上的安排和合理约束。银行监管部门则应探索银行信贷与保险市场、期货风险管理和订单关系的结合切入点,加大专项信贷资金的支持力度,如对套期保值、订单农业的参与方给予必要的信贷支持。

(四) 充分发挥政府的作用

1. 统筹保费补贴

一般而言,农户购买保险的保费高低直接影响着其投保积极性。我国家庭农户的生产种植规模普遍偏小,经营收入有限,购买保险的资金实力不足。因此,能否给予农户必要的保险补贴以及补贴比例应是多少,成为影响"保险+期货"模式可持续发展的无法回避却又必须审慎对待的问题。

从实践来看,在我国已经开展的大多数"保险+期货"试点项目中,有的基本不需要农户支付保费,有的仅需要农户支付少量保费。其中大多数的保费由牵头项目试点的期货交易所予以支付,也有部分地方政府和期货公司给予了农户一定数额的补贴。这种由期货界作为补贴主体的机制明显具有不合理性,无法长久维持。从国际经验来看,通过发展农业保险对农业经营主体进行保护,是发达国家普遍的补贴做法,属于WTO"绿箱"政策,"保险+期货(期权)"这类市场化方式补贴应成为我国农业补贴的改革方向(曲德辉,2020)。

要从"黄箱"转向未来可能的"绿箱"政策,还存在多方面问题需要解决。

其一,保费的高低和政府补贴的多少问题。价格险或收入险的保费厘定虽然涉及技术性的计算手段,但是也会受到政府补贴的某种影响。如果政府大面积补贴,势必会促使保险公司推广价格保险和收入保险,但也有可能引发保险公司通过提高保费赚取更多补贴的问题。除此之外,政府的补贴对农户的风险感知也会有某种程度的影响,过多的保险补贴会使农户风险感知或风险管理活动钝化。因此,政府究竟该补贴多少,可能需要在实践中不断地进行摸索并进行动态调整。当然,我国也可以借鉴美国经验,按照保险责任水平(保障的预期收入的比例)确定政府对保费的补贴比率,即农户选择的保险责任水平高,则政府给予的补贴比例低;农户选择的保险责任水平低,则政府给予的补贴比例高(见表23)。

表23　　　　　　　不同责任水平下美国农业保险的保费补贴比例

项目	比例(%)							
保险责任水平	50	55	60	65	70	75	80	85
以土地类型划分标的	67	64	64	59	59	55	48	38
以作物类型划分标的	80	80	80	80	80	77	68	53

资料来源:李正强."保险+期货"服务农民收入保障[J].清华金融评论,2020(7):37-40。

其二，中央和地方补贴的标准。由于农产品种植具有区域集中性特点，开展对农户的保险补贴就要考虑到对于哪些品种中央财政应该补贴多一些，哪些品种地方补贴多一些的问题。此外，中央财政提供补贴还要考虑给农户的保险补贴是否会引发区域种植结构的进一步变化和调整。我们的一个基本观点是，对于涉及经济安全的基础农产品，如棉花、玉米、大豆等，中央财政可以多支出一些经费对保费进行补贴；对于具有区域经济特色的农产品，如菜籽、苹果、红枣、天然橡胶等，则发动地方政府大力对保费进行补贴，中央也予以部分支持。

其三，合理确定财政补贴的总规模。财政补贴是在农业经济领域推广普及"保险＋期货"这种风险管理模式的基本出路。我国可以根据农产品的产量规模和期货、期权市场的空间容纳能力，测算不同阶段的总体补贴规模，精心谋划、稳步推进安排补贴方向和补贴数量。基本的标准是，财政补贴既要能对"保险＋期货"的推广普及和风险管理产生良好的推动作用，又不至于因为大规模的补贴对期货市场的流动性造成重大冲击，进而削弱期货市场的基本功能，冲毁"保险＋期货"所依赖的风险管理屏障。

2. 完善信息体系

虽然利用金融工具管理价格风险和生产风险属于微观个体的行为，但是微观个体往往会存在着信息不完全的问题。这在很大程度上会带来公众效率的损失。要解决这一问题，必须加强农业市场信息系统建设，建立低成本的信息传递体制构架，采用良好的信息技术来提升农户的信息搜寻与风险管理的能力。

但是，从现实看，我国整体农村信息体系不够完善，农业信息在乡、村出现断层，信息资源利用率不高，而期货、保险信息是十分薄弱的一环。要解决这些问题关键还是要看政府。政府部门的作用至关重要，优势地位也十分明显，具有良好的非营利性和政策推动能力。从全局看，国家农业部门应首先加强全国性的农业信服服务体系建设，在此基础上对各地方政府加强指导，推动其根据本地农户的实际需求和信息基础设施发展水平，建立起既可以和全国信息服务体系对接又具有地方特色的农业信息服务体系。

3. 开展风险管理培训工程

现有农村风险管理培训体系无法从知识层面改变小户生产和分散经营的农民所面临的风险难题。因此，建议开展有效的风险管理培训工程，组织面向农村基层的期货和保险培训，为农业经济组织了解和运用期货市场创造条件。培训活动的主要对象是合作经济组织和农户，也可以是地方政府部门和部分农业企业。培训的内容不仅要包括国内外农产品生产、流通、消费形势，还要加强对收入保险与价格保险、各类远期订单合同、农产品期货与期权的普及介绍。

政府可以从不同方面推动风险管理教育工程的实施。第一，应创造必要的条件，吸引和支持有能力的期货交易所就一些"保险+期货""订单+期货"项目对农户继续开展有针对性的教育培训公益活动。第二，借鉴发达国家经验，政府部门加大经费支出，建立必要的补贴和资助体系，尽快推动科研院所编写简单易懂的风险管理知识手册，开展针对农户学习利用不同工具管理农业风险的巡回培训制度。

4. 推动农业合作经济组织加快发展

合作经济组织无论在农户的产销还是风险管理方面都具有重要的作用。无论是否基于"保险+期货"的考虑，政府都应深入推动农业经济合作组织在独立性和实体性方面取得实质性的进步。具体来说，可以结合工业化、城镇化和知识化进程，由政府制定规划并采取合理措施，有序地优化农村人口存量和知识结构，使农业剩余人口有能力、有条件、有意愿组建合作社组织，并且有组织、运行和管理合作社的能力。合作社的功能和形态多种多样，可以是销售合作社，也可以是产销合作社，但是从长期来看，应实现集生产、销售和风险管理于一体的纵向一体化模式。政府可采取措施重点推动合作社发挥联系培训、传递信息、降低保险和订单组织成本的作用。

(五) 完善市场运作、落实"保险+期货"模式的可持续发展

本文第二部分阐述了"保险+期货"模式的可持续发展与常态化之间存在的联系，即："保险+期货"模式的可持续发展和常态化是相互依存、相互促进的循环关系。因此，要探索实现常态化的途径，就绕不开对于可持续发展的研究。

从一定意义上看只要投入足够的人财物，任何方面的试点都容易在短期内、小范围内获得成功。"保险+期货"试点也是如此。虽然很多文献资料与本次调研已经研究论证了"保险+期货"可以取得诸多良好的风险管理效果，但这并不能完全说明其具有可持续发展和创新的空间，我们依然需要深入分析其具备"可持续性"的基本要素。

对于"保险+期货"这种新型的风险管理模式而言，是否具有可持续性至关重要。所谓可持续性可以理解为可以普及推广、深入创新和持续发展的特性，其中包括的基本要素或条件有是否可复制、是否可推广、是否可组合、是否可扩展。其中，可复制和可推广是刚性要素，可组合和可扩展则代表着弹性要素，四个要素不仅是可持续性的基本条件，甚至还可以紧密联系在一起搭建出"保险+期货"长期发展的空间架构。

1. 可复制

所谓可复制是指该模式在不同农产品领域可以被良好运用的特性。应该说，在不同品种上可以实现复制虽然在本质上是一个横向指标，但也是"保险+期货"是否能够长期可持续发展的第一基本要素。"可复制"可以为"保险+期货"的长期可持续发展打开广阔的需求空间，以空间换取普及推广该模式所需要的时间。"保险+期货"要具备可复制属性，根本的要求是该模式要具有简洁的内核和风险规避框架。从设计机理看，"保险+期货"在自然属性上本身就具备着"可复制"特性。这是因为"保险+期货"的基本内核其实就是容易被需求端所接受的保险产品，而任何农产品均可在一定条件下复制开发出相应的保险产品。当然，"保险+期货"能否被广泛复制到各农产品（甚至生产资料）上，最终还要看所涉及的农产品是否开发出期货交易以及其期货市场运作是否相对成熟。只要开发出期货和期权产品，就使"保险+期货"从一个品种复制到另一个品种上具备了技术条件。

2. 可推广

"保险+期货"要实现可持续发展除了要求在不同品种上具有可复制的特性，还需要在不同地区具有可以推广的特性。具体来说，能否实现可推广往往要涉及诸多内容。主要包括与地方特色农业的可结合性、农户的可接受程度、地方政府的政策支持力度、保险公司的风险管理成本、期货市场承接风险的能力等。要判别"保险+期货"是否具有可推广性就要对以上内容进行全面具体的剖析。

3. 可组合

"保险+期货"本身就是保险和期货这两类不同属性的风险管理工具的有机组合，说明其具有天然的组合特性。这种组合特性具有十分良好的创新和再组合潜力。也就是说，无论从理论还是从实践看，"保险+期货"模式中都具有根据风险和产业特点灵活与其他工具或金融产品进行组合的特性。如"保险+期货"可以变形为"保险+期权"，也可以和"订单+期货"结合起来形成"订单+保险+期货"的综合风险管理模式，还可以和信贷结合起来形成"保险+期货+信贷"的风险管理和产销信贷融合模式，甚至综合起来形成"订单+保险+期货（期权）+信贷"这种内容更为丰富的运作模式。虽然这些模式牵涉的市场工具、金融机构越来越多，但这并不代表其烦琐复杂、难以运作，反而还会基于分工协作来提升风险管理效率，且由于可以灵活调整而更容易满足各方需求。

4. 可扩展

"保险+期货"实现可持续发展还有一条要素是其应该可以灵活扩展和向外延

伸。例如,"保险"的形式可以是价格保险,也可以是收入保险,还可以是指数保险;风险管理工具可以是农产品期货和期权,也可以是指数期货或指数互换;定价和理赔的依据可以是农产品期货,也可以是农产品指数;风险管理的对象可以是各类农产品,也可以是生产资料(如尿素)。可以看出,可扩展和可组合特性的存在将有助于推动"保险+期货"模式灵活多变和深入创新。

只要通过简要的分析,我们就可以得出一个初步的结论:"保险+期货"就其自然架构和与国情的可结合性而言,完全具有可持续发展所需要的最基础要素——可复制、可推广、可组合和可扩展。国内各界可以以此为依据深入探索推进"保险+期货"可持续创新和发展的总体框架(见图15)。

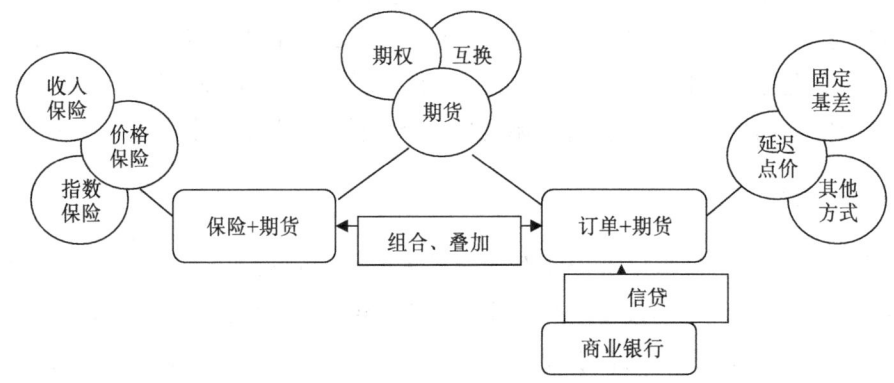

图15 "保险+期货"内含的组合和创新特性

(六)满足金融机构和农户等参与主体的需求,提高满意度与积极性

农户愿意参与是"保险+期货"可持续经营、实现常态化的基础前提,最终各参与主体利益诉求能否得到满足、各方风险能否得到有效释放、有没有足够的资金支持项目正常运作三条标准则是评判标准。本部分将从短期和长期两个角度,站在农户、保险公司、期货公司三方视角上,在前文分析的基础上梳理哪种模式能够分别实现上述三条标准。最后,根据分析结果对"保险+期货"实现常态化进行总体评价。

1. 农户视角

基于前文分析,农户在两种模式中利益诉求得到满足、风险得到有效释放、有足够的资金支持项目正常运作三条标准都得以实现。基于上述三条标准在两种模式中能够实现的前提,农户的选择主要受"保险+期货+基差贸易"模式与"保险+期货"收入险模式比较优势的影响。基于前文分析结果,已知农户在短期内"保险+期货+基差贸易"模式参与积极性更强,而在长期发展中则更偏好参与"保险+

期货"收入险模式。

2. 保险公司视角

短期内,保险公司在"保险+期货+基差贸易"模式中自身利益诉求能够得到满足,风险也能够实现有效释放,且在项目运作过程中能够实现正收益有足够的资金支持项目运作,而在"保险+期货"收入险模式中三项标准都无法实现。在长期发展过程中,保险公司在两种模式中都能实现自身利益以及风险释放。但在现有补贴机制下,不管是短期还是长期角度,保险公司在"保险+期货"收入险模式中都无法获得资金支持项目正常运作。

3. 期货公司视角

不管是短期还是长期角度,期货公司在两种模式中对于利益诉求得到满足、风险得到有效释放、有足够的资金支持项目正常运作三条标准的实现情况都是一致的。期货公司在两种模式中都能实现自身利益诉求且具备足够资金支持项目运作,但是"保险+期货+基差贸易"模式中期货公司始终存在风险敞口,风险无法有效释放。在"保险+期货"收入险模式中,期货公司由于不涉及现货买卖,因此风险能够得到有效释放。

4. 综合评价

将"保险+期货+基差贸易"模式用字母 P 代表,"保险+期货"收入险模式用字母 I 代表。根据农户对两种模式的选择偏好,以及保险公司与期货公司在两种模式中对三项标准的实现情况,从短期、长期两个角度做矩阵图如图16、图17所示。

	农户	保险公司	期货公司	
利益诉求	P	P	P、I	P
风险释放	P	P	I	—
资金支持	P	P	P、I	P
				P

	农户	保险公司	期货公司	
利益诉求	I	P、I	P、I	I
风险释放	I	P、I	I	I
资金支持	I	P	P、I	—
				I

图16 短期角度综合评价矩阵   图17 长期角度综合评价矩阵

站在短期的角度分析,"保险+期货+基差贸易"模式满足各参与主体利益诉求,且各参与主体有足够资金支持项目正常运作。由于保险公司在"保险+期货+基差贸易"模式中只起中介作用不承担任何风险,而期货公司在该模式下对于现货持有始终存在风险敞口,因此,"保险+期货+基差贸易"模式无法同时使各方风险得到有效释放。在"保险+期货"收入险模式中,保险公司无法通过精确定价及风险管理有效释放风险,期货公司却可以依靠自身的风险对冲技术释放风险。因此,"保险+期货"收入险模式也无法同时使各方风险得到有效释放。由此可知,在风险释放维度上,保险公司与期货公司在两种模式上存在冲突,没有一种模式可以使各方风险同时得到有效释放。综上分析,短期内可持续经营的"保险+期货"模式是"保险+期货+基差贸易"模式。但对于"保险+期货+基差贸易"模式的可持续经营,保险公司和期货公司在风险释放维度存在尚待解决的问题。

站在长期的角度分析,"保险+期货"收入险模式满足各参与主体利益诉求,且各方风险能够得到有效释放。保险公司在"保险+期货"收入险模式中承担了更多的风险且短期内极易出现亏损,"保险+期货"运作过程中的外部补贴不涉及保险公司,缺乏足够资金支持该模式的正常运作。由此可知,在资金支持维度上,保险公司与其他参与主体在两种模式上存在冲突,没有一种模式可以使各方同时拥有足够资金支持项目运作。综上分析,若要实现常态化还是应发展"保险+期货"收入险模式。但发展该模式时,保险公司和期货公司在资金支持维度上存在尚待解决的问题。

七、结论与政策建议

(一) 结论

虽然在"保险+期货"的推广运作中,诸如财政补贴、市场环境、政策落实的系统性和连续性、角色定位、运作模式优化、与其他险种的关联性等方面存在着种种不足。但从实地调研和媒体报道出的大量案例看,"保险+期货"试点项目大多都达到了设定的风险保护目标,实现意义重大。同时也从驱动力、潜在的挑战和机遇、外部推力和基础设施等方面发现了"保险+期货"模式实现常态化所面临的几大制约因素。

鲁证期货在桦川连续开展了七年"保险+期货"业务,在业务发展过程中凝练出了具有一定可复制性、可推广性的"桦川模式"。本文通过分析两个案例的区别,站在农户视角对比两种模式的比较优势,总结了短期长期角度下的农户选择,得出农户短期愿意参与"保险+期货+基差贸易"模式,而在长期更愿意参与"保险+

期货"收入险模式的结论。

农户对"保险+期货"模式的满意度是该模式长期运营实现常态化的基础前提。实现常态化应重点提高农户对价格风险的感知、主动管理农业风险并参与农业保险的意识。在此基础之上，地方政府部门积极努力，通过一定的规划，持续推广"保险+期货"，让农户在不同年份的不同行情波动之下去感受"保险+期货"模式的实实在在的好处。同时，政府和金融机构也要注意推广的方式，应主要以科普讲解为主，而非单纯的督促、催促购买。农户真正了解和体会到之后，对于该模式的满意度自然能够得以提升。从宏观层面也应注重提高农户的受教育水平，乡村教育振兴意义重大。

若要实现"保险+期货"常态化，可从战略定位、农业风险管理体系构建、政府的作用与引导、监管协调、可持续发展的落实、参与主体的满意度和积极性这六个途径开展落实。

（二）政策建议

1. 完善微观层面的政策布局与安排

中央一号文件对政策的宏观安排体现了持续部署、系统推进的特点，但落实到微观层面似乎缺乏统一安排。由第五部分的实证结果也可得知持续试点推广有利于提高农户的满意度。但在调研期间发现：某地已经连续多年试点玉米"保险+期货"，效果良好，逐渐有更多的农户开始接受并认可该险种，但暂未真正成熟，现阶段正处于政策的持续发力期。然而由于该地政府在近两年没有拿到"保险+期货"的试点资格而被迫终止并转换成其他险种，从连续培养农户认知，打造全国典型案例的角度而言有些遗憾。这样的情况也不止一例，某种程度上"浪费"了国家优秀的农业政策。

2. 完善基础市场建设，提高风险管理能力

一是要不断完善期货市场建设。除了不断更新扩容，推出标准化合约外，更要根据实际情况设计与场外结构化期权期限结构相匹配的短作期权，不断丰富期货市场工具选择，降低期货公司对冲成本。二是期货公司及风险管理子公司要不断提升自身的风险管理能力。一方面是产品设计，另一方面是加强人才建设。三是要加强保险市场基础设施建设。重视保险市场所需的基础数据的积累，推动保险市场数字化转型；同时，还要不断进行市场创新，为农业保险的风险分散提供更为丰富的金融工具，避免因只有再保险一种方式而导致成本高昂。四是保险公司要加强风险定价能力以及与期货公司的业务合作，加强精算能力，科学厘定费率，并推动项目持

续运营。在项目开展的过程中找好自身定位,提高协同效率,形成流程化、易操作、可持续的运作方案。

3. 建立健全保费补贴机制

在调研与相关文献阅读时,对于政策配套资金的重要性有着切身体会,资金是所有项目能够落地的先决条件。一是要着力构建以中央财政为主、地方财政为辅的保费补贴机制,将"保险+期货"整合进现行中央财政补贴体系,形成长效机制,为"保险+期货"发展提供稳定且高比例的保费来源,以交易所为主要保费补贴来源也难以长久持续。二是不断提高保费补贴力度,同时修订法律法规出台配套政策,确定并巩固"保险+期货"项目在农业保险中的地位。三是要健全保费补贴机制,除农户外还要将保险公司纳入保费补贴体系,借鉴美国经验,对保险公司购买期权的权利金进行补贴。

4. 加强各参与主体的正确认知与专业知识

"保险+期货"模式作为一种涉及复杂的金融衍生工具的保险,自身的专业属性较高,不仅农民,很多从业人员也难以快速准确理解。文章实证部分已经证实了农户的正确认知、受教育水平对于满意度的正向影响,应当加强;与此同时,政府和金融机构从业人员的认知也亟待加强,在调研期间发现了多起对于保险与金融知识与意识匮乏的事实。

河南和东北有两大期货交易所(郑州商品交易所和大连商品交易所),存在交易所的专业人才在本省的基层县乡挂职领导负责人,担任二把手分管当地的金融业务。调研走访期间也发现,若当地存在这种情况,或是当地政府负责相关业务的官员中有真正懂得金融或农业保险的领导时,会更加高效深刻地领会中央文件部署的意图与意义,整体政策的推进、布局与落实效果确有一定优势。

同时,在调研期间也发现:当地一把手的金融与保险知识素养、实际的支持也同样重要,甚至最为重要。在不懂得保险的运作模式与基本原理时,存在部分领导错误地将农业保险与其他投资项目一视同仁、统一标准,过分聚焦于眼前利益,只关注项目的风险与盈利状况。然而农业保险本身就需要政府倾注大量的关注与财政支持,且并非以营利为目的。同时除保险相关的专业知识与意识外,当地领导的其他金融能力,如资本运作、招商引资、金融资源整合等能力也对农业保险的有效开展有一定作用。

除了当地负责人与领导,基层官员的金融素质也十分重要。在调研时了解到,保险公司、期货公司等专业金融机构受限于自身人手和能力范围的限制,并不能为所有参保的农户做推广科普,直接受众基本只能覆盖县乡村级干部官员与部分农户,再由他们向广大农户推广。可这些直接受众都未必能完全明白，再次传递的效果可想而知。大部分农户基于对政府的信任购买了价格险之后，一旦当年的价格未下跌至赔付价并触发配赔付，政府和保险公司由于事先没做好科普工作便会引发农户的强烈不满，极大地损失了政府的公信力和保险公司的信用。因此，政府要注重加强参与主体的正确认知与专业知识，构建相关的人才储备。

附录 农户对"保险＋期货"模式满意度分析的实证与稳健性检验的完整结果展示（见表24和表25）

表24 影响粮农参与"保险＋期货"模式满意度的因素分析的完整回归结果

变量名称	农户对于"保险＋期货"模式的满意度			
	回归1	回归2	回归3	回归4
价格风险感知	0.484***	0.442**	0.414**	0.424**
	(2.75)	(2.47)	(2.26)	(2.26)
自然风险感知	-0.265**	-0.254**	-0.259**	-0.230*
	(-2.12)	(-1.98)	(-1.99)	(-1.73)
农业风险管理必要性	0.703***	0.668***	0.624***	0.675***
	(8.72)	(8.10)	(7.10)	(7.32)
该模式价格险在当地推广的年数	0.00487	-0.0207	-0.0293	-0.277
	(0.03)	(-0.13)	(-0.18)	(-1.30)
该模式收入险在当地推广的年数	0.345**	0.360**	0.315*	0.542*
	(2.23)	(2.25)	(1.96)	(1.86)
例行督促、催促购买力度	-0.381***	-0.377***	-0.321**	-0.325**
	(-2.82)	(-2.76)	(-2.34)	(-2.28)
宣传科普讲解力度	0.428***	0.392**	0.386**	0.436***
	(2.74)	(2.50)	(2.48)	(2.70)
受访者性别	—	-0.296	-0.348	-0.276
		(-1.13)	(-1.32)	(-1.05)
决策者性别		-0.262	-0.235	-0.191
		(-0.49)	(-0.44)	(-0.35)
决策者年龄		-0.00885	-0.00724	-0.00865
		(-0.94)	(-0.73)	(-0.85)
决策者健康情况		-0.0815	-0.0519	-0.0513
		(-0.63)	(-0.40)	(-0.39)
家中户数		0.0390	0.0400	0.0379
		(0.64)	(0.64)	(0.60)

续表

变量名称	农户对于"保险+期货"模式的满意度			
	回归1	回归2	回归3	回归4
决策者受教育年限		0.0884**	0.116**	0.117**
		(1.99)	(2.53)	(2.51)
家中村/场干部人数		0.248	0.137	0.125
		(0.68)	(0.37)	(0.33)
家中党员人数		-0.102	-0.0437	-0.0306
		(-0.45)	(-0.19)	(-0.13)
种地年数			-0.0292	-0.0370
			(-0.52)	(-0.65)
是否租用别人土地			-0.673***	-0.526**
			(-2.76)	(-2.11)
玉米种植总面积			0.261	0.329
			(1.34)	(1.61)
种植收入占比			0.449	0.227
			(0.78)	(0.35)
是否会继续种粮			-1.461	-1.459
			(-1.58)	(-1.62)
是否买过该模式价格险				0.450
				(1.07)
是否买过该模式收入险				-0.870
				(-1.13)
是否买过传统农业保险				-0.428
				(-1.29)
是否买过完全成本保险				-0.475**
				(-2.47)
是否买过政策性收入保险				0.116
				(0.44)
决策者是否有外出务工经历				0.303
				(0.60)
是否有过农业贷款				-1.144***
				(-2.59)
是否参加过农业合作社				-0.0821
				(-0.17)
县虚拟变量	已控制	已控制	已控制	已控制
观测值	636	636	636	636

注：括号内为 t 值。*、**、***表示系数在1%、5%、10%的显著性水平下显著。

表25 影响粮农参与"保险+期货"模式满意度的因素分析的完整稳健性检验结果

变量名称	农户对于"保险+期货"模式的满意度		
	回归1	回归2	回归3
价格风险感知	0.424**	0.261**	0.195*
	(2.26)	(2.35)	(1.78)
自然风险感知	-0.230*	-0.125	-0.192**
	(-1.73)	(-1.59)	(-2.42)
农业风险管理必要性	0.675***	0.422***	0.437***
	(7.32)	(7.92)	(8.77)
该模式价格险在当地推广的年数	-0.277	-0.172	-0.171
	(-1.30)	(-1.39)	(-1.42)
该模式收入险在当地推广的年数	0.542*	0.362**	0.349**
	(1.86)	(2.10)	(2.00)
例行督促、催促购买力度	-0.325**	-0.158**	-0.148*
	(-2.28)	(-1.99)	(-1.88)
宣传科普讲解力度	0.436***	0.213**	0.178*
	(2.70)	(2.34)	(1.95)
受访者性别	-0.276	-0.178	-0.178
	(-1.05)	(-1.17)	(-1.19)
决策者性别	-0.191	-0.0980	-0.0186
	(-0.35)	(-0.33)	(-0.06)
决策者年龄	-0.00865	-0.00609	-0.00523
	(-0.85)	(-1.05)	(-0.91)
决策者健康情况	-0.0513	-0.0225	-0.0537
	(-0.39)	(-0.29)	(-0.73)
家中户数	0.0379	0.0240	0.0365
	(0.60)	(0.65)	(1.00)
决策者受教育年限	0.117**	0.0653**	0.0699***
	(2.51)	(2.43)	(2.70)
家中村/场干部人数	0.125	0.0517	-0.0316
	(0.33)	(0.24)	(-0.15)
家中党员人数	-0.0306	-0.0129	-0.0171
	(-0.13)	(-0.09)	(-0.13)
种地年数	-0.0370	-0.00733	0.00198
	(-0.65)	(-0.23)	(0.06)
是否租用别人土地	-0.526**	-0.325**	-0.266*
	(-2.11)	(-2.28)	(-1.92)

续表

变量名称	农户对于"保险+期货"模式的满意度		
	回归1	回归2	回归3
玉米种植总面积	0.329	0.193	0.196*
	(1.61)	(1.62)	(1.68)
种植收入占比	0.227	0.173	0.0815
	(0.35)	(0.44)	(0.23)
是否会继续种粮	-1.459	-0.950*	-0.990*
	(-1.62)	(-1.67)	(-1.73)
是否买过该模式价格险	0.450	0.232	0.303
	(1.07)	(0.97)	(1.29)
是否买过该模式收入险	-0.870	-0.630	-0.589
	(-1.13)	(-1.44)	(-1.35)
是否买过传统农业保险	-0.428	-0.222	-0.293
	(-1.29)	(-1.16)	(-1.59)
是否买过完全成本保险	-0.475**	-0.274**	-0.265**
	(-2.47)	(-2.44)	(-2.41)
是否买过政策性收入保险	0.116	0.0572	0.0490
	(0.44)	(0.38)	(0.34)
决策者是否有外出务工经历	0.303	0.0917	0.148
	(0.60)	(0.33)	(0.54)
是否有过农业贷款	-1.144***	-0.525**	-0.575**
	(-2.59)	(-2.13)	(-2.42)
是否参加过农业合作社	-0.0821	0.0249	-0.0845
	(-0.17)	(0.10)	(-0.34)
县虚拟变量	已控制	已控制	已控制
观测值	636	636	636

注：括号内为 t 值。*、**、*** 表示系数在1%、5%、10%的显著性水平下显著。

参考文献

[1] Agricultural Risk Management in the European Union and in the USA [J]. Studies in Agricultural Economics, 2009.

[2] Binswanger, H. P. Attitudes Toward Risk: Experimental Measurement in Rural India [J]. American Journal of Agricultural Economics, 1980, 62 (3): 395-407.

[3] Chambers R G. Insurability and Moral Hazard in Agricultural Insurance Markets [J]. American Journal of Agricultural Economics, 1989, 71 (3): 604-616.

[4] Ghosh S, Woodard J D and Vedenov D V. Efficient Estimation of Copula Mixture Model: An Application to the Rating of Crop Revenue Insurance [M]. Agricultural and Applied Economics Association, 2011.

[5] Goodwin B K, Vandeveer M L and Deal J L. An Empirical Analysis of Acreage Effects of Participation in the Federal Crop Insurance Program [J]. American Journal of Agricultural Economics, 2004, 86 (4): 1058 – 1077.

[6] Hardaker, J. B., R. B. M. Huirne, and J. R. Anderson. Coping with Risk in Agriculture [M]. Oxon UK and New York: CAB International, 1997.

[7] Huang J, Yang G. Understanding recent challenges and new food policy in China [J]. Global Food Security, 2017, 12: 119 – 126.

[8] Johnson D G. World Agriculture, Commodity Policy, and Price Variability [J]. American Journal of Agricultural Economics, 1975, 57 (5): 823 – 828.

[9] Kilcollin T E, Frankel M E S. Futures and options markets: Their new role in Eastern Europe [J]. Journal of Banking & Finance, 1993, 17 (5): 869 – 881.

[10] Komarek A M, De Pinto A, Smith V H. A review of types of risks in agriculture: What we know and what we need to know [J]. Agricultural Systems, 2020, 178: 102738.

[11] Lv F, Deng L, Zhang Z, Wang Z, Wu Q, Qiao J. Multiscale analysis of factors affecting food security in China, 1980 – 2017 [J]. Environmental Science and Pollution Research, 2022, 29 (5): 6511 – 6525.

[12] Martin F G, Robert W K. The Perfect Storm: Hurricanes, Insurance, and Regulation [J]. Risk Management and Insurance Review, 2009, 12 (1).

[13] Meraner M, Finger R. Risk perceptions, preferences and management strategies: evidence from a case study using German livestock farmers [J]. Journal of Risk Research, 2019, 22 (1): 110 – 135.

[14] Minghua Y, Rongming W, Guozhu T, Tongjiang W. Crop price insurance in China: pricing and hedging using futures market [J]. China Agricultural Economic Review, 2017, 9 (4).

[15] OECD. Managing Risk in Agriculture, A Holistic Approach [R]. OECD, 2009.

[16] Olivier M, Brian D W. Designing Optimal Crop Revenue Insurance [J]. American Journal of Agricultural Economics, 2003, 85 (3).

[17] Ordu B M, Oran A, Soytas U. Is food financialized? Yes, but only when liquidity is abundant [J]. Journal of Banking & Finance, 2018, 95: 82 – 96.

[18] Slovic P, Fischhoff B, Lichtenstein S. Why Study Risk Perception？ [J]. Risk Analysis, 1982 (2): 83 – 93.

[19] Thiagu R, Usha A. Hedging in Presence of Crop Yield, Crop Revenue and Rainfall Insurance [J]. Journal of Quantitative Economics, 2017, 15 (1).

[20] Ullah R, Shivakoti G P, Zulfiqar F, et al. Farm risks and uncertainties: Sources, impacts and management [J]. Outlook on Agriculture, 2016, 45 (3): 199 – 205.

[21] Vigani M, Kathage J. To risk or not to risk？ Risk management and farm productivity [J]. American Journal of Agricultural Economics, 2019, 101 (5): 1432 – 1454.

[22] Willock, J., I. J. Deary, M. M. Mcgregor, A. Sutherland, G. Edwards – Jones, O. Morgan, B. Dent, R. Grieve, G. Gibson, and E. Austin. Farmers' Attitudes, Objectives, Behaviors and Personality Traits: The Edinburgh Study of Decision Making on Farms [J]. Journal of Vocational Behavior, 1999, 54 (1): 5 – 36.

[23] Zhang Q, Wang K and Boyd M. The Effectiveness of Area – Based Yield Crop Risk Insurance in China [J]. Human & Ecological Risk Assessment An International Journal, 2011, 17 (3): 566 – 579.

[24] 安兵. 美国农业自然风险和市场风险管理研究 [J]. 世界农业, 2015, (5): 82 – 85.

[25] 安毅, 常清. 我国期货市场的结构调整与监管改革 [J]. 经济纵横, 2013 (13): 66 – 70.

[26] 安毅, 方蕊. 发达经济体农业风险管理体系建设经验与启示 [J]. 经济纵横, 2017 (10): 114 – 121.

[27] 安毅, 方蕊. 我国农产品市场风险变化与新型防控体系建设 [J]. 经济纵横, 2018 (10): 65 – 72.

[28] 安毅, 方蕊. 我国农业价格保险与农产品期货的结合模式和政策建议 [J]. 经济纵横, 2016 (7): 64 – 69.

[29] 安毅, 宫雨. 我国期货市场的投机特征与非理性行为研究 [J]. 证券市场导报, 2014 (5): 46 – 51.

[30] 安毅. 我国期货农业组织模式创新与发展思路 [J]. 经济纵横, 2015 (7): 79 – 83.

[31] 安毅. 农产品期货和期权 [M]. 北京: 经济科学出版社, 2016.

[32] 安毅. 期货市场学（第 2 版）[M]. 北京: 清华大学出版社, 2020.

[33] 安毅. 我国期货农业模式创新研究 [M]. 北京: 经济科学出版社, 2018.

[34] 安毅. 我国期货农业组织模式创新与发展思路研究 [J]. 经济纵横,

2015（7）：73-77.

［35］蔡胜勋，秦敏花．我国农业保险与农产品期货市场的连接机制研究——以"保险+期货"为例［J］．农业现代化研究，2017（3）：510-518.

［36］程百川．我国开展"保险+期货"试点的现状与思考［J］．西部金融，2017（5）：67-69.

［37］董婉璐，杨军，程申，李明．美国农业保险和农产品期货对农民收入的保障作用——以2012年美国玉米遭受旱灾为例［J］．中国农村经济，2014（9）：82-86.

［38］方蕊，安毅，胡可为．"保险+期货"试点保险与传统农业保险——替代还是互补［J］．农业技术经济，2021（11）：16-30.

［39］方蕊，安毅，刘文超．"保险+期货"试点可以提高农户种粮积极性吗？——基于农户参与意愿中介效应与政府补贴满意度调节效应的分析［J］．中国农村经济，2019（6）：113-126.

［40］高飞，翟涛．我国玉米收入保险试点存在问题与完善建议［J］．农业经济，2022（3）：111-112.

［41］高鸣，姚志．保障种粮农民收益：理论逻辑、关键问题与机制设计［J］．管理世界，2022，38（11）：86-102.

［42］高天志，陆迁．风险管理可以提高农户生计策略适应性吗——基于时间配置中介效应和收入水平调节效应的分析［J］．农业技术经济，2021（5）：48-62.

［43］郭金龙，薛敏．"保险+期货"提升农险保障能力［J］．中国金融，2019（10）：52-54.

［44］贺书霞．农户分化、风险策略与农业风险治理［J］．社会科学辑刊，2020（2）：103-108.

［45］侯麟科，仇焕广，白军飞，徐志刚．农户风险偏好对农业生产要素投入的影响——以农户玉米品种选择为例［J］．农业技术经济，2014（5）：21-29.

［46］胡秋灵，张苏凤．重庆农村金融工具创新中的问题及解决途径［J］．财会月刊，2010（33）：38-40.

［47］鞠荣华，许云霄，朱雯．农户的信贷供给改善了吗［J］．农业经济问题，2014，35（1）：49-54，110.

［48］鞠荣华，常清，陈晨，杨智玲．"保险+期货"：农业风险管理的策略与战略——基于试点案例分析的对策建议［J］．中国证券期货，2019（5）：4-12.

［49］李靖，徐雪高，常瑞甫．我国农业风险的变化趋势及风险管理体系的构建［J］．科技与经济，2011，24（2）：54-58.

[50] 李俊海, 吴本健. 美国"保险+期货"模式助力农业发展的经验与启示 [J]. 世界农业, 2023 (3): 33-47. DOI: 10.13856/j.cn11-1097/s.2023.03.003.

[51] 李铭, 张艳. "保险+期货"服务农业风险管理的若干问题 [J]. 农业经济问题, 2019 (2): 92-100.

[52] 李婷婷, 马娟娟, 梁丹辉. 农产品价格保险实施现状及存在问题研究 [J]. 中国农学通报, 2020, 36 (3): 158-164.

[53] 李亚茹, 孙蓉. 农产品期货价格保险及其在价格机制改革中的作用 [J]. 保险研究, 2017 (3): 90-102.

[54] 刘克春. 粮食生产补贴政策对农户粮食种植决策行为的影响与作用机理分析——以江西省为例 [J]. 中国农村经济, 2010 (2): 12-21.

[55] 刘玮, 孙丽兵, 庹国柱. 农业保险对农户收入的影响机制研究——基于有调节的中介效应 [J]. 农业技术经济, 2022 (6): 4-18.

[56] 刘晓雪, 周靖昀, 邬志军. 中国"保险+期货"试点模式演变与实施效果评价研究 [J]. 价格理论与实践, 2023: 1-6.

[57] 刘英杰. 美国农业保险的发展历史及经验 [N]. 期货日报, 2014-07-28.

[58] 鲁飞. "保险+期货"在化解农产品市场风险中的效用 [J]. 农经, 2019 (4): 42-45.

[59] 罗海平. 农业风险管理: 美国, 加拿大实例分析 [J]. 农业经济问题, 1991 (12): 47-55.

[60] 吕杰, 刘浩, 薛莹, 韩晓燕. 风险规避、社会网络与农户化肥过量施用行为——来自东北三省玉米种植农户的调研数据 [J]. 农业技术经济, 2021 (7): 4-17.

[61] 庞竹. 农产品价格"保险+期货"风险管理模式探究 [J]. 农村金融研究, 2018 (11): 48-52.

[62] 秦敏花. 我国"保险+期货"模式的优化路径研究 [J]. 西南金融: 1-12.

[63] 任博彤. 从"保险+期货"看我国保险业服务"三农"新模式 [J]. 上海保险, 2017 (2): 34-37.

[64] 尚燕, 熊涛, 李崇光. 风险感知、风险态度与农户风险管理工具采纳意愿——以农业保险和"保险+期货"为例 [J]. 中国农村观察, 2020 (5): 52-72.

[65] 邵腾伟, 吕秀梅. 服务现代农业的金融工具选择及组合 [J]. 财会月刊, 2017 (17): 86-94.

[66] 史清华, 姚建民. 农业风险管理模式的评析与选择 [J]. 经济问题,

1994（6）：11-14.

[67] 孙良媛，张岳恒．转型期农业风险的特点与风险管理［J］．农业经济问题，2001（8）：20-26.

[68] 孙宇典，夏振洲．订单农业、保险和期货市场融合发展研究［J］．金融理论与实践，2018（7）：68-72.

[69] 唐金成，张伟．保险业支持中国粮食安全战略实施创新研究［J］．西南金融，2022（6）：57-69.

[70] 庹国柱，李军．我国农业保险试验的成就、矛盾及出路［J］．金融研究，2003（9）：88-98.

[71] 庹国柱，朱俊生．完善我国农业保险制度需要解决的几个重要问题［J］．保险研究，2014（2）：44-53.

[72] 庹国柱．我国农业保险的发展成就、障碍与前景［J］．保险研究，2012（12）：21-29.

[73] 庹国柱．值得探讨的几个农险产品创新问题［J］．中国保险，2021（1）：30-35.

[74] 王东京．新中国成立以来基本经济制度形成发展的理论逻辑与实践逻辑［J］．管理世界，2022，38（3）：1-8，18，19.

[75] 王鑫，夏英，袁福珍．乡村振兴视域下"保险+"联动共赢模式：内在逻辑与路径优化［J］．武汉金融，2022（4）：79-83，88.

[76] 魏源．农村民间借贷的实地调查与促进其健康发展的建议［J］．经济纵横，2010（9）：87-90.

[77] 吴比，尹燕飞，张龙耀．东北农村金融需求现状分析——基于东北三省的农户调查数据［J］．农村金融研究，2017（5）：58-62.

[78] 熊存开．市场经济条件下农业风险管理的研究［J］．农业经济问题，1997（5）：43-47.

[79] 徐欣，胡俞越，韩杨，王沈南．农户对市场风险与农产品期货的认知及其影响因素分析——基于5省（市）328份农户问卷调查［J］．中国农村经济，2010（7）：47-55.

[80] 徐雪高，沈杰，靳兴初．农业风险管理：一个研究综述［J］．首都经济贸易大学学报，2008，10（5）：84-90.

[81] 叶明华，汪荣明，吴苹．风险认知、保险意识与农户的风险承担能力——基于苏、皖、川3省1554户农户的问卷调查［J］．中国农村观察，2014（6）：37-48，95.

[82] 于敏，李傲，茹蕾，张琦．中国农业走出去的基本特征、问题与建议

[J]．中国农业资源与区划：1-9．

[83] 俞勇．资本市场、农业风险管理与粮食安全 [J]．中国金融，2022 (15)：55-57．

[84] 张红宇，张海阳，李伟毅，李冠佑．中国特色农业现代化：目标定位与改革创新 [J]．中国农村经济，2015 (1)：4-13．

[85] 张晶，杨颖，崔小妹．从金融抑制到高质量均衡——改革开放40年农村金融政策优化的中国逻辑 [J]．兰州大学学报（社会科学版），2018，46 (5)：122-131．

[86] 张峭．基于期货市场的农产品价格保险产品设计与风险分散 [J]．农业展望，2016 (4)：64-66．

[87] 张田，齐佩金．农村金融支持体系的构建及其潜在风险研究——基于对"保险+期货"模式的扩展 [J]．金融与经济，2019 (11)：92-96．

[88] 张益，丁莉，代瑞熙．开放条件下中国如何保障粮食安全 [J]．农业经济，2022 (10)：3-5．

[89] 张永霞．美国农业风险管理 [J]．世界农业，2005 (4)：32-34．

[90] 张跃华，庹国柱，符厚胜．市场失灵、政府干预与政策性农业保险理论——分歧与讨论 [J]．保险研究，2016 (7)：3-10．

[91] 张哲晰，穆月英，侯玲玲．参加农业保险能优化要素配置吗？——农户投保行为内生化的生产效应分析 [J]．中国农村经济，2018 (10)：53-70．

[92] 赵婷，安毅．中美期货农业的发展模式比较研究 [J]．南方金融，2014 (11)：64-68，74．

[93] 赵玉．农产品价格风险管理"保险+期货"模式的实践与实效 [J]．农业经济，2017 (11)：134-136．

[94] 赵玉菡，李先德．乌克兰危机对全球粮食安全的影响与中国应对策略 [J]．华南农业大学学报（社会科学版），2022，21 (6)：91-103．

[95] 周清明．农户种粮意愿的影响因素分析 [J]．农业技术经济，2009 (5)：25-30．

中期协联合研究计划（第十六期）项目

从供需两端推动商品指数体系建设

课题负责单位：招商期货有限公司
课题研究编号：2023360352
课 题 负 责 人：王思然
课题组成员：赵嘉瑜　陈晓晨　郭泽铨　卢　星　乔　垒
　　　　　　刘畅宇　王　悦

一、引言

（一）研究背景及意义

商品指数的功能主要表现在经济研究、产业服务、资产配置和战略承接上。经济研究方面，商品指数可以起到价格发现和信息预警的作用，既可以为宏微观研究提供高频信息，又可以为政策制定提供有力参考；产业服务方面，商品指数可以为产业客户的套保提供更加便利的工具；资产配置方面，商品指数作为优良的配置工具能够有效地提高组合收益风险比；战略承接方面，商品指数能够在ESG、乡村振兴、人民币国际化、金融对外开放等方面发挥重要作用。

商品指数在海外的发展已有数十年历史，并对期货市场发展起到重要推动作用。相比于境外成熟市场，国内商品指数建设起步较晚，应用场景也相对较少。通过广泛调研和深入分析，当前商品指数应用相对较少的原因主要有两方面：从供给来看，商品指数推出速度偏慢，指数体系不够丰富。除了市场因素外，监管层认为商品指数对于服务实体经济作用并不大，反而可能影响期货价格并干扰实体运行，故而有些投鼠忌器。从需求来看，金融机构，尤其是中长期资金，对于商品指数的收益来源和实际效果存在质疑；产业机构中商品指数的应用和价值也有待进一步发掘。针对当前商品指数存在的问题，我们希望通过回答不同市场参与者（决策者、产业圈、投资者）对商品指数的疑问，去促进商品指数的良好发展。

（二）研究方法及结论

我们将重点关注以下几个问题：

1. 商品指数产品对商品市场的影响

海外研究方面，我们详细梳理了海外学者对商品指数的研究成果，重点关注商品指数对商品价格的泡沫争论及其对市场的实际影响。大部分海外实证分析没有足够的证据证明商品指数会导致价格的异常波动。国内实证分析方面，我们研究了商品指数持仓对商品市场价格和波动率的影响，填补了国内相关研究的空白。以规模最大的豆粕ETF为样本，首先使用VAR模型和BIC判断准则确定最优滞后期，然后进行双向格兰杰因果检验。结果显示，指数持仓变化不会影响商品市场的价格，且和价格波动率相互独立。

2. 商品指数投资的收益来源

我们认为商品指数的收益主要分为两大部分：价格收益和展期收益所提供的

beta 部分、板块轮动等策略所实现的 alpha 部分。价格收益来源于商品价格的抗通胀特性以及未来数年内商品价格上行的预期。展期收益则主要来自净空头持仓的产业客户在套保转移风险时支付的"保费",同时我们也认为多数商品在未来数年将保持 back 结构。此外,我们结合各板块供需的判断,认为商品内部存在结构化机会,通过板块轮动能够实现一定 alpha。

3. 商品指数对于财富管理的作用

首先,我们从新常态下资产配置格局和商品指数与 CTA 差异两个角度阐述商品指数为优良配置工具的原因。商品指数在传统股债为主体的资产配置中能起到很好的分散风险作用,因此对于保险、年金、基金等中长期资金的保值增值至关重要。此外,纯多头的商品指数相较于 CTA 多空策略来说更符合大类资产配置的概念。

其次,我们基于回测验证了商品指数在资产配置中的实际效果。第一步,通过固定比例配置的回测,我们证实中证商品指数加入股债组合能够显著提高收益风险比。第二步,我们深入研究并优化了最常用的风险平价模型,并得到了一组最优的超参,该最优超参下的组合能够显著跑赢固定比例组合。

4. 商品指数对于产业套保的价值

我们通过实际案例和数据分析来说明商品指数如何为产业保驾护航,包括为宏微观研究提供参考、降低产业套保成本、提供丰富风险管理工具,以及提升大宗商品价格影响力等。

5. 中国特色的指数体系展望

通过对海外商品指数的深入调研,我们重点梳理了海外商品指数的体系建设和应用场景。在吸取海外的发展经验同时,我们结合中国国情,提出中国特色商品指数体系的构建思路。商品指数的设计除了体现市场性之外,还要提供产业指引,并服务国货国运、保供稳价等目标,以及"双碳"、人民币国际化等国家战略。我们建议,中国特色商品指数体系包括综合类、策略类、产业类、主题类和另类五大类指数,以满足国内外不同相关方的需求。鉴于指数发展存在明显先发优势,推动我国商品指数成为全球标准对我国相关产业的积极发展具有重要意义,对激发配套服务业也有积极助益。

二、商品指数产品对商品市场的影响

通过海外研究的调研,我们发现,关于商品指数投资存在一种观点,即投机资金的流入引发了短期内商品价格的上涨和泡沫,但未有强有力的实证证明。相反地,海外大量的实证研究证明,商品指数投资存在一定合理且有益的影响。回到国内,我们基于格兰杰因果检验的方法,探讨了国内豆粕 ETF 持仓对商品市场的影响。结果表明,豆粕 ETF 持仓量的变化不是商品市场价格收益的格兰杰原因,而且与价格波动率相互独立。因此,商品指数投资者可能不会对商品市场价格方向和波动率产生显著趋势性影响。

(一)海外研究:实证研究证明了商品指数对市场的合理有益影响

长期以来,学术界、市场参与者、政治决策者一直在激烈辩论中探讨商品指数对商品期货市场的影响。这种持续的争论一方面说明这一议题的重要性,另一方面也说明大宗商品价格上涨的背后因果关系尚不明确。回顾国外期货市场发展历史,尤其是 2004—2008 年的金融化时期,商品市场的参与度异常增加。具体表现为各类商品价格波动加剧,以及商品指数基金的多头仓位显著增加。在这一时期,被动的商品指数投资者追求通过商品获取风险报酬,导致持仓量显著增长。这种金融化引发了对投机者、商品指数交易者及其对商品市场影响的新疑虑。监管层、金融机构和学者对商品指数基金的影响展开了研究,但结果差异较大。一些人主张指数基金在商品期货市场的投机性购买引发了商品价格的上涨,导致价格远超其基本价值。这种趋势可能对市场稳定性产生负面影响。另一种观点认为,几乎没有证据显示商品指数投资在商品期货市场引发了泡沫,并且其对市场产生了合理的影响。

1. 商品指数投资会推升商品价格和波动

这种观点主要是将商品指数投资视为投机行为:短期内大量投机资金涌入商品市场,商品价格产生非理性上涨。而一旦资金流向发生逆转,泡沫破裂,商品价格急剧下降。以原油为例,2008 年中期在投机资金的推动下原油价格迅速上涨,然后迅速下降。农产品同样受到影响,2009 年 6 月,美国参议院常设调查委员会在其关于小麦市场过度投机现象的调查报告中指出,过去 5 年,小麦期货市场存在指数投资者的过度投机行为,因此建议美国商品期货交易委员会(CFTC)对指数基金实施头寸限制。关于投机(主要是关注做多的指数基金)对大宗商品价格的影响,这些研究均强调了对指数基金投机行为的关注,认为指数基金在商品期货市场中的投机性购买导致商品价格远远超过了其基本价值。因此,研究者呼吁在市场监管方面采取相应措施,以维护市场的健康发展和防范潜在的不利影响。例如,Masters,2008;Masters 和 White,2008;Tiang 和 Xiong,2009。

这一观点普遍被业界称为"大师假说"(Irwin 和 Sanders,2012),一经提出便迅速引起了一些政策制定者的关注,并推动出台旨在限制商品指数活动的法规。在这一背景下，为应对市场潜在风险，美国商品期货交易委员会（CFTC）在 2013 年 12 月提出了对投机性期货和掉期头寸实施限制的法规，以符合 2010 年《多德—弗兰克华尔街改革和消费者保护法》的相关规定。此外，欧洲证券和市场管理局在 2018 年 1 月生效的新商品衍生品监管规则中更是加强了对相关辅助活动的限制。

2. 商品指数投资存在合理且有益影响

一些经济学家对上述观点提出了质疑。他们认为，商品市场的价格变动主要是受基本因素的推动。例如，在原油市场，推动原油价格上涨的主要因素包括来自中国、印度和其他发展中国家的强劲需求，原油产量趋于平稳，消费者对价格上涨的反应减弱，以及美国货币政策的影响。在粮食市场，价格上涨则是由于粮食用于生物燃料生产以及天气所造成的产量下降，同时还有来自发展中国家的需求增长。

在实证分析的层面，许多研究一致论证了原油和农产品的价格上涨与商品指数投资之间的关系不显著（Irwin，2009；Sanders，2010；Irwin 和 Sanders，2011，2012；Sanders 和 Irwin，2011；Bruno 和 Bahattin，2013；Hamilton，2014；Yan，2018）。更进一步的研究指出，商品指数交易商在提供市场流动性和支持期货价格发现方面发挥了积极作用，为商品期货市场的有效运作作出了重要贡献。这一观点在其他研究中也得到了验证（Brunetti 和 Bahattin，2016；Bruno，2016；Babalos 和 Balcilar，2017）。

此外，还有学者对农产品期货的价格发现功能进行了深入研究（Dimpfl，2017）。他们的结论表明，从长远角度看，期货投机对商品期货价格趋势没有显著影响。这一观点与前述研究结果相互印证，共同强调了期货市场的韧性以及其相对免疫于投机的特性。这些研究为深入理解期货的价格效应提供了有力支持，同时也证明商品指数投资并不会对价格产生趋势性影响。

虽然大多数注意力都集中在被动指数投资是否导致了商品期货价格的巨大泡沫（马斯特斯的假设）上，但还有一些研究也检验了这过去十年商品指数投资带来的合理且有益的影响。例如，不断扩大的市场参与可能会降低风险溢价（Hamilton 和 Yu，2011），从而降低对冲成本（Hirshleifer，1990），减少价格波动（Irwin 和 Sanders，2012），使商品市场与金融市场实现更好的一体化（Tang 和 Xiong，2010）。

尽管距离大宗商品价格金融化的讨论高峰已经过去一段时间，但围绕商品指数基金的争议依然不减。我们在制定相关政策时，除了要关注海外研究成果之外，还需要考虑我国的实际国情。在下一部分，我们将对国内的市场影响进行研究。

（二）国内市场实证：商品指数持仓不会推升价格和波动

考虑到国内外政策环境和市场环境的不同，我们尝试用国内的数据对该问题进行研究。当前，国内的商品类资管产品主要分为公募商品类基金和私募CTA基金，前者以某指数为基准进行纯多头投资，而后者往往采取多空的方式去投资，因而前者才是该研究的关注重点。在公募商品类基金中，贵金属类产品基本以现货投资为主，贵金属外的其他类商品基金才是我们的研究对象（见表1）。

表1　　　　　　　　　　　贵金属外其他公募商品类基金

基金代码	基金名称	类型	标的	规模（亿元）	成立年限（年）
159985.OF	华夏饲料豆粕期货ETF	商品型基金	豆粕	9.25	4.24
007937.OF	华夏饲料豆粕期货ETF联接A	商品型基金	豆粕	6.86	3.94
007938.OF	华夏饲料豆粕期货ETF联接C	商品型基金	豆粕	0.02	3.94
159981.OF	建信易盛郑商所能源化工期货ETF	商品型基金	能化	3.15	4.02
008828.OF	建信易盛郑商所能源化工期货ETF联接C	商品型基金	能化	1.31	3.18
008827.OF	建信易盛郑商所能源化工期货ETF联接A	商品型基金	能化	0.41	3.18
159980.OF	大成有色金属期货ETF	商品型基金	有色	5	4.16
007911.OF	大成有色金属期货ETF联接C	商品型基金	有色	1.05	4.14
007910.OF	大成有色金属期货ETF联接A	商品型基金	有色	0.2	4.14

资料来源：Wind。

从公募商品类基金分标的规模统计结果可以看到（见表2），黄金有着90%以上的比例，其他类仅有豆粕、能化和有色各三只产品。对于我们这里的研究课题，商品指数投资者在全部持仓的占比越大，其行为对商品市场的影响才越大，因此，我们把研究重点放在了规模最大也成立最久的豆粕ETF上。

表2　　　　　　　　　　　公募商品类基金分标的规模统计

标的类型	产品数量	产品规模（亿元）	规模占比（%）
黄金	43	462.73	92.23
豆粕	3	16.13	3.21
白银	2	11.76	2.34
有色	3	6.25	1.25
能化	3	4.87	0.97
总计	54	501.74	100.00

资料来源：Wind。

综上所述，我们将研究豆粕ETF的持仓是否对商品市场（价格方向、波动）造成了影响。

1. 研究方法：基于VAR的格兰杰因果检验

在这里，我们使用常见的格兰杰因果检验进行两列时间序列的因果检验。该模型的基本原理是从预测的角度去检测两个时间序列之间是否存在格兰杰因果关系。具体来说，证明 X 是 Y 的格兰杰原因需要满足以下两个条件：第一，X 应该有助于预测 Y，即在对 Y 进行预测时，添加 X 的过去值作为独立变量的模型应当显著优于仅使用 Y 过去值的模型；第二，Y 不应该有助于预测 X，原因在于如果 X 和 Y 互相有助于对方的预测则很可能存在一个或几个其他变量能够同时引起 X 和 Y 的变化。此外需要注意，格兰杰因果是我们常规理解真实因果的必要非充分条件，格兰杰因果成立仅能证明两个变量之间存在时间上的先后顺序，并不一定是真正意义上的因果关系。但如果反过来，格兰杰因果不成立则两个变量之间不存在因果关系。该模型的数学表达如下：

第一步，检验原假设"H0：X 不是引起 Y 变化的格兰杰原因"。

首先，构建两个回归模型进行拟合。

回归模型 U：$Y_t = \alpha_0 + \sum_{i=1}^{p} \alpha_i Y_{t-i} + \sum_{j=1}^{q} \beta_j X_{t-j} + \varepsilon_t$

回归模型 V：$Y_t = \alpha_0 + \sum_{i=1}^{p} \alpha_i Y_{t-i} + \varepsilon_t$

然后，比较回归模型 U 和回归模型 V 的拟合优度以接受或拒绝原假设（等价于检验 $H0: \beta_1 = \beta_2 = \beta_3 = \cdots = \beta_q = 0$）。用两个模型的残差平方和构造 F 统计量：

$$F = \frac{(RSS_V - RSS_U)/q}{RSS_U/(n-p-q-1)} \sim F(q, n-p-q-1)$$

其中，p 和 q 分别是 X 和 Y 的最大滞后阶数，n 是样本个数。如果 $F \geq F_\alpha (q, n-p-q-1)$，则至少有一个 β_j 显著不为 0，则应拒绝原假设接受备择假设——X 是引起 Y 变化的格兰杰原因；否则应该接受原假设——X 不是引起 Y 变化的格兰杰原因。

第二步，检验原假设"H0：Y 不是引起 X 变化的格兰杰原因"。参考第一步的步骤，将 X 和 Y 调换按照同样的方法进行假设检验。

第三步，根据前两步的假设检验结果得到最终格兰杰因果检验结果（见表3）。

表3　　　　　　　　　　　　　格兰杰因果检验结果映射

H0：X 不是引起 Y 变化的格兰杰原因	H0：Y 不是引起 X 变化的格兰杰原因	结论
接受	接受	X 和 Y 相互独立
拒绝	接受	X 是 Y 的格兰杰原因
接受	拒绝	Y 是 X 的格兰杰原因
拒绝	拒绝	无法判断

由于格兰杰检验对变量的滞后期比较敏感，我们需要选择合适的滞后阶数。实践中一般是通过 VAR 模型来确定最优的滞后阶数，在这里我们使用 BIC 作为判断标准。

2. 数据预处理：持仓量计算和序列平稳性处理

（1）持仓量计算。由于 ETF 联接基金的大部分持仓为对应 ETF，仅有部分资金（2%左右）持有期货合约以应对客户申赎，因此我们在计算指数投资者的持仓量时仅需考虑 ETF 部分。在该研究中，我们的研究对象应该是持仓量而非持仓额，因为持仓额包含有价格信息。考虑到 ETF 基金仅有日频公布的市值和份额，我们在计算 ETF 的持仓量（合约数量）时可以采取两种方法：①份额法：基于财报持仓量和 ETF 份额计算；②市值法：基于主力合约价格和 ETF 市值计算。

①份额法持仓量，基于财报持仓量和 ETF 份额计算。根据每个季度财报公布的持仓量和对应季度末的 ETF 份额数，我们可以计算出每份合约的持仓量，将该比例关系向后插值（即假设该对应关系在该季度内不发生变化），由每日公布的 ETF 份额即可以得到每日的 ETF 持仓量。

理论上，如果持仓没有进行展期，则每份 ETF 的持仓量应保持不变，如果合约发生展期，则每份 ETF 对应的持仓量根据展期前后合约的价格发生变化。当展期时商品为 Back 结构（即展期后合约价格低于展期前合约价格），则每份 ETF 的持仓量增大（保持展期前后每份 ETF 合约市值不变）；当展期时商品为 Contango 结构（即展期后合约价格高于展期前合约价格），则每份 ETF 对应持仓量减少。因此，每份 ETF 的持仓量应该是接近于阶梯状序列（展期多天完成而无法形成标准阶梯）。同时，我们在后文会进行论证，我们出于序列平稳性的考虑，采用持仓量的日频变化率作为考察变量，那么该方法对持仓量估计偏差的最终影响将进一步降低。

由表 4 可以看出，每个季度每份 ETF 对应的持仓量的变化并不大，并且每份额持仓量存在一个上升趋势，这是由于豆粕在 ETF 上市后大多处于 Back 结构中。

表 4　　　　　　豆粕 ETF 每季度末的份额数和财报持仓量

日期	市值（亿元）	份额（亿份）	财报持仓量（手）	每份额持仓量
2023 年 9 月 28 日	9.22	4.04	23092	$5.72E-05$
2023 年 6 月 30 日	5.17	2.72	13715	$5.04E-05$
2023 年 3 月 31 日	5.54	3.09	15753	$5.10E-05$
2022 年 12 月 30 日	6.07	3.02	15376	$5.09E-05$
2022 年 9 月 30 日	2.50	1.41	6107	$4.33E-05$
2022 年 6 月 30 日	2.73	1.77	7001	$3.95E-05$
2022 年 3 月 31 日	3.69	2.32	9177	$3.95E-05$
2021 年 12 月 31 日	1.65	1.35	5182	$3.83E-05$
2021 年 9 月 30 日	1.51	1.20	4351	$3.64E-05$
2021 年 6 月 30 日	2.19	1.75	6261	$3.58E-05$

续表

日期	市值（亿元）	份额（亿份）	财报持仓量（手）	每份额持仓量
2021年3月31日	2.37	1.96	7035	3.58E-05
2020年12月31日	2.46	1.94	7085	3.65E-05
2020年9月30日	4.19	3.88	13567	3.49E-05
2020年6月30日	5.01	5.13	17876	3.48E-05
2020年3月31日	5.18	5.06	17588	3.48E-05
2019年12月31日	2.49	2.52	8966	3.56E-05

资料来源：Wind。

②市值法持仓量，基于主力合约价格和 ETF 市值计算。由豆粕 ETF 所跟踪指数（大连商品交易所豆粕期货价格指数收益率）的编制方案可以得知，该指数是基于豆粕主力合约编制且展期是基于主力合约切换进行。因此，我们也可以采用 ETF 市值和复权后主力合约价格直接相除的方法计算每日的 ETF 持仓量。当然，ETF 在实际运行时会采用多天的方式完成合约展期，该方法计算的 ETF 持仓量在展期期间准确性不高。但同样的，我们是采用持仓量的日频变化率作为考察变量，所以该偏差的影响是相对可控的。

综上所述，我们可以通过两种方法得到 ETF 持仓量的日频数据。将两种方法得到的持仓量进行对比我们发现，两种方法计算得到的持仓量是非常接近的，仅在展期期间存在较大的不同。这一对比结果在一定程度上证明我们的两种方法是合理的（见图1）。

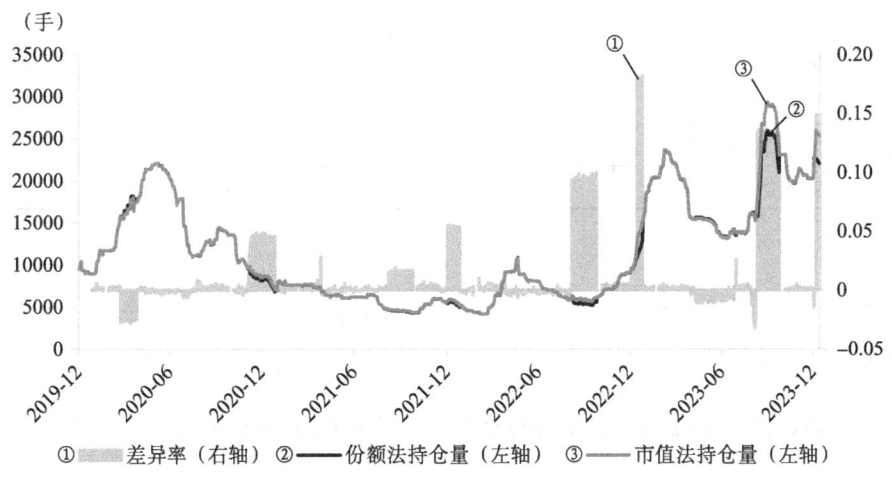

图1 份额法和市值法计算持仓量对比

资料来源：Wind。

（2）平稳性检验和处理。在该研究课题中，研究对象是 ETF 持仓量和对应期货价格。但我们并不能直接对这两个时间序列进行格兰杰因果检验,因为基于经验判断持仓量和期货价格均为非平稳序列,直接进行线性回归容易导致伪回归而导致整个检验结果不准确。因此,我们需要采用一定的方式对原序列进行处理以满足序列平稳的条件(格兰杰因果检验并不要求两个序列平稳,两个序列也可以是非平稳但同阶单整且协整,后者也较为苛刻)。对于非平稳序列的平稳化,常规的处理方式是差分,但持仓量和价格的简单差分并不是我们常用的概念,反而日频变化率更加常用,因此,我们考虑计算日频变化率的方式对持仓量和价格进行平稳化处理。同时,我们考虑到检验结果的稳健性和可解释性,我们将持仓量绝对值和占比(占当天总持仓)的日频变化率作为解释变量的考察对象,将价格收益(日频变化率)和价格波动率(日频变化率的标准差)作为被解释变量的考察对象。

我们采用 ADF 检验对序列进行序列的平稳性检测,并同时对原始序列和平稳化处理后序列进行检测,具体检测结果如表 5 所示。

表 5 原序列和处理后序列的 ADF 检验结果

序列名	滞后期	样本数量	检验变量	p 值
份额法持仓量	7	954	-1.36	0.60
市值法持仓量	6	973	-1.44	0.57
期货价格	0	979	-0.05	0.95
份额法持仓量占比	17	944	-2.57	0.10
市值法持仓量占比	5	974	-1.67	0.45
价格收益	0	978	-30.17	0.00
价格波动率	20	939	-3.07	0.03
份额法持仓量日变化率	7	953	-7.65	0.00
市值法持仓量日变化率	4	974	-9.68	0.00
份额法持仓量占比日变化率	3	957	-11.95	0.00
市值法持仓量占比日变化率	3	957	-11.95	0.00

资料来源:Wind。

由表 5 可以看出,在 5% 的置信水平下,原始序列均为非平稳序列,而处理后的序列均为平稳序列。

3. 检验结果:商品指数投资者持仓变化非价格收益和价格波动率的格兰杰原因

我们采用两步法进行两个序列间因果关系的检验:第一步,采用 VAR 模型并基于 BIC 判断准则确定最优滞后期;第二步,双向格兰杰因果检验并得到最后结论。

相关超参数设置:最大滞后期为 5(真实因果的影响时效应该不超过 5 天),检验变量为 F 统计量,置信水平为 5%。

解释变量 X 的可选序列：份额法持仓量日变化率，市值法持仓量日变化率，份额法持仓量占比日变化率，市值法持仓量占比日变化率。

被解释变量 Y 的可选序列：价格收益，价格波动率。

（1）价格收益的检验结果，如表6所示。我们可以看出，两种方法计算得到的 ETF 持仓量均不是价格收益的格兰杰原因。价格收益反而是市值法持仓量日变化率的格兰杰原因，从金融逻辑上讲，结论存在合理性，当豆粕价格上涨时，豆粕 ETF 的持仓量增加的概率更高；反之亦然。

表6　　　　　　　　　　　价格收益的格兰杰检验结果

解释变量 X	被解释变量 Y	原假设 H0	滞后期	p 值	检验结果	结论
份额法持仓量日变化率	价格收益	X 不是 Y 的格兰杰原因	2	0.01	拒绝	无法判断
		Y 不是 X 的格兰杰原因	2	0.00	拒绝	
市值法持仓量日变化率	价格收益	X 不是 Y 的格兰杰原因	2	0.10	接受	Y 是 X 的格兰杰原因
		Y 不是 X 的格兰杰原因	2	0.00	拒绝	
份额法持仓量占比日变化率	价格收益	X 不是 Y 的格兰杰原因	1	0.21	接受	X 和 Y 相互独立
		Y 不是 X 的格兰杰原因	1	0.74	接受	
市值法持仓量占比日变化率	价格收益	X 不是 Y 的格兰杰原因	1	0.21	接受	X 和 Y 相互独立
		Y 不是 X 的格兰杰原因	1	0.74	接受	

资料来源：Wind。

（2）价格波动率的检验结果，如表7所示。我们可以看出，两种方法计算得到的 ETF 持仓量均不是价格波动率的格兰杰原因。更进一步，我们将两种方法计算得到的 ETF 持仓量和价格波动率的历史序列进行对比可以看出，拉长考察周期，持仓量高时波动率反而有一定的中枢下移（见图2）。

表7　　　　　　　　　　　价格波动率的格兰杰检验结果

解释变量 X	被解释变量 Y	原假设 H0	滞后期	p 值	检验结果	结论
份额法持仓量日变化率	价格波动率	X 不是 Y 的格兰杰原因	2	0.81	接受	X 和 Y 相互独立
		Y 不是 X 的格兰杰原因	2	0.61	接受	
市值法持仓量日变化率	价格波动率	X 不是 Y 的格兰杰原因	2	0.46	接受	X 和 Y 相互独立
		Y 不是 X 的格兰杰原因	2	0.18	接受	
份额法持仓量占比日变化率	价格波动率	X 不是 Y 的格兰杰原因	1	0.45	接受	X 和 Y 相互独立
		Y 不是 X 的格兰杰原因	1	0.79	接受	
市值法持仓量占比日变化率	价格波动率	X 不是 Y 的格兰杰原因	1	0.45	接受	X 和 Y 相互独立
		Y 不是 X 的格兰杰原因	1	0.79	接受	

资料来源：Wind。

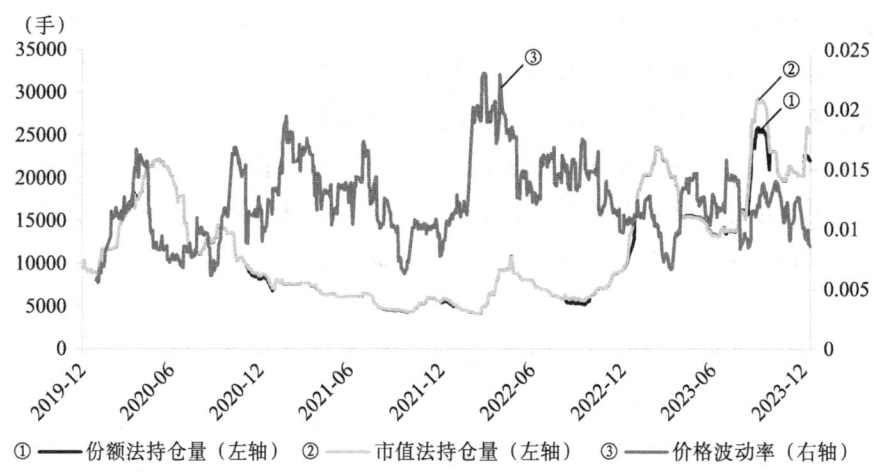

图 2　ETF 持仓量和价格波动率

资料来源：Wind。

综上所述，我们可以得出以下结论：

第一，价格收益方面，商品指数投资者的持仓变化不是价格收益的格兰杰原因。从金融交易角度理解，因为期货市场存在便利的多空机制，指数投资者并不具备持续推动期货价格单边趋势行情的能力。因此，我们认为商品指数投资者并不会对商品市场的价格方向造成趋势性影响。

第二，价格波动率方面，商品指数投资者的持仓变化和价格波动率相互独立。从金融交易角度来说，指数投资者作为中长期资金进入期货市场理应促进整个市场的边际流动性从而起到平抑波动的作用。因此，我们认为商品指数投资并不会推高商品市场的波动率反而可能存在长周期的平抑作用。

当然，以上的分析也有一些局限性。豆粕商品指数基金在豆粕总持仓的占比仍然较低，尤其远低于海外 30% 左右的被动投资比例。但考虑到我们国内期货和股票市场的交易者特性，主动交易的比例的确远远高于被动投资，更多的商品指数即使推出上市，其在商品市场中的投资占比也不会达到海外的程度。

三、商品指数投资的收益来源

在这一部分，我们深入研究了商品指数的收益来源，将其主要归结为 beta 和 alpha 两大部分：beta 部分主要是价格收益和展期收益，alpha 部分主要来自于板块轮动。首先，第一类 beta 是价格收益，反映了商品价格上涨所带来的指数上涨，是指数收益风险的主要来源，也是投资者关注的焦点。具体而言，价格收益包括抗通胀特性和对未来数年商品上行的预期，基于我们对信贷扩张、产业转移、美元下行等方面的主观研判。其次，第二类 beta 是展期收益，表示商品指数在展期时所获得的收益。我们认为这一收益从长期看是大于零的，主要来自产业进行套保所缴纳的"保费"。由于产业整体处于净空头状态，其在转移风险给多头时必然会让渡一定的收益。当然，我们不能简单地从期货市场零和博弈的角度认为，金融机构的净多头从产业赚取了收益。产业端在转移风险的过程中获得了稳健经营所带来的长期收益，可以说双方都获得了所需的收益，这也是期货市场对整个经济社会的正向外部效应。同时我们判断多数商品在未来数年可能继续维持 back 结构。最后，商品指数的 alpha 主要来自内部轮动收益，这归因于商品内部有着相较股票内部更低的相关性，从而导致结构化行情的出现概率要高于股票。鉴于商品各板块的低相关性和对各板块供需的判断，我们认为存在着丰富的板块轮动机会。下面我们将重点论述这两类 beta 和一类 alpha。

（一）商品指数的价格收益：来源于抗通胀特性和未来数年的上涨预期

经过逻辑演绎和历史验证，我们认为商品指数在未来数年内存在较大的上涨预期，主要是基于以下两点：一是商品价格的抗通胀特性，长期的通胀理应带来商品指数的跟随上移；二是由美元指数下行、信贷周期开启和需求爆发所带来的商品价格上涨预期，这一点会使得商品指数在未来数年有着跑赢通胀的预期。下面我们将对这两点进行较详细的论证。

1. 商品价格的抗通胀特性

在图 3 中，我们绘制了海外和国内的商品价格与通胀定基指数的历史走势。先来看时间跨度较大的海外数据，从 20 世纪 40 年代末到 90 年代初，这一比值持续地中枢下移，但是在过去 30 年该比值的中枢处于一个相对稳定的状态，近十几年的国内数据也呈现出了相似特征。1947—1990 年，商品价格相对通胀指数的下降主要是因为技术进步，开采成本和运输成本的减少引发了商品价格的相对下降。但是这种成本下降已经来到平台期，继续下移的难度非常之高。早期的几轮工业革命主要集中在商品生产领域，导致全球贸易成本的下移。与此不同，当前的信息革命并未明显促使商品成本进一步下降。就目前来看，我们认为商品价格在可预见的未来仍然具有十分优秀的抗通胀特性。

2. 商品价格的上涨预期

我们认为商品价格在未来数年内均处于牛市，这一趋势的触发点是全球降息周期的开启。这一观点主要基于政治经济学的研判，其核心逻辑可概括为以下几点：（1）产业转移模型显示，当下处于产业转移的后半段，美元预计将在未来数年内进入下行通道；（2）信贷模型显示，美国正开启持续数年的信贷扩张，对应美元的走

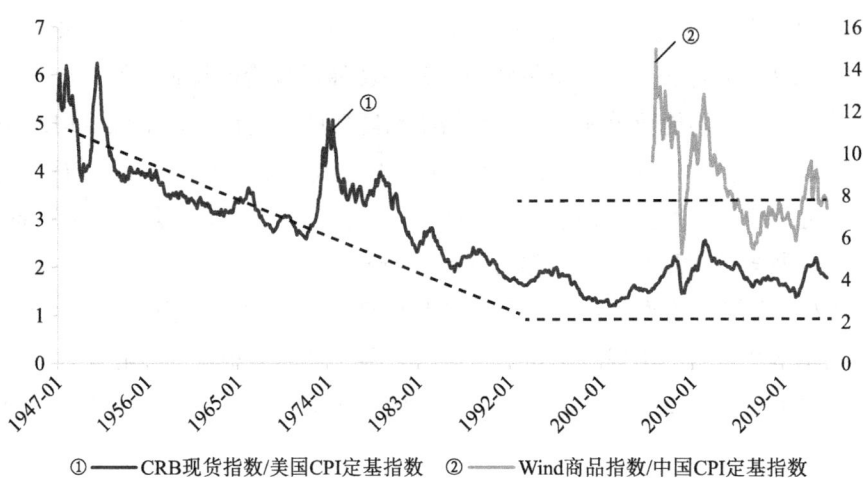

图3　商品价格与通胀指数比值的历史走势

资料来源：Wind。

弱从而助推商品价格的上涨；（3）降息周期开启后，新兴经济体将加杠杆进行商品密集型产业的投资，重现类似中国在21世纪初的需求爆发。在接下来的分析中，我们将对这三点展开细节推理，以深入理解未来商品市场的发展趋势。

从图4可以看出，美元指数和商品价格处于一个比较明显的负相关走势，美元指数走强伴随着商品价格走弱，而美元指数的走弱伴随着商品价格的走强。

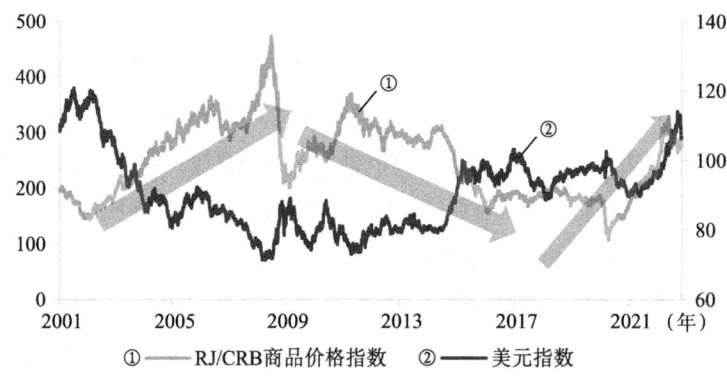

图4　商品价格与美元走势

资料来源：Wind。

（1）产业转移模型。我们基于政治经济学理论，构建了产业转移模型，我们认为美元在未来数年将进入下行通道，而这一点也为商品价格提供了较强的支撑。总体结论是，在产业转移的前半段，美元是走强的，然而，随着产业转移的进展至后半段，美元是走弱的，且当下恰好走到了本轮产业转移的后半段，这一时期的特征使我们对未来数年内美元走弱的趋势抱有预期。

第二次世界大战后美国通过跨国公司和跨国资本主导了全球产业链。为了研究产业转移和美元强弱的关系,我们构建了[(输入国资本,输入国劳动),(美国资本,美国劳动)]模型:在产业转移前半段,输入国的劳动力成本低,资本少,换言之,输入国劳动和资本占比较低,因此美国的资本赚取了大量的利润而带来美元持续走强;而在产业转移的后半段,输入国劳动和资本的占比不断提高,美元就自然而然地进入了下行通道。为了从历史数据去论证我们的模型,我们使用了一个替代指标去表征输入国资本与劳动的比重,以避免繁杂数据所带来的口径误差和计算误差。这一替代指标是老龄化程度:老龄化程度越高,说明该国的资本更加富集而劳动力成本也更高,因此这一比例理论上和该国的资本劳动占比是正相关的。国际通行标准以65岁以上人口占该国总人口的比例超过7%为老龄化社会。

回看第二次世界大战后的四次产业转移:第一次是20世纪五六十年代转移到西欧和日本;第二次是20世纪七八十年代转移到亚洲四小龙,中国香港在1983年左右进入了老龄化社会(见图5),对应了那一轮的美元高点;第三轮是20世纪90年代到21世纪初转移到中国大陆,中国大陆在2001年达到了老龄化率7%的门槛,也对应了那一轮美元的高点;第四次是21世纪10年代至今转移到东南亚和印度等国,其中越南在2017年就达到了7%的门槛,而作为人口主体的印度和印度尼西亚可能在2023年也达到7%的门槛,这也就说明美元即将进入一个长周期的下行通道。

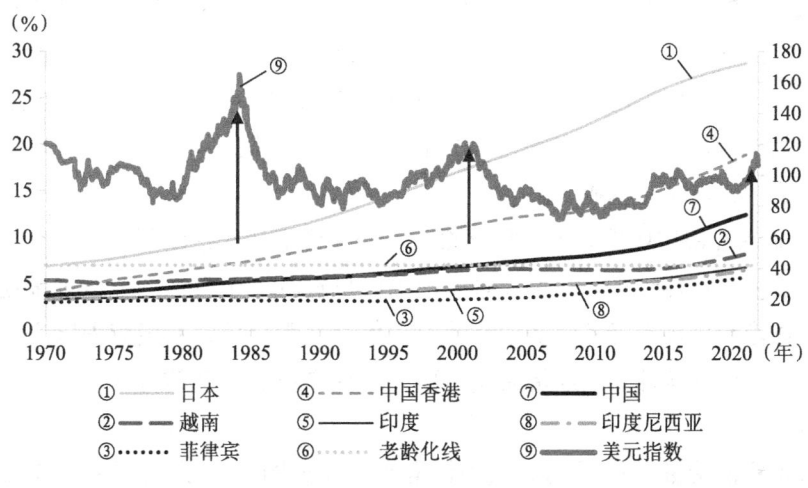

图5 产业转移模型

资料来源:Wind。

注:图中各国曲线表示65岁以上老年人占该国总人口比例(左轴)。

(2)信贷模型。我们还认为信贷与供需息息相关。全球尤其是美国的信贷扩张和收缩有着20年左右的周期跨度。作为一个主要消费国,其信贷扩张往往会带来全球投资和消费需求的旺盛,而当下正处于长周期信贷扩张的伊始,为未来数年的商品牛市奠定了基础。

为了表征美国的信贷周期,我们使用美国未偿债务与美国 M2 比值的同比减去实际 GDP 的同比,发现:美国未偿债务跑赢 M2 说明信贷比货币更宽松;而经济增长可以消化债务,若美国未偿债务与美国 M2 的比值超过 GDP 增速,说明信贷整体扩张。该差值在零轴以上表示美国在进行信贷扩张,在零轴以下则表示美国在进行信贷收缩。我们抽取了过去 40 年的信贷扩张指数曲线,如图 6 所示。

图 6 信贷扩张模型解释了产业转移后半段信贷的扩张

资料来源:Wind。

引人注目的是:这一指标上穿零轴的时点往往对应着美元的长周期高点,而下穿零轴的时点往往对应着美元的长周期低点。结合产业转移的研判,我们得出:产业转移的后半段对应着全球的信贷扩张和美元走弱。当下,这一指标已经上穿零轴,并且从该指标的周期性变化来看,美国正在长周期信贷扩张的伊始,这也就为未来数年的商品牛市奠定了基础。

(3)新兴经济体爆发。干柴需要烈火。如果说信贷是这团烈火,那么新兴国家的发展需要就是这捧干柴。长期以来,国内的投资者对于需求的分析过多地集中在欧美发达国家和中国本身的经济运行情况。但是放眼全球,欧美和中国之外的很多新兴经济体已经在全球宏观经济尤其是商品需求中占有越来越大的比重,且其增速相当可观。

从人均铜消费量(见图 7)、人均粗钢产量(见图 8)、人均原油消耗量(见图 9)、人均发电量来看(见图 10),印度和东南亚等新兴经济体的发展水平和商品需求大致处于我们 21 世纪初的水平。类比于我们的发展路径,他们也即将进入产业转移的后半段,商品需求也将进入快速增长的阶段。引爆点可能就在于降息周期的确认,因为固定资产投资和基础设施建设是长久期的,对利率非常敏感,所以降息周期的开启对于这些新兴经济体的商品需求大爆发来说是非常必要的条件。

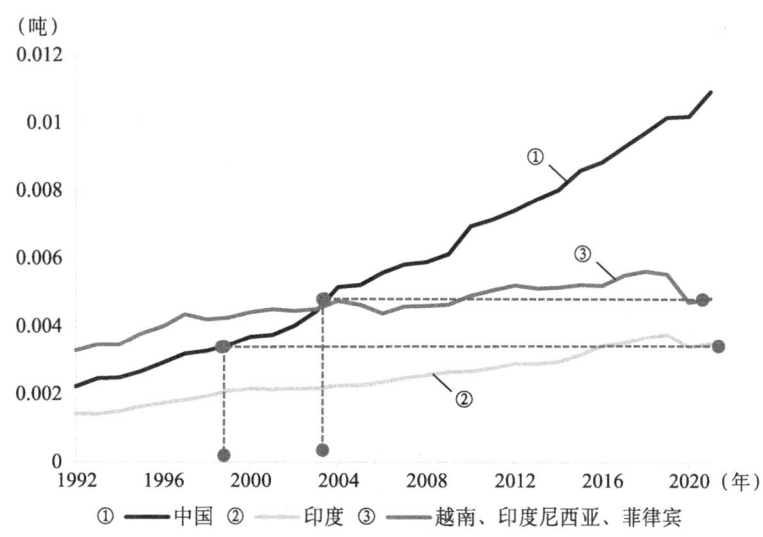

图7 人均铜消费量

资料来源：Wind。

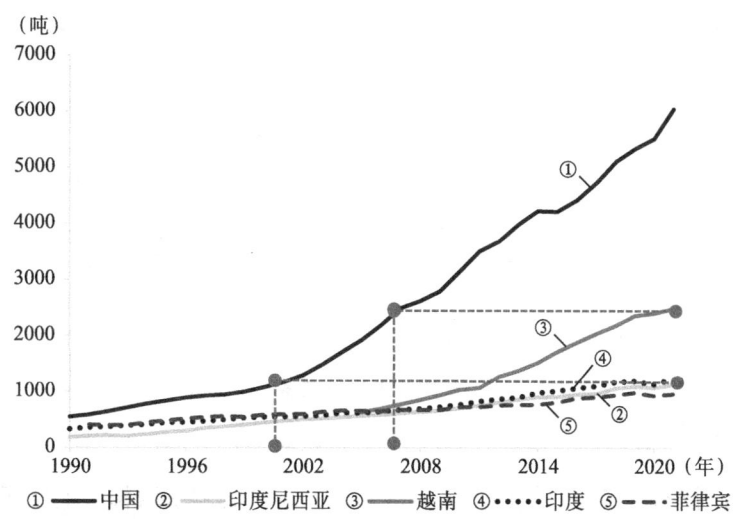

图8 人均粗钢产量

资料来源：Wind。

在探讨东南亚等新兴经济体需求爆发的话题时，很多人可能对两个方面提出疑问。首先，有人对将中国作为合理类比的合理性提出怀疑，因为当初中国的需求有超过一半是来自欧美的消费需求。但是，随着中国的发展，中国也完全有基础充当当年欧美的角色去成为全球消费需求的主要增长点，从而带动新兴经济体的商品需求爆发。其次，人们关注技术进步可能导致单位商品消耗量下降的问题。尽管我们承认技术进步可能导致单位需求下降，但我们认为这对新兴市场需求增长的影响有限。原因在于，任何国家的发展不会一蹴而就，单位GDP的资源消耗下降是一个长

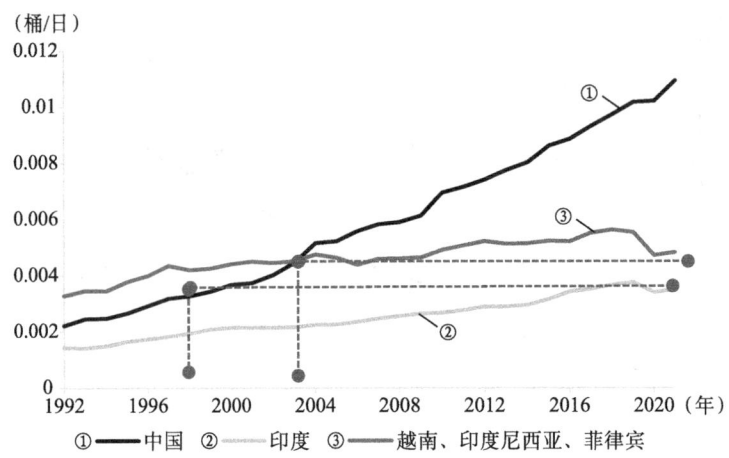

图 9 人均原油消耗量

资料来源：Wind。

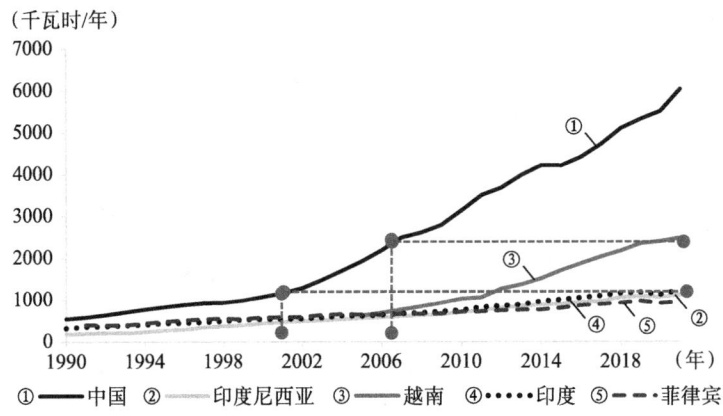

图 10 人均发电量

资料来源：Wind。

期过程，因此技术进步在短期内不太可能对新兴市场的需求增长产生显著影响。

以上就是我们想要论证的商品指数在未来数年最重要的一类 beta——价格收益，一个是抗通胀的特性，另一个是主观研判的商品价格上涨预期。

（二）商品指数的展期收益：来源于产业端的"保费"

下面我们来讨论商品指数的另一大 beta 来源——展期收益。这类收益本质上来源于产业套保客户为了长期稳定经营所缴纳的"保费"，产业在进行套期保值转移风险时也让渡了收益。从全产业链上下游来看，产业客户的套保头寸加总后处于净空头地位（因为最下游是不需要做买入套保的消费者）。图 11 和图 12 从时序和截面的实际数据展示了多数产业处于净空头。

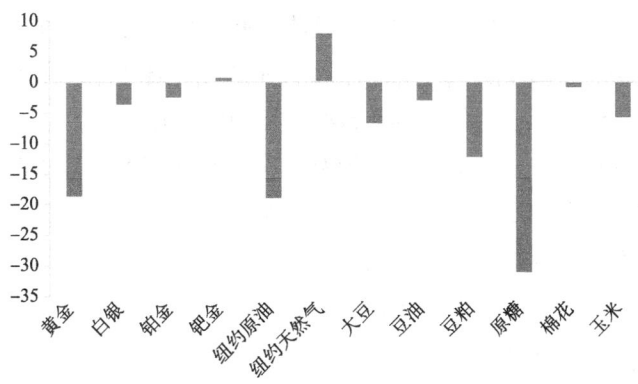

图 11 CFTC 商业持仓净头寸

资料来源：Bloomberg。

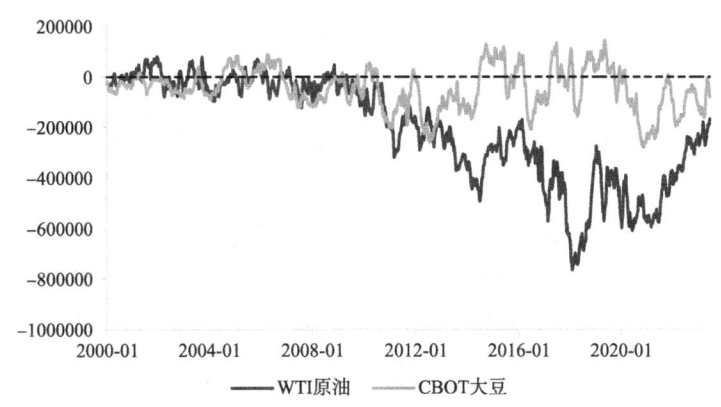

图 12 CFTC 商业持仓的净头寸历史变化

资料来源：Bloomberg。

而长期来看，不论商品合理的期限结构是 Contango 还是 Back，产业的这种净空头地位都会有动力将远期的价格向下带，而金融处于净多头承接方，在择时上更具主动权，且在对金融工具使用的专业度上也强于产业，因此就获取到了展期收益，如图 13 所示。

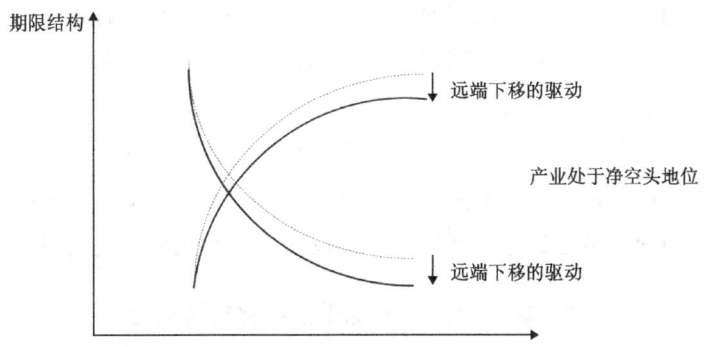

图 13 产业的净空头会驱动远端价格向下移动

需要注意的是,我们这里所叙述的展期收益并不是常规理解的 Back 结构所带来的直观收益,而是产业的净空头导致商品远期价格向下偏离合理价格所带来的收益,也是产业为了稳定经营所进行价格风险转移而缴纳的"保费"。

从产业长期的角度看,整个期货市场对于净空头的产业和净多头的金融机构来说并不是一种简单的短期零和博弈。产业端缴纳保费带来了稳健经营,对于产业及公司的健康发展都有不少好处,可以说这是一个双赢的结果。

而实际来看,整个商品市场的 Back 机会多于 Contango。图 14 描述的是四个板块主要商品的 1-3 价差率的历史走势,可以看出近几年大多数商品的期限结构处于 Back 的状态下。

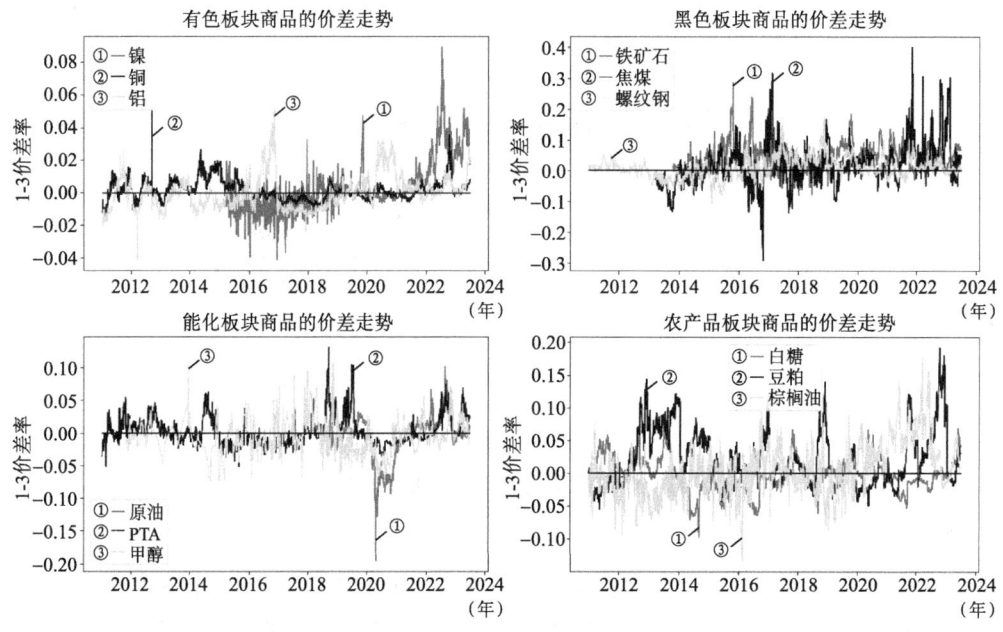

图 14　不同板块 1-3 价差率的历史走势

资料来源:Wind。

累积的展期收益也是在逐渐增厚的。图 15 绘制了中证商品指数系列中超额收益指数和价格指数的历史走势和日间收益差,二者的日间收益差对应的就是展期收益,可以看出近几年的累计展期收益在不断扩大。

而从主观研判来看,未来几年的商品期限结构还将长期处于 Back 结构。主要是基于以下三点:第一是当前很多品种处于低库存的状态且难改变,第二是商品需求爆炸式增长的预期,第三是过去两年各种突发情况所导致的中间贸易商萎缩。

(三) 商品指数的内部轮动收益:来源于结构化行情机会

除了以上论述的两大类 beta 来源外,我们再来讨论一下商品指数的 alpha 来源。

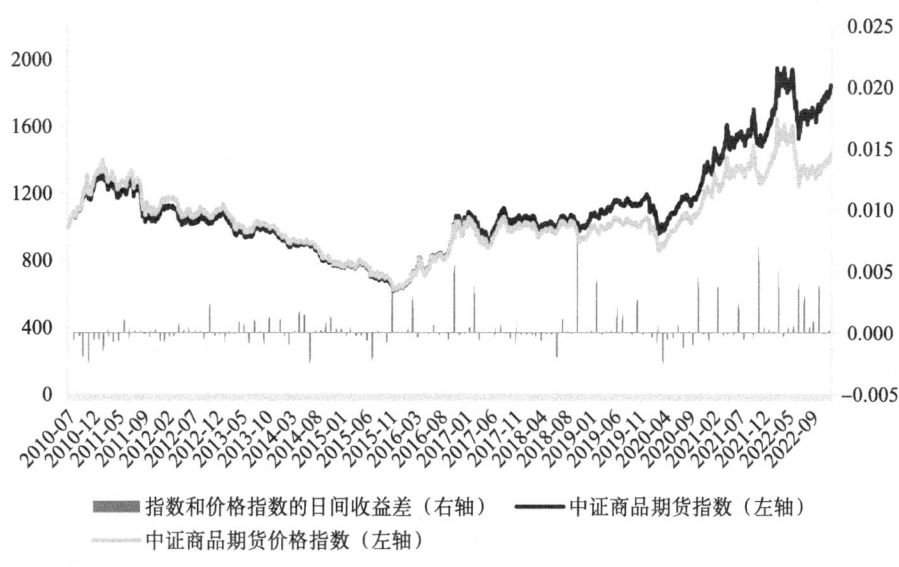

图 15　中证商品超额收益指数和价格指数的日间收益差

资料来源：Wind。

理论上，商品指数上可以叠加各种各样的策略去博取 alpha（或者叫 smart beta）。而我们基于历史数据的分析认为，商品指数内部轮动能够带来不小的 alpha 收益。

从历史的相关性分析可以看出，股票内部的相关性还是有些高的（见表8），而商品内部相关度相对较低，也就是说商品结构化行情的机会比较多，这也就为主观或量化的轮动策略提供了较多的机会。商品内部相对低的相关性主要是因为产业链逻辑不一致、宏观驱动有差异或是投资者群体分化（见表9）。而且我们从未来数年不同板块的供需矛盾来看，结构化行情的机会较多。从有色板块来看，整个供给是平坦的，甚至有些品种由于资本开支和矿产品位下降的问题而供给有下降预期，而需求端又有一个可观的增长预期；从能化板块来看，国内供给端还在大扩产周期，目的是挤占海外市场；从黑色板块来看，海外需求还是有增长预期的，而供给相较能化来说增长较少；从农产品板块来看，厄尔尼诺等极端天气会带来农产品板块内部供应的分化。

表 8　　　　　　　　　　　股票内部相关性

指标	大盘价值	大盘成长	小盘价值	小盘成长	上证 50	沪深 300	中证 500	中证 1000
大盘价值	1.00	0.49	0.66	0.46	0.84	0.76	0.55	0.39
大盘成长	0.49	1.00	0.49	0.73	0.83	0.92	0.73	0.68
小盘价值	0.66	0.49	1.00	0.83	0.60	0.69	0.88	0.80
小盘成长	0.46	0.73	0.83	1.00	0.62	0.79	0.96	0.96
上证 50	0.84	0.83	0.60	0.62	1.00	0.95	0.68	0.55

续表

指标	大盘价值	大盘成长	小盘价值	小盘成长	上证50	沪深300	中证500	中证1000
沪深300	0.76	0.92	0.69	0.79	0.95	1.00	0.83	0.73
中证500	0.55	0.73	0.88	0.96	0.68	0.83	1.00	0.95
中证1000	0.39	0.68	0.80	0.96	0.55	0.73	0.95	1.00

资料来源：Wind。

表9　　　　　　　　　　商品内部相关性

品种	全商品	贵金属	黑色	农产品	能化	有色
全商品	1.00	0.40	0.82	0.68	0.75	0.78
贵金属	0.40	1.00	0.17	0.22	0.23	0.28
黑色	0.82	0.17	1.00	0.40	0.39	0.51
农产品	0.68	0.22	0.40	1.00	0.54	0.46
能化	0.75	0.23	0.39	0.54	1.00	0.52
有色	0.78	0.28	0.51	0.46	0.52	1.00

资料来源：Wind。

四、商品指数对于财富管理的作用

在这一部分，我们主要研究了中证商品指数在大类资产配置中的应用。首先，我们从新常态下资产配置格局和商品指数与CTA差异两个角度阐述商品指数为优良配置工具的原因。然后，我们对股债商的收益风险特征进行了详尽的分析。股债商具有低相关性，是天然的大类资产配置工具。通过对三类资产（股票、债券、商品指数）在月频维度上的收益、波动和相关系数进行自相关分析，我们发现波动率在短期内存在自相关，而收益和相关系数则不表现出明显的自相关性。接下来，我们进行了股债商固定比例配置的回测研究。结果显示：中证商品指数的引入能够有效提高整体投资组合的收益风险比。其次，相较于贵金属指数，综合指数在这一配置方案中表现更为出色。基于前面的结论，我们深入研究和优化了资产配置中最常用的风险平价模型。我们在时窗长度、协方差的加权方式和非对角元素保留方面对模型进行了多方向的优化测试。结果显示，采用20个交易日的EWMA加权并剔除非对角元素的历史协方差作为预期协方差的估计，能够显著提高组合的表现。最后，我们应用风险平价模型得到了一个优于任意单一资产和任意固定比例配置的最优组合，并且该组合能够实现任意日期的年度收益均大于零。而这个研究结论对于传统的股债大类资产配置具有显著的正面意义，尤其对于供应链扰动导致股债双杀的年份中，大宗商品的抗风险以及保值能力凸显。对于保险、年金、基金等中长期资金的保值增值与风险抵御至关重要。

（一）新常态下资产配置的崭新格局：债券市场挑战与商品资产崛起

长期以来，由于国内债券市场的超低波动和财富管理市场中固收类资产的高占比，大类资产配置的重要性没有得到充分的体现。未来，随着中国经济进入新常态，地方政府债务管理的规范化和刚兑信仰的逐步打破，债券市场的信用利差和价格波动料将持续增大。而理财产品净值化管理的加速落地，资金端申购赎回的正反馈也会进一步放大债券市场的价格波动（2022年12月的信用债踩踏就是近期的典型案例）。这将直接导致债券资产在大类资产配置中的占比下降。此外，随着投资机构化进程的持续推进和个人投资者净值理念的逐步深化，整个资金端的风险偏好有所增加，财富管理市场中股票和商品等高波动资产的占比有望持续提升。基于以上判断，我们认为大类资产配置在投资端将发挥越来越重要的作用。

反观商品，由于国内市场起步较晚以及投资者教育不充分，商品在大类资产配置中始终处于可有可无的状态。然而，我们的前期研究论述了未来几年商品市场的上行预期和长期以来的股债低相关度。在未来若干年的大类资产配置中，商品类资产将会发挥越来越重要的作用。

首先，我们在前面部分已经基于政治经济学角度，论述了商品市场在未来若干年内存在长期上行的预期，具有很高的配置价值。从定价角度看，由于产业链转移后期资本输入国自身劳动资本的增厚和其他结算货币份额的持续提升，美元有望开启下行趋势。从需求角度，由于新一轮信贷周期的开启和新兴国家的高增长，总需求有望提速。从供给角度，技术的革新和资本开支的提升需要持续数年的高价格刺激，总供给无法在短期释放。

其次，由于投资逻辑的不同和参与者结构的差异，商品市场天然具有和股债低相关甚至负相关的特征。基于前期对中证商品指数的研究，我们发现，商品市场在历史上具有很低的股债相关系数，并且具有一定的通胀表征性，是非常优良的资产配置工具（见表10）。

此外，前人的研究已经表明，高通胀带来的名义利率抬升和商业模式破坏往往会造成股债双杀，传统上股债的负相关关系也就被打破。因此在当下这个大通胀时代，组合中加入商品资产的必要性也就进一步显现。以海外经典的股债六四组合为例，2011—2021年处于相对低通胀的时期，该组合获得了名义11.1%的年化收益，即使剔除通胀也有着9.1%的年化收益；而在2000—2009年相对高通胀的时期，该组合仅获得了2.3%的名义年化收益，剔除通胀甚至为-0.3%的年化收益（资料来源：Goldman Sachs Asset Management、Bloomberg）。商品表现远远好于股债的情况亦发生在20世纪70年代大通胀时期。鉴于此，我们尤其需要关注市场从数年的低通

表 10　中证商品期货指数系列与股债的相关系数

品种	中证商品期货指数	模拟贵金属指数	模拟黑色指数	模拟农产品指数	模拟能化指数	模拟有色指数	上证指数	上证50	沪深300	中证500	中证1000	中证综合债
中证商品期货指数	1.0000	0.3724	0.8360	0.6516	0.7707	0.7577	0.2025	0.1790	0.1821	0.1630	0.1412	-0.0787
模拟贵金属指数	0.3724	1.0000	0.1552	0.2244	0.2248	0.2763	0.0399	0.0326	0.0381	0.0316	0.0345	0.0551
模拟黑色指数	0.8360	0.1552	1.0000	0.3530	0.4598	0.4942	0.1577	0.1346	0.1417	0.1341	0.1129	-0.0786
模拟农产品指数	0.6516	0.2244	0.3530	1.0000	0.5303	0.4208	0.1236	0.1155	0.1080	0.0904	0.0742	-0.0512
模拟能化指数	0.7707	0.2248	0.4598	0.5303	1.0000	0.5368	0.1982	0.1719	0.1712	0.1590	0.1391	-0.0514
模拟有色指数	0.7577	0.2763	0.4942	0.4208	0.5368	1.0000	0.1849	0.1690	0.1743	0.1494	0.1359	-0.0999
上证指数	0.2025	0.0399	0.1577	0.1236	0.1982	0.1849	1.0000	0.9007	0.9727	0.8886	0.8189	-0.0662
上证50	0.1790	0.0326	0.1346	0.1155	0.1719	0.1690	0.9007	1.0000	0.9428	0.6456	0.5464	-0.0735
沪深300	0.1821	0.0381	0.1417	0.1080	0.1712	0.1743	0.9727	0.9428	1.0000	0.8373	0.7554	-0.0721
中证500	0.1630	0.0316	0.1341	0.0904	0.1590	0.1494	0.8886	0.6456	0.8373	1.0000	0.9711	-0.0525
中证1000	0.1412	0.0345	0.1129	0.0742	0.1391	0.1359	0.8189	0.5464	0.7554	0.9711	1.0000	-0.0441
中证综合债	-0.0787	0.0551	-0.0786	-0.0512	-0.0514	-0.0999	-0.0662	-0.0735	-0.0721	-0.0525	-0.0441	1.0000

资料来源：中证商品指数公司，Wind

胀到未来数年的高通胀转变时商品类资产的配置价值。

(二) 商品指数与 CTA 产品的差别：商品指数有不少比较优势

提到商品投资，大多数投资者首先想到的是 CTA 产品，该类产品对应于股票中性或量化选股策略。作为对应于股票指数增强策略的商品指数增强，其市场规模依旧很小，主要是由于市场还缺乏一个可投资的商品指数标的，后续随着广期所商品指数期货的推出，该情况会得到改善。

从运作和投资逻辑上来看，商品指数与传统 CTA 的投资大相径庭。需要注意的是，本文所指的商品指数是指被动跟踪的或在被动跟踪上带有主动轮动策略的纯多头组合，而对于 CTA 的描述是市场平均情况而非具体某类策略。对比如表 11 所示。

表 11　　　　　　　　　商品指数与 CTA 产品对比

指标	商品指数	CTA 产品
beta 来源	商品市场的价格走势和展期收益	商品市场的波动率
alpha 来源	特定策略	管理人特质
投资逻辑	宏观经济方向，产业链供需	市场状态（趋势、波动），管理人策略
市场趋势时表现	启动快涨跌幅大	启动慢涨跌幅小
市场震荡时表现	震荡（视具体情况可能偏强可能偏弱）	回撤（套利类好于趋势类）
历史收益风险比	偏小	偏大

资料来源：Wind。

首先是收益的 beta 来源。对于采用纯多头的商品指数来说，beta 主要来自商品市场的价格走势和展期收益，我们已经对这两个来源进行了重点论证。而 CTA 产品的 beta 就是大家所熟知的波动率。不论是趋势策略还是套利策略，不论是主观策略还是量化策略，波动率的上升往往对应更多的机会和更好的净值表现，而波动率维持相对低位往往对应了趋势型 CTA 策略的净值磨损。

其次是收益的 alpha 来源。商品指数的 alpha 主要来自结构化行情时的轮动收益，而其中的轮动策略可以基于各种量化和主观的信号。而 CTA 产品的 alpha 主要取决于管理人的策略开发能力和其对市场策略的认知调配能力。比较二者的收益贡献，beta 在商品指数中的重要性高于 CTA，而 alpha 在 CTA 产品中的重要性更高。

正是由于两者不同的收益来源，选择两者进行配置时的投资逻辑也有着较大的差别。使用商品指数的投资者需要更多地关注商品市场的趋势方向，本质是回到宏观与微观的供需问题。其中，对于某个板块或者产业链有着较深刻认知的投资者，可以选择使用特定板块指数进行表达。而 CTA 产品的投资者除了要对管理人进行比较详细的调研外，其实还需要对商品市场趋势流畅性和波动率进行判断，因为收益并不纯粹是由 alpha 端所提供的。从这里的投资逻辑表达过程可以看出，商品指数相关策略的归因分析相对直接清晰。

从不同的市场状态时两者的净值表现来看。当市场处于单边趋势行情时，商品指数启动快涨跌幅也相对较大，而CTA产品由于需要时间去识别趋势，因此启动较慢，平均来看涨跌幅也相对商品指数更小。当市场处于震荡行情时，商品指数也就处于震荡中，甚至如果商品多数处于Back结构下，其能持续获得展期收益。而CTA产品大多是趋势跟踪的，由于反复双向交易而净值磨损，同时又失掉了不少展期收益。

下面我们基于历史表现对商品指数和CTA产品（以占比最大的时序量价策略为例）进行一定的实证分析。从图16可以看出，在市场存在大趋势时（如2020—2021年），CTA产品的平均表现不如商品指数。当然在2020年疫情刚暴发时和2022年的6月，商品指数面临着较大的回撤。因此，从现实情况看，长期直接使用被动跟踪指数进行投资是有不小阻力的。但是如果能在原指数的基础上加入一定的策略进行回撤和波动控制，商品指数会是一个非常不错的投资标的。基于此，我们在简单使用动量因子对原指数进行优化后，夏普比例和卡玛比例分别由0.59和0.41提高到了0.82和0.64。由此可以看出，在原指数上进行增强是存在一定机会的。

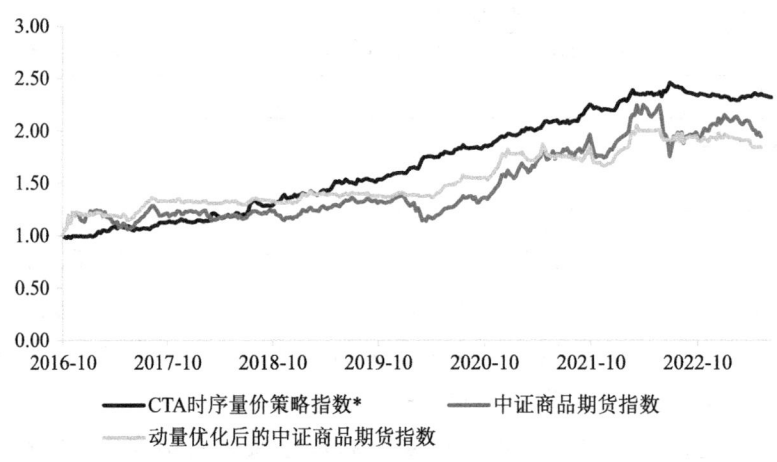

图16　商品指数和CTA产品指数的历史走势①

资料来源：Wind。

我们从股票市场的角度来看商品指数和CTA产品，CTA产品类似于股票中性或量化选股，而商品指数更加接近于股票指数或股票指数增强。从股票市场的历史业绩来看，中性产品和指增产品的表现互有胜负。当CTA的赛道越来越拥挤时，商品指数也许存在着更多的机会。

---

① CTA时序量价策略指数是由产品池中该类产品的净值加权得到，产品池中的策略标签是主观调研和数据分析的结果。

实际上，如若参考第三方资讯网站所给出的 CTA 私募策略指数（由一篮子 CTA 产品构成）的表现情况，也能看到商品指数投资具备相对优势。值得一提的是，表现稳健的 CTA 私募策略指数只能作为参考，在实际投资中，这样的收益风险比是较难实现的。主要是因为以下两点：一是产品指数存在较大的幸存者偏差，包括管理人的选择性披露和较差产品的事后剔除；二是指数通过组合形式分散了风险，在实际投资中难以实现这样的分散化。

此外，选择 CTA 的投资者还有一个出发点是认为商品无法生息而不存在一个显性的市场 beta。对于该问题，我们认为并不应该成为投资于商品市场 beta 的阻碍。主要基于以下两个原因：一个是股票市场的现状，目前国内股票的分红率依然很低，投资者仍然是主要靠资产增值盈利；另一个是商品市场的逻辑，产业端大多作为空头方转移价格波动的风险，金融端作为多头方承接风险时理应获取这一部分风险报酬，从结果的角度体现为展期收益。

出于对商品市场 beta 的积极判断，我们选择中证商品指数作为商品类资产，并在大类资产配中进行应用研究。

（三）股债商的收益风险特征：低相关资产，波动率短期自相关

1. 横截面分析：与股债均有较低相关性

在前期的研究中我们发现，中证商品指数兼具标尺性和可投资性，是很好的商品类资产配置工具。同时，与股债较低的相关和优于股票的收益风险比进一步凸显了中证商品指数的配置价值。除了综合性的中证商品指数之外，子板块指数中具有最低相关性的贵金属板块指数也有很高配置价值。

我们相信，在大类资产配置中加入中证商品指数会使得整个组合的非系统风险得到了进一步分散从而大大提高了整体的收益风险比。在本文中，我们分别使用沪深 300 全收益指数、中证综合债全价指数作为股债的代表性指数，同时采用中证商品指数、模拟贵金属板块指数作为商品类资产的代表性指数。统计分析的时间段是从 2013 年 7 月 11 日到 2022 年 12 月 31 日，历史走势见图 17。

从相关性角度看（见表 12），中证商品指数具有股债低相关，尤其是贵金属指数（不超过 0.06）。

从净值表现角度看（见表 13），中证商品指数具有相比于股票更好的收益风险比。

2. 纵截面分析：波动率具有短期自相关性

在各种资产配置量化模型中，预期收益率和预期协方差矩阵的估计是核心问题，估计的准确度直接影响了模型配置的效果。而在实际操作的过程中，我们往往从历

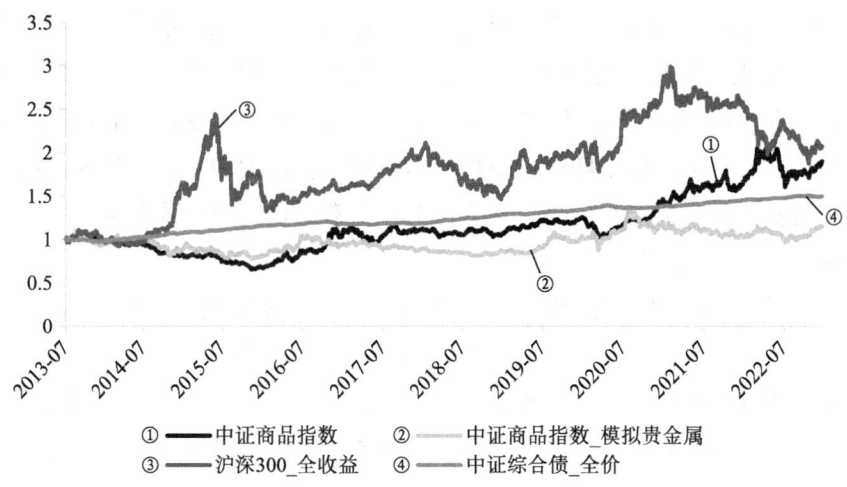

图 17　大类资产代表性指数的历史走势

资料来源：中证商品指数公司，Wind。

表 12　　　　　　　　　　大类资产代表指数的相关系数

指数	中证商品指数	中证商品指数_模拟贵金属	沪深300_全收益	中证综合债_全价
中证商品指数	1.0000	0.3727	0.1819	-0.0790
中证商品指数_模拟贵金属	0.3727	1.0000	0.0396	0.0561
沪深300_全收益	0.1819	0.0396	1.0000	-0.0732
中证综合债_全价	-0.0790	0.0561	-0.0732	1.0000

资料来源：中证商品指数公司，Wind。

表 13　　　　　　　　　　大类资产代表指数的收益风险指标

指标	中证商品指数	模拟贵金属板块指数	沪深300	中证综合债
年化收益（%）	7.25	1.70	5.29	4.49
年化波动（%）	12.88	14.09	22.45	1.09
最大回撤（%）	38.76	29.49	46.06	3.19
夏普比率	0.565	0.111	0.242	4.136
卡玛比率	0.187	0.058	0.115	1.406

资料来源：中证商品指数公司，Wind。

史统计量出发对收益率和协方差矩阵进行估计。这也就引发了另外一个核心问题，历史是否能够代表未来，也就是这些统计量（收益率、波动率、相关系数）在时间维度是否具有自相关性。为了探究这一问题，我们计算了不同时间区间的各类资产年化收益率和年化波动率以及各类资产之间的相关系数，并对这些统计量的时间序列进行了分析。统计分析的时间段是从 2013 年 7 月 12 日到 2022 年 12 月 31 日。考虑到后文回测中的再平衡频率和结果稳定所需的数据点个数,我们将每个窗口的长度定为 2 个自然月。

从各类资产收益率和波动率以及各类资产间相关系数的时间序列图中,我们发现如下规律:年化收益率(除债券指数外)和相关系数不具有明显的自相关性(见图 18 和图 20),即曲线的走势更加陡峭和随机;年化波动率具有一定的自相关性(见图 19),即曲线的走势更加平缓和路径依赖。

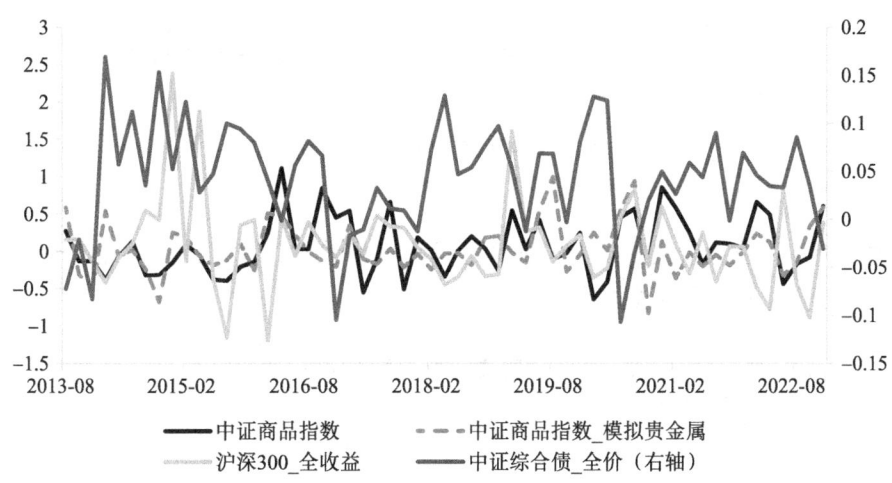

图 18　各类资产的年化收益率

资料来源:中证商品指数公司,Wind。

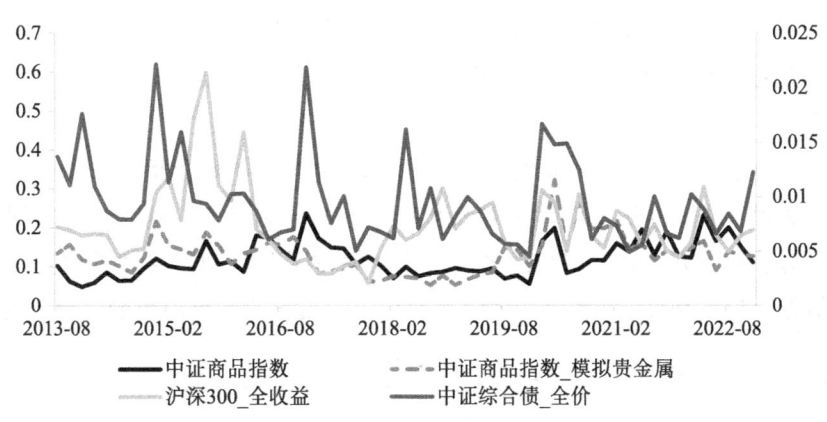

图 19　各类资产的年化波动率

资料来源:中证商品指数公司,Wind。

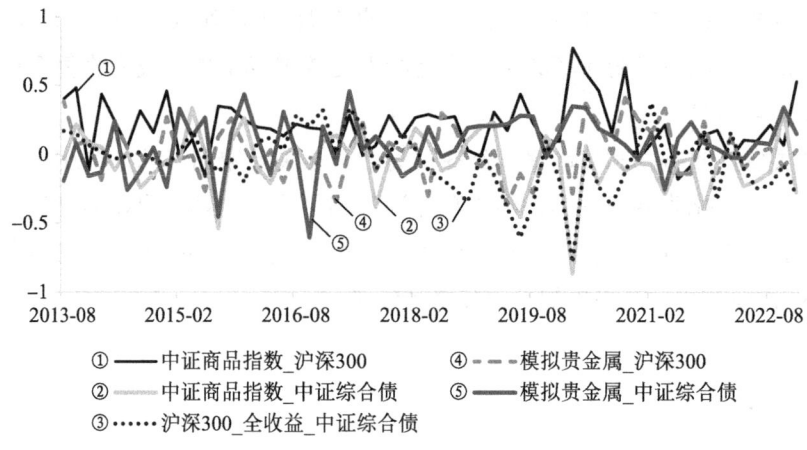

① ——中证商品指数_沪深300　　④ ---- 模拟贵金属_沪深300
② ——中证商品指数_中证综合债　⑤ ——模拟贵金属_中证综合债
③ ······沪深300_全收益_中证综合债

图20　各类资产间的相关系数

资料来源：中证商品指数公司，Wind。

为了更加定量地研究这三类关键统计量的自相关性，我们计算了这些时间序列的自相关系数。自相关系数的公式为：

$$\rho_k = \frac{Cov(X_{t-k}, X_t)}{\gamma_0} = \frac{\gamma_k}{\gamma_0} = \frac{\frac{1}{N-k}\sum_{t=1}^{N}(x_t - \bar{x})(x_{t-k} - \bar{x})}{\frac{1}{N}\sum_{t=1}^{N}(x_t - \bar{x})^2}$$

其中，ρ_k 为延迟 k 期的自相关系数，N 是序列的长度，$\bar{x}$ 是整个序列的平均值。

从公式中我们可以知道，自相关系数表示一个时间序列当期数值和滞后 k 期数值的相关性，也就表征了 k 期前的数值对当前值的预测能力。图中的黑色柱子表示不同滞后期的自相关系数，灰色区域表示95%置信区间区域（即落在灰色区域内的柱子代表不具有显著相关性）。从该定量结果我们发现月频维度上，收益率和相关系数不具有明显的自相关性（见图21和图23），而波动率具有1—3期的自相关性（见图22）。

简言之，通过对月频维度的分析，我们发现历史收益率和相关系数在对未来的预测方面表现较弱，而历史波动率对未来有一定的预测能力。基于这一发现，我们推断出仅对预期协方差敏感的风险平价模型，相对于对预期收益和预期协方差都敏感的均值方差模型和BL模型等，理应有更小的输出误差和更出色的业绩表现。

（四）固定比例配置：商品指数可以有效提高组合收益风险比

为验证商品指数在资产配置中的潜在价值，我们首先采用了一种固定比例的回测方法。在设计回测的交易逻辑时，我们遵循以下原则：（1）每个自然月的第一个交易日进行再平衡；（2）再平衡操作以收盘价在一个交易日内完成；（3）单边（买入）交易手续费设定为1‰；（4）回测时间范围为2014年1月1日至2022年12月31日。

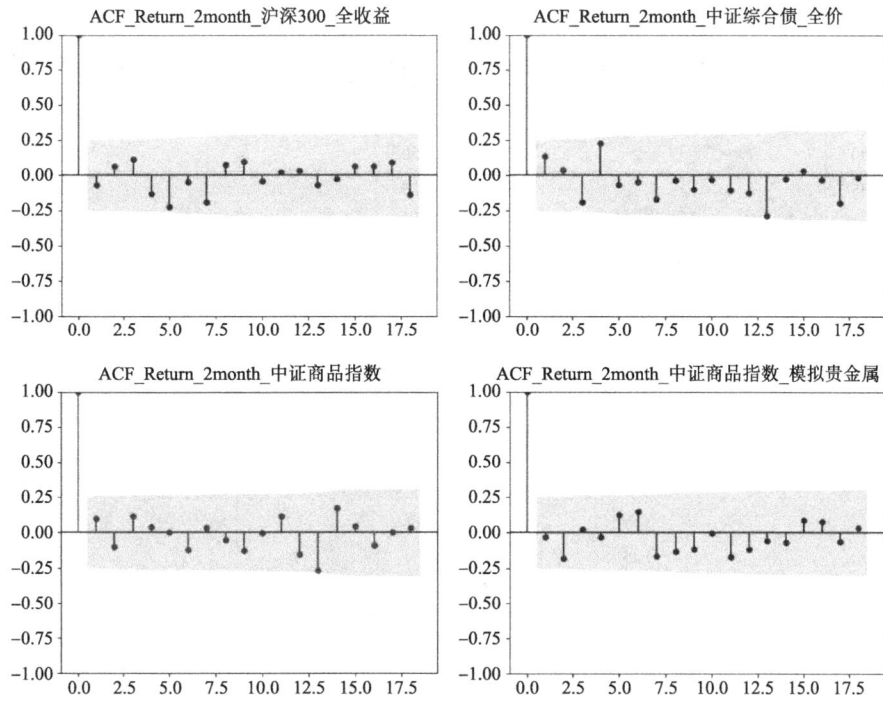

图21 各类资产年化收益率的自相关系数

资料来源：中证商品指数公司，Wind。

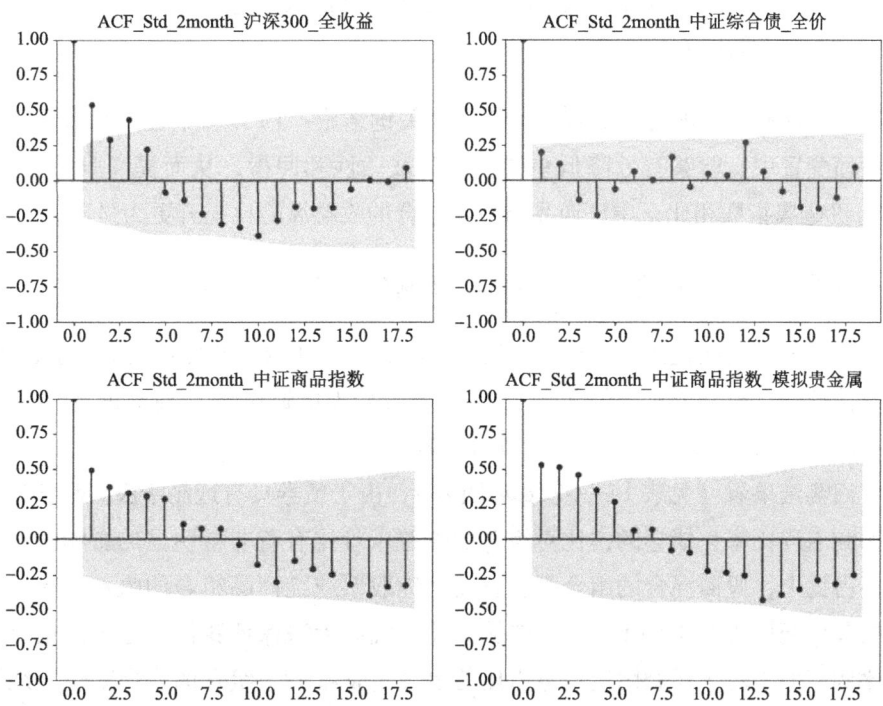

图22 各类资产年化波动率的自相关系数

资料来源：中证商品指数公司，Wind。

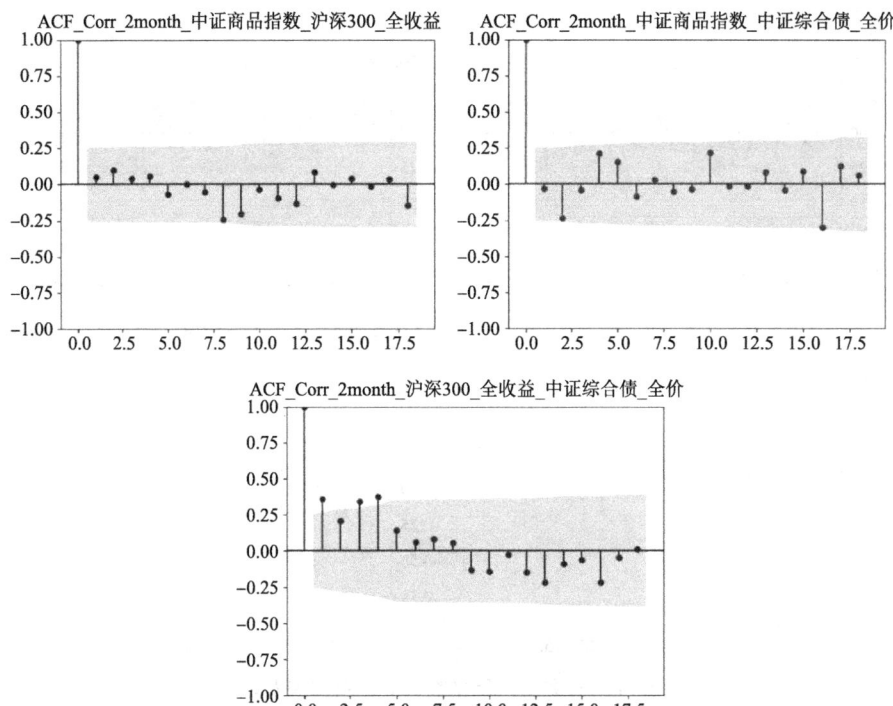

图23 各类资产间相关系数的自相关系数

资料来源：中证商品指数公司，Wind。

通过对回测结果的分析，我们得出两个关键结论：（1）将中证商品指数纳入传统的股债配置中，能够有效降低整体组合的波动性和回撤，从而提高收益风险比；（2）与贵金属指数相比，中证商品指数对组合的收益风险比提升更为显著。

1. 不同配置比例的对比：股债商组合表现优于单资产

为了验证不同配置比例对组合表现的影响，我们回测不同配置比例的组合净值。其中，债券的比例从60%到100%；股票的比例从0到40%；商品的比例从0到40%；步长均为5%；股债商占比和为100%。

从回测结果看（见表14—表18和图24），由于债券具有远高于股票和商品的夏普比率和卡玛比率，债券的占比对组合的收益风险比有着非常明显的影响。而在同样债券占比中，股商混合的组合都有着高于纯股票或纯商品组合的收益风险比，且股商的最优配比为1∶1到1∶3。虽然从事前看我们无法保证我们设定的固定比例是最优比例，但是对于任意固定债券占比的组合，股商1∶1组合的表现都优于纯股票组合，前者的夏普比率和卡玛比率比后者高50%—60%。

表14　不同股债商配置比例的年化收益率（纵向为股票占比，横向为债券占比，下同）

	60	65	70	75	80	85	90	95	100
0	6.310%	6.173%	6.031%	5.883%	5.731%	5.573%	5.410%	5.241%	5.065%
5	6.474%	6.332%	6.184%	6.031%	5.873%	5.708%	5.538%	5.359%	
10	6.616%	6.468%	6.315%	6.155%	5.990%	5.818%	5.638%		
15	6.737%	6.583%	6.424%	6.258%	6.085%	5.904%			
20	6.838%	6.678%	6.512%	6.339%	6.158%				
25	6.918%	6.752%	6.579%	6.398%					
30	6.979%	6.806%	6.625%						
35	7.019%	6.839%							
40	7.040%								

资料来源：中证商品指数公司，Wind。

表15　不同股债商配置比例的年化波动率

	60	65	70	75	80	85	90	95	100
0	5.232%	4.585%	3.943%	3.309%	2.688%	2.092%	1.553%	1.150%	1.055%
5	4.895%	4.265%	3.648%	3.049%	2.483%	1.979%	1.596%	1.435%	
10	4.836%	4.267%	3.729%	3.239%	2.821%	2.511%	2.353%		
15	5.065%	4.590%	4.167%	3.813%	3.549%	3.398%			
20	5.548%	5.175%	4.865%	4.630%	4.483%				
25	6.227%	5.947%	5.731%	5.586%					
30	7.045%	6.842%	6.700%						
35	7.961%	7.820%							
40	8.945%								

资料来源：中证商品指数公司，Wind。

表16　不同股债商配置比例的回撤

	60	65	70	75	80	85	90	95	100
0	9.053%	7.566%	6.460%	5.445%	4.814%	4.186%	3.569%	3.004%	3.051%
5	7.437%	6.330%	5.373%	4.742%	4.122%	3.572%	3.080%	2.867%	
10	7.374%	6.691%	6.004%	5.334%	4.667%	3.996%	3.322%		
15	9.077%	8.429%	7.778%	7.123%	6.465%	5.817%			
20	10.824%	10.185%	9.543%	8.905%	8.284%				
25	12.691%	11.929%	11.323%	10.715%					
30	14.558%	13.705%	13.108%						
35	16.410%	15.550%							
40	18.246%								

资料来源：中证商品指数公司，Wind。

表17　不同股债商配置比例的夏普比率

	60	65	70	75	80	85	90	95	100
0	1.215	1.356	1.540	1.789	2.144	2.677	3.500	4.577	4.817
5	1.334	1.496	1.708	1.992	2.380	2.901	3.487	3.751	
10	1.380	1.528	1.706	1.914	2.138	2.332	2.410		
15	1.342	1.447	1.554	1.654	1.727	1.750			
20	1.244	1.302	1.350	1.380	1.384				
25	1.122	1.146	1.158	1.155					
30	1.001	1.005	0.998						
35	0.891	0.884							
40	0.796								

资料来源：中证商品指数公司，Wind。

表 18　　　　　　　　　　不同股债商配置比例的卡玛比率

	60	65	70	75	80	85	90	95	100
0	0.697	0.816	0.934	1.080	1.190	1.331	1.516	1.745	1.660
5	0.871	1.000	1.151	1.272	1.425	1.598	1.798	1.870	
10	0.897	0.967	1.052	1.154	1.284	1.456	1.697		
15	0.742	0.781	0.826	0.878	0.941	1.015			
20	0.632	0.656	0.682	0.712	0.743				
25	0.545	0.566	0.581	0.597					
30	0.479	0.497	0.505						
35	0.428	0.440							
40	0.386								

资料来源：中证商品指数公司，Wind。

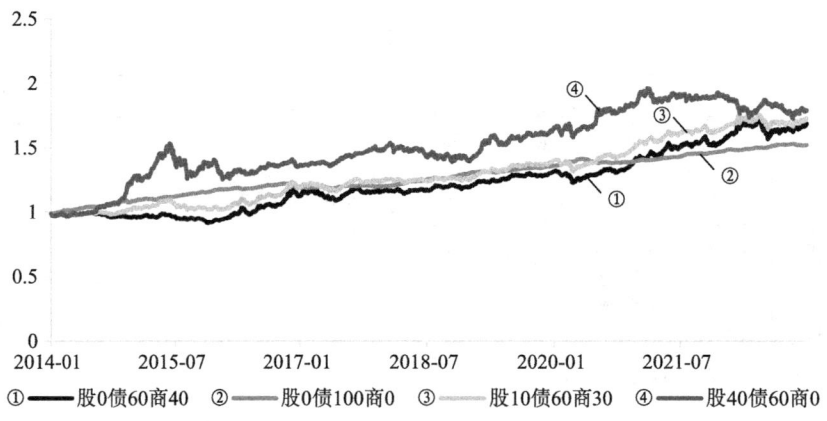

图 24　不同占比组合的净值曲线

资料来源：中证商品指数公司，Wind。

2. 不同商品指数的对比：中证商品指数相对于贵金属指数更有配置价值

在国内的组合管理领域，投资者普遍更青睐使用黄金等贵金属指数作为商品端资产。这一趋势一方面源于贵金属作为抗通胀的优质工具，另一方面则受益于贵金属更好的流动性。然而，随着中证商品指数的引入，未来将有更多基于该指数的配置工具逐渐涌现。这引发了一个关键问题：在组合中，中证商品指数和贵金属指数哪一个更适合作为商品端资产？

基于前文的数据分析，我们了解到从相关系数角度看，贵金属指数可能更为合适，因其具有相对更低的股债相关度（不到0.1）。然而，从自身的收益风险比角度来看，综合指数可能更为适用，因其呈现更优越的收益风险比。为了验证这一问题，我们将组合中的商品类资产替换为贵金属指数（与其他机构发布的贵金属指数均有着很高的一致性）进行固定比例的组合回测。

从回测的结果来看，从夏普比率上来说（见表17和表19），使用中证商品指数的组合都要大于使用贵金属指数的组合；从卡玛比率来说（见表18和表20），除了在个别配置组合上，使用中证商品指数的组合也更有优势。

表19　　　　　　　不同股债商（贵金属）配置比例的夏普比率

（纵向为股票占比，横向为债券占比，下同）

	60	65	70	75	80	85	90	95	100
0	0.731	0.857	1.021	1.243	1.558	2.034	2.792	3.953	4.817
5	0.894	1.056	1.270	1.562	1.974	2.557	3.284	3.751	
10	1.027	1.200	1.414	1.675	1.973	2.254	2.410		
15	1.091	1.235	1.392	1.547	1.676	1.750			
20	1.079	1.177	1.268	1.340	1.384				
25	1.019	1.078	1.125	1.155					
30	0.942	0.975	0.998						
35	0.865	0.884							
40	0.796								

资料来源：中证商品指数公司，Wind。

表20　　　　　　　不同股债商（贵金属）配置比例的卡玛比率

	60	65	70	75	80	85	90	95	100
0	0.447	0.525	0.628	0.773	0.994	1.350	1.471	1.599	1.660
5	0.580	0.697	0.864	1.119	1.462	1.622	1.779	1.870	
10	0.698	0.834	1.025	1.301	1.456	1.573	1.697		
15	0.738	0.810	0.871	0.917	0.965	1.015			
20	0.633	0.660	0.687	0.715	0.743				
25	0.541	0.559	0.578	0.597					
30	0.476	0.492	0.505						
35	0.424	0.440							
40	0.386								

资料来源：中证商品指数公司，Wind。

简而言之，相较于贵金属指数，中证商品指数在提高组合的风险收益比方面表现更为卓越，进一步凸显其在资产配置中的显著价值。

（五）风险平价模型：对组合的收益风险比提升明显

在大类资产配置领域，寻求最理想的配置比例是一个永恒的课题。其中，固定比例策略（如常见的二八配置）是最简单也是最早应用的方法之一。回溯至1952年，Markowitz提出的均值方差模型首次将数理统计应用在投资组合研究中，随后基于该模型发展出了以有效前沿和效用函数为基础的资产配置模型。为解决均值方差模型存在的参数敏感和估计误差放大的问题，1992年，Fisher Black 和 Robert Litterman 提出了 Black – Litterman 模型，以将投资者的观点融入模型计算当中。然而，这两个模型都面临一个难以解决的问题，即对输入资产预期收益过于敏感。

而从前文的分析中我们已经得知，在适配资产配置的月频维度中，资产的预期收益较难从历史数据中准确估计。同时，尽管尝试基于其他宏观和微观指标进行估计，但实现难度较大。这导致模型输出的配置比例存在较大偏差，从而影响了组合的实际表现，使其表现不尽如人意。

在这个背景下，20世纪90年代，桥水基金提出了全天候策略来进行组合管理优化,这也就是风险平价的雏形。2005年,磐石基金的钱恩平提出了"风险平价"的概念,以各类资产在组合中的风险贡献相等为优化目标,从而实现了对风险平价模型的数学表达。风险平价模型对于预期收益的敏感性较低,尤其是以组合方差为风险测度时仅需输入预期协方差,结果有较高的稳定性和鲁棒性。伴随着桥水基金良好的净值表现,具有稳定性和鲁棒性优势的风险平价模型也逐渐成为资产配置领域的主流模型。

1. 经济学含义:资产维度的风险贡献等分

对于风险平价的经济学含义,我们可以从两个角度来理解:一个是桥水基金的全天候策略,另一个是资产等权配置策略。

(1)从全天候策略角度理解。桥水设计全天候策略的初衷是构建一个投资组合,使其在各种经济环境中都能够有稳健的表现。为了实现该目标,理论上投资者首先要做的是不断地预估未来的经济状态(重点是风险因素),从而据此调整资产配置以持有最适合未来经济状态的资产。然而预估未来的经济状态是一件非常困难的事情。对此,桥水基金采取了一种变通的做法,他们不对未来的经济运行状态做任何预判,而将组合资产等权重暴露到任何可能的经济状态上。桥水基金认为经济状态主要通过两个因素影响资产的收益表现——经济增长和通货膨胀,以预期为分水岭,经济状态就被分为了四种风险状态。对应地,组合资产被等分为四份,每一份能够在某一种经济状态中有好的表现,以此来保证整个组合能够稳健地穿越任何经济风险状态。

也就是说,桥水基金的全天候策略其实是一种风险因素等分的思路,与常规风险平价中资产风险等分的思路是有一定差别的。但是如果将股票、债券、商品分别视为经济增长、利率和通胀水平的风险表征,两种思路就存在着一定的互通性。因此,从桥水基金的角度来看,在资产维度做风险平价应该选择相对独立且能够较纯粹表征某种风险因素的资产(见图25)。

	经济增长	通货膨胀
超预期	25% 权益 商品 信用债券 新兴市场债券	25% 通胀挂钩债券 商品 新兴市场债券
不及预期	25% 普通债券 通胀挂钩债券	25% 权益 普通债券

图25 桥水基金对经济状态的划分结果及其适配资产

资料来源:Our Thoughts about Risk Parity and All Weather。

（2）从等权配置策略角度理解。在资产配置领域，等权配置可能是投资者对风险平价的原始表达。理论上，资产配置的事前权重代表着投资者对未来经济状态的观点。为了解决观点准确度不高的问题，投资者就想到了等权重这种方式来表达他们不持有任何观点而对风险平分的配置理念。然而随着投资实践的进行，投资者发现，不同资产具有不同的风险水平，净值的等权重并不代表风险的等权重。因此，国内流行的股债二八配置就可以理解为对风险等权配置的一种近似方案。

慢慢地，可配置的资产越来越多样，资产间相关性所带来的组合风险也成为了投资者做资产配置时不得不面对的问题。在这种情况下，同时考虑了资产自身风险水平和资产间相关性的风险平价模型也就成为了资产等权重分配的一种更合理解决方案。

2. 模型求解的凸优化转换：提高了稳定性和计算效率

作为风险预算的一种特例，风险平价的基本逻辑就是寻找一个最优的权重分配，以保证参与配置的资产对于整个组合的风险有着相等的风险贡献。该问题的原始数学表达为：

$$\begin{cases} RC_i(x) = b_i R(x) \\ \quad b_i > 0 \\ \quad x_i > 0 \\ \sum_{i=1}^{n} b_i = 1 \\ \sum_{i=1}^{n} x_i = 1 \end{cases}$$

其中，x_i 是第 i 种资产的权重。$R(x)$ 是组合的风险测度（波动率 Volatility、在险价值 VAR、期望损失 ES 等），$RC_i(x)$ 是第 i 种资产的风险贡献，b_i 是第 i 种资产的设定风险贡献比例（风险平价时，$b_i = 1/n$）。

根据齐次函数的欧拉定理，对于满足齐次性的风险测度（波动率 Volatility、在险价值 VAR、期望损失 ES 等），如果资产的风险贡献定义为如下形式：

$$RC_i(x) = x_i \frac{\partial R(x)}{\partial x_i}$$

则组合的风险测度可以拆分为资产风险贡献的和，即满足欧拉分解关系（也称作欧拉分配原则）：

$$R(x) = \sum_{i=1}^{n} x_i \frac{\partial R(x)}{\partial x_i} = \sum_{i=1}^{n} RC_i(x)$$

由此，风险预算（平价）的基本逻辑可以表达为一个最优化问题：

$$\min_{x} f(x, b) = \sum_{i=1}^{n} \left(x_i \frac{\partial R(x)}{\partial x_i} - b_i R(x) \right)^2$$

$$\text{s. t.} \begin{cases} \sum_{i=1}^{n} x_i = 1 \\ 0 \leqslant x_i \leqslant 1 \end{cases}$$

基本逻辑转换为最优化问题，也就代表该问题在数学上可解的。但是上式所表示的最优化问题存在一个根本的难点：目标函数是一个非凸函数。也就是说，我们无法从数学上证明该目标函数在通用的可行空间中仅有一个全局最优点，它可能存在局部最优点。求解该问题理论上应使用全局优化算法（网格搜索、模拟退化、邻域算法等），而维度灾难会导致该类算法的计算效率低下而实际很难应用。如果我们强行使用局部优化算法（梯度下降、牛顿迭代、循环坐标下降等）求解该问题，初值依赖会导致计算结果不稳定而很难实现。

对于该非凸优化问题，一些学者所提出的等价优化形式是一种很好的解决方案（Maillard，2010；Bruder 和 Roncalli，2012；Roncalli，2013）：

$$y = argminR(y)$$

$$\text{s. t.} \begin{cases} \sum_{i=1}^{n} b_i \ln y_i \geqslant c \\ y \geqslant 0 \end{cases}$$

其中，$R(y)$ 表示风险测度方式，c 为满足 $c < \sum_{i=1}^{n} b_i \ln b_i$ 的任意常数，求得 y 之后可以得到第 i 种资产权重为 $x_i = \dfrac{y_i}{\sum_{i=1}^{n} y_i}$。

在本文研究中我们使用组合波动率作为风险测度，即 $R(x) = \sqrt{x^T \sum x}$。之前学者的研究表明（Roncalli，2013），波动率 $R(x)$ 函数是一个凸函数，因此该优化问题也就转换为了一个凸优化问题。一旦转换为凸优化问题，各种局部优化算法也就保证了该问题求解的计算高效和结果稳定。

3. 模型回测的优化尝试：20 个交易日的 EWMA 协方差并剔除非对角元素是相对最优超参数

为了验证风险平价模型的实际效果，我们使用风险平价模型对资产配置进行了回测。由于债券具有远超于股票和债券的收益风险比，组合的收益风险比受债券占比的影响很大。为了将风险平价的结果与固定比例的结果进行对比，我们在这一部分的回测中仅使用股票和商品两大类资产。另外，由于中证商品指数能够很好地反映商品市场的整体走势，并且相比于贵金属指数对组合有着更好的收益风险比提升，我们在这一部分回测使用中证商品指数作为商品资产。在这一部分，回测的交易逻辑参考固定比例配置部分的设置，仅在再平衡权重设置不同，固定比例的权重由事前约定确定，风险平价的权重基于每次再平衡前模型计算结果。

对于风险平价模型，模型的结果主要基于预期协方差。而我们是基于历史数据对预期协方差进行估计，为了获得更加准确的估计方式，我们对三个方向进行了优化尝试，包括时间窗口长度、计算加权方式和非对角元素保留。

（1）股商固定比例。我们将股票的比例从0提高到100%，步长为5%，股商占比的和为100%，对于每一种不同的股商占比进行回测得到组合净值曲线并计算组合的年化收益、年化波动、最大回测、夏普比率、卡玛比率5个收益风险指标。由此，我们得到了不同股商占比情况下的收益风险指标的分布情况（见表21）。从单个指标的角度看，5个指标并不是同时取得最优值；从收益风险比的角度看，股票占比20%—30%时组合表现最好；从指标相关性角度看，收益和风险指标并不相关，风险类指标相关性稍高，收益风险比指标受风险指标的影响较大。

表21　　　　　　　　不同配置占比股商组合的收益风险指标

股票权重	年化收益	年化波动	最大回撤	夏普比率	卡玛比率
0	7.52%	13.12%	35.71%	0.5807	0.2106
5	7.74%	12.72%	32.09%	0.6171	0.2413
10	7.95%	12.42%	28.32%	0.6485	0.2805
15	8.13%	12.23%	24.70%	0.6736	0.3290
20	8.29%	12.16%	22.34%	0.6912	0.3709
25	8.43%	12.20%	23.40%	0.7007	0.3602
30	8.55%	12.36%	24.71%	0.7019	0.3462
35	8.66%	12.64%	26.28%	0.6954	0.3296
40	8.75%	13.01%	27.88%	0.6821	0.3137
45	8.82%	13.49%	29.48%	0.6635	0.2991
50	8.87%	14.06%	31.06%	0.6407	0.2855
55	8.90%	14.70%	32.63%	0.6152	0.2728
60	8.92%	15.41%	34.19%	0.5879	0.2608
65	8.91%	16.18%	35.73%	0.5599	0.2494
70	8.89%	17.01%	37.25%	0.5317	0.2386
75	8.85%	17.88%	38.76%	0.5037	0.2283
80	8.79%	18.79%	40.26%	0.4763	0.2184
85	8.71%	19.74%	41.74%	0.4496	0.2087
90	8.62%	20.72%	43.21%	0.4238	0.1994
95	8.50%	21.73%	44.66%	0.3988	0.1902
100	8.35%	22.76%	46.10%	0.3745	0.1811
最优值	8.92%	12.16%	22.34%	0.7019	0.3709
最差值	7.52%	22.76%	46.10%	0.3745	0.1811

资料来源：Wind。

（2）风险平价模型的优化方向。对于风险平价模型，我们选择组合波动率作为风险测度。之所以选择波动率，主要是出于以下两点考虑：一是指标的常规性，波动率是评价组合风险的常有指标；二是输入变量的易得性，计算组合波动率仅需资产的预期协方差，而在险价值和期望损失还需要资产的预期收益，而第一部分的分析告诉我们预期收益的估计误差要大于预期协方差。在我们用历史日收益率去估计资产的预期协方差时，我们尝试在时间窗口长度、计算加权方式和非对角元素剔除3个方向进行优化，并以两个收益风险比指标作为有效优化的判断指标。

需要注意的是，由于是在3个方向上同时进行网格搜索，我们需要避免落入过拟合的局部最优。因此，我们的超参数设置尽量放大步长，同时最后判断是否为有效优化时需要依据对其他方向的敏感性（即其他两个方向取任何值时，该方向的优化都提升了组合表现）。

①时间窗口长度。估计协方差需要使用历史数据，而从第一部分的分析可以知道，资产的未来方差与历史方差有着短期相关性，所以我们选择滑动时窗作为我们筛选历史数据的方式。而对于时窗的长度，我们选择月、季、半年作为3个不同超参数，即时窗的长度分别为20、60和120个交易日。

②计算加权方式。常规的，我们计算历史收益率的样本协方差并以此作为对预期协方差的估计。其计算公式为：

$$\sigma_{i,j,t} = cov(r_i, r_j)_t = \frac{1}{n-1} \sum_{s=t-n+1}^{t} (r_{i,s} - \bar{r_i})(r_{j,s} - \bar{r_j})$$

其中，$cov(r_i, r_j)_t$ 表示第 i、j 种资产在时刻 t 的协方差，$r_{i,s}$ 表示第 i 种资产在时刻 s 的收益率，$\bar{r_i}$ 表示第 i 种资产的平均收益率，$r_{j,s}$ 表示第 j 种资产在时刻 s 的收益率，$\bar{r_j}$ 表示第 j 种资产的平均收益率。

从上式可以看出，时窗内每一天的数据对于最后的协方差结果是等权贡献的，而我们相信越新的数据包含了越多未来的信息，我们希望能够在计算公式中给予越新的数据越大的权重。参考 Barra 多因子模型在估计预期协方差中的处理方式，我们采用 EWMA 加权的方式计算样本协方差。其计算公式如下：

$$\sigma_{i,j,t}^{ewma} = \frac{\sum_{s=t-n+1}^{t} \lambda^{t-s}(r_{i,s} - \bar{r_i})(r_{j,s} - \bar{r_j})}{\sum_{s=t-n+1}^{t} \lambda^{t-s}}$$

$$\lambda = 0.5^{\frac{1}{\tau}}$$

其中，τ 为半衰期，之所以称作半衰期，是因为间隔期数等于 τ 时，权重恰好等于最新一期权重的一半。为了避免过多的超参数搜索带来过拟合的风险，我们将半衰期定为整个时窗长度的一半（见图26、图27）。

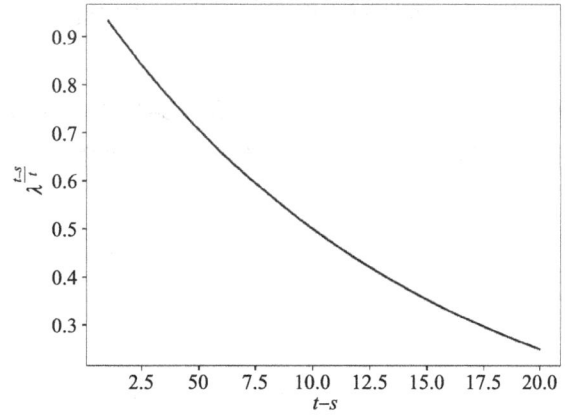

图26　半衰期 $\tau=10$ 时的权重

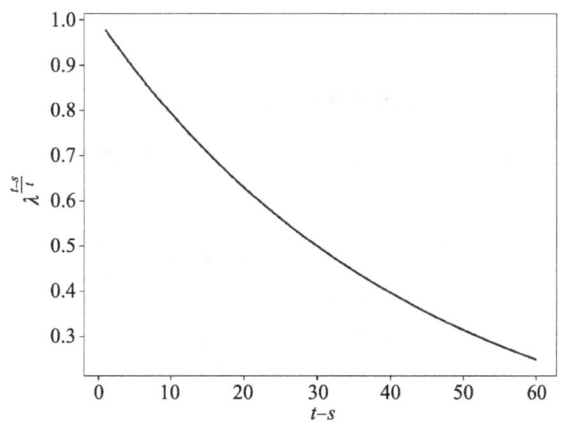

图27　半衰期 $\tau=30$ 时的权重

Barra 多因子模型在估计预期协方差时，除了对协方差进行 EWMA 加权外，还进行了 Newey – West 调整以降低时间维度的自相关对协方差估计的影响。对于此问题，我们在评估之后决定暂时不对协方差进行 NW 调整，主要是出于以下两个考虑，一个是降低优化的复杂度，NW 调整的加入会引入新的超参数也就带来了更高的过拟合风险；另一个是保持和评估指标的对应性，评估指标中在计算组合波动率时也未考虑自相关的影响。

综上所述，我们以常规协方差和 EWMA 协方差作为预期协方差的计算方式，并对二者的回测结果进行对比。

③非对角元素保留。基于历史数据计算出样本协方差之后，对于是否应该保留非对角元素存在两种不一致的意见。一种是保留非对角元素，因为非对角元素表征了资产间的相关性，保留非对角元素可以保证模型计算的结果考虑了资产相关性对组合风险的贡献。另一种是剔除非对角元素，基于两个原因：一是资产相关系数不具有时间自相关而无法基于历史数据作出有效估计；二是资产相关系数表征的是资

产收益围绕各自均值的波动一致性而非组合对冲所需要的资产收益正负取值的波动一致性。

两种意见都存在一定的合理性，因此我们在计算好预期协方差的估计值之后，以保留非对角元素和剔除非对角元素两种方式输入模型回测，并对二者的结果进行对比。

需要注意的是，剔除非对角元素之后，协方差矩阵将退化为方差矩阵（对角阵），模型的结果就可以直接求解而无须求解最优化问题，求解的难度和耗时大大降低。

（3）风险平价模型的优化结果。对上述的3个优化方向，我们进行了网格搜索式的模型回测，并基于净值曲线计算了5个收益风险指标。从整体结果来看，收益风险比对于不同超参数的敏感性较低，也就是说风险平价模型对于这3个方向的超参数有一定的鲁棒性（见表22）。

表22　　　　　　　　　　风险平价模型的优化结果

时窗长度	计算加权方式	是否保留非对角元素	年化收益（%）	年化波动（%）	最大回测（%）	夏普比率	卡玛比率
20	Equal	是	8.63	11.79	22.68	0.7424	0.3805
20	Equal	否	8.65	11.79	22.68	0.7436	0.3812
20	EWMA	是	8.83	11.79	22.26	0.7591	0.3966
20	EWMA	否	8.82	11.79	22.26	0.7584	0.3963
60	Equal	是	7.83	11.93	23.40	0.6666	0.3347
60	Equal	否	7.84	11.93	23.40	0.6672	0.3351
60	EWMA	是	8.14	11.87	23.18	0.6952	0.3511
60	EWMA	否	8.16	11.87	23.18	0.6973	0.3522
120	Equal	是	8.00	11.93	23.13	0.6802	0.3458
120	Equal	否	8.00	11.93	23.13	0.6803	0.3458
120	EWMA	是	8.10	11.89	23.03	0.6914	0.3518
120	EWMA	否	8.06	11.90	23.03	0.6879	0.3500

资料来源：Wind。

为了判断3个方向优化的最优超参数，我们基于两个风险收益比指标进行评估，统计了任何某个方向取某个超参数时收益风险比的平均值和平均排序值。计算公式如下：

$$MV_k = \frac{1}{N} \sum_i \sum_j Value_{i,j,k}$$

$$MVR_k = \frac{1}{N} \sum_i \sum_j ValueRank_{i,j,k}$$

其中，i, j, k 分别表示 3 个方向的超参数取值，MV_k 表示收益风险比的平均值，MVR_k 表示收益风险比的平均排名。$Value_{i,j,k}$ 表示前两个方向超参数取值分别为 i, j 时，第三个方向取值 k 的某个收益风险比的数值，$ValueRank_{i,j,k}$ 表示前两个方向超参数取值分别为 i, j 时，第三个方向取值 k 的某个收益风险比在该方向所有取值上的排序值（由大到小）。

从结果上来看（见表 23—表 25），对时间窗口长度来说，取 20 是最优超参取值；对计算加权方式来说，EWMA 是更优的方式；对非对角元素保留来说，在保留非对角元素对结果没有明显提升的情况下，我们认为输入更加简单计算更加快捷地剔除非对角元素是更优的选择。

表 23　　　　　不同时间窗口长度的收益风险比平均值和平均排序

时间窗口长度	夏普比率平均值	卡玛比率平均值	夏普比率平均排名	卡玛比率平均排名
20	0.7509	0.3886	1.00	1.00
60	0.6816	0.3433	2.50	2.75
120	0.6850	0.3484	2.50	2.25

资料来源：Wind。

表 24　　　　　不同计算加权方式的收益风险比平均值和平均排序

计算加权方式	夏普比率平均值	卡玛比率平均值	夏普比率平均排名	卡玛比率平均排名
Equal	0.6967	0.3539	2.00	2.00
EWMA	0.7149	0.3663	1.00	1.00

资料来源：Wind。

表 25　　　　　是否保留非对角元素的收益风险比平均值和平均排序

是否保留非对角元素	夏普比率平均值	卡玛比率平均值	夏普比率平均排名	卡玛比率平均排名
否	0.7058	0.3601	1.33	1.50
是	0.7058	0.3601	1.67	1.50

资料来源：Wind。

最终，我们在 3 个方向上优化测试选择的最优超参数为，20 个交易日的时间窗口，计算 EWMA 加权协方差并剔除非对角元素，对应的夏普比率和卡玛比率分别为 0.7584 和 0.3963。两个收益风险比指标均超过了固定比例情况下的各自最大值 0.7019 和 0.3709。

需要注意的是，固定比例方案并不能够在两个收益风险比指标同时取得最大值；并且从事前的角度看，固定比例对超参数（设定比例）的敏感性要大于风险平价模型，所以风险平价模型相比固定比例的优势比这里数值上看起来的优势更加明显。

结合风险平价权重取值和股票商品的历史走势可以看出（见图 28、图 29），

2015年和2018年发生股灾时，风险平价模型在股票指数到达顶点前已经对股票进行了减仓，因为此时的股票波动率已经比较高了，这也就是风险平价相比固定比例的优势所在。

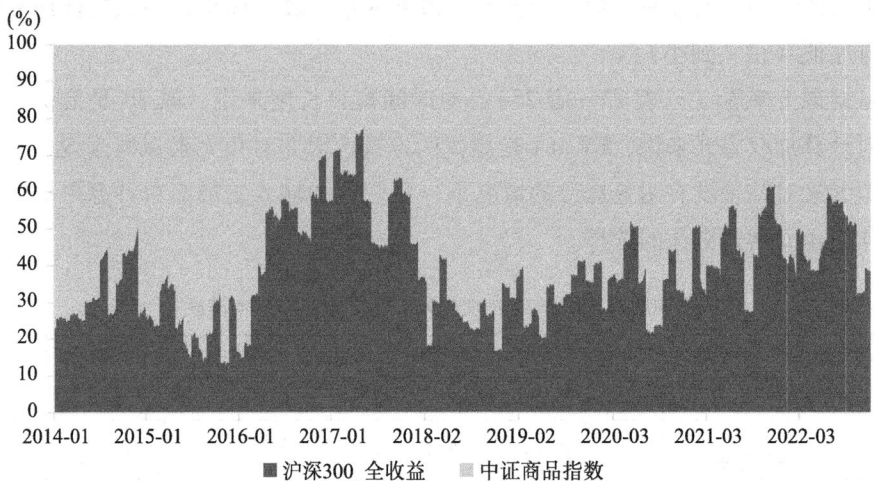

图28　风险平价最优超参时的权重变化

资料来源：Wind。

图29　风险平价最优超参时的净值曲线

资料来源：Wind。

4. 交易成本的影响分析：风险平价的相对优势随交易成本的降低而提高

相比于固定比例，风险平价模型的换手率更高，交易成本对净值的不利影响也就更大。我们在前一部分回测中设置了1%的交易成本，这是一个相对保守的设置。为了研究不同交易成本下，风险平价模型和固定比例的表现对比，我们测试了交易成本取0.01%和0.1%时的回测表现（见表26、表27、表28）。可以看出，交易成本较低时，风险平价相比于固定比例的优势越明显。

表 26　　不同配置占比股商组合（交易成本 0.01%）的收益风险指标

股票权重	年化收益	年化波动	最大回撤	夏普比率	卡玛比率
0	7.56%	13.11%	35.67%	0.5841	0.2120
5	7.81%	12.71%	32.00%	0.6223	0.2440
10	8.03%	12.41%	28.19%	0.6556	0.2850
15	8.24%	12.23%	24.50%	0.6827	0.3362
20	8.42%	12.15%	22.25%	0.7021	0.3782
25	8.58%	12.20%	23.30%	0.7130	0.3681
30	8.72%	12.36%	24.60%	0.7152	0.3543
35	8.83%	12.63%	26.16%	0.7093	0.3377
40	8.93%	13.01%	27.73%	0.6963	0.3220
45	9.00%	13.49%	29.33%	0.6775	0.3070
50	9.06%	14.05%	30.91%	0.6543	0.2930
55	9.09%	14.70%	32.49%	0.6280	0.2798
60	9.10%	15.41%	34.05%	0.5999	0.2672
65	9.09%	16.18%	35.60%	0.5708	0.2553
70	9.05%	17.01%	37.13%	0.5414	0.2438
75	9.00%	17.88%	38.66%	0.5122	0.2328
80	8.92%	18.79%	40.17%	0.4835	0.2222
85	8.83%	19.74%	41.66%	0.4556	0.2119
90	8.71%	20.72%	43.14%	0.4285	0.2019
95	8.57%	21.72%	44.61%	0.4024	0.1921
100	8.41%	22.76%	46.06%	0.3772	0.1826
最优值	9.10%	12.15%	22.25%	0.7152	0.3782
最差值	7.56%	22.76%	46.06%	0.3772	0.1826

资料来源：Wind。

表 27　　不同配置占比股商组合（交易成本 0.1%）的收益风险指标

股票权重	年化收益	年化波动	最大回撤	夏普比率	卡玛比率
0	7.56%	13.11%	35.67%	0.5838	0.2119
5	7.80%	12.71%	32.01%	0.6218	0.2437
10	8.02%	12.41%	28.20%	0.6550	0.2846
15	8.23%	12.23%	24.51%	0.6819	0.3355
20	8.41%	12.15%	22.26%	0.7011	0.3776
25	8.56%	12.20%	23.31%	0.7119	0.3674
30	8.70%	12.36%	24.61%	0.7140	0.3536
35	8.82%	12.63%	26.17%	0.7081	0.3370
40	8.91%	13.01%	27.75%	0.6950	0.3212
45	8.99%	13.49%	29.34%	0.6762	0.3063
50	9.04%	14.05%	30.93%	0.6530	0.2923
55	9.07%	14.70%	32.50%	0.6269	0.2791
60	9.08%	15.41%	34.06%	0.5988	0.2666
65	9.07%	16.18%	35.61%	0.5698	0.2547
70	9.04%	17.01%	37.14%	0.5405	0.2433
75	8.99%	17.88%	38.67%	0.5114	0.2324
80	8.91%	18.79%	40.18%	0.4828	0.2218
85	8.82%	19.74%	41.67%	0.4550	0.2116
90	8.70%	20.72%	43.15%	0.4281	0.2016
95	8.56%	21.72%	44.61%	0.4021	0.1919
100	8.40%	22.76%	46.06%	0.3770	0.1825
最优值	9.08%	12.15%	22.26%	0.7140	0.3776
最差值	7.56%	22.76%	46.06%	0.3770	0.1825

资料来源：Wind。

表 28　　风险平价取最优超参不同交易成本的收益风险指标

交易成本（%）	年化收益（%）	年化波动（%）	最大回撤（%）	夏普比率	卡玛比率	固定比例夏普比率最大值	固定比例卡玛比率最大值
0.01	9.88	11.79	21.72	0.8487	0.4551	0.7152	0.3782
0.10	9.79	11.79	21.77	0.8404	0.4496	0.7140	0.3776
1.00	8.82	11.79	22.26	0.7584	0.3963	0.7019	0.3709

资料来源：Wind。

5. 股债商的回测结果：组合的回撤控制更优且任意日期的年度收益均大于零

前文测试中，为了将风险平价的结果与固定比例的结果进行合理的比较，我们仅使用了股票和商品两大类资产。而在实际操作中，我们在大类资产配置中一定会纳入债权类资产，因此我们在这一部分将测试风险平价在股票、债券和商品表现。回测的基本交易逻辑和前文相同，也依然在时间窗口长度、计算加权方式和非对角元素剔除 3 个方向进行超参测试。从 3 个超参测试的网格搜索结果可以看出，20 个交易日的时间窗口，计算 EWMA 协方差并剔除非对角元素依然是最优的超参数，说明这 3 个方向上的超参数是具有一定的鲁棒性，这也让我们对回测结果更有信心（见表 29）。

表 29　　股债商风险平价模型的优化结果

时窗长度	计算加权方式	是否保留非对角元素	年化收益（%）	年化波动（%）	最大回测（%）	夏普比率	卡玛比率
20	Equal	是	5.25	1.52	2.80	3.479	1.876
20	Equal	否	5.38	1.59	2.80	3.401	1.919
20	EWMA	是	5.25	1.51	2.80	3.512	1.874
20	EWMA	否	5.40	1.58	2.81	3.432	1.919
60	Equal	是	5.03	1.58	3.17	3.210	1.587
60	Equal	否	5.14	1.67	3.14	3.105	1.635
60	EWMA	是	5.17	1.55	2.99	3.357	1.730
60	EWMA	否	5.29	1.65	3.01	3.243	1.759
120	Equal	是	5.27	1.54	3.21	3.442	1.644
120	Equal	否	5.37	1.65	3.20	3.271	1.676
120	EWMA	是	5.26	1.54	3.15	3.451	1.669
120	EWMA	否	5.36	1.65	3.15	3.284	1.701

资料来源：Wind。

我们对最优超参数的风险平价模型组合进一步分析，并与单资产的表现进行对比。历史权重方面,债券的低波动导致整个回测区间其依然占据着绝对大头——90%左右,股票和商品的权重波动比较大且商品的权重相对较大。业绩表现方面,相比于股票和商品,组合的收益风险比有着明显的优势,即使相比于债券,组合在回撤控制上也更有优势(见图30、图31、表30)。

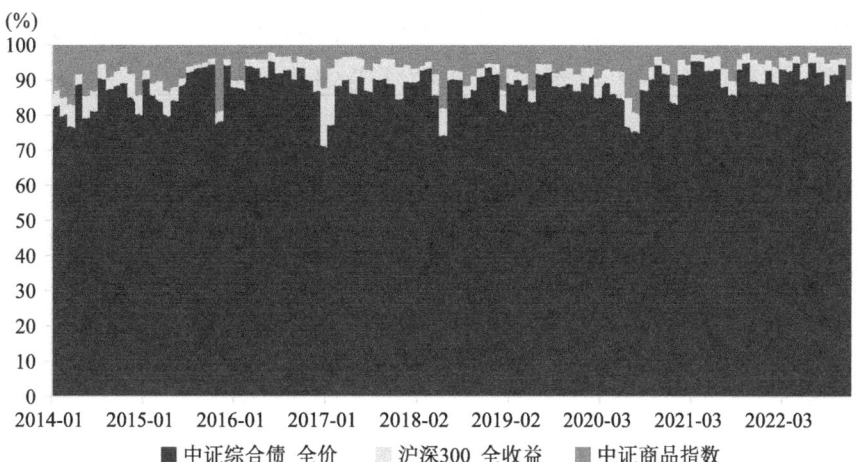

图30 股债商风险平价最优超参时的权重变化

资料来源:Wind。

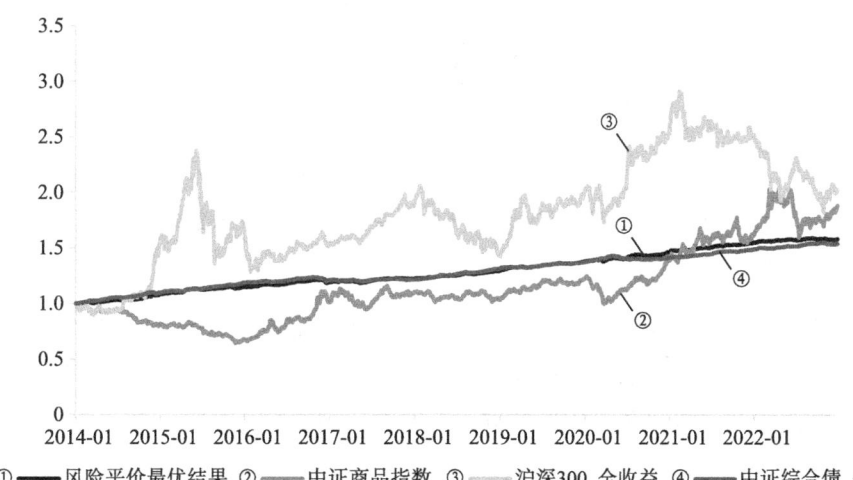

图31 股债商风险平价最优超参时的权重变化

资料来源:Wind。

表30　　　　　　股债商风险平价的年度收益风险指标

指标	2014年	2015年	2016年	2017年	2018年	2019年	2020年	2021年	2022年	合计	中证商品指数	沪深300	中证综合债
年化收益(%)	8.84	6.08	3.86	2.58	5.66	6.92	6.42	5.70	2.08	5.40	7.56	8.41	5.07

续表

指标	2014年	2015年	2016年	2017年	2018年	2019年	2020年	2021年	2022年	合计	中证商品指数	沪深300	中证综合债
年化波动（%）	1.90	1.94	1.62	1.47	1.34	1.15	1.97	1.26	1.31	1.58	13.11	22.76	1.05
最大回撤（%）	0.79	1.58	2.81	1.79	1.02	0.63	1.54	0.45	1.17	2.81	35.67	46.06	3.05
夏普比率	4.825	3.136	2.389	1.760	4.227	6.031	3.262	4.544	1.586	3.432	0.584	0.377	4.821
卡玛比率	11.209	3.841	1.371	1.445	5.528	10.959	4.175	12.788	1.772	1.919	0.212	0.183	1.663

资料来源：Wind。

从滚动年度收益来看，组合相对债券有着明显右偏优势。此外，组合的滚动年度收益最小值（0.24%）大于零；也就是说回测期间任意日期开始持有组合1年都可以获得正收益，收益体验也非常有优势（见图32）。

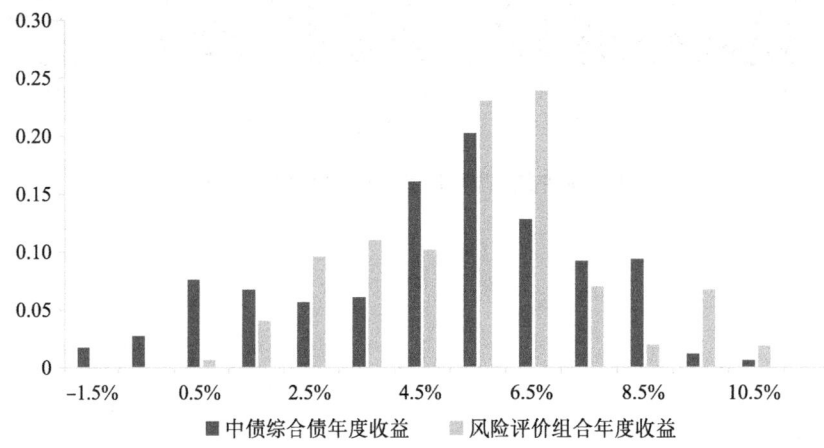

图32　股债商风险平价组合和中债综合债滚动年度收益分布

资料来源：Wind。

需要注意的是，当前的风险平价组合的波动和回撤都是比较小，所以收益也相对不高。如果当前的风险水平距离我们的承受能力还有一定的空间，我们可以采用组合波动控制或调整风险预算比例的方式来定制我们的组合策略。

五、商品指数对于产业套保的价值

商品指数对实体产业的应用和价值可分为四个方面的积极作用。首先，商品指数为宏微观研究提供了全面系统的信息，尤其在价格发现方面具有先导作用。其次，引入长期配置型多头方资金能够降低实体产业的套保成本，稳定波动并提高流动性。再次，商品指数的引入丰富了产业套保的工具，为中小型企业提供更适配高效的套保方式。最后，通过提升大宗商品的价格影响力，商品指数有助于实体企业更好地进行套保,提高套保的便利性和有效性。

(一) 为宏微观研究提供参考

实体产业开展宏微观研究能够为其战略发展和生产经营提供一定指示作用,从而帮助产业穿越牛熊稳健经营,从整个产业宏观来看也是有着非常积极的意义。

由于期货相比现货在交易制度上的种种优势,期货具有价格发现的功能。这也就意味着商品期货的量价信息对于整个产业链的研究能够提供一定的先导信息。但是单品种期货价格所包含的信息相对孤立,按照一定编制规则所形成的商品指数能够有效反映更加全面系统的信息,从而为实体产业开展宏微观研究提供参考。例如,在前期的研究中,我们已经发现,中证商品指数具有领先PPI约2个月的特征(见图33)。而后,板块指数、利润指数等也能为产业提供更多的参考信息。

图33 中证商品指数同比与PPI同比走势

资料来源:中证商品指数公司,Wind。

(二) 降低产业的套保成本

在前文的研究中,我们已经发现,整个产业端在套保时是处于净空头的位置。由于套保者是主动交易的一方,投机者和套利者都是相对被动的价格交易者(有足够多的利润机会才会参与),多空在主动性上的不平衡就会导致期货价格有向下的压力,表现为多数商品期货多数时候处于Back结构中而明显偏离了理想期货定价理论中的Contango结构。这种Back结构就会导致实体企业套保展期时不得不付出不小的成本,这也是主动套保一方为了实现目的所支付的"保费"。当然,企业的套保行为获得了稳健经营的收益,并不是传统理解上的零和博弈。

在这种情况下,通过商品指数类产品吸引长期配置型多头方资金进入这个市场,能够匹配产业端的长期净空头需求，对于降低产业的套保成本有着积极作用。同时，长期配置型资金的引入对于稳定波动和提高流动性也非常有利，从而间接降低产业套保的成本（见图34）。

图34　豆粕ETF持仓量与豆粕多头展期收益率的对比①

资料来源：中证商品指数公司，Wind。

值得一提的是，我们将豆粕ETF的持仓量和豆粕的多头展期收益放一起进行对比可以看到，大多数时候，ETF持仓量大时，空头的展期亏损相对较小，反之亦然。

（三）丰富产业套保的工具

实体产业如果直接使用场内衍生品进行套保，套保收益是否能够覆盖管理成本是不少企业不得不面临的问题，尤其是对于很多中小型企业。在这种情况下，期货公司可以通过场外的方式提供更加适配高效的套保方式。这种情况下，商品指数公司可以根据产业客户的普遍需求编制各种产业相关指数，例如，（1）单品种展期优化指数，反映某个品种经过展期优化后的价格以降低产业展期成本。（2）利润指数，反映某类产业或某个产业链的利润（例如，钢厂利润指数可以直接帮助某些中小型钢材生产企业进行快速套保）。（3）成本指数，反映某类产业的原材料成本（例如，养殖成本指数可以根据特定客户需求个性化调配品种比例）。

在具体开展场外业务时，对于抗风险能力非常差的产业客户（小微企业、个体户、农户等），"保险+期货"是非常好的服务模式，服务过程中，保险公司和期货公司各司其职，各自发挥能力，借助整个金融市场去做好整个产业的风险管理服务。

---

① 多头展期收益是多头方在当天展期所能获得的合约价差收益（未实现收益），正值时多头展期收益而空头展期亏损，负值时多头展期亏损而空头展期收益。

(四) 提升大宗商品的价格影响力

随着全球化的逐步加深,大宗商品全球流通全球定价的特征越来越明显,我们的实体企业在生产经营过程中必然会受到大宗商品全球"公认价格"的影响。因此,实体企业在进行套保时,使用具有全球影响力的衍生品工具能够提高整个套保的便利性和有效性。而为了提高我们的期货品种在全球大宗商品的价格影响力,期货行业要进一步坚定开放的决心和信心,稳步扩大高水平对外开放。

在吸引全球交易者进入我们期货市场的过程中,商品指数产品是一个非常好的窗口,且会带动法律法规、行业准则、流程设计、咨询服务等全流程业务。这是因为,海外资金十分认可大类资产配置的理念,商品指数产品作为一种逻辑简单清晰的产品,是非常常用且被广泛接受的配置工具。特别地,我们还了解到,海外资金对于中国所特有的黑色板块和部分能化品种有较大的兴趣。商品指数的推出也能进一步提升我国相关商品产业链的影响力和定价权。

六、中国特色的指数体系展望

(一) 海外指数应用:跟踪商品指数的基金和商品指数衍生品

海外应用方面,商品指数的主要有两大直接应用:一个是跟踪商品指数的基金,另一个是商品指数衍生品(期货、期权)。此外,随着指数的重要性提高,越来越多的CTA产品以商品指数为业绩基准。

1. 海外主流商品指数介绍

当前,国际上主流的商品指数有5个:路透CRB指数、标普高盛商品指数、彭博商品指数、罗杰斯商品指数、德意志银行流通商品指数。这5个指数在样本筛选和展期方案上有一定的相似性,而在权重设置和再平衡时间上有较大的不同。权重设置上,主要有两大类方式,一种按照固定比例(不定期调整),另一种按每年变动比例(依据产量或流动性)。权重再平衡时间上,主要有按年和按月两种不同周期,见表31。

表31 国际主流商品指数概览

指数名	英文简称	权重设置方式	权重再平衡时间
路透CRB指数	RF/CC CRB	固定比例 按照流动性分四级,级内等权重(原油除外)	每月
标普高盛商品指数	S&P GSCI	按照产量百分比	每年

续表

指数名	英文简称	权重设置方式	权重再平衡时间
彭博商品指数	BCOM	按照产量百分比和成交金额百分比1∶2加权，并经过多样性调整	每年1月
罗杰斯商品指数	RICI	固定比例，发布方定期审查调整	每月
德意志银行流通商品指数	DBLCI	固定比例，发布方定期审查调整	每年11月

资料来源：各指数编制方案。

根据国际上对于商品指数的常规代际划分，商品指数分为三代：第一代是基础被动型指数，基于流动性和消费量等因素确认权重，连续持仓主力合约；第二代是展期优化型指数，在第一代的基础上对展期方案进行优化，例如优先选择隐含收益率高的合约进行展期；第三代是主动选择型指数，就是在样本挑选和权重计算中加入主观或量化指标的判断以博取更高的收益。

这些主流的商品指数编制机构在发布了第一代商品指数之后，都陆续迭代更新了第二代和第三代指数。例如，标普高盛增强商品指数和德意志银行流通商品指数－最佳收益指数属于第二代指数，标普策略期货指数属于第三代指数。

2. 商品指数ETF

商品市场的交易门槛相对较高，交易结构也相对复杂，对于普通投资者和一般的机构投资者，商品类指数基金是他们实现商品价格风险暴露以实现大类资产配置和抵抗通胀需求的最好工具之一。而商品类指数ETF是商品类指数基金中最主流的产品。

商品类指数ETF以某一商品类指数为跟踪标的，通过构建一篮子商品（现货或期货）组合来实现对应指数的收益表现。从投资标的划分，商品指数ETF可以划分为贵金属和非贵金属两大类。贵金属类指数ETF大多以贵金属现货指数为标的，产品持有的也大多数是贵金属现货；而非贵金属指数ETF多以综合或者板块指数为标的，产品多数持有期货合约。本文重点关注后一类商品指数ETF。需要注意的是，当前国际上头部的综合类商品指数ETF多数以第二代商品指数为跟踪标的。

我们以美国成熟的资产管理市场规模来估计国内未来的商品指数ETF规模。根据中国基金业协会和中国证券登记结算公司的数据，2023年6月，中国公募基金规模27.69万亿元人民币（含ETF1.80万亿元人民币）；另外，由于我们的特殊监管机制，根据中国理财网的数据，公募型资管产品中还有24.31万亿元人民币的净值型理财产品。根据美国投资者协会的数据，2022年12月，美国对应我国公募型资管产品规模28.59万亿美元（含共同基金22.11万亿美元，ETF6.48万亿美元），其中商品类ETF为0.1368万亿美元（含贵金属商品ETF 0.1081万亿美元，非贵金属商品指数 ETF 0.0287 万亿美元）。基于这些数据，我们可以粗略地对我国的商品类 ETF 规模进行估计。

根据美国公募型资产管理产品中 ETF 所占比例 22.67% 和 ETF 中商品类 ETF 所占比例 2.11%，并且参照国内公募型资管产品（含公募基金和净值型理财产品）的规模 54.51 万亿元人民币，估算出我国的商品类 ETF 规模有望接近 2500 亿元人民币（含非贵金属商品指数 ETF 约 520 亿元人民币）。即使按照最保守的方式估计，我们忽略国内公募型资管产品的成长和资管产品中被动型 ETF 占比的提高，我国的商品类 ETF 规模也有望超过 380 亿元人民币（含非贵金属商品指数 ETF 约 80 亿元人民币）。

3. 商品指数衍生品

商品指数场内衍生品主要包括商品指数期货和商品指数期权。商品指数衍生品是实现商品价格暴露的投资工具之一。相比商品指数基金，商品指数衍生品可以实现更少的资金占用。除了作为投资工具外，商品指数衍生品还可以作为风险管理工具帮助投资者较便利地对冲商品整体价格风险。目前，上市有商品指数衍生品的交易所主要有芝加哥商业交易所集团（CME Group）下的芝加哥商品交易所（CME）、芝加哥期货交易所（CBOT），欧洲期货交易所（EUREX）与大阪交易所（OSE）四家（见表32）。

表32　　　　　　　　　主流指数衍生品的上市交易所

交易所	标的指数	衍生品类型
芝加哥商品交易所（CME）	S&P GSCI	期货
芝加哥期货交易所（CBOT）	BCOM	期货
欧洲期货交易所（EUREX）	BCOM	期货、期权
大板交易所（OSE）	CME Group Petroleum Index	期货

资料来源：Bloomberg。

关于指数衍生品的流动性，目前的数据看起来并不十分活跃。以芝加哥商品交易所上市的6个商品指数期货中最活跃的高盛商品超额回报指数期货为例，近几年年度成交量不到50万手，年末持仓量不足6万手，成交量和持仓量都相对较低（见图35）。我们判断商品指数期货的不活跃可能有两方面原因，一个是主观原因，投资者教育不够充分，投资者往往倾向于使用现货类贵金属作为商品类的配置工具；另外一个是客观原因，商品内部不同板块的收益相关性较低（见表33），挑选特定板块或者品种所带来的超额收益相对股票要高，同时开发类似股票中性策略的商品 alpha 策略也相对有难度。

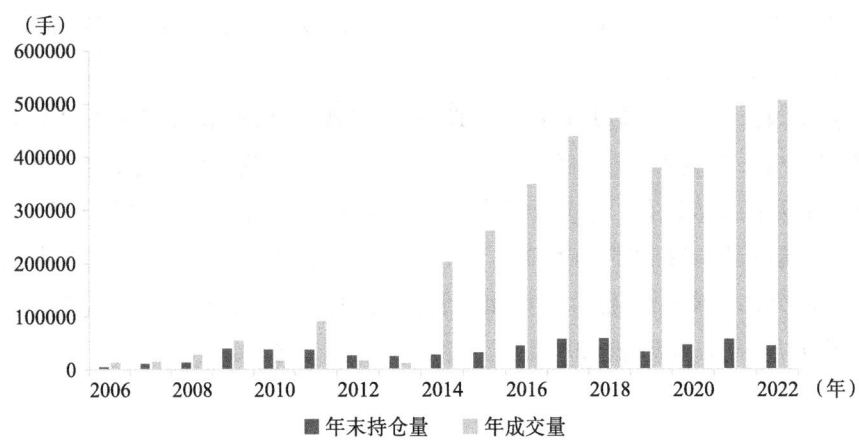

图35　高盛商品超额回报指数期货成交量和年末持仓量

资料来源：Bloomberg。

表33　　　　　　　　彭博商品指数不同板块的相关系数

	彭博商品指数	彭博商品指数_谷物	彭博商品指数_工业金属	彭博商品指数_畜产品	彭博商品指数_石油	彭博商品指数_贵金属	彭博商品指数_软商品
彭博商品指数	1	0.631792	0.671911	0.253652	0.775094	0.512865	0.522334
彭博商品指数_谷物	0.631792	1	0.313084	0.167804	0.316952	0.242534	0.386573
彭博商品指数_工业金属	0.671911	0.313084	1	0.146329	0.407616	0.398223	0.338469
彭博商品指数_畜产品	0.253652	0.167804	0.146329	1	0.150125	0.060334	0.15966
彭博商品指数_石油	0.775094	0.316952	0.407616	0.150125	1	0.254464	0.326221
彭博商品指数_贵金属	0.512865	0.242534	0.398223	0.060334	0.254464	1	0.240211
彭博商品指数_软商品	0.522334	0.386573	0.338469	0.15966	0.326221	0.240211	1

资料来源：Bloomberg。

除此之外，场外市场还存在有一定规模的商品指数衍生品，例如，互换协议、收益凭证等。投资者通过场外指数衍生品的形式间接投资于商品指数，从而利用商品指数实现资产配置和风险管理。

4. CTA产品的基准

按照投资标的划分，商品类基金主要分为贵金属类和非贵金属类，其中，贵金属类主要投资于现货，而非贵金属类主要投资于商品期货（CTA产品）。非贵金属类商品基金又以综合基金为主（即产品投资于各板块商品期货）。我们整理了全球规模排名前十的商品类综合基金。这些基金基本都是以某个指数的全收益（总回报）作为基准（见表34）。所有主流指数中，应用最广泛的是彭博商品指数总回报（BCOMTR）。我们认为彭博商品指数的受青睐正是因为彭博商品指数兼具了标尺性和可投资性的特点。

表 34　　　　　　　　　　　全球规模前十的商品类宽基基金

基金代码	中文名	基准	最新规模（百万美元）
PCRIX US	PIMCO 商品实际回报策略基金	彭博商品指数总回报（BCOMTR）	6557.52
PDBC US	景顺优化收益多元化商品策略 No K-1 ETF	DBIQ 优化收益多元化商品指数	6212.64
PCLAX US	PIMCO 商品升级策略基金	瑞银商品基准指数总回报（CSIXTR）	4125.08
FTGC US	第一信托全球战略商品策略基金	彭博商品指数总回报（BCOMTR）	3266.07
DBC US	景顺德银商品指数追踪基金	DBIQ 优化收益多元化商品指数	2393.00
GSDJACA LX	结构性投资 SICAV - GSQuartix 修改策略开放式基金	彭博商品指数总回报（BCOMTR）	2130.49
CRSAX US	瑞信商品回报策略基金	彭博商品指数（BCOM）	2045.07
ALCOMSA AB	拉杰赫特商品开放式基金	无	2001.46
VCMDX US	先锋商品策略基金	彭博商品指数总回报（BCOMTR）	1932.17
EIPCX US	Parametric Commodity Strategy Fund	彭博商品指数总回报（BCOMTR）	1793.82

资料来源：Bloomberg。

（二）国内应用展望：中国特色商品指数体系

在前面的第三到第五部分主要是从需求侧论证商品指数推出的必要性，而接下来我们要从供给端来提供一些思考。

中国在顶层设计上有优越的政治体制。在吸取海外的发展经验同时，我们也要结合中国国情，构建中国特色商品指数体系。商品指数的设计除了体现市场性之外，还要提供产业指引，并服务国货国运、保供稳价等目标和双碳、人民币国际化等国家战略，这就体现了从供给端去设计并构建中国特色商品指数体系的必要性。

指数体系主要包括市场类指数、策略类指数、产业类指数、主题类指数和另类指数。其中，市场类指数主要以反映全市场、板块和品种的价格走势为目的，为宏微观研究提供工具，同时参考海外经验在基础市场类指数的基础上做一定增强（展期优化，板块轮动等）；策略类指数主要以反映某些长期有效因子的收益走势为目的，为投资者提供低成本的配置工具；产业类指数主要以服务产业为目的，帮助实体企业更加高效便捷地进行套保，或者为实体企业开展产业研究提供工具；主题类指数主要以反映某类主题概念的价格走势为目的，为各方提供研究参考，同时也为投资者提供表达观点的工具；另类指数主要以反映某些与产业生产经营密切相关的因素为目的，能够为产业的风险管理提供参考标的（见图36）。

目前有期货公司和万得联合发布的 ESG 可持续商品指数，以及和大商所、产业机构、私募联合研究的"寒潮+降水"指数衍生品等，就是指数体系中的积极探索。

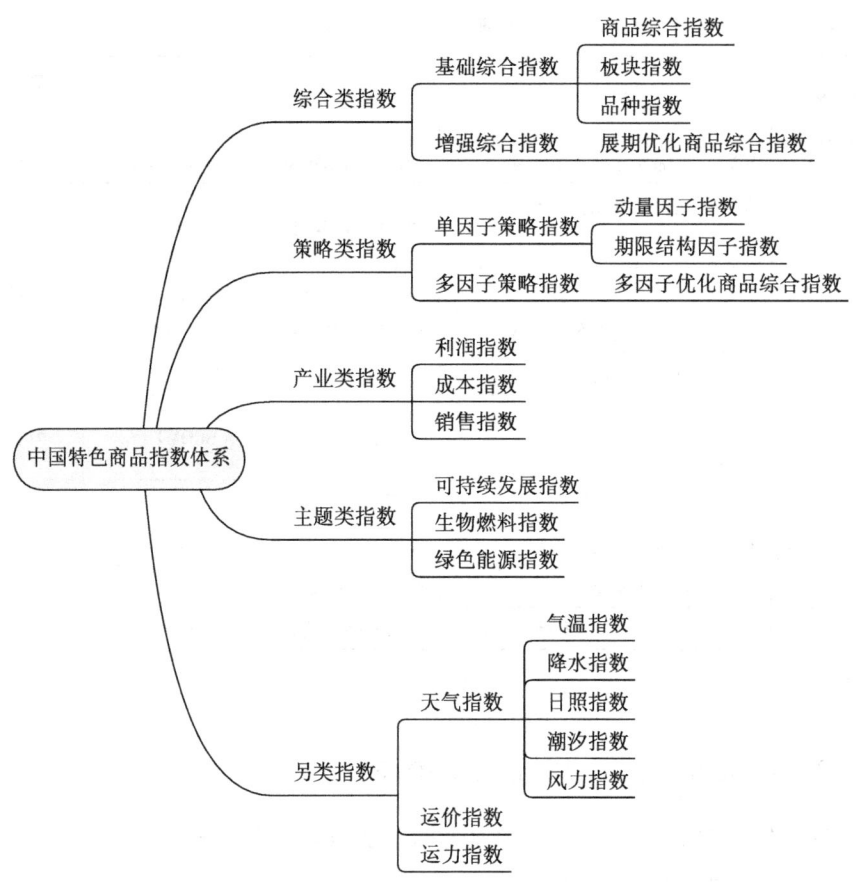

图 36　中国特色商品指数体系

对于中国特色商品指数，我们除了不断完善整个体系之外，尤其需要关注指数发展过程中的先发优势。对于同一领域的指数，先发者往往能够获得更大的市场接受度从而具有更强的影响力，甚至成为全球标准制定者。例如，BDI 指数已经成为国际干散货运输市场走势的晴雨表，既是重要的研究工具，也是行业定价的参考标准，在全球干散市场拥有非常大的影响力。一旦成为全球标准制定者，整个国内相关产业都能从中获利，对于我国争取大宗商品的定价权都有着非常积极的作用。

七、结论

综合分析以上研究，本文共完成了以下几个方向研究。

第二部分，我们从国外和国内两个方向分析商品指数对商品市场的影响。这一部分主要是为了回应监管层以及产业机构对于商品指数推出后会干扰市场的担忧。

研究表明，商品指数投资者的持仓变化和商品价格收益不具有显著格兰杰因果关系，指数投资者在期货市场中无法引发趋势性价格影响。而在价格波动率方面，指数投资者的持仓变化与价格波动率相互独立，暗示其可能通过提供流动性来平抑市场波动。这一研究方法基于 VAR 模型和格兰杰因果检验，综合海外研究，我们认为商品指数投资不会显著影响商品价格，且有其他合理的影响。该结论为市场观察者和政策制定者提供实质性见解，特别是在新法规制定前更全面地了解其潜在影响。

第三到第五部分我们重点从需求侧论证商品指数推出的重要性和必要性。

第三部分，我们探讨了商品指数的收益来源。

我们认为商品指数的收益主要来源于价格收益和展期收益两大类 beta，且能叠加板块轮动等一系列策略获取 alpha。其中价格收益来自于抗通胀特性和未来数年的商品上行预期（基于对信贷扩张、产业转移、美元下行等的主观研判）；展期收益主要来自于净空头地位的产业客户在风险转移时所支付的"保费"，此外我们主观研判多数商品在未来数年有很大概率维持 back 结构。而由于商品各板块收益率相关度较低，结合对于各板块供需的判断，我们认为也存在着不少板块轮动而获取 alpha 的机会。综合来看，商品指数化投资的收益前景广阔。

第四部分，我们研究了商品指数对于财富管理的作用。

在投资商品市场时，有一部分人基于对策略的认知而将风险收益暴露到 CTA 策略 alpha 上。相较 CTA，商品指数投资在特定时期表现更优越，且具备投资逻辑更加直接清晰的优势，在组合中理应有更高的配置比例。接着，我们对具有低相关性的股票、债券、商品指数的收益风险特征进行分析。对三类资产收益、波动和相关系数的自相关分析表明，月频维度上波动率具有短期自相关，而收益和相关系数均不具有。除此之外，我们对股债商固定比例配置进行了回测。结果显示，中证商品指数显著提高了组合的收益风险比以及综合指数相较贵金属指数更为有效。最后，我们基于风险平价模型对商品指数的配置价值进行分析回测和超参优化。模型分析上，我们从桥水全天候策略和传统等权配置角度对风险平价进行了解读，并基于文献将模型转换为凸优化问题，大大提高了求解的稳定性和效率。优化尝试上，我们选择时窗长度、协方差的加权方式和非对角元素保留三个方向，结果表明，使用 20 个交易日的 EWMA 加权并剔除非对角元素的历史协方差作为预期协方差的估计可以有效提高组合表现。最终优化结果上，股债商的风险平价组合远超单一资产表现，且滚动年度收益均大于零。

第五部分，我们阐述了商品指数对产业套保的价值。

实体产业在商品指数的发展中受益显著，主要体现在四个方面。首先，商品指数为宏微观研究提供了参考，通过提供一定的先导信息，商品指数有助于实体产业战略规划和稳健经营。其次，商品指数产品能吸引长期配置型多头资金，降低产业套保成本，缓解多空不平衡导致的期货价格压力。再次，商品指数公司可根据产业需求编制多种指数，如展期优化指数、利润指数、成本指数，提供更适配高效的套保方式。最后，通过商品指数产品，期货行业能够进一步推动市场开放从而提升大宗商品的价格影响力，最终提高国内企业套保的有效性和便捷性。

而在第六部分中，我们重点从供给侧论证了商品指数推出的必要性和重要性。中国在顶层设计上有优越的政治体制。在吸取海外的发展经验同时，我们也要结合中国国情，构建中国特色商品指数体系。商品指数的设计除了体现市场性之外，还要在提供产业指引，并服务国货国运、保供稳价等目标和双碳、人民币国际化等国家战略。

通过对商品指数的市场影响、商品指数的收益来源以及商品指数对不同参与者意义等方面的深入研究，我们期望能够提炼出对我国商品指数发展具有建设性的见解和建议。这些研究成果为我们更好地理解商品指数的运作机制、优化市场参与者策略以及推动我国商品指数领域的发展提供了有力支持。在未来，我们将继续努力深化对商品指数的认识，以促进其在我国金融市场中的稳健发展，为投资者和产业提供更为可靠和有效的工具。

参考文献

［1］马小龙. 中国商品期货指数在资产配置中的作用——基于动态条件相关系数的理论和实证［J］. 上海管理科学，2017（6）：29 - 38.

［2］Etienne, X. L., Irwin, S. H., & Garcia, P. New Evidence that Index Traders Did Not Drive Bubbles in Grain Futures Markets. Journal of Agricultural and Resource Economics, 2017 (42): 45 - 67.

［3］Bohl, M. T., Irwin, S. H., Pütz, A., & Sulewski, C. The impact of financialization on the efficiency of commodity futures markets. Journal of Commodity Markets, 2023.

［4］Irwin, S. H., & Sanders, D. R. Speculation by Commodity Index Funds, 2023.

［5］Stoll, Hans R. and Whaley, Robert, Commodity Index Investing and Commodity Futures Prices (November 19, 2015). Journal of Applied Finance (Formerly Financial Practice and Education), Vol. 20, No. 1, 2010, Available at SSRN：https：//ssrn. com/abstract = 2693084.

［6］Hamilton, J. D., & Wu, J. C. EFFECTS OF INDEX - FUND INVESTING ON COMMODITY FUTURES PRICES. International Economic Review, 2015, 56 (1): 187 - 205. http：//www. jstor. org/stable/24517892.

［7］Bruno, V., Büyükşahin, B., & Robe, M. A. The financialization of food? American Journal of Agricultural Economics, 2016, 99 (1): 243 - 264. https：//

doi. org/10. 1093/ajae/aaw059.

[8] Brunetti, C., Büyükşahin, B., & Harris, J. Speculators, Prices, and Market Volatility. Journal of Financial and Quantitative Analysis, 2016, 51 (5): 1545 – 1574. doi: 10. 1017/S0022109016000569.

[9] Sanders, D. R., Irwin, S. H., & Merrin, R. P. Smart Money: The Forecasting Ability of CFTC Large Traders in Agricultural Futures Markets. Journal of Agricultural and Resource Economics, 2009, 34 (2): 276 – 296. http: //www. jstor. org/stable/41548414.

[10] Boyd, N. E., Harris, J. H., & Li, B. An update on speculation and financialization in commodity markets. Journal of Commodity Markets, 2018 (10): 91 – 104.

[11] Alaminos, D., Guillén – Pujadas, M., Vizuete – Luciano, E., & Merigó, J. M. What is going on with studies on financial speculation? Evidence from a bibliometric analysis. International Review of Economics & Finance, 2024 (89): 429 – 445. https: //doi. org/10. 1016/j. iref. 2023. 10. 040.

[12] Irwin, S. H., & Sanders, D. R. Testing the Masters Hypothesis in commodity futures markets. Energy Economics, 2012, 34 (1): 256 – 269. https: //doi. org/10. 1016/j. eneco. 2011. 10. 008.

[13] Irwin, S. H., & Sanders, D. R. Financialization and structural change in commodity futures markets. Journal of agricultural and applied economics, 2012, 44 (3): 371 – 396.

[14] Sanders, D. R., & Irwin, S. H. Bubbles, Froth and Facts: Another look at the Masters hypothesis in commodity futures markets. Journal of Agricultural Economics, 2016, 68 (2): 345 – 365. https: //doi. org/10. 1111/1477 – 9552. 12191.

[15] Kupabado, M. M., & Kaehler, J. Financialization, common stochastic trends, and commodity prices. The Journal of Futures Markets, 2021, 41 (12): 1988 – 2008. https: //doi. org/10. 1002/fut. 22269.

[16] Bohl, M. T., Branger, N., & Trede, M. Measurement errors in index trader positions data: Is the price pressure hypothesis still invalid? Applied Economic Perspectives and Policy, 2021, 44 (3): 1534 – 1553. https: //doi. org/10. 1002/aepp. 13186.

[17] Irwin, S., Sanders, D., & Merrin, R. Devil or Angel? The Role of Speculation in the Recent Commodity Price Boom (and Bust). Journal of Agricultural and Applied Economics, 2009, 41 (2): 377 – 391. doi: 10. 1017/S1074070800002856.

[18] 马小龙. 中国商品期货指数在资产配置中的作用 [D]. 上海：上海交通大学, 2017.

[19] 蔡慧. 我国商品期货价格指数与宏观经济变量之间的关联研究 [D]. 南京：南京财经大学，2008. DOI：10.7666/d. d176396.

[20] 郑鸰捷，郑猛. 基于风险平价的大类资产配置实证研究 [J]. 债券，2020（3）：6. DOI：CNKI：SUN：ZHQU.0.2020-03-019.

[21] Roncalli, T. Introduction to risk parity and budgeting. CRC Press, 2013.

[22] Maillard, S., Roncalli, T., &Teïletche, J. The properties of equally weighted risk contribution portfolios. The Journal of Portfolio Management, 2010, 36（4）：60–70.

[23] Bruder, B., & Roncalli, T. Managing risk exposures using the risk budgeting approach. Available at SSRN 2009778, 2012.

中期协联合研究计划（第十六期）项目

期货合约期限结构影响因素研究

课题负责单位：国泰君安期货有限公司
课题研究编号：2023360345
课题负责人：寿亦农
课题组成员：张　驰　郑玉洁　钱嘉寅　贺晓勤　黄天圆
　　　　　　季先飞　莫骁雄　王　蓉　杨鈜汉　陈嘉昕
　　　　　　刘雨萱

一、绪论

(一) 研究工作的目的与范围

近年来,全球突发公共卫生事件交织海外地缘政治风险,海内外经济脉冲复苏后落入寻底阶段。宏观因素率先在大宗商品定价体系中奏响最强音,为商品价格指引共振方向。随着时间推移,内外、结构均产生分歧和劈叉,基本面计价权重边际增加,宏观扰动商品价格的涨跌节奏。在此过程中,大宗商品价格剧烈起伏,部分商品的基差亦大幅跌宕,催生了一大批贸易商和实体生产企业通过期货套期保值和基差贸易进行风险管理的诉求,期限结构对其风险管理最终效果的影响极为深刻。因此,商品期限结构研究的迫切性、必要性映入眼帘。

商品期货合约的期限结构以及波动,直接与企业的套期保值和基差贸易策略的制定和最终的执行效果密切相关。期限结构的波动风险是企业无法避免的,但是企业可以通过期限结构寻找最优的合约进行套期保值,或者通过分析价差的变动减少移仓亏损或者增加收益,提高企业风险管理的效果。基差贸易的升贴水由供需双方商谈决定,但是期货价格部分依然要进行套期保值。商品期货合约期限结构以及未来的变化,决定了企业期货头寸的持仓周期和最终贸易的效果。

在商品市场套期保值、期现贸易实务中,市场参与者经常因合约选择错误、套期保值参与时机不当等问题,面临较大的基差风险和流动性风险,从而导致风险规避不足或者交易策略失败。本研究的目的是通过对期货合约期限结构的研究,优化套期保值、期现贸易的策略设计,试图规避潜在的基差风险或流动性风险。为了更好提升企业风险管理效果,为企业的稳定经营保驾护航,本研究采用的实证数据范围选择为国内商品期货市场,力图贴合中国期货市场现实,将中国市场近年来发展的特有情况充分纳入考虑。

(二) 前人对期限结构的已有理论成果和不足

对期限结构的理论和实证研究随着期货市场的发展不断丰富,已有理论和实证研究主要围绕以下议题。

1. 期限结构影响因素的理论及其发展

期限结构的理论主要包括现货溢价理论、储存理论以及便利性收益理论等。现货溢价理论最初由凯恩斯在 1930 年提出,认为商品在理想情况下应是现货升水。便利性收益和储存理论由 Kaldor (1939) 创立,提出持有现货能提高现货厂商的便利性来解释现货升水。Brenna（1958）指出便利收益 C 与现货价格 S 正相关且是存货水平的反函数。针对更长的到期时间，Gabillon（1995）以原油为例将期限结构分为用于套期保值的短期限部分和用于投资目的的长期限部分。期限结构的动态分析理论始于萨缪尔森（1965）指出期货合约价格的波动率随着合约交割日期的日益临近而增加。Anderson（1985）、Milonas（1986）、Fama 和 French（1987）等从众多商品和金融资产品类研究出发，对此进行了实证支持。

2. 期限结构影响因素的建模分析方法

以商品期货期限结构的传统理论作为出发点，各种理论模型相继涌现。Brenna 和 Schwartz（1985）认为现货遵循几何布朗运动，提出了最早的单因素模型。为了更好地解释期货升水和现货升水并存的现实，Cortazar 和 Schwartz（1997）的双因素模型把便利性收益作为第二因素。在此基础上 Schwartz（1997）提出包括现货价格、便利性收益和利率三因素的模型，首次将利率纳入模型。Cortazar 和 Schwartz（2003）在此基础上提出新的三因素模型，变量为现货价格、便利性收益和长期现货价格收益率。

3. 期限结构模型在中国市场的实证研究

国内对期货价格期限结构模型的实证研究集中于 2010 年之后，诸多研究选取沪铜为主要对象。曹建军（2007）发现双因素模型和三因素模型适合沪铜期货的期限结构；王丽（2010）发现短期因素和长期因素对铜合约价格都能造成显著的影响。欧阳若澜（2021）得出尤其是在价格大幅变动的情况下，三因子模型能够很好地捕捉波动率变化。钟霞（2021）发现基差、动量因子是我国商品期货市场上有效的定价因子，基差动量因子的定价作用不稳健，但三个因子均能解释横截面收益。

利用期限结构的交易策略也得到了较大的重视。何志刚和刘迪（2012）用静态和滚动分析法，得出包含期限结构隐含信息的交易策略具有超额收益。唐齐鸣（2015）基于便利性收益模型，得出期限结构、便利性收益和展期收益等因子较好预测了现货价格的变动。靳朝翔等（2016）分析螺纹钢、焦炭及铁矿石期货，发现利用神经网络模型套利效果更好。

已有研究的不足：一是从研究展开的视角来看，已有研究多从供需的角度考虑商品期限结构，不断提升经济理论对现实期限结构的后验解释力。而在现实的市场中，期限结构首先是交易的直接结果。前人对交易结构如何影响期限结构的研究处于相对空白，一定程度上导致现有的理论体系拥有较好的后验解释力，但不具备足够的先验的预测性，对实务的帮助有限。二是从研究的范围来看，前人的研究大多都是基于国外市场的情况以及量化统计的角度来讨论商品合约期限结构，对中国期货市场很多因素并不适用，也未考虑过中国市场近年来发展的特有情况。三是从研究工具的丰富程度来看，利用机器学习算法等新工具开展研究和交易的探索较少。

（三）研究的理论基础与分析

商品期货合约曲线的相关研究市场已经比较多，但主要集中在供需以及便利性收益等层面。随着国内商品期货的发展，套期保值、期现贸易等实务操作也在不断更新迭代。商品期货合约曲线的研究也需要与时俱进，以便更好地服务实体经济。

国内商品期货合约期限结构受到市场上大量套利交易的显著影响。在国内商品市场存在大量各种套利结构，有基差套利、月差套利、产业链相关品种套利等。市场供需和成本、预期等因素出现较大矛盾时期，会导致各类套利结构出现无风险套利或风险收益比较低的机会，这种套利机会的出现使得资金大量参与这种套利结构，从而驱使市场最终呈现 Contango 结构或 Backwardation 结构。

基本面量化方式研究商品市场开始逐步兴起，我们希望通过量化方式对商品的全产业链供应、需求、库存、成本、利润进行测试，了解各个指标与商品期货期限结构变动之间的关系。由于不同产品特性、期现定价模式不同，加上商品期货期限结构影响因素多，且难以线性区分。本研究采用案例分析法进行基础分类研究，并在此基础上提取量化因子，建立相应的策略模型。

（四）本研究的创新点与研究思路

1. 本研究的创新点

本研究创新主要表现在以下几个方面。

（1）中国期货市场蓬勃发展与商品期现贸易高度共振，具有鲜明的中国特色。虽然国外市场关于期货合约期限结构的研究很早就开始，但国内外商品市场制度、交易者结构、产业结构等差异显著，不能照搬国外成果。同时，对交易结构如何影响期限结构的研究处于相对空白，一定程度上导致现有的理论体系拥有较好的后验解释力，但不具备足够的先验的预测性，对实务的帮助有限。本研究试图通过分析期货合约期限结构来指导套期保值与期现贸易，力求对中国期货市场实务发挥指导和帮助作用。

（2）传统期货合约期限结构研究主要集中在单一商品供需层面，忽视了成本端波动对期货合约期限结构移动的影响。本研究将从全产业链视角，尤其是成本端波动对商品期货合约曲线移动的影响展开讨论。

（3）将期货合约期限结构理论、商品期货套期保值以及期现贸易、计算机量化等方面进行融合，研究适应时代需求的工具，更有利于服务实体经济。

2. 研究思路

(1) 问题的提出与确定。期现结合与产业套保头寸是期货市场实现价格发现与风险管理功能的基本盘。在多年服务实体客户参与期现贸易、套期保值的过程中，我们发现当前对期货合约期限结构包含的隐含信息的有效利用较少，值得充分发掘。

(2) 研究与分析的着力点。优化期限结构在期现贸易与套期保值中的应用，必须着眼于贸易与实体企业，了解商品供需和成本对期限结构的影响，以及主体企业在风险管理过程中存在的风险。

(3) 选取合适的研究方法。由于不同产品特性、期现定价模式不同，加上商品期货期限结构影响因素多，且难以线性区分。采用案例分析法和问卷调查法进行基础分类研究，并采用机器学习算法，建立相应的策略模型。

(4) 期现贸易与套期保值客户调研。确定好研究方法后，我们计划编制合理的问卷，并到相关企业进行实地考察和访谈。

(5) 基于期货合约期限结构构建期现策略模型。结合调研和数据研究，总结出不同商品种类套保与期现贸易的主要优化点，并选取合适指标建立策略模型。

(6) 提出优化期现策略与套期保值风险的相关建议。结合国内期货市场实际情况，提出针对期现贸易与产业套保策略的相关建议。

(五) 预期结果和意义

本研究试图通过对期货合约期限结构的研究，优化套期保值、期现贸易的策略设计，规避潜在的基差风险或流动性风险。本研究的主要意义为对中国期货市场实务发挥指导和帮助作用，立足服务实体经济，更好提升企业风险管理效果，为企业的稳定经营保驾护航。

二、理论分析与基本框架假设

金融市场关于商品合约期限结构的理论非常多，我们从具体实践的角度认为：商品供需及成本的变化驱动价格变动，基差的存在往往会导致市场存在无风险套利机会，大量期现套利商基于这种无风险套利机会展开基差套利、月差套利，使得商品价格在不同时间表现不同，最终呈现出商品合约期限结构的变动。

(一) 传统商品曲线理论讨论

国外市场很早就有大量关于商品合约期限结构的理论研究。我们的研究也是站在前辈的肩膀上进一步探索。前人的研究大多是基于国外市场的情况以及量化统计的角度来讨论商品合约期限结构,对中国期货市场很多因素并不适用,也未考虑过中国市场近年来发展的特有情况。

从近年来我国期货市场发展来看,期现贸易商的蓬勃兴起是近十年来国内期货行业的一大特点。基差贸易、月差贸易在商品价格形成过程中扮演了非常重要的角色。这种情况是国外理论探索中并不常见的。

凯恩斯是目前较早开展商品合约期限结构相关理论探讨的前辈。他认为一般情况下现货价格应该高于期货,并认为套保者倾向做空,投机者倾向做多,并强调期货市场的风险转移功能,所以期货市场应该给未来的现货价格给予正的风险溢价,所以现货价格应该高于期货价格。

上述观点在目前的中国市场有其限制性,国内市场期货品种出现期货升水并不罕见。基于期货升水还产生买现货空期货的基差套利模式。这种套利策略的利润此前在天然橡胶期货的结构中持续出现,纯碱也在 2020—2021 年出现期货升水结构的市场行情。作为百年前的理论,传统期限结构理论与我们今天的商品期货实务之间差异较大。

在商品合约期限结构的研究中,Kaldor 的存储理论以及便利收益理论给了我们很大启发。该理论认为现货价格、便利收益和存储成本共同决定了期货价格,并分析了市场参与者持有现货的原因,通过对期货价格和现货价格之间的便利收益的分析,解释了现货升水与期货升水的存在,并认为期货升水的上限是交易参与日与期货合约到期日期间的存储成本。并认为现货升水的情况下,不存在这种限制。在国内市场中,这种情况与具体实务是不符合的。以纯碱为例,3 个月期的纯碱仓储成本仅为 2%,但是国内纯碱期货升水最高达到过 20%。这也体现了国内外市场结构的差异。

在便利收益理论方面,Kaldor 指出因持有存货可能获得一定收益,这部分收益即为便利收益,当需求上升或者预期未来供应紧张,持有存货就能获得价格上涨收益,当存储成本为正时,出现现货升水的情况就可以用便利收益来解释。

存储理论以及便利收益理论有其合理性,但缺乏具体商品实务的论证,尤其是中国特色的商品期货市场,其交易、交割、市场参与者结构都有其独特的特性。

(二) 套利结构驱动商品合约期限结构

正如桥水基金创始人 Ray Dalio 在其著作《经济机器是怎样运行的》中所说"经济是大量交易的总和"。我们认为大宗商品自身供需状况的变化、成本端的变化以及市场预期的变化,共同驱动了大量套利交易展开。这些套利头寸在不同时空的执行,导致大宗商品价格在不同合约出现明显差异。所以国内商品期货合约期限结构是国内大量套利交易的结果。在国内商品市场存在各种套利结构,包括基差套利、月差套利、产业链相关品种套利等。当市场供需和成本、预期等因素出现较大矛盾的时期，各类套利结构会出现无风险套利或风险收益比较低的机会，这种套利机会的出现使得资金大量参与这种套利结构，从而驱使市场最终呈现 Contango 结构或 Backwardation 结构。

1. 基差套利结构的影响

（1）基差套利基本情况介绍。基差是指某一特定商品在某一特定时间和地点的现货价格与该商品在期货市场的期货价格之差。即：基差 = 现货价格 − 期货价格。基差套利交易是针对基差走势特点而进行的持有现货空期货或者持有期货多头做空现货的套利模式。

一般市场将买近期空远期的头寸称为正套，将买远期空近期的头寸称为反套。在市场中，当现货明显强于期货时，则意味着基差走强，当现货弱于期货时则意味着基差走弱。通常情况下，现货市场供需走强、成本走强情况下有利于基差走强策略；现货走弱、成本走弱情况下有利于基差走弱策略。

（2）基差套利收益计算。

套利收入：在基差交易中，主要获利来源是期末基差和期初基差的差额，即 Δ 基差。由于大量基差套利中不一定会持有至最终交割，所以期末基差未必会是零。

套利成本：主要是资金成本、仓储成本，某些时候还会包含运输成本。交割费用通常较低，可忽略不计。通常情况下，市场上各个品种的套利成本在一个相对较短的时间内是固定的。以 2023 年的纯碱为例，通常情况的套利成本为：资金成本 3%，3 个月的仓储费约 2%，则 3 个月套利成本在 5% 左右。

基差套利策略利润 = Δ 基差 − 套利成本

因此，只要基差变动幅度超过套利成本，就会出现基差套利机会，市场会有大量资金迅速参与进来，从而带动整个商品期货合约波动。

以纯碱为例，当市场供需走强、成本走强过程中，纯碱价格明显抬升，只要预期的基差变动超过 5%，就能够盈利，而历史情况看，纯碱在市场供应相对紧张的时期，纯碱基差波动多次出现超过 5% 的情形，例如 2023 年 6—7 月，纯碱 1 个月基差涨幅达到 18.7%。此时市场大量期现贸易商开始参与买现货空期货套利，进一步促使现货市场供应紧张，现货价格进一步上涨。与此同时，与之相对应的期货合约由于期现套利做空的成交量在整个期货合约成交占比中较小，不足以压制期货价格，期货价格也跟随反弹。另外，远期市场供应缺口的确定性远小于即期现货市场，因此期货价格的上涨幅度也会小于现货。此时，买现货空期货的基差套利因为风险低、收益预期高而被大量执行，现货与近月合约的 Backwardation 结构逐步形成。

在供需走弱、成本坍塌的市场场景中，同样存在大量基差套利交易，助推商品合约期限结构转变。在此类场景下更加适合基差走弱的期现套利策略,即买期货空现货交易策略。只要基差走弱的幅度超过套利成本即可获利。

在市场处于供需走弱、成本坍塌格局下,期现贸易商会买入期货合约,与现货下游签署低价远期供货合同。通常情况下,这种远期供货合同价格会显著低于即期现货价格。期现贸易商一般不会立刻到现货市场采购现货,而是临近交割时期再去采购现货。因此,此类套利成本主要是资金成本。贸易商3个月期的融资成本可大致按照3%计算,那么只要在3个月内基差走弱幅度超过3%即可获利。

以玻璃为例,供需走弱、成本坍塌格局下玻璃现货价格开始下跌,期限套利商与下游需求端签署远期供货合同。通常情况下供货价格都会低于即期现货价格,此类交易得以执行。后期,随着现货价格的下跌,基差开始明显走弱,越来越多的资金参与到买期货空现货远期策略中。需要指出的是,此类套利交易大多发生在期货大幅贴水、买入期货本身就已经存在一定安全边际的情况下。

在供需走弱的情况下出现期货升水现货。当基差进一步走弱时,市场会出现买现货空期货无风险套利。此类交易的关键是基差已经非常弱势,期货升水现货幅度已经超过了无风险套利成本,即资金成本 + 仓储成本。这种情况下,最终一般以现货交割到期现货形成仓单而终结。由于期货和现货价格最终要走向回归,基差在交割时归零,所以此类套利的利润即是参与套利时的基差绝对值。由于市场大量参与此类无风险套利,导致期货仓单持续攀升,近月多头接货压力极大。近月压力更大的情况下,期货合约进一步表现出 Contango 结构。

总之,市场供需和成本的变化,驱动商品价格变动。基差的存在导致市场经常存在无风险套利机会,大量资金基于这种无风险套利机会展开基差套利,使得商品现货与近月商品合约之间产生联动。从而导致供需走强、成本走强情况下在相对较近的几个合约呈现 Backwardation 结构;供需走弱、成本走弱的情况下近月合约呈现 Contango 结构。

2. 月差套利结构的影响

基差套利导致了与现货时间较近的几个合约出现 Backwardation 或者 Contango 结构。月差套利则是市场更远期的合约跟随出现 Backwardation 结构或者 Contango 结构的原因。所谓月差套利,是指同一个商品期货在近月和远月合约之间进行买近月空远月或者买远月空近月套利。

一般而言,当市场供需向好,现货市场逐步出现货源紧张格局,市场会倾向买近月合约空远月合约;而当市场出现供需走弱情况下,市场会倾向买远月合约空近月合约。商品期货交易的实务中的普遍解释是:当供需走强的情况下,市场货源开始紧张,仓单会逐步流出期货市场,仓单减少会导致近月空头交货压力增大,所以近月更强。当供需走弱时，现货市场逐步走弱，现货货源会倾向流入期货市场形成仓单，导致近月接货压力更大，而远期市场未来供需格局存在改变的可能，因此远期市场不急于体现仓单压力，因此远月市场会相对近月更强。

在月差交易策略中买近月空远月的正套策略背景与买现货空期货的基差策略是相同的。月差正套交易策略收入为 Δ 基差，交易成本为资金成本。当现货市场走强的背景下，基差明显走强，由于期货与现货最终要实现基差归零，因此越是近月基差最终收敛的确定性越强，因此买近月空远月的月差正套策略实际是基差正套策略的衍生产物。基差走强的确定性越强，大量资金参与月差正套也进一步促使近月更强，远期更弱，商品合约结构在远期合约之间进一步走向 Backwardation 结构。

与月差正套策略的背景类似，买期货远月空近月的月差反套策略背景与基差走弱交易策略的现货情况相同。月差反套策略收入同样是 Δ 基差，交易成本为资金成本。在现货走弱背景下，现货持续走弱，容易形成现货流入期货导致仓单持续增加的格局，大量资金基于基差持续走弱的考量，交易月差反套策略，造成的结果是近月的压力大于远月，商品合约曲线在套利结构的影响下进一步走向 Contango 结构。

需要指出的是，现货市场和期货市场具体交易因素非常复杂。供需走强、成本抬升导致的基差套利、月差套利走强，驱动市场走向 Backwardation 结构；供需走弱、成本坍塌导致的基差套利、月差套利，驱动市场走向 Contango 结构是市场中较为经典的形态。在商品期货交易实务中，还有远期预期因素、政策性因素等，这些都会导致各类套利策略出现转变，从而导致商品合约期限结构出现阶段性变化。

总之，大部分情况下商品供需及成本的变化驱动价格变动，基差的存在往往会导致市场存在无风险套利机会，大量资金基于这种无风险套利机会展开基差套利、月差套利，使得商品价格在不同时间表现不同，最终呈现出商品合约期限结构出现变动。

（三）商品期货合约期限结构在商品利润方面的思考

工业大宗商品在大部分情况下都会表现为现货价格高、期货贴水现货的情况。观察近年来的国内工业大宗商品中，基差、月差等的市场表现，我们对商品期货合约期限结构和对应的商品利润有以下思考。

月差与利润：在一个完全竞争的体系下，最远期的价格往往无限贴近成本线，因市场只要有利润，就会有新的供应填补市场缺口，最终导致远期价格无限贴近成本线。在成本端变化的情况下，远期成本也会跟随变化。由于期货近月总是会不断贴近现货，最终与现货价格平水，因此在市场主要交易现实而非预期的情况下，近月合约与最远月的价差往往暗含的是产业利润空间。

基差与利润：基差往往是现实利润与市场预期利润的差额，现实与预期之间矛盾解决的时机是基差交易和月差交易策略的关键。主力合约的定价转换为合理利润定价后，市场参与者的思路会清晰很多。因矛盾的解决可能是在某个具体的时点，所以商品期货合约曲线此时应该是台阶型，而现实中商品期货合约期限结构却是一条分布相对均匀的曲线，理论与现实之间出现了差异，这种差异就是市场交易策略的核心交易点。

在近年来的国内期货市场中，一些非市场性因素可能导致某个商品价格和利润远远超出正常值，此时市场会出现深度 Backwardation 结构。例如，供给侧结构性改革、能耗双控带来的供应收缩等。以2021年的能耗双控为例，能耗双控未放开前，市场整体供应是持续偏紧的，成本抬升难以终结，导致现货价格大幅飙升，现货利润非常高。由于能耗双控只是阶段性政策，所以期货市场预期后期还会回落，所以现货与期货之间的价差即基差会明显偏强。此时基差的含义是现实与预期的差异，只要能耗双控结束，供应恢复，市场价格会迅速下滑，高利润会被终结，所以此时理论上高利润终结时间点会成为市场的关键堵点，在关键堵点前后商品合约曲线应该会有斜率大幅陡峭化，甚至极端情况下可以是垂直。现实中商品合约曲线则是相对均匀的曲线，这就意味着市场定价的错误，也就有了套利策略参与的机会。

三、期限结构影响因素实证分析

如我们的理论假设中所言：商品合约期限结构受到供需、成本、市场预期三大因素影响。这种格局不仅是现货市场的供需来影响商品合约期限结构，更是通过各种交易结构来影响商品合约期限结构，主要的交易结构包括：基差交易、月差交易等。

通常情况下当供需向好、成本抬升，而市场尚未有明确因素改变预期的情况下，商品期限结构会逐步走向 Backwardation 结构，其中供需更多影响商品期限结构的斜率，当成本端抬升时，整个商品曲线都会向上抬升。

当商品市场供需走弱时，商品合约期现结构会逐步走向 Contango 结构，即：越是近月越弱，且随着供需的持续走弱，库存持续累积，会走向深度 Contango。成本端走弱则会导致商品合约曲线向下平移。

在国内商品期货市场，还存在某些政策性因素或者某些当期未发生，但未来大概率要发生的相关因素，触发了市场对远期定价的一致性预期。此时即使现实供需偏强，但如果当前市场估值未能充分反映远期的乐观预期，同样会出现供需走强情况下的 Contango 结构。或者现货市场较强，但是某些未来的不利预期主导了市场远期格局。市场会出现价格下跌，供需偏弱的情形，但是市场 Backwardation 结构越来越深，因为现实强于预期。

商品期限结构具备反映市场未来利润的功能，在一个完全竞争市场中，最远期的价格往往无限贴近成本线,因市场只要有利润,就会有新的供应填补市场缺口,最终导致远期价格无限贴近成本线。但是供给侧改革背景下,供应端会受到严格限制,同时新的产业政策又可能刺激需求预期,这种情况下,远期价格的定价将会按照最大下游亏损线来定价。

接下来,我们通过历史上商品期货市场的实例来观察各个因素的具体影响。

(一)成本抬升、供需向好情况下的期限结构影响因素分析

1. 2023年6—9月纯碱期限结构影响因素分析

(1)期限结构因素分析。

市场基本情况介绍:纯碱市场在2023年6—9月因供应端减产,而需求端稳步上升,出现一轮货源紧缺、库存持续下降,价格大幅上涨行情。现货价格自1900元/吨上涨至最高峰一度达到3500元/吨(见图1)。

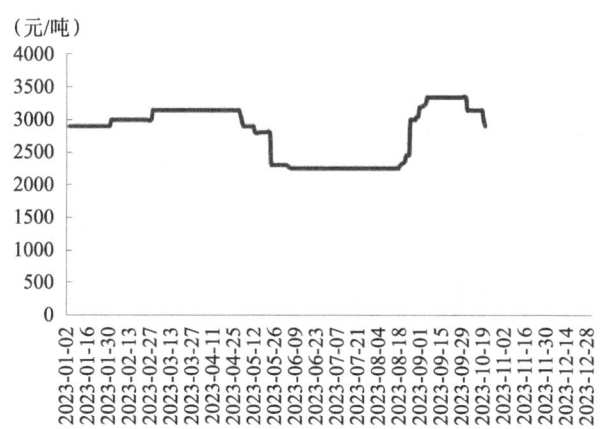

图1 华北地区重制纯碱市场价

资料来源:隆众化工。

供应端:因季节性检修高峰,供应自2023年6月持续下滑,开工率自90%下滑至78%(见图2)。

需求端:玻璃在产产能15.8万吨/日增加到17万吨/日,光伏玻璃产能从7.2万吨/日增加至9万吨/日。纯碱需求增加13%。

库存:自2023年6月初54万吨下滑至12万吨,下滑幅度高达77.8%,库存同比下滑76%。其中重碱库存自29.5万吨下滑至5万吨(见图3)。

成本:华北地区联碱法1355元/吨,华北地区氨碱法:1630元/吨。2023年9月初联碱法1206元/吨,氨碱法1730元/吨。因动力煤涨价,高成本装置成本抬升100元/吨(见图4)。

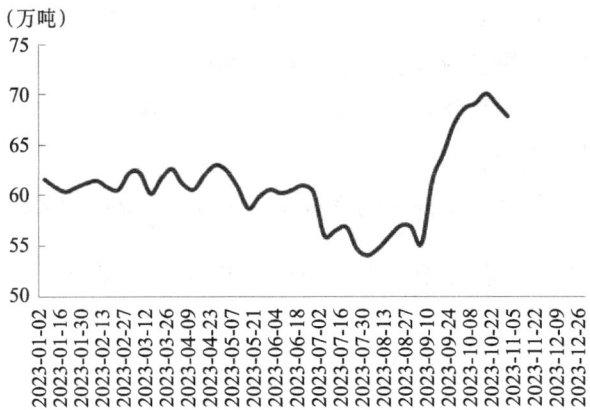

图 2　纯碱周度产量

资料来源：隆众化工。

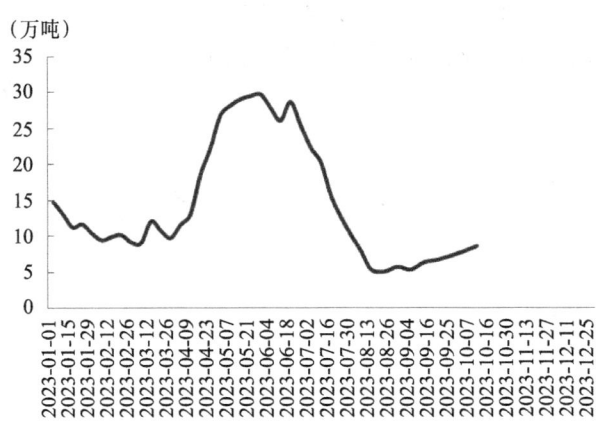

图 3　纯碱重质库存

资料来源：隆众化工。

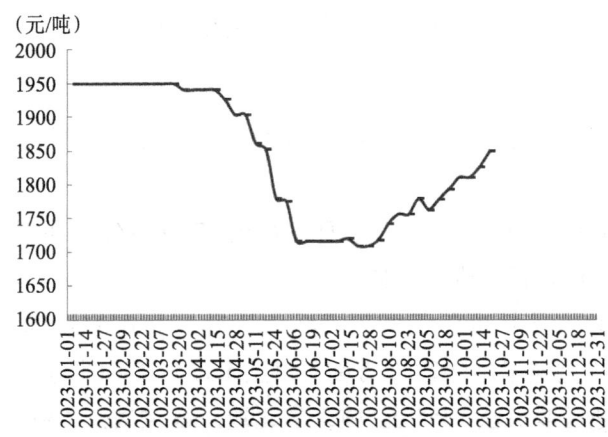

图 4　华北地区氨碱重质纯碱周度成本

资料来源：隆众化工。

（2）市场交易结构主导的期限结构变化。

基差贸易和月差交易是商品合约期限结构的重要因素，这些套利结构能够产生如此重要影响关键又在其风险低，收益高，且随着市场逐步有利于套利结构演进，市场走势也在不断强化套利模式的扩张。

基差贸易：在纯碱市场中存在大量基差贸易结构，如买现货空期货做基差扩大的，也有买期货空现货做基差缩小的。2023年6月初，SA2306合约结算价1900元/吨，SA2309合约1639元/吨，主力合约基差261元/吨。因供应收缩7月基差已经达到560元/吨，到9月基差最高峰扩大到1560元/吨。市场在交易层面不断奖励买现货抛盘面，而做基差缩小的买期货空现货头寸只能被迫在现货市场买入，在期货市场中平仓空头，加剧了商品曲线的陡峭（见图5、图6）。

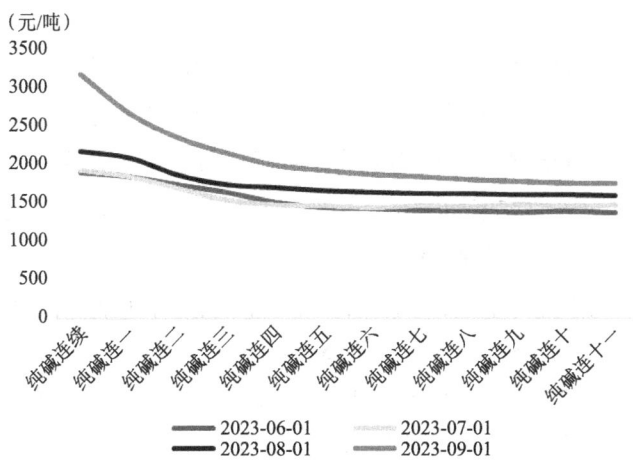

图5　纯碱商品期限结构曲线陡峭加剧

资料来源：同花顺iFinD。

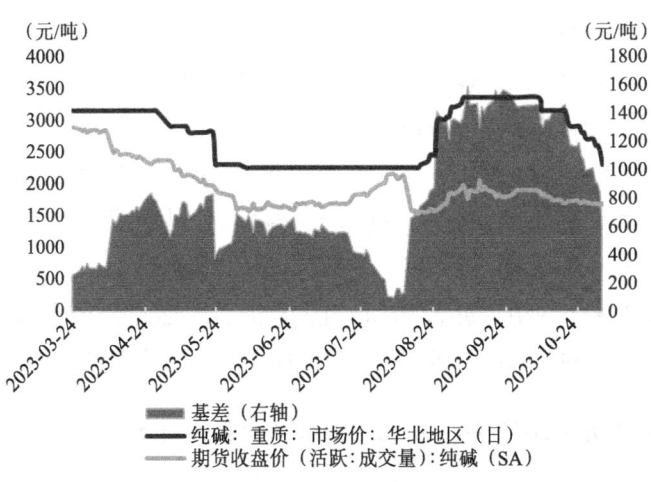

图6　纯碱基差

资料来源：同花顺iFinD，隆众化工。

(3) 月差交易助推期限结构陡峭化。

在市场中存在非常多的月差交易头寸，现货市场不断走强背景下，大量买近月空远月价差套利有利于市场走向 Backwardation 结构。6 月 SA2309 合约与 SA2201 合约价差 220 元/吨，到 9 月初 SA2309 合约与 SA2201 合约价差扩大到 1700 元/吨。主力合约与次主力合约价差扩大幅度达到惊人的 1480 元/吨。在月差上涨过程中，买近月空远月套利头寸不断获利，而买远月空近月头寸不断受损，获利的进一步加仓，受损的不断平仓，两种套利结构都在强化近月强，远月弱的结构。

总之，因为供需结构的走强，市场交易结构在不断奖励基差交易中的买现货抛盘面，同时惩罚买期货空现货的基差交易头寸。在月差交易中也在不断奖励买近月抛远月，惩罚买远月空近月。最终使得商品合约期限结构不断强化 Backwardation 结构。

(4) 成本利润端影响。

在一个完全竞争的体系下，最远期的价格往往无限贴近成本线，因市场只要有利润，就会有新的供应填补市场缺口，最终导致远期价格无限贴近成本线。在成本端变化的情况下，远期成本也会跟随变化。由于期货近月总是会不断贴近现货，最终与现货价格平水，因此在市场主要交易现实而非预期的情况下，近月合约与最远月的价差往往暗含的是产业利润空间。

本案例中 6 月高成本装置成本 1630 元/吨，到 9 月高成本装置成本抬升到 1730 元/吨。主要是动力煤价格触底反弹。2023 年上半年在进口压力下，动力煤持续下跌，但是随着安全检查执行，动力煤供应持续收缩，价格触底反弹，导致纯碱成本抬升。6 月最远月合约 SA2405 结算价 1374 元/吨，比现实成本低 256 元/吨。因 6 月时动力煤价格仍偏低，已经在远期定价上暗含了远期成本坍塌的预期。到 9 月随着动力煤价格的逐步上涨，最远月合约 SA2408 合约结算价 1752 元/吨。基本与当时的成本 1730 元/吨趋同。

在利润方面，由于基差因素的存在以及远期市场加入了成本端的预期因素，近月合约与远月合约价差与现实利润存在差异。

6 月初 SA2306 合约结算价 1900 元/吨，远月合约 SA2405 结算价 1374 元/吨，SA2306 与 SA2405 二者价差在 526 元/吨，6 月氨碱法利润 270 元/吨，主要是 6 月动力煤市场压力仍较大，远期市场暗含了对成本坍塌的预期。

到 9 月 SA2309 合约结算价 3250 元/吨，1 年后的远月合约 SA2408 合约结算价 1752 元/吨，二者价差 1498 元/吨。9 月初氨碱法名义利润 1500 元/吨。

2. 2020 年 11 月—2021 年 8 月 PTA 期限结构影响因素分析

(1) 期限结构因素分析。

市场基本情况介绍：2020 年新冠疫情影响之下，中国政府采取较为严格的隔离政策，从而导致下游服装生产消费都出现了严重的阻碍，此时聚酯产业链上下游均出现了大面积的库存累积。高库存压力之下，PTA 生产企业不得不通过在期货盘面上套保、注册大量仓单作为销售的替代渠道。然而到 2020 年底，随着国内疫情得到控制，而海外在美联储无限量 QE 的财政宽松刺激之下，需求大爆发。中国纺织企业在年底接到了大量的订单，且当时长丝等产品价格均处于历史低位，吸引了国内投机资金参与抄底长丝和 PTA 市场。整个 2021 年，海外的大量补库需求刺激下，中国聚酯产业链逐步从累库转为去库，并且在原料价格持续上行的过程中，PTA 价格一路上冲（见图 7）。

图 7　PTA 与原油价格

资料来源：化纤信息网，同花顺 iFinD。

供应端：库存积压且利润不佳，2020 年底开始，PTA 工厂开工率从 90% 高位一路下降至 70% 以下（见图 8）。然而由于 PTA 产能规模近年来持续扩张，实际 PTA 产量并未出现明显的下滑。

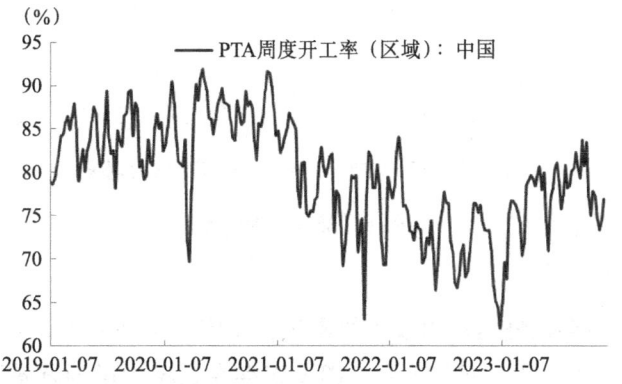

图 8　PTA 开工率

资料来源：隆众化工。

需求端：2020年底到2021年，服装织造印染等环节需求好转，利润回升，并且启动了对于聚酯长丝的补库，聚酯装置开工率回升。尽管每年11月是传统的需求淡季，聚酯装置的开工仍然维持了接近90%的开工高位，远高于历史同期水平；另外，每年1—2月下游企业放假过年，聚酯装置开工率通常会经历季节性的下滑，但2021年春节期间，聚酯装置负荷下调的幅度不足10%，产量同比高达30%（见图9、图10）。

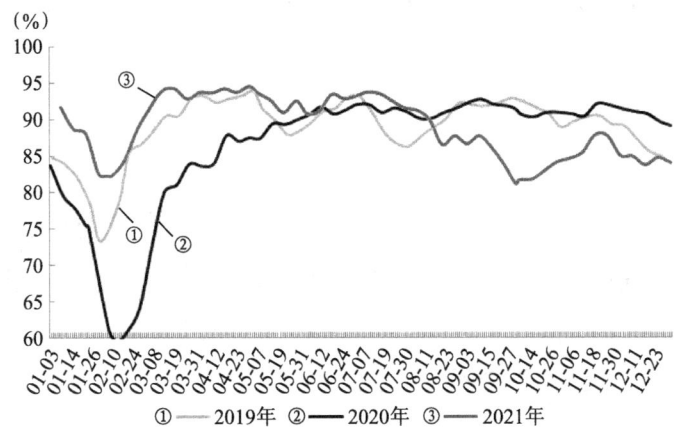

图9 聚酯负荷指数

资料来源：化纤信息网。

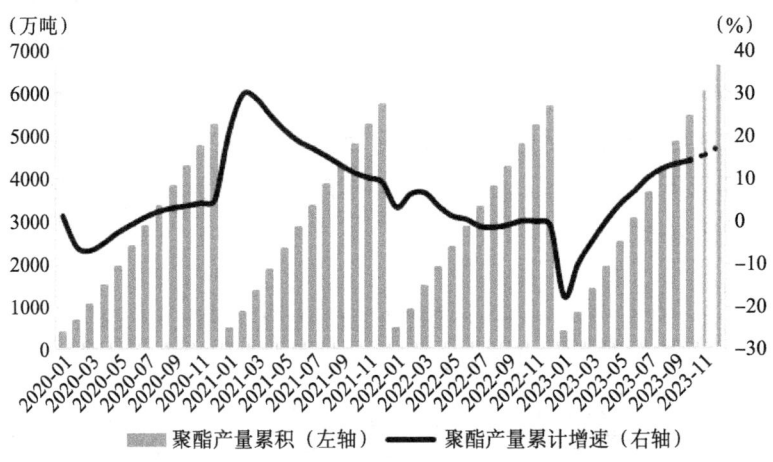

图10 聚酯产量累计

资料来源：同花顺 iFinD。

库存：PTA库存在疫情后出现大幅累积，总库存水平从150万吨规模一路快速上涨至350万吨高位。2020年11月，PTA库存在仓单大增的背景下再次累积，在2021年3月库存最高达到382万吨。随后库存一路下行，经过5个月的时间，到2021年8月，库存降至209万吨左右（见图11）。

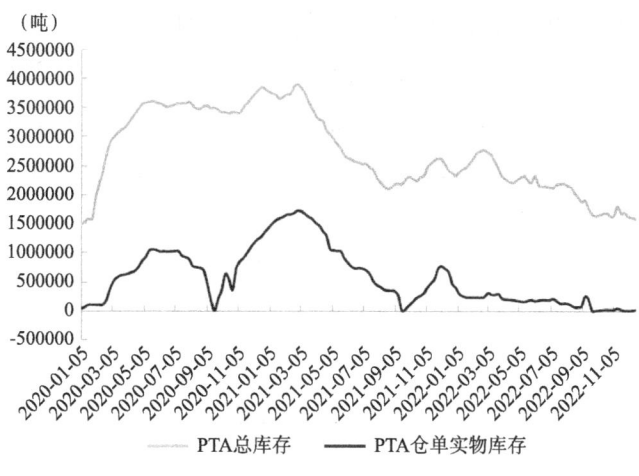

图 11　PTA 库存

资料来源：忠朴。

成本：PTA 装置成本与原油、PX 的价格密切相关。2020 年 11 月 PTA 成本大致在 3000—3200 元/吨，随着原油和 PX 价格的上涨，PTA 原料成本在 2021 年 7 月上涨至 5000—5200 元/吨附近（见图 12）。

图 12　PTA 成本

资料来源：隆众化工，同花顺 iFinD。

（2）市场交易结构主导的期限结构变化。

基差贸易和月差交易是商品合约期限结构的重要因素，这些套利结构能够产生如此重要影响关键又在其风险低，收益高，且随着市场逐步有利于套利结构演进，市场走势也在不断强化套利模式的扩张。

基差贸易：PTA 市场是所有大宗能化商品中基差贸易最为活跃的品种之一。大量的基差贸易在 2015 年开始全面取代了传统的贸易模式。现货市场中，有买现货空期货做基差扩大的，也有买期货空现货做基差缩小的。2020 年 11 月之前，现货层面大量的基差卖盘导致基差长期处于无风险价差的水平。从 2021 年 3 月开始，供需层面开始好转，PTA 仓单和库存持续下降，导致基差重新回升，并在 8 月上涨至最高 50 元/吨的高位。此时市场在交易层面不断奖励买现货抛盘面，而做基差缩小的买期货空现货头寸只能被迫在现货市场买入，在期货市场中平仓空头，加剧了商品曲线的陡峭（见图 13、图 14）。

图 13　PTA 价格与基差

资料来源：内部数据库。

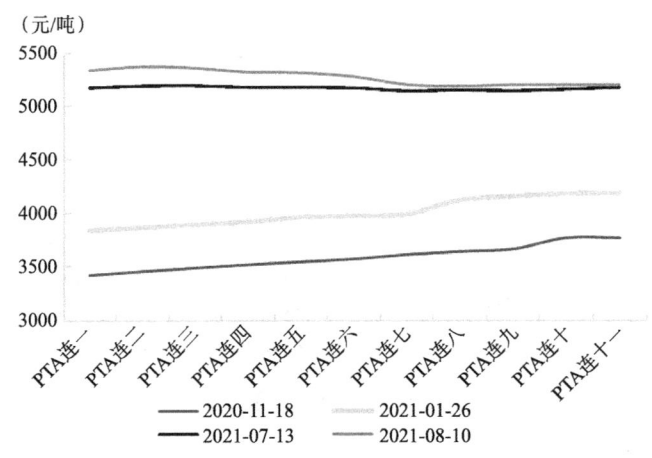

图 14　PTA 期货期限结构

资料来源：同花顺 iFinD。

（3）月差交易助推期限结构陡峭化。

现货市场不断走强背景下，大量买近月空远月价差套利有利于市场走向 Backwardation 结构。2021 年 6 月 21 日，TA109 合约与 TA201 合约价差仅有 -120 元/吨，随着供需格局的不断好转，到 7 月底，TA109 合约与 TA201 合约价差扩大到 170 元/吨。在月差上涨过程中，买近月空远月套利头寸不断获利，而买远月空近月头寸不断受损。获利的进一步加仓，受损的不断平仓，两种套利结构都在强化近月强，远月弱的结构（见图15）。

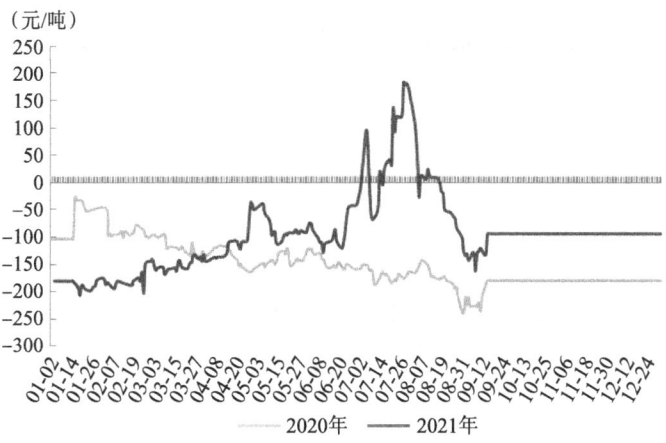

图15 PTA月差

资料来源：内部数据库。

总之，因为供需结构的走强，市场交易结构在不断奖励基差交易中的买现货抛盘面，同时惩罚买期货空现货的基差交易头寸。在月差交易中也在不断奖励买近月抛远月，惩罚买远月空近月。最终使得商品合约期限结构不断强化Backwardation结构。

（4）成本利润端影响。

本案例中，2020年11月PTA高成本装置成本3200元/吨，到2021年7月，高成本装置成本抬升到5200元/吨。主要是原油价格上涨带动PX价格上行。2020年，随着疫情得到一定控制，出行和物流重新恢复，成品油需求回暖，带动原油价格反弹。2020年11月6日最远月合约TA110合约收盘价3558元/吨，比现实成本高358元/吨。因11月时原油价格仍偏低，已经在远期定价上暗含了远期成本上涨的预期。到2021年7月随着动力煤价格的逐步上涨，最远月合约TA206合约收盘价5226元/吨，基本与当时的成本5200元/吨趋同。

在利润方面，由于基差因素的存在以及远期市场加入了成本端的预期因素，近月合约与远月合约价差与现实利润存在差异。

2020年11月初TA110合约收盘价3204元/吨，远月合约TA209收盘3558元/吨，TA110与TA209二者价差在-354元/吨，2020年11月PTA生产利润270元/吨，主要是远期市场暗含了对成本抬升的预期。

到7月TA108合约收盘价5510元/吨，1年后的远月合约TA207合约收盘价5226元/吨，二者价差284元/吨，基本与生产利润持平。

3. 2023年7—9月苯乙烯期限结构影响因素分析

（1）期限结构因素分析。

市场基本情况介绍：苯乙烯市场在2023年7—9月面临了因为乙苯调油、浙石化投产不及预期、新增出口较多带来了一轮快速去库，价格连续大幅上涨行情。现货价格从7月初7100元/吨一路上涨至9月中最高10158元/吨，涨幅3058元/吨，达43%（见图16）。

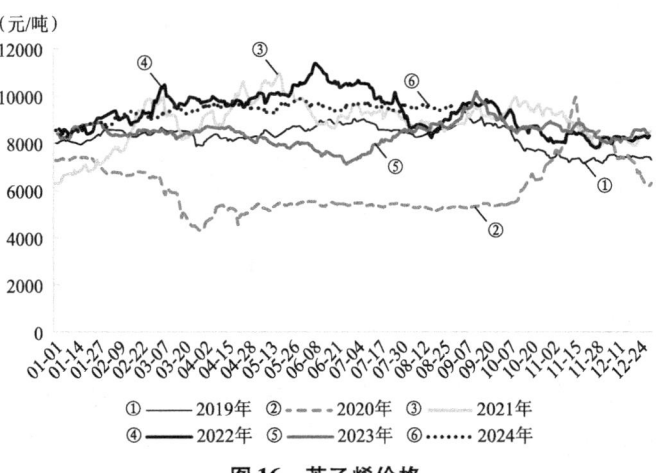

图16 苯乙烯价格

资料来源：隆众化工。

供应端：2023年7—9月苯乙烯供应处于修复格局，但是边际上兑现产量低于预期。预期差主要来自两个方面。第一，由于部分工厂转产乙苯，明显降低了苯乙烯现货的供应。第二，浙石化2套60万吨新装置在7—8月陆续投产，但是整体开工并不顺利，实际兑现的产量较少（见图17、图18）。

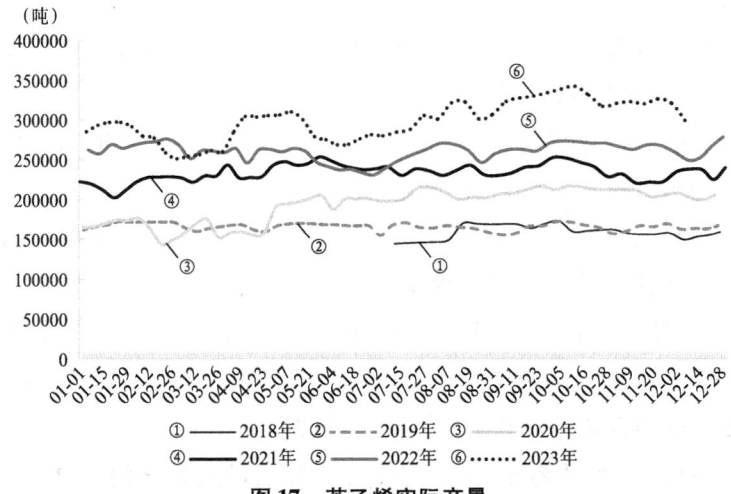

图17 苯乙烯实际产量

资料来源：隆众化工。

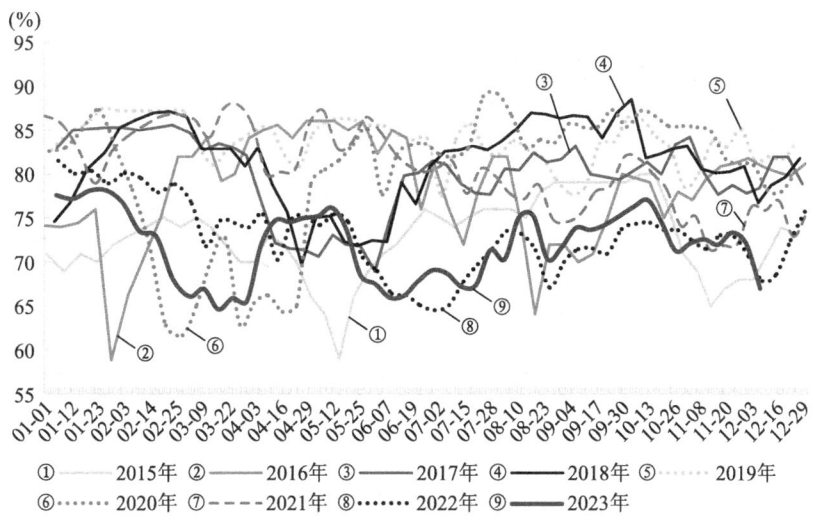

图 18 苯乙烯产能利用率

资料来源：隆众化工。

需求：乙苯调油在 2023 年 7—9 月带来 15 万吨纯苯额外的需求量。

库存：2023 年 7—9 月，纯苯进入快速去库格局。7 月初，港口库存将近 20 万吨快速去化至 9 月的 5 万吨左右。同期，苯乙烯港口库存维持低位运行，7 月初港口 10 万吨去化至 9 月只有 5 万吨（见图 19、图 20）。

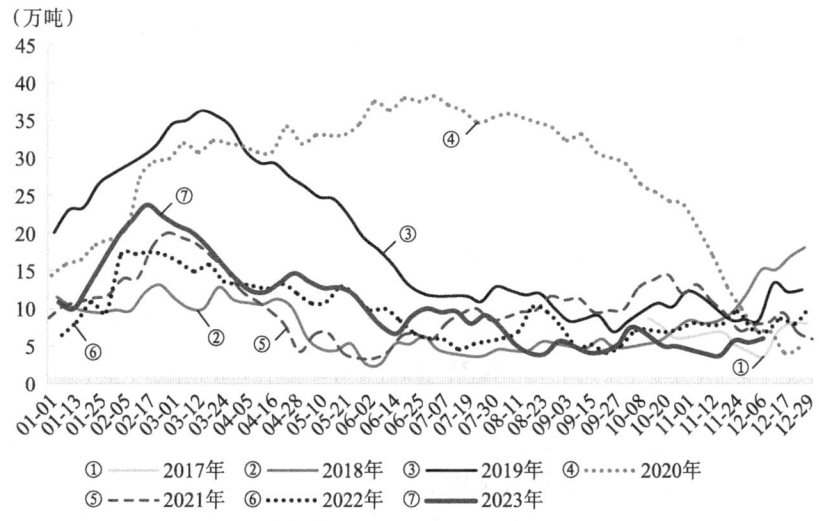

图 19 苯乙烯江苏港口库存

资料来源：隆众化工。

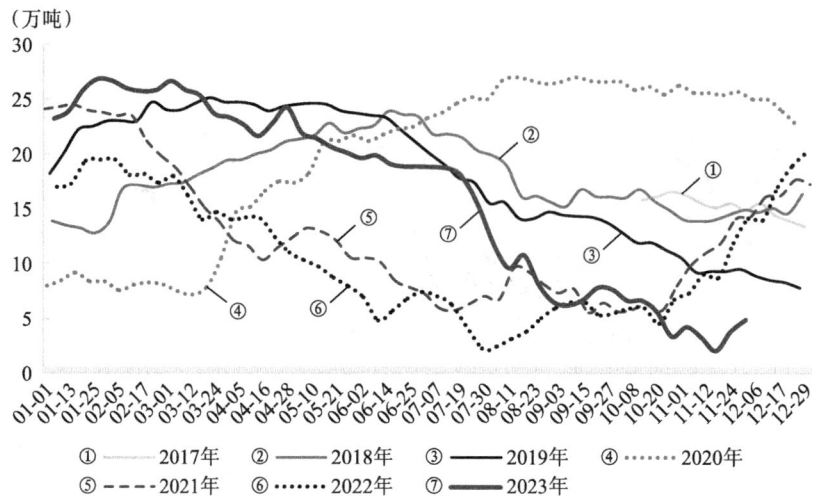

图 20 纯苯港口库存

资料来源：隆众化工。

成本：纯苯从 7 月初的 750 美元/吨持续上涨至 9 月的 1012 美元/吨（见图 21）。

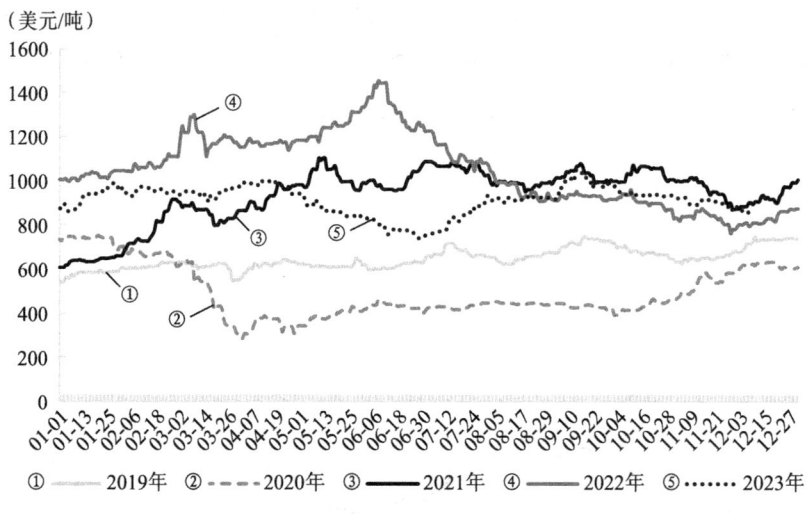

图 21 纯苯价格

资料来源：隆众化工。

（2）市场交易结构主导的期限结构变化。

基差贸易：在苯乙烯市场中存在大量基差贸易结构，如买现货空期货做基差扩大的，也有买期货空现货做基差缩小的。2023 年 7 月初苯乙烯基差仅为 20 元/吨。但是因为 7 月开始出口持续超预期、新增投产不及预期、乙苯调油收缩了苯乙烯的供应，导致 8 月底苯乙烯基差走强至 350 元/吨。市场在不断奖励买现货抛盘面，而做基差缩小的买期货空现货头寸只能被迫在现货市场持续买入,在期货市场平仓,进一步加剧了商品曲线的陡峭(见图22、图23)。

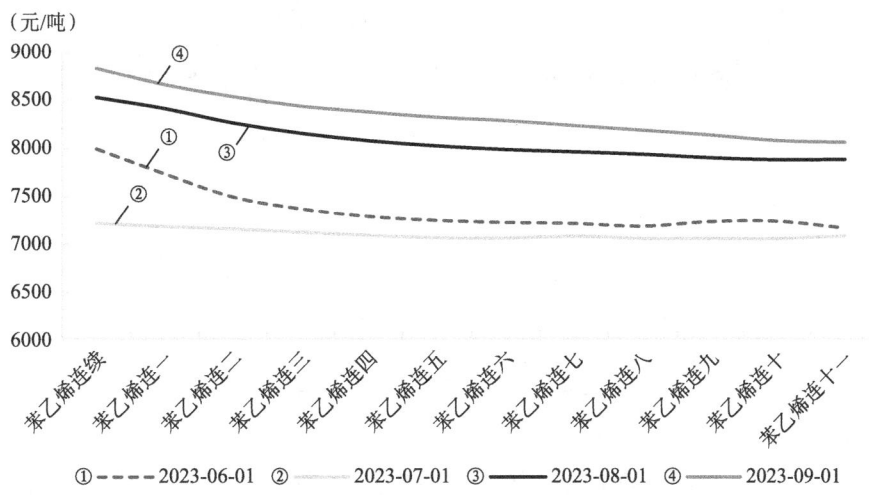

图22　苯乙烯2023年6—9月远期曲线

资料来源:同花顺iFinD。

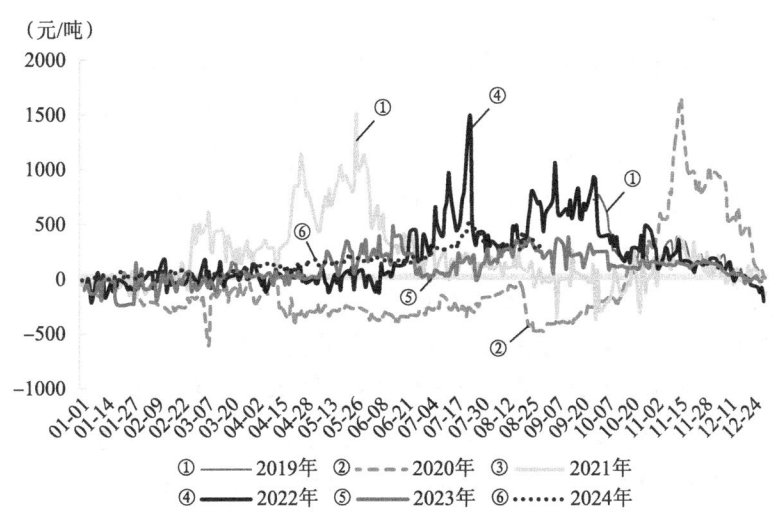

图23　苯乙烯基差

资料来源:隆众化工。

(3)月差交易的影响。

2023年7月初,苯乙烯2308与2309合约的价差仅有38元/吨,而至7月31日月差走强至177元/吨。在月差上涨过程中,买近月空远月套利头寸不断获利,而买远月空近月头寸不断受损,获利的进一步加仓,受损的不断平仓,两种套利结构都在强化近月强、远月弱的结构(见图24)。

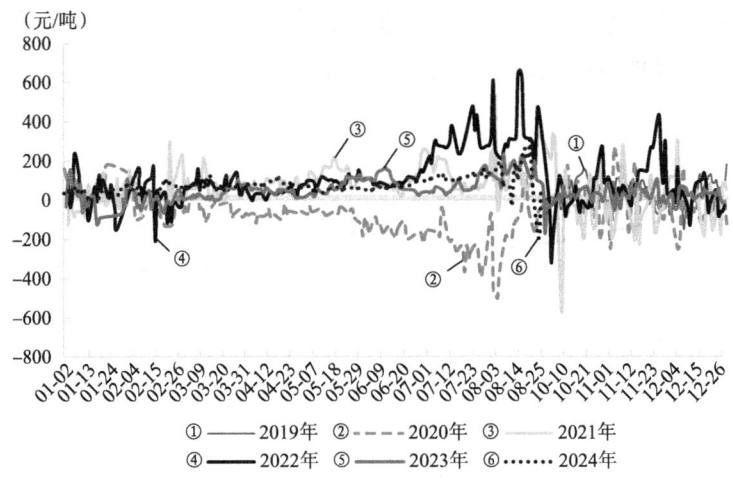

图 24 苯乙烯月差走弱的过程

资料来源:隆众化工。

总之,因为供需结构的走强,市场交易结构在不断奖励基差交易中的买现货抛盘面,同时惩罚买期货空现货的基差交易头寸。在月差交易中也在不断奖励买近月抛远月,惩罚买远月空近月。最终使得商品合约期限结构不断强化 Backwardation 结构。

(4) 成本利润影响。

在一个完全竞争的体系下,最远期的价格往往无限贴近成本线,因市场只要有利润,就会有新的供应填补市场缺口,最终导致远期价格无限贴近成本线。在成本端变化的情况下,远期成本也会跟随变化。由于期货近月总是会不断贴近现货,最终与现货价格平水,因此在市场主要交易现实而非预期的情况下,近月合约与最远月的价差往往暗含的是产业利润空间。

成本利润端影响:通常理论情况而言,近远月合约价差与现货利润大体一致。但是由于基差的存在以及远期市场中成本预期的变化或近月市场短期对成本过度悲观的抄跌,会导致近月合约与远月合约的价差有时与现实利润存在部分差异。

2023 年 7 月初苯乙烯非一体化装置成本在 6750 元/吨,但是随着原油价格与纯苯价格的持续反弹,9 月 1 日苯乙烯非一体化装置成本达到 8092 元/吨。7 月最远合约结算价 7063 元/吨,9 月最远合约结算价格 8036 元/吨,远月合约价格基本与当时成本线一致。7 月远月价格略高于非一体化成本主要原因是当时纯苯处于超跌格局中,现货定价偏低,反而是盘面定价更有效。

4. 2022—2023 年铜期限结构影响因素分析

期限结构反映了近端的现实和未来的预期。期限结构的近端反映了现货市场的供求关系,远端反映了对未来的预期。从 Contango 结构上看,近端合约价格偏低可以认为现货市场供应过剩,而远端的预期可以通过两种理论进行解释。一种是持有成本理论。在正常的情况下，期货价格等于现货价格加上持仓费用，其中，期货价格主要受铜矿生产成本和冶炼成本的影响，持仓费用即是时间成本，包括现货仓储费用、利息成本、运输成本等。当市场供应过剩，库存持续上升时，远月的持仓成本会不断增加，这就使得远月价格高于近月。另一种是预期理论，现货供应过剩打压近端价格，过低的价格容易逼出需求，导致未来供应过剩的预期不断弱化。同时，近端低价格将限制未来供应，有利于远端价格强于近端价格。

Contango 结构表明近端的供应过剩，表现为库存的走高或者高位水平，现货往往是贴水状态。在这种情况下是不适合做多的，如果做多，则意味着要在盘面上交割，然后以贴水在现货市场销售，亏损的是现货贴水。如果不去交仓，则需要在盘面进行移仓，损失的是盘面价差，不适合多头移仓。所以，Contango 结构是现货的熊市，天然有利于空头。从具体的交易端来看，Contango 结构表现为悲观的现实和乐观的预期。对于有色品种而言，产业端更加重视的是近端的逻辑，可以认为 Contango 是现货的熊市。机构资金端更加重视的是远端的逻辑，可以认为 Contango 是预期的牛市。

以 2021 年 5—7 月为例，在此时间周期内沪铜大部分时间为 Contango 结构，但是 Contango 走弱并最终转为 Back 结构，主要受持有成本上升和供需缺口的影响。2021 年 5—7 月国内通胀上升，且国内资本成本回升，推升了铜的成本。同时，随着铜价阶段性回调，下游需求和终端消费释放，铜的社会库存持续回落。首先，从成本的角度看，铜的生产成本连续上升，主要因通胀的回升和资金成本的增加。从通胀的角度看，2021 年 5—7 月，智利、秘鲁等主要铜矿生产国通胀连续回升，其中，智利 CPI 同比从 5 月的 3.65% 上升至 7 月的 4.54%（见图 25 和图 26）；中国平均 CPI 为 1.13%，PPI 平均值高达 8.93%（见图 27）。同时，从持有成本上看，在此时间周期内，国内资金成本稳中有升，其中，银行理财产品预期年收益率从 2021 年 5 月的 3.36% 上升至 7 月初的阶段高位 3.48%，这也提高企业的资金成本（见图 28）。

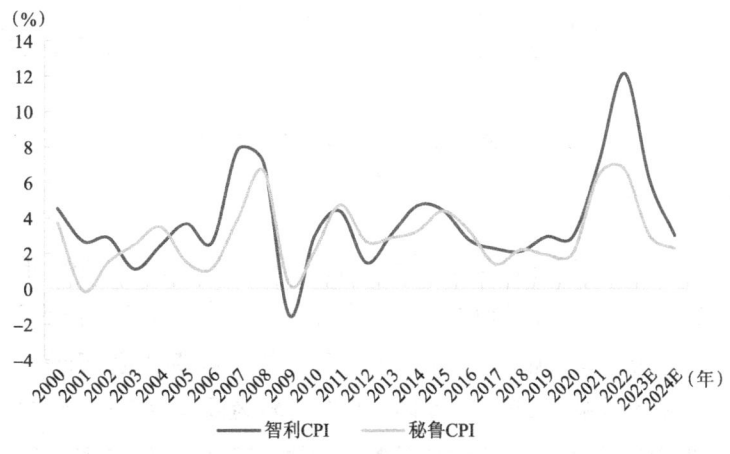

图 25 2021 年智利、秘鲁等国家 CPI 回升

资料来源：同花顺 iFinD。

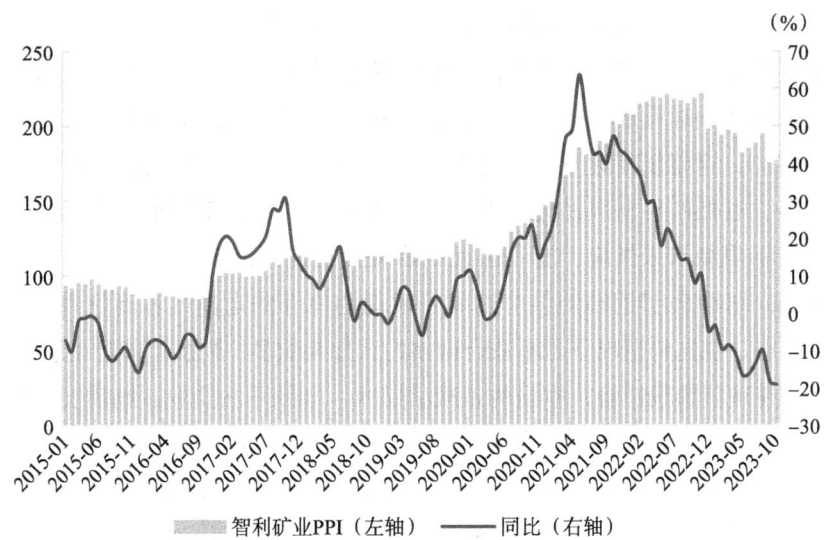

图 26　智利矿业 PPI 同比自 2021 年持续攀升

资料来源：同花顺 iFinD。

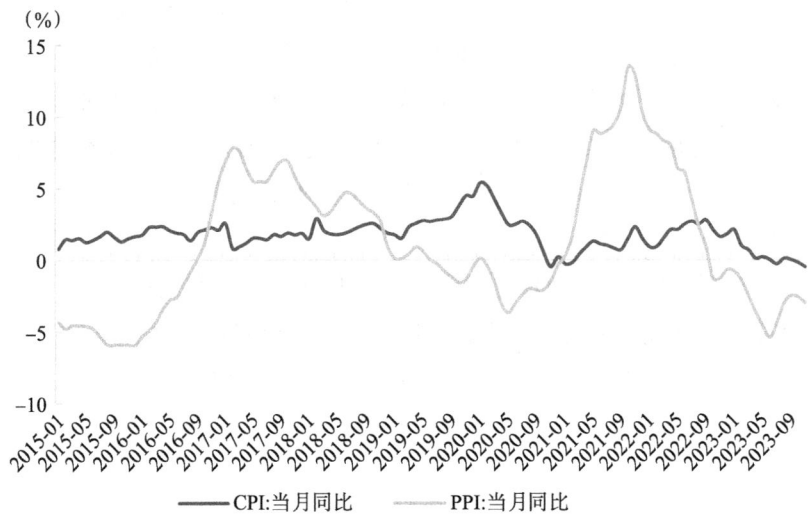

图 27　2021 年 5—7 月中国通胀持续回升

资料来源：同花顺 iFinD。

从供需结构上看，国内供需不断改善，社会库存持续回落，为沪铜 Contango 结构向 Back 结构转变提供了充足动力。2021 年中国社会库存从 5 月初的 34.19 万吨下降 7 月底的 15.02 万吨，降幅达到 56.07%。库存的下降带动现货升贴水走强，2021年 5 月国内铜现货平均贴水 59.17 元/吨，到 7 月转为升水 267.95 元/吨。国内铜社会库存减少和现货升贴水走强与基本面密切相关。2021 年 5—7 月，国内铜产量下降和消费的回升形成鲜明的对比，其中，国内精铜供应持续回落，从 5 月 85.01 万

图 28　2021 年 5—7 月中国银行理财产品年收益率回升

资料来源：同花顺 iFinD。

吨下降至 6 月的 83.93 万吨和 7 月的 83.05 万吨；国内铜消费量连续回升，从 5 月的 112.23 万吨上升至 6 月 114.06 万吨和 7 月的 118.7 万吨（见图 29、图 30）。

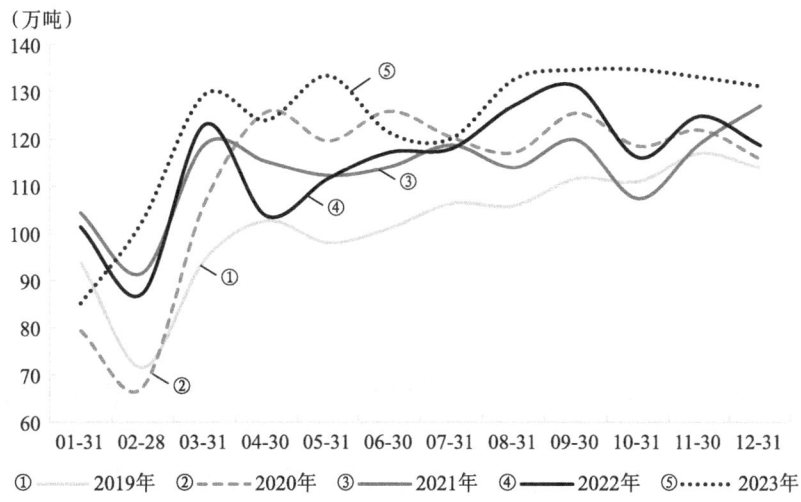

图 29　2021 年 5—7 月国内铜的实际消费连续回升

资料来源：SMM。

5. 2022 年 7—10 月沪锌期限结构影响因素分析

（1）期限结构因素分析。

市场基本情况介绍：需求增速高，供应低位。彼时正值国内华东地区因公共卫生事件封控结束的消费强劲复苏阶段，而冶炼端受到原料不足、利润低迷的抑制，开工率处于低位，与此同时，国内此前打开出口窗口驱动锌锭货源向外流出，加剧

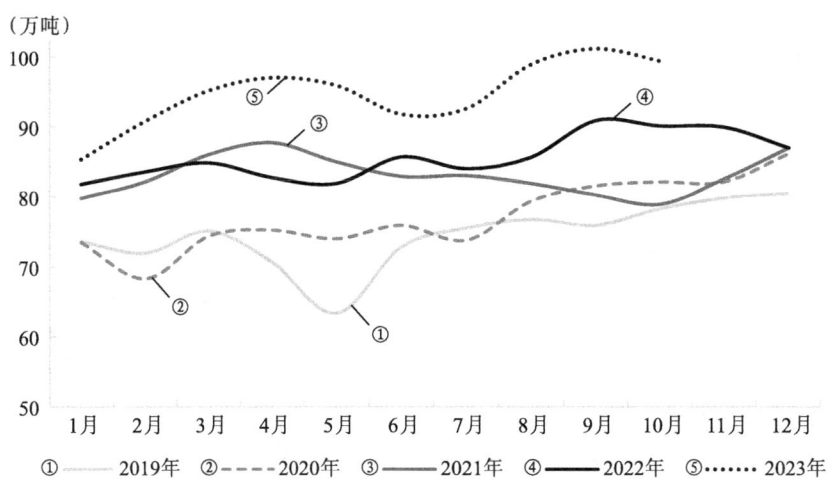

图30　2021 年 5—7 月国内铜的产量连续回落

资料来源：SMM。

供应的紧缺程度。沪锌期限价差陡峭上行，沪锌近月和连一合约价差在 ZN2210 最后交易日冲向 2425 元/吨（见图31）。

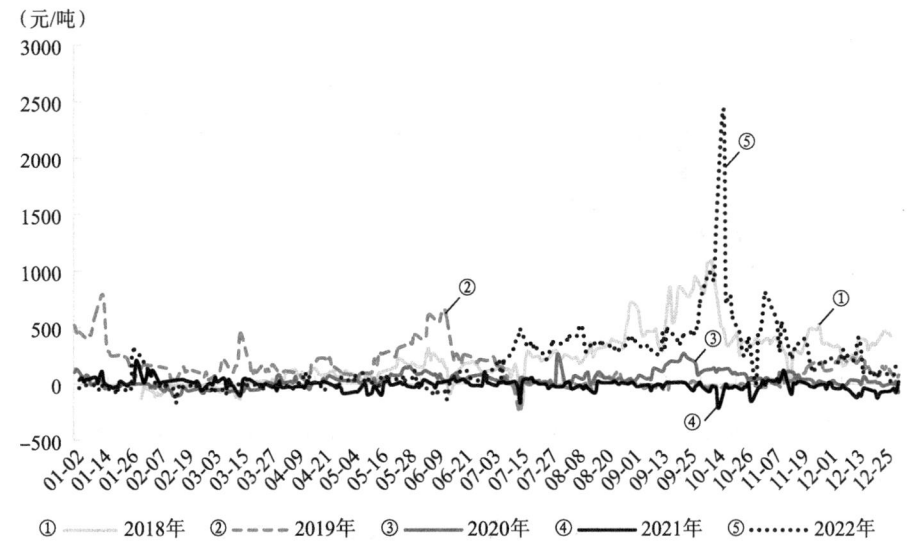

图31　沪锌近月和连一合约价差在 ZN2210 最后交易日冲向 2425 元/吨

资料来源：同花顺 iFinD。

供应端：低产量＋净出口，奠定国内低供应基础。2022 年第二季度伊始，海外制造业消费景气度迸发，国内受制于封控措施按下消费暂停键，内弱外强的对比突出，沪伦比值一路下行。因此，冶炼厂使用进口矿进行冶炼需蒙受亏损，冶炼厂进口锌精矿和生产积极性均被抑制，国内冶炼厂锌锭产出呈现下滑趋势（见图32）。

2022年8月国内锌锭产量仅约46.27万吨，同比缩减9.08%。与此同时，沪伦比值低位极不利于进口锌锭，甚至打开了国内锌锭出口窗口，锌锭出现反向流出的反常态化现象（见图33）。通常情况下中国为锌锭净进口国，进口锌锭占国内供应的8%—10%，就出口窗口打开的2022年第二季度而言，国内净出口锌锭的量占国内供应的2.6%，这进一步加剧了国内现货紧缺格局。截至沪锌月差拉升至极端值的前一个月，即2022年1—9月，国内锌锭供应同比下降13.5%。

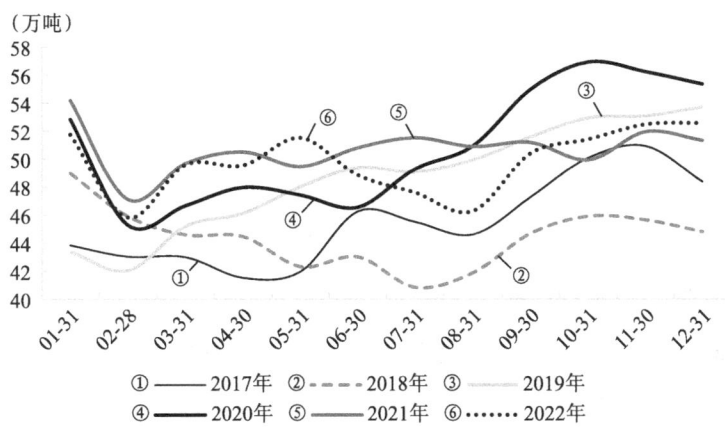

图32　国内精炼锌产量

资料来源：SMM。

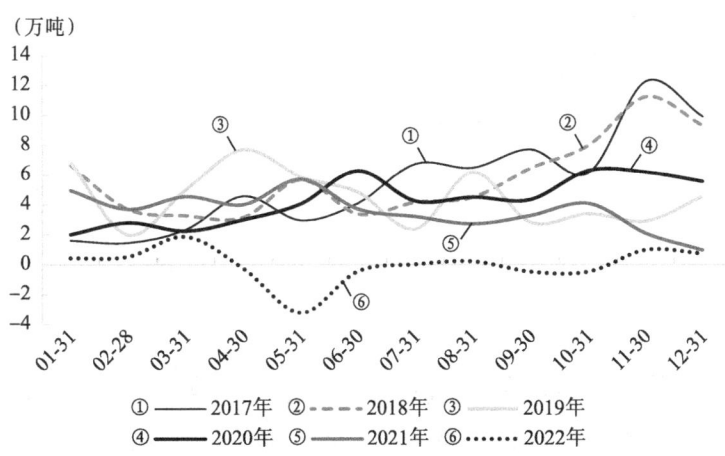

图33　锌净进口量

资料来源：SMM。

需求端：华东地区封控解除后，锌下游开工率迅速修复，由最低25%一线恢复至70%以上（见图34）。

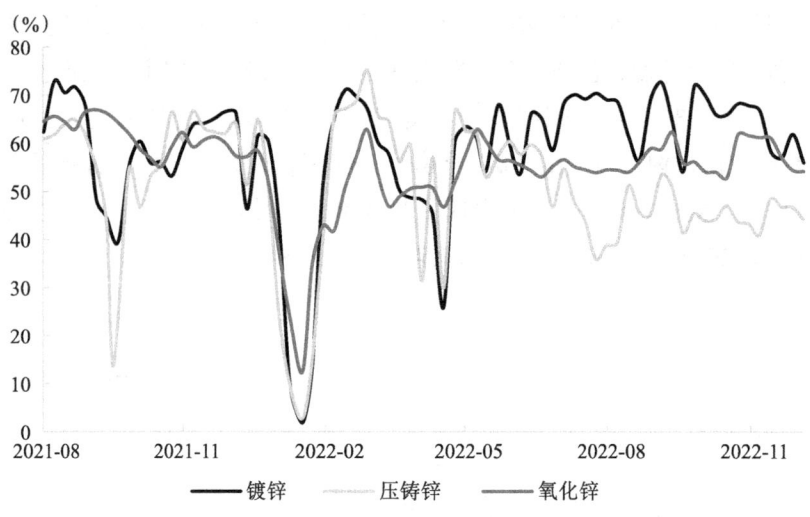

图 34 开工率

资料来源：SMM。

库存：2022年7月至ZN2210最后交易日前，国内社会库存去化11.02万吨，降幅达到61%（见图35）。

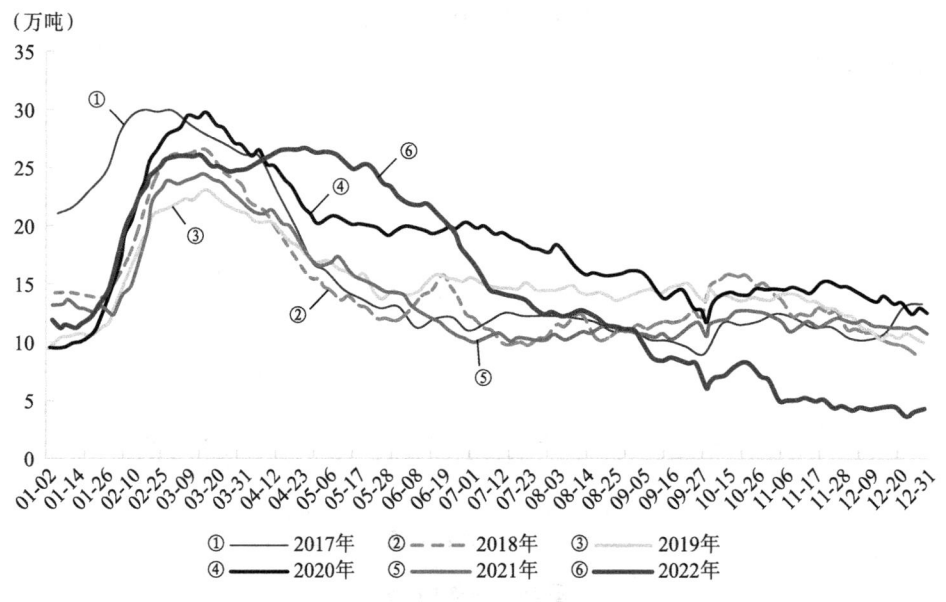

图 35 国内沪粤津三地总库存

资料来源：SMM。

成本：对有色金属锌而言，其原料成本即矿端的定价体系为"金属价格－加工费（TC）"，其中加工费衡量的是最上游矿端的供需格局，相较金属价格为慢变量，因此短期内锌冶炼成本主要是跟随金属价格波动而发生同频变化的，短阶段的冶炼成本和金属价格是螺旋影响、难分因果的。若将周期视角稍微放长（锌冶炼产出周期较长，成本/利润传导至供应变化较为迟钝），加工费的调整将影响冶炼厂盈亏水平，从而改变冶炼厂生产意愿。例如，2022年第二季度国产矿TC逐阶下调，这意味着冶炼成本上升，利润空间收窄，传导至5—8月锌冶炼厂开工率下滑，即最终表现为供应收缩，支撑上述低供应逻辑。总而言之，我们倾向于认为"矿供需格局—加工费—冶炼厂盈亏—锌供应"的传导链条较为迟缓，不及直接交易的金属供需格局的锌价灵敏，因此短期视角内沪锌近月合约价格、月间价差波动在更大程度需要归因于金属本身的供需尤其是现货流通情况，矿的供需扰动所携来的TC及冶炼成本的变化可能构成助推力量，但实则是个更长周期的变量（见图36）。

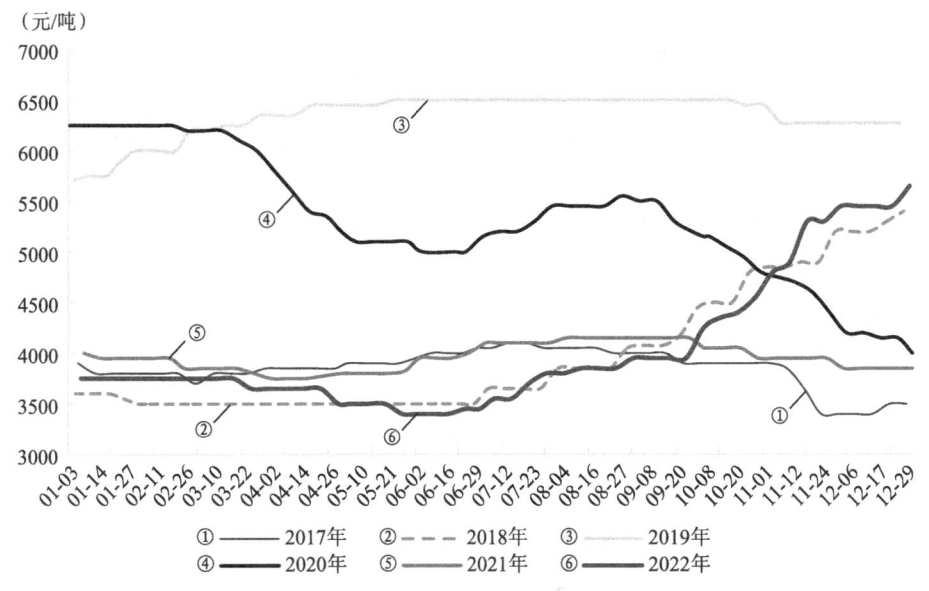

图36 国产锌精矿加工费

资料来源：SMM。

（2）市场交易结构主导的期限结构变化。

基差贸易和月差交易是商品合约期限结构的重要因素，这些套利结构能够产生如此重要影响关键又在其风险低，收益高，且随着市场逐步有利于套利结构演进，市场走势也在不断强化套利模式的扩张。

在市场中存在非常多的月差交易头寸，主要是买近月空远月或者买远月空近月。现货市场在货源紧缺不断走强背景下，大量买近月空远月价差套利有利于市场走向Backwardation结构。2022年10月，锌国内社库和上海期货交易所仓单库存均处于历史极低水位，虚实盘比极高，现货资源紧缺刺激沪锌近月合约飙涨，月差拉升。在月差上涨过程中，买近月空远月套利头寸不断获利，而买远月空近月头寸不断受损，获利的进一步加仓，受损的不断平仓，两种套利结构都在强化近月强，远月弱的结构，ZN2210 与 ZN2211 合约价差在盘间一度拉升至 3000 元/吨一线。通过回溯发现，如若库存极低主动推高基差而非空头打压远端造成的基差被动拉升时，大概率将点燃阶段性上涨的行情，且基差容易出现极端值，统计套利区间下的收敛回归失效（见图 37、图 38）。

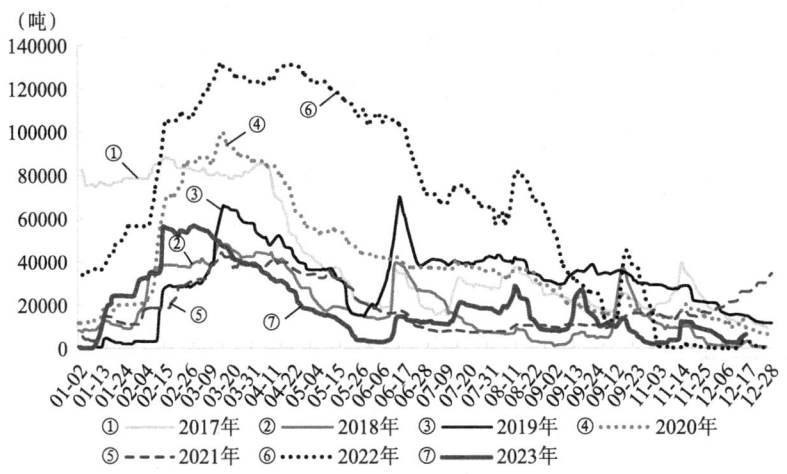

图 37 SHFE 仓单库存

资料来源：同花顺 iFinD。

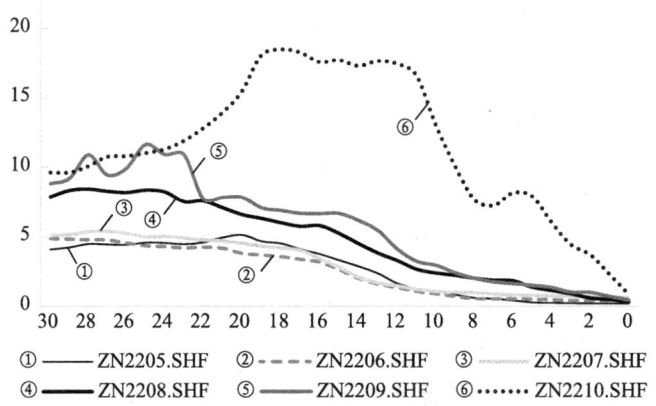

图 38 沪锌合约持仓库存比

资料来源：同花顺 iFinD。

（二）成本走弱、供需坍塌情况下的期限结构影响因素分析

1. 2021 年 10 月—2022 年 1 月玻璃期限结构影响因素分析

（1）期限结构因素分析。

市场基本情况介绍：玻璃市场在 2021 年 9 月至 2022 年 1 月出现一轮市场价格

持续下滑行情。现货价格自 3300 元/吨下跌至 1883 元/吨。主要因房地产市场持续收缩，行业需求疲软。

需求：房地产市场自 2021 年 6 月达到 2.2 亿平米单月销售面积后开始大幅下滑，国内房地产市场弱势格局一直延续至今。玻璃行业在 9 月旺季预期终结后也正式步入下滑通道（见图 39）。

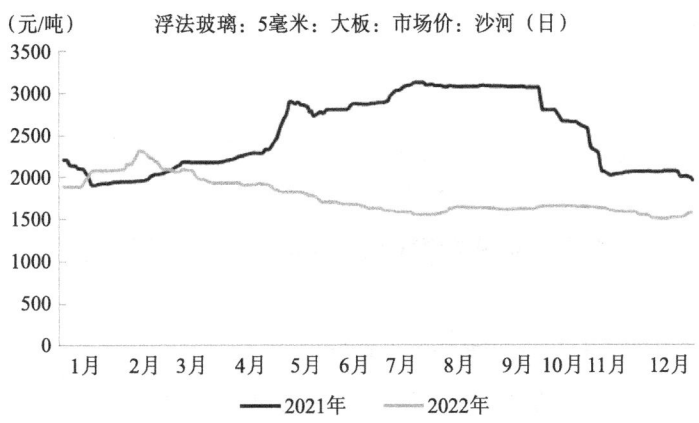

图 39　河北沙河玻璃价格

资料来源：隆众化工。

库存：自 2021 年 8 月初 1655 万重箱的历史低位后，玻璃库存持续上涨至 2022 年 6 月，最高峰达到 7500 万重箱，上涨幅度高达 4.5 倍，为历史最高库存（见图 40）。

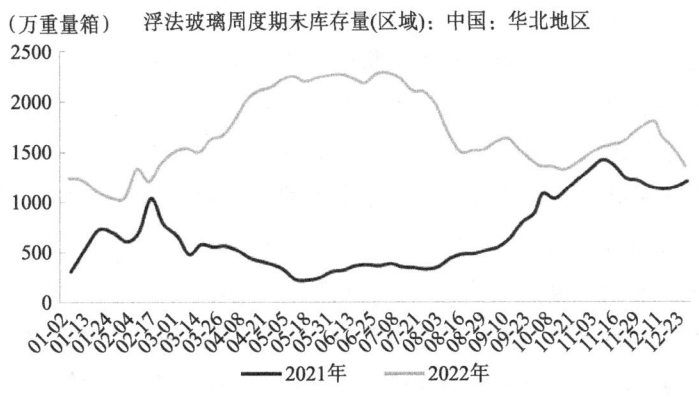

图 40　华北地区玻璃库存

资料来源：隆众化工。

成本：在 2021 年能耗双控影响下玻璃成本 9 月前持续攀升，10 月下旬煤制成本 1950 元/吨，此后玻璃成本逐步下滑至 1700 元/吨左右（见图 41）。

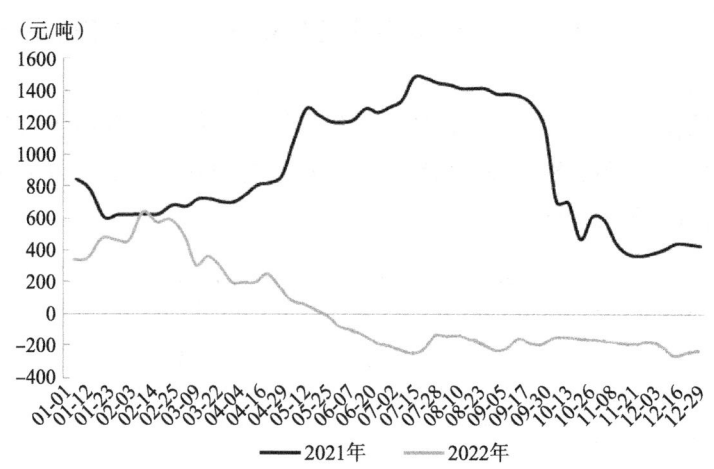

图 41　以煤炭为燃料的浮法工艺玻璃周度理论利润

资料来源：隆众化工。

（2）市场交易结构主导的期限结构变化。

基差贸易和月差交易是商品合约期限结构的重要因素，这些套利结构能够产生如此重要影响关键又在其风险低，收益高，且随着市场逐步有利于套利结构演进，市场走势也在不断强化套利模式的扩张。

基差贸易的影响：买期货空现货的基差贸易助推市场走向 Contango 结构。市场同时存在买现货抛期货以及买期货空现货两大对立头寸。2021 年 10 月中旬 01 合约基差 680 元/吨，11 月初基差一度达到 780 元/吨。此后基差持续收缩，11 月底基差收缩至 200 元/吨，12 月底下跌至 -6 元/吨。在 10 月与 11 月，现货市场尚处于高位时期，市场成交已经大幅走弱，价格也已经出现下跌，现货贸易端为了促进成交，开始大量做降价远期超卖，即市场名义价格虽然在高位，但给出 1 个月以后的报价已经大大低于当前市场价，为了对冲这种超卖风险，贸易商会在期货市场买入，随着市场超卖越来越多，现货更加弱势，基差持续走弱，更加多的现货加入到超卖大军，进一步打压基差。市场在交易层面不断奖励买期货空现货，加剧了近月市场商品曲线走向 Contango 结构。

（3）月差交易助推期限结构进一步走向 Contango。

在现货市场走弱背景下，买远期抛近期套利不断获利，驱动市场走向 Contango 结构（见图 42）。2021 年 9 月中旬 FG2201 合约与 FG2205 合约价差 302 元/吨，到 2022 年 1 月 FG2201 合约与 FG2205 合约价差收缩至 -265 元/吨。由于现货市场的持续走弱，市场大量存在的持有现货的现货商参与套保，甚至大量注册仓单抛到近月，所以在后期近月压力更大，导致 01 合约自 2021 年 9 月下旬开始持续弱于远期，因为现货走弱情况下，近月接货压力更大。买 FG2201 合约空 FG2205 头寸不断亏损，只能不断平仓，相反买 05 空 01 头寸不断盈利，更多的资金加入到该头寸中来。

现货市场进一步下跌，库存进一步累积，都是在不断强化近月更弱，远月更强的格局。

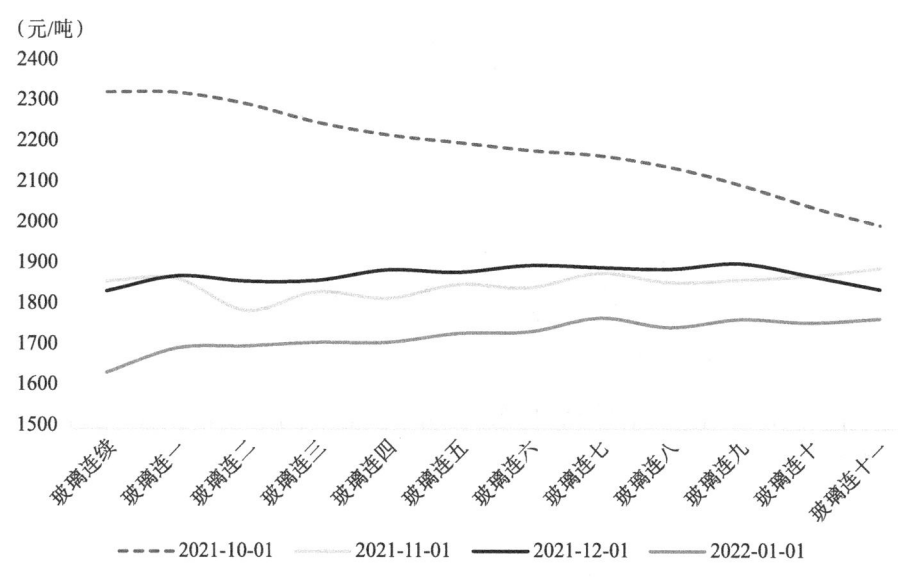

图42 玻璃期限结构曲线

资料来源：同花顺iFinD。

（4）成本端影响。

如我们此前所述：在完全竞争市场中，市场未有远期一致性预期的情况下，最远期的商品合约价格无限贴近成本线，在没有预期因素干扰情况下，最远期合约价格受成本端影响较大。

本案例中，最远期合约价格2021年10月玻璃高成本装置成本在1950元/吨，随着动力煤价格下滑、纯碱自3600元/吨下跌至2600元/吨，玻璃成本在2022年1月下滑至1700元/吨。在商品期货方面，2021年10月最远端商品合约FG2209合约结算价2000元/吨，与当时烧煤生产线成本基本持平。随着成本端的持续下滑，2022年1月最远端玻璃合约FG2212结算价1772元/吨，与当时的烧煤生产线成本非常接近。

2. 2018年9—10月PTA期限结构影响因素分析

（1）期限结构因素分析。

市场基本情况介绍：PTA市场在2018年8月底经历了逼仓行情，PTA现货价格持续走高，而聚酯工厂已经无法承受过高的PTA原料价格，因此开始下调装置开工负荷，并出售手中的原料。PTA在供增需减且原油价格开始持续走低的三重打压下，价格下跌（见图43、图44）。

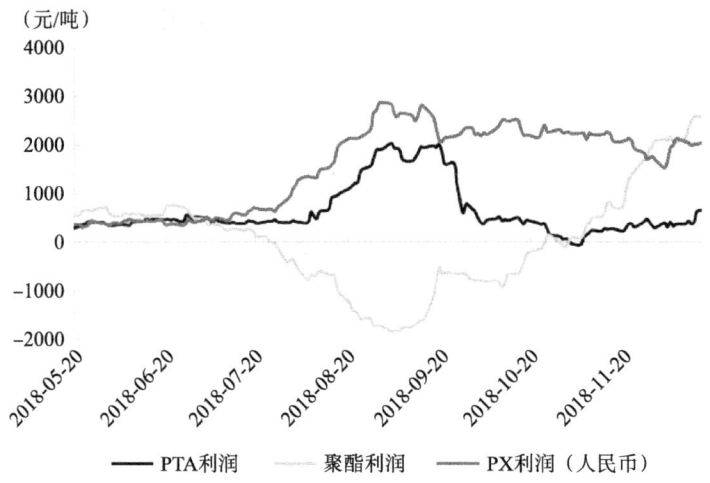

图 43　PTA、聚酯、PX 利润

资料来源：化纤信息网，内部数据库。

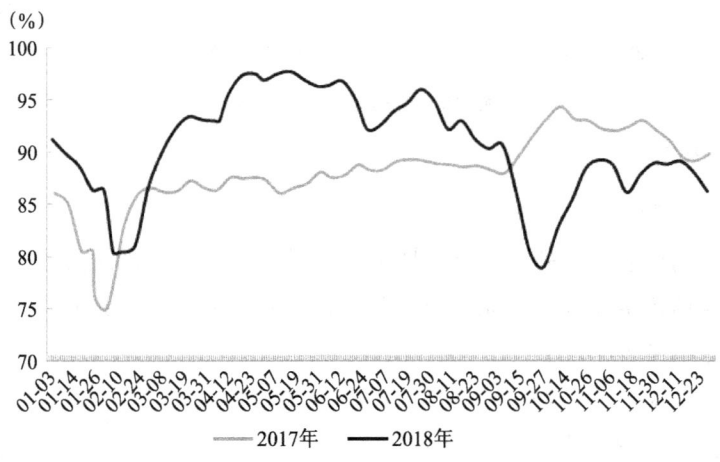

图 44　聚酯负荷指数

资料来源：化纤信息网。

需求：2018 年 7 月开始，由于 PTA 市场紧缺、价格大幅上涨，聚酯工厂向 PTA 环节让利。进入 2018 年 9 月，聚酯产品的亏损达到 2000 元/吨，大部分聚酯工厂无法承受如此之高的亏损幅度，因此选择下调开工负荷，从 90% 快速降至 78.9%，PTA 需求大幅下滑。

库存：2021 年 8 月，PTA 社会总库存低至 64 万吨，随着负反馈开始，库存在 2 个月时间内快速攀升，到 10 月最高达到 104 万吨规模（见图 45）。

成本：在汽油消费进入淡季背景下，原油转为累库格局，价格下跌，带动 PX 估值下行。2018 年 8 月底，PTA 加工成本为 7370 元/吨，到 2018 年 11 月，PTA 加工成本降至 5600 元/吨（见图 46）。

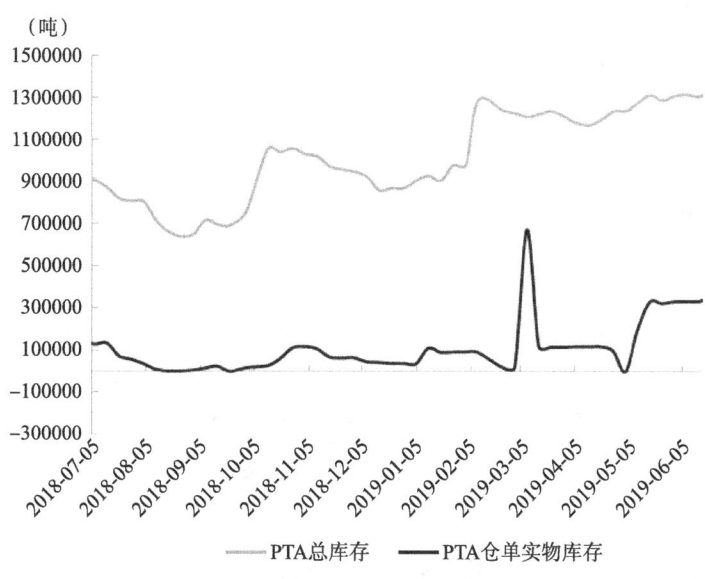

图 45　PTA 库存

资料来源：忠朴。

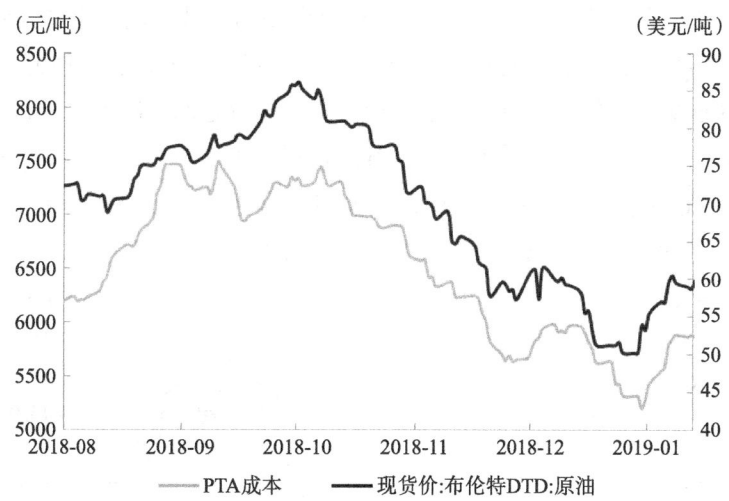

图 46　PTA 成本跟随原油价格波动

资料来源：隆众化工，同花顺 iFinD。

（2）市场交易结构主导的期限结构变化。

基差贸易和月差交易是商品合约期限结构的重要因素，这些套利结构能够产生如此重要影响的关键又在其风险低、收益高，且随着市场逐步有利于套利结构演进，市场走势也在不断强化套利模式的扩张（见图47）。

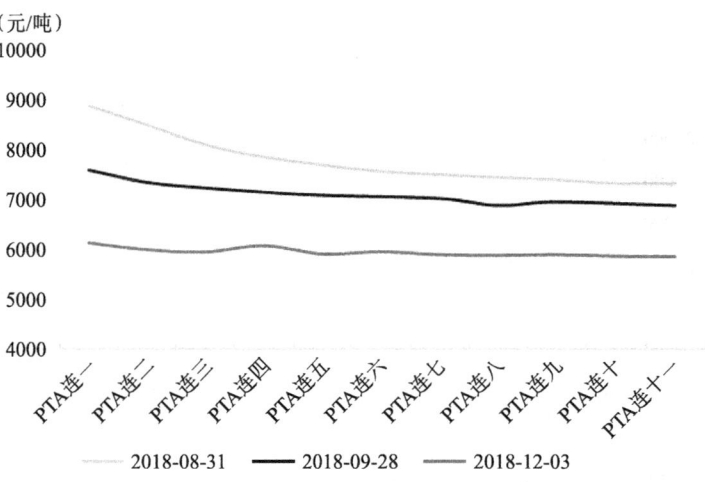

图 47　PTA 期限结构曲线

资料来源：同花顺 iFinD。

(3) 月差交易助推期限结构进一步走向 Contango。

在现货市场走弱背景下，买远期抛近期套利不断获利，驱动市场走向 Contango 结构。2018 年 8 月底 TA901 合约与 TA905 合约价差 548 元/吨，到 11 月 TA901 合约与 TA905 合约价差收缩至 94 元/吨。由于现货市场的持续走弱，市场大量存在的持有现货的现货商参与套保，甚至大量注册仓单抛到近月，所以在后期近月压力更大，导致 01 合约自 9 月下旬开始持续弱于远期，因为现货走弱情况下，近月接货压力更大。买 TA901 合约空 TA905 头寸不断亏损，只能不断平仓，相反买 05 空 01 头寸不断盈利，更多的资金加入到该头寸中来。现货市场进一步下跌，库存进一步累积，都是在不断强化近月更弱，远月更强的格局（见图 48、图 49）。

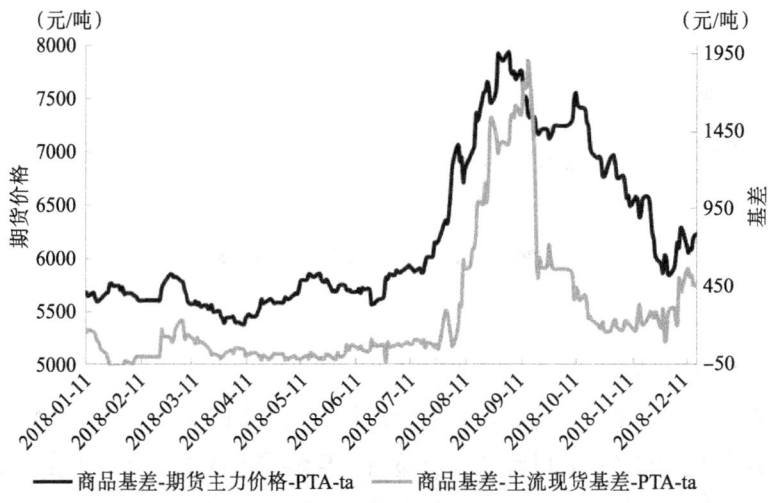

图 48　PTA 基差

资料来源：内部数据库。

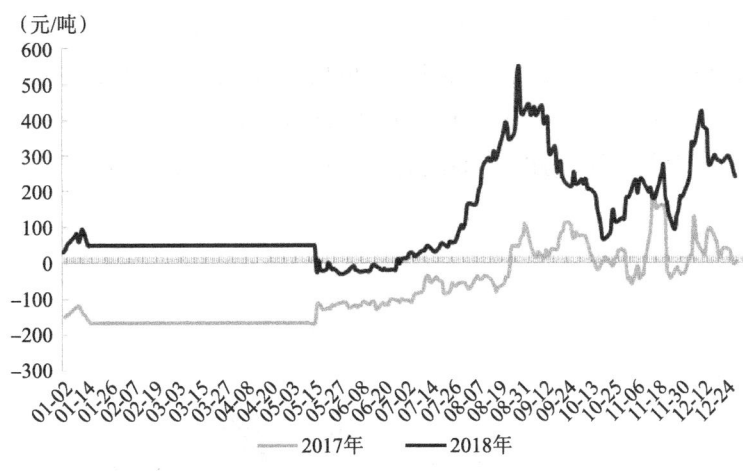

图 49　PTA 月差

资料来源：内部数据库。

（4）成本端影响。

本案例中，时间上与最远期合约对应的 2018 年 8 月底的 PTA 装置成本在 7370 元/吨，随着 PX 原油价格下跌，PTA 成本在 2018 年 11 月底下滑至 5600 元/吨。在商品期货方面，8 月最远端商品合约 TA907 合约收盘价 7330 元/吨，与当时 PTA 装置成本基本持平。随着成本端的持续下滑，2018 年 12 月 3 日最远端 TA911 结算价 5850 元/吨，比成本 5600 元/吨略高。

3. 2023 年 10—11 月的苯乙烯期限结构影响因素分析

（1）期限结构因素分析。

市场基本情况介绍：苯乙烯市场在 2023 年 10 月至 11 月出现了一轮流畅的下跌行情，现货价格从 9100 元/吨下跌至 8250 元/吨。主要原因在于调油旺季结束，汽油成本坍塌，苯乙烯终端需求旺季结束，刚需与囤货需求均下滑。

需求：调油夏天旺季需求结束，苯乙烯自身供需在金九银十旺季之后刚需下滑。

成本：在原油与纯苯成本双坍塌的背景下，苯乙烯成本快速走弱。原油价格从 2023 年 9 月中旬的 89 美元持续下跌至 12 月初 68 美元。纯苯价格从 2023 年 9 月中旬的 8950 元/吨下跌至 12 月初 6770 元/吨。对应苯乙烯的成本从 9172 元/吨下跌至 7450 元/吨。

（2）市场交易结构主导的期限结构变化。

基差贸易的影响：卖现货买期货的基差贸易助推市场走向 Contango 结构。市场同时存在买现货抛期货以及买期货空现货两大对立头寸。2023 年 9 月中旬，现货市场处于高位，部分没有补空的头寸已经陆续回补结束，市场现货成交大幅走弱，价格已经开始有松动。现货贸易端为了促进成交，开始大量做降价远期超卖。市场现货市场名义价格虽然还在高位，但是1个月以后给出的报价已经明显低于现货市场。为了对冲这种超卖的风险，贸易商又在期货市场买入。随着市场超卖越来越多，现货市场更加弱势，基差持续走弱。更多的现货加入到超卖中，进一步打压基差。市场持续奖励买期货空现货，加剧了商品曲线的contango（见图50）。

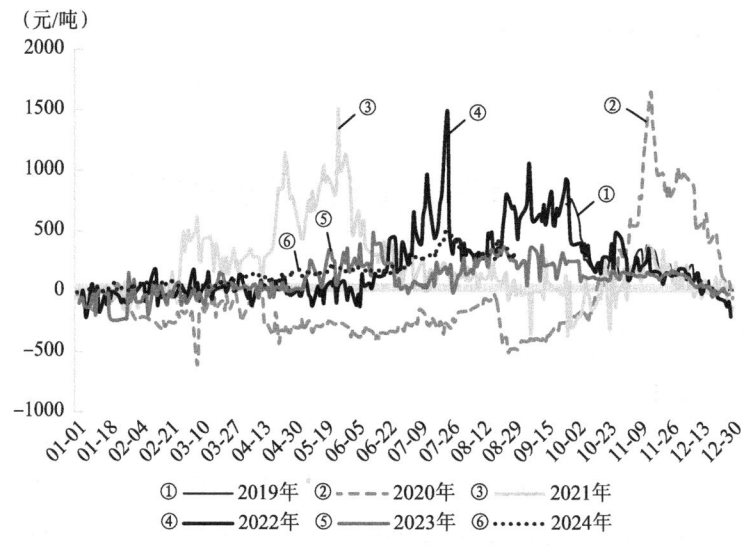

图50　苯乙烯四季度基差走弱

资料来源：隆众化工。

月差的影响：在现货市场不断走弱的背景下，大量空近月买远月的价差套利头寸有利于市场走强Contango结构。2023年10月开始，EB2312与EB2401合约价差持续走弱，从9月30日的100元/吨走弱至12月6日最低-98元/吨。这中间主要是成本纯苯端结构快速由Back转Contango，并且苯乙烯自身盘面交割压力大导致的。在月差走弱的过程中买远月空近月的头寸不断获利并进一步加仓，受损的正套只能被迫不断平仓，二者强化了自身的结构（见图51）。

（3）成本利润分析。

如我们此前所述：在完全竞争市场中，市场未有远期一致性预期的情况下，最远期的商品合约价格无限贴近成本线，在没有预期因素干扰情况下，最远期合约价格受成本端影响较大。

在原油与纯苯成本双坍塌的背景下，苯乙烯成本快速走弱。原油价格从2023年9月中旬的89美元持续下跌至12月初68美元。纯苯价格从2023年9月中旬的8950元/吨下跌至12月初6770元/吨。对应苯乙烯的成本从9622元/吨下跌至7900元/吨。2023年11月30日的远期曲线中，对于EB2410合约的远月定价就是7910元/吨，基本与7900元/吨的理论成本一致（见图52）。

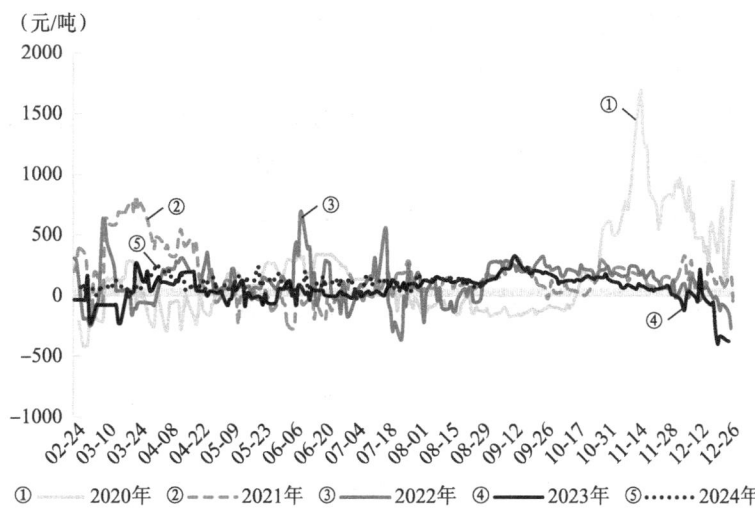

图51 苯乙烯月差走弱

资料来源：隆众化工。

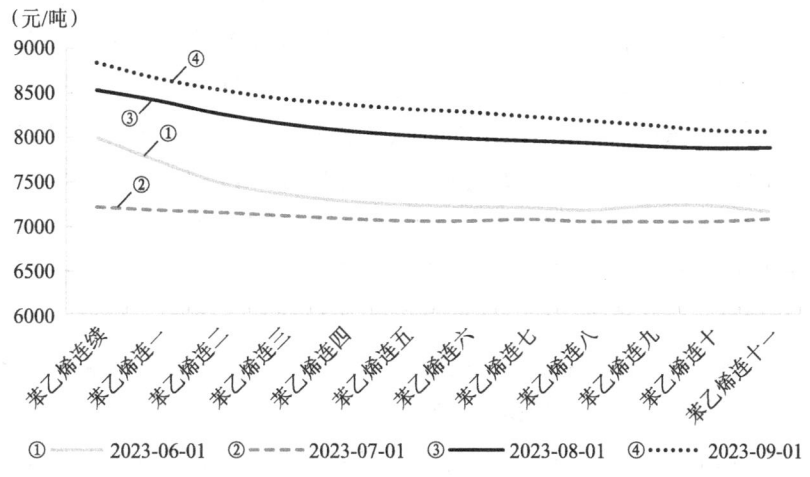

图52 苯乙烯期限结构

资料来源：同花顺iFinD。

4. 2022—2023年铜期限结构影响因素分析

从Back结构上看，近端合约价格偏高可以认为现货市场供应紧张，是现货的牛市；远端合约价格偏低依然可以通过持有成本和预期理论进行解释。从持有成本上看，虽然远端合约需要近端合约加上持仓费用，但是现货市场供应紧张，库存持续下降时，远月的持仓总成本会不断减少。

从现货端来看，Back结构表明近端的供不应求，表现为库存的走低或者低位水平，现货往往是升水状态。在此种情况下，是不适合做空的，如果去做空，则意味着要以高升水购买现货去交仓，亏损的是现货升水（不考虑资金成本）。如果不去交仓，则需要在盘面进行移仓，损失的是盘面价差，不适合空头移仓。所以，Back结构是现货的牛市，天然有利于多头。从具体的交易端来看，Back结构表现为乐观的现实和悲观的预期。对于有色品种而言，产业端更加重视的是近端的逻辑，Back是现货的牛市。在实际走势上，基本面库存的变化能够影响Back的走势，如库存边际增加或者基本面缺口放缓，都会使Back缩窄。

以2022—2023年铜期限结构影响因素为例，在此时间周期内沪铜大部分时间为Back结构，但是Back走弱，主要受持有成本下降和供需结构的影响。从成本的角度看，远期持有成本呈现下降的趋势，主要因通胀的下降和资金成本的回落。通过对铜矿成本构成要素的分析，可以得到2022—2023年铜矿成本整体呈现回落的走势，也有三个方面的原因。其一，提取成本和选取成本中的人工、耗材和燃料等受通胀拉升作用减弱。根据国际货币基金组织（IMF）的数据，2022—2023年智利、秘鲁等主要铜矿生产国通胀增速高位回落，其中，智利2022年CPI同比增长12.16%，2023年回落至6.17%；2022年秘鲁CPI同比增长6.75%，2023年回落至3%。主要铜矿生产国通胀回落，预示提取成本和选取成本增速将受限。其二，中国冶炼成本持续回落。随着国内CPI和PPI等通胀数据的持续回落，国内冶炼企业冶炼过程中使用的耗材成本将会下降。统计数据显示，2022年9月中国CPI同比增长2.8%，创阶段性新高，但随后出现连续回落。截至2023年11月，中国CPI当月同比增长-0.50%，为历史偏低水平。同时，中国PPI从2021年10月阶段性新高13.50%连续回落至2023年11月的-3.00%。其三，资金成本已经开始下滑。虽然美元利率依然处于较高水平，但是美联储降息的预期不断增强，美元利率下滑的预期不断增强，这也预示着铜矿开采净财务成本的下滑。同时，中国利率持续回落，冶炼企业贷款的资金成本也会回落，也有利于降低冶炼总成本。

从供需结构上看，2022—2023年中国总库存下降，但降幅放缓。中国2021年平均库存为19.97万吨，2022年降至11.48万吨，而2023年为14万吨。国内社会库存降幅放缓，使得现货升水回落，2022年国内铜现货平均升水243元/吨，2023年为152元/吨。国内铜库存走势和国内铜的供需变化有关。根据我们的判断，2022—2023年中国铜供需存在缺口，其中，2022年中国供应短缺11.67万吨，2023年供应短缺下降至6.59万吨。从消费端看，中国新能源和传统消费持续扩张，中国铜消费增量远远超过预期，2022年和2023年中国铜的表观消费增幅分别是4.35%和7.02%。但是从供应端看，中国冶炼产能持续扩张，精铜产量整体保持正增长状态，其中2022年和2023年中国铜产量增速分别是3.01%和10.89%，其中，2023年中国铜产量增速高于表观消费增速（见图53—图58）。

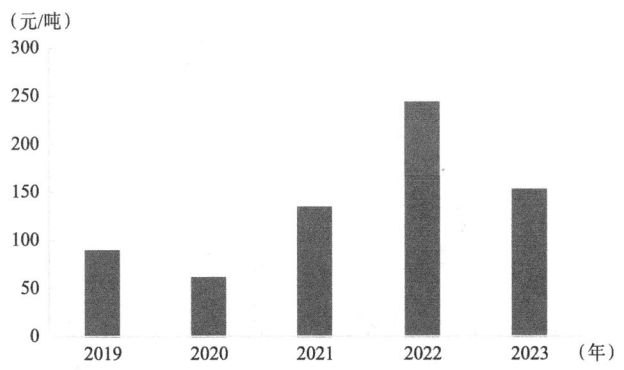

图 53 国内铜现货升水走弱

资料来源：SMM。

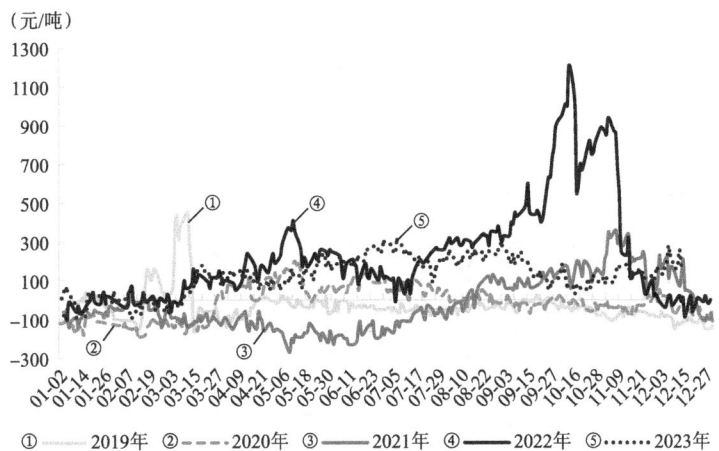

① 2019年 ② 2020年 ③ 2021年 ④ 2022年 ⑤ 2023年

图 54 2023 年沪铜 Back 结构弱于 2022 年

资料来源：SMM。

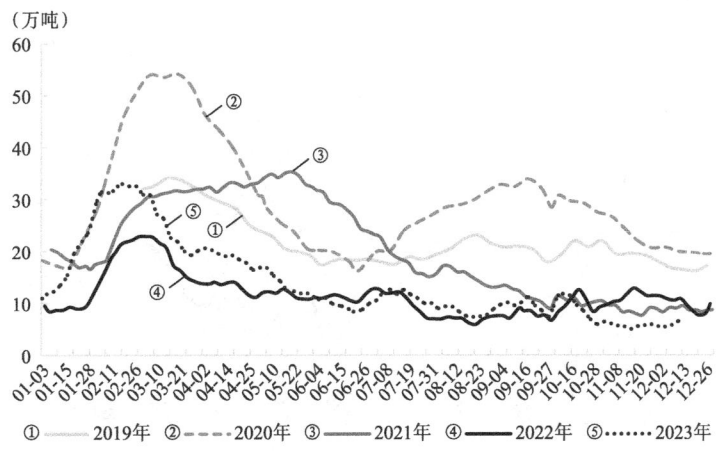

① 2019年 ② 2020年 ③ 2021年 ④ 2022年 ⑤ 2023年

图 55 2022 年后国内社会总库存处于历史偏低水平

资料来源：SMM。

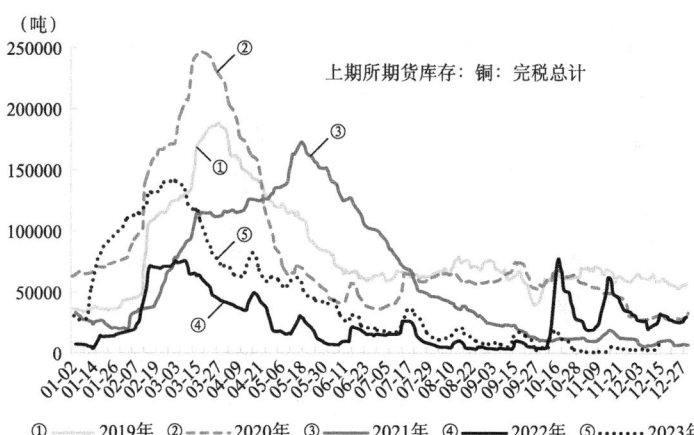

图 56　2022—2023 年国内仓单库存持续处于低位

资料来源：同花顺 iFinD。

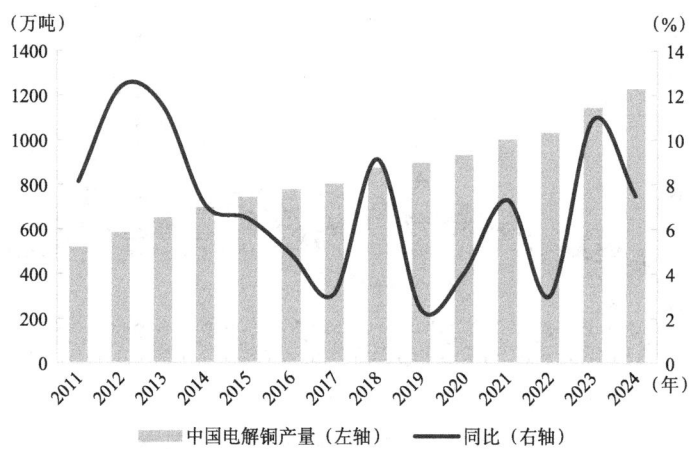

图 57　2022—2023 年中国精铜产量增速扩大

资料来源：SMM。

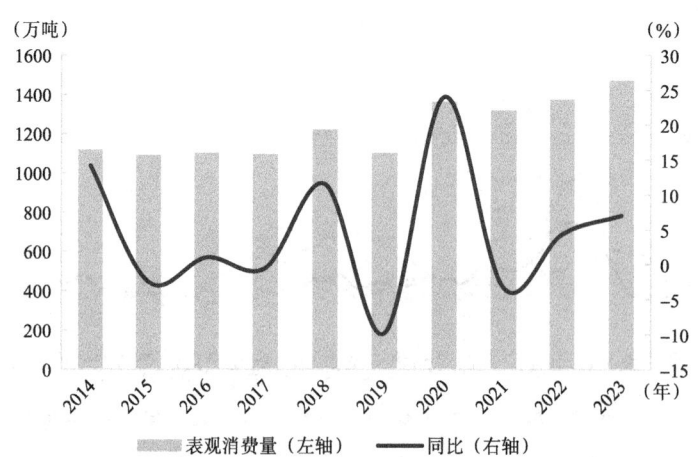

图 58　2022—2023 年中国铜表观消费增速提高

资料来源：SMM。

5. 2019 年 5—7 月沪锌期限结构影响因素分析

（1）期限结构因素分析。

市场基本情况介绍：冶炼端加速放量，而需求端边际迈入季节性淡季，供需格局从紧缺转为宽松，国内锌锭社库从低位开始累积。该时间段内沪锌近月和连一合约结构从 Backwardation 转为 Contango，价差最高触及 560 元/吨，最低达到 -255 元/吨。

供应端：在冶炼利润驱动下，5 月开始国内精炼锌产量加速回升。剔除春节后的减产恢复阶段，2019 年 5 月之后，国内冶炼端开工率迅速爬升，国内锌产量平均每月增加约 1 万吨（见图 59）。

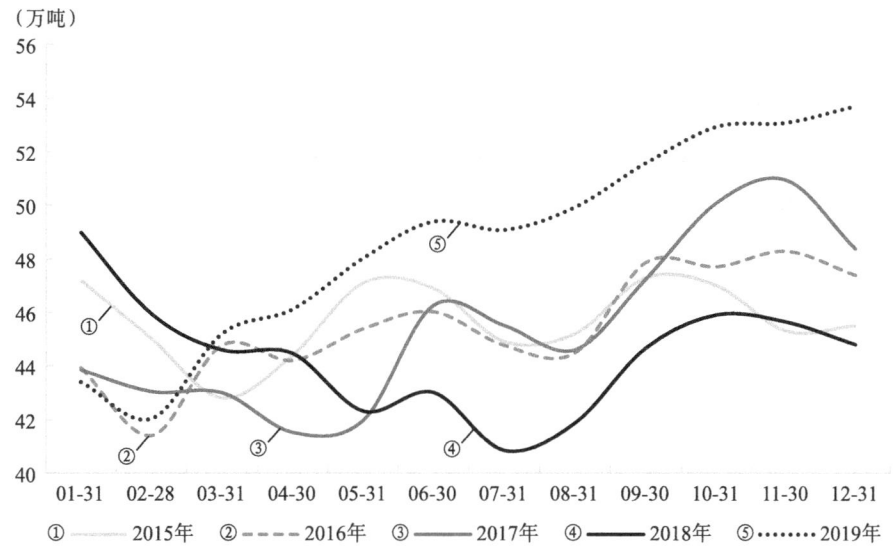

图 59　2019 年 5 月开始国内精炼锌产量加速回升

资料来源：SMM。

需求端：经历上半年"金三银四"消费旺季之后，需求逐步过渡至年中（6—7 月）淡季阶段。2019 年 7 月锌消费量为 52.4 万吨，相比 5 月下降 2.7 万吨（-4.9%）（见图 60）。

库存：供增需减格局之下，国内库存迅速从低位修复。2019 年 5—7 月上海期货交易所仓单库存从 1.5 万吨一线累积至 4 万吨左右，增幅约为 167%，仓单库存不足的风险逐步解除（见图 61）。

成本：2019 年上半年锌精矿 TC 的逐步上调驱动冶炼厂增加锌锭供应，助推了 Back 结构的崩塌，也使得商品曲线整体下移。诚如上文所述，由于传导时间相对较长，因此锌绝对价格的变化滞后于其成本的变化，即滞后于 TC 的上行周期（2019 年上半年），锌绝对价格从二季度开始重心下移（见图 62、图 63）。

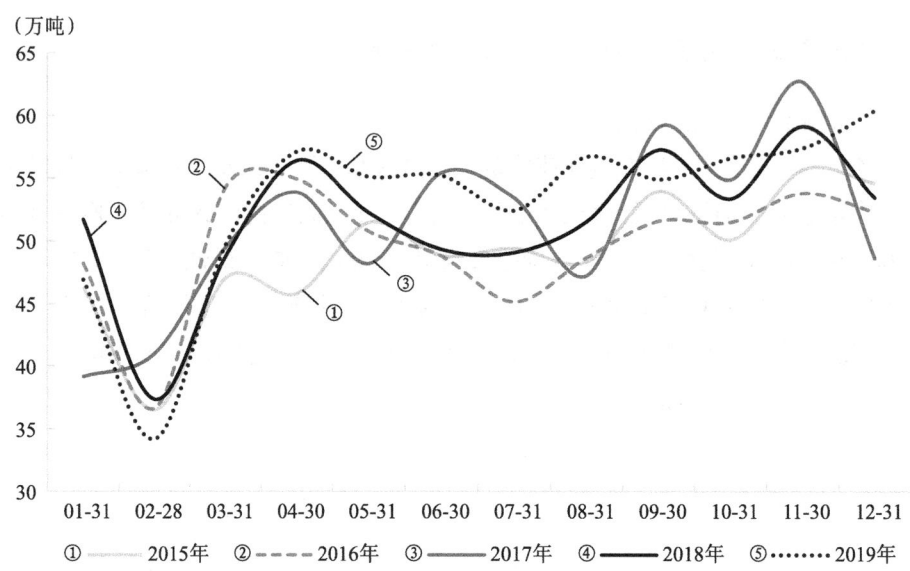

图 60　2019 年 5—7 月国内锌消费空间边际收缩

资料来源：SMM。

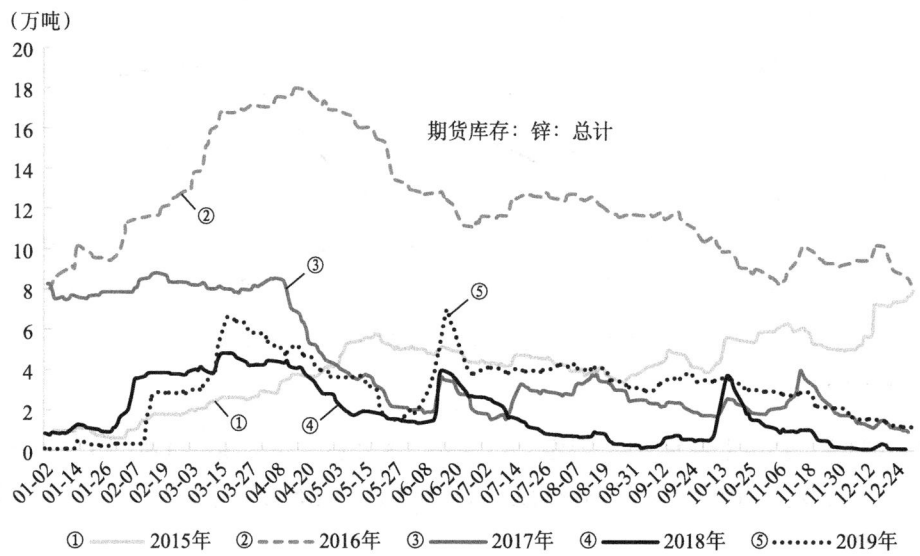

图 61　2019 年 5—7 月上期所仓单库存量低位回升

资料来源：同花顺 iFinD。

（2）市场交易结构主导的期限结构变化。

基差贸易和月差交易是商品合约期限结构的重要因素，这些套利结构能够产生如此重要影响关键又在其风险低、收益高，且随着市场逐步有利于套利结构演进，市场走势也在不断强化套利模式的扩张。

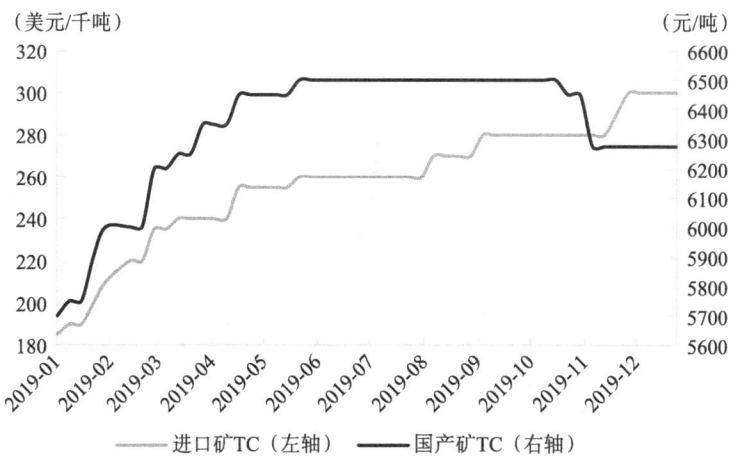

图 62　2019 年上半年国产和进口锌精矿加工费双双上调

资料来源：SMM。

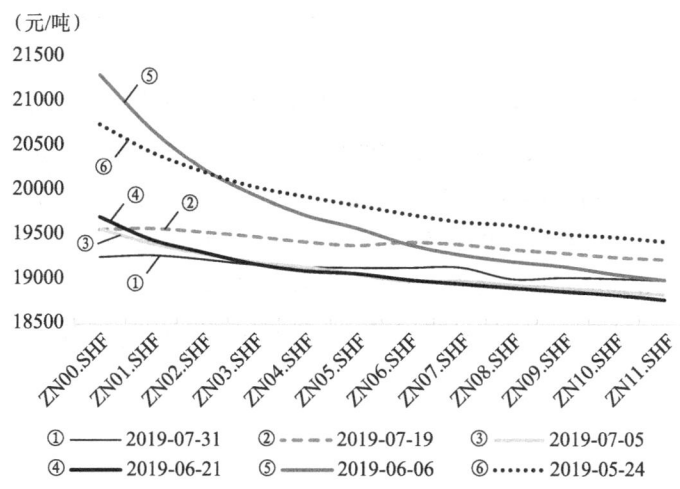

图 63　TC 下调，成本的崩塌传导至沪锌曲线重心下移

资料来源：同花顺 iFinD。

基差贸易的影响：买期货空现货的基差贸易助推市场从 Back 走向 Flat 或 Contango 结构。市场同时存在买现货抛期货以及买期货空现货两大对立头寸。2019 年 5 月中旬上海地区的现货对期货的升贴水高达 285 元/吨，7 月现货仅对期货升水 50 元/吨。5 月市场上流通的现货尚处于紧缺格局，随着宽松的预期逐步兑现，持货商被迫下调升贴水促进成交，同时在远端期货市场买入对冲超卖风险。随着空现货买远端期货头寸的数量增多，商品曲线由近高远低的 Back 逐步走平，甚至逆转结构（见图 64）。

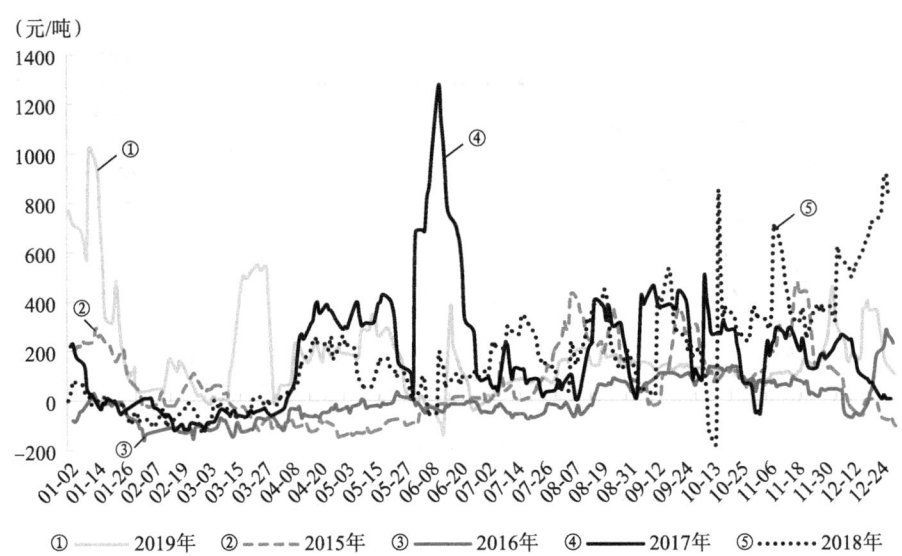

图64 2019年5—7月上海地区锌锭现货基差有所收敛

资料来源：SMM。

月差贸易的影响：在市场中存在非常多的月差交易头寸，主要是买近月空远月或者买远月空近月。在现货市场因为供增需减货源不断变宽松的背景下，大量空近月买远月的套利刺激市场的 Back 缩窄，甚至变为 Contango 结构。在月差缩窄的过程中，空近月买远月套利头寸不断获利，而买近月空远月的头寸不断受损，获利的头寸进一步加仓，受损的头寸不断平仓，两种套利结构的加强都在进一步推动近月弱远月强的格局，造成 ZN00－ZN01 价差缩窄，最终转为负值（见图65）。

图65 2019年5—7月沪锌近月和连一合约月差缩窄，最终转为负值

资料来源：同花顺 iFinD。

(三) 基于远期预期的期现结构影响因素分析

1. 2021 年 5—9 月纯碱期限结构影响因素分析

（1）期限结构因素分析。

市场基本情况介绍：纯碱市场在 2021 年 2—5 月出现一轮市场价格持续上涨。现货价格自 1550 元/吨上涨至 2100 元/吨（见图 66）。主要原因是在纯碱需求端 2021 年初国家发改委解除光伏玻璃禁止扩张规定，光伏玻璃产能即将迎来大扩张。在 2021 年初市场已了解到连云港碱业将于 2021 年底停产，该装置占国内总产能比例达到 4.2%。一方面需求扩张预期强烈，另一方面供应收缩确定，导致 2021 年纯碱乐观预期较为强烈。

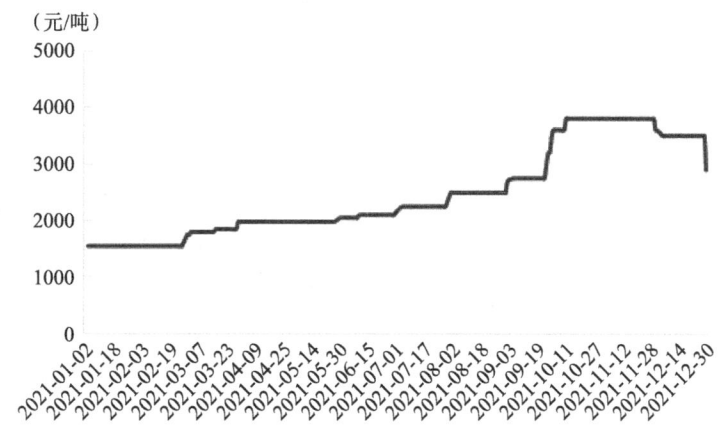

图 66 华北地区重质纯碱价格

资料来源：隆众化工。

实际供需：2021 年上半年在纯碱需求端玻璃行业高歌猛进，浮法玻璃产能从年初 16.7 万吨/日扩张至 17.5 万吨/日。光伏玻璃产能自年初 3 万吨/日上涨至 9 月 4.2 万吨/日，且当时市场预计年内光伏玻璃产能将要扩张至 6 万吨/日，即在 2021 年初市场预期的重碱刚需将要扩张 19.2%，纯碱供应端开工保持稳定，但是市场已经在开始交易 2021 年底连云港碱业停产，产能收缩将要收缩 4.2%。即 2021 年底纯碱需求扩张 19.2%，而供应收缩 4.2%。

纯碱库存：自 2021 年 2—5 月走势平稳，整体略有下滑，2 月重碱厂家库存 56 万吨，5 月重碱厂家库存 49 万吨（见图 67、图 68）。

纯碱成本：2021 年 2 月纯碱成本为 1400 元/吨，2—5 月纯碱成本变动不大，基本保持在 1400—1500 元/吨。

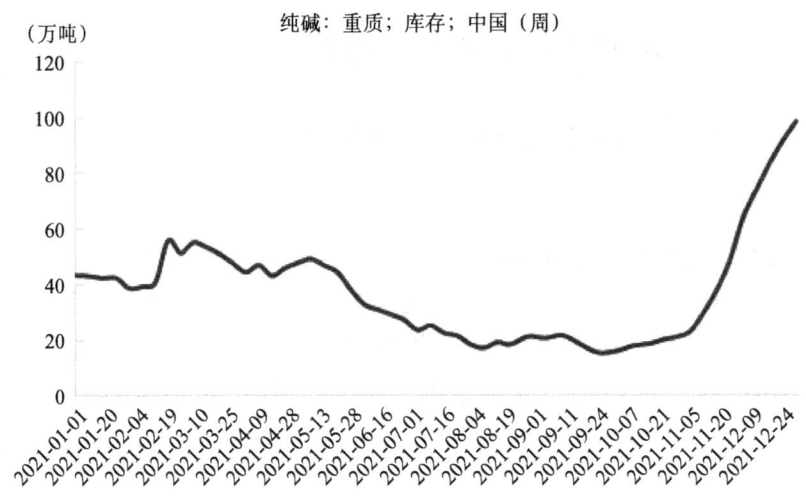

图 67 中国重质纯碱库存

资料来源：隆众化工。

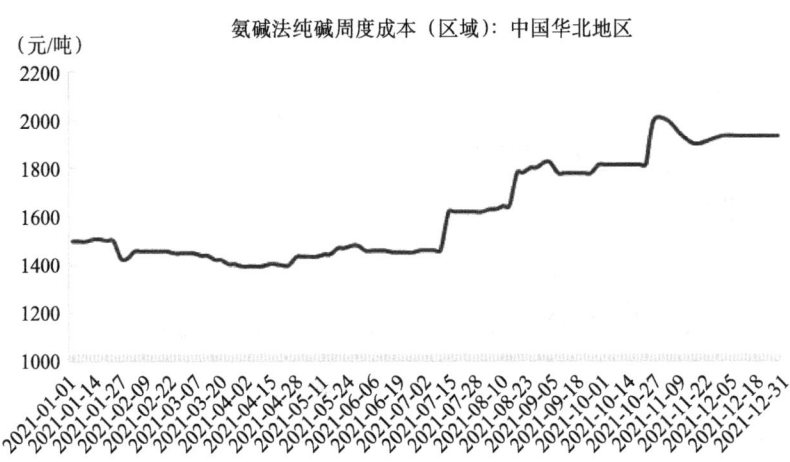

图 68 纯碱库存

资料来源：隆众化工。

（2）基差贸易对期现结构的影响。

基差贸易的影响：市场同时存在买现货抛期货以及买期货空现货两大对立头寸，在乐观预期影响下，纯碱基差持续走弱，买期货空现货不断获利，驱动市场走向 Contango 结构。2021 年 2 月初纯碱基差高位 252 元/吨，随着期货市场对远期纯碱价格越来越看好，纯碱期货价格持续上涨，但是现货未见明显变动，纯碱基差持续走弱，3 月初基差高位已经下降至 139 元/吨，到 4 月底基差已经为 0，5 月基差最低位达到 -150 元/吨（见图 69）。

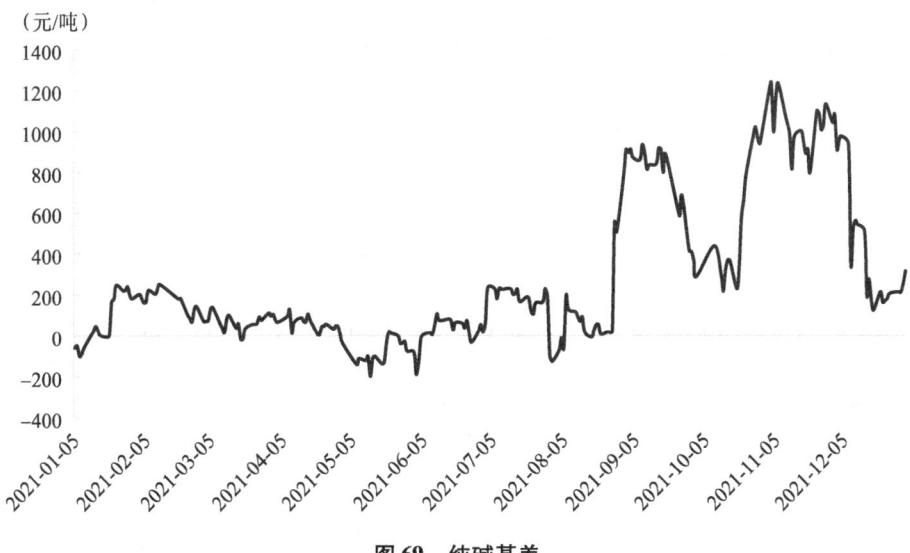

图 69　纯碱基差

资料来源：同花顺 iFinD，隆众化工。

市场核心驱动在远期预期，并未成为现实，期货的乐观预期大大超前了，导致虽然期货市场和现货市场都处于上涨格局，但是期货上涨幅度远高于现货，在这种结构下买现货空期货又一次面临持续亏损局面，基差弱势格局已经形成买现货抛盘面的无风险套利，大量亏损的买现货空期货头寸最终将现货注册为仓单，近月市场压力大大增加，预期因素在近月市场消失，近月明显弱于远月。

（3）月差的影响。在乐观预期影响下，基差走弱，从而导致仓单持续增加，近月受到更大的接仓单压力，从而导致近月弱于远月，市场同时又存在大量买远月空近月套利，进一步加大了市场近月压力以及对远期市场的支撑。在 2021 年初驱动纯碱价格上涨的两大预期因素：光伏玻璃扩张、连云港碱业停产都是未来要发生的重大影响因素。但是当期市场并未发生，因此现货市场虽然也偏强，但 2021 年 2—3 月并未出现大规模上涨，但是远期市场的确定性较强，因到年底纯碱需求扩张近 19%，而供应收缩 4.2% 的背景下，市场一定是有缺口的。所以市场交易过程更多配置远期纯碱多头，同时配置近月空头。在 2 月初 SA2105 与 SA2109 合约价差尚在 -15 元/吨，已经是 Contango 结构，到 4 月底，二者价差已经下滑至 -340 元/吨，在前文中已经提到过，市场当时大量存在期现基差套利结构，买现货抛盘面交易头寸因基差持续走弱，最终迫使大量现货以仓单的形式交到盘面，仓单又进一步压制近月价格，使得近月更弱，远月因为有乐观预期的存在所以更强。而 SA2105 合约与 SA2109 合约价差的不断走弱，又使得买 SA2105 合约空 SA2109 合约的套利头寸持续亏损，最终被迫砍仓。在这一格局下，纯碱市场不断走向 Contango 结构。

2. 2014 年 8—10 月 PTA 期限结构影响因素分析

(1) 期限结构因素分析。

市场基本情况介绍：2014 年 5 月，随着 PTA 工厂亏损的增加，国内主要 PTA 工厂开始限产计划，并推出新的合约成本定价模式。由于产业链在上半年的预期过于悲观，去库存情况良好，短期限产使得 PTA 供应骤减。PTA 现货在 2014 年 5—7 月带动期货价格强劲反弹。7 月以后，页岩油革命下，油价产量大幅增加，为了维持市场份额，沙特阿拉伯放弃减产，油价持续走弱。基于对原油供应充裕及需求低迷的担忧，国际油价持续下跌，PTA 库存未出现明显累积的情况下，PTA 远期合约大幅下挫（见图 70—图 72）。

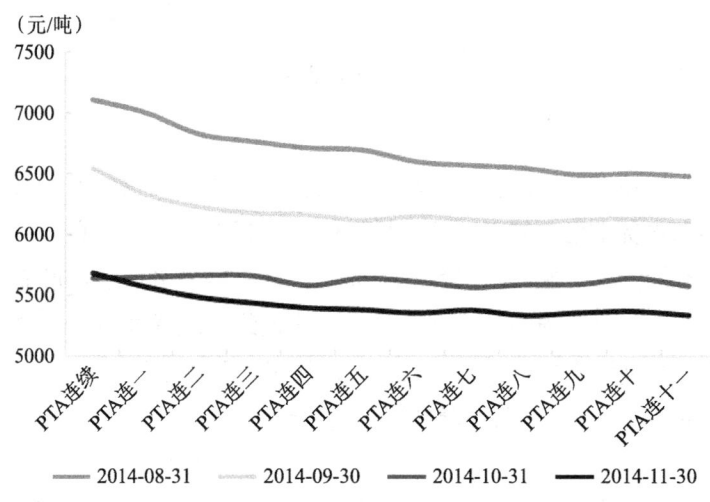

图 70　PTA 期限结构曲线

资料来源：同花顺 iFinD。

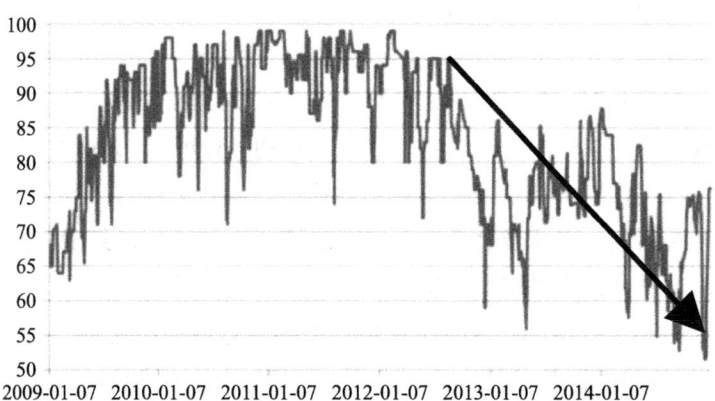

图 71　PTA 工厂负荷

资料来源：化纤信息网。

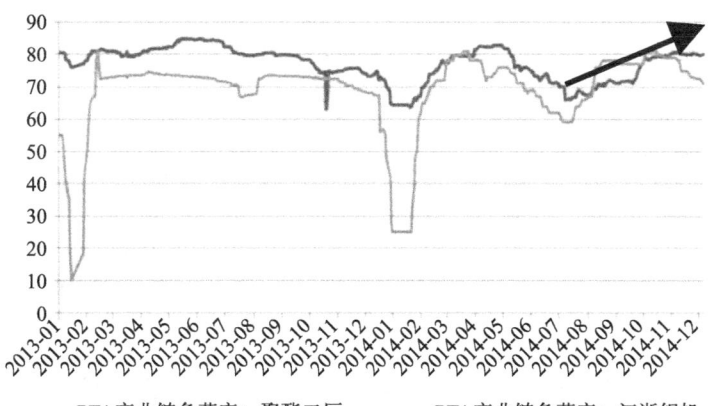

图 72　PTA 下游聚酯工厂、织机负荷

资料来源：化纤信息网。

实际需求：从开工水平来看，2014 年 7—9 月纺织服装需求和生产的旺季，聚酯利润回升，开工处于季节性的回升阶段。

PTA 库存：工厂在 2014 年 5—7 月集体减产，PTA 工厂的 PTA 库存天数从 11 天降至 5 - 6 天。聚酯工厂库存维持在 6 天左右（见图 73）。

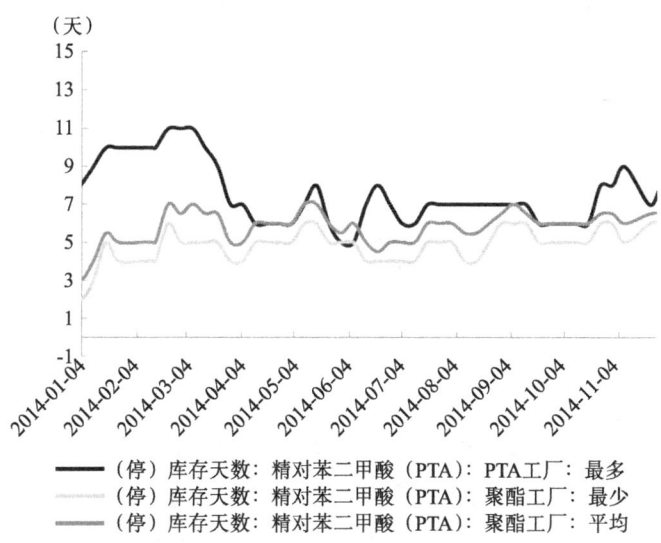

图 73　PTA 库存

资料来源：同花顺 iFinD。

PTA 成本：在 2014 年 7—8 月 PTA 成本 7800 元/吨，11 月 PTA 成本跟随原油价格下跌至 6100 元/吨（见图 74）。

（2）基差贸易对期现结构的影响。

基差贸易的影响：市场同时存在买现货抛期货以及买期货空现货两大对立头寸，在悲观预期影响下，纯碱基差持续走强，买现货空期货不断获利，驱动市场走向

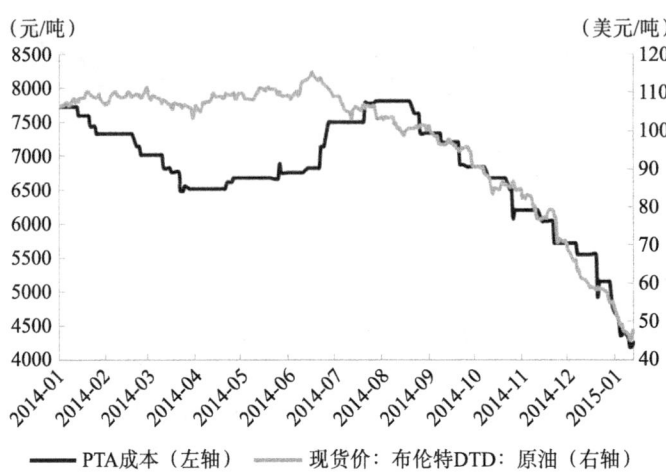

图 74　PTA 成本

资料来源：同花顺 iFinD，隆众化工。

Back 结构。2014 年 8 月初纯碱基差降至 110 元/吨，随着期货市场对远期 PTA 价格越来越悲观，PTA 期货价格持续下跌，但是现货未见明显变动，PTA 基差持续走强，8 月末基差高位已经达到 668 元/吨，到 10 月，基差仍然维持在 400 元/吨的高位盘整（见图 75）。

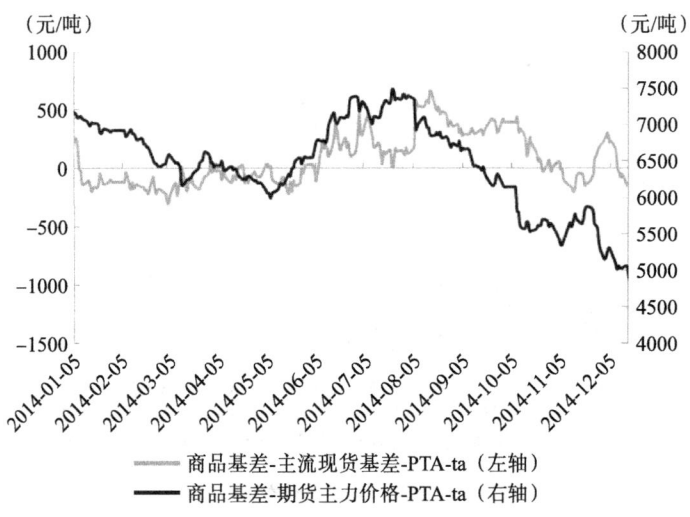

图 75　PTA 基差

资料来源：内部数据库。

市场核心驱动在远期预期，并未成为现实，期货的悲观预期大大超前了，导致虽然期货市场和现货市场都处下跌格局，但是期货下跌幅度远超过现货，在这种结构下买期货空现货又一次面临持续亏损局面，基差强势格局导致大量亏损的买期货空现货头寸平仓，造成现货进一步偏紧，而远月市场压力继续增加，预期因素在近月市场消失，近月明显强于远月。

（3）月差贸易对期现结构的影响。

在悲观预期影响下，基差走强，从而导致仓单持续流出，造成近月更大交货难度，从而导致近月强于远月，市场同时又存在大量空远月多近月套利，进一步加大了市场远月压力以及对近期市场的支撑。在 2014 年初驱动 PTA 价格下跌主要因素：页岩油革命下，原油供应扩张，带动油价呈现下跌趋势，能化品估值下行。但是当期市场并未发生，因此现货市场虽然也偏强，但 7—8 月并未出现大规模下跌，但是远期市场的确定性较强。所以市场交易过程更多配置远期 PTA 空头，同时配置近月多头。在 7 月底 TA509 与 TA601 合约价差尚在 370 元/吨，已经是 Back 结构，到 8 月底，二者价差已经上涨至 566 元/吨，在前文中已经提到过，市场当时大量存在期现基差套利结构，买期货抛现货交易头寸因基差持续走强，最终迫使平仓，或者追加现货买盘交货，仓单流出造成现货紧张，使得近月更强，远月因为有成本坍塌的预期存在所以更弱。在这一格局下，纯碱市场不断走向 Back 结构（见图 76）。

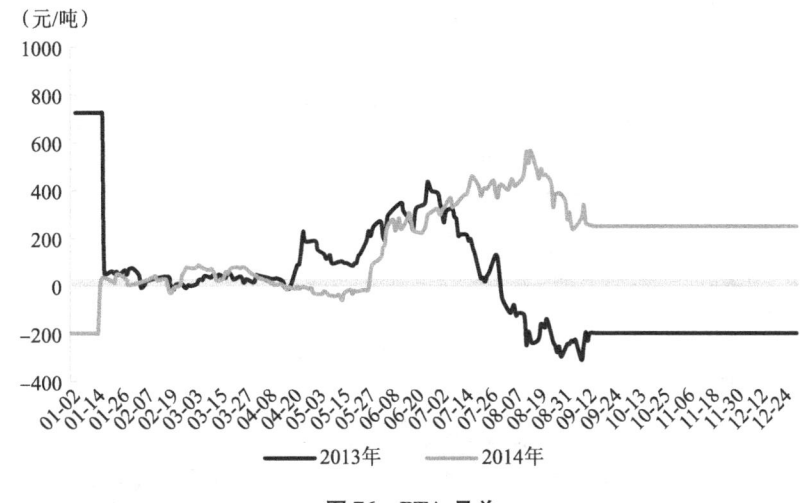

图 76　PTA 月差

资料来源：内部数据库。

3. 2022 年 12 月—2023 年 1 月的苯乙烯期限结构影响因素分析

（1）期限结构因素分析。

市场基本情况：苯乙烯市场在 2022 年 12 月—2023 年 1 月迎来一轮上涨，绝对价格从 2022 年 12 月 7 日的 7990 元/吨持续上涨至 2023 年 1 月 30 日的 8850 元/吨。主要原因是 12 月初国内疫情防控政策发生较大转向，导致市场对远月需求预期发生了较大的转变。2023 年远月市场对需求非常乐观，而近月市场主要反馈 2022 年 12 月开始的冬季淡季累库压力。

实际供需：2023年全年苯乙烯表观需求同比2022年增长15%，整体表现较好。一方面是由于终端需求的恢复，另一方面是由于自身下游ABS、PS的产能大扩张，二者共同推动了苯乙烯的表需繁荣。

苯乙烯库存：华东港口库存从2022年12月初的6.9万吨上升至2023年1月底19.5万吨，与往年春节季节性累库速度类似（见图77）。

苯乙烯成本：原油价格从2022年12月初72美元/桶窄幅震荡至2023年1月底79美元/桶。整体成本端波动不大，波动率收窄（见图78）。

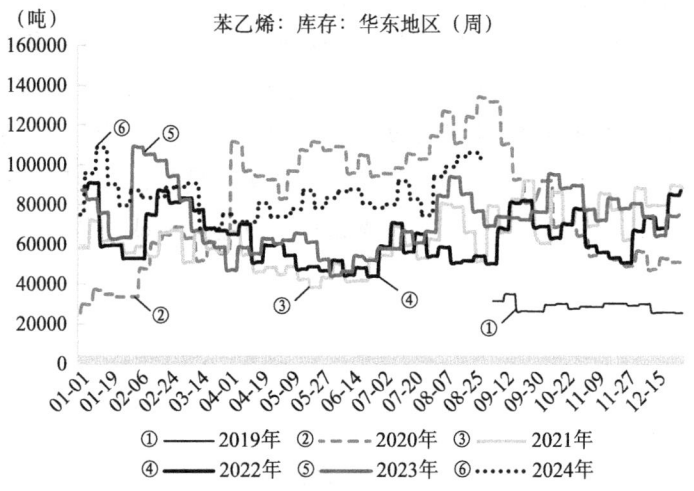

图77　苯乙烯华东港口库存

资料来源：隆众化工。

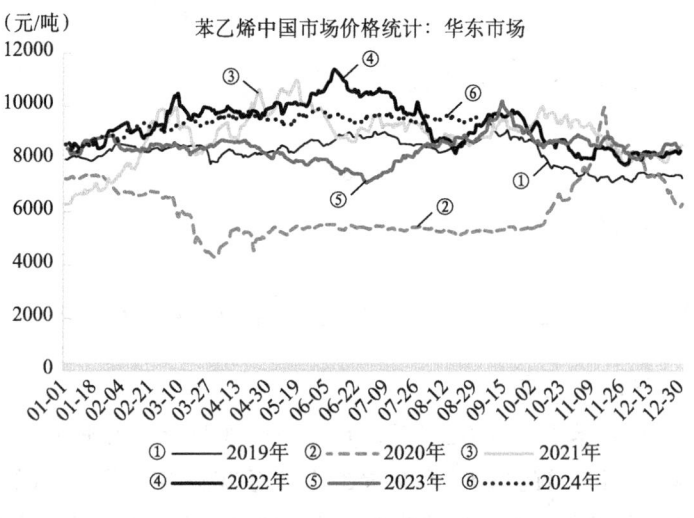

图78　苯乙烯绝对价格

资料来源：隆众化工。

（2）市场交易结构主导的期限结构变化。

市场同时存在买现货抛期货以及买期货空现货两大对立头寸，在乐观预期影响下，苯乙烯基差持续走弱，买期货空现货不断获利，驱动市场走向 Contango 结构。2022 年 12 月初苯乙烯基差高位 50 元/吨，至 2023 年 1 月中旬苯乙烯基差最低位 -100 元/吨。市场对远月越来越看好，但是现货市场仍然要面临冬季累库、春节仓单接货成本高等问题。现货没有明显变动，远月乐观预期导致基差持续走弱。

市场核心问题在于，对于 2023 年的乐观预期至少是在 3—4 月以后才能兑现。但是苯乙烯交易的又是近月合约，12 合约、01 合约、02 合约均难以兑现宏观情绪的乐观与微观现实订单的转好。反而市场在进入 2023 年之后即使需求略有转好，但是市场又开始反馈其不及预期，进入反向的下跌格局。期货乐观预期大幅超前导致期货涨幅远远超过现货，在这种结构下买现货空期货又一次面临持续亏损局面，基差弱势格局已经形成买现货抛盘面的无风险套利，大量亏损的买现货空期货头寸最终将现货注册为仓单，近月市场压力大大增加，预期因素在近月市场消失，近月明显弱于远月。

月差的影响：在乐观预期影响下，基差走弱，仓单持续增加，冬季合约接仓单压力增加，导致近月弱于远月，市场又同时存在买远月空近月的套利，进一步加大了市场近月压力以及对远月的支撑。苯乙烯 12 合约、01 合约面临冬季合约，接货成本高，持有液体过春节意味着持仓成本增加 100 元/吨左右，季节性使得接货方天然处于劣势。而在远月乐观预期之下，更多的仓单注册。2023 年初苯乙烯交割量又创新高，市场不断走向 Contango 结构。

4. 2022 年 1—8 月的铜期限结构影响因素分析

从预期的角度看，影响期限结构的主要是供需结构可能的变化和持有成本的变化。从基本面预期端来看，Back 结构表明商品供应过剩的预期较强，资金在远端参与空配，并不是为了获取移仓的收益，而是为了获取价格下跌带来的动态收益（机构无法开具增值税发票）。期限 Contango 结构表明商品供应偏紧的预期较强，资金在远端参与多头配置，主要是为了获取价格上涨带来的动态收益。从持有成本来看，通胀预期和资金利率都会影响未来成本，进而影响期限结构。一般而言，通胀上升或利率上升预期会引导 Back 收窄或者 Contango 结构扩大。铜的基本面逻辑较为确定，缺乏较大供应或者消费端预期的变化，对期限结构的影响不大。铜的价值较高，期限结构受资金成本变化预期的影响相对明显。

以 2022 年 1—8 月为例，中国 1 年期国债收益率从 1 月初的 2.26% 下降至 8 月底的 1.72%，且在此期间内利率下调的预期不断增强，沪铜的期限 Back 扩大，正套回归年化收益率从 1.38% 下降至 -6.38%（见图 79）。同时，以 2022—2023 年为例，美联储进入加息周期，美国利率上行的预期不断增强。其中，美国 1 年期国债收益率从 2022 年初的 0.38% 上升至 2023 年 11 月下旬的 5.27%，在此时间周期内，LME0－3 现货升贴水从升水 20.4 美元/吨下降至贴水超过 100 美元/吨，LME 铜正套收益率整体攀升，于 2023 年 11 月下旬逼近 1 年期国债收益率水平（见图 80）。

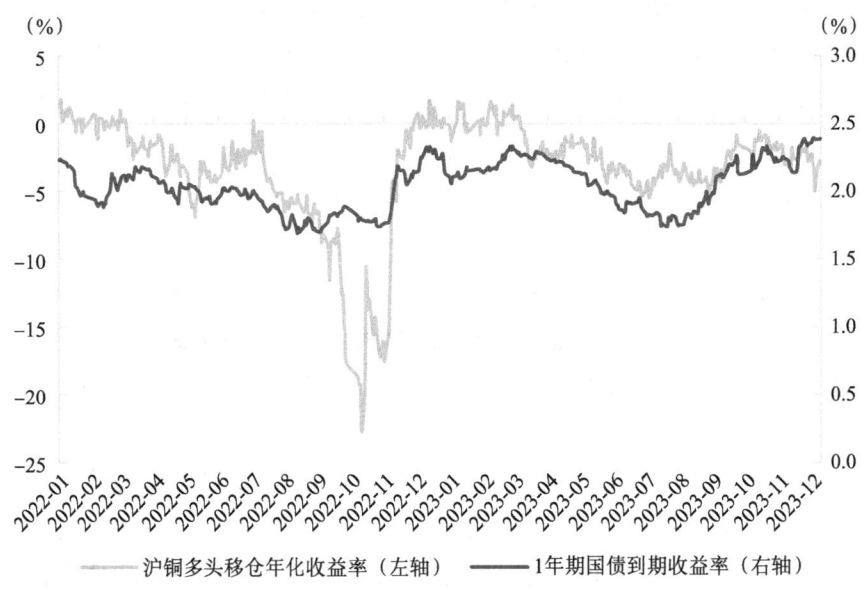

图 79　国内利率成本引导期限沪铜期限结构

资料来源：同花顺 iFinD。

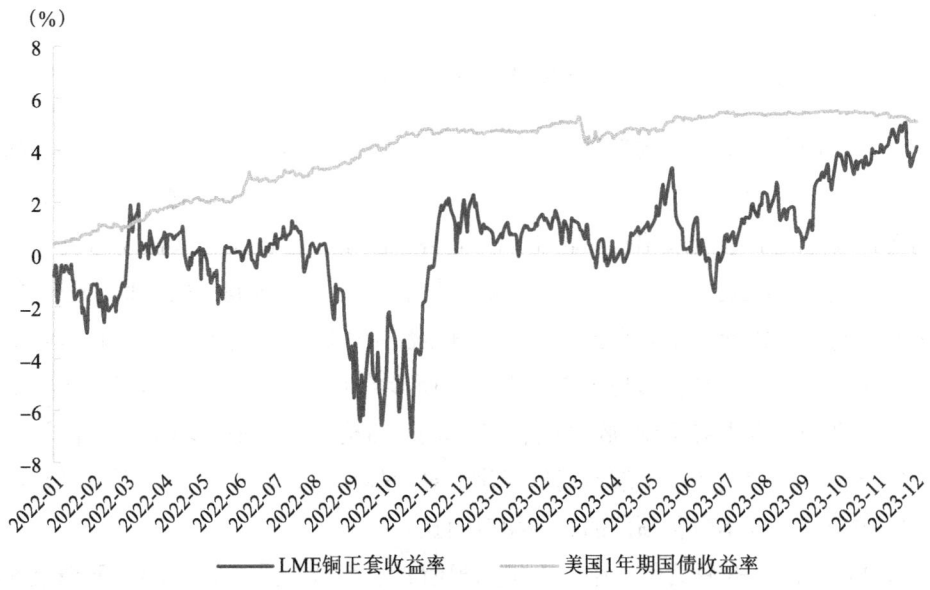

图 80　美元利率正向引导 LME 铜正套收益率

资料来源：同花顺 iFinD。

5. 2009年2—3月沪锌期限结构影响因素分析

（1）期限结构因素分析。

市场基本情况介绍：在微观现实仍显疲态而远期预期向好的格局下，2009年2月（国内春节假期之后）月差开始步入回落通道。为修复金融危机带来的疤痕，各国陆续推出大规模的刺激政策，包括我国的"四万亿计划""十大产业调整和振兴规划"和美国量化宽松货币政策等。随着经济实现快速复苏预期的明朗化，市场情绪愈加积极。远端合约受益于资金推动抬升更为显著，近端合约反而受到微观的需求依然羸弱的拖累，沪锌大Back（超过600元/吨）由此不断收窄，转为Flat甚至触及Contango结构。从绝对价格来看，宏观经济的乐观预期牵动整体价格重心上移（见图81）。

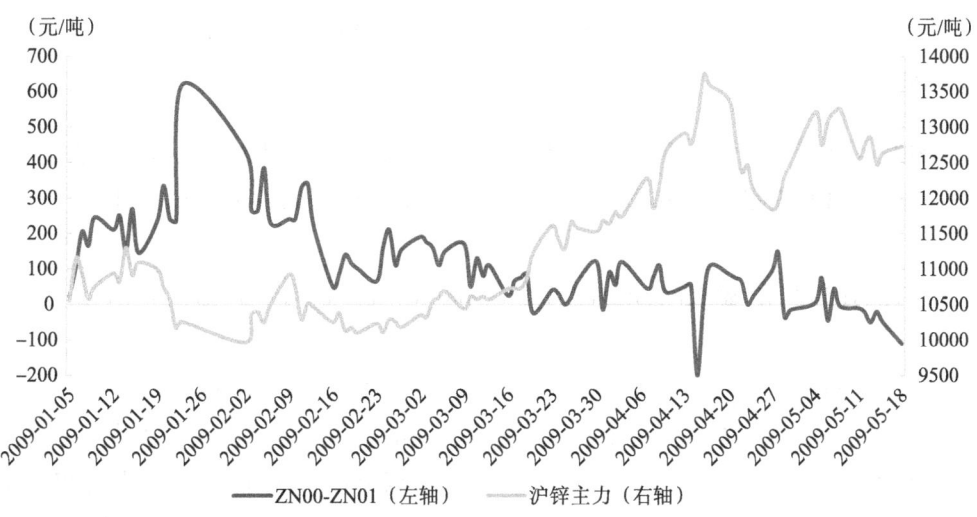

图81　宏观预期乐观使近远月价格趋于收敛

资料来源：Wind，同花顺iFinD。

实际供需：彼时尚处于国内春节假期之后的传统消费淡季，叠加2009年第一季度国储局两次收储，基本面呈现供需两淡的局面。不过，市场开始交易经济复苏预期，带动价格重心尤其是期货远端价格上扬。

库存：从上海期货交易所仓单库存来看，2月初仓单库存为1.9万吨，3月底仓单库存为2.3万吨，变化不显著（见图82）。

（2）市场交易结构主导的期限结构变化。

由于远端合约计价宏观乐观预期，远端合约相对偏强，盘面从而走弱。同时，市场存在买远月空近月套利头寸，加剧月差上方的压力。2009年初驱动锌绝对价格上移，尤其是远端价格偏强的主要因素来源于对未来的边际向好预期，所以市场参

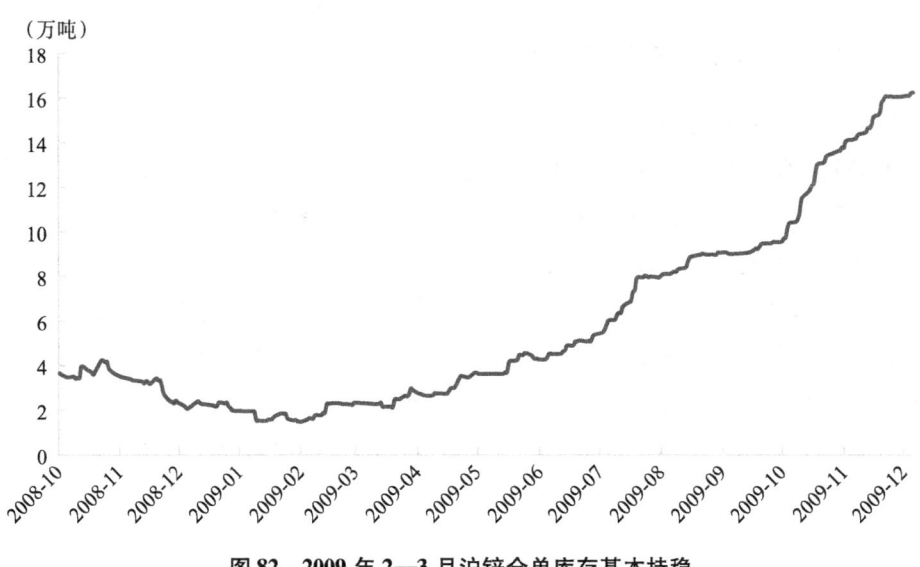

图 82　2009 年 2—3 月沪锌仓单库存基本持稳

资料来源：同花顺 iFinD。

与者倾向于将资金放置在期货的远端合约上，相较之下远端合约上涨的弹性更甚，商品曲线呈现远端强、近端弱的形状，逐步由 Back 结构转为 Contango 结构。

四、关键因子量化实证分析

如上文所述，我们认为商品市场套利是驱动商品期货合约期限结构的关键，其中基差交易在国内期货市场发展中扮演非常重要的角色。因此我们以库存来表征供需，通过考察库存、基差、单边价格的关系来观测市场套利对商品合约期限结构的变化，我们选取的品种是郑商所的玻璃期货，其他尚有很多情况与玻璃类似。

（一）库存与期货跨期价差关系研究

1. 沃金存储理论

如我们在理论假设中所言：商品合约期现结构受到供需、成本、市场预期三大因素影响。这种格局不仅是现货市场的供需来影响商品合约期限结构，而且是通过各种交易结构来影响商品合约期现结构。库存作为供需平衡的结果，势必也与期现结构密切相关。在学术界关于库存与期货价格联动规律的研究中，沃金存储理论给了我们很大启发。该理论认为期货和现货之间的基差或不同月份期货合约间的价差取决于存储成本、便利收益以及持有存货的风险收益。存储成本可基本视为固定值，而后两个因素与库存水平有关。便利收益是商品持有者因持有存货可能获得的一定收益，当需求上升或者预期未来供应紧张，库存可以满足正常生产并赚取额外利润，但便利收益随着库存增加而降低，且库存水平越高，持有现货的风险越大，相应要求更高的风险收益。具体而言，期货价格和现货价格存在以下公式：

$$F_{t,T} = S_t e^{(r_{t,T} + c_{t,T} + sle_t)} \tag{1}$$

其中，$F_{t,T}$ 表示 t 时刻，到期日为 T 的期货价格；S_t 表示 t 时刻的现货价格；$r_{t,T}$ 表示从时刻 t 到 T 的无风险收益率；$c_{t,T}$ 表示从时刻 t 到 T 的存储成本；sle_t 表示 t 时刻的便利收益和持有存货的风险收益。

对式（1）两边取对数，得到：

$$\ln F_{t,T} = \ln S_t + r_{t,T} + c_{t,T} + sle_t \tag{2}$$

$$sle_t = \ln \frac{F_{t,T}}{S_t} - r_{t,T} - c_{t,T} \tag{3}$$

沃金理论认为不同期限的期货合约之间的价差等于将合约标的资产从前一个合约到期日持有至后一个合约到期日所需要的持有成本，该成本取决于标的资产的库存水平，因此假定便利收益和持有存货的风险收益为库存水平的对数线性函数：

$$sle_t = \alpha \ln I_t + \gamma \tag{4}$$

其中，I_t 表示 t 时刻的库存水平；α、γ 表示参数模型。

联立式（3）和式（4），可以得到：

$$\ln \frac{F_{t,T}}{S_t} = \alpha \ln I_t + \gamma + r_{t,T} + c_{t,T} \tag{5}$$

即期货与现货价格的比值与当期库存水平相关。

2. 沃金存储理论的改进

在式（5）中，等式左边的价格比值和等式右边的预期收益率均属于无量纲的指标，即没有单位，而库存是有量纲的指标（万重箱或吨），因此整个公式从量纲单位统一性来看或存在缺陷。对于某一品种大宗商品，库存总量会随着新建仓库而不断增加，但是在一定时期内（如1—2年）基本不变或变化不大，则该时间段内的平均库存反映了市场在均衡状态下的库存水平。如果当期库存高于前一段时期的平均库存，或意味着市场正处于供需走弱格局下，反之说明当期正处于供需走强格局下。考虑到这点，我们引入库存移动平均，将库存绝对值变为一个涉及库存的比值，从而消除库存量纲不统一的问题。通过将式（5）中库存绝对值替换为当期库存与前一段时期内库存移动平均的比值，可以得到：

$$\ln \frac{F_{t,T}}{S_t} = \alpha \ln \frac{I_t}{\frac{1}{n}\sum_{i=t-n}^{t-1} I_i} + \gamma + r_{t,T} + c_{t,T} \tag{6}$$

其中，$\frac{1}{n}\sum_{i=t-n}^{t-1} I_i$ 表示第 $t-n$ 期到第 $t-1$ 期库存的移动平均值（$n > 1$）。

即期货月现货的价格比值与当期库存的变动有关。如果当期库存偏离自趋势，例如，当库存和库存移动平均的比值大于1，意味着库存在加速上升，供需走弱；反之如果比值小于1，意味着库存在下降，供需走强。

3. 实证分析

（1）数据选取。

选取郑州商品交易所玻璃期货合约1、5、9每周四的收盘价，用主力合约价格除以次主力合约价格得到玻璃近远月价格比值。库存选取隆众化工浮法玻璃华北地区每周库存数据，分别用当周库存除以前4、12、24、32、36、40、48周的移动平均值得到库存变化，表示为lag_4、lag_12、lag_24、lag_32、lag_36、lag_40、lag_48。时间段选取2015年1月8日至2023年11月30日的450组周度数据。

（2）相关性分析。

本文采用Stata软件对数据进行分析，玻璃近远月比值和库存变动的相关性随着库存移动平均选择的周期的扩大而不断增强，到了一定周期之后开始下降。其中，lag_32与lag_36与玻璃近远月比值的相关性最大且比较接近，说明当期华北地区库存水平较前32周至36周移动平均的变动和玻璃近远月比值有较强的相关性。下文中我们以lag_36为标的，采用向量自回归模型进一步分析它和玻璃近远月比值的动态关系（见图83）。

```
. pwcorr lag_4 lag_12 lag_24 lag_32 lag_36 lag_40 lag_48 lag_96 lag_144 玻璃近远月比值
```

	lag_4	lag_12	lag_24	lag_32	lag_36	lag_40	lag_48
lag_4	1.0000						
lag_12	0.8027	1.0000					
lag_24	0.5648	0.8743	1.0000				
lag_32	0.4595	0.7714	0.9713	1.0000			
lag_36	0.4237	0.7275	0.9460	0.9945	1.0000		
lag_40	0.3934	0.6892	0.9197	0.9814	0.9954	1.0000	
lag_48	0.3491	0.6280	0.8699	0.9469	0.9699	0.9865	1.0000
lag_96	0.2139	0.4321	0.6406	0.7334	0.7728	0.8061	0.8497
lag_144	0.2160	0.4436	0.6665	0.7599	0.7959	0.8248	0.8603
玻璃近远~值	-0.2137	-0.3397	-0.3954	-0.4158	-0.4124	-0.3996	-0.3928

	lag_96	lag_144	玻璃近远~值
lag_96	1.0000		
lag_144	0.9863	1.0000	
玻璃近远~值	-0.5318	-0.5428	1.0000

图83 皮尔逊相关系数

（3）向量自回归模型建模及结论。

模型介绍：向量自回归模型（VAR模型）由2011年诺贝尔经济学奖获得者西姆斯（C. A. Sims）于1980年提出。VAR模型的中心思想是：在一个含有n个解释变量的向量自回归模型中,每个被解释变量都是其自身和其他被解释变量的若干期滞后值的回归。含有 n 个变量之后 k 期的向量自回归模型一般形式可表示如下:

$$Y_t = C_t + \Pi_1 Y_{t-1} + \Pi_2 Y_{t-2} + \cdots + \Pi_k Y_{t-k} + \varepsilon_t \tag{7}$$

对 lag_36 和玻璃近远月比值进行向量自回归建模,检验结果如图 84 所示。从图中可以看出,库存波动获得一个单位的正冲击对玻璃近远月比值的冲击为负,在第 2 周左右冲击达到最大后下降,并维持到第 8 周。从贸易实务来看,如果当期库存与过去 36 周(8 个月)平均库存的比值突然变大超过 1 个标准差,意味着库存处于明显的累库,一般而言也是供需走弱的格局。当市场供需向下,现货市场逐步出现累库,市场会倾向买远月空近月,因此远月市场会相对近月更强,玻璃近远月比值会下探。实证结果也有效证明了这一点。从时间上来看,库存变动超过 1 个标准差,1—2 周内对玻璃近远月比值的冲击逐步增加,体现到期现结构上或呈现出玻璃期现结构斜率逐渐陡峭;此后冲击逐渐下降,直至第 8 周左右消失,玻璃期现结构斜率或趋于平缓。

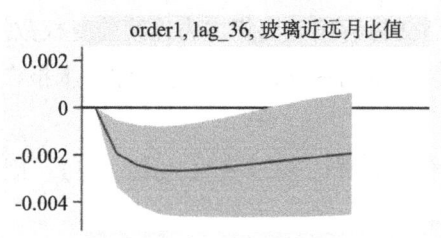

图 84　库存变量 1 个标准差信息对玻璃近远月比值的冲击

(二) 玻璃库存、基差因子探究

1. 择时模型概述

(1) 数据选择及处理。

选取与郑州商品期货交易所玻璃期货有关的数据,包括玻璃期货相关的行情数据和华北地区浮法玻璃库存数据,并作以下数据处理:①对于缺失值,我们采用前值填充的办法统一处理。②对于主力合约的确认,我们以持仓量大小来确定主力合约。合约首次上市时,我们以当日收盘持仓量最大的合约作为从第二个交易日开始的主力合约,当同品种其他合约持仓量在收盘后超过当前主力合约时,从第二个交易日开始进行主力合约的切换。日内不进行主力合约的切换,并且主力合约不重复,即每个合约只能做一次主力合约。③对于主力连续合约数据复权:主力连续合约由每个阶段的主力合约拼接而成,在主力合约发生切换时,新旧两个主力合约会存在价差，从而导致未经处理的主力连续合约价格数据存在跳空。价格跳空会导致在计算持有收益时结果虚高，所以我们需要将主力连续合约数据平滑处理。我们选择对原始数据进行前复权处理，以主力合约切换前一个交易日新旧两个主力合约收盘价作比例，之后将该交易日及以前的主力连续合约所有价格水平同时按该比例进行调整，成交量、持仓量均不作调整。

（2）择时信号构建。

单因子择时信号：在计算出指标后，我们会设定阈值为 X，若当期指标大于（小于）阈值 X，我们则在下一期做多（做空）标的期货。我们会将初始阈值设定为 0，再探究阈值的设定是否会对择时绩效有明显的提升。需注意：阈值的选择会带来过拟合风险，故在选择阈值时建议从经济含义角度选择，无须在样本内对单因子追求绩效最高。

多因子择时信号：针对多个因子，我们会计算多个因子同时满足开仓条件时的择时信号，本研究中展示了基差和库存两因子的绩效。

（3）策略回测。

回测品种：郑州商品交易所玻璃期货主力连续前复权数据。

回测时间区间：2014 年 6 月—2023 年 8 月（注：本报告中会根据指标可得区间调整回测时间）。

调仓频率：日频调仓，若择时信号一直为多（空），则一直持有多单（空单）不平仓。

保证金 100%，无杠杆。

以 T+1 日开盘价开仓、T+2 日开盘价平仓。

手续费取双边万分之三。

2. 因子构建及因子表现

（1）单因子表现概览。如表 1 所示。

表 1　　　　　　　　　　　　单因子构造概览

	指标时间	指标构造
玻璃基差	2014 年 6 月—2023 年 8 月	玻璃主流现货基差中周期变动
玻璃库存	2016 年 1 月—2023 年 11 月	浮法玻璃周度期末库存量（区域）：中国：华北地区中周期变动

基差因子表现如图 85、表 2 所示。

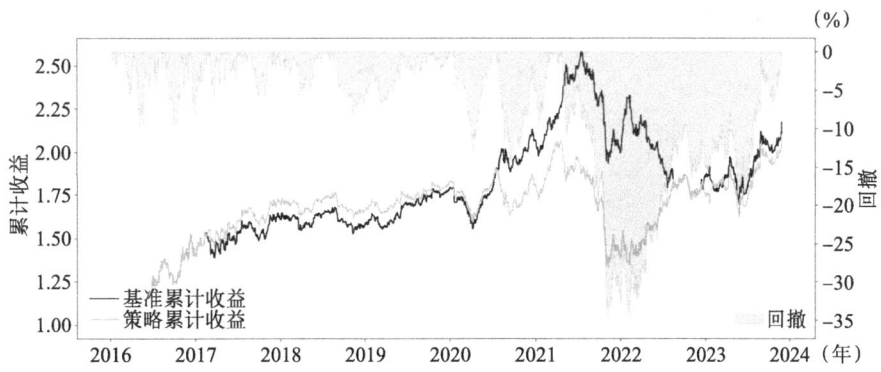

图 85　玻璃基差因子择时绩效

表 2　玻璃基差因子择时分年度绩效

	ALL	2016 年	2017 年	2018 年	2019 年	2020 年	2021 年	2022 年	2023 年
年化收益率	0.143038	0.404856	0.309333	-0.052403	0.175108	-0.002807	-0.441375	0.378450	0.395033
年化波动率	0.170377	0.230337	0.212457	0.153248	0.131396	0.257490	0.450613	0.269392	0.308073
总收益率	1.100822	0.395139	0.301909	-0.050935	0.170905	-0.002728	-0.429016	0.366339	0.349209
夏普比率	0.839539	1.757668	1.455979	-0.341947	1.332674	-0.010902	-0.979498	1.404832	1.282273
最大回撤率	-0.356755	-0.103708	-0.087653	-0.145670	-0.084259	-0.256002	-0.589423	-0.169965	-0.241848
卡玛比率	0.400943	3.903809	3.529074	-0.359735	2.078198	-0.010965	-0.748825	2.226639	1.633394

库存因子表现。如图 86、表 3 所示。

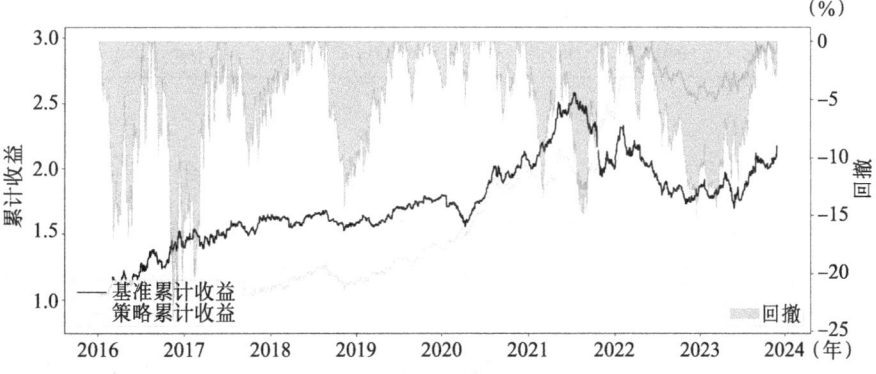

图 86　玻璃库存因子择时绩效

表 3　玻璃库存因子择时分年度绩效

	ALL	2016 年	2017 年	2018 年	2019 年	2020 年	2021 年	2022 年	2023 年
年化收益率	0.256229	-0.055941	0.124682	0.052967	0.278605	0.605166	0.400757	0.264670	0.393089
年化波动率	0.181419	0.309465	0.226604	0.140746	0.124310	0.183563	0.343346	0.233347	0.298663
总收益率	1.971940	-0.054599	0.121689	0.051484	0.271918	0.588222	0.389536	0.256200	0.347491
夏普比率	1.412361	-0.180767	0.550219	0.376328	2.241206	3.296780	1.167209	1.134233	1.316161
最大回撤率	-0.239632	-0.239632	-0.105692	-0.154240	-0.059978	-0.087066	-0.278632	-0.285889	-0.157200
卡玛比率	1.069263	0.233447	1.179666	0.343405	4.645106	6.950624	1.438303	0.920179	2.500564

（2）两因子组合的表现：玻璃库存、玻璃基差（2016.01—2023.11）。如图87、表4所示。

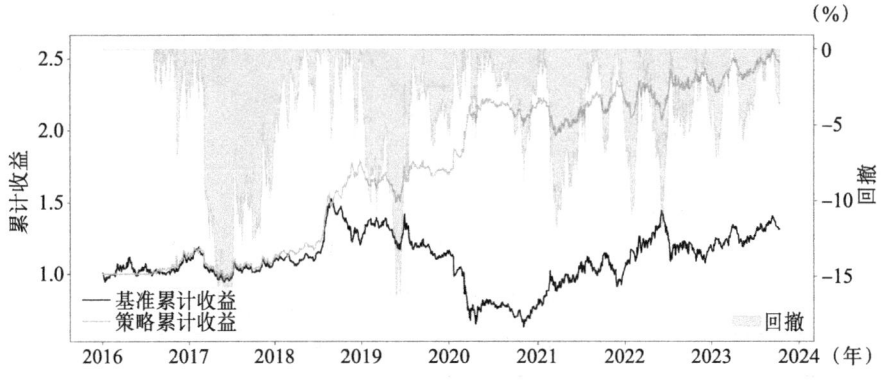

图87 玻璃库存、基差两因子择时绩效

表4　　　　　　　　玻璃库存、基差两因子择时分年度绩效

	ALL	2016年	2017年	2018年	2019年	2020年	2021年	2022年	2023年
年化收益率	0.194912	0.150370	-0.035253	0.702021	-0.079251	0.480589	0.041899	0.092070	0.213071
年化波动率	0.138626	0.121605	0.180223	0.147255	0.276568	0.224904	0.326762	0.329467	0.192799
总收益率	1.473534	0.146761	-0.034407	0.682364	-0.077349	0.466938	0.040726	0.089124	0.159377
夏普比率	1.406027	1.236546	-0.195607	4.767384	-0.286551	2.135972	0.128225	0.279451	1.105144
最大回撤率	-0.183688	-0.070101	-0.209695	-0.063750	-0.279530	-0.128599	-0.253855	-0.250939	-0.128497
卡玛比率	1.061105	2.145030	-0.168115	11.012122	-0.283514	3.735552	0.165051	0.366902	1.658172

3. 小结

本小节针对郑州商品期货交易所玻璃期货，基于库存和基差两项基本面数据构建了量化择时模型，涵盖了基于单一数据构建的择时指标，以及组合已有的单个择时指标构建的因子组合择时指标。单因子择时方面，基于基差、库存指标的择时年化收益分别为14.30%、25.62%，卡玛比率分别为0.40、1.07，其中基于库存构建的因子表现较为优异；基于基差构建因子表现一般。组合择时结果方面，基于基差与库存的两因子组合可取得19.49%的年化收益，同时最大回撤为18.36%，卡玛比率1.06。整体看下来，两因子组合最大回撤优于单因子指标。

五、结论与讨论

影响商品价格、商品合约期限结构的因素纷繁复杂，我们认为商品供需及成本的变化驱动价格变动，基差的存在往往会导致市场存在无风险套利机会，大量期现套利商基于这种无风险套利机会展开基差套利、月差套利，使得商品价格在不同时间表现不同，最终呈现出商品合约期限结构出现变动。

比较典型的场景有两种：一种是供需走强、成本抬升过程中买现货空期货、买近月空远月套利，使得现货带动近月，近月带动远月逐步抬升，形成 Backwardation 结构；另一种情况是供需走弱、成本坍塌情况下买期货空现货、买远月空近月套利，使得现货持续流入期货，压制商品近月，商品期货合约走向 Contango 结构。

市场中还存在基于市场远期预期的交易策略，经常会主导市场套利结构的变化，这种情况通常由于某一项政策的发布改变了市场远期的供需格局，但对当下市场改变不明显，如果是利多政策，则意味着远期市场的确定性超过了即期，远期价格抬升到足以产生无风险套利，使得期现联动，商品期货合约期限结构产生变化。

随着国内期货市场的不断发展，还会有越来越多的新的套利模式出现，这些无风险套利模式同样会对市场价格产生影响，从而导致商品合约期限结构出现变动，但万变不离其宗，核心仍然是市场的无风险套利驱动了市场的结构变化。

我们的研究还有很多不完善的地方，尤其完全竞争市场的条件在未来越来越难具备。在我们的框架中，在完全竞争市场中，最远期的价格无限趋近成本，但是国内供给侧改革背景下，这一推论未必适用，这也不断鞭策我们进一步学习和研究。

参考文献

[1] 韦勇凤，赵伟. 动量策略、动量崩溃及其风险管理——基于中国商品期货市场的实证研究 [J]. 中国科学院大学学报，2022，39 (5)：593 – 614.

[2] 牛晓健，张初晨. 基于提升树模型的中国商品期货期限结构策略研究 [J]. 广西财经学院学报，2021，34 (6)：1 – 12.

[3] 邓超. 商品期货的定价因子研究 [D]. 成都：西华大学，2021. DOI：10.27411/d.cnki.gscgc.2021.000256.

[4] 赵宏岩. 基于期限结构与趋势跟踪的 CTA 量化策略研究 [D]. 厦门：厦门大学，2021. DOI：10.27424/d.cnki.gxmdu.2021.002273.

[5] 周亮. 基于价差预测的商品期货跨期套利研究 [J]. 金融理论与实践，2019 (7)：84 – 90.

[6] 郭东之. 因子策略在国内商品期货市场的实证研究 [D]. 上海：上海交通大学，2018. DOI：10.27307/d.cnki.gsjtu.2018.004549.

[7] 崔闯，钟利明，林少非. 我国商品期货价格指数评价指标体系研究 [J]. 金融理论探索，2018 (4)：41 – 48. DOI：10.16620/j.cnki.jrjy.2018.04.004.

[8] 邓亚东,王波.基于高斯核支持向量机的商品期货市场套利研究[J].经济数学,2018,35(1):27-30.DOI:10.16339/j.cnki.hdjjsx.2018.01.006.

[9] 靳朝翔,梁仁方,刘建和.基于神经网络模型的商品期货跨品种套利策略——以焦炭、铁矿石和螺纹钢为例[J].云南财经大学学报,2016,32(4):150-160.DOI:10.16537/j.cnki.jynufe.000135.

[10] 部慧.中国铜期货市场期货价格期限结构研究[J].系统工程学报,2016,31(2):192-201+226.DOI:10.13383/j.cnki.jse.2016.02.005.

[11] 唐齐鸣,任培政,孙文松.中国商品期货回报与现货价格变化测度研究——基于便利收益模型的视角[J].中国管理科学,2015,23(9):80-86.DOI:10.16381/j.cnki.issn1003-207x.2015.09.010.

[12] 黄卓,康辰,刘利科.中国商品期货市场动量效应和反转效应的实证研究[J].南方金融,2015(4):52-60.

[13] 孙文松.中国商品期货定价理论及其实证研究[D].武汉:华中科技大学,2013.

[14] 周玮.中国有色金属期货市场的期限结构实证研究[D].上海:复旦大学,2013.

[15] 刘迪.商品期货价格期限结构隐含信息的实证研究[D].杭州:浙江工商大学,2012.

[16] 程赵宏.期货价格期限结构隐含信息及其应用研究[D].杭州:浙江工商大学,2011.

[17] 王智力.商品期货市场动量策略的实证研究[J].现代物业(中旬刊),2010,9(7):5-7+20.

[18] 王苏生,王丽,李志超,等.基于卡尔曼滤波的期货价格仿射期限结构模型[J].系统工程学报,2010,25(3):346-353.

[19] 黄非.基于趋势跟踪思维的交易系统研究与设计[D].成都:西南交通大学,2010.

[20] 殷剑峰.商品市场的金融化与油价泡沫[J].中国货币市场,2008(11):36-41.

[21] 石柱鲜,孙皓,邓创.中国主要宏观经济变量与利率期限结构的关系:基于VAR-ATSM模型的分析[J].世界经济,2008(3):53-59.

[22] 王虎,陈峥嵘,冯彩.我国金融资产价格与通货膨胀的关联性检验[J].证券市场导报,2008(3):31-39.

[23] 杨照东,汪琛德,宋娜娜.商品期货与现货价格关系研究综述[J].经济师,2008(1):123-124.

[24] 戴晓凤，曹建军. 商品期货价格的期限结构：理论与实证的回顾 [J]. 金融经济，2007（22）：130-131.

[25] 徐小华. 中国国债市场利率期限结构研究 [D]. 上海：上海交通大学，2007.

[26] 范龙振，王晓丽. 上交所国债市场利率期限结构及其信息价值 [J]. 管理工程学报，2004（1）：72-75.

中期协联合研究计划（第十六期）项目

我国 ETF 期权的波动率预测与应用研究

课题负责单位：浙商期货有限公司
课题合作单位：复旦大学　国网浙江省电力有限公司宁波供电公司
课题研究编号：2023360323
课题负责人：徐文杰
课题组成员：杨文祺　蒋欣彬　陈之奇　傅　莹

一、绪论

（一）研究背景

1985年，美国四大联邦机构联合发布《期货和期权交易对经济的影响研究》（以下简称《四方报告》），从经济效率、对货币政策影响、资本聚集与分配、市场流动性、现货市场价格稳定性以及对货币政策影响等多个角度，系统论证了期货、期权等衍生品交易对公共政策和经济活动的正面影响，促使美国政府充分认可衍生品交易在服务经济发展方面的作用。自此，美国乃至全球的金融市场衍生品迎来空前的繁荣发展。

作为最重要的衍生品之一，期权逐渐发展成为全球交易的主流产品。随着我国资本市场的快速发展，对外开放程度的不断加深，市场参与者对风险管理工具的需求大幅增加。2015年2月9日，上海证券交易所（以下简称"上交所"）正式推出上证50ETF期权，其成为国内首只场内期权产品，标志中国期权时代的正式到来。2019年12月23日，沪深300ETF期权和沪深300股指期权正式上市，进一步满足投资者的避险需求，对完善我国资本市场风险管理体系、发挥衍生品风险管理功能、促进资本市场稳步健康发展都具有积极的意义。

自上市以来，我国期权市场规模不断扩张、日益活跃。以上证50ETF期权为例（见图1），根据上交所统计，2015年2月的未平仓合约总张数、认购期权未平仓合约总张数和认沽期权未平仓合约总张数分别为40665张、21910张和18755张。在2019年11月，上述合约持仓量达到近年峰值，此时市场对期权产品需求较为旺盛。具体来看，当时的月未平仓合约总张数较2015年2月增长近97.82倍，认购期权未平仓合约总张数和认沽期权未平仓合约总张数也分别增长近101.00倍和94.11倍。近年市场规模较为稳定，2023年8月的持仓量、认购和认沽持仓量数值分别为2451512张、1492574张和958938张，较2015年2月仍分别增长了近60.29倍、68.12倍和51.13倍。以上均可表明，我国期权交易量迅速扩大，具有旺盛需求和广阔前景，逐渐成为中国金融体系中极为重要的风险管理工具。同时也说明，我国资本市场踏入新的发展时期。

但不可否认的是，相较于欧美国家，我国期权市场起步较晚，产品种类较少，相关研究存在一定不足。波动率预测一直是衍生品交易的中心内容，波动率能反映衍生品价格变化的不确定性，在风险监管、产品定价和投资组合选择等方面起到重要作用。因此，包括期权价格在内的波动率预测等话题是学术界和业界持续讨论的热点问题。

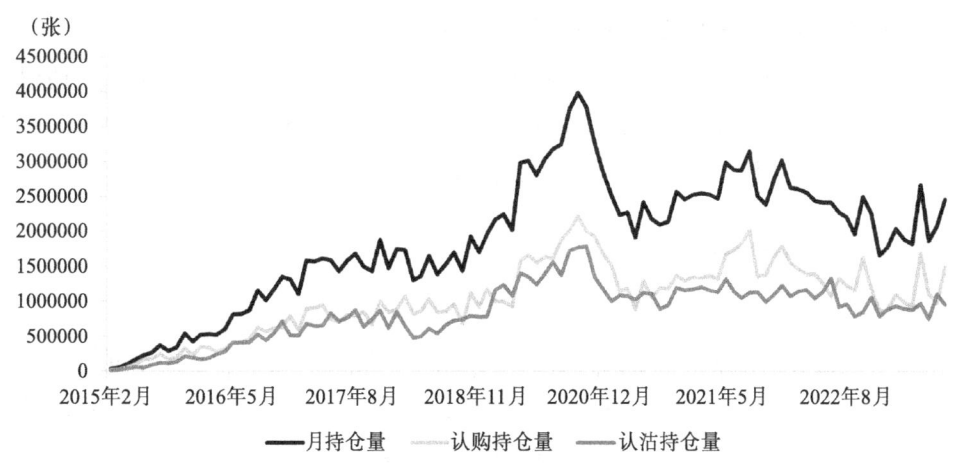

图 1　近年上证 50ETF 持仓数据

到目前为止,已有学者对我国期权市场的波动率预测问题进行了深入探讨,但还有一些问题需要做进一步研究。

一是中国期权市场是一个发展迅速的新兴市场,虽然学界和业界存在众多关于我国 ETF 期权波动率预测的实证分析研究,但是由于研究方法和样本区间的不同,部分研究的实证结果存在明显差异。

二是现有研究较少地将机器学习应用在我国 ETF 期权波动率预测领域。

在上述背景下,本文以对上证 50ETF 期权为研究标的,全面、系统、高精度地实现波动率预测,拓展机器学习研究方法在金融资产价格领域的应用。

(二) 研究内容与全文结构

本文具体研究内容与结构如下。

在第二部分中,首先,本文梳理了金融市场包括历史波动率、隐含波动率、已实现波动率以及随机波动率在内的各类波动率概念、类别及实证测度方法。其次,本文分别梳理了神经网络、支持向量机、随机森林、K–邻域等经典的机器学习方法理论,分别对其概念和方法进行简要阐述。最后,本文选择投资者情绪和市场流动性等指标,从高涨或低落的投资者情绪或市场流动性是否影响预测波动率精度等角度,梳理三者间的相关性实证研究,旨在更深刻理解期货市场中出现的非理性行为。

在第三部分中,本文以上证 50 指数、上证 50ETF 和上证 50ETF 期权为研究对象,基于 HAR–RV 模型、ARMA–IV 类模型以及 GJR–GARCH 模型,实证分析已实现波动率、隐含波动率和历史波动率对未来实际波动率的预测能力,并构建投资者情绪和市场流动性指标,将其引入上述的波动率模型中,检验这两个指标能否有效提高波动率的预测能力。此外,将已实现波动率、历史波动率和基于不同期权的隐含波动率纳入同一模型中,构建了全新的波动率预测综合模型,来进一步讨论三种波动率能否同时显著提高波动率的预测精度。

在第四部分中,本文选择上证 50 个股、上证 50ETF 指数及上证 50ETF 期权作为研究对象,基于支持向量机(Support Vector Machine,SVM)方法来对上述样本的看涨、看跌隐含波动率以及已实现波动率进行预测。

(三) 研究创新与局限性

与已有成果相比,本文的创新之处体现在以下三个方面。

第一,在第三部分中,本文将已实现波动率、历史波动率和基于不同期权的隐含波动率纳入同一模型中,构建了全新的波动率预测综合模型,较大程度地改善单一模型对样本数据的忽视、计算精度较低以及敏感度较差等问题。

第二,在第三部分中,本文在波动率预测过程中引入投资者情绪和市场流动性指标,更加细致地刻画了两者对波动率预测的贡献度。此外,本文使用高频交易数据构建相关指标,克服了低频数据度量时可能存在的"加总谬误"问题。

第三,在第四部分中,本文将机器学习应用在我国期权波动率预测领域,通过支持向量机(SVM)方法提高看涨、看跌隐含波动率以及已实现波动率的预测精度。

虽然本文主要工作具有一定的创新性,但是仍然存在不足之处,主要体现在以下两个方面。

第一,在第三部分的实证分析中,本文受限于数据可得性,主要使用上市公司的公开数据进行实证分析,未来可对期货市场微观层面的波动率演化过程展开进一步的研究,以补充与完善本文的相关结论。

第二,在第五部分中,本文虽然利用支持向量机方法来预测看涨、看跌隐含波动率以及已实现波动率,但是如果要进一步研究其运动规律和传播方向,还需引入实验经济学、心理学等领域的理论和方法。

二、文献综述

(一) 波动率的相关研究与实证测度

不同于价格和收益率,当前学界和业界对金融资产的波动率测度方法研究主要分为三大类。

第一类是基于收益率序列的波动率。例如,利用 GARCH 族模型等方法,通过计算低频数据而得的历史波动率(Historical Volatility,HV)。Engle(1982)较早建立 ARCH 类模型研究英国金融市场通货膨胀率的波动性,French 等(1987)使用

ARIMA 模型研究标准普尔综合指数的月收益率波动性，惠晓峰等（2003）利用 GARCH 族模型预测汇率改制后的人民币汇率波动性等。如今，GARCH 族模型被广泛应用于包括资产价格波动性在内的各研究领域。

随着信息科技的发展，学界开始关注利用高频数据来预测波动率。近年来，学界和业界逐渐开始利用以使用分钟为单位的日内高频收益率序列，通过建模计算而得的已实现波动率（Realized Volatility，RV），这也属于第一类波动率范畴。已实现波动率的概念由 Andersen 和 Bollerslev（2001）首次提出，他们开启利用高频数据研究金融资产价格波动性的先河。他们通过理论研究，发现已实现波动率是积分波动率的一致无偏估计量，在预测波动性方面能够极大降低模型回归中噪声的影响，认为已实现波动率蕴含更为丰富的日内价格变化信息，极大地提高了波动率的预测效果。Corsi 等（2010）也实证发现，已实现波动率对 S&P500 期权的定价能力更强。此后，Hansen 等（2012）提出 Realized GARCH 模型，将已实现波动率和 GARCH 模型相结合，将基于 GARCH 模型的波动率研究方法拓展到高频范畴。

第二类是基于期权的隐含波动率（Implied Volatility，IV）。隐含波动率由 Black 和 Scholes（1973）期权定价理论推导得出，他们将衍生品价格作为观测变量，通过构建包含股票红利的 Black – Scholes 期权定价理论，利用市场价格反向推出波动性。因此，隐含波动率属于前瞻性波动率指标，反映市场投资者对衍生品未来波动率的预期。基于 Black 和 Scholes（1973）期权定价理论，使用隐含波动率模型能更好捕捉市场流动性特征，并能更敏锐地刻画突发重大事件对金融资产价格影响。

第三类是基于贝叶斯原理的随机波动率（Stochastic Volatility，SV）。Heston（1993）在 Black – Scholes 期权定价理论的基础上，首次提出随机波动率（SV）的概念。随机波动率将波动理解为均值回归，考虑到状态空间属于线性非高斯白噪声情形，刻画了标的价格与其波动性间的相关性，不要求标的价格遵循对数正态分布，并结合 GMM 和 Quasi – MLE 估计，更敏锐地刻画高度变化下的时间序列波动性。

本部分将对上述三类波动率的测度方法进行阐述和总结。

1. 第一类波动率——历史波动率（HV）

在计算历史波动率的条件方差中，Engle（1981）首次提出自回归条件异方差模型（ARCH 模型），采用自回归的形式对主体模型的随机扰动项进行实证分析，以便更好地描述方差的时变特征。ARCH（p）模型的条件方差方程为：

$$h_t^2 = \alpha_0 + \sum_{i=1}^{p} \eta_i \varepsilon_{t-i}^2 \tag{1}$$

其中，h_t^2 为条件方差，ε_t 服从独立同分布，并满足 $E[\varepsilon_t] = 0$ 以及 $\text{var}[\varepsilon_t^2] = h_t^2$。

Bollerslev（1986）在 ARCH 模型基础上提出广义自回归条件异方差模型（GARCH 模型），被广泛证明更适用于预测金融资产的波动性。GARCH 模型对误差项方差做进一步建模，假设残差项 $\varepsilon_t = v_t \sqrt{h_t}$，其条件方差方程为：

$$h_t^2 = \alpha_0 + \sum_{i=1}^{p} \eta_i \varepsilon_{t-i}^2 + \sum_{j=1}^{q} \varphi_j h_{t-j}^2 \tag{2}$$

考虑到传统的 GARCH 模型并未讨论资产收益率的上涨和下跌对其波动性影响的差异性，因此，部分学者选择使用 GJR - GARCH 模型，GJR - GARCH 模型更适用于有偏分布的时间序列，能更敏锐地刻画资产波动的杠杆效应，进一步提高预测的精度，该模型的条件方差方程为：

$$h_t^2 = \alpha_0 + \sum_{i=1}^{p} \eta_i \varepsilon_{t-i}^2 + \sum_{j=1}^{q} \varphi_j h_{t-j}^2 + \sum_{j=1}^{q} \xi_j I[\varepsilon_{t,j} < 0] \varepsilon_{t-j}^2 \tag{3}$$

其中，模型结果是否存在杠杆效应取决于虚拟变量 $I_{[\cdot]}$。若 $\varepsilon_{t,j} < 0$，则 $I_{[\cdot]} = 1$；若 $\varepsilon_{t,j} > 0$ 且 ξ_j 显著，则 $I_{[\cdot]} = 0$。

2. 第一类波动率——已实现波动率（RV）

与实际波动率不同，已实现波动率以高频历史数据为基础，与选定时间区间相关联。在估计已实现波动率之前，假设资产价格对数服从布朗运动：

$$dp_t = \mu_t dt + \sigma_t dw_t \tag{4}$$

其中，p_t 为 t 时刻资产瞬时价格对数，μ_t 为 t 时刻资产瞬时价格对数均值，σ_t 为 t 时刻资产瞬时价格对数的瞬时波动率，w_t 为 t 时刻标准化后的维纳过程。

依照极限理论，定义第 t 天的波动率 σ_t^d 是一天的瞬时波动率积分：

$$\lim_{\sup \Delta \tau_j \to 0} \sum_{j=0}^{n-1} (\ln p_{\tau_{j+1}} - \ln p_{\tau_j})^2 = \int_0^t \sigma_s^2 ds = \sigma_t^d \tag{5}$$

其中，$\int_0^t \sigma_s^2 ds$ 为积分波动率。

Andersen 和 Bollerslev（2001）认为，当对数收益率的时间序列样本数目趋于无穷大时，已实现波动率是实际波动率的一致估计量，因此高频已实现波动率的表达式为：

$$RV_t^d = \sqrt{\sum_{i=1}^{w} r_{i,t}^2} \tag{6}$$

其中，$r_{i,t}$ 是第 t 天 i 时刻资产价格对数收益率，w 为一天内对数收益率总个数。

此外，Andersen 和 Bollerslev（2001）研究发现，与其他波动率指标相比，已实现波动率由高频数据计算获得，能极大降低回归噪声的干扰。所以，众多研究均采用已实现波动率来预测模型的实际波动率。

同理，每周的已实现波动率为：

$$RV_{t,t-h} = \sqrt{\frac{1}{h}\sum_{i=1}^{h} RV_{t-h+i}^2} \qquad (7)$$

其中，$h = 5$ 为每周的已实现波动率。

基于上述的计算方法，Corsi 等（2010）提出的异方差自回归模型（HAR – RV 模型）作为已实现波动率模型，其具体形式为：

$$RV_{t,t+h} = \alpha_0 + \alpha_1 RV_{t,t-1} + \alpha_2 RV_{t,t-5} + \varepsilon_{t+h} \qquad h = 1,5 \qquad (8)$$

其中，$h = 1$ 和 $h = 5$ 分别为日频（短期）和周频（长期）已实现波动率模型。

3. 第二类波动率——隐含波动率（IV）

Black 和 Scholes（1973）首次提出隐含波动率（IV）的概念，基于看涨和看跌期权的隐含波动率由 BS 定价公式计算：

$$C_t = S_t N(d_1) - X_t e^{-r_t T_t} N(d_2) \qquad (9)$$

$$P_t = X_t e^{-r_t T_t} N(-d_2) - S_t N(-d_1) \qquad (10)$$

$$d_1 = \frac{\ln\left(\frac{S_t}{X_t}\right) + \left(r_t + \frac{(\sigma_t^h)^2}{2}\right) T_t}{\sigma_t^h \sqrt{T_t}} \qquad (11)$$

$$d_2 = d_1 - \sigma_t^h \sqrt{T_t} \qquad h = 1,2 \qquad (12)$$

其中，C_t 为第 t 天看涨期权价格，P_t 为第 t 天看跌期权价格，X_t 为第 t 天期权的执行价格，S_t 为第 t 天期权的行权价格，r_t 为第 t 天的无风险利率，σ_t^1 和 σ_t^2 分别为第 t 天看涨和看跌期权的隐含波动率，T_t 为第 t 天距离到期日的合约期限。

4. 第三类波动率——随机波动率（SV）

Heston（1993）首次提出随机波动率（SV）的概念，模型表达式为：

$$a_t = \sigma_t \varepsilon_t \qquad (13)$$

$$(1 - \alpha_1 B - \cdots - \alpha_m B^m)\ln\sigma_t^2 = \alpha_t + v_t \qquad (14)$$

其中，$\{\varepsilon_t\}$ 服从独立同 N（0，1）分布，$\{v_t\}$ 服从独立同 N（0，σ_v^2）分布，$\{\varepsilon_t\}$ 和 $\{v_t\}$ 相互独立。

(二) 基于机器学习方法的波动率预测

在 Dartmouth 学会上，"人工智能"概念首次被正式提出，迄今已有近 70 年历史。近年来，"人工智能"这一概念深刻且广泛地影响各种社会经济活动，驱动各领域生产力更新升级。

作为人工智能领域重要组成部分，机器学习无须人为提前安排明确算法编程，能让计算机自行设计运行算法,并分析该算法有效性,及时优化其自身性能。在金融资产的波动率预测领域,机器学习作为一种从海量数据中自行提取知识和学习其自身规律的方法,能有效捕捉金融资产时间序列的随机性和非线性特征,进而显著提高波动率预测精度。例如,Monfared(2014)以美国纳斯达克行业指数为研究标的,发现机器学习方法显著提升指数波动率预测精度;马天平和吴卫星(2018)认为,机器学习集成算法对我国金融期权波动率的预测效果较好;Liu(2019)也实证得出类似的结论。

当前,学界和业界针对机器学习方法理论主要分为三大类:第一类是无监督学习理论,第二类是有监督学习理论,第三类是强化学习理论。

无监督学习理论从信息出发,自动寻找其规律,并将其分成各种类别,主要包括聚类算法理论(如K均值聚类、系统聚类等方法)和降维算法理论(如主成分分析PCA、线性判断分析LDA等方法)。

有监督学习理论通过赋予历史信息标签,运用模型预测未来结果,主要包括分类算法理论(如决策树、支持向量机、贝叶斯、K-邻域、逻辑回归、随机森林等方法)和回归算法理论(如线性回归、最小二乘回归、神经网络、LOESS局部回归等方法)。

强化学习理论是一种对一些动作和行为产生奖励的回馈机制,以此促进学习,这与人类学习模式相似。

本部分挑选神经网络、支持向量机、随机森林、K-邻域等经典的机器学习方法理论,分别对其概念和方法进行简要阐述。

1. 神经网络算法理论

(1)发展背景。神经网络(Neural Network)是一种模拟人脑神经系统的计算模型,由大量的人工神经元(Artificial Neuron)组成,通过神经元之间连接和权重来进行信息传递和处理。其理论发展背景可追溯到20世纪40—50年代的神经生理学和计算机科学领域。

①神经生理学领域:20世纪40—50年代,学者逐渐认识到大脑是由神经元组成的复杂网络,通过研究大脑中神经元和突触的功能和结构,得到神经元模型和突触传递信号的理论基础,为神经网络模型的建立提供最初启示。

②计算机科学领域:伴随人工智能兴起,学者开始探索将人类的学习能力转化为模型和算法。在此过程中,部分学者借鉴神经生理学的研究结果,尝试构建模拟人类大脑工作原理的计算模型。

神经网络理论的发展经历了不同阶段。

①在20世纪50年代末,Rosenblatt提出感知器模型,这成为神经网络理论的起

点。感知器是一种简单的二元分类器,能够通过调整权重来学习和识别工作模式。

②在 20 世纪 60—70 年代,神经网络研究进入黄金时代。由于 Minsky 和 Papert 揭示感知器局限性,神经网络研究随之陷入低谷。直到 20 世纪 80 年代,部分学者提出多层感知器(MLP)和反向传播算法,使得神经网络重新获得关注。

③在 1986 年,Rumelhart、Hinton 和 Williams 提出反向传播算法,这成为训练多层神经网络的关键技术。反向传播算法通过迭代调整神经网络中权重,实现网络自动学习能力。

④在 20 世纪 90 年代,支持向量机(Support Vector Machines)兴起对神经网络研究造成一定冲击。支持向量机是一种基于统计学的计算模型,在某些领域具备更好的性能。

⑤进入 21 世纪,随着计算能力和大规模数据集的可获得性大幅提升,神经网络研究再次取得突破性进展。特别在深度学习领域,通过构建深层神经网络(深度神经网络)来实现更复杂的模式识别和学习能力,在图像识别、自然语言处理等领域应用效果较好。

(2)基本结构。神经网络的基本结构是由多个层(Layer)组成,包括输入层(Input Layer)、隐藏层(Hidden Layer)和输出层(Output Layer)。输入层接收外部输入数据,隐藏层进行信息处理和转换,输出层给出最终结果。每个神经元接收来自上一层神经元的输入,并通过激活函数(Activation Function)进行非线性转换。激活函数的作用是在神经网络中引入非线性因素,使神经网络可以处理复杂非线性问题。常用的激活函数包括 Sigmoid 函数、ReLU 函数等。

神经网络训练过程通过反向传播算法(Backpropagation)来实现,计算机通过计算损失函数(Loss Function)梯度,并根据梯度下降原理来调整权重和偏置,使网络输出与真实值之间的误差实现最小化。在此过程中,计算机需要大量标记数据(即带有正确答案的数据),通过将训练数据输入神经网络,计算输出结果与真实值间误差,并对其进行权重调整,不断实现迭代训练,直到达到预定停止条件。

神经网络的主要常见类型包括:

①前馈神经网络(Feedforward Neural Network):又称多层感知器(Multi – Layer Perceptron,MLP),是最基本的神经网络类型。它由输入层、多个隐藏层和输出层组成,信息在网络中只能沿着一个方向前进,不存在循环连接。

②卷积神经网络(Convolutional Neural Network,CNN):主要用于图像和视觉任务。它通过卷积层、池化层和全连接层来提取和学习图像特征。CNN 的结构设计模拟了生物视觉系统特点,能够有效地处理图像相关任务。

③循环神经网络(Recurrent Neural Network,RNN):具有循环结构,可以处理序列型数据,如语音、文本和时间序列数据。RNN 中的隐藏层单元不仅接收当前输

入信息,还能接收之前隐藏层的输出信息,使其具有记忆功能。

④长短期记忆网络(Long Short – Term Memory,LSTM):是一种特殊类型的RNN,用于解决传统RNN在长序列学习中的梯度消失和梯度爆炸问题。LSTM引入门控单元,能有效处理长期依赖关系。

⑤生成对抗网络(Generative Adversarial Network,GAN):是由两个博弈模型(生成器和判别器)所组成的神经网络。生成器用于生成与真实数据相似的样本,判别器用于判断样本属于真实数据还是生成器构成的数据。生成器和判别器通过不断地对抗和学习逐渐达到平衡。

⑥自编码器(Autoencoder):是一种无监督学习模型,用于学习数据的压缩表示和重建。自编码器包括编码器和解码器,编码器将原始数据压缩为低维编码,解码器将低维编码还原为原始数据。

神经网络按算法分类主要包括:

①反向传播神经网络(Backpropagation Neural Network):通过梯度下降算法对权重进行迭代调整,使网络输出与期望输出的差距最小化。

②自适应神经网络(Adaptive Neural Network):在训练过程中自动调整学习速率或网络结构,以更好地适应输入数据和任务需求。

③支持向量机神经网络(Support Vector Machine Neural Network):将支持向量机算法与神经网络结合,可以更好地处理非线性分类问题。

④遗传算法神经网络(Genetic Algorithm Neural Network):通过遗传算法的方式,通过交叉和变异操作,进化出更好的神经网络结构和权重。

⑤稀疏编码神经网络(Sparse Coding Neural Network):通过对输入数据进行稀疏编码,使网络能够学习到输入数据的稀疏表示。

⑥协同过滤神经网络(Collaborative Filtering Neural Network):用于推荐系统的神经网络,根据用户和项目之间的关系进行推荐。

(3)优点与局限性。神经网络方法的主要优点包括:

①强大学习能力:通过训练,神经网络可以自动学习输入数据的特征和规律,适用于各种复杂的模式识别和预测问题。

②鲁棒性:对于输入数据的噪声和扰动,神经网络具有一定鲁棒性,能处理不完全准确的数据。

③并行计算:神经网络计算过程可以并行进行。

但是,神经网络也存在一定局限性:

①训练时间较长:神经网络训练过程需要花费大量计算时间,尤其在处理大规模数据和复杂网络结构情形。

②需要大量标记数据:神经网络训练过程需要大量标记数据,而且对数据质量

和多样性要求较高。

③可解释性较差:神经网络内部结构和参数很难解释。

④过度拟合问题:神经网络训练过程容易过度拟合数据,尤其在网络结构复杂、训练数据有限情况下。

总体来看,神经网络是一种功能强大的机器学习算法,适用于各种复杂模式识别和问题预测。但需要注意,神经网络在计算过程中存在训练时间过长、数据需求较大和过度拟合等问题,要结合其他方法加以优化改进。

(4)应用。神经网络在各个领域的应用越来越广泛。以下是神经网络的主要应用领域:

①图像和视觉识别:神经网络在图像识别和视觉领域取得了巨大的成功。深度卷积神经网络(CNN)被广泛应用于图像分类、目标检测、人脸识别等任务。

②自然语言处理:神经网络在自然语言处理领域有很多应用,如机器翻译、语音识别、情感分析、文本生成等任务。循环神经网络(RNN)和变种,如长短期记忆网络(LSTM)和门控循环单元(GRU)被广泛使用。

③语音和音频处理:神经网络在语音和音频处理领域有广泛的应用,如语音识别、语音合成、音乐生成等。深度学习模型在这些任务中表现出色,如深度卷积神经网络(DCNN)和深度递归神经网络(DRNN)。

④推荐系统:神经网络在推荐系统中也有广泛的应用。通过学习用户和物品之间的关系,可以利用神经网络模型进行个性化推荐。

⑤控制和优化:神经网络可以在控制和优化领域中用于建模和优化复杂的系统。例如,在自动驾驶、机器人控制、供应链优化等领域可以利用神经网络来解决问题。

⑥医疗和生物学:神经网络在医疗和生物学领域也有广泛的应用,可以用于医学图像分析、疾病诊断、药物发现等。

⑦金融和经济:神经网络可以应用于金融和经济领域的预测、风险管理、股票交易等任务。

除了上述领域,神经网络还在许多其他领域中得到应用,如游戏智能、虚拟现实、自动化等。随着深度学习的发展,神经网络在各个领域的应用还将进一步扩展和深化。

(5)BP神经网络模型。BP神经网络的基本原理是通过反向传播算法来训练网络,使网络可以学习和逼近复杂的非线性函数关系。同样地,BP神经网络由输入层、隐藏层和输出层组成,每个层都包含多个神经元,每个神经元都存在一组权重参数,用来计算输入信号的加权和。神经元之间的连接关系通过连接权重来刻画,输入层接收外部输入,隐藏层和输出层通过激活函数对输入信号进行加工和转换。

训练BP神经网络的过程主要分为两个阶段:前向传播和反向传播。

前向传播通过对输入层到输出层进行计算，在网络中将输入信号逐层传递和处理，最后产生输出结果。具体而言，前向传播通过输入层接收外部的输入数据，并将输入转发给隐藏层的神经元。隐藏层对输入进行加权和计算，并通过激活函数（如Sigmoid函数）将输出结果转化为非线性的激活状态。隐藏层的输出作为输入信号传递给下一层（可以是隐藏层或输出层），重复上述步骤，直到传递到输出层。输出层的输出结果是模型的最终预测结果。

反向传播则是根据输出结果与期望结果之间的误差，在网络中进行反向传播，并通过调整各层之间的连接权重来减小误差。这个过程会持续重复进行，直到网络输出结果与期望结果达到一定精度。具体而言，反向传播首先需要计算输出层的输出结果与实际值之间的误差，常用的误差函数包括均方误差（MSE）等。之后将误差通过权重反向传播，根据误差对每个权重进行微调，使误差逐渐减小。并更新隐藏层和输出层之间的连接权重，根据梯度下降算法或其他优化算法对权重进行调整。接着反向传播误差直到传递到输入层，并利用误差调整输入层和隐藏层之间的连接权重。最终通过反复进行前向传播和反向传播，不断调整权重，最终使得网络输出的结果与实际值之间的误差最小化，完成网络的训练过程。

需要注意的是，反向传播过程中使用的梯度下降算法可以通过优化算法（如随机梯度下降、批量梯度下降）进行改进，以提高训练效果。此外，为避免网络陷入局部最小值，有时可使用正则化技术和改进的优化算法进行网络训练。

整体来看，BP神经网络通过不断迭代优化网络权重，使网络能够学习并拟合输入数据模式，从而实现有效预测和分类任务，其一般运行过程包括以下步骤：

①初始化：设置网络结构，包括输入层、隐藏层和输出层的神经元个数，并随机初始化连接权重。

②前向传播：通过输入层将输入数据传递给隐藏层，再将隐藏层输出传递给输出层，计算网络输出结果。

③计算误差：将网络的输出结果与实际值进行比较，计算网络的误差。常用的误差函数包括均方误差（MSE）和交叉熵误差（Cross-Entropy）等。

④反向传播：根据误差利用链式法则，从输出层开始，将误差反向传播到隐藏层和输入层，计算每个连接权重梯度。

⑤权重更新：根据梯度下降算法或其他优化算法，通过更新权重来减小误差。常用的优化算法包括随机梯度下降（SGD）、动量法（Momentum）和Adam优化器等。

⑥重复迭代：重复执行前向传播、误差计算和反向传播等步骤，不断更新权重，直到达到预设的停止条件，如达到最大迭代次数或误差小于某个阈值。

⑦预测与评估：使用训练好的神经网络进行预测，将新的输入数据通过前向传

播，得到输出结果。根据预测结果进行评估，如计算准确率、精确率、召回率等指标。

因此，BP 神经网络具有较强非线性拟合能力和适应性，可以用于分类、回归、模式识别等任务，例如，①模式分类：BP 神经网络可以用于图像识别、语音识别、手写字符识别等模式分类任务。②预测与回归：BP 神经网络可以用于预测未来的趋势，如股票价格预测、销售预测、气温预测等。同时，它也可以用于回归分析，如拟合曲线和曲面。③信号处理：BP 神经网络可以用于信号处理任务，如音频信号处理、语音增强、噪声抑制等。④自然语言处理：BP 神经网络可以用于文本分类、情感分析、机器翻译等自然语言处理任务。⑤聚类分析：BP 神经网络可以用于聚类分析，将相似的数据样本聚集到一起。

但其存在一定限制，如需要大量训练样本等。在实际应用中，常常需要结合其他技术手段对 BP 神经网络进行改进和优化。

2. 支持向量机算法理论

（1）发展背景。支持向量机（Support Vector Machines，SVM）是由 Vapnik 等于 20 世纪 90 年代初提出。在发展过程中，SVM 主要经历了以下重要阶段：

①初始概念：SVM 的初期概念在 20 世纪 60 年代提出，Vapnik 和 Chervonenkis 提出结构风险最小化（Structural Risk Minimization，SRM）原则，这个原则将模型复杂性和训练集误差进行综合考虑，强调了泛化能力重要性，为支持 SVM 理论作出基础性贡献。

②线性可分支持向量机：1995 年，Vapnik 等提出经典的线性可分 SVM 算法。该算法核心思想是寻找一个最优超平面，从而将不同类别样本线性分开，并且最大化支持向量到超平面的距离，即最大化分类边界的间隔。

③软间隔支持向量机：1995 年，Vapnik 等提出软间隔 SVM 算法。该算法允许存在一定的误分类样本，通过引入松弛变量及相应惩罚项，使得超平面能够更好地适应具有一定噪声的数据集。

④核函数的引入：1992 年，Boser 等首次提出核函数概念，为 SVM 的非线性分类问题提供解决方法。核函数通过将样本映射到高维特征空间，使低维线性不可分问题在高维中线性可分。常用的核函数包括线性核、多项式核、径向基函数（RBF）核等。

⑤基于凸优化的求解：1998 年，Cortes 和 Vapnik 提出一种基于凸优化的二次规划算法，称之为序列最小优化（SMO）算法。该算法能有效计算 SVM 优化问题，实现更加简洁和高效。

⑥多类别分类的扩展：SVM 最初只能处理二类别分类问题，但随后进行多类别

分类扩展。一种常见方法是"一对一"策略,将多类别分解成多个二类别问题。

总之,从最初的线性可分 SVM 到软间隔 SVM,再到核函数的引入和多类别扩展,SVM 经历多年发展和补充,已成为机器学习领域的重要算法之一。

(2) 工作原理。支持向量机(Support Vector Machine,SVM)是一类应用于分类问题和回归分析问题的机器学习算法,通过寻找最优超平面(二维空间中为直线,三维空间中为平面,高维空间中为超平面),将不同类别数据分隔开,以此对样本进行分类。SVM 基本原理是通过核函数,将数据映射到高维特征空间,进而使非线性问题转化为线性问题来进行分类。其关键概念是支持向量,它是离超平面最近数据点。支持向量决定超平面的位置和方向。SVM 优化目标是最大化支持向量到超平面距离来寻找最优分类边界,进而最小化其分类误差。

具体而言,SVM 方法的工作原理主要为以下 4 个步骤:

①数据预处理:对输入数据在特征选择、特征缩放和数据标准化等层面进行预处理,以提高支持 SVM 的准确性。对于需要收集和整理用于训练的数据集,若属于离散特征,则需要进行编码或者独热编码以转化为数值型特征;若属于连续特征,则可以进行归一化或标准化处理来消除量纲差异。此外,如果数据特征过多或存在冗余,可以通过特征选择或降维方法减少特征维度,常用特征选择方法包括相关系数、卡方检验等,常用降维方法包括主成分分析(PCA)等。

②寻找最优超平面:通过寻找最优超平面来对样本进行分类。其中,最优超平面是指将支持向量到超平面距离实现最大化的超平面,其距离称为间隔(Margin),表示分类器的鲁棒性和泛化能力。

③选择核函数:在实际应用中,由于数据存在非线性和非可分性情形,通过引入核函数概念,将数据映射到高维空间中,使得数据在高维空间中线性可分,从而扩展支持 SVM 的适用范围。常用核函数包括线性核、多项式核和高斯核等。

④模型训练和预测:在模型训练和预测过程中,通过最大化间隔来得到最优超平面。其中涉及求解凸优化问题,可以使用优化算法(如序列最小优化算法)来求解。首先将经过预处理数据集划分为训练集和测试集,在训练集上使用 SVM 算法对模型进行训练,训练过程包括确定 SVM 算法的参数,如惩罚系数 C、核函数类型和核函数参数等,并且可以使用交叉验证等方法进行参数选择和模型效果评估。

(3) 优点与局限性。SVM 方法的主要优点包括:

①在高维空间中能有效处理数据,适用于高维特征样本的分类问题,并且对内存要求较小。

②通过引入核函数将数据映射到高维空间,有效处理非线性问题,从而扩大样本适用范围,可通过选择不同核函数来适应不同类型数据。

③对于小样本数据集,SVM 方法具有较好的泛化能力。

④SVM 方法的决策函数只依赖其支持向量，而不依赖整个训练集，因此对于噪声较多的数据集，支持向量机方法具有较好的鲁棒性。

但是，SVM 方法也存在一定局限性：

①对于大规模数据集，SVM 方法的训练时间较长［其时间度是 $O(n^3)$，其中 n 是训练样本数量］。

②对于噪声较多数据集，SVM 方法容易出现过度拟合情形，需要实时调整正则化参数 C 来控制模型复杂度。

③对于多类别分类问题，SVM 方法需要使用多个二分类器进行组合，但这样操作大幅增加模型运算复杂度。

所以在应用 SVM 算法时，需要根据具体情况选择合适的参数和核函数，并注意数据集的规模和噪声情况。

（4）应用。SVM 方法的主要应用领域为：

①文本分类：SVM 可以用于对文本进行分类，例如，垃圾邮件过滤、情感分析和文档分类等。

②图像识别：SVM 可以用于图像分类和物体识别任务，例如，人脸识别、手写数字识别和图像检索等。

③生物信息学：SVM 可以在生物信息学领域中应用于基因分类、蛋白质结构预测和药物设计等。

④金融预测：SVM 可以用于金融领域的市场预测、信用评分和风险管理等。

⑤医学诊断：SVM 可以应用于医学图像分析、疾病诊断和药物反应预测等。

⑥无人驾驶：SVM 可以用于自动驾驶领域中的目标检测、车道识别和交通信号识别等。

⑦结构预测：SVM 可以应用于结构预测任务，例如，蛋白质折叠预测和语言解析等。

3. 随机森林算法理论

（1）发展背景。1996 年，Breiman 在 *Bagging Predictors* 中提出自举聚合（Bootstrap Aggregating）概念。自举聚合是一种用来减少模型方差技术，通过多次随机抽样来构建多个模型，并对其预测结果求取平均值，来提高模型鲁棒性和泛化能力。

2001 年，Breiman 和 Cutler 在自举聚合基础上，首次提出随机森林（Random Forest）概念。随机森林是一种集成学习方法，通过利用自举聚合思想和随机特征选择方式构建多个决策树，以集成投票或平均方式得到最终预测结果。因此，随机森林方法既可以用于分类问题，也可以用于回归问题。

随机森林的理论基础是决策树。决策树是一种基于树结构的机器学习算法，它通过一系列判断条件对数据进行分类或回归。

（2）工作原理。随机森林算法构建过程可概述为：

步骤1. 数据准备：将原始数据分为训练集和测试集，训练集用于建立随机森林模型，测试集用于评估模型性能。

步骤2. 随机自助采样：从训练集中有放回地随机抽样，构成一个新的子训练集，以保证每个决策树子训练集是独一无二的，并且每个子训练集的样本数量可以与原始训练集相同或不同。

步骤3. 随机选择特征子集：从原始特征集中随机选择一部分特征，构成一个新的子特征集，以保证每个决策树特征集是独一无二的。并且每个子特征集的样本数量可以与原始特征集相同或不同，可以是固定的或随机的，这样可以减少决策树之间相关性，避免模型出现过度拟合问题。

步骤4. 构建决策树：使用选定样本子集和特征子集来构建决策树，常用决策树算法包括ID3、C4.5和CART等。

步骤5. 重复步骤2和步骤3，构建多个决策树。

步骤6. 综合决策树结果：对于分类问题，通过投票方式来综合多个决策树结果，选择得票最多类别作为最终分类结果；对于回归问题，通过平均方式来综合多个决策树结果，得到最终回归值。

步骤7. 模型评估：使用测试集评估随机森林模型的性能，可使用各种指标（如准确率、F1值、均方误差等）来评估模型表现。

步骤8. 特征重要性评估：根据随机森林中各个决策树对特征使用频率和重要性，来评估特征在模型重要程度，有助于未来的特征选择和数据分析。

（3）优点与局限性。随机森林作为一种基于决策树的集成学习算法，它通过创建多个决策树，并通过投票或平均方式来组合各个决策树结果，得到最终预测结果。随机森林能处理高维数据和大规模数据集，具有优秀的抗过拟合能力，此外随机森林算法不需要太多参数调整，并且能够评估特征重要性。

随机森林算法的主要优点有：①能处理高维数据和大规模数据集，具有较好扩展性。②能处理缺失值和不平衡数据集，具有较好鲁棒性。③能评估特征重要性，可用于特征选择和特征工程。④能处理非线性关系和交互作用，具有较好预测能力。

但是，随机森林方法也存在一定局限性：①训练过程较为耗时，在处理大规模数据集时尤为显著。②对样本噪声和异常值较为敏感，需要进行数据预处理。③结果不易解释，无法提供明确因果关系。

（4）应用。随机森林方法的主要应用领域为：

①分类问题：可用于解决二分类和多分类问题。例如，在医疗领域中，可以利

用随机森林方法来进行疾病诊断、药物研发和肿瘤类型预测等工作。

②回归问题：可用于房价预测、股票市场预测、销售预测等回归问题。

③特征选择：可通过输出特征重要性来选取最重要特征，以提高模型简洁性和泛化能力。

④异常检测：可通过分析数据点在决策树中路径长度或者预测误差来检测异常值或离群点。

⑤集成学习：可将多个随机森林组合起来形成更加稳健和准确的集成模型。

⑥特征工程：可通过利用其他特征信息进行预测，能有效处理缺失数据，填充缺失值。

（5）Bagging 算法。要想获得泛化性能优异的集成学习算法，各学习器应尽可能相互独立。一种可行做法是对训练样本集进行随机采样，产生若干个不同子集，再从每个子集中训练出个体学习器。由于训练数据不同，所获得的个体学习器可能具有较大差异。但若采样的每个子集完全不同，则每个个体学习器只使用一小部分训练数据，以至于不足以进行有效学习，这显然无法确保产生泛化性能优异的个体学习器。为解决该问题，可考虑使用相互有交叠的采样子集来进行训练学习。

Bagging 算法是经典的并行式集成学习方法，其学习器间没有显著的相互依赖关系，这归功于使用随机采样方法。随机采样是从训练集里采集固定个数样本，每采集一个样本后将其放回，故过去采集的样本在放回后仍有可能被采集。对于 Bagging 算法，一般会随机采集 n 个样本（n 为训练集样本数），以此得到采样集和训练集样本个数相同，但内容不同。如果对有 n 个样本量的训练集做 T 次随机采样，则由于随机性，将得到互不相同的 T 个采样集。

具体来看，假设训练样本集容量是 n，一个样本在一次随机采样中被采集到概率是 $\frac{1}{n}$，而不被采集到概率为 $1-\frac{1}{n}$，那么 n 次采样都没有被采集到概率是 $\left(1-\frac{1}{n}\right)^n$。当 $n\to\infty$ 时，该概率的极限为 e^{-1}，即在 Bagging 算法每一轮随机采样中，训练集里大约有 36.8% 数据没有被采集到（或采样集的数据约占整个初始训练集的 63.2%）。

因此，将上述约占 36.8% 的未采样数据称为包外数据（Out Of Bag，OOB）。由于包外数据没有参与训练集模型拟合，所以可用来检测模型泛化能力。此外，Bagging 算法对于学习器类型没有限制，但最常用的学习为决策树和神经网络，其基本流程如下：

输入：记训练集 $D=\{(x_1,y_1),(x_2,y_2),\cdots,(x_n,y_n)\}$，弱学习器为 L，训练轮数为 T。

输出：强学习器为 $H(x)$。

对 $t = 1, 2, \cdots, T$，对 D 进行 t 次随机采样，共采样 n 次，得到包含 n 个样本的采样集 D_t，并用采样集 D_t 训练第 t 个弱学习器 $h_t(x) = L(D_t)$。

如果是分类预测，则 T 个弱学习器投出最多票数的类别为最终类别：

$$H(x) = \mathop{\mathrm{argmax}}_{y \in Y} \sum_{t=1}^{T} I[h_t(x) = y] \tag{15}$$

如果是回归预测，则 T 个弱学习器得到回归结果算术平均值为模型输出：

$$H(x) = \frac{1}{T} \sum_{t=1}^{T} I[h_t(x) = y] \tag{16}$$

综上，Bagging 算法组合策略较为简单，对于分类问题可通过使用简单投票法来得到最多票数类别（或者类别之一），作为最终模型输出。对于回归问题，Bagging 算法策略使用简单平均法对 T 个弱学习器得到的回归结果进行算术平均，以此得到最终模型输出。

此外，由于 Bagging 算法每次都通过采样来训练模型，具有较强泛化能力，能显著降低模型方差，但对训练集拟合程度较差。此时，自助采样过程还具有另一优点：由每个弱学习器只使用初始训练集中约 63.2% 样本，剩下约 36.8% 样本可通过"包外估计"来验证算法泛化性能，为此需记录每个弱学习器所使用的训练样本。

记 D_t 为 h_t 中实际使用的训练样本集，$H(x)$ 表示对样本 x 的包外预测，即：

$$H(x) = \mathop{\mathrm{argmax}}_{y \in Y} \sum_{t=1}^{T} I[h_t(x) = y] I(x \in D_t) \tag{17}$$

则 Bagging 算法泛化误差的包外估计为：

$$\varepsilon = \frac{1}{|D|} \sum_{(x,y) \in D} I[H(x) \neq y] \tag{18}$$

4. K - 邻域算法理论

（1）发展背景。K - 邻域算法（K - Nearest Neighbors，KNN）发展历史可追溯到 20 世纪 60 年代末，Cover 和 Hart 在 1967 年首次提出"Nearest Neighbor Rule"（最近邻域算法）概念，并将其应用于模式识别领域，这成为 KNN 算法雏形。

1971 年，Fix 和 Hodges 进一步完善最近邻域算法，并将其命名为"Non - parametric Discriminant Analysis"。

从 1980 年开始，KNN 算法开始受到业界更多关注，并且在机器学习和模式识别领域得到广泛应用。此时，一些基于 KNN 算法的改进和变体开始出现，如加权 KNN 算法、多类别 KNN 算法等。

20 世纪 90 年代，随着计算能力提高和统计学理论发展，KNN 算法得到更广泛的研究和应用。一些基于 KNN 算法的更复杂的变体接连被提出，如 KD 树、球树等，大幅提高了原始算法效率。

2000年以后，随着大数据和深度学习兴起，KNN算法在某种程度上被更复杂和高效的算法所取代。不过，KNN算法仍在小规模数据集、非平衡数据集和噪声数据方面保持自身优势。

总体而言，KNN算法作为一种简单而有效的分类算法，经历了逐步的改进和发展，在机器学习领域中具有重要地位。

（2）工作原理。KNN算法的核心思想是：在特征空间中，如果一个样本存在K个最相似样本，且这些样本中的大多数属于同一个类别，则该样本也属于这个类别。其基本步骤如下：

步骤1. 数据准备：构建带标签的训练数据集和待分类的测试样本。其中，每个带标签的训练数据集样本都有专属特征和标签，其特征用于描述样本属性，其标签用于表示样本所属类别。

步骤2. 计算特征相似度（距离）：对于给定样本，需要计算其与训练样本间的相似度（距离）。常用方法包括欧几里得距离、曼哈顿距离、闵可夫斯基距离等。

步骤3. 选择 K 值：K 值是 KNN 算法的重要参数，表示选择最近邻居个数。K 值选择可能影响分类结果，一般需要在实际应用中进行调优。

步骤4. 选择最近邻居：根据特征相似度计算结果（即待分类样本与训练样本间的距离大小），选择最近 K 个训练样本作为邻居，一般通过实验或交叉验证等方法，根据排序或优先队列等数据结构来快速实现。

步骤5. 投票决策：根据 K 个邻居类别标签，通过多数投票或加权投票等方式，将得票最多的类别作为待分类样本类别（例如，如果选择 $K=5$，那么待分类样本类别将由这 5 个邻居中最多类别决定）。其中，若采用多数投票，将类别标签出现次数最多的类别作为待分类样本类别；若采用加权投票，对每个邻居投票进行加权处理，再根据加权结果确定待分类样本类别。

步骤6. 输出结果：根据投票结果，将待分类样本归类到特定预测类别中，完成分类任务。

（3）具体算法流程。从 KNN 算法工作原理可以发现，对于带标签的训练数据集，其每个样本都已知所属分类，通过选定最近邻居数 K，在输入没有分类新样本后，将新样本每个属性与训练集中样本对应属性进行比较，然后提取最相近 K 个样本分类，其出现最多分类就是新数据分类。

首先对"最近邻分类器"（即 $k=1$）在二分类问题上性能进行讨论。假设计算距离是"恰当"的，即能够恰当找出 k 个近邻。给定测试样本 x，若其最近邻样本为 w，则最近邻分类器出错概率为 x 与 w 标签不同概率，即：

$$p(\text{err}) = 1 - \sum_{c \in Y} P(c \mid x) P(c \mid w) \tag{19}$$

其中，$Y = \{-1, +1\}$。假设样本独立同分布，且对任意 x 和任意 $\delta > 0$，在 x

附近的 δ 距离范围内总能找到一个训练样本 w 满足式（19）。假设：

$$c^* = \mathrm{argmax} c \in P(c \mid x) \tag{20}$$

并且 c^* 表示贝叶斯最优分类器结果，则有：

$$p(\mathrm{err}) = 1 - \sum_{c \in Y} P(c \mid x)P(c \mid w) = 1 - \sum_{c \in Y} P^2(c \mid x)$$
$$\leq 1 - P^2(c \mid x) \leq 2(1 - P(c \mid x)) \tag{21}$$

式（21）说明虽然最近邻分类器较为简单，但其泛化错误率不超过贝叶斯最优分类器错误率的两倍。

此外，对于分类问题，给定 n 个训练样例 (x_i, y_i)，其中 x_i 为样本特征向量，y_i 为标签值。设定参数 k，假设样本类别数为 l，待分类样本为 x，则 KNN 算法步骤如下：

步骤 1. 在训练样本中找出距离 x 最近 k 个样本，记 k 个样本集合为 $S(k)$。

步骤 2. 统计 $S(k)$ 中属于每一类样本个数 k_i ($i = 1, 2, \cdots, l$)。

步骤 3. 最终分类结果为 $\max_i k_i$，即最大 k_i 值对应类型为最终分类结果。

显然，当 $k = 1$ 时，KNN 算法为最近邻算法。并且算法实现较为简单，只需计算待测样本与每一个训练样本距离即可，但当训练样本容量大、特征向量维数高时，计算复杂度显著提升。

对于回归问题，KNN 算法在得到待处理数据的 k 个最相似训练数据后，求取这些训练数据特征平均值，并将该平均值作为待处理数据特征值。也就是说，假设距离待测试样本最近的 k 个训练样本标签值为 y_i，则该样本回归预测值为：

$$\hat{y} = \frac{1}{k} \sum_{i=1}^{k} y_i \tag{22}$$

即为 k 个近邻样本标签值的算术平均值，此时 k 个近邻样本贡献是相等的。若考虑加权情形，即根据 k 个最相似训练样本和待预测样本实际距离，赋予每一个训练样本不同权重值，再进行加权平均，这样得到回归值更为有效，即：

$$\hat{y} = \sum_{i=1}^{k} w_i y_i \tag{23}$$

其中，w_i 是第 i 个样本的权重。权值可人工设定，也可用其他方法确定。

关于 KNN 算法的距离函数，记两个样本特征向量 x_i 和 x_j 间距离为 $d(x_i, x_j)$，$d(x_i, x_j)$ 将两个同维数向量映射为一个实数函数，因此称为距离函数。实际上，距离函数是一种向量范数，因此必须满足向量范数的三个准则，即正定性、对称性和三角不等式：

$d(x_i, x_j) > 0$ 且 $d(x_i, x_j) = 0 \Leftrightarrow x_i = x_j$ （正定性）。

$d(x_i, x_j) = d(x_j, x_i)$ （对称性）。

$d(x_i, x_j) < d(x_i, x_k) + d(x_k, x_j)$ （三角不等式）。

在样本数有限情况下，KNN 算法误判概率和距离具体测度存在直接关系。因此，在选择近邻样本数时，利用适当距离函数能够提高分类正确率。通常，KNN 算法可采用欧氏距离（Euclidean Distance）、曼氏距离（Manhattan Distance）、马氏距离（Mahalan - obis Distance）等距离函数。

设样本特征向量 $x = (x_1, \cdots, x_m)^T$, $y = (y_1, \cdots, y_m)^T$，则：

欧氏距离：
$$d(x,y) = \| x - y \|_2 \tag{24}$$

曼氏距离：
$$d(x,y) = \| x - y \|_1 = \sum_{i=1}^{m} | x_i - y_i | \tag{25}$$

马氏距离：
$$d(x,y) = \left[(x-y)^T \sum\nolimits^{-1} (x-y) \right]^{\frac{1}{2}} \tag{26}$$

其中，$\sum$ 为 x 和 y 所在数据集协方差矩阵。

欧氏距离是最常用距离方式，在使用时，要注意将特征向量分量归一化，以减少因特征值尺度范围差异所带来干扰，否则数值小特征分量会被数值大特征分量所淹没。也就是说，欧氏距离只是将特征向量看作空间中的点，并未考虑这些样本特征向量的概率分布规律。

与欧氏距离不同，马氏距离则是一种概率意义上的距离，它与数据的尺度无关。马氏距离更为一般的定义为：

$$d(x,y) = \| x - y \| S = \sqrt{(x-y)^T S(x-y)} \tag{27}$$

其中，S 是对称正定矩阵。说明马氏距离度量的是两个随机向量相似度。显然，当 S 为单位阵时，马氏距离即退化为欧氏距离。矩阵 S 可以通过计算训练样本协方差矩阵得到，也可以通过对样本"距离度量"中得到。

巴氏距离定义两个离散型或连续型随机向量概率分布的相似性。对于在同一域 X 的两个离散型分布 $p(x)$、$q(x)$，其定义为：

$$d(x,y) = \| x - y \| S = \sqrt{(x-y)^T S(x-y)} \tag{28}$$

（4）优点与局限性。KNN 算法的主要优点包括简单易实现、无须训练过程、对异常值不敏感等。但也具有一定局限性，包括计算复杂度高、对样本不平衡较敏感、对存在噪声的数据集效果较差等。因此，在使用 KNN 算法时，需要考虑如何处理噪声、异常值等情况，并选择合适 K 值和距离度量方法（如 KD 树数据结构、增量式计算等），以提高算法准确性。

（5）应用。K - 邻域方法的主要应用领域为：①文本分类：通过使用文本特征向量表示，再根据 k 邻域算法找出最近邻域文本，根据邻域类别标签来预测新文本类别，因此可用于判断一篇文本属于哪个类别。②图像识别：例如人脸识别或手写数字识别。通过使用图像特征向量表示，再根据 k 邻域算法找出最近邻域图像，根据邻域类别标签来对新图像进行分类，因此可用于图像识别任务。③模式识别：可用于图像分类、人脸识别、手写体识别等模式识别任务。④异常检测：对给定数据集可使用 k 邻域算法计算每个数据点 k 个最近邻，并将较远点标记为异常数据点，因此可用于检测异常数据点。⑤推荐系统：可根据用户历史行为和兴趣相似度来推荐相似商品、音乐或电影。⑥欺诈检测：可根据用户交易行为和历史数据来检测可能的欺诈行为。⑦自然语言处理：可用于文本分类和情感分析等自然语言处理任务。⑧航空航天：可用于识别和预测飞机故障，帮助提高飞行安全性。⑨医学诊断：可根据患者临床特征和病例数据库来进行疾病诊断和预测。⑩金融风险分析：可根据借款人信用历史和相似借款人数据来评估借款人偿还能力和风险。

综上，一方面，K-邻域算法常用于分类问题，如文本分类、图像分类等。另一方面，K-邻域算法可以用于回归问题。通过加权 KNN、局部加权 KNN、KD 树等手段，可以进一步改进和扩展原始 K-邻域算法。

其中，加权 KNN 方法考虑到不同邻居间权重，使距离较近的邻居对预测结果贡献度较大；局部加权 KNN 方法在计算距离时引入权重函数，使距离较近样本对预测结果影响较大；KD 树方法通过构建二叉树来减少计算距离次数，从而加速原始 K-邻域算法的数据结构。

（三）波动性、投资者情绪与流动性

众多现代经典的金融模型通常假设投资者能在无限资源和认知下作出完全理性决策，但在现实背景下，由于投资者认知能力和信息来源不尽相同，部分投资者极易产生非理性投资行为，从而使得资产价格在短期内偏离理性价格（Shiller，1990）。

在行为金融学的理论中，处于发展阶段的金融市场极易出现过度自信等非理性心理，这以往被认为是导致投资者持续出现决策偏差的重要因素，在这种异质性心理的驱使下，投资者容易产生独特的心理偏好与异质信念，从而显著低估投资风险并提高投资者的交易频率，最终带来市场收益的过度波动（Barber 和 Odean，2008）。以过度自信为代表的极端投资者情绪的存在会大幅提高市场价格的异常波动，降低对未来价格预测精准度，并显著提高投资者的决策风险，有时甚至大幅加剧市场脆弱性，显著影响市场健康良性发展（宫汝凯，2021）。杨文祺和李珂涵（2020）通过实证研究发现，疫情后的市场情绪极大引发投资者的"追涨杀跌"等现象，导致市场发展不稳定性和不确定性大幅增加，削弱市场资产配置功能，显著增加整个金融市场的系统性风险。

本节选择投资者情绪和市场流动性等指标，从高涨或低落的投资者情绪或市场流动性是否影响预测波动率精度等角度，梳理三者间的相关性实证研究，旨在更深刻理解期货市场中出现的非理性行为。

1. 投资者情绪

部分研究表明，投资者情绪会对市场波动性产生显著影响。按照行为金融学理论，投资者情绪刻画了市场投资者的非理性信念，是影响金融资产价格偏离均衡状态的重要因素（DeLong 等，1990）。Mendel 和 Shleifer（2012）实证证明，投资者情绪会显著提高市场的波动程度。户晓坤和郭旭新（2013）也归纳发现，投资者作为有限理性的存在，其决策无法剥离情绪的影响。

因此，国内外部分学者将投资者情绪纳入波动率预测模型中，检测股市波动性的预测是否易受到投资者情绪的影响。Seo 和 Kim（2015）建立引入投资者情绪的 HAR-RV 模型来预测未来实际波动率，发现隐含波动率的预测效果受到投资者情绪的显著影响。Renault（2017）以 S&P 500 ETF 为对象，研究发现引入投资者情绪后长期波动率的预测效果发生变化。张同辉等（2019）也实证发现，HAR 模型在引入投资者情绪后的解释能力大幅增强。在基于上证 50ETF 期权的经验研究中，刘勇和白小滢（2020）认为投资者情绪能显著提高波动率模型的预测效果，在投资者情绪高涨时尤为显著。

2. 流动性

市场流动性是衡量市场运行效率的重要指标之一。宋光辉等（2017）证明了市场流动性能够显著影响市场波动性。姚登宝（2017）基于 TVP-SV-SVAR 模型，实证发现市场流动性是金融市场稳定性的单向 Granger 因果关系，显著影响市场波动性的未来趋势。

三、投资者情绪和市场流动性影响下的期权波动率预测

（一）指标设计

1. 投资者情绪指标

依据现有研究，通常将投资者情绪指标的度量归纳为直接指标、间接指标和综合指标三类。其中，直接指标是通过调查等方法直接获得，包括消费者信心指数、央视看盘指数、巨潮投资者信心指数等。间接指标是通过对市场数据进行客观分析

间接获取，包括股市涨跌停指数、换手率、ADL腾落指数等。综合指标是通过主成分分析等一系列模型方法计算获得，例如，Baker 和 Wurgler（2006）使用主成分分析方法构造的情绪综合指数（BW 指数）。

考虑到上证 50 市场的实际情况以及数据的可获得性，本部分采用基于符号的换手率（ATurnover）、涨跌停数目（NF）、已实现偏度（RSkew）、基于符号的跳跃（SJV）、ADL 腾落指数（ADLine）和动量效应指数（MTM）六个指标作为代理指标，运用主成分分析方法来构建投资者情绪综合指标（SENT），其中：

（1）换手率（Turnover）：反映一个时间段内市场股票交易的频率，换手率越高，说明投资氛围越活跃，但其不能直接反映投资者情绪的正反向变化，因此本部分将根据收益率的正负性来构建基于符号的换手率（ATurnover）：

$$ATurnover_t = Turnover_t \times \frac{R_t}{|R_t|} \tag{29}$$

其中，R_t 为第 t 天的市场收益率。

（2）涨跌停数目（NF）：市场涨跌停板的触发均能有效反映投资者的情绪，如果市场同时满足涨停股票数量越多以及跌停股票数量越少，则说明市场投资者越乐观；反之，则说明投资者越悲观。因此，本部分构建涨跌停数目（NF）指标：

$$NF_t = NZF_t - NDF_t \tag{30}$$

其中，NZF_t 和 NDF_t 分别为第 t 天的涨停股票数目和跌停股票数目。

（3）已实现偏度（RSkew）：反映市场收益的非对称程度，与投资者情绪存在显著的正相关关系，已实现偏度越高，说明投资者情绪越积极。其具体公式如下：

$$RSkew_t = \sqrt{N_t} \sum_{i=1}^{N_t} r_{i,t}^3 \times \frac{1}{\left(\sum_{i=1}^{N_t} r_{i,t}^2\right)^{\frac{3}{2}}} \tag{31}$$

其中，$r_{i,t}$ 为第 t 天的第 i 只股票收益率。

（4）基于符号的跳跃（SJV）：代表股票价格的非连续变化，其大幅跳跃代表投资者极端情绪的出现，如果数值显著为正，说明市场发生向上的跳跃，投资者情绪越积极；反之，则说明投资者越悲观。其计算公式如下：

$$SJV_t = \sum_{i=1}^{N_t} r_{i,t}^2 I_{[r_{i,t}>0]} - \sum_{i=1}^{N_t} r_{i,t}^2 I_{[r_{i,t}<0]} \tag{32}$$

其中，$I_{[\cdot]}$ 为示性函数，当 $[\cdot]$ 成立，$I_{[\cdot]}$ 为 1；反之则为 0。

（5）ADL 腾落指数（ADLine）：以某一特定日期内股票上涨或下跌的数目作为对象，判断股市未来趋势的指标，与投资者情绪显著正相关，ADL 腾落指数越高，说明投资者情绪越积极。其具体公式如下：

$$ADLine_t = \sum_{i=1}^{t} (Z_i - D_i) \tag{33}$$

其中，Z_i 和 D_i 分别为第 i 天的市场股票上涨数目和下跌数目。

（6）动量效应指数（MTM）：刻画了股票收益率对其原来变化趋势的延续，从价格变化的角度间接反映投资者情绪的变化，动量效应指数越高，则情绪越积极。反之，则说明投资者越悲观。因此，本部分构建动量效应指数：

$$MTM_t = \frac{1}{N_t} \sum_{i=1}^{N_t} \frac{P_{i,t}^2 - P_{i,t}^1}{P_{i,t}^2} \tag{34}$$

其中，$P_{i,t}^2$ 和 $P_{i,t}^1$ 分别为第 t 天第 i 只股票的收盘价和开盘价。

此后，本部分对上述代理指标进行标准化，并对标准化后的序列进行 KMO 检验和 Bartlett 球形度检验。结果表明，KMO 检验的数值为 0.734，Bartlett 球形度检验的显著性数值为 0.000，说明上述的代理指标适用于进行主成分分析。

根据表 1，主成分分析后的前两个主成分的特征值均大于 1，累计方差解释率已达到 80.441%，能在损失不多的信息下极大程度解释市场的投资者情绪状态，所以本部分选取前两个主成分加权构造投资者情绪指数（SENT）：

表 1   主成分分析结果

成分	特征值	方差（%）	累积方差（%）	成分矩阵					
				Turnover	NF	RSkew	SJV	ADLine	MTM
1	3.271	54.512	54.512	0.189	0.935	0.886	0.199	0.819	0.930
2	1.556	25.928	80.441	0.873	-0.104	-0.098	0.868	-0.025	-0.142

$$SENT_t = Turnover_t \times 0.409 + NF_t \times 0.600 + RSkew_t \times 0.569 + SJV_t \times 0.414 + ADLine_t \times 0.547 + MTM_t \times 0.585 \tag{35}$$

2. 市场流动性指标

考虑到不同上市公司之间存在规模性差异，本部分设计基于上市公司总市值的日频加权成交金额指标（WA）来衡量市场流动性，第 t 天的市场流动性指标（WA）可表示为：

$$WA_t = Amount_{i,t} \times \frac{Q_{i,t}}{\sum_{i=1}^{N_t} Q_{i,t}} \tag{36}$$

其中，$Amount_{i,t}$ 和 $Q_{i,t}$ 分别为第 t 天第 i 只股票的成交金额和总市值，N_t 为第 t 天的市场股票交易总数目。

（二）样本外预测指标

本部分分别选择平均绝对误差（MAE）、均方误差（MSE）和均方根误差（RMSE）三种损失函数来检验模型的样本外预测效果，其数值越小，说明模型样本外预测的效果越理想。

1. 平均绝对误差（MAE）

$$MAE = \frac{1}{N} \sum_{t=1}^{N} |\overline{\sigma_t^2} - \sigma_t^2| \tag{37}$$

其中，$\overline{\sigma_t^2}$ 和 σ_t^2 分别为第 t 天的预测波动率和实际预测波动率。

2. 均方误差（MSE）

$$MSE = \frac{1}{N} \sum_{t=1}^{N} (\overline{\sigma_t^2} - \sigma_t^2)^2 \tag{38}$$

其中，$\overline{\sigma_t^2}$ 和 σ_t^2 分别为第 t 天的预测波动率和实际预测波动率。

3. 均方根误差（RMSE）

$$RMSE = \sqrt{\frac{1}{N} \sum_{t=1}^{N} (\overline{\sigma_t^2} - \sigma_t^2)^2} \tag{39}$$

其中，$\overline{\sigma_t^2}$ 和 σ_t^2 分别为第 t 天的预测波动率和实际预测波动率。

（三）模型构建

1. 已实现波动率模型（HAR – RV 模型）

与前文所介绍的内容相同，在构建已实现波动率模型（HAR – RV 模型）之前，假设资产价格对数服从布朗运动：

$$dp_t = \mu_t dt + \sigma_t dw_t \tag{40}$$

其中，p_t 为 t 时刻资产瞬时价格对数，μ_t 为 t 时刻资产瞬时价格对数均值，σ_t 为 t 时刻资产瞬时价格对数的瞬时波动率，w_t 为 t 时刻标准化后的维纳过程。

依照极限理论，定义第 t 天的波动率 σ_t^d 是一天的瞬时波动率积分：

$$\lim_{\sup \Delta \tau_j \to 0} \sum_{j=0}^{n-1} (\ln p_{\tau_{j+1}} - \ln p_{\tau_j})^2 = \int_0^t \sigma_s^2 ds = \sigma_t^d \tag{41}$$

其中，$\int_0^t \sigma_s^2 ds$ 为积分波动率。

Andersen 和 Bollerslev（2001）认为，当对数收益率的时间序列样本数目趋于无穷大时，已实现波动率是实际波动率的一致估计量，因此高频已实现波动率的表达式为：

$$RV_t^d = \sqrt{\sum_{i=1}^{w} r_{i,t}^2} \tag{42}$$

其中，$r_{i,t}$ 是第 t 天 i 时刻资产价格对数收益率，w 为一天内对数收益率总个数。

此外，Andersen 和 Bollerslev（2001）研究发现，与其他波动率指标相比，已实现波动率由高频数据计算获得，能极大降低回归噪声的干扰。所以，众多研究均采用已实现波动率来预测模型的实际波动率。

同理，每周的已实现波动率为：

$$RV_{t,t-h} = \sqrt{\frac{1}{h}\sum_{i=1}^{h} RV_{t-h+i}^2} \tag{43}$$

其中，$h = 5$ 为每周的已实现波动率。

基于上述的计算方法，Corsi 等（2010）提出的异方差自回归模型（HAR – RV 模型）作为已实现波动率模型，其具体形式为：

$$RV_{t,t+h} = \alpha_0 + \alpha_1 RV_{t,t-1} + \alpha_2 RV_{t,t-5} + \varepsilon_{t+h} \quad h = 1,5 \tag{44}$$

其中，$h = 1$ 和 $h = 5$ 分别为日频（短期）和周频（长期）已实现波动率模型。

2. 隐含波动率模型（ARMA – IV 类模型）

同样地，参考前文的内容，基于看涨和看跌期权的隐含波动率由 BS 定价公式计算：

$$C_t = S_t N(d_1) - X_t e^{-r_t T_t} N(d_2) \tag{45}$$

$$P_t = X_t e^{-r_t T_t} N(-d_2) - S_t N(-d_1) \tag{46}$$

$$d_1 = \frac{\ln\left(\frac{S_t}{X_t}\right) + \left(r_t + \frac{(\sigma_t^h)^2}{2}\right) T_t}{\sigma_t^h \sqrt{T_t}} \tag{47}$$

$$d_2 = d_1 - \sigma_t^h \sqrt{T_t} \quad h = 1,2 \tag{48}$$

其中，C_t 为第 t 天看涨期权价格，P_t 为第 t 天看跌期权价格，X_t 为第 t 天期权的执行价格，S_t 为第 t 天期权的行权价格，r_t 为第 t 天的无风险利率，σ_t^1 和 σ_t^2 分别为第 t 天看涨和看跌期权的隐含波动率，T_t 为第 t 天距离到期日的合约期限。

综上，本部分选取 ARMA 模型，并引入看涨期权、看跌期权以及它们的组合隐含波动率。标准的 ARMA（p，q）模型方程为：

$$RV_t = \beta_0 + \sum_{i=1}^{p} \beta_i RV_{t-i} + \sum_{j=1}^{q} \gamma_j \varepsilon_{t-j} + \varepsilon_t \tag{49}$$

根据 AIC 准则，当 p 和 q 分别为 3 和 1 时，模型的 AIC 数值达到最小。同理，当引入 1 阶看涨期权隐含波动率（IV^{call}）和 2 阶看跌期权隐含波动率（IV^{put}）时，AIC 数值达到最小。因此，本部分定义的隐含波动率模型（ARMA – IV 类模型）为：

$$RV_t = \alpha_0 + \beta_1 RV_{t-1} + \beta_2 RV_{t-2} + \beta_3 RV_{t-3} + \varepsilon_t \tag{50}$$

$$RV_t = \alpha_0 + \beta_1 RV_{t-1} + \beta_2 RV_{t-2} + \beta_3 RV_{t-3} + \beta_4 IV_{t-1}^{call} + \varepsilon_t \tag{51}$$

$$RV_t = \alpha_0 + \beta_1 RV_{t-1} + \beta_2 RV_{t-2} + \beta_3 RV_{t-3} + \beta_5 IV_{t-1}^{put} + \beta_6 IV_{t-2}^{put} + \varepsilon_t \tag{52}$$

$$RV_t = \alpha_0 + \beta_1 RV_{t-1} + \beta_2 RV_{t-2} + \beta_3 RV_{t-3} + \beta_4 IV_{t-1}^{call} + \beta_5 IV_{t-1}^{put} + \beta_6 IV_{t-2}^{put} + \varepsilon_t \tag{53}$$

3. 历史波动率模型（GJR – GARCH 模型）

在计算历史波动率的条件方差中，Engle（1981）首次提出自回归条件异方差模型（ARCH 模型），采用自回归的形式对主体模型的随机扰动项进行实证分析，以便更好地描述方差的时变特征。ARCH（p）模型的条件方差方程为：

$$h_t^2 = \alpha_0 + \sum_{i=1}^{p} \eta_i \varepsilon_{t-i}^2 \tag{54}$$

其中，h_t^2 为条件方差，ε_t 服从独立同分布，并满足 $E[\varepsilon_t] = 0$ 以及 $\mathrm{var}[\varepsilon_t^2] = h_t^2$。

Bollerslev（1986）在 ARCH 模型基础上提出广义自回归条件异方差模型（GARCH 模型），被广泛证明更适用于预测金融资产的波动性。GARCH 模型对误差项方差做进一步建模，假设残差项 $\varepsilon_t = v_t \sqrt{h_t}$，其条件方差方程为：

$$h_t^2 = \alpha_0 + \sum_{i=1}^{p} \eta_i \varepsilon_{t-i}^2 + \sum_{j=1}^{q} \varphi_j h_{t-j}^2 \tag{55}$$

考虑到传统的 GARCH 模型并未讨论资产收益率的上涨和下跌对其波动性影响的差异性，因此，部分学者选择使用 GJR – GARCH 模型，GJR – GARCH 模型更适用于有偏分布的时间序列，能更敏锐地刻画资产波动的杠杆效应，进一步提高预测的精度，该模型的条件方差方程为：

$$h_t^2 = \alpha_0 + \sum_{i=1}^{p} \eta_i \varepsilon_{t-i}^2 + \sum_{j=1}^{q} \varphi_j h_{t-j}^2 + \sum_{j=1}^{q} \xi_j I[\varepsilon_{t,j} < 0] \varepsilon_{t-j}^2 \tag{56}$$

其中，模型结果是否存在杠杆效应取决于虚拟变量 $I_{[\cdot]}$。若 $\varepsilon_{t,j} < 0$，则 $I_{[\cdot]} = 1$；若 $\varepsilon_{t,j} > 0$ 且 ξ_j 显著，则 $I_{[\cdot]} = 0$。

基于 AIC 准则，将 GJR – GARCH（p, q）模型中的参数 p 和 q 均定为 1 阶，其具体方程为：

$$RV_t = \alpha_0 + \mu_1 HVGJR_{t-1} + \varepsilon_t \tag{57}$$

其中，$HVGJR_t$ 为基于 GJR – GARCH（1, 1）模型而得的历史波动率（HV）时间序列。

4. 基于投资者情绪的波动率模型（HAR – RV – S 模型、ARMA – IV – S 类模型、GJR – GARCH – S 模型）

本部分在 HAR – RV 模型中引入投资者情绪变量，得到基于投资者情绪的已实现波动率模型（HAR – RV – S 模型）：

$$RV_{t,t+h} = \alpha_0 + \alpha_0^a D_t^a + \alpha_1 RV_{t,t-1} + \alpha_1^a D_t^a RV_{t,t-1} + \alpha_2 RV_{t,t-5} + \alpha_2^a D_t^a RV_{t,t-5} + \varepsilon_{t+h}$$
$$h = 1, 5 \tag{58}$$

其中，D_t^a 为投资者情绪的虚拟变量，当投资者情绪指标大于其序列均值时，D_t^1 为 1；反之为 0。

同理，分别在 ARMA – IV 类模型以及 GJR – GARCH 模型中引入投资者情绪变量，得到基于投资者情绪的隐含波动率模型（ARMA – IV – S 类模型）和历史波动率模型（GJR – GARCH – S 模型）：

$$RV_t = \alpha_0 + \alpha_1 RV_{t-1} + \alpha_2 RV_{t-5} + \alpha_3 IV_{t-1}^{call} + \alpha_0^a D_{t-1}^a + \varepsilon_t \tag{59}$$

$$RV_t = \alpha_0 + \alpha_1 RV_{t-1} + \alpha_2 RV_{t-5} + \alpha_4 IV_{t-1}^{put} + \alpha_5 IV_{t-2}^{put} + \alpha_0^a D_{t-1}^a + \varepsilon_t \tag{60}$$

$$RV_t = \alpha_0 + \alpha_1 RV_{t-1} + \alpha_2 RV_{t-5} + \alpha_3 IV_{t-1}^{call} + \alpha_4 IV_{t-1}^{put} + \alpha_5 IV_{t-2}^{put} + \alpha_0^a D_{t-1}^a + \varepsilon_t \tag{61}$$

$$RV_t = \alpha_0 + \mu_1 HVGJR_{t-1} + \alpha_0^a D_{t-1}^a + \varepsilon_t \tag{62}$$

5. 基于市场流动性的波动率模型（HAR – RV – L 模型、ARMA – IV – L 类模型、GJR – GARCH – L 模型）

类似地，本部分在 HAR – RV 模型中引入市场流动性变量，得到基于市场流动性的已实现波动率模型（HAR – RV – L 模型）：

$$RV_{t,t+h} = \alpha_0 + \alpha_0^b D_t^b + \alpha_1 RV_{t,t-1} + \alpha_1^b D_t^b RV_{t,t-1} + \alpha_2 RV_{t,t-5} + \alpha_2^b D_t^b RV_{t,t-5} + \varepsilon_{t+h}$$
$$h = 1, 5 \tag{63}$$

其中，D_t^b 为市场流动性的虚拟变量，当数值大于序列均值时，D_t^b 为 1，反之为 0。并将市场流动性引入 HAR – RV – S 模型，得到基于投资者情绪和市场流动性的已实现波动率模型（HAR – RV – S – L 模型）：

$$RV_{t,t+h} = \alpha_0 + \alpha_0^a D_t^a + \alpha_0^b D_t^b + \alpha_1 RV_{t,t-1} + \alpha_1^a D_t^a RV_{t,t-1} + \alpha_1^b D_t^b RV_{t,t-1} + \alpha_2 RV_{t,t-5} + \alpha_2^b D_t^b RV_{t,t-5} + \alpha_2^b D_t^b RV_{t,t-5} + \varepsilon_{t+h} \quad h = 1, 5 \tag{64}$$

分别在 ARMA – IV 类模型和 GJR – GARCH 模型中引入市场流动性变量，得到基于市场流动性的隐含波动率模型（ARMA – IV – L 类模型）和历史波动率模型（GJR – GARCH – L 模型）：

$$RV_t = \alpha_0 + \alpha_1 RV_{t-1} + \alpha_2 RV_{t-5} + \alpha_3 IV_{t-1}^{call} + \alpha_0^b D_{t-1}^b + \varepsilon_t \tag{65}$$

$$RV_t = \alpha_0 + \alpha_1 RV_{t-1} + \alpha_2 RV_{t-5} + \alpha_4 IV_{t-1}^{put} + \alpha_5 IV_{t-2}^{put} + \alpha_0^b D_{t-1}^b + \varepsilon_t \tag{66}$$

$$RV_t = \alpha_0 + \alpha_1 RV_{t-1} + \alpha_2 RV_{t-5} + \alpha_3 IV_{t-1}^{call} + \alpha_4 IV_{t-1}^{put} + \alpha_5 IV_{t-2}^{put} + \alpha_0^b D_{t-1}^b + \varepsilon_t \tag{67}$$

$$RV_t = \alpha_0 + \mu_1 HVGJR_{t-1} + \alpha_0^b D_{t-1}^b + \varepsilon_t \tag{68}$$

此后，分别将市场流动性引入 ARMA – IV – S 类模型和 GJR – GARCH – S 模型，得到基于投资者情绪和市场流动性的隐含波动率模型（ARMA – IV – S – L 类模型）和历史波动率模型（GJR – GARCH – S – L 类模型）：

$$RV_t = \alpha_0 + \alpha_1 RV_{t-1} + \alpha_2 RV_{t-5} + \alpha_3 IV_{t-1}^{call} + \alpha_0^a D_{t-1}^a + \alpha_0^b D_{t-1}^b + \varepsilon_t \tag{69}$$

$$RV_t = \alpha_0 + \alpha_1 RV_{t-1} + \alpha_2 RV_{t-5} + \alpha_4 IV_{t-1}^{put} + \alpha_5 IV_{t-2}^{put} + \alpha_0^a D_{t-1}^a + \alpha_0^b D_{t-1}^b + \varepsilon_t \tag{70}$$

$$RV_t = \alpha_0 + \alpha_1 RV_{t-1} + \alpha_2 RV_{t-5} + \alpha_3 IV_{t-1}^{call} + \alpha_4 IV_{t-1}^{put} + \alpha_5 IV_{t-2}^{put} + \alpha_0^a D_{t-1}^a + \alpha_0^b D_{t-1}^b + \varepsilon_t \tag{71}$$

$$RV_t = \alpha_0 + \mu_1 HVGJR_{t-1} + \alpha_0^a D_{t-1}^a + \alpha_0^b D_{t-1}^b + \varepsilon_t \tag{72}$$

6. 波动率综合模型（HAR – RV – GJR – IV 类模型）

首先，本部分参考 Kambouroudis 等（2016）的综合模型，并作进一步的改造，将三种波动率一起纳入同一模型中，提出一个新的波动率综合模型（HAR – RV – GJR – IV 模型），其具体方程为：

$$RV_{t,t+h} = \alpha_0 + \alpha_1 RV_{t,t-1} + \alpha_2 RV_{t,t-5} + \alpha_3 IV_{t-1}^{call} + \alpha_4 IV_{t-1}^{put} + \alpha_5 IV_{t-2}^{put} + \mu_1 HVGJR_{t-1} + \varepsilon_{t+h} \quad h = 1,5 \tag{73}$$

其次，分别引入投资者情绪和市场流动性变量，得到基于投资者情绪的波动率综合模型（HAR – RV – GJR – IV – S 模型）和基于市场流动性的波动率综合模型（HAR – RV – GJR – IV – L 模型）：

$$RV_{t,t+h} = \alpha_0 + \alpha_0^b D_{t-1}^b + \alpha_1 RV_{t,t-1} + \alpha_1^b D_t^b RV_{t,t-1} + \alpha_2 RV_{t,t-5} + \alpha_2^b D_t^b RV_{t,t-5} + \alpha_3 IV_{t-1}^{call} + \alpha_3^b D_t^b IV_{t-1}^{call} + \alpha_4 IV_{t-1}^{put} + \alpha_4^b D_t^b IV_{t-1}^{put} + \alpha_5 IV_{t-2}^{put} + \alpha_5^b D_t^b IV_{t-2}^{put} + \mu_1 HVGJR_{t-1} + \mu_1^b D_t^b HVGJR_{t-1} + \varepsilon_{t+h} \quad h = 1,5 \tag{74}$$

$$RV_{t,t+h} = \alpha_0 + \alpha_0^a D_{t-1}^a + \alpha_1 RV_{t,t-1} + \alpha_1^a D_t^a RV_{t,t-1} + \alpha_2 RV_{t,t-5} + \alpha_2^a D_t^a RV_{t,t-5} + \alpha_3 IV_{t-1}^{call} + \alpha_3^a D_t^a IV_{t-1}^{call} + \alpha_4 IV_{t-1}^{put} + \alpha_4^a D_t^a IV_{t-1}^{put} + \alpha_5 IV_{t-2}^{put} + \alpha_5^a D_t^a IV_{t-2}^{put} + \mu_1 HVGJR_{t-1} + \mu_1^a D_t^a HVGJR_{t-1} + \varepsilon_{t+h} \quad h = 1,5 \tag{75}$$

最后，同时引入投资者情绪和市场流动性变量，得到基于投资者情绪和市场流动性的波动率预测综合模型（HAR – RV – GJR – IV – S – L 模型）：

$$RV_{t,t+h} = \alpha_0 + \alpha_0^a D_{t-1}^a + \alpha_0^b D_{t-1}^b + \alpha_1 RV_{t,t-1} + \alpha_1^a D_t^a RV_{t,t-1} + \alpha_1^b D_t^b RV_{t-1} + \alpha_2 RV_{t,t-5} + \alpha_2^a D_t^a RV_{t,t-5} + \alpha_2^b D_t^b RV_{t-5} + \alpha_3 IV_{t-1}^{call} + \alpha_3^a D_t^a IV_{t-1}^{call} + \alpha_3^b D_t^b IV_{t-1}^{call} + \alpha_4 IV_{t-1}^{put} + \alpha_4^a D_t^a IV_{t-1}^{put} + \alpha_4^b D_t^b IV_{t-1}^{put} + \alpha_5 IV_{t-2}^{put} + \alpha_5^a D_t^a IV_{t-2}^{put} + \alpha_5^b D_t^b IV_{t-2}^{put} + \mu_1 HVGJR_{t-1} + \mu_1^a D_t^a HVGJR_{t-1} + \mu_1^b D_t^b HVGJR_{t-1} + \varepsilon_{t+h} \quad h = 1,5 \tag{76}$$

（四）数据说明

本部分选择上证 50 指数、上证 50ETF 指数及上证 50ETF 期权作为研究对象来进行实证研究。原始数据来源于 Bloomberg 和 Wind 数据库，样本区间为 2020 年 1 月 2 日至 2023 年 8 月 31 日，共计 890 个交易日。针对股票停牌等原因所导致的数据缺失情况，直接删除无交易数据的交易日市场数据，并使用插值方法计算缺失值。

在计算已实现波动率（RV）的过程中，根据上海证券交易所的规定，每个交易日 9：35 股市开盘交易，11：30 收盘休息；13：35 股市开盘交易至 15：00 收盘结束，所以在 5 分钟的采取样本频率下，每个交易日可得到 48 个高频数据，共计得到

42720 个高频数据,为防止异常值在模型计算中产生不良影响,本部分使用箱线图方法,直接删除计算后的异常值。在计算隐含波动率(IV)时,本部分采用中国银行存款利率作为无风险利率,研究对象为上证 50ETF 平值看涨和看跌期权,为保证数据在不同期权合约下均满足平滑性和连续性特征,本部分使用短期期权,即合约的执行日期与结束日期相距小于 30 天。

(五)样本内预测结果

在此部分中,首先对未来一天的实际波动率作样本内预测。考虑到样本时间序列数据自身存在的异方差性和自相关性会显著降低模型结果有效性,因此采用 Newey – West 的 t 检验估计方法对模型结果进行调整。

1. HAR – RV 类模型的样本内预测结果

表 2 给出 HAR – RV 类模型的样本内预测结果,发现 HAR – RV 模型的全部参数估计结果均在 1% 的水平下显著为正;在 HAR – RV – S 模型中,引入投资者情绪后的交互项系数估计结果均在 5% 的水平下显著为正,且预测精度提升 0.5%;而在 HAR – RV – L 模型中,引入市场流动性后的预测精度提升 1.2%,短期波动率交互项系数的估计结果在 5% 的水平下显著为负,长期波动率下交互项系数的估计结果并不显著;在 HAR – RV – S – L 模型中,同时引入投资者情绪和市场流动性后的预测精度显著提升 1.6%,短期波动率投资者情绪和市场流动性的交互项系数估计结果在 5% 的水平下均显著为负,长期波动率投资者情绪交互项系数在 5% 的水平下均显著为正,而流动性系数的估计结果并不显著。

表 2　　　　　　　　　　HAR – RV 类模型的样本内预测结果

	HAR – RV	HAR – RV – S	HAR – RV – L	HAR – RV – S – L
α_0	16.014 ***	15.962 ***	15.369 ***	14.831 ***
α_1	15.061 ***	12.270 ***	14.831 ***	11.179 ***
α_2	10.842 ***	7.434 ***	8.135 ***	7.141 ***
α_0^a		-2.388 **		-2.294 **
α_1^a		2.241 **		2.378 **
α_2^a		1.722 **		1.296
α_0^b			2.464 **	2.746 ***
α_1^b			-2.369 *	-3.520 **
α_2^b			-0.171	-0.403
Adj. R^2	0.693	0.698	0.705	0.709

注:表中数字是 Newey – West 的 t 统计量,*、** 和 *** 分别表示回归系数在 10%、5% 和 1% 水平下显著。

表 2 的预测结果说明,已实现波动率模型能有效地预测实际波动率,并且这种预测能力受到高涨投资者情绪和低落市场流动性的影响,在同时引入投资者情绪和市场流动性后,预测长期波动率时高涨投资者情绪的作用显著降低,这说明高涨投资者情绪的预测效果部分程度上取决于市场流动性的影响。

2. ARMA – IV 类模型的样本内预测结果

表 3 给出 ARMA – IV 类模型的样本内预测结果,发现 ARMA – IV 模型的大部分参数估计结果均在 5% 的水平下显著,且基于看涨和看跌期权的组合隐含波动率预测精度最高;单独或同时引入投资者情绪和市场流动性系数估计结果均不显著,预测精度基本不发生变化。这说明,隐含波动率模型能部分有效地预测实际波动率,但这种预测能力并不受到投资者情绪和市场流动性的影响。

表 3　　　　　　　ARMA – IV 类模型的样本内预测结果

指标	ARMA – IV (call)	ARMA – IV (put)	ARMA – IV (group)	ARMA – IV (call) – S	ARMA – IV (put) – S	ARMA – IV (group) – S
α_0	3.658 ***	2.854 **	3.482 ***	3.828 ***	3.302 **	2.299 **
β_1	7.307 ***	6.226 ***	5.231 ***	7.236 ***	7.354 ***	5.609 ***
β_2	4.732 ***	4.963 ***	4.690 ***	3.860 ***	4.429 ***	5.267 ***
β_3	5.117 ***	5.078 ***	4.974 ***	4.347 ***	5.267 ***	4.429 ***
β_4	3.084 ***		3.184 ***	3.374 ***		3.583 ***
β_5		– 0.537	2.443 **		0.785	2.149 **
β_6		2.298 **	– 1.789 *		2.267 **	– 1.836 *
α_0^a				0.470	– 0.836	0.661
α_0^b						
Adj. R^2	0.486	0.489	0.491	0.486	0.490	0.492
指标	ARMA – IV (call) – L	ARMA – IV (put) – L	ARMA – IV (group) – L	ARMA – IV (call) – S – L	ARMA – IV (put) – S – L	ARMA – IV (group) – S – L
α_0	3.721 ***	2.868 **	3.246 ***	3.154 ***	2.963 **	2.663 **
β_1	7.831 ***	9.095 ***	6.417 ***	5.846 ***	5.584 ***	4.771 ***
β_2	4.510 ***	6.945 ***	5.091 ***	4.803 ***	6.268 ***	6.311 ***
β_3	5.296 ***	5.869 ***	4.774 ***	4.847 ***	4.059 ***	6.747 ***
β_4	3.887 ***		2.896 ***	4.152 ***		4.410 ***
β_5	0.105	– 0.635	2.521 **		– 0.561	3.983 ***
β_6		2.533 **	– 2.133 **		2.263 **	– 2.494 **
α_0^a				0.521	0.863	0.877
α_0^b	– 1.795 *	0.074	0.257	0.678	0.304	0.638
Adj. R^2	0.489	0.490	0.493	0.488	0.487	0.488

注：表中数字是 Newey – West 的 t 统计量, *、** 和 *** 分别表示回归系数在 10%、5% 和 1% 水平下显著。

3. GJR – GARCH 类模型的样本内预测结果

表 4 给出 GJR – GARCH 类模型的样本内预测结果,发现 GJR – GARCH 模型的参数估计结果均在 1% 的水平下显著,但预测精度水平较低,GJR – GARCH 类模型的预测效果较差;单独或同时引入投资者情绪和市场流动性的系数估计结果均不显著,预测精度基本不发生变化。这说明,历史波动率模型不能有效地预测实际波动率,并且投资者情绪和市场流动性对其没有显著影响。

表 4　　　　　　　　　　GJR – GARCH 类模型的样本内预测结果

指标	GJR – GARCH	GJR – GARCH – S	GJR – GARCH – L	GJR – GARCH – S – L
α_0	26.615 ***	24.011 ***	27.275 ***	24.979 ***
μ_1	13.540 ***	13.652 ***	13.928 ***	13.853 ***
α_0^a		-1.171		-1.104
α_0^b			-0.591	-0.362
Adj. R^2	0.279	0.281	0.286	0.289

注:表中数字是 Newey – West 的 t 统计量,*、** 和 *** 分别表示回归系数在 10%、5% 和 1% 水平下显著。

4. 综合模型的样本内预测结果

表 5 给出综合模型的预测结果,发现 HAR – RV – GJR – IV 模型的参数估计效果良好,大部分参数估计结果均在 1% 的水平下显著,其余结果均在 10% 的水平下显著;在 HAR – RV – GJR – IV – S 模型中,单独引入投资者情绪的结果基本不变,预测精度略微提升 0.3%,且长期已实现波动率交互项系数的估计结果在 10% 的水平下显著为正;而在 HAR – RV – GJR – IV – L 模型中,单独引入市场流动性的绝大部分结果均在 5% 的水平下显著,预测精度提升 2.6%;在 HAR – RV – GJR – IV – S – L 模型中,同时引入投资者情绪和市场流动性的大部分结果均在 5% 的水平下显著,预测精度提升 3.4%。

表 5　　　　　　　　　　综合模型的样本内预测结果

指标	HAR – RV – GJR – IV	HAR – RV – GJR – IV – S	HAR – RV – GJR – IV – L	HAR – RV – GJR – IV – S – L
α_0	8.375 ***	7.143 ***	6.065 ***	7.140 ***
μ_1	-1.732 *	-0.066	-3.767 ***	-1.786 *
α_1	13.462 ***	11.000 ***	15.375 ***	13.751 ***
α_2	14.063 ***	8.312 ***	8.536 ***	8.083 ***
α_3	7.954 ***	4.803 ***	4.901 ***	6.137 ***
α_4	11.021 ***	14.363 ***	12.015 ***	8.665 ***

续表

指标	HAR-RV-GJR-IV	HAR-RV-GJR-IV-S	HAR-RV-GJR-IV-L	HAR-RV-GJR-IV-S-L
α_5	1.964*	1.257	1.236	0.517
α_0^a		-1.098		-1.976*
μ_1^a		-0.192		-0.589
α_1^a		-0.468		-0.343
α_2^a		1.767*		1.453
α_3^a		1.167		1.891*
α_4^a		1.030		0.078
α_5^a		-0.375		-0.969
α_0^b			1.710*	2.083**
μ_1^b			2.192**	2.281**
α_1^b			-3.590***	-4.372***
α_2^b			-1.887*	-2.335**
α_3^b			-0.277	-1.194
α_4^b			6.578***	4.372***
α_5^b			1.481	1.052
Adj. R^2	0.725	0.728	0.751	0.759

注：表中数字是 Newey-West 的 t 统计量，*、** 和 *** 分别表示回归系数在 10%、5% 和 1% 水平下显著。

表 5 的预测结果说明，本部分创建的综合模型能显著提高预测实际波动率的精度，并且其预测能力部分受高涨投资者情绪的影响，并且显著受低落市场流动性的影响，同时引入投资者情绪和市场流动性后，高涨投资者情绪的预测作用增强，这说明在综合模型中，高涨投资者情绪的预测效果部分程度上取决于市场流动性的正向影响。

5. 样本内预测结果比较

表 6 给出所有模型回归后的样本内预测结果，首先，已实现波动率的预测效果最优，隐含波动率的预测效果一般，历史波动率的预测效果较差。其次，市场流动性有助于提升已实现波动率、隐含波动率和历史波动率的预测效果。再次，投资者情绪的引入有助于提高已实现波动率、隐含波动率和历史波动率的预测效果。同时引入市场流动性和投资者情绪的已实现波动率和历史波动率的预测效果均显著提升，而隐含波动率却显著下降。最后，比较综合模型和单一模型，发现综合模型的预测效果大幅超过单一模型，并且单独或同时引入市场流动性和投资者情绪都有助于提升综合模型的预测效果。

表 6　　样本内预测结果的比较

A. 三类波动率的结果比较	Adj. R^2	模型	Adj. R^2
ARMA – IV(call) vs HAR – RV	0.207	ARMA – IV(put) vs HAR – RV	0.204
ARMA – IV(group) vs HAR – RV	0.202	GJR – GARCH vs HAR – RV	0.414
B. 加入市场流动性后的结果比较	模型	模型	模型
HAR – RV vs HAR – RV – L	0.005	ARMA – IV(group) vs ARMA – IV(group) – L	0.002
ARMA – IV(call) vs ARMA – IV(call) – L	0.003	GJR – GARCH vs GJR – GARCH – L	0.007
ARMA – IV(put) vs ARMA – IV(put) – L	0.001		
C. 加入投资者情绪后的结果比较	模型	模型	模型
HAR – RV vs HAR – RV – S	0.005	ARMA – IV(group) vs ARMA – IV(group) – S	0.001
ARMA – IV(call) vs ARMA – IV(call) – S	0.000	GJR – GARCH vs GJR – GARCH – S	0.002
ARMA – IV(put) vs ARMA – IV(put) – S	0.001		
D. 同时加入两个变量后的结果比较	模型	模型	模型
HAR – RV – L vs HAR – RV – S – L	0.004	HAR – RV – S vs HAR – RV – S – L	0.011
ARMA – IV(call) – L vs ARMA – IV(call) – S – L	–0.001	ARMA – IV(call) – S vs ARMA – IV(call) – S – L	0.002
ARMA – IV(put) – L vs ARMA – IV(put) – S – L	–0.003	ARMA – IV(put) – S vs ARMA – IV(put) – S – L	–0.003
ARMA – IV(group) – L vs ARMA – IV(group) – S – L	–0.005	ARMA – IV(group) – S vs ARMA – IV(group) – S – L	–0.004
GJR – GARCH – L vs GJR – GARCH – S – L	0.003	GJR – GARCH – S vs GJR – GARCH – S – L	0.008
E. 综合模型和最优单一模型的结果比较	模型	模型	模型
HAR – RV vs HAR – RV – GJR – IV	0.032	HAR – RV – L vs HAR – RV – GJR – IV – L	0.046
HAR – RV – S vs HAR – RV – GJR – IV – S	0.030	HAR – RV – S – L vs HAR – RV – GJR – IV – S – L	0.050

已实现波动率的样本内预测效果更好，隐含波动率的样本内预测效果要优于历史波动率；市场流动性能显著提高已实现波动率和隐含波动率的预测能力，说明在样本内预测中，市场流动性包含一定的增量信息；投资者情绪对已实现波动率和历史波动率的预测也起到积极影响，但与市场流动性的增量信息存在部分重叠，同时引入两者的预测精度有时低于引入单一变量的精度；与单一波动率模型相比，基于三种波动率的综合模型预测效果更优，这说明，虽然单一运用隐含波动率和历史波动率的预测效果较差，但它们均包含已实现波动率中不包括的市场信息，对实际波动率的预测仍存在一定价值；投资者情绪与市场流动性的加入均能显著提升综合模型的预测效果，说明这两个变量包含三种波动率中没有的市场内在信息，能更好解释市场的波动性特征，对实际波动率的预测具有显著的积极意义。

(六) 样本外预测结果

在本部分中,首先将样本集数据分成样本内数据和样本外数据两大部分。其中,样本内数据的时间范围为 2020 年 1 月 2 日至 2023 年 5 月 1 日,样本外数据的时间范围为 2023 年 5 月 1 日至 2023 年 8 月 31 日。其次将未来一天和一周的实际波动率分别定义为短期波动率和长期波动率,并在样本内数据的基础上进行预测估计。最后通过 MAE、MSE 和 RMSE 等指标对预测值结果进行分析。

表 7 给出了所有模型的样本外预测结果,从中可知:(1)短期波动率的样本外预测效果普遍好于长期波动率,说明模型对市场短期波动性特征捕捉强于长期波动性;(2)组合隐含波动率的样本外预测效果强于单一期权类型的隐含波动率,说明看涨和看跌期权在预测波动性方面存在部分独立的市场内在信息;(3)相比较于隐含波动率和已实现波动率,历史波动率对实际波动率的样本外预测效果较差,这种预测的无效性可能源于上证 50ETF 市场处于发展初期,历史交易数据仍包含较多的噪声;(4)单独引入市场流动性和投资者情绪的预测模型均会显著提升预测解释能力,并且相比较于投资者情绪,单独引入市场流动性的样本外预测效果更好;(5)同时引入市场流动性和投资者情绪的短期波动率样本外预测效果均不如单独引入市场流动性的预测效果,但在长期波动率的样本外预测中同时引入两个指标的效果最好,说明长期的市场流动性和投资者情绪比短期包含更多相互独立的市场内在信息;(6)综合模型比单一波动率模型的样本外预测效果更佳,这说明已实现波动率、隐含波动率和历史波动率均存在相互独立的市场内在信息,对未来实际波动率的预测都存在一定价值。

表 7　　　　　　　　　　　样本外预测结果

指标	短期波动率			长期波动率		
	MAE	MSE	RMSE	MAE	MSE	RMSE
HAR – RV	1.894	0.645	0.390	2.523	0.809	0.433
ARMA – IV(call)	2.179	0.703	0.453	2.922	0.891	0.602
ARMA – IV(put)	2.130	0.686	0.425	2.747	0.859	0.585
ARMA – IV(group)	2.013	0.660	0.411	2.742	0.853	0.567
GJR – GARCH	2.742	1.060	0.822	3.185	1.121	0.937
HAR – RV – S	1.881	0.602	0.365	2.439	0.741	0.407
ARMA – IV(call) – S	2.086	0.655	0.344	2.902	0.832	0.586
ARMA – IV(put) – S	2.077	0.639	0.327	2.710	0.821	0.558
ARMA – IV(group) – S	1.974	0.633	0.305	2.681	0.812	0.508
GJR – GARCH – S	2.603	0.994	0.780	3.088	1.098	0.910

续表

指标	短期波动率			长期波动率		
	MAE	MSE	RMSE	MAE	MSE	RMSE
HAR – RV – L	1.793	0.514	0.293	2.314	0.715	0.338
ARMA – IV（call）– L	2.015	0.642	0.325	2.641	0.824	0.549
ARMA – IV（put）– L	1.988	0.598	0.313	2.578	0.815	0.510
ARMA – IV（group）– L	1.967	0.587	0.301	2.533	0.800	0.497
GJR – GARCH – L	2.578	0.818	0.634	2.997	1.053	0.886
HAR – RV – S – L	1.819	0.552	0.303	2.383	0.695	0.375
ARMA – IV（call）– S – L	2.012	0.646	0.331	2.653	0.836	0.545
ARMA – IV（put）– S – L	1.992	0.598	0.310	2.579	0.817	0.510
ARMA – IV（group）– S – L	1.971	0.583	0.305	2.533	0.803	0.500
GJR – GARCH – S – L	2.579	0.709	0.555	2.860	1.031	0.780
HAR – RV – GJR – IV	1.618	0.484	0.296	2.245	0.712	0.306
HAR – RV – GJR – IV – S	1.610	0.473	0.212	2.206	0.650	0.212
HAR – RV – GJR – IV – L	1.556	0.311	0.116	2.088	0.635	0.203
HAR – RV – GJR – IV – S – L	1.591	0.430	0.185	1.889	0.628	0.189

四、基于机器学习的期权波动率预测

（一）模型方法

支持向量机（Support Vector Machine，SVM）是一类适用于预测问题的机器学习算法。因此本部分基于支持向量机方法来对上证 50 ETF 期权的看涨、看跌隐含波动率以及已实现波动率进行预测。

在本部分中，给定训练集 $\{(x_1,y_1),(x_2,y_2),\cdots,(x_n,y_n)\}$，其中 $x_i \in R^p$ 为输入向量，$y_i \in \{-1,1\}$ 为 x_i 对应标签。

考虑近似数据集情形，令：

$$D = \{(x_i,y_i):i = 1,2,\cdots,l\}, \quad x \in R^n, y \in R \tag{77}$$

假设单线性函数：

$$F(x) = w'x + b, \quad w \in R^l \tag{78}$$

因此，可得出最优回归函数：

$$\Psi(w,\xi) = \frac{1}{2}\|w\|^2 + \lambda \sum_i (\xi_i^+ + \xi^-) \quad \forall n: |y_i - (x_i'w + b)| < \varepsilon \tag{79}$$

其中，λ 为判罚因子；ξ^- 和 ξ^+ 均为松弛变量，表示系统输出上约束和下约束。

因此，按照支持向量机工作原理，本部分通过上述的非线性映射将上证 50 ETF 期权的样本数据映射到高维特征空间，在高维特征空间中执行线性回归来进行波动率序列的预测回归。

（二）数据说明与描述性统计

1. 数据说明

本部分选择上证 50 指数、上证 50ETF 指数及上证 50ETF 期权作为研究对象来进行实证研究。原始数据来源于 Bloomberg 和 Wind 数据库，样本区间为 2020 年 1 月 2 日至 2023 年 8 月 31 日，共计 890 个交易日。针对股票停牌等原因所导致的数据缺失情况，直接删除无交易数据的交易日市场数据，并使用插值方法计算缺失值。

在计算过程中，标记样本序列的最高价为 H，最低价为 L，开盘价为 O，收盘价为 C，成交量为 V，上证 50 指数和上证 50ETF 期权的日频数据样本量分别有 410 个，上证 50 指数基于 5 分钟频率的高频数据样本量合计 19680 个。

2. 看涨平值隐含波动率的描述性统计

从描述性统计结果来看，看涨隐含波动率出现严重偏斜和过度高峰。Ljung - Box 检验统计量表明，看涨平值隐含波动率序列存在显著的序列相关性（见表8 - 表10、图2 - 图3）。

表 8　　　　　　　看涨平值隐含波动率的描述性统计结果 1

指标	Min	1st Qu	Median	Mean	3rd Qu	Max	Skewness	Kurtosis
数值	0.0717	0.1689	0.1934	0.2088	0.2294	0.7475	2.3383	9.5392

表 9　　　　看涨平值隐含波动率的描述性统计结果 2：Ljung - Box t 检验

X - squared	df	p - value
933.67	5	$<2.2e^{-16}$

表 10　　　　　　　看涨平值隐含波动率的自相关分析

指标	1	2	3	4	5	6	7	8	9	10
数值	-0.210	-0.209	0.752	-0.223	-0.232	0.661	-0.230	-0.233	0.607	-0.240

3. 看跌平值隐含波动率的描述性统计

从描述性统计结果来看，同样地，看跌隐含波动率也出现严重偏斜和过度高峰。

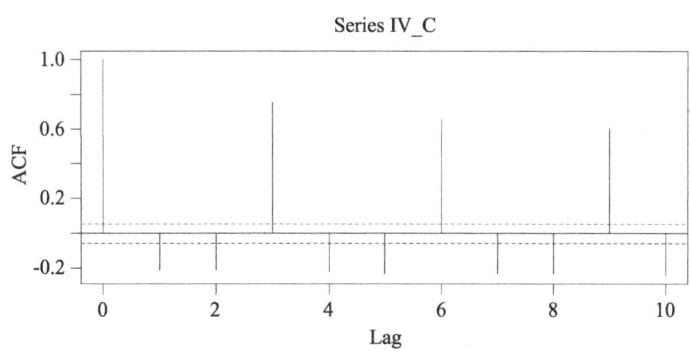

图 2　看涨平值隐含波动率的自相关分析

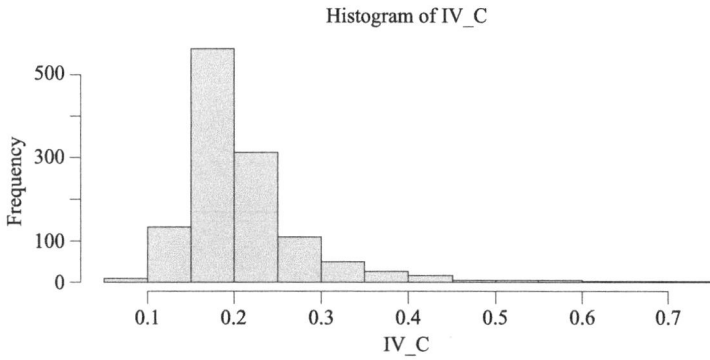

图 3　看涨平值隐含波动率的分布特征

Ljung – Box 检验统计量也表明，看跌平值隐含波动率序列存在显著的序列相关性（见表 11—表 13、图 4—图 6）。

表 11　看跌平值隐含波动率的描述性统计结果 1

指标	Min	1st Qu	Median	Mean	3rd Qu	Max	Skewness	Kurtosis
数值	0.1164	0.1643	0.2094	0.2703	0.2762	2.0343	3.1648	15.8421

表 12　看跌平值隐含波动率的描述性统计结果 2：Ljung – Box t 检验

指标	X – squared	df	p – value
数值	911.87	5	$<2.2e^{-16}$

表 13　看跌平值隐含波动率的自相关分析

指标	1	2	3	4	5	6	7	8	9	10
数值	-0.125	-0.128	0.819	-0.133	-0.132	0.776	-0.138	-0.135	0.744	-0.141

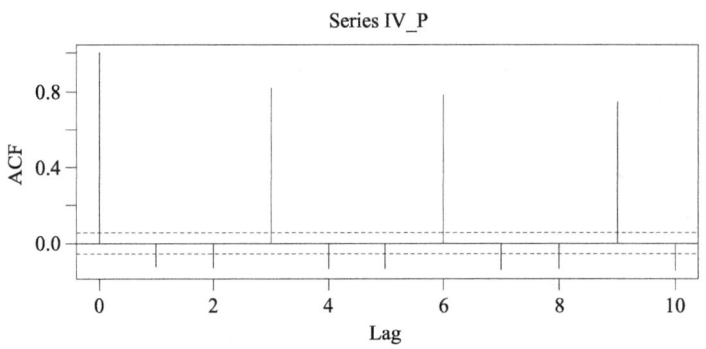

图4 看跌平值隐含波动率的自相关分析

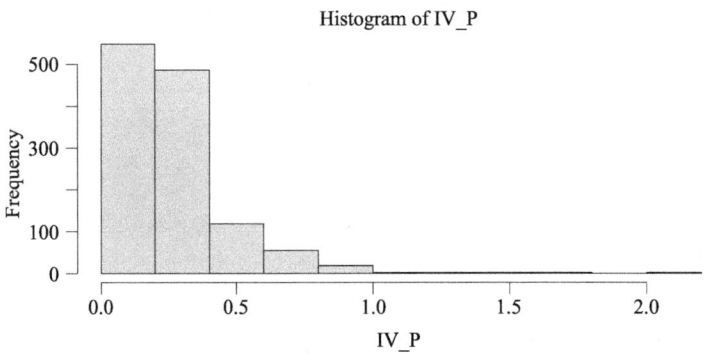

图5 看跌平值隐含波动率的分布特征

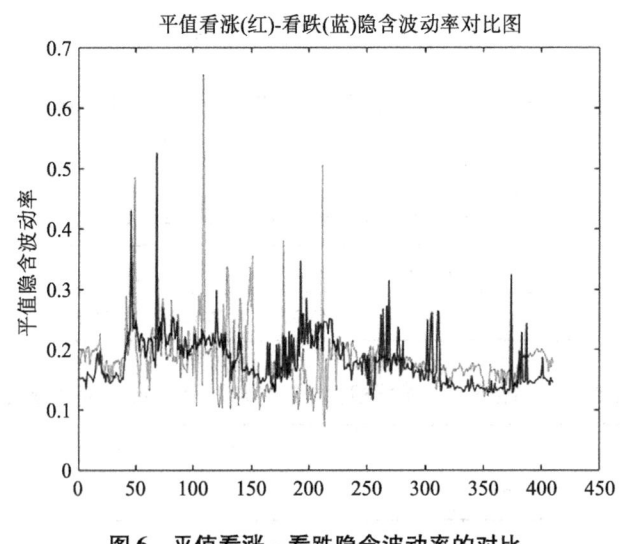

图6 平值看涨–看跌隐含波动率的对比

4. 已实现波动率的描述性统计

从描述性统计结果来看，与看涨和看跌隐含波动率相比，已实现波动率偏斜更严重，峰度值更高。Ljung–Box 检验统计量表明，已实现波动率之间存在显著序列相关性，1—5个滞后自相关量均高度显著，并且其自相关性具有缓慢衰减特点（见表14—表16、图7—图8）。

表14 已实现波动率的描述性统计结果1

指标	Min	1st Qu	Median	Mean	3rd Qu	Max	Skewness	Kurtosis
数值	$<1.5e^{-5}$	$<5.2e^{-5}$	$<7.8e^{-5}$	$<1.1e^{-4}$	$<1.1e^{-3}$	$<1.2e^{-3}$	4.5840	28.4302

表15 已实现波动率的描述性统计结果2：Ljung – Box t 检验

指标	X – squared	df	p – value
数值	319.59	5	$<2.2e^{-16}$

表16 已实现波动率的自相关分析

指标	1	2	3	4	5	6	7	8	9	10
数值	0.469	0.473	0.430	0.220	0.307	0.191	0.132	0.140	0.144	0.142

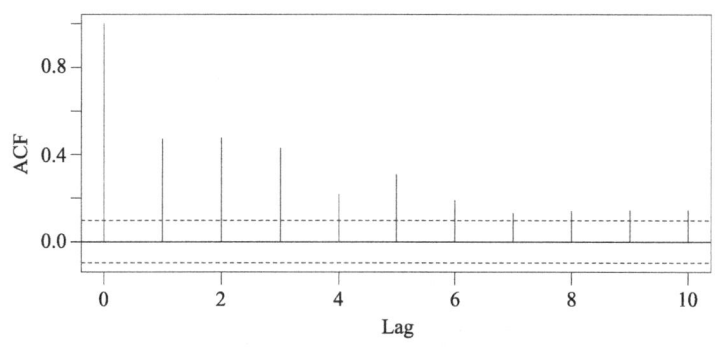

图7 已实现波动率的自相关分析

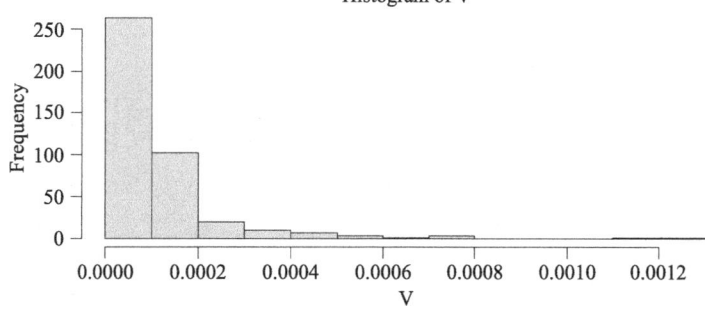

图8 已实现波动率的分布特征

（三）模型预测结果

如图9—图11、表17—表20所示，模型预测主要结论如下：

1. 看涨和看跌平值隐含波动率均是右偏分布,但看跌平值隐含波动率的右偏程度更为显著,并且两种平值隐含波动率均是尖峰分布,但看跌平值隐含波动率的尖峰程度更为显著。此外,两种平值隐含波动率均存在序列相关性。

2. 与隐含波动率相比,基于高频数据的已实现波动率呈现更显著的右偏和尖峰特征。

3. 支持向量机回归模型对波动率预测效果较好,具体来看,模型对已实现波动率和隐含波动率预测均具有较高准确度和交叉验证准确度,并且已实现波动率预测效果更优;相较于看涨隐含波动率,看跌隐含波动率预测效果更优;相较于长期预测,短期预测效果更好。

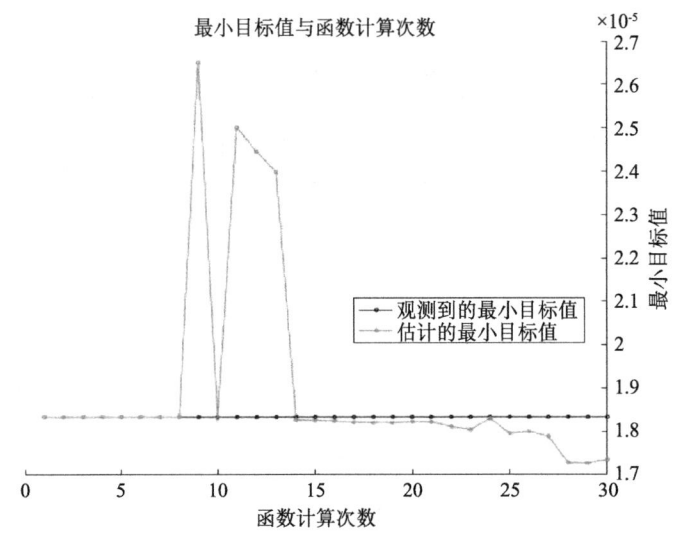

图9 支持向量机回归模型的已实现波动率学习曲线

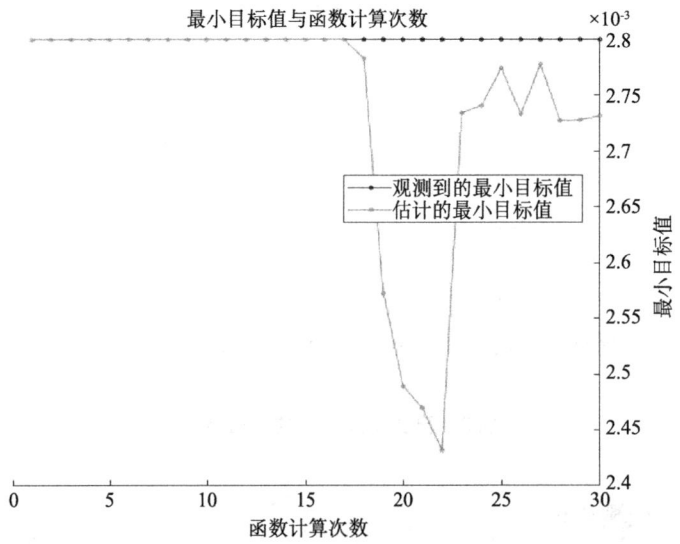

图10 支持向量机回归模型的平值看涨隐含波动率学习曲线

表 17　　　　　　　支持向量机回归模型的已实现波动率实证结果

指标	观测到的目标函数值	估计的目标函数值	模型准确度	交叉验证误差率
数值	$1.8e^{-5}$	$1.8e^{-5}$	99.998	$1.8e^{-5}$

表 18　　　　　支持向量机回归模型的平值看涨隐含波动率实证结果

指标	观测到的目标函数值	估计的目标函数值	模型准确度	交叉验证误差率
数值	$2.8e^{-3}$	$2.8e^{-3}$	99.719	$2.8e^{-3}$

表 19　　　　　支持向量机回归模型的平值看跌隐含波动率实证结果

指标	观测到的目标函数值	估计的目标函数值	模型准确度	交叉验证误差率
数值	$2.0e^{-3}$	$2.4e^{-3}$	99.802	$2e^{-3}$

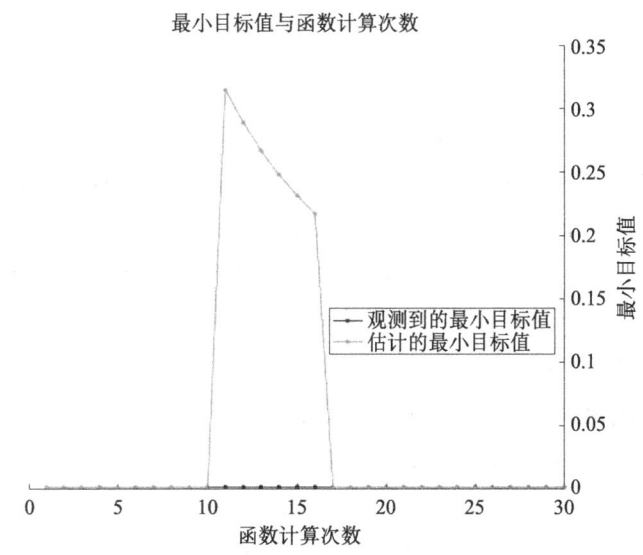

图 11　支持向量机回归模型的平值看跌隐含波动率学习曲线

表 20　　　　　　　　　　　　　预测结果总结

基于SVM的已实现波动率预测准确度	
准确度	99.99%
交叉验证准确度	99.99%
基于SVM的看涨隐含波动率预测准确度	
准确度	99.72%
交叉验证准确度	99.72%
基于SVM的看跌隐含波动率预测准确度	
准确度	99.92%
交叉验证准确度	99.91%

续表

基于 SVM 的看涨隐含波动率 30 天预测准确度	
平均准确度	99.89%
平均交叉验证准确度	99.89%
平均相对误差	10.95%
基于 SVM 的看涨隐含波动率 30 天预测准确度	
平均准确度	99.85%
平均交叉验证准确度	99.84%
平均相对误差	13.75%

五、结论

本课题以上证 50 指数、上证 50ETF 和上证 50ETF 期权为研究对象，基于 HAR-RV 模型、ARMA-IV 类模型以及 GJR-GARCH 模型，实证分析已实现波动率、隐含波动率和历史波动率对未来实际波动率的预测能力，并构建投资者情绪和市场流动性指标，将其引入上述的波动率模型中，检验这两个指标能否有效提高波动率的预测能力。此外，将已实现波动率、历史波动率和基于不同期权的隐含波动率纳入同一模型中，构建了全新的波动率预测综合模型，来进一步讨论三种波动率能否同时显著提高波动率的预测精度。最后基于支持向量机方法来对上证 50 ETF 期权的看涨、看跌隐含波动率以及已实现波动率进行预测。

本课题结合实证分析结果得出如下结论：

第一，已实现波动率模型对未来波动率的预测效果最好，历史波动率和隐含波动率模型的预测效果并不理想，这说明基于高频数据计算的已实现波动率包含更多的市场内在信息，而日频期权隐含信息和历史交易数据虽然也包含部分信息，但可能因为日频数据中存在较多的噪声，且上证 50ETF 期权市场处于流动性不足的发展初期，预测效果并不理想。

第二，三种波动率在不同预测周期的有效性不同，相较于长期（一周）波动率，预测短期（一天）波动率的效果更好，这说明波动率模型对市场短期波动性特征捕捉显著强于长期，这可能是因为我国股市的个人投资者占比过大，导致市场短期交易频繁，使得市场资产价格中包含更多信息。

第三，引入市场流动性和投资者情绪均能提升波动率模型的预测能力，但流动性的提升效果更好。同时引入流动性和投资者情绪的短期波动率预测效果较差，而长期波动率的预测效果更理想，这说明流动性和投资者情绪都存在解释市场波动性的能力，相比较于短期两者的增量信息存在部分重叠，长期流动性和投资者情绪可能包含更多独立的市场内在信息。

第四，综合模型的预测效果显著优于单一模型，且引入流动性和投资者情绪均能提升其预测能力，这说明三种波动率以及流动性和投资者情绪指标虽然预测效果存在明显差异，但它们均包含解释市场波动性的独立内在信息，对预测未来波动率都存在价值。

第五，支持向量机回归模型对波动率预测效果较好，具体来看，模型对已实现波动率和隐含波动率预测均具有较高准确度和交叉验证准确度，并且已实现波动率预测效果更优；相较于看涨隐含波动率，看跌隐含波动率预测效果更优；相较于长期预测，短期预测效果更好。

本课题的经验证据为政府相关部门和投资者理解投资者情绪和市场流动性对市场波动性的影响具有重要的启发意义，同时在预测模型中纳入不同的波动率和各类指标，为波动率的预测研究提供一个新的思路，也为公共政策的制定提供了新的指导方向。一方面，政府相关部门应该加大关注投资者情绪和市场流动性对市场波动性的影响，制定更加高频有效的市场监控机制，重点关注出现极端投资者情绪和流动性时的市场波动状态，必要时进行适度的政策干预，防止市场价格频繁出现暴涨暴跌现象。另一方面，在中国期权市场长期处于高速发展的初级阶段背景下，政府相关部门更要强推进信息透明化，积极完善信息披露制度，建立健全有效的期权交易市场，从而落实金融服务实体经济的最终政策目标。

参考文献

[1] 龚旭, 曹杰, 文凤华, 等. 基于杠杆效应和结构突变的 HAR 族模型及其对股市波动率的预测研究 [J]. 系统工程理论与实践, 2020, 40 (5).

[2] 龚旭, 文凤华, 黄创霞, 等. HAR – RV – EMD – J 模型及其对金融资产波动率的预测研究 [J]. 管理评论, 2017, 29 (1).

[3] 郭宝才, 项琳. 基于跳跃、好坏波动率的混频已实现 EGARCH 模型的波动率预测与风险度量 [J]. 商业经济与管理, 2022 (5).

[4] 宫汝凯. 信息不对称、过度自信与股价变动 [J]. 金融研究, 2021 (6).

[5] 户晓坤, 郭旭新. 理性与情绪：从行为经济学视角看不确定条件下的个体选择 [J]. 新疆社会科学, 2013 (2).

[6] 惠晓峰, 柳鸿生, 胡伟, 何丹青. 基于时间序列 GARCH 模型的人民币汇率预测 [J]. 金融研究, 2003 (5).

[7] 霍光耀, 郭名媛. 金融波动研究的新进展及未来展望 [J]. 北农林科技大学学报: 社会科学版, 2007 (5).

[8] 林金官, 郝红霞, 汪红霞. 基于拟似然方法的股票收益与波动率关系及其应用研究 [J]. 统计研究, 2018, 35 (5).

[9] 皮天雷, 李未无. 对资产收益率"尖峰厚尾"现象的探讨 [J]. 理论新探, 2004 (4).

[10] 刘勇, 白小滢. 投资者情绪、期权隐含信息与股市波动率预测——基于上证50ETF期权的经验研究 [J]. 证券市场导报, 2020 (1).

[11] 陆蓉, 杨康. 有限关注与特质波动率之谜: 来自行为金融学新证据 [J]. 统计研究, 2019, 36 (6).

[12] 罗嘉雯, 陈浪南. 基于 TVS - MHAR 模型金融市场高频多元波动率的预测 [J]. 系统工程理论与实践, 2018, 38 (7).

[13] 马天平, 吴卫星. 基于机器学习算法的金融期权波动率预测 [J]. 学海, 2018 (5).

[14] 宁瀚文, 屠雪永. 基于高维波动率网络模型的股票市场风险特征研究 [J]. 统计研究, 2019, 36 (10).

[15] 施雅丰, 艾春荣. 中国股市波动率的广义周内特征及其预测模型 [J]. 系统工程理论与实践, 2016, 36 (8).

[16] 宋光辉, 董永琦, 陈杨炀, 许林. 中国股票市场流动性与动量效应——基于 Fama - French 五因子模型的进一步研究 [J]. 金融经济学研究, 2017, 32 (1).

[17] 王佳, 金秀, 王旭, 等. 基于时变 Markov 的 DCC - GARCH 模型最小风险套期保值研究 [J]. 中国管理科学, 2020, 28 (10).

[18] 杨文祺, 李珂涵. 投资者情绪和市场流动性如何影响股票市场稳定性——基于股价崩盘视角的科创板市场 TVP - VAR 模型时变研究 [J]. 制度经济学研究, 2020 (4).

[19] 姚登宝. 投资者情绪和市场流动性如何影响股票市场稳定性——基于股价崩盘视角的科创板市场 TVP - VAR 模型时变研究 [J]. 金融经济学研究, 2017, 32 (5).

[20] 于孝建, 王秀花. 基于混频已实现 GARCH 模型的波动预测与 VaR 度量 [J]. 统计研究, 2018, 35 (1).

[21] 张同辉, 苑莹, 曾文. 投资者关注能提高市场波动率预测精度吗——基于中国股票市场高频数据的实证研究 [J]. 中国管理科学, 2020, 28 (11).

[22] 周亮. 隐含高阶协矩: 提取、分析及交易策略 [J]. 统计研究, 2017, 34 (4).

[23] 周文龙, 李育冬, 余红心, 等. 投资者情绪与市场收益的双向波动溢出

关系——基于 TGARCH - M 和 BEKK - GARCH 模型［J］. 金融理论与实践，2020（11）.

［24］张波，蒋远营. 基于中国股票高频交易数据的随机波动建模与应用［J］. 统计研究，2017，34（3）.

［25］郑振龙，郑国忠. 隐含高阶协矩：提取、分析及交易策略［J］. 统计研究，2017，34（4）.

［26］Andersen T, Bollerslev T. Intraday periodicity and volatility persistence in financial markets, Journal of Empirical Finance, Vol. 4, No. 2, 1997.

［27］Andersen T, Bollerslev T. Answering the skeptics: yes, standard volatility models do provide accurate forecasts, International Economic Review, Vol. 39, No. 4, 2001.

［28］Baker M, Wurgler J. Investor sentiment and the cross - section of stock returns, The Journal of Finance, Vol. 61, No. 4, 2006.

［29］Baum C F, Zerilli P Z, Chen L. Stochastic volatility, jumps and leverage in energy and stock markets: Evidence from high frequency data, Energy Economics, No. 104481, 2019.

［30］Barber B M, Odean T. All that glitters: The effect of attention and news on the buying behavior of individual and institutional investors, Review of Financial Studies, Vol. 21, No. 2, 2008.

［31］Black F, Scholes M. The pricing of options and corporate liabilities, Journal of Political Economy, Vol. 81, No. 3, 1973.

［32］Bollerslev T. Generalized autoregressive conditional heteroskedasticity, Journal of Econometrics, No. 31, 1986.

［33］Christoffersen P F, Jacobs K. The importance of the loss function in option pricing, Journal of Financial Economics, No. 72, 2004.

［34］Corsi F, Pirino D, Reno R. Threshold bipower variation and the impact of jumps on volatility forecasting, Journal of Econometrics, Vol. 159, No. 2, 2010.

［35］Delong J B, Shleifer A, Summers L H. Positive feedback investment strategies and destabilizing rational speculation, Journal of Finance, Vol. 45, No. 2, 1990.

［36］Engle R. Autoregressive conditional heteroscedasticity with estimates of the variance of United Kingdom inflation, Econometrica, Vol. 50, No. 4, 1982.

［37］Elik S, Ergin, Hüseyin. Volatility forecasting using high frequency data: Evidence from stock markets, Economic Modelling, Vol. 36, No. 1, 2014.

［38］French K, Schwert G, Stambaugh R. Expected stock returns and volatility,

Journal of Financial Economics, Vol. 19, No. 1, 1987.

[39] Giot P. Implied volatility indexes and daily value at risk models, Journal of Derivatives, Vol. 12, No. 4, 2005.

[40] Glosten L R, Jagannathan R, Runkle D E. On the relation between the expected value and the volatility of the nominal excess return on stocks, Journal of Finance, Vol. 48, No. 5, 1993.

[41] Hansen P, Huang Z, Shek H. Realized GARCH: a joint model of returns and realized measures of volatility, Journal of Applied Econometrics, No. 27, 2012.

[42] Kambouroudis D S, Mcmillan D G, Tsakou K. Forecasting stock return volatility: a comparison of GARCH, implied volatility, and realized volatility models, Journal of Futures Markets, Vol. 36, No. 12, 2016.

[43] Kalli M, Griffin J E. Time - varying sparsity in dynamic regression models, Journal of Econometrics, Vol. 178, No. 2, 2014.

[44] Liu Y. Novel volatility forecasting using deep learning - long short - term memory recurrent neural networks, Expert Systems with Applications, No. 132, 2019.

[45] Ma L, Chen Y, Chen S, et al.. Efficient computation for dynamic responses of systems with time - varying characteristics, Acta Mechanica Sinica, No. 5, 2009.

[46] Mendel B, Shleifer A. Chasing noise, Journal of Financial Economics, Vol. 104, No. 2, 2012.

[47] Monfared S, Enke D. Volatility forecasting using a hybrid GJR - GARCH neural network model, Procedia Computer Science, No. 36, 2014.

[48] Renault T. Intraday online investor sentiment and return patterns in the U. S. stock market, Journal of Banking & Finance, No. 84, 2017.

[49] Seo S W, Kim J S. The information content of option - implied information for volatility forecasting with investor sentiment, Journal of Banking & Finance, Vol. 50, No. 7, 2015.

[50] Shiller R J. Speculative prices and popular models, The Journal of Economic Perspectives, Vol. 4, No. 2, 1990.

中期协联合研究计划（第十六期）项目

基于提升期货公司软实力的企业文化评价指标体系构建研究

课题负责单位：中信建投期货有限公司
课题研究编号：2023360332
课题负责人：王广学
课题组成员：龚雪莲　关筱谨　吕　臻　向朝霞　夏梦迁
　　　　　　曾维鹏　罗培铫

一、绪论

（一）研究背景和意义

当今世界已进入大发展、大变革、大调整时期，不利于发展的因素越加增多，全球发展的不稳定性、不确定性也越加凸显。对于企业而言，科学把握战略机遇和风险挑战，并在此过程中加强软实力建设，既是持续稳健经营的迫切需要，也是营造和谐发展环境、推动高质量发展的必然选择。文化建设作为一种柔性管理方式已经成为企业软实力提升的重要因素，需要在思想上高度重视、措施上科学明晰、行动上接续推进，随着软实力的提升，构筑起内涵式高质量发展的"硬支撑"。

"善战者，求之于势，不责于人，故能择人而任势"。在企业经营中，构成软实力的两大要素分别是人和事（管理活动），以两大要素为坐标绘制企业软实力六力模型，主要表现为原动力、感召力、规划力、共识力、执行力、管控力六大能力的协调联动，助力企业实现管理高效、内部和谐、业绩卓越的目标，并在行业中具备影响力和引领力，在社会中享有品牌美誉度和公信度，从而成为推动社会进步，促进经济发展，受人尊敬的企业。

企业文化建设的"软"主要体现在文化并不能为企业带来直接收益，而是通过科学、长期、系统的文化建设实践，赋能公司战略，树立品牌形象，提升员工凝聚力和满意度，从而增强企业核心竞争力，并在财务和业务等指标方面影响公司的市场表现。一般来说，这一影响周期较长，短期来看缺乏客观的量化指标，难以有效评估文化建设的作用和效果，更遑论形成普遍适用的科学评估体系。

具体到期货行业，2021 年，中国期货业协会按照习近平总书记关于"打造一个规范、透明、开放、有活力、有韧性的资本市场"和"提升重要大宗商品的价格影响力，更好服务和引领实体经济发展"的重要指示，制定并发布《期货行业文化建设工作纲要》，明确了行业文化建设的总体要求、主要任务和工作保障，并向行业发出《期货行业文化建设倡议书》，合力共建"合规、诚信、专业、稳健、担当"的文化逐渐成为期货行业共识，行业文化建设加速推进。自此，期货行业机构持续围绕行动方案、贴合自身实际、创新方式方法推动文化建设工作，引导行业机构积极服从国家战略、主动服务实体经济、持续提升投资者获得感、全面践行社会责任，努力让守法合规、恪守信义、追求专业、稳健运营、廉洁自律成为期货行业的鲜明标识和共同气质，成为从业人员的自觉行动和共同价值追求。

为深入学习贯彻中央金融工作会议精神，推动会议精神在企业文化建设实践层面贯彻落实，基于当前期货行业尚未形成细化的期货公司文化建设实践成效评估体系的现状，本文力求通过梳理文化建设相关理论及实践，借鉴金融系统既有经验，结合期货行业现状，从提升期货公司软实力出发，构建适用于期货公司的文化建设实践评估体系，以期为期货行业文化建设提供有意义的参考模型，增强行业文化建设实践整体成效，凝聚起更加强大的发展合力，促进期货市场功能更好发挥，在"金融强国"建设中贡献更大力量。

(二) 研究内容与研究方法

1. 研究内容

本论文分为五部分。

第一部分，绪论。该部分介绍了本文的研究背景，分析论文研究的理论意义和现实意义，并对本文的研究思路、研究方法、研究内容与结构进行逐一介绍。

第二部分，相关文献综述。该部分分别从企业文化概念、企业文化重要性、企业文化建设路径等角度对国内外相关文献进行了梳理与总结。

第三部分，理论分析。该部分对西方经典文化测量模型、国内企业文化测评模型以及证券行业企业文化评价指标体系进行了梳理，并基于此构建了期货公司企业文化建设评价指标体系的理论模型，奠定全文的理论基础。

第四部分，实证研究。该部分通过德尔菲法和层次分析法，对理论模型搭建的指标及其权重进行了两轮专家调研，最终形成本文的核心研究成果，即12个一级指标、50个二级指标构成的期货公司企业文化评价指标体系。并以Z期货公司为例代入模型进行了实证分析，进一步验证了本文结论的科学性和实用性。

第五部分，政策建议。这部分内容基于理论分析和实证研究结论，从行业构建期货公司文化评价指标体系的原则、行业文化建设实践两个方面提出了建议。

2. 研究方法

本文采用了文献研究法、AHP层次分析法，综合采用问卷调查法、德尔菲（Delphi）法、萨蒂（Satty）标度法、克隆巴赫（Cronbach）信度检验等方法开展研究。

AHP层次分析法的基本思想是将复杂的决策问题分解成一系列层次，在每个层次中，通过构造成对比较矩阵，对各个层次的准则或方案进行定性或定量地两两比较，以获得它们之间的重要程度或优先级。通过计算权重和一致性指标，得出最终结果。AHP方法的优势在于可以根据专家的主观判断和经验知识进行决策，同时考虑到了多个准则的重要性和优先级，使决策更加全面和合理。

研究目标是最终构建出期货公司文化建设情况的评价体系，并通过指标体系总结得出期货行业文化建设实践的相关建议。

(三) 难点与创新

本文的研究难点在于国内对于期货行业文化建设的评价指标体系研究尚无成熟的借鉴模型，且企业文化本身具有难以量化和度量的属性，对于研究结论的科学性难以找到合适的检验方法。

本文拟创新点是通过 AHP 层次分析法和肯德尔相关性检验等方法，构建具有客观性、合理性、实用性与科学性的期货公司文化建设评价指标体系，以期为期货行业开展文化评价工作提供参考，同时也间接为行业纵深推进文化建设工作提供借鉴。

二、相关文献综述

当前，国内外针对期货行业文化建设评价指标体系的相关研究相对较少。为打牢探索构建期货行业企业文化评价指标体系的理论基础，立足现有研究，本文从企业文化概念、重要性以及建设路径等方面对经典理论研究和近年相关文献进行了分类梳理。

(一) 关于企业文化概念的研究

企业文化[①]是一个舶来词，20 世纪 80 年代美日企业竞争模式比较研究成为热门，带动了企业文化理论研究兴起，使管理学界与实务界开始关注企业经营管理中的软性因素（赵曙明和裴宇晶，2011），经西方企业文化书籍引入我国后，被大批企业应用于管理经营实践（刘刚和殷建瓴等，2019）。

在西方的理论研究中，沙因（Schein，1985）将企业文化定义为"群体在解决外部适应和内部整合的问题时习得的一系列共享的基本假设。由于在群体内运行良好有效，被传递给新成员，并作为他们感知、思考和解决类似问题的正确方式"。奥莱利（O'Reilly）、查特曼（Chatman，1996）将企业文化定义为被成员共享与共同遵守的价值观体系。在我国的理论研究中，贾春峰（1995）认为企业文化的核心内容是强调企业的价值观念、企业精神、经营之道、经营境界和广大职工认同的道德规范和行为准则。张德和潘文君（2007）定义企业文化是企业发展过程中为企业多数成员共同遵循的最高目标、基本信念、价值标准和行为规范。尽管学者对企业文化的定义存在差异，但基本认同企业文化能够引导员工的价值取向、思维方式等，影响员工的行为规范，并对企业长期持续健康发展产生重要影响（白福萍和陈刚，2018）。

---

① 本文对企业文化和组织文化不作区别。

（二）关于企业文化重要性的研究

企业文化对企业发展至关重要，甚至关系到企业兴衰成败，已成为学界和企业管理者的普遍共识，并在长期实践与诸多案例中得以证明。刘刚和殷建瓴等（2019）总结回顾了新中国成立以来中国企业文化的历史与现状，指出企业文化在中国企业蓬勃发展的历程中起着不可忽视的作用，并逐渐成为企业核心竞争力所在。具体来看，企业文化对企业发展的重要性表现在多方面。白福萍和陈刚（2018）从内部与外部两个视角分析了企业文化创造价值的机理和路径，认为企业文化对内能够促成集体认同形成，减少内部交易成本，提高员工忠诚度、责任感，促进优化资源配置；对外有益于提高企业声誉、融资能力，降低财务风险、经营风险，使企业更好地建立对外合作关系。马琴和孟勇（2021）对沪深 A 股 2011—2018 年的上市公司进行分析，得出了"环境战略与企业竞争力之间存在显著正相关关系；企业文化与企业竞争力之间存在显著正相关关系；企业文化能够增强环境战略与企业竞争力之间的相关性"的结论。付伟（2023）着眼中小企业经营管理分析企业文化的价值作用，认为企业文化具有凝聚企业力量、引导企业发展、激励员工发展、约束员工行为的作用。

着眼金融行业，文化建设近年来被提到了越来越重要的位置。易会满（2019）在出席证券基金行业文化建设动员大会时指出，健康良好的企业文化是行业软实力和核心竞争力的重要体现，是行稳致远的立身之本，是服务实体经济的内在要求，是全面深化资本市场改革的重要保障，是防范金融风险的有力抓手。企业文化建设对行业和企业健康发展具有突出重要性的观点也得到行业内部的广泛认同。业内人士认为，文化建设是企业软实力和核心竞争力的重要体现（王常青，2019），是企业基业长青的底层逻辑（何亚刚，2021），也是行业高质量发展的内涵要求，为公司规范发展方向、优化经营质量、塑造品牌形象提供了精神支撑（张佑君，2022）。

（三）关于企业文化建设路径的研究

在企业文化建设中，企业管理者多为推动和主导角色，员工往往以参与者角色居多，在建设路径的研究中，普遍都包含对这两方角色的具体要求。高卫国（2018）认为，建设优秀的企业文化重点要做到企业历史、企业发展、企业制度、群众工作、品牌塑造五个方面相结合，并处理好包括企业管理者与职工、企业制度建设和职工关系维护在内的五大关系。王俊骏和王中涛等（2022）围绕企业文化建设引领国有企业高质量发展，提出了发挥管理者作用、加强文化体系建设、加强人才队伍建设、优化管理方法以及加大宣传力度等五项推动企业文化建设的举措。同时，思想政治工作是我国所特有的政治优势，将思政元素融入企业文化建设的方式也广受认同。刘刚和唐寅（2022）系统梳理、综合分析了"十三五"期间中国学者所发表的企业文化研究相关论文认为，深刻领悟党的指导方针，将党的意志融入企业文化建设过程，才能帮助企业内聚人心，外树形象，坚定文化自信，确定未来发展道路。

金融行业对文化建设路径的研究探索也在近几年掀起热潮。易会满（2019）在谈到加强证券基金行业文化建设的路线图和重点举措时提出，证券基金行业文化建设要"进一步强化党的领导与公司治理的有机结合；把握好行业文化建设的实现路径和关键环节；抓两头、带中间，打造健康的行业生态，以监管导向加速行业文化形成"，并提出"行业文化建设要落地有声、形成特色、发挥各方合力、久久为功"的要求。王常青（2021）结合证券公司文化建设实践经验，总结了要以党建引领企业文化建设、与经营管理实际紧密结合、文化建设贵在践行三方面举措与经验。李维安和王励翔（2020）从公司治理角度，提出了证券基金机构文化建设的三个层次，即培育合规诚信的基本治理文化；建立第三方基金治理评价，形成预防金融风险的治理文化效应；导入绿色治理理念，升级治理文化建设。贾雅晴（2023）以一家证券公司为例，阐述了党建引领、价值引导、目标激励、人才建设、营造气氛"五位一体"的企业文化建设模型。

三、企业文化评价指标体系构建的理论分析

（一）经典的组织文化测量模型

1. 西方经典模型

西方国家开展企业文化研究测评工作较早，本文梳理了以下经典模型，这些模型对推动企业文化理论发展起到了巨大作用，为指导企业文化诊断、评估的实践提供了重要模型工具。

（1）奎因 OCAI 量表。组织文化评价量表（Organizational Culture Assessment Instrument，OCAI），是由奎因（Quine）和卡梅隆（Cameron，1998）在竞争性文化价值模型基础上开发出来用以测量企业文化的量表。通过大量文献回顾和实证研究，奎因和卡梅隆从影响组织绩效表现的 6 个维度中提炼出主导特征、领导风格、员工管理、组织凝聚力、战略要点和成功标准 6 个评价企业文化的判据，每个判据下有 4 个陈述句作为测量项目，分别对应 4 种类型组织文化。通过测量可以总结形成企业现有文化状态与文化类型，并考察出企业期望的文化状态。

（2）丹尼森 OCQ 量表。丹尼森（Denison，1990）从探究企业文化对实现组织

有效性角度出发,进行个案研究后总结构建了描述组织有效性的文化特质模型,该模型认为适应性、使命、参与性与一致性4种文化特质与组织有效性显著相关。在此基础上,开发了组织文化量表(Organizational Culture Questionnaire,OCQ),对4种文化特质分别从3个维度进行考察,每个维度又细分5个测量项目。通过测量可以考察出不同文化特质对组织有效性的影响作用。

(3) 查特曼OCP量表。奥莱利(O'Reilly)和查特曼(Chatman, 1991)从探究"人—企业"契合度和个体结果变量(如职务绩效、组织承诺和离职)之间的关系出发,在文献回顾的基础上,构建了OCP量表(Organizational Culture Profile,OCP)。OCP量表由革新性、稳定性、尊重员工、结果导向、注重细节、进取性和团队导向7个维度,以及54个测量项目组成。OCP量表采用Q分类的计分方式,按最期望到最不期望或最符合到最不符合的尺度进行2-4-6-9-12-9-6-4-2分布计分,可判断出企业客观实际与其倡导和理想的价值观之间的差距,并可得出相应改进方向。

上述经典的企业文化评估模型与测量工具是企业文化定量研究的代表,为指导企业文化诊断、评估的实践提供了重要模型工具。但必须看到的是,这些经典模型与测量工具多为普适性判据,在具体某一行业的企业中适用时,会出现适用性、精准性不足的问题,具体评估维度与指标需要根据行业与企业特性进行调整优化。同时,这些经典模型量表的评价维度以西方人类学、社会学、管理学等学科理论为基础,受西方文化影响显著。这些模型在运用于我国具体某一行业、企业时,如果不进行本土化修正,未考虑我国社会制度和经济制度的特点,以及东西方文化差异,则测评得出的结论极大可能会与现实情况脱节,与行业和企业实际出现较大偏差,结果的可信度和参考价值也会大打折扣。

2. 国内企业文化测评模型

在国外学术界兴起企业文化定量测评研究的同时,国内学术界也开展了诸多企业文化测量、诊断与评估的研究探索。这些模型更加适应中国文化的"土壤"。

(1) 郑伯埙VOCS量表。郑伯埙(1990)根据东方文化特点构建了组织文化价值观量表(Values in Organizational Culture Scale,VOCS),由外部适应价值和内部整合价值2个高阶维度,社会责任、科学求真、敦亲睦邻、顾客取向、卓越创新、甘苦与共、团队精神、诚信正直、表现绩效9个维度和83个题项组成。作为完全立足于中国土化的企业文化量表,VOCS量表在中国组织文化测量研究方面具有一定的开创性。

(2) 张德企业文化测量模型。张德(2007)在对东西方文化特征差异进行比较后,结合传统文化思想与现代企业文化研究理论,整合了东方国家企业常用的测量维度，构建了由领导风格、能力绩效导向、人际和谐、科学求真、凝聚力、正直诚信、顾客导向、卓越创新、组织学习、使命与战略、团队精神、发展意识、社会责任、文化认同 14 个维度构成的测量模型。

（3）中国企业文化研究会测评中心 ECAI 模型。中国企业文化研究会测评中心构建了 ECAI 模型（Enterprise Culture Assessment Instrument，ECAI）。ECAI 模型包括市场竞争力、组织凝聚力、管理控制力和社会影响力 4 个模块，业务战略、产品竞争力、产品与业务创新、公正性、黏合性、进取性、管理规范、专业化、先进性、企业品牌、示范性与社会责任 12 个维度，以及 60 项评价指标。通过分析，能够考察出企业文化在企业发展中发挥的实际成效。

本土化的企业文化测量模型在指标选取与构建上，结合了中国传统文化与社会背景，补充了"社会责任"等维度，呼应了中华优秀传统文化中的"仁爱""共享"等理念，丰富了西方学者构建的模型指标，更加贴近中国企业的实际情况，也更能引发企业员工的共鸣与认同。但要应用于具体某一行业、企业时，仍然需要根据所在行业特性对普适性指标进行修正，才能获得更具针对性和指导价值的测量结果。

3. 证券公司文化建设实践评估指标

为推动形成"合规、诚信、专业、稳健"的证券行业文化，建立行业文化建设激励约束机制，规范文化建设实践评估工作。2022 年，中国证券业协会根据《证券法》《证券公司分类监管规定》《建设证券基金行业文化、防范道德风险工作纲要》等法律法规和监管规定，按照《证券行业文化建设十要素》等自律要求，制定了《证券公司文化建设实践评估办法（试行）》与证券公司文化建设实践评估指标。

在《证券公司文化建设实践评估指标（2023 年修订稿）》中，包含基础指标、加分指标和扣分指标三部分。具体来看，基础指标主要对证券公司践行"合规、诚信、专业、稳健"行业文化建设价值观、落实《十要素》等文化建设要求、公司文化建设实践情况等进行评估，由总体要求、平衡各方利益、建立长效激励、加强声誉约束、落实责任担当、融合发展战略、强化文化认同、激发组织活力、秉承守正创新、崇尚专业精神、坚持可持续发展 11 个评估项目、51 项评估指标构成。评估指标体系中，设置了 8 个加分指标，对证券公司积极践行行业文化建设价值观、推动行业文化建设作出贡献、公司文化建设取得成效被外部认可等情形进行加分；6 个扣分指标，对证券公司落实行业文化建设相关要求不力、对行业文化建设实践评估工作不重视或者弄虚作假等情形进行扣分。

（二）构建期货公司企业文化建设评价的指标体系

为探索构建适用于我国期货行业的期货公司企业文化评估体系，本文在搜集整理有关"期货公司文化建设"和"评估指标"的研究文献后，吸收借鉴中外测量模型的理论基础，并重点结合证券行业企业文化建设评价指标体系，立足我国期货行业实际，密切围绕《期货行业文化建设倡议书》《期货行业文化建设工作纲要》核心要求，从提升期货公司软实力出发，初步选取了一级指标13个、二级指标51个构成了初版评估指标体系。具体来看：

1. 紧扣核心任务

党的二十大报告提出"高质量发展是全面建设社会主义现代化国家的首要任务"，为金融行业的发展指明了方向和目标。金融高质量发展关系中国式现代化建设全局，而期货业是现代金融体系的重要组成部分，在中国式现代化进程中要扛起期货担当、展现期货作为，要求行业全体成员必须紧扣核心任务，立足主责主业发挥功能作用，坚定不移走高质量发展道路。落实到期货公司企业文化建设层面，就是要求公司文化建设能够紧扣新时代金融核心任务，聚焦高质量发展目标；能够体现服务实体经济的价值观、以贯彻新发展理念为中心任务的发展观、以防范金融风险为首要任务的风险观。公司文化建设能够有效推动落实"合规、诚信、专业、稳健、担当"的期货行业文化价值观。

评估指标设计：

（1）紧扣新时代金融行业核心任务。以习近平新时代中国特色社会主义思想为根本遵循，全面系统把握习近平文化思想，坚持以社会主义核心价值观引领文化建设。

（2）落实期货行业文化价值观。有效推动落实"合规、诚信、专业、稳健、担当"的行业文化价值观，坚持可持续发展，引导和促进公司高质量发展。

（3）文化建设与公司发展全方位融合。公司文化建设坚持与公司治理、发展战略、发展方式、行为规范深度融合；坚持与人的全面发展、历史文化传承、党建工作要求、信义义务、专业能力建设有机结合。

2. 坚持党建引领

坚持党的领导，是百年来党领导人民进行革命、建设、改革的最宝贵经验总结，是过去我们为什么能够成功、未来我们怎样才能继续成功的最深刻历史启示。坚定不移高举党建引领旗帜，是期货行业、期货公司实现高质量发展的核心根本。坚持党建引领必须体现在公司经营管理的方方面面，企业文化作为公司"软实力"，必然在党的领导下推进建设，只有以党的理论作为指导，以党的组织作为坚强后盾，才能确保企业文化建设方向正确、推进有力，真正起到凝聚人心、汇聚合力的作用。

评估指标设计：

（1）完善党组织建设。公司成立完善的党组织，由专兼职党建部门推进相关工作，加强党的建设对其他业务工作的引领和指导。

（2）主要负责人作为文化建设第一责任人。公司党委成为统筹企业文化建设的领导力量，公司党委书记作为第一责任人，统筹文化建设落地落实落细。

（3）联合党工团协同推进文化建设。文化建设与党建工作和精神文明建设紧密结合，全面整合党、工、团和其他常态化员工组织资源协同推进文化建设工作。

3. 重视科学规划

企业文化要与公司发展战略深度融合，并成为指导公司日常经营管理与员工行为的精神准则。这就要求企业文化在总结、提炼与建设应用中，必须尊重实际、符合实际，基于公司发展的各阶段客观特性，找准员工、管理层等各方利益的最"最大公约数"，使企业文化理念与公司经营决策、发展战略和谐融合。

评估指标设计：

（1）公司文化理念与发展战略相融合。文化建设是公司发展战略的重要组成部分，发展战略体现文化理念和价值追求。

（2）制定文化建设工作方案并配套推进措施。制定推动文化建设落地的规划、纲要或具体方案，相关内容符合公司发展实际、目标任务明确，并有配套推进措施。

（3）文化理念体现并维护各相关方利益。文化理念能够体现维护各相关方合法权益、有效管理利益冲突等要求。

（4）公司章程体现并平衡各相关方利益。公司章程符合法律法规要求，能够平衡各相关方利益，包括依法纳税、保护投资者合法权益、履行社会责任等内容。

4. 强化组织实施

企业文化要真正融入企业经营管理，并形成企业参与市场竞争的强大"软实力"，必须建立严密的组织实施体系，由公司管理层主导推动或深入参与，并纳入公司管理体系，在人员、经费、机制等方面给予充分保障。新时代青年员工具有较强的自我意识与个性特性，在宣导教育中要更加注重创新手段、丰富渠道与形式，制作高质量的宣传物料，组织有新意的文化活动，真正使企业文化建设落到实处、走进人心。

评估指标设计：

（1）设置专门机构负责文化建设。设置专门的组织机构统筹推进文化建设工作，形成公司文化建设制度和机制，有效保障文化建设工作良性健康发展。

（2）投入必要人力负责文化建设。公司投入必要的人力负责文化建设日常工作，并提供文化建设专项资金保障。

(3) 文化建设纳入日常管理。明确公司党委、董事会、监事会、管理层以及各部门、各分支机构、各子公司在文化建设工作中的职责和具体分工。

(4) 文化理念融入公司管理制度和业务流程。使公司制度规范与文化理念保持一致，在具体工作中予以体现和落实。

(5) 强化员工教育引导。通过多样化有效的方式，教育引导员工践行公司和行业文化理念，树立正确的人生观、价值观、权力观和利益观。

(6) 树立公司文化品牌。制定基本完备的企业视觉识别系统，通过多种有效方式和渠道组织开展文化推广宣传活动，宣传内容应与公司文化价值观、经营管理理念等一致。

(7) 尊重员工多元化背景。尊重并公平对待员工的多元化背景，向员工提供平等的机会，有效保护其合法权益，采取有效措施做好员工关怀工作，开展健康有益、形式多样的员工文化活动。

5. 科学考核激励

企业文化重点在于以人为本，以员工为核心主体，通过文化激发员工的创造性和主动性。考核激励也是通过各种有效方式，调动员工积极性、主动性与创造性。两者存在相似性，但存在"软""硬"差别。在企业管理中，实际存在缺乏"硬举措"保证的企业文化建设流于形式、浮于表面的情况。将企业文化与考核激励相结合，既要求企业文化贯穿考核管理行为始终，也要求将企业文化的内核要求、执行成效列为考核内容之一，使内在的精神引导与外化的管理手段相辅相成，更好地作用于激发员工潜在积极性、创造性，提高管理效能。

评估指标设计：

(1) 建立科学的人才"选用育留"机制。根据文化理念体系对员工执业能力和职业道德提出明确要求，强化从业人员政治能力与专业能力建设，注重精神引领和文化引导作用，打造学习型组织，持续引导员工提升个人职业素养。

(2) 建立科学的人员考核与合理的薪酬管理制度。将廉洁从业、合规诚信执业、全面风险管理、践行公司和行业文化理念等情况纳入人员考核与薪酬管理，坚持正向引导激励与反向惩戒约束并重。

(3) 建立长期与短期兼顾的激励机制。通过适度拉长业绩考核周期、薪酬递延等方式形成合理有效的长周期考核评价体系和收入分配机制。

(4) 积极组织开展评优活动。对践行公司文化理念、弘扬公司文化的优秀员工进行表彰，鼓舞和激励广大员工自觉践行文化理念。

(5) 建立健全民主管理制度。为员工建言献策公司管理和业务发展提供多元化途径。

6. 维护金融安全

"坚持稳中求进工作总基调,统筹发展和安全,牢牢守住不发生系统性金融风险的底线"是我国金融发展必须坚持的核心要求。期货业具有高杠杆率、高换手率特点,关联资本市场、商品市场,与实体经济联系密切。一旦发生风险,则具有较大传导性和影响力,甚至可能影响金融稳定。因此,期货公司作为连接期货市场各主体的核心中介,必须将维护金融安全贯穿发展始终,同时必须通过长期的宣导教育转化为员工自觉遵循的"金规铁律"。

评估指标设计:

(1) 自觉维护国家金融安全。认真学习贯彻习近平经济思想,按照党中央关于打好防范化解重大风险攻坚战的决策部署,坚持底线思维和问题导向,着力防范化解重点领域金融风险、着力加强金融风险源头管控、着力完善金融安全防线和风险应急处置机制。

(2) 常态化开展思想道德教育。促进员工树立自觉维护国家金融安全、强化社会责任的意识。

7. 服务实体经济

服务实体经济是金融的天职,是金融的根本宗旨。《期货和衍生品法》第一条明确提出制定该法的目的在于"促进期货市场和衍生品市场服务国民经济,防范化解系统性金融风险,维护国家经济安全",明确了期货行业服务实体经济的根本导向。同时,期货市场所具有的发现价格、管理风险、配置资源的功能属性,也从根本上决定了期货行业发展必须依靠实体、服务实体。将服务实体经济作为评判期货公司企业文化建设的重要指标之一,就是要从精神与思想层面引导期货从业人员将服务实体经济的根本宗旨内化于心、外化于行。

评估指标设计:

(1) 文化理念和发展战略等体现责任担当。公司文化理念体系和文化建设实践体现落实责任担当,公司发展战略和经营决策体现积极落实责任担当,服务资本市场改革任务等。

(2) 运用期货工具服务实体经济。公司主动投身服务实体经济,以实体企业风险管理需求为主线,灵活运用套期保值、场外期权等风险管理工具,提升服务的广度和深度。

(3) 扎实助力乡村振兴。积极开展"保险+期货"业务,引导和鼓励广大涉农主体借助期货市场规避生产经营风险,为乡村振兴贡献力量。

(4) 积极投身社会公益。建立有效机制持续参与社会公益事业,并支持员工参加扶贫助学等社会公益活动,提升企业形象、展现行业风貌。

(5) 提升执业质效。公司建立有效机制,持续完善执业标准,保障服务质量。建立了公司服务对象对公司及员工专业能力、廉洁从业、服务质量的评价反馈机制。

(6) 有效履行投资者教育与保护。公司积极开展投资者教育工作,采取有效措施督促员工履行投资者保护职责。

8. 促进绿色发展

党的二十大报告提出,要积极稳妥推进碳达峰碳中和。绿色双碳发展不仅是对某一个行业、某一个领域的要求,金融行业也需要在其中承担职责、发挥作用。将绿色发展融入期货公司经营管理理念,有利于期货公司围绕绿色低碳开展服务创新、产品创新,有意识地优化资源配置、提升服务质量,为实现"双碳"目标赋能。

评估指标设计:

(1) 坚决服务"双碳"目标。融入国家战略,服务绿色金融,助力传统产业转型升级,助力新能源产业健康稳定发展,助力"双碳"目标和经济高质量发展。

(2) 专业助推绿色产业发展。助推"绿色期货"品种创新提速,构建场内、场外,期货、现货市场的多维度联动服务模式,依托专业能力促进绿色产业发展。

9. 坚守专业主义

近年来,期货市场的快速发展,对人才专业性的要求更加突出。坚守专业主义,是期货公司进一步提高服务质量,构筑核心竞争力的关键所在。通过企业文化建设,在公司形成学习专业、尊崇专业、按专业精神做事的文化氛围,有利于公司形成优秀专业人才"引用育留"的良好氛围,激发员工自主学习提升的主动性,为期货公司更好地服务实体经济、防范金融风险提供更加稳固的专业支撑。

评估指标设计:

(1) 弘扬专业精神。公司通过各种有效方式弘扬专业精神,营造崇尚专业精神的文化氛围,激励员工爱岗敬业、履职尽责,提供高质量、高标准服务。

(2) 保障创新业务。按照新时代金融行业核心任务,聚焦主业开展创新,建立针对新产品、新业务的风险管理制度和流程,保障创新业务合法合规、风险可控。

(3) 贯彻新发展理念。公司发展战略体现创新、协调、绿色、开放、共享的新发展理念,公司治理和激励机制能够平衡业绩和长期价值创造,平衡风险和收益,保障资本充足,保证业务稳健、风险可控。

10. 崇尚廉洁信义

坚持廉洁从业、落实信义义务是对金融从业人员的基本准则,也是维护行业声誉形象、防范风险事件的必然要求。通过企业文化建设的宣传引导，在公司内部营造风清气正、健康向上的发展氛围，有利于潜移默化地影响员工养成更好的职业品德、职业责任，遵守执业纪律、行为准则，增强抵御诱惑、守住底线的思想定力，从而减少"越轨"行为、违规事件发生。

评估指标设计：

（1）强化廉洁从业管理。建立涵盖所有业务及全部环节的廉洁从业内部控制制度，树立全员廉洁从业理念。

（2）严格恪守信义义务。要求员工严格恪守信义义务，深入实践审慎义务和忠实义务，做好投资者适当性管理，确保客户利益至上。

（3）强化员工行为教育。开展员工行为规范、廉洁从业、职业道德和法治观念教育，提高员工合规风控意识，恪守职业道德和行为准则。

（4）重点关注关键岗位。建立对道德风险潜在高发的业务、关键岗位、重点人员的管理机制。

（5）健全财务管理制度。严格执行财务纪律和内部流程，充分发挥内审稽核等部门作用。

11. 共建健康舆论

企业文化建设与宣传工作密切相关，加强内部、外部宣传，已成为企业文化建设的重要举措。用好宣传工具、渠道、平台，制作积极向上、充满正能量的宣教材料，开展形式新颖、内涵丰富的宣教活动，既有利于赢得员工对企业文化的认同和支持，也有利于建立大众对期货公司的品牌好感，提高对期货行业的了解与认知，对公司和行业的形象塑造、健康发展都起着重要作用。

评估指标设计：

（1）建立声誉约束机制。防范和管理公司及员工的行为及声誉风险，做好员工声誉信息管理，将其作为人员入职、晋升、离职时的重要事项。

（2）构建健康舆论环境。建立维护公司形象和声誉的机制，不断积累公司声誉，树立良好品牌文化形象，构建有利于公司高质量发展的健康舆论环境。

（3）自觉维护行业声誉。抵制对行业声誉产生不良影响的行为或现象，助力建立公众对期货市场的正确认知、塑造良好行业形象。

12. 服务行业高质量发展

公司的发展与行业发展是相互影响的。通过企业文化潜移默化引导行业全体成员一致践行"合规、诚信、专业、稳健、担当"的行业文化，心往一处想、劲往一处使、拧成一股绳，共同推动行业高质量发展，才能最大程度地凝聚起服务国家战略、服务实体经济的"期货力量"。

评估指标设计：

（1）服务行业专业能力提升。参与并推动协会自律规则、规范形成。

（2）参与协会组织的培训、评价测试工作。

（3）发挥行业智库作用。及时解读重要政策和行业热点，积极为行业发声，宣传行业形象。

（4）开展文化建设理论研究。相关成果被宣传报道或推广。

（5）文化建设工作获得奖励。

13. 发生违规失信事件

"合规"与"诚信"被摆在了期货行业文化的前两位，充分说明其对行业健康发展的重要性。坚守信义义务是期货行业健康发展、维护投资者合法权益的重要前提，也是防范风险事件发生的必然要求。将发生违规失信事件作为减分项，也是重点突出"合规"与"诚信"在期货公司企业文化体系中的重要性。

评估指标设计：

（1）发生违法失信行为。违反有关监管部门或自律组织相关规定、规范，被采取有关措施。

（2）参与协会培训未达标。公司从业人员在党的建设、行业文化、职业道德方面的持续培训学时未达到协会自律规则规定比重。

（3）协会认定的其他扣分情形。

四、期货公司文化建设评估指标体系构建的实证分析

（一）基于层次分析法的期货公司文化建设评估指标体系构建

1. 基于文献分析初拟期货公司文化建设评估指标

前文已就初步选取的评价指标进行了介绍。将这13个维度指标、51项评估项目汇总整理后，构成首版测量指标体系，如表1所示。

表1　　　　　　　　　　首版测量指标体系

一级指标	二级指标
A. 紧扣核心任务	A1. 紧扣新时代金融行业核心任务
	A2. 落实期货行业文化价值观
	A3. 文化建设与公司发展全方位融合

续表

一级指标	二级指标
B. 坚持党建引领	B1. 完善党组织建设
	B2. 主要负责人作为文化建设第一责任人
	B3. 联合党工团协同推进文化建设
C. 重视科学规划	C1. 公司文化理念与发展战略相融合
	C2. 制定文化建设工作方案并配套推进措施
	C3. 文化理念体现并维护各相关方利益
	C4. 公司章程体现并平衡各相关方利益
D. 强化组织实施	D1. 设置专门机构负责文化建设
	D2. 投入必要人力负责文化建设
	D3. 文化建设纳入日常管理
	D4. 文化理念融入公司管理制度和业务流程
	D5. 强化员工教育引导
	D6. 树立公司文化品牌
	D7. 尊重员工多元化背景
E. 科学考核激励	E1. 建立科学的人才"选用育留"机制
	E2. 建立科学的人员考核与合理的薪酬管理制度
	E3. 建立长期与短期兼顾的激励机制
	E4. 积极组织开展评优活动
	E5. 建立健全民主管理制度
F. 维护金融安全	F1. 自觉维护国家金融安全
	F2. 常态化开展思想道德教育
G. 服务实体经济	G1. 文化理念和发展战略等体现责任担当
	G2. 运用期货工具服务实体经济
	G3. 扎实助力乡村振兴
	G4. 积极投身社会公益
	G5. 持续提升执业质效
	G6. 有效履行投资者教育与保护
H. 促进绿色发展	H1. 坚决服务"双碳"目标
	H2. 专业助推绿色产业发展
I. 坚守专业主义	I1. 弘扬专业精神
	I2. 保障创新业务
	I3. 贯彻新发展理念
J. 崇尚廉洁信义	J1. 强化廉洁从业管理
	J2. 严格恪守信义义务
	J3. 强化员工行为教育
	J4. 重点关注关键岗位
	J5. 健全财务管理制度

续表

一级指标	二级指标
K. 共建健康舆论	K1. 建立声誉约束机制
	K2. 构建健康舆论环境
	K3. 自觉维护行业声誉
L. 服务行业高质量发展	L1. 服务行业专业能力提升
	L2. 参与协会组织的培训、评价测试工作
	L3. 发挥行业智库作用
	L4. 开展文化建设理论研究
	L5. 文化建设工作获得奖励
M. 发生违规失信事件	M1. 发生违法失信行为
	M2. 参与协会培训未达标
	M3. 协会认定的其他扣分情形

2. 基于模糊德尔菲法完善评估指标

指标体系的构建往往是一个逐渐完善，层层优化的过程。上述初步建构评价指标的过程，可能会因为研究者自身知识、经验和价值判断的认知偏差造成类属划分不合理，偏离侧重等问题。因此，为了科学建构评价指标，本文采用模糊德尔菲法，分析指标的区分度、重要度以及各指标相关度来修正完善评价指标。本文咨询了22位期货公司文化建设领域的专家，包括监管机构、行业协会、高校教授、研究学者、证券和期货公司高管等，根据所有专家的评估意见，对初拟的指标体系进行修改和调整，以获得更加完善和合理的评估指标。

（1）第一轮专家咨询。在初拟的期货公司文化建设评估指标基础上，设计编制了《期货公司文化建设评估指标专家咨询问卷》，让专家对认同的评估维度、指标等进行选择。本文选定80%的支持率为评估指标的淘汰阈值，低于80%的专家选择某个指标，则认为该指标没有得到大多数专家的支持。低于80%支持率的指标如表2所示。

表2　　专家选择结果情况统计

一级指标	支持率	二级指标	支持率
H. 促进绿色发展	77.3%	H1. 坚决服务"双碳"目标	86.4%
		H2. 专业助推绿色产业发展	63.6%

第一轮专家咨询的结果中，1号专家指出"H. 促进绿色发展"建议可以合并到"I. 坚守专业主义"中，H的含义是"I3. 贯彻新发展理念"的延伸和拓展。2号专家认为"G5. 持续提升执业质效"主要考核期货公司和员工的执业能力和成效，应该调整到"I. 坚守专业主义"中。

综合各位专家的建议，结合评估指标的支持率，对评估指标进行了如下修改：

①删除支持率低于80%的指标，即一级指标"H. 促进绿色发展"及其二级指标"H2. 专业助推绿色产业发展"，后续一级指标重新依次编号。

②对评估指标归属逻辑进行完善，将内容存在相关关系的指标进行了调整，即"G5. 持续提升执业质效"调整到"H. 坚守专业主义"中，调整为"H2. 提升执业质效"。

结合专家意见，经过以上修改，构建了新的期货公司文化建设评估指标，其中包括了12个一级指标，50个二级指标。根据修改完善后的指标再次编制调查问卷，进行第二轮专家咨询。

（2）第二轮专家咨询。综合分析第二轮专家咨询反馈的数据，所有指标的支持率均超过了80%，本文认为参加问卷调查的专家对各个指标的意见达成一致，各个指标均能有效地评价期货公司的文化建设，并且指向明确、易懂，因此修改完善后的指标全部保留，如表3所示。

表3　　　　第一次咨询修改后的专家选择结果情况统计

一级指标	二级指标
A. 紧扣核心任务	A1. 紧扣新时代金融行业核心任务
	A2. 落实期货行业文化价值观
	A3. 文化建设与公司发展全方位融合
B. 坚持党建引领	B1. 完善党组织建设
	B2. 主要负责人作为文化建设第一责任人
	B3. 联合党工团协同推进文化建设
C. 重视科学规划	C1. 公司文化理念与发展战略相融合
	C2. 制定文化建设工作方案并配套推进措施
	C3. 文化理念体现并维护各相关方利益
	C4. 公司章程体现并平衡各相关方利益
D. 强化组织实施	D1. 设置专门机构负责文化建设
	D2. 投入必要人力负责文化建设
	D3. 文化建设纳入日常管理
	D4. 文化理念融入公司管理制度和业务流程
	D5. 强化员工教育引导
	D6. 树立公司文化品牌
	D7. 尊重员工多元化背景
E. 科学考核激励	E1. 建立科学的人才"选用育留"机制
	E2. 建立科学的人员考核与合理的薪酬管理制度
	E3. 建立长期与短期兼顾的激励机制

续表

一级指标	二级指标
E. 科学考核激励	E4. 积极组织开展评优活动
	E5. 建立健全民主管理制度
F. 维护金融安全	F1. 自觉维护国家金融安全
	F2. 常态化开展思想道德教育
G. 服务实体经济	G1. 文化理念和发展战略等体现责任担当
	G2. 运用期货工具服务实体经济
	G3. 扎实助力乡村振兴
	G4. 积极投身社会公益
	G5. 有效履行投资者教育与保护
H. 坚守专业主义	H1. 弘扬专业精神
	H2. 提升执业质效
	H3. 保障创新业务
	H4. 贯彻新发展理念
	H5. 坚决服务"双碳"目标
I. 崇尚廉洁信义	I1. 强化廉洁从业管理
	I2. 严格恪守信义义务
	I3. 强化员工行为教育
	I4. 重点关注关键岗位
	I5. 健全财务管理制度
J. 共建健康舆论	J1. 建立声誉约束机制
	J2. 构建健康舆论环境
	J3. 自觉维护行业声誉
K. 服务行业高质量发展	K1. 服务行业专业能力提升
	K2. 参与协会组织的培训、评价测试工作
	K3. 发挥行业智库作用
	K4. 开展文化建设理论研究
	K5. 文化建设工作获得奖励
L. 发生违规失信事件	L1. 发生违法失信行为
	L2. 参与协会培训未达标
	L3. 协会认定的其他扣分情形

汇总专家意见后，整理形成了新版企业文化评估指标体系。现有体系下，一级指标修正为 12 个，二级指标修正为 50 个。

3. 基于层次分析法为指标赋权

权重能够更好地衡量各项指标在整个体系中的重要程度或贡献程度，科学的指标比重能够让指标体系分明主次，明确重点。本文采用层次分析法（Analytic Hierarchy Process，AHP）来为各个指标进行赋权。

层次分析法比较适合于目标值难以量化且评价指标分层交错的目标决策系统。根据需要决策的问题，将想达到的目标分解为不同的组成因素，并按照因素间的相互影响、关联以及隶属关系，将因素按照不同层次进行分类、聚集、组合，形成一个多层次的分析结构模型，从而最终将需要决策的问题转化为目标层、准则层和最底层的相对重要权重计算，以及相对优劣次序的排定问题。权重的确定通常使用求解判断矩阵特征向量的办法，求得每一层次的各元素对上一层次某元素的优先权重，最后通过加权和的方法递归各元素对总目标的最终权重。

层次分析法可以在专家打分有一定主观性条件下，通过量化的方法，将决策过程数字化、系统化，更加科学地考量问题的本质、影响因素及其内在关系，能够在一定程度上克服评价时的主观性因素，避免带来的决策偏差。

（1）建立层次结构模型。构建层次结构模型是层次分析法的核心，也是确保准确决策，得到科学结果的基础。层次结构模型通常由最高层、准则层和最底层组成，最高层是决策的目的，本次研究的目的是评价期货公司文化建设的成效；准则层是作决策时需要考虑的因素，本次研究通过文献研究法和德尔菲法综合得出了"A. 紧扣核心任务"到"L. 发生违规失信"共计12个一级指标；最底层通常是决策时的备选方案，本文综合本次研究的需要，将其设置为二级指标，将二级指标等视为提升期货公司文化建设的具体工作和方案，从而更好地衡量二级指标相对于目标层的权重占比（见图1）。

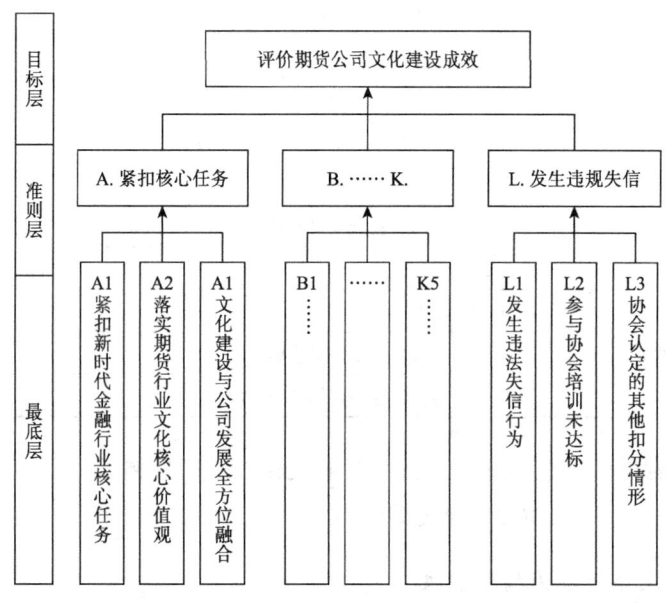

图1　期货公司文化建设评估——层次分析结构模型

（2）构造计算指标权重的判断矩阵。对属于同一上级因素的因素，进行成对比较，构建得出判断矩阵。成对比较判断矩阵的本质是表示本层因素之间，相对于上一层某个因素的相对重要性。为了使判断更好地量化研究，本文使用的是 Saaty 的 1—9 标度方法进行相对重要性判断。"Saaty 标度法"的打分含义如表 4 所示。

表 4 Saaty1 – 9 标度法

相对重要性	定义
1	表示两个元素相比，具有相同的重要性
3	表示两个元素相比，前者比后者略显重要
5	表示两个元素相比，前者比后者明显重要
7	表示两个元素相比，前者比后者极其重要
9	表示两个元素相比，前者比后者强烈重要
2、4、6、8	表示上述相邻重要性的中间值
1 至 9 的倒数	表示相应两个元素交换次序比较的重要性

构建得出的判断矩阵 $A = (a_{ij})$ 中，a_i 元素相比于 a_j 元素的相对重要性用 a_{ij} 表示，且有下述关系：

$$a_{ij} \neq 0, a_{ij} = \frac{1}{a_{ji}}, a_{ij} = 1 (i = j \text{ 时})$$

为了确定期货公司文化建设评估各指标的权重，本文基于"Satty 标度法"设计了调查问卷，将同一维度下的指标两两比较，邀请专家使用 1 – 9 分的标度，对成对指标的相对重要性进行打分，判断出两个指标之间的相对重要得分，以此形成判断矩阵。

本文先采用了 Cronbach's α 系数对问卷调查的信度进行检验，问卷整体的 Cronbach's α 系数值为 0.783，通常认为 Cronbach's α 系数 >0.7 表示量表具有较高的信度，这表示本次问卷调查的数据具有较好的信度。

为了更好地确保各个指标重要度得分的科学性和合理性，本文去掉了每个指标重要度得分的最高分和最低分，每个指标共得到 20 份有效数据，然后算取算术平均数作为其最终的重要度得分来组成判断矩阵。此处以二级指标 A1 到 A3 的判断矩阵 A 作为示例如下，其他指标的判断矩阵同样按照上述方法进行构建。

$$A = \begin{matrix} & \begin{matrix} A1 & A2 & A3 \end{matrix} \\ \begin{matrix} A1 \\ A2 \\ A3 \end{matrix} & \begin{vmatrix} 1.00 & 1.00 & 1.18 \\ \dfrac{1}{1.00} & 1.00 & 2.05 \\ \dfrac{1}{1.18} & \dfrac{1}{2.05} & 1.00 \end{vmatrix} \end{matrix} \quad (1)$$

（3）计算一级指标权重及检验。本文基于专家的重要度打分，将各个评价指标按照其在整个指标体系中的重要性进行排序,经过层次单排序,每个指标都将被赋予一个权重。然后使用一致性比例(Consistency Ratio,C.R.),通过评估判断矩阵的一致性,来检验 AHP 方法的内部一致性,检查专家在判断和比较过程中是否存在主观偏差或前后不一。如果一致性检验通过,则说明该判断矩阵一致有效,所得到的权重是科学合理的。

层次单排序的计算方法有求根法、求和法、幂法等,本文采用的是求根法来进行计算。具体的层次单排序和一致性检验步骤如下:

①计算判断矩阵中每一行元素的乘积。

$$M_i = \prod_{i=1}^{n} a_{ij} \tag{2}$$

②计算 M_i 的 n 次方根,来计算判断矩阵特征向量的近似值。

$$W_i = \sqrt[n]{M_i} \tag{3}$$

③对特征向量进行归一化处理。标准化处理所得到的向量 $\vec{W_i}$ 即是本文研究所需的权重向量,其中每一维度的元素即是本文研究所求的每个指标的权重。

$$\vec{W_i} = \frac{W_i}{\sum_{i=1}^{n} W_i} \tag{4}$$

为了保证计算所得到的权重,即归一化处理得到的向量 $\vec{W_i}$ 是正确、合理的,可以通过一致性检验来进行判断。

④计算判断矩阵的特征根。

$$\lambda_i = \sum_{j=1}^{n} a_{ij} \vec{w_j} \tag{5}$$

⑤计算判断矩阵的最大特征根。

$$\lambda_{max} = \sum_{i=1}^{n} \frac{\lambda_i}{n \vec{W_i}} \tag{6}$$

⑥计算一致性指标(Consistency Index,C.I.)。通常当 C.I. = 0 时,认为判断矩阵有完全的一致性;当 C.I. 接近于 0,有满意的一致性;C.I. 越大,不一致性越高。从 C.I. 的计算式中可以看出,显然当判断矩阵的阶数 n 越大,C.I. 的值越趋于小,这导致了 C.I. 的评判会随着阶数 n 的递增而存在一定的误差性。

$$C.I. = \frac{\lambda_{max} - n}{n - 1} \tag{7}$$

⑦确认平均随机一致性指标(Random Index,R.I.)。为衡量 C.I. 的大小,引入随机一致性指标 R.I. 来进一步判断矩阵的一致性。R.I. 的大小和同样判断矩阵的阶数 n 有关,一般情况下,矩阵阶数越大,则出现一致性随机偏离的可能性也越大,相应的 R.I. 越大。其对应关系如表 5 所示。

表5　　　　　　　　　　　平均随机一致性指标标准值表

阶数	1	2	3	4	5	6	7	8	9	10
R.I.	0	0	0.58	0.90	1.12	1.24	1.32	1.41	1.45	1.49

按照各个判断矩阵的不同阶数查阅平均随机一致性指标标准值表，确定相应的平均随机一致性指标 R.I. 值。

⑧计算一致性比例 C.R. 值并进行判断。考虑到一致性的偏离可能是由于随机原因造成的，因此在检验判断矩阵是否具有满意的一致性时，将 C.I. 和随机一致性指标 R.I. 进行比较，得出检验系数 C.R. 值来判断。这样可以尽可能地减小误差。

$$C.R. = \frac{C.I.}{R.I.} \tag{8}$$

当 C.R. <0.1 时，判断矩阵的一致性是可以接受的，即认为专家对每个指标的重要度打分是符合逻辑的；当 C.R. ≥0.1 时，判断矩阵的一致性不符合要求，即认为专家对每个指标的重要度意见可能存在前后不一致的情况，需要重新修正。

本文按照上述计算过程，推导出了一级指标判断矩阵的层次单排序和一致性检验的结果。如表6所示。

表6　　　　　　　　　一级指标层次单排序和一致性检验结果表

指标内容	权重	λ_{max}	C.R.
A. 紧扣核心任务	0.0920		
B. 坚持党建引领	0.1704		
C. 重视科学规划	0.0714		
D. 强化组织实施	0.0469		
E. 科学考核激励	0.0502		
F. 维护金融安全	0.1611	13.1609	0.0685
G. 服务实体经济	0.1134		
H. 坚守专业主义	0.0460		
I. 崇尚廉洁信义	0.0959		
J. 共建健康舆论	0.0470		
K. 服务行业高质量发展	0.0488		
L. 发生违规失信事件	0.0569		

从表6可以看出，一级指标判断矩阵 C.R. 值为 0.0685<0.1，满足一致性检验，即认为所得到的每个指标的权重是科学、合理的。

（4）计算二级指标权重及检验。二级指标的权重计算方式，同样按照一级指标权重的计算和检验步骤进行。结果如表7所示。

表 7　　二级指标层次单排序和一致性检验结果表

一级指标	二级指标	权重	λ_{max}	C.R.
A. 紧扣核心任务	A1. 紧扣新时代金融行业核心任务	0.3397	3.063	0.0605
	A2. 落实期货行业文化价值观	0.4362		
	A3. 文化建设与公司发展全方位融合	0.2241		
B. 坚持党建引领	B1. 完善党组织建设	0.5803	3.0971	0.0933
	B2. 主要负责人作为文化建设第一责任人	0.2111		
	B3. 联合党工团协同推进文化建设	0.2086		
C. 重视科学规划	C1. 公司文化理念与发展战略相融合	0.4033	4.0758	0.0284
	C2. 制定文化建设工作方案并配套推进措施	0.2333		
	C3. 文化理念体现并维护各相关方利益	0.2244		
	C4. 公司章程体现并平衡各相关方利益	0.1390		
D. 强化组织实施	D1. 设置专门机构负责文化建设	0.1208	7.4469	0.0548
	D2. 投入必要人力负责文化建设	0.2084		
	D3. 文化建设纳入日常管理	0.2082		
	D4. 文化理念融入公司管理制度和业务流程	0.1914		
	D5. 强化员工教育引导	0.1229		
	D6. 树立公司文化品牌	0.0959		
	D7. 尊重员工多元化背景	0.0524		
E. 科学考核激励	E1. 建立科学的人才"选用育留"机制	0.2685	5.2787	0.0622
	E2. 建立科学的人员考核与合理的薪酬管理制度	0.2910		
	E3. 建立长期与短期兼顾的激励机制	0.2301		
	E4. 积极组织开展评优活动	0.1030		
	E5. 建立健全民主管理制度	0.1074		
F. 维护金融安全	F1. 自觉维护国家金融安全	0.8000	2.0000	0.0000
	F2. 常态化开展思想道德教育	0.2000		
G. 服务实体经济	G1. 文化理念和发展战略等体现责任担当	0.3009	5.1394	0.0311
	G2. 运用期货工具服务实体经济	0.2893		
	G3. 扎实助力乡村振兴	0.2185		
	G4. 积极投身社会公益	0.0807		
	G5. 有效履行投资者教育与保护	0.1106		
H. 坚守专业主义	H1. 弘扬专业精神	0.3043	5.1662	0.0371
	H2. 提升执业质效	0.2667		
	H3. 保障创新业务	0.1519		
	H4. 贯彻新发展理念	0.1645		
	H5. 坚决服务"双碳"目标	0.1126		

续表

一级指标	二级指标	权重	λ_{max}	C.R.
I. 崇尚廉洁信义	I1. 强化廉洁从业管理	0.3390	5.2066	0.0461
	I2. 严格恪守信义义务	0.2507		
	I3. 强化员工行为教育	0.1046		
	I4. 重点关注关键岗位	0.1842		
	I5. 健全财务管理制度	0.1215		
J. 共建健康舆论	J1. 建立声誉约束机制	0.4082	3.0090	0.0087
	J2. 构建健康舆论环境	0.3375		
	J3. 自觉维护行业声誉	0.2543		
K. 服务行业高质量发展	K1. 服务行业专业能力提升	0.3949	5.0744	0.0166
	K2. 参与协会组织的培训、评价测试工作	0.2072		
	K3. 发挥行业智库作用	0.1141		
	K4. 开展文化建设理论研究	0.1406		
	K5. 文化建设工作获得奖励	0.1432		
L. 发生违规失信事件	L1. 发生违法失信行为	0.5866	3.0293	0.0282
	L2. 参与协会培训未达标	0.2417		
	L3. 协会认定的其他扣分情形	0.1717		

从表 7 可以看出,各二级指标判断矩阵 C.R. 值均 <0.1,满足一致性检验,即认为所得到的每个指标的权重都是科学一致的。

各二级指标相对于整体期货公司文化建设的综合权重计算,本文采用各二级指标的权重乘以其所属一级指标的权重,来进行赋权。基于此,本文计算得出了整体期货公司文化建设评估指标的综合权重。如表 8 所示。

表8　　　　　期货公司文化建设评估指标体系(权重)

一级指标	权重	二级指标	权重
A. 紧扣核心任务	0.0920	A1. 紧扣新时代金融行业核心任务	0.0313
		A2. 落实期货行业文化价值观	0.0401
		A3. 文化建设与公司发展全方位融合	0.0206
B. 坚持党建引领	0.1704	B1. 完善党组织建设	0.0989
		B2. 主要负责人作为文化建设第一责任人	0.0360
		B3. 联合党工团协同推进文化建设	0.0355
C. 重视科学规划	0.0714	C1. 公司文化理念与发展战略相融合	0.0288
		C2. 制定文化建设工作方案并配套推进措施	0.0166
		C3. 文化理念体现并维护各相关方利益	0.0160
		C4. 公司章程体现并平衡各相关方利益	0.0099

续表

一级指标	权重	二级指标	权重
D. 强化组织实施	0.0469	D1. 设置专门机构负责文化建设	0.0057
		D2. 投入必要人力负责文化建设	0.0098
		D3. 文化建设纳入日常管理	0.0098
		D4. 文化理念融入公司管理制度和业务流程	0.0090
		D5. 强化员工教育引导	0.0058
		D6. 树立公司文化品牌	0.0045
		D7. 尊重员工多元化背景	0.0025
E. 科学考核激励	0.0502	E1. 建立科学的人才"选用育留"机制	0.0135
		E2. 建立科学的人员考核与合理的薪酬管理制度	0.0146
		E3. 建立长期与短期兼顾的激励机制	0.0116
		E4. 积极组织开展评优活动	0.0052
		E5. 建立健全民主管理制度	0.0054
F. 维护金融安全	0.1611	F1. 自觉维护国家金融安全	0.1285
		F2. 常态化开展思想道德教育	0.0322
G. 服务实体经济	0.1134	G1. 文化理念和发展战略等体现责任担当	0.0341
		G2. 运用期货工具服务实体经济	0.0328
		G3. 扎实助力乡村振兴	0.0248
		G4. 积极投身社会公益	0.0092
		G5. 有效履行投资者教育与保护	0.0125
H. 坚守专业主义	0.0460	H1. 弘扬专业精神	0.0140
		H2. 提升执业质效	0.0123
		H3. 保障创新业务	0.0070
		H4. 贯彻新发展理念	0.0076
		H5. 坚决服务"双碳"目标	0.0052
I. 崇尚廉洁信义	0.0959	I1. 强化廉洁从业管理	0.0325
		I2. 严格恪守信义义务	0.0240
		I3. 强化员工行为教育	0.0100
		I4. 重点关注关键岗位	0.0177
		I5. 健全财务管理制度	0.0117
J. 共建健康舆论	0.0470	J1. 建立声誉约束机制	0.0192
		J2. 构建健康舆论环境	0.0159
		J3. 自觉维护行业声誉	0.0119
K. 服务行业高质量发展	0.0488	K1. 服务行业专业能力提升	0.0193
		K2. 参与协会组织的培训、评价测试工作	0.0101
		K3. 发挥行业智库作用	0.0056
		K4. 开展文化建设理论研究	0.0069
		K5. 文化建设工作获得奖励	0.0070

续表

一级指标	权重	二级指标	权重
L. 发生违规失信事件	0.0569	L1. 发生违法失信行为	0.0334
		L2. 参与协会培训未达标	0.0137
		L3. 协会认定的其他扣分情形	0.0098

为了确保期货公司文化建设评估指标体系有更好的可读性和直观性，本文进一步将相关指标按照权重，按照四舍五入的原则，以1分为颗粒度，转换为百分制。最终结果如表9所示。

表9　　期货公司文化建设评估指标体系（百分制）

一级指标	分值	二级指标	分值
A. 紧扣核心任务	9	A1. 紧扣新时代金融行业核心任务	3
		A2. 落实期货行业文化价值观	4
		A3. 文化建设与公司发展全方位融合	2
B. 坚持党建引领	17	B1. 完善党组织建设	10
		B2. 主要负责人作为文化建设第一责任人	4
		B3. 联合党工团协同推进文化建设	3
C. 重视科学规划	7	C1. 公司文化理念与发展战略相融合	3
		C2. 制定文化建设工作方案并配套推进措施	2
		C3. 文化理念体现并维护各相关方利益	1
		C4. 公司章程体现并平衡各相关方利益	1
D. 强化组织实施	7	D1. 设置专门机构负责文化建设	1
		D2. 投入必要人力负责文化建设	1
		D3. 文化建设纳入日常管理	1
		D4. 文化理念融入公司管理制度和业务流程	1
		D5. 强化员工教育引导	1
		D6. 树立公司文化品牌	1
		D7. 尊重员工多元化背景	1
E. 科学考核激励	5	E1. 建立科学的人才"选用育留"机制	1
		E2. 建立科学的人员考核与合理的薪酬管理制度	1
		E3. 建立长期与短期兼顾的激励机制	1
		E4. 积极组织开展评优活动	1
		E5. 建立健全民主管理制度	1
F. 维护金融安全	13	F1. 自觉维护国家金融安全	10
		F2. 常态化开展思想道德教育	3

续表

一级指标	分值	二级指标	分值
G. 服务实体经济	11	G1. 文化理念和发展战略等体现责任担当	4
		G2. 运用期货工具服务实体经济	3
		G3. 扎实助力乡村振兴	2
		G4. 积极投身社会公益	1
		G5. 有效履行投资者教育与保护	1
H. 坚守专业主义	5	H1. 弘扬专业精神	1
		H2. 提升执业质效	1
		H3. 保障创新业务	1
		H4. 贯彻新发展理念	1
		H5. 坚决服务"双碳"目标	1
I. 崇尚廉洁信义	10	I1. 强化廉洁从业管理	3
		I2. 严格恪守信义义务	2
		I3. 强化员工行为教育	1
		I4. 重点关注关键岗位	2
		I5. 健全财务管理制度	2
J. 共建健康舆论	5	J1. 建立声誉约束机制	2
		J2. 构建健康舆论环境	2
		J3. 自觉维护行业声誉	1
K. 服务行业高质量发展	5	K1. 服务行业专业能力提升	1
		K2. 参与协会组织的培训、评价测试工作	1
		K3. 发挥行业智库作用	1
		K4. 开展文化建设理论研究	1
		K5. 文化建设工作获得奖励	1
L. 发生违规失信事件*	6	L1. 发生违法失信行为	4
		L2. 参与协会培训未达标	1
		L3. 协会认定的其他扣分情形	1
合计	100	合计	100

*：为负面评价指标，未触发即赋 6 分，触发即不得分。

（5）期货公司文化建设评估指标体系说明。本文最终构建的期货公司文化建设评估指标体系（见表9）由 12 个一级指标组成，分值合计 100 分。可以将这 12 个指标分为 A 至 K、L，两个类型，分别涵盖了期货公司文化建设的正面评价 94 分和负面评价 6 分。

期货公司自身的文化建设 A 至 K 这 11 个一级指标合计 94 分，从落实期货行业文化价值观等共计 47 个二级指标来考察期货公司在文化建设方面的成效，出发点为考量期货公司文化建设的成效。其中"A. 紧扣核心任务""B. 坚持党建引领""F. 维护金融安全""G. 服务实体经济""I. 崇尚廉洁信义"5个一级指标的分值之和为60分，单项分值均不低于10分，是期货公司落实文化建设的关键基础工作。具体到二级指标而言，"B1. 完善党组织建设""F1. 自觉维护国家金融安全"2个二级指标的分值之和达到了20分，占据总分值1/5，是期货公司抓好文化建设的核心关键工作，应该予以重点关注。这也侧面回应了中央金融工作会议将"坚持党中央对金融工作的集中统一领导"放在"八个坚持"中首位的会议精神，落实了习近平总书记在中央金融工作会议上所强调的"金融安全是国家安全的重要组成部分"重要指示精神。本文也设计了"K. 服务行业高质量发展"这个一级指标，提供了差异化考核途径，激励文化建设基础工作已经取得扎实成效的期货公司，可以通过更好地服务期货行业文化建设来突出重围，积极投身期货行业文化建设和研究中，为行业文化建设提供优秀做法和案例，促进形成争先进位、勇创一流的良好文化建设氛围。

同时本文设置了"L. 发生违规失信事件"作为负面评价指标，当期货公司未触发相关条件时，则自动获得该项赋分；反之，则无法获得该项赋分，旨在始终强调金融行业的风险合规意识。其中"L1. 发生违法失信行为"分值为4分，突出强调期货公司在开展文化建设时，必须重视教育和引导员工遵守相关规定、规范的重要义务和责任。

（二）以Z期货公司为例验证实证研究结论的科学性

为验证本文通过实证研究得出的企业文化评价指标体系的科学性和实用性，本文以Z期货公司为例加以验证。通过对Z期货公司的企业文化实践情况进行评价，包括对其党建工作、公司战略、经营业绩、文化理念、人才建设、社会责任等各方面梳理，进一步佐证本文的研究结论。

1. Z期货公司基本情况

Z期货公司是一家成立时间较早的券商系国有期货公司，位于国家核心经济区域。多年来该公司积极传承发扬母公司的价值观，持续稳健经营，并在发展中逐步确立了以习近平新时代中国特色社会主义思想为指导、紧密跟随期货行业文化且兼具公司特色的文化建设之路。

2. Z期货公司文化建设工作的组织基础与规划实施情况

Z期货公司始终坚信，党的力量来自组织，党的全面领导、党的全部工作要靠党的坚强组织体系去实现。因而在经营活动中，Z期货公司坚持在党建引领下，持续推动文化建设与公司发展战略深度融合。

一是高度重视完善党组织建设。Z期货公司于2019年正式成立公司党委，于2020年成立党委办公室。2021年，Z期货公司优化党组织设置方案，将业务协同紧密的部门党员整合到同一党支部，将党建引领业务协同落到实处。2022年，按照"应建尽建"原则，Z期货公司持续优化完善基层组织体系，推动党建与业务深度融合，破除"两张皮"，实现党建业务"一盘棋"，形成了公司总部地区党支部示范引领，驻外分支机构党支部共同提升的党建新局面。

二是把党的领导融入公司治理体系。2022年，Z期货公司修订了公司章程，明确了公司党委在法人治理结构中的法定地位，进一步落实了党委在重大问题决策中的决定权、把关权和监督权。同时，Z期货公司坚持贯彻执行民主集中制，坚决落实《Z期货公司"三重一大"决策制度实施办法》，严格执行集体决策酝酿、形成、执行程序，确保科学决策、民主决策、依法决策机制在公司党委层面执行有力。Z期货公司在制定中长短期发展战略时，充分体现公司的文化理念和价值追求，制定了服务实体经济、服务区域发展、数字化转型、均衡发展等系列发展战略。

三是将主要责任人作为文化建设第一责任人。2021年，Z期货公司成立企业文化建设领导小组，由党委书记、董事长担任第一责任人，并把文化建设纳入公司章程，为公司文化建设提供了基础组织保障和制度保障。同年9月，中国期货业协会研究制定了《期货行业文化建设工作纲要》，发布了《期货行业文化建设倡议书》，拉开了期货行业推动行业文化建设的序幕。为更扎实推进企业文化建设各项工作，Z期货公司成立了企业文化建设办公室，党委办公室中3人作为企业文化建设办公室成员，较大程度确保了党建工作与文化建设工作一体推进。文化建设办公室紧密结合公司发展实际，明确了文化建设目标任务，制订了《Z期货公司文化建设规划》和《Z期货公司文化建设实施方案》。

四是党工团联合推进文化建设。Z期货公司注重盘活各类资源，坚持党建带领工团工作，推进党建工作与文化建设工作的深入融合，着力加强公司文化建设宣贯渠道建设，在公司官网、OA、新媒体等平台新增企业文化专栏，持续多样性举办系列文化建设活动，提升员工对公司文化的认同感。尤其注重发挥党组织的号召力、凝聚力和战斗力，引导广大干部员工知党爱党，着力营造健康向上的良好氛围。

在Z期货公司的以上实践中，我们可以看出，Z期货公司紧扣新时代金融行业核心任务，通过持续完善党组织建设，联合党工团协同推进文化建设等举措，做到了坚持党建引领，以习近平新时代中国特色社会主义思想为指导，坚持以社会主义核心价值观引领公司文化建设。重视科学规划，将公司文化建设与公司治理、发展战略、发展方式和行为规范深度融合。强化组织实施，保障文化建设工作有效落地实践。

3. Z 期货公司聚焦主业服务实体经济情况

Z 期货公司坚持把党的政治优势、思想优势和组织优势转化为公司治理优势、科学管理优势和市场竞争优势，切实贯彻落实党中央、国务院"提升重要大宗商品的价格影响力，更好服务和引领实体经济发展"的重要指示，发挥在期货衍生品领域的专业优势，服务各产业链实体企业。同时，作为位于国家重点经济发展区域的一家期货公司，Z 期货公司紧密结合区域发展战略，将服务实体经济和区域经济写入公司中长期发展规划中，坚决推动党委部署在期货领域落实见效，努力做到既为一隅增光，又为全局添彩。

一是以大格局和高站位号召全体员工聚焦主业服务国家战略。Z 期公司将始终胸怀"国之大者"列入公司经营方针，围绕发挥期货市场基础功能，不断提升服务实体经济水平，持续增强服务中小微企业能力，积极履行企业社会责任，与国家战略同频共振。

二是突出"专业"和"综合"这两大关键词，助力保障产业链供应链安全稳定。Z 期货公司运用套期保值、基差贸易、场外衍生品等风险管理工具，构建了差异化产业数据库、企业套期保值业务系统、个性化产业企业套保及风险管理培训课程等服务实体产业的产品体系，通过路演、服务方案及投研咨询服务，积极引导实体企业运用期货场内、场外衍生工具进行价格风险管理，为各产业链企业提供价格风险管理"期货服务方案"，帮助企业应对能源及大宗商品价格的剧烈波动，纾困降本，稳定企业经营。

三是与时俱进，积极参与做好"绿色金融"这篇大文章。在新能源政策引导下，Z 期货公司积极配合交易所，抓住新能源行业衍生品市场出现新蓝海的机遇期，围绕服务国家绿色转型发展的目标定位，紧扣新兴产业对硅、锂、铂、钯、稀土等"新能源金属"日益增长的价格风险管理需求，深度参与新能源领域新品种的研发工作，立足完善的研究框架和专业服务方案，重点强化对相关产业的覆盖和对龙头企业的深度服务，突出对头部企业有竞争力的服务能力，为积极稳妥推进碳达峰碳中和贡献期货力量。

四是充分发挥投教阵地的作用，助力企业"敢用""会用""善用"期货市场工具。Z 期货公司利用实体投教基地积极践行期货市场服务实体企业发展的使命，通过"请进来、走出去"的方式服务实体企业，开展线上线下投资者教育活动，向企业普及期货工具和风险管理等相关知识，在市场培育方面持续发力。自投入运营以来，Z 期货公司投教基地接待来访客户超 2 万人次，举办各类活动上百场，取得行业协会、交易所等相关机构多项荣誉，获得了广泛好评。

从 Z 期货公司的以上实践中，我们可以看出，Z 期货公司立足于期货行业服务实体经济发展、服务国家发展战略的职责，坚守专业主义，充分运用期货工具服务实体经济，贯彻新发展理念，坚决服务"双碳"目标，助推绿色产业发展，在业务开展中体现了责任担当。

4. Z期货公司人才建设和文化品牌塑造方面的情况

Z期货公司在经营管理的全过程，尊重人、培养人、教育人、激励人、凝聚人，努力为优秀人才提供平台，创造机会，不断提升队伍的向心力和战斗力，并据此树立和不断加强公司文化品牌建设。

一是视人才为第一资源，不断吸引人才、留住人才、用好人才。Z期货公司多年坚持校园招聘，并针对业务需求开展社会招聘，汇聚了相当一批优秀人才，建立了以市场化原则为核心的人力资源管理体系、合理有效的绩效管理制度和薪酬激励机制。持续加大对人才的引进和培养力度，通过校企合作、联合培养等多种方式，落实"引进人才、留住人才、培养人才"三个层面的人才战略，强化高质量发展的人才支撑，为更好服务实体经济打牢坚实基础。关注员工培养和干部选拔，深化人才机制改革，打造年轻后备干部培养体系。致力于为每一位员工提供发挥价值的平台，对于年轻员工提供施展才华的机会，对于资深员工提供不断进取的阶梯。对人才予以严格考核，做到奖惩分明、能上能下、有进有出。Z期货公司在制定绩效考核、奖惩条例、风险控制、合规管理、审计检查等各类制度以及各项业务管理细则时，均严格遵守法律法规和监管要求，全面践行"合规、诚信、专业、稳健、担当"的期货行业文化内涵。

二是加强人才服务建设，营造良好工作氛围。Z期货公司工会密切联系广大员工，切实关心员工身心健康，保护女员工权益，提升员工医疗保障水平，深入落实"我为群众办实事"实践活动，解决员工难处。组织开展月度生日会、大型健步走，以及篮球、足球、羽毛球、瑜伽、古典舞等活动，使公司企业文化建设与丰富多彩的文体活动相结合，加强人文关怀，增强员工的获得感、归属感，提升凝聚力，努力构建和谐企业。坚持开展先进评选活动，树立先进典型，发挥榜样力量，积极营造追求卓越、努力拼搏、不断创新、乐于奉献的工作氛围。建立了畅通的员工合理化建议渠道，全体员工可通过线上线下多种渠道为公司经营活动的方方面面建言献策，并设置有专岗负责此项工作，确保员工合理化建议件件有反馈。

三是重视青年员工培育。公司通过加强共青团组织建设，帮助青年员工深入领会公司企业文化精神，切实将践行企业文化融入实际工作中，实现优秀文化的发展延续，确保公司基业长青。Z期货公司将企业文化宣导放在各级员工培训的重要位置，尤其重视对青年员工群体的宣传引导，采取现场学习、远程视频、网络平台等多种手段，使员工对企业文化理解得更加深入和透彻。

四是积极引导全体员工参与文化共创，树立公司文化品牌。Z期货公司提炼总结了"讲大局、勇担当、严律己、贵清廉、重信誉、懂经营、带团队、善协同"的领导干部基本行为准则和"诚信合规、专业务实、团结协作、积极勤勉、创新进取、卓越共赢"的员工基本行为准则，并积极倡导各业务线结合行业文化建设要求及企业文化理念，总结自身业务特点，提炼形成业务准则，更好地引导员工开展工作。先后组织开展了廉洁文化、合规文化等多项专题讨论，推动文化建设工作紧密融入员工的日常工作。不断完善公司企业视觉识别系统，制作发布公司形象宣传片，并通过公司线上渠道进行多方宣传；持续完善环境导视及VI增补，制作党建文化墙和企业文化墙；定制公司宣传折页、笔记本、文件封套、纸杯、鼠标垫等办公用品；常态化制作励志宣传海报、来宾欢迎语和节日祝福等，充分发挥品牌窗口作用；做好日常的品牌维护工作，不定期组织开展品牌标志使用情况自查和整改优化。

从Z期货公司的以上实践中，我们可以看出，Z期货公司将文化建设与人才建设、考核激励有机结合，构建了激励与约束并重、长期与短期兼顾、激励与问责统一的科学机制，积极推进文化理念融入公司管理制度和业务流程，重视对员工的教育引导，积极树立公司文化品牌。

5. Z期货公司履行社会责任的情况

Z期货公司积极投身社会公益，履行社会责任，助推乡村振兴；高度重视舆情和声誉管理，用内外部媒体资源积极传播正能量，在树立和维护期货行业良好形象方面多点发力。

一是在总部所在地打造了期货投资者教育基地。通过"请进来"和"走出去"，帮助企业培育利用期货工具规避价格波动的风险管理意识，助力实体经济高质、高效、稳定发展。同时，Z期货公司致力为弱势群体和低收入社会群体提供免费的金融教育。例如，积极响应"持续推动投资者教育纳入国民教育体系"号召，充分发挥金融机构在投资者教育与提升国民金融素养工作中的主体作用，助力学生群体拓宽金融视野，持续开展国民教育系列活动；在乡村组织开展教育扶贫宣传、服务"三农"专题培训、"保险+期货"乡村振兴项目培训、"守护钱袋子，护好幸福家"、"防范非法集资集中宣传"、"防范洗钱"金融知识普及宣讲等活动，切实做好农村金融知识宣传教育工作，提高村民对金融服务的参与感与满意度，让更多村民共享金融发展成果；通过线上方式推出相关图文、音频、视频等多形式的投教作品，帮助弱势群体、低收入社会群体随时随地了解金融教育相关知识，提高公众风险防范意识；全面推进普惠金融，守护人民群众的"钱袋子"。

二是Z期货公司以上率下，多点发力积极助力乡村振兴。Z期货公司是资本市场公益联盟首批成员单位，在乡村振兴年度评比中排名相对靠前。Z期货公司领导带队奔赴走访脱贫地区一线，在公司乡村振兴领导小组的领导下，立足巩固拓展脱贫攻坚成果同乡村振兴有效衔接，着力构建长效帮扶机制，形成教育帮扶、消费帮扶、专业帮扶、产业帮扶等多位一体的帮扶工作体系，帮扶地区覆盖全国多个省市的脱贫地区。公司在运用"保险+期货"助力乡村振兴的过程中，逐渐形成了自身的专业特色。一是重视业务模式的创新。Z期货公司积极开展"保险+期货+订单"和"保险+期货+银行"业务模式。二是重视服务主体的龙头化。充分考虑到农业龙头企业作为新型农业经营主体的主力军，既可直接连接中小农户，又具备现代化企业组织管理体系，对"保险+期货"业务风险管理功能的理解和运用比较到位，有利于提高项目开展效率，规避农业规模化、集约化发展趋势中面临的价格风险。三是重视产业研究服务。Z期货公司在帮扶过程中，注重为农户的现货经营和金融工具使用提供专业培训和科学指导，通过价值服务培育市场，并侧重传播科学的风险管理理念和提升风险管理能力，推动"保险+期货"业务的可持续发展。

三是积极传播正能量，助力营造期货市场良好舆论环境。Z期货公司积极参与行业文化建设交流，主动承办大型行业交流活动，从行动上助力文化建设突破一企一司的界限，放大到更为广阔的行业视角，以"全国上下一盘棋"的高度，谋划以高质量文化建设助推行业高质量发展的路径，为加快形成规范健康的期货行业生态贡献力量。此外，Z期货公司还积极参与救灾扶贫、支持文化教育和环境保护等公益行动，展现了期货经营机构的担当与大爱。

在Z期货公司的以上实践中，我们可以看出，Z期货公司扎实助力乡村振兴，积极投身社会公益，为社会持续创造价值，不断积累公司声誉，塑造良好行业形象。

6. Z期货公司的发展理念

Z期货公司始终坚持"健康发展"，加强行业分析和市场研究，制定清晰合理的战略，把稳健经营、健康发展作为坚定理念。

一是持续强化风险合规管理。Z期货公司坚持构建完善全面风险管理、内部控制体系，推进风险管理系统建设。不断加强对各项业务的合规管控能力，牢牢守住不发生重大风险的红线，始终做到业务发展与风险控制能力的匹配。根据外部监管规定、内部管理需要，不断完善内控合规管理制度体系。厚植合规文化，持续加强合规培训及宣传教育，分层级、有针对性地开展合规专题系列培训、合规小课堂等各类培训，常态化进行风险合规提示，织密织牢风险合规防护网。

二是将廉洁从业、合规诚信执业、全面风险管理、践行公司和行业文化理念等情况纳入人员考核与薪酬管理。Z期货公司将合规展业要求、合规考核指标等纳入营销机构绩效考核、市场营销岗员工绩效管理、市场营销活动管理、市场营销行为管理等制度，确保分支机构在坚守合规底线的基础上规范经营。营销人员在展业过程中如有违反法律法规、公司合规管理等规定的，将根据情况在日常管理考核得分中予以扣减 10 至 100 不等分值。同时，将风险控制、投资者适当性执行情况、廉洁从业管理执行情况等指标纳入员工年度绩效评估，并根据执行情况予以扣减 0 至 100 不等分值。

三是重视廉洁文化建设。Z 期货公司制定了廉洁从业管理的相关制度，并成立了廉洁从业工作领导小组，持续构建完善廉洁从业管理的体系。把清廉金融文化建设纳入员工教育，定期组织开展廉洁从业警示教育活动。不断健全财务管理制度，努力搭建与公司发展相适应的成本管理体系。多年来，Z 期货公司坚持带领全体员工艰苦朴素，让守法合规、恪守信义、追求专业、稳健运营、廉洁自律成为全体员工的鲜明标识和共同气质。

从 Z 期货公司的以上实践中，我们可以看出，Z 期货公司自觉维护国家金融安全，牢牢守住不发生系统性风险的底线；崇尚廉洁信义，树立全员廉洁从业理念；平衡风险和收益，保证业务稳健、风险可控。

7. 带入实证研究结论对 Z 期货公司企业文化建设进行评价

（1）Z 期货公司满足本文搭建的文化建设实践评估指标体系的总体要求，即能够紧扣新时代金融行业核心任务，落实期货行业文化价值观，推动实现文化建设与公司发展全方位融合。

（2）Z 期货公司落实文化建设的关键基础工作比较到位。对应"A. 紧扣核心任务""B. 坚持党建引领""F. 维护金融安全""G. 服务实体经济""I. 崇尚廉洁信义"5 个一级指标方面，Z 期货公司举措有力，成效显著，此 5 项指标的分值满分为 60 分，Z 期货公司在这五方面举措全面，落实有力，为公司文化建设奠定了较好基础。

（3）Z 期货公司落实文化建设的关键核心工作比较到位。对应"B1. 完善党组织建设""F1. 自觉维护国家金融安全"2 个二级指标，此 2 项指标的分值满分为 20 分，Z 期货公司在经营活动中将完善党组织建设、自觉维护国家金融安全放在突出重要位置，践行有力，可见 Z 期货公司抓住了企业文化建设的核心要义。

（4）Z 期货公司的文化建设工作仍存在优化空间。如对应"H2. 提升执业质效""K4. 开展文化建设理论研究""K5. 文化建设工作获得奖励"等指标，Z 期货公司的实践中没有得到充分体现，是应当予以重视并着力弥补的方面。同时，本文的研究没有对具体的指标打分标准进行量化，但期货公司在实践中应保持自我加压、不断要求进步的姿态，推动每一项指标做深做实。例如，在服务实体经济方面，要始终向服务更大范围、做到更大规模、产生更显著效果等标准看齐，从而在全行业形成比学赶超的良好氛围。

五、政策建议

期货行业要以习近平新时代中国特色社会主义思想为指导，深入学习贯彻落实中央金融工作会议精神，积极推动中国特色的金融文化建设，为加快建设金融强国凝聚强大精神力量。本文以促进期货行业文化建设为目标，在研究构建期货公司企业文化评价指标体系过程中，认真总结了几点经验与建议，以期为行业后续开展相关工作或进一步研究提供一些参考。

（一）对行业构建期货公司文化评价指标体系原则的建议

构建科学有效的企业文化评价指标体系是期货行业文化建设实践的题中应有之义。通过本次课题系统梳理，我们认为企业文化评价指标体系的构建应具备以下几个原则。

1. 科学性原则

评价指标体系的科学性意味着必须以党的全面领导为统领，以马克思主义中国化时代化最新成果为指导，对指标进行求真、求证，并在过程中持续完善。在此基础上，指标设置要力求系统、客观。系统就是要求各指标之间相互联系、相互作用、相互制约，彼此间存在整体与部分的辩证关系，共同组成有机整体；客观则要求按事物的本来面目去进行考察，不带任何偏见或成见，不以人的主观意识为转移，这一点主要是保障评价指标的可测性。除此以外，还应特别注意可操作性，评价指标体系最核心的目的就是指导文化建设实践，通过把抽象的概念、具体的行为转换成可观察、可测量、可检验的项目，以此达成评价成效。

2. 全面性原则

全面性原则要求我们做到完整周密，兼顾各方，文化评价指标体系应该全面反映企业文化的建设情况，不仅包括"硬件"方面的建设，还包括"软件"方面的情况；不仅考察对企业内部的作用发挥，还兼顾对外部各利益相关方的关联影响；不仅关注企业发展的现状，还关注企业的历史和未来。文化评价指标体系需实现全过程、全方位、全员覆盖。因而，文化体系构建是一项长期而艰巨的任务，应做到绵绵用力、久久为功。

3. 动态性原则

文化评价指标体系应具备动态的、持续的改进机制，使体系结构具备弹性，能够比较快速地适应企业发展以及需求调整带来的变化，并及时作出调适，确保目标一致不偏离。在此过程中，还应广泛征求各方意见和建议，充分发挥各利益相关方的主观能动性，尽量达成各方的理解和认同，是确保实现动态平衡，持续发挥指导调适作用的关键条件。

综合来看，构建科学、全面、动态的评价指标体系对于建设企业文化，助力高质量发展至关重要，考量企业文化的认同度、影响力和促进作用，可以及时了解企业文化建设实践情况，发现问题并及时整改。

（二）对行业文化建设实践的建议

具体到期货行业文化建设实践，还需要注意结合期货行业特征，围绕期货市场价格发现、风险管理、资源配置三大基本功能，积极发挥期货市场联通千行百业，作为经济发展"晴雨表"、实体产业"稳定器"的价值，不断提高服务实体经济的能力和水平，持续提升重要大宗商品的价格影响力，为建设金融强国贡献期货力量。

1. 统一思想，强化"坚持党的领导"重要保证

习近平总书记在全国宣传思想文化工作会议上对宣传思想文化工作作出重要指示："宣传思想文化工作事关党的前途命运，事关国家长治久安，事关民族凝聚力和向心力，是一项极端重要的工作。"加强党对宣传思想文化工作的全面领导是党的性质、宗旨的集中体现，是保证社会主义方向和人民价值取向的题中之义。只有以党的理论作为指导，以党的组织作为坚强后盾，才能确保企业文化建设方向正确、推进有力，真正起到凝聚人心、汇聚合力的作用。文化建设工作首先需要统一思想，强化"坚持党的领导"这一重要保证，以加强党的领导和党的建设为总抓手，充分发挥党在新时代新发展格局中的引领作用，在思想认识上打破"党建是党建，企业文化是企业文化"的思想误区，围绕党建引领发展，文化振兴活力，使奋斗者有动力、担当者有舞台、贡献者有收获，有效推动党建引领文化建设最终转化成企业生产经营理念的强大动力，促进企业软实力提升，实现高质量发展。

2. 明确目标，突出"服务实体经济"战略任务

期货行业文化建设要牢牢把握践行国家战略、服务实体经济的使命，遵循功能性先于营利性的原则，实现期货行业与实体产业高质量发展的双赢格局，切实将金融向善落到实处。行业文化建设要体现这一发展方向，突出战略任务，深入践行期货市场三大功能，积极发挥期货在国民经济中的稳定器作用。一是强化正向引导，积极协同并鼓励实体企业将期货工具的使用贯穿在业务流程的主要环节，发挥期货市场价格发现功能，有效引导产业企业合理生产、加工、贸易、流通和消费；二是

持续探索场外工具，依托仓单串换、仓单服务、基差贸易等业务，促进期现融合、高效联动，满足企业个性化风险管理需求，为企业生产经营保驾护航；三是持续加强投资者教育，普及期货基础知识，提升期货行业正面形象，帮助投资者树立正确的投资理念以及提升投资者风险管理水平。

3. 狠抓落实，体现"综合实力提升"内在要求

文化建设是企业软实力和综合竞争力的体现，是企业可持续高质量发展的底气所在、力量之源。考察文化建设，重点在于考察公司是否具备国家战略需要、符合行业发展导向的文化体系和综合实力，以此激励广大期货经营机构加强自身文化建设，引导机构和从业人员积极践行国家战略，承担社会责任，服务实体经济，助推行业内涵式高质量发展，为加快建设金融强国作出更大贡献。期货行业的每一个主体都要始终以贯彻落实新发展理念作为文化建设的主题内容，以防范重大金融风险充实文化建设的使命职责，以专业服务实体经济塑造期货行业文化建设的中国特色，以促进期货从业人员全面发展引领文化建设的实践方向，坚持走与社会共生共荣、融合发展的康庄大道，主动肩负社会责任，积极为经济社会发展贡献力量，努力为打造一个规范、透明、开放、有活力、有韧性的资本市场作出期货行业应有的贡献。归根结底，对于文化建设评价指标体系的考察，需要体现促进期货公司提升综合实力的价值导向，这是开展企业文化评价的重点目标。

4. 把握规律，提高"弘扬传统文化"理念意识

中央金融工作会议在安排部署金融工作时，两次提到中华优秀传统文化。会议要求在金融系统大力弘扬中华优秀传统文化，坚持诚实守信、以义取利、稳健审慎、守正创新、依法合规。弘扬传统文化，是守住中国特色社会主义文化的根，也是期货行业守正创新的内生动力。中华优秀传统文化蕴含的正义、诚信、"以仁为本""以义克利""以礼行义"等朴素的商业伦理精神，是对金融从业者的基本要求，对于防范化解金融领域的乱象和风险，也有着深刻的启示。当前，期货业坚持守正创新，要着力提高弘扬传统文化的理念意识，传承中华文化中的家国情怀，胸怀"国之大者"，深刻把握金融工作的政治性和人民性，以为社会和人民创造价值为目标取向。遵循动态性原则，行业文化的实践中，要用动态的、变化着的思维和发展的眼光去研究如何将中华优秀传统文化创造性、创新性地转化为行业前进的动力，进而更好构筑起顽强坚韧的期货精神、期货价值和期货力量。

5. 统筹兼顾，构建"共性特色并重"体制机制

行业文化建设要在强调共性的基础上兼顾特色，以期货行业文化建设的整体目

标为导向，让守法合规、恪守信义、追求专业、稳健运营、廉洁自律成为期货行业的鲜明标识和共同气质，紧扣行业特点抓实、抓细、抓强文化建设工作，构建良好的期货行业文化生态，全面提升期货经营机构与从业人员的社会形象和专业声誉，建立公开、公平、公正的期货市场秩序，推动期货市场高质量可持续发展。在此基础上，还需结合各期货经营机构自身发展历史及所在区域特征，研究落实差异化的发展路径及方向，努力打造特色鲜明的行业文化建设品牌，"特色"越是鲜明，品牌的优势就越是突出，深度挖掘独具特色的文化元素，使之融入行业文化品牌建设，有助于增强文化的辨识度和生命力。在指标设置方面，应综合考虑行业机构的参与机会和程度，放宽指标统计范围，推动行业文化建设呈现"百花齐放"的特点，规避大型期货公司"一枝独秀"的局面。

6. 强化牵引，发挥"核心关键工程"抓手作用

构建文化建设实践评价指标体系，是推动行业文化建设实践评估的"核心关键工程"，但评价工作本身只是工具和手段，而不是终极目的。开展文化实践评估工作更重要的意义在于以此为抓手，以点促面，畅通期货公司"全身经络"。一方面，可将评估工作作为广大期货经营机构展示文化形象的重要窗口，推动各机构学习交流促发展，互通有无共同进步。另一方面，评估工作开展过程中，要引导各期货经营机构进行管理自查，覆盖公司党建、薪酬管理、考核管理、投资行为、执业行为管理、廉洁从业管理、道德品行管理、社交行为管理、员工培训、内部监督等诸多重点领域，实事求是反映存在的问题，并制定针对性整改措施，进而全方位提升公司管理质效，促进软实力提升，推动公司高质量发展。

参考文献

[1] Sehein, E H. *Orgnizational culture and leadership*. San Francisco, San Francisco: Jossey – Bass, 1985.

[2] Denison, D. R. Corporate culture and organizational effectiveness. New York, John Wiley & Sons, 1990.

[3] 张德，潘文君. 企业文化 [M]. 北京：清华大学出版社，2013.

[4] 金·S·卡梅隆，罗伯特·E·奎因. 组织文化诊断与变革：based on the competing values framework [M]. 北京：中国人民大学出版社，2006.

[5] Robert E. Quinn and John Rohrbaugh. A Spatial Model of Effectiveness Criteria: Towards a Competing Values Approach to Organizational Analysis. *Management Science*, Vol. 29, 1983.

[6] O'Reilly, Charles A. et al. People and organizational culture: a profile comparison approach to assessing person – organization fit. *Academy of Management Journal*, Vol. 34, 1991.

[7] Daniel R. Denison and Aneil K. Mishra. Toward a theory of organizational culture and effectiveness. *Organization Science*, Vol. 6, 1995.

[8] 郑伯埙. 组织文化价值观的数量衡鉴 [J]. 中华心理学刊, 1990 (32).

[9] 贾春峰. 企业文化的内涵及其基本内容 [J]. 商业经济与管理, 1995 (2).

[10] 张勉, 张德. 组织文化测量研究述评 [J]. 外国经济与管理, 2004 (8).

[11] 赵曙明, 裴宇晶. 企业文化研究脉络梳理与趋势展望 [J]. 外国经济与管理, 2011 (10).

[12] 徐尚昆. 中国企业文化概念范畴的本土构建 [J]. 管理评论, 2012 (6).

[13] 吴秋生, 刘沛. 企业文化对内部控制有效性影响的实证研究——基于丹尼森企业文化模型的问卷调查 [J]. 经济问题, 2015 (7).

[14] 高卫国. 把企业文化软实力转化为发展硬实力 [J]. 人民论坛, 2017 (13).

[15] 孔航. 企业文化与企业核心竞争力关系研究——以金融机构为例 [J]. 人民论坛·学术前沿, 2017 (16).

[16] 白福萍, 陈刚. 企业文化创造价值的机理与路径 [J]. 财会通讯, 2018 (26).

[17] 赵春妮, 寇小萱. 企业文化对企业竞争力影响的实证分析 [J]. 统计与决策, 2018 (6).

[18] 刘刚, 殷建瓴, 刘静. 中国企业文化 70 年: 实践发展与理论构建 [J]. 经济管理, 2019 (10).

[19] 李维安, 王励翔. 从公司治理看证券基金业文化建设 [J]. 中国金融, 2020 (5).

[20] 黄天元. 浅析证券公司以人为本企业文化 [J]. 商讯, 2020 (28).

[21] 邓欣湉. 基于价值实现视角下的企业文化与企业竞争力研究 [J]. 现代管理科学, 2021 (8).

[22] 马琴, 孟勇. 企业文化、环境战略与企业竞争力 [J]. 财会通讯, 2021 (12).

[23] 易会满. 努力建设中国特色现代资本市场 [J]. 智慧中国, 2022 (8).

[24] 张静. 中国企业软实力建设的困境与路径 [J]. 人民论坛, 2022 (13).

[25] 苗国伟. 基于内部控制视角打造证券公司诚信服务文化 [J]. 质量与市

场,2022(14).

[26] 付伟. 企业文化在中小企业经营管理中的价值作用分析[J]. 企业改革与管理,2023(2).

[27] 王俊骏,王中涛,黄宁,等. 基于特色企业文化引领的国有企业高质量发展案例研究[J]. 企业改革与管理,2022(10).

[28] 谢好田. 企业党建工作融入企业文化建设研究[J]. 中外企业文化,2023(9).

[29] 沈漪澜,王惟月. 浅析运用企业文化建设提升国有企业竞争力[J]. 中外企业文化,2023(1).

[30] 贾雅晴. 基于行业特点的证券企业文化建设实践:以渤海证券为例[J]. 中国市场,2023(9).

[31] 何亚刚. 推动行业文化建设,行稳致远,砥砺前行——方正证券企业文化建设实践[M]//中国证券业协会. 中国证券业高质量发展论文集(2022). 北京:中国财政经济出版社,2022.

[32] 鲁剑雄. 内外兼修 稳健前行——证券行业文化建设的内涵与外延浅析[M]//中国证券业协会. 中国证券业高质量发展论文集(2022). 北京:中国财政经济出版社,2022.

[33] 徐昭,周璐璐. 中信建投证券董事长王常青:不断做大做强资本市场"稳定器"[N]. 中国证券报,2021-06-28.

[34] 杨毅. 易会满:要建设好发展好中国特色现代资本市场[N]. 金融时报,2022-11-22.

[35] 徐昭,周璐璐,林倩. 践行新发展理念 建设中国特色证券行业文化[N]. 中国证券报,2022-06-08.

[36] 中国证券监督管理委员会. 易会满主席出席证券基金行业文化建设动员大会并讲话[EB/OL]. [2023-08-09]. http://www.csrc.gov.cn/csrc/c100028/c1000878/content.shtml.

中期协联合研究计划（第十六期）项目

氢能产业现状与氢能期货上市可行性研究

课题负责单位：中信期货有限公司
课题合作单位：复旦大学　国网浙江省电力有限公司宁波供电公司
课题研究编号：2023360355
课题负责人：朱子悦
课题组成员：钱晓军　张啸天　马丽军　秦如意　姚彦旭
　　　　　　武嘉璐　何颢昀　聂鑫妍　张默涵　叶夏明
　　　　　　祝镓阳　刘　瑶　王鹤蓉

一、引言

本研究旨在深入探讨未来建立氢能期现货市场的必要性与可行性方案,为未来氢能市场的有序发展提供相应的市场建设思路。在氢能市场发展的过程中,研究者们已经在氢能技术、氢能应用等领域取得了显著的进展。然而,对于完善氢能现货市场及与氢能期货结合的研究上,仍存在明显的空白。目前市场上对氢能市场与期货结合的研究仅局限在讨论的范畴,世界各国也尚未有成熟的氢能期货合约出现。现有的氢能衍生品雏形以价格指数为主,例如,标普氢气价格评估体系、欧洲氢能指数以及我国的全国性和地区性氢价指数。

因此,我们的研究结果将有助于填补氢能期货研究的知识空白,提供新的理论视角和实践策略。同时,希望我们的研究能引发更多关于该领域的深入思考和探讨。最后,通过这项研究,我们希望能够为相关领域的政策制定和实践操作提供科学依据和参考。

二、氢能行业全景

(一)氢能的定义与分类

1. 氢的定义

氢能是指氢元素在物理反应或化学反应中所产生的能量。氢气主要有两种利用方式:利用直接燃烧产生的热能、通过燃料电池将热能转化为电能。氢是宇宙中分布最广泛的物质之一,氢元素在地球上主要以化合态方式存在,因此氢气并非从自然界直接开采获得的化石能源,需要从水、化石能源等含氢介质中获取,故氢能属于二次能源。氢在导热性、清洁型、单位热量等方面具备显著优势,1千克氢气热值约143兆焦而汽油仅约46兆焦。

2. 氢的分类

(1)按原料和制造工艺分类。根据制氢燃料/电力来源、制造工艺、碳足迹的不同,世界能源理事会(World Energy Council,2021)根据颜色分类对氢气进行划分,主要类型有灰氢、蓝氢、绿氢三类(见表1)。

灰氢:以化石燃料(天然气、煤等)为原料,通过转化反应获得氢气,或在化工产品的生产中得到副产品氢气,由于制氢过程中会释放一定二氧化碳且不作任何

表1　　氢气分类

分类		工艺	原料/电力来源	碳足迹
通过电力制氢	绿氢	电解法	风能、光能、水能、地热能、潮汐能	最低
	紫氢/粉氢		核能	
	黄氢		混合来源的电网能源	中等
通过化石燃料制氢	蓝氢	天然气重整 + CCUS，气化 + CCUS	天然气、煤炭	低
	绿松石氢	热分解	天然气	固碳
	灰氢	天然气重整		中等
	棕氢	气化	褐煤	高
	黑氢		烟煤	

资料来源：世界能源理事会。

回收或封存，故而被称为灰氢。我国的资源禀赋为"富煤贫油少气"，煤炭成本相对低廉，同时灰氢生产技术十分成熟，故我国氢气生产以煤制氢为主。

蓝氢：煤制氢（灰氢）在生产过程中应用碳捕捉、碳封存等技术将灰氢生产环节中的碳排放保留，而非排入大气。蓝氢生产并不能杜绝碳排放，因此蓝氢在氢能发展战略中主要被定位为过渡性技术手段，能够平衡成本和排放量的矛盾，促进氢能产业发展。

绿氢：利用光伏、风电等可再生能源，以电解水的方式制备制氢，制氢过程中将基本无温室气体排放，符合碳中和背景下对氢气的要求。陈彬等[①]（2022）指出，目前电解水制氢主要有四种技术路线：碱性电解（AWE）、质子交换膜电解（PEM）、阴离子交换膜电解（AEM）以及固态氧化物电解（SOEC）。从应用层面来看，当前绿氢生产以技术更为成熟的碱性电解及质子交换膜电解为主，阴离子交换膜电解与固态氧化物电解技术目前仍处于实验室研发阶段。

（2）按碳排放量分类。评估氢气制造技术的重要标准之一是碳强度（即单位二氧化碳/单位产氢量）。目前，多国发布了各式标准体系以对氢气的低碳程度进行分级，用于未来氢能行业规划。由于各国在氢气生产方式等方面存在差异，目前仍未形成一个国际通用的氢气碳排放量标准体系。

2020年12月29日，中国氢能联盟正式发布《低碳氢、清洁氢与可再生氢的标准与评价》，从碳排放的角度出发，运用全周期生命评价方式，对氢气进行重新分类，并建立对应量化标准及评价体系（见表2）。这是全球首个该类型的评价体系，将有力推动氢能产业链的绿色化进展，其中，低碳氢指碳排放强度低于14.51吨二氧化碳的氢气，且氢气需使用可再生能源进行生产；清洁氢指碳排放强度低于4.90

---

① 陈彬、谢和平、刘涛、兰铖、林魁武、章远，2022。

吨二氧化碳的氢气；可再生氢指生产碳排放强度低于 4.90 吨二氧化碳的氢气，同时氢气的生产所消耗的能源为可再生能源。

表2　　　　　　　　　　　　　　氢气排放分类

指标	低碳氢	清洁氢	可再生氢
生产能源要求	可再生能源	无要求	可再生能源
生产过程中所产生的温室气体排放值	低于 14.51t CO_2e/tH_2	低于 4.90t CO_2e/tH_2	低于 4.90t CO_2e/tH_2

资料来源：中国氢能联盟。

全球其他主要国家和地区也对绿氢给出了各自定义，当中对于全生命周期核算方式逐步趋同（见表3）。2022年9月，美国公布其清洁氢生产标准指导文件，使用"Well–to–Gate"——全生命周期方法定义清洁氢气生产过程中温室气体排放目标。文件规定清洁氢需要实现碳排低于4千克二氧化碳当量/千克氢气。日本在最新的氢能战略中也提出了低碳氢的定义（3.4千克二氧化碳当量/千克氢气），同时明确了境外生产氢的碳排放要涵盖长途运输等全生命周期。

表3　　　　　　　　　　　　　　国外氢能标准

绿氢监管法规/认证机构	目标	主要评估的绿氢技术路线	碳排放阈值设定基线	认证标准	系统边界
RED II	提高交通领域可再生能源的使用占比	符合 RFNBO 标准的氢燃料	以化石燃料的参考碳排放量为基准	在化石燃料碳排放基础上降低70%，碳排放≤28.2g CO_2/MJ 可认证为 RFNBO	使用点
CertifHy（欧盟范围）	减少温室气体排放	纯度99.5%氢气的可再生能源制氢路线	天然气重整制氢的温室气体排放	以欧盟的可再生能源法案为准	生产点
LCFS 加州低碳燃料标准	减少温室气体排放，车用氢气的1/3来自可再生能源	生物甲烷的可再生电解、催化裂解、SMR、生物质热化学转化	"well to wheel" 全过程的化石燃料碳排放强度	在基线温室气体排放基础上减少30%，Nox 排放减少50%	使用点
RTFO 可再生运输燃料指令	提高交通运输中可再生能源的应用比例	生物燃料、可再生能源电解等	"well to wheel" 全过程的化石燃料碳排放强度	根据2021年标准，在几线基础上降低65%的碳排放，符合该标准的燃料阈值为32.9g CO_2/MJ	使用点

资料来源：李卓言等（2023）①。

---

① 李卓言、李少华、冯静，2023。

出于自愿认证、碳交易、可持续投资和落实减碳政策等目标,欧盟合计定义了四种氢气类型,以碳排放强度作为基准,强度自高至低分别为氢气碳排放基准(6.84千克二氧化碳当量/千克氢气)、可再生氢(4.4千克二氧化碳当量/千克氢气)、可再生燃料氢(3.3千克二氧化碳当量/千克氢气)、可持续氢(3千克二氧化碳当量/千克氢气),并对可再生燃料氢加入了绿色电力来源要求。

(3)按纯度分类。我国现行标准对四种应用场景制定了不同的标准,而对氢气体积分数的要求都在99%以上。根据氢气纯度、杂质、应用场合的差异,我国制定了主要四个氢能分类及标准。工业氢与纯氢广泛应用于各类制造业;电子工业用气体氢主要用于电子工业;质子交换膜燃料电池汽车用燃料氢气主要用于交通行业(见表4)。

表4　　　　　　　　　　国内氢气划分标准

类型	编码	氢气体积分数	适用范围	适用行业	杂质要求
工业氢	GB/T 3634.1-2006	99%及以上	化学裂解、电解、吸附、膜分离以及氢化物等方法提取的瓶装、集装格装和管道运输的氢气	石油、食品、精细化工、玻璃和人造宝石的制造、金属冶炼、切割以及焊接等	对氧、氮、氩及游离水等杂质设定一定上限
纯氢	GB/T 3634.2-2011	99.99%及以上	经吸附法、扩散法等制取的瓶装、集装格装和管道输送的氢气	电子工业、石油化工、金属冶炼和科学研究等	增加氧化物及烃类项目,并规定总杂质含量上限
电子工业用气体氢	GB/T 16942-2009	99.9995%及以上	以氢气为原料经净化制取的瓶装、集装格装和管道输送的电子工业用气体氢	电子工业	较纯氢要求更高
质子交换膜燃料电池汽车用燃料氢气	GB/T 37244-2018	99.97%	聚全氟磺酸类质子交换膜燃料电池汽车用氢气	交通运输	增加对于甲醛、甲酸、氨、卤离子以及最大颗粒物要求

资料来源:国家标准全文公开系统。

在国际(ISO)标准(ISO,2019)中,按照应用行业的差异,将氢气划分为A—E五个级别。国际标准覆盖的行业包括交通、工业、发电等。各个级别对于氢气体积分数的要求都在98%以上,对杂质的要求存在一定差异(见表5)。

表5　　　　　　　　　　ISO氢气划分标准

级别	氢气体积分数	适用领域	非氢气体上限
A	98%及以上	交通运输(普通内燃机)、住宅/商业燃料	20000μmol/mol
B	99.90%及以上	工业燃料与发电(不含PEM燃料电池)	1000μmol/mol

续表

级别	氢气体积分数	适用领域	非氢气体上限
C	99.995% 及以上	航空航天地面支持系统（不含 PEM 燃料电池）	50μmol/mol
D	99.97% 及以上	交通运输（PEM 燃料电池）	300μmol/mol
E	99.9% 及以上	PEM 燃料电池固定设备	体积分数不超过 0.1%

资料来源：ISO 14687：2019（en）。

（二）氢能产业链

与多数行业类似，氢能产业链可划分为上中下游三个环节，分别为制造、储运及应用（见图1）。

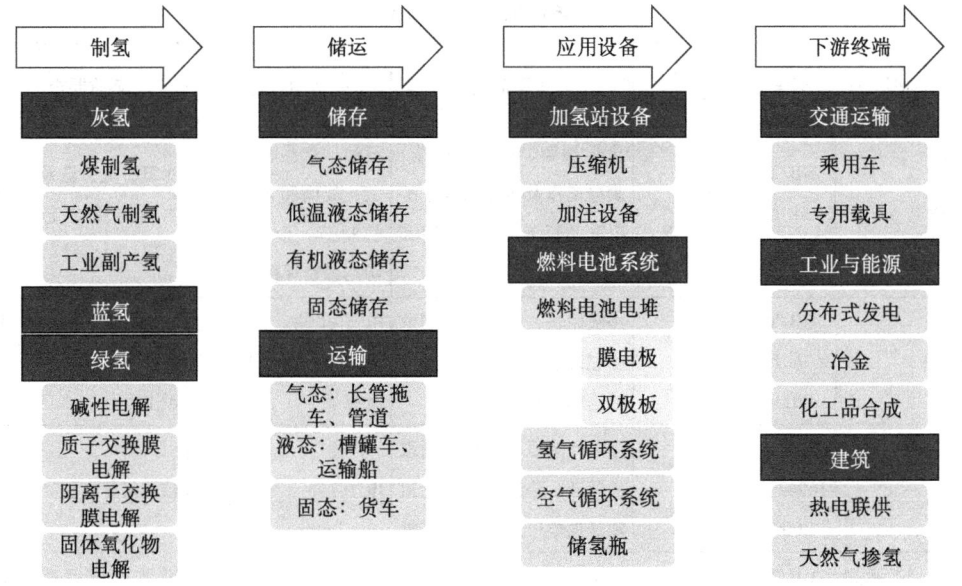

图1　氢气产业链全景图

资料来源：《中国氢能产业发展报告2020》。

（1）上游：主要指制氢环节，目前主流的制氢路线有三种：化石能源重整制氢、工业副产气制氢及可再生能源电解水制氢，此外还有部分其他试验阶段的技术。其中，目前实际运用最为广泛的制备方式是化石能源重整制氢，其制氢成本最低，但会排放较多二氧化碳；工业副产气制氢杂质较多且生产分散，无法作为集中供氢来源；电解水制氢最为清洁，但能源消耗较大，生产过程中的电力成本极高，故目前应用相对不广泛。

（2）中游：主要指氢气储存运输及氢气加注。氢气目前有四种储存方式：高压气态、低温液态、有机液态和固态。气态氢是目前主要的储存方式，低温液态储存多用于航空等行业，而固态储存仍处于初步发展阶段（张志芸等，2018）。氢气的运输与储存方式相对应，目前国内氢气储存以气态为主，区域内短途运输主要使用长管拖车，中长途运输则更多依赖管道；液态及固态运输方式目前暂未大规模投入使用。加氢站则主要指将氢气注入使用终端的场所及相关工具。

（3）下游：氢能下游消费终端横跨交通、工业、电力等多个部门。在炼油、冶金、钢铁、玻璃等多个工业领域，氢气被广泛地用作生产原料；氢气直接燃烧后产生热能，可供电力及建筑部门消费者使用；交通行业是未来氢气需求最主要的增长点之一，目前氢能燃料电池汽车已经在各发达经济体及中国逐步推开，此外在航空航天领域，氢气也是航天飞机和火箭功能系统的核心燃料之一。

1. 制氢

化石能源重整制氢、工业副产氢及电解水制氢是目前较为成熟的制氢方式。根据《中国氢能产业发展报告2020》，我国氢气生产以化石能源制氢与工业副产氢为主，电解水制氢仍处于初步发展阶段[①]。

化石能源重整制氢主要使用煤炭及天然气作为原料制氢。根据曹军文等（2021）的研究，煤制氢主要包括煤气化、煤焦化、煤的超临界水气化三种技术路线，其中，煤气化的运用最为广泛。李子烨等（2021）指出，甲烷是天然气的主要构成成分，同样是一种优良的制氢原料，在全球范围内，甲烷蒸气重整（天然气制氢）是应用最为广泛的技术；甲烷蒸气重整需要在高温高压环境下进行，在催化剂的推动下，甲烷与水蒸气合并转化为合成气，并最终生成氢气及二氧化碳。

工业副产氢是指工业企业在生产过程中作为副产品产出的氢气，主要来自钢铁、氯碱、炼焦等行业。曹军文等指出，我国工业副产氢的年产量保持在900万—1000万吨之间，但其主要问题在于杂质较多，产品不适用于对氢气纯度要求高的行业，往往需要附加提纯步骤。目前主流的提纯技术有变压吸附法、低温分离法、膜分离法与金属氧化物分离法四种，不同的原料气对提纯工艺有着差异化的要求，实践操作中往往使用多种工艺组合的方式进行提纯。

电解水制氢的生产原料是水，通过电化学反应驱动水分子中的氢元素与氧元素分离，制氢过程无温室气体排出。在能源转型背景下，电解水制氢可以与风光新能源发电结合，以实现全流程绿色生产，并一定程度上解决弃风弃光问题，具备广阔的发展空间。目前电解水制氢存在数种技术路线，不同技术路线的核心差异在于电解槽/电解池的设计。根据《中国氢能源及燃料电池产业白皮书（2019版）》（中国氢能联盟，2019），碱性电解成本低廉且技术成熟，是目前国内应用最广泛的电解

---

① 中国电动汽车百人会，2022，中国氢能产业发展报告2020。

制氢技术；质子交换膜电解生产效率较碱性电解更高，但需要使用贵金属催化剂，成本相对偏高。

2. 储存与运输

储运环节是连接上游制氢与下游消费的桥梁，高效、低成本的氢气储运技术将是未来氢气规模化应用的有力保障。根据氢气的储存状态可将储运方式分为气态储存、低温液态储存、有机液态储存和固态储存等。气态与低温液态主要基于一定温度与压力，将不同形态的氢气储存于特制容器中。而有机液体储氢与固态储氢主要依靠部分材料与氢气的物理及化学反应，将氢元素储存于特定材料中（见表6）。

表6　储存技术比较

储存方式	重量储存密度	优点	缺点	技术成熟度
气态储存	1.0%—5.2%	成本较低 常温操作 储氢能耗低 充放氢速度快	储氢密度小 储存容器体积大 存在氢气泄漏和容器爆破风险	技术成熟，当前应用最广泛
低温液态储存	5.7%	能量密度大 体积密度大 加注时间短	成本较高 储存需保存在-253℃环境，制冷能耗大 绝热要求高	技术成熟，主要在航空等领域得到应用
有机液态储存	5.0%—7.2%	储氢密度大 稳定性高 安全性好 运输便利 储氢介质可多次循环使用	成本较高 脱氢温度高 能耗大 氢气纯度不高，有几率产生杂质气体	已无主要技术障碍
固态储存	1.0%—4.5%	安全性好 储氢密度大 氢纯度高，可提纯氢气 运输便利，可快速充放氢	成本高 储放氢存在约束，热交换较困难 放氢需在较高温度下进行	尚在技术提升阶段，已在分布式发电、风电制氢、规模储氢中示范应用

资料来源：IEA《氢气制备和储运的状况与发展》。

目前，商业化运营技术的主要有高压气态储氢、低温液态储氢，而其余技术仍停留在初级阶段。李星国（2022）指出，高压气态储氢、低温液态储氢与有机液体储氢具备容量高的特点，但存在安全隐患、低效等问题。从安全角度来看，固态储氢优势突出，尤其是轻型、小型的固态储氢发展进展较快。以固态储氢为能源供应的电动自行车在深圳市、常州市等多地开展场景试验，随着交通运输部门氢能应用的推广及消费终端的分散化，储氢密度更高的储存方式具备更为广阔发展空间。

在氢气运输方面，运输方式与储存方式相匹配，可分成气态、液态、固态等方式，目前应用较多的是气态和液态运输。常见的运氢载具包括特制车辆、特制船舶、管道（纯氢管道、天然气管道混输）等。目前我国氢气运输以气态方式为主，但随着储存方式的多样化，氢气运输将按照多元化的技术发展方向，逐步提升运输能力（见表7）。

表7　　　　　　　　　　　　氢气运输工具及场景

储运方式	运输工具	经济距离（千米）	适用场景
气态储运	长管拖车	≤200	市内配送
	管道	≥500	国际、跨城市配送；另外用于站内连接
液态储运	液氢槽罐车	≤200	国际、长距离
	液氢运输船	≥200	国际、长距离
固态储运	货车	≤150	实验研究阶段

资料来源：《2022年中国氢能行业技术发展洞察报告》（智慧芽，2022）。

氢气短途运输主要使用拖车，而长距离运输则更适合使用管道。根据李星国的研究，在短途运输中，车辆运输具备经济性好、灵活度高、投资成本低等多重优势。但随着运输距离的拉长，管道运输在运量与单位运输成本方面的优势则越发显著，具备充足的发展潜力。目前，国内多采用长管拖车运输，长距离管道输氢较少。全球共有4000千米以上的氢气管道，美国和欧盟占比超过90%，其中欧盟管道天然气掺氢量达到20%，最高运行压力为10.3兆帕（中国能源报，2023）。

3. 加氢

加氢站属于氢能产业链中游，是保障下游消费的重要环节。在加氢站内，高压罐储存着压缩过后的各种来源的氢气，而加气机则将氢气输入氢燃料电池汽车内。取决于氢气储存形态的差异，加氢站可以分为气氢加氢站以及液氢加氢站。

我国加氢设施建设数量领跑全球，新建设施保持高增速。截至2022年底，全球共有814座加氢站投入运营，分布在37个国家和地区。2019年前加氢站数量最多的地区是欧洲，而亚洲地区在2019年实现超越。中国氢能联盟提供的数据显示，目前中国加氢站数量位居世界第一，2016—2019年，中国加氢站的数量每年翻番，截至2022年底，中国已建成加氢站358座，其中在营245座。2022年中国新建成加氢站109座，居全球第一。2022年，中国加氢设施覆盖的省份及地区已扩展到28个，山西、河南、广东、内蒙古、河北5省排名前5，合计占比51.4%（刘玮、万燕鸣、张岩、林汉辰，2023）。

4. 下游应用

交通、工业、电力等多个部门均为氢能的重要消费领域。交通运输部门的应用目前主要集中在特种载具，乘用车与公交车的应用亦在逐步推进。工业部门方面，氢气主要用于生产氨及甲醇，同时在炼油、冶金、玻璃等多个行业被广泛地用作还原剂或辅助材料。氢能在电力部门的应用方式以燃烧发电为主。

工业领域是氢能应用最广泛的传统领域，主要被用作工业原料。工业领域中，氢气多被用作工业原料，而非能源原料（张然，2020）。从中国的用氢结构上来看，炼油用氢、甲醇用氢、合成氨用氢和其他工业领域用氢分别占比15%、10%、19%、37%、19%，总计超过80%。以炼油行业为例，氢气是炼油企业提高轻油收率、提高产品质量必不可少的原料，在炼厂原料成本结构中，氢气成本仅次于原油成本（中国氢能联盟，2023）（见图2）。

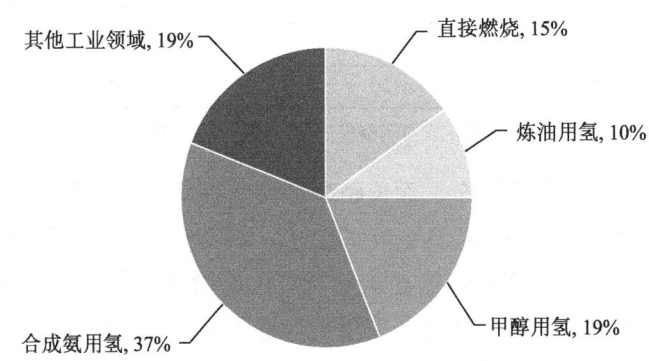

图2　2020年中国氢应用领域

资料来源：IEA。

交通运输部门是氢能发展空间最大的新兴领域，其中燃料电池汽车应用最广泛。在持久性、环境适应性、效率等多个角度，氢燃料电池车相比传统油车与纯电动车具备优势，在交通运输行业具备广阔的发展空间，而氢燃料电池在建筑、电力等领域也有应用场景。中国氢能源车行业发展迅速，根据张然（2020）的研究，2016—2022年我国氢燃料电池汽车产量复合增长率达到63%，目前已部署氢能源整车、系统和燃料电池电堆等环节。

氢能还是航天飞机和火箭的核心燃料，是航天能量供给系统的优先项。根据张然（2020）的研究，在军用领域，氢燃料电池在静音、红外隐蔽、燃料效率和环境适应性等多个方面具备明显优势。目前，氢燃料电池已经在舰艇、无人机、便携式电源等各领域列装。

（三）氢能供需基本面

1. 供给

（1）当前全球生产以灰氢为主。全球氢供应持续增长，中国一枝独秀。根据

IEA统计，过去20年全球氢能供应量持续上行，2019年全球氢产量达到9100万吨，2020年受到疫情影响而减产，但2022年全球氢产量大幅增加至9500万吨，超过70%的全球产量来自中国、美国、中东、印度和俄罗斯，其中，中国氢产量占全球近30%。中国氢产量由2016年的1850万吨增长至2022年的2814万吨，年均复合增速达到7%（IEA，2023）（见图3、图4）。

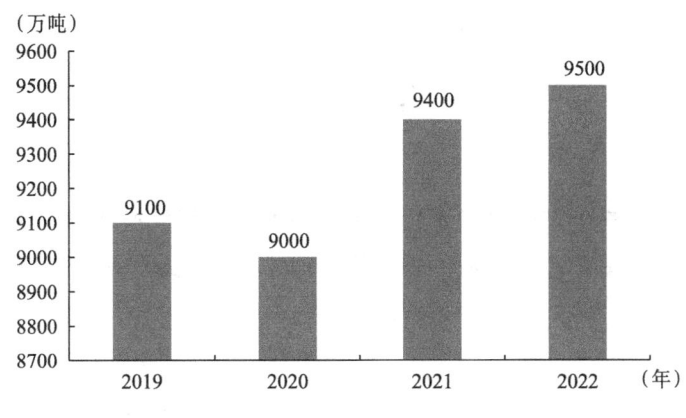

图3　全球氢供应总量

资料来源：IEA。

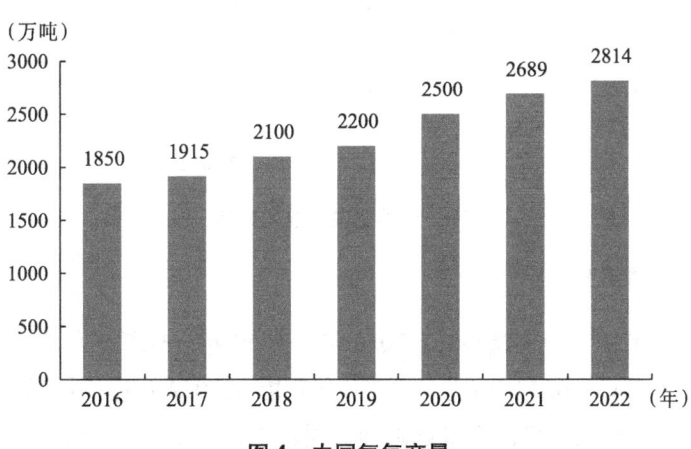

图4　中国氢气产量

资料来源：中国氢能联盟。

2022年全球制氢技术主要采用灰氢，即化石能源重整制氢。根据IEA数据，2022年全球氢气产量接近9500万吨，比2021年增长3%，其中，使用天然气生产的氢占全球产量的62%，煤生产的氢占21%，炼油厂和石化行业在石脑油重整过程中产生副产品氢占16%，蓝氢产量仅占0.7%，水电解的氢产量最少，只有全球产量的0.1%（IEA，2023）。如图5所示。

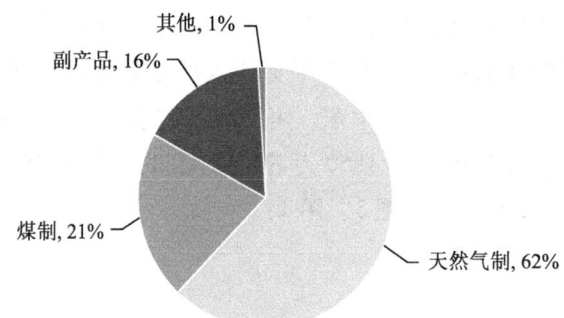

图 5　全球氢供应技术分布

资料来源：IEA。

2022 年中国氢气生产原料以煤炭为主。中国目前氢气产能基本为灰氢和蓝氢，氢气供应结构为：煤制氢 63.5%、工业副产氢 21.2%、天然气制氢 13.8%、电解水制氢 1.5%（陈馨，2022）。如图 6 所示。

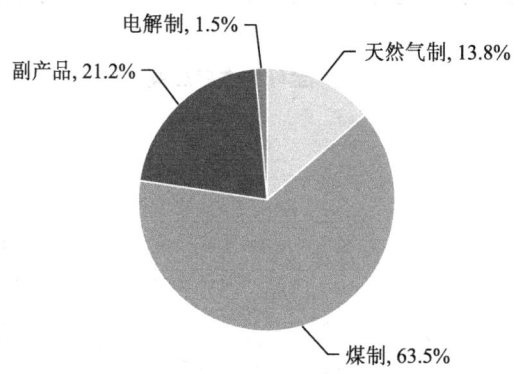

图 6　中国氢供应技术分布

资料来源：中国氢能联盟。

（2）未来绿氢将成为主流趋势。2030 年至 2050 年全球低碳氢产量将大幅增长。据国际能源署（IEA，2023）预测，即使灰氢产能在 2022 年后不增长，2030 年全球氢产能将超过 1.1 亿吨。目前大量低碳制氢项目正在开发中，预计 2023 年全球新增低碳氢能项目达到 400 万吨，较 2022 年增长超过 30%。假设所有已公告的水电解和化石燃料 CCUS 制氢项目都能顺利投产，预计 2030 年低碳氢气的年产量将达到 2000 万吨以上（见图 7）。在 BP 的净零排放情境预测中，2050 年全球低碳氢产量可以达到 4.6 亿吨。新增部分主要来自太阳能和风能产生的绿氢，剩余大部分由蓝氢提供，少量由生物能源与 CCUS 相结合产生[①]（见图 8）。

---

① BP 世界能源统计年鉴，2023，https：//www.bp.com/en/global/corporate/energy－economics/statistical－review－of－world－energy.html。

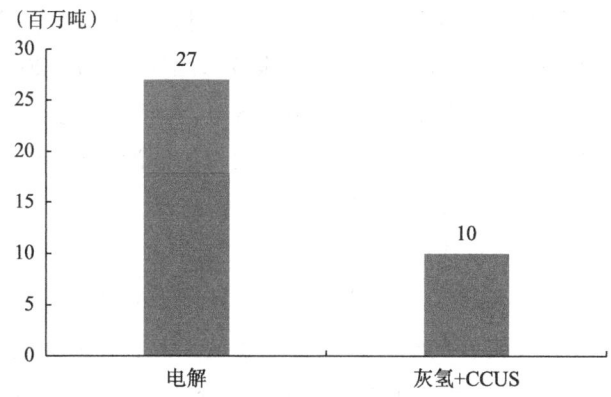

图 7　2030 年低碳氢预期产量

资料来源：IEA。

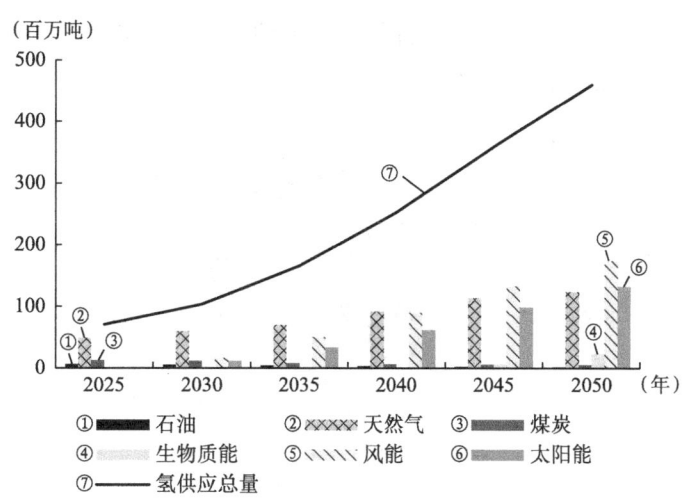

图 8　全球氢能供应量

资料来源：BP。

2. 需求

过去 30 年间，全球氢能需求持续增长。根据 IEA（2023）数据，1995—2018 年，全球氢气需求由 3980 万吨增加至 7390 万吨，其中精炼行业需求量由 2140 万吨提升至 3820 万吨，合成氨行业需求由 2860 万吨增加至 3150 万吨。2019 年，全球氢能需求为 9100 万吨，其中，化学用氢需求增加了近 300 万吨。疫情期间，由于封锁和整体经济放缓，氢需求受到抑制，2021 年随着经济恢复，炼油用氢增加了约 200 万吨。2022 年，全球氢气需求达到 9400 多万吨，同比增长 5%。

（1）中国是世界上最大的氢气消费国。IEA 数据（2023）显示，中国是世界上最大的氢气消费国。2021 年，我国氢气消费量约 2800 万吨，同比增长 5%，占全球消费量近30%。美国和中东是第二、第三大消费地区，2021年消费量均为1200万吨，较2020年分别增长8%和11%。欧洲是第四大消费区域，2021年消费量超过800万吨，与上年持平。印度2021年消费氢气800万吨，同比增长7%，为世界第五大氢气消费国。2022年，欧洲受到地缘政治引发的能源危机影响，天然气价格急剧上涨，导致天然气制氢成本大幅上涨，压制氢能需求；北美和中东的氢气消费增速7%左右，我国氢能消费增速仅0.5%（IEA，2023）。

传统工业仍然是当前氢气的主要应用领域。IEA（2023）显示，氢的传统应用领域主要为炼油和化工，潜在的新应用主要是在重工业、交通运输、氢基燃料生产或发电和储存等方向。2022年，炼油用氢达到创新高的4100多万吨，北美和中东的消费增量超过100万吨；工业用氢总量达到5300万吨，其中约60%用于氨生产，30%用于甲醇，10%用于氢气直接还原炼铁技术（Direct Reduced Iron，DRI）；公路运输用氢增速约45%，主要增量来自氢燃料电池汽车产销增加，如中国的重型卡车。2022年氢需求区域情况见图9。

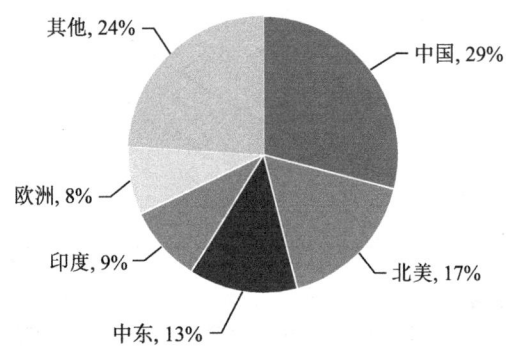

图9　2022年氢需求分区域

资料来源：IEA。

（2）未来氢能应用将更加多元化。未来十年氢气的适用领域有望持续扩张。随着全球持续推进低碳转型、实现碳中和目标，炼油和化工用氢需求或将逐步减少。在IEA的2050年净零排放情景中，预计氢消费量每年增长6%，2030年氢消费量超过1.5亿吨，有将近40%消费需求来自新兴领域，例如，运输用氢量将达到800万吨/年，而炼油用氢将低于3500万吨/年（见图10）。在BP的加速和净零排放模式中，到2050年全球氢的需求将增长10倍，接近4.6亿吨/年①（见图11）。

---

① BP世界能源统计年鉴，2023，https：//www.bp.com/en/global/corporate/energy-economics/statistical-review-of-world-energy.html。

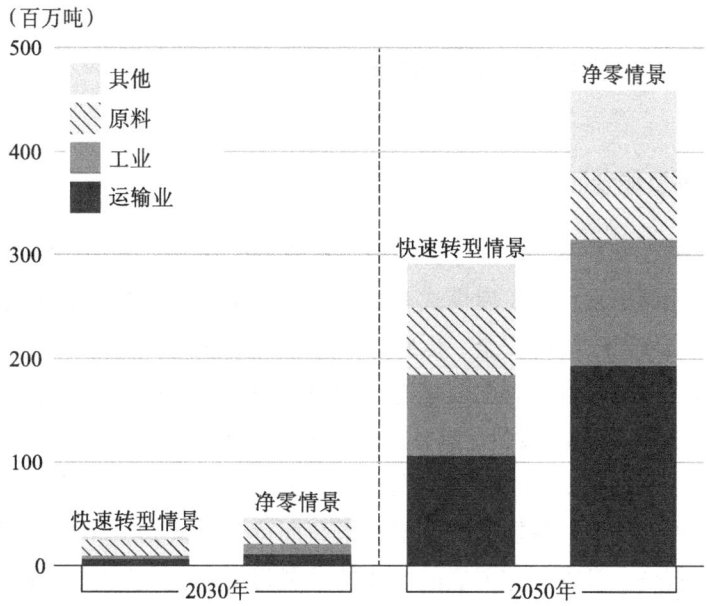

图 10　2030 年和 2050 年低碳氢需求

资料来源：BP。

注：其他包括电力、供暖和建筑对氢的需求。

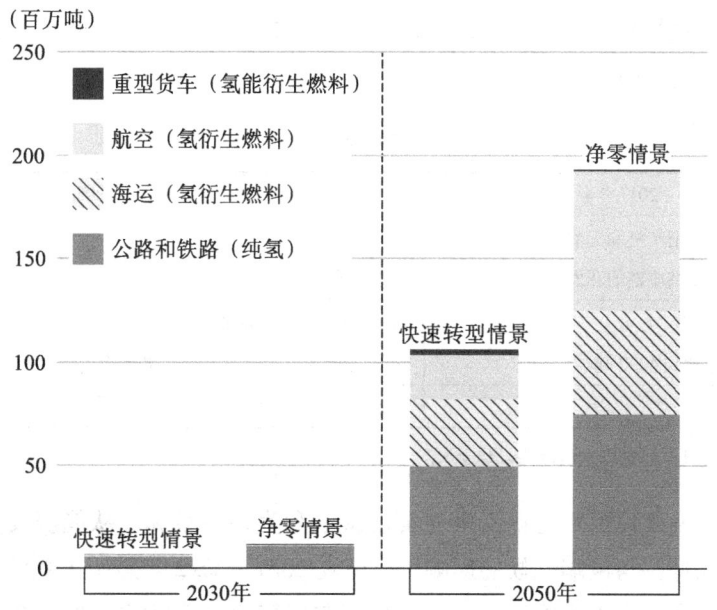

图 11　2030 年和 2050 年交通运输中的低碳氢需求

资料来源：BP。

三、氢能国内外发展模式及政策

(一) 国外氢能发展典型模式

在能源转型大背景下,清洁、稳定的氢能受到全球高度关注,但不同国家或地区发展氢能产业的出发点与发展模式有所差异。综合来看,我们认为发展氢能的主要有以下几个出发点:能源安全、低碳减排、发展特色产业。

日本能源自给率较低,高度依赖进口能源,为保障国家能源安全,日本致力于打造其主导的氢能产业链。2011年福岛核事故导致日本进口化石能源的需求进一步上升,能源自给率从20%下降到最低的6%,在经合组织34个国家中排名第33位,因此日本对发展氢能以保障能源安全抱有很高期待(伊文婧,2020)。根据2017年日本氢能战略报告,日本制定了氢能行业的发展目标:生产目标方面,日本希望在2030年之前形成30万吨/年的商业化供应能力,长期达到500万—1000万吨/年的低碳氢产量;在氢能贸易目标方面,日本希望建立国际氢能贸易链,以弥补其国内产量不足的问题,潜在的贸易对象包括挪威、澳大利亚、文莱等;下游应用方面,日本率先提出建立"氢能社会",希望利用氢能取代天然气发电、加氢站取代加气及加油站、加强燃料电池汽车应用,以及家用分布式燃料电池等应用(魏蔚和陈文晖,2020)(见表8)。

表8　　　　　　　　　　日本基本氢能战略情景简表

维度	2017年状况	2030年目标	2050年及以后目标
供给	化石能源副产氢和天然气制氢;正在进行氢能供应链的开发及量产示范	国际氢能供应链开发;国内可再生氢能	蓝氢(灰氢+CCUS)绿氢
产量	2017年200吨/年 2020年达到4000吨/年	形成30万吨/年的商业化供应能力	500万吨/年至1000万吨/年,主要用于氢能发电
成本	10美元/千克	达到3美元/千克	2美元/千克

资料来源:《日本的氢能发展战略及启示》。

欧洲氢能发展以保障能源安全与实现碳中和为核心目标。从能源安全的角度来看,由于地缘冲突与极端气候的影响,欧洲在2021—2022年经历了能源危机,因此欧洲计划大力发展可再生能源和氢能,从而实现能源自主可控。2022年5月欧盟发布"Repower EU",计划到2030年达到本土可再生制氢1000万吨、进口绿氢1000万吨的目标,以替代在工业及交通领域中使用的天然气、煤炭及原油[①]。从实现碳

---

① REPowerEU, 2022, https://energy.ec.europa.eu/topics/energy-systems-integration/hydrogen_en.

中和的角度，欧洲已经建立了全球最严格、最完善的碳排放权市场，对碳排放量征收的碳税价格高达70—80欧元/吨（约500元人民币/吨）。高额的碳排放权价格激发了欧洲企业对于低碳能源技术的需求，因此欧洲各国均制定了氢能发展政策（详见附录二），如表9所示。

表9　　　　　　　　　　欧洲地区氢能部分相关政策

国家/地区	时间	政策名称	政策内容
欧盟	2022年	IPCEI project Hy2Use（欧盟氢能运用共同计划）	13个成员国拨款52亿欧元用于一系列氢能产业链建设计划
欧盟	2021年	Cross-border energy infrastructure, new rules for TEN-E（跨境能源基建计划）	加大电网及氢能基础设施建设，支持部分天然气资产在2029年12月31日前转变为氢能资产
德国	2022年	KfW Hydrogen funds（成立KfW氢能基金）	成立两个基金，提供5.5亿欧元用于在发展中国家建设绿氢项目及德国或欧洲公司在国外市场的拓展
德国	2021年	The National Hydrogen Strategy（国家氢能发展战略）	投资70亿欧元于绿氢；2030年前新增5吉瓦产能，2035—2040年再增加5吉瓦产能；投资20亿欧元发展氢能国际贸易
法国	2023年	France 2030（"法国2023"投资计划）	额外拨款19亿欧元用于发展低碳氢能科技，以支持法国成为全球绿氢生产领导者的雄心，助力工业部门脱碳计划

资料来源：IEA[①]。

美国氢能侧重多元发展。美国化石能源储量与风光资源丰富，因此氢能在美国能源体系中主要是为了探索技术路线、控制碳排放及创造工作岗位。2023年6月，美国政府发布《美国清洁氢能发展战略与指引》，由总统授权投资95亿美元于清洁氢能领域，到2030年实现国内清洁氢气年产量1000万吨、2040年2000万吨、2050年5000万吨的政策规划，并将配套建设基础设施。美国计划利用氢能争取将2050年全美碳排放量较2005年减少10%，并在2030年前创造10万个新工作岗位，如表10所示。

表10　　　　　　　　　　美国氢能发展规划

领域	2022—2025年	2026—2029年	2030—2035年
清洁氢气生产	加大电解制氢研发，拓展新型技术、增加绿氢及蓝氢生产	进行规模化电解制氢生产，加强再利用能力，保障本土供应链完善	达到1千万吨年产量目标

---

① IEA，https://www.iea.org/policies.

续表

领域	2022—2025 年	2026—2029 年	2030—2035 年
运输与储存设施	确认薄弱点,初步开展区域性基础设施建设	拓展高效基建设施,发展可持续的区域性氢能贸易网络	大规模清洁氢气供应
消费终端	进行广泛调研,初步开展相关工业项目	建设区域性氢气站点,协助工业部门减排规划	终端大规模运用,探索出口机会
从业人员	拓展从业人员群体,进行基础技能训练	对受到氢能行业发展负面影响的人群进行补贴,拓展成熟开发案例,吸引资本流入	创造优质工作岗位,推动行业健康有序发展

资料来源:U. S National Clean Hydrogen Strategy and Roadmap①。

澳大利亚等传统能源出口大国,希望氢气能够成为新的出口增长点。从远期的规划来看,澳大利亚希望在 2030 年能够成为世界氢能三大出口中心之一,同时做到低至 2—3 美元/千克的绿氢制造成本,推动氢能在 2030 年左右实现大规模生产②(见表 11)。

表 11　　　　　　　　　澳大利亚氢能相关政策梳理

时间	政策名称	政策内容
2022 年	Australian Clean Hydrogen Trade Program(澳大利亚清洁氢能贸易项目)	投资 1.5 亿澳元用于发展清洁氢能技术,首轮投资围绕日本-澳大利亚的氢能贸易
2021 年	Australia - germany hydrogen supply chain projects(澳大利亚-德国氢能供应链建设计划)	澳大利亚与德国分别投资 5000 万澳元与 5000 万欧元,成立氢能合作孵化器,用于促进澳大利亚本土需求及对德出口
2021 年	Clean hydrogen and carbon capture investment(清洁氢能与碳捕捉投资计划)	投资 5.392 亿澳元于清洁氢能、CCS 与 CCUS,其中 2.755 亿澳元用于开发 4 个氢能贸易站及氢能市场建设

资料来源:IEA③。

(二)我国氢能产业发展现状

氢能不仅是我国能源体系的重要发展方向,也是我国未来战略性新兴产业的重点发展方向。我国 2012 年提出大力发展氢能产业,2016 年后将氢能发展提升到战略性地位,此后氢能相关的政策密集出台。2022 年 3 月 23 日,国家发改委、国家能源局发布了《氢能产业发展中长期规划(2021—2035 年)》,明确了氢能三大战

---

① U. S. Department of energy, 2023.
② Bruce S, Temminghoff M, Hayward J, Schmidt E, Munnings C, Palfreyman D, Hartley P, 2018.
③ IEA, https://www.iea.org/policies.

略定位,提出了中长期发展目标和具体政策着力点,从而指明中国氢能产业发展方向[1](见表12)。

表12　氢能产业发展中长期规划(2021—2035年)

主要方面	具体要求
三大战略定位	氢能是未来国家能源体系的重要组成部分、用能终端实现绿色低碳转型的重要载体、氢能产业是战略性新兴产业和未来产业重点发展方向
发展目标	(1)到2025年,形成较为完善的氢能产业发展制度政策环境,初步建立较为完整的供应链和产业体系。燃料电池车辆保有量约5万辆,部署建设一批加氢站。可再生能源制氢量达到10万—20万吨/年,成为新增氢能消费的重要组成部分,实现二氧化碳减排100万—200万吨/年 (2)到2030年,形成较为完备的氢能产业技术创新体系、清洁能源制氢及供应体系,产业布局合理有序,可再生能源制氢广泛应用,有力支撑碳达峰目标实现 (3)到2035年,形成氢能产业体系,构建涵盖交通、储能、工业等领域的多元氢能应用生态。可再生能源制氢在终端能源消费中的比重明显提升,对能源绿色转型发展起到重要支撑作用
主要措施	(1)系统构建支撑氢能产业高质量发展创新体系:持续提升关键核心技术水平,着力打造产业创新支撑平台,推动建设氢能专业人才队伍,积极开展氢能技术创新国际合作 (2)统筹推进氢能基础设施建设:合理布局制氢设施,稳步构建储运体系,统筹规划加氢网络 (3)稳步推进氢能多元化示范应用:有序推进交通领域示范应用,积极开展储能领域示范应用,合理布局发电领域多元应用,逐步探索工业领域替代应用 (4)加快完善氢能发展政策和制度保障体系:建立健全氢能政策体系,建立完善氢能产业标准体系,加强全链条安全监管

资料来源:《氢能产业发展中长期规划(2021—2035年)》。

我国央企加快氢能产业布局。"双碳"目标提出后,我国大型央企带头加速布局氢能产业。截至2023年6月,目前有98家央企开展了氢能业务的研发和生产,涉及能源企业、装备制造业、钢铁冶金企业、汽车企业等。这些央企从技术开发、示范应用、区域合作、基础设施建设等方面引领和巩固氢能产业的发展[2]。

地方政府积极推出氢能长期规划,加速氢能产业布局。晋陕蒙鲁川渝鄂等省区都在2022年相继出台了中长期推广规划。据统计,从2021年9月到2022年8月,国家层面和地方政府累计发布氢能及燃料电池汽车相关政策达400余项,其中氢能专题政策90余项,其他涉及氢能政策约300项,主要集中在"双碳"政策、新能源汽车产业支持政策、能源及相关产业"十四五"规划、节能绿色主题政策等(中国及各省氢能政策请见附录一)。

---

[1] 国家发展改革委 国家能源局,2022。
[2] 新浪财经,2023,https://finance.sina.com.cn/jjxw/2023-06-28/doc-imyyvxmn9385138.shtml。

四、发展氢能市场的必要性

(一) 氢能在实现"双碳"及能源转型中发挥重要作用

1. 保障能源安全,助力能源转型

(1) 能源安全。我国能源对外依存度持续上升,能源安全重要性日益凸显。中国作为全球最大的能源消费国和制造业大国,经济发展高度依赖能源消费。据国际能源署统计,中国能源消费在全球占比超 26%,能源总体对外依赖度已经从 2000 年的 5.71% 上升至 2021 年的近 20%。自给率较低的原油及天然气占整体能源消费的 30%。从趋势上看,中国油气自给率随着经济发展逐步下行,2022 年我国原油自给保障率 28.8%,天然气自给保障率近 60%[①](见图 12)。

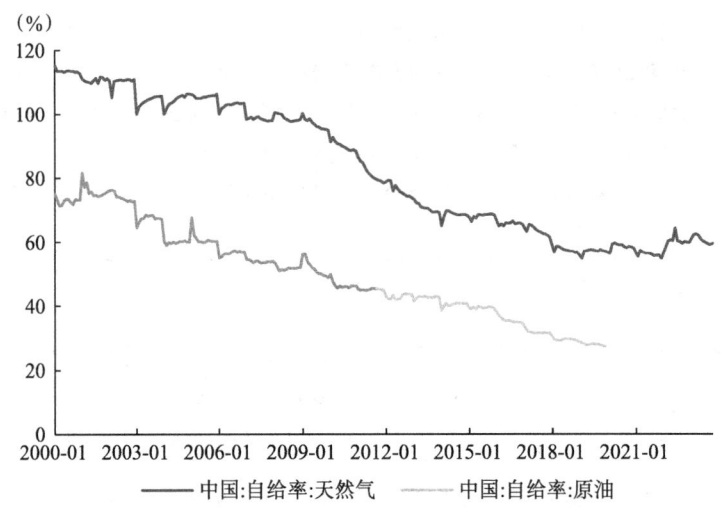

图 12 中国天然气及原油自给率

资料来源:Wind。

能源安全对国家稳定和产业发展至关重要。以欧洲为例,2021—2022 年的能源危机对欧洲民生及产业造成巨大影响。2022 年夏季极端气候影响之下,德国 7—8 月基荷批发电价较常值上涨近 10 倍,2022 年电价均值较 2021 年同比增长约 200%;2022 年 10 月,欧洲 27 国首都居民用电平均价格达到了 35.85 欧分/千瓦时,约 2.67 元/千瓦时。与此同时,能源通胀对工业生产也带来长期影响。从德国及欧元

---

① Hannah Ritchie, Max Roser, Pablo Rosado, 2022.

区制造业 PMI 数据来看，2022 年年中至今持续低于荣枯线，欧元/美元汇率同样持续相对弱势（见图13、图14）。

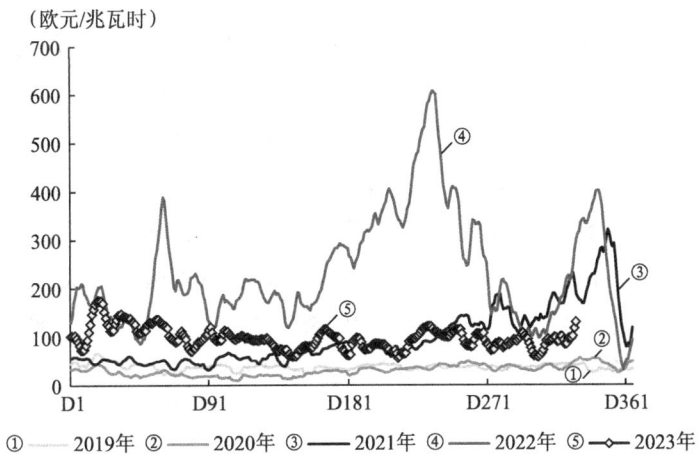

图 13　德国日前电价

资料来源：Bloomberg。

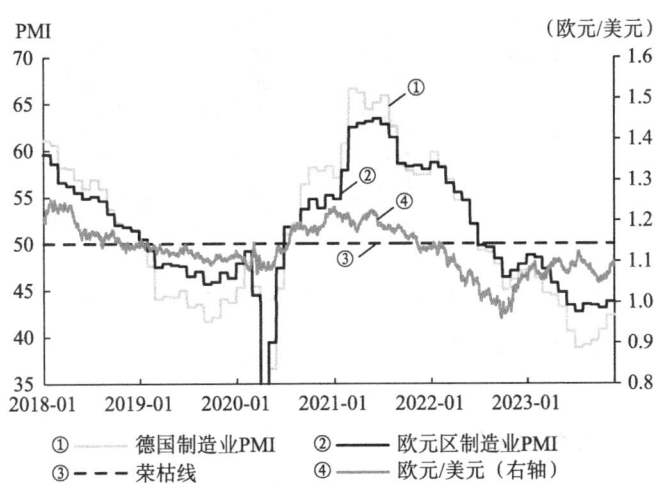

图 14　欧洲制造业 PMI 与欧元汇率

资料来源：Bloomberg。

氢能发展有助于保障能源系统的安全与稳定。氢能在交通运输、工业、电力等领域均有潜在的商业化模式及应用，有利于实现能源体系的再整合（杨希特，2022）。在交通运输领域，氢能正在逐步崭露头角，成为一种可能替代部分石油消费的新型能源。氢燃料电池汽车，正在全球范围内得到越来越多的关注和应用。在工业领域，氢能能够实现对天然气的替代。在钢铁行业，越来越多的钢铁企业开始尝试使用氢能作为替代热源；在化工行业，氢气作为原材料广泛应用于合成氨、合成甲醇的生产。在电力领域，氢能能够使用氢能机组实现直接替代火电，也能提高新能源消纳率，间接实现对化石能源的替代。随着成本的下行，氢能将在未来的电力领域发挥更大的作用。

（2）能源转型。能源转型过程中，氢能有望解决"能源不可能三角"。氢能燃烧后的零排放实现了"清洁能源"；氢能本身是二次能源，对资源禀赋要求偏低，有望实现"能源供给稳定安全"；未来，随着边际成本为零的绿电供应增加，氢能有望实现大幅降本，实现"能源价格低廉"。

长期来看，到2050年氢能在能源消费中的占比或将显著提升。2020年氢能在全球总能源消费的占比仅0.1%。氢能委员会和彭博新能源财经认为2050年氢能消费占比将超过20%，能源转型委员会、国际能源署、国际可再生能源机构分别给了18%、13%及12%的预期（KPMG，2022）（见图15）。

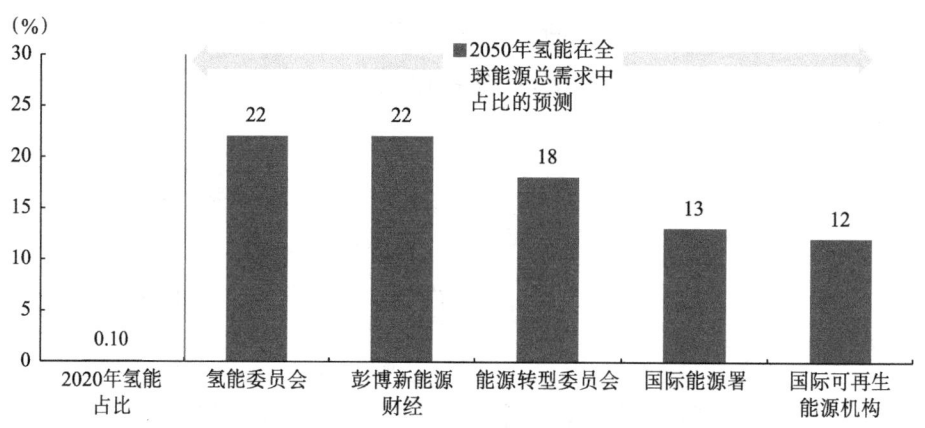

图15　各机构对2050年全球氢能在全球总需求中占比预测

资料来源：《一文读懂氢能产业》，KPMG。

2. 提高可再生能源消纳率

（1）未来新能源消纳难的问题或更加常见。新能源装机量将保持高速增长。截至2023年，我国太阳能及风电发电机组累计装机量占比已突破30%，风光合计发电量占比突破11%。从欧盟新能源发电23%的占比来看，我国新能源装机还有较大的发展空间（见图16、图17）。与此同时，2023年11月15日，中国生态环境部公开发布关于加强合作应对气候危机的阳光之乡声明，中美两国支持努力争取到2030年全球可再生能源装机增至三倍（中国生态环境部，2023）。

新能源装机大幅上行，会导致电力系统有效出力比例逐年下降，或将影响高负荷期的电力系统平衡。以德国为例，2018—2022年德国火电装机下降8936兆瓦，核电装机下降5460兆瓦，风电合计装机增加6800兆瓦，太阳能装机增加15230兆

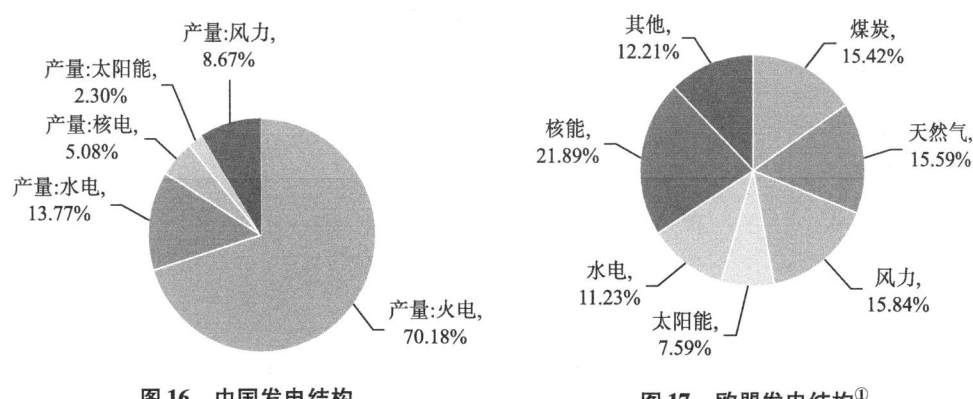

图16　中国发电结构　　　　　　图17　欧盟发电结构①

资料来源：Wind。　　　　　　　资料来源：Eurostat。

瓦，总装机量增加7872兆瓦。虽然装机结构上呈现出新能源替代传统能源的趋势，但也产生了电力系统面对尖峰负荷时出力困难的情况，即发电容量/总装机容量在持续下行（见图18）。

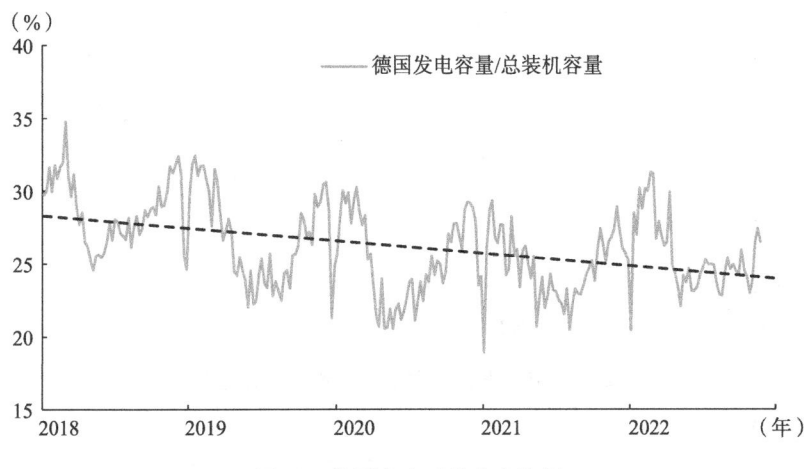

图18　德国电力系统出力比例

资料来源：Bloomberg。

近几年中国电网投资明显落后于电源投资，新能源消纳持续面临挑战。从2022年至今，电源投资累计同比增速始终大于电网累计同比增速。2023年1—10月电源基本建设累计投资达到6621亿元，同比增加43.7%，其中67%为新能源投资。同期，我国电网基本建设累计投资3731亿元，同比增加仅6.4%。两者投资建设的不匹配为未来新能源消纳埋下了隐患（见图19、图20）。

（2）氢电耦合有助于减少弃电现象发生。氢能有望在以新能源为主体的新型电力系统中扮演不可或缺的角色。本文采用合作单位试点项目作为案例（《可离网型

---

① 本图数据进行了四舍五入处理。

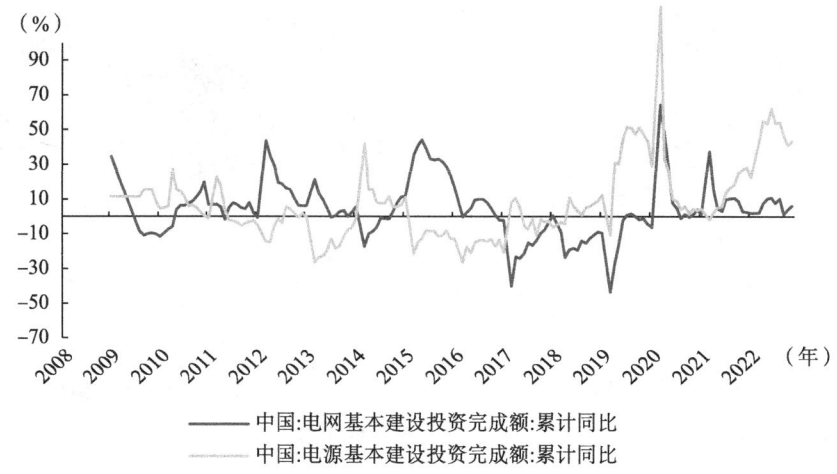

图 19　中国电网/电源投资增速

资料来源：Wind。

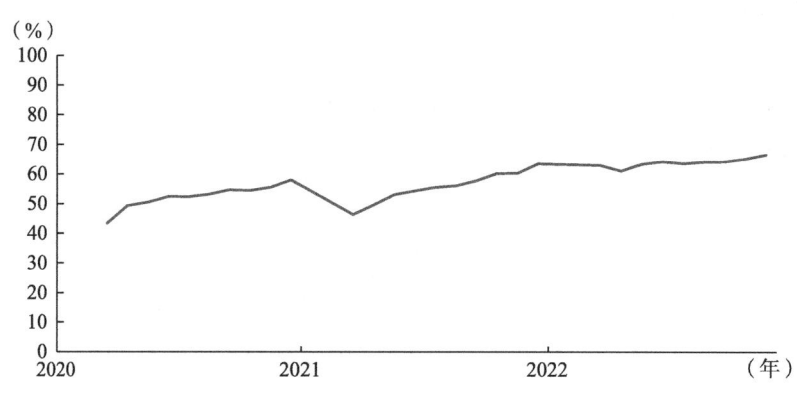

图 20　新能源投资占全部电源投资额比例

资料来源：Wind。

氢能支撑的多元耦合直流微网系统集成与工程示范》，以下简称示范项目），以说明氢能作为中间媒介在消纳新能源电力中的作用。该示范项目实验了氢能分布式能源的可行性，将氢能与可再生能源耦合，在源端通过风/光可再生能源制氢，攻关了氢电耦合转换、制氢、燃料电池发电等多个环节的关键核心技术，贯通电、氢、热等能源网络中的生产、存储、消费等环节，最终形成以电为中心的电氢热耦合微网（见图21）。

示范项目包含源网荷储四种要素，具备完整的制氢、储氢、加氢环节和多重应用场景。建设规模包含：10千伏直流系统互联电压等级，风力发电0.2兆瓦，光伏发电4兆瓦，电解制氢功率400千瓦，燃料电池发电功率240千瓦，电池储能总容量3兆瓦/6兆瓦时；供热能力120千瓦，供氢规模180千克/天，储氢能力400千克。目前已提供多种应用场景：（1）基于氢燃料电池系统试点氢气储能，叠加可再

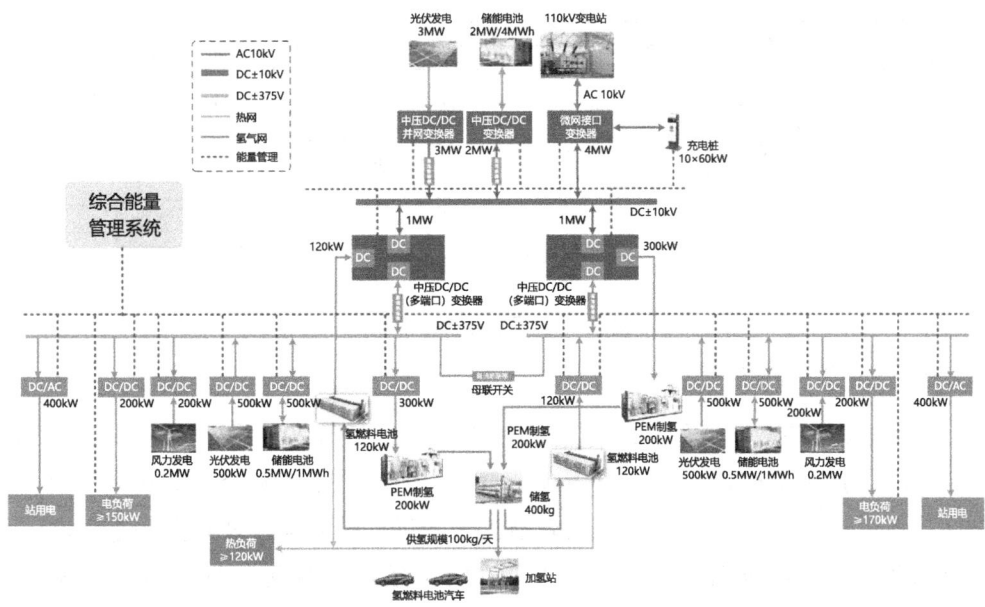

图 21 示范工程接线示意图

资料来源：本课题合作单位。

生能源直流互联系统，实现独立微网运行；（2）新能源消纳及碳减排；（3）内部应急发电车等重型车辆用氢，可实现 30 分钟加氢；（4）推动氢能大巴示范，助力政府打造"打造新能源汽车之城"。预计该工程正式投运后，可每年消纳新能源超 430 万千瓦时，减少碳排放 4000 吨，产氢近 70 万标方（即每天 180 千克左右，每年 65 吨左右）。

除内陆氢电耦合试点外，海水制氢产业一体化项目同样在积极探索中。据中国科学报报道，中国科学院大连化学物理研究所直接电解海水制氢装置连续运行超 2000 小时①。该示范项目结合海水淡化、储能、滩涂光伏、电解制氢，实现氢电耦合并尝试大规模不受上网指标限制的孤网运行模式。该氢能源产业一体化示范项目，以一期项目为基础，能够实现 500 兆瓦的滩涂光伏发电以及 10000 吨绿氢的制氢规模。

3. 支持高耗能行业脱碳与绿色发展

（1）化工领域。目前 85% 的氢气消费在化工领域，煤化工是绿氢重要的商业化路径之一。绿氢耦合煤化工系统最大作用是减少灰氢，提高原煤到化工成品的碳转换率，降低了过程中的碳排放量。具体来看，合成氨及煤制甲醇是绿氢主要的潜在消费端（见图 22）。

---

① 中国科学报，2023，http://www.dicp.cas.cn/xwdt/mtcf/202309/t20230928_6888649.html。

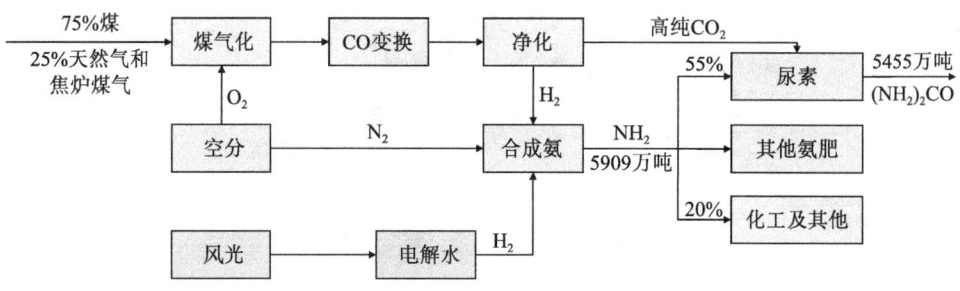

图 22　合成氨生产产业链

资料来源：《绿氢耦合现代煤化工发展路径研究》。

使用绿氢将有效降低化工合成氨及甲醇碳排放。截至 2022 年，中国合成氨及甲醇年产量分别为 6000 万吨及 7800 万吨，对应标准煤消耗量为 4500 万吨及 6200 万吨。若将合成氨及甲醇工艺中的标准煤替换为绿氢，对于绿氢的需求分别为 800 万吨及 750 万吨，能够分别减少 1.5 亿吨、1.6 亿吨二氧化碳排放量（王明华，2023）。按 2023 年 11 月的碳配额价格进行计算，减少的碳排放量价值分别约为 105 亿元人民币及 112 亿元人民币。

甲醇同样有望在解耦催化后生成氢气并应用至燃料电池中，为氢能低碳交通提供额外技术方案。本文采用合作单位技术作为案例（解耦催化分解水制氢），以说明甲醇作为中间媒介在作用。该方案制绿氢能耗相比于传统电解水制氢约降低 60%—70%，且原材料甲醇中的碳被定向封存于高附加值的复合有机钾肥产物内，在实现制氢全过程零碳排放的同时，使电解甲醇制绿氢的成本大幅度下降，为氢能产业的可持续发展提供全新解决方案（见图 23、图 24）。

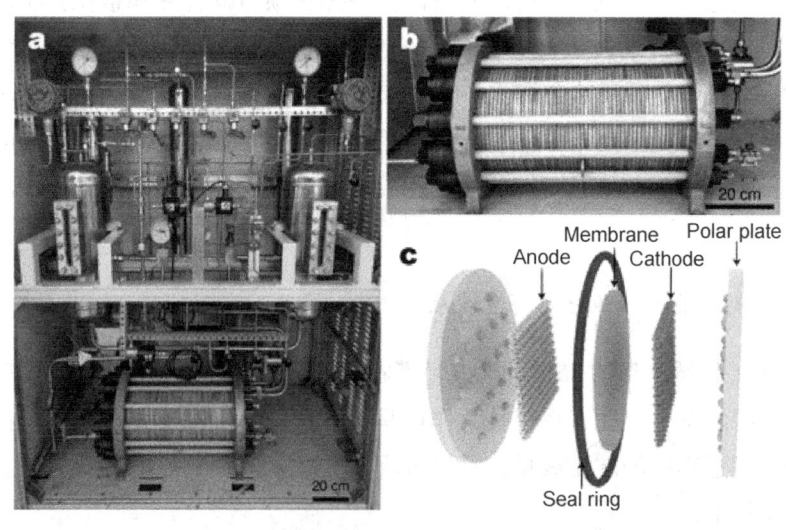

图 23　低能耗甲醇解耦制氢中试系统及样机

资料来源：合作单位。

图 24　1000 标方甲醇解耦制氢电解槽样机

资料来源：合作单位。

（2）钢铁制造。钢铁制造过程中碳排放巨大，是制造业 31 个门类中碳排放量最大的行业。2022 年我国钢铁行业的碳排放量大约 18.23 亿吨，占全国总碳排放的 15%（胡麒牧，2023）。假设中国到 2030 年，我国钢铁行业碳排放需要下降 30%，那么需要累计减少 5.4 亿吨的碳排放。

氢气可以应用于钢铁行业的氢冶金、燃料等多个制备流程中。以钢铁行业为例，高炉喷吹氢气及氢气直接还原铁两项技术能够帮助钢铁行业实现大幅碳排放的降低。高炉喷吹氢气通过对焦化环节产生的煤气（含有大量氢气）进行提纯，重新注入高炉用以替代焦炭。氢气直接还原技术（Direct Reduced Iron，DRI）属于较新技术，能够大幅降低减排量。国内外均有相关技术实验项目。例如瑞典的 HYBRIT 项目已经通过该技术生产出了零碳钢材。河北钢铁集团已开始建设 120 万吨/年氢气直接还原铁试点工厂（陈济、李抒苡、李相宜、李也，2021）。

（3）航运领域。碳中和背景下，航运板块对低碳燃料的需求日益增加。国际海事组织最新减排战略目标要求到 2050 年实现净零排放。2023 年 7 月，IMO 提出 GHG 减排新目标：国际海运温室气体排放尽快达峰，并考虑到不同国情，在接近 2050 年前后达到净零排放。2024 年起欧盟碳排放体系（EU ETS）将航运业纳入其中，并对船舶征收碳税。经过测算，当前大型集装箱船每行驶 1 海里，每吨载重的单位碳排放均值约为 6.35 克。例如，一条容量为 2 万吨的大型集装箱船往返亚欧航线的年度总碳排放量约 10.6 万吨，折合碳税超 600 万欧元/年。欧盟碳价每提升 10 欧元，将导致亚欧航线上碳税成本增加 5.27 欧元/标准集装箱。

氢气等新型低碳燃料的开发及商业化是航运减排的主要路径。在现阶段，氢燃料电池适用于多种内河船舶，可作为小型船舶的主动力，也可作为大型船舶的辅助动力，国内外已有相关产品问世（童亮、袁裕鹏、李骁、严新平，2022）（见图25）。

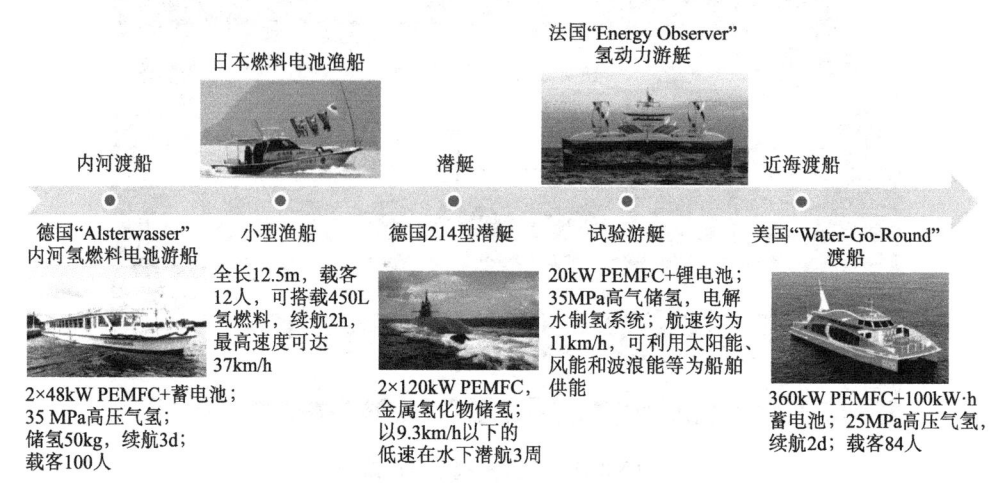

图25　各类氢能船示意图

资料来源：我国氢动力船舶创新发展研究。

（4）陆地交通。绿氢燃料电池汽车的全生命周期排放量显著低于燃油车及电动车。如果只考虑直接燃烧碳排放量，氢气的排放量为零，相比传统电车油车有显著优势。因此，应当使用更科学的全生命周期的碳排放量，即包含造车及能源本身的直接与间接排放量。根据余亚东等测算，汽油内燃机汽车及锂离子电池电动车的全生命周期碳排放量分别为25.3千克/百公里及18.8千克/百公里。氢燃料电池的全生命周期百公里碳排放量的浮动区间较大，具体取决于氢气生产工艺，焦炉煤气副产氢、煤炭、天然气、可再生能源制氢分别为28.1千克/百公里、37.6千克/百公里、20.3千克/百公里、0.1千克/百公里，天然气制氢及新能源制氢的全生命周期百公里碳排放量低于传统燃油车（余亚东、高慧、肖晋宇、侯金鸣、金晨、张瑾轩、郭颖，2021）。结合上文中对未来绿氢发展的积极判断，我们认为未来氢燃料电池汽车具备较大发展空间（见表13）。

表13　　　　　　　　全生命周期百公里碳排放量

技术路径	碳排放量（千克/百公里）	技术路径	碳排放量（千克/百公里）
汽油内燃机汽车	25.3	煤制氢＋液氢槽车	37.6
锂离子电池电动车	18.8	天然气制氢＋液氢槽车	20.3
焦炉煤气副产氢＋液氢槽车	28.1	可再生能源发电制氢＋液氢槽车	0.1

资料来源：不同燃料路径氢燃料电池汽车全生命周期环境影响评价。

氢燃料电池商用汽车未来增长空间大、减排潜力高。2022年，全球加氢站数量为814个，同比增长18.8%。2022年，国内氢燃料电池汽车产销量分别为3626辆和3368辆，同比分别增长104.1%和112.3%。长期来看，氢燃料电池汽车增长能够帮助实现交通领域的减排。《氢能产业发展中长期规划》中提出，2025年中国氢燃料电池汽车保有量将达到10万辆左右、加氢站1000座，2030年燃料电池汽车将达到100万辆左右、加氢站5000座，有望实现二氧化碳减排100万—200万吨/年（见图26、图27）。

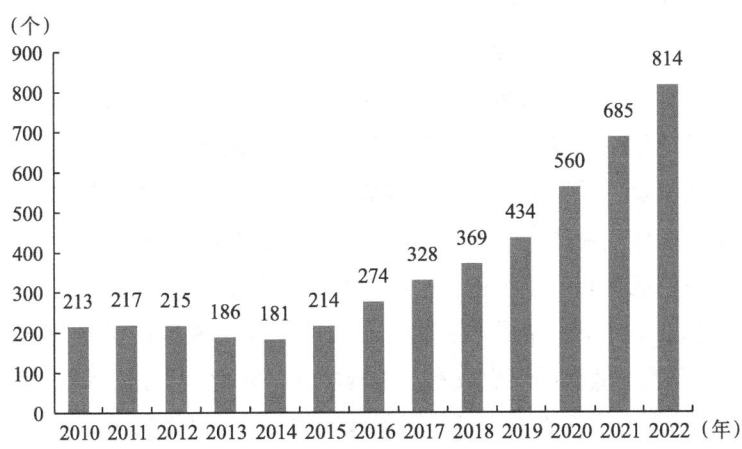

图26 全球加氢站数量

资料来源：Wind。

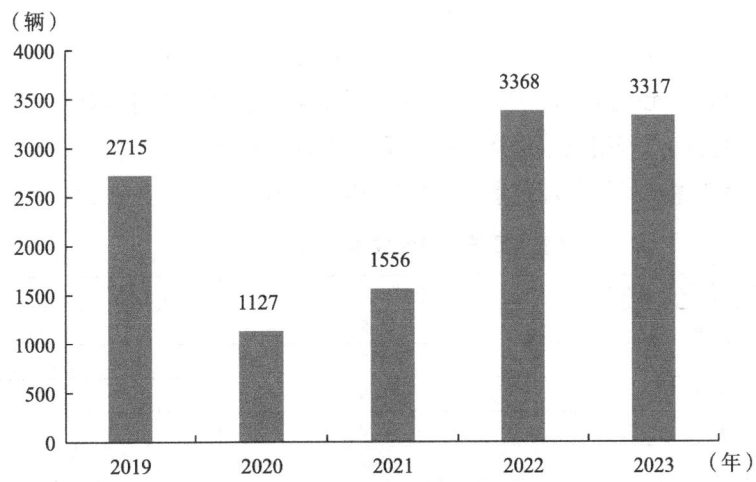

图27 中国氢燃料电池车年度销量（截至2023年10月）

资料来源：中国汽车工业协会。

(二) 中国具备成为氢能期现货交易中心的潜力

1. 中国制氢禀赋高且潜在降本空间大

(1) 现阶段我国制氢成本处于世界洼地水平。中国煤炭、风光资源丰富,制氢禀赋优异。世界能源委员会数据显示,2022 年中国煤炭产量达到 4.56 亿吨,占全球煤炭总产量的 51.8%;而根据国家统计局数据,山西、内蒙古、陕西、新疆四省(自治区)原煤产量占全国产量超 80%,西北地区丰富的煤炭资源保障了煤制氢原料供应的稳定与成本的低廉。我国同样是全球太阳能资源最丰富的地区之一,根据国家能源局的分类,西北地区多数属于太阳能辐射等级最丰富带或很丰富带,未来有多个风光大基地建设规划,电解水制清洁氢发展空间同样广阔。

中国全类型制氢的平准化成本处于世界洼地水平,为我国未来氢能产业发展奠定了良好基础。氢能生命周期平准化成本(Levelized Cost of Hydrogen,LCOH)指对项目生命周期内的成本和产氢量进行平准化后计算得到的发电成本。根据国际能源署的测算,在基准条件下,中国的氢能生命周期平准化成本在世界中处于低位。从图 28 中可知,得益于低廉的煤炭成本,中国华北、西北、西藏、华东部分地区制氢成本接近 1.5 美元/千克,为世界最优制氢地区之一[①]。绿氢的生产成本目前仍显著高于灰氢,但随着用电成本的下行,绿氢具备较大的降本空间。

(2) 绿氢未来降本空间巨大。绿氢生产成本对电价变化十分敏感。从成本结构来看,电耗成本占绿氢生产成本的 50% 以上,因此按目前的电价测算(0.4—0.6 元/千瓦时),碱性电解制氢的单位生产成本约为 27.6—38.8 元/千克,质子交换膜电解制氢的单位生产成本约为 30.4—40.4 元/千克,单位成本远高于灰氢,略高于蓝氢。若用电单价下降至 0.2 元/千瓦时,绿氢单位生产成本与天然气制氢基本打平,经济性方面较蓝氢已相对占优;若用电单价降至 0.1 元/千瓦时,则绿氢单位生产成本可接近煤制氢成本,综合考虑碳税等外部因素,绿氢经济性优势或进一步显现(见表 14)。

表 14　　　　　　　　绿氢主要技术路线成本对比(按电费)

用电单价(元/千瓦时)	碱性电解(元/千克)	质子交换膜电解(元/千克)
0.6	38.8	40.4
0.5	33.2	35.4
0.4	27.6	30.4
0.3	22.0	25.7
0.2	16.4	20.6
0.1	10.8	15.6

资料来源:CNKI。

[①] IEA, 2023, Levelised Cost of Hydrogen Maps.

我国新能源装机量大幅上行，电价中枢或长期下移。随着新能源装机及发电占比逐步增加，市场上边际成本为零的新能源电力将逐渐增多；同时由于新能源发电的波动性，当天气良好时，市场上新能源电力将超出需求，带动整体电价下行，或出现弃电现象。从图29的走势中可以观察到德国及法国的光伏上网收益"捕获比例"在从2018年至今重心逐步下行。（捕获比例指新能源机组能够在电力市场中获取的收益百分比，如在100欧元/兆瓦时的电价下，80%的捕获比例代表新能源机组能够以80欧元/兆瓦时的价格售出电力）。

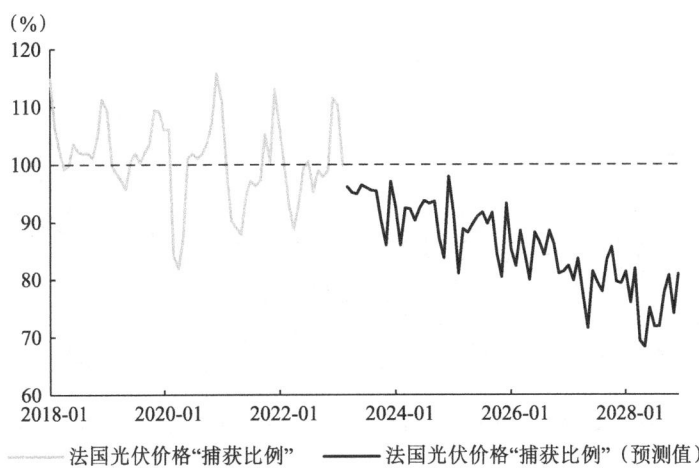

图28　法国光伏价格"捕获比例"趋势

资料来源：路透。

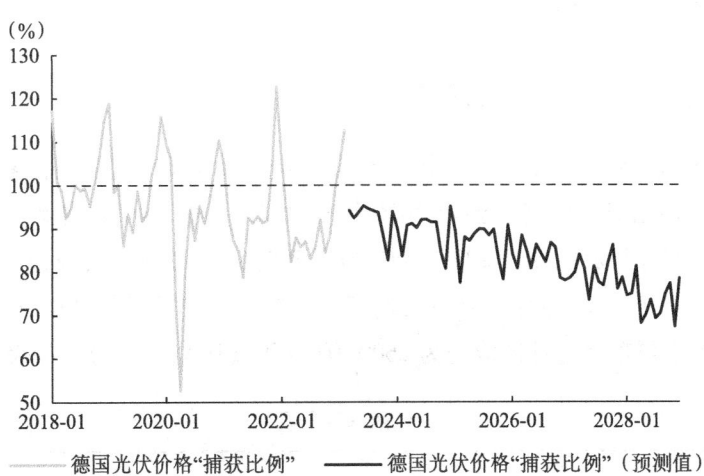

图29　德国光伏价格"捕获比例"趋势

资料来源：路透。

长期电价下行将推动绿氢成本下降，并具备与传统能源竞争的潜力。图30展示了

2016—2023年各类型及地区能源的单位热值价格（美元/百万英热），如天然气、汽油、煤炭、取暖油等。按照上文对未来绿氢成本的测算，在只改变电价成本的情况下，当制氢电价为0.3元/千瓦时，绿氢成本将低于2021—2022年能源危机期间的天然气价格；当制氢电价为0.1元/千瓦时，绿氢成本将低于汽柴油价格。与此同时，考虑到电解技术的进步，绿氢有望在未来实现低成本制取，与传统一次能源价格形成有效竞争。

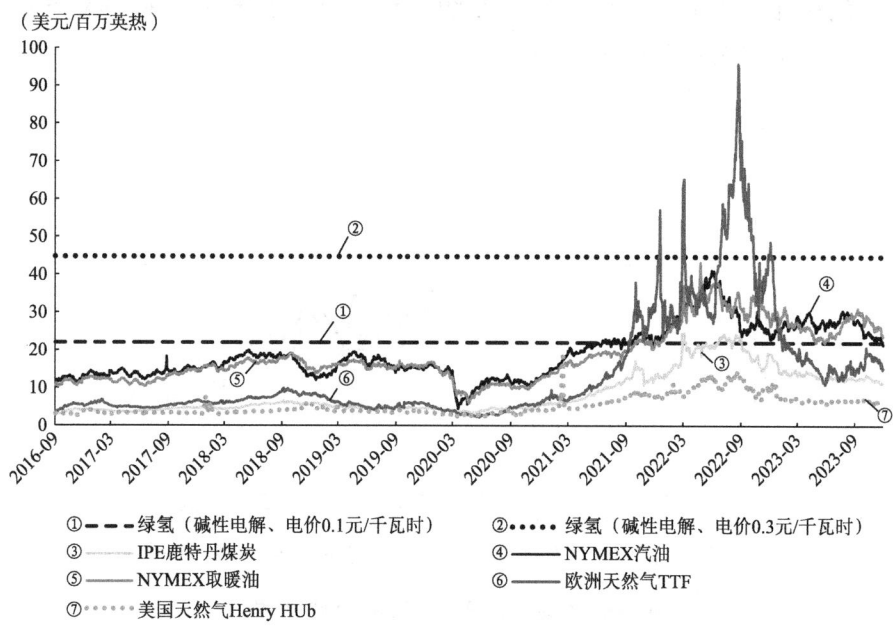

图30　全球主要能源品比价（绿氢电价成本按0.1元/千瓦时与0.3元/千瓦时测算）

资料来源：Wind，iFind，Bloomberg。

2. 中国有希望成为全球氢能贸易中心

（1）全球氢能贸易发展空间广阔。未来氢能贸易发展空间较大，多个出口项目将陆续上线。根据IEA统计，预计2026年全球每年出口240万吨氢气；2030年许多出口导向型产能投放，预计2029年到2030年计划出口产能大约翻一番，增加至600万吨至1200万吨氢气/年。考虑后期还有一些出口类项目投产，预计2030年之后，氢能相关出口项目合计产能约为2600万吨/年（IEA，2022）。如表15所示。

表15　　　　　　　　　　　预期氢能国际贸易量

时间	预期全球氢能贸易量	备注
2026年	240万吨	2030年之后包含2030年内预期完成项目1200万吨 + 2030年之后项目800万吨 + 潜在项目600万吨
2030年	600万吨至1200万吨	
2030年之后	2600万吨	

资料来源：IEA。

国际氢能贸易已具备经济性。以沙特阿拉伯为例，沙特阿拉伯新能源电价屡创新低。按沙特阿拉伯 AL Shuaiba 光伏项目发电价格作为基准测算，利用大规模碱水制氢技术（规模 2 万吨/年），合成氨规模 10 万吨/年，绿色合成氨成本 0.33 美元/千克（约 2190 元/吨），基本与化石原料制氨成本接近。根据全球氢能理事会模型，绿氢合成氨从沙特阿拉伯到荷兰鹿特丹港，考虑欧盟进口液氨关税 5.5%，绿氨到岸综合价格为 630—730 美元/吨（约合 4095—4745 元人民币/吨），远低于 2022 年欧洲 910 美元/吨的氨气价格（王紫星，2023）。如表 16、表 17 所示。

表 16　　　　沙特阿拉伯制绿氨船运至荷兰鹿特丹港价格测算

指标名称（单位）	费用
光伏平准化度电成本（美分/千瓦时）	1.04
制绿氢成本（美元/千克）	1.5
合成氨成本（美元/千克）	0.33
船运费（美元/千克）	0.3—0.4
到岸液氨成本（美元/千克）	0.6—0.7
欧盟关税（%）	5.5
综合成本（美元/吨）	630—730

资料来源：《氢能运输路径经济性分析及跨洋贸易展望》。

表 17　　　　内蒙古制绿色甲醇船运至日本制绿氢价格测算

指标名称（单位）	费用
光伏平准化度电成本（元/千瓦时）	0.16
制绿氢成本（元/吨）	1800
甲醇成本（元/吨）	3418
车运费+船运费（元/吨）	1450
甲醇到岸成本（元/吨）	4868
甲醇制氢成本（元/千克）	6.8
氢气成本（元/千克）	45

资料来源：《氢能运输路径经济性分析及跨洋贸易展望》。

传统能源出口国也在积极谋求氢气出口发展机遇。俄罗斯计划 2030 年前向中国、日本、韩国和德国每年供应 220 万吨氢气，占这些国家进口总量的 23%。澳大利亚把氢能贸易作为未来国际能源贸易的重要战略，预计未来每年的氢贸易额将达 17 亿美元。新西兰政府发布了《塔拉纳基氢气路线图》，把氢能贸易作为能源出口战略的一部分。预计 2030 年全球氢气出口规模达 1200 万吨/年，2025 年后氢能贸易量将明显增加，年均增长近 150 万吨/年，澳大利亚和中东地区将是其出口增量的主要地区。

(2) 中国具备氢能产业优势，利于提升国际氢能定价权。从成为重要氢能贸易节点区位选择的关键点来看，我们认为中国满足了以下三点要素，有望成为全球重要的氢能贸易定价中心。

第一，当前，我国具备充足制灰氢的化石燃料资源。在绿氢成本尚未达到大规模商业化的条件下，氢能主要制备及需求主要为灰氢及蓝氢。仅从成本来看，煤炭制氢能够比天然气制氢低30%左右。我国丰富的煤炭资源及庞大的煤化工产业将帮助我们成为全球最大的氢能供应国，2022年中国氢产量已经占全球近30%。

第二，长期来看，我国强大的清洁电力能为氢气电解提供能源动力。根据前文的分析，现阶段中国氢能全生命周期的平准化成本在全世界具备竞争优势；华北、西北、西藏、华东部分地区具有1.5美元/千克的制氢成本，处于世界最优制氢地区之一。与此同时，中国新能源装机规模将持续高速增长，绿电边际成本将持续下行。假设新能源电力的成本能够降低至0.1—0.2元/千瓦时，电解水制氢的成本能够降低至10—20元/千克，具备与化石能源及灰氢竞争的潜力。

第三，我国具备较完整的氢能产业链，且产业集群靠近港口，可显著贸易降低成本。目前，中国已经形成围绕长三角、珠三角、环渤海和川渝鄂四个氢能产业集聚区。具体而言，长三角地区以上海为中心，覆盖苏州、宁波、嘉兴、南通、六安等城市，区域高校集聚，研发实力雄厚。珠三角地区目前形成了佛山、广州、深圳三大氢燃料电池汽车创新核心区。环渤海区域以北京为轴，聚集多个业内领先的科研机构和龙头企业，形成了张家口、济南—潍坊、大连等几大产业集聚区。川渝鄂地区以武汉、成都、重庆三个城市为代表，集聚高校、科研机构资源和整车、造船相关企业资源（中国人民大学氢能产业与政策研究课题组，2022）。中国部分氢能相关企业见图31。

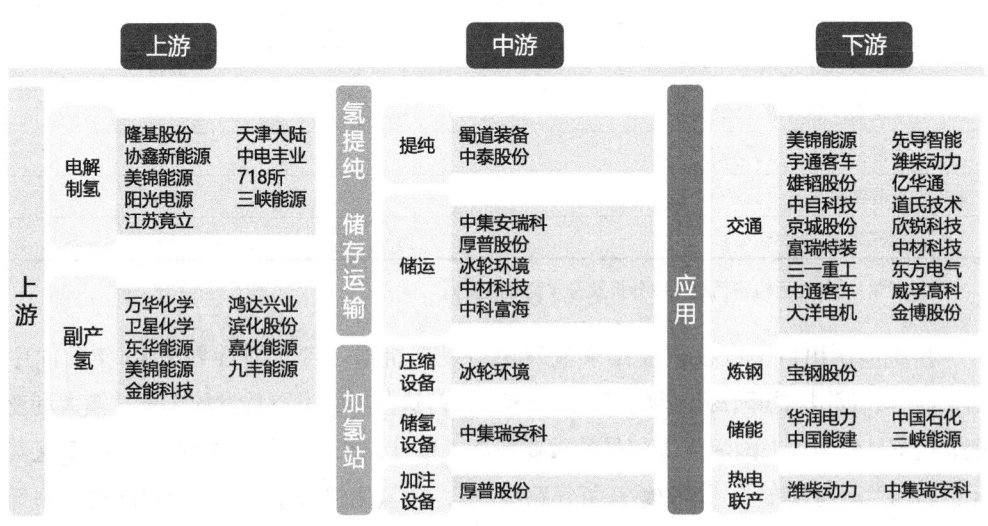

图31 中国部分氢能相关企业

注：上述企业仅作为展示用途，与本课题无关。
资料来源：网络公开资料。

五、氢能现货期货市场现状及痛点

(一) 氢能现货定价体系

1. 全球氢能价格指数

全球氢气交易及贸易市场仍处于初期阶段,尚未形成主导性的定价机制。以 2022 年为例,全球氢能消费仅占全球一次能源消费的 2.2%,贸易量不足天然气贸易量的四百分之一,应用场景局限于传统化工的个别领域,市场参与者较少,尚未形成具有主导性的定价机制。部分国家和组织开始尝试构建氢能价格体系,引导氢现货贸易形成。

(1) 标普氢气价格评估体系。2019 年底,标普建立全球首个氢气价格评估体系,该体系以不同生产方法对全球 10 个区域的氢气价格进行梳理①(见图 32)。其中,统计的生产方法包括:蒸汽甲烷转化(Steam Methane Reforming,SMR)、质子交换膜电解(Proton Exchange Membrane Electrolysis,PEM)、碱性电解(Alkaline Electrolysis)、自动热转化(Auto Thermal Reforming,ATR)、煤气化(Coal Gasification)和褐煤气化(Lignite Gasification);统计的区域包括美国 10 个区域、加拿大阿尔伯塔、荷兰、日本、英国、澳大利亚 6 个区域以及中东的沙特阿拉伯、阿联酋、阿曼、卡塔尔;成本核算包括生产成本以及生产成本+资本支出两种口径,其中,生产成本主要使用当地每日气价、电价以及碳价计算。

图 32 标普氢气价格指数

资料来源:S&P Global。

---

① S&P Global, https://www.spglobal.com/commodityinsights/en/our-methodology/price-assessments/energy-transition/hydrogen-price-assessments.

（2）德国氢能现货价格指数（Hydex）。2021年3月，E-Bridge发布了以德国氢气生产边际成本为基础定价的Hydex氢现货价格指数（见图33）。该指数基于三种常见制氢工艺，价格评估中参考了每日电价、天然气价格以及碳价等：Hydex Green体现电解槽制氢的边际成本，电价参考目前市场，此外需要绿电证明；Hydex Blue展示蒸汽转化制氢的边际成本，可变成本包括天然气价格、CCS成本以及天然气管网运输费；Hydex Gray主要描述灰氢的边际成本，该指数同样包括天然气采购及运输成本，以及当前欧盟排放交易体系（EU Emission Trading System）的排放成本。此外，该组织还提供更有利于投资决策的HydexPlus价格指数，该指数在Hydex基础上综合考虑了投资成本、运营成本、转换效率、可利用小时数等，是更为全面的成本指数（见图34）。

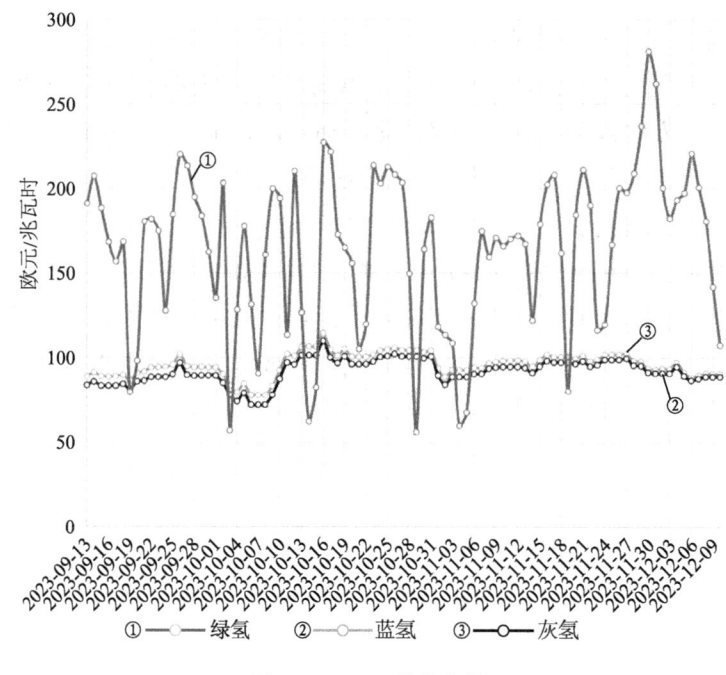

图33　Hydex价格指数

资料来源：Hydex官网。

（3）荷兰氢价格指数（Hyclicx）。2023年6月，荷兰HyXchange发布了用于估算荷兰氢气边际生产成本的氢价格指数HYCLICX[①]。早在2019年，荷兰政府气候协定便强调氢能在"双碳"目标中的重要地位，2020年9月荷兰能源网络运营商联合荷兰四个港务局开始了氢气交易所的探究及布局，其中就包括氢价格指数的编制工作。HYCLICX参考了德国Hydex指数的编制方法，由可变价格与固定运营成本构成。

---

① HYCLICX, https://hyxchange.nl/hyclicx/.

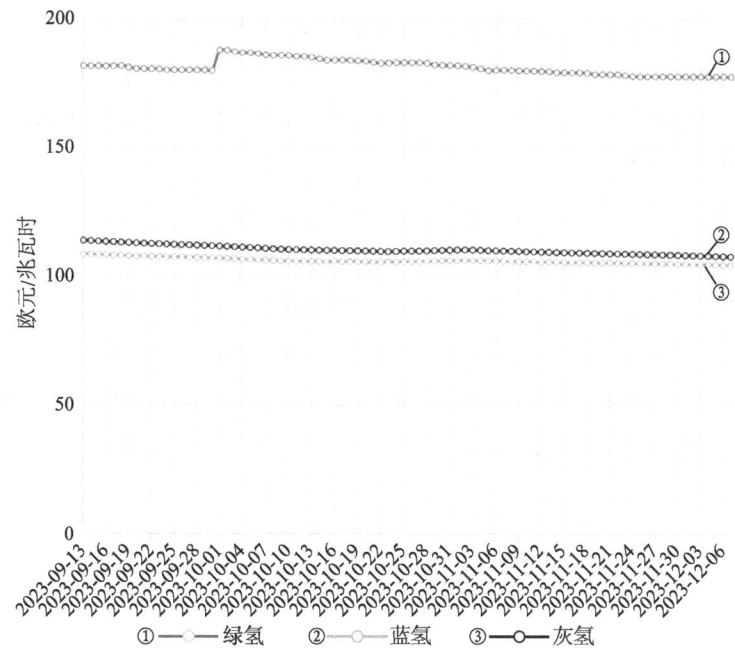

图 34　HydexPlus 价格指数

资料来源：Hydex 官网。

可变价格包含电价成本及水成本，其中电价成本与每小时电力现货价格及碳成本挂钩，反映了可再生能源电解水制绿氢的边际成本（见图35）。

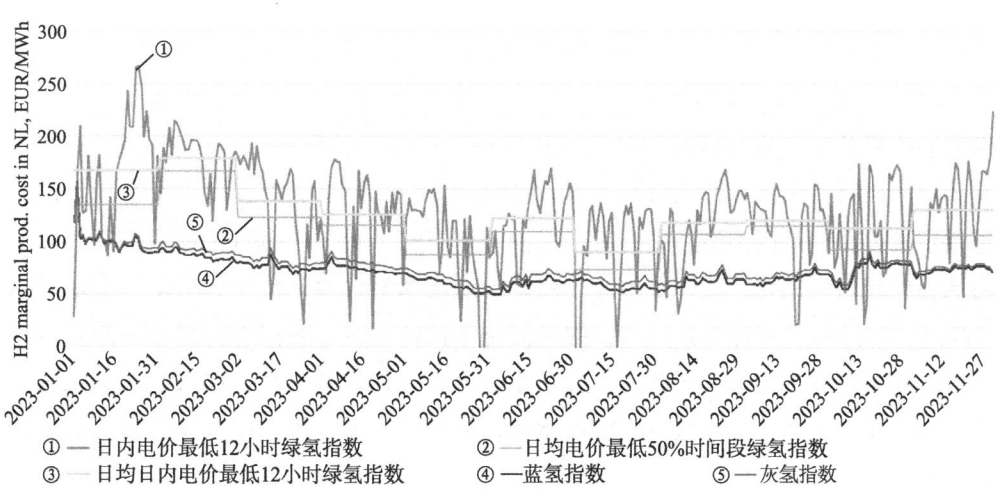

图 35　荷兰 HYCLICX 价格指数

资料来源：HyXchange。

HYCLICX 的设计更顺应绿氢及氢能调峰应用趋势。HYCLICX 主要提供日度及月度两种频率指标：HYCLICX green 12h 选择挂钩每天 0—6 时和 11—17 时（电价最便宜时间段，时间段固定）电价计算边际成本；HYCLICX green best 50% p. month 和 HYCLICX green 12h monthly AVG 为月频，前者使用当月内前 50% 便宜的小时电价计算用电可变成本，后者则为 HYCLICX green 12h 的简单平均；同时提供蓝氢和灰氢边际成本作对比。

（4）欧洲氢能指数（HYDRIX）。2023 年 5 月，欧洲能源交易所（European Energy Exchange）发布首个全球"市场化"氢能指数（HYDRIX）[1]，成为首个依据氢气供需市场变化来定价的价格指数。定价依据由单一供应端定价逐步转供需共同定价。由于尚未出现成体系的氢能交易所和场外交易市场，HYDRIX 主要根据双边供应合同的价格采集数据：市场参与者向 EEX 提供已报价或已签订的氢气价格，EEX 根据报价的供需均值每周计算出 HYDRIX 并对外发布（见图 36）。

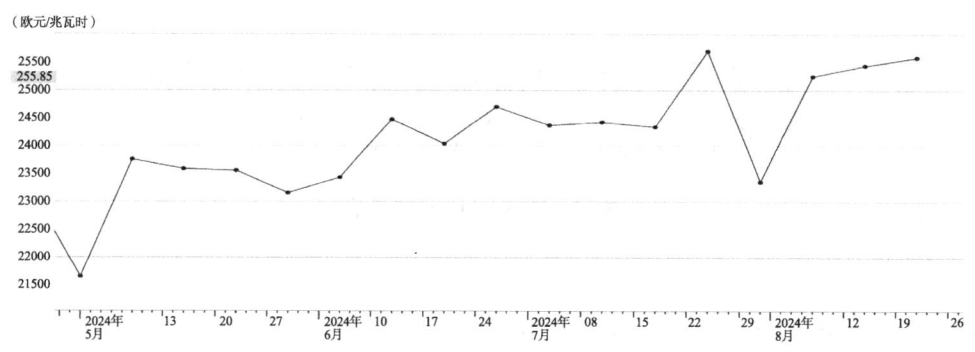

图 36　HYDRIX 价格指数

资料来源：欧洲能源交易所。

（5）中国氢价指数体系——长三角氢价格指数。2022 年 9 月，上海环交所、上期所、上海长三角氢能研究院联合发布中国氢价指数体系——长三角氢价格指数，是国内第一个反映主要产氢区综合情况的系列价格指数[2]。指数的研发参考了国际通用定价模型以及同类型产品的价格指数编制方法，分析了氢价格形成机理、充分考虑各区域氢气补贴政策以及中国的碳定价制度对氢气生产成本的影响，实现了氢气定价与碳排放价格挂钩。此后，中国氢价指数体系进一步扩容，纳入唐山氢价格指数，我们预计中国氢价指数还会进一步扩容，增加样本容量，如编制并纳入京津冀、珠三角、成渝等重点区域氢价格指数，最终将形成完整的中国氢价格指数体系（见图 37）。

（6）中国氢价指数。2023 年 3 月 28 日，中国氢能联盟、广州期货交易所和北京绿色交易所联合发布"中国氢价指数"，是第一个全国性的氢能价格指数（广期

---

[1]　EEX, https://www.eex-transparency.com/hydrogen.
[2]　上海环境交易所，2022, https://www.cneeex.com/c/2022-08-16/493027.shtml.

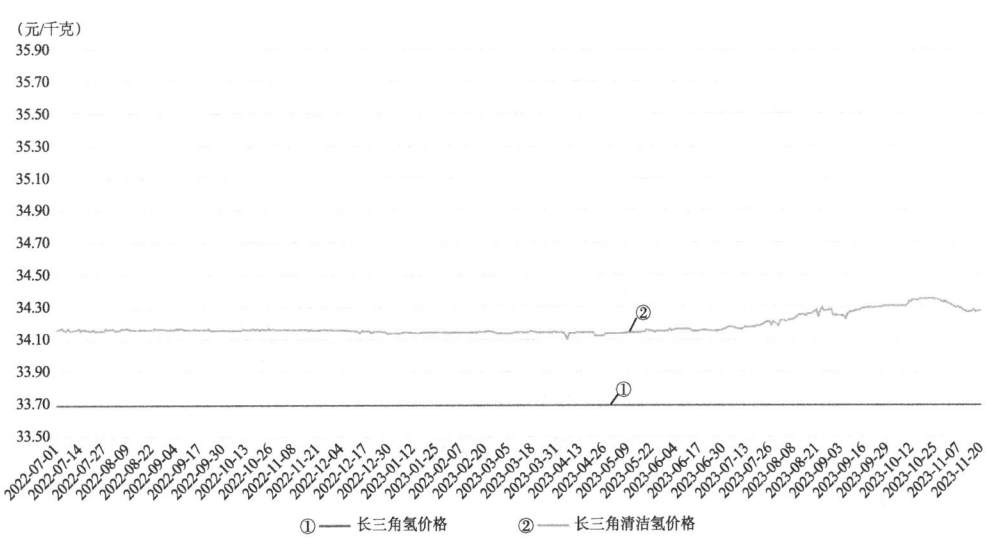

图 37　长三角氢价格指数

资料来源：上海环境能源交易所。

所，2023）。该指数能够统计、跟踪和评估全国氢能价格，客观呈现全国及不同区域、多品类氢能价格变化趋势，及时反映各类氢能生产成本和市场价格，以增强氢能市场价格发现能力、推动完善氢能市场体制机制、服务氢能项目评估体系建设、促进氢能产业绿色发展（见图38、图39）。

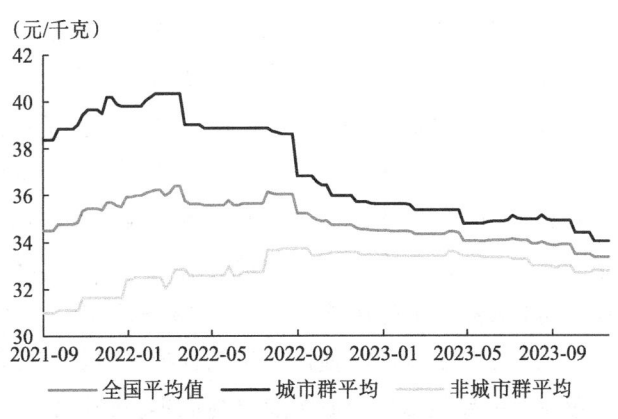

图 38　中国氢气（生产侧）价格

资料来源：中国氢能联盟研究院（2023）。

综合来看，当前现有氢能价格体系呈现了以下特点：（1）多以成本加成法编制；（2）存在原料成本计算及完全成本计算两个版本；（3）重视绿氢，开始纳入碳排放成本；（4）初步出现定价自生产侧成本核算向供需定价转移的趋势。

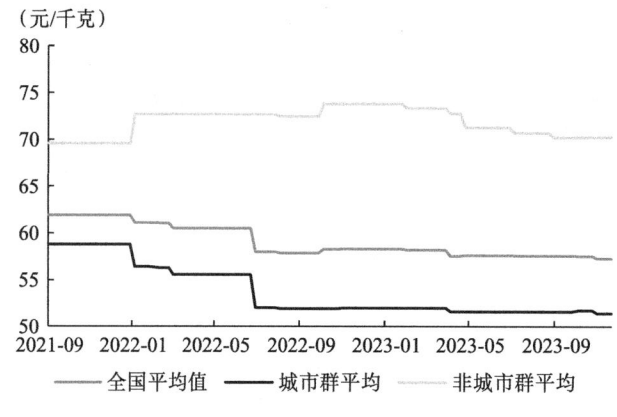

图39 中国氢气（消费侧）价格

资料来源：中国氢能联盟研究院。

2. 影响氢气价格的主要因素

目前市场尚未形成成熟的氢能贸易体系，国内外氢能现货的定价主要关注成本侧。当前我国主要的制氢方式仍然是化石燃料重整制氢，因此氢价主要根据成本加成或询价方式形成（安麒，2022）。用气端成本主要包括制氢成本、储运成本和加注成本。

（1）制氢成本。

①化石燃料重整制氢（煤制氢、天然气重整）。原料成本是化石燃料重整制氢成本的主要影响因素，规模化生产是控制成本的有效途径。煤制氢具有更好的资源禀赋，但仍需规模化发展以分摊较高的一次装置投资额：在大规模制氢条件下，当煤价在200—1000元/吨时，煤制氢成本约为6.77—12.14元/千克，其中，煤炭成本占比在50%—80%不等，氧气价格及建设投资占有次重比例。国内天然气资源供应有限，且含硫量较高增加处理成本，因此天然气制氢成本及波动幅度均高于煤制氢，在天然气价格介于1—5元/立方米时，天然气制氢（蒸汽重整法）的成本约为7.5—24.3元/千克，其中天然气原料成本的占比达70%—90%[①]（见图40、图41）。

②工业副产氢。工业副产氢的原料使用、工艺选择、粗氢纯度及提纯方法等方面都会对成本产生影响，主要包括生产成本及提纯成本。轻烃裂解及氯碱电解装置原料及燃料主要使用更贵的烷烃、原盐及电，因此生产成本明显高于以煤为原料的焦炉煤气和合成氨与合成甲醇。从提纯角度，副产粗氢纯度更高的工艺提纯成本更低。据研究，原料气的含氢量要超过50%，生产才有经济性，所以粗氢浓度更高的PDH、乙烷裂解和氯碱副产氢在提纯环节更具经济性优势（赵运林、曹田田、张成晓、林伟，2022）（见表18）。

---

① 中国电动汽车百人会，2022，中国氢能产业发展报告2020.

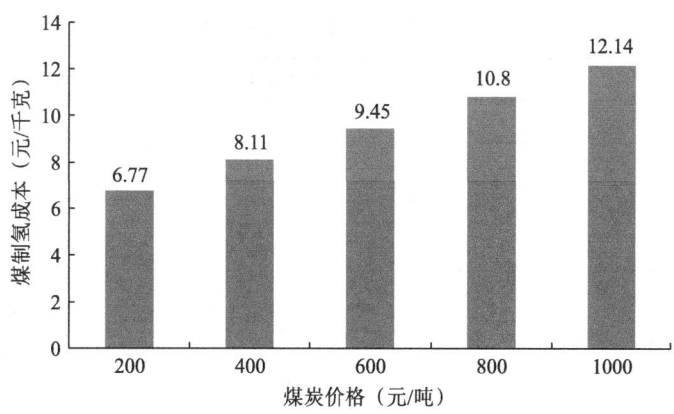

图 40 煤炭制氢成本对比

资料来源:《中国氢能产业发展报告 2020》。

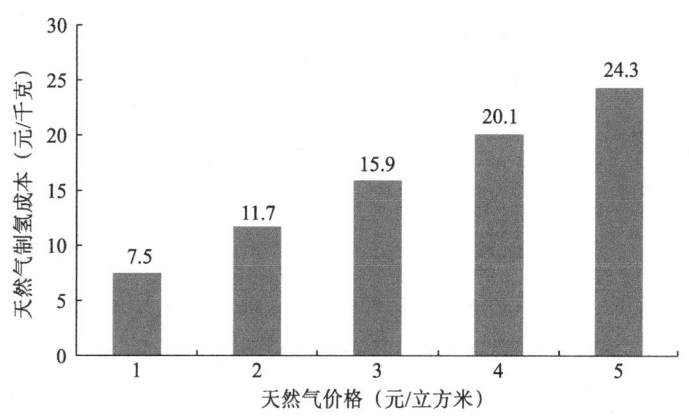

图 41 天然气制氢成本对比

资料来源:《中国氢能产业发展报告 2020》。

表 18 工业副产氢成本测算

指标	PDH	乙烷裂解	氯碱离子膜电解	焦炉煤气	合成氨与合成甲醇
副产粗氢纯度（%）	99.8	95	99.99	44	18—55
生产成本（元/千克）	11.23－14.61	12.36－14.61	12.36－15.73	－	8.99－16.85
提纯成本（元/千克）	2.81－5.62	2.81－5.62	1.12－4.49	－	5.62
综合成本（元/千克）	14.04－20.23	15.17－20.23	13.48－20.22	9.33－14.94	14.61－22.47

资料来源:《中国氢能产业发展报告 2020》。

③电解水制氢。根据电解槽隔膜材料不同，通常将电解水制氢分为碱性（ALK）、质子交换膜（PEM）、阴离子交换膜（AEM）以及高温固体氧化物（SOEC），其中仅碱性水电解和质子交换膜水电解实现商业化运行，故本篇重点分析这两种（见表19）。

表19　　　　　　　　　　　绿氢主要技术路线成本对比

指标	碱性电解	质子交换膜电解
设备与土地费用（万元）	1000	3000
年折旧费（万元/年，按20年）	50	150
人工及运维成本（万元/年）	40	30
水耗（吨/标方）	0.002	0.002
用水单价（元/吨）	5	5
电耗（千瓦时/标方）	5	4.5
用电单价（元/千瓦时）	0.4	0.4
生产效率（标方/小时）	1000	1000
年产量（万标方，按2000小时）	200	200
单位折旧（元/标方）	0.25	0.75
单位运维成本（元/标方）	0.2	0.15
单位水耗（元/标方）	0.01	0.01
单位电耗（元/标方）	2	1.8
单位生产成本（元/标方）	2.46	2.71
单位生产成本（元/千克）	27	30

资料来源：CNKI。

电解水制氢70%—90%的成本是电费，因而电价极大地影响着绿氢价格。折旧及运维为余下主要费用，故装机规模与设备利用率同样影响单位制氢成本。根据测算，碱性电解单位生产成本为27元/千克左右，当中电耗成本占比在80%左右，折旧成本占比在10%左右，运维成本占比在8%以上，水耗占比基本可以忽略。质子交换膜电解单位生产成本为30元/千克左右，电耗成本占比在68%左右，折旧成本占比在28%左右，运维成本占比在4%左右，电耗依然是成本最大头，但由于设备成本较高，折旧成本占比显著抬升（势银绿氢产业蓝皮书，2023）。

控制电力成本是绿氢降本的主要途径。若电价下降至0.2元/千瓦时，碱性电解制氢的单位生产成本将下降至16元/千克左右，与天然气制氢成本基本持平。随着光伏风电度电成本的持续下降以及电解效率的提升，绿氢生产成本有望逐步接近甚至低于煤制氢成本（见图42）。

未来碳价也将成为影响氢能成本与价格的重要因素。为了实现低碳排放，化石能源制氢或需要叠加碳捕集利用与封存技术（CCUS）。传统煤制氢配合CCUS可将单位制氢碳排放量降低80%—90%，但对应将增加130%左右的运维成本及5%的燃料成本与资本开支，折合成本将上升约12.3元/千克，增幅超100%。天然气制氢过程中使用CCUS带来的额外成本大约在5—6元/千克，增幅超20%。综合来看，CCUS的配套使用使得化石能源制氢成本大幅增长。若考虑对非绿氢使用碳配额制

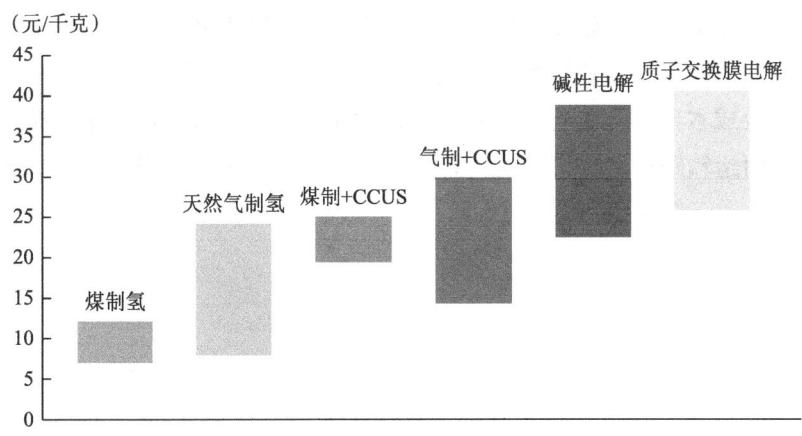

图42　氢气成本对比

资料来源：公开资料整理。

度，基于最新全国碳价，非绿氢也会增加1—3元/千克的碳排成本。

（2）储运成本。

我国氢气运输主要包含中短距离的气氢拖车、液氢槽车以及超长距离的输氢/掺氢管道。其中20—30兆帕气管拖车为最成熟的运输方式，液氢主要应用于航空航天领域，现有管道输氢均为短距离建设案例，技术可行，但尚未投入大规模商业使用。

①高压储运氢。高压气氢储运成本可分为压缩成本和运输成本，主要成本项可细分为电费、人工费以及燃油费。据测算，以20兆帕长管车为例（见图43），增压成本为2.67元/千克，占比20%—30%，其中压缩电费为压缩环节主要成本项；50—250公里匹配的运氢成本为4.97—8.76元/千克（徐文斌，2023），其中，人工费及油费为运氢环节主要成本项。此外，随着压力的增加，同距离单吨高压气氢的储运成本也将下降（闫喻婷，2021）。

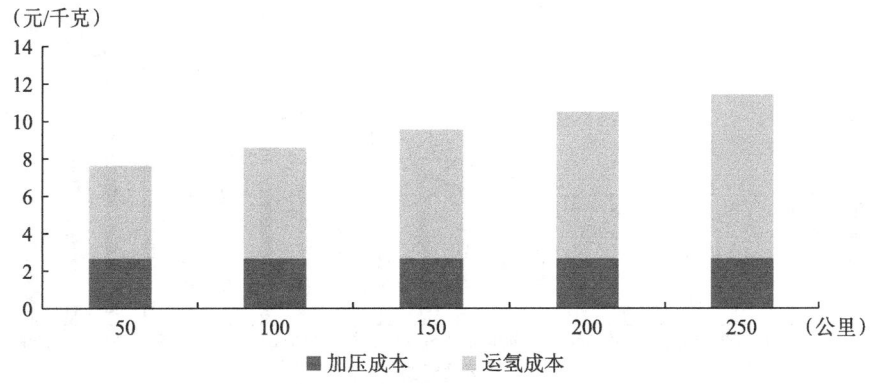

图43　20兆帕高压气氢储运成本

资料来源：《高压氢和液氢储运氢能耗及成本分析》。

②液态运氢。低温液氢储运成本主要包括液化成本及运输成本，其中液化成本占比超七成。据测算，以4000千克液氢槽车为例，蒸发损耗不及0.005元/千克，

占比极低可忽略不计；液化成本为 9.66 元/千克，占比达 70%—90%，液化电费为主要成本项；50—1000 公里匹配的运氢成本为 0.86—3.98 元/千克，其中，油费为运氢环节主要成本项，但在全流程成本中占比不足 6%，远不及液化电费，因此液氢运输成本对运输距离的敏感度较气氢更低。随着液化工厂规模的扩大，预计未来单位液化成本将下降（见图 44）。

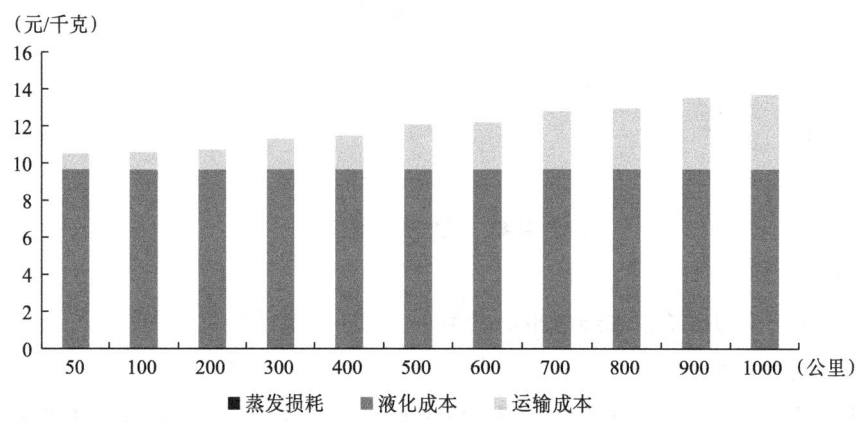

图 44 −253℃低温液氢储运成本

资料来源：《高压氢和液氢储运氢能耗及成本分析》。

③管道输氢。管道输氢效率最高，成本主要为高额投资导致的高折旧费，且受管道利用率影响较大。假设 10 万吨年输氢量、100% 运能利用率，50—1000 公里内运输成本在 0.8—4.66 元/千克，陆上车运输成本较前二者明显降低。拆分成本来看，管道及压气站折旧费为最主要成本项，占比最高可达 75%，其次为固定成本电费，其占比随着运距的增加而下降，最后为管道维护费。随着管道利用率的降低，氢气运输量下降将导致单位运氢成本大幅抬升（见图 45、图 46）。

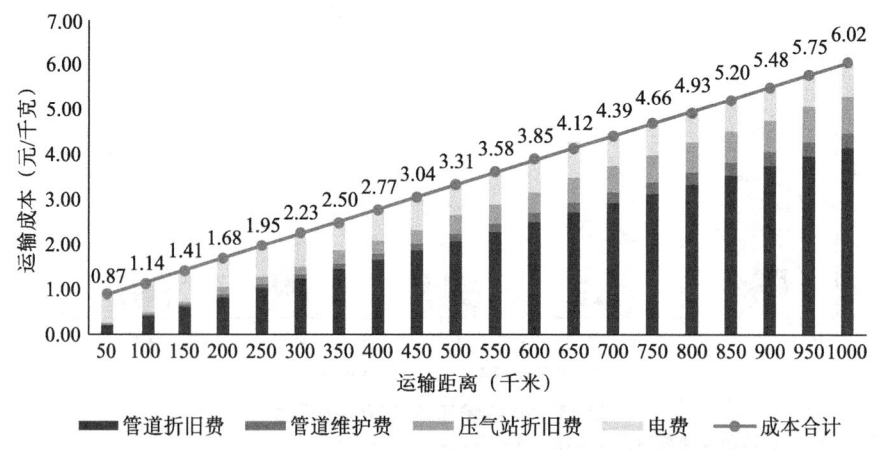

图 45 100% 产能利用率下管道输氢运氢距离与成本间关系

资料来源：《氢气储运方式的经济性对比研究》。

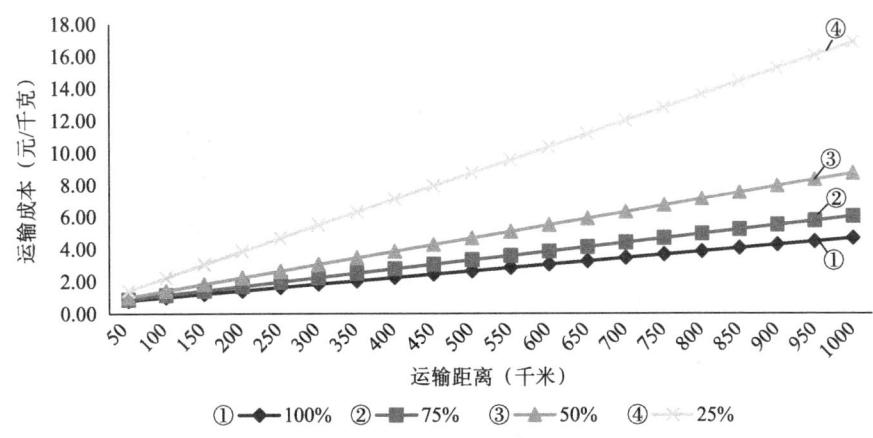

图 46 不同管道利用率运输距离与运输成本对比分析

资料来源：《氢气储运方式的经济性对比研究》。

综合来看，在所有运输方式中，降低能耗电费都是降低储运成本的重要途径；此外，陆上车运成本还受运输距离、人工成本与油费影响；高折旧摊销特性下，规模效应对管输运氢成本影响极大。

（3）加氢成本。

加氢站建筑投资与产能利用率受成本扰动明显，因此加氢规模化是降本增效的重要途径，此外降低人工及用能成本也十分关键。加氢站站内成本主要涉及建设成本与运营成本。据测算，以一座加注能力500千克/天的固定式加氢站为例计算，在保证盈亏平衡的前提下，加氢站的终端售价还需要在到站前序环节基础上增加约13.95元/千克的运营成本：其中包括36%的固定资产折旧、32%的人力成本、22%的用电成本以及10%的维护成本[①]。此外，不同类型加氢站随着技术的升级，盈亏平衡成本逐步增加，最高可达21.74元/千克（霍天晴、刘家璇、李东、刘奇峰、王斌、杨福胜、吴震、方涛、张早校，2022）（见图47、图48）。

（二）建立氢能期货市场中的前期准备

虽然目前我国氢能市场还处于发展的初级阶段，但在可预见的未来，氢能市场必将逐步加速，成为我国能源体系中重要的组成部分。期货等衍生品工具可以发挥价格发现、风险对冲、套期保值等功能。因此，建立配套的氢能期货市场将有助于提升氢能现货市场有效性，促进氢能产业发展，服务氢能产业链相关实体企业，推动我国能源转型。在建设氢能期现货的市场的过程中，我们建议在以下几个方面做出更多的工作。

---

① 中国电动汽车百人会，2022，中国氢能产业发展报告2020.

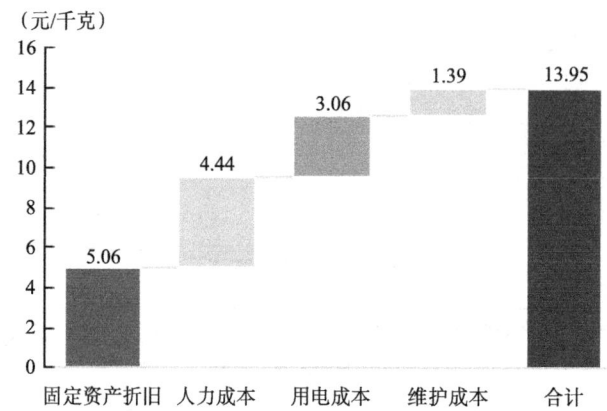

图 47　加氢站运营成本折算到氢气销售量的价格

资料来源：中化石油勘探开发有限公司，车百智库。

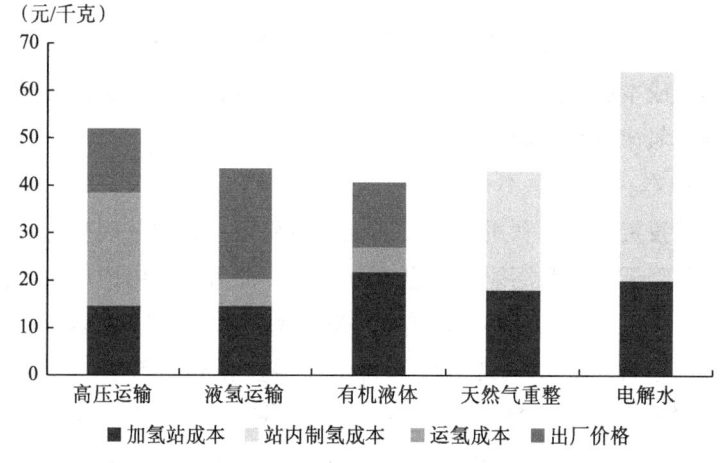

图 48　不同技术加氢站成本拆分

资料来源：《平准化成本的加氢站供氢路径分析比较研究》。

1. 推动技术进步，助力商业推广

部分氢能产业链技术发展仍需加快。面对当前氢能产业链环节的技术瓶颈，要充分发挥龙头企业的创新引领作用，加快攻克低成本制氢、氢能储运、燃料电池等关键核心技术，让氢能市场得以规模化发展，降本增效（见表20）。

表20　我国氢能产业链与国外差距较大的关键技术

产业链	技术发展趋势预判	技术研发方向
制氢	短期：化石能源制氢+CCUS技术 中长期：可再生能源电解水制氢技术	氢气提纯技术、CCUS技术；研发降低铂系金属载量的新型催化剂、质子交换膜等材料、高效大功率碱水电解槽设备；发展生物制氢和太阳能光解水制氢技术

续表

产业链	技术发展趋势预判	技术研发方向
储运氢	短期：高压气态储氢 中长期：低温液态储氢、固体储氢、有机液体储氢、复合储氢技术	提高储氢密度、降低能耗成本、提高有机液体储氢脱氢效率。研发70兆帕高压储罐、氢气压缩机、液氢泵、氢气液化装备；碳纤维和碳纳米管等碳质储氢材料；发展有机氢化物储氢技术，探索复合储氢技术
	短期：高压气氢拖车 中长期：管道输氢、有机液体管道输氢	研究高性能的管材，发展管材评价技术、氢的泄漏与全程监测技术、氢气压缩技术等
加氢	短期：35兆帕加氢站 中长期：70兆帕加氢站、液氢加注站	研发高压压缩机、加氢枪等设备，提高设备的稳定性与精度等；加强在加注安全、计量、过程控制、设备、建站设计及标准等方面的研究
应用	短期：石化、化工、燃料电池、钢铁冶金 中长期：天然气掺氢、储能、建筑、发电等	改进优化氢化工（石油化工加氢、合成氨、尿素、合成甲醇）技术，降低能耗、碳排放；研发氢冶金技术、天然气掺氢技术、高效储能技术；研发燃料电池轨道交通产品，分布式发电产品，微型热电联供系统等

资料来源：《中国氢能产业发展蓝皮书2023》（金正纵横，2023）。

2. 加快氢能基建，促进便捷用氢

基础设施建设的不断完善将促进氢能应用场景的推广。基础设施建设的补足将引入新行业、新需求进入市场，多元化玩家的扩充将进一步拓宽氢能产业多场景应用发展。

在加氢站方面，截至2022年底，我国累计建成310座加氢站，与2025年至少1000座的建设目标还有较大差距。此外，布局分散、建设成本高、建设审批流程复杂、归口管理不明确等问题还严重影响了加氢站的建设速度和运营状态，进一步影响燃料电池汽车的应用推广。

在输氢管道方面，我国目前仅有400千米的输氢管道，与美国2500千米和欧洲1569千米的输氢管道水平相比仍有较大差距，严重限制了我国氢能储运业务发展。较短的输氢管道和较少的天然气掺氢管网限制了西部绿氢向东输送的渠道（张涛、张旭，2023）。同时，输氢管道建设也面临着设计建造标准不明、建设成本过高等问题，这也是影响氢能基础设施发展的关键（霍天晴、刘家璇、李东、刘奇峰、王斌、杨福胜、吴震、方涛、张早校，2022）。

3. 完善产业标准，形成规范市场

当前国内氢能市场缺少一套系统的制储输用全产业链标准体系。氢气标准多样影响产业扩张效率，生产端主要是不同工艺之间存在差异导致产品纯度、杂质成分

标准不同，需求端主要是消费结构相对分散导致用氢标准差异。目前我国已经制定了与氢气/氢能相关的标准规范 100 余项，其中国标 80 项，行业标准 24 项，企业标准若干，但其内容较少涉及氢品质、储运、加氢站和安全等技术标准。例如，当前可再生能源制氢、液态储氢、工业用绿氢等新型氢能领域的技术工艺、装置设备及生产运营环节的行业标准仍然存在不明确不清晰的问题。因此健全国家行业标准来规范氢能行业市场是产业健康发展的关键。

2023 年 7 月 19 日，国家标准委、国家能源局等六部门联合印发《氢能产业标准体系建设指南（2023 版）》，该指南的发布可以有效发挥标准对氢能产业发展的基础性、战略性、引领性作用，能够促进氢能产业高质量发展。近几年，区域性、全国性氢气价格指数陆续发布，涵盖不同碳排、不同纯度产品，并自生产端向消费端定价过渡，随着政策加码、产业发力，氢能市场规模持续扩大、市场化程度日益增进，形成统一标准以及一致定价体系的氢能市场指日可待。

4. 氢碳耦合定价，凸显绿色价值

氢能蕴含的绿色价值尚未被完全发现。目前不同类型氢能商品之间的生产成本差距过大，例如，灰氢的成本约 10 元/千克，而绿氢的成本在 30 元/千克，但不同生产类型的氢气在消费端实际用途中差距较小。若不对氢气供应链的碳足迹进行测算，或不对灰氢与绿氢之间的碳排放差距进行价值认定，那么中短期内绿氢相对灰氢缺乏经济性，将限制以氢能为绿色能源转型重要抓手的作用。我们建议将氢能产品的定价标准与碳市场进行耦合，以增强其绿色价值的发现。

氢气清洁等级可通过跟踪氢气供应链碳足迹以及核算全流程碳排放的方式来认证。以化石能源为直接原料制氢的过程中，重整、热分解及气化制氢的环节均产生碳排放。通过综合对比煤气开采运输、甲醇生产、制氢三阶段，在典型制氢工艺的生命周期中，我们发现碳排放量由大至小依次为甲醇制氢（煤炭为原料）、以火电为主的电解水制氢、煤制氢、甲醇制氢（天然气为原料）、天然气制氢、光伏发电电解水制氢、风电电解水制氢（见图 49、图 50）。

六、氢气期货合约初步方案设计

（一）氢气期货合约设计思路

尽管目前液体氢气的应用比例尚低，但考虑到未来氢能储运技术的长期发展，以及气态氢气货值较低等因素，我们认为氢气合约设计可参照国内外液化石油气（LPG）和液化天然气（LNG）合约。（1）物理形态相近。氢气与 LPG、LNG 均为

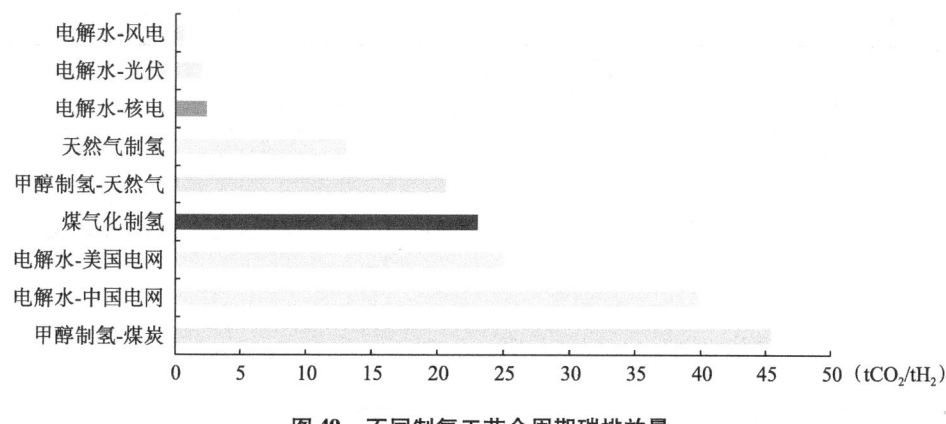

图 49　不同制氢工艺全周期碳排放量

资料来源：《典型制氢工艺生命周期碳排放对比研究》。

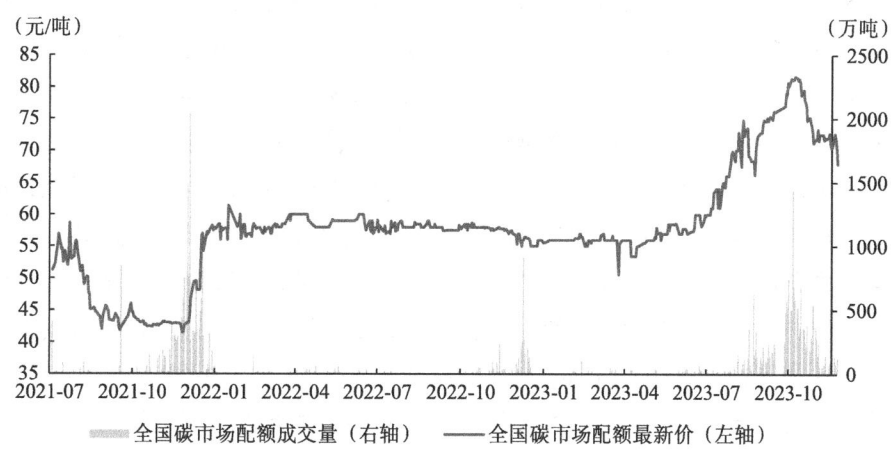

图 50　全国碳配额交易价格及成交量

资料来源：Wind。

能源品种，具有相似的物理性状、使用场景及品质划分要求。在物理性状上，室温状态下均为气态；为了储运及交割便利性，通常会加压或降温为液态。（2）应用场景重合。在终端消费中，行业应用存在较高重合度，三者主要用途集中于燃烧、取暖、化工及交通行业。（3）定价标准类似。在商品定价上，三者也都能够通过纯度进行划分，即针对主要成分设定最低标准或对杂质设定最高上限（见表21）。

表 21　氢气与液化石油气 LPG、液化天然气 LNG 的物理性质

指标	氢气	液化石油气	液化天然气
标压沸点	−252.87℃	−42℃	−162℃
室温状态	气体	气体	气体
常用商品形态	液体+气体	液体	液体

续表

指标	氢气	液化石油气	液化天然气
消费场景	交通、电力、化工、取暖		

资料来源：公开资料。

我们从合约标的选择、挂牌合约、交易时间、涨跌停板幅度及保证金、交易风险处置及交割方式等维度展开介绍。

1. 合约标的设计

（1）交易品种及交易代码。液氢更适合作为期货商品合约标的。主要出于以下几个方面考虑：①液氢更便于储存和运输。高压气态储氢质量密度1—5.7wt%，体积密度约合9.5—54.4千克/立方米；低温液态储氢质量密度5.1—10wt%，体积密度约合48.6—95.4千克/立方米（徐硕、余碧莹，2021）。因此在使用场景中，液氢密度远大于气氢，储运效率更高。②液氢储运成本低且计量误差小。据中国节能协会氢能专业委员会统计：以上海地区为例，液氢管输成本最高为6元/千克，长管气氢拖车运输成本次之、为2.3元/千克，液氢运输成本最低为0.4元/千克；可直接称重计量的液氢计量误差在1%，远低于高压气氢使用压差法计量的3%（中国节能协会氢能专业委员会，2022）。③液氢的规模效应明显。液氢具有显著的规模效应，当规模扩大时，氢液化的能耗和单位成本将显著降低，当达到足够规模后将更具经济性（仲蕊，2023）。④LPG及LNG期货均选择液态资源作为交易品种。LPG的主要成分丙丁烷易液化，运销方式灵活度要求高，因此以装罐运输为主，配套管道设施布局少。天然气气态使用场景涉及民生保供，定价受政府管控，所以国内待上市的LNG期货合约锚定的是已实现市场化定价的液态天然气LNG。

建议设计液氢期货的交易代码设为HY。

（2）报价单位。液氢期货报价单位为元（人民币）/千克。液氢主要在国内生产和贸易，建议选择人民币元计价合约价值。合约单位应当充分考虑主要面向的投资者及生产应用场景，例如LPG报价单位为元/吨、LNG期货拟为元/百万英热。为符合液氢主要在国内生产和交易的需求，液氢期货报价单位为元/千克，考虑单手规模后，合约价值用"元"来表示总体规模。

（3）交易单位。建议将液氢期货合约交易单位设定为1000千克，即1吨，1手合约价值约3万元。主要原因包括两个方面。

一是交易单位适中，有利于全产业链企业参与，提高品种活跃度。对于产业投资者，1手1000千克的设置对于中小型企业相对友好，也可以方便产业客户选择交割规模；对于一般交易者，若以氢能单价30元/千克和10%的保证金计算，1手氢能期货价值3万元，需要约3000元的保证金，保证金门槛适中，有利于氢能期货活跃度提升。从持仓量的角度看，预计2030年我国氢气消费量将达到5000万吨，参考甲醇等能源化工品种，假设期货持仓占总消费量比重10%以内，则液氢期货总持仓量规模预计在500万手；参考LPG等，假设期货持仓占总消费量比重1%以内，则液氢期货总持仓量规模预计在50万手。因此，液氢期货1手1000千克的设置相对合理，随着氢气消费量上行，持仓量有望稳步提升。

二是合约价值接近甲醇尿素等能源化工品种。以30元/千克的价格计算，1手价值约为30000元，与甲醇、尿素等能源化工品种的合约大小接近。

（4）最小变动单位。合约最小变动单位设置为0.01元/千克。按照当前30元/千克的价格计算，达到一个停板的波动幅度5%，0.1元/千克的波动次数为15次，0.05元/千克的波动次数为30次，0.01元/千克需要波动150次。综合考虑，将液氢期货合约的最小变动价位定为0.01元/千克，最小变动单位/盘面价格比值约为万分之三，位于现有成熟稳定品种常见的万分之二至万分之五范围之间。

（5）标准品质量要求。建议选择纯度为99.99%以上的绿氢及蓝氢等作为标准品。考虑实际品种可获得性及生产工艺的碳排放影响，灰氢虽然生产成本低，但可以通过碳市场对超过清洁氢标准的部分碳排放进行征税。氢碳耦合实现了平衡绿氢与灰氢之间成本的功能，最终我们可以仅通过纯度对氢能进行登记划分，因为生产端的价差已被碳市场弥补。中长期来看，氢能终端消费主力集中于化工领域，为适用更多场景，可考虑设定纯度99.99%纯氢作为标品，可兼顾化工、燃料等主要使用场景，通过升贴水设计将99%—99.9999%国标品均纳入交割体系中。

交割品升贴水设计主要参考提纯成本。主流工业副产氢提纯成本为2.81—5.62元/千克，基于成本取整后，考虑分别为工业氢合格品（替代品1）、工业氢一等品（替代品2）以及工业氢优等品（替代品3）设置3元/千克、4元/千克以及6元/千克贴水。参考PEM水电解法可产成99.999%及以上纯度氢，据测算，将粗氢提纯至99.999%成本为2.8—5.6元/千克（徐硕、余碧莹，2021），故为高纯氢（替代品4）以及超纯氢（替代品5）设置升水3元/千克以及5元/千克。因当前技术仍在升级中，未来提纯成本可能出现波动，这里主要提供以提纯成本设计升贴水的思路及举例，实际合约设计时可根据实际情况修改升贴水（见表22、表23）。

表22　　　　　　　　　　液氢期货标准品质量标准

项目名称	要求
氢气（H_2）纯度（体积分数）/10^{-2}	≥99.99
氧气（O_2）含量（体积分数）/10^{-6}	≤5
氩气（Ar_2）纯度（体积分数）/10^{-6}	供需商定
氮气（N_2）纯度（体积分数）/10^{-6}	≤60
一氧化碳（CO）含量（体积分数）/10^{-6}	≤5

续表

项目名称	要求
二氧化碳（CO_2）含量（体积分数）/10^{-6}	≤5
甲烷（CH_4）含量（体积分数）/10^{-6}	≤10
水分（H_2O）含量（体积分数）/10^{-6}	≤10
杂质总含量（体积分数）/10^{-6}	—

资料来源：《国标 GB/T 3634.2-2011》。

表23　　　　　　　　　液氢期货替代品质量差异及升贴水

替代品	项目名称	升扣价
1	99≤氢气（H_2）纯度（体积分数）/10^{-2}<99.5	扣价6元/千克
2	99.5≤氢气（H_2）纯度（体积分数）/10^{-2}<99.95	扣价4元/千克
3	99.95≤氢气（H_2）纯度（体积分数）/10^{-2}<99.99	扣价3元/千克
4	99.999≤氢气（H_2）纯度（体积分数）/10^{-2}<99.9999	升价3元/千克
5	氢气（H_2）纯度（体积分数）/10^{-2}≥99.9999	升价5元/千克

资料来源：《国标 GB/T 3634.1-2006》《国标 GB/T 3634.2-2011》。

2. 交割方式

建议设置实物交割及现金交割两种方式以便多种投资者选择。

（1）实物交割。建议氢气期货采用实物交割方式。我国商品期货品种多采用实物交割，实物交割能促使期货价格向现货价格回归、更好地发挥期货发现价格的功能。实施一次性交割、滚动交割和期转现交割制度，以应对氢商品市场"应减少储存时间、运输范围有限、商品品质多样"的特性。

①交割区域选择。LPG及LNG交割区域均设定为主要产销区。交割区域选择时需挑选价格具有代表性、具有充足库容以便组织交割和接货、市场竞争充分无垄断的区域。LPG交割区域选择在集中产销地华南、华东和华北，因三地产量占全国产量的58%，进口量占比达99%，消费量占比66%，库容总计占比93%，上游油气商、炼厂与进口贸易商竞争充分，且三地价格相关系数均在0.9以上。LNG期货交割标的拟设定为进口LNG，因此交割区域拟定在华东华南地区，以反映东南沿海LNG到岸价。

建议在西北、华北、华东设置氢气期货的交割仓库。我国75%的氢气产能集中在西北、华北、华东地区，而化工消费地较类似，因此基于现货供需格局，建议设置西北、华北、华东三地为氢气期货的主要交割区域。我国风光装机量前十省市大多均位于上述三地区内，未来氢能期货上市将活跃以上区域现货市场，不仅帮助解决清洁能源消纳问题，还能提升区域内绿氢的生产比例，从而加速推进能源结构转型。

配套执行标准仓单制度。一方面可以提高交易效率和贸易的安全性,另一方面可以促进仓单流通,为企业提供借贷抵押的工具。

②交割结算价确定。建议采用交割月结算价均值作为交割结算价。拟采用交割月内盘面结算价格均值作为交割结算价,充分反映交割月的价格情况,规避单一交易日对市场价格的扰动。

③交割品升贴水确定。依据制作工艺和纯度确定升贴水幅度。由于我们选择了99.9%纯度的绿氢/蓝氢作为盘面标的,对于实际的交割品可依据液氢的品质及纯度,进行升水或贴水折减。

④交割单位设置:4000千克。建议将液氢期货交割单位设定为4000千克,即4手合约。主要原因如下:一是交割单位规模接近单槽车规模。参考国外商用液氢槽罐车,容量多为4000千克,一槽车量即为4手一交割单位,可同时服务大中小型企业,同时避免因数量过低导致多次卸货引发的资源泄露或安全性风险。二是考虑期现规模便于实物交割。同样考虑2030年我国氢气消费量近5000万吨计算,若年消费量1%参与期货交割,则月均交割量将超4万手、1万车次。

(2)现金交割。增加现金交割满足实体企业多种交割需求。考虑液氢长距离运输的安全性以及交割的便宜性,结合企业在当前LNG、LPG等液体能源品贸易中的点价需求,我们参考了美国天然气期货Henry Hub的合约设计方式,除实物交割外,建议增加现金交割方式,更好地满足企业风险管理的需求。建议将建仓成本与交割结算价的差额进行现金交割,现金交割在最后交易日盘后的3个交易日内完成。交割结算价的价值以盘面最终的交割结算价格确定。

3. 合约月份及交易时间

(1)合约月份。供需月间变动幅度不高,建议将氢气期货合约月份设置为连续12个月。LPG及LNG合约均为连续月度合约,因其生产及消费均无明显季节性特征,进口贸易部分通常根据月度计划船期。无论是何种工艺,氢气的生产同样具有连续性。此外,化工以及交通的主要需求结构导致其需求季节性波动不大,为提高合约参与度以及流动性,可以将氢气期货合约月份设置为连续12个月,即1月、2月、3月、4月、5月、6月、7月、8月、9月、10月、11月、12月均设为液氢期货合约的交割月份。

(2)交易时间。液氢期货初步按照日盘时间交易。每周一至周五9:00—11:30,13:30—15:00,以及交易所规定的其他时间。上市之初暂不开设夜盘,从而保证交易风险相对可控。

4. 保证金比例及涨跌停板设置

(1)涨跌停板幅度。初步设定液氢的涨跌停板为上一交易日结算价5%,若有单边市可进一步扩大幅度。回测近五年氢价波动情况，因市场规模仍偏小、成交偏少，价格波动情况较少，我们筛选价格波动的 62 组情况，观察其波动幅度，逾 97% 情况氢价波幅低于 5%，因此初步设定液氢品种涨跌停板幅度为 5%，可以确保在绝大部分情况下，不会触发停板，亦不会对价格的正常波动造成影响。未来随着氢能市场持续发展，可逐步调整更为符合氢气市场的涨跌停限制。出现后续所讲的单边市后，涨跌停板幅度可从 5% 扩大至 7% 及 10%（见表 24）。

表 24　　　　氢气现货价格波幅分布（2018 年 5 月 3 日 – 2023 年 12 月 2 日）

波幅	≥5%	[4%，5%)	[3%，4%)	[2%，3%)	[1%，2%)	[0%，1%)
频次	2	3	3	9	12	33
占比	3.23%	4.83%	4.83%	14.52%	19.35%	53.23%

资料来源：卓创。

（2）最后交易日及交割日设定。最后交易日设为合约月份倒数第 4 个交易日。最后交易日拟设置为合约月份倒数第 4 个交易日。最后交割日为每月最后交易日后第 3 个交易日。最后交易日后给出较长的交割时间，可匹配现货交割需求。

（3）保证金比例及梯度保证金比例。保证金比例可设置为 7%—10%。保证金比例拟在考虑涨跌停板幅度的基础上加 2—5 个百分点，设置为 7%—10%，从而既满足盘面交易波动的要求，同时反映期货市场可通过一定杠杆效应开展操作。

梯度保证金变化。进入交割月后，保证金比例可提升至 15% 左右，最后交易日涨跌停板幅度可提升至 10%，从而保证盘面充分收敛。

5. 交易风险控制

（1）单边市处理及风险防范措施。单边市认定后可扩大涨跌停板幅度。某氢能合约连续三个交易日累计涨跌幅达到 12%、连续四个交易日累计涨跌幅达到 15% 或者连续五个交易日累计涨跌幅达到 20%，可以根据市场情况，采取相应措施，并事先报告中国证监会，同时将涨跌停板幅度进行打开。

（2）限仓措施。参考其他品种对期货公司会员进行限仓。参考 LPG 和 LNG 期货价格走势，对单一期货公司限仓为 25% 或 30000 手，单一会员限仓可能在 1000 手左右，进入交割月限仓幅度进一步加强。

（3）风险处置措施。交易所具有多重风险处置措施。若出现单边市或其他风险，可采用如下方法对市场风险进行处置：①对部分或者全部会员、境外特殊参与者单边或者双边、同比例或者不同比例提高交易保证金；②限制出金；③暂停开新仓；④调整涨跌停板幅度；⑤限期平仓；⑥强行平仓等。

（二）氢气期货合约设计方案

交易品种	液氢
交易单位	1000 千克
报价单位	元（人民币）/千克
最小变动价位	0.01 元/千克
涨跌停板幅度	上一交易日结算价的 5%，最后交易日扩大至 10%。出现单边市后从 5% 扩大至 7% 及 10%
合约月份	1月、2月、3月、4月、5月、6月、7月、8月、9月、10月、11月、12月
交易时间	每周一至周五9：00—11：30，13：30—15：00，以及交易所规定的其他时间
最后交易日	合约月份倒数第 4 个交易日
最后交割日	最后交易日后第 3 个交易日
最低保证金	7%—10%，最后交易日提升至 15%
交割方式	实物交割/现金交割
交割地点	交易所指定交割仓库
交易代码	HY
仓单性质	厂库标准仓单
仓单有效期	在每年的 3 月最后 1 个交易日之前（含当日）应当进行标准仓单注销
交割结算价	滚动交割的交割结算价采用该期货合约滚动交割配对日的当日结算价；一次性交割的交割结算价采用该期货合约交割月最后十个交易日所有成交价格的加权平均价，若交割月不足十个交易日，交割结算价采用该期货合约自交割月第一个交易日起至最后交易日所有成交价格的加权平均价

七、研究成果与结论

在 2060 年碳中和目标指引之下，我国能源领域转型步伐加快。氢能作为清洁、高效、可持续利用的二次能源，有望成为未来能源结构中的重要载体，有助于实现电力、工业、交通等领域的深度脱碳，加速全社会实现碳中和。目前全球氢能生产中，灰氢是最常见、成本最低的制氢方式，但其制氢过程将产生大量碳排放；蓝氢可作为过渡手段，但因应用了 CCUS 而成本较高；绿氢作为"零碳氢气"，被认为是氢能利用的最理想形态和未来主流趋势。

近年来，世界各国加快氢能产业布局，并围绕能源安全、节能减排、技术创新、出口创汇等角度探索了各具特色的发展模式。我国平均制氢成本低、清洁能源增速快、产业链条完整、应用场景广泛，有望在未来全球氢能大国和贸易中心的竞争中掌握先机。因此，考虑到发展氢能的必要性和"能源的饭碗必须端在自己手里"的重要意义，我们需要未雨绸缪思考如何尽快形成我国氢能价格体系、加快氢能贸易国际化以及如何用好金融衍生品建设健全氢能市场，以持续提升我国在国际氢能市场的话语权和定价权。基于此背景，本文在分析了当前氢能产业链技术、行业供需、各国氢能政策及发展模式的基础上，以未来建设氢能期货为目标，研究探讨了提升氢能现货市场有效性、氢能期货必要性及可行性等问题，得出如下成果和结论：

1. 氢能在能源转型中有重要作用，绿氢将是未来的主流趋势。氢气作为清洁高效的二次能源，可以替代化石能源，作为原料和燃料直接应用于交通、工业、航运等多行业，帮助高耗能行业实现脱碳和绿色发展。随着新能源的消纳与利用问题愈加突出，推广清洁能源制造绿氢、氢电耦合发展可有助于解决弃电问题，有助于保障能源安全和加快能源结构转型。我们认为，绿氢是氢能利用的最理想形态，有望解决"能源不可能三角"的难题。

2. 我国具备成为氢能期现交易中心的潜力。我国制氢的平准化成本在世界属于洼地，目前主要是灰氢成本较低，未来随着我国清洁能源装机的进一步提升，电价下移将使得绿氢经济性优势更加凸显，强大的清洁电力也能为氢能电解提供能源动力。目前我国已经形成了临近港口、覆盖核心城市群的四大氢能产业集群，兼具科研资源丰富、产业链条完整及消费群体庞大的优势，氢能应用有望随着成本下降而快速普及。因此，我们认为，我国具备成为全球氢能贸易中心的潜力，也具备产业优势提高未来氢能市场话语权和定价权。

3. 不断完善氢能现货体系，提升氢能现货市场有效性，是建立氢能期货市场的先决条件。首先，需要进一步突破制氢、储运、加氢、应用等方面的关键技术，降本增效，使氢能现货市场实现规模化发展；其次，需要完善配套基础设施建设，比如加氢站、输氢管道等，提高终端用户使用氢能的便捷性；再次，我们需要进一步完善氢能产业标准，尽快厘清生产、运输、加氢、用氢等不同环节的行业规则，规范氢能行业市场健康发展，争取参与氢能国际标准的制定；最后，我们需要建立健全氢能定价体系，尤其是要将氢能产品的标准化与碳市场进行结合，凸显绿氢的绿色价值，引导全行业向绿氢方向发展。

4. 氢气期货合约初步方案设计。考虑到 LPG、LNG 的物理性质和使用场景与氢气较为相似，我们参考了这两种能源品的期货合约来设计氢气期货合约。考虑到未来成熟的现货定价中已经蕴含了绿色溢价，因此我们可以仅按照纯度标准，选择液氢为合约标的，代码 HY，交易单位 1000 千克，涨跌停板 5%，最小变动价位 0.01 元/千克，合约月份 1—12 月，最后交易时间为合约月份倒数第 4 个交易日。交割方面，氢气期货选择（纯度 99.99% 或 99.999% 的高纯氢）为标准交割品，将 98%—99.9999% 纯度的氢气设为替代品并设置了相应升贴水；交割方式可采用实物交割（全厂库交割，集中交割，滚动交割和一次性交割）和现金交割相结合；参考液氢槽罐车容量，交割单位设置为 1 手合约 4000 千克；交割地点建议设置在西北、华北、华东等氢气主要生产地区。

本文针对氢能行业发展趋势及期货合约设计的关键问题进行了深度探讨，并得出相应的研究结论，但随着行业持续发展，仍有部分细节问题有待继续深入研究。(1) 相较于基础设施和标准的完善，氢能行业关键技术的进步和应用成本的下降是整个行业取得长足发展的关键，技术突破存在不确定性。(2) 如何优化完善氢能定价体系，在体现绿色价值的同时，也能避免过高的绿色溢价拉高用氢成本，这需要精妙的制度创新，目前尚无其他品种经验可参考。

参考文献

[1] World Energy Council. Working Paper, in NationaL Hydrogen Strategies, 2021：16.

[2] 陈彬，谢和平，刘涛，兰铖，林魁武，章远. 碳中和背景下先进制氢原理与技术研究进展 [J]. 工程科学与技术，2022，54 (1).

[3] 李卓言，李少华，冯静. 绿氢生命周期碳排放核算与分析 [M] //AUTOMATION PANORAMA.

[4] ISO. Hydrogen fuel quality, in Product specification, 2019.

[5] 张志芸，张国强，刘艳秋，等. 车载储氢技术研究现状及发展方向 [J]. 油气储运，2018，37 (11)：1207 – 1212.

[6] 中国电动汽车百人会. 中国氢能产业发展报告 2020，2022.

[7] 曹军文，张文强，李一枫，赵晨欢，郑云，于波. 中国制氢技术的发展现状 [J]. 化学进展，2021，33 (12).

[8] 李子烨，劳力云，王谦. 制氢技术发展现状及新技术的应用进展 [J]. 现代化工，2021，41 (7).

[9] 中国氢能联盟. 中国氢能源及燃料电池产业白皮书 (2019 版)，2019.

[10] 李星国. 氢气制备和储运的状况与发展 [J]. 科学通报，2022，54 (4 – 5).

[11] 智慧芽. 2022 年中国氢能行业技术发展洞察报告，2022.

[12] 中国能源报. 应尽快解决管道输氢掣肘问题 [EB/OL]. http：//paper. people. com. cn/zgnybwap/html/2023 – 06/12/content_25999037. htm.

[13] 刘玮，万燕鸣，张岩，林汉辰. 中国加氢设施发展现状、挑战及展望 [J]. 中国能源，2023，44 (8).

[14] 张然. 全球氢能产业发展的现状与趋势 [M] //黄晓勇. 世界能源发展报告，北京：社会科学文献出版社，2020.

[15] 中国氢能联盟, 2023.

[16] IEA. Global Hydrogen Review 2023, IEA, Paris https：//www.iea.org/reports/global-hydrogen-review-2023, License：CC BY 4.0, 2023.

[17] 陈馨. 典型制氢工艺生命周期碳排放对比研究 [J]. 当代石油石化, 2022.

[18] BP 世界能源统计年鉴 [EB/OL]. https：//www.bp.com/en/global/corporate/energy-economics/statistical-review-of-world-energy.html, 2023.

[19] 伊文婧. 日本氢能社会构建的背景、实现路径及对我国的启示 [J]. 中国经贸导刊 (中), 2020, 8 (23).

[20] 魏蔚, 陈文晖. 日本的氢能发展战略及启示 [J]. 全球化, 2020 (2).

[21] REPowerEU. https：//energy.ec.europa.eu/topics/energy-systems-integration/hydrogen_en, 2022.

[22] IEA. Policy Database [EB/OL]. https：//www.iea.org/policies.

[23] U.S. Department of energy. U.S NationaClean HydrogenStrategy and Roadmap, 2023.

[24] Bruce S, Temminghoff M, Hayward J, Schmidt E, Munnings C, Palfreyman D, Hartley P. National Hydrogen Roadmap, 2018.

[25] 国家发展改革委, 国家能源局. 氢能产业发展中长期规划 (2021—2035 年), 2022.

[26] 新浪财经. https：//finance.sina.com.cn/jjxw/2023-06-28/doc-imyyvxmn9385138.shtml.

[27] Hannah Ritchie. Max Roser and Pablo Rosado, Energy, in OurWorldInData.org, 2022.

[28] 杨希特. 中国发展氢能社会的构想 [J]. 智库理论与实践, 2022, 7 (5).

[29] KPMG. 一文读懂氢能产业, 2022.

[30] 中国生态环境部. 关于加强合作应对气候危机的阳光之乡声明, 2023.

[31] 中国科学报. http：//www.dicp.cas.cn/xwdt/mtcf/202309/t20230928_6888649.html.

[32] 王明华. 绿氢耦合现代煤化工发展路径研究 [J]. 中国煤炭, 2023, 49 (5).

[33] 胡麒牧. 稳步实施钢铁产业降碳 [N]. 经济日报, 第 5 版, 时评.

[34] 陈济, 李抒苡, 李相宜, 李也. 碳中和目标下的中国钢铁零碳之路, 2021.

[35] 童亮,袁裕鹏,李骁,严新平.我国氢动力船舶创新发展研究[J].中国工程科学,2022,24(3).

[36] 余亚东,高慧,肖晋宇,侯金鸣,金晨,张瑾轩,郭颖.不同燃料路径氢燃料电池汽车全生命周期环境影响评价[J].全球能源互联网,2021,4(3).

[37] IEA (2023). Levelised Cost of Hydrogen Maps, IEA, Paris https://www.iea.org/data-and-statistics/data-tools/levelised-cost-of-hydrogen-maps IEA, 2022, Global Hydrogen Review 2022.

[38] IEA (2022). Global Hydrogen Review 2022, IEA, Paris https://www.iea.org/reports/global-hydrogen-review-2022, License: CC BY 4.0.

[39] 王紫星.氢能运输路径经济性分析及跨洋贸易展望.当代石油石化,2023(9):43-46.

[40] 魏楚,许勤华,王克,黄滢,陈浩,刘瑞明,宋鹭,刘旭.中国氢能产业发展前瞻、政策分析与地方实践[J].人大国发院十大核心产品系列政策简报,2022(120).

[41] S&P Global. https://www.spglobal.com/commodityinsights/en/our-methodology/price-assessments/energy-transition/hydrogen-price-assessments.

[42] HYCLICX. https://hyxchange.nl/hyclicx/.

[43] EEX. https://www.eex-transparency.com/hydrogen.

[44] 上海环境交易所. https://www.cneeex.com/c/2022-08-16/493027.shtml.

[45] 广州期货交易所.广期所联合中国氢能联盟等单位发布首个全国性氢价指数,http://www.gfex.com.cn/gfex/mtjj/202303/0a53e74185b24b9eb088ef6e8fbd9284.shtml.

[46] 中国氢能联盟研究院.氢能产业观察,2023(11).

[47] 安麒.电氢联合市场定价机制与分解协调方法研究,2022.

[48] 赵运林,曹田田,张成晓,林伟.集中式制氢技术进展及成本分析[J].石油炼制与化工,2022,53(10).

[49] 势银绿氢产业蓝皮书(2023),电解水制氢成本分析——中国节能协会氢能专业委员会.

[50] 徐文斌.高压氢和液氢储运氢能耗及成本分析[J].吉林化工学院学报,2023,40(1).

[51] 闫喻婷.氢气储运方式的经济性对比研究,2021.

[52] 霍天晴,刘家璇,李东,刘奇峰,王斌,杨福胜,吴震,方涛,张早校.平准化成本的加氢站供氢路径分析比较研究[J].西安交通大学学报,2022(10).

［53］金正纵横. 中国氢能产业发展蓝皮书（2023），2023.

［54］张涛，张旭. 我国发展氢能产业的挑战与建议［J］. 上海煤气，2023.

［55］徐硕，余碧莹. 中国氢能技术发展现状与未来展望［J］. 北京理工大学学报（社会科学版），2021，23（6）.

［56］中国节能协会氢能专业委员会. 一文读懂液氢运输的 N 个难题，2022，http：//heic.org.cn/newshow.asp？id＝582.

［57］仲蕊. 助力中国液氢市场加速发展——访空气产品公司中国区氢能业务总经理胡华利［N］. 中国能源报，2023－11－13（02）.

附录一：国内各地氢能政策（截至2022年底）

序号	地区	时间	部门	政策名称	政策内容
1	国家层面	2020年4月	国家能源局	中华人民共和国能源法（征求意见稿）	优先发展可再生能源、支持开发应用替代油气的新型燃料和工业原料、氢能纳入能源范畴
2		2020年11月	国务院	新能源汽车产业发展规划（2021—2035年）	攻克氢能储运、加氢站、车载储氢等氢燃料电池汽车应用支撑技术。提高氢燃料制储运经济性。因地制宜开展工业副产氢及可再生能源制氢技术应用，加快推进先进适用储氢材料产业化。推进加氢基础设施建设
3		2021年10月	国务院	2030年前碳达峰行动方案	积极扩大电力、氢能、天然气、先进生物液体燃料等新能源、清洁能源在交通运输领域应用。大力推广新能源汽车，逐步降低传统燃油汽车在新车产销和汽车保有量中的占比，推动城市公共服务车辆电动化替代，推广电力、氢燃料、液化天然气动力重型货运车辆
4		2021年12月	工信部	"十四五"工业绿色发展规划	提升清洁能源消费比重。鼓励氢能、生物燃料、垃圾衍生燃料等替代能源在钢铁、水泥、化工等行业的应用
5		2022年3月	国家发改委	氢能产业发展中长期规划（2021—2035年）	到2025年，形成较为完善的氢能产业发展制度政策环境，产业创新能力显著提高；到2030年，形成较为完备的氢能产业技术创新体系、清洁能源制氢及供应体系；到2035年，形成氢能产业体系，构建涵盖交通、储能、工业等领域的多元氢能应用生态
6		2023年1月		新型电力系统发展蓝皮书（征求意见稿）	提及了氢燃料电池车、氢储能等应用环节的推广；长期实现电能与氢能等二次能源深度融合利用
7		2023年8月	国家标准委等六部门	氢能产业标准体系建设指南（2023年版）	明确了近三年国内国际氢能标准化工作重点任务，系统构建了氢能制、储、输、用全产业链标准体系，涵盖基础与安全、氢制备、氢储存和输运、氢加注、氢能应用五个子体系
8	安徽	2022年3月	安徽省经济和信息化厅	2030年前碳达峰行动方案	到2025年，基本形成以纯电动为主、插电混合动力为辅、氢燃料示范的发展格局；在高效动力总成氢燃料电池等领域实现10项关键核心技术自主突破，达到国际先进水平

续表

序号	地区	时间	部门	政策名称	政策内容
9	北京	2021年8月	北京市经济和信息化局	北京市氢能产业发展实施方案（2021—2025年）	2023年前，实现氢能技术创新"从1到10"的跨越，培育5—8家具有国际影响力的氢能产业链龙头企业，京津冀区域累计实现产业链产业规模突破500亿元，减少碳排放100万吨。2025年前，具备氢能产业规模化推广基础，产业体系、配套基础设施相对完善，培育10—15家具有国际影响力的产业链龙头企业，形成氢能产业关键部件与装备制造产业集群，建成3—4家国际一流的产业研发创新平台，京津冀区域累计实现氢能产业链产业规模1000亿元以上，减少碳排放200万吨。交通运输领域，探索更大规模加氢站建设的商业模式，力争完成新增37座加氢站建设，实现燃料电池汽车累计推广量突破1万辆。智慧能源示范社区，累计推广分布式发电系统装机规模10纳伏以上；建设绿氢、液氢、固态储供氢等应用示范项目，实现氢能全产业链关键材料及部件自主可控，经济性能指标达到国际领先水平
10	北京	2021年10月	昌平区政府	昌平区氢能产业创新发展行动计划（2021—2025年）	在资质审批、研发投入、运营补贴、示范应用等方面跟进政策实施落地，保障燃料电池汽车推广应用，持续加大氢能科技攻关项目扶持力度
11	北京	2022年4月	北京市人民政府	北京市"十四五"时期能源发展规划	提高货运绿色水平。调整交通能源结构。制定推广新能源车实施方案，大力推动机动车"油换电"，推动氢燃料汽车规模化应用。加强能源重点技术攻关和示范应用。聚焦推动氢能与氢燃料电池全产业链技术进步与产业规模化、商业化发展
12	北京	2022年4月	北京市经济和信息化局	关于开展2021—2022年度北京市燃料电油汽车示范应用项目申报的通知	对纳入并完成示范应用项目的燃料电池汽车，按照中央奖励1:1的标准安排市级车辆推广奖励资金；对轻型车辆、中重型车辆，分别按照0.3万元/万公里、1万元/万公里的标准给予运营奖励
13	北京	2022年4月	大兴区政府	大兴区促进氢能产业发展暂行办法（2022年修订）	支持企业集聚发展：鼓励企业在大兴国际氢能示范区集聚落地，最高给予租赁合同签订年度起连续三年的房租支持。企业租赁示范区外有合法合规手续的办公、研发、生产类用房的，按照上年度实际支付租金的50%给予连续两年、每年最高不超过500万元的房租补贴。支持企业科技成果转化，对企业上年度新购置研发和生产设备投资总额达到1000万元的，按照设备投资总额的20%给予资金支持，每家企业每年支持资金最高不超过2000万元

续表

序号	地区	时间	部门	政策名称	政策内容
14	北京	2022年8月	北京市经济和信息化局	北京市关于支持氢能产业发展的若干政策措施	从科技研发创新、技术装备应用、产业集聚发展、基础设施建设、示范推广应用、标准体系建设、服务体系建设七大领域进行补贴支持。单个企业最高1000万元
15		2022年10月	北京经济技术开发区政府	关于促进氢能产业高质量发展的若干措施	氢能产业重大项目奖励最高3000万元
16	广东	2021年6月	广州市黄埔区发改局、广州开发区发改局	广州市黄埔区广州开发区促进氢能产业发展办法及其实施细则（修订版）	对关键零部件产品项目固定投资进行奖励，同一企业投资落户最高奖励1亿元
17		2021年9月	佛山市交通运输局	佛山市城市配送新能源货运车辆运营扶持资金管理办法（征求意见稿）	氢燃料电池的货车最高每年奖补12.5万元/辆
18		2021年11月	佛山市南海区政府	佛山市南海区促进加氢站建设运营及氢能源车辆运行扶持办法（修订稿）	支持氢能源车辆在市政、物流等特定场景示范应用。自2021年起，我区新增或更新的市政环卫（含垃圾转运、喷洒、扫地、工程抢修等）车辆和冷链配送物流车辆必须氢能化、电动化。其中，总质量超过12吨的洒水车、垃圾转运车应首先实现氢能化，新增或更新的市政工程（含渣土运输、混凝土运输、汽车起重机）车辆，氢能源车辆比例逐年提高，2021年不低于10%，2022年不低于30%、2023年不低于60%、2024年达到100%；新增或更新的物流搬运、载货、牵引车辆中，鼓励使用氢能源车辆
19		2021年12月	深圳市发改委	深圳市氢能产业发展规划（2021—2025年）	到2025年，形成较为完备的氢能产业发展生态体系，建成氢能产业技术策源地、先进制造集聚高地、多场景应用示范基地，实现氢能商业化应用，氢能产业规模达到500亿元。（1）创新能力建设。建成氢能标准研究、检测试验和安全运营检测3个公共服务平台，推动我市主导或参与制修订氢能领域国际国内标准20项左右，新建重点实验室、工程研究中心、企业技术中心等创新载体不少于15家，突破一批关键核心技术，实现部分关键材料和核心零部件国产化替代，产品性能达到或接近国际先进水平。（2）产业集聚发展。建成两个功能配套齐全、引领带动作用强的氢能特色产业园，形成协同发展、特色鲜明产业集

续表

序号	地区	时间	部门	政策名称	政策内容
19	广东	2021年12月	深圳市发改委	深圳市氢能产业发展规划（2021—2025年）	群，实施一批重大产业化项目，助力骨干企业做大做强，培育和引进重点领域优质企业不少于100家，产业基础设施进一步完善，产业生态体系初步形成。(3)应用示范推广。实现氢能在交通运输、分布式发电、前沿新兴及交叉等领域的应用示范，其中示范燃料电池车辆不少于1000辆，建设加氢站不少于10座，分布式能源、热电联供及备用电源应用不少于100套、氢能船1—3艘、氢能无人机不少于100架 展望2035年，氢能产业规模达到2000亿元，形成集氢气制、储、运、加、用于一体，关键技术达到国际先进水平的氢能产业体系，氢能在终端能源消费中的占比明显提升，对我市能源结构绿色低碳转型形成有力支撑
20		2022年3月	广东省人民政府	关于印发2022年省政府工作报告重点任务分工方案的通知	将出台交通运输领域碳达峰行动方案，出台加快建设燃料电池汽车示范城市群行动计划；在高速公路服务区、客运码头、公交场站等加快建设充电站、加氢站，新增建设公共充电桩2万个以上
21		2022年8月	南沙区政府	广州南沙区氢能产业扶持办法征求意见稿）	加氢站最高不超过500万元补助；氢气每千克最高不超过15元补贴；设备奖励最高1000万元
22		2022年9月	深圳市发改委	关于组织实施深圳市2022年氢能产业发展扶持计划的通知	主要围绕市级工程研究中心和高技术产业化事后补助，最高1500万元
23		2022年10月	深圳市发改委	深圳市关于促进绿色低碳产业高质量发展的若干措施（征求意见稿）	对氢能投资项目奖补最高不超过1000万元；加氢站按省奖补标准予以1:1建设配套；电解制氢设施谷期用电量超过50%的免容量电费
24		2023年8月	深圳市工信局	深圳市加快打造"新一代世界一流汽车城"三年行动计划（2023—2025年）	支持开展燃料电池汽车关键技术（控制策略、动力系统集成）、关键零部件（双极板、膜电极、高性能电堆）和关键材料（催化剂、碳纸、质子交换膜、高压储氢瓶）等领域研发和产业化应用；依托国家燃料电池汽车示范应用城市群，推动氢燃料电池汽车在重载及长途交通运输等领域先行示范应用等

续表

序号	地区	时间	部门	政策名称	政策内容
25	河北	2021年2月	张家口市桥东区氢能经济发展大会	张家口市桥东区支持氢经济发展的十五条措施	按照高新技术产业给予不高于0.36元/千瓦时的优惠电价
26		2021年7月	定州市政府	定州市氢能产业发展规划（2021—2023年）	加大对氢能基础设施、氢燃料电池汽车、氢能创新平台、氢能产业基地等项目的财政资金补贴及专项资金支持。加大对氢燃料电池客车、货车、出租车等车辆运营补贴
27		2021年8月	河北省发改委	河北省氢能产业发展"十四五"规划	到2022年，氢能关键装备及其核心零部件基本实现自主化和批量化生产，氢能产业链年产值达到150亿元。到2025年，培育国内先进的企业10—15家，氢能产业链年产值达到500亿元。核心技术不断突破。到2022年，基本形成涵盖氢能产业全链条的技术研发检验检测体系。突破规模化纯水、海水电解制氢设备的集成设计及制造技术，开发高压车载储氢系统，研制加氢站关键设备，突破核心技术。到2025年，基本掌握高效低成本的氢气制取、储运、加注和燃料电池等关键技术，显著降低应用成本。应用领域持续扩大。2022年，全省建成25座加氢站，燃料电池公交车、物流车等示范运行规模达到1000辆，重载汽车示范实现百辆级规模，氢气实现在交通、储能、电力、热力、钢铁、化工、通信、天然气管道混输等领域试点示范。到2025年，累计建成100座加氢站，燃料电池汽车规模达到1万辆，实现规模化示范扩大氢能在交通、储能、电力、热力、钢铁、化工、通信、天然气管道混输等领域的推广应用
28		2021年12月	保定市发改委	保定市氢能产业发展"十四五"规划	至2025年，全市氢能产业链实现产值规模150亿元，减少碳排放30万吨，集聚20家以上氢能产业相关企业，重点扶持培育氢能相关龙头企业8家以上，具有自主知识产权和核心技术的燃料电池发动机产能达5000台/年，燃料电池汽车达到2000辆/年的生产规模。在氢气制备氢储运装备、燃料电池等重点环节，培育一批拥有自主知识产权、核心竞争力强的龙头企业，完成氢能产业生态链和应用体系建设，广泛推进氢能和燃料电池的深度应用，实现氢能产业集群式发展。至2035年，氢能基础设施完善，氢燃料电池汽车、船舶、分布式电站等重点产业链完整，形成先进的氢能产业体系，装备制造迈向高端，全市氢能产业领域相关龙头企业超过20家，燃料电池整车产能超过5万辆，氢能产业年产值突破500亿元，减少碳排放100万吨

续表

序号	地区	时间	部门	政策名称	政策内容
29	河北	2022年7月	张家口市政府	关于印发张家口市支持建设燃料电池汽车示范城市的若干措施的通知	单座加氢站建设最高400万元；氢燃料电池中小型客车、大型客车、轻中型货车、重卡，每辆车每年分别奖励2万元、3万元、3万元、5万元
30	河南	2021年11月	濮阳市政府	支持氢能与氢燃料电池产业发展若干政策的通知	新研发的氢燃料电池车辆车型入目录，单个企业本年度内奖励总额最高不超过1000万元
31	河南	2021年11月	河南省政府	河南省加快新能源汽车产业发展实施方案	对在省内注册登记的氢燃料电池汽车，按燃料电池装机额定功率进行补贴，单车补贴额度最高不超过国家单车补贴额度
32	河南	2022年6月	郑州市工信局	郑州市支持燃料电池汽车示范应用若干政策（征求意见稿）	燃料汽车生产企业年度奖励最高1000万元对国家重点实验室，五年统筹给予不低于2500万元补贴；对燃料电池汽车，省、市级财政按照中央财政奖励资金1∶1比例进行配套
33	河南	2022年8月	濮阳市政府	濮阳市促进氢能产业发展扶持办法的通知	从绿氢制备、氢能储运、加氢站建设、加氢站运营、交通领域商业应用、车辆运营、能源领域推广应用、培育壮大行业骨干企业、氢能企业及产业项目落地，加大金融扶持等十大领域给予补贴
34	湖北	2022年3月	武汉市政府	关于支持氢能产业发展的意见	目标：（1）氢能关键技术自主可控；（2）氢能产业集群初具规模；（3）氢能示范应用，广泛开展燃料电池核心零部件生产企业，每年奖励最高1000万元
35	湖北	2022年7月	武汉市经信局	关于支持氢能产业发展意见的实施细则的公开征求意见的公示	加氢站200万元的一次性补贴；氢能产业投资技改项目补贴最高2000万元
36	湖北	2022年8月	十堰市政府	十堰市新能源汽车推广应用行动计划（2022—2024年）	对加氢站按设备投资额不超过20%进行补贴，对燃料电池汽车终端用户加氢给予10元/千克财政补贴
37	湖北	2022年10月	武汉市经信局	武汉市支持氢能产业发展财政资金管理办法的通知	燃料电池核心零部件生产企业每年度最高奖励1000万元
38	湖北	2022年11月	武汉青山区政府	关于青山区促进氢能产业发展的若干措施（征求意见稿）	对氢能产业投资项目补贴最高1000万元
39	湖北	2022年11月	湖北省政府	支持氢能产业发展的若干措施	氢能产业链条最高补贴额1000万元；对总长度不低于5公里的纯氢管道项目，最高500万元补贴

续表

序号	地区	时间	部门	政策名称	政策内容
40	江苏	2020年10月	张家港市政府	张家港市鼓励氢能产业发展的有关意见	给予加氢站建设和运营补贴,支持氢燃料电池车推广,支持氢能优势企业投资,支持关键零部件制造
41		2022年1月	江苏省科技厅	2022年度江苏省碳达峰碳中和科技创新专项资金项目指南	氢能重大科技示范项目资助最高3000万元
42		2022年7月	常熟市政府	2022年常熟市氢燃料电池产业发展政策补贴	10家氢能相关企业获得1596.79万元补贴
43	江西	2022年10月	江西省人民政府	关于印发江西省工业领域碳达峰实施方案的通知	谋划布局氢能及装备产业,加快新型春泥更规模化应用,推进氢能"制储输用"全链条发展,适时开发氢能应用示范。加快推进高炉赴氢还原、氢气高炉、铁水一罐到底、近终形连铸直接轧制等低碳冶炼技术研发应用
44	内蒙古	2021年5月	乌兰察布市	关于推进氢能产业发展的实施意见	(1)科技攻关方面。全力推动质子交换膜电解水制氢应用示范与性能研究,攻克GMW级风电PEI电解水制氢技术,突破高效率、低能耗新型电解水制氢技术 (2)复能产业体系方面。鼓励和引导复能企业加大复能产品及核心零部件制造设备的创新力度,实现氢能燃料电池、电堆等核心零部件的国产化 (3)可再生能源制氢方面。依托大型风电、光伏基地项目,发展规模化可再生能源制氢产业,开展风光氢储多能互补,建立京津冀地区的绿氢供给基地,为京津冀地区提供清洁、绿色的电能、氢能,保障首都经济圈发展对能源的需求 (4)基础设施网络方面。到2025年,建设6座加氢站,力争建成13座加氢站,按照确保安全、统一规划、有序建设、规范经营的原则,超前规划布局加氢基础设施
45		2021年7月	内蒙古能源局	内蒙古自治区促进氢能产业发展若干政策(试行)、内蒙古自治区加氢站管理暂行办法	对氢能制备、装备制造中直接相关环节。零部件生产示范项目,给予自取得第一笔生产经营收入所属纳税年度起,企业所得税自治区分享部分实行"两免三减半"优势
46		2022年3月	内蒙古人民政府	关于促进氢能产业高质量发展的意见	到2025年前,开展"风光储+氢""源网荷储+氢"等绿氢制备示范项目15个以上,绿氢制备能力超过50万吨/年;建成加氢站(包括合建站)100座以上;推广氢燃料电池重卡5000辆以上,累计推广燃料电池汽车突破1万辆;培育或引进50家以上包括15—20家装备制造核心企业在内的氢能产业链相关企业;到"十四五"末,氢能产业总产值力争达到1000亿元

续表

序号	地区	时间	部门	政策名称	政策内容
47	宁夏	2021年3月	宁夏科学技术厅	宁夏回族自治区清洁能源产业高质量发展科技支撑行动方案	聚焦光伏、风电、氢能等清洁能源产业重点领域,加大科技创新力度,以关键技术攻关、创新主体培育、创新平台建设、成果转移转化等为手段,开展清洁能源产业科技支撑行动,推动清洁能源产业高质量发展。到2025年,攻克一批关键技术,培育一批创新型企业,建设一批创新型平台,引进一批创新型人才,转化一批创新型成果,清洁能源产业核心竞争力显著提升,为建设国家新能源综合示范区提供有力科技支撑
48	山东	2019年11月	济宁市政府	济宁市人民政府关于支持氢能产业发展的意见	对设计氢能产业的新认定的国家、省技术创新示范企业,市财政分别给予100万元、30万元的一次性奖励
49		2021年1月	泰安市政府	泰安市人民政府办公室关于加快推进氢能产业发展的实施意见	落实国家新能源汽车推广应用财政补贴政策,对符合条件的氢燃料电池汽车购置、加氢站建设和运营适时给予补贴
50		2021年9月	山东省淄博市发展改革委	关于进一步鼓励氢能产业发展的意见	加氢站氢气补贴最高200万元;储氢最高补贴500万元
51		2021年9月	山东省淄博市发展改革委	关于支持氢能产业发展的若干政策	氢气运输补贴最高150万元
52		2021年12月	山东潍坊市政府	关于支持氢能产业发展的若干政策	天然气管道掺氢项目最高奖补200万元;对总长度不少于5公里的纯氢管道项目,补贴最高300万元;对储氢、液氢项目补贴最高1000万元
53		2022年1月	青岛西海岸新区发改局	青岛西海岸新区氢能产业发展规划(2021—2030年)	将电解水制氢装置纳入储能产业支持政策,给予相应的财政补贴
54		2022年6月	淄博市政府	淄博市关于加快新能源汽车推广应用的实施意见	按照轻型、中型、重型货车,每公里分别给予1元、1.5元、2元运营补贴,单车3年补贴总额分别不超过9万元、13.5万元、18万元
55		2022年9月	青岛市工信局	青岛市加快新能源汽车产业发展的若干政策措施(征求意见稿)	燃料电池汽车企业奖补最高5000万元;对加氢站氢气按照2023年20元/千克、2024年15元/千克给予运营补助

续表

序号	地区	时间	部门	政策名称	政策内容
56	山西	2020年10月	大同市促进外来投资局	大同市氢能产业发展规划（2020—2030年）	在土地批算、登记注册、奖励补助、税改返还补贴、专项补贴、建设用地、人员编制、项目审批以及建设运营资金等方面给予政策支持
57	陕西	2023年6月	西安市发改委	西安市氢能产业发展规划（2023—2035年）（征求意见稿）	到2025年氢能相关企业总数超过50家，力争产值突破100亿元；到2030年，氢能相关企业总数超过150家，培育氢能装备制造链主企业2—3家，力争产值突破300亿元；到2035年，氢能相关企业总数超过500家，力争产值突破1000亿元
58	上海	2021年11月	上海市发改委	关于支持本市燃料电池汽车产业发展若干政策	2025年底前，车用加氢站经营建设主体在本市区域内按照有关规定建设加氢站，完成竣工验收并取得燃气经营许可证（车用氢气）的，本市按照不超过核定的设备购置和安装投资总额30%给予补助，补助标准向具备70兆帕加注能力的加氢站适当倾斜。其中，2022年、2023年、2024—2025年底前取得燃气经营许可证的，每座加氢站补助资金最高分别不超过500万元、400万元、300万元。补助资金分三年拨付。相关申请由市住房城乡建设管理委统一受理，资金由统筹资金中市级财政出资部分和加氢站所在区按照1:1比例安排
59		2021年11月	上海临港	关于加快氢能和燃料电池汽车产业发展及示范应用的若干措施	项目固定资产投资最高不超过30%，最多不超过600万元给予投资奖励
60		2022年2月	上海市青浦区经委	关于组织申报2022年度氢能补贴扶持资金项目的通知	从事氢能及燃料电池、氢农业、氢医学生产、研发和经营的企业，可申报2022年度青浦区氢能补贴扶持资金项目
61		2022年7月	上海交通委、发改委、财政局	上海市交通节能减排专项扶持资金管理办法	使用氢燃料替代燃油项目，按被替代燃料每吨标准油5000元给予资助，单车补贴不超过10万元
62		2022年9月	上海市发改委	上海市燃料电池汽车示范应用专项资金管理办法征求意见稿	对关键零部件生产产品进行奖励，奖励总额不超过3000万元
63		2023年7月	上海市经信委	上海交通领域氢能推广应用方案（2023—2025年）	将重点发展重卡、公交、冷链、非道路移动机械等应用场景，到2025年，力争实现示范应用燃料电池汽车总量超过1万辆，完成不少于70座的加氢站建设

续表

序号	地区	时间	部门	政策名称	政策内容
64	四川	2021年8月	资阳市政府	资阳市工业经济高质量发展政策措施（征求意见稿）	设备每套最高30万元补助；加氢补助是按50万元、100万元定额补助
65		2022年1月	成都市新经济发展委员会	能源结构调整十条政策	电解水制氢龙头企业，市区两级联动给予0.1502元千瓦时的电费支持；加氢站最高给予1500万元建设运营补助
66		2022年5月	攀枝花市发改委	关于支持氢能产业高质量发展的若干政策措施（征求意见稿）	储运企业投资最高200万元补贴；加氢站最高200万元补贴；对燃料电池整车制造企业，最高2000万元补贴
67		2022年6月	成都市经济和信息化局	关于组织开展2022年成都市氢能产业高质量发展项目申报工作的通知	设备投资最高500万元的一次性补贴；加氢站最高1000万元的一次性补贴
68	新疆	2023年7月	克拉玛依市	克拉玛依市氢能产业发展行动计划（2023—2025年）	到2025年"绿氢"产能达到10万吨/年以上，实现制氢成本18元/千克以下，相关产业规模突破300亿元以上，积极争取纳入国家燃料电池汽车示范城市群等
69		2023年8月	新疆工信厅、发改委、生态环境厅	新疆维吾尔自治区工业领域碳达峰实施方案	在氢能方面指出，建成准东、哈密北、南疆等千万千瓦级新能源基地，加快发展抽水蓄能、化学储能等，推进风光水储一体化发展，建设一批氢能产业示范区，推动氢能产业集聚发展
70		2023年8月	新疆发改委	新疆维吾尔自治区氢能产业发展三年行动方案	到2023年，建设2—3个氢能产业示范区，可再生能源制氢量突破2万吨/年，推广氢燃料电池车突破50辆；到2025年，可再生能源制氢量达到10万吨/年，推广氢燃料电池车1500辆以上
71	云南	2023年8月	云南省工信厅、发改委、生态环境厅	云南省工业领域碳达峰实施方案	推进氢能制储运销用全链条发展，面向绿色低碳产业变革，开展高效光伏电池、新型绿氢、前沿储能、电力多元高效转换、氢冶金、能源电子、二氧化碳高值化利用等前沿低碳技术的研究
72	浙江	2021年1月	舟山市普陀区政府	关于加快新旧动能转换推动氢能产业强势发展的若干意见	绿氢项目最高补助1000万元，项目研发经费的15%给予资金扶持，最高补助300万元

续表

序号	地区	时间	部门	政策名称	政策内容
73	浙江	2021年10月	温州市发改委	温州市支持新能源汽车产业发展及推广应用若干政策（征求意见稿）	按照每个车型100万元给予开发生产企业一次性奖励，单个企业奖励最高不超过500万元
74		2021年11月	浙江省发改委	浙江省加快培育氢燃料电池汽车产业发展实施方案	到2025年，产业生态基本形成，产业链上具有一批竞争力强的优势龙头企业。氢燃料电池相关基础材料、关键零部件等核心技术攻关取得积极进展，达到国内先进水平。政策法规体系逐步健全。重点区域产业化应用取得明显成果，在公交、港口、城际物流等领域推广应用氢燃料电池汽车接近5000辆，规划建设加氢站接近50座
75		2021年12月	宁波市发改委	宁波市氢能示范应用扶持暂行办法（征求意见稿）	对政策期内建成的并符合第六条标准的加氢站按最高不超过以下标准且不超过设备购置、安装费、土建施工费总和的50%，享受一次性市级建设补贴。鼓励加氢站运营企业寻找性价比更优的氢气来源，不断降低氢气价格
76		2022年1月	浙江省经信厅	2022年浙江省装备制造业发展工作要点	探索以财政专项激励的方式支持相关地区氢能装备领域项目合作、产业集聚、技术突破和模式创新
77		2022年3月	浙江嘉善县	关于加快推进氢燃料电池汽车省级示范点的若干政策意见（征求意见稿）	对氢能优秀企业、优秀人才、优秀项目、加氢站等十几个方面进行资金支持。其中对于"顶尖人才团队项目给予最高2亿元的滚动支持或追加资助"刷新纪录
78		2022年9月	海盐县政府	海盐县加快推进氢能产业发展若干政策意见征求意见稿	燃料电池分布式发电、热电联供示范项目最高奖补300万元；对项目连续3年按发电量给予0.1元/千瓦时的财政补贴，单个项目年限额50万元对储氢类项目补贴最高1000万元
79		2022年10月	嘉兴市发改委	2022年第一批市本级新能源汽车推广应用补助线上申报	燃料电池汽车按不高于中央补贴标准的1:1给予配套补贴；加氢站投资最高400万元
80		2022年11月	杭州市经济和信息化局	关于加快推进绿色能源产业高质量发展的实施意见（征求意见稿）	"光（风、氢、水）储充一体化"示范项目补助，最高不超过3000万元

续表

序号	地区	时间	部门	政策名称	政策内容
81	浙江	2023年7月	杭州市政府	关于加快推进绿色能源产业高质量发展的实施意见	加快培育氢能装备制造业，大力发展氢燃料电池发动机和氢燃料分布式发电系统，着力突破质子交换膜、电堆材料、高效催化剂等关键零部件及材料国产化瓶颈；积极争取加入国家燃料电池汽车示范应用城市群，并对在杭州市开展示范应用的氢燃料电池运营车辆及加氢站运营企业进行相应补贴
82		2023年8月	浙江省发改委、能源局	浙江省新能源汽车下乡"十大行动"清单	未来乡村充电基础设施推广行动：将乡村充电基础设施建设作为"千村示范、万村整治"工程重要内容，并纳入未来乡村、共同富裕新时代美丽乡村示范带建设标准。2024年底乡村地区公共充电基础设施达到2万个
83	重庆	2021年11月	重庆市政府	重庆市支持氢燃料电池汽车推广应用政策措施	给予加氢站建设补贴、给予加氢站运营补贴
84		2022年11月	重庆市经济信息委、市财政局	关于重庆市促进汽车产业平稳增长政策措施市级财政奖励资金相关事项的通知	年产销量达30辆、50辆，分别给予300万元和500万元的一次性研发奖励，单个企业年度奖励资金不超过1000万元

附录二：国外氢能政策

序号	国家	时间	政策名称	政策内容	部门
1	美国	2022年	Infrastructure and Jobs act: Clean hydrogen initiatives（基建与工作法案：清洁氢能倡议）	拨款95亿美元用于建立清洁氢能交易中心、电解制氢项目及本土氢能供应链	美国能源部
2		2022年	Inflation Reduction Act（通胀减缓法案）	拨款20亿美元用于补贴本土电车制造业，包括氢能汽车；对氢能制造业进行税收减免	美国国会
3		2021年	Aviation Climate Action Plan（航空业气候行动计划）	对短途航班进行电气化改造，考虑使用氢能	美国联邦航空管理署
4		2021年	Funding to Advance Integrating Hydrogen and Nuclear Power（氢能与核能发展资助计划）	使用不超过2000万美元资金支持氢能生产、储存及运输等项目	美国能源部
5		2021年	University Hydrogen Turbine System Research（氢能发动机大学研究）	拨款620万美元用于资助8个大学氢能发动机系统研究计划	美国能源部

续表

序号	国家	时间	政策名称	政策内容	部门
6	欧盟	2022年	Repower EU PLan（欧盟再供能计划）	2025年累计建造17.5吉瓦电解槽，本土绿氢产量要求达到1千万吨，2030年绿氢产量要求再增加1千万吨；加强氢能相关基础设施建设	欧洲议会
7		2022年	IPCEI project Hy2Use（欧盟氢能运用共同计划）	13个成员国拨款52亿欧元用于一系列氢能产业链建设计划	欧洲议会
8		2021年	Cross – border energy infrastructure, new ruLes for TEN – E（跨境能源基建计划）	加大电网及氢能基础设施建设，支持部分天然气资产在2029年12月31日前转变为氢能资产	欧洲议会
9		2021年	Funding for innovative projects for de-carbonisation（对创新低碳项目的资助法案）	投资1.18亿欧元用于32个小型创新项目，旨在支持氢能等低碳能源技术发展	欧洲议会
10	英国	2022年	Hydrogen BECCS Innovation Programme（氢能、生物能源、碳捕捉与封存创新计划）	分两阶段拨款3000万英镑，资助上述清洁能源技术	英国商业、能源与工业策略部
11		2022年	Industrial Hydrogen AcceLerator Programme（工业部门氢能加速计划）	拨款2600万英镑用于资助可以推进工业燃料切换至氢能的创新计划	商业、能源与工业策略部；能源安全与净零排放部
12		2021年	Hydrogen storage project（氢能储存计划）	拨款940万英镑用于在格拉斯哥附近的陆上风场建造新制氢及储存设施	商业、能源与工业策略部；苏格兰事务办公室
13		2021年	Net Zero Strategy – Industrial Decar-bonization and Hydrogen Revenue Support（净零策略－工业脱碳与氢能盈利支持）	投资1.4亿英镑用于氢能与工业脱碳领域，当中1亿英镑用于在2023年建造250兆瓦的电解制氢项目	英国政府
14		2021年	North Sea Transition Deal（北海转型计划）	至2030年，北海油气行业投资限制在160亿英镑，而氢能生产投资提至100亿英镑	商业、能源与工业策略部；苏格兰事务办公室
15	德国	2022年	KfW Hydrogen funds（成立KfW氢能基金）	成立两个基金，提供5.5亿欧元用于在发展中国家建设绿氢项目及德国或欧洲公司在国外市场的拓展	经济合作与发展部、经济事务与气候行动部

续表

序号	国家	时间	政策名称	政策内容	部门
16	德国	2021年	The NationaL Hydrogen Strategy（国家氢能发展战略）	投资70亿欧元于绿氢；2030年前新增5吉瓦产能，2035—2040年再增加5吉瓦产能；额外投资20亿欧元用于发展国际氢能贸易	经济事务与能源部
17		2021年	German Development and Resilience Plan（DARP）（德国发展与复苏计划）	15亿欧元投资于重要氢能项目；7亿欧元用于资助氢能研究；5.46亿欧元用于氢能在交通运输部门及供应链的推广	联邦财政部
18	加拿大	2021年	Federal investment in hydrogen in Alberta（阿尔伯塔省氢能投资计划）	135万加元用于投资阿尔伯塔省的氢能项目，包括改造氢燃料设施、测试存储运输设备等多项内容	北方事务部；草原经济发展部
19		2020年	Canada hydrogen strategy（加拿大氢能发展战略）	拨款15亿加元用于包括氢能在内的新型燃料产线建设；拨款80亿加元用于推进工业部门脱碳；预计氢能行业在2050年将新创造500亿加元利润及35万个工作岗位	加拿大政府
20	澳大利亚	2022年	Budget October 2022-23：Energy and emissions reduction（能源与减排投资预算）	2022—2023财年起的6年内，向能源领域投资2.75亿澳元；当中8950万澳元用于建设高速路加氢站	气候变更、能源、环境与水资源部
21		2022年	AustraLian Clean Hydrogen Trade Program（ACHTP）（澳大利亚清洁氢能贸易项目）	投资1.5亿澳元于清洁氢能技术，首轮投资围绕日本—澳大利亚的氢能贸易	澳大利亚政府
22		2021年	Australia-germany hydrogen supply chain projects（澳大利亚—德国氢能供应链建设计划）	澳大利亚与德国分别投资5000万澳元及5000万欧元，成立氢能合作孵化器，用于促进澳大利亚本土需求及对德国出口	澳大利亚可再生能源署；德国教育与研究部
23		2021年	Clean hydrogen and carbon capture investment（清洁氢能与碳捕捉投资计划）	投资5.392亿澳元于清洁氢能、CCS与CCUS，当中2.755亿澳元用于开发4个氢能贸易站及氢能市场建设	澳大利亚政府
24		2021年	Daintree Microgrid Program（Daintree微电网投资计划）	投资1930万澳元在Daintree地区进行微电网建设，使用氢能替代柴油	澳大利亚政府

续表

序号	国家	时间	政策名称	政策内容	部门
25	日本	2022年	Japan – Indonesia cooperation agreement on decarbonization technologies（日本—印度尼西亚脱碳技术合作协议）	签署合作备忘录，推动双方在氢能、氨、CCUS等脱碳技术方面的合作	日本经济、贸易与工业部；印度尼西亚能源部
26		2021年	Green Innovation Fund（绿色创新基金）	拨款3000亿日元用于建设氢能进口及供应链设施；拨款700亿日元用于建造大型电解制氢项目	日本

中期协联合研究计划（第十六期）项目

我国上市公司套期保值效果研究
——基于是否会提高公司现金持有边际价值视角

课题负责单位：中国农业大学中国期货与金融衍生品研究中心
课题研究编号：2023360337
课题负责人：安　毅
课题组成员：曹付珍　王　军　马荣远

一、引言

（一）研究背景与研究意义

1. 研究背景

在经济全球化和逆全球化并存的复杂、多变的国际发展环境中，越来越多的公司开始利用衍生品开展套期保值或进行更深层次的风险管理。近些年，全球政经形势的复杂多变，中美贸易争端、新冠疫情以及俄乌、中东等地缘政治冲突的恶化，都导致了商品市场、外汇市场以及利率市场等不断动荡，使上市公司所面临的整体风险不断加大，促使越来越多的国内上市公司特别是具有海外业务的公司探索利用各类衍生品开展套期保值、加强风险管理。

尽管我国开展套期保值的上市公司已达1133家[①]，风险管理水平在逐步上升，但是各类和衍生品交易相关的风险事件仍不断出现。从2005年中盛粮油在CBOT套期保值亏损、2008年中信泰富交易外汇累计期权巨亏，到2018年联合石化套保亏损导致中石化股价暴跌、2020年秦安股份套保出现巨额浮盈、2022年青山集团在伦敦金属交易所（LME）开展卖出套保被逼仓，这些事件足以引起人们对套期保值效果的思考和评价。由于衍生品交易的复杂性以及公司套期保值信息的披露不足，因此单纯依靠公司套期保值披露信息来判断套期保值效果存在一定的问题。有效衡量公司套期保值效果在目前理论界和实务界都是比较重要的问题，目前针对上市公司套期保值效果衡量尚未形成较为一致的标准。

在现有的套期保值效果评价体系研究中，关于市场整体的套期保值效果评价方法多集中于期货市场层面，很少能落脚在上市公司层面上。在上市公司套期保值效果评价中，主要从公司的风险和总体价值两个角度出发，研究表明，公司使用套期保值可以减少面临的不确定性，降低现金流波动，提高公司总体价值（Altuntas等，2017；杨胜刚等，2021）。然而，由于影响公司总体价值的因素较多，难以直观反映衍生品套期保值这一因素，为更贴切地衡量套期保值带来的直接效益，本文根据套期保值和现金持有在预防性动机上的替代效应，利用公司套期保值对现金持有边际价值影响来衡量公司套期保值带来的效益，从而为公司套期保值效果理论研究作出重要贡献。

探讨公司套期保值对现金持有边际价值影响不仅在理论上能为公司套期保值效果研究作贡献，而且在实践上能缓解中国上市公司现金持有边际价值折价问题。现

[①] 数据来源：避险网2023年初发布的《中国上市公司套期保值评价年度白皮书（2022年）》。

金持有边际价值是指公司每增持 1 元现金，所给股东带来的价值增量（苑莹和乔嗣佳，2014）。已有研究表明，美国非金融上市公司现金持有边际价值达到 0.94 美元（Faulkender 和 Wang，2006），而中国上市公司现金持有边际价值仅为 0.5—0.6 元（顾乃康和孙进军，2008），存在明显折价（王怀明和顾洪溢，2017；冯科和胡亚峰，2019）。现金持有边际价值是公司经营效率的重要表现，现金持有的折价也在一定程度上反映了公司代理冲突问题（袁卫秋和李萍，2018；Kalcheva 和 Lins，2007）。现金持有折价及代理冲突问题都在一定程度上损害了公司现金持有边际价值，合理制定现金持有政策，提高现金持有边际价值，是保障公司可持续发展的重要因素之一。公司套期保值主要目的是减缓公司现金流波动的不确定性，降低公司现金持有的预防性动机（Sun 等，2022），即衍生品套期保值和公司现金持有在应对现金流波动不确定性方面存在一定的替代效应（Disatnik 等，2014；朱孟楠和徐云娇，2022）。衍生品套期保值会减少公司现金持有的预防性动机，影响公司现金持有的使用效率，从而影响现金持有边际价值（Choi 等，2021；Sun 等，2022）。在针对公司现金持有折价问题上，研究套期保值和现金持有边际价值关系具有重要的实践意义。

在已有的公司衍生品套期保值和现金持有边际价值关系研究中，存在研究内容不多且对于两者关系具有争议的问题。目前主要存在衍生品套期保值降低现金持有边际价值（Choi 等，2021），以及衍生品套期保值提高现金持有边际价值这两种研究结论（Sun 等，2022）。并且研究发现，财务约束较多、信息不对称程度较高、公司治理较弱的公司，其套期保值对现金持有边际价值的正向影响更为显著（Sun 等，2022）。此外，在衍生品套期保值和现金持有边际价值的研究中，尚未有学者利用中介效应就衍生品套期保值对现金持有边际价值的影响路径进行研究。

为进一步研究上市公司衍生品套期保值效果并解决上市公司现金持有边际价值折价问题，本文检索上市公司套期保值数据，结合上市公司财务指标，分析上市公司套期保值使用情况，以及使用套期保值后公司经营稳定性、经营效率以及公司现金持有量等的变化，初步反映公司套期保值使用对公司的影响。而且在此基础上，进一步利用 2012—2020 年有海外收入上市公司的数据来研究套期保值对公司现金持有边际价值影响，深度分析公司套期保值如何影响现金持有边际价值，以及探讨衍生品套期保值对公司现金持有边际价值的影响是否因公司特征以及市场环境不确定性的不同而不同。此外，利用套期保值对现金持有边际价值影响来反映套期保值使用效果，并从套期保值角度提高公司现金持有使用效率。

2. 研究意义

本文的研究意义有以下两个方面：

第一，通过分析上市公司衍生品套期保值使用情况，以及比较使用套期保值公司与未使用套期保值公司之间在经营稳定性、经营效率及公司现金持有量方面的差异，来反映套期保值对公司的影响。

第二，深入研究上市公司套期保值对公司现金持有边际价值影响，分析、揭示套期保值和公司现金持有边际价值之间的传导机制，为公司套期保值风险管理和现金持有提供政策建议，提高公司现金持有使用效率，缓解公司代理冲突问题，同时也为开展期货关联产品的创新、吸引更多的机构交易者进入期货市场，进而推动期货市场实现高质量发展提供重要参考。

（二）研究目标和内容

1. 研究目标

研究目标分为总目标和子目标1、子目标2。

总目标为：通过理论和实证两个方面系统分析上市公司套期保值使用效果，在梳理已有的套期保值对公司绩效等各方面影响文献的基础上，进一步研究公司套期保值对现金持有边际价值影响，并探讨公司套期保值和公司现金持有边际价值之间的影响机制，为准确反映公司套期保值效果、为公司正确认识并使用套期保值提供参考建议，也为公司加强现金的持有管理提供政策建议。

子目标1为：利用手工检索公司套期保值数据，研究衍生品套期保值和公司相关绩效指标变化趋势关系，合理考察公司套期保值效果，提高公司对套期保值的认识。

子目标2为：利用有海外收入上市公司的套期保值数据，分析其套期保值与现金持有边际价值关系，以现金持有边际价值变化反映公司套期保值效果。并从投资和融资两个角度分析公司套期保值和现金持有边际价值传导机制，进一步研究公司代理冲突、规模、现金持有量以及市场环境不确定性对公司套期保值和现金持有边际价值关系影响，为公司风险管理和现金持有政策制定提供参考。

2. 核心研究内容

（1）公司套期保值使用情况以及效果分析

基于2012—2020年上市公司套期保值数据分析不同行业上市公司使用套期保值情况，总结研究有海外收入上市公司的套期保值情况，并对海外收入上市公司使用套期保值情况和公司的经营效率、公司规模以及公司现金持有量进行线性描述。

（2）公司套期保值与现金持有边际价值关系

利用2012—2020年有海外收入上市公司的套期保值数据，研究公司套期保值与现金持有边际价值之间的关系，参考江艇（2022）修正的中介效应从公司投资和融资两个角度探讨衍生品套期保值和公司现金持有边际价值之间的传导机制。在具体研究中，本文将公司样本按照公司代理冲突、规模、现金持有量以及市场环境不确定性维度进行分组，并对衍生品套期保值和现金持有边际价值异质性进行分析。

（三）研究方法与技术路线

1. 研究方法

为探讨衍生品套期保值对公司现金持有边际价值的影响，本文参考 Sun 等（2022）和 Choi 等（2021）的研究建立实证模型（1）。

套期保值与现金持有边际价值：

$$r_{i,t} - R_{i,t} = \alpha + \beta_2 Hedging_{i,t} * \frac{\Delta C_{i,t}}{MV_{i,t-1}} + \beta_3 Hedging_{i,t} + \beta_4 \frac{\Delta C_{i,t}}{MV_{i,t-1}} + \beta_5 \frac{\Delta E_{i,t}}{MV_{i,t-1}} + \beta_6 \frac{\Delta NA_{i,t}}{MV_{i,t-1}} + \beta_7 \frac{\Delta R\&D_{i,t}}{MV_{i,t-1}} + \beta_8 \frac{\Delta I_{i,t}}{MV_{i,t-1}} + \beta_9 \frac{\Delta D_{i,t}}{MV_{i,t-1}} + \beta_{10} \frac{NF_{i,t}}{MV_{i,t-1}} + \beta_{11} Cash_{i,t-1} + \beta_{12} Cash_{i,t-1} * \frac{\Delta C_{i,t}}{MV_{i,t-1}} + \beta_{13} Lev_{i,t} + \beta_{14} Lev_{i,t} * \frac{\Delta C_{i,t}}{MV_{i,t-1}} + \mu_t + \theta_j + \varphi_n + \varepsilon_{i,t} \quad (1)$$

模型（1）主要研究公司衍生品对冲和现金持有边际价值之间的关系，由于衍生品对冲和现金持有量之间存在联系，所以在模型（1）中采用衍生品套期保值和现金持有量变动交互项对衍生品对冲和现金持有边际价值进行研究。参考 Faulkender 和 Wang（2006）的模型，利用现金变化量与公司超额利润之间的关系来反映现金的边际价值，即用 $r_{i,t} - R_{i,t}$ 得出的超额股票收益回报来表示现金持有边际价值。其中，超额股票收益回报是指实际股票回报和基准投资组合回报之间的差异，基准收益率为公司所在行业的收益率（Faulkender 和 Wang，2006）。实证部分主要聚焦于 $\Delta C_{i,t}$ 和 $Hedging_{i,t}$ 之间的相互作用关系，即模型（1）中 $\Delta C_{i,t}$ 和 $Hedging_{i,t}$ 交互项系数 β_2，如果 β_2 系数为正，则公司衍生品套期保值会提高现金持有边际价值；反之，则表示公司套期保值会降低现金持有边际价值。在模型（1）中，本文选取的控制变量主要参考 Faulkender 和 Wang（2006）、Sun 等（2022）和 Choi 等（2021）的研究。其中，$\Delta C_{i,t}$ 表示从 i 公司第 $t-1$ 年到第 t 年的现金持有量变化情况；为了控制公司盈利能力，在模型（1）中纳入公司息前税后利润变量（$\Delta E_{i,t}$）和公司创新投入变化（$\Delta R\&D_{i,t}$）；还纳入非现金资产的变化（$\Delta NA_{i,t}$），非现金资产是通过总资产减去货币资金计算得出；融资活动的代理变量，包括股息变动（$\Delta D_{i,t}$）、利息费用变化（$\Delta I_{i,t}$），以及公司融资额（$NF_{i,t}$）；Faulkender 和 Wang（2006）发现，现金持有的边际价值对公司的现金持有和资本结构较敏感，因此，模型（1）中纳入了前一年的现金持有量（$Cash_{i,t-1}$）、当年的资产负债率（$Lev_{i,t}$）。在模型（1）中所有控制变量都按上一期的公司市场价值 MV_{t-1} 折算得出。其中，ε 为随机扰动项，μ、θ

和 φ 是年份、行业和城市的固定效应。变量的选取及定义见表1。

表1 衍生品套期保值与公司现金持有相关变量解释

变量类型	变量符号	变量名称	变量含义
被解释变量	$Cash_{i,t}$	现金持有量	货币资产/总资产
	$r_{i,t} - R_{i,t}$	股票超额收益率	公司股票收益率与基准收益率的差值,其中基准收益率为公司所在行业的收益率
解释变量	$Hedging_{i,t}$	衍生品套期保值情况	公司当年使用了衍生品则为1,否则为0
替代变量	$Derivative_{i,t}$	风险套期保值规模	衍生金融资产的自然对数
控制变量	$Cash_{i,t-1}$	上一期现金持有量	上一期货币资产/上一期总资产
	$Lev_{i,t}$	资产负债率	总债务,按总资产标准化
	$\Delta E_{i,t}$	净收益变动	(当期息前税后利润 - 上一期息前税后利润)/公司市场价值
	$\Delta C_{i,t}$	现金持有变化	(当期货币资产 - 上一期货币资产)/上一期总资产
	$\Delta NA_{i,t}$	非现金资产变动	(当期非现金资产 - 上一期非现金资产)/公司市场价值
	$\Delta R\&D_{i,t}$	研发费用变动	(当期研发费用 - 上一期研发费用)/公司市场价值
	$\Delta D_{i,t}$	股息变动	(当期股息 - 上一期股息)/公司市场价值
	$\Delta I_{i,t}$	利息费用变动	(当期财务费用 - 上一期财务费用)/公司市场价值
	$NF_{i,t}$	融资额水平	当期筹资活动产生现金流量净额
	MV_{t-1}	市场价值	上一年的总债务 + 股权市值
中介变量	$Inv_{i,t}$	投资	(资本支出 + 研发支出)/上一年市场价值
	$SA_{i,t}$	融资约束	SA - Index = -0.737 × FSize + 0.043 × FSize2 - 0.040 × Age,FSize是公司账面价值自然对数,Age是公司上市年限
	Year	年份	年度虚拟变量
	Industry	行业	行业虚拟变量

在研究衍生品套期保值对公司现金持有边际价值影响过程中,分别从投资和融资两个角度来研究衍生品套期保值对公司现金持有边际价值影响机制。为探讨投资和融资约束在衍生品套期保值和现金持有边际价值之间的中介效应,本文参考江艇(2022)修正的中介效应模型,先用回归方法检验解释变量对中介变量的因果关系,再用理论分析的方法论证影响机制的合理性。

投资指标的衡量参考 Baker 等(2003)、Bhandari 和 Javakhadze(2017)以及 Chio 等(2021)的方法,用公司当年的资本支出和研发支出总和除以公司上一年的市场价值来表示;融资约束参考鞠晓生等(2013)以及 Chio 等(2021),以 SA 指标来衡量融资约束。模型(2)是以投资为被解释变量,以衍生品套期保值为解释变量,研究衍生品套期保值是否影响公司的投资水平;模型(3)是以融资约束为被解释变量,以衍生品套期保值为解释变量,研究衍生品套期保值如何影响公司融资约束。

衍生品套期保值和投资模型:

$$Inv_{i,t} = \alpha + \beta_2 Hedging_{i,t} \times \frac{\Delta C_{i,t}}{MV_{i,t-1}} + \beta_3 Hedging_{i,t} + \beta_4 Control + \mu_t + \theta_j + \varepsilon_{i,t} \quad (2)$$

衍生品套期保值和融资约束模型：

$$SA_{i,t} = \alpha + \beta_2 Hedging_{i,t} \times \frac{\Delta C_{i,t}}{MV_{i,t-1}} + \beta_3 Hedging_{i,t} + \beta_4 Control + \mu_t + \theta_j + \varepsilon_{i,t} \quad (3)$$

在上述模型中，$Control$ 是模型（1）的控制变量，ε 为随机扰动项，μ、θ 和 φ 是年份、产业和城市的固定效应。变量的选取及定义如表1所示。

2. 技术路线

本文以问题为导向，按照提出问题、分析问题和解决问题的逻辑依次进行，技术路线图如图1所示。

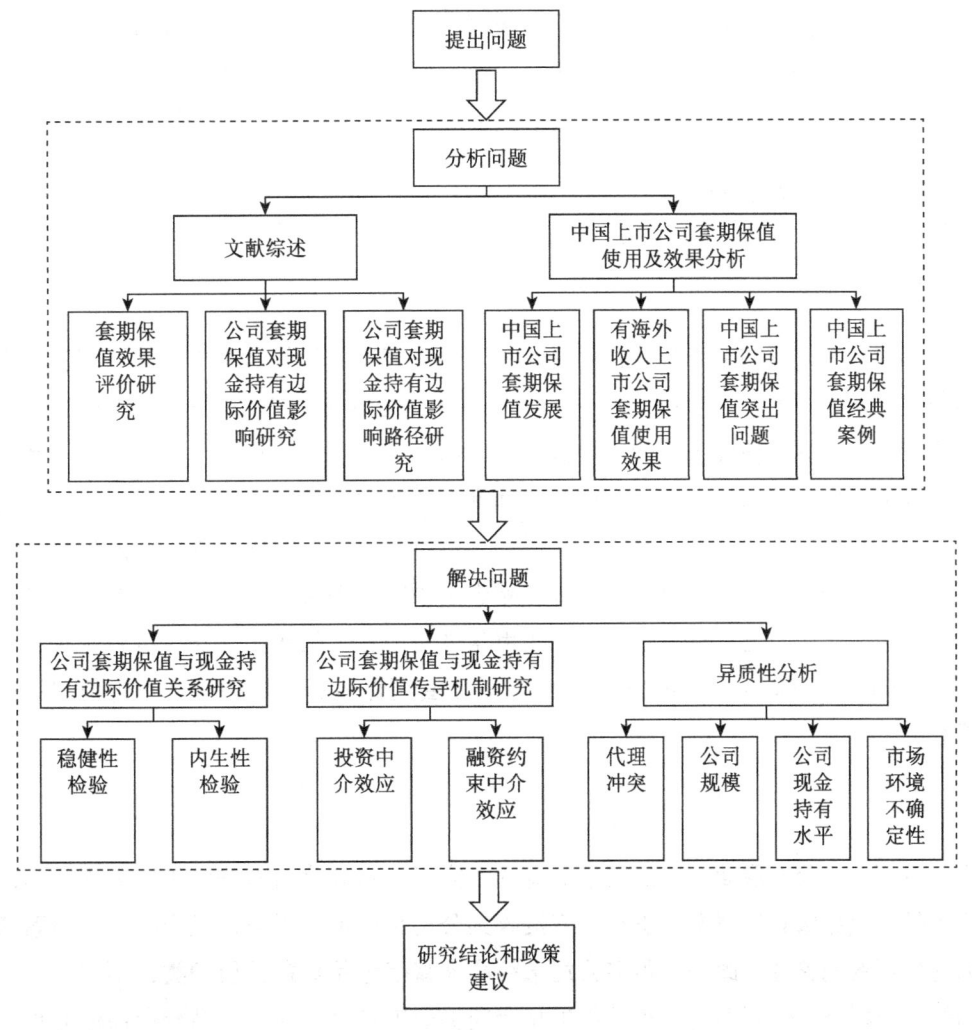

图1 技术路线图

首先，第一部分为引言，从研究背景及研究意义中提出当前公司套期保值效果研究存在的问题，即公司套期保值损益未直接披露，无法从年报等直接获取，已有公司套期保值效果研究多以公司价值来反映公司套期保值收益，但公司价值影响因素较多，无法直接反映为公司套期保值。为此，本文从套期保值和现金持有的替代效应角度提出研究问题，即是否可以用公司现金持有边际价值来反映套期保值效果呢？

其次，利用第二部分的文献综述和第三部分的中国上市公司套期保值使用效果来分析问题。文献综述梳理了以往对上市公司套期保值效果评价的研究，并整理了国内外对上市公司套期保值和现金持有边际价值关系研究。第三部分利用现实数据来反映我国上市公司套期保值目前发展现状以及存在的问题，并利用上市公司套期保值经典案例反映问题，进一步表明研究的必要性。

最后利用第四部分实证研究来解决问题。该部分主要包括基本回归、机制检验和异质性分析。本部分创新性地利用江艇（2022）的两步法从投资和融资两个角度进行中介效应分析，随后分析了上市公司套期保值和现金持有边际价值关系是否会受公司代理冲突、公司规模、现金持有量以及市场环境不确定性的影响。

（四）创新点与不足

1. 创新点

首先，在已有的上市公司套期保值和现金持有边际价值研究中，其研究对象多为美国等发达国家，这一结论并不一定适用中国这样的新兴市场经济国家。为此，本文着眼于挖掘、整理中国的市场数据，以研究中国的实际情况。其次，本文还从公司投资和融资的角度解释了套期保值和现金持有边际价值之间的传导机理，即上市公司套期保值促进投资，投资增加促进现金持有边际价值的提高；套期保值降低了上市公司融资约束，融资约束的降低减少了预防性动机现金持有，提高了该部分现金持有的使用价值。从投资和融资约束角度对二者之间的传导路径进行解释，补充了Choi等（2021）和Sun等（2022）关于套期保值和现金持有边际价值关系的研究。

2. 不足之处

由于上市公司层面衍生品信息披露的不完善，部分公司未按照规定披露公司的衍生品套期保值具体情况，不利于直接收集公司套期保值损益，且影响手工检索获取的数据的完整性。此外，很多公司未精准披露衍生品套期保值种类，不能进一步精细化分析公司使用不同种类的衍生品套期保值工具时，其衍生品套期保值对现金持有边际价值影响。

二、研究综述

该部分对已有关于套期保值效果评价研究从期货市场和公司两个角度进行整理,公司套期保值效果主要包括会计学和金融学两个方向,通过金融学研究引出本文的主要研究内容,即用公司套期保值对现金持有边际价值的影响来体现公司套期保值效果,进一步利用文献分析公司套期保值对现金持有边际价值影响路径。图2的逻辑框架图展示了本部分研究综述的主要内容。本文重点研究公司套期保值和现金持有边际价值关系,以及公司套期保值和现金持有边际价值传导路径。

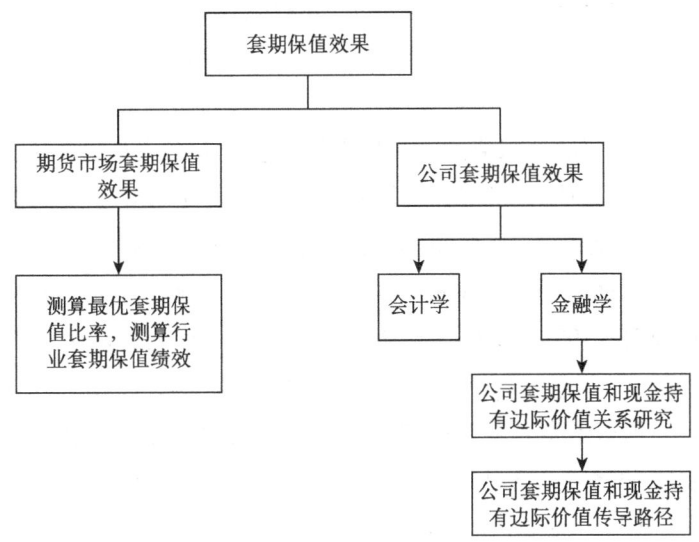

图 2　研究综述的逻辑

(一) 套期保值效果评价研究

现有的套期保值效果评价研究主要从期货市场和微观公司两个层面进行。在期货市场层面套期保值绩效衡量过程中,主要是先计算期货市场最优套期保值比率,然后利用静态套期保值模型和动态套期保值模型测算期货市场套期保值绩效(Chun等,2019;Zheng 等,2021;徐艺丹,2020)。

在上市公司层面套期保值绩效评价体系中,主要从会计学和金融学两个角度进行测算。在会计学角度研究中,我国的《公司会计准则第24号——套期保值》提出了套期保值有效性的界定准则。但这一会计准则的主要意义在于判断套期保值会计的适用范围,与实际经营的套期保值关联性不大,在此基础上建立了套期保值绩效评价体系(朱国华和秦源,2011),但是该方法所需数据难以获取,并且涉及公司内部目标利润率这一主观指标,因此结果的可得性和准确性有待进一步确认。

从金融学角度出发，在上市公司套期保值绩效研究中很少应用 Ederington (1979) 提出的以风险最小化为目标的套期保值绩效评价指标 H_e，该指标只考虑了风险因素而未考虑利润，即未考虑期货套期保值对原有现货头寸收益的影响（朱国华和方毅，2010），而在具体上市公司分析中，现货市场的收益也在很大程度上影响着套期保值绩效。已经有越来越多的学者从公司价值、公司绩效、创新、融资约束、风险水平等各方面来衡量公司套期保值效果（Ahmed 等，2020；Sikarwar，2022；赵峰等，2017；郭飞等，2020；郝项超和梁琪，2019；Choi 等，2021）。公司通过衍生品套期保值可减少公司面临的不确定性，降低现金流波动（Altuntas 等，2017）；并且衍生品套期保值降低了公司信息不对称，从而减少公司融资约束（郭飞等，2020；Chen 和 King，2014），促进公司投资（Jankensgard 和 Moursli，2020；Alexandridis 等，2021），提升公司价值（杨胜刚等，2021；李梦和陈奉先，2016）。但公司价值影响因素较多，无法直接体现到公司套期保值效果上。

为更直观衡量公司套期保值给公司带来的收益，本文从套期保值和现金持有角度出发。套期保值理论认为，衍生品对冲降低价格波动风险，进而降低公司的预防性动机，而现金持有的主要动机是预防性动机（Kawase 等，2015；Bates 等，2009），并且当公司面临的不确定性增加时，公司出于预防性动机的考虑会增加现金持有量（Opler 等，1999；Bates 等，2018），因此，公司的衍生品套期保值减少了出于预防性动机的现金持有需求（Choi 等，2021；Sun 等，2022；Kieschnick 和 Rotenberg，2016），即衍生品套期保值和现金持有量之间存在替代关系（Disatnik 等，2014）。衍生品套期保值和现金持有量之间的替代关系，必然会影响现金持有边际价值（Choi 等，2021；Sun 等，2022）。

（二）公司套期保值对现金持有边际价值影响研究

现有的风险管理理论大多假设公司使用套期保值主要用于风险套期保值（Adam 和 Fernando，2006），套期保值可减少公司现金波动，降低公司现金持有的预防性动机（Sun 等，2022）。从预防性动机角度来说，公司套期保值和现金持有具有替代效应，衍生品套期保值会降低公司现金持有，可将节省的现金持有用于投资等其他公司管理，以提高现金持有边际价值（Choi 等，2021；Sun 等，2022）。

在已有的套期保值和现金持有边际价值研究中，针对套期保值和公司现金持有边际价值的关系研究较少，存在的争议是，套期保值降低了现金持有边际价值（Choi 等，2021），并提高了现金持有边际价值（Sun 等，2022）。

一方面，套期保值可以减缓公司融资约束（郭飞等，2020），促进公司投资（Jankensgard 和 Moursli，2020），提高投资效率，促进现金持有的边际价值（Sun 等，2022），并且投资所带来的金融发展水平上升也促进了现金持有边际价值（胡亚峰和冯科 2018）。由此，Sun 等（2022）基于 1993—2016 年美国上市公司数据研究发现，套期保值会提高公司现金持有价值，且套期保值对现金价值的正向影响在财务约束程度较高、信息不对称程度较高、治理水平较弱的公司中表现得更为显著。

另一方面，Choi 等（2021）利用 1998—2017 年美国石油和天然气行业的 155 家生产者数据研究发现，套期保值会降低公司现金持有的边际价值，并且对风险水平较高的公司进行套期保值的效果更强。这主要是因为现金持有的边际价值主要体现在现金的预防性动机上（Choi 等，2021；Bates 等，2018），套期保值通过减少现金持有的预防性动机从而降低了现金持有的边际价值。

（三）公司套期保值和现金持有边际价值传导路径分析

1. 衍生品套期保值可以通过促进公司投资来提高现金持有边际价值

凯恩斯认为，公司持有现金主要源于交易动机、预防动机和投机动机（Keynes，1937）。在这些动机中，除预防动机外，交易动机也对公司现金持有影响较大（高睿等，2022）。公司的交易动机主要是指公司为正常生产经营而需要保持的现金支付能力，即公司为了组织日常的生产经营活动，必须保持一定数量的现金余额，用于购买原材料、支付工资、缴纳税款、偿付到期债务以及派发现金股利等。

衍生品套期保值通过降低预防性动机会使额外的现金偏向于公司的资本交易动机（Jankensgard 和 Moursli，2020），即衍生品套期保值可以缓解公司投资不足。这主要是因为衍生品套期保值会降低内部资金的波动，从而促进公司投资，缓解公司投资不足（Lin 等，2008）；并通过利率、汇率衍生品稳定公司在银行贷款中的利率、汇率等，从而为公司提供了更多投资机会（Campello 等，2011）。将衍生品套期保值所减少的现金持有量投资于净现值为正的项目，即衍生品套期保值提高了投资效率，可促进现金持有的边际价值（Sun 等，2022），投资所带来的金融发展水平上升也会促进现金持有边际价值（胡亚峰和冯科 2018）。已有研究表明，相比于投资水平低的公司，投资水平高的公司衍生品套期保值对现金持有边际价值的正效应更强（Sun 等，2022）。此外，Bates 等（2018）研究发现，对于拥有更多投资机会的公司，其现金持有边际价值更高。

2. 衍生品套期保值可以通过降低公司融资约束来促进现金持有边际价值提升

优序融资理论表示，公司的融资方式主要有内部融资、外部债券融资和外部股权融资，基于信息不对称和融资成本的考虑，由于内部融资成本低，公司会优先使用内部盈余，在外部融资中，外部股权融资会因信息不对称而使投资者对股票价值预期降低，从而导致股票价格下降，公司市场价值降低，即外部股权融资会降低公司价值。因此，在外部融资中外部债务融资优先于外部股权融资。即公司在融资时会首先采用内部融资，然后采用外部借款，最后采用债券股权融资（Myers 和 Majluf, 1984）。

由于衍生品套期保值可以通过减少现金流的可变性来减少对外部资金的融资依赖（Deshmukh 和 Vogt, 2005），从而降低财务成本（Alexandridis 等, 2021；Gay 等, 2011），缓解公司财务困境（赵峰等, 2019；Campello 等, 2011），突破公司融资约束（郭飞等, 2020；袁卫秋, 2014），并且 Chen 和 King（2014）研究发现，衍生品的套期保值能显著降低债券融资成本。此外，低水平的融资约束会使公司减少未来债务偿还的预防性动机现金持有量（Almeida 等, 2004；祝继高和陆正飞, 2009；Kim 等, 2011），由此减少的现金持有量可用于投资或其他公司用途（李青原和吴滋润, 2022），提高公司现金持有边际价值（Bates 等, 2018；Sun 等, 2022）。

（四）研究述评

根据以上文献可知，在上市公司套期保值效果关系研究中，国内外已进行初步探讨，但仍存在以下几个方面的局限性。

第一，已有的套期保值效果研究主要集中在期货市场上，对上市公司套期保值效果的研究较少，并且针对上市公司的套期保值效果评估尚未形成统一的标准。已有的上市公司套期保值效果研究主要从公司风险和收益两个方面进行，在收益方面主要利用公司价值反映，但影响公司价值的因素较多，无法直接反映公司套期保值。

第二，在已有的 Sun 等（2022）和 Choi 等（2021）的衍生品和现金持有边际价值研究中，研究结论尚未统一：Sun 等（2022）认为衍生品套期保值会提高公司投资效率等，提高公司现金持有边际价值；而 Choi 等（2021）认为衍生品套期保值会减少公司现金持有的预防性动机，公司现金持有边际价值主要表现为公司的预防性动机，因此他们认为衍生品套期保值会降低公司现金持有边际价值。两者结论的不同主要源于两者研究对象不同，衍生品套期保值情况不同，以及其衍生品套期保值公司占比不同（Sun 等, 2022）。并且在已有的衍生品和现金持有边际价值研究中，其研究对象主要集中在欧美发达国家，这一研究结论对新兴发展中国家的适用性有待考量。

第三，由于已有的衍生品套期保值和现金持有边际价值的研究深度和广度都不及公司价值的研究，因此尚未有研究者利用中介效应对衍生品套期保值如何影响现金持有边际价值进行探讨。

（五）研究思路的设定

本文在梳理已有衍生品套期保值和现金持有研究文献的基础上，以 2012—2020

年有海外收入的中国上市公司为样本，研究上市公司衍生品套期保值和现金持有边际价值的关系，并进一步利用中介效应模型研究衍生品套期保值和现金持有边际价值之间的传导机理，分别从理论和实证两个方面证明衍生品套期保值从公司投资和融资两个角度影响现金持有边际价值。

此外，本文还利用公司代理冲突、公司规模、现金持有量以及公司所面临的市场环境不确定性来对公司衍生品套期保值和现金持有边际价值进行异质性分析，以研究公司特征及外部环境是否影响衍生品套期保值和现金持有边际价值的关系，这一研究丰富了现有衍生品套期保值和现金持有价值研究内容，拓宽了研究范围，可以为建立公司套期保值绩效评价指标提供参考。

三、中国上市公司套期保值使用及效果分析

（一）中国上市公司套期保值发展

1. 上市公司实体行业套期保值参与率变化

近些年来，随着市场不稳定性增大，越来越多的公司使用衍生品套期保值对冲公司风险。避险网的《中国上市公司套期保值评价年度白皮书（2022年）》对公司套期保值数据进行了权威的整理，图3为参考《中国上市公司套期保值评价年度白皮书（2022年）》中数据绘制的2013—2022年实体行业整体套期保值参与率变化，还将实体行业公司分为大型企业和中小型企业。其中，A股实体行业上市公司套期保值参与率由2013年的6.48%提高到了2022年的22.89%，大型企业的套期保值参与率由2013年的7.11%提高到了2022年的26.51%，中小型企业的套期保值参与率由2013年的3.87%提高到了2022年的14.41%，套期保值参与主要集中在大型企业。2018年以后，大型企业的套期保值参与率有了显著的提升，这主要由于2018年中美贸易摩擦加大了中国国际市场的不稳定性，促使了大型企业使用套期保值方式来规避风险；2020年新冠疫情后，大型企业和中小型企业为应对疫情增加了套期保值参与率。

2. 不同行业使用套期保值比率

在对不同行业使用套期保值比率的研究中，本文在手工搜索数据中选取2020年数据进行截面分析。表2分析的是2020年各行业上市公司使用套期保值比率，其中，上市公司使用衍生品套期保值占比最多的行业是金融业（J）（67.6%），其次是采矿业（B）（32.6%）、卫生和社会工作行业（Q）（27.2%）。图4是2020年使

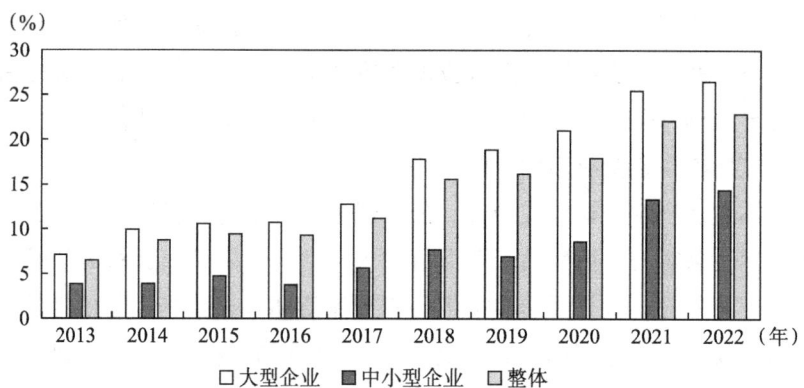

图3　2013—2022年实体行业上市公司套期保值参与率变化

用套期保值公司中各行业占比图，其中，2020年所有使用衍生品套期保值的上市公司中，所属行业最多的是制造业（C），其次是制造和批发业（F）。

表2　　　　　　　　　　2020年各行业上市公司使用套期保值占比

行业	衍生品套期保值比例（%）
农、林、牧、渔业（A）	15.3
采矿业（B）	32.6
制造业（C）	24.5
电力、热力、燃气及水生产和供应业（D）	11.6
建筑业（E）	13.6
批发和零售业（F）	22.1
交通运输、仓储和邮政业（G）	20.0
住宿和餐饮业（H）	22.2
信息传输、软件和信息技术服务业（I）	9.2
金融业（J）	67.6
房地产业（K）	17.1
租赁和商务服务业（L）	17.6
科学研究和技术服务业（M）	16.6
水利环境和公共设施管理业（N）	14.4
教育（P）	0
卫生和社会工作（Q）	27.2
文化、体育和娱乐业（R）	5.4
公共管理、社会保障和社会组织（S）	7.1

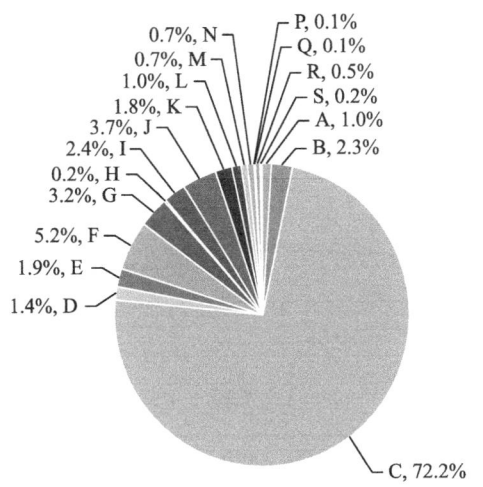

图 4 2020 年使用套期保值的上市公司中各行业占比①

3. 有海外收入和无海外收入公司套期保值比率

上市公司套期保值的使用受国际市场影响较大，尤其近些年来中美贸易摩擦、新冠疫情以及俄乌冲突等突发事件加剧了国际市场的不稳定性，越来越多的有海外收入上市公司为应对国际市场风险，增加了套期保值使用率。图 5 展示了有海外收入上市公司与无海外收入上市公司 2012—2020 年套期保值比率情况，可以发现，有海外收入上市公司套期保值使用比率明显高于无海外收入上市公司套期保值使用比率，并且两者趋势和整体 A 股上市公司套期保值使用比率趋势相一致。避险网创始人刘文财在"期货衍生品助力上市公司高质量发展论坛"上表示，按照目前我国已有 4500 多家上市公司测算，上市公司参与衍生品套期保值的比例在逐步提高，避险工具的选择上，上市公司持有外汇最多，其次是商品。刘文财认为，中国作为一个出口导向型的经济主体，汇率风险是上市公司群体面临最大的风险，其次是商品。由于使用套期保值的公司占比整体较低，为保证实证结果不受这一因素影响，下文在分析套期保值与公司现金持有边际价值中，以有海外收入上市公司为研究对象。

（二）有海外收入上市公司套期保值使用效果

以有海外收入上市公司为研究对象，对海外收入上市公司使用套期保值情况和公司的经营效率、公司规模以及公司现金持有量进行简单的线性描述，初步得出公司使用套期保值效果，主要表现在以下三个方面。

1. 经营效率

本文以存货周转率来衡量公司经营效率，存货周转率是公司在一定时期销货成

---

① 本图数据进行了四舍五入处理。

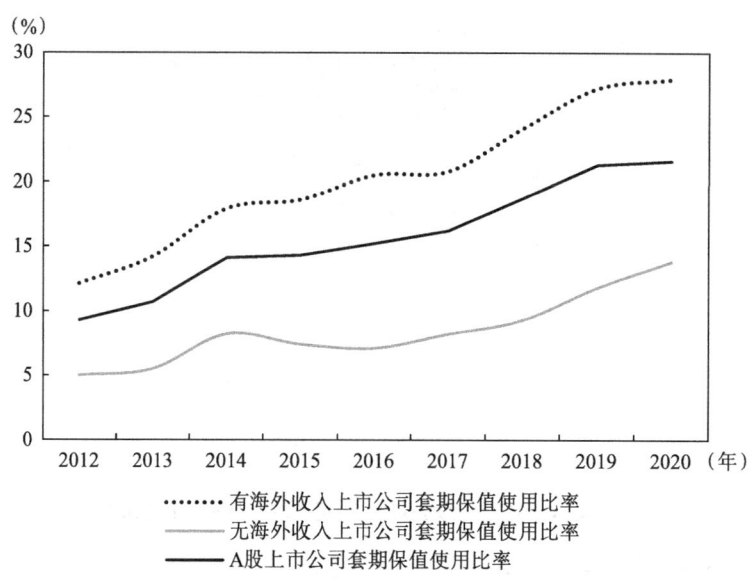

图 5　有海外收入和无海外收入上市公司套期保值比率对比

本与平均存货之间的比率。存货周转率越高,说明企业存货资产变现能力越强,存货及占用在存货上的资金周转速度越快,则企业经营效率越高。图 6 描述了 2012—2020 年有海外收入上市公司衍生品套期保值与存货周转率的变化,2017 年以前,有海外收入上市公司套期保值比率较为稳定,2017 年以后,受中美贸易摩擦和新冠疫情等的影响,套期保值比率迅速增加。2015 年以后,存货周转率也出现了上升趋势,整体上,套期保值比率和存货周转率都呈现上升趋势,即公司使用套期保值会提高公司的经营效率。

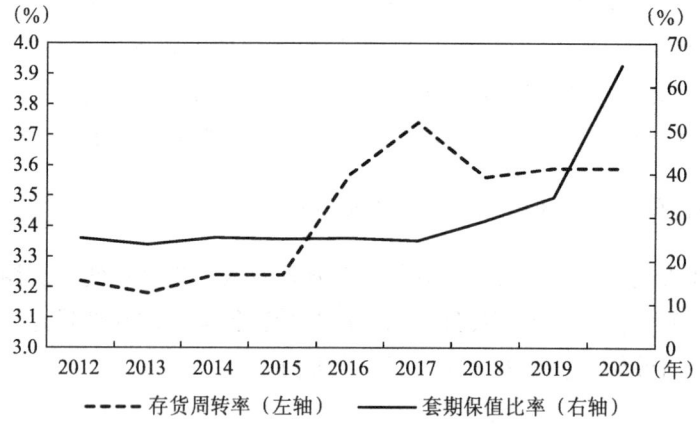

图 6　2012—2020 年有海外收入上市公司衍生品套期保值比率与存货周转率

2. 公司规模

本文以总营业收入来衡量企业规模,图 7 描述了 2012—2020 年有海外收入上市公司衍生品套期保值与总营业收入之间的变化,2012—2020 年,总营业收入稳步增长,和每年公司套期保值比率趋势一致。近些年,随着有海外收入上市公司套期保值比率增加,公司平均总营业收入也在不断增加,公司规模在不断扩大。综上所述,公司使用套期保值会提高公司营业收入,从而增加公司规模。

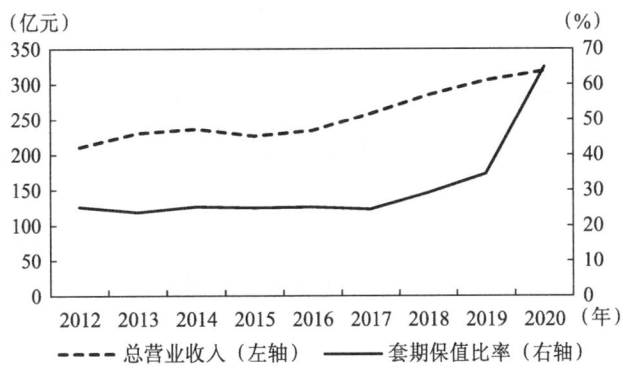

图 7　2012—2020 年有海外收入上市公司衍生品套期保值比率与总营业收入

3. 现金持有量

为研究上市公司套期保值和现金持有量之间关系,本文初步描述了 2012—2020 年有海外收入上市公司套期保值与公司现金持有量之间变化关系(见图 8)。2012—2020 年,有海外收入上市公司衍生品套期保值比率在不断增加,而现金持有量在不断减少。由于套期保值和现金持有都是公司应对风险工具,在一定程度上存在替代作用,即套期保值与现金持有量之间存在负相关关系,因此公司使用套期保值会降低公司现金持有水平。

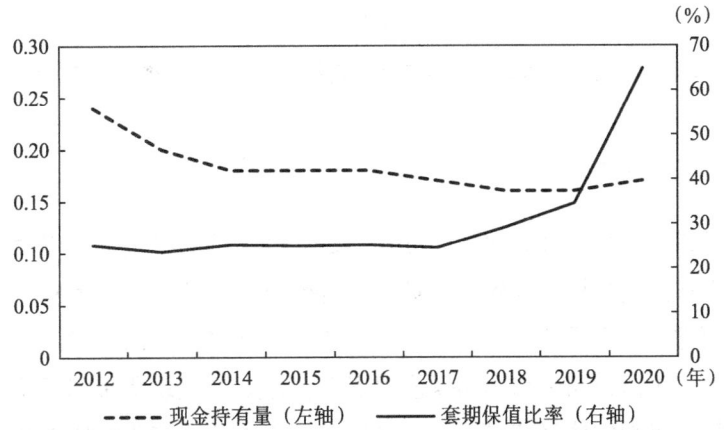

图 8　2012—2020 年有海外收入上市公司衍生品套期保值比率与总营业收入

(三) 中国上市公司套期保值的突出问题

1. 处于发展初期

为进一步了解中国和其他国家上市公司套期保值情况，本文参考《大连商品交易所研究中心成果合集（2019）》，将世界500强公司分国别研究使用衍生品情况。图9为世界500强公司中2007—2017年使用衍生品企业数量变化（按国别分类），可以发现，韩日两国从2007年的59家增长到2017年的60家，基本没有变化；欧盟和美国以及新兴市场国家同样在2007—2017年世界500强公司中使用衍生品的公司数量不变；而中国的世界500强公司中，使用衍生品的公司数量从2007年的50家增加到2017年的73家，有了明显的提升。虽然我国世界500强公司中使用衍生品的公司数量在逐渐增加，但相比于美国和欧盟等发达国家，仍然存在差距。

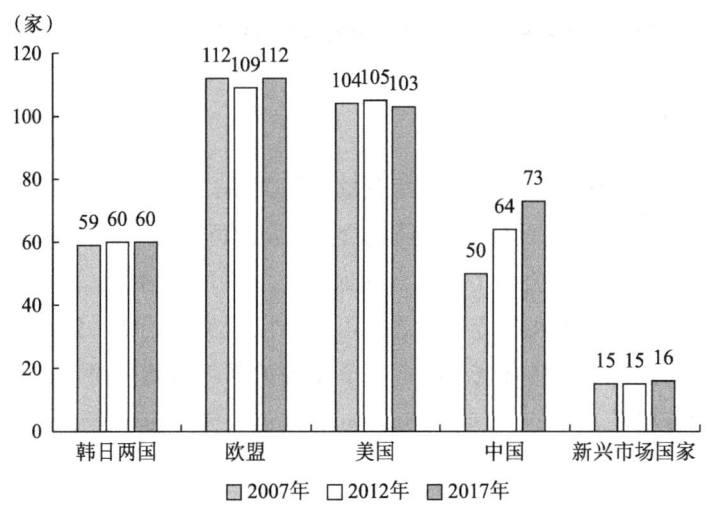

图9　世界500强公司中2007—2017年使用衍生品企业数量变化（按国别分类）

2. 容易转变为投机

衍生产品具有的杠杆性、较低的进入门槛和低廉的交易费用，以及中国衍生产品市场正处在快速增长期，导致了期货市场有效监管缺位，参与者对相关风险认识不充分，从而滋生了大量的投机性交易。近些年，许多公司高管对衍生品套期保值作用认知不够，我国公司参与套期保值程度远不足以覆盖现货市场风险，而现实中衍生品交易量已远超实体经济需求，越来越多的实体经济使用期货市场衍生品的动机逐渐由套期保值转向了投机，从而可能违背套期保值宗旨，给公司带来巨大风险。例如，2005年中盛粮油因对基差认识不足和对套期保值风险评估及管理缺陷而承受了因国内和国外两个市场豆油价格变化趋势完全相反的价格背离走势所带来的巨大亏损；2018年联合石化为中和高额期权费金额做起零成本领口期权，而油价的反预测变动导致其经营亏损约人民币46.5亿元；2021年3月上旬，伦敦金属交易所（LME）镍期货价格在短期内快速上涨，导致我国青山控股集团（以下简称"青山集团"）重仓持有的LME镍期货空单产生数十亿美元亏损。一系列套期保值事件表明，公司套期保值效果研究是增加公司对套期保值作用的系统性了解的重要渠道。

3. 对套期保值的损益信息披露不完善

由于上市公司对套期保值项目具体信息披露不完善，单纯依靠我国上市公司财务报表很难看出套期保值效果。由于当前我国企业套期保值活动起步较晚，相关配套的会计准则与政策还不完善，相比于发达国家，我国上市公司套期保值信息披露仍存在一些问题。我国最早关于上市公司套期保值规定可追溯到1997年10月财政部发布的《企业商品期货业务会计处理暂行规定》，它规范了公司套期保值基本问题；2006年2月颁布的《企业会计准则》要求各上市公司从2007年1月1日起披露公司的衍生品使用情况，随后其多次进行修订，但是相比其他国家我国上市公司仍普遍存在信息披露质量问题。例如，在美国的会计准则关于套期保值信息披露的规定：企业应在报告期财务报表的净利润中，确认套期保值工具和被套期保值项目净利得或损失，以及在金融工具一项详细披露这些损益。此外，美国会计准则要求，对被套期保值项目进行单独列报，对于已签订预期合约的套期保值业务，应该及时披露套期保值发生的时间、计入当期损失的时间和每笔套期合约的金额。相比较之下，我国套期保值并没有类似规定，并且我国上市公司关于套期保值披露更侧重于定性披露，没有详细的单笔数据以及具体套期保值工具，这种信息的不透明性严重影响了我国上市公司套期保值效果评价，不利于发挥套期保值在现实和理论研究中的作用。

（四）中国上市公司套期保值的经典案例

套期保值一直被认为是对冲风险的重要工具，随着近些年期货市场的发展，越来越多的公司使用衍生品套期保值来对冲风险，并取得较好的效果。然而，以规避风险为目的的套期保值也可能会遇到新的风险。从理论上讲，套期保值可以分为有效套期保值和无效套期保值。如果企业缺乏对衍生产品必要的认识，忽略期货交易的高杠杆性，加上对基差把握不稳，造成套保品种与套保工具比例分配失衡，在实务操作中就很容易将套保变为投机，导致套期失败，造成企业巨额亏损。下面用两个案例对此进行说明，著名的"联合石化事件"表明零成本领口期权会给公司带来巨大危害，"伦镍逼空事件"表明不恰当的非标品套期保值工具的选择会造成巨大亏损。下面通过这两个著名无效套期保值案例来具体说明公司使用套期保值并不一定都能规避风险，同时也说明有效衡量公司套期保值效果的重要性。

1. 无效套期保值——"联合石化事件"

联合石化公司是一家大型国际石油贸易公司，也是中国石油化工股份有限公司的全资子公司，其业务主要包括原油贸易、成品油贸易、液化天然气（LNG）贸易及仓储物流等国际石油贸易业务，一系列进出口业务决定了它进行套期保值的必要性。2018年联合石化为中和高额期权费金额做起零成本领口期权，即联合石化在预期原油价格会上涨的情况下，买入价格较高的看涨期权，同时卖出价格较低的看跌期权。而2018年10月油价暴跌，联合石化的账面亏损已经形成，如果就此斩仓，则会变成实际亏损；如果不斩仓，那就要追加保证金，可能导致亏损规模扩大。

2019年1月25日，中国石化公布联合石化套保核查情况称，此次事件系联合石化在采购进口原油过程中，因对国际油价趋势判断失误，而导致部分套期保值业务交易策略失当，在油价下跌过程中部分原油套期保值业务的期货端产生损失。公告显示，联合石化去年经营亏损约人民币46.5亿元，不过其也为中国石化采购进口原油实货节省成本约人民币64亿元。

联合石化在金融衍生工具交易中跨越了套期保值的底线。《期货交易管理条例》明确要求，国有以及国有控股企业进行境内外期货交易，应当遵循套期保值的原则。联合石化做期权交易（买入看涨期权）的初衷是套期保值，但在操作过程中，为了节省期权费，多做了另一个看似补充的期权交易（卖出看跌期权），向前多迈了一步，就陷入了雷池之中。

2. 无效套期保值——"伦镍事件"

青山集团是一家镍产业链的龙头企业，自有红土镍矿，产出镍铁和高冰镍等产品，用于下游不锈钢以及新能源电池产业链的加工生产。为规避价格风险，青山集团持有镍现货的同时在期货市场进行卖出套期保值，但青山集团所拥有的镍制品并非境内外期货市场的镍板、镍豆等合格交割品，无法在期货市场上进行交割库入库注册，这使得青山集团的非标品套期保值行为在场内交易中面临着交割风险，为后续"伦镍事件"埋下隐患。

2022年2月24日俄乌冲突爆发后，俄罗斯作为镍的最大出口国，其镍出口受到严重影响，导致国际市场镍供给不足，镍价上涨。2022年3月7日，LME期镍报价从开盘价29770美元/吨猛涨到日内最高点55000美元/吨，超过历史最高点51800美元/吨，一天内涨幅高达90%；3月8日，LME期镍报价在短短1小时内从60000美元/吨直线拉升至101365美元/吨，单日涨幅超过100%，两日累计涨幅248%，将历史纪录最高点提升了近两倍。青山集团持有的 20 万吨 LME 镍期货空头合约可能无法在规定期限内完成现货交割,使其遭遇多头狙击,面临被强制平仓进而亏损数十亿美元的风险。在这种情况下,LME 紧急停止镍交易并宣布当日交易无效,并表示无法交割头寸可以递延,这让逼仓成为了持久战,青山得以后移头寸。青山集团遭受逼空的主要原因是其交叉套保时忽略了基差风险和交割风险。

青山集团持有的巨量空头头寸反映出其可能未考虑基差风险。在进行交叉套保时,应反复检验被套期商品(高冰镍)与套期工具(LME 镍期货)价格的关联度,据此确定期货空头头寸并根据价格关联度的变化进行动态调整。但到目前为止,青山集团并未公开说明其重仓 LME 镍空头头寸是如何确定的,镍价上涨以来是否进行过头寸调整。

青山集团在持有的期货空头合约集中临近到期前,既没有对头寸进行移仓,也没有准备足够的库存现货用于交割,一旦发生逼空,其将面临巨大的基差风险和交割风险。在没有现货用于交割的情况下,青山集团只能被迫平仓或进行现金交割,承担期货交易的损失。假如青山集团可以以相对应价格立即在现货市场上出售和其 LME 镍空头头寸相对应数量的高冰镍,则其可以通过赚取现货市场利润弥补期货市场损失。但现实情况往往是,巨量空头持有者(如青山集团)很难立即出售如此货量的现货,未来现货能否完全销售、在什么时间内完成销售和以什么价格销售都存在不确定性,这取决于市场波动情况和现货买家客户的履约能力等一系列因素。

四、公司套期保值与现金持有边际价值关系研究

(一)数据来源

1. 数据来源

由于 2006 年 2 月颁布的《企业会计准则》要求各上市企业从 2007 年 1 月 1 日起披露企业的衍生品使用情况,且前几年使用衍生品的企业较少,因此本研究参考刘尧成和吴岑烨(2020)的研究选取 2012—2020 年有海外收入的中国 A 股上市公司为研究样本。衍生品套期保值的衡量方法参考郝项超和梁琪(2019)、Sun 等(2022)和 Choi 等(2021)的研究。首先,通过上市公司披露的年报信息手工搜索上市公司的金融衍生品套期保值情况,搜索关键词包括期货、远期、互换、掉期、期权、套期保值、衍生品、衍生工具等,如若上市公司在年报中提及使用金融衍生品,抑或年报中披露金融衍生资产、负债以及衍生工具的收益或损失,则认为该公司使用了衍生品套期保值;其次,企业财务中的衍生金融资产不为 0 时,也认为该

公司在当前年份使用了衍生品套期保值。

上市公司年报来源于巨潮资讯。被解释变量和控制变量等上市公司财务数据均来源于国泰安数据库（CSMAR）和锐思数据库（RESSET）。为保证数据的可靠性和完整性，本文剔除了年度中含有 ST、*ST 名称以及金融上市公司，并删除数据缺失或不全的上市公司。对研究样本进行初步处理后，最终剩余 12338 个观察值。

2. 描述性统计

主要变量的描述性统计结果如表 3 所示。本文选取的样本中约有 41.09% 的公司使用了衍生品套期保值对冲公司风险。所选样本公司的平均超额收益率为 1.62%，使用衍生品套期保值公司的平均超额收益率为 3.88%，不使用衍生品套期保值公司的平均超额收益率为 0.71%，统计结果表明，不使用衍生品套期保值的公司的超额收益率比使用衍生品套期保值的公司低 3.16%，即和不使用衍生品套期保值的公司相比，使用衍生品套期保值公司的现金持有边际价值更高。不使用衍生品套期保值公司现金持有量变化平均为 27.23%，使用衍生品套期保值公司现金持有量对数平均为 3.07%，即和不使用衍生品套期保值的公司相比，使用衍生品套期保值的公司其现金持有量变化更低。从标准差来看，企业衍生品套期保值波动最大，所有解释变量的方差膨胀因子（VIF）均小于 10，该模型没有严重的多重共线性。

表 3　　　　　　　　　主要变量的描述性统计

变量	样本数	均值	Std. Dev.	最小值	最大值	VIF	Hedging = 1 均值	Hedging = 0 均值
$r_{i,t} - R_{i,t}$	12338	0.0162	0.4630	-1.4007	13.8047		0.0388	0.0071
$Hedging_{i,t}$	12338	0.4109	0.4920	0	1	1.02	1	0
ΔC	12338	0.0234	0.2422	-0.6182	12.5481	1.05	0.0307	0.2723
ΔE	12338	0.0008	0.0561	-1.3958	1.7484	1.01	0.067	0.0478
ΔNA	12338	0.0460	0.7497	-78.9385	0.9593	1.77	0..1203	0.1173
$\Delta R\&D$	12338	0.0028	0.0170	-0.5520	1.1877	1.02	0.0151	0.0205
ΔI	12338	0.0000	0.0321	-1.4915	1.0395	1.00	0.0268	0.0336
ΔD	12338	0.0014	0.0128	-0.9025	0.2232	1.78	0.0108	0.0087
$Lev_{i,t}$	12338	0.4065	0.1935	0.0080	2.8610	1.17	0.1871	0.1941
$Cash_{i,t-1}$	12338	0.1891	0.1338	0.0017	0.9248	1.20	0.1112	0.1421

（二）公司套期保值与现金持有边际价值关系

1. 基本回归

由于衍生品套期保值影响公司的现金持有量，在此引入 $Hedging_{i,t}$ 和 $\Delta C_{i,t}$ 交互项，基于模型（1）考察衍生品套期保值是否影响公司现金持有边际价值。结果如表4所示，第（1）列至第（7）列是在控制了年份、行业和城市的情况下逐步添加控制变量，考察衍生品套期保值对公司现金持有边际价值的影响。结果显示，每一列的 $Hedging_{i,t}$ 和 $\Delta C_{i,t}$ 交互项系数都为正，且均在1%水平下显著，即公司使用衍生品套期保值会提高现金持有边际价值。该结论支持了Sun等（2022）的结果，这与Choi等（2021）恰好相反。造成该结论差异的主要原因是研究样本的衍生品套期保值比率不同。本文样本中衍生品套期保值比率达到41.09%，Sun等（2022）样本的衍生品套期保值比率为32.1%，而Choi等（2021）的样本中衍生品套期保值比率仅为18.4%。综上所述，衍生品套期保值会提高公司现金持有边际价值。

表4　　衍生品套期保值和现金持有边际价值之间关系的实证结果

变量	(1) rR	(2) rR	(3) rR	(4) rR	(5) rR	(6) rR	(7) rR
$\Delta C \times Hedging$	0.231*** (7.63)	0.188*** (4.90)	0.178*** (4.69)	0.173*** (4.69)	0.158*** (4.16)	0.159*** (4.18)	0.239*** (5.34)
$Hedging$	0.011 (1.06)	0.012 (1.15)	0.012 (1.14)	0.012 (1.10)	0.012 (1.16)	0.014 (1.29)	0.012 (1.12)
ΔC		0.043* (1.83)	0.035 (1.50)	0.031 (1.31)	0.024 (1.01)	0.025 (1.06)	0.165*** (3.84)
ΔE			0.980*** (11.89)	0.945*** (11.23)	0.946*** (11.27)	0.941*** (11.19)	0.907*** (10.77)
ΔNA				0.087 (2.05)	0.057 (1.35)	0.058 (1.37)	0.114** (2.30)
$\Delta R\&D$					1.598*** (6.09)	1.608*** (6.12)	1.584*** (6.05)
ΔI						−0.137 (−0.90)	−0.127 (−0.84)
ΔD						−0.129 (−0.26)	−0.186 (−0.38)
Lev						−0.047* (−1.66)	−0.004 (−0.11)
$LCash$							0.186*** (4.08)
NF							−0.123 (−1.22)
$\Delta C \times Cash$							−0.513*** (−6.15)

续表

变量	(1) rR	(2) rR	(3) rR	(4) rR	(5) rR	(6) rR	(7) rR
$\Delta C \times Leverage$							0.853 ***
							(5.09)
_cons	-0.033	-0.032	-0.031	-0.040	-0.046	-0.035	-0.082
	(-0.27)	(-0.26)	(-0.25)	(-0.33)	(-0.38)	(-0.29)	(-0.67)
N	9948	9948	9948	9948	9948	9948	9948
R^2	0.038	0.038	0.052	0.046	0.056	0.057	0.064
year	Yes	Yes	Yes	Yes	Yes	Yes	Yes
Ind	Yes	Yes	Yes	Yes	Yes	Yes	Yes
Chengshi	Yes	Yes	Yes	Yes	Yes	Yes	Yes

注：***、**和*分别表示在1%、5%和10%的水平下显著；括号内为t值。其中，rR代表股票超额收益率，第（1）列—第（7）列代表控制产业、年份和城市逐步添加控制变量回归结果。

2. 稳健型检验

为了加强本文结论的可靠性，本部分采用替换解释变量、改变样本容量和PSM检验以及多期DID四种方式对本文的研究结论进行稳健性检验。

第一，替换解释变量，将公司是否使用衍生品套期保值这一被解释变量替换为衍生品套期保值比率。具体来说，我们用衍生品套期保值比率（$Derivative_{i,t}$）代替套期保值，定义为公司衍生金融资产除以每个上市公司的总资产。OLS回归结果如表5所示。由于衍生品套期保值比率和是否使用衍生品套期保值均影响公司现金持有量的变化，因此，将衍生品套期保值规模$Derivative_{i,t}$和现金持有变化量$\Delta C_{i,t}$的交互项和现金持有边际价值进行OLS回归。结果显示，公司衍生品套期保值比率显著促进现金持有边际价值，从回归的相关系数来看，衍生品套期保值比率对公司现金持有边际价值的促进作用略小于是否使用衍生品套期保值，在控制年份和行业固定效应情况下，由表5第（6）列和表4第（7）列对比可知，$\Delta C \times Derivative$与公司现金持有边际价值的相关系数为0.021，$\Delta C \times Hedging$与公司现金持有边际价值的相关系数为0.225，两者均在1%的水平上显著；同时表明，公司是否使用衍生品套期保值对现金持有边际价值的促进作用高于公司衍生品套期保值规模增加对现金持有边际价值的促进作用。因此，衍生品套期保值会提高公司现金持有边际价值这一结论不会因为变量选取而发生改变，证明本文结论的稳健性。

表5   衍生品套期保值规模和现金持有边际价值之间关系的实证结果

变量	(1) rR	(2) rR	(3) rR	(4) rR	(5) rR	(6) rR
$\Delta C \times Derivative$	0.017*** (7.38)	0.016*** (6.83)	0.020*** (7.78)	0.018*** (7.12)	0.017*** (6.77)	0.021*** (7.42)
$Derivative$	0.002*** (3.51)	0.002*** (4.06)	0.002*** (3.71)	0.001* (1.81)	0.001** (1.98)	0.001** (1.76)
ΔC	0.035* (1.70)	0.020 (0.96)	0.145*** (3.64)	0.010 (0.43)	0.004 (0.17)	0.151*** (3.56)
ΔE		0.932*** (12.67)	0.921*** (12.55)	0.977*** (11.87)	0.953*** (11.32)	0.910*** (10.82)
ΔNA		0.003 (0.48)	0.004 (0.55)		0.013 (0.28)	0.104** (2.09)
$\Delta R\&D$		1.788*** (7.28)	1.850*** (7.54)		1.601*** (6.12)	1.623*** (6.21)
ΔI		−0.138 (−1.07)	−0.134 (−1.05)		−0.137 (−0.90)	−0.128 (−0.84)
ΔD		−0.122 (−0.28)	−0.122 (−0.28)		−0.169 (−0.34)	−0.168 (−0.34)
$Leverage$		−0.026 (−1.14)	−0.014 (−0.62)		−0.016 (−0.53)	−0.001 (−0.03)
$Cash$		0.121*** (3.59)	0.174*** (5.09)		0.129*** (2.88)	0.182*** (4.01)
NF		0.047 (0.63)	−0.031 (−0.42)		0.081 (0.82)	−0.108 (−1.07)
$\Delta C \times Cash$			0.686*** (4.88)			−0.504*** (−6.45)
$\Delta C \times Leverage$			−0.448*** (−6.27)			0.786*** (4.70)
_cons	0.002 (0.46)	−0.017 (−1.21)	−0.029** (−2.02)	−0.034 (−0.28)	−0.073 (−0.60)	−0.086 (−0.71)
N	9948	9948	9948	9948	9948	9948
R^2	0.010	0.029	0.034	0.055	0.061	0.066
year				Yes	Yes	Yes
Ind				Yes	Yes	Yes
chengshi				Yes	Yes	Yes

注：***、**和*分别表示在1%、5%和10%的水平下显著；括号内为t值。其中，rR代表股票超额收益率，第(1)列—第(3)列分别是在未控制年度和行业效应的情况下，逐步增加控制变量时，考察衍生品套期保值比率和现金持有边际价值之间的回归关系；第(4)列—第(6)列分别是在控制年度和行业固定效应的情况下，逐步增加控制变量时，考察衍生品套期保值比率和现金持有边际价值之间的回归关系。

第二，改变样本容量，首先，2018年以后由于受到中美贸易摩擦以及新冠疫情的影响，公司衍生品套期保值比率骤增，因此我们删除2019年与2020年样本，使用2012—2018年的自样本对衍生品套期保值和现金持有边际价值进行回归，回归结果如表6第（1）列所示，公司衍生品套期保值和现金持有边际价值的相关系数为0.091，在10%水平下显著，结果支持衍生品套期保值对现金持有边际价值的正效应。此外，为减少发达地区对该结果带来的影响，我们剔除样本中的位于北京、上海和广州三个经济发达地区的公司，并对余下公司样本再次进行回归分析，回归结果如表6第（2）列所示，公司衍生品套期保值和现金持有边际价值的相关系数为0.239，在1%水平下显著，结果依旧支持衍生品套期保值对现金持有边际价值的正效应。

表6　2012—2018年衍生品套期保值比率和现金持有边际价值之间关系的实证结果

变量	(1) rR	(2) rR
$\Delta C \times Hedging$	0.091*	0.239***
	(1.89)	(5.16)
$Hedging$	0.003	0.019
	(0.26)	(1.56)
ΔC	−0.028	0.173***
	(−0.63)	(3.95)
ΔE	0.916***	0.851***
	(8.45)	(9.32)
ΔNA	−0.037	0.112**
	(−0.65)	(2.13)
$\Delta R\&D$	0.730***	1.287***
	(3.06)	(4.77)
ΔI	−0.080	−0.103
	(−0.54)	(−0.66)
ΔD	−0.790	0.131
	(−1.46)	(0.25)
Lev	0.024	0.002
	(0.76)	(0.07)
$LCash$	0.179***	0.197***
	(3.83)	(3.79)
NF	0.035	−0.141
	(0.33)	(−1.28)

续表

变量	(1) rR	(2) rR
$\Delta C \times Cash$	0.041	-0.559***
	(0.43)	(-6.46)
$\Delta C \times Leverage$	0.465**	1.058***
	(2.53)	(5.73)
_cons	-0.032	-0.091
	(-0.26)	(-0.71)
N	6820	8209
R^2	0.058	0.066
year	Yes	Yes
Ind	Yes	Yes
chengshi	Yes	Yes

注：***、**和*分别表示在1%、5%和10%的水平下显著；括号内为 t 值。

第三，为了进一步验证该结论的稳健性，本文采取了倾向得分匹配方法（Propensity Score Matching，PSM）以及多期 DID 方法进行检验。首先，将使用衍生品套期保值的公司作为处理组，将未使用衍生品套期保值的公司作为控制组，验证本文的稳健性和内生性，选取控制变量作为匹配变量，利用 PSM 中按照 1∶1 匹配。PSM 检验结果如表 7 所示，现金持有变化（$\Delta C_{i,t}$）、资产变动（$\Delta NA_{i,t}$）、利息费用变动（$\Delta I_{i,t}$）、股息变动（$\Delta D_{i,t}$）、资产负债率、上期现金持有量以及上期现金持有量和现金持有变化交互项的标准偏差绝对值都明显下降，说明通过 PSM 后的样本有效地消除了因变量的系统性差异导致的研究结果偏误，通过了平衡性检验。并且匹配后处理组与对照组在协变量上不存在显著差异，且协变量的标准偏差绝对值均小于 10%，即本文对变量和方法匹配的选择是正确的。其次，本文利用多期 DID 再次进行平稳性检验，多期 DID 平行趋势如图 10 所示，可以发现，公司实施衍生品套期保值后，其回归系数由负变成正，符合本文稳健性检验结果。

表7　　　　　　　　　　稳健性检验——PSM 检验

变量	样本	均值差异检验		标准化差异检验		T 检验	
		处理组	对照组	标准化差异（%）	降幅（1%）	t 值	P>|t|
ΔC	匹配前	0.0293	0.0193	4.2		2.25	0.024
	匹配后	0.0293	0.0283	0.4	67.8	0.18	0.854
ΔE	匹配前	0.0020	-3.4e-05	3.6		2.01	0.044
	匹配后	0.0020	0.0012	1.4	10.9	0.69	0.487

续表

变量	样本	均值差异检验		标准化差异检验		T检验	
		处理组	对照组	标准化差异（%）	降幅（1%）	t值	$P>|t|$
ΔNA	匹配前	0.0517	0.0420	1.4		0.70	0.481
	匹配后	0.0517	0.0530	-0.1	98.3	-0.38	0.706
ΔRD	匹配前	0.0029	0.0028	0.7		0.37	0.708
	匹配后	0.0029	0.0029	0.1	-11.5	0.06	0.951
ΔI	匹配前	0.0003	-0.0001	1.4		0.75	0.454
	匹配后	0.0003	0.0003	-0.0	76.9	-0.01	0.994
ΔD	匹配前	0.0013	0.0014	-0.7		-0.39	0.689
	匹配后	0.0013	0.0013	-0.1	71.7	-0.07	0.943
$Leverage$	匹配前	0.4332	0.3879	23.7		12.89	0.000
	匹配后	0.4332	0.4309	1.2	81.9	0.62	0.539
$Cash$	匹配前	0.1701	0.2023	-24.8		-13.25	0.000
	匹配后	0.1701	0.1660	3.1	87.5	1.82	0.068
NF	匹配前	0.0051	0.0101	-8.7		-4.78	0.000
	匹配后	0.0051	0.0066	-2.6	45.7	-1.34	0.182
$\Delta C \times Cash$	匹配前	0.0018	-0.0018	8.8		4.76	0.000
	匹配后	0.0018	0.0018	0.1	96.8	0.08	0.938
$\Delta C \times Leverage$	匹配前	0.0150	0.0100	3.6		2.05	0.041
	匹配后	0.0150	0.0129	1.5	39.3	0.73	0.464

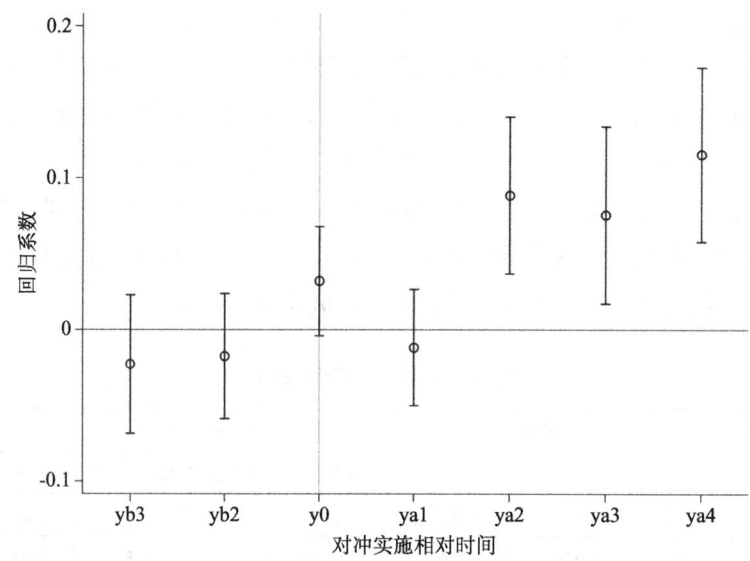

图10　衍生品套期保值多期DID平行趋势

3. 内生性检验

考虑可能存在潜在内生性问题，本文利用工具变量法检验其内生性。首先，选取公司上一年衍生品套期保值情况，作为该企业当年衍生品套期保值的工具变量。一方面，公司使用衍生品套期保值需要进行技术研究，在考虑技术成本投入情况下，公司在上一年使用衍生品套期保值风险后，当年使用衍生品套期保值风险概率较大，故上一年公司衍生品套期保值情况会在一定程度上影响公司当年的衍生品套期保值情况，这保证了工具变量相关性假设。另一方面，公司上一年衍生品套期保值情况很难影响公司当年的现金持有边际价值，公司现金持有边际价值主要受公司当年因素影响，在一定程度上保证了工具变量的外生性假定。表8第（1）列和第（2）列分别为工具变量的第一阶段和第二阶段估计结果。该结果显示，有海外收入上市公司使用衍生品套期保值会降低公司现金持有边际价值，解决了本文的内生性问题。同时，针对工具变量所进行的识别不足检验和弱工具变量检验，均拒绝了原假设；过度识别检验的Sargan统计量的伴随概率小于0.5，表明本文选取的工具变量有效。

表8 工具变量估计结果

变量	OLS	2SLS	OLS	2SLS
	（1）	（2）	（3）	（4）
	公司上一年衍生品套期保值		公司海外收入	
$\Delta C \times Hedging$	0.239***	2.079***	0.237***	1.146***
	(5.34)	(6.97)	(5.30)	(7.38)
LM 统计量	254.134***		831.439***	
Sargan 统计量	0.00		0.00	
CDW－F 统计量	252.433***		878.174***	
控制变量	控制	控制	控制	控制
行业/年份/城市	控制	控制	控制	控制
_cons	－0.082	－0.038	－0.076	－0.054
	(－0.67)	(－0.29)	(－0.62)	(－0.44)
N	9948	9948	9973	9973
R^2	0.064	0.032	0.062	0.022

注：***、** 和 * 分别表示在1%、5%和10%的水平下显著；括号内为 t 值。

此外，本文还利用具有海外收入上市公司的海外收入情况来作为研究衍生品套期保值对现金持有边际价值影响的工具变量，具体而言，在具有海外收入上市公司中，公司使用衍生品套期保值主要是对冲国际风险。已有研究表明，企业会使用外币债务和外汇衍生品套期保值对冲由海外收入导致的外汇风险暴露（Elliott等，

2003);而且公司的海外收入情况与公司的现金持有价值没有直接联系,这保证了工具变量的外生性假定。表8第(3)列和第(4)列分别为工具变量的第一阶段和第二阶段的估计结果,结果显示衍生品套期保值会提高公司现金持有边际价值;同时,针对工具变量所进行的识别不足检验和弱工具变量检验都通过;过度识别检验的Sargan统计量表明本文选取的工具变量有效。

五、公司套期保值与现金持有边际价值传导机制

使用三步法检验中介效应可能因中介变量为内生变量而产生估计偏误,江艇(2022)认为中介效应分析可先用回归的方法检验解释变量对中介变量的因果关系,再用理论分析的方法论证影响机制的合理性。本文从投资和融资约束两个方面对衍生品套期保值和现金持有边际价值之间进行中介效应分析。

(一)投资中介效应

本部分运用中介效应模型,从公司投资角度对衍生品套期保值和现金持有边际价值之间的关系进行解释。根据模型(2)实证检验衍生品套期保值对公司投资影响,回归结果如表9所示。研究结果表明,交互项在1%水平下显著,影响系数为0.143,即相比于不使用衍生品套期保值的公司,使用衍生品套期保值的公司其投资水平更高,这主要是由于公司衍生品套期保值降低了公司的预防性动机,减少了现金持有量需求,从而促进多余现金投资,提高了公司的投资水平。此外,在理论分析上,现金持有的权衡理论表明公司持有现金主要是基于交易性动机和预防性动机,衍生品套期保值降低了现金持有的预防性动机,必然会增加现金持有交易动机。而现金持有的交易动机理论表示,流动资产用以投资交易,可提高现金持有边际价值。综上所述,公司套期保值可以增强投资,从而提高现金持有边际价值。

表9 投资中介效应

变量	(1) Inv
$\Delta C \times Hedging$	0.143 ***
	(16.13)
Hedging	-0.003
	(-1.55)
ΔC	0.381 ***
	(44.80)

续表

变量	(1) Inv
ΔE	-0.023
	(-1.36)
ΔNA	0.176***
	(17.85)
$\Delta R\&D$	0.224***
	(4.31)
ΔI	-0.043
	(-1.43)
ΔD	0.477***
	(4.87)
$Leverage$	0.016***
	(2.64)
$Cash$	0.001
	(0.09)
NF	0.079***
	(3.91)
$\Delta C \times Cash$	-0.068***
	(-4.14)
$\Delta C \times Leverage$	-1.187***
	(-35.68)
_cons	0.061**
	(2.53)
N	9948.000
R^2	0.515
year	Yes
Ind	Yes
chengshi	Yes

注：***、**和*分别表示在1%、5%和10%的水平下显著；括号内为 t 值。

（二）融资约束中介效应

该部分从融资约束角度，利用中介效应分析公司套期保值和现金持有边际价值影响路径。利用模型（3）对公司套期保值和融资约束进行回归，回归结果如表10所示。表10第（1）列考察了衍生品套期保值对公司融资约束的影响，$\Delta C_{i,t} \times Hedging_{i,t}$ 交互项在5%水平下显著，影响系数为 -0.051，即公司使用衍生品套期保值会降低公司融资约束。这主要是由于公司衍生品套期保值降低了公司的不确定性，从而降低了公司融资约束（Deshmukh 和 Vogt，2005）。此外，衍生品套期保值减少了公司现金持有量，从而使公司在筹资现金时，先使用这部分多出的现金持有，再对外进行融资，从而减少了公司融资成本，降低了公司融资约束。在理论分析中，有序融资理论表示，公司融资约束降低，可以促进公司投资，从而提高现金持有边际价值。即公司套期保值会降低公司融资约束水平，从而提高公司现金持有边际价值。

表10　　融资约束中介效应

变量	(1) SA
$\Delta C \times Hedging$	-0.051^{**}
	(-2.54)
hedging	0.040^{***}
	(8.18)
ΔC	0.050^{**}
	(2.57)
ΔE	0.055
	(1.44)
ΔNA	-0.084^{***}
	(-3.76)
$\Delta R\&D$	-0.190
	(-1.61)
ΔI	0.144^{**}
	(2.11)
ΔD	-0.404^{*}
	(-1.82)
Leverage	0.365^{***}
	(26.59)
Cash	-0.100^{***}
	(-4.87)
NF	-0.484^{***}
	(-10.62)
$\Delta C \times Cash$	-0.037
	(-0.99)

续表

变量	(1) SA
$\Delta C \times Leverage$	0.203***
	(2.69)
_cons	−0.091*
	(−1.67)
N	9948.000
R^2	0.414
year	Yes
Ind	Yes
chengshi	Yes

注：***、**和*分别表示在1%、5%和10%的水平下显著；括号内为t值。

六、公司套期保值和现金持有边际价值异质性分析

(一) 代理冲突的影响

委托代理理论认为，除了公司的交易动机和预防动机以外，公司的代理动机也是影响公司现金持有量及现金持有边际价值的重要因素之一（杨兴全和付玉梅2016），即高管与所有者之间的关系也会影响公司的现金持有边际价值。高管为获得更多的工资和个人津贴福利等，会利用权力增加公司不必要现金持有量（Jebran等，2019），降低现金持有边际价值（Lou等，2021）。本部分主要研究公司代理冲突对衍生品套期保值和现金持有边际价值关系的影响。将研究样本分为代理冲突高的公司和代理冲突低的公司两组，对两组样本的衍生品套期保值和现金持有边际价值分别进行回归分析，代理冲突指标衡量参考Jensen和Meckling（2019）的研究利用大股东占股比例，回归结果如表11所示。其中，第（1）列样本为代理冲突高的公司，第（2）列样本为代理冲突低的公司。结果显示，第（1）列和第（2）列交互项的回归系数都在1%水平下显著，但第（1）列交互性系数为0.513，第（2）列交互性系数为0.331，第（1）列交互项的回归系数显著高于第（2）列。这说明与代理冲突低的公司相比，代理冲突高的公司的衍生品套期保值对公司现金持有边际价值的促进作用更大。

表11　代理冲突对衍生品套期保值和现金持有边际价值之间关系的影响

变量	代理冲突高 (1) rR	代理冲突低 (2) rR
$\Delta C \times Hedging$	0.513 *** (5.99)	0.331 *** (3.69)
$Hedging$	0.000 (0.03)	0.016 (1.11)
ΔC	0.117 ** (1.99)	0.124 (1.63)
ΔE	1.196 *** (8.12)	0.818 *** (8.06)
ΔNA	0.080 (0.96)	0.042 (0.67)
$\Delta R\&D$	0.695 ** (2.37)	11.113 *** (12.71)
ΔI	-0.111 (-0.59)	-0.323 (-1.17)
ΔD	-0.591 (-0.84)	-0.401 (-0.57)
$Leverage$	0.000 (0.01)	0.020 (0.48)
$Cash$	0.184 *** (2.71)	0.200 *** (3.16)
NF	-0.154 (-1.00)	-0.100 (-0.73)
$\Delta C \times Cash$	-0.866 *** (-6.28)	-0.452 *** (-3.14)
$\Delta C \times Leverage$	0.741 *** (2.94)	1.345 *** (5.41)
_cons	-0.162 (-0.91)	-0.077 (-0.28)
N	4951	4997
R^2	0.079	0.127
year	Yes	Yes
Ind	Yes	Yes
chengshi	Yes	Yes
系数差异P值	0.000	

注：*** 、** 和 * 分别表示在1%、5%和10%的水平下显著；括号内为 t 值。rR 代表股票超额收益率，第（1）列、第（2）列的公司代理冲突水平用管理费用率（管理费用/销售收入）来衡量；第（3）列、第（4）列公司的代理冲突水平用大股东占股衡量，系数差异P值根据交互项模型Chow检验的估计结果计算得到。

(二) 公司规模的影响

影响公司衍生品套期保值和现金持有边际价值关系的因素除该公司内部管理外，公司自身的发展规模也在一定程度上影响两者关系。公司自身发展规模越大，其对闲置资金的利用效率越高，由衍生品套期保值而带来的资金闲置利用更充分。为验证这一结论，本文将研究样本根据公司规模平均值分为大规模公司和小规模公司，并分别对这两类公司的衍生品套期保值和现金持有边际价值进行回归，回归结果如表12所示。表12的第（1）列是大规模公司衍生品套期保值和现金持有边际价值的关系研究，第（2）列是小规模公司衍生品套期保值和现金持有边际价值的关系研究。结果显示，大规模公司衍生品套期保值显著促进了现金持有边际价值，而小规模公司衍生品套期保值对现金持有边际价值促进作用不明显，且大规模公司衍生品套期保值对现金持有边际价值促进作用（0.210）明显高于小规模公司（0.137）。这主要是由于规模大的公司，其使用衍生品套期保值来控制公司风险，减少了现金持有量。大规模公司对节省下的现金投资需求和投资效益更高，更有利于该公司现金持有边际价值的提升。即公司规模越大，其衍生品套期保值对现金持有边际价值的促进作用越大。

表12　公司规模对衍生品套期保值和现金持有边际价值之间关系的影响

变量	大规模公司 （1） rR	小规模公司 （2） rR
$\Delta C \times Hedging$	0.210 *** (4.16)	0.137 (1.18)
$Hedging$	0.027 * (1.78)	0.017 (1.05)
ΔC	0.156 *** (3.41)	0.263 (1.59)
ΔE	1.860 *** (10.97)	0.552 *** (5.80)
ΔNA	-0.015 (-0.20)	0.152 ** (2.27)
$\Delta R\&D$	1.175 *** (3.82)	1.829 *** (3.54)
ΔI	-0.068 (-0.22)	-0.048 (-0.28)

续表

变量	大规模公司 (1) rR	小规模公司 (2) rR
ΔD	0.888	−1.080
	(1.31)	(−1.53)
$Leverage$	−0.038	0.080*
	(−0.77)	(1.77)
$Cash$	−0.006	0.258***
	(−0.08)	(4.39)
NF	−0.099	−0.187
	(−0.73)	(−1.16)
$\Delta C \times Cash$	−0.589***	0.394
	(−6.18)	(1.21)
$\Delta C \times Leverage$	1.454***	0.015
	(5.91)	(0.04)
_cons	−0.095	−0.088
	(−0.45)	(−0.59)
N	4894	5054
R^2	0.151	0.092
year	Yes	Yes
Ind	Yes	Yes
chengshi	Yes	Yes
系数差异 P 值	0.000	

注：***、**和*分别表示在1%、5%和10%的水平下显著；括号内为 t 值。rR 代表股票超额收益率，系数差异 P 值根据交互项模型 Chow 检验的估计结果计算得到。

（三）公司现金持有水平的影响

衍生品套期保值对现金持有边际价值的影响也受公司自身现金持有水平的影响，为验证这一问题，我们将样本按现金持有的平均水平分为现金持有水平高和现金持有水平低两组样本，并分别对两组样本的衍生品套期保值和现金持有边际价值进行回归分析，回归结果如表13所示。表13的第（1）列是公司现金持有水平高的样本中衍生品套期保值和现金持有边际价值关系的结果，第（2）列是公司现金持有水平低的样本中衍生品套期保值和现金持有边际价值关系的结果。在现金持有水平高的公司和现金持有水平低的公司，衍生品套期保值都显著促进现金持有边际价值（在1%的水平下显著），在现金持有水平高的公司，其衍生品套期保值现金持有的正效应（0.461）比现金持有水平低的公司（0.216）更强。由此发现，无论公司持有现金水平高还是低，衍生品套期保值都会显著促进其现金持有边际价值。这主要是由于衍生品套期保值会减少公司部分出于预防性动机的现金持有需求，公司对该部分现金持有量进行投资等操作会提高现金持有边际价值，在现金持有量高的公司，衍生品套期保值后可用于投资的现金更多，其对公司现金持有边际价值的促进效用更高。

表13　公司现金持有水平对衍生品套期保值和现金持有边际价值之间关系的影响

变量	现金持有水平高 (1) rR	现金持有水平低 (2) rR
$\Delta C \times Hedging$	0.461*** (5.65)	0.216*** (3.09)
Hedging	-0.063*** (-2.81)	0.038*** (3.12)
ΔC	0.083 (1.20)	0.190*** (2.65)
ΔE	1.808*** (8.54)	0.698*** (7.75)
ΔNA	0.209** (2.17)	0.046 (0.72)
$\Delta R\&D$	1.338*** (2.75)	1.534*** (4.86)
ΔI	0.150 (0.46)	-0.224 (-1.29)
ΔD	-1.218 (-1.51)	0.389 (0.61)
Leverage	0.074 (1.18)	-0.033 (-0.93)
Cash	0.144* (1.74)	0.368*** (3.38)
NF	-0.436** (-2.23)	0.007 (0.05)
$\Delta C \times Cash$	-0.410*** (-3.34)	-0.483*** (-3.05)
$\Delta C \times Leverage$	1.254*** (5.14)	0.177 (0.52)

续表

变量	现金持有水平高 (1) rR	现金持有水平低 (2) rR
_cons	0.034 (0.12)	−0.159 (−1.20)
N	3578	6370
R^2	0.135	0.067
year	Yes	Yes
Ind	Yes	Yes
chengshi	Yes	Yes
系数差异 P 值	0.000	

注：***、** 和 * 分别表示在 1%、5% 和 10% 的水平下显著；括号内为 t 值。rR 代表股票超额收益率，系数差异 P 值根据交互项模型 Chow 检验的估计结果计算得到。

（四）市场环境不确定性的影响

衍生品套期保值对现金持有边际价值影响不仅受到微观公司自身因素影响，也受到宏观市场环境影响。2018 年以来，随着中美贸易摩擦、新冠疫情以及俄乌冲突等地缘政治的恶化，国际环境不确定性显著增加。本文在研究不确定性环境对衍生品套期保值和现金持有边际价值关系影响过程中，以 2018 年为分界线，将 2018 年以前的样本作为环境不确定性水平较低实验组，2018 年以后的样本则作为环境不确定性较高实验组，并分别对两组数据进行 OLS 回归。表 14 第（1）列是 2018 年以前的数据组，第（2）列是 2018 年至 2020 年的数据组，第（1）列的显著性水平以及回归系数值均低于第（2）列，可见，在环境不确定性较高的情况下，公司衍生品套期保值对现金持有边际价值促进效应更强，这主要是因为在环境不确定性较高时，公司使用衍生品套期保值风险能力强，且此时使用衍生品套期保值所减少的现金持有可用以满足更多的不确定性需求，相比于环境不确定性水平低的情况，其现金持有边际价值较高。

表 14　市场环境不确定性对衍生品套期保值和现金持有边际价值之间关系的影响

变量	环境不确定性水平较低 (1) rR	环境不确定性水平较高 (2) rR
$\Delta C \times Hedging$	0.094 * (1.91)	0.482 *** (6.17)

续表

变量	环境不确定性水平较低 (1) rR	环境不确定性水平较高 (2) rR
Hedging	-0.007 (-0.53)	0.020 (1.47)
ΔC	-0.016 (-0.35)	0.736*** (5.98)
ΔE	1.327*** (9.00)	0.746*** (8.37)
ΔNA	0.007 (0.81)	0.092* (1.75)
$\Delta R\&D$	0.752*** (2.92)	8.793*** (11.95)
ΔI	-0.133 (-0.94)	-0.215 (-0.81)
ΔD	-0.393 (-0.61)	-0.483 (-0.81)
Leverage	0.015 (0.46)	-0.024 (-0.59)
Cash	0.201*** (4.42)	0.173*** (2.73)
NF	0.022 (0.22)	-0.160 (-1.19)
$\Delta C \times Cash$	-0.019 (-0.20)	-1.616*** (-10.72)
$\Delta C \times Leverage$	0.556*** (3.34)	0.849*** (2.88)
_cons	-0.024 (-0.29)	0.002 (0.02)
N	6826	5619
R^2	0.037	0.088
year	Yes	Yes
Ind	Yes	Yes
系数差异 P 值	0.000	

注：***、** 和 * 分别表示在 1%、5% 和 10% 的水平下显著；括号内为 t 值，rR 代表股票超额收益率，系数差异 P 值根据交互项模型 Chow 检验的估计结果计算得到。

七、结论与建议

（一）主要结论

有效衡量公司套期保值效果，加强公司对套期保值进一步了解，是预防套期保值"黑天鹅"事件的重要因素之一。而公司套期保值信息披露尚不完善，单纯依靠上市公司披露期货和现货市场表现来判断公司套期保值效果存在一定的问题。已有公司套期保值效果研究多从公司价值角度出发，但影响公司价值的因素较多，无法直接反映到套期保值上，本文从套期保值可以降低现金持有的预防动机角度，利用套期保值对现金持有边际价值影响，更直接反映了公司套期保值效果。本文基于2012—2020年中国有海外收入上市公司样本数据，研究公司衍生品套期保值对现金持有边际价值的影响，并深入研究衍生品套期保值和现金持有边际价值的关系及其传导机制。此外，进一步分析不同的公司特征以及外部环境是否会影响公司衍生品套期保值和现金持有边际价值关系。本文的主要结论如下。

第一，实证结果显示，公司衍生品套期保值会显著提高现金持有边际价值。衍生品套期保值和现金持有变化的交互项系数为 0.236。为验证这一结果准确性，本文采取替换解释变量（是否将衍生品替换成公司衍生品对冲比率）、改变样本容量、运用 PSM 模型以及多期 DID 进行稳健性检验，并用工具变量解决本文的内生性，结果一致支持公司使用衍生品套期保值会提高现金持有边际价值。这一结论与 Sun 等 (2022) 的一致，与 Choi 等 (2021) 的结果相反，这一差异的主要原因是 Choi 等 (2021) 的研究样本中衍生品套期保值比率较低。

第二，从学理和实证检验两个层面，验证了衍生品对冲通过投资和融资两个渠道影响公司的现金持有边际价值。即衍生品套期保值会促进公司投资，从而提高公司的现金持有边际价值。衍生品套期保值会降低公司的融资约束，从而降低减少预防性动机现金持有，提高该部分现金持有的使用价值，继而提高公司现金持有边际价值。

第三，丰富了衍生品对冲促进现金持有边际价值在公司特征层面的异质性分析。研究发现，在代理冲突高、规模大、现金持有量高以及环境不确定性较高的公司，其衍生品套期保值对现金持有边际价值的促进效应更大。这主要是由于在衍生品套期保值对现金持有的替代效应下，代理冲突高的公司进行衍生品套期保值会引起闲置现金增加，而此时公司投资者加大衍生品套期保值会导致对闲置现金进行投资，使代理冲突高的公司现金持有边际价值更高；大规模公司对衍生品套期保值节省下的现金投资需求和投资效益更高，更有利于该公司现金持有边际价值提升；在现金持有水平较高的公司，其使用衍生品套期保值，会进一步增加公司现金持有量，促使公司管理人员加大对公司现金持有的投资等的使用，提高现金持有边际价值；环境不确定性较高的公司，其衍生品套期保值所减少的现金持有可用以满足公司其他现金需求，增加了现金持有边际价值。

（二）思考和建议

我国期货市场成熟度与国外发达市场相比存在一定的差距，公司套期保值信息披露以及套期保值效果衡量系统尚需完善。虽然行业套期保值效果评价已发展较为完善，但针对公司套期保值效果评价仍存在较多争议，尚未形成统一。已有研究表明，公司套期保值会降低现金流波动，提高公司价值，但影响公司价值提高的因素较多。由于套期保值和现金持有在预防性动机方面具有替代效应，相比于利用公司套期保值对公司价值影响来反映套期保值效果，公司套期保值对现金持有边际价值影响更能直接反映套期保值效果。为更好地衡量公司套期保值效果，缓解公司现金持有折价现象，本文提出以下几点政策建议。

第一，提高公司套期保值信息披露水平。一方面，公司应加强对套期保值业务的定量披露，对具体套期保值业务规模、盈亏及缘由进行诠释，细化公司套期保值工具，提高公司透明度。另一方面，政府应加大对公司衍生品套期保值信息的披露监管，监管部门应该对信息披露主体实施强制性的要求，制定相关的法律法规来明确规定信息披露的详细内容，加强监管部门对上市公司信息披露的核查力度。监管部门还应加强对上市公司不披露或不及时、不完整、不准确披露会计信息的惩罚力度。从政府和公司两个角度加强公司套期保值信息披露，从而提升公司套期保值效果评价准确度。

第二，提高公司对套期保值工具认识。公司应加强对套期保值业务相关工作人员培训，强调套期保值和投机的区别，重视套期保值本身的基差风险，充分选择风险管理工具。此外，公司风险管理部门应对套期保值交易进行独立评估和监督，严防衍生品交易从套期保值演变为投机。

第三，从中国上市公司现金持有折价问题角度，考虑衍生品套期保值可以降低公司价格水平波动风险，提高现金持有边际价值，应主动将衍生品套期保值纳入公司现金持有决策的参考指标。使用衍生品套期保值的公司应适当减少公司的现金持有量。这主要是因为衍生品套期保值会降低公司风险，减少公司不确定性，从而进一步减少公司现金持有的必要性。过多的现金持有会导致公司效率低下，引起代理冲突，不利于公司长期发展。

第四，公司在进行衍生品套期保值时，应充分结合公司自身特点，对于代理冲突高、规模大、现金持有量高以及市场环境不确定性较高的公司更应加强现金持有量管理，主动推进衍生品套期保值的使用，防止因现金持有过多而导致的公司所有者和管理层之间的代理冲突，造成公司现金持有使用效率低。

（三）研究展望

本文利用公司套期保值和现金持有边际价值关系，来反映公司套期保值效果，这对现有的公司套期保值效果评价体系作出了补充，但尚未形成统一的套期保值绩效指标。未来可在本文的研究基础上，结合衍生品套期保值降低公司风险等指标，建立一个统一的衡量套期保值绩效的指标。此外，本文在对套期保值和现金持有边际价值研究过程中，由于公司衍生品信息披露的不完善，部分公司未按照规定披露公司的衍生品套期保值情况，造成个别公司检索数据不完整；并且由于公司未精准披露衍生品套期保值种类，因此无法进一步细化公司使用衍生品套期保值工具的种类，从而导致无法探索其衍生品套期保值对现金持有边际价值影响的异质性。因此，未来可以进一步挖掘公司套期保值数据，综合考虑衍生品套期保值和现金流波动、现金持有边际价值、投资、融资等方面，建立一个套期保值绩效评价指标。

参考文献

[1] Altuntas M, Liebenberg A P, Watson E D, et al. Hedging, cash flows, and firm value: evidence of an indirect effect [J]. Journal of Insurance Issues, 2017, 40 (1): 1-22.

[2] 杨胜刚, 李海彤, 成程. 外汇风险对冲影响企业绩效吗？[J]. 经济管理, 2021, 43 (4): 139-154.

[3] 苑莹, 乔嗣佳. 经营持续性是否影响公司现金持有价值？——基于2000—2012 年面板数据的实证分析 [J]. 管理评论, 2014, 26 (10): 13-23.

[4] Faulkender, M., R. Wang. Corporate financial policy and the value of cash [J]. Journal of Finance, 2006, 61 (4): 1957-1990.

[5] 顾乃康, 孙进军. 融资约束、现金流风险与现金持有的预防性动机 [J]. 商业经济与管理, 2009, 210 (4): 73-81.

[6] 王怀明, 顾洪溢. 货币政策对企业现金持有价值的影响 [J]. 企业经济, 2017, 36 (3): 55-61.

[7] 冯科, 胡亚峰. 放松卖空约束、现金持有水平及其市场价值——基于公司治理角度研究 [J]. 财经理论与实践, 2019, 40 (1): 59-69.

[8] 袁卫秋, 李萍. 审计师行业专长可以提高现金持有价值吗？——来自于沪深上市公司的经验证据 [J]. 财经论丛, 2018 (1): 70-79.

［9］Kalcheva I, Lins K V. International evidence on cash holdings and expected managerial agency problems ［J］. The Review of Financial Studies, 2007, 20（4）: 1087 – 1112.

［10］Sun W, Yin C, Zeng Y. Financial hedging, corporate cash policy, and the value of cash ［J］. British Journal of Management, 2022, 33（3）: 1271 – 1303.

［11］Disatnik D, Duchin R, Schmidt B. Cash flow hedging and liquidity choices ［J］. Review of Finance, 2014, 18（2）: 715 – 748.

［12］朱孟楠, 徐云娇. 汇率风险对冲如何影响企业并购行为——基于自由现金流的视角 ［J］. 金融研究, 2022, 510（12）: 36 – 54.

［13］Choi, S., Jang, H., Kim, D., Seo, B. K. Derivatives use and the value of cash holdings: Evidence from the US oil and gas industry ［J］. Journal of Futures Markets, 2021, 41（3）, 361 – 383.

［14］江艇. 因果推断经验研究中的中介效应与调节效应 ［J］. 中国工业经济, 2022（5）: 100 – 120.

［15］Baker M, Stein J C, Wurgler J. When does the market matter? Stock prices and the investment of equity – dependent firms ［J］. The Quarterly Journal of Economics, 2003, 118（3）: 969 – 1005.

［16］Bhandari A, Javakhadze D. Corporate social responsibility and capital allocation efficiency ［J］. Journal of Corporate Finance, 2017（43）: 354 – 377.

［17］鞠晓生, 卢荻, 虞义华. 融资约束、营运资本管理与企业创新可持续性 ［J］. 经济研究, 2013, 48（1）: 4 – 16.

［18］Chun D, Cho H, Kim J. Crude oil price shocks and hedging performance: A comparison of volatility models ［J］. Energy Economics, 2019（81）: 1132 – 1147.

［19］Zheng C, Su K, Yao Y. Hedging futures performance with denoising and noise – assisted strategies ［J］. The North American Journal of Economics and Finance, 2021（58）: 101466.

［20］徐艺丹. 中国铜期货在铜产业链下游行业的套期保值效果研究 ［D］. 天津: 天津大学, 2020.

［21］朱国华, 秦源. 生产型企业套期保值有效性及其绩效评价 ［J］. 上海金融, 2011, 370（5）: 69 – 73.

［22］Ederington, Louis H. The hedging performance of the new futures markets ［J］. The journal of finance, 1979, 34（1）: 157 – 170.

［23］朱国华, 方毅. 套期保值的有效性及其评价 ［J］. 证券市场导报, 2010, 220（11）: 55 – 60.

[24] Ahmed H, Fairchild R, Guney Y. Is corporate hedging always beneficial? A theoretical and empirical analysis [J]. The European Journal of Finance, 2020, 26 (17): 1746-1780.

[25] Sikarwar E. Board attributes, hedging activities and exchange rate risk: Multi-country firm-level evidence [J]. Economic Modelling, 2022 (110): 105800.

[26] 赵峰, 叶子, 李梦雨. 中国跨境投资企业的外汇风险对冲效果研究——基于债务税盾的视角 [J]. 北京工商大学学报（社会科学版）, 2017, 32 (1): 94-105.

[27] 郭飞, 李庆华, 刘坤鹏. 衍生品对冲降低了债券融资成本吗？[J]. 国际金融研究, 2020 (5): 87-96.

[28] 郝项超, 梁琪. 外汇风险对冲能否促进中国上市公司创新 [J]. 世界经济, 2019, 42 (9): 151-172.

[29] 李梦, 陈奉先. 外汇衍生品, 汇率风险暴露与企业价值——来自中国制造业上市公司的经验证据 [J]. 金融经济学研究, 2017, 32 (6): 44-54.

[30] Chen, J., King, T. H. D. Corporate hedging and the cost of debt [J]. Journal of Corporate Finance, 2014 (29): 221-245.

[31] Jankensgard, H., Moursli, R. M. Derivative cash flows and corporate investment [J]. Journal of Banking & Finance, 2020 (119): 105916.

[32] Alexandridis, George, Zhong Chen, and Yeqin Zeng. Financial hedging and corporate investment [J]. Journal of Corporate Finance, 2021 (67): 101887.

[33] Kawase H, Otomasa S, Iwasaki T. Cash holding trends in Japanese firms and precautionary motive [C]. 2015 2nd Asia-Pacific World Congress on Computer Science and Engineering (APWC on CSE). IEEE, 2015: 1-7.

[34] Bates, T. W., K. M. Kahle and R. M. Stulz. Why do US firms hold so much more cash than they used to? [J]. Journal of Finance, 2009, 64 (5): 1985-2021.

[35] Opler, T., Pinkowitz, L., Stulz, R., & Williamson, R. The determinants and implications of corporate cash holdings [J]. Journal of Financial Economics, 1999, 52 (1): 3-46.

[36] Bates, T. W., Chang, C. H., & Chi, J. D. Why has the value of cash increased over time? [J]. Journal of Financial and Quantitative Analysis, 2018, 53 (2): 749-787.

[37] Kieschnick, R., & Rotenberg, W. Working capital management, the credit crisis, and hedging strategies: Canadian evidence [J]. Journal of International Financial Management & Accounting, 2016, 27 (2), 208-232.

[38] Adam, T. R., & Fernando, C. S. Hedging, speculation, and shareholder value [J]. Journal of Financial Economics, 2006, 81 (2): 283–309.

[39] Jankensgard, H., & Moursli, R. M. Derivative cash flows and corporate investment [J]. Journal of Banking & Finance, 2020 (119): 105916.

[40] 胡亚峰, 冯科. 金融发展、现金持有水平及其市场价值 [J]. 中央财经大学学报, 2018, 373 (9): 34–45.

[41] Keynes, J. M. The general theory of employment [J]. The Quarterly Journal of Economics, 1937, 51 (2): 209–223.

[42] 高睿, 徐玲, 陈松等. 新冠肺炎疫情下交易动机、预防动机对公司现金持有的影响——基于非常态下企业社会责任的调节作用 [J]. 调研世界, 2022, 345 (6): 62–71.

[43] Lin, C. M., Phillips, R. D., & Smith, S. D. Hedging, financing, and investment decisions: Theory and empirical tests [J]. Journal of Banking & Finance, 2008, 32 (8): 1566–1582.

[44] Campello M, Lin C, Ma Y, et al. The real and financial implications of corporate hedging [J]. The Journal of Finance, 2011, 66 (5): 1615–1647.

[45] Myers, Stewart C., Majluf, Nicholas S. Corporate financing and investment decisions when firms have information that investors do not have [J]. Journal of Financial Economics, 1984, 13 (2): 187–221.

[46] Deshmukh, S., & Vogt, S. C. Investment, cash flow, and corporate hedging [J]. Journal of Corporate Finance, 2005, 11 (4): 628–644.

[47] Gay, G. D., Lin, C. M., & Smith, S. D. Corporate derivatives use and the cost of equity [J]. Journal of Banking & Finance, 2011, 35 (6): 1491–1506.

[48] 赵峰, 王嘉怡, 李春兵. 外汇风险对冲与企业财务困境: 缓解还是恶化? [J]. 会计之友, 2019, 620 (20): 142–146.

[49] 袁卫秋. 融资约束、投资效率与现金持有价值 [J]. 现代财经（天津财经大学学报）, 2014, 34 (3): 75–84.

[50] Almeida, Auro C., Joe J. Landsberg, and Peter J. Sands. Parameterisation of 3–PG model for fast–growing Eucalyptus grandis plantations [J]. Forest Ecology and Management, 2004, 193 (1): 95–179.

[51] 祝继高, 陆正飞. 货币政策、企业成长与现金持有水平变化 [J]. 管理世界, 2009, 186 (3): 152–158, 188.

[52] Kim, Jiyoung, Hyunjoon Kim, and David Woods. Determinants of corporate cash–holding levels: An empirical examination of the restaurant industry [J]. Interna-

tional Journal of Hospitality Management, 2011, 30 (3): 568 - 574.

[53] 李青原, 吴滋润. 资本账户开放与资源配置效率——来自跨国样本的经验证据 [J]. 中国工业经济, 2022, 413 (8): 82 - 98.

[54] 刘尧成, 吴岑烨. 外汇衍生品, 风险敞口与企业价值——基于中国上市公司面板门槛模型的研究 [J]. 金融与经济, 2020, 517 (8): 13 - 18.

[55] Elliott W B, Huffman S P, Makar S D. Foreign - denominated debt and foreign currency derivatives: complements or substitutes in hedging foreign currency risk? [J]. Journal of Multinational Financial Management, 2003, 13 (2): 123 - 139.

[56] 杨兴全, 付玉梅. 地理位置与公司现金持有——来自中国上市公司的经验证据 [J]. 东岳论丛 2016, 37 (8): 69 - 80.

[57] Jebran K, Chen S, Tauni M Z. Principal - principal conflicts and corporate cash holdings: Evidence from China [J]. Research in International Business and Finance, 2019 (49): 55 - 70.

[58] Lou X, Qian A, Zhang C. Do CEO's political promotion incentives influence the value of cash holdings: Evidence from state - owned enterprises in China [J]. Pacific - Basin Finance Journal, 2021 (68): 101617.

[59] Jensen M C, Meckling W H. Theory of the firm: Managerial behavior, agency costs and ownership structure [M] //Corporate governance. Gower, 2019: 77 - 132.

中期协联合研究计划（第十六期）项目

我国农产品期货合约分布特征转变与市场微观结构研究
——以 DCE 玉米期货为例

课题负责单位：中国农业大学中国期货与金融衍生品研究中心
课题研究编号：2023360335
课题负责人：安　毅
课题组成员：谢　伟　王　军　马荣远

一、引言

（一）研究背景与研究意义

1. 研究背景

我国农产品期货市场经过三十余年的发展，已经形成了期货和期权、场内和场外均有所发展的多层次市场格局。随着国内期货市场发展速度和国际影响力的不断提高，建设高质量期货市场已经成为必由之路。原中国证监会副主席方星海在中国期货业协会第六次会员大会上指出，"我国期货市场近些年取得了长足进步，但同时也要看到，一些深层次的结构性问题还没有得到有效解决。市场运行质量、合约分布特征、投资者结构等突出问题，都需要不断地完善。"对此，方星海提出建设高质量期货市场，应该始终坚持以服务实体经济为宗旨，着力把资本市场一般规律同中国具体实际相结合，建设中国特色现代期货市场。

在涉及期货市场高质量发展的若干议题中，合约分布特征相关的讨论一直以来都是业界和学术界的焦点。合约分布特征问题具体是指我国商品期货市场（特别是农产品期货）长期存在主力合约不连续、近月合约不活跃的现象，即主力合约集中分布在1月、5月、9月三个交割月上，且与现货月份形成3—6个月的月份差。相比之下，国外成熟期货市场的主力合约大多表现出连续分布、近月活跃的特征。期货业界的主要观点是，从期货市场服务实体经济的角度看，主力合约的远期性特征会增加套期保值企业的交易风险和交易成本，对基差贸易造成一定障碍，应该推动主力合约的连续化、近月化，向国外发达的期货市场看齐。基于这种观点，国内期货交易所近些年尝试通过降低合约交易成本、推行做市商制度等措施，来提高近月合约的活跃度。从这些措施实施的效果看，国内农产品期货近月合约整体的活跃度有所提升，呈现出主力合约由远月向近月迁移的趋势。大连商品交易所（以下简称"大商所"）的玉米期货自2022年12月开始，完全实现了主力合约的近月化和连续化，打破了"159格局"（见表1）。

表1 2022—2023年大商所玉米期货主力合约分布情况   单位：月

现货月份 （2022年）	主力合约	主力合约与 现货合约的偏离	现货月份 （2023年）	主力合约	主力合约与 现货合约的偏离
1	C2205	4	1	C2303	2
2	C2205	3	2	C2305	3
3	C2205	2	3	C2305	2

续表

现货月份 (2022年)	主力合约	主力合约与 现货合约的偏离	现货月份 (2023年)	主力合约	主力合约与 现货合约的偏离
4	C2209	5	4	C2307	3
5	C2209	4	5	C2307	2
6	C2209	3	6	C2309	3
7	C2209	2	7	—	—
8	C2301	5	8		
9	C2301	4	9		
10	C2301	3	10		
11	C2301	2	11		
12	C2303	3	12		

注：阴影部分表示相应的主力合约已经实现了近月化；本报告统计时间截至2023年6月。

"159问题"的成因既包括农产品产销的季节性因素，也有交易者长期投资习惯因素，同时其也是我国农产品期货市场自我选择的结果。对比中美期货市场的发展历程，二者均是以农产品作为初始交易品种，而美国小麦期货在发展初期也遇到了类似问题，后期随着市场成熟度的不断提高，该问题便不复存在。由此看来，"159问题"是农产品期货市场特定发展阶段的特有问题，是立足于中国实际国情所形成的独特规律。需要思考的是，国内交易所通过引入做市商来提升近月合约活跃度，本质上是一种以结果为导向的政策干预，有可能会掩盖合约分布特征背后隐含的市场内部问题。做市商制度最显著的作用是提高近月合约的活跃度，但近月合约不活跃只是主力合约非连续分布所带来的直观结果。因此，要想在遵循市场运行规律的前提下改变合约分布特征，应当聚焦在深层的市场微观结构层面。

市场微观结构主要指微观市场因素对交易机制的影响以及交易价格的形成过程。对于合约分布特征来说，"159问题"是市场微观结构作用在交易机制和交易价格上的直观结果。因此，要想客观地考察该现象对期货市场的影响程度，就必须深入研究合约分布特征背后的微观结构问题。

市场微观结构理论的三大核心内容分别是信息传递、流动性成本与交易机制。该理论认为，信息在价格决定中发挥重要作用，高效的信息传递机制是金融资产价格形成的微观基础。我国农产品期货市场采取混合驱动交易机制，即竞价机制与做市商机制相结合。在这种机制下，做市商的做市质量很大程度上取决于信息传递效率。低效的信息传递机制会直接影响做市商获得的风险补偿，做市商会据此改变买卖报价，最终影响合约分布格局。金融市场的流动性成本通常指交易金融资产时，由于流动性不足而产生的成本。在期货市场中，与流动性成本直接相关的是投资者的下单成本。在我国农产品期货市场中，近月合约活跃度明显低于远月合约，使得投资者交易近月合约的流动性成本高于远月合约。因此，我国农产品期货主力合约不连续问题除了归结于季节性和政策性因素外，微观视角下流动性成本的影响也是不容忽视的重要一环。此外，交易机制的改变也会对市场质量（流动性、价格发现效率、波动性）产生一系列的影响。在众多交易机制改革中，连续交易制度与做市商制度对期货市场的运行质量产生了举足轻重的影响，交易机制的改变会影响投资者结构、投资决策、政策制定等一系列市场特征和行为。

基于此，本文提出以下两个研究问题：第一，我国农产品期货市场中，主力与非主力合约在市场微观结构上是否存在显著差异，造成差异的原因是什么？第二，当主力合约的"159格局"被打破后，我国农产品期货市场的微观结构会受到怎样的影响？

2. 研究意义

第一，本文以我国农产品期货市场的合约分布特征为切入点，从信息传递、流动性成本以及交易机制三个维度考察主力与非主力合约在市场微观结构上的差异，从理论层面丰富了合约分布特征的研究内容，帮助业界和学术界以更加深入和科学的方式重新认识"159问题"。

第二，本文考察"159格局"改变后，国内农产品期货市场在微观结构方面受到的冲击，进一步明确了合约分布格局与市场微观结构之间的关系，有助于期货管理部门制定更具针对性的政策措施。

（二）研究目标与研究内容

1. 研究目标

本文以我国农产品期货主力合约分布问题为出发点，从信息传递、流动性成本以及交易机制三个方面深入考察主力合约与非主力合约的分布特征，对比两类合约在市场微观结构方面的差异，为业界和学术界重新看待"159问题"提供新的视角。同时，结合"159格局"已经被打破的现实状况，进一步考察市场微观结构是否会因此发生改变，为下一阶段的政策调整提供合理依据。

具体包括以下目标：

第一，以大商所玉米期货为例，实证探究主力合约与非主力合约的信息传递机制，据此验证信息是否在相应合约价格的形成中发挥主导作用。通过主力合约与非主力合约之间的差异对比，从信息视角对合约分布特征进行解释。

第二，以大商所玉米期货为例，实证探究主力合约与非主力合约流动性成本的时变特征，并进一步对以买卖价差衡量的流动性成本进行分解，从深层次探究流动性成本背后的驱动因素,以更加微观的视角剖析"159 问题"。

第三,以大商所玉米期货为例,实证分析做市商制度和连续交易机制对国内期货市场的影响。同时,结合"159 格局"已经被打破的现实状况,进一步考察市场微观结构受到的影响,为下一阶段的政策实施和制度改革提供有力参考。

2. 研究内容

(1) 农产品期货市场信息传递机制与合约分布的关系。

本文首先构造主力合约与非主力合约的连续价格序列,分别考察两种合约价格形成的信息驱动机制,并对结果中可能存在的差异进行解释。在验证信息驱动的假设后,本文进一步通过溢出指数和相关性系数考察信息在不同合约间传递的方向和速度,完整且清晰地刻画了期货市场微观结构下的信息流动模型。此外,本文从信息传递的角度考察连续交易机制对期货市场功能发挥的影响,对比分析主力合约与非主力合约在连续交易机制下的信息传递效率,从优化交易机制、提高运行效率的角度为期货市场未来建设提出合理建议。

(2) 农产品期货市场流动性成本与合约分布的关系。

本文将买卖价差(Bid – Ask – Spread,BAS)作为流动性成本的代理指标。首先,考察主力合约与非主力合约 BAS 在样本期内的时变特征,分析 BAS 变动与合约到期日之间的关系。其次,运用 GMM 估计方法,以 BAS、成交量和波动率三个变量构建联立方程组,并引入未平仓数量、订单不平衡指标、季度虚拟变量等作为控制变量,进一步分析主力合约与非主力合约 BAS 的影响因素有何差异。同时,考察非主力合约引入做市商制度之后,对期货市场买卖价差、成交量以及波动程度的影响。最后,利用实证方法分别将两种合约对应的 BAS 分解为不利选择部分、仓储成本部分以及订单处理部分,从更深层次分析主力合约与非主力合约流动性成本的特征差异和潜在原因。

(3) 新的合约分布格局对期货市场微观结构的影响。

由于我国农产品期货市场合约分布格局在 2022 年 12 月之后发生了改变,长期存在的"159 格局"被打破。因此,本文以 2022 年 12 月作为一个事件冲击节点,分别考察事件冲击前后,期货市场信息传递和流动性成本受到何种程度的影响,以及这种影响在主力合约与非主力合约上的差异,进一步深化了市场微观结构与合约分布特征之间的联系。

(三) 研究方法与技术路线

1. 研究方法

(1) 价格形成机制的驱动因素。本文利用 Engle 和 Russell (1998) 提出的自回归条件久期模型（Autoregressive Conditional Duration，ACD）模型来验证期货市场价格形成机制是否由信息驱动。传统的金融时序模型通常是在相等的时间间隔上进行建模分析，但 ACD 模型将每一笔交易到达时间视为随机的点过程，测量和预测交易到达过程的强度。ACD 模型具有类似于 GARCH 模型的结构特征，二者的区别在于：GARCH 模型是关于方差的自回归过程，而 ACD 模型是对条件久期的线性估计。根据 Dufour 和 Engle（2000）的观点，当交易密度和市场波动性与价格久期负相关时，说明知情交易者在价格形成中占据主导地位，即市场价格形成是由信息驱动。因此，本文在对数形式 ACD 模型的基础上，引入成交量和波动性的两个市场变量，以此验证我国农产品期货市场价格形成机制是否由信息驱动。

对于一个竞争性市场来说，成交量的增加是市场中内部信息不断累积的结果。因此，成交量与隐含信息量正相关（Holden 和 Subrahmanyam，1992；Easley 和 O'Hara，1992；O'Hara，1995）。隐含信息越多，交易的时间间隔越短，因此成交量与交易久期负相关。对于知情者而言，只有获得有利的市场信息时才会选择交易。因此，较长的交易时间间隔意味着缺乏市场信息。当交易强度增加时，说明知情者参与交易的比重较大，由于信息不对称，市场波动性加剧（Dufour 和 Engle，2000；Manganelli，2005）。因此，市场波动性与价格久期负相关。在后面的实证分析中，若成交量和波动性都与价格久期负相关，则说明我国农产品期货市场价格形成机制是由信息驱动。

（2）信息传递的方向。本文将 Antonakakis 等（2020）提出的时变参数—向量自回归（TVP–VAR）模型与 Diebold 和 Yilmaz（2012，2014）提出的溢出指数计算方法相融合，构造主力合约与非主力合约间的总体溢出指数和净溢出指数。通过 TVP–VAR 模型的参数估计，可以得到某一要素对其他要素贡献的整体溢出性以及从其他要素获得的个体溢出性，二者的差值则代表该要素的净溢出程度，如果净溢出大于 0，说明是信息溢出的发出者；反之，是信息溢出的接收者。

（3）信息传递的速度。本文借鉴 Mallory 等（2015）的做法，利用主力合约与非主力合约价格的相关系数来捕捉交易过程中的信息传递速度。当市场存在信息交易行为时，不同期限合约的价格调整是高度相关的，而这种相关性会在信息传递结束后迅速下降。因此，当两个合约价格的相关系数处于较高水平时，二者的价格形成都受到信息影响；当二者的相关系数大幅下降时，意味着信息传递完成（Mallory 等，2015）。通过对合约进行滞后多阶处理，再计算滞后数据与原始数据之间的相关性，根据相关性的变动情况就可以捕捉到信息传递的速度。

（4）买卖价差的分解。本文利用 Huang 和 Stoll（1997）提出的买卖价差分解模型，将流动性成本分解为不利选择成本、仓储成本以及订单处理成本三个部分。该模型的核心思想是：对于一个流动性提供者来说，其改变买卖报价有时是为了调整自身的仓储成本。如果市场中出现了一个买入订单，那么流动性提供者则希望下一单是卖出订单，这样流动性提供者就不会承担过高的风险敞口。当这种风险敞口发生时，流动性提供者会通过调整报价中点，以获得风险补偿。因此，可以从报价中点的变动中提取不利选择成本和仓储成本，而用"1"减去前两者之和，就是订单处理成本的占比。

2. 研究技术路线

本文研究技术路线如图1所示。

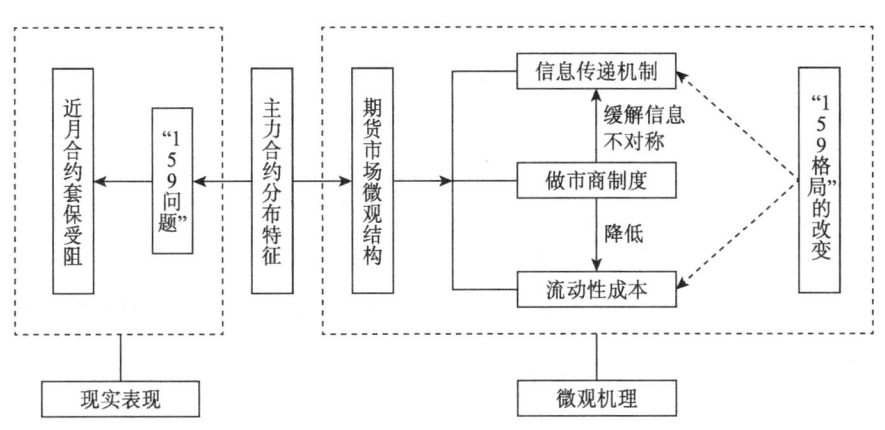

图1　本文研究技术路线

3. 品种选取与数据来源

本文选取大商所上市的玉米期货为研究对象。玉米产量在我国粮食作物中常年居于首位，且国内玉米期货的市场规模在世界范围内位居前列。此外，大商所的玉米期货是国内首个实现连续活跃的百万级持仓品种，其他活跃的农产品期货，诸如豆粕、豆一、棉花等，主力合约分布特征的改变时间较短，无法满足研究需要。因此，本文最终选取玉米期货作为我国农产品期货市场的代表性品种。本文的样本区间为2021年1月4日至2023年6月30日，共计588个交易日。玉米期货Tick数据来源于聚宽量化平台，包括逐笔交易的收盘价、最新价、最高价、最低价、成交量、持仓量、买入报价和卖出报价。大商所玉米期货已经开展了夜盘交易，为了更全面地考察信息传递机制，本文将夜盘交易视为一个交易日的起始阶段。因此，一个交易日完整的交易时段依次为21：00—23：00、9：00—11：30以及13：30—15：00①。此外，在构建连续价格序列时，将玉米期货当月持仓量最大的合约视作主力合约，

---

① 大连商品交易所玉米期货合约每个交易日的10：15—10：30为盘中休息时段，在构造10分钟的样本区间时，不考虑10：10—10：30区间内的交易。

将距当前月份最近的非交割月合约（连一）视为非主力合约。以2021年1月到期的玉米期货为例，其对应的主力合约为5月合约，非主力合约为3月合约。对于ACD模型的基准设定，本文参考刘向丽等（2010）的研究，选取对数的残差分布形式。为了尽可能捕捉价格信息，本文选取大商所玉米期货合约最小变动价位，即1元/吨作为价格久期的变动阈值。

（四）创新点与不足

1. 创新点

第一，尽管"159问题"是个长期存在的突出现象，但现有研究大多是从期货市场宏观运行的角度分析该问题。本文则以市场微观结构的视角，深入剖析合约分布特征与微观结构之间关系，拓展了合约分布格局相关研究的理论范畴。

第二，本文通过梳理国内农产品期货主力合约的分布特征，发现自2022年12月之后，某些品种长期存在的"159格局"被打破，取而代之的是主力合约逐月连续的特征。在此基础上，本文运用实证方法进一步考察了合约分布特征改变对期货市场微观结构的影响，从而为政策调整提供现实参考。

2. 不足之处

本文选取的样本区间为2021年1月4日至2023年6月30日，而合约分布特征发生改变的时点是2022年12月。因此，对于整个样本区间来说，合约分布特征改变后所对应的样本量略显不足。为了更好地支撑现有的研究结论，可以考虑在未来的研究中，持续观察主力合约的分布特征，不断补充样本容量。

二、国内外相关研究综述

（一）市场微观结构理论

1. 市场微观结构理论的产生与发展

市场微观结构理论作为金融学的一个重要分支，主要关注金融市场中的交易机制、信息传递和价格形成过程。这一领域的研究起源于20世纪80年代，随着信息技术的发展和交易方式的演变，对市场微观结构的研究逐渐深入。通常认为，Demsetz发表于1968年的 *The Cost of Transacting* 一文标志着市场微观结构理论研究的开端。在这篇开创性的论文中，Demsetz深入探讨了证券的买卖价差是如何形成的。通过建立一个做市商的买卖价差供需模型,并对其均衡状态进行详细分析,Demsetz 指出交易者买入和卖出指令的不平衡是导致证券买卖价差产生的主要原因。他阐释了做市商在为证券市场的交易者提供必要流动性的同时,不可避免地承担了一定的交易风险和成本。因此,买卖价差实质上是对做市商提供这种流动性服务的一种经济补偿。

1990—2000 年,市场微观结构理论经历了关键的发展阶段,特别是随着电子交易和算法交易的兴起,研究焦点开始转向市场中的信息不对称问题和交易机制的影响。Amihud 和 Mendelson(1991)提出了一种基于库存的市场微观结构模型,深入探讨了做市商如何管理其库存,并分析了这种管理策略对价格和流动性的影响。该研究强调了库存控制在市场微观结构中的核心作用,为后续的研究提供了新的视角。Hasbrouck(1995)研究了电子交易如何改变市场结构,尤其是对市场流动性和信息传递的影响,为后续研究电子交易兴起对市场微观结构的影响奠定了基础。Bertsimas 和 Lo(1998)探讨了大订单在流动性驱动的市场中的有序执行问题。他们分析了大规模交易对市场价格和流动性的潜在影响,为理解市场影响力的作用机制提供了重要思路。Madhavan(2000)详细地回顾了市场微观结构理论的主要内容,包括信息不对称、交易机制和价格形成机制,为理解市场微观结构提供了详细参考。

自 21 世纪初以来,市场微观结构理论继续蓬勃发展,研究重点扩展到了数字化交易对市场的影响,以及新兴市场的微观结构特征。Easley 等(2002)探讨了股票流动性、交易信息以及交易频率之间的关系。研究发现,在交易频率较低的股票中,交易信息和流动性对价格的影响更大。Bekaert 等(2012)考察了新兴市场的微观结构特征,结果发现新兴市场与成熟市场在市场微观结构上存在重要差异,并分析了这些差异对全球投资者的潜在影响。Biais 等(2015)深入研究了高频交易如何改变现代市场的微观结构。并分析了高频交易对价格发现、流动性和市场稳定性的影响,以及这些影响如何塑造市场参与者的策略。研究表明,高频交易提高了市场效率,但也可能引发新的市场风险。

2. 市场微观结构理论的主要研究内容

学术界对市场微观结构理论的划分尚未统一。根据 O'Hara(1995)的观点,市场微观结构理论的主要研究内容分为四个方面:第一,探讨交易费用和信息不对称如何理论化地影响证券价格的形成和决策过程。第二,研究证券市场价格所蕴含的信息,主要聚焦于市场交易者和做市商如何通过分析成交价格、买卖指令流以及报价指令簿等,解读潜在的市场信息。第三,研究不同类型的市场交易者的决策行为,基于个人效用最大化的假设,分析信息交易者、非信息交易者、流动性交易者以及噪声交易者在不同市场环境下的最优交易策略。第四，对比分析不同类型市场的交易机制，重点研究不同交易制度对市场运行效率的影响。与 O'Hara 不同的是，Campbel（1997）认为市场微观结构理论的研究主要聚焦于两个核心领域：首先，关注证券的买卖价差以及证券交易价格的形成和决定因素。其次，研究如何构建理论模型和实证方法来模拟和分析金融市场中的离散、非连续交易行为，以及这种非连续交易行为对金融市场理论产生的影响。

由于市场微观结构理论属于新兴学科，国内学者自 20 世纪 90 年代才开始关注这一领域。其中，贝多广（1995）是国内最先介绍市场微观结构理论的学者，戴国强和吴详林（1999）则对市场微观结构理论进行了系统的梳理和介绍，为后续国内市场微观结构理论的研究提供了重要参考。杨之曙（1999），刘海龙和吴冲锋（2003），李平、曾勇和唐小我（2003），熊德华和张圣平（2006），沈根祥和李万峰（2007）等先后从不同角度对市场微观结构的最新理论发展和实证成果进行了研究综述，并结合我国股票市场发展的实际情况，提出了相应的政策建议。肖辉和吴冲锋（2009）比较了现货市场和期货市场中知情交易者的交易策略、做市商的定价策略以及这些策略对市场微观结构的影响，结果发现知情交易者和做市商的不同策略反映了这两种市场在信息流、交易成本、市场深度等方面的不同特征。龚刚和魏熙晔（2014）聚焦于微观层面的投资者行为和市场结构，通过构建一个简化的异质代理人模型，发现即使在基本没有经济问题的情况下，投资者心理和市场投机也可能导致金融危机的发生。刘文文和高文秀（2016）以国内金属期货为研究对象，考察了市场微观结构下高频交易的影响，并通过实证模型测量了我国期货市场中的指令流毒性，为期货市场风险管理提供了有益参考。

（二）市场微观结构中有关信息传递的研究

本部分主要基于市场微观结构理论中信息与久期的关系展开文献回顾。考虑到国内外文献在研究重点、研究方法及模型选取上基本一致，而中国金融市场在运行机制、投资者结构以及政策约束等方面与国外市场存在差异，可能导致理论假设的检验结论出现分歧。因此，下面将从国外研究和国内研究两个方面展开综述。

1. 国外研究

O'Hara（1995）认为，市场微观结构理论主要研究特定规则下资产交易的过程与结果。Madhavan（2000）将市场微观结构理论的研究概括为价格的形成、交易规则的设计以及交易信息传递三个方面。在众多相关研究中，高频交易中的久期被认为包含潜在的市场信息，是研究市场微观结构的重要变量（Goodhart 和 O'Hara，1997）。在最初的理论研究阶段，交易久期与微观结构变量的关系并没有形成统一的结论。Diamond 和 Verrecchia（1987）认为，在实行卖空限制的证券市场中，交易缓慢的时期通常说明存在利空消息，而利空消息会增加市场波动，因此交易久期与波动程度正相关。Admati 和 Pfleiderer（1988）认为交易发生并不一定是信息驱动，而是知情者与流动性交易者博弈的结果。市场交易间隔较长则说明流动性交易者退出交易，主要由知情者参与，此时买卖价差增大，交易久期延长，市场波动性增大，即交易久期与波动程度正相关。然而，Easley 和 O'Hara（1992）则认为无论是利好消息还是利空消息，都会增加交易强度。当交易久期缩短时，知情者参与交易的比重较大，由于信息不对称，市场波动性加剧。因此，交易久期与市场波动性负相关。

随着计量方法的发展，有学者开始从实证分析的角度验证上述理论的适用性。最具有代表性的方法是 Engle 和 Russell（1998）提出的 ACD。传统的金融时序模型通常是在相等的时间间隔上进行建模分析，但金融市场的高频交易通常发生在非等间隔的时点上。因此，传统的建模方法可能会损失交易数据中的重要信息（Engle 和 Russell，1998）。对此，ACD 模型将每一笔交易到达时间视为随机的点过程，测量和预测交易到达过程的强度，从而可以考察久期的时间特征。但是，由于 ACD 模型自身对于估计系数的限制，无法直接考察市场波动性对久期的影响，大多数学者采用 ACD 模型的残差作为波动性的代理变量，并通过 GARCH 类模型进行系数估计。大量的实证研究表明（Engle，2000；Dufour 和 Engle，2000；Engle 和 Sun，2002），证券市场的波动性对久期存在负向影响，这些结论支持了 Easley 和 O'Hara 的观点。

为了解决传统线性 ACD 模型对于系数大小和符号的严格约束，Bauwens 等（2000）提出了对数形式的 ACD 模型，允许引入外生变量，为验证市场微观结构假设提供了更加适合的框架模型。利用对数 ACD 模型良好的扩展性质，一部分学者将成交量、买卖价差、收益率以及指令流等变量引入模型中，进一步探讨交易久期的信息传递机制。Allen 等（2008）证明了对数 ACD 模型最大似然估计量的一致性和渐进正态性，在将成交量引入模型后，验证了澳大利亚股市符合隐藏交易假说，即成交量和市场信息含量同交易久期负相关。Wong 等（2009）按照流动性程度对上海证券交易所的股票进行分类，研究发现高流动性与低流动性股票的成交量与波动性皆与价格久期负相关，说明证券价格形成是由信息驱动的。同时，低流动性股票相关的微观结构变量对价格久期的影响更大。Nguyen 等（2020）发现美国国债市场中存在明显的久期集聚效应，即多个长久期通常伴随出现，并且成交量和市场深度对信息的敏感程度高于流动性。Volkenand 等（2020）发现美国农产品期货市场同样存在久期集聚现象，且远月合约的平均价格久期要长于近月合约，新信息在不同到期月合约之间传递迅速。

2. 国内研究

国内学者对于久期与市场微观结构变量关系的研究主要集中在证券市场，且大多是利用实证方法验证市场微观结构假设的适用性。马丹和尹优平（2007）发现，我国股市价格形成由信息驱动，其波动性与交易间隔负相关，并且受到买卖价差等微观变量的影响，这一研究结果支持了 Easley 和 O'Hara 的观点。陶雄华等（2010）认为中国股票市场存在久期集聚效应，而主要原因在于市场缺乏有效信息。邓学龙和欧阳红兵（2012）进一步将股价变动分为上升和下降两种状态，并引入买卖价差和交易规模变量，结果发现不同价格状态对价格久期的影响程度不同，价格久期与微观变量包含的信息量负相关。这说明市场运行质量以及交易机制的不同，会影响金融市场信息传递的效率。杨玉坤等（2015）在此基础上，额外加入交易规模和委托指令流变量，得出与邓学龙和欧阳红兵（2012）相反的研究结论。可能的原因是指令流中包含的信息对交易久期产生了较大的影响。刘向丽等（2010）对我国期货市场的微观结构假设进行了验证，结果表明成交量和市场波动性均与价格久期负相关，从而验证了我国期货价格形成由信息驱动的观点。此外，研究还发现我国期货市场也存在久期集聚现象，造成该现象的原因是新信息的冲击。

（三）市场微观结构中有关流动性成本的研究

1. 流动性成本及其影响因素

农产品期货市场中，投资者面临多种交易成本，其中包括经纪费、交易费用以及流动性成本等，这些成本会影响市场决策的有效性。前两项成本容易测度，但流动性成本难以直接估计，通常采用买卖价差度量流动性成本。买卖价差作为市场微观理论研究的起点和基石，其就是在期货交易过程中，做市商向市场交易者报出的卖出价格和买入价格之差，或者是交易所交易指令簿中的最优卖出价格和最优买入价格之差。买卖价差的大小反映了期货市场的流动性水平：买卖价差越小，表明金融资产的买入方和卖出方对于资产期望价格的分歧越小，交易越容易发生，此时的流动性水平越高，反之，买卖价差越大，流动性水平就越低。研究流动性成本及其影响因素对期货市场投资者和管理层具有重要意义。通过研究流动性成本的决定因素有助于发掘降低交易成本的潜在机会，也可以提高做市商制度的做市效率（Pennings 和 Meulenberg，1997）。

在涉及流动性成本的相关研究中，最大的问题在于买卖价差的测度。在电子交易还未普及的时期，买卖价差无法通过直接观察得到，只能进行估算。Roll（1984）用连续价格变化序列的协方差估算价差，被认为是最早的价差估计方法。该方法的核心思想是：在一个有效的金融市场中，资产基本面价值的变动是随机的。但是，交易成本的存在使得连续价格序列的变动呈现负相关。即当交易成本较高时，一个市场价格上涨事件有可能紧接着伴随价格下跌事件。因此，可以用连续两次价格变动的相关系数作为价差的代理变量。Roll 模型中有一条重要假定，即当一笔交易以买价发生后，下一笔交易以卖价发生。这就使 Roll 模型在实际使用中，具有较大的局限性，只能在特定的市场条件下使用。随后，Thompson 和 Waller（1987）使用价格变动的平均绝对值来估计买卖价差。该方法假定买卖价差的平均值是价差的主要决定因素，并且在估算价差时考虑价格变动的幅度和频率。同 Roll（1984）的方法一样，Thompson 和 Waller 的方法便于在缺少交易数据时估算买卖价差，但缺点是无法适用于复杂的市场结构。

随着电子交易的不断普及，高频交易的相关研究逐渐兴起。Hasbrouck（2004）在高频交易的基础上提出一种通过分析交易数据的高频变动来估算买卖价差的理论模型。与上述两个价差估计方法不同，该模型需要更加精细的交易数据作支撑，如交易的时间戳、价格和数量等。这种方法也为研究交易机制和交易者行为提供了便利。但是，该方法对买卖价差的非负性作出了限制，导致无法出现负价差的情况。因此，Hasbrouck（2004）进一步提出了 Bayesian 估计法。该方法消除了价差非负性的限制条件，假定交易的买卖顺序与交易价格不相关，也就排除了异方差和序列自相关的影响。值得注意的是，虽然买卖价差的估计方法不断进步，但并不意味着先前简单的方法不再适用。在对买卖价差进行估计时，需要结合实际需求和具体的市场条件，选择最佳的方法。

随着电子交易系统的普及和使用，学者们可以直接获取市场上交易者面临的实际买卖价差数据。这对于金融市场研究是一个重大进步，因为它提供了更精确和透明的市场交易信息。Costa 等（2018）首次利用观察的价差数据研究巴西玉米期货和活牛期货市场的微观结构，发现市场集中度对玉米期货和活牛期货市场微观结构存在显著的影响，即市场集中度越高，成交量和流动性成本都会相应降低。对于中国期货市场来说，受限于数据的可获得性，已有研究大多使用价差的估计变量代替真实的买卖价差（高扬和王明进，2014；徐媛媛和王传美，2021）。Li 等（2023）首次使用大商所玉米期货 BBO（Best Bid and Order）数据，通过买卖价差研究期货市场流动性成本的动态行为及其影响因素。值得注意的是，该研究按照玉米期货主力合约的分布格局，分别以 1 月、5 月、9 月到期和 3 月、7 月、11 月到期的合约构造活跃序列与非活跃序列，考察两种合约在价差行为上的差异性。结果发现，活跃合约的价差在临近交割日期时会显著增加，而非活跃合约的价差在整个存续期内呈"U"形特征。进一步研究发现，价差与成交量负相关，与波动率正相关。这说明做市商的引入能够有效降低非活跃合约的流动性成本，提升交易的流动性。

有关流动性成本与其影响因素之间的关系，现有研究得出的结论基本保持一致，即流动性成本与成交量负相关，与波动性正相关（Roll，1984；Ding，1999；徐媛媛和王传美，2021；Frank 和 Garcia，2011；Li 等，2023）。市场中成交量不断增加意味着此时市场参与者的数量也在增加，提高了市场流动性，使买卖双方更容易寻找交易对手，从而降低了交易成本（流动性成本）。波动性上升时，未来价格的不确定性会增加。在这种不确定性较高的环境下，市场做市商为了补偿更大的风险敞口，可能会要求更高的价差。同时，波动性高可能意味着市场信息不对称，部分投资者可能拥有影响价格的关键信息，而这种信息的不对称也会导致价差增大。

2. 流动性成本的分解

根据对流动性成本划分的不同，分解买卖价差的实证模型主要包括两类：

第一类方法是 Roll（1984）提出的协方差模型。协方差模型通过设定买卖价差各个成分对证券价格变动、买卖报价变动的协方差具有不同的影响而实现各成分的估计。Stoll（1989）进一步阐述了报价价差与有效价差的关系，并通过价格反转概率和价格波动幅度构建价差的分解函数。该模型将买卖价差分为三个部分：信息不对称（或不利选择）成本、订单处理成本以及库存持有成本。Lin 等（1995）发现交易规模与买卖价差组成部分之间存在相关关系，即交易规模与不利信息组成部分呈正相关，与订单处理成本组成部分呈负相关，并且与总体有效价差呈正相关。

第二类方法是 Glosten 和 Harris（1988）构建的交易指标模型。该模型的核心思想是将买卖价差分解为两部分：一部分是信息不对称成本，另一部分是库存成本、专家垄断权力和清算成本。当市场中信息不对称程度增加时，做市商会通过提高买卖价差来保护自己免受潜在的不利交易影响。在此基础上，George 等（1991）进一步对交易指标模型进行了改进，通过使用交易价格和买卖报价中的信息来修正先前买卖价差分解模型中发现的向下偏差。在此过程中，他们发现不利选择组成部分大大减少，库存成本组成部分不存在，因而主导成分是订单处理成本。

Huang 和 Stoll（1997）认为，订单处理成本和仓储成本不应该归为同一类，二者存在较大差异。对此，他们对交易指标模型进行了扩展。Huang 和 Stoll 从订单流的相关性入手，发现由于库存变动导致报价的变化通常不会持续很久，因为市场中投资者会逐渐消化库存，最终使市场回归供需平衡的状态。而对于不利信息对报价变动产生的影响通常是持久的，影响的是投资者的长期投资策略，使得报价很难恢复到初始水平。根据这一特性，可以将流动性成本中的仓储部分和订单处理部分区分开。研究结果表明，订单处理部分占有较大比重，而不利选择部分甚至出现了负值。导致这种情况的原因可能是交易过程中，一些大额交易订单被人为拆分成小订单。Shang 等（2017）遵循交易指标模型的思想，将流动性成本的构成要素划分为三个部分，即非对称信息成本、仓储成本以及订单处理成本，进一步考察这些构成要素在不同交易环境下的差异性特征。该研究认为商品指数基金作为期货市场流动性的提供者，其展期行为会导致非信息交易的比重增加，因此降低了流动性成本中的非对称信息成本。但展期操作使库存成本上升，增加了流动性提供者的头寸风险。这两个部分的综合影响使流动性成本在展期过程中维持在较低的水平。

（四）文献述评

期货市场微观结构理论中，信息传递机制和流动性成本是重要的研究内容。在信息传递机制的相关研究中，大多是利用实证方法考察交易久期与微观结构变量的关系，进而验证价格形成机制背后的驱动因素。通过文献的梳理可以发现，国内外证券市场的微观结构大多与 Easley 和 O'Hara 理论观点相一致，即金融资产的价格形成是由信息驱动。但是，已有文献缺乏对证券市场以外的适用性检验，少数与期货市场相关的研究仅关注市场整体情况，忽略了某些重要板块的运行特征（如农产品期货市场），也没有考虑合约活跃度对信息传递的影响（刘向丽等，2010；Volkenand 等，2020）。同时，已有研究仅能说明信息是价格形成的主要驱动因素，并未进一步考察信息的传递机制以及传递过程。

买卖价差作为市场微观结构理论的基石，相关研究成果已经十分成熟。作为流动性成本的代理变量，买卖价差的准确估计使学者们可以研究成交量、市场波动性等市场微观变量同价差之间的量价关系，有助于厘清流动性成本对期货市场运行的影响。随着电子交易系统的兴起，买卖报价信息逐渐公开，越来越多的学者开始进一步将价差分解为不同的组成部分，进一步考察流动性成本的微观特征。这一阶段的研究中，不利选择成本通常被认为是流动性成本中占比较大的部分，当做市商面临知情交易者时，做市商只能通过调整买卖报价获得更多的风险补偿。因此，非对称信息是流动性成本变动的主要驱动力。但是，已有研究大多关注的是流动性成本中，各组成部分的占比情况。对于期货市场运行来说，流动性成本是时变的，其组成部分也会随着改变（Shang 等，2017）。因此，应该以一个动态的视角考察流动性成本各组成部分的时序特征，并与期货市场运行规律相结合。此外，对于我国农产品期货市场而言，受限于交易数据的可获得性，鲜有研究关注买卖价差及其分解对期货市场的影响。同时，我国农产品期货市场长期存在"159 问题"，在这种合约分布格局之下，更加需要从微观市场结构的视角去看待期货市场的运行规律。

三、我国农产品期货市场微观结构与价格形成

(一)不同类型的交易机制

世界上期货交易所的交易机制包括指令驱动交易机制(Order Driven System)、报价驱动交易机制(Quote Driven System)以及混合型交易机制。

1. 指令驱动交易机制

在期货市场中,指令驱动是一种基于交易指令匹配的市场运作模式,其特征为:市场上的交易活动主要通过投资者提交的交易指令来促成,而非依赖于交易员或市场制定的报价。投资者可提交各类交易指令,如市价单、限价单及止损单等,这些指令由交易系统自动匹配,从而实现交易的执行。市场价格和成交量由交易指令的匹配结果决定,而非由专业市场所制定的报价所主导。

指令驱动的市场中,所有投资者均能获悉市场上的所有交易指令和成交状况,因而具备高度透明度和公平性。此外,指令驱动市场通常表现出较高的流动性,因为市场交易的动力来自投资者的需求和供给。

2. 报价驱动交易机制

报价驱动交易机制(Quote Driven System)又叫作市商制度,是由做市商提供市场流动性的一种交易制度。做市商由具有良好信誉和经济实力的法人来担当。做市商根据交易商的申买委托单和申卖委托单来决定农产品期货的买卖价格,并且承担了交易的双向风险。与指令驱动市场不同,报价驱动市场的价格形成主要依赖于做市商提供的报价,而非投资者提交的交易指令的匹配结果。在报价驱动市场中,投资者可以选择接受做市商提供的报价,以所示的价格和数量进行交易。这种灵活性为投资者提供了更大的选择空间,同时也在一定程度上降低了交易成本。

报价驱动市场也存在一些潜在的问题。做市商可能会因为市场波动或者其他因素而撤回报价,导致市场流动性下降。此外,部分做市商可能在特定时期操纵报价,以获取不当利益。这就要求监管机构对做市商的行为进行监控,确保市场的公平和透明。

3. 混合型交易机制

混合型交易机制则融合了指令驱动和报价驱动两种模式,能够根据不同的市场状况和交易品种灵活调整,以适应市场变化。在混合机制中,投资者可以通过提交

交易指令（订单）来进行交易，也可以按照做市商提供的报价进行交易。指令驱动有助于增加市场透明度和深度，而报价驱动则增加了市场的稳定性和流动性。因此，对处于发展阶段的国内期货市场而言，混合型交易机制通过整合不同的交易方式，寻求在市场透明度、流动性和稳定性之间取得平衡，以提高期货市场的运行效率，并使其更适用不同类型的投资者和交易策略。

（二）我国商品期货市场的交易机制演变

1. 做市商制度的引入

我国农产品期货市场最初采用的是指令驱动机制，随着期货市场的不断发展，一些品种的非主力合约逐渐暴露出流动性不足的问题。为了提高非主力合约的活跃度，自2017年开始，国内期货交易所开始尝试引入做市商。在2017年以前，国内期货交易所对于做市商的了解处于探索阶段，担心做市商制度在中国市场"水土不服"。因此，国内期货交易所最初是在豆粕期权的设计期间，考虑做市商制度的落地细节。2017年，豆粕期权上市，不仅填补了我国商品期货市场领域的空白，更是在上市前确定引入了期权做市商，成为衍生品市场的全新突破，更为日后提高期权合约流动性、期货合约连续性奠定了基础。同年年底，大商所率先在豆粕、玉米和铁矿石三个品种上引入做市商制度，与此同时，上期所和郑商所也分别在镍、PTA和动力煤上引入做市商试点。截至目前，国内交易所主要上市品种均引入了做市商制度（见表2）。

表2　　　　　　　　　　国内期货交易所引入做市商的品种

交易所	大连商品交易所	郑州商品交易所	上海期货交易所/上期能源
品种	黄大豆1号、黄大豆2号、聚氯乙烯、豆油、棕榈油、乙二醇、聚乙烯、聚丙烯、豆粕、玉米、鸡蛋、铁矿石、焦炭、焦煤、苯乙烯、LPG、玉米淀粉	白糖、棉花、菜油、菜粕、花生、甲醇、PTA、短纤、锰硅、硅铁、玻璃、尿素	镍、黄金、白银、锡、螺纹钢、热轧卷板、石油沥青、天然橡胶、纸浆、燃料油、氧化铝、丁二烯橡胶、原油、20号胶、低硫燃料油、国际铜、集运指数

2. 做市商的管理制度

为保证做市业务质量，期货交易所加大了对做市商管理和支持的力度，优化遴选标准，扩大做市商数量，丰富做市商类别，加快做市商优胜劣汰，着力培育做市队伍。其中，大商所对做市商的申请条件和管理制度作出了严格且详细的规定。对于申请做市商的企业单位，必须满足下列条件，才具有申报资质：

（1）净资产不低于人民币 5000 万元；

（2）具有专门机构和人员负责做市业务，做市人员应当熟悉相关法律法规和交易所业务规则；

（3）具有健全的做市实施方案、内部控制制度和风险管理制度；

（4）最近三年无重大违法违规记录；

（5）具备稳定、可靠的做市技术系统；

（6）具有大商所认可的做市和交易经验。

对于做市商的日常管理，大商所从做市业务实施方案、内部控制和风险管理三个方面，对做市商的行为规范和业务准则作出了明确规定（见表3）。除此之外，为了进一步提升非主力合约的流动性，各期货交易所还在每个月月末公布下一月的做市合约和重点做市合约。其中，重点做市合约就是交易所为了促进期货品种连续活跃而重点关注的合约。以2021年大商所玉米期货为例，做市合约基本是现货月份4—6个月的远期非主力合约，而重点合约则是对距离当前月份最近的3月、7月、11月合约进行做市（见表4）。

表3　　　　大商所关于做市业务实施方案和管理制度的要点

做市业务实施方案	
做市业务总体设想	投入申请品种做市业务的资金规模及用法、投入人员及详细情况
做市策略	定价模型，不同情况下的报价策略、对冲策略、持仓管理、资金管理及决策流程、策略失效时的策略
做市报价价差与参与率管理	报价价差、报价数量、合约覆盖情况，单边市等极端情况下的参与情况
做市策略预期评估结果与盈亏测算	每日测算做市评价预期结果、盈亏计算结果等可能影响做市业务决策的情况、阈值及应对措施
内部控制制度	
业务运行控制	做市业务运行控制各要素
合规与内部控制	授权管理机制、投资决策流程和业务隔离机制等
公司对做市业务的监督管理	公司层面对做市业务的监督管理措施等
额度控制	公司内部关于做市持仓限额申请流程等
岗位设置与工作职责	内部控制及风险管理相关部门、岗位人员及其职责
风险管理制度	
强行平仓管理	强行平仓相关风险监控及管理
市场风险管理	隔夜风险管理、市场大幅波动风险管理等
合约到期相关风险管理	快到期持仓管理及相关风险管理
操作风险管理	持仓、交易和风险敞口的限额，合理性检查、授权权限等前端控制
流动性风险管理	流动性风险的应对等
预警设置	持仓限额、每秒报单数量等

表 4　　　　　　　　2021 年大商所玉米期货做市合约与重点合约情况

时间	做市合约	重点合约
2021 年 1 月	C2103、C2111	C2103
2021 年 2 月	C2107、C2111	C2111
2021 年 3 月	C2107、C2111、C2203	C2111
2021 年 4 月	C2107、C2111、C2203	C2111
2021 年 5 月	C2107、C2111、C2203	C2111
2021 年 6 月	C2111、C2203	C2111
2021 年 7 月	C2111、C2203、C2207	C2111
2021 年 8 月	C2111、C2203、C2207	C2111
2021 年 9 月	C2111、C2203、C2207	C2111
2021 年 10 月	C2111、C2203、C2207	—
2021 年 11 月	C2203、C2207、C2211	C2207
2021 年 12 月	C2203、C2207、C2211	C2207

通过这一套完整且科学的管理制度，做市商制度在促进合约连续性、流动性改善方面作出了突出贡献。期货市场引入做市商后，做市合约市场参与度持续提升，客户成交、持仓占比快速上涨，做市商占比较为合理且呈下降趋势。做市合约交易规模和市场质量有了明显提高，吸引了越来越多投资者的关注和参与，各品种参与交易客户逐渐增多，单位客户相对增速更快。除了提高非主力合约交易规模外，做市商的价值还体现在做市合约买卖价差显著缩小，订单深度大幅提高，做市合约与主力合约价格关联性持续走强方面。

（三）做市商行为对价格形成的影响机制

在混合驱动交易机制的作用下，做市商为非主力合约注入流动性，但同时会影响期货价格的形成。做市商在为市场注入流动性的同时，会收取一部分风险补偿。这是因为做市商在提供流动性时，实际存货水平经常会偏离理想存货水平，做市商持有次优水平的存货时会面临存货风险，风险厌恶型的做市商便会要求更高的期望收益作为补偿。做市商获取流动性补偿的方式就是改变买卖报价（买卖价差），进而影响到最终的期货价格。值得注意的是，订单驱动模式下，流动性也可以通过限价订单的形式由交易者来提供。这是因为限价订单在市场上等待执行，可以匹配到与其价格匹配的市场订单。这有助于维护市场的稳定性和有效性，因为它可以促进买家和卖家之间的交易，即使市场中没有立即可用的交易对手，也可以通过匹配限价订单来实现交易。

做市商对于期货价格形成的具体影响，可以从以下两个角度加以解释。第一，根据存货理论，当做市商接受一笔买方发起的交易后，其存货水平会下降，卖出意愿降低,从而会提高其报价水平。第二,根据逆向选择理论,当做市商接受一笔买方发起的交易后,由于该笔交易可能含有私人信息,从而做市商会提高其对资产价值的预期。对于混合型交易机制的期货市场,做市商参与与否显然对期货价格形成的影响不同。图2展示了做市商参与和不参与时,对交易报价的影响。由图2可以看出,做市商参与的交易会导致做市商存货发生变动,从而该类交易对做市商报价的影响同时包含存货风险与信息不对称风险的影响;做市商不参与的交易不会导致做市商存货的变动,从而该类交易对做市商报价的影响仅反映信息不对称风险的影响。

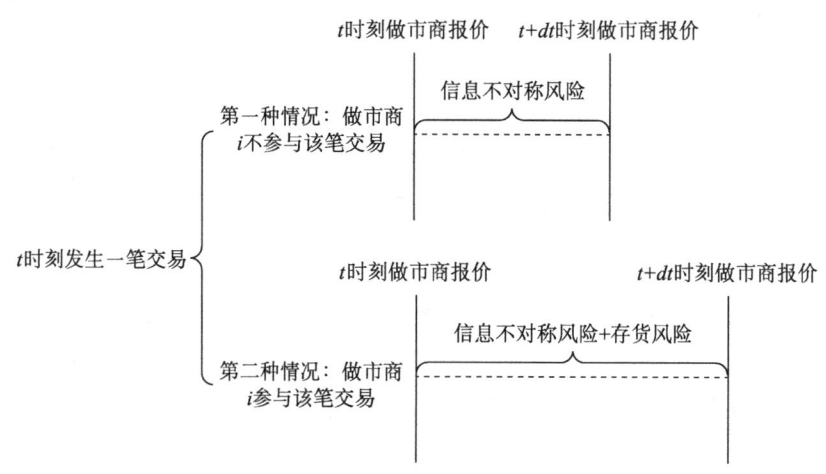

图2 做市商是否参与交易对报价的不同影响

(四)本部分小结

本部分从混合交易机制和做市商行为两个方面阐述了我国农产品期货市场的微观结构特征。我国农产品期货市场采取的是报价驱动和指定驱动共存的混合驱动模式。从机理看,混合驱动模式下的做市商可以为非主力合约注入流动性,有助于改善非主力合约不连续的分布格局,也有利于提高期货市场的运行质量。

四、合约分布特征视角下的信息传递机制

市场微观结构的众多组成部分中,信息在价格形成中发挥重要作用,信息传递效率是衡量微观市场结构有效性的核心指标,高效的信息传递机制是金融资产价格形成的微观基础。因此,本部分首先考察玉米期货主力合约与非主力合约在信息传递机制方面的差异,包括信息驱动假设的验证、信息传递的方向以及速度。其次,完整地刻画农产品期货市场的信息传递机制。

（一）信息驱动假设的验证

1. 模型设定

Engle 和 Russell（1998）提出的 ACD 模型可以用来验证期货市场价格形成机制是否由信息驱动。传统的金融时序模型通常是在相等的时间间隔上进行建模分析，但 ACD 模型将每一笔交易到达时间视为随机的点过程，测量和预测交易到达过程的强度。ACD 模型具有类似于 GARCH 模型的结构特征，二者的区别在于：GARCH 模型是关于方差的自回归过程，而 ACD 模型是对条件久期的线性估计。ACD 模型可以表示为：

$$x_i = \psi_i \varepsilon_i \tag{1}$$

$$\psi_i = \omega + \alpha x_{i-1} + \beta \psi_{i-1} \tag{2}$$

其中，x_i 表示第 i 个价格久期，定义为前后两次价格变化超过某一阈值的时间间隔。ψ_i 表示第 i 个价格久期的条件期望值，过去的信息通过 ψ_i 影响当期的久期，即 $\psi_i = E(x_i | I_{i-1})$，$I_{i-1}$ 为过去的信息集。ε_i 表示残差项，一般在 ACD 模型中，残差服从指数分布。后续研究对残差项的分布进行了扩展，包括 Weibull 分布、Gama 分布以及 Bull 分布等。系数 α、β 分别代表价格久期受到信息的短期影响和长期影响，当 $\alpha + \beta$ 接近 1 时，说明存在价格久期的集聚现象。

基本的 ACD 模型只能描述价格久期的集聚特征，无法直接验证价格形成是否由信息驱动。同时，为了保证 ψ_i 的非负性，基本的 ACD 模型需要对参数的取值范围加以限制，给参数估计带来了不便。对此，Bauwens 等（2000）提出了对数形式的 ACD 模型，有效避免了 ACD 一般模型隐含的参数约束；还可以在模型中引入了外生变量，为验证市场微观结构假设提供了更加适合的框架。对数形式的 ACD 模型表示为：

$$x_i = e^{\psi_i} \varepsilon_i \tag{3}$$

$$\psi_i = \omega + \alpha ln x_{i-1} + \beta \psi_{i-1} \tag{4}$$

根据 Dufour 和 Engle（2000）的观点，当交易密度和市场波动性与价格久期负相关时，说明知情交易者在价格形成中占据主导地位，即市场价格形成是由信息驱动。因此，本文在对数形式 ACD 模型的基础上，引入市场交易密度和波动性的代理变量，以此验证我国农产品期货市场价格形成机制是否由信息驱动。具体扩展模型如下：

$$\psi_i = \omega + \alpha ln x_{i-1} + \beta \psi_{i-1} + kVolume_{i-1} \tag{5}$$

$$\psi_i = \omega + \alpha ln x_{i-1} + \beta \psi_{i-1} + pVolatility_{i-1} \tag{6}$$

$$\psi_i = \omega + \alpha ln x_{i-1} + \beta \psi_{i-1} + kVolume_{i-1} + pVolatility_{i-1} \tag{7}$$

其中，$Volume_{i-1}$ 代表价格久期内的平均成交量，反映了市场在一个久期内的交易密度。$Volatility_{i-1}$ 代表市场波动性，使用原始收益率经过 MA（1）后的残差序列表示（Wong 等，2009）。对于一个竞争性市场来说，成交量的增加是市场中内部信息不断累积的结果。因此，成交量与隐含信息量正相关（Holden 和 Subrahmanyam，1992；Easley 和 O'Hara，1992；O'Hara，1995）。隐含信息越多，交易的时间间隔越短，因而成交量与交易久期负相关，即 k 的符号预期为负。对于知情者而言，只有获得了有利的市场信息才会选择交易。因此，较长的交易时间间隔意味着缺乏市场信息。当交易强度增加时，说明知情者参与交易的比重较大，由于信息不对称，市场波动性加剧（Dufour 和 Engle，2000；Manganelli，2005）。因此，市场波动性与价格久期负相关，即 p 的符号预期为负。在后面的实证分析中，若 k 与 p 的符号都为负，则说明我国农产品期货市场价格形成机制是由信息驱动。

2. 描述性统计

表 5 列出了变量的描述性统计结果。由于玉米期货主力合约的活跃度更高，其收盘价的波动程度更大。按照波动阈值为 1 计算价格久期可以发现，主力合约价格久期的均值小于非主力合约，说明主力合约的交易更加活跃。此外，无论是主力合约还是非主力合约，价格久期的最大值都超过 140 分钟。进一步将超过 120 分钟的长久期与交易发生时点进行匹配，可以发现长久期出现的时段集中在每个交易日 13：30—13：40，即下午开市后的 10 分钟。这说明下午开市的最初一段时间内，市场中的信息含量较低，导致交易的时间间隔延长。主力合约久期内平均成交量的均值大约是非主力合约的 3 倍，说明期货价格变动幅度相同的情况下，主力合约的交易强度更高。从市场波动性的衡量指标看，样本期内主力合约的波动程度相比非主力合约更剧烈。

表 5　　　　　　　　　　　　变量描述性统计

变量		主力合约	非主力合约
收盘价 （元/吨）	最小值	2435	2440
	均值	2744.97	2732.17
	最大值	3045	2980
	标准差	131.06	118.49
价格久期 （分钟）	最小值	1	1
	均值	2.58	2.83
	最大值	141	142
	标准差	11.21	11.73
久期内平均成交量 （手/分钟）	最小值	0.03	0.007
	均值	188.82	61.35
	最大值	24744	29233
	标准差	675.78	1127.26

续表

变量		主力合约	非主力合约
波动性指标	最小值	−1.32	−0.08
	均值	0.00048	0.00011
	最大值	1.3	2.1
	标准差	0.0002	0.0003

3. 连续交易机制对信息传递的影响

在描述性统计量的结果中，玉米期货主力合约与非主力合约的价格久期在午后开盘的一段时间内存在大幅波动的情况，这说明价格久期存在明显的日内效应。为了消除日内效应对ACD模型估计结果的影响，在进行系数估计之前，本文采用线性样条函数拟合价格久期的日内效应，去除日内效应得到的调整后的价格久期便可以直接用于模型估计。

图3表示玉米期货主力合约与非主力合约价格久期的日内趋势，可以看出二者的趋势基本一致，均表现为倒"U"形特征，即无论是夜盘还是日盘，开盘后价格久期都经历了先上升后下降的趋势，但下午开盘后价格久期的波动幅度远大于夜盘和上午时段。大商所玉米期货集合竞价的时间为20：55—21：00，而市场在集合竞价阶段会涌入大量信息。因此，夜盘交易阶段的价格久期较短。上午开盘后，价格久期依然维持在较低的水平，说明整个市场在上午开盘之前就已经积累了大量信息，导致开盘后的短时间内交易强度增加。当交易继续进行一段时间后，市场中的信息逐渐减少，价格久期逐渐上升，因而表现为倒"U"形特征。下午时段价格久期大幅波动则说明，虽然下午开盘时市场中累积了一部分信息，但能够驱动投资者（知情者）进行交易的信息含量远不及夜盘和上午开盘时段。

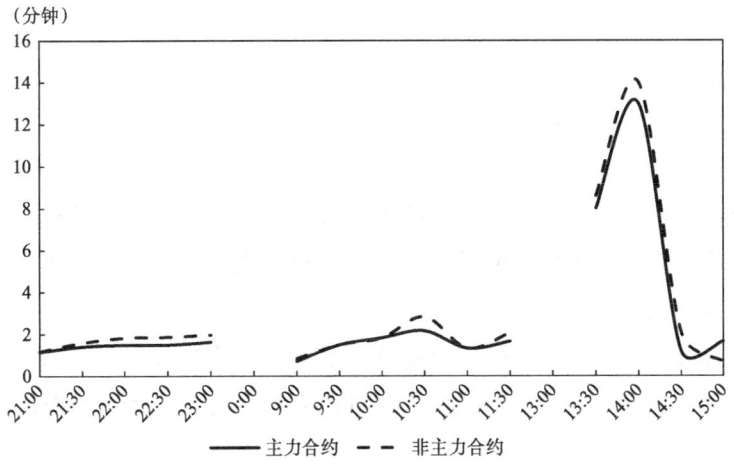

图3　玉米期货主力合约与非主力合约价格久期的日内趋势

为了进一步考察不同时段交易信息量的差异,本文分别对夜盘、上午盘以及下午盘对应的价格久期进行描述性统计,结果如表6所示。从各时段价格久期的均值来看,夜盘与上午时段的交易活跃度基本一致,下午时段交易的活跃程度最低。这说明在一个交易日内,夜盘和上午时段的交易包含大量信息,是期货价格形成的主要驱动力。同时,上午时段价格久期每小时平均数量大约是夜盘的2倍,说明夜盘交易阶段的信息含量不及上午盘。结合夜盘和日盘交易在成交量上的差距,可以认为二者的信息集散能力基本相同①。换言之,上午盘与夜盘在信息传递方面发挥着同等重要的作用。此外,相较于夜盘和上午盘,下午盘价格久期的最大值和标准差明显增加,说明下午时段容易出现交易停滞的现象,还可能引发价格波动风险。可能的原因是夜盘交易与日盘交易之间缺乏信息传递的有效衔接。

表6　　　　　　　　　各时段价格久期的描述性统计

项目	夜盘（21:00—23:00）		上午盘（9:00—11:30）		下午盘（13:30—15:00）	
	主力合约	非主力合约	主力合约	非主力合约	主力合约	非主力合约
均值	1.51	1.68	1.67	1.83	4.18	4.58
最小值	1	1	1	1	1	1
最大值	12	45	27	25	141	142
标准差	56.02	89.42	112.15	124.63	1101.43	1152.11
总数量	18964	15148	42900	39266	24293	22205
平均数量	9347	7574	17160	15690.4	16195.33	14803.33

注:均值、中位数、最小值、最大值的度量单位为分钟;总数量为各时段价格久期的样本总量;平均数量为各时段价格久期每小时的平均值。

4. 信息驱动的存在性检验

对剔除日内效应后的价格久期建立ACD模型,并分别在模型中引入久期内平均成交量和久期内平均收益率两个外生变量,据此验证玉米期货价格形成是否由信息驱动,结果如表7所示。模型1表示不包含外生变量的ACD模型,可以看出,玉米期货主力合约和非主力合约对应的系数$\alpha+\beta$之和分别为0.948、0.903,说明二者价格久期存在明显的集聚性,即玉米期货价格在一段时期内剧烈波动,而在另一段时间内较为平稳,这也解释了期货价格波动的集聚现象。同时,玉米期货主力合约的久期集聚性要强于非主力合约。值得注意的是,模型1中两种合约对应的α与β估计值比较接近,说明不考虑外生变量时,玉米期货价格久期受到短期与长期信息的影响程度基本相同。与之不同的是,国内相关研究发现,我国非农产品期货(如

---

① 经计算,样本期内,上午时段每小时平均成交量大约是夜盘的2倍。

铜、燃料油）价格久期几乎不受短期信息的影响，长期信息在价格形成中发挥决定性作用（王锋，2011；刘向丽等，2012）。可能的原因是，金属能源类期货受季节性因素的影响较小，投资者对市场信息的预期主要集中在产业链的整体运行状况，因此长期信息的影响程度更大。

表7　　　　　　　　　　ACD模型参数估计结果

参数	模型1		模型2		模型3		模型4	
	主力合约	非主力合约	主力合约	非主力合约	主力合约	非主力合约	主力合约	非主力合约
ω	0.122	0.136	0.126	0.123	0.154	0.139	0.079	0.049
α	0.466	0.405	0.296	0.294	0.279	0.467	0.309	0.261
β	0.482	0.498	0.953	0.941	0.953	0.481	0.879	0.874
k	—	—	-1.034	-1.037	—	—	-0.827	-0.911
p	—	—	—	—	-0.186	0.062*	-0.021	-0.171*
LogL	-75643	-70218	-71190	-70044	-71533	-70218	-74628	-73427

注：模型1代表不含外生变量，模型2代表只引入平均成交量，模型3代表只引入平均收益率，模型4代表引入平均成交量和平均收益率的混合模型；*表示该系数不显著。

模型2和模型3分别表示在模型中引入久期内平均成交量和久期内平均收益率的系数估计结果。可以发现，久期内平均成交量对价格久期存在显著的负向影响，且对于主力合约与非主力合约的影响程度基本相同。这说明大额成交量的出现通常伴随着市场信息的变化，从而导致知情者的交易强度增加，价格变动也更加频繁。但是，久期内平均收益率对价格久期的影响在不同合约中存在差异。对于玉米期货主力合约，久期内平均收益率对价格久期存在显著的负向影响，而在非主力合约中，这种影响是正向且不显著的。这说明玉米期货主力合约交易强度的增加（即价格久期缩短）是由于市场中知情者的比重增加，知情者的交易行为导致信息不对称，因而增加了市场波动性。而非主力合约交易强度的增加则是流动性交易者调整需求的结果，交易越活跃，流动性交易者越多，市场波动程度越低。当模型中同时引入久期内平均成交量和久期内平均收益率时，玉米期货主力合约的系数k与p皆显著为负，符合本文的研究假设，即玉米期货主力合约的价格形成机制是由信息驱动。非主力合约的系数k与p虽然为负，但p的系数并不显著。结合模型3的系数估计结果，可以认为，在玉米期货非主力合约的价格形成中，市场信息并不是主导的驱动因素，流动性交易者的交易行为会对其产生重要影响。

（二）信息传递的方向

1. 模型设定

对于信息传递方向的确定，本文采用Antonakakis等（2020）提出的时变参数——

向量自回归（TVP – VAR）模型，测算主力合约与非主力合约间的动态净溢出指数。TVP – VAR 模型的简要表述如下：

$$y_t = x_t \beta_t + A_t^{-1} \sum_t \varepsilon_t, \ t = s+1, \cdots, n \tag{8}$$

其中，系数 β_t 和参数 A_t^{-1} 都是时变变量。将矩阵 A_t 元素排列为一个列向量并剔除 0 和 1，令：

$$\alpha_t = (\alpha_{21}, \alpha_{31}, \alpha_{41}, \cdots, \alpha_{k1})' \tag{9}$$

$$h_t = (h_{1t}, h_{2t}, \cdots, h_{kt})' \tag{10}$$

则有：

$$h_{jt} = \log \sigma_{jt}^2, \ j = 1, \cdots, k, t = s+1, \cdots, n \tag{11}$$

假设模型中参数均服从随机游走过程，即：

$$\beta_{t+1} = \beta_t + \mu_{\beta t}, \ \alpha_{t+1} = \alpha_t + \mu_{\alpha t}, \ h_{t+1} = h_t + \mu_{ht} \tag{12}$$

$$\begin{pmatrix} \varepsilon_t \\ \mu_{\beta t} \\ \mu_{\alpha t} \\ \mu_{ht} \end{pmatrix} \sim N \left[0, \begin{pmatrix} I & 0 & 0 & 0 \\ 0 & \sum \beta & 0 & 0 \\ 0 & 0 & \sum \alpha & 0 \\ 0 & 0 & 0 & \sum h \end{pmatrix} \right] \tag{13}$$

其中，$\beta_{s+1} \sim N(\mu_{\beta 0}, \sum \beta_0)$，$\alpha_{s+1} \sim N(\mu_{\alpha 0}, \sum \alpha_0)$，$h_{s+1} \sim N(\mu_{h0}, \sum h_0)$。假定 $\sum \beta, \sum \alpha, \sum h$ 均为对角矩阵，在贝叶斯框架下使用马尔科夫蒙特卡洛方法进行参数估计。在后面的实证研究中，通过 BIC 信息准则选取模型的滞后阶数为 1 阶。

本文将 Antonakakis 等（2020）提出的时变参数—向量自回归（TVP – VAR）模型与 Diebold 和 Yilmaz（2012，2014）提出的溢出指数计算方法相融合，构造主力合约与非主力合约间的总体溢出指数和净溢出指数。对于 N 变量的 TVP – VAR 系统，由于其各参数均是时变的。因此，任意时刻主力合约与非主力合约构成的列向量 Y_t 均可表示为独特的移动平均过程 $Y_t = \sum_{i=0}^{\infty} \psi_{it} \varepsilon_{t-i}$，从而对脉冲响应和方差分解的结果进行分析。其中，

$$\psi_{it} = \phi_{1t} \psi_{(i-1)t} + \phi_{2t} \psi_{(i-2)t} \phi_{1t} \psi_{(i-1)t} + \cdots + \phi_{pt} \psi_{(i-p)t} \tag{14}$$

其中，ψ_{it} 为单位矩阵，当 $i < 1$ 时，$\psi_{it} = 0$。基于 TVP – VAR 模型的估计结果，利用时刻 t 的估计参数，其第 H 步的预测误差为 $\sum_{h=0}^{H-1} \psi_{ht} \varepsilon_{t+H-h}$，误差的协方差矩阵为 $\sum_{h=0}^{H-1} \psi_{ht} \Pi_t \psi_{ht}'$。因此，主力合约在第 H 步方差分解中来源于非主力合约的部分可以表示为：

$$\theta_{ijt}(H) = \frac{\sum_{h=0}^{H-1}(e'_i \psi_{ht} P_t e_j)^2}{\sum_{h=0}^{H-1}(e'_i \psi_{ht} \Pi_t \psi_{ht}' e_j)} \tag{15}$$

其中，H_1 为 ε_1 的方差协方差矩阵；P_t 为下三角矩阵，满足 $P_t P_t' = \Pi_t$；e_i 第 i 个元素为 1，其余元素均为 0。

基于此，t 时刻主力合约 i 对非主力合约 j 的溢出强度为：

$$S_{it}(H) = \frac{\sum_{j=1, i\neq j}^{N} \theta_{jit}(H)}{\sum_{i,j=1}^{N} \theta_{jit}(H)} \times 100 \tag{16}$$

相应地，主力合约与非主力合约间的净溢出强度为：

$$Net_{it} = \left(\frac{\theta_{jit}(H)}{\sum_{i,k=1}^{N} \theta_{ikt}(H)} - \frac{\theta_{ijt}(H)}{\sum_{j,k=1}^{N} \theta_{jkt}(H)} \right) \times 100 \tag{17}$$

2. 实证结果

前面的研究发现，玉米期货主力合约的价格形成是由信息驱动，而非主力合约价格形成则是源于投资者的流动性需求。进一步利用信息溢出模型考察信息传递的方向。根据 BIC 信息准则，选择滞后 1 阶，对主力合约和非主力合约价格构建 TVP-VAR 模型，参考 Nakajima（2011）的方法设置参数初始值，随后用 MCMC 方法模拟 10000 次，并舍弃初始的 1000 次抽样。

表 8 给出了待估参数后验分布的均值、标准差、95% 的置信区间和收敛统计量。如表 8 所示，在 1% 显著性水平下，Geweke 检验结果均无法拒绝估计参数收敛于后验标准分布的原假设，且无效因子均比较小，最大值接近 60，即本文至少可以获得 $10000/59 \approx 145$ 个不相关样本，说明利用 MCMC 算法进行模拟是有效的。根据 TVP-VAR 模型得到的方差分解结果，本文分别构建主力合约与非主力合约的方向性溢出指数和净溢出指数，结果如表 9 所示①。可以看出，主力合约对非主力合约的信息溢出强度为 41.54%，信息溢入强度为 41.26%，主力合约的净信息溢出强度为 0.27。因此，玉米期货主力合约在价格形成中是信息的溢出者，即信息传递方向是由主力合约传导至非主力合约。

表 8　　　　　　　　　　　　　　MCMC 模拟结果

参数	均值	标准差	95% 上界	95% 下界	Geweke	无效因子
$(\sum_{\beta_1})$	0.0023	0.0002	0.0018	0.0028	0.644	30.15

① 本文主要目的是探究信息传递的完整链条，包括信息的存在性、方向以及速度。因此，对于传递方向的确定并没有关注其时变特征，而是着眼于一段时期内的平均溢出强度。

续表

参数	均值	标准差	95%上界	95%下界	Geweke	无效因子
$(\sum_{\beta_2})$	0.0023	0.0003	0.0018	0.0027	0.407	39.24
$(\sum_{\alpha_1})$	0.0213	0.0068	0.0098	0.0352	0.351	41.37
$(\sum_{\alpha_2})$	0.0072	0.0043	0.0036	0.0123	0.770	46.02
$(\sum_{h_1})$	0.4814	0.0568	0.3789	0.6037	0.048	59.16
$(\sum_{h_2})$	0.5342	0.0503	0.4289	0.6304	0.233	43.42

注：$\sum_{\beta}$ 和 $\sum_{\alpha}$ 的估计值乘以100。

表9　玉米期货主力合约与非主力合约的信息溢出强度

项目	主力合约	非主力合约
主力合约	58.74	41.26
非主力合约	41.54	58.46
To	41.54	41.26
Net	0.27	-0.27

注：To表示某一合约对其他合约总的信息溢出强度，Net表示某一合约对其他合约的净溢出强度。

（三）信息传递的速度

1. 模型设定

本文借鉴Mallory等（2015）的做法，利用主力合约与非主力合约价格的相关系数来捕捉交易过程中的信息传递速度。当市场存在信息交易行为时，不同期限合约的价格调整是高度相关的，而这种相关性会在信息传递结束后迅速下降。因此，当两个合约价格的相关系数处于较高水平时，二者的价格形成都受到信息影响；当二者的相关系数大幅下降时，意味着信息传递完成（Mallory等，2015）。为了突出信息交易行为对价格形成的影响，本文基于ACD模型的实证结果，采用价格久期调整后的期货价格，在此基础上计算主力合约与非主力合约对数收益率的相关系数。再将信息含量较高的主力合约分别滞后1分钟、5分钟以及10分钟，计算滞后不同阶数的主力合约与原始非主力合约间的相关系数。对前后两次计算的结果进行对比，如果二者的相关系数在主力合约滞后1分钟的情况下大幅下降，则说明信息在1分钟内完成传递。以此类推，最终可以确定主力合约与非主力合约价格信息的传递速度。由于交易过程中信息的传递速度极快，如果考察交易日之间的相关系数，很难准确捕捉信息传递行为。因此，本文参考Mallory等（2015）的做法，将所有样本汇总到一个交易日的各个时段中。具体来说，本文将样本期内所有交易日的交易时段按照10分钟为间隔进行分组。以9：00—9：10为例，将样本期内所有交易日在该时段的价格数据进行汇总，计算主力合约与非主力合约的相关系数。以此类推，就可以得到一个完整交易日内各个时段的相关系数。

此外，为了进一步说明信息在期货价格形成中的作用，同时验证上文中信息驱动机制的稳健性，本文考察重大信息事件对主力合约与非主力合约相关性的影响。在众多信息事件中，美国农业部（USDA）每月公布的《世界农业供需形势预测报告》（以下简称《预测报告》）会改变期货市场参与者对未来现货价格的预期，对我国农产品期货价格造成显著影响（张云毓和熊涛，2020）。因此，本文单独计算样本期内每月供需报告公布日后一天主力合约与非主力合约的相关性，并与全样本的结果进行对比。

2. 实证结果

在确定了信息驱动机制和信息传递方向后，本文进一步分析信息在主力合约与非主力合约间的传递速度。图4中实线部分表示整个样本期内玉米期货主力合约与非主力合约收益率的相关系数，虚线部分表示样本期内每月《预测报告》公布后一天对应的相关系数。由图4可以看出，在全样本的条件下，主力合约与非主力合约的相关系数主要分布在0.5—0.7的范围内，二者的价格变动具有较强的关联性。在一个交易日内，主力合约与非主力合约的相关系数在夜盘和日盘开盘后的短时间内出现了明显的波动趋势，且一天中相关性最高的时点出现在该时期内。当样本区间限定在每月《预测报告》公布的后一天时，主力合约与非主力合约的相关系数主要分布在0.6—0.8的范围内，最高点的数值接近1。这说明在重要信息事件的影响下，主力合约与非主力合约价格调整的相关性明显升高。根据Mallory等（2015）提出的观点，如果不同期限期货合约的价格变动高度相关，则说明其价格调整是信息作用的结果。因此，相关系数在开盘后的波动特征和信息事件的影响都印证了前一部分的实证结果，即主力合约的价格形成机制由信息驱动。

图5表示全样本条件下，玉米期货主力合约原始收益率、滞后1分钟、滞后5分钟以及滞后10分钟收益率同非主力合约之间的相关系数。可以发现，采取滞后处理的主力合约相较于原始数据，同非主力合约的相关系数大幅下降，基本维持在0.1的水平。该结果表明上一期主力合约与当期非主力合约之间几乎不存在相关性，因而价格信息在合约间的传递速度小于1分钟。同时，随着滞后阶数的增加，主力合约与非主力合约的相关系数逐渐降低，在滞后10分钟的情况下，相关系数趋近于0。这说明主力合约与非主力合约之间主要的信息传递在1分钟内便已完成，与之对应的是大量知情者在极短时间内完成交易。在此之后，信息不充分的投资者观察到市场信号并进行交易，但此时的信息含量和信息传递速度都明显下降。

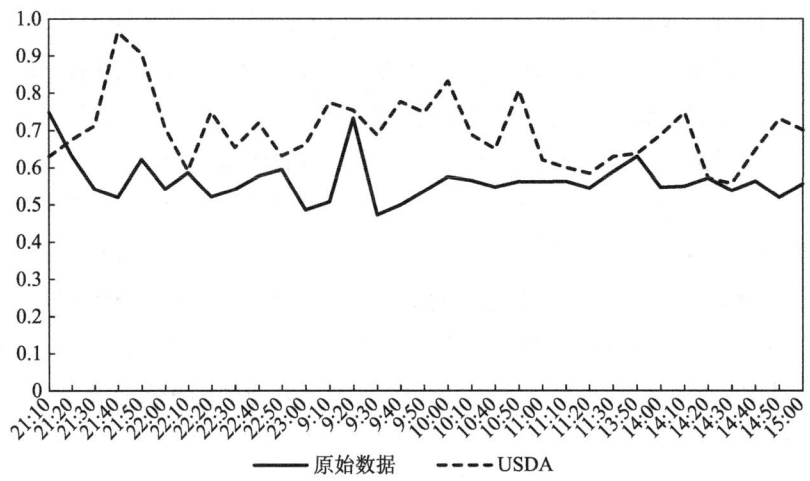

图4　玉米期货主力合约与非主力合约的相关系数

注：原始数据代表整个样本期内玉米期货主力合约与非主力合约的相关系数，USDA代表只考虑美国农业部《世界农业供需形势预测报告》公布日后一天对应的相关系数。

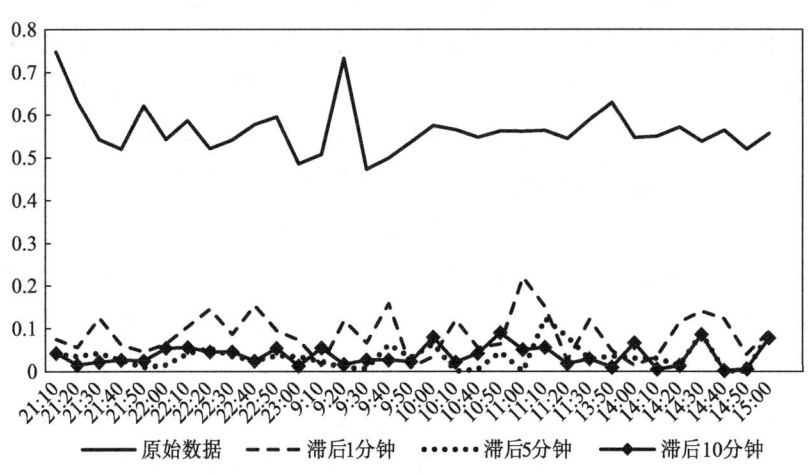

图5　玉米期货主力合约与非主力合约的相关系数（滞后不同阶数）

（四）本部分小结

在我国农产品期货市场上，价格形成机制不健全是亟须解决的结构性问题。从期货市场功能发挥的微观视角看，要想从根本上健全价格形成机制，必须构建畅通有效的信息传递机制。本部分以我国农产品期货品种中具有代表性的玉米期货为研究对象，通过检验价格久期与市场微观结构变量的关系，揭示期货市场价格形成的信息传递机制。研究发现，我国农产品期货主力合约价格形成机制由信息驱动，而非主力合约价格形成的驱动因素不明确。进一步对信息传递方向和速度的研究表明，主力合约在价格形成中具有主导优势，是信息的净溢出方。当市场中出现价格信号时，主力合约率先对信息作出反应，大量知情者在短时间内完成交易。与此同时，主力合约与非主力合约之间主要的信息传递在 1 分钟内便已完成。

本部分研究还发现，在一个交易日内，夜盘和上午盘的交易包含大量信息，二者在期货价格形成和信息传递方面发挥着同等重要的作用。本研究的贡献在于完整、清晰地描绘了农产品期货价格形成背后的信息传递机制，对比了主力合约与非主力合约在信息传递机制上的差异，并为期货市场的未来优化提供了合理建议。

五、合约分布特征视角下的流动性成本

流动性成本是指在执行交易时，由于市场深度或者流动性不足而产生的成本。过高的流动性成本会增加投资者的交易费用和市场波动程度。在我国农产品期货市场中，近月合约活跃度明显低于远月合约，使得投资者交易近月合约的流动性成本高于远月合约。对此，本部分对比了主力合约和非主力合约在流动性成本方面的差异，考察市场微观变量特别是做市商行为对流动性成本的影响，并进一步对流动性成本进行分解。

（一）流动性成本的时序特征

1. 流动性成本的度量——买卖价差

这里采用大商所玉米期货合约 Tick 数据，数据包含逐笔交易的最新价、最高价、最低价、平均价、成交量、持仓量、买入报价、买入成交量、卖出报价以及卖出成交量。因此，可以直接通过卖出价减去买入价得到买卖价差，并将其作为流动性成本的度量指标。

对样本期内（2021 年 1 月 4 日至 2023 年 6 月 30 日）主力合约与非主力合约的买卖价差进行描述性统计，结果如表 10 所示。由表 10 可以发现，在样本期内，主力合约买卖价差的均值为 1.01 元，接近最小变动价位（1 元/吨）。非主力合约买卖价差的均值明显高于主力合约，达到了 1.40 元/吨。从买卖价差的极值和标准误来看，主力合约买卖价差的波动程度远小于非主力合约。其中，主力合约价差最大值为 1.13 元/吨，而非主力合约达到了 12.42 元/吨，非主力合约的标准误差也远高于主力合约。对于主力合约来说，由于交易活跃、参与者数量众多，买卖订单十分密集，市场中总有交易者愿意以当前的价格立即成交，因此买卖价差维持在一个较低的水平，且相对平稳。相反，非主力合约流动性低，订单密集程度不高，因此想要在市场中立即成交，需要支付更高的交易成本，即承担更大的买卖价差。

表 10　　　　　玉米期货主力合约与非主力合约买卖价差描述性统计

项目	样本数	均值（元/吨）	最大值（元/吨）	最小值（元/吨）	标准差	偏度	峰度
主力合约	588	1.01	1.13	1.00	0.01	4.03	23.43
非主力合约	588	1.40	12.42	1.00	0.87	6.85	65.48

2. 买卖价差的时变特征

本文首先考察主力合约和非主力合约在一个完整生命周期内，买卖价差随着到期时间的临近而呈现的变化特征。具体而言，主力合约由 1 月、5 月、9 月到期的合约构成，每个合约完整的生命周期内大约包含 240 个交易日。分别计算样本期内 1 月、5 月和 9 月合约在各自生命周期内的日度价差，最后取各个合约的平均值。同理，非主力合约计算 3 月、7 月、11 月到期合约的日度价差，最终结果如图 6 所示。图 6 中虚线代表主力合约的平均价差，实线代表非主力合约的平均价差。可以发现，主力合约与非主力合约平均价差大体呈"J"形，从合约上市到距离合约到期日 15 天左右的区间内，两种合约的平均价差几乎没有波动，基本维持在最小变动价位。当距离合约到期日 15 天左右时，主力合约与非主力合约的买卖价差迅速上升，且非主力合约价差上升的幅度更大。造成这种现象的原因是，随着合约到期日临近，交易者开始将自己的持仓转移到下一个交割周期的合约上，导致即将到期的合约流动性迅速下降，买卖价差随之扩大。由于主力合约的参与者以机构投资者为主，而非主力合约的参与者以个人投机者为主。因此，在合约临近到期日时，非主力合约更容易受到市场情绪的影响，进而导致价差波动较为剧烈。

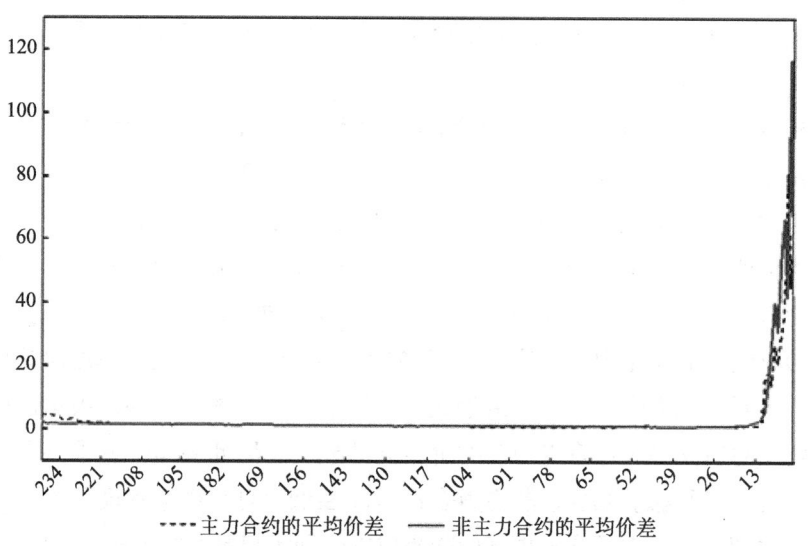

图 6　玉米期货买卖价差与合约到期日之间的关系

注：横轴代表合约距离到期日的天数，纵轴代表买卖价差。

进一步考察玉米期货主力合约与非主力合约买卖价差在样本期内，随时间变化的时序特征，结果如图7所示。虚线代表玉米期货主力合约的买卖价差，实线代表非主力合约的买卖价差。由图7可以发现，玉米期货主力合约买卖价差在样本期内始终维持在1元/吨附近，且没有明显的波动。而玉米期货非主力合约在样本期内表现出明显的周期性波动，即在一段时间平稳波动后，买卖价差突然升高，接着回落到之前的平稳状态。这种周期性的波动说明，玉米期货非主力合约的流动性成本呈现出周期性的变动，可能是源于特定的展期行为或者政策措施的干预，需要进一步地考察分析。此外，在2022年12月之前，非主力合约买卖价差在两次上涨之间的波动程度要高于主力合约，但2022年12月之后，非主力合约买卖价差的波动程度明显趋于平稳，波动上升幅度也显著下降。结合玉米期货实际的合约分布情况可知，2022年12月以后，玉米期货"159格局"被打破，主力合约实现了近月化和连续化。这一变化使非主力合约的流动性成本趋于收敛和稳定，在一定程度上降低了投资者的交易成本。

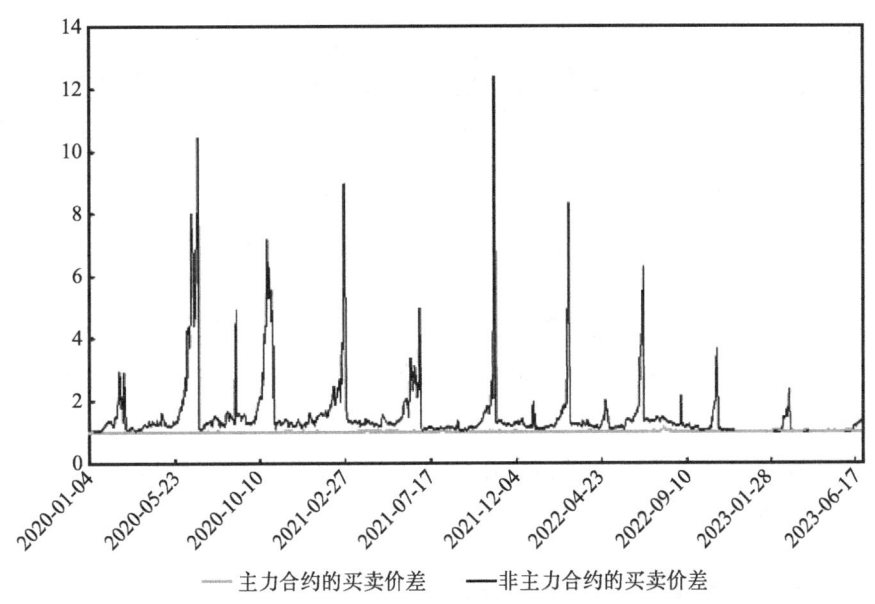

图7 玉米期货主力合约与非主力合约买卖价差变动情况

观察非主力合约价差变动的趋势，可以发现买卖价差显著降低的区间主要集中在每年的1月、3月、4月、5月、7月、8月、9月、11月、12月，而这些月份恰好对应大商所通过做市商对非主力合约进行重点做市的时间。因此，将非主力合约价差变动情况与做市商开展做市操作的日期进行匹配，结果如图8所示。图8实线表示非主力合约买卖价差的变动情况，阴影部分表示做市商开展做市操作的区间。可以发现，当做市商开展做市操作时，玉米期货非主力合约的价差显著降低，此时价差基本维持在最小变动价位水平（1元/吨）。当不存在做市操作时，买卖价差迅速上升，从1元/吨上升到最高约12元/吨。这说明在期货市场中做市商可以显著缩小不活跃合约的买卖价差，原因在于做市操作可以增加市场流动性和交易频率，提供竞争性报价，减少信息不对称，并稳定市场预期。做市商的参与使非主力合约的交易更加频繁，信息更加透明，从而有效降低买卖价差，提高市场效率。

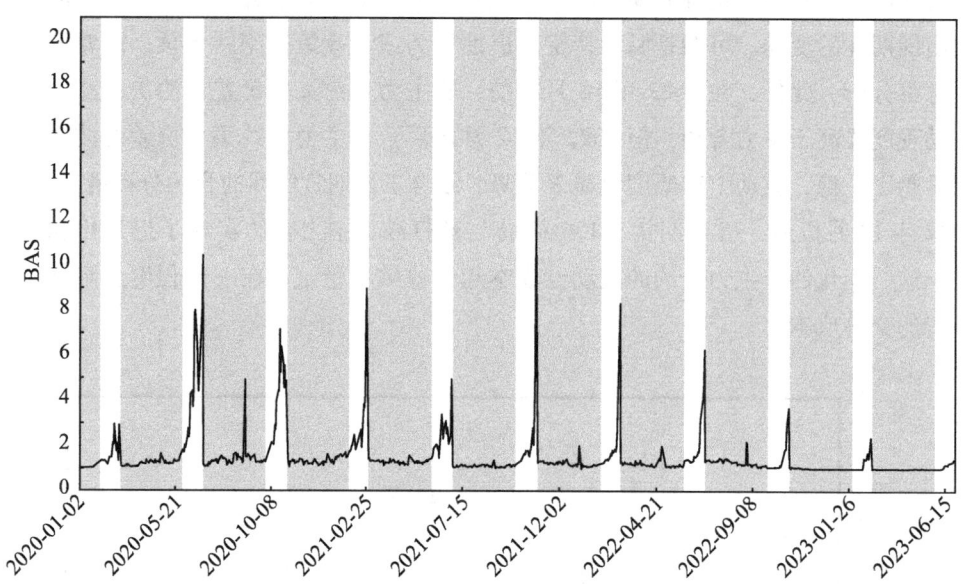

图8 非主力合约价差与做市区间的关系

值得说明的是，图8只是直观地展示了做市操作与非主力合约价差之间可能存在的关系，并不能准确反映做市商对买卖价差的实际影响。因此，还需要进一步通过实证方法考察做市操作和买卖价差之间的量价关系。在之后的回归分析中，本文将使用做市商虚拟变量来分析做市操作对买卖价差以及其他市场微观变量的影响，使结果更具科学性和可信度。

3. 买卖价差与市场微观变量间的关系

本文通过回归模型，通过 GMM 方法考察买卖价差与市场微观变量间的关系。其中，市场微观变量包括成交量、波动率、订单不平衡指标、持仓量以及研究需要的虚拟变量。为了克服变量之间的内生性问题，本节参考 Wang 和 Yau（2000）的方法，利用三个方程的联立方程组进行估计。该联立方程组的简化形式如下：

$$BAS_t = f(volume_t, volatility_t, OIB_t, open\_interest_{t-1}, X_t) \tag{18}$$

$$volume_t = f(BAS_t, volatility_t, open\_interest_{t-1}, OIB_t, Y_t) \tag{19}$$

$$volatility_t = f(BAS_t, volume_t, OIB_t, open\_interest_{t-1}, Z_t) \tag{20}$$

其中，*BAS* 代表买卖价差，*volume* 代表日度成交量，*volatility* 代表市场的波动性，用买卖价差中点的标准差衡量。OIB 表示日度的订单不平衡程度，以每日买卖订单数量之差的绝对值在买卖订单总数的占比衡量。判断买卖订单的方法是，该笔交易的最新价与买卖价差的中点价格相比较，若大于中点价格，则判定为买入订单；若小于中点价格，则判定为卖出订单。X、Y、Z 表示虚拟变量，包括季度虚拟变量和做市商虚拟变量。由于主力合约的"159 格局"具有明显的季节性特征，故引入季节虚拟变量，以考察季节性因素对市场微观结构的影响。对于非主力合约来说，做市商的引入极大提高了市场流动性，缩小了买卖价差。为了进一步确定做市商对期货市场的影响，本文引入做市商虚拟变量，将有做市操作的月份取值为 1；反之，则为 0。

在联立方程组中，价差、成交量和波动率之间存在相互作用关系。因此，本文利用 Hausman 检验确定三者之间的内生关系。原假设是价差、成交量和波动率中，任意两个变量相对于第三个变量是外生的。以式（26）为例说明，本文分别将 *volume* 和 *volatility* 对除 BAS 以外的解释变量进行回归，得到两个残差 $\hat{u}_1$、$\hat{u}_2$。然后，将 $\hat{u}_1$、$\hat{u}_2$ 代入式（26）中进行回归，利用 F 检验考察 $\hat{u}_1$、$\hat{u}_2$ 系数的联合显著性。在原假设之下，$\hat{u}_1$、$\hat{u}_2$ 对应系数应该为 0。三个方程的内生性原假设都不能被接受，这说明使用联立的结构方程组是合理的。此外，本文使用 GMM - IV 方法克服估计中存在的异方差和序列相关问题。关于工具变量的选取，本文参考 Murray（2006）的做法，将解释变量进行一阶滞后处理。工具变量选取的合理性使用 Stock - Yogo 检验进行验证。

对于玉米期货主力合约联立方程组的估计结果如表 11 所示。其中，内生性检验的结果表明，当 BAS、*volume* 和 *volatility* 分别作为被解释变量时，其余两个变量是内生的。通过这个结论，本文可以使用联立方程组进行同时估计，以增加估计系数的有效性。当 BAS 和 *volume* 作为被解释变量时，方程中存在显著的异方差和自相关问题。对此，本文在进行 GMM 估计时，采用 Newey - West 方法进行处理，有效克服了异方差和自相关问题对估计结果的干扰。Stock - Yogo 检验结果表明，本文选取的工具变量是有效的。

表 11 玉米期货主力合约联立方程组的回归结果

变量	BAS		Volume		Volatility	
	coefficients	z	coefficients	z	coefficients	z
Intercept	0.398 ***	17.65	3.679 ***	-4.91	-4.016 ***	-2.89
BAS	—	—	-14.841 ***	-11.01	6.514 ***	2.55
volume	-0.015 ***	-8.25	—	—	0.551 ***	6.53

续表

变量	BAS		Volume		Volatility	
	coefficients	z	coefficients	z	coefficients	z
volatility	0.001	1.16	-0.024*	-0.54	—	—
OIB	-0.003***	-6.95	-0.059**	-3.89	-0.007	-0.35
Open interest	-0.014***	-8.01	0.189***	3.00	-0.128*	-1.73
Q1	0.004***	3.05	0.027	0.56	0.035	0.67
Q2	0.004***	3.41	0.095**	2.26	0.040	0.74
Q3	0.004***	3.12	0.006	0.13	0.001	0.01
Endogeneity	44.06***		77.89***		7.28***	
Heteroskedasticity	89.07***		32.72***		8.973	
Autocorrelation	120.18***		20.47***		9.512	
Unidentification	264.11***		250.61***		111.27***	
Weak identification	242.27***		212.93***		146.06***	

注：*、**、***分别表示系数在1%、5%、10%的显著性水平下显著。

表11中的回归结果表明，当价差作为被解释变量时，成交量对其有显著的负向影响，即成交量每提高1%，会使价差减少0.015%。波动率对价差的影响不显著，订单不平衡指标对价差也有显著的减少作用。传统的微观市场结构理论认为，当订单不平衡程度越大时，流动性提供者为了降低自身风险，会要求更高的风险溢价，因而会扩大价差，即订单不平衡程度对价差具有正向影响。而本文的结果与之矛盾，根据之前的实证结论，可以从逆向选择的角度进行解释。由于主力合约是由信息驱动，当某些知情者掌握私人信息时，会增加订单数量。如果买入订单的数量远高于卖出订单的数量，则卖方承受的压力逐渐增大，卖方会通过降低卖价以保证交易尽快成交，最终使价差缩小，即订单不平衡程度对价差产生了负向影响。此外，回归结果还显示，持仓量对价差有显著的负向影响，季节性因素会显著影响价差的变动。

当成交量作为被解释变量时，价差对其存在显著的负向影响，价差每提高1%，成交量会降低14.84%。由于买卖价差可以看成市场参与者的交易成本，价差扩大会降低一部分投资者的交易频率。此外，价差扩大意味着市场流动性降低，市场参与者寻找交易对手的难度增加，也会使一段时间内的成交量下降。回归结果还表明，市场波动性和订单不平衡程度对成交量具有显著的负向影响。可能的原因是订单不平衡导致价格波动增加，在波动性高的市场环境中，风险厌恶型的交易者可能会减少交易，以避免潜在的损失，进而导致成交量下降。此外，持仓量对于成交量具有显著的正向作用，这是因为持仓量越高，市场活跃度越高，从而拥有更多的交易机会。

当波动率作为被解释变量时，价差和成交量的增大，都会使市场波动性显著增加。价差的扩大意味着市场流动性降低，交易者很难以理想的价格立即买入或卖出，这导致价格更易受到大订单或市场情绪变化的影响，从而增加市场波动性。当成交量增加时，市场中出现的新信息被迅速吸收并反映在价格上，从而导致波动性增加。此外，对于主力合约来说，持仓量增加会降低市场波动性。可能的原因是持仓量增加时，更多的市场参与者正在交易，增加了市场的深度和流动性。

表12展示了玉米期货非主力合约的估计结果，与主力合约相比，其存在一定的差异。当价差作为被解释变量时，非主力合约成交量对价差具有显著的负向影响，且这种影响程度远高于主力合约。当成交量提高1%时，主力合约的价差会减少0.015%，而非主力合约的价差会减少0.219%。这说明非主力合约的价差受到成交量的影响程度更大，可能的原因是非主力合约的市场规模较小，当成交量增加时，市场中的流动性会明显上升，导致买卖价差下降的水平高于主力合约。此外，订单不平衡程度和做市商的引入都会对价差产生显著的负向作用，这说明订单不平衡程度越高，流动性提供者为了降低自身风险，会要求更高的风险溢价，因而会扩大价差。非主力合约引入做市商之后，可以显著降低合约的流动性成本，该结果也印证了之前的关于非主力合约买卖价差与做市区间的关系的观点。同时，做市商的引入能够显著增加非主力合约的成交量，为市场注入流动性，但同时也会导致市场波动性增加。

表12 玉米期货非主力合约联立方程组的回归结果

变量	BAS		Volume		Volatility	
	coefficients	z	coefficients	z	coefficients	z
Intercept	3.054***	17.98	0.867	1.04	0.814	1.22
BAS	—	—	−0.388***	−4.36	0.659***	3.36
volume	−0.219***	−4.89	—	—	0.235**	3.08
volatility	0.041	1.32	0.031	0.33	—	—
OIB	0.016*	1.84	0.019	1.10	0.061***	3.45
Open interest	−0.031	−0.72	0.694***	10.97	−0.125*	−1.79
Market maker	−0.062**	−1.93	0.177*	1.93	0.165**	2.07
Q1	−0.008	−0.30	0.046	0.56	0.072	1.25
Q2	0.035	1.25	0.182**	2.27	0.033	0.62
Q3	−0.099***	−3.14	−0.258***	−2.87	0.086	1.25
Endogeneity	13.15***		5.39***		10.09***	
Heteroskedasticity	24.68***		15.29**		21.04***	
Autocorrelation	18.70**		15.54**		3.68	
Unidentification	51.88***		189.26***		32.16***	
Weak identification	28.00***		136.50***		22.39***	

注：*、**、***分别表示系数在1%、5%、10%的显著性水平下显著。

当成交量作为被解释变量时,价差对于成交量具有显著的负向作用,但影响程度小于主力合约。具体来说,当价差缩小1%时,非主力合约的成交量会增加0.388%,而主力合约的成交量会增加14.84%。可能的原因是非主力合约的活跃度较低,通过降低流动性成本的方式并不能促成更多的订单成交。当波动率为被解释变量时,价差和成交量的增加会导致市场波动性显著提高。同时,订单不平衡程度也会对市场波动性产生正向作用。这是因为非主力合约的流动性较低,缺乏足够的参与者来消解市场信息的影响,即使是相对较小的订单也可能引起价格的显著波动。

(二)流动性成本的分解

1. 模型设定

买卖价差分解模型最早由 Huang 和 Stoll(1997)提出,他们将买卖价差分解为不利选择成本、仓储成本以及订单处理成本三个部分。他们认为,流动性提供者在一个竞争性的环境中运作时,会观察订单流和交易价格,并设置买卖挂单。在任何特定时间点上,卖出的最优报价与买入的最优出价之间的差价为买卖价差 S_t。只要资产的基本价值保持不变,流动性提供者就能从与流动性需求者的交易中获得 S_t。在一个竞争市场中,如果流动性提供者是风险中性的,那么 S_t 刚好能够覆盖持有资产的成本。在 $t-1$ 时刻发生交易后,流动性提供者会修正他们对资产基本价值的判断,并据此调整他们的买入价和卖出价,使新的报价中点 M_t 能够反映他们对资产基本价值的认识。这个过程可以用式(21)表示:

$$\Delta M_t = 0.5\alpha S_t Q_{t-1} \tag{21}$$

其中,M_t 代表买卖报价的中点价格,Q_{t-1} 是交易方向指标,该值等于1意味着这笔交易是买入订单;等于-1意味着这笔交易是卖出订单。系数 α 表示不利选择部分在整个流动性成本中所占的比重。这里假定交易发生反转的概率是0.5,现实的交易情况下,交易反转发生的概率是未知的,因此进一步假设发生交易反转的概率是 π,可以得到交易指标的相关关系:

$$Q_{t-1} = (1-2\pi)Q_{t-2} + \delta_{t-1} \tag{22}$$

其中,δ_{t-1} 表示序列不相关的误差项,当 $\pi = 0.5$ 时,Q_{t-1} 变为随机变量;当 $\pi \neq 0.5$ 时,流动性提供者会根据不利选择成本改变报价中点,此时有:

$$\Delta M_t = 0.5\alpha S_t Q_{t-1} - 0.5\alpha S_t (1-2\pi) Q_{t-2} \tag{23}$$

对于一个流动性提供者来说,其改变买卖报价有时是为了调整自身的仓储成本。如果市场中出现了一个买入订单,那么流动性提供者则希望下一单是卖出订单,这样流动性提供者就不会承担过高的风险敞口。当这种风险敞口发生时,流动性提供者会通过调整报价中点,以获得风险补偿,即:

$$\Delta M_t = 0.5\beta S_t Q_{t-1} \tag{24}$$

其中，β代表流动性成本中仓储成本所占的比重。将式（16）、式（17）联立，可以得到价差分解模型：

$$\Delta M_t = 0.5(\alpha+\beta)S_{t-1}Q_{t-1} - 0.5\alpha S_t(1-2\pi)S_{t-2}Q_{t-2} + \varepsilon_t \tag{25}$$

对于该模型的估计，本文采用广义矩估计（GMM）方法，这样做的优点是GMM方法可以处理未知形式的条件异方差性和残差中的序列相关性。

2. 订单流的整合处理

本文采用Huang和Stoll（1997）提出的价差分解模型，将流动性成本分解成不利选择部分、仓储成本部分和订单处理成本部分。该方法的核心表达如式（26）所示。系数α表示不利选择部分在整个流动性成本中所占的比重，系数β表示仓储成本部分在整个流动性成本中所占的比重。因此，$(1-\alpha-\beta)$代表订单处理成本的份额。π表示发生交易反转的概率。在利用大商所玉米期货Tick数据进行流动性成本分解时，初步的分解结果显示，大部分不利选择成本为负值。从实证角度看，不利选择成本为负是合理的，但从实际的市场运行来看，只要有至少一个投资者相较于其他人掌握更多的信息，则不利选择成本就不可能为0。该结果与Huang和Stoll（1997）的发现是一致的，他们对此的解释是，不利选择为负时，交易反转概率π大多数都小于0.5，说明交易流中存在正的序列协方差。正序列协方差产生的原因是一个大订单被拆分成若干个小订单，或者一个大额的限价订单同时与多个市价订单进行交易，使得交易反转概率小于0.5，最终导致不利选择成本为负。对此，本文借鉴Huang和Stoll（1997）的处理方法，将相同成交价格、相同交易方向的连续订单整合为一个订单，再进行分解，即：

$$\Delta M_t = 0.5(\alpha+\beta)S_{t-1}Q_{t-1} - 0.5\alpha S_t(1-2\pi)S_{t-2}Q_{t-2} + \varepsilon_t \tag{26}$$

3. 买卖价差的不利选择部分

图9展示了玉米期货主力合约不利选择成本的分解结果。其中，样本期内不利选择部分的均值为8.8%，最大值为25.4%，最小值为-27.3%。由图9可以发现，不利选择部分除了在某些区间出现了明显的下降外，其余部分的变动趋势比较平缓。对于出现明显下降的区间，其对应的不利成本的占比大部分都小于0。为了考察不利选择成本骤降的原因，本文进一步将主力合约展期的时点与不利选择成本下降的区间进行匹配，结果发现主力合约展期前10天左右，其不利选择成本的占比会迅速下降，甚至出现负值。该结果与Shang（2016）的研究结论相一致，可能的原因是合约展期前，交易者需要重新评估和调整自己的持仓，这会增加市场信息的流动性和可用性，从而减少信息不对称。此外，主力合约展期时，会吸引不同类型的投资

者进行交易,特别是套期保值者和机构投资者,这些投资者大多是基于基本面或者长期策略进行交易,对短期信息的敏感程度不高,导致不利选择成本下降。

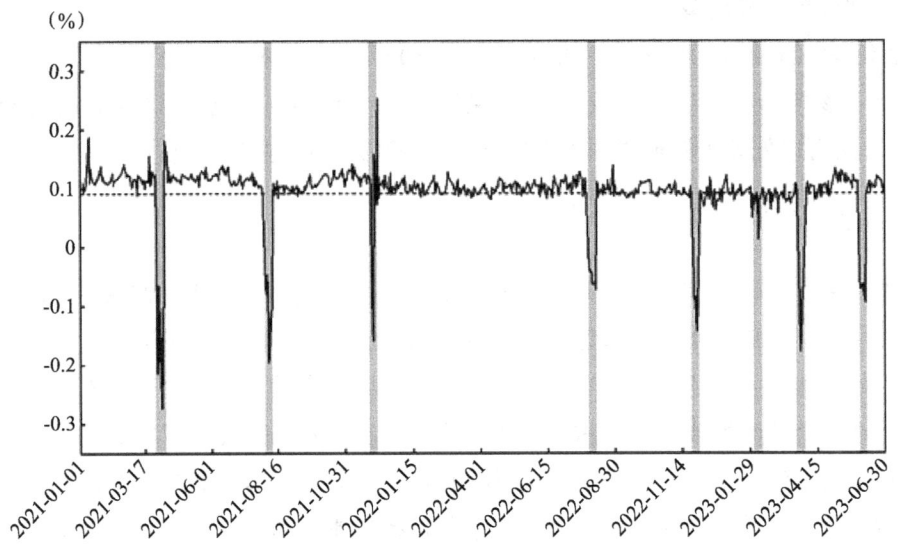

图9　玉米期货主力合约不利选择成本的占比

注:实线代表不利选择成本在价差中的占比;虚线代表样本期内不利选择部分的平均水平;阴影部分代表主力合约展期前10天左右的区间。

图10展示了玉米期货非主力合约不利选择成本的分解结果,可以发现,非主力合约价差中的不利选择成本的波动程度要高于主力合约,且表现出一定的规律性。进一步将非主力合约做市操作的区间与不利选择成本的变动趋势进行匹配,结果发现当做市商进行做市操作时,非主力合约的不利选择成本会因此降低。虚线代表"159格局"被打破的时间节点,可以发现当"159格局"被打破之后,非主力合约不利选择成本维持在较低的水平,且波动程度显著降低,而主力合约几乎不受影响。结合之前的实证结果可知,当"159格局"被打破后,非主力合约流动性成本表现出降低的趋势,且波动程度趋于平缓。造成该现象的原因在于"159格局"改变后,降低了非主力合约的不利选择成本。换言之,"159格局"的改变为非主力合约注入了更多的市场信息,缓解了信息不对称问题。

4. 买卖价差的仓储成本部分

图11展示了玉米期货主力合约仓储成本的分解结果。其中,样本期内仓储成本的平均占比水平为10.3%,最大值为31.1%,最小值为3.1%。同样地,将仓储成本的变动趋势与主力合约展期前10天左右的区间进行匹配,可以发现与不利选择成本对应的情况相反,即当主力合约面临展期时,仓储成本迅速上升。这是因为随着合约接近到期,持有现货商品的成本(如储存、保险、融资等)会随之增加。对于

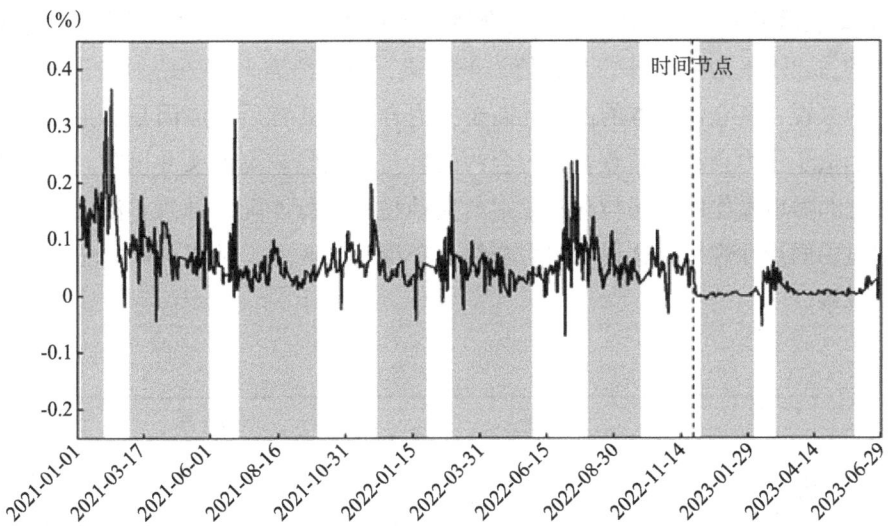

图 10 玉米期货非主力合约不利选择成本的占比

注：实线代表不利选择成本在价差中的占比；阴影部分代表做市商进行做市操作的区间；虚线代表"159格局"被打破的时间节点。

需要进行实物交割的商品，还会产生额外的运输和仓储费用。同时，由于大多数交易者在展期之前选择将头寸转移至下一个主力合约，导致当前合约流动性降低，增加了交易者的持有风险。对于"159格局"的改变，可以看出主力合约仓储成本几乎没有受到影响。

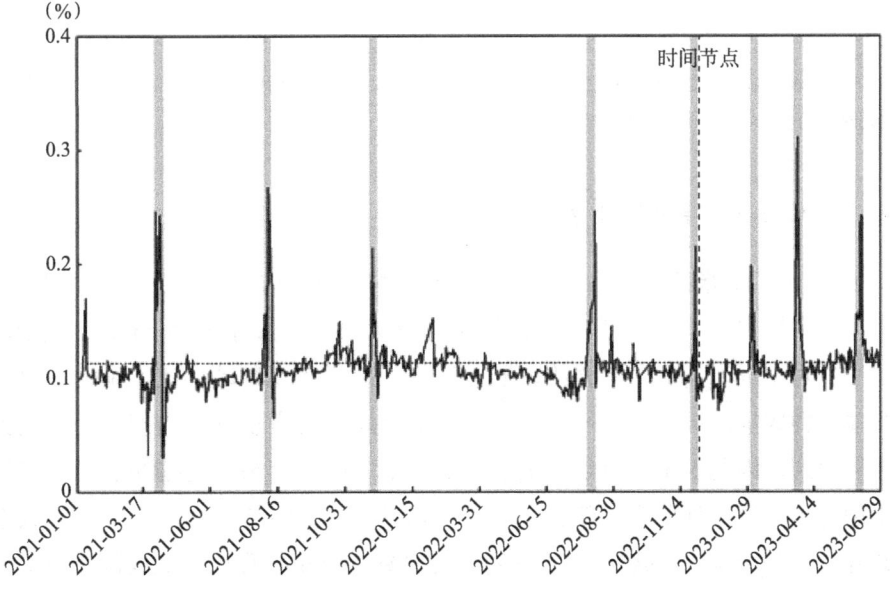

图 11 玉米期货主力合约仓储成本的占比

注：实线代表仓储成本在价差中的占比；平行于 X 轴的虚线代表本期内仓储成本的平均水平；垂直于 X 轴的虚线代表"159格局"被打破的时间节点；灰色阴影部分代表主力合约展期前10天左右的区间。

图12展示了玉米期货非主力合约仓储成本的分解结果。其中，样本期内仓储成本的平均占比水平为43.7%，最大值为48.2%，最小值为39.9%。对于玉米期货非主力合约来说，其仓储成本的占比远高于主力合约，其背后的原因是非主力合约的流动性远低于主力合约，导致非主力合约的参与者面临较高的头寸风险。进一步将非主力合约做市操作的区间与仓储成本的变动趋势进行匹配，结果并没有发现二者存在明显的同步性规律。这说明主力合约分布特征的改变，并不会影响非主力合约的仓储成本。

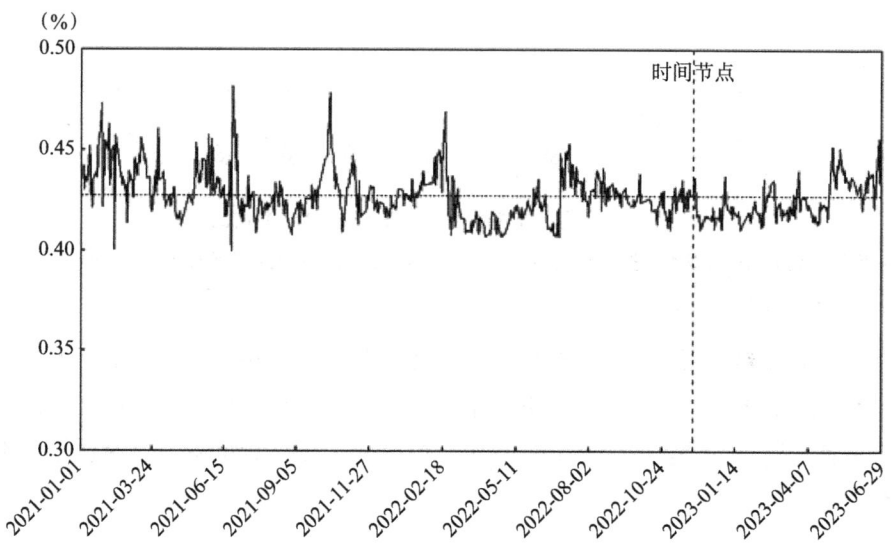

图12　玉米期货非主力合约仓储成本的占比

注：实线代表仓储成本在价差中的占比；平行于X轴的虚线代表样本期内仓储成本的平均水平；垂直于X轴的虚线代表"159格局"被打破的时间节点。

5. 买卖价差的订单处理部分

图13展示了玉米期货主力合约订单处理成本的分解结果。其中，样本期内订单处理成本的平均占比水平为80.9%，最大值为94.5%，最小值为65.7%。由图13可以看出，对于玉米期货主力合约来说，订单处理成本在流动性成本中的占比远远高于其他两种成本。可能的原因是，大商所玉米期货的市场规模在国内乃至世界范围内位居前列，因此玉米期货市场中包含了大量的高频交易，这些交易通常涉及大量的小额订单，每个订单都伴随着固定的处理成本，最终导致总的订单处理成本升高。此外，"159格局"的改变并没有对主力合约的订单处理成本造成额外的影响。

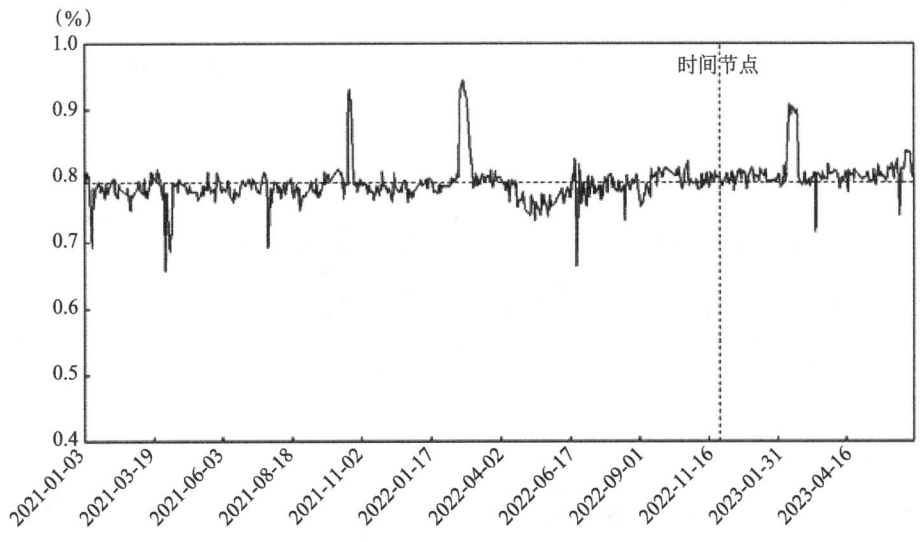

图 13 玉米期货主力合约订单处理成本的占比

注：实线代表订单处理成本在价差中的占比；平行于 X 轴的虚线代表样本期内订单处理成本的平均水平；垂直于 X 轴的虚线代表"159 格局"被打破的时间节点。

图 14 展示了玉米期货非主力合约订单处理成本的分解结果。其中，样本期内订单处理成本的平均占比水平为 52.3%，最大值为 62.3%，最小值为 30.4%。由图 14 可以看出，对于玉米期货非主力合约来说，订单处理成本也是流动性成本中占比最大的部分，但仓储成本的占比（43.7%）与之相接近。这说明在目前的市场微观结构下，无论是主力合约还是非主力合约，订单处理成本都是流动性成本中占比最大的部分。从图 13 中还可以发现，当"159 格局"发生改变后，玉米期货非主力合约的订单处理成本出现了小幅度的上升，并且波动程度趋于平缓。由于主力合约实现了近月化，原本活跃度较低的近月合约获得了大量的流动性，市场交易频率也随之提高，导致订单处理成本的占比上升。而订单处理成本的波动性降低，则说明"159 格局"的改变对于订单处理成本具有一种结构性的长期影响。

（三）本部分小结

本部分通过实证方法考察了玉米期货主力合约与非主力合约流动性成本的相关特征，主要包括流动性成本的时序特征和价差分解两个部分。在研究流动性成本的时序特征时，首先确定将买卖价差作为流动性成本的度量指标。其次，考察主力合约和非主力合约在一个完整的生命周期内，买卖价差随到期时间临近而呈现的变化趋势。结果发现，当距离合约到期日 15 天左右时，主力合约与非主力合约的买卖价差迅速上升，且非主力合约价差上升的幅度更大。进一步考察样本期内玉米期货主力合约与非主力合约买卖价差的时序特征，发现玉米期货主力合约的买卖价差始终

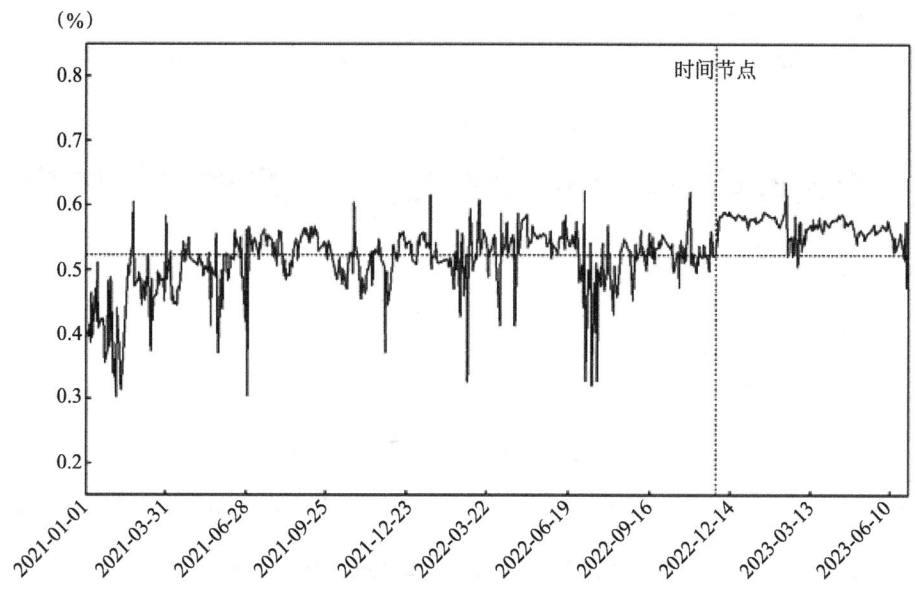

图 14 玉米期货非主力合约订单处理成本的占比

注：实线代表订单处理成本在价差中的占比；平行于 X 轴的虚线代表样本期内订单处理成本的平均水平；垂直于 X 轴的虚线代表"159 格局"被打破的时间节点。

维持在 1 元/吨附近，且没有明显的波动，而非主力合约的价差表现出明显的周期性波动。为了找出周期性波动的规律，本文将非主力合约价差变动情况与做市商开展做市操作的日期进行匹配，结果发现当做市商开展做市操作时，玉米期货非主力合约的买卖价差显著降低。最后，为了探究市场微观变量与买卖价差之间的关系，特别是做市操作对价差的影响，本文对买卖价差及其决定因素进行回归分析，结果表明成交量与买卖价差之间存在显著的负向关系，且非主力合约成交量对于价差的影响程度更高。特别地，做市商的引入能够显著降低非主力合约的买卖价差，增加非主力合约的成交量。

在研究买卖价差的组成部分时，本文将价差分解为不利选择部分、仓储成本部分和订单处理部分。对于不利选择部分，实证结果表明主力合约展期前 10 天左右，其不利选择成本的占比会迅速下降，甚至出现负值。对于非主力合约来说，做市商的引入可以降低不利选择成本的占比。同时，当"159 格局"改变后，非主力合约的不利选择成本占比会随之降低。对于仓储成本部分，当主力合约面临展期时，仓储成本的占比会迅速上升，但主力合约仓储成本的平均水平远低于非主力合约。此外，无论是主力合约还是非主力合约，订单处理成本都是流动性成本中占比最大的部分。这可能与目前农产品期货市场的制度和经济政策有关。此外，当"159 格局"发生改变后，玉米期货非主力合约的订单处理成本出现了小幅度的上升，并且波动趋于平缓。

六、结论与建议

（一）主要结论

主力合约"159 问题"是我国农产品期货市场长期存在的特有现象。业界与学术界对于该问题的讨论一直存在争议，争议的焦点在于是否应该彻底消除"159 格局"。从实体企业风险管理的视角来看，破除"159 格局"能够降低企业使用近月合约进行套期保值的风险暴露。但从期货市场自身发展的角度来看，"159 格局"是在若干市场内部因素的共同影响下，所形成的一种表象问题，其背后蕴含着国内期货市场运行的底层逻辑和规律特征。因此，对于"159 问题"存在的争议，首先要做的就是全面且深入地认识该问题及其背后的作用机理。

对此，本文以市场微观结构为切入点，从信息传递、流动性成本以及交易机制三个方面深入考察主力合约与非主力合约的差异，为重新认识"159 问题"提供新的思路。同时，结合"159 格局"已经被打破的现实状况，进一步考察市场微观结构会受到何种影响，为下一阶段的政策调整提供合理引导。基于此，本文的主要研究结论如下。

第一，我国农产品期货主力合约与非主力合约在信息传递机制方面存在明显差异，且连续交易机制需要进一步调整。具体而言，我国农产品期货主力合约的价格形成由信息驱动，而非主力合约价格形成的驱动因素不明确。进一步对信息传递方向和速度的研究表明，主力合约在价格形成中具有主导优势，是信息的净溢出方。当市场中出现价格信号时，主力合约率先对信息作出反应，大量知情者在短时间内完成交易。同时，主力合约与非主力合约之间主要的信息传递在 1 分钟内便已完成。本文还发现，在一个交易日内，夜盘和上午盘的交易包含大量信息，二者在期货价格形成和信息传递方面发挥着同等重要的作用。因此，有必要调整目前不合理的夜盘交易安排，增强国内期货市场的信息集散效率。

第二，主力合约与非主力合约在流动性成本方面存在明显差异，引入做市商可以显著降低非主力合约的流动性成本。本文使用买卖价差作为流动性成本的代理指标，结果发现，玉米期货主力合约的买卖价差始终维持在 1 元/吨附近，且没有明显的波动，而非主力合约的价差则表现出明显的周期性波动。对买卖价差及其决定因素回归分析的结果表明，成交量与买卖价差之间存在显著的负向关系，且非主力合约成交量对于价差的影响程度更高。特别地，做市商的引入能够显著降低非主力合约的买卖价差，增加非主力合约的成交量。

第三，买卖价差的组成部分中，主力合约与非主力合约的订单处理成本都是占比最大的部分,做市商的引入能够缓解非主力合约信息不对称问题。本文将买卖价差分解为不利选择、仓储成本和订单处理三个部分。对于主力合约来说,主力合约展期前10天左右,其不利选择成本的占比会迅速下降,甚至出现负值。可能的原因是合约展期前,交易者需要重新评估和调整自己的持仓,这会增加市场信息的流动性和可用性,从而减少信息不对称。对于非主力合约来说,做市商的引入可以降低不利选择成本的占比,即可以缓解非主力合约的信息不对称。当主力合约面临展期时,仓储成本的占比迅速上升,但主力合约仓储成本的平均水平远低于非主力合约。其背后的原因是非主力合约的流动性不足,导致其参与者面临较高的头寸风险。此外,无论是主力合约还是非主力合约,订单处理成本都是流动性成本中占比最大的部分。这可能与目前农产品期货市场的制度或经济政策有关。

第四,当"159格局"发生改变后,非主力合约的信息不对称程度有所缓解,订单处理成本略有上升。当"159格局"被打破后,非主力合约流动性成本表现出降低的趋势,且波动趋于平缓。造成该现象的原因在于"159格局"改变后,降低了非主力合约的不利选择成本。换言之,"159格局"的改变为非主力合约注入了更多的市场信息,缓解了信息不对称问题。同时,由于主力合约实现了近月化,原本活跃度较低的近月合约获得了大量的流动性,市场交易频率也随之提高,导致订单处理成本的占比上升。而订单处理成本的波动性降低,则说明"159格局"的改变对于订单处理成本是一种结构性的长期影响。

(二)政策建议

第一,重视期货市场的微观结构建设,遵循自下而上的问题处理方式。合理、高效的市场微观结构是期货市场功能发挥的有力支撑。在期货市场未来的发展中,管理层应重视市场微观结构建设,促进微观结构体系中各部分高效运作。对于市场中存在的现实痛点,在解决过程中要考虑其在微观层面的映射,遵循"寻本溯源、自下而上"的原则,在尊重市场运行规律的前提下解决现实问题。例如,对于"159问题"的解决,其最终目的是健全期货市场的功能发挥,促进期货市场高质量发展。因此。期货管理部门不能简单地以结果为导向,通过政策手段人为地改变合约分布格局。虽然做市商制度在提升非主力合约活跃度上发挥了重要作用,仍然需要深入了解该问题所蕴含的微观机理。从问题的根源出发,自下而上地对期货市场作出针对性的政策调整。

第二,提高市场信息的披露水平,打造高效的信息传递机制。交易所可以适度披露市场的详细信息,尤其是涉及市场深度和订单流的交易数据。这些信息能够实时展示交易盘面的情况,帮助投资者判断市场趋势的强弱,更好地评估市场的流动性状况。同时,管理层应要求期货公司和做市商定期报告其交易活动,包括交易策略、仓位变动等,以便交易者了解市场主要参与者的交易动向。还可以结合前沿的数据分析技术提升信息质量,如探索使用区块链技术建立不可篡改的交易记录,增加市场透明度和数据完整性。

第三,优化电子交易系统和交易费用结构,降低市场的订单处理成本。一方面,交易所可以采用高性能的电子交易引擎,在确保订单执行速度和可靠性的同时,降低交易的处理时间和处理成本。此外,交易所还可以提供安全、强大的应用程序编程接口(API 接口),使投资者可以通过自动化策略执行交易,减少人为干预和操作成本。对于已经开展的程序化交易,交易所要强化风险管理和监控机制,及时发现和处理异常行为。另一方面,交易所应定期评估手续费率,考虑降低一定类型订单的交易费用,尤其是对于为做市商、高频交易者等提供流动性的市场参与者。

第四,灵活调整做市商义务,完善做市商的奖惩制度。做市商能够缓解非主力合约的信息不对称,进而降低交易的流动性成本。因此,在期货市场未来的发展过程中,应该持续优化做市商制度。一方面,交易所可以为做市商制定灵活的做市义务,即根据不同的市场环境、波动程度以及交易时段,动态调整做市商的义务。例如,本文发现夜盘交易也包含大量市场信息,故可以适度增加做市商在夜间交易的做市义务,保证夜盘和日盘之间信息传递的通畅。另一方面,交易所应明确做市商的奖惩制度。对于积极参与市场的做市商给予一定的奖励,包括成交回扣、费用减免等激励措施。对于进行内幕交易、操纵市场的做市商,应予以从重处罚。

第五,优化开盘集合竞价机制,提升期货市场信息集散水平。我国农产品期货市场开展夜盘交易,实际上是以外盘交易为主导的规则设计。但是,大多数品种从夜盘交易结束到上午开盘间隔 10 个小时,而当天从日盘结束到夜盘开始仅间隔 6 小时,较长的时间间隔不利于信息的高效传递。因此,对于开展连续交易的品种,期货管理部门应充分重视夜盘结束至日盘开始期间的价格信息,可以尝试对于交易活跃的品种增加日盘时段的集合竞价,进一步增强夜盘与日盘之间的信息传递效率,降低日盘开始前市场信息对未成交价格的冲击。

参考文献

[1] Admati A R, Pfleiderer P. A Theory of Intraday Patterns: Volume and Price Variability [J]. The Review of Financial Studies, 1988, 1 (1): 3 - 40.

[2] Amihud Y, Mendelson H. Liquidity, Maturity, and the Yields on US Treasury Securities [J]. The Journal of Finance, 1991, 46 (4): 1411 - 1425.

[3] Allen D, Chan F, McAleer M. Finite Sample Properties of the QMLE for the Log - ACD Model: Application to Australian Stocks [J], Journal of Econometrics,

2008, 147 (1): 163 - 185.

[4] Antonakakis N, Chatziantoniou I, Gabauer D. Refined Measures of Dynamic Connectedness Based on Time - varying Parameter Vector Autoregressions [J]. Journal of Risk and Financial Management, 2020, 13 (4): 84.

[5] Bertsimas D, Lo A W. Optimal Control of Execution Costs [J]. Journal of Financial Markets, 1998, 1 (1): 1 - 50.

[6] Bauwens L, Giot P, Grammig J. A Comparison of Financial Duration Models Via Density Forecasts [J]. International Journal of Forecasting, 2004, 20 (4): 589 - 609.

[7] Biais B, Foucault T, Moinas S. Equilibrium Fast Trading [J]. Journal of Financial Economics, 2015, 116 (2): 292 - 313.

[8] Costa G, Trujillo - Barrera A, Pennings J M E. Concentration and Liquidity Costs in Emerging Commodity Exchanges [J]. Journal of Agricultural and Resource Economics, 2018, 43 (3): 441 - 456.

[9] Demsetz H. The Cost of Transacting [J]. The Quarterly Journal of Economics, 1968, 82 (1): 33 - 53.

[10] Diamond D. W, Verrecchia R E. Constraints on Short - selling and Asset Price Adjustments to Private Information [J]. Journal of Financial Economics, 1987 (18): 277 - 311.

[11] Ding D K. The Determinants of Bid - Ask Spreads in the Foreign Exchange Futures Market: A Microstructure Analysis [J]. The Journal of Futures Markets, 1999, 19 (3): 307 - 324..

[12] Dufour A, Engle R F. The ACD Model: Predictability of the Time Between Consecutive Trades [J]. University of Reading and University of California at San Diego, 2000, 35 (3): 463 - 497.

[13] Easley D, O'Hara M. Adverse Selection and Large Trade Volume: The Implications for Market Efficiency [J]. Journal of Financial and Quantitative Analysis, 1992 (27): 185 - 208.

[14] Engle R F, Russell J R. Autoregressive Conditional Duration: A New Model for Irregular Spaced Transaction Data [J]. Econometrica, 1998, 66 (5): 1127 - 1162.

[15] Engle R F. The Econometrics of Ultra High Frequency Data [J]. Econometrica, 2000, 68 (1): 1 - 22.

[16] Easley D, Hvidkjaer S, O'hara M. Is Information Risk a Determinant of Asset

Returns? [J]. The Journal of Finance, 2002, 57 (5): 2185-2221.

[17] Engle R F, Sun Z. Forecasting Volatility Using Tick by Tick Data [J]. Working Paper, 2005: 676462.

[18] Frank J, Garcia P. Bid/Ask Spreads, Volume, and Volatility: Evidence from Livestock Markets [J]. American Journal of Agricultural Economics, 2011, 93 (1): 209-225.

[19] Glosten L R, Harris L E. Estimating the Components of the Bid/ask Spread [J]. Journal of Financial Economics, 1988, 21 (1): 123-142.

[20] George T J, Kaul G, Nimalendran M. Estimation of the Bid-ask Spread and its Components: A New Approach [J]. The Review of Financial Studies, 1991, 4 (4): 623-656.

[21] Goodhart C A E, O'Hara M. High Frequency Data in Financial Markets: Issues and Applications [J]. Journal of Empirical Finance, 1997, 4 (2-3): 73-114.

[22] Holden C W, Subrahmanyam A. Long-lived Private Information and Imperfect Competition [J]. The Journal of Finance, 1992, 47 (1): 247-270.

[23] Huang R D, Stoll H R. Market Microstructure and Stock Return Predictions [J]. The Review of Financial Studies, 1994, 7 (1): 179-213.

[24] Hamao Y, Hasbrouck J. Securities Trading in the Absence of Dealers: Trades and Quotes on the Tokyo Stock Exchange [J]. The Review of Financial Studies, 1995, 8 (3): 849-878.

[25] Thompson S R, Waller M L. The Execution Cost of Trading in Commodity Futures Markets [J]. Food Research Institute Studies, 1987, 20 (1387-2016-116196): 141-163.

[26] Jin L, Yuan X, Wang S.. Trades or Quotes: Which Drives Price Discovery? Evidence from Chinese Index Futures Markets [J]. Journal of Futures Markets, 2022, 42 (12): 2235-2247.

[27] Lin J C, Sanger G C, Booth G G. Trade Size and Components of the Bid-ask Spread [J]. The Review of Financial Studies, 1995, 8 (4): 1153-1183.

[28] Liu Q, Tse Y, Zheng K. The Impact of Trading Behavioral Biases on Market Liquidity under Different Volatility Levels: Evidence from the Chinese Commodity Futures Market [J]. Financial Review, 2021, 56 (4): 671-692.

[29] Li M, Xiong T, Li Z. A Tale of Two Contracts: Examining the Behavior of Bid-ask Spreads of Corn Futures in China [J]. Journal of Futures Markets, 2023, 43 (6): 792-806.

[30] Madhavan A. Market Microstructure: A Survey [J]. Journal of Financial Markets, 2000, 3 (3): 205-258.

[31] Manganelli S. Duration, Volume and Volatility Impact of Trades [J]. Journal of Financial Markets, 2005, 8 (4): 377-399.

[32] Mallory M, Garcia P. Nearby and Deferred Quotes: What They Tell Us about Linkages and Adjustments to Information [J]. NCCC, 2015.

[33] Nguyen G, Engle R, Fleming M. Liquidity and Volatility in the U. S. Treasury Market [J]. Journal of Econometrics, 2020, 217 (2): 207-229.

[34] O'Hara M. Market Microstructure Theory [M]. Cambridge: Blackwell Publishers Inc, 1995.

[35] Pennings J M E, Meulenberg M T G. The Hedging Performance in New Agricultural Futures Markets: A Note [J]. Agribusiness: An International Journal, 1997, 13 (3): 295-300.

[36] Roll R. A Simple Implicit Measure of the Effective Bid-Ask Spread in an Efficient Market [J]. The Journal of Finance, 1984, 39 (4): 1127-1139.

[37] Stoll H R. Inferring the Components of the Bid-Ask Spread: Theory and Empirical Tests [J]. The Journal of Finance, 1989.

[38] Shang Q, Mallory M, Garcia P. The Components of the Bid-ask Spread: Evidence from the Corn Futures Market [J]. Agricultural Economics, 2018, 49 (3): 381-393.

[39] Volkenand S, Filler G, Kionka M. Duration Dependence among Agricultural Futures with Different Maturities [J]. Applied Economics Letters, 2020, 27 (2): 150-155.

[40] Wong W K, Tan D, Tian Y. Informed Trading and Liquidity in the Shanghai Stock Exchange [J]. International Review of Financial Analysis, 2009, 18 (1-2): 66-73.

[41] Xie W, An Y. Should Dominant Contracts Move to Nearby Months? ——Evidence from Chinese Agricultural Futures Markets [J]. Applied Economics, 2023, 55 (41): 4817-4840.

[42] 贝多光. 证券经济理论 [M]. 上海: 上海人民出版社, 1995.

[43] 戴国强, 吴林祥. 金融市场微观结构理论 [M]. 上海: 上海财经大学出版社, 1999.

[44] 邓学龙, 欧阳红兵. 价格持续期的非对称对数 ACD 模型及其应用 [J]. 管理科学, 2010, 23 (2): 104-111.

[45] 邓学龙, 欧阳红兵. 价格持续期、信息传递与市场微观结构——基于非对称ACD模型的实证分析 [J]. 管理评论, 2012, 24 (2): 108-115.

[46] 冯玉林, 汤珂, 康文津. 中国大宗商品期货市场定价机制研究 [J]. 金融研究, 2022, 510 (12): 149-167.

[47] 李平, 曾勇, 唐小我. 市场微观结构理论综述 [J]. 管理科学学报, 2003 (5): 87-98.

[48] 龚刚, 魏熙晔. 金融危机的成因与机制——基于市场微观结构的视角 [J]. 西安交通大学学报(社会科学版), 2014, 34 (6): 36-43.

[49] 高扬, 王明进. 有效价差的极大似然估计 [J]. 数量经济技术经济研究, 2014, 31 (5): 133-150.

[50] 鲁小东, 游达明, 曾蔚. 中国商品期货市场流动性成本特征实证研究 [J]. 上海金融, 2009 (6): 50-57.

[51] 刘海龙, 吴冲锋. 金融市场微观结构理论综述 [J]. 管理评论, 2003 (1): 38-64.

[52] 刘向丽, 程刚, 成思危, 汪寿阳, 洪永淼. 中国期货市场价格久期波动聚类特征研究 [J]. 管理科学学报, 2010, 13 (5): 72-81.

[53] 刘向丽, 成思危, 汪寿阳, 洪永淼. 基于ACD模型的中国期货市场波动性 [J]. 系统工程理论与实践, 2012, 32 (2): 268-273.

[54] 马丹, 尹优平. 交易间隔、波动性和微观市场结构——对中国证券市场交易间隔信息传导的实证分析 [J]. 金融研究, 2007, 325 (7): 165-174.

[55] 沈根祥, 李万峰. 市场微观结构研究的新发展及对我国资本市场改革的启示 [J]. 财政研究, 2007 (6): 44-47.

[56] 陶雄华, 杜志维, 徐晟. 交易持续期、波动率与市场微观结构关系的统计检验 [J]. 统计与决策, 2010, 306 (6): 142-145.

[57] 杨玉坤, 郑建华, 王晓芳. 交易持续期、交易信息与投资者行为——基于PCD模型的研究 [J]. 财经理论与实践, 2015, 36 (6): 72-77.

[58] 王锋. 我国燃料油期货市场的价格久期与波动性动态关系研究 [J]. 中国证券期货, 2011 (7): 25-26.

[59] 熊德华, 张圣平. 市场微观结构: 理论发展与实证分析综述 [J]. 管理世界, 2006 (8): 158-167.

[60] 肖辉, 吴冲锋. 现货市场与期货市场微观结构比较研究 [J]. 管理科学学报, 2009, 12 (1): 93-100, 136.

[61] 徐媛媛, 王传美. 我国农产品期货市场流动性测量及"跨品种"动态溢出研究 [J]. 农业技术经济, 2021 (11): 62-77.

[62] 杨之曙. 市场微观结构理论及其应用 [J]. 经济学动态, 1999 (7): 59-62.

[63] 张云毓, 熊涛. WASDE 报告对中国农产品期货市场的影响——以玉米和大豆市场为例 [J]. 湖南农业大学学报（社会科学版）, 2020, 21 (2): 73-79.

[64] 郑振龙, 郑懿. 订单流、存货风险与期权收益率 [J]. 管理科学学报, 2020, 23 (11): 74-86.

中期协联合研究计划（第十六期）项目

《期货和衍生品法》及其配套规则实施后期货公司风险监管指标体系研究

课题负责单位：招商期货有限公司
课题研究编号：2023360354
课题负责人：张　满
课题组成员：周　浩　杨秀丽　钱麒倍　罗英深　林　茜

一、引言

《期货和衍生品法》颁布实施前,期货公司主要开展期货经纪、资产管理、投资咨询等业务,同时可以运作自有资金进行股票、基金、债券等资产投资,但不得开展自营期货投资。《期货和衍生品法》允许期货公司开展期货做市等期货交易业务,同时为期货公司扩大业务范围预留了法律空间。根据中国证监会2023年3月公布的《期货公司监督管理办法(征求意见稿)》,期货公司可以从事境内期货经纪业务,同时经核准后可以从事期货交易咨询、期货做市交易、期货保证金融资、期货自营、境外期货经纪业务,以及衍生品交易、资产管理等业务。这意味着此前在期货公司风险管理子公司开展的做市业务、场外衍生品业务等试点业务有望回归期货公司,并允许符合条件的期货公司开展期货保证金融资和自营期货交易等业务。随着期货公司业务范围的扩大,需要将新增的业务类型纳入期货公司风险监管指标体系当中,以反映开展相关业务对期货公司的资本要求和流动性影响。

在此背景下,研究《期货和衍生品法》及其配套规则实施后期货公司风险监管指标体系,探讨新阶段的监管指标设计和各类业务指标的计算规则,有助于细化和加强对期货公司的监督管理,提升行业监管的有效性,对于引导期货公司加强风险管理和内部控制、促进相关业务的平稳过渡以及行业的稳健发展具有十分重要的现实意义。

二、巴塞尔协议金融监管框架

在"巴塞尔协议 I"出现之前,世界各地由于监管目标的不同,并没有形成一套统一完整的金融监管规范,但不同国家和地区对金融机构的监管却有着悠久的历史,这与金融机构的业务性质是紧密相关的。以金融机构中的商业银行为例,其盈利方式和业务性质对于实体经济来说具有两面性:一方面商业银行通过吸收存款和发放贷款的方式来促进社会经济的发展;另一方面由于其存在杠杆性和流动性等内在风险,会对经济和社会的发展产生潜在的威胁。例如,在金融危机爆发或者是出现社会动荡时,恐慌情绪开始蔓延,人们会对银行和国家的信用产生动摇,于是纷纷将银行存款提出,挤兑发生,市场银根逐渐紧缩,进而发生流动性风险。因此,适当对金融机构的业务进行管理和约束,能有效管控潜在金融风险,如规定银行必须在中央银行持有一定数额的存款准备金,或者由保险机构对银行存款提供保险。此外,许多国家的会计准则均要求银行计提贷款违约损失,并将损失的变动情况计入当期损益,反映在资产负债表和利润表上。同理,对银行业的资本进行管控也是监管机构防范外部风险的一个监管措施,能使银行在发生大规模金融危机、市场流动性枯竭的情况下拥有充足资金来应对风险，并保持一定流动性。

（一）以"资本和风险资产计量"为核心的巴塞尔协议的建立

《关于统一国际银行资本计算和资本标准的协议》（即"巴塞尔协议 I"）于 1988 年 7 月正式通过，建立了以资本定义、风险加权资产计量、资本充足率最低要求为核心的审慎监管制度，是金融监管资本发展史上的重要里程碑。

该协议的核心内容主要有两部分：首先它将银行的资本划分为核心资本和附属资本两部分，各类资本主要按照风险损失吸收的能力进行划分。其中，核心资本由实收资本（普通股）和公开储备（资本公积、盈余公积、未分配利润）构成，附属资本由普通准备金和长期次级债构成。其次，在风险权重的计算标准方面，其基本思想是将银行的风险资产按照不同风险特性进行划分，并赋予每类资产不同的风险权重，由此计算总的风险加权资产，即通过资本充足率［（资本-扣除项）/风险加权资产］这一指标来反映风险发生时各类资本吸收损失的能力。"巴塞尔协议 I"规定，资本对风险资产的目标比率（即资本充足率）不低于 8%，核心资本对风险资产的目标比率（即核心资本充足率）不低于 4%。因此，"巴塞尔协议 I"被称为规定资本充足率的报告。

在"巴塞尔协议 I"出台以前，各个国家对资本金规模管理也有相应要求，但并未具体对纳入监管的资本范围作出明文规定，这导致银行可以通过财务账面处理加大资产与负债差额，调整资本金数量，从而隐藏银行内在风险；由于资本金无法根据资产和负债的性质形成相应调整机制，因此对银行资本金的管控未能发挥实际作用，这说明当时资本金的管理还处于相对初始阶段。"巴塞尔协议 I"通过将不同的风险资产赋予不同的风险权重，能使相同数量资本的风险保障能力因资产风险权重的不同而有所区别，这就是"巴塞尔协议 I"的动态监管思路。另外，巴塞尔委员会关注到银行机构通过金融衍生品等工具来大力发展表外业务，以此来规避对银行资本监管的约束，因而巴塞尔委员会也将表外资产纳入了监管。但由于当时表外业务的规模、种类相对较少，"巴塞尔协议 I"只通过套用表内资产的风险权重系数来确定期限种类各异的表外资产风险，并对资本充足性提出相应的要求。总体而言，"巴塞尔协议 I"强化了对资本金的管控，完善了仅对资本金数量规模限制的管理措施，构建了资本与风险两位一体的资本充足率监管机制。

（二）巴塞尔协议三大支柱的确立

随着金融市场的高速发展，金融工具和技术的广泛应用，世界金融形势越发复杂，国际金融市场联系越发紧密。在此过程中，金融衍生品规模日益增长，银行作为当时市场主要参与主体之一，广泛参与金融衍生品交易，并通过控股公司和资产证券化等手段来规避资本金的监管,同时也将信用风险逐渐延伸到市场风险或操作风险。"巴塞尔协议Ⅰ"的局限性日益凸显。多起大型银行的倒闭事件以及东南亚金融危机,让"巴塞尔协议Ⅰ"的作用遭到质疑,巴塞尔委员会的成员也逐渐认识到金融业的问题不是信用风险或市场风险等单一风险的问题,而是由市场风险、信用风险和操作风险共同作用造成的。

2004年6月"巴塞尔协议Ⅱ"正式实施,该协议构建了以"最低资本要求、监管部门的监督检查和市场约束"为三大支柱的国际银行监管架构,并将国际银行业的风险监控范围由单一的信用风险扩大到信用风险、市场风险、操作风险。

市场风险方面,"巴塞尔协议Ⅱ"提出了标准计量法和内部模型计量法两种计量风险的办法。其中,标准法是将市场风险中利率风险、股票风险、外汇风险、商品风险和期权的价格风险等各类风险分别进行统计和汇总;内部模型法则是基于银行内部风险管理计量模型来计算市场风险,通常采用的是VaR模型,银行会对借款人进行分类,然后根据不同的风险权重来确定需要计提资本金的数量。

信用风险方面,"巴塞尔协议Ⅱ"提出了标准法和内部评级法两种计量风险的办法。标准法是用外部评级机构的评级结果来确定风险权重,该方法参照的依据是"巴塞尔协议Ⅰ",使用对象通常是业务结构相对简单、规模较小的银行;内部评级法则是"巴塞尔协议Ⅱ"用于资本监管的核心内容,该方法允许银行使用内部的相关数据来确定资本数量。内部评级法也分为初级法和高级法:初级法的风险要素值主要由监管部门制定,各家银行只需计算出借款人的违约概率即可;高级法则鼓励银行通过内部模型和数据给出风险要素值。

操作风险方面,"巴塞尔协议Ⅱ"提出了基本指标法、标准法和高级计量法三种计量风险的办法。基本指标法是按照银行过去三年每年总收入的平均值(按照剔除年总收入为零或负值的年份来计算平均值)的一个固定比例值来计提操作风险资本。目前巴塞尔委员会设定的该固定比例值为15%,这一方法假设将操作风险资本与银行收入进行绑定,规模越大,表明其操作风险也就越大。然而,对于衡量操作风险的大小,这种方法具有一定的局限性,因为银行可能会保留过多的且不必要的资本来防范操作风险。在标准法中,银行的业务被分为8条业务线。过去三年中,每条业务线的平均总收入乘以该业务线的系数(风险越高,则系数越高),并求和得出总风险资本。高级计量法基于的是内部数据、外部数据、内部控制等和操作风险相关的因子,1年内99%置信水平下的预期损失额即为操作风险资本要求。

总体而言,"巴塞尔协议Ⅱ"对资本金计量的细化加强了银行风险资产的敏感性,同时通过三大支柱进一步明确了监管的治理框架,为金融监管带来了重大意义。

(三)巴塞尔协议的进一步丰富和完善

2008年次贷危机的出现暴露出"巴塞尔协议Ⅰ""巴塞尔协议Ⅱ"的不足。主要体现在以下几个方面：一是"巴塞尔协议Ⅰ""巴塞尔协议Ⅱ"的监管是以资本充足率为核心的单一约束，在危机爆发的时候单一风险会扩散为系统性风险，资本工具难以吸收损失；二是"巴塞尔协议Ⅱ"采用的内部模型法是商业银行基于内部模型体系开展的市场风险识别、计量、监测和控制，并将计量结果应用于资本计量的全过程，商业银行可以操控内部风险模型，降低对资本计提要求；三是在经济上行期间，金融工具的价格易被高估，资本充足率会随着经济增长率的提高而增加，所以以资本充足率为核心监管指标的"巴塞尔协议Ⅰ""巴塞尔协议Ⅱ"加强了金融体系的顺周期性。

2010年，巴塞尔委员会正式发布了"巴塞尔协议Ⅲ"，标志着国际金融监管改革进入一个新阶段。该协议保留了以风险为本的监管理念，同时又扩展了传统的资本监管框架，以更宽广的视角去看待银行风险，从监管制度层面确立了微观与宏观审慎结合的监管模式。该协议的发展主要体现在以下几个方面：

一是重新界定监管资本。"巴塞尔协议Ⅲ"将原来的核心资本和附属资本重新划分为核心一级资本、其他一级资本和二级资本。其中，核心一级资本由实收资本或普通股、资本公积、盈余公积、一般风险准备、未分配利润组成；其他一级资本包括优先股、永续债；二级资本目标是在破产清算情况下吸收损失，承担风险与吸收损失的能力相对较低，主要包括次级债、超额贷款损失准备等。由此，巴塞尔委员会在该协议中规定对应3个最低资本充足率的监管要求，分别为核心一级资本充足率为4.5%，一级资本充足率为6%，总资本充足率为8%，以此来强化核心资本的要求，弱化原来附属资本的概念。

二是设立"资本防护缓冲资金"。"巴塞尔协议Ⅲ"为缓解金融体系顺周期性，要求商业银行计提0—2.5%的逆周期资本缓冲和2.5%的储备资本（也称留存超额资本或防护缓冲资本）。

三是加入了杠杆率和大额风险暴露的监管标准。2008年金融危机之前，银行体系在低利率的市场环境中通过不断发展表外金融衍生产品累积了较高的杠杆率，这让资本充足率无法充分反映银行体系内潜在的风险。而资本充足率与杠杆率之间的背离也放大了金融体系的脆弱性。为此，巴塞尔委员会引入了与实际风险资产无关的杠杆率指标，作为对资本充足率的补充，以此来反映表内外资产业务规模的风险。此外，"巴塞尔协议Ⅲ"通过设置银行对单个交易对手风险暴露的一级资本25%，系统重要性银行之间风险暴露一级资本15%的监管标准来管控大额风险暴露。

四是增加对流动性管理的要求。商业银行的主要利润来源就是"借短贷长"，如吸收活期存款、发放长期贷款、投资长期债券等，而期限错配很容易导致流动性危机。"巴塞尔协议Ⅰ""巴塞尔协议Ⅱ"其中一个不足就是没有关注资产负债错配风险。因此，"巴塞尔协议Ⅲ"通过设置流动性覆盖比率LCR和净稳定资金比率

NSFR 两个监管指标,以强化对银行流动性的监管。其中,流动性覆盖比率用来计量在短期极端压力情景下,银行所持有的无变现障碍的、优质的流动性资产的数量,衡量其是否足以应对此情景下的资金净流出;净稳定资金比率用来计量银行是否具有与其流动性风险状况相匹配的、确保各项资产和业务融资要求的稳定资金来源,用于度量银行较长期限内可使用的稳定资金来源对其表内外资产业务发展的支持能力。

五是安排充裕的过渡期。根据"巴塞尔协议Ⅲ",所有成员国须在 2013 年 1 月 1 日前将该规则转化为国家法规。"巴塞尔协议Ⅲ"的各项要求将按不同的过渡期要求分阶段执行,但最晚应于 2019 年 1 月 1 日将各项要求落实。

"巴塞尔协议Ⅲ"将风险敏感性的资本要求与非风险敏感性的杠杆率要求统一纳入管理,并将资本监管与流动性监管相结合,宏观审慎监管与微观审慎监管相结合,其有效管理了国际金融市场的风险,促进了国际金融体系的稳定,并为世界各国金融机构风险管理框架提供了借鉴。

三、证券期货行业风险监管指标体系研究

与国外金融机构的混业经营模式不同,我国金融业实行分业经营政策,银行、保险、证券、期货等金融业务分别由不同的持牌金融机构开展,并由不同的金融监管机构进行监督管理,因此在各金融行业监管发展的过程中,陆续形成了针对商业银行、保险公司、证券公司、期货公司以及期货风险管理子公司(以下简称"风险管理公司")的监管指标体系。虽然各金融行业的风险监管指标体系在诸多方面存在差异,但从其设计思路来看,均借鉴了"巴塞尔协议"建立的国际金融监管框架中的监管思想。

(一)证券公司风险监管指标体系研究

1. 证券公司风险监管指标体系介绍

2006 年,中国证监会发布实施《证券公司风险控制指标管理办法》,而后其在 2008 年、2016 年、2020 年经历了 3 次修订及完善配套文件,逐步建立起证券公司风险监管指标体系。《证券公司风险控制指标管理办法》主要关注证券公司净资本、风险覆盖率、资本杠杆率、流动性覆盖率、净资金稳定率等指标是否能够持续满足相关监管要求,具体指标标准如下:

(1)根据证券公司的业务范围分别设定净资本最低标准:

a. 经营证券经纪业务的,净资本不得低于人民币 2000 万元;

b. 经营证券承销与保荐、证券自营、证券资产管理、其他证券业务等业务之一的，净资本不得低于人民币5000万元；

c. 经营证券经纪业务，同时经营证券承销与保荐、证券自营、证券资产管理、其他证券业务等业务之一的，净资本不得低于人民币1亿元；

d. 经营证券承销与保荐、证券自营、证券资产管理、其他证券业务中两项及两项以上的，净资本不得低于人民币2亿元。

(2) 风险覆盖率不得低于100%。

(3) 资本杠杆率不得低于8%。

(4) 流动性覆盖率不得低于100%。

(5) 净稳定资金率不得低于100%。

其中，净资本由核心净资本和附属净资本构成：

核心净资本＝净资产－资产项目的风险调整－或有负债的风险调整±中国证监会认定或核准的其他调整项目

附属净资本＝长期次级债×规定比例±中国证监会认定或核准的其他调整项目

风险覆盖率＝净资本/各项风险资本准备之和×100%

资本杠杆率＝核心净资本/表内外资产总额×100%

流动性覆盖率＝优质流动性资产/未来30天现金净流出量×100%

净稳定资金率＝可用稳定资金/所需稳定资金×100%

整体来看，证券公司监管指标体系充分借鉴了"巴塞尔协议"建立的金融监管框架，主要是围绕净资本、杠杆率及流动性指标开展。

2. 证券公司主要风险监管指标设计思路研究

净资本指标方面，证券公司监管的净资本指标按照"巴塞尔协议Ⅰ"的思路，将资本划分成核心净资本和附属净资本，其中核心净资本吸收损失的能力较强，其设计思路主要是将净资产中不可用于损失吸收或者不可在较短时间内用于吸收损失的部分（如存出保证金、长期股权投资、投资性房地产、固定资产等）以及对外担保等或有负债进行扣除，附属净资本则主要是由借入的次级债构成，次级债的到期期限越长，计入净资本的比例越大。经过多次修订后，"巴塞尔协议Ⅲ"在资本的分类和划分上更加细致，它将资本划分成核心一级资本、其他一级资本和二级资本。

风险覆盖率指标方面，其设计思路也与"巴塞尔协议"中的资本充足率类似，是由净资本除以风险资本准备计算而来的，要求证券公司各项风险资本准备之和小于净资本，即风险覆盖率大于100%，以确保各项业务在发生风险时有充足的净资本支撑。略有不同的是，"巴塞尔协议"规定了三个最低资本充足率指标，分别为核心一级资本充足率、一级资本充足率和总资本充足率，分别考察不同资本下的风险损失的吸收能力。

此外，证券公司的风险资本准备大致分为四类，分别为市场风险资本准备、信用风险资本准备、操作风险资本准备和特定风险资本准备（主要指资管业务、非标私募服务、资产支持证券业务和质押式回购业务应计提的风险资本准备），证券公司应根据业务规模乘以中国证监会规定的特定比例来计算相应的风险准备，以实现对各项业务规模的间接控制。但证券公司整体更关注市场风险的资本计量，且通常在总的风险资本准备中占比较大，整体以资产类别和是否对冲来对资产进行划分。而"巴塞尔协议"相对更关注信用风险的资本计量，无论是标准法还是内部评级法，考虑的风险要素都较多，这也与商业银行的业务特点相关。总体而言，证券公司风险资本的计算思路较多地借鉴了"巴塞尔协议"的相关计量方法，并通过该指标建立各项业务规模与净资本水平动态挂钩机制，防范业务风险。

资本杠杆率指标方面，其是由核心净资本除以表内外资产总额计算而来，要求证券公司资本杠杆率不得低于8%。表内外资产总额为表内资产余额与表外项目余额之和，其中，表内资产余额主要为证券公司自有总资产，即从总资产中剔除经纪业务下代理客户证券交易所产生的资产，表外项目余额为证券衍生产品、资产管理业务和其他表外项目之和。从各项表外项目计入资产总额的转换系数来看，证券衍生产品的转换系数较高，说明监管部门更加关注证券公司通过增加表外证券衍生品业务规模所带来的风险。该指标的设计思路与"巴塞尔协议"中的杠杆率基本一致，主要都是为了防范金融创新业务（特别是证券衍生品）通过扩大表外业务或持仓规模逃避资本监管。

流动性指标方面，共设置了两个指标，监管标准均为不低于100%，其中流动性覆盖率反映的是公司的优质流动性资产与其未来30日内现金净流出的比率，该指标要求证券公司保留充足的无变现障碍的优质流动资产来应对公司未来一个月资金需求，防止出现因兑付等因素而引起的流动性枯竭；净资金稳定率反映的是可用稳定资金与业务所需的稳定资金的比率，它主要衡量在一定情景下，可用的长期稳定资金支持业务发展的能力。净资金稳定率强调资金风险，其目的是引导公司调整资产结构，减少由于资产负债期限不匹配而引起的风险。流动性覆盖率和净资金稳定率基本参照了"巴塞尔协议"中对相关流动性指标的设计思路，并通过流动性覆盖率和净资金稳定率分别反映公司短期和中长期的流动性风险情况。

总体来看，《证券公司风险控制指标管理办法》更多借鉴了"巴塞尔协议"对金融机构的监管，建立了以净资本和流动性为核心的风险控制指标体系，且对资本的要求较国外投资银行更加严格，因此该套指标管理办法在确保证券公司业务规模与资本实力相匹配等方面发挥了重要作用，为证券行业多年总体稳健运行打下了坚实基础。

（二）期货公司风险监管指标体系研究

1. 期货公司风险监管指标体系介绍

2007年4月，中国证监会出台了《期货公司风险监管指标管理试行办法》，初步建立期货公司净资本监管制度。2013年2月，针对期货行业由单一业态向多元业态转变的情况，中国证监会对该办法进行修订，进一步强化了期货公司资本与各项业务之间的有机联系。后经2017年、2022年修订，逐步确立了期货行业的风险监管指标体系，主要包括以下指标标准：

（1）净资本不得低于人民币3000万元；
（2）净资本与公司风险资本准备的比例不得低于100%；
（3）净资本与净资产的比例不得低于20%；
（4）流动资产与流动负债的比例不得低于100%；
（5）负债与净资产的比例不得高于150%；
（6）规定的最低限额结算准备金要求。

其中，净资本＝净资产－资产调整值＋负债调整值±其他调整项。

流动资产包括货币资金（不含期货保证金存款）、存出保证金、交易性金融资产、应收结算担保金、应收风险损失款、应收佣金、应收股利、应收利息、其他应收款、买入返售金融资产、持有待售资产。

流动负债包括短期借款、交易性金融负债、期货风险准备金、应付期货投资者保障基金、应付职工薪酬、应交税费、应付利息、应付股利、其他应付款、应付手续费及佣金、持有待售负债、其他负债。

期货公司监管指标体系建立之初，期货公司业务类型相对简单，随着期货公司资产管理业务的发展以及自有资金投资规模的扩大，监管指标体系在最初的基础上历经多轮调整，最终形成上述覆盖净资本、流动性、杠杆率和结算准备金的指标体系。在期货行业快速发展的过程中，上述监管指标体系在引导期货公司稳健经营、增强行业整体竞争力方面发挥了重要作用，有效地保障了期货交易者的资金安全和期货行业的健康发展。

2. 期货公司与证券公司风险监管指标体系的比较

从整体框架上看，期货公司监管指标体系与证券公司监管指标体系均是以净资本和流动性两类指标为核心，但二者在具体指标选择和计算规则方面存在较为明显的差异，主要表现在以下几个方面。

（1）净资本最低要求方面的差异。

虽然证券公司与期货公司风险监管指标体系均设置了净资本指标，但二者在净资本最低要求方面存在差异。由于证券公司业务种类较多，不同证券公司实际开展的业务范围可能存在较大差异，根据各类业务不同的风险特征，证券公司监管指标体系针对各项业务分别设定了净资本最低要求。考虑到指标设计时期货公司的业务复杂程度较低，期货公司监管指标体系设置了统一的净资本最低要求。

（2）净资本相关指标的计算规则方面的差异。

在计量净资本时，期货公司对于持有的股票、债券、基金等金融资产需按照相应的调整比例扣减净资本，而证券公司无须就正常投资持有的股票、债券、基金等金融资产扣减净资本。在计量风险资本准备时，证券公司根据持仓的股票、债券、基金等各类金融资产以及各类业务的规模和主要风险敞口情况分别计算市场风险、信用风险；同时，根据各类业务的收入情况计算操作风险，根据特定业务风险计算相关资本准备。期货公司则是按照经纪业务、资管业务的规模、收入等计算相关业务的风险资本准备，不用按照市场、信用或操作风险等分别计提风险资本准备，也就是说，期货公司无须针对投资持有的各类金融资产计提风险或信用风险资本准备。

在上述规则下，当增加相关金融资产投资规模时，证券公司与期货公司的风险覆盖率指标（即净资本与各项风险资本准备之和的比例）均会降低，证券公司风险覆盖率降低的原因为金融资产投资规模增加导致的各项风险资本准备增加，期货公司风险覆盖率降低的原因是金融资产投资规模增加导致净资本减少。由于证券公司和期货公司风险监管指标体系均要求净资本与净资产的比例不得低于20%，虽然股票、基金等金融资产投资规模的增加对于二者风险覆盖率的影响相近，但对二者净资本与净资产比例的影响却截然不同。在金融资产投资规模增加的情况下，期货公司需按照相应调整比例扣减净资本，而证券公司无须扣减净资本，故期货公司净资本与净资产的比例将会降低，而这对证券公司净资本与净资产的比例无影响。

（3）杠杆指标和流动性指标设计方面的差异。

杠杆指标方面，期货公司监管指标体系采用"负债与净资产的比例"作为期货公司杠杆情况的监测指标，主要反映的是企业的财务杠杆情况；证券公司监管指标体系则采用"资本杠杆率"，即核心净资本与表内外资产总额的比例来衡量证券公司杠杆情况，将证券公司开展的未反映在财务报表中的表外项目纳入调整范围，防范通过表外项目增加隐形杠杆的风险。

流动性指标方面，证券公司风险监管指标体系充分借鉴"巴塞尔协议"框架下的流动指标设计思路，分别采用流动性覆盖率（LCR）和净稳定资金比率（NSFR）指标作为短期流动性和长期资本稳定性的评价指标；期货公司风险监管指标体系下主要以规定的流动资产与流动负债的比例作为对短期流动性风险的监测评价手段，更接近公司财务报表分析所采用的流动比率等流动性评价指标,同时未设计与 NSFR 指标相对应的中长期流动性指标。

(三) 风险管理公司风险监管指标体系研究

1. 风险管理公司风险监管指标体系介绍

2021 年底,中国期货业协会发布《期货风险管理公司风险控制指标管理办法(试行)》,确立了风险管理公司行业的风险监管指标体系,主要包括以下指标标准:

(1) 净资本不得低于人民币 1 亿元;
(2) 风险覆盖率不得低于 100%;
(3) 净资本与净资产的比例不得低于 20%;
(4) 流动性覆盖率不得低于 100%。

其中,净资本由核心净资本和附属净资本构成:

核心净资本 = 净资产 – 优先股及永续次级债等 – 资产项目的风险调整 – 或有负债的风险调整 ± 中国期货业协会认定或核准的其他调整项目

附属净资本 = 长期次级债 × 规定比例 ± 中国期货业协会认定或核准的其他调整项目

风险覆盖率 = 净资本/各项风险资本准备之和 × 100%

流动性覆盖率 = 优质流动性资产/未来 30 日现金净流出 × 100%

仅从指标选取上看,风险管理公司监管指标体系在净资本、风险覆盖率、流动性覆盖率等指标的选取方面与证券公司监管指标体系相同,但考虑到风险管理公司的发展阶段和业务情况,与期货公司监管指标体系一样选取净资本与净资产的比例作为杠杆指标,且未采用衡量中长期流动性的 NSFR 指标。风险管理公司监管指标体系可能因此被认为只是在证券公司监管指标体系的基础上结合部分期货公司监管指标体系设计思想的产物,但实际上风险管理公司监管指标体系绝非对证券公司和期货公司监管指标体系的简单糅合或模仿,仔细研究可以发现,风险管理公司监管指标体系在相关风险指标的计量方面进行了非常多的创新性的尝试和适应性的调整,提高了风险计量的精细化程度,能够更好地反映各类业务的实质风险。

2. 风险管理公司与证券公司风险监管指标体系的比较

整体框架方面,风险管理公司监管指标体系与证券公司监管指标体系均借鉴了"巴塞尔协议"的金融监管框架的设计思想,在净资本、风险资本准备、流动性覆盖率的计算框架上十分相似,但由于证券公司与风险管理公司业务复杂程度存在差

异,因此二者在指标具体计算规则的设计思路上存在明显的差异,主要表现在以下几个方面:

(1) 风险管理公司风险监管指标体系结合行业实践经验对部分净资本计算项进行了调整。

在计算净资本时,二者对已占用的期货(期权)保证金、存放于关联方的货币资金的处理方式不同。对于已占用的期货(期权)保证金,证券公司在计算净资本时需全额扣除,而风险管理公司在计算净资本时无须扣减。对于存放在关联方的货币资金,考虑到行业内曾发生过存放于关联方的货币资金无法收回的风险事件,风险管理公司监管指标体系在计算净资本时,要求对于存放于银行、证券公司、期货公司等受监管的金融机构以外的关联方的货币资金进行调整,而证券公司在净资本计算时无此类要求。此外,由于风险管理公司可以开展大宗商品现货交易,考虑到资产端存在部分进项税留抵金额变现能力较差的情况,实际无法起到吸收风险损失的作用,风险管理公司监管指标体系在计算净资本时增加了进项税调整项目,以反映真实的资本状况。

(2) 风险管理公司与证券公司风险监管指标体系在风险资本计量的精细化程度方面存在明显差异。

考虑到证券公司开展的业务种类较多且各业务风险特征差异较大,从兼顾效果与效率的角度出发,证券公司监管指标体系计量风险资本准备时在项目颗粒度和计算规则的精细化程度方面进行了一定取舍。与证券公司不同,现阶段风险管理公司开展的业务种类比较有限,风险管理公司监管指标体系在设计时可以充分考虑各业务模式的风险特征,从而在计量风险资本准备方面作出更加精细化的安排。例如,市场风险资本准备计算方面,对于商品类期权与其对冲期货头寸构成的持仓组合,根据证券公司指标计算规则,Delta 对冲比例在 80%—125% 可视为已对冲风险,对于符合已对冲风险标准的持仓组合,不论敞口大小均按照统一的比例计算风险资本准备;而在风险管理公司指标计算规则下,除根据持仓组合对冲后的净 Delta、净 Gamma 和净 Vega 敞口分别计算对应的风险资本准备以外,还增加了基差风险资本准备的计算要求,并根据不同标的品种历史基差波动情况分别设定了各品种的基差风险系数。信用风险资本准备计算方面,证券公司监管指标主要关注场内股票质押等融资类业务的信用风险,根据质押标的受限情况及质押比例设置不同的信用风险资本准备折算系数;风险管理公司监管指标考虑了当前风险管理公司开展的各类场外交易类业务的交易对手信用风险,根据不同现货贸易模式以及场外衍生品业务的风险特征,分别设计了针对相关业务的信用风险敞口计量模型,并且根据金融机构、同业客户以及其他客户等不同类型交易对手在信用资质方面的差异分别设定了各类交易对手的信用风险权重系数(见表1和表2)。

表1 风险管理公司监管指标体系市场风险资本准备计算表

基础资产类别	风险系数	场外衍生品业务/做市业务/基差贸易、仓单串换、约定购回/其他业务					
		敞口金额（Delta金额）	敞口风险值（Delta风险值）	Gamma风险值	Vega风险值	基差价差风险值	市场风险资本准备
	A	B	C = A × B	D	E	F	G
一、债券类、利率类、信用类							
（1）国债、中央银行票据、国开债	2%/200BP						
（2）政策性金融债、政府支持机构债券	10%/1000BP						
（3）信用评级AAA级的信用债券	30%/3000BP						
（4）信用衍生工具及受保护部分债券	100%/60%/2%						
（5）货币市场工具收益率	200BP						
（6）其他固定收益类	100%						
二、权益类							
1. 股票							
（1）沪深交易所三大综合指数成分股	10%/20%						
（2）其他沪深交易所上市股票	20%						
（3）一般上市股票	30%						
（4）流通受限的股票	50%						
（5）其他股票	80%						
2. 股指							
（1）沪深交易所三大综合指数有场内期货期权产品的指数	10%						
（2）其他指数	20%						
三、外汇类							
外汇衍生品	10%						
四、商品类（含黄金）							
1. 商品类							
（1）单一品种	涨跌停2倍/20%						

续表

基础资产类别	风险系数	场外衍生品业务/做市业务/基差贸易、仓单串换、约定购回/其他业务					市场风险资本准备
		敞口金额（Delta 金额）	敞口风险值（Delta 风险值）	Gamma 风险值	Vega 风险值	基差价差风险值	
		A	B	C = A × B	D	E	F	G
（2）多品种							
其中：商品指数	涨跌停 2 倍/10%						
交易所保证金优惠组合	按 Delta 风险值大的单边计算						
其他多品种组合	单品种高值						
2. 存货							
（1）标准仓单存货	2%						
（2）其他	4%						
五、其他							
1. 货币基金及现金管理类理财产品							
（1）现金管理类理财产品	3%						
（2）货币基金	3%						
2. 公募证券投资基金							
（1）权益类基金							
其中：沪深交易所三大综合指数、有场内期货期权产品的权益类指数基金	10%						
分级基金中的非优先级基金	50%						
其他权益类基金	20%						
（2）非权益类基金							
其中：利率债指数基金	6%						
其他非权益类基金	10%						
3. 单一、集合等理财产品							
（1）集合产品	25%						
（2）单一产品	50%						
（3）劣后级份额	100%						

表 2　　　　　　　风险管理公司监管指标体系交易对手信用风险权重表

交易对手	说明	W 场外	W 期现	W 合作套保	W 仓单质押
金融机构 I	最新主体评级为（AAA、AA+）的商业银行及其理财子公司（包括上述机构自主发行的理财产品，不含代销产品），证券公司场外期权交易商，协会认定的、具有集中清算和担保交收的场外清算平台（如上海清算所）	3%	3%	100%	标准仓单 30%；非标仓单 50%
金融机构 II	其他商业银行及其理财子公司（包括上述机构自主发行的理财产品，不含代销产品）、其他证券公司、期货公司、公募基金及其子公司、保险公司、信托公司等经有关金融监管部门批准设立的金融机构	10%	10%		
同业	中国期货业协会备案的期货公司风险管理公司	15%	15%		
其他	除上述分类外的其他交易对手，及理财产品	100%	20%		
特殊情况	200%				

（3）风险管理公司风险监管指标体系结合相关业务实际情况对流动性覆盖率部分计算规则进行了优化调整。

在计算流动性覆盖率时，风险管理公司监管指标体系从风险管理公司当前开展的各项业务的风险特征出发，在反映实质风险的前提下，进行了部分适应性的调整。优质流动性资产计算方面，风险管理公司监管指标体系根据实际业务中部分银行理财产品及现货存货的变现能力，将现金管理类理财产品以及现货贸易下的存货纳入调整范围。自营业务资金未来 30 日内流出计算方面，证券公司监管指标体系按照自营业务下持仓的资产类别进行分类计算，而风险管理公司监管指标体系按照自营业务类别进行分类计算，根据各类自营业务模式流出风险的不同分别设计资金流出计算规则。举例来说，在证券公司监管指标体系下，各类自营业务下持仓的商品期货均按照名义规模的 12% 计算未来 30 日内的资金流出，而在风险管理公司监管指标体系下，考虑到目前风险管理公司在期货做市业务下多采用对冲型策略，商品期货持仓在做市业务下按照保证金占用的 20% 计算资金流出，而场外衍生品业务持有的商品期货则不直接参与资金流出的计算，场外衍生品业务未来 30 日内的流出金额根据场外衍生品业务客户权益以及市场风险资本准备的规模进行计算。

（4）风险管理公司风险监管指标体系未采用证券公司资本杠杆率和净稳定资金率等作为监管指标。

考虑到现阶段风险管理公司资本规模相对较小，主要开展做市业务、场外衍生品业务、现货业务等业务，基于上述业务下持有数量规模较大的现货、期货、期权及其他衍生品持仓等行业实际情况，目前试行的风险管理公司监管指标体系未采用证券公司监管指标体系下的资本杠杆率和净稳定资金率作为监管指标。

总的来说，风险管理公司风险监管指标体系在借鉴、吸收证券公司与期货公司风险监管指标体系设计经验的基础上，充分考虑风险管理公司行业当前的业务范围和发展阶段，选取了部分适合现阶段风险管理公司行业实际情况的风险监管指标。更重要的是，风险管理公司监管指标体系针对风险资本准备等指标的计算框架提出了创新性的设计思路，在提高风险计量精度、反映不同业务的实质风险方面进行了诸多有益探索。

四、新阶段期货公司风险监管指标体系探讨与建议

（一）期货公司发展的新阶段

2022年8月，《期货和衍生品法》正式实施，标志着期货行业进入有法可依的快速发展期。《期货和衍生品法》实施前，期货公司主要开展境内期货经纪、资产管理、投资咨询等业务，同时可以运作自有资金进行股票、基金、债券等资产投资，但不得开展自营期货投资。《期货和衍生品法》扩大了期货公司的业务范围，允许期货公司开展做市交易、衍生品交易等业务。

2023年3月，中国证监会公布《期货公司监督管理办法（征求意见稿）》，期货公司可以从事境内期货经纪业务，同时经核准后可以从事期货交易咨询、期货做市交易、期货保证金融资、期货自营、境外期货经纪业务，以及衍生品交易、资产管理等业务。这意味着此前在期货公司风险管理子公司开展的做市业务、场外衍生品业务等试点业务将会回归期货公司，并允许期货公司开展期货保证金融资、自营期货交易、境外期货经纪等业务。

随着新阶段期货公司业务范围的扩大，需要将新增的业务类型纳入期货公司风险监管指标体系当中，以反映开展相关业务对期货公司的资本要求和流动性影响。

（二）新阶段期货公司风险监管指标体系的设计思路

通过之前的对比可以发现，现行的期货公司监管指标体系与其他两套监管指标体系存在较为明显的差异。主要是因为在《期货和衍生品法》公布实施以前，期货公司主要开展期货经纪业务、资管业务等代客业务，自营业务方面主要是通过投资债券、基金等开展自有资金运作。现行期货公司监管指标体系是为适应特定历史阶段中期货公司业务发展情况而设计和选择的。随着《期货和衍生品法》的正式实施

以及相关配套细则的陆续落地，期货公司的业务范围将迎来扩展。根据《期货公司监督管理办法（征求意见稿）》，在原有业务基础上，期货公司业务范围有望扩展至期货做市交易、期货保证金融资、期货自营交易、场外衍生品交易等自营类业务，业务复杂程度更高，涉及的风险类型更广，现行的期货公司监管指标体系以及在其基础上的简单扩展已无法适应复杂业务风险计量的要求，难以满足新阶段期货公司监督管理的需要。

证券公司监管指标体系在指标框架上较为完整地借鉴了"巴塞尔协议"的金融监管框架的设计思想，能够覆盖对于资本充足率、杠杆率以及短期和中长期流动性风险的监管需要。但由于证券公司业务的复杂性，该套监管指标体系出于兼顾效果与效率的考虑，在风险计量的精细化程度方面存在一定取舍。课题组认为，虽然现行风险管理公司监管指标体系不能完全满足新阶段期货公司监督管理的要求，但其按照业务类别分类开展风险计量的设计框架具备较强的扩展性，同时相较于证券公司该体系的风险计量精细化程度更高，能够更好地反映各类业务实质风险的优点。

因此，课题组以风险管理公司监管指标体系现有框架为基础，充分吸收借鉴证券公司监管指标体系在指标设计方面的经验，根据新阶段期货公司的业务范围进行相应扩展和调整，形成了新阶段期货公司风险监管指标体系的设计建议。

（三）新阶段期货公司风险监管指标体系的优化建议

1. 主要风险监管指标

考虑到新阶段期货公司业务范围从现阶段以期货经纪业务与资产管理业务等为主，扩展至期货做市交易、期货自营交易、场外衍生品交易等自营类业务，其面临的风险类型将会更加全面和复杂，需要对期货公司的资本充足情况和流动性情况进行全面监督管理，课题组建议主要风险监管指标的设计上全面借鉴"巴塞尔协议"的金融监管框架的设计优势和实践经验，结合期货公司业务风险特征，建立包括净资本、风险覆盖率、资本杠杆率、流动性覆盖率、净稳定资金率以及最低限额结算准备金要求等在内的风险监管指标体系，具体指标标准如下：

（1）根据期货公司所开展的业务范围分别设定净资本最低标准：

a. 经营境内期货经纪业务的，净资本不得低于人民币×亿元；

b. 经营境内期货经纪业务，同时经营期货交易咨询、期货做市交易等业务之一的，净资本不得低于人民币×亿元；

c. 经营境内期货经纪业务，同时经营期货保证金融资、期货自营、境外期货经纪、衍生品交易、资产管理业务等业务之一的，净资本不得低于人民币×亿元；

d. 经营境内期货经纪业务，同时经营期货交易咨询、期货做市交易、期货保证金融资、期货自营、境外期货经纪、衍生品交易、资产管理业务中两项及两项以上的，净资本不得低于人民币×亿元。

（2）风险覆盖率不得低于100%。

（3）资本杠杆率不得低于8%。

（4）流动性覆盖率不得低于100%。

（5）净稳定资金率不得低于100%。

（6）符合规定的最低限额结算准备金要求。

其中，净资本由核心净资本和附属净资本构成：

核心净资本＝净资产－优先股及永续次级债等－资产项目的风险调整－或有负债的风险调整±中国期货业协会认定或核准的其他调整项目

附属净资本＝长期次级债×规定比例±中国期货业协会认定或核准的其他调整项目

风险覆盖率＝净资本/各项风险资本准备之和×100%

资本杠杆率＝核心净资本/表内外资产总额×100%

流动性覆盖率＝优质流动性资产/未来30天现金净流出量×100%

净稳定资金率＝可用稳定资金/所需稳定资金×100%

净资本指标方面，建议参考证券公司风险监管指标体系按照业务类别分别设置净资本最低标准的设计思路，根据新阶段期货公司各业务的复杂程度和风险特征分类设计净资本最低标准。具体来看，境内期货经纪业务作为期货公司代理客户开展期货交易的基础业务，主要面临客户穿仓的信用风险，行业整体风控管控体系已经较为成熟，该业务净资本最低标准为期货公司净资本的基础标准。考虑到期货交易的杠杆属性，期货经纪业务相较于证券经纪业务的客户信用风险更高，因此建议对该业务的净资本最低要求高于证券经纪业务的净资本最低标准。其余业务中，期货交易咨询业务主要是为客户提供期货交易咨询方案或套期保值风险管理方案以获取服务费用，资本需求较低，且从现阶段的实际开展情况来看，该业务收入占期货公司整体收入的比例较低；期货做市业务主要是协助交易所为期货市场提供交易流动性的业务，做市商的主要交易目标是满足交易所对于做市合约报价和持仓的要求，根据目前了解的行业情况，其主要采用对冲型的做市策略，将持仓敞口控制在较小规模，在期货公司开展与自身资本实力相匹配的做市交易规模的情况下，整体风险较小，因此可以设置相对较低的净资本最低要求；期货自营交易与场外衍生品业务主要承担市场风险以获取业务收益，业务盈亏受市场价格波动影响较大，同时场外衍生品业务还承担交易对手违约的信用风险，整体风险较其他业务更高，需要对其设置更高的净资本要求；资产管理业务虽然是代理投资者管理资产开展投资交易，交易结果主要由投资者承担，期货公司自身承担的风险较小，但从保护投资者资产安全，提高期货公司业务管理规范以及满足该业务所需的人员、场地、系统等多方面的资源投入的角度考虑，建议对资产管理业务设置更高的净资本要求。

杠杆率指标方面，建议借鉴"巴塞尔协议"的金融监管体系对表外业务或无法充分反映在资产负债表内的持仓头寸（统称"表外项目"）的监管思想，采用与证券公司风险监管指标体系相类似的资本杠杆率指标，将表外项目纳入杠杆率指标监督管理的范围。新阶段的期货公司业务范围中，除现有的资产管理业务规模外，期货自营、期货做市以及场外衍生品等业务的实际开展规模都无法充分体现在期货公司资产负债表的表内项目中。历史的经验告诉我们，如果忽略对金融机构表外项目规模的监督管理，可能使其在表外项目中积累并隐藏大量风险头寸，导致极端行情来临时出现难以承受的风险损失。因此，课题组认为，应当充分借鉴"巴塞尔协议"的金融监管体系对于表外业务的监管思路，采用与证券公司资本杠杆率相类似的杠杆率监管指标，通过将表外项目规模纳入杠杆率指标的调整范围，防范期货公司创新业务（特别是期货与衍生品业务）通过扩大表外项目规模以逃避资本监管，督促期货公司合理控制各项表外项目规模，并使其与自身资本规模相匹配。

流动性指标方面，建议采用流动性覆盖率和净稳定资金率作为期货公司流动性监管指标，综合评估期货公司短期流动性与中长期流动性。随着新阶段期货公司业务类型日益复杂，期货保证金融资、期货自营、期货做市以及场外衍生品等业务均属于对资金要求较高的业务，且衍场外衍生品业务与传统的期货经纪业务资金流入流出频繁，期货公司短期资金流入流出管理难度将会不断增加。同时，随着期货公司各项业务规模的不断扩大，是否获得足够的中长期稳定资金来源以满足业务发展需要也将成为期货公司必须面临的现实问题。在此背景下，期货公司现有的流动性监管指标将难以满足新阶段期货公司流动性风险监督评价的需要，应借鉴"巴塞尔协议"的金融监管框架中的设计思路以及证券公司流动性监管的实践经验，采用与流动性覆盖率和净稳定资金率相类似的流动性监管指标，以更好地指导期货公司开展复杂业务背景下的短期和中长期流动性管理工作。

除上述指标外，结合期货行业特点以及期货交易结算业务规则，新阶段期货公司风险监管指标体系保留了关于最低限额结算准备金的要求。

2. 净资本计算

净资本计算方面，通过对比证券公司、期货公司以及风险管理公司风险监管指标体系关于净资本指标的计算规则，课题组评估认为，相较于证券公司与期货公司净资本计算规则，风险管理公司净资本计算规则对于期货保证金的处理更加符合期货公司业务特点并更能反映期货保证金在风险损失吸收方面的实际作用；同时，关于存放于关联方货币资金的调整规则能够更好地反映期货公司将货币资金存放于控股股东等关联方的风险，以及对于该做法的监管导向。因此，课题组以风险管理公司净资本计算规则为基础设计了新阶段期货公司风险监管指标体系净资本计算表（见表3）。

表3　　新阶段期货公司净资本计算表

项目	期末余额	调整比例	调整后金额
净资产			
减：优先股及永续次级债等		100%	
减：资产项目的风险调整合计			
货币资金（不含经纪业务客户资金）			
其中：1. 存放于关联方的货币资金			
（1）关联方为银行、证券公司		0%	
（2）其他关联方		25%/50%/100%	
2. 存放于非关联方的货币资金		0%	
履约保证金		10%	
长期股权投资		100%	
投资性房地产、固定资产、在建工程		100%	
其他项目		100%	
减：或有负债的风险调整合计			
对子公司担保金额及担保承诺		100%	
其他或有负债		100%	
减：协会认定或核准的其他调整项目合计			
所有权受限等无法变现的资产		100%	
其他项目			
加：协会认定或核准的其他调整项目合计			
集团公司提供的担保承诺		100%	
其他项目			
核心净资本			
加：附属净资本			
借入的次级债（含永续次级债）			
其中：剩余到期期限1—2年（含2年）		50%	
剩余到期期限2—3年（含3年）		70%	
剩余到期期限3—5年（含5年）		90%	
剩余到期期限5年以上		100%	
协会认定或核准的其他调整项目			
净资本			
附1：期末或有事项			
附2：其他需要特别说明的事项			

相较于风险管理公司净资本计算表，表3主要有以下几点调整：一是根据《期货公司监督管理办法（征求意见稿）》，期货公司可以依照规定为符合条件的子公司提供融资或者担保，但不得超出上述范围提供对外担保，因此在或有负债的风险调整下新增对子公司担保金额或担保承诺事项的风险调整项；二是根据《期货公司监督管理办法（征求意见稿）》规定的新阶段期货公司业务范围，大宗商品现货交易相关业务不属于需要重新纳入期货公司的业务范畴，将继续由风险管理公司开展，因此净资本计算规则根据实际情况删除了进项税调整项目。此外，针对存放于银行、证券公司等金融机构以外的其他关联方的货币资金，目前风险管理公司净资本计算时统一设置的调整比例为100%，但当经批准设立的金融控股公司、中央企业集团财务公司等类型的关联方信用资质较好时，建议考虑适当降低调整比例或根据关联方资质设置差异化的调整比例。

3. 风险资本准备计算

风险资本准备计量方面，现行的风险管理公司监管指标体系设计了较为完善的风险资本准备计量框架，按照不同业务类别分别计量市场、信用及操作风险资本准备。本文基于该框架设计了具体的市场风险资本准备计算表（见表4），根据投资标的或场外衍生品挂钩标的的各类风险敞口分别计量市场风险资本准备；同时，该框架根据各类业务模式下交易对手信用风险敞口的差异，针对不同业务模式分别设计了交易对手信用风险资本准备的计量模型，风险计量的精细化程度更高，且具备较好的扩展性。课题组以风险管理公司风险资本准备计量框架为基础，根据新阶段期货公司的业务范围变化情况，针对各项业务面临的市场风险、信用风险、操作风险等风险类型，对各类风险资本准备计量规则提出优化建议；同时，借鉴证券公司监管经验，增加针对资产管理等业务的特定风险资本准备计量要求。

表4　　　　　新阶段期货公司风险资本准备计算表

项目	期末余额	风险系数	风险资本准备
一、市场风险资本准备			
1. 场外衍生品业务			
2. 期货做市业务			
3. 自营投资业务			
（1）期货自营业务			
（2）其他自营投资			
4. 其他业务			
二、信用风险资本准备			
1. 期货经纪业务			

续表

项目	期末余额	风险系数	风险资本准备
期货经纪业务客户保证金总额		4%	
2. 期货保证金融资业务			
履约担保比例 200% 以上		10%	
履约担保比例 200% 以下、150% 以上		25%	
履约担保比例 150% 以下		50%	
违约融资金额		100%	
3. 自营投资业务			
（1）剩余期限不足 1 年的次级债券		10%	
（2）剩余期限大于等于 1 年的次级债券		30%	
（3）逆回购交易			
交易所债券质押式逆回购		1%	
其他逆回购		20%	
（4）其他自营投资业务			
4. 场外衍生品业务			
5. 其他应收预付款			
（1）非关联方款项			
账龄 3 个月以内（含 3 个月）		10%	
账龄 3—12 个月（含 12 个月）		30%	
账龄 1 年以上		100%	
（2）关联方款项			
关联方属于金融机构 I		3%	
关联方属于金融机构 II		10%	
其他关联方		25%/50%/100%	
三、操作风险资本准备			
1. 期货经纪业务净收入		12%	
2. 期货交易咨询业务净收入		12%	
3. 资产管理业务净收入		15%	
4. 期货保证金融资业务净收入		18%	
5. 场外衍生品业务净收入		18%	
6. 期货做市业务净收入		18%	
7. 自营投资业务净收入		18%	
8. 其他业务净收入		20%	
四、特定风险资本准备			

续表

项目	期末余额	风险系数	风险资本准备
1. 资产管理业务			
（1）单一资管计划			
其中：投资标准化资产		0.3%	
投资场外衍生产品		0.8%	
投资其他非标准化资产		6%	
高杠杆、高集中度产品			
（2）集合资管计划			
其中：投资标准化资产		0.5%	
投资场外衍生产品		3%	
投资其他非标准化资产		10%	
高杠杆、高集中度产品			
五、协会认可的调整事项			
分类调整前的各项风险资本准备合计			
分类调整后的各项风险资本准备合计			
附：其他需要特别说明的事项			

市场风险资本准备计量方面，在期货做市、场外衍生品等业务沿用风险管理公司市场风险资本准备计量规则的基础上，进行以下调整：

（1）针对固定收益类资产，新增信用评级 AAA 级以下的信用债类别，并参考证券公司与期货公司风险资本准备计量标准，调整部分固定收益证券项目市场风险资本准备计算系数。通过对比可以发现，对于同一类别的固定收益证券而言，风险管理公司市场风险资本准备计量采用的风险系数明显高于证券公司或期货公司市场风险准备的计量标准。考虑到证券公司与期货公司市场风险资本准备设置的固定收益证券计算系数主要针对于自营投资业务持仓的业务场景，持仓周期具有较强的自主性，市场出现不利波动时可以主动止损，而风险管理公司市场风险资本准备计量主要针对相关固定收益证券作为场外衍生品业务挂钩标的的业务场景，持仓周期主要根据衍生品合约的期限以及客户的需求确定，市场出现不利波动时及时止损的难度和成本更高，风险系数也作为压力情景下的标的价格波动幅度用于测算场外衍生品持仓的风险资本准备。为反映上述业务风险特征的差异，在适当调低相关固定收益证券风险系数的情况下，可以考虑将场外衍生品业务市场风险资本准备的风险系数设定为自营投资业务风险系数的 2 倍甚至可以更高。

（2）虽然风险管理公司监管指标体系在设计方面对于风险资本准备的计量精度更高，但考虑到场外衍生品业务市场风险资本准备计量方法较为复杂，需测算衍生品持仓组合的 Delta 敞口、Gamma 敞口、Vega 敞口并计算相应的敞口风险值，计算成本较高，针对部分业务开展初期交易结构较为简单的情况，建议在市场风险资本准备计算时提高灵活性，即给予期货公司一定的自主选择权。例如，针对买入香草期权或卖出香草价差等最大损失有限的交易结构，允许期货公司选择以最大损失作为该类期权市场风险资本准备的简易计量方法。

（3）鉴于期货公司作为金融机构无法开具增值税发票，且大宗商品现货相关交易业务已通过风险管理子公司开展，课题组根据现有信息评估认为，期货公司在短时间内开展现货相关业务的可能性较低，因此删除了大宗商品现货相关项目。

（4）目前，风险管理公司市场风险资本准备针对单一、集合等理财产品劣后级份额的计提比例为 100%，而证券公司对于同类项目市场风险资本准备计算比例为 50%，根据实际风险情况，建议适当降低劣后级份额的计提比例至 75% 或 50%（见表 5）。

表 5　　　　　　　　　新阶段期货公司市场风险资本准备计算表

基础资产类别	风险系数	场外衍生品业务/期货做市业务/自营投资业务/其他业务					
		敞口金额（Delta 金额）	敞口风险值（Delta 风险值）	Gamma 风险值	Vega 风险值	基差价差风险值	市场风险资本准备
	A	B	C = A × B	D	E	F	G
一、债券类、利率类、信用类							
（1）国债、中央银行票据、国开债	0.5%						
（2）政策性金融债、政府支持机构债券	1%						
（3）地方政府债	5%						
（4）同业存单	5%						
（5）信用评级 AAA 级的信用债券	10%						
（6）信用评级 AAA 级以下、AA 级（含）以上的信用债券	20%						
（7）信用评级 AA 级以下、BBB 级（含）以上的信用债券	50%						
（8）信用评级 BBB 级以下的信用债券	80%						
（9）出现违约风险的信用债券	100%						

续表

基础资产类别	风险系数	场外衍生品业务/期货做市业务/自营投资业务/其他业务					
		敞口金额（Delta金额）	敞口风险值（Delta风险值）	Gamma风险值	Vega风险值	基差价差风险值	市场风险资本准备
	A	B	C = A × B	D	E	F	G
（10）信用衍生工具及受保护部分债券	100%/60%/2%						
（11）货币市场工具收益率	200BP						
（12）其他固定收益类	100%						
二、权益类							
1. 股票							
（1）沪深交易所三大综合指数成分股	10%/20%						
（2）其他沪深交易所上市股票	20%						
（3）一般上市股票	30%						
（4）流通受限的股票	50%						
（5）其他股票	80%						
2. 股指							
（1）沪深交易所三大综合指数、有场内期货期权产品的指数	10%						
（2）其他指数	20%						
三、外汇类							
外汇衍生品	10%						
四、商品类（含黄金）							
1. 商品类							
（1）单一品种	涨跌停2倍/20%						
（2）多品种							
其中：商品指数	涨跌停2倍/10%						
交易所保证金优惠组合	按Delta风险值大的单边计算						
其他多品种组合	单品种高值						

续表

基础资产类别	风险系数	场外衍生品业务/期货做市业务/自营投资业务/其他业务					
		敞口金额(Delta 金额)	敞口风险值(Delta 风险值)	Gamma风险值	Vega风险值	基差价差风险值	市场风险资本准备
	A	B	C = A × B	D	E	F	G
五、其他							
1. 货币基金及现金管理类理财产品							
(1) 现金管理类理财产品	3%						
(2) 货币基金	3%						
2. 公募证券投资基金							
(1) 权益类基金							
其中：沪深交易所三大综合指数、有场内期货期权产品的权益类指数基金	10%						
分级基金中的非优先级基金	50%						
其他权益类基金	20%						
(2) 非权益类基金							
其中：利率债指数基金	6%						
其他非权益类基金	10%						
3. 单一、集合等理财产品							
(1) 集合产品	25%						
(2) 单一产品	50%						
(3) 劣后级份额	50%/75%						

信用风险资本准备计算方面，新阶段期货公司业务范围中，期货经纪业务、期货保证金融资业务、场外衍生品业务以及部分自营投资业务面临客户、交易对手或投资标的发行方违约导致损失的信用风险，故增加以下相关业务的信用风险资本准备计提项目：

（1）期货经纪业务方面，参考现行期货公司相关风险资本准备计算标准，按照经纪业务保证金占用总额的一定比例（4%）计提信用风险资本准备。

（2）期货保证金融资业务方面，因目前相关业务规则尚未明确，假设业务模式为以股票、债券、标准仓单等有价证券作为抵押品，以有价证券按照一定折算比例折算后价值为保证金融资提供履约担保，信用风险相对较小，但考虑到期货交易的杠杆属性，仍然存在客户期货持仓大幅亏损或担保品价值大幅下降导致出现信用损失的风险，且在同样的履约担保比例下，期货保证金融资较证券公司融资融券业务发生客户违约损失的风险更高。参考证券融资融券业务信用风险资本准备计算标准，建议根据客户履约担保比例分级设置计算系数，履约担保比例200%以上的按照客户实际使用融资金额的10%计算信用风险资本准备，履约担保比例在150%—200%范围内的按照客户实际使用融资金额的25%计算信用风险资本准备，履约担保比例低于150%的按照客户实际使用融资金额的50%计算信用风险资本准备。

（3）自营投资业务方面，针对期货公司投资的次级债券，建议根据次级债券剩余到期时间分别设定信用风险资本准备计提标准，具体标准可以参照相应期限的应收款项计提标准进行设置；针对交易所债券质押式逆回购以外的协议式回购等其他逆回购交易，目前风险管理公司信用风险资本准备计算标准为50%，参考证券公司针对该类逆回购交易的计算标准为10%，其中信用评级AA级（含）以下的债券逆回购交易的计算标准为20%，建议适当降低其他逆回购交易的信用风险资本准备计算系数至20%。

（4）针对场外衍生品业务，建议整体沿用现行的风险管理公司场外衍生品业务信用风险资本准备计量模型。

（5）其他应收预付款方面，建议根据关联方的资质情况分别设置信用风险资本准备计算比例。目前，针对关联方应收预付款项，风险管理公司统一按照100%的标准计算信用风险资本准备，但采用场外衍生品等业务信用风险资本准备的计算模型，在计算交易对手违约风险暴露EAD后，会根据不同资质交易对手风险权重计算最终的信用风险资本准备。因此，针对关联方应收预付款产生的风险敞口，建议参考场外衍生品业务针对不同资质的交易对手分别设置风险权重的设计思路，根据关联方信用资质，如是否属于金融机构、经批准设立的金融控股公司、中央企业集团财务公司等，分别设置该类关联方应收预付款项的信用风险资本准备计算系数。

操作风险资本准备方面，目前的证券公司与风险管理公司均参照"巴塞尔协议"的金融监管框架下操作风险资本准备计量的标准法，按照过去三年中每条业务线的平均总收入乘以该业务线的操作风险资本准备计提系数（风险越高系数越大），计算每条业务线的操作风险资本准备后加总。课题组根据新阶段期货公司各业务条线的风险特征，参考证券公司与风险管理公司同类业务条线操作风险资本准备计提标准，分别给出了相关业务条线的计提系数建议。

特定风险资本准备方面，参考证券公司相关监管经验，结合期货行业资产管理业务实际，课题组建议新增期货公司资产管理业务特定风险资本准备计算项目。为引导期货公司发挥自身期货与衍生品投资研究优势，合规稳健开展资产管理业务，针对投资于标准化资产以及投资于场外衍生产品的部分，建议给予相对较低的计提系数；同时，为反映去通道、去杠杆的监管导向，针对投资于场外衍生产品以外的其他非标资产的部分，以及高杠杆、高集中度产品，建议提高特定风险资本准备计提标准。此外，鉴于目前部分期货公司已获批牌照开展基金代销业务，建议参照资产管理业务特定风险资本准备计提要求，针对基金代销业务计提特定风险资本准备。

此外，为反映各家期货公司合规风控管理水平的差异，允许风险管理与内部控制体系较为完善的期货公司拥有更大的业务拓展空间，建议参照证券公司与期货公司风险资本准备计算的相关做法，根据期货公司分类评价结果分级设定风险资本准备调整系数。

4. 表内外资产总额计算

表内外资产总额方面，课题组参考证券公司表内外资产总额计算规则，结合新阶段期货公司业务类型，对新阶段期货公司表内外资产总额计算规则提出建议。

表内资产方面，采用扣除期货经纪业务客户资金以及场外衍生品业务客户结算资金余额后的自有资产作为表内资产总额；表外项目方面，将期货自营、期货做市、场外衍生品交易等业务中开展的未充分反映在表内资产项目下的期货与场外衍生品交易，以及资产管理业务规模纳入调整范围，相关表外项目计算标准建议现阶段参照证券公司同类项目计算标准进行统一设置，保持证券期货行业对于杠杆率监管政策的一致性。

从证券公司表外项目的计算规则中可以看出，其针对期货、期权、互换等期货与衍生品在计算表外规模时采用了不同的计算系数或规则，按照风险越高计算系数越大的规则设定各类产品的计算系数，因此证券公司资本杠杆率指标仍在一定程度上带有"风险杠杆"的特征。但当前证券公司针对表外项目的计算规则主要考虑的是该类期货或衍生品产品的固有风险特征，没有考虑金融企业的对冲行为以及对冲后持仓组合整体的风险水平。结合风险管理公司场外衍生品业务与期货做市业务的持仓特点，建议在对指标进一步优化的过程中，可以考虑划分金融企业所持有的期货及衍生产品是否属于完全对冲组合或有效对冲的净额结算组合，对于完全对冲组合和有效对冲的净额结算组合允许在表外项目规模计算结果的基础上额外乘以一定的折算系数。

同样地，为鼓励期货公司加强合规风控管理，提高内部控制水平，建议根据期货公司分类评价结果设定表内外资产总额分类调整系数，给予风险管理与内部控制体系较为完善的期货公司更大的业务发展空间。新阶段期货公司表内外资产总额计算表如表 6 所示。

表 6　　　　　　　　　新阶段期货公司表内外资产总额计算表

	项目	期末余额	转换系数（%）	计算结果
表内资产	表内资产总额		100	
	减：表内资产扣除项			
	客户资金			
	期货经纪业务客户资金		100	
	场外衍生品业务客户资金		100	
	其他			
	表内资产余额			
表外项目	1. 期货及衍生产品			
	国债期货、债券远期、利率互换		100	
	股指期货、权益互换、卖出股票期权		100	
	商品期货、卖出商品期权		100	
	卖出场外期权		100	
	外汇衍生品		100	
	信用衍生品		100	
	其他		100	
	2. 资产管理业务			
	资产管理计划净值规模		0.3	
	3. 其他表外项目			
	对外担保金额及担保承诺		100	
	其他或有事项		100	
	表外项目余额			
分类调整前的表内外资产总额				
分类调整后的表内外资产总额				

5. 流动性覆盖率计算

流动性覆盖率计算方面，课题组以风险管理公司流动性覆盖率计算表为基础框架，考虑新阶段期货公司拟开展的各类业务对短期资金流入流出的影响，对计算表相关项目提出了优化建议，具体如下。

（1）在优质流动性资产计算项目中，新增利率债指数型公募基金项目，参照货币基金与现金管理类理财产品的计算标准计入优质流动性资产，并新增该类资产的已冻结或质押部分扣减项；同时，根据期货公司业务范围，删除交易所标准仓单、非标准仓单等存货类项目。

(2) 未来30日资金流出方面，新增期货保证金融资、期货自营等业务对应的资金流出项目，并对期货做市业务、场外衍生品业务的资金流出计算规则进行以下优化调整：

第一，期货保证金融资业务方面，目前业务模式与规则尚不明确，假设该业务采用与期货交易所仓单质押融资相类似的模式，客户提交有价证券作为担保品后，期货公司给予客户相应的保证金融资额度，用于期货开仓交易的保证金占用。在该业务模式下，客户实际使用保证金融资额度进行开仓交易时，期货公司需要使用自有资金垫付客户需要支付的交易所保证金，将造成资金流出（账面可用货币资金减少）。针对该业务的资金流出风险，课题组认为，可以根据计算时点客户已获得但尚未使用的融资额度的一定比例计算未来30日资金流出。对于客户已获得但尚未使用的融资额度部分，未来30日内存在客户新增开仓或行情波动等情况下新增使用该部分融资额度的可能性，因此建议对客户已获得但尚未使用的融资额度按照不低于50%的比例计算未来30日内潜在的资金流出。

第二，期货自营业务与做市业务方面，建议根据期货持仓的实际风险敞口及资金流出风险，按照对锁持仓、保证金优惠组合持仓和其他持仓分别计算未来30日资金流出。以商品期货为例，在实际业务开展过程中，目前风险管理公司做市业务主要采用对锁持仓的策略，控制持仓的整体敞口，针对该部分期货持仓组合，期货价格波动不会导致组合整体产生盈利或亏损，资金流出风险主要是由于期货市值上涨导致的保证金占用增加。按照未来30日对锁期货持仓组合整体市值上涨20%、平均期货保证金率10%的情景测算，市值上涨导致的新增保证金规模约为期货单边市值的2%，因此对于期货对锁持仓，建议按照期货单边市值的2%计算未来30日资金流出。此外，在做市业务与期货自营业务中，还可能存在跨期套利、跨品种套利等保证金优惠组合持仓，以及部分单边持仓。相较于对锁持仓，跨期套利、跨品种套利等套利持仓组合存在基差不利变动情况下组合亏损导致需要追加保证金的流出风险，因此建议在对锁持仓的基础上额外考虑未来30日内基差不利波动的风险，各品种的基差波动风险可以参考风险管理公司基差风险系数表，如针对所有品种设置统一的计算标准，建议按照各保证金优惠组合市值之和的5%计算未来30日资金流出，其中各保证金组合市值按照该组合市值较大的单边计算。针对期货单边持仓，考虑期货价格波动时可能存在因发生亏损而导致需要追加保证金的流出风险，建议按照各品种市值之和的12%计算未来30日资金流出，其中各品种市值按照该品种市值较大的单边计算。鉴于国债期货波动水平、涨跌停板幅度及保证金水平明显低于商品期货，应根据其风险特征采用较低的系数计算预计资金流出。针对场内期权持仓，根据场内期权保证金计算规则，标的市场价格波动情况下，卖出场内期权的保证金增加部分主要由对应的期货保证金增加以及期权的价值变动构成，建议按照期权对冲组合保证金占用的 20% 以及期权对冲组合市场风险资本准备的 50% 计算未来 30 日资金流出。

第三，场外衍生品业务方面，建议在整体沿用风险管理公司计算规则的基础上，适当降低计算比例。目前，风险管理公司按照场外衍生品业务客户权益的 10% 以及场外衍生品业务市场风险资本准备的 100% 计算未来 30 日资金流出。以挂钩商品类标的的场外衍生品为例，根据风险管理公司市场风险资本准备计算规则，市场风险资本准备为在标的合约波动涨跌停板幅度 2 倍或 20% 的情景下，根据挂钩该标的的场外衍生品持仓组合 Delta 敞口、Gamma 敞口、Vega 敞口及基差敞口测算的压力损失。根据实践经验，当持仓组合挂钩多个标的的情况下，所有标的同时发生涨跌停板幅度 2 倍或 20% 的不利方向波动的概率较小，因此建议适当降低场外衍生品业务市场风险资本准备计算流出的比例至 50%，或根据场外衍生品挂钩标的分散情况，按照挂钩标的的数量分别设置计算比例。例如，挂钩标的少于等于 3 个的情况下计算比例为 75%，挂钩标的超过 3 个的情况下计算比例为 50%。

新阶段期货公司流动性覆盖率计算表如表 7 所示。

表 7 新阶段期货公司流动性覆盖率计算表

项目	期末余额	折算率（%）	折算后金额
一、优质流动性资产			
1. 货币资金（不含经纪业务客户资金）		100	
减：已冻结或质押部分		100	
2. 结算备付金		100	
3. 固定收益类资产			
国债、中央银行票据、国开债		100	
减：已冻结或质押部分		100	
政策性金融债、政府支持机构债券		99	
减：已冻结或质押部分		99	
地方政府债券		95	
减：已冻结或质押部分		95	
信用评级 AAA 级的信用债券		96	
减：已冻结或质押部分		96	
信用评级 AAA 级以下、AA + 级（含）以上的信用债券		90	
减：已冻结或质押部分		90	
4. 货币基金、利率债指数基金、现金管理类理财产品		90	
减：已冻结或质押部分		90	
5. 沪深交易所三大综合指数成分股及宽基指数类 ETF		40	
减：已冻结或质押部分		40	

续表

项目	期末余额	折算率（%）	折算后金额
二、未来30日现金流出			
1. 30日内到期的负债现金流出			
短期借款		100	
拆入资金		100	
卖出回购（按质押物分类）			
其中：国债、中央银行票据、国开债		0	
政策性金融债、政府支持机构债券		1	
地方政府债券		5	
信用评级 AAA 级的信用债券		4	
信用评级 AAA 级以下、AA+级（含）以上的信用债券		10	
信用评级 AA 级的信用债券		30	
债券基金		10	
其他		100	
应付职工薪酬、税费、利息和股利		100	
交易性金融负债		100	
衍生金融净负债		100	
期货保证金融资			
客户未使用的保证金融资额度		50	
30日内须偿还的次级债务和其他债务		100	
2. 或有负债		3	
3. 自营业务及长期投资资金流出			
（1）场外衍生品业务			
其中：客户权益		10	
场外衍生品业务市场风险资本准备		50	
（2）期货做市与期货自营业务			
股指期货、商品期货			
其中：对锁持仓		2	
保证金优惠组合		5	
其他持仓		12	
国债期货			
其中：对锁持仓		0.2	
保证金优惠组合		1	
其他持仓		4	
场内期权			
其中：期权组合保证金		20	

续表

项目	期末余额	折算率（%）	折算后金额
期权组合市场风险资本准备		50	
已承诺不可撤销的 30 日内须支付的投资金额		100	
已承诺不可撤销的 30 日内须支付的长期股权、固定资产、无形资产和其他长期资产的投资金额		100	
4. 其他资金流出		100	
三、未来 30 日现金流入			
1. 30 日内到期的现金流入			
银行承兑汇票		100	
拆出资金		50	
买入返售金融资产		90	
应收股利、应收利息		50	
30 日内到期的信用评级 AA 级以下（含）的信用债券		75	
在途结算资金		95	
2. 未使用的不可撤销金融机构授信额度		50	
3. 经认可的未使用的由金融机构出具的不可撤销流动性担保承诺		75	
未来 30 日内现金净流出			
流动性覆盖率（LCR)			
附：其他需要特别说明的事项			

6. 净稳定资金率计算

净稳定资金率计算方面，课题组以证券公司净稳定资金率计算表为基础框架，根据新阶段期货公司拟开展的各类业务对中长期稳定资金的需求，对计算表相关项目提出优化建议，具体如下：

（1）新增单一、集合等理财产品计算项目，其中理财产品的定义同风险管理公司市场风险资本准备计算表，包括但不限于证券公司、期货公司、基金管理公司及其子公司发行的产品、银行理财产品、保险产品、信托产品、经行业协会备案的私募基金产品等。根据相关理财产品赎回受限情况，分别计算所需稳定资金。其中，赎回不受限制的理财产品是指 30 天内可赎回或到期的理财产品，建议按照 25% 的比例计算所需稳定资金；针对受限期限在 30 天以上的理财产品，建议按照受限期限 6 个月以内、6 个月至 1 年、1 年以上分类计算所需稳定资金，相关期限划分及所需稳定资金计算标准参考《证券公司风险控制指标计算标准规定（征求意见稿）》中关于不同到期日其他所有资产的分类计算规则。

（2）新增期货保证金融资业务计算项目，建议参考证券公司融资类业务，按照融资额度到期日在 1 年以内和 1 年以上，分别计算相应的所需稳定资金。

（3）针对其他所有资产项目，参考《证券公司风险控制指标计算标准规定（征求意见稿）》优化后的计算规则，按照相关资产到期日在 6 个月以内、6 个月至 1 年、1 年以上分类计算所需稳定资金。

新阶段期货公司净稳定资金率计算表如表 8 所示。

表 8　　　　　　　　新阶段期货公司净稳定资金率计算表

项目	期末余额	折算率（%）	折算金额
一、可用稳定资金			
1. 净资产		100	
2. 剩余存续期大于等于 1 年的借款和负债			
次级债务		100	
长期借款		100	
应付债券		100	
其他		100	
3. 所有其他负债和权益		0	
二、所需稳定资金			
1. 高流动性资产			
货币资金		0	
结算备付金		0	
拆出资金（不足 1 年）		0	
存出保证金		0	
买入返售金融资产		0	
货币基金		0	
2. 剩余存续期不足 1 年的证券			
国债、中央银行票据、国开债		0	
政策性金融债券、政府支持机构债券		0	
地方政府债		0	
同业存单			
信用评级 AAA 级的信用债券		0	
信用评级 AAA 级以下、AA 级（含）以上的信用债券		1	
信用评级 AA 级以下、BBB 级（含）以上的信用债券		3	
信用评级 BBB 级以下的信用债券		5	
3. 剩余存续期大于等于 1 年证券			
国债、中央银行票据、国开债		2	
政策性金融债券、政府支持机构债券		2	
地方政府债		5	

续表

项目	期末余额	折算率（%）	折算金额
信用评级 AAA 级的信用债券		10	
信用评级 AAA 级以下、AA 级（含）以上的信用债券		20	
信用评级 AA 级以下、BBB 级（含）以上的信用债券		30	
信用评级 BBB 级以下的信用债券		50	
4. 股票			
沪深交易所三大综合指数成分股		30	
一般上市股票		50	
流通受限的股票和其他股票		100	
5. 可转换债券		30	
6. 衍生金融资产		0	
7. 证券投资基金			
非权益类基金			
其中：利率债指数基金		6	
其他非权益类基金		10	
权益类基金			
其中：指数基金		10	
其他权益类基金		20	
8. 单一、集合等理财产品			
赎回不受限制的		25	
赎回受限的			
其中：受限期限在 6 个月（含）以内		50	
受限期限在 6 个月以上、1 年（含）以内		75	
受限期限在 1 年以上		100	
9. 期货保证金融资业务			
到期日在 1 年（含）以内的保证金融资		50	
到期日在 1 年以上的保证金融资		100	
违约融资金额		100	
10. 1 年以内的应收款项、应收股利、应收利息		50	
11. 其他所有资产			
到期日在 6 个月（含）以内		50	
到期日在 6 个月以上、1 年（含）以内		75	
到期日在 1 年以上		100	
12. 表外项目			
期货及衍生品			
其中：利率互换、外汇衍生品		0.50	

续表

项目	期末余额	折算率（%）	折算金额
权益互换		1	
国债期货、债券远期及卖出信用衍生品		3	
商品期货		8	
股指期货、卖出期权		12	
其他			
其他表外项目			
对外担保金额及担保承诺		5	
其他或有事项		5	
净稳定资金率（NSFR）			

五、结语与展望

（一）结语

随着期货市场交易规模不断扩大，期货行业发展提速，期货公司在业务规模和盈利水平上均有较大提升。《期货和衍生品法》及其配套规则出台后，期货公司业务范围将有所扩展，期货做市、场外衍生品等业务将回归期货公司，同时期货公司有望迎来期货保证金融资、期货自营交易等新业务牌照。在此背景下，加强期货公司风险控制指标体系建设，促进期货公司风险管理实效性提升，对于推动期货市场平稳发展具有重要意义。

本文主要梳理了"巴塞尔协议"金融监管框架发展脉络及其主要风险监管指标的设计思想；同时，对国内证券、期货及风险管理公司现行主要风险监管指标体系进行对比分析，并结合未来期货公司业务范围变化带来的相关业务风险特征，按照从严监管和全面监管的原则，提出了《期货和衍生品法》落地后新阶段期货公司风险监管指标的优化建议，以期提升期货公司风险监管指标有效性，达到引导期货公司加强对资本与流动性的管理、落实全面风险管理要求的目的，为新阶段期货行业的快速稳健发展贡献研究力量。

（二）展望

在本文的研究中，由于时间精力以及研究能力的限制，加之相关研究资料和文献的缺乏，导致研究仍存在许多不足之处，未来还有以下研究工作可以陆续开展。

（1）主要风险监管指标及标准方面尚待进一步检验与改进。

本文研究过程中，课题组在梳理"巴塞尔协议"金融监管框架发展脉络和研究证券期货行业现行主要风险监管指标体系的基础上，结合未来期货公司业务范围变化情况提出了关于新阶段期货公司主要风险监管指标建议。一方面，由于课题组所掌握的数据和资源的局限性，本文结果有待行业的检验以及根据实践经验的进一步完善。另一方面，由于《期货公司监督管理办法》及相关配套细则的修订尚未正式完成，期货保证金融资等业务的具体业务模式和规则尚不明确，本文中仅根据假定的业务模式对相关业务进行了初步探索，相关建议和想法还存在不够成熟之处。随着期货行业的不断创新，新业务和新产品的不断涌现，未来仍需结合期货公司的业务发展特点，持续补充和完善相关风险监管指标，确保风险管理指标体系更加全面、准确地反映业务风险。

（2）监管指标与指标计算规则方面有待更加全面和深入的研究。

由于时间有限，本文中课题组将主要精力集中在期货公司风险监管指标体系的主要监管指标及其计算规则的优化建议方面。一方面，除主要风险监管指标外，证券公司与风险管理公司监管指标体系中还设置了诸多次要指标及观察指标，本文未能对期货公司相关指标的设计开展全面研究。另一方面，由于各监管指标在计算时涉及的具体计算项目众多，在时间精力有限的情况下，在相关指标具体计算标准及风险系数的选择方面，课题组较多地借鉴了现行的证券期货行业主要风险监管指标体系对于同类指标和项目的计算规则及转换系数，对部分项目提出了优化改进建议。本文未能对所有指标计算项目及其风险系数开展深入研究，而是有侧重地针对新阶段期货公司业务范围变化情况对指标的影响进行研究，研究覆盖程度尚不够全面，相关指标计算规则仍有进一步研究改进的空间。

（3）不同风险之间的相关性和传导性未予体现。

本文中，未针对不同业务及不同风险之间的相关性及传导性开展深入的研究，如在计算风险资本的过程中，仅对单一业务或单一风险分别进行考虑，而未考虑不同业务和不同风险之间的相关性，这部分内容在全面风险管理的框架下具有较大的研究意义。后续在完善风控指标设计体系的过程中，应更加重视不同风险之间的关联性和传导性。

参考文献

[1] Lee, Lawrence L. C., 1998, "Basle Accords as Soft Law: Strengthening International Banking Supervision", The. Va. j. intl L (1998).

[2] 陈颖，甘煜. 巴塞尔协议Ⅲ的框架、内容和影响 [J]. 中国金融，2011 (1)：3.

［3］孙若鹏.《巴塞尔协议Ⅲ》最终版的背景、变化及对中国银行业的影响[J]. 金融监管研究，2018（10）.

［4］鲁政委，陈昊. 巴塞尔协议Ⅲ操作风险资本监管的新标准法与实施挑战[J]. 金融监管研究，2019（4）：14.

［5］贺育飞. 巴塞尔协议Ⅲ的基本框架及其对中国银行业的影响分析[J]. 金融经济，2011.

［6］谷秀娟. 金融操作风险的度量与管理[J]. 经济经纬，2006（6）：5.

［7］中国证券监督管理委员会. 证券公司风险控制指标管理办法，证监会令〔第166号〕，2020.

［8］中国证券监督管理委员会. 证券公司风险控制指标计算标准规定，证监会公告〔2020〕10号，2020.

［9］中国证券监督管理委员会. 中国证监会关于就《证券公司风险控制指标计算标准规定（修订稿）》公开征求意见的通知[EB/OL]. http：//www.csrc.gov.cn/csrc/c101981/c7441193/content.shtml.

［10］中国证券监督管理委员会. 期货公司风险监管指标管理办法，证监会令〔第202号〕，2022.

［11］中国期货业协会. 期货风险管理公司风险控制指标管理办法（试行），中期协字〔2021〕159号，2021.

［12］中国期货业协会. 中国证监会关于就《期货公司监督管理办法（征求意见稿）》公开征求意见的通知[EB/OL]. http：//www.csrc.gov.cn/csrc/c101981/c7397662/content.shtml.

中期协联合研究计划（第十六期）项目

关于量化投研 AI 数字化体系的建设实践及创新应用

课题负责单位：中信期货有限公司
课题研究编号：2023360319
课题负责人：莫逸红
课题组成员：吴　琛　周向真　毛思敏
　　　　　　熊　鹰　王　骞　侯正萍

一、引言

金融市场是一个典型的博弈市场，充满高度不确定性的和复杂性的群体博弈。量化投资研究是围绕时间维度作价格预测，通过预测未来价格变动来获得收益。传统的投资决策模型主要基于人的经验和直观判断，受限于人的认知能力和信息处理能力，难以解决大规模、复杂的投资决策问题。随着人工智能技术的发展，量化投研已成为金融投资领域的重要研究方向。

因此，增强量化投研能力最根本的目标是支撑期货机构内的研究团队和外部行业用户在这两项职能上强化效力、固化能力，实现研究端向投资端的可持续、可衡量、更高效、可协作的转化。

本文扎根于期货机构自主的特色研究服务，明确以量化投研平台作为能力底座，基于"AI数字化结合策略研究、因子分析、回测服务、仿真交易、数据协同"开展业务。一方面，支持期货机构内研究部门及子公司"提升研究服务能力""加速研究知识共享""构建内外特色因子"；另一方面，赋能行业用户通过量化投研平台进行因子挖掘、多维因子组合运算、仿真，实现快速赋能机构客户，满足业务发展。在同质化竞争中兼顾综合发展和聚焦特色，同时通过为外部客户提供投研回测服务工具，打造机构客户差异化竞争优势。

同时，量化投研平台深化人工智能（AI）和机器学习（ML）技术的应用，分析提升投资策略的表现，通过案例分析展示AI技术如何在实际操作中发挥作用；探讨AI模型在量化投资中存在的挑战，提供了一个全面的框架，用于评估AI模型在量化投资中的有效性。报告中将介绍最新的研究成果和技术进展，以及它们如何被成功地整合到量化投资策略中。

在此背景下，量化投研平台中AI和ML技术的重要性愈加凸显。AI模型，尤其是那些能够自我学习并适应不断变化市场环境的模型，为量化投资提供了新的视角和工具。与传统统计模型相比，AI模型在处理大量复杂数据时更为高效，能够从中发现非线性关系和隐含模式。这些模型的预测准确性和自适应能力对于提高投资回报率至关重要。它们能够帮助量化投资者更好地理解市场动态，缩短决策时间，并提高策略的性能。

总之，通过量化投研平台的建设实践和创新应用，以及对AI和ML技术在量化投资领域的深入剖析，以策略研究、因子分析、回测服务、仿真交易、数据协同为量化投研平台具体表现能力，能够为期货从业者的研究和商业生态提供投资实践和稳固研究的基础。

二、平台建设实践及创新应用背景

（一）量化投研行业扫描

1. 量化机构规模有提升潜力，头部效益明显

根据中国证券投资基金业协会数据，截至 2022 年底，近 79% 的私募管理人管理规模不到 5 亿元，而这个规模是一般业内认为的一家私募证券投资基金存活的生死线。相关调研问卷显示，42% 的机构管理规模在 1 亿元以下，19% 的机构管理规模在 1 亿—10 亿元。

另外，值得注意的是，传统概念中早期主动投资与量化投资泾渭分明，基本面量化的兴起让两者得以结合，也有部分量化机构布局主动投资，或者主动投资机构在量化赛道试水。问卷调研发现，即便是以量化机构为主的调查对象，其实量化在资产管理规模中平均比例为 42.23%，不到一半，全部做量化的机构比例仅为 13%，这或许是因为市场对于量化的定义并不清晰。

2022 年，22.41% 的受访者表示机构规模缩减，31.03% 的机构规模没有变化，其他则呈现不同程度的增长。同时，机构存量规模与增长规模呈线性关系，规模增长聚集在头部机构，50 亿—100 亿元的机构中，超过六成实现了管理规模的增长。而管理规模超过 100 亿元的大型机构，更是只有极少的比例出现了下滑。而 5000 万元以下及 5000 万—1 亿元的量化机构规模缩减的比例分别占 44.44% 和 31.58%。

与此对应，虽然整个行业在大量吸引人才，但 1 亿元以下规模的机构却处于人员流失的状态，80.55% 的 5000 万元规模以下机构的人员没有变化甚至有所减少，而 100 亿元以上规模机构的人员增长了 10% 以上。

量化机构规模分布如图 1 所示。机构量化占资产管理规模比例如图 2 所示。

机构规模影响着管理人的投入、产出等方面，在人才吸纳、产品发行、资金引入方面产生虹吸效应。机构的投研体系、融资及行业市场资源积累、资本市场的认可度是区分行业优势的重要因素。

2. 头部机构在投研体系及资本市场资源领先

投研体系方面的工作最终更多表现在 Alpha 收益上，从中信托管 2022 年数据上看，量化股票多头策略及市场中性策略管理人的 Alpha 收益分布体现出了较为明显的规模效应，即管理规模越大，Alpha 收益率均值越高。50 亿元以上的管理人 Alpha 收益率均值分别为 16.05% 和 4.80%，高于全样本表现。期货方面，趋势策略 50 亿

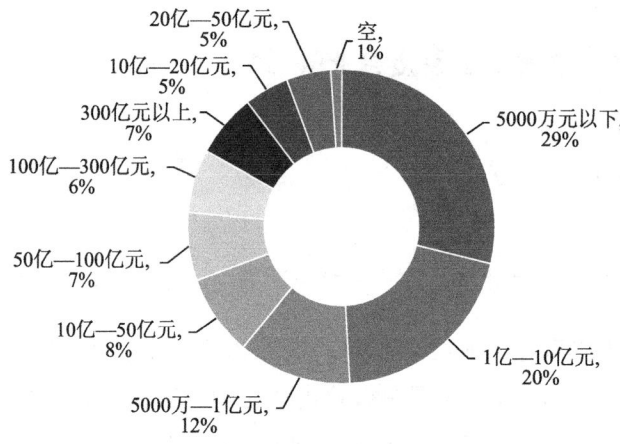

图 1　量化机构规模分布

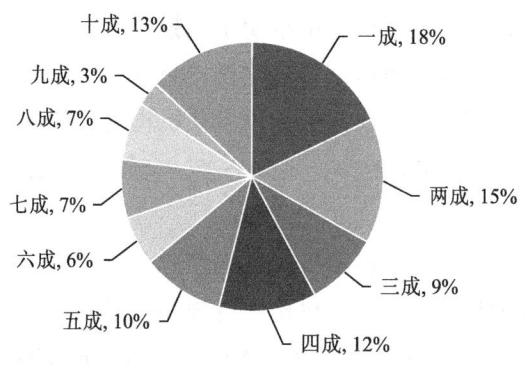

图 2　机构量化占资产管理规模比例

元以上管理人在近 1 个月中对市场短期趋势把握较好，而 10 亿—50 亿元中部管理区间对下半年的中长期趋势把握更佳，10 亿元以下小规模管理人相对灵活，全年整体收益均值为正。

3. 额度一直是投资人关注的核心指标之一

量化机构也会根据市场冲击估算最优容量，数据显示，目前市场上的管理规模尚未达到饱和状态，机构资产管理规模平均占最优容量的 47.99%，很多非头部机构仍有较大的提升空间。

4. 3/4 的机构过去一年致力于策略打磨、超额提升，近半数的机构把新产品线的研发作为工作重心之一

机构资产管理规模是否达到 1 亿元是分水岭，在此之前机构主要精力在于新产品线的研发。随后开始在管理资金、人才招聘方面全面发力，对 100 亿元以上机构，管理资金扩容不再是重中之重。量化机构工作重点如图 3 所示。

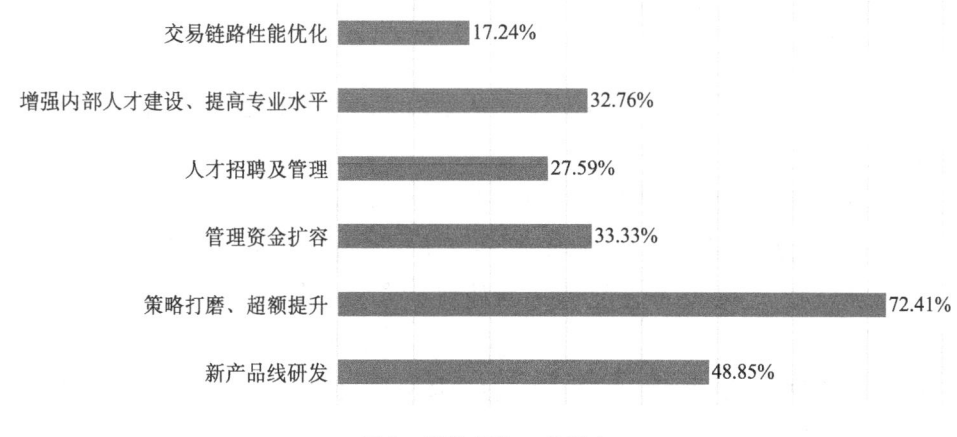

图 3　量化机构工作重点

（二）平台建设背景

从内部视角来看，建设具备行业竞争力的产品，基于企业的投研能力和商务积累寻找突破口，实现"知识沉淀共享体系""优质数据源融合""特色投研价值"。在实现投研能力自主沉淀的同时，面向机构客户赋能因子服务和专业投研仿真回测能力，逐步搭建具备金融科技生态的投研服务平台。

从行业竞争来看，增量资金增速放缓和市场透明度提升，都导致机构策略不得不走向了"同质化"。在"同质化"竞争中综合发展和聚焦特色，通过发展前瞻度、配置能力、交易能力、创新与变革能力和策略本身的投研能力，尝试寻求自身特点。投研数字化是一个值得把握的竞争契机。

从数据角度来看，投研数字化的其中一个优势是应用科技手段赋能"数据收集、数据处理、分析研究、结果输出"环节，实现从数据输入到策略输出、有效沉淀的过程，成为金融科技必不可少的数据底座平台。数据作为至关重要的生产资料，能够提高投研人员的效率和投资水平并避免陷入重复劳动，帮助企业走在市场曲线之前。更为重要的是在期货现有优势资源的前提下，培育和筑造企业投研能力和基于特色数据的行业壁垒。

（三）平台建设实践的立意

本平台的实践和创新旨在帮助研究部门、资管部门、衍生品部门等相关量化投研团队搭建一体化的 AI 量化仿真回测交易平台，提供统一的仿真回测环境，支持研报侧增加回测评价，支持因子、策略的在线编辑及沉淀，并通过建立分级共享机制实现不同团队、不同部门之间的知识共享。主要建设目标分为功能性、稳定性、前瞻性三个层面。

1. 功能性

（1）提供数据和因子的集中管理，解决基础金融数据的重复获取、因子加工处理问题；

（2）支持量化回测、模拟交易、实盘对接一体化服务；

（3）支持期货研究场景，包括股票、可转债等多市场的量化研究；

（4）从目前传统本地 ML 开发能力延伸到云端，提供低成本、高效率的集群算力支持；

（5）融合数据中台和 Devops 理念，打造成一体化的流水线 IT 模式，提升研究员开发投产效率；

（6）提升业务部门的数据可靠性、系统安全性、稳定性；

（7）构建对因子、策略的多级共享机制；

（8）支持本地编辑因子、策略，可利用加速模块提升效率。

2. 稳定性

（1）具有完善的平台框架及成熟的交易引擎；

（2）具有良好的代码编写风格、强大的系统功能、丰富的技术指标、易于使用的界面；

（3）数据的质量、标准化、分布、预处理等方面比较成熟；

（4）平台架构的完备性、与其他系统的接口兼容性、系统的稳定性等方面比较良好。

3. 前瞻性

（1）平台支持通过人工智能技术来进行数据分析、模型构建和预测分析等工作；

（2）具有灵活的架构和可扩展的能力，整合最前沿技术（算法），实现更多功能和应用；

（3）运用大数据技术，提高数据分析的准确性和全面性。

此外，经过一段时间的搭建和实践，本文提炼了以下关于平台的优势和价值：

（1）能帮助研究员节省大量数据整理时间。

数据获取、清洗、入库是量化研究中比较费时费力的环节，但因后续所有研究都基于该数据，所以这些步骤极为重要。投研量化平台上线后，由于平台有大量的内置数据，可以有效帮助研究员节省数据的获取时间，将更多的精力放在策略开发上，有助于提升研究效率及研究产出。此外，投研量化平台上有大量 Tick 级别的数据，能够进一步提升因子研究的精细程度，这是研究员基于个人电脑很难做到的。

（2）有助于提升回测的精准性，提供"买方策略"模拟测试。

投研量化平台使用高精度模拟交易系统进行撮合交易，这让策略的回测更贴近实盘。最近一年由于市场波动较大，客户更关心研究所策略在真实交易环境下的表现。平台模拟交易系统能很好地模拟策略在实盘上的表现，不仅有助于客户跟踪策略，而且有助于研究员根据回测表现对策略进行迭代。

（3）有助于提升代码的标准化程度。

投研量化平台使用整体多源的回测框架，能够反向提高所有研究员策略代码的统一性。统一的回测平台有助于提升研究员代码的可读性与可移植性，也能让团队之间的交流变得更加容易。

（4）仿真交易能让主观研究员更好地验证自己的策略。

投研量化平台还设计了仿真交易系统，采用类似交易软件的下单界面，使得主观研究员能有效地跟踪和验证自己的研究成果。该系统有助于主观研究员增强买方思维，更好地满足客户的实际需求。

（5）能更有效地向客户推送信号。

现阶段，研究所各大模型的信号主要通过研究员定向发送的方式分享给客户。该方式存在以下两个主要问题：第一，每天发送对研究员来说增加时间成本的消耗；第二，由于是标准化产品，客户可能只需要其中某一部分他关心的数据，现有的定向发送方式对客户来说，增加了其在阅读上的时间消耗。

在信息爆炸的时代，客户需要更"精准快速"地了解"有效信息"。投研量化平台能让客户自主订阅所需信息，实现"精准快速"目标；有助于解放研究员，使其能将更多时间放在研究上，产出更多"有效信息"。

（四）平台建设进展

1. 平台研究环境

（1）量化投研的研究环境，具备代码模式开发环境并可以自定义安装第三方数据库和软件包；

（2）可以实现自研策略，支持不同类型市场策略回测，包括股票、期货；支持主流投资策略类型，包括套利、趋势跟踪、多因子选股、价值选股、行业轮动、事件驱动、AI 选股等策略；

（3）支持数据回测撮合，回测引擎不仅支持股票、期货、公募 REITs、ETF、转债等，还支持设置价格数据、交易日历、涨跌停状态等重要参数，并可进行策略回测；

（4）对多种机器学习和深度学习算法和框架进行模块化封装，覆盖统计、回归、分类、聚类、排序学习等，支持通过可视化方式构建机器学习、深度学习模型，支持主流机器学习库和框架；

（5）软件支持因子自研分析能力。

2. 资料设备

（1）算力资源，配套适用一定人群数量的节点资源和GPU算力资源（见表1），可支持一定数量的并发支持用户数。

表1　　　　　　　　　　　算力资源

资料设备	数量（台）	详细配置
工作节点（含GPU）	6	cpu（32cores）×2， mem 512G， 960G sata SSD×2， 3.84T nvme SSD×2， 16T HDD×4， SAS 12Gb RAID controller×1， 10G eth port×2， 25G Roce port×2， GPU×4
控制节点	3	cpu（32cores）×2， mem 256/512G， 960G sata SSD×2， 3.84T nvme SSD×2， 16T HDD×4， SAS 12Gb RAID controller×1， 10G eth port×2， 25G Roce port×2
HAProxy	2	cpu（32cores）×1， mem 128G， 960G sata SSD×2
RoCE交换机	2	25Gb ROCE交换机， 48个25G端口， 8个100GE端口

（2）配套平台软件资源（见表2），支持代码开发窗口并且具备因子分析、交易回测和模拟交易服务能力。

表2　　　　　　　　　　配套平台软件资源

资料软件	数量	说明
量化投研AI智能量化平台	1套	
平台实施和部署	1次	主要包含：系统部署、数据对接、界面开发、功能调试等
精细化模拟撮合引擎系统	1套	撮合引擎系统
Cats算法单模拟撮合定制	1次	整合撮合引擎与cats算法单系统模块
资金账号管理模块	1套	模拟交易账户、持仓、结算等
PaaSClient	1套	基本运维管理、应用发布协助、计算任务运行、VPS远程桌面等
Cats算法单系统	1套	大规模订单拆单策略、自动化执行批量下单等
系统整合方案设计及实施	1次	对以上各关联系统进行整合设计，实施落地

（3）基础数据及基础因子准备，具体如下：

第一，行情数据：股票行情、期货行情、基金、利率互换、境外交易所行情数据等；

第二，主流数据源：万得股票类、万得期货类、财汇数据库、恒生聚源等；

第三，基础因子：因子覆盖股票、基金、期货等。

3. 平台建设时间

本项目的量化投研平台搭建期限为7个月，项目从2023年6月1日至12月31日，项目计划如表3所示。

表3　　　　　　　　　　平台建设计划

序号	计划日期	研究及建设交付物
1	2023-06-01	量化投研平台立项计划及需求文档
2	2023-08-31	搭建完成量化投研平台，具备因子分析、回测、模拟交易等平台功能，具备内部研究员个人、分组、分部门协作使用
3	2023-10-31	引入基础数据和公司特色数据，通过平台研究员实现沉淀特色因子和构建策略
4	2023-12-31	平台完整版本上线，开始面向第三方机构，论证沉淀因子和策略的价值

三、平台数字化应用生态的研究

（一）构建量化投研AI数字化

量化投研AI数字化的平台构建（见图4）涵盖从研究规划到需求满足，我们从内部服务和外部赋能的视角对其进行了挖掘。

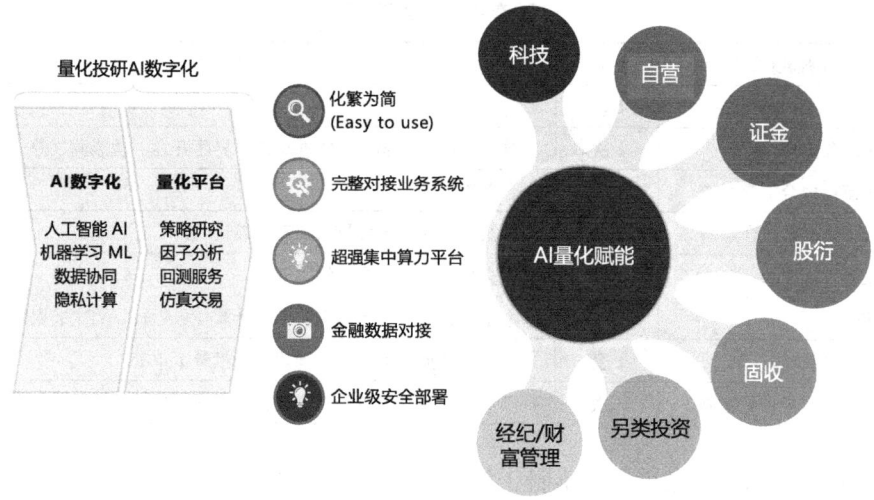

图4　量化投研平台应用规划

1. 内部服务

支撑"资管、研究所、衍生品等"涉及量化的全品类金融产品研究,加速投研能力从卖方向买方转型。搭建量化仿真回测交易平台和构建仿真回测环境,并沉淀因子和策略服务能力。实现"量化投研能力+特色因子+知识共享"的科技服务。

2. 外部赋能

支持"行业投资型机构"通过量化投研平台进行因子挖掘、多维因子组合运算、仿真。实现快速赋能机构客户,满足业务发展。

从内部视角看,建设具备行业竞争力的产品,基于特色投研能力和商务积累寻找突破口,实现"知识沉淀共享体系""优质数据源融合""特色投研价值"。在实现投研能力自主沉淀的同时,面向机构客户赋能因子服务和专业投研仿真回测服务,逐步搭建具备金融科技生态的投研服务平台。

从行业竞争来看,由于增量资金涌入速度放缓和市场透明度提升,机构策略不得不走向"同质化"。在"同质化"竞争中采用综合发展和聚焦特色并行方式,如通过发展前瞻度、配置能力、交易能力、创新与变革能力和策略本身的投研能力尝试寻求自身特点。投研数字化是一个能够把握的竞争契机。

从数据角度来看,投研数字化的一个优势是应用科技手段赋能"数据收集、数据处理、分析研究、结果输出"环节,实现从数据输入到策略输出并有效沉淀的过程。数据作为至关重要的生产资料,能够提高投研人员的效率和投资水平并使其避免陷入重复劳动,帮助其走在市场曲线之前,特别是在现有优势资源的前提下,筑造企业在期货市场投研能力和基于特色数据的行业壁垒。

投研量化平台是集 PaaS 与 SaaS 于一体的人工智能私有云平台。支持 GPU 和大数据流、实现多租户、弹性任务调度，满足计算资源集约化管理，提升数据质量并缓解信息不对称问题，具体如下：

（1）提升数据质量和规模：提升数据处理的效率和准确性，增加数据源和数据处理机制并形成统一的内外因子管控及共享能力。

（2）缓解信息不对称：由于数据的多样性和异构性，研究者往往很难获取全面准确的市场信息和数据。同时，由于缺乏信息和分析工具，研究者往往很难预测未来的市场趋势和变化。通过量化投研平台能够实现信息快速同步，数据快速建模。

（3）提升研究效率：可支持大规模数据分析和处理的需求，提升海量数据研究效果。提供定量分析和建模工具，通过数据和模型来解释和解决复杂的问题。

（4）研究成果沉淀和共享：通过统一平台，实现不同研究人员、资管人员对框架分析结果进行业务沉淀或分析再造，并基于统一知识库进行安全共享。

（二）策略研究提升买方思维

从行业发展角度来说，根据《衍生品交易监督管理办法（二次征求意见稿）》的精神，期货行业有望在合规的基础上加强交易型业务。从卖方业务发展的角度来说，随着近年来信息技术的发展，在信息大爆炸的时代，客户更希望能更精准有效地了解更贴合实盘交易的信息。以上两个方面都要求研究所在研究中提升买方思维。

投研量化平台应从以下几个方面助力研究所提升买方思维的能力。

第一步就是流程化。如今的头部买方机构都学习海外先进经验，将整个量化投研过程标准化、流程化，将原始的"作坊式"的量化开发体系提升至"流水线"化的体系，借助投研量化平台，研究所能够从以下几个方面提升整个研究体系的流程化水平：

（1）使用统一的数据来源。数据获取、清洗、入库是量化研究中比较费时费力的环节，但又极为重要，因为后续所有研究都基于该数据。投研量化平台上线后，由于平台内有大量的内置数据，可以有效地帮助研究员节省数据获取的时间，可使其将更多的精力放在策略开发上，有助于提升研究效率及研究产出。特别是，投研量化平台上有大量 Tick 级别的数据，能够进一步提升因子研究的精细程度，这是研究员基于个人电脑很难做到的。

（2）使用统一的回测框架。投研量化平台使用高精度回测框架，这能够反向推动每个研究员策略代码的统一性。统一的回测平台有助于提升研究员代码的可读性与可移植性，也能让团队之间的交流变得更加容易。

（3）便捷的代码、因子分享。投研量化平台可以很容易地在研究所内部分享代码及因子，这样可以较容易地实现多人共同编辑，告别点对点式的文件互传方式，减少代码在传递过程中的变形,有效提高团队"作战"效率。

(4) 线上化。投研量化平台是基于网页的线上办公系统,不依赖于研究员的个人电脑,可以更便捷地对策略进行修改和监控。

(5) 以上几点能实现全量化策略开发的标准化和协同化,进一步向优秀买方进行学习。

第二步是接近实盘的策略跟踪,具体分为以下两个方面:

(1) 量化策略方面,投研量化平台使用平台的模拟交易系统进行撮合交易,这让策略的回测更贴近实盘;能够精确地跟踪和模拟策略在实盘的表现,这让研究所的策略更加具备落地的可能性。另外,通过策略分享功能,公司内部交易台或重要外部客户可以很容易地了解策略模拟交易的情况,并考虑是否进行采购或者深入合作。

(2) 仿真交易方面,投研量化平台为主观研究员提供了类似交易平台下单界面的仿真交易系统,能够让主观研究员更好地跟踪自己对品种的判断,帮助研究员实现从逻辑到盘面的"飞跃",并为相关客户提供更具备交易参考价值的策略。

(三) 接近实盘的回测服务和仿真交易

1. 业务研究说明

回溯测试是程序化交易的重要环节,是训练算法、检验策略有效性的关键评价手段,高效、准确的回测系统的搭建依赖于权威可靠的数据资源,以及专业的底层开发技术和数据资源处理整合能力。回测的结果直接影响对策略和仿真交易结果的验证。所以在回测撮合的科技能力上需要围绕实盘能力的准确性和稳定性标准进行打造。

期货投研重点关注高频及精细化撮合系统的能力。调研围绕:交易所逐笔行情且可同时支持股票及期货的高性能精细化回测服务;采用C++语言开发构建;利用事件驱动回测运行机制;基于交易所撮合规则的模拟撮合引擎。同时,在性能要求上回测撮合能力可达万笔/秒以上,可实现15分钟内回测全市场股票逐笔数据。我们的要求高于整体行业水平。

2. 回测引擎搭建技术说明

(1) 基于事件驱动回测引擎。

回测系统撮合采用事件驱动模式(见图5),即以一个事件紧接下一个事件的方式处理,可跳过相邻事件之间的时间,在加速回测速度的同时,又不会丢失事件,完整记录买卖订单到达和处理的过程,从而达到精确模拟实盘的目的。

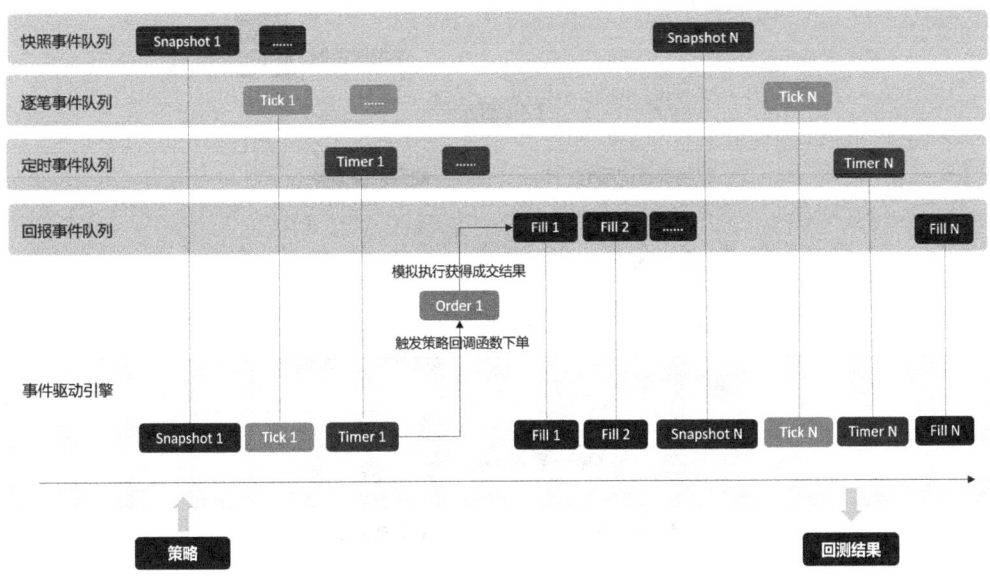

图 5　基于事件驱动的回测引擎流程

（2）高精度撮合系统。

以期货交易所的高精度行情数据作为基础重构订单簿。用户的策略订单参与订单簿更新的过程。下一次快照行情更新也会触发订单簿的更新机制。从而实现高精度的撮合系统。高精度撮合系统逻辑如图 6 所示。

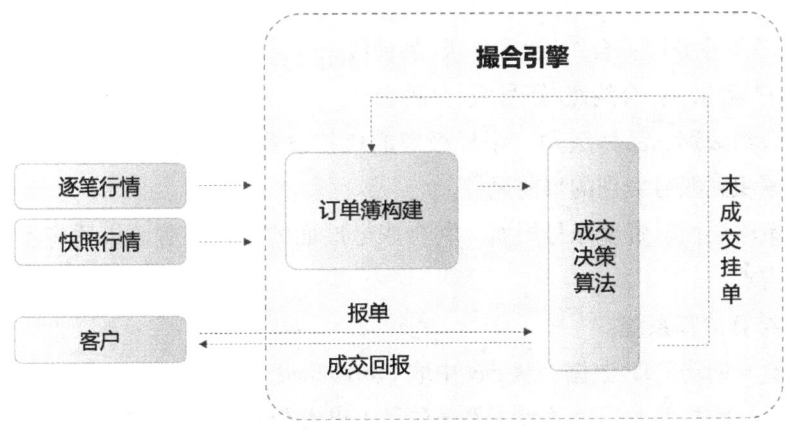

图 6　高精度撮合系统逻辑

（3）高精度时间戳数据管理。

期货数据种类繁多，需要能够记录原始数据的精准时间戳。并且对不同交易所、不同数据中心的数据进行清洗和管理。在使用的过程中，需要对不同来源的数据进行合并，依赖高精度的时间戳来排序，从而使用户在套利以及做市策略中能达到与实盘效果更接近的回测结果。量化投研平台数据处理结构如图 7 所示。

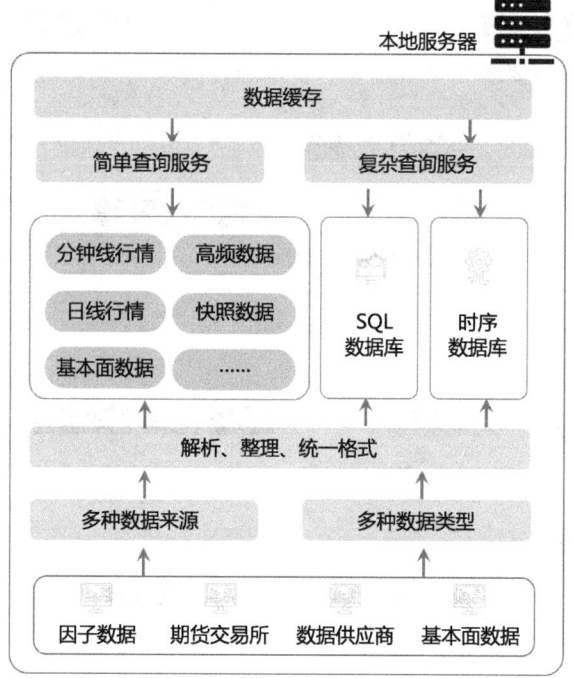

图7 量化投研平台数据处理结构

（4）三层三级风控体系。

三层三级严密风控体系可实现多策略、多账户的风控要求。

a. 集中管理层：合约级/账号级/品种级；

b. 交易所业务层：合约级/账号级/品种级；

c. 用户策略层：合约级/账号级/品种级。

实现合约级别、品种级别、账号级别的风控设置。合约级别累积到品种级别，品种级别累积到账号级别的事前风控。

实现策略层面、资金账号层面、联合账号层面的风控设置，以适应不同业务层面的风控需求。

（5）结算清算系统。

昨权益 = 同步 CTP 数据：从 cav 中取 PreBalance

今权益 = 昨权益 + 浮动盈亏 + 平仓盈亏 + 出入金 – 交易手续费

可用资金 = 昨权益 – 浮动浮亏（资金账号级别浮盈不计但浮亏计） + 平仓盈亏 + 出入金 – 交易手续费 – 占用和冻结保证金（产品大额单边） – 冻结手续费

方向 = （多→1、空→–1）

平仓盈亏 = $\sum_{每个合约}(\sum_{每个方向}(\sum_{每次平仓成交}(平仓价格 - (该笔平仓对应的先开仓位的价格)) \times 手数) \times 方向) \times 合约乘数$

浮动盈亏 = $\sum_{每个合约}(\sum_{每个方向}(\sum_{每个仓位}((当前价格 \times 持仓手数 - (开仓价$

格)))×方向)×合约乘数

交易手续费 = $\sum_{每个合约}$ 成交手数×合约乘数×(每手手续费/手续费率×价格)

冻结手续费 = $\sum_{每个合约}$ 未成交手数×合约乘数×(每手手续费/手续费率×价格)

占用和冻结保证金 = $\sum_{每个产品}$ Max(多头产品占用和冻结保证金,空头产品占用和冻结保证金)

下面以多头为例说明，空头类似：

多头产品占用和冻结保证金 = 多头产品占用保证金 + 多头产品冻结保证金

多头产品占用保证金 = 多头产品总持仓成本×合约乘数×保证金率

多头产品冻结保证金 = 多头产品总冻结成本×合约乘数×保证金率

多头产品总持仓成本 = $\sum_{每个合约}$ (多头合约总持仓成本)

多头合约总持仓成本 = 多头合约今仓成本 + 多头合约昨仓成本

多头合约今仓成本 = $\sum_{该合约每个买开今仓成交}$ (成交数量×成交价格) – $\sum_{该合约每个卖平仓成交}$ (成交数量×平仓对应的先开仓位的价格)

多头合约昨仓成本 = (该合约开盘时昨仓手数 – 该合约平昨成交手数)×该合约昨结算价格

多头产品总冻结成本 = $\sum_{每个合约}$ (多头合约未成交成本)

多头合约未成交成本 = $\sum_{每个开仓订单}$ (未成交手数×订单限价价格)

结算清算采用与实盘相同的业务逻辑，在每个回测交易日后对策略的持仓和资金进行结算。

（6）期货分布式撮合架构。

本项目在云上部署时，整体架构如图8所示。所有的回测（不限一单一框架）发送订单至消息队列（RMQ），下单接口从消息队列中取出订单，按"业务类型 + 服务器负载指数"的方式分配到不同的高精度撮合服务。

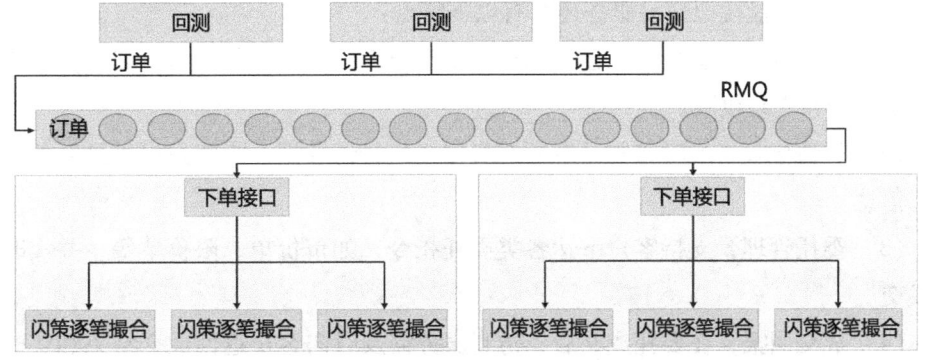

图8 期货分布式撮合架构

下单接口与高精度撮合呈一对多的关系，即一个下单接口可以将订单分发至多个不同的高精度逐笔撮合。一个下单接口与多个高精度逐笔撮合（数量可配置）被打包在同一个镜像下，可一键部署启动。此结构下，可根据服务总量的要求进行灵活配置。

3. 回测引擎搭建需求的验证

回测引擎搭建需求的验证主要包括以下几个方面的内容。

第一，历史回测服务，旨在帮助期货投研团队利用历史数据开发和测试不同的量化交易策略，并通过回测结果优化策略的表现。最后通过资产组合理论对不同的模型进行融合，构建出期货交易策略的投资组合，具体内容如下：

（1）回测参数配置：依据投研团队需求，对期货回测的时间范围、撮合类型、自定义模型参数等进行精细配置，并且根据参数的排列组合进行并行拆分工作。

（2）回测计算：依托现有云平台建设的回测平台，将多账号的多任务回测内容进行并行计算，并总结回测结果。

（3）回测结果分析：对单次回测的结果进行总结分析，并且能够结合同一模型、不同参数的回测结果给出参数调优的组合。

（4）回测清算：对应交易所清算规则，对回测账号进行清算结算，并且可以导出成结算文件，方便投研团队自己结算使用。

（5）维护与更新：依据每年交易所规则的变更，以及期货投研团队的需求，对回测平台进行定制与维护。

第二，实盘模拟交易服务，实时仿真服务，旨在使用生产的真实的实时数据重构模拟撮合引擎。将用户的订单放到实时仿真服务中进行撮合，可以使用假定的参数对期货投研团队的策略进行提前验证，而不需要实际去交易所交易。与现有交易所测试环境相比，实时仿真服务的行情和流动性与实盘一致，可以在验证策略是否有潜在 bug 的同时，测试策略的业务逻辑，以及是否在生产行情下依然能有效发出订单信号等。实盘模拟交易服务还具有以下特点：

（1）账户管理，支持客户创建和管理多个模拟账户，对每个模拟账户分配不同的初始资金和交易权限。

（2）行情接收，实时接收并解析期货市场的行情数据，为客户提供最新的市场动态信息。

（3）委托管理，支持客户下达各类委托指令，如市价单、限价单等，并实时撮合成交。

（4）成交回报，在委托成交后，仿真服务需及时向客户返回成交结果和实时盈亏信息。

(5) 风险控制,在仿真交易过程中,需对风险进行有效监控,一旦出现异常情况需及时采取措施进行干预。

(6) 结算功能,在当天交易结束后,使用交易所结算信息,对策略账号当日的交易进行结算,并生成结算文件,将其提供给其他系统用于对当日进行清算,并且为下一交易的初始化进行准备。

第三,数据更新服务需求,主要包括实时数据分析和历史数据维护。实时数据分析,期货市场行情波动大,实时数据更新对于策略的制定和执行至关重要。通过数据更新服务,投研团队可以获得实时的交易数据,以便及时调整和优化策略。历史数据维护,对于期货交易,历史数据的维护同样重要。系统需要具备时间序列分析、数据处理等技术,对不同时间尺度上的数据进行处理和维护,以便进行历史回测和实时回测。

4. 平台回测服务效果

回测服务具体关注点有以下几个:

(1) 数据接口兼容性。回测服务支持多种多样的行情来源,包括但不限于本地历史数据(包括二进制与 CSV 格式),根据本次的需求,可接入实时行情并支持实盘模拟仿真。支持基于 NFS、API 的历史数据,无须落入本地,只在运算时载入内存。

(2) 事件驱动模式。除事件驱动外,倍速回放也是常用的回测计算逻辑之一,倍速回放有数据信息处理时间较长、浪费 CPU 计算资源、实现异步逻辑复杂度高的缺点,会导致市价单滑点等误差。基于事件驱动的回测框架可以精准模拟实盘交易,是一种还原真实交易环境较好的仿真回测手段。

(3) 策略优化效率。多数市场供应商仅支持分钟级别 Bar 数据回测。此次需可同时支持 Bar 和 Tick 级别行情数据回测,可使回测撮合结果更准确并基于回测结果偏离度进行系统验收考核。云服务基于 C++ 语言开发搭建,相较于 Python、Java 语言开发的系统,响应速度更快,数据处理时间更短,并可以支持高频策略的策略优化和迭代,可快速改善模型。

(4) 支持多种策略开发语言。支持多因子模型的挖掘和使用,高效地构造股票组合模型和验证 Alpha 策略的有效性。支持多种策略语言(C++、Python)和开发方法,根据不同类型研究员的需求可以在不同的模式下灵活运行。

(5) 可视化前端。回测结果可以查看多级风险指标,回报结果、每日盈亏结果、每日资金流动、每日资金使用率等测试结果可以导出为 .json 格式文件,方便分析。

基于量化投研 AI 体系的建设实践,可以发现最终的服务价值和优势体现在

"历史回测服务"和"实盘模拟交易服务"方面。

（1）历史回测服务。利用历史回测服务，投研团队可以开发和测试不同的量化交易策略，并通过回测结果优化策略的表现。期货投研团队通过对期货level1、level2历史交易数据的分析，以及历史基本面数据和分析师预期等数据进行挖掘。从基本面、波动率、动量、技术指标、分析师预期等不同方面挖掘提炼，总结归纳为：Alpha类因子、技术指标类因子、OHLCV量价因子、订单簿微观结构因子、通过遗传算法生成的Feature因子。之后，对各种数据和因子进行数据清洗和整理。进入模型搭建阶段，一般会采用线性多因子模型和深度学习模型。使用优化算法，对学习率、正则化等参数进行超参数调整，在海量历史回测中寻找优化后的参数。使用MSE、RMSE、RankIC等指标对不同的模型进行评估。最后，通过资产组合理论对不同的模型进行融合，构建出期货交易策略的投资组合；使用该类型的投资组合再回测，在对模型的有效性建立全面了解后可以进行后续的开发，具体内容如下：

一是回测参数配置。在期货回测中，参数的配置是非常关键的环节。为了满足投研团队对不同时间范围、撮合类型和自定义模型参数的需求，回测服务提供了一个灵活且可配置的接口。用户可以根据需要自由选择时间范围、撮合类型，并自定义模型参数。同时，为了实现高效且准确的回测，平台还支持根据参数的排列组合进行并行拆分工作，提高回测效率。

二是回测计算。回测平台依托现有的云平台建设，提供强大的计算能力，能够高效地完成多账号、多任务的回测内容并行计算。在计算过程中，平台会根据不同的任务类型和算法特点进行优化，确保计算的准确性和高效性。此外，服务还支持对回测结果进行可视化展示，方便用户直观地了解回测结果和数据。

三是回测结果分析。回测服务提供对单次回测结果的分析功能，能够将回测结果可视化展示，并且支持多种数据分析和处理方式。同时，服务还具备对同一模型、不同参数的回测结果进行总结分析的能力，能够根据多次回测结果给出参数调优的建议和组合，帮助投研团队更好地优化模型参数。

四是回测清算。在期货交易中，清算和结算是一项重要的环节。回测服务根据交易所的清算规则，对回测账号进行清算结算。用户可以在服务上查看每个回测账号的盈亏情况、持仓情况等详细信息，并且可以将清算结果导出成结算文件，方便投研团队自己进行结算使用。

五是维护与更新。由于交易所规则和期货投研团队的需求会随着时间推移而发生变化，因此回测服务需要不断进行定制与维护。为了满足这一需求，回测服务提供了灵活的配置和维护功能，支持对原有功能进行更新和升级，并且能够针对新的交易所规则和投研团队需求进行定制开发，持续保障服务的可用性和适应性。在维护和更新的过程中，回测服务还具备自动化测试和调试功能，能够快速检测到错误并进行修复。此外，服务还提供日志记录和错误处理机制，帮助用户快速定位问题并进行解决。同时，为了确保数据安全和稳定，服务还具备数据备份和恢复功能。

（2）实盘模拟交易服务。提供实盘模拟交易服务，在交易时间段内使用与交易所同步的 level1 和 level2 交易数据。在云环境中的期货仿真撮合引擎中重新构建实时订单簿。使用策略仿真模拟服务对用户的策略进行仿真交易。把客户的订单与撮合引擎中的订单簿进行匹配，并返回实时的成交数据。最后，需要提供用户的仿真交易结算结果、交易流水以及用户策略风险分析报告，具体内容如下：

一是账户管理。在账户管理模块中，系统支持客户创建和管理多个模拟账户。每个模拟账户都有独立的初始资金和交易权限，确保模拟交易的真实性和安全性。用户可以通过简单的操作，对模拟账户进行创建、修改和删除等操作，同时系统也会对模拟账户进行安全认证，确保只有合法用户才能进行模拟交易。

二是行情接收。仿真服务通过实时接收和解析期货市场的行情数据，为客户提供最新的市场动态信息。这些行情数据包括但不限于期货合约的价格、成交量、持仓量等实时数据，以及历史数据和基本面数据等。仿真服务使用高效的数据传输协议和算法，确保行情数据的实时性和准确性，同时也对网络连接进行了优化，保证仿真服务的稳定性和可用性。

三是委托管理。在委托管理模块中，仿真服务支持客户下达各类委托指令，包括市价单、限价单、止损单等，并根据市场行情进行实时撮合成交。用户可以通过简单的图形化界面或者 API 接口进行委托下单，同时仿真服务也提供了委托查询和委托撤单等功能，方便用户对委托进行跟踪和管理。

四是成交回报。在委托成交后，仿真服务会及时向客户返回成交结果和实时盈亏信息。用户可以通过仿真服务的消息中心或者 API 接口获取成交结果和盈亏信息，以便及时调整自己的交易策略或者进行风险控制。

五是风险控制。在仿真交易过程中，仿真服务需要对风险进行有效监控，以防止用户因亏损过大而造成不必要的损失。因此，仿真服务提供了多种风险控制措施，如止损止盈、仓位控制、风险预警等，一旦出现异常情况，仿真服务会及时采取相应的措施进行干预，以确保模拟交易的安全性和稳定性。

六是结算功能。在当天交易结束后，仿真服务使用交易所结算信息，对策略账号当日的交易进行结算，并生成结算日报文件，提供给其他服务用于当日清算。该模块主要是对策略账户的持仓进行结算处理，包括计算账户的盈亏、手续费等数据，并根据结算结果更新账户的余额。此外，该模块还负责为下一交易日的初始化进行准备，包括更新账户的可用资金和最大开仓量等参数，以确保模拟交易的连续性和准确性。

（四）隐私计算实现数据协作

数据是新时代的"石油"，如何在保证各机构、企业、个人数据私密性的前提下，实现多方数据的联合查询、统计与建模，成为了数据处理领域新的研究方向，以及量化投研领域数据收集和数据协作的关键，基于此所产生的商业模式也在发生变化。

在大模型的研究要求下，我们更多地考量不同维度和不同来源的量化数据，需要实现数据安全可靠的量化数据研究。所以我们提出了接近真实市场的数据协作方式，采用隐私计算处理数据并保障数据安全和实现数据溯源。

一是利用隐私计算中的安全多方计算（MPC）技术，实现多方机构之间量化因子数据和量化策略模型的共享和隐私协作，包括因子数据混淆上传、模型与数据多方加密建模等。

二是基于区块链技术对多方流转的数据进行安全保障，确保数据的可追溯性和可解释性。

1. 不同阶段的隐私节点部署

量化投研正从现有的单节点研究模式，发展为多机构节点的因子数据协作网络和策略隐私分享证明机制。图9至图11为投资研究的演进过程及目标。

第一阶段：内部分散研究。因子和模型主要由交易员根据各自所负责的行业特点进行开发和推动（见图9）。

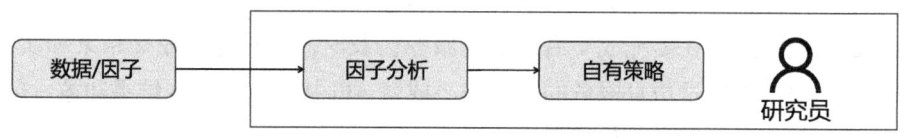

图9　个人因子研究数据流转

第二阶段：内部联合研究，因子和模型实现期货内部多部门安全协同（见图10）。

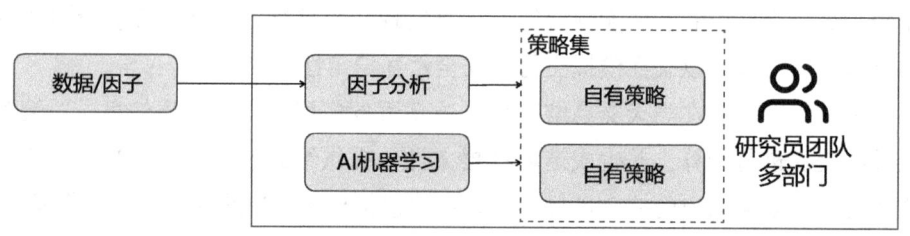

图10　内部联合研究数据流转

第三阶段：多机构隐私协作研究，外部机构提供自适的因子和模型，进行加密分享并由期货研究员进行定向和定量策略再调整并实现模拟交易和回测数据隐私分享（见图11）。

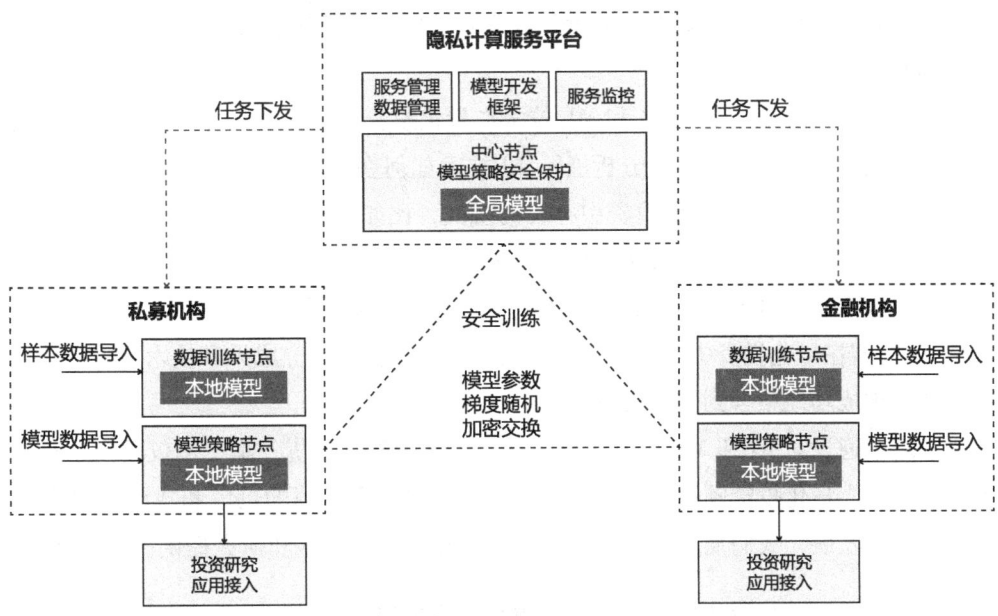

图 11 基于隐私计算的数据协同

2. 业务特征

内部 IT 团队和业务部门应更深入地参与建设,将内部研究沉淀与外部产品和技术有机结合。通过数据智能化提升机构数智化转型的步伐,具体内容如下:

(1) 对上游的数据方与下游的应用方都提出开放的要求,多方数据与应用模型实现可用而不可见的协作效果。服务对象可延展至大资管的全域业务(包括投资、财富管理等)。

(2) 实现以"业务"为核心,强调系统建设对业务的赋能与反哺,强调使建设投入的效果真正反映在业务价值的提升上。

四、AI 模型与量化投资

当前研究趋势显示,量化投资正在向更深层次的数据分析和更高级的预测模型方向演进。例如,采用机器学习算法对市场数据进行模式识别,使用自然语言处理技术分析新闻和社交媒体以捕捉情绪指标,或者探索非结构化数据源以获取以前未利用的信息。量化投资的研究与实践正日益成为金融科技创新的核心。

在此背景下,人工智能(AI)和机器学习(ML)的重要性愈加凸显。AI 模型,尤其是那些能够自我学习并不断适应市场环境变化的模型,为量化投资提供了新的视角和工具。与传统统计模型相比,AI 模型在处理大量复杂数据时更为高效,能够从中发现非线性关系和隐含模式。这些模型的预测准确性和自适应能力对于提高投资回报率至关重要。它们能够帮助量化投资者更好地理解市场动态、缩短决策时间，以及提高策略的性能。

本部分的目标在于探讨 AI 和 ML 技术在量化投资中的应用，并分析它们如何提升投资策略的表现，通过案例分析展示 AI 技术如何在实际操作中发挥作用。此外，本文也将探讨 AI 模型在量化投资中存在的挑战，比如数据过度拟合、模型解释性问题以及算法交易可能引起的市场稳定性问题。

在对现有文献进行综述基础上，本文的贡献在于提供了一个全面的框架，用于评估 AI 模型在量化投资中的有效性。本文将介绍最新的研究成果和技术进展，以及它们如何被成功地整合到量化投资策略中。

总之，通过对 AI 和 ML 技术在量化投资领域的深入剖析，本文不仅补充了现有的文献，还为量化投资领域的研究者和从业者提供了有价值的见解和建议。随着 AI 技术的不断发展，我们期望本文能够为未来的量化投资实践和研究提供稳固的基础。

（一）AI 学习与量化投资：应用历史与研究进展

量化投资，也称量化金融，指的是使用数学模型、统计学和计算机算法来指导投资决策的方法。量化投资的目标是通过系统性的方法来识别股票、债券、期货、外汇等金融资产的价值，并制定买卖决策，以期实现风险调整后的回报最大化。量化策略通常可以分为以下几类：

（1）动量策略，基于"涨的会继续涨，跌的会继续跌"的原则，寻找趋势并沿着趋势方向交易。

（2）价值策略，寻找价格低于内在价值的资产进行投资。

（3）套利策略，利用市场的非有效性，如价格差错、时间差等，无风险或低风险套利。

（4）因子投资，根据特定的风险因子构建投资组合，如市值、盈利能力、投资风格等。

（5）市场中性策略，同时建立多头和空头仓位以对冲市场风险。

（6）机器学习策略，采用机器学习模型来预测市场走势或资产价格。

（7）AI 模型策略，采用深度学习、强化学习等模型预测资产价格。

传统的量化投资策略，如因子模型，通常依赖于线性回归来识别资产价格与预期回报率之间的关系。线性回归的优势在于其解释性强和计算效率高，但它往往假设变量之间存在线性关系，忽略了金融市场中的非线性和复杂交互作用。为了克服这些限制，机器学习模型在量化投资领域得到了极大的发展。机器学习包括使用决策树、集成学习（比如随机森林和梯度提升机）以及支持向量机等算法，这些方法可以揭示复杂的非线性关系，并处理高维数据集。它们通过从历史数据中学习这种模式对未知数据作出预测来提升策略性能。进一步地,深度学习技术,如卷积神经网络(CNN)和循环神经网络(RNN),尤其是其变体长短期记忆网络(LSTM),在处理序列数据和捕捉时间依赖关系方面表现出色,使得它们对于金融时间序列分析特别有效。

1. 机器学习与量化投资

机器学习在量化投资中的应用已经经历了从基础的统计模型到更为复杂的算法的演进。在这个过程中,多种机器学习模型被开发和应用,以应对金融市场的非线性、动态性和噪声。

回归模型是量化投资中的起点,用于预测资产价格和回报。传统的线性回归模型假设变量间的关系是线性的,但市场的复杂性常常要求更高级的回归技术,如岭回归(Ridge Regression)和套索回归(Lasso Regression),这些方法可以处理数据中的多重共线性问题,并通过引入正则化项减少过拟合风险。

决策树模型通过一系列问题将数据分割成不同的节点,每个节点代表一个决策规则。尽管决策树易于理解和解释,但它们容易受到数据噪声的影响,可能会导致过拟合。为了克服这个问题,随机森林作为一种典型的集成学习方法,可通过构建多个决策树并汇总它们的预测结果来提高模型的准确性和鲁棒性。随机森林的一个关键特点是它的随机性,不仅在构建树时随机选择特征,而且通过引入样本的随机子集来训练每棵树。Leo Breiman(2001)在其开创性的论文中指出,"随机森林能够减少误差的原因在于树之间的相关性越小,林的误差就越小"。

支持向量机(SVM)是另一种强大的机器学习模型,特别适用于分类问题,但也可以用于回归(SVR)。SVM通过在高维空间中寻找最佳的超平面将数据点分开,通过最优化该超平面的边界距离来提高模型的泛化能力。在量化投资中,SVM可以用来识别潜在的买入或卖出信号,其核心优势在于处理小样本数据以及非线性特征的能力。

然而,在量化投资中,XGBoost往往是机器学习模型中的"明星"。XGBoost是一种基于梯度提升决策树的模型,它通过增加新的树来纠正前一棵树的错误,优化损失函数,并使模型逐步改进。XGBoost的一个关键特点是它的规模化和速度,它使用了一种称为"分布式加权直方图算法"的技术,可以高效地处理大规模数据集。此外,它包含了对缺失数据的处理以及对各种正则化技术的支持,这些都有助于防止过拟合,并提高模型在多种金融预测任务中的性能。正如Chen和Guestrin(2016)所描述的,"XGBoost不仅具有了快速学习的优势,还提供了一种可扩展的树增强系统,这在实践中意味着更高的预测精度"。

XGBoost模型在量化投资中尤其得到了广泛应用,因为它能够处理各种类型的数据,包括结构化的表格数据和时间序列数据。通过精心设计的特征工程,XGBoost

可以识别市场中潜在的盈利模式，帮助量化策略得到更精确的交易信号。其在金融领域的应用也体现在它对数据中复杂模式的挖掘能力，以及如何在不断变化的市场条件下适应和学习。正如 Chen 和 Guestrin（2016）指出的，"XGBoost 通过其设计，可以自适应地学习数据中的非线性关系和相互作用，这是它在金融预测领域得到广泛应用的关键"。

2. 深度学习与量化投资

深度学习模型在量化投资中的应用代表了金融分析领域的一个重大技术进步。它们能够捕捉和学习复杂的市场特征，提取隐藏的非线性模式，并处理大量的非结构化数据。深度学习模型，如卷积神经网络（CNN）、循环神经网络（RNN）、长短期记忆网络（LSTM）和最近兴起的 Transformer 模型，正在重新定义量化投资策略的构建和执行。

卷积神经网络（CNN）被广泛应用于图像识别领域，但在量化投资中也有一定的应用。CNN 可以有效地辨别金融时间序列数据中的模式和趋势，这些模式可能预示着未来市场的走向。CNN 通过它的层级结构自动提取数据中的重要特征，从而为预测模型提供支持。

循环神经网络（RNN）和它们的一种变体，长短期记忆网络（LSTM）能够捕捉时间序列数据中的时间依赖性。它们在量化投资中特别有用，因为可以用来预测股票价格、交易量和其他金融指标。LSTM 通过引入"门"机制解决了传统 RNN 在处理长序列时梯度消失或爆炸的问题。利用 LSTM，量化模型能够更准确地预测金融市场的短期和长期趋势。

深度神经网络（DNN）是深度学习的基础模型，它由多个隐藏层组成，每一层包含许多神经元，这些神经元通过激活函数连接起来（见图 12）。DNN 通过堆叠多个非线性处理层来学习数据的复杂表示，这使得它在捕捉数据中的非线性关系方面表现卓越。在量化投资中，DNN 可以用于预测股票价格、评估市场风险或自动执行交易策略。与传统的机器学习模型相比，如 SVM 或决策树，DNN 能够处理更复杂的模式，并且在处理大规模数据集时更加有效。DNN 模型与其他深度学习模型相比各有优势。例如，与 CNN 相比，DNN 不专门针对图像或时间序列数据的特定结构设计，它是一种更通用的模型，适用于各种类型的数据。不过，在提取局部特征（如图像中的边缘或时间序列中的局部趋势）方面，DNN 可能不如 CNN 那样有效。与 RNN 和 LSTM 相比，DNN 不具备处理序列数据中时间依赖性的内置机制，然而，DNN 在处理静态数据或数据的整体特征学习方面可能更高效。DNN 在量化投资中的一大应用是通过多层的复杂转换来发现和学习资产之间的潜在关系，这些关系可能对于预测市场动向至关重要。DNN 的多层架构允许它学习数据的不同层次的抽象，这有助于识别那些不容易观察到的市场信号。

价值
在人工智能量化平台上可以快速开发出深度学习的量化策略

高效性
平台集成了主流深度学习框架，通过可视化方式可以对输入层、全连接层、Dropout层等进行连接，快速开发深度学习量化策略

灵活性
可方便对模型架构进行调整，比如增加或减少隐藏层

非线性
通过深度神经网络可以挖掘更复杂的投资规律，捕获人工难以发现的非线性收益

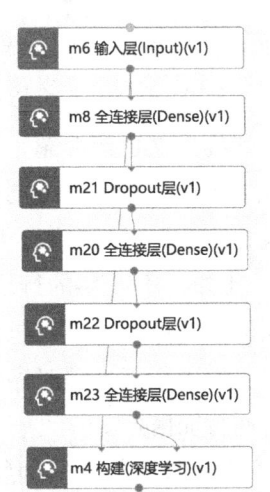
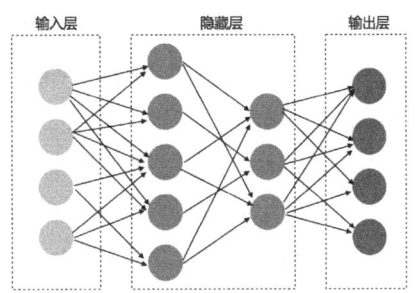

DNN模型架构

输入层18 -因子数量
全连接层256，激活函数为relu
dropout 0.1
全连接层128，激活函数为relu
全连接层1，激活函数为linear-预测输出

图12　深度神经网络（DNN）基础模型

Transformer 模型与 DNN 相比，其独特之处在于它的自注意力机制，这使得它能够更有效地捕捉长序列数据中的依赖关系。Transformer 不需要像 RNN 和 LSTM 那样逐步处理序列，而是可以并行处理，这在计算效率上是一个巨大的优势。Transformer 模型在处理大量数据时的这种能力，使其在量化投资策略中成为处理高频交易数据的理想选择。Transformer 模型通过自注意力机制有效地处理了序列中的长期依赖问题，这对于理解复杂的金融市场动态至关重要。A. Vaswani 等（2017）强调了 Transformer 的重要性："我们提出的模型基于自注意力机制，它可以在不考虑距离的情况下处理序列中的全局依赖关系"。

Transformer 模型的强大之处在于它的编码器—解码器结构，它可以同时处理整个序列，这使得模型在学习时更加高效。这一特点对于量化投资策略极为有价值，因为金融市场数据通常是高维的，并且包含复杂的时间关系。例如，Vaswani 等（2017）认为："Transformer 的编码器—解码器结构利用自注意力和点式前馈网络，能够在并行化的同时，学习丰富的序列内表示"。

虽然 Transformer 在 NLP 领域已经有较为成熟的应用，但是由于结构过于庞大，并且不适用于股票因子数据这样的时序数据，因此，本文提出了一种简化的适用于股票数据的 Transformer 结构，其根据时间嵌入的思想构建，能很好地应用于量化选股。下面先来讲解下如何进行时间的嵌入。

首先，明确下模型的输入数据，一个（32，128，5）的三维张量，其由 32 条（batchsize = 32）时间序列数据构成，每个序列的长度为 128 天（seq_len = 128），每天使用 5 个因子数据。在处理时间序列数据时，顺序性是必须要考虑的因素。但是，

当使用 Transformer 处理时间序列、顺序数据时，序列数据会一次性且同时通过 Transformer，这使得提取时间、顺序依赖关系变得困难。因此，将 Transformer 应用于 NLP 时，我们倾向于利用位置编码来向模型提供单词顺序的概念。简单来讲，位置编码是单词在句子中的位置的表示，使 Transformer 可以获取有关句子结构和单词相互依赖性的知识。其具体的生成方式在上文已经介绍，这里不再赘述。实践证明使用了位置编码的 Transformer 模型会拥有更好的效果。同样，在处理我们的股票因子数据时，Transformer 需要时间的概念。没有时间嵌入，我们的 Transformer 将不会获取股票因子数据的时间顺序信息。比如，1956 年的行情信息对预测 2021 年的股票涨跌并没有多大帮助。并且，股票因子时序数据不仅包含顺序信息，还包含其特有的时间特性，因此不能简单地把位置编码用于处理时序数据，我们这里使用时间嵌入的方法来获取股票因子数据的时间特征信息。

股票数据的 Transformer 结构是给输入数据加上时间特征，在实现时间嵌入之后，我们给输入数据加上时间向量作为 Transformer 的输入。Time2 Vector 层接收输入数据，计算非周期和周期时间向量并拼接。然后，将计算出的时间向量与因子向量连接起来，形成（32，128，7）的矩阵，具体过程如下（见图 13）：

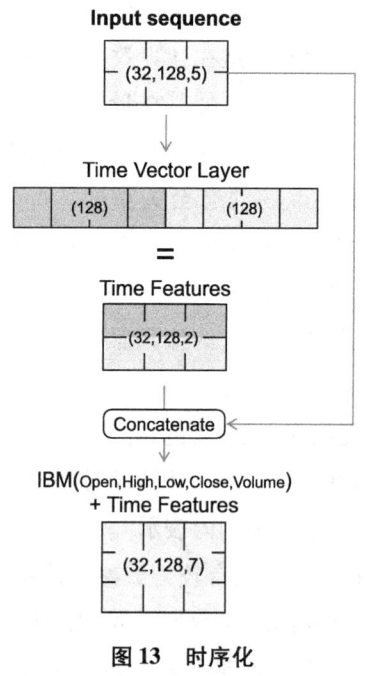

图 13 时序化

首先，Self-Attention 层有三个输入（Query，Key，Value），三个输入均为上一步得到的输入矩阵。然后，分别输入三个分隔的 Dense Layer，其有 96 个神经元，对因子时间向量进行 embedding，得到的输出矩阵分别用 q，k，v 表示，大小均为（32，128，96）。初始线性转换后，将计算注意力得分。注意力得分决定了在预测未来股价时将注意力集中在各个时间序列上的程度。注意力得分通过 k 和 q 的点积来计算得到，即 q 矩阵乘 k 的转置的。其次，将点积除以 Dense Layer 的大小的开方，以避免梯度爆炸。相除的点积将通过 softmax 函数生成一组权重，这些权重之和为 1，该权重为各个时间点的注意力得分。最后，将得到的注意力得分矩阵与 v 矩阵相乘，得出自注意力层的输出。Multi–Head Attention 层，多头注意力层的功能是拼接 n 个单头注意力层，然后输出到 Dense Layer 进行非线性变换。图 14 显示了 3 个单头自注意力层的串联。多头自注意力机制允许将多个独立的单头层输出作为输入。因此，该模型能够一次关注多个时间序列步骤。注意力头数量的增加会加强模型捕获远程依赖关系的能力。编码器，每个编码器层都包含一个自注意力子层和一个前馈子层。前馈子层由两个 Dense Layer 组成，中间有 ReLU 激活。每个子层后面都有一个归一化层，每两个子层之间通过将初始 Query 输入添加到上一个子层的输出中来形成残差连接，然后接入归一化层，以加速训练过程。这便是 Transformer 层，我们可以轻松地对其进行堆叠以提高模型的性能。

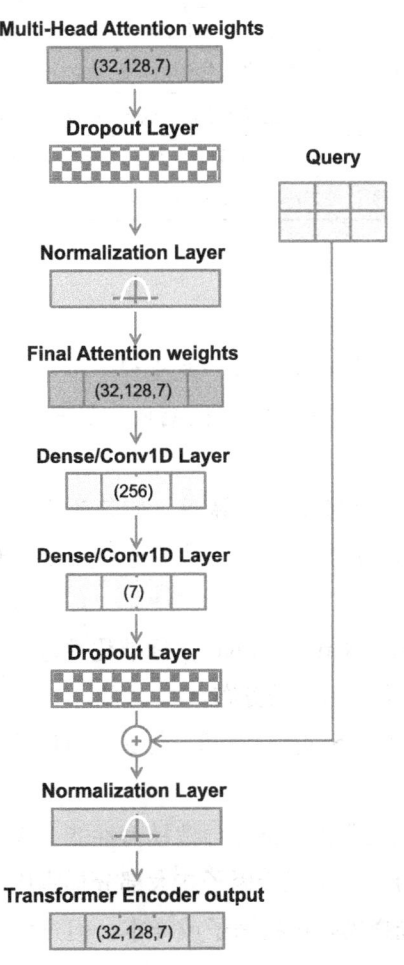

图 14　Transformer 在时序数据上的模型

(二) 数据预处理和实验设计

1. 数据获取

本文主要以量价数据作为原始数据计算一系列因子,基础因子包括开盘价、收盘价、最高价、成交量、换手率等行情数据,通过相关系数、标准差、时序最大、时序最小、时序求和、加权平均等统计聚合方法,构建新的因子,常用的表达式如表4所示。

表4 因子筛选

表达式	含义	说明
mean	时序平均	共生成7个衍生因子,如 mean(close_0,5)
ts_max	时序求最大	共生成7个衍生因子,如 ts_max(close_0,5)
ts_min	时序求最小	共生成7个衍生因子,如 ts_min(close_0,5)
std	时序标准差	共生成7个衍生因子,如 std(close_0,5)
ts_rank	时序排序	共生成7个衍生因子,如 ts_rank(close_0,5)
decay_linear	时序加权平均	共生成7个衍生因子,如 decay_linear(close_0,5)
correlation	时序相关性	生成21个衍生因子,如 correlation(close_0,volume_0,5)
close_*	向前偏移	7×5=35个,如 close_4

2. 数据预处理

在量化投资中,特征预处理是模型开发流程中不可或缺的一环,它能够提高模型的性能和泛化能力。以下详细介绍特征缩放、处理缺失值和特征工程等预处理步骤。

第一,特征缩放,是将数据按比例调整,使其落入一个小的特定区间。在大多数机器学习算法中,包括量化投资模型,特征值的量级对模型的性能有着重要影响,具体内容如下:

(1)标准化(Z-score Normalization)。标准化通过减去均值并除以标准差,将数据转换为均值为0,标准差为1的分布。

(2)归一化(Min-Max Scaling)。归一化通过对原始数据进行缩放,将特征值转换到[0,1]的范围内。

(3)缺失值处理。缺失数据可能会导致模型性能下降,甚至不工作。

(4)剔除(Deletion)。如果某个因子在大部分样本中都缺失,或者某些样本缺失了大量因子值,可以选择剔除这些因子或样本。但这种方法可能会导致信息的大量丢失。

(5) 插值 (Imputation)。对于缺失的数据，可以采用插值方法填补。常见的插值方法包括均值插值、中位数插值、众数插值、线性插值、多重插值等。例如，使用均值插值，就是将一个因子的缺失值替换为该因子在所有样本中的平均值。

第二，特征工程，是通过数据的现有特征来创建新特征的过程，以提高模型的预测能力。

(1) 交互项 (Interaction Features)。通过组合两个或多个特征，来创建新的交互项特征。例如，如果有因子 A 和因子 B，我们可以创建一个新的交互项因子 A × B。这有利于模型捕捉不同因子之间的相互关系。

(2) 多项式特征 (Polynomial Features)。多项式特征是通过原始特征的高次项和交互项来构建新特征。例如，如果有一个因子 (x)，我们可以创建 (x^2, x^3, \dots) 来作为新的特征。

(3) 因子分解 (Factorization)。对于类别型因子，可以使用诸如 One – Hot 编码或者主成分分析 (PCA) 等技术将其转化为数值型，以便模型处理。

(4) 分箱 (Binning)。分箱是将连续变量划分为几个区间，每个区间内的值被视为相同。这种技术可以帮助处理非线性关系，并且提高模型的鲁棒性。

(5) 特征选择 (Feature Selection)。特征选择是识别并选择对模型预测最有用的特征的过程。方法包括基于统计的方法、模型选择的方法和迭代方法等。

在对 98 个因子进行预处理时，首先需要对这些因子进行缩放，以确保模型不会因为特征的量级差异而偏向于某些特征。其次，处理缺失值是确保数据完整性的重要步骤，可以通过插值或剔除来完成。最后，特征工程可以创建新的特征，增强模型的预测能力，但需要注意的是，特征工程应该根据具体的数据和模型来定制，以避免过度拟合。通过这些细致的工作，我们可以为模型准备好一个质量较高的数据集以便其训练。

3. 实验设计

对于机器学习模型 XGBoost 来说，一般需要注意以下几个部分：数据集划分、模型调参、模型训练和验证。

第一，数据集划分。其是指把数据集分为训练集和测试集两部分。传统的做法是将时间序列数据按照时间顺序划分成不同的集合，例如使用前 80% 的数据作为训练集，中间的 10% 作为验证集，最后的 10% 作为测试集。

第二，模型调参。XGBoost 具有许多参数，不同的输入参数和数据集会训练出不同的模型，因此，在利用训练模型进行回测选股前，有必要对重要参数在不同输入值下的模型表现进行验证。本文选择对以下参数进行对比实验：

(1) 训练数据集时间周期，训练集的周期。

（2）基准学习器数量/迭代次数（Num_boost_round），迭代次数越多，模型越复杂，训练集上的准确度越高，但也越容易过拟合。

（3）损失函数/目标函数（Objective），不同的数据类型和解决问题对应不同的目标函数，一般分为分类和回归两种。

（4）树的最大深度（Max_depth），与迭代次数类似，深度越大，模型越复杂。

（5）树方法（Tree_method），每个树节点分裂时使用的具体算法。

（6）学习率（Learning_rate），梯度下降的步长。

（7）采样率（Subsample），每棵树构建时所用特征的数量，增加模型的随机性，防止过拟合。

第三，模型训练与验证。初始训练：使用默认参数或经验参数对模型进行初始训练，以获得性能基线。这有助于评估后续参数调优的效果。交叉验证：利用交叉验证来评估模型的稳健性。在金融时间序列数据中，由于数据存在序列相关性，我们更倾向于使用时间序列分割的交叉验证方法，如滚动预测原则（Walk–forward Validation）。

上述是完整的机器学习模型搭建流程，但本文在此基础上使用了更多的方法来优化和验证模型，包括以下方面：

（1）采用网格搜索或其他参数优化策略来调整 XGBoost 的参数设置。

（2）利用 XGBoost 内置的特征重要性评估功能来识别对模型预测贡献最大的因子。这有助于进一步精简模型，提高模型的解释性。

（3）在验证集上评估模型的性能，常用的指标包括均方误差（MSE）、均方根误差（RMSE）、绝对平均误差（MAE）、R^2 等。

（4）如果验证集上的性能明显低于训练集，可能存在过拟合的问题。针对这种情况，可以通过调整模型参数（如增加正则化项、降低树的深度或提前停止）来缓解。

通过以上步骤，可以建立一个基于 XGBoost 的选股预测模型，并对其进行训练和验证。关键在于通过细致的参数调优过程，发现最适合我们数据的模型配置。验证过程中的性能评估和过拟合检查则确保了模型的泛化能力。最终，这个模型应该能够为实际的投资决策提供有价值的预测。

Transformer 模型实验设计整体上和 XGBoost 类似，关键区别在于模型参数的选择，具体如下：

（1）Input Embedding，将 98 个因子转换为模型能够处理的嵌入向量。

（2）Positional Encoding，由于 Transformer 模型本身不具有处理序列数据的能力，因此需要添加位置编码来提供序列中的位置信息。

（3）Encoder Layers，设计多个编码器层，每层包括自注意力机制和前馈神经网络。

（4）Decoder Layers，根据实验需要，可能包括或不包括解码器层。对于纯时间序列预测任务，通常只需要编码器结构。

（5）Output Layer，根据选股预测的目标，输出层可以是回归层（预测价格或收益率）或分类层（预测涨跌）。

同时，在基础因子上，对数据进行了以下的预处理：

（1）Label 预处理，主要包括：

a. 短周期选股策略的目标是预测股票未来 5 日的收益率，并选择预测收益率较高的股票进行买入。

b. 极值处理，用 1% 和 99% 分位的值做 CLIP。

c. 标准化处理，使用 ZScoreNorm 进行截面标准化。

（2）因子预处理主要包括：

a. 标准化处理，使用 ZScoreNorm 进行截面标准化。

b. 缺失数据处理，使用 fillna 填充缺失值。

c. 极值处理，特征值剪裁至 [-3, 3] 区间。

d. 序列窗口滚动，向前取 5 日的特征。

（三）实验结果分析

1. XGBoost 模型

选择 7 组输入值进行对照试验，各组模型的参数如表 5 所示。

表 5 XGBoost 对照试验参数

项目	基准组合	对照组1	对照组2	对照组3	对照组4	对照组5	对照组6	对照组7
迭代次数	10	50	10	10	10	10	10	10
目标函数	线性回归	线性回归	pairwise	线性回归	线性回归	线性回归	线性回归	线性回归
最大深度	6	6	6	30	6	6	6	6
tree_method	approx	approx	approx	approx	hist	approx	approx	approx
学习率	0.3	0.3	0.3	0.3	0.3	0.1	0.3	0.3
采样率	0.7	0.7	0.7	0.7	0.7	0.7	1	0.7
时间周期（年）	2018—2020	2018—2020	2018—2020	2018—2020	2018—2020	2018—2020	2018—2020	2015—2020

回测结果汇总如表 6 所示。

表 6　　　　　　　　　　　　XGBoost 回测对比

项目	基准组合	对照组 1	对照组 2	对照组 3	对照组 4	对照组 5	对照组 6	对照组 7
年化收益率（%）	51.12	64.27	57.40	43.04	47.70	51.12	49.64	25.00
夏普比率（%）	2.22	2.66	2.47	2.04	2.09	2.22	2.16	1.18
最大回撤（%）	10.82	10.44	9.51	10.23	10.94	10.82	9.45	11.78

对照组 1 至对照组 7 对比实验结果如图 15 至图 21 所示。

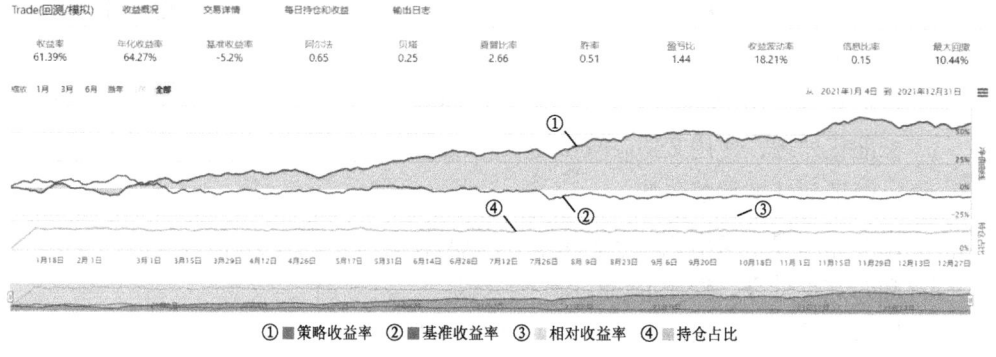

①■策略收益率　②■基准收益率　③■相对收益率　④■持仓占比

图 15　对照组 1

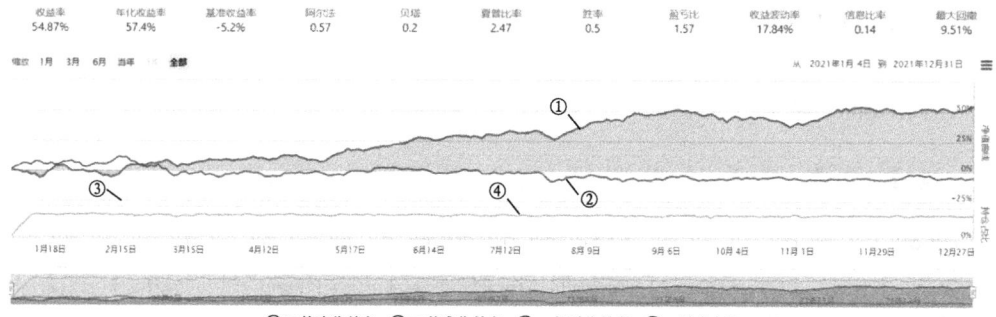

①■策略收益率　②■基准收益率　③■相对收益率　④■持仓占比

图 16　对照组 2

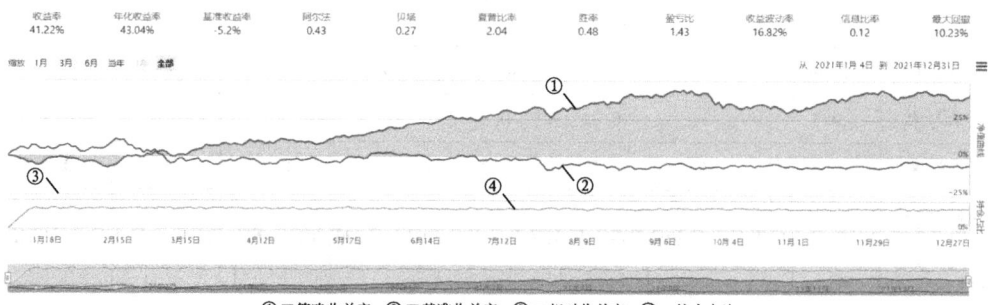

①■策略收益率　②■基准收益率　③■相对收益率　④■持仓占比

图 17　对照组 3

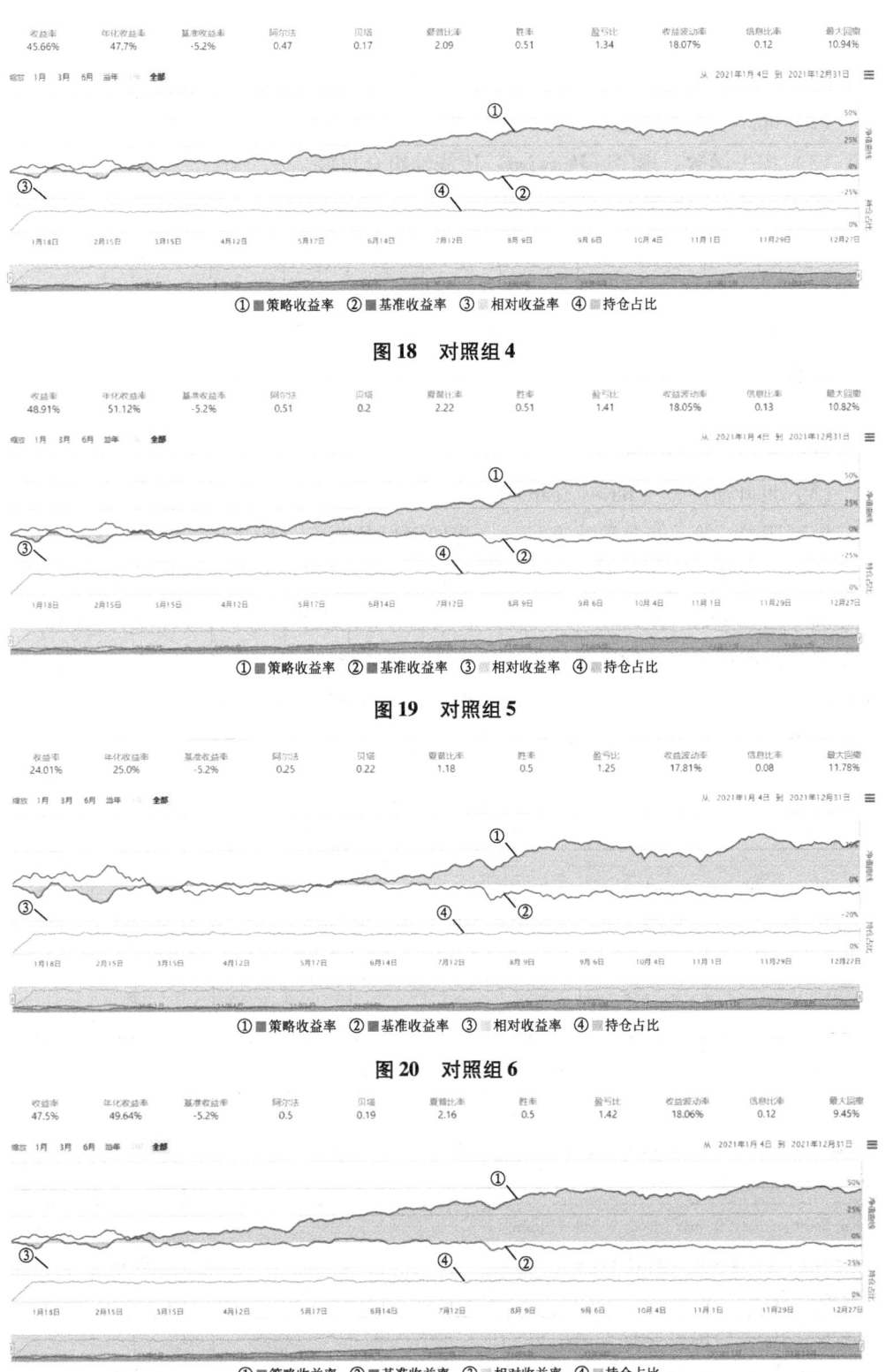

图 18　对照组 4

图 19　对照组 5

图 20　对照组 6

图 21　对照组 7

通过对比实验，可以得到以下结论：

（1）迭代次数越多，模型复杂度越高，预测准确性更好，回测效果更佳。

（2）approx 的表现比 hist 的表现更好。

（3）损失函数：排序（Pairwise）比线性组合更好。

（4）调整单一参数对模型影响较小。

机器学习模型的参数对最终的训练结果有较大的影响，如何选择最优的一组参数训练模型是机器学习工程实践中重要的一部分。参数调优有以下方法：

（1）网格搜索（Grid Search）。从预先设定好的参数集中遍历，通过交叉验证等评选效果最优的一组参数。

（2）随机搜索（Random Search）。不同于网格搜索的暴力遍历。随机搜索从参数分布中采样，更加高效。

（3）贝叶斯搜索（Bayes Search）。

模型调参，第一步是要找准目标：我们要做什么？一般来说，这个目标是提升某个模型评估指标，比如对于随机森林来说，我们想要提升的是模型在未知数据上的准确率（由 score 或 oob_score_来衡量）。找准了这个目标后，我们就需要思考：模型在未知数据上的准确率受什么因素影响？在机器学习中，我们用来衡量模型在未知数据上的准确率的指标，叫作泛化误差（Generalization Error）。

XGBoost 参数寻优如表 7 所示。XGBoost 网格搜索如图 22 所示。

表 7　　　　　　　　　　XGBoost 参数寻优

	cumprod_ret	information	sharpe	sortino	mdd
num_boost_round:5,max_depth:5,other_train_parameters:{tree_method:hist,learning_rat:0.01,subsample:0.7}	0.6587	0.1577	2.6352	4.5484	-0.091
num_boost_round:5,max_depth:5,other_train_parameters:{tree_method:hist,learning_rat:0.3,subsample:0.7}	0.6587	0.1577	2.6352	4.5484	-0.091
num_boost_round:50,max_depth:5,other_train_parameters:{tree_method:exact,learning_rat:0.01,subsample:0.7}	0.4511	0.1187	2.2565	4.0533	-0.078
num_boost_round:50,max_depth:5,other_train_parameters:{tree_method:exact,learning_rat:0.3,subsample:0.7}	0.4511	0.1187	2.2565	4.0533	-0.078
num_boost_round:50,max_depth:5,other_train_parameters:{tree_method:approx,learning_rat:0.01,subsample:0.7}	0.396	0.1118	2.011	3.5277	-0.0961

续表

	cumprod_ret	information	sharpe	sortino	mdd
num_boost_round:50,max_depth:5,other_train_parameters:{tree_method:approx,learning_rat:0.3,subsample:0.7}	0.396	0.1118	2.011	3.5277	-0.0961
num_boost_round:50,max_depth:5,other_train_parameters:{tree_method:hist,learning_rat:0.01,subsample:0.7}	0.3888	0.1071	1.8873	3.328	-0.0846
num_boost_round:50,max_depth:5,other_train_parameters:{tree_method:hist,learning_rat:0.3,subsample:0.7}	0.3888	0.1071	1.8873	3.328	-0.0846
num_boost_round:5,max_depth:5,other_train_parameters:{tree_method:approx,learning_rat:0.01,subsample:0.7}	0.4022	0.1084	1.7979	3.1073	-0.1061
num_boost_round:5,max_depth:5,other_train_parameters:{tree_method:approx,learning_rat:0.3,subsample:0.7}	0.4022	0.1084	1.7979	3.1073	-0.1061
num_boost_round:5,max_depth:40,other_train_parameters:{tree_method:exact,learning_rat:0.01,subsample:0.7}	0.327	0.103	1.6076	2.6553	-0.0833
num_boost_round:5,max_depth:40,other_train_parameters:{tree_method:exact,learning_rat:0.3,subsample:0.7}	0.327	0.103	1.6076	2.6553	-0.0833
num_boost_round:50,max_depth:40,other_train_parameters:{tree_method:exact,learning_rat:0.01,subsample:0.7}	0.2828	0.0951	1.4594	2.4434	-0.0911
num_boost_round:50,max_depth:40,other_train_parameters:{tree_method:exact,learning_rat:0.3,subsample:0.7}	0.2828	0.0951	1.4594	2.4434	-0.0911
num_boost_round:5,max_depth:5,other_train_parameters:{tree_method:exact,learning_rat:0.01,subsample:0.7}	0.2723	0.0816	1.2457	2.1944	-0.1214

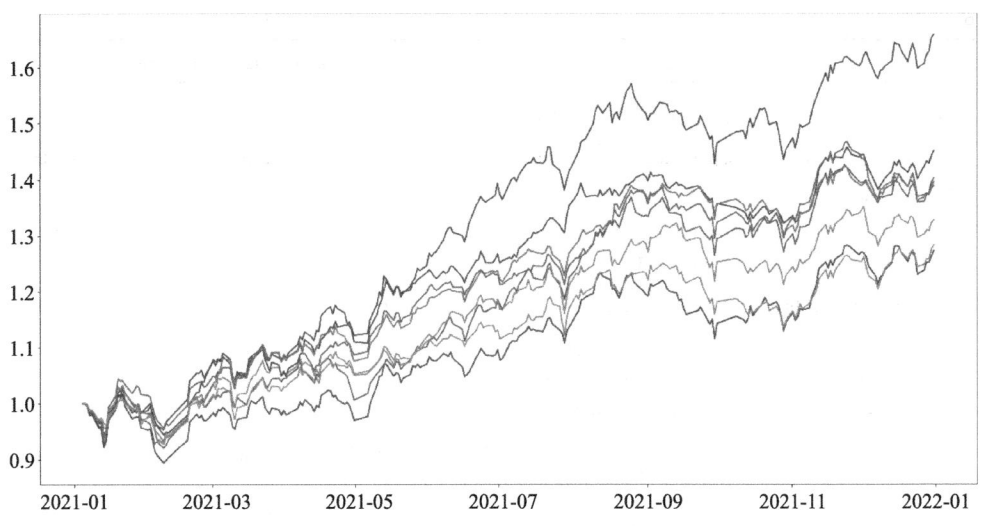

图 22 XGboost 网格搜索

国内股票市场存在明显的周期性，每个周期的市场风格会不断变换，具备不同的风格特征，典型的例子是 2017 年以前的小市值风格因子。不同周期的股票池在模型训练时，其训练后的模型效果也不相同。因此，为了尽量避免策略失效，我们可以定期更新训练集数据，也就是通过滚动训练的方式更新预测模型以适应最新市场行情的变化。

本文采用 2010 年 1 月 1 日至 2021 年 12 月 31 日的数据周期，采用每年一次滚动的形式，每次选取前 3 年的数据进行模型训练，共产生了 7 个数据集和 7 个训练模型。滚动训练原理和结果分别如图 23 和图 24 所示。

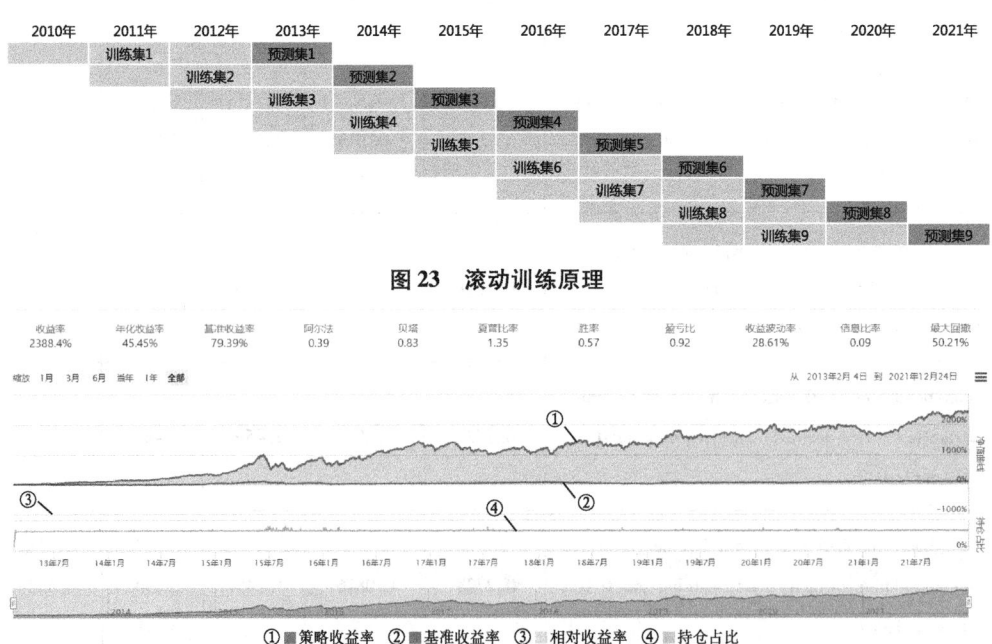

图 23 滚动训练原理

图 24 滚动训练结果

通过上述实践，得到以下结论：

（1）XGBoost算法在传统量价因子上具有一定的预测效果，无论是基准组合还是在对照组都具备较好的收益率表现。

（2）单一参数对模型的影响不大，不同的参数组合对模型的影响不同。

（3）迭代次数对模型的复杂度和准确性影响较大。

（4）从滚动训练的结果来看，XGBoost算法在传统量价因子上取得较好的Alpha收益，但在特殊行情下仍然有较大的波动风险。

本文将重点放在机器学习（ML）在量化投资领域的应用。传统的因子投资模型，如多因子模型，通常依赖于线性回归来评估各个因子对资产收益率的影响。这种方法在处理线性关系时表现良好，但现实市场中的很多关系是非线性的。XGBoost作为一种集成学习方法，通过构建多个决策树来捕捉数据之间复杂的非线性关系，这使得它在预测资产价格方面更为精确。与传统模型相比，XGBoost引入了正则化项（L1和L2惩罚），这有助于避免模型复杂度过高导致的过拟合问题。这意味着XGBoost不仅关注训练数据上的表现，还通过正则化项来控制模型的复杂度，使得模型在未知数据上也能保持良好的预测性能。同时，通过精细调整模型参数，该模型能够在提升预测精度的同时避免过拟合，这对于实际交易中的稳定收益至关重要。最后，采用滚动训练的方式，使得模型能够及时适应市场变化，保持预测的准确性，这对于应对快速变化的市场环境具有显著优势，长期训练下来的结果是有效的，这说明了基于该模型制定的投资策略是长期有效的，而非过拟合的产物。相较于其他深度学习模型，尽管XGBoost是一个复杂的非线性模型，但它提供了一些工具来帮助解释模型的预测，如特征重要性得分。这对于量化投资者来说是至关重要的，因为它可以帮助他们理解模型背后的驱动因素，并为风险管理和合规提供支持。

2. Transformer

Transformer的底层逻辑比较复杂，在量化投资中的架构如图25所示。

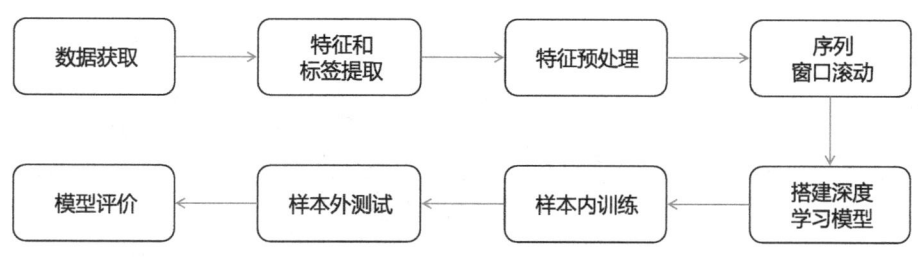

图25　Transformer在量化投资中的架构

本文对一组参数近滚动训练，选择参数"[embed_dim=128, nhead=8, num_layers=2, dropout=0.3]"，回测采用3年训练，1年预测的方法，具体的数据划分如下：

(1) [2012, 2012, 2014] [2015];

(2) [2013, 2014, 2015] [2016];

(3) [2014, 2015, 2016] [2017];

(4) [2015, 2016, 2017] [2018];

(5) [2016, 2017, 2018] [2019];

(6) [2017, 2018, 2019] [2020];

(7) [2018, 2019, 2020] [2021];

(8) 回测的基本思想是：根据模型预测收益率，买入当日排名靠前的 50 只股票资金管理。

相关参数具体如下：

(1) 初始资金：100 万元；

(2) 资金管理：每只股票的最大资金占用不超过总资金的 20%；

(3) 手续费：买入为 0.03%，卖出为 0.13%。

2015 年至 2021 年 Transformer 滚动回测曲线和汇总收益率曲线分别如图 26 至图 32 所示。

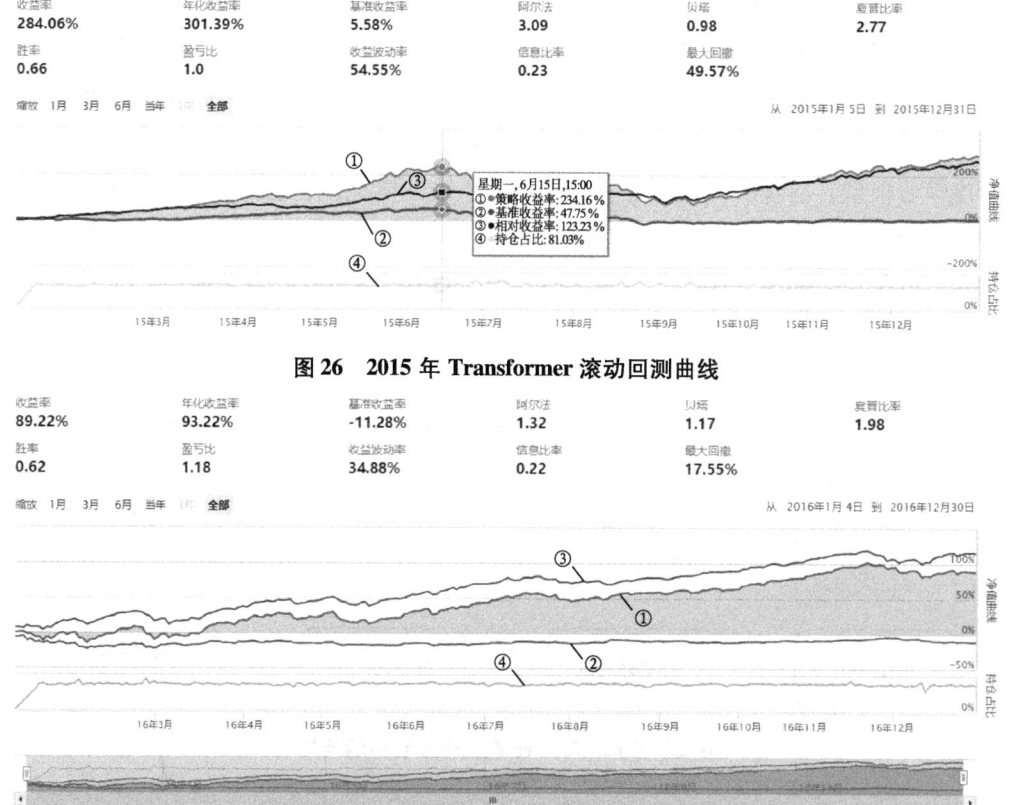

图 26　2015 年 Transformer 滚动回测曲线

图 27　2016 年 Transformer 滚动回测曲线

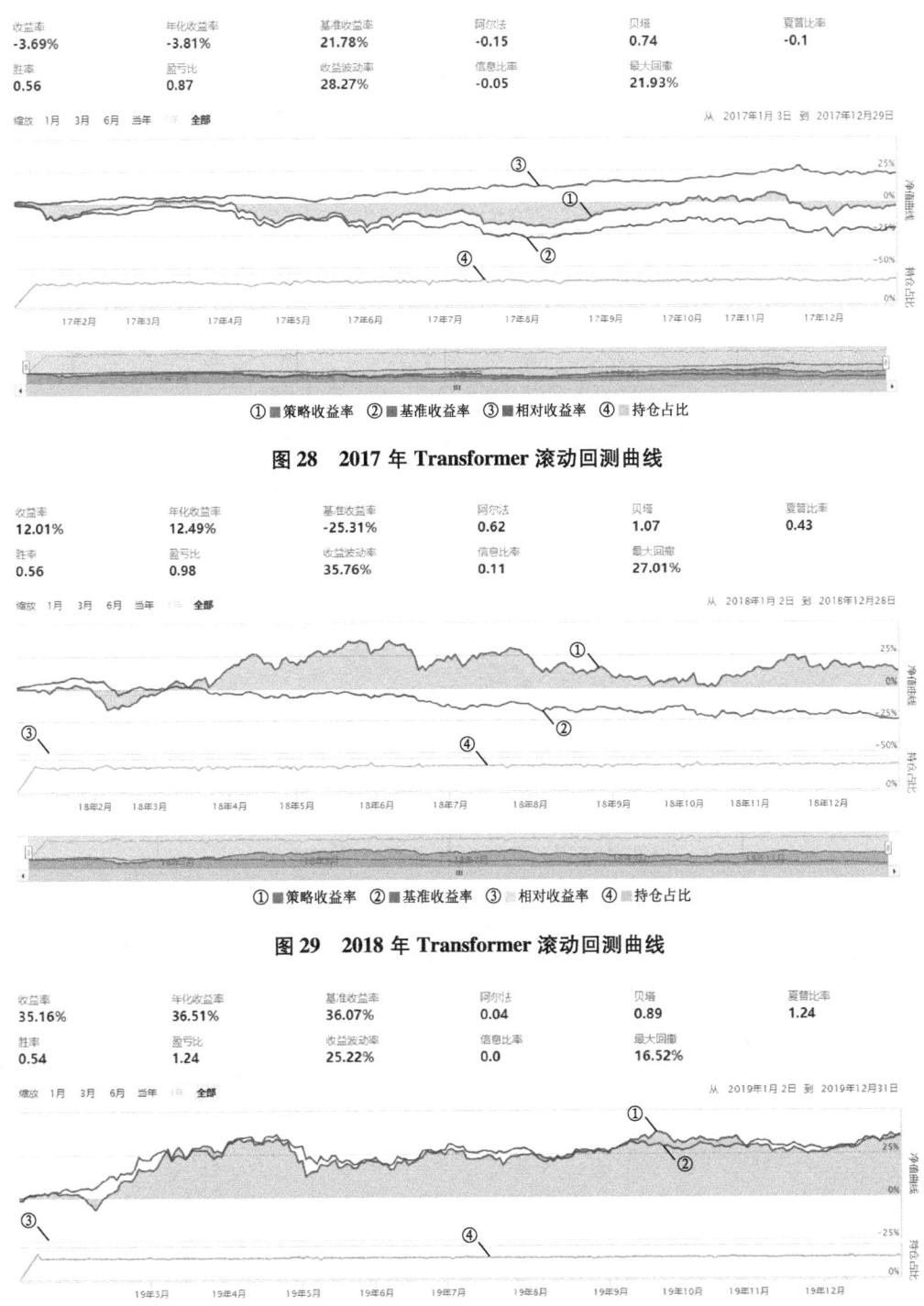

图 28　2017 年 Transformer 滚动回测曲线

图 29　2018 年 Transformer 滚动回测曲线

图 30　2019 年 Transformer 滚动回测曲线

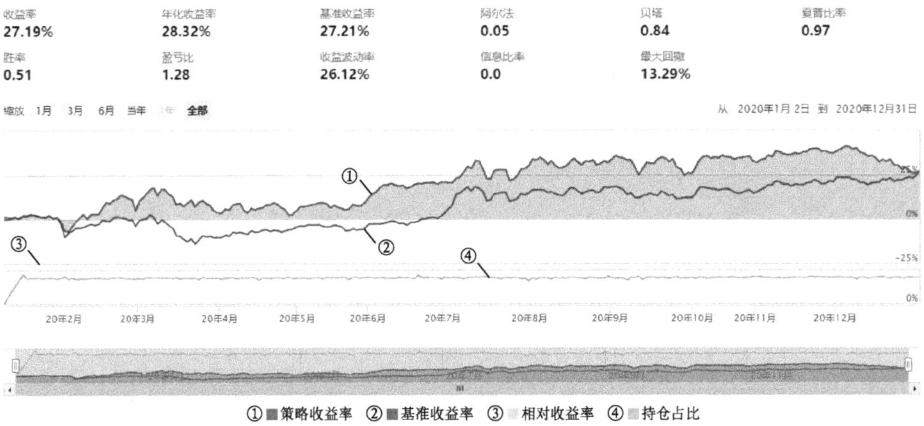

图 31 2020 年 Transformer 滚动回测曲线

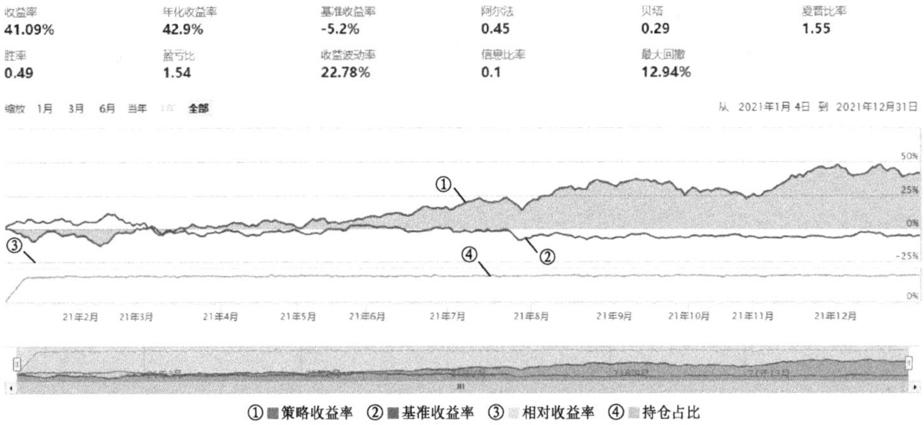

图 32 2021 年 Transformer 滚动回测曲线

整体来看，Transformer 模型 2015—2021 年的滚动回测曲线较好（见图 33），年化收益率达到 54%，夏普比例高达 1. 34。

	return_ratio	annual_return_ratio	beta	Alpha	sharp_ratio	return_volatility	max_drawdown	收益回测比
0	18.016166	0.545451	0.536771	0.608162	1.346483	0.341129	-0.495667	1.100437

```
T.plot((df['returns']+1).cumprod())
```

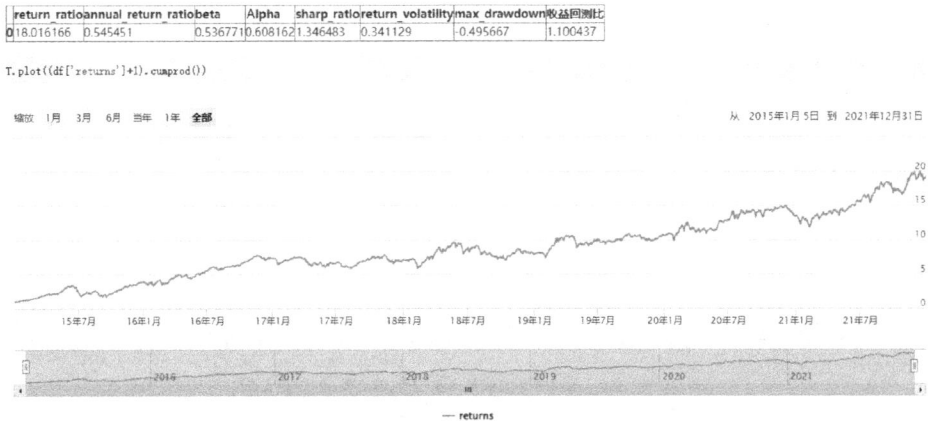

图 33 2015—2021 年 Transformer 滚动回测曲线

本文将重点放在 AI 在量化投资领域的应用。传统的线性模型及其他的机器学习模型通常难以捕获时间序列数据所包含的长期依赖关系。Transformer 模型通过自注意力机制，可以有效地捕捉到金融时间序列中的长距离序列依赖，从而允许模型学习更复杂的模式和趋势，这对于预测未来市场变化至关重要。Transformer 模型可以同时考虑金融时间序列中的所有数据点，而不是像传统模型那样逐步处理。这种全局视角使得 Transformer 模型能够更好地理解整个序列的上下文，提高了预测的准确性。除了前述模型调参和滚动训练外，本文的一个重要创新在于提出了一种针对股票数据优化的 Transformer 结构。这个结构特别适用于量化选股，并且借鉴了时间嵌入（Time Embedding）的理念来捕捉时间序列的特征。我们在处理股票数据时，引入时间向量作为 Transformer 的输入，从而实现对时间信息的有效编码。为了进一步说明，我们设计了一个 Time2 Vector 层，它可以接收原始的时间序列数据作为输入，进而生成表达非周期性和周期性特征的时间向量。这些向量随后与原始因子数据进行拼接，组成一个具有时间特性的综合特征矩阵。在本模型中，经时间嵌入处理后，数据矩阵的形状为（32，128，7），其中 32 代表批处理大小，128 代表时间序列长度，7 代表合并后的特征维度。通过这种方法，我们不仅提升了模型对时间特征的敏感度，也增加了数据的表征能力，从而使模型能够更准确地捕捉和预测股票市场中的复杂动态。此外，这一结构还赋予模型的可解释性和透明度，有助于投资者理解模型预测背后的因素，为量化投资决策提供强有力的数据支持。

五、大模型

（一）大模型与量化投资

量化投资作为金融市场分析与决策的重要工具，经历了一系列深刻的演变（见图 34）。最初的经验主义方法，仅依靠观察和统计规律来形成投资策略；随后，随着金融工程和金融数学的发展，量化投资逐渐演化为模型驱动的理论科学，策略的制定开始依赖于数学模型和理论假设。进入计算科学时代，计算机和算法的应用大幅提升了策略研发的效率和复杂度。而后，大数据时代的到来使量化投资成为数据驱动的科学，策略生成和优化开始深度依赖于海量数据的挖掘和分析。今日，随着人工智能技术的飞速发展，特别是大模型的兴起，量化投资已经迈入了 AI 驱动的新时代，这被认为是量化投资演化的第五个范式。

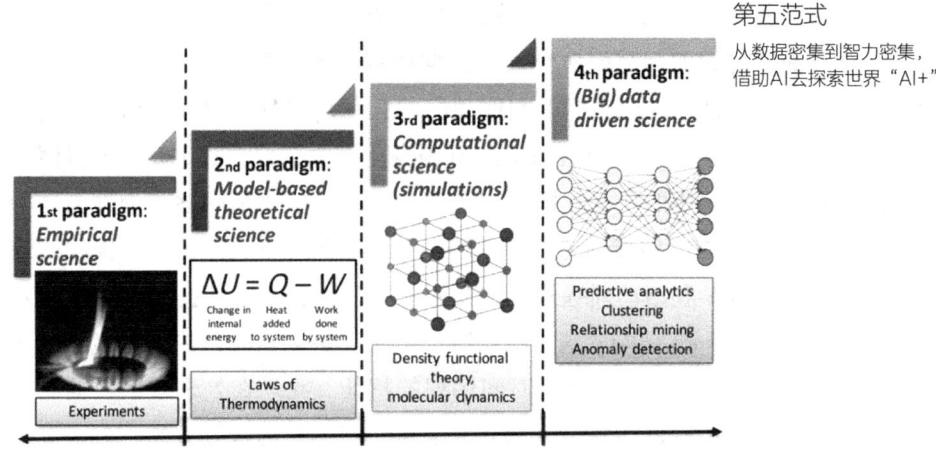

图34　大模型行业发展趋势图

在AI驱动的量化投资领域，大模型的应用广泛而深入，其中舆情分析是一个重要的应用领域。传统的舆情分析依赖于关键词匹配和简单的情感分析，而现代大模型通过对自然语言的深层理解能力，能够识别和解析复杂的句子结构、隐喻、讽刺等语言现象，实现更为精准的舆情辨识（见图35）。此外，大模型还能够捕捉微妙的情绪变化和市场对特定事件的反应，从而为量化投资提供了更为细致和深入的数据分析工具。

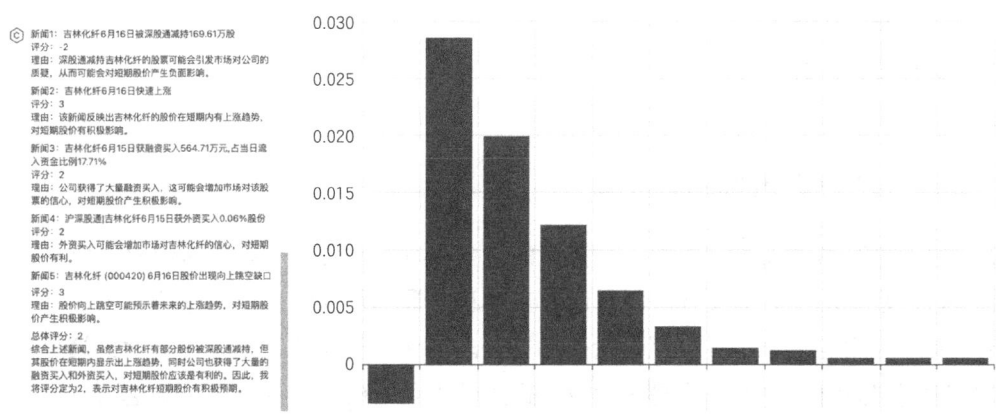

图35　大模型新闻舆情分析图

除了舆情分析，大模型在复杂因子公式的解释能力上也显示出了巨大的潜力。传统的量化策略中，因子的选取和组合往往是一个试错和经验积累的过程，而大模型凭借其在模式识别和数据挖掘方面的优势，能够帮助研究人员解释和理解复杂因子之间的关系，甚至可以自动生成新的因子，这些因子往往包含了非线性、高维度的市场特征，这对于发掘更深层次的市场规律具有重要意义（见图36和图37）。

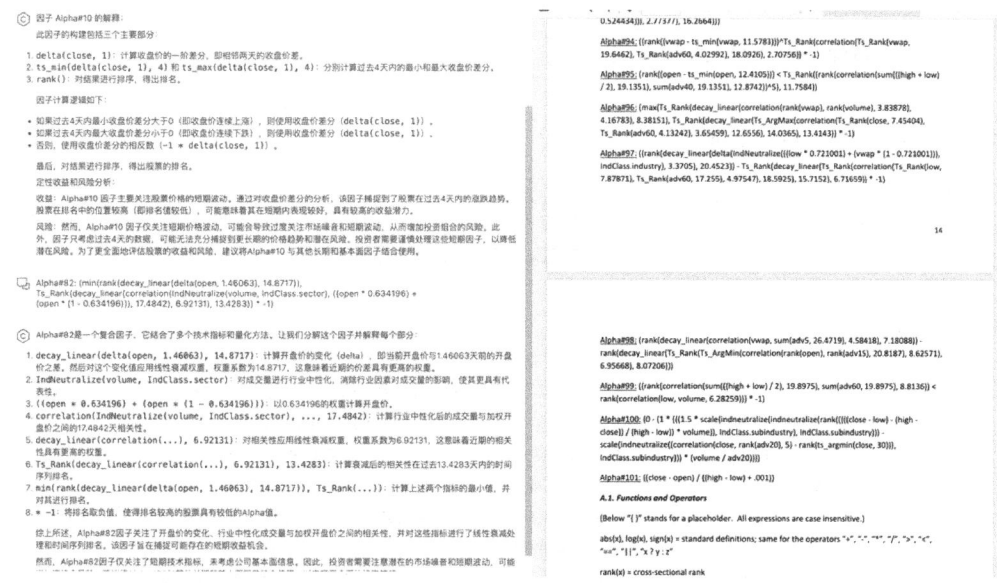

图 36　AI 解释因子

图 37　AI 生成因子

此外，将研究报告中的因子转化为可实际执行的代码一直是量化研究中的一项挑战。现代大模型的应用使这一过程得以简化。通过在自然语言处理方面的深度学习，大模型可以理解研究报告中的文本内容并将其自动转化为相应的编程代码，这极大地提高了从理论到实践的转化效率，降低了执行策略的门槛。

综上所述，随着量化投资实现了从经验科学到 AI 科学的跨越，大模型在舆情分析、因子公式的解释以及将研究成果转化为实际代码的应用中展现出了它的强大能力和广阔前景。这些进步不仅为量化投资带来了新的工具和方法论，也为整个金融行业的发展注入了新的活力。随着技术的不断进步和创新，我们可以预见，在不久的将来，大模型将继续在量化投资领域扮演更加关键的角色，不断推动着这一领域向着更加智能化、精准化的方向发展。

（二）数据预处理和实验设计

1. 数据获取和预处理

本文从网络渠道获取到股票投资相关的新闻、公告等舆情数据，并对数据进行预处理，剖析出与该条新闻相关的股票标的（见图38）。

date	content	instrument
2023-11-19	茶花股份公告，为了维护公司实际控制权的稳定，保证公司重大事项决策的一致性，陈冠宇、陈葵生、陈…	603615.SH
2023-11-19	济川药业公告，近日，全资子公司济川有限收到国家药监局核准签发的小儿豉翘清热糖浆药品注册证书。	600566.SH
2023-11-19	中际旭创在互动平台表示，公司目前产能充足，能够满足订单需求，同时为应对后续订单的快速增长需求…	300308.SZ
2023-11-19	郑煤机：关于郑州煤矿机械集团股份有限公司购买信托产品进展事项的监管工作函上市公司	601717.SH
2023-11-19	国机汽车：收到中标通知书，确认中汽工程中标《南汽电池PACK产能项目工程总承包》，中标金…	600335.SH
2023-11-19	三房巷发布公告，近日公司收到控股股东三房巷集团及三房巷国贸的通知，获悉三房巷集团与三房巷国贸…	600370.SH
2023-11-19	航天宏图公告，根据军采网发布的军队采购暂停名单，公司于9月28日起暂停参加军队采购活动。经申…	688066.SH
2023-11-19	韵达股份：拟以5000万元-1亿元回购公司股份，用于股权激励计划或员工持股计划，回购价格不超…	002120.SZ
2023-11-19	广博股份11月19日公告，公司股票交易价格连续两个交易日收盘价格涨幅偏离值累计达到20%，达…	002103.SZ
2023-11-19	电工合金：收到控股股东、实际控制人陈广胶的通知，正在筹划股份转让及表决权放弃事宜。交易完成后…	300697.SZ

图38 新闻原始数据

2. 实验设计和标签处理

在进行模型训练之前，整体数据集需被划分为两个独立的子集：一部分作为测试集，用于模型的训练；另一部分则被指定为预测集，用于后续的评估和验证。在训练阶段，测试集的数据会被输入到所选择的大规模机器学习模型中。该模型在接收数据前，已初始化并配备了一组预定义的目标变量（Labels），以便在监督学习的框架下引导模型捕捉预期的数据模式。模型预训练样例如图39所示。

比如：输入内容如下：
新闻ID：20231020001，新闻内容：A股存储芯片板块震荡走低，好上好跌停，万润科技跌超5%，佰维存储、雅创电子、恒烁股份、中孚信息、太龙股份跟跌。
最终的输出内容为：
新闻ID：20231020001，打分：1分。

图39 模型预训练样例

（三）结果分析

经过适当的训练，预训练模型将被应用到预测集上，执行未见数据的推断任务。在这一步骤中，模型将计算出每只股票在特定日期，受新闻报道影响的预测评分（见图40）。这一评分反映了新闻事件对股票潜在影响力的量化指标，为后续的投资决策提供了数据支持。通过对预测集的综合分析，投资者可以获得关于股票未来表现的洞察，进而制定更为科学和数据驱动的投资策略。此外，通过计算股票标的未来 1 日的收益数据，以获得最终的预测数据。计算 score 和 ret 的相关性为：0.467743。同时，利用上述数据进行两组选股回测，组 1 回测参数如下（见图 41）：

date	instrument	score	content	ret
2023-12-08	300529.SZ	4	午后医疗器械板块异动拉升，IVD试剂方向领涨，安图生物直线拉升8%，迈克生物、新产业、科美诊…	0.017764
2023-12-08	300750.SZ	3	从宁德时代方面获悉，宁德时代已对美国公用事业公司杜克能源切断其电池的做法进行了公开回击，称有…	-0.005471
2023-12-08	301209.SZ	4	据澎湃新闻，12月7日，在首届AIPC产业创新论坛上，联想集团和IDC联合发布了首份《AIP…	-0.030207
2023-12-08	600148.SH	4	汽车零部件概念震荡走低，威帝股份通近跌停，联明股份、日盈电子、长春一东、云内动力、英利汽车…	-0.074782
2023-12-08	600728.SH	4	佳都科技官微消息，公司即将在第二届数字政府建设峰会暨"数字湾区"发展论坛上发布三款大模型训推…	0.018487
2023-12-08	601279.SH	4	汽车零部件概念震荡走低，威帝股份通近跌停，联明股份、日盈电子、长春一东、云内动力、英利汽车…	-0.052877
2023-12-08	601599.SH	4	短剧游戏概念盘初走低，天威视讯一字跌停，百纳千成、引力传媒、中文在线、浙文影业、思美传媒等纷…	-0.065606
2023-12-08	603006.SH	4	汽车零部件概念震荡走低，威帝股份通近跌停，联明股份、日盈电子、长春一东、云内动力、英利汽车…	-0.086137
2023-12-08	603023.SH	4	汽车零部件概念震荡走低，威帝股份通近跌停，联明股份、日盈电子、长春一东、云内动力、英利汽车…	-0.099213
2023-12-08	603286.SH	4	汽车零部件概念震荡走低，威帝股份通近跌停，联明股份、日盈电子、长春一东、云内动力、英利汽车…	-0.079819
2023-12-08	603386.SH	4	则成电子30CM涨停，赛微电子、盛科通信涨超10%，骏亚科技、奥士康涨停，长光华芯、海光信息…	0.100241
2023-12-08	603598.SH	3	短剧游戏概念盘初走低，天威视讯一字跌停，百纳千成、引力传媒、中文在线、浙文影业、思美传媒等纷…	0.100174
2023-12-08	603658.SH	4	午后医疗器械板块异动拉升，IVD试剂方向领涨，安图生物直线拉升8%，迈克生物、新产业、科美诊…	0.099923
2023-12-08	603757.SH	4	大元泵业近日接待机构调研时表示，新产能建设进度方面，浙江温岭募投项目产能预计将于明年上半年投…	-0.013710
2023-12-08	688041.SH	4	则成电子30CM涨停，赛微电子、盛科通信涨超10%，骏亚科技、奥士康涨停，长光华芯、海光信息…	0.098141

图 40　输入数据

（1）回测区间：2023 - 09 - 19—2023 - 12 - 08；
（2）股票池：有公布相关新闻、公告的公司的股票；
（3）调仓周期：1 日；
（4）持仓比例：等权；
（5）信号计算：买入评分高。

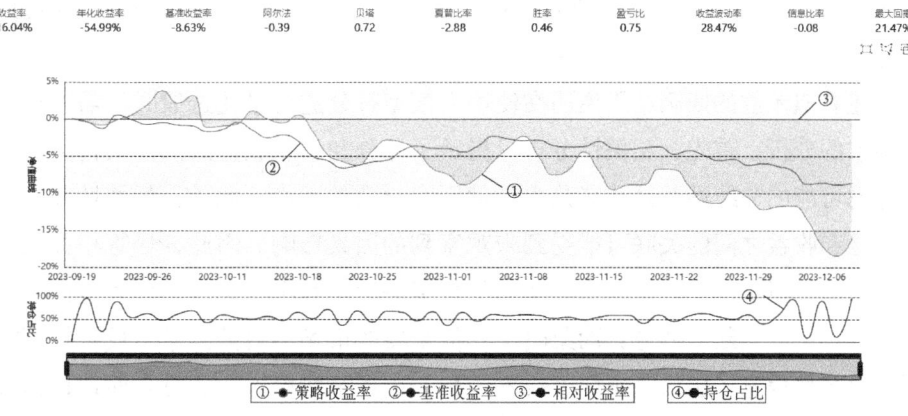

图 41　组 1 回测结果

组 2 回测参数如下（见图 42）：
（1）回测区间：2023 - 09 - 19—2023 - 12 - 08；
（2）股票池：有公布相关新闻、公告的公司的股票；
（3）调仓周期：1 日；

（4）持仓比例：等权；

（5）信号计算：买入评分低。

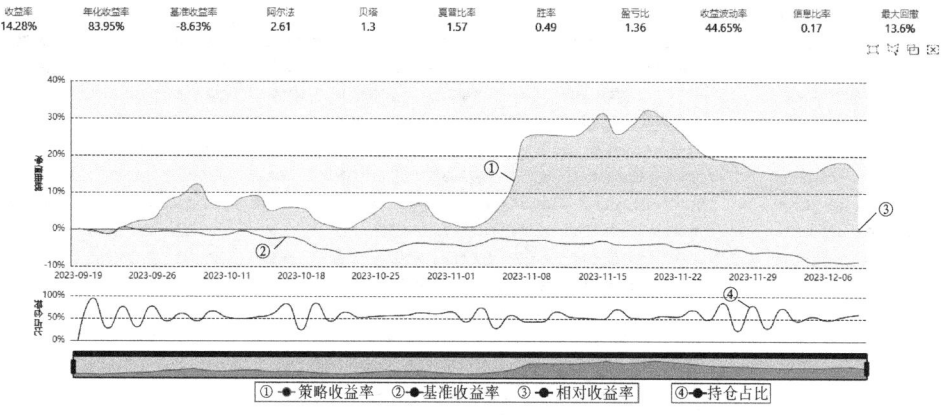

图 42　组 2 回测结果

通过上述实验可以得出以下结论：

（1）新闻评分（score）与随后 1 日的收益率 ret 之间的相关性为 0.467743，这表明新闻评分与股票短期表现之间存在中等程度的正向关联。

（2）回测结果显示，买入评分较高的股票组合展现出了负面的夏普比率，为 -2.88，这一结果意味着该策略的风险调整收益表现不佳，风险过高或回报过低。相反，买入评分较低的股票组合却意外地表现出了较为积极的夏普比率，为 1.57，表明在调整风险后的收益相对较高。这种看似矛盾的回测结果提示我们，在使用大模型打分进行量化选股时，需要更为深入和细致的分析。

上述看似矛盾的回测结果说明在使用大模型打分进行量化选股时，需要更为深入和细致的分析。首先，相关性分析只揭示了评分和未来收益之间的线性关系，并没有考虑可能的非线性关系或者是由外部因素导致的噪声。此外，相关性并非因果性，评分和收益之间的关联可能受到未观察到的因素影响。因此，尽管相关性的结果是积极的，但不能单独用来指导实际的投资决策。其次，夏普比率为负值可能是因为模型过于依赖新闻评分，而忽略了其他重要的市场和财务因素。量化投资模型需要综合多种信息，包括基本面、技术指标、市场情绪等，才能更全面地评估股票的真实价值。最后，评分较低股票组合的夏普比率为正可能揭示了市场的逆向投资机会。这表明，市场可能对某些负面新闻反应过度，导致股票价格的短期下跌，从而为逆向投资者提供了良好的买入机会。

利用大模型对股票新闻进行舆情分析并打分，这种结合了自然语言处理与量化投资的方法，为投资决策提供了全新的视角和数据源。大模型，如 GPT 和 BERT 系列在 NLP 领域的成功应用表明，它们能够捕捉文本的深层语义和复杂的语境关系。

在量化投资中，这意味着大模型能够更准确地理解新闻报道、分析报告和社交媒体中的隐含信息，从而对市场情绪进行更精细的打分。同时，大模型的快速舆情分析能力可以显著提高处理和分析大量文本数据的速度，这对于快速变化的金融市场来说是一个重要优势。大模型具有自我学习和适应的能力，随着市场数据和新闻事件的不断涌现，它们可以不断更新其语言模型，以适应市场的最新趋势。这种动态适应性对于量化投资来说是非常重要的，因为市场条件和投资者情绪是持续变化的。

六、总结

量化投研AI数字化体系建设探索出一条"融合与外拓"的道路：一方面，支持内部各部门条线形成量化研究一体化，量化研究形成合力并沉淀有价值的量化研究策略和因子分析；另一方面，外部赋能量化投资机构，提升期货投资影响力和研究成果。具体如下：

（1）借助平台底座并不断优化平台，聚焦于提升研究和投资机构构建因子的数量和质量。不断增加和优化内外部数据资源、算力、平台工具真实构建出具备特色的因子和有一定竞争力的因子数据库。

（2）从使用工具到真实提升研究员的交易策略提效上，补足工具外延和工具连贯性，帮助孵化出如优质Alpha的策略。

（3）以实盘交易能力高度拟合回测和仿真交易服务，高效切换"策略服务""模拟交易/回测"至"实盘交易"，实现模拟交易挖掘优质策略之后快速实盘获得收益的平台价值。

（4）平台的创新应用深化量化AI人工智能和ML机器学习，基于XGBoost和Transformer的量化模型展现出了较强的预测能力。通过合理的参数调优和滚动训练，模型在历史回测中表现良好，显示出了较高的盈利潜力。在本次量化投资实验中，我们采用了两种先进的机器学习模型（即XGBoost和Transformer），并对98个预选的金融因子进行建模。我们的目标是通过这些模型预测资产未来的价格变动，并据此制定交易策略。通过对模型的预测结果进行历史回测，使我们可以评估模型的有效性和盈利潜力。

目前，"国内量化进入分化再平衡"的市场演变过程。在近几年的关键阶段，我们愈发直观地感受到现在国内量化行业的竞争在持续升温与快速迭代。随着使用同类策略的选手越来越多，结合当下尚未达到完全有效的A股市场环境，必然会快速挤压有限的超额空间。量化产品超额衰减、收益率下降、波动率上升的压力是无法避免的。在这种环境中，许多固有的策略定式、惯性和运行系统都会遭到冲击，量化行业会进入分化、再平衡的关键阶段。现在规模尚可、有策略灵活度优势的中小型量化管理人，在平台的助推下仍然享有宝贵的发展机会窗口，能够在策略创新及差异化、管理体制、品牌建立等方面弯道超车，有机会成为比肩海外基金公司的机构。

展望未来，量化投研 AI 数字化在量化投资领域有较大的发展前景，但也面临着巨大的挑战。除了本次实验所用到的基于量价数据构建的因子，还可以来自其他维度，包括宏观经济指标、公司基本面信息、技术指标、舆情数据、高频数据等。数据维度的提升有助于模型学习更多更泛化的信息，从而作出更加有效的投资决策。同时，可解释性和过拟合一直是困扰 AI 模型在量化投资领域进一步发展的因素。首先，可解释性是指模型的决策过程能够被理解和解释的程度。在金融市场中，由于监管要求和风险管理的需要，投资策略必须是透明的和可解释的。然而，深度学习模型，尤其是那些结构复杂的模型，往往被视为"黑箱"，因为它们的决策过程难以被追踪和理解。这不仅增加了模型被误用的风险，而且会使投资者难以信任模型的输出，因此限制了其在实际投资中的应用。其次，过拟合是指模型在训练数据上表现出色，但在未知数据上表现不佳的现象。量化投资模型往往是基于历史数据进行训练和测试，如果模型复杂度过高，就可能无意中"记住"了训练数据中的噪声而非真实的信号。这导致模型在实际交易中的表现远远落后于回测结果，因为市场条件是不断变化的，历史数据可能无法准确预测未来。

参考文献

［1］王敏源，王璨，李浩．（2022）．“以 PCA 和机器学习算法为框架的多因子量化投资策略研究”．

［2］李福鹏，付东翔．（2020）．"基于 Transformer 编码器的金融文本情感分析方法"．

［3］岳发宇．（2022）．"一种金融大数据优化存储方法"．

［4］王敏源，王璨，李浩．（2022）．"以 PCA 和机器学习算法为框架的多因子量化投资策略研究"．

［5］"Machine Learning for Trading" – Chakraborty and Kearns, 2011.

［6］"Deep Learning in Finance" – Fischer and Krauss, 2018.

［7］"Portfolio Optimization with Machine Learning – Based Trading Strategies" – Zhong and Enke, 2019.

［8］"Alternative Data for Investment Management" – S&P Global Market Intelligence, 2018.

［9］"Big Data and AI Strategies：Machine Learning and Alternative Data Approach to Investing" – J. P. Morgan, 2017.

[10] "Stock Market Predictions with Natural Language Deep Learning", by James Hamblin, 2019.

[11] "A Comprehensive Survey on Feature Importance Ranking Techniques in Machine Learning", by Shilpi Harnal and Dinesh Kumar, 2020.

[12] "Generative Models for Financial Data", by Stefan Zohren, Stephen Roberts, 2020.

[13] "Deep Learning in Finance", by Paul Bilokon, Matthew Dixon, Saeed Amen, 2020.

[14] "Deep Learning for Trading: Parameter Tuning and Conditional Volatility Forecast", by Pawel Lachowicz, 2017.

[15] Breiman, L. (2001). Random Forests. Machine Learning, 45 (1), 5 – 32.

[16] Chen, T., & Guestrin, C. (2016). XGBoost: A Scalable Tree Boosting System. In Proceedings of the 22nd ACM SIGKDD International Conference on Knowledge Discovery and Data Mining (pp. 785 – 794).

[17] Schmidhuber, J. (2015). Deep learning in neural networks: An overview. Neural networks, 61, 85 – 117.

[18] Glorot, X., Bordes, A., & Bengio, Y. (2011). Deep sparse rectifier neural networks. In Proceedings of the fourteenth international conference on artificial intelligence and statistics (pp. 315 – 323).

[19] Vaswani, A., Shazeer, N., Parmar, N., Uszkoreit, J., Jones, L., Gomez, A. N., ⋯ & Polosukhin, I. (2017). Attention is all you need. In Advances in neural information processing systems (pp. 5998 – 6008).

中期协联合研究计划（第十六期）项目

中国特色大宗商品指数影响因素及其在我国资产配置中的作用分析

课题负责单位：一德期货有限公司
课题研究编号：2023360309
课题负责人：寇　宁
课题组成员：张怡婷　张　晨　肖利娜

一、绪论

(一) 研究背景及意义

1. 研究背景

作为表征经济活动的重要指标,大宗商品指数不仅是商品市场总体趋势的表征,对金融市场有着不可忽视的影响,还是投资风险管理与资产配置中不可替代的重要资产。

早在20世纪90年代初期,我国商品期货市场已有雏形,从早期的以农产品为基础的商品期货逐渐丰富到金属、能源等多个领域,整个发展过程可以划分为三个阶段。

(1) 初期阶段(1990—2000年初)。最早我国商品期货指数的覆盖范围相对较窄,包括少数几种商品期货合约,如金属、农产品等。1994年,沪深300指数期货首次在中国金融期货交易所(CFFEX)上市,这一指数的出现标志着中国股指期货市场的萌芽和中国期货指数的开端。

(2) 扩展与丰富阶段(2000—2010年)。伴随我国期货交易所的建立和完善,商品期货指数也在各期货交易所陆续发布,但规模较小,指数构成和发布频率相对有限。2009年,上海期货交易所(SHFE)发布多个金属期货指数,涵盖了铜、铝、锌等主要金属期货。2010年,大连商品交易所(DCE)发布农产品期货指数,如豆类、棉花等。2013年,中国金融期货交易所(CFFEX)发布了国债期货指数。

(3) 完善与广泛应用阶段(2010年至今)。随着市场需求的增长,中国各期货交易所逐步扩大了指数的覆盖范围,增加了涵盖的商品种类。从2013年起,南华期货和大连商品交易所相继推出南华商品指数和大商所期货价格指数,成为我国目前最具代表性的两个商品指数。2015年,上海黄金交易所(SGE)发布黄金期货指数。2020年,人民币汇率中间价期权隐含波动率指数首次问世。2022年,中证商品指数公司自主研发中证商品期货指数成为我国首个全市场综合性权威商品指数系列,为我国对商品指数的研发开启了新篇章。

2021年5月,证监会批复广州期货交易所两年品种上市计划,中证商品指数期货作为其中重要的创新型期货产品,标志着我国打造中国特色商品指数体系的步伐进一步加快。未来大宗商品指数期货的上市,不仅为投资者提供了更加丰富的资产配置工具,还为政府监测调控宏观经济、提高资源配置效率提供参考依据,对推动我国经济高质量发展有着重要的现实意义。

2. 研究目的与意义

中国特色商品指数作为反映中国大宗商品市场综合表现的重要指标，对于准确理解中国经济的宏观走势和市场波动至关重要。我国作为全球主要的大宗商品产销大国，随着我国经济转型发展的不断推进、深入研究具有中国特色的商品指数的影响因素和波动特征，对于政府部门监测经济运行、制定经济政策以及金融市场投资优化资产配置，对冲投资风险均具有重要的意义。

在宏观经济的影响上，首先，大宗商品指数在很大程度上反映了大宗商品价格的整体走势。这些商品价格的变动往往与经济周期密切相关。通过研究商品指数与宏观经济周期（如景气周期）的关联性，可以发现商品指数变动与经济增长、衰退以及不同阶段的关系。其次，商品指数常被视为通货膨胀的一个指标，商品价格上涨可能与通货膨胀有所关联。研究商品指数与通货膨胀率之间的相关性能够帮助分析者更好地理解商品价格变动与通货膨胀之间的关系，以及商品指数在通胀对冲中的作用。最后，商品价格的变化也可能影响货币政策制定。特别是在通货膨胀上升时，央行可能会采取相应措施。商品指数的变动可能对货币政策利率、货币供应等方面产生影响。

在资产配置上，商品指数期货作为一种特殊的资产类别，通常与传统的股票和债券等金融资产相关性较低。它能为投资组合提供一种多元化的选择，有助于降低整体风险。商品指数在投资市场应用广泛，投资者可以利用商品指数期货的期限结构和不同合约的交易策略来对冲风险或寻求收益。同时，大宗商品价格包含丰富的经济与市场运行的信息，通过对大宗商品指数的深入分析，可以为市场参与者提供更准确的投资决策依据。

本文选取以国内期货品种为基础编制的大宗商品指数——南华商品指数，通过分析国内外宏观经济指标与其相关关系及联动影响，考察中国特色大宗商品对我国宏观经济运行的反映程度，并在此基础上，将南华商品指数及 CRB 指数分别纳入国内资产投资组合中，对比检验其对优化我国资产配置的功能作用，从宏观经济运行及大类资产配置两方面验证说明中国特色大宗商品指数对监测我国经济总体运行、提升我国资产配置绩效有着重要的作用和意义。

（二）文献综述

对大宗商品指数的探究和实践最早可以追溯至 1957 年，商品研究所（Commodity Research Bureau，CRB）编制了首个商品指数用于追踪商品市场价格走势，为后世商品指数的发展奠定了基础。近年来，随着世界政治经济格局的调整和大宗商品产业布局的变化，国际大宗商品定价体系不断演变。对大宗商品定价机制、价格波动规律的研究范畴也在不断从经济供求扩展至国际政治经济变化和政策影响等方面。

1. 大宗商品定价机制理论研究综述

对于大宗商品的定价机制研究，国外建立了比较完整的理论体系，大致遵循两种路线：新古典主义经济学和新制度经济学。传统上，经济学主要探讨经济领域中理性人的最优化行为，新制度经济学推进的合同或契约是交易的显性单位，需要考察政治与权力在制度中的重要作用。而政治领域的最优化行为则复杂得多，随着世界政治经济格局的调整和大宗商品产业布局的变化，国际大宗商品定价体系也在不断演变。定价机制的核心是定价权，具有大宗商品定价权的国家政策变化也往往有着"牵一发而动全身的效果"。

新古典主义路线以Carlton（1979）的多元价格理论为代表。它的核心思想是理性行为假设，即个体在作出决策时会考虑效用最大化。该理论强调市场在资源分配中的作用，认为市场是最有效的资源分配机制，探讨市场主体对于不同定价方式的选择以及不同定价方式之间的相互关系。最终目标主要是研究市场的供求关系，分析价格的决定因素和变化规律。冯玉林等（2022）构建了适用于我国大宗商品期货市场的包含市场、基差以及基差动量的三因子定价模型，研究表明，基于大宗商品存储理论和现货存货数据构建的投资组合收益率可以被本文三因子模型有效解释。贺辉辉等（2022）从垄断地位、供求关系、期货市场、计价货币、地缘政治5个方面对大宗商品定价权的影响因素进行理论层面的分析，并基于结构性视角，从宏观方面国家经济水平，微观方面生产结构、金融结构、安全结构和知识结构对大宗商品定价权展开探讨。

新制度经济学路线则以Coase（1937）的交易成本理论为基础。该学派认为经济世界中的行为主体为将交易成本最小化而结成各种各样的契约安排（或治理结构）组成形式各异的经济组织。国内学者董方军（2010）在融合契约理论与多元价格理论的基础上，提出国际铁矿石市场契约安排频谱的概念，构建了铁矿石市场主体通过选择契约安排实现市场整体均衡的价格机制模型。王碧宏（2023）研究了RCEP区域内大宗商品定价机制和价值链重构的内在关联和协同作用，发现RCEP成员之间大宗商品的交易存在着价格歧视和不平等现象，导致一些国家和地区长期处于贸易逆差。

另外，还有学者从国际政治经济学和政策变化等视角对国际大宗商品的定价机制进行了分析，尤其近年来中美贸易摩擦、英国脱欧、新冠疫情、俄乌冲突等事件导致全球产业链正在加速重构与调整，使得全球各国经济政策变化加快、不确定性也创新高。张帆和高运胜（2021）以国际政治经济学范式下的"结构性权力学说"为理论基础，从生产结构、金融结构、知识结构和安全结构4个层面，分析了结构性权力对于一国获取大宗商品国际定价权的影响和作用机理。陈枫（2022）通过构建三变量 TVP – SV – VAR 模型，实证分析发现地缘政治风险和金融压力对我国总商品期货市场和 4 个子商品期货市场收益率（能源、农产品、贵金属和工业金属）存在动态时变影响，且对不同的子商品期货市场收益率的影响具有异质性。

杨洋（2020）以 1997 年 1 月至 2018 年 12 月为样本期间，采用 TVAR 模型研究了经济政策不确定性与大宗商品总体价格以及能源、贵金属、农产品和工业金属四类大宗商品价格之间的非线性关系，同时对比分析了中国和美国经济政策不确定性对国际大宗商品价格影响效应的差异性。焦东丹（2022）探究了美国货币政策意外影响中国大宗商品期货价格的理论机制，包括国际传导渠道、汇率市场渠道、股票市场渠道以及中国国内需求渠道，研究发现与中国大宗商品市场牛市相比，中国大宗商品市场处于熊市时美国货币政策意外对中国大宗商品期货价格的影响程度更大。

2. 大宗商品价格周期波动的研究综述

对大宗商品周期波动的研究主要集中于对长期趋势和短期波动特点的研究上。在对长期价格趋势的研究上，高环成和杨静（2013）基于 1875—2012 年的数据，利用带通滤波技术对大宗商品实际价格进行分解；研究发现，大宗商品价格存在 4 个超级周期，非石油类大宗商品价格周期和石油价格超周期与世界经济周期保持一致。谭小芬等（2022）基于 2000—2021 年月度数据，运用 Hamilton 滤波与小波分解技术，识别出 2000 年以来的全球大宗商品价格周期，全球大宗商品价格周期因子能够较好地反映 2000 年以来国际大宗商品价格的共同变动趋势。

在对短期价格波动的研究上，主要是对期货市场的研究。短期价格波动反映了期货市场的投机行为，现货市场的非均衡调整。研究短期价格波动的必要方面就是检验短期价格波动是否为随机游走。李俊文（2023）通过建立 VAR 模型研究中美贸易摩擦背景下国内外大宗商品期货价格的联动性。总体来看，关于商品价格形成的主要关注集中在评估市场效率和提高价格预测上，多数研究是针对价格数据样本本身。

3. 大宗商品价格影响因素的研究综述

在对价格影响因素的研究上，就是研究宏观经济指标及货币政策与价格的关联性。其中，海外研究方面，早在 1983 年，已有学者针对单一宏观变量展开研究，发现 M2 与商品指数之间的关系，其存在正向相关关系（Barnett 等，1983）。Hess 等（2008）分别对 CRB 指数、GSCI 指数与实际 GDP、实际收入、就业率、工业生产等宏观变量进行了研究，发现大多数宏观经济变量在经济低迷期与期货价格存在显著正相关性。Moreira（2014）对商品指数和利率、CPI、汇率、GDP 之间的关系展开了研究，发现商品价格的波动与 GDP 和 CPI 密切相关。

国内研究上，2001 年，王雪标和王志强（2001）对我国商品期货价格指数与宏观经济数据进行研究，利用五种期货品种（小麦、绿豆、大豆、铜、铝）分别于 CPI 进行格兰杰因果分析，发现期货价格指数对宏观经济具有引导作用。2007 年，华仁海和蔡慧用 1998—2005 年的五种期货品种编制中国商品期货价格指数，并对其进行了研究，发现该指数与中国 GDP 存在长期稳定性关系，商品期货价格指数领先 GDP 指数至少两个月。伴随我国期货市场的发展，商品指数也形成了较为完善的体系。2013 年，国内学者对南华商品指数与我国 CPI、PPI 进行 VAR 分析，发现南华商品指数对我国 CPI 和 PPI 具有预测性（危慧惠和李昕贺，2013）。庄赟和曾五一（2019）利用 1992 年 1 月至 2016 年 5 月的月度中国经济数据与 9 种国际大宗商品的现货价格作为样本，基于 VAR 模型、脉冲响应函数和方差分解结果进行实证分析发现：固定资产投资增速对于各大宗商品特别是金属、化工类大宗商品价格的影响相对显著，消费增速对于农副类大宗商品价格影响明显，M2 增速也有着一定影响。刘鑫和陈学军（2020）选取 2007—2019 年月度同比数据，根据 SVAR 模型研究发现：我国宏观经济状况对大宗商品价格波动影响最大，然后是国内需求；金融化因素中依次为国际期货市场、大宗商品自身因素、人民币实际有效汇率、货币供应量、通货膨胀和国际流动性水平。李霄（2021）分析同一时期内美元指数对不同品种大宗商品价格影响的异同点，对 2013 年 1 月至 2019 年 6 月的工业金属类铜、农产品类棉花以及能源类原油国内外期现货价格与美元指数、GDP、货币供应量 M2、利率等相关数据进行实证研究发现，宏观因素中 GDP 对大宗商品价格影响最大，美元指数与货币供应量 M2、利率因素对商品价格的影响接近；原油价格受美元指数影响较大，工业金属铜次之。

此外，近年来，越来越多的研究从供需角度对大宗商品价格决定进行分析，论证供需关系是决定大宗商品价格的主要因素。云璐等（2022）梳理农产品、金属、能源化工三类大宗商品的全球供需分析框架以及金融市场影响大宗商品价格的理论机制，讨论大宗商品价格的变动机制和波动因素，并深入分析新冠疫情、"碳中和"目标、新冠疫情下的宏观政策及地缘政治关系对后疫情时代大宗商品供需结构的影响。吴立苗（2023）基于供需视角明确了中国在国际大宗商品市场供需格局中的影响力，分析认为，除煤炭外，我国对金属、能源化工等大宗商品的进口依赖度整体较强，受国际价格传导的影响较大。

4. 对大宗商品指数实际应用的研究综述

对大宗商品指数的实际应用的研究上，国内外研究主要集中在对宏观经济影响、资产配置效益提升及风险管理等方面。国外研究方面，1993 年 Siegel 和 Lummer 两位学者对商品指数对物价的影响研究进行了进一步的完善,研究显示商品指数可以预防物价飙升风险。Finnerty 和 Becker(2000)以美国 20 世纪 70—90 年代为例,将商品指数融入养老基金的资产组合中,发现可以有效地提高其资产组合收益率。Charoula 和 George(2011)研究了投资者通过将大宗商品纳入由传统资产类别组成的投资组合是否会变得更好,研究结果证实了商品指数纳入投资组合可以提供多样化效益,且在许多绩效评估指标、效用函数和数据集中等情况下都是稳健的。Cheng 和 Xiong(2014)认为,大宗商品指数能满足套期保值者的交易需求,提高其风险分散水平,同时当外部金融市场资产价格下跌时能承接外部金融市场的风险传导。Hammoudeh 等(2015)从中国国情出发研究货币供应量与一系列商品指数的关系,发现货币供应量的大幅增长对非能源商品指数和金属价格指数有显著影响,但对其他类指数产品的影响并不显著。由此可以发现在影响因素方面,中国特色的商品指数和国外商品指数在影响因素方面或有不同。Eric 等(2017)评估大宗商品能否为股票持有人提供有效对冲,结果发现大宗商品指数不是标准普尔 500 指数的有效对冲工具,结论并不支持大宗商品在金融危机期间是股市的良好对冲的说法,建议股票市场投资者和资产管理公司在寻找管理和降低投资组合风险的方法时,最好为标准普尔 500 指数寻找更好可替代大宗商品指数的对冲工具。

国内方面,李挺(2008)对金融资本把大宗商品期货加入资产组合的运作进行了深入研究分析,并总结出不同经济条件下资产组合中在不同投资策略下的效果。曹晓军(2014)从期货公司角度,发现商品指数产品的出现有助于优化期货公司投资者结构,吸引更多的机构投资者参与到商品市场中来;商品指数产品对于期货公司投资咨询、资产管理、风险管理子公司等业务模块也将带来积极的影响。云志杰(2014)针对商品期货指数在国内信托行业的应用和创新进行了阐述,认为国内商品期货指数产品的推出将会为信托产品提供新的资产、对冲工具和产品设计组合,进一步提高了信托公司证券信托基金产品发行的竞争力。胡聪慧和刘学良(2017)基于融资流动性的角度,证实在流动性冲击下大宗商品指数与股票指数间存在相关性,可据此进行资产组合配置。谭华清和赵学军等(2018)利用 1973—2016 年的季度数据,基于动量思想的 Black – Litterman 配置模型,发现在传统股票债券组合中加入 GSCI 大宗商品指数会明显改善组合的回报;在适当的策略周期下,加入大宗商品指数还能够提高组合的夏普比。周亮(2020)采用商品—债券价格比(F/B)指标对商品指数的相对价值进行评估,并利用马尔科夫区制转换模型判断商品指数的高估和低估区间,构造投资策略并检验策略的投资绩效及择时效果;研究结论从理论和实践两个层面验证了商品指数估值配置策略的有效性,对我国投资组合理论研究进行了有益补充。冉燕(2023)用 Hawkes 过程来刻画资产收益的跳跃行为,并且运用 Hawkes 跳跃—扩散模型来研究国际原油市场与中国大宗商品期货市场的风险自我传染和交叉传染效应。在暴跌情形下，国际原油市场的自我传染效应要大于中国大宗商品期货市场，且中国大宗商品期货市场对国际原油市场的交叉传染效应要大于反向传染效应；而在暴涨情形下，传染效应则表现相反。由此，对国家制定相关的金融政策和风险管理措施来维持市场稳定运行和经济高质量发展提供支撑和建议，也对投资者进行投资提供一定的警示和决策支持。

（三）研究思路与方法

1. 研究思路

本课题主体分为四个部分，第一部分主要是对商品指数的概述，通过对商品指数的基本定义和对国内外商品指数发展的回顾，对比国内外商品指数在编制和市场上的不同，找到中国商品指数的中国特色点。第二部分站在宏观角度以实证分析的方式对中国商品指数进行波动特征研究，以南华商品指数为例，利用统计和经济学模型相结合的方式，探讨国内外宏观经济变量对中国商品指数的影响程度，同时引入国外商品指数进行对比，凸显出中国商品指数在中国宏观经济中的特别之处。第三部分将南华商品指数与CRB指数分别加入国内股债资产组合，利用有效前沿的方法对比加入商品指数后资产组合的有效前沿改善程度，并以市场历史数据对不同类型的组合表现进行回测检验，对比考察中国特色大宗商品指数对优化国内资产配置的功能作用。第四部分是对本文研究成果的总结，以及研究过程中的不足进行讨论，并对本文的研究进行深入思考，为国内商品指数期货的上市研究提供参考。

2. 研究方法

（1）理论基础。本文以理论研究和实证研究相结合的模式，理论分析上，一是基于对大宗商品指数的定义，对比国内外商品指数的编制原则、结构和价格特征，对中国特色大宗商品指数进行基础界定和特征描述。二是基于宏观基本面理论框架，对可能影响大宗商品指数的宏观变量进行拟定，更加全面地研究大宗商品指数与经济运行的关系。三是基于资产定价理论，应用有效前沿的方法对比分析中国特色大宗商品指数对优化我国资产配置的作用。

（2）研究方法。

①分类研究法。在商品指数概述部分，将商品指数体系进行剖析，将商品指数按照结构和特征两大部分进行描述，分别阐述了商品指数的来源和发展、编制原则和目标，以及当前编制权重和品种的分配。在特征研究时，主要分为商品指数与我国主要股票指数的相关性和其收益率情况两个方面进行。

②比较研究法。本文在前三个部分均涉及该方法。在商品指数概述部分，通过

列举国内外流通性强的商品指数,对比其共同点和不同点,研究中国商品指数的中国特色特征和原因。在实证研究部分,本文加入国外商品指数 CRB 指数与我国的南华商品指数一同进行研究,通过对比两个指数的研究结果,分析国内外商品指数在宏观研究层面的不同之处。在对商品指数在资产配置的优化研究中,通过对比是否含有商品指数的有效前沿进行分析,同时加入国外商品指数进行对比研究。

③计量研究法。该部分主要集中在本文的实证研究部分。一是采用统计方法多元线性回归模型对南华商品指数进行计量分析。二是在统计模型的基础上加上经济学方法格兰杰因果模型,从经济学视角对模型进行优化。

(四) 研究创新与难点

1. 研究特色和创新点

商品指数体系在国际市场已经发展较为成熟,但我国已上市的商品指数种类较少,且尚未推出有关商品指数期货的品种,而且我国商品指数的研究多数是与股票、债券相结合,以宏观角度进行影响因素的探讨较少。在广州期货交易所的推动下,具有中国特色的商品指数期货上市为期不远,因此本文从宏观视角出发对中国商品指数影响因素进行研究,具有较强的前瞻性,为日后中国商品指数期货上市后的研究奠定基础。

本文不仅在商品编制权重上对我国商品指数进行详细的研究,还通过对比国外已经较为成熟的商品指数,分析出我国在指数编制方面的中国特色。在实证研究中本文采用统计学和经济学模型相结合的方式,弥补了统计学模型在金融研究中的不足。最后本文对商品指数应用进行扩展,利用有效前沿理论将商品指数融入资产组合中,对比其前后的有效前沿,探讨商品指数在资产配置中的优化作用,为后续对商品指数期货的研究提供了铺垫。

2. 研究难点

首先,因为我国商品指数发展晚于国外,在实证研究的过程中数据量不足是本研究中第一个难点。本文实证研究因以宏观角度,数据多为月频数据,降低了可获得数据量,且受国内商品指数发展限制,因此对于数据时间节点的选择令本研究中的数据样本不足。

其次,因商品指数和宏观经济变量均为时间序列数据,存在趋势性、季节性和周期性等特点,波动往往具有非线性特征,因此对模型的检验增加难度。

除了数据样本不足和数据自身特点之外,商品指数的变化还受外界因素干扰居多,例如,宏观经济政策、国际贸易政策和地缘政治因素等多方面因素的影响。这些因素的变动可能对商品价格产生显著影响,如何将这些因素量化是未来研究一个重点方向。

二、商品指数概述

(一) 商品指数的定义

商品期货市场已经成为金融市场中重要部分,其价格风险管理和价格发现两个主要的经济功能也为社会经济的平稳快速发展作出了贡献。大宗商品指数作为衡量商品期货价格水平整体变化趋势的指标,以化零为整的形式通过不同的计算和编制方式,体现某一商品价格的综合变化,反映其市场和价格波动趋势。商品指数受其特有的编制方式影响,微观角度上具有商品期货价格发现功能,宏观层面上兼具为政府宏观调控提供参考意义。商品指数的计算基于代表性商品价格的加权平均数。这一篮子商品涵盖了多个领域,如农产品、能源、金属和工业品等。通常会选择一组商品,并根据其在市场中的重要性确定权重,然后计算这些商品价格的变动情况。例如,联合国粮食和农业组织发布的食品价格指数就反映了主要食品价格的综合变化。

商品指数可以根据不同的标准和用途进行分类,主要分为四类。

1. 按照涵盖范围分类

分为综合性指数和特定类别指数。综合性指数涵盖广泛的商品类型,例如,消费者物价指数(CPI)和生产者物价指数(PPI),反映消费者和生产者所面临的价格变化。

特定类别的指数则专注于某一类商品,例如,能源指数(石油、天然气等)、金属指数(黄金、铜、铁矿石等)、农产品指数(大米、小麦、牛肉等)等。

2. 按照计算方法分类

分为价格加权指数和数量加权指数。价格加权指数计算包含商品的价格加权平均数,反映整体价格变动趋势。

数量加权指数侧重商品数量变化对总指数的影响,例如,生产者物价指数。

3. 按照用途分类

分为市场指数和经济指数两类。市场指数主要追踪市场价格的变动,为投资者提供决策参考,例如,股票指数、商品期货指数等。

经济指数主要应用在宏观经济分析和政策的制定,为货币政策和经济政策的制定提供参考,例如,CPI、PPI 等。

4. 按照发行机构分类

分为政府机构发布的指数和国际组织或私人机构发布的指数。政府机构发布的指数由政府机构如国家统计局发布,例如,美国劳工部公布的美国居民消费价格指数。

国际组织或私人机构发布的指数,如由国际组织发布的联合国粮食和农业组织的食品价格指数,或私人机构发布的标普 500 指数。

(二) 国外主要商品指数的编制和发布

早在 1864 年已有商品价格指数在《经济学人》中公布,作为早期指数,该指数追踪大宗商品现货价格,不具有投资作用。随后国外商品指数经历持续的演变和创新,涵盖了多种商品类型,不断适应市场需求和投资者偏好。目前国外已公布的商品指数根据不同的分类标准可以主要分为三大类。第一类为综合性商品指数,以 CRB 商品指数、标普高盛商品指数、道琼斯商品指数、富时商品指数为例。第二类为单一类别指数,例如,CRB 能源指数、镍指数、大豆指数。第三类为特定策略类,例如,GSCI 通货膨胀对冲指数用于对冲通货膨胀风险;富时 GFD 指数用于追求特定商品价格变动。

1. 路透 CRB 指数

(1) 指数概况。路透商品研究局指数 (CRB Index) 是由美国商品研究局在 1957 年推出的期货价格指数,以多种基本的经济敏感商品价格为基础,是全球历史最悠久的商品指数。指数最早由 28 种大宗商品构成,其中 26 种在美国与加拿大交易所上市,两种在现货市场上市。最初的基期被设定为 1947—1949 年,与美国劳动统计局现货市场指数 (Bureau of Labor Statistics Spot Market Index) 一致,目的是方便现货与期货指数之间的比较,后以 1967 年为基期。

1986 年,纽约期货交易所 (NYFE) 与 CRB 合作,推出以 CRB 指数为标的的期货交易。2005 年,路透集团与 Jefferies 集团旗下的 Jefferies 金融产品公司进行合作,对 CRB 指数进行第十次修改,更名为路透/Jefferies 商品研究局指数 (RJ – CRB),框架沿用至今。2008 年 Reuters 公司与 Thomson 公司合并,2009 年该指数被重新命名为 Thomson Reuters/Jefferies CRB 指数,简称为 "TRJ/CRB"。

(2) 指数结构。为保持 CRB 指数的有效性,CRB 公司会根据市场情况调整指数涵盖的品种。从 1971 年开始,CRB 指数中不包含任何现货品种,成为纯粹的商品期货指数。如表1所示，1995年CRB指数的第九次修改，将品种数目减少至17种，并保留至今成为CRB延续指数（CCI）。目前品种涵盖19种商品：铝、可可、咖啡、铜、棉花、原油、黄金、燃料油、生猪、活牛、天然气、镍、橙汁、白银、大豆、白糖、无铅汽油、玉米与小麦。

表1　　路透CRB指数历次调整

年份	1957	1961	1967	1971	1973	1974	1983	1987	1992	1995	2005
期货品种	26	25	26	27	28	27	27	21	21	17	19
现货品种	2	2	2	2	0	0	0	0	0	0	0
合计	28	27	28	29	28	27	27	21	21	17	19
剔除品种		1	0	10	1	1	4	6	1	5	1
增加品种		0	1	9	2	0	4	0	1	1	3
合约月份选取	12	12	12	12	12	12	12	9	9	6	近月合约
权重分配	等权重										权重不等
计算方法	几何平均法										算术平均法

权重设置上，CRB以往都是维持所有品种等权的权重方案，而在2005年的第10次调整中，CRB指数调整为赋予不同品种不同的权重，贵金属的比重明显减小，而能源和基本金属比例则增加了，原油权重也得到了大幅度的提高。

具体方案上，CRB指数将石油类以外的品种按照流动性进行排名分类，总共分为4个类别：石油类品种（3个），总权重不低于33%；高流动性的品种（7个），每个平均权重6%，总权重不低于42%；一般流动性的品种（4个），每个平均权重5%，总权重不低于20%；其他品种（5个），每个权重1%，总权重不低于5%。其中，石油品种经济意义显著、成交活跃，历史上对商品指数的回报有突出的贡献；高流动性和一般流动性品种保证了指数的流动性与广泛的代表性；其他品种的流动性及权重不如前三组，涵盖软商品、谷物、工业金属、贵金属以及畜牧业等市场的品种，保证了指数多样性，以及对指数组合风险的分散化。目前，按商品性质分类的具体权重为，能源类占39%（WTI原油、无铅汽油、燃料油、天然气），农产品类占34%，金属类占20%（其中基本金属13%、贵金属7%），畜产品占7%（见表2）。

表2　　路透CRB指数分类及权重分配

品种	商品	指数权重（%）	类别权重合计（%）
石油类品种	WTI原油	23	33
	燃料油	5	
	无铅汽油	5	

续表

品种	商品	指数权重（%）	类别权重合计（%）
高流动性品种	天然气	6	42
	玉米	6	
	大豆	6	
	活牛	6	
	黄金	6	
	铝	6	
	铜	6	
一般流动性品种	白糖	5	20
	棉花	5	
	咖啡	5	
	可可	5	
其他品种	镍	1	5
	小麦	1	
	生猪	1	
	橙汁	1	
	白银	1	

近几年，由于涵盖的品种的相关数据变化幅度不够大，品种的权重基本不变。另外，在每月第 6 个工作日盘后，路透 CRB 指数会围绕既定的目标权重进行商品权重再平衡，增加指数整体回报以及降低指数的波幅，避免成分品种或者类别因为相关价格持续性变动而出现的权重偏离，使得指数维持一个稳定性与连续性。CRB 指数早期在反映通货膨胀或通货紧缩上相对 CPI 和 PPI 具有极大的时效优势，被美联储列入影响货币政策调整的通胀指标观测名单。直至今日，CRB 期货价格指数仍然是世界范围内衡量商品期货价格变动的基准。

（3）指数特征。路透 CRB 商品指数与股票指数及债券指数的相关系数矩阵如表 3 所示，路透 CRB 商品指数与上证 50 的相关性约 0.923，两者高度正相关；与 10 年期国债期货收益指数的相关性约为 -0.494，两者有负相关性，且相关性较弱。

表3　　　　路透 CRB 商品指数与股票指数和债券指数的相关系数矩阵

品种	10 年期国债期货收益指数	中证 500	中证 1000	沪深 300	上证 50	路透 CRB 商品指数
10 年期国债期货收益指数	1.000	-0.164	-0.270	-0.419	-0.483	-0.494
中证 500	-0.164	1.000	0.969	0.912	0.882	0.741
中证 1000	-0.270	0.969	1.000	0.928	0.909	0.815

续表

品种	10年期国债期货收益指数	中证500	中证1000	沪深300	上证50	路透CRB商品指数
沪深300	−0.419	0.912	0.928	1.000	0.993	0.901
上证50	−0.483	0.882	0.909	0.993	1.000	0.923
路透CRB商品指数	−0.494	0.741	0.815	0.901	0.923	1.000

收益方面，除Wind商品指数外，路透CRB商品期货指数年化收益率高于沪深300和上证指数。波动方面，路透CRB商品期货指数的年化波动率最高，约为19.86%，其夏普比率表现也更优秀（见表4）。

表4　　　　路透CRB商品指数与股票的风险收益情况对比

指标	路透CRB商品指数	Wind商品指数	沪深300	上证指数
年化收益率	−5.79%	5.67%	−14.60%	−6.72%
年化波动率	19.86%	12.56%	19.22%	11.70%
夏普比率	0.34	0.01	−0.02	−0.02

2. 标普高盛商品指数（S&P GSCI）

（1）指数概况。1991年，高盛公司建立高盛商品指数（Goldman Sachs Commodity Index, GSCI），成为第一个"可投资"的商品指数。其中，高盛商品指数期货和高盛商品指数期权在1992年7月于芝加哥商品期货交易所上市。2007年2月，标准普尔公司从高盛公司手中购买了GSCI指数，并被重新命名为标准普尔高盛商品指数（S&P GSCI），同年标准普尔终止了公司原有的标准普尔商品指数（SPCI）。目前标普高盛商品系列指数强调商品的经济重要性，被广泛认为是最能反映全球大宗商品价格变动的代表性指标。

（2）指数结构。由于标普高盛商品更侧重于可投资性，该指数在选择品种时采取"流动性筛选"，即筛选全球交易最为活跃的商品品种。品种权重设置上，标普高盛商品制定者认为以美元总产值衡量的商品全球产量决定了该商品对世界经济的影响，因此该指数制定时基于成分品种的全球产量比例分配权重，参照品种流动性，每年1月调整一次。由于原油是全球范围内美元总产值最高的商品，而其对应的原油期货也是全球交易最活跃的期货品种，因此标普高盛商品特点是能源类品种在其中占很大权重，其中原油权重占据最高（50.15%）。而在非能源类中，农产品占比达20.48%，工业金属占12.71%，畜产品占7.36%，贵金属仅占5.97%。

目前，标普高盛商品指数包括6种能源产品、5种工业金属、8种农产品、3种畜产品、2种贵金属（见表5）。

表5　　　　　　　　　　　标普高盛商品指数构成及权重

行业指数	2019年权重（%）	2020年权重（%）	2021年权重（%）	2022年权重（%）	涵盖商品种类
能源	62.63	61.71	53.93	53.48	原油（及相关合约）和天然气
石油产品	59.52	58.47	51.13	50.15	原油（及相关合约）
非能源	37.37	38.29	46.07	46.52	所有不在能源子指数下的商品
农业	15.41	15.89	19.29	20.48	小麦（芝加哥&堪萨斯城）、玉米、大豆、咖啡、白糖、可可、棉花
谷物	11.42	12.12	14.93	16.22	小麦（芝加哥&堪萨斯城）、玉米、大豆
畜产品	6.65	7.25	7.99	7.36	生猪、活牛、肥育母牛
工业金属	11.16	10.65	11.91	12.71	铝、铜、铅、镍、锌
贵金属	4.14	4.50	6.87	5.97	黄金、白银

（3）指数特征。标普高盛商品指数与股票指数及债券指数的相关系数矩阵如表6所示，标普高盛商品指数与上证50的正相关性最高，约0.908；与10年期国债期货收益率具有负相关性，相关性系数约为-0.507。

表6　　　　标普高盛商品指数与股票指数和债券指数的相关系数矩阵

品种	10年期国债期货收益指数	中债综合净价指数	中证500	沪深300	上证50	标普高盛商品指数
10年期国债期货收益指数	1.000	0.439	-0.164	-0.419	-0.483	-0.507
中债综合净价指数	0.439	1.000	0.528	0.406	0.378	0.255
中证500	-0.164	0.528	1.000	0.912	0.882	0.730
沪深300	-0.419	0.406	0.912	1.000	0.993	0.885
上证50	-0.483	0.378	0.882	0.993	1.000	0.908
标普高盛商品指数	-0.507	0.255	0.730	0.885	0.908	1.000

收益率方面，除Wind商品指数外，标普高盛商品指数的年化收益率最高；在波动方面，标普高盛商品指数的年化波动率最高，约为25.42%，远高于上证指数的11.70%，其夏普比率表现也更优秀（见表7）。

表7　　　　　　　　标普高盛商品指数与股票的风险收益情况对比

指标	沪深300	上证指数	Wind商品指数	标普高盛商品指数
年化收益率	-14.60%	-6.72%	5.67%	-4.47%
年化波动率	19.22%	11.70%	12.56%	25.42%
夏普比率	-0.02	-0.02	0.01	0.27

（三）国内主要商品指数的编制和发布

国内商品指数化投资起步较晚，目前按照发布机构划分主要有三大类，第一类是交易所编制的指数，上期所、大商所、郑商所都构建了商品指数体系；第二类由第三方研究机构发布，如 Wind 商品指数、中证商品期货综合指数等；第三类由期货公司或证券公司发布，如南华期货商品指数。目前国内商品期货型公募基金跟踪的均为交易所指数，由于各家交易所指数只能纳入自身挂牌的品种，因此仅有单品种以及大类指数。

1. 中证商品指数

（1）指数概况。中证商品指数公司于 2022 年 12 月 28 日正式对外发布了中证商品期货指数系列，该指数系列由中证商品期货价格指数和中证商品期货指数两条指数组成，两个指数的编制逻辑除计算公式外均保持一致，指数的基本信息如表 8 所示。

表 8　　　　　　　　　　中证商品期货指数系列基本信息

指数名称	中证商品期货价格指数	中证商品期货指数
指数简称	中证商品价格	中证商品
英文名称	CCI Commodity Futures Price Index	CCI Commodity Futures Index
英文简称	CCICFPI	CCICFI
指数代码	000001	100001
指数类型	价格指数	超额收益指数
指数基期	2010 年 7 月 12 日	
指数基点	1000 点	

从指数类型来看，中证商品期货价格指数属于价格指数，即仅展示成分品种价格的变动，不考虑期货展期的收益与损失，例如，沪深 300 指数在成分股分红后点位自动回落，该类指数是不可跟踪的；而中证商品期货指数属于超额收益指数，同时考虑了成分品种价格变动和展期收益，是可跟踪的指数。

（2）指数结构。中证商品指数作为综合商品指数，涵盖国内代表性强的重点商品类别，分类依据主要是产业上下游关系、期货价格驱动因素，避免不同的商品类别间出现较高的相关性。总共设定能源化工、黑色、有色、农产品、贵金属、林产品、畜产品 7 个大类（见表 9）。

表9　中证商品期货指数结构

商品类别	品种
能源化工类	原油、燃料油（燃料油、低硫燃料油）、液化石油气、石油沥青、精对苯二甲酸、聚乙烯、聚丙烯、乙二醇、聚氯乙烯、苯乙烯、短纤 动力煤、甲醇、尿素 纯碱、玻璃、天然橡胶（天然橡胶、20号胶）
有色金属类	铜（阴极铜、国际铜）、铝、锌、铅、锡、镍
黑色系	铁矿石、螺纹钢、线材、热轧卷板、不锈钢 焦煤、焦炭 硅铁、锰硅
农产品类	小麦（普麦、硬麦'、强麦） 稻谷（早籼稻、晚籼稻、粳稻）、粳米 玉米、玉米淀粉 黄大豆1号、黄大豆2号、豆粕、豆油 菜籽、菜籽粕、菜油 棕榈油 一号棉、棉纱 苹果、红枣、白糖、花生
林产品类	纸浆、人造板（胶合板、纤维板）
畜产品类	鸡蛋、生猪
贵金属类	黄金、白银

权重设置方面，考虑品种合约的流动性，以及品种在经济上的重要程度，结合期货成交数据以及现货消费数据得到。按照先品种后商品类别的顺序进行多样性调整，以保持各商品、类别的权重更加均衡。权重调整保证入选品种具有足够流动性及代表性。中证商品期货指数将同时公布价格指数和收益指数，其中，收益指数为后续商品期货指数的跟踪标的（见表10、表11）。

表10　中证商品期货指数品种权重分布

品种	2018年（%）	2019年（%）	2020年（%）	2021年（%）	2022年（%）	2023年（%）
原油		8.44	9.00	10.50	9.49	11.32
螺纹钢	12.47	11.90	11.94	9.91	9.16	9.31
铁矿石	10.97	8.74	9.70	9.21	8.91	8.74
铜	12.02	9.90	9.20	8.08	7.50	8.19
黄金	6.60	6.20	8.04	9.15	8.60	7.83
白银	3.54	3.01	3.88	6.48	6.41	6.43
热轧卷板					5.19	5.84
豆粕	6.10	5.34	5.00	5.13	4.76	4.74

续表

品种	2018年(%)	2019年(%)	2020年(%)	2021年(%)	2022年(%)	2023年(%)
铝	5.71	4.80	4.47	3.93	4.17	4.61
豆油	3.90	3.20	3.07	3.51	4.11	4.43
PTA	3.72	3.63	3.74	3.80	3.69	4.35
棕榈油	2.90	2.10	2.39	2.91	3.72	3.99
镍	4.26	4.19	5.11	5.04	4.57	3.73
棉花	0.00	2.63	2.80	3.04	2.92	3.22
天然橡胶	5.47	4.66	3.89	3.52	3.27	3.20
甲醇		2.35	2.72	2.75	2.78	3.16
纯碱						2.61
白糖	4.10	2.81	2.55	2.37	2.19	2.28
锌	4.30	4.49	3.99	2.81	2.08	2.03
焦炭	7.15	7.90	8.48	7.86	6.46	
聚乙烯	3.65					
聚丙烯	3.14					
苹果		3.69				

表11　　　　　中证商品期货指数商品类别权重分布

商品类别	2018年(%)	2019年(%)	2020年(%)	2021年(%)	2022年(%)	2023年(%)
能源化工类	15.98	19.08	19.36	20.56	19.23	24.64
黑色系	30.58	28.54	30.12	26.99	29.72	23.88
有色金属类	26.29	23.38	22.77	19.86	18.32	18.56
农产品类	17.01	19.78	15.82	16.96	17.71	18.65
贵金属类	10.14	9.22	11.93	15.63	15.02	14.26

（3）指数特征。中证商品期货指数与股票指数及债券指数的相关系数矩阵如表12所示，中证商品期货指数与沪深300的相关性仅约0.32，表明两者相关性低；与中证综合债指数的相关性约为-0.08，表明两者相关性很弱。

表12　　　　中证商品期货指数与股票指数和债券指数的相关系数矩阵

品种	沪深300	中证商品期货指数	上证50	中证1000	中证500	中证综合债
沪深300	1.0000	0.3201	0.9484	0.7791	0.8514	-0.0519
中证商品期货指数	0.3201	1.0000	0.3121	0.2495	0.2812	-0.0813
上证50	0.9484	0.3121	1.0000	0.5882	0.6764	-0.0529
中证1000	0.7791	0.2495	0.5882	1.0000	0.9753	-352
中证500	0.8514	0.2812	0.6764	0.9753	1.0000	-0.0405
中证综合债	0.0519	-0.0813	-0.0529	-0.0352	0.0405	1.0000

在收益率方面,除标普 500 指数外,中证商品期货指数年化收益率最高,而同期海外代表性的综合商品指数收益均为负(见表 13)。

表 13　　　　　　　　中证商品期货指数与股票和债券的风险收益情况

指标	BCOMTR Index	SPGSCITR Index	SPX Index	沪深 300	中证商品期货指数
年化收益率	-0.22%	-1.04%	19.72%	3.31%	5.86%
年化波动率	14.43%	21.20%	17.32%	21.60%	14.81%
总收益率	-2.92%	-13.57%	256.41%	43.05%	76.15%
夏普比率	0.0156	-0.0492	1.1391	0.1533	0.3955
最大回撤率	-64.02%	-78.37%	-33.93%	-46.70%	-54.85%

波动方面,中证商品期货指数的年化波动率较低,约为 14.81%,远低于沪深 300 指数的 21.60%,其夏普比率表现也更优秀。风险收益特征独特,与股债相关性低,与海外综合指数差异显著。

2. 南华商品指数

(1) 指数概况。国内商品指数发展起步相对较晚,南华商品指数走在了国内众多商品指数前列,2005 年,南华期货研究所与上海期货交易所合作开展课题《国内外商品期货指数研究》;同年,南华期货研究所推出南华商品期货价格指数,并公开发布。2008 年,南华期货研究所推出第二代投资型指数,这使得南华商品指数在兼具宏观经济预警作用的同时,能在较大程度上满足市场上的投资需求。

南华商品指数选择国内三大商品期货交易所上市品种中比较有代表性且具有较好流动性的商品来编制商品指数,包括农产品、金属以及能源化工类。南华商品指数能很好跟踪商品市场长期投资的真实收益,因为其结合期货市场特点,根据合约持仓量大小判定主力合约,剔除了期货合约远期升贴水。在合约设计上,南华商品指数选择所有上市合约中持仓量最大的合约作为主力合约,进行"动态换月"。在计算上,南华商品指数与彭博商品指数类似,同时考虑商品的流动性和经济重要性,最后按一定比例生成指数。

(2) 指数结构。品种的选择秉承流动性和代表性原则,根据流动性、类别代表性、市场稳定性、避免品种的过度关联性四大原则,将市场流动性好的商品选入指数。目前,南华商品指数品种全部来自国内三大商品期货交易所。权重分布方面,南华商品指数中各个品种的权重分配主要考虑单个商品在国民经济中的影响力程度及其在期货市场中的地位(类似 BCOM 指数)。尽管如此,为确保多样性原则,单个商品的权重应不大于 25%,且不小于 2%。目前,南华商品指数共包含 20 种商品,其中单个商品权重最大的为原油(14.47%),最小为燃料油(2.00%),如表 14 所示。

表14   2023年南华商品指数品种权重分布

品种名称	南华综合指数（%）
原油	14.47
螺纹钢	9.30
铁矿石	8.77
铜	7.07
焦炭	6.87
镍	5.66
黄金	5.38
棕榈油	4.40
白银	4.22
铝	4.07
豆油	3.95
豆粕	3.79
PTA	3.75
天然橡胶	3.35
甲醇	3.01
纯碱	2.67
棉花	2.58
锌	2.45
菜籽油	2.24
燃料油	2.00

（3）指数特征。南华商品指数与股票指数及债券指数的相关系数矩阵如表15所示：南华商品指数与中证商品期货指数和Wind商品指数的均具有较高正相关性，其相关性系数均大于0.8，由于国内商品指数各品种权重较为相近，其相关性也较高；与10年期国债期货收益指数具有负相关性，相关性较弱。

表15   南华商品指数与股票和债券的相关系数矩阵

品种	南华商品指数	10年期国债期货收益指数	中债综合净价指数	中证商品期货指数	中证500	Wind商品指数	沪深300
南华商品指数	1.000	-0.172	0.281	0.967	0.711	0.821	0.749
10年期国债期货收益指数	-0.172	1.000	0.439	-0.073	-0.164	-0.589	-0.419
中债综合净价指数	0.281	0.439	1.000	0.258	0.528	0.128	0.406

续表

品种	南华商品指数	10年期国债期货收益指数	中债综合净价指数	中证商品期货指数	中证500	Wind商品指数	沪深300
中证商品期货指数	0.967	-0.073	0.258	1.000	0.612	0.771	0.605
中证500	0.711	-0.164	0.528	0.612	1.000	0.632	0.912
Wind商品指数	0.821	-0.589	0.128	0.771	0.632	1.000	0.779
沪深300	0.749	-0.419	0.406	0.605	0.912	0.779	1.000

收益率方面，南华商品期货指数的年化收益率最高，而同期海外代表性的综合商品指数收益均为负，且比沪深300指数和上证指数的收益高。

波动方面，南华商品期货指数的年化波动率相对较高，约为16.59%，低于沪深300指数的19.22%，其夏普比率也最高（见表16）。

表16　　　　　　　　　南华商品指数与股票和债券的风险收益情况

指标	路透CRB商品指数	Wind商品指数	标普高盛商品指数	南华商品指数	沪深300	上证指数
年化收益率	-5.79%	5.67%	-4.47%	7.56%	-14.60%	-6.72%
年化波动率	19.86%	12.56%	25.42%	16.59%	19.22%	11.70%
夏普比率	0.34	0.01	0.27	0.74	-0.02	-0.02

（四）对比国内外商品指数的共同点和不同点

1. 结构对比

与国内商品期货指数相比，海外商品指数均不包含黑色金属与大部分化工品种，且多高度依赖能源类商品，其价格波动受原油的影响较大。国内商品期货指数中黑色金属与化工类品种占比较大，例如，只在国内上市交易活跃的螺纹钢、PTA、焦炭和甲醇4个品种，品种权重约30%，与PPI的相关性系数较高，具有较强的中国经济代表性（见表17）。

表17　　　　　　　　国内外商品指数成分品种与类别权重对比

指数	品种数量	能源	农产品	畜产品	工业金属	贵金属	黑色金属与化工
路透CRB商品指数	19	39%	34%	7%	13%	7%	—
标普高盛商品指数	24	53.48%	20.48%	7.36%	12.71%	5.97%	—
中证商品期货指数	19	9.49%	17.71%	—	18.32%	15.02%	39.46%
南华商品指数	20	23.34%	16.96%	—	19.25%	9.6%	30.85%

2. 两者走势的差异

标普高盛商品指数和路透 CRB 商品指数中的原油权重占比较大，过度依赖能源板块，而中证商品期货指数和南华商品指数中各成分品种权重相对均衡。因此 2015 年之后，由于原油价格出现较大下跌，而有色金属和黑色板块持续上涨，因此国内和国外商品指数间走势差异扩大。进入 2022 年下半年，随着地缘风险和能源危机的管控以及全球服务业需求的回落，能源价格回落带动国外两大商品指数回落明显，而在国内内需经济复苏的预期下，国内商品指数则维持强势状态，反映了中国定价的商品相对强势的结构（见图 1）。

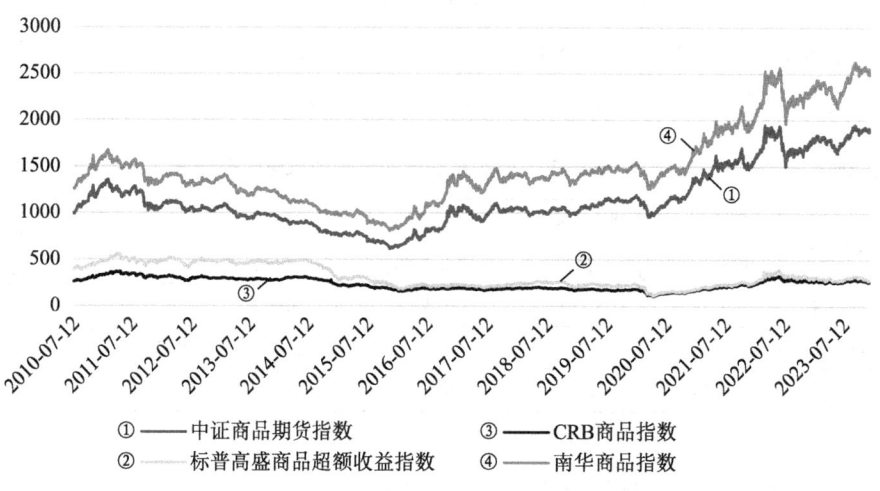

图 1　国内外商品指数走势对比

3. 与资产价格的关系

与国内资产的关系上，相比于国际商品指数，国内商品指数与国内股债价格的相关性更低，更适合在组合资产配置中达到降低组合风险，稳定组合收益的作用，而从资产价格的本身波动性看，国内商品指数的预期收益更好，波动性更小，资产的风险收益比优于国际商品指数（见表 18、表 19）。

表 18　　　　　　国内外商品指数与国内资产价格的相关系数对比

品种	路透 CRB 商品指数	标普高盛商品指数	中证商品期货指数	南华商品指数
10 年期国债期货收益指数	−0.494	−0.507	−0.0813	−0.172
沪深 300	0.901	0.885	0.3201	0.749

表19　　　　　　　　　　　国内外商品指数风险收益对比

指标	路透CRB商品指数	标普高盛商品指数	中证商品期货指数	南华商品指数
年化收益率	-5.79%	-4.47%	6.17%	7.56%
年化波动率	19.86%	25.42%	15.81%	16.59%
夏普比率	0.34	0.27	0.80	0.74

三、宏观视角下中国特色大宗商品价格波动特征分析

(一) 引言

随着我国经济的持续增长和金融市场改革的深化，商品期货市场的发展进入了新的阶段。随着我国对外开放的推进和国际合作的加强，使得我国商品期货市场逐渐与国际市场联系紧密。由于商品指数体系在国际市场已经发展较为成熟，但我国已上市的商品指数种类较少，且尚未推出有关商品指数期货的品种，而且对于我国商品指数的研究多数与股票、债券相结合，以宏观角度进行影响因素的探讨较少。另外，从经验性上来看，有很多研究集中于海外商品期货价格与宏观经济变量之间的相关性研究。

我们研究了中国商品期货价格指数和CRB商品指数与14个宏观经济变量之间的可解释性和因果关系。考虑大宗商品市场的联动性，本文在考虑宏观经济变量时同时考虑了中美两个大国的宏观经济变量。鉴于近两年来，国内外商品指数之间的一致性减弱，本文考虑是在中美经济走势分化的背景下，商品指数结构差异导致的。为探索中国宏观经济变量是否为中国的商品指数提供了更多的解释力，本文分别对南华商品指数和CRB商品指数进行了价格波动的特征分析，为日后中国商品指数期货上市后的研究奠定基础。同时，研究结果也可以为市场参与者提供更准确的投资决策依据，促进我国商品期货市场的稳健发展。

(二) 数据描述

1. 数据的选取

本文采用的数据主要是宏观数据、南华商品指数和CRB商品指数。由于大多数的宏观数据公布频率都是月度的，因此，本文在采取商品指数时也选取了月度均值作为同频的月度数据。自2010年，我国经济发展进入高速发展阶段，GDP总量也超过日本位居全球第二，考虑到中国需求端对大宗商品的影响程度加深，因此，本文选用自2010年1月之后的数据进行研究。在研究中，宏观数据选取主要考虑中美

两国的经济、政策及汇率等方面的影响，最终选取了中国消费、投资、贸易差额、工业增加值、财政支出、货币供给、人民币汇率，以及美元指数、美国的建造支出、消费、贸易差额、工业生产指数、财政支出和 M2 等。商品指数分别选取了南华商品指数和 CRB 现货综合指数。数据选取范围为 2010 年 1 月—2023 年 9 月，共 165 个月，数据均来自 Wind 金融客户端数据库（见表 20）。

表 20　　样本区间和数据来源

变量（中国）	简写	变量（美国）	简写
社会消费品零售总额：当月同比	ZX	零售和食品服务销售额：同比	MX
固定资产投资（不含农户）完成额：累计同比	ZT	美国：建造支出：折年数：季调：同比	MT
进出口差额：当月同比	ZM	贸易差额：季调：同比	MM
规模以上工业增加值：当月同比	ZG	工业生产指数：季调：同比	MG
国家一般公共支出：累计同比	ZC	政府财政支出：同比	MC
M2：同比	M2Z	M2：季调：当月同比	M2M
平均汇率：一美元折合人民币元	CNY	美元指数	USDX
南华商品指数	NH	CRB 现货综合指数	CRB

注：数据频率均为月，区间 2010 年 1 月—2023 年 9 月，样本大小 165，数据来源 Wind。

2. 数据的描述性统计

表 21 列示了所有变量的描述性统计量，未通过 ADF 检验的不平稳时间序列经过一阶差分后均符合平稳性。经过处理的商品指数和宏观经济变量都是平稳的，说明它们都是一阶单整的。通过残差序列的单位根检验，部分变量之间存在协整关系。

表 21　　描述性统计量

	均值	标准差	偏度	峰度	JB 检验（t 值）
商品指数					
NH	1466.09	401.10	1.03	0.53	71.13
CRB	468.52	64.15	0.59	−0.53	95.13
中国宏观					
ZX	9.57	5.90	−0.85	1.88	28.44
ZT	11.32	9.15	−0.25	0.56	42.69
ZM	17.53	369.57	4.91	70.41	31899.89
ZG	7.59	4.60	−1.86	16.47	1342.39
ZC	11.30	10.89	1.90	11.85	637.58
M2Z	12.09	3.42	1.33	2.62	49.83
CNY	6.57	0.30	0.18	−1.11	117.16

续表

	均值	标准差	偏度	峰度	JB 检验（t 值）
美国宏观					
USDX	91.10	8.99	−0.16	−1.05	113.31
MT	5.81	6.89	−1.13	1.37	53.49
MX	4.97	3.59	−2.16	13.14	835.94
MM	7.11	19.79	0.70	0.81	46.55
MG	1.32	4.02	−0.85	5.59	66.02
MC	7.44	31.81	3.20	17.68	1764.92
M2M	7.03	5.80	1.45	3.13	57.70

在本文选择的所有样本中，所有数据都拒绝了 JB 检验，说明数据都没有正态性。在商品指数中，国内南华商品指数较 CRB 指数的波动率更大，这与国内外商品指数的基数不同也有一定关系。在各宏观经济变量中，中国贸易差额同比增长率与美国财政支出同比增长率、美国贸易差额增速的波动率较大，且均呈现尖峰右偏的特性，后面的模型中也均未通过显著性检验；而尖峰左偏的变量如中国消费、投资、工业增加值和美国消费在后面模型中的解释能力偏强，反映出数据比较分散且均值较小的宏观经济变量，对商品指数的显著性更突出，对应波动率也较低，共性表现为窄幅波动走势。

表 22 列示了商品指数和宏观数据之间的无条件相关性分析，在所有的数据结果中，海内外商品指数之间虽然近两年有分化但总体还是呈现了较强的一致性，相关系数高达 0.74。而与宏观变量之间的正负关系和相关系数检验与现实分析是具有较大差异的，更多反映国内需求的国内消费和投资与南华商品指数呈现较大的负相关，这与需求拉动价格回升的逻辑不符，表明简单利用相关性分析的结果存在很大偏见。另外，宏观经济变量之间，国内消费、投资增速与其他指标之间多呈现较强的正相关关系，反映了国内消费支出和资本形成拉动经济增长的主逻辑。而中国贸易差额与美国消费、贸易差额三者与其他变量之间的相关性都比较弱，但从中我们无法得到更多解释。

表 22 相关性检验

	NH	CRB	ZX	ZT	ZM	ZG	ZC	M2Z	CNY	USDX	MT	MX	MM	MG	MC	M2M
NH	1.00															
CRB	0.74	1.00														
ZX	−0.48	−0.04	1.00													
ZT	−0.33	0.17	0.93	1.00												
ZM	0.01	0.09	0.17	0.20	1.00											

续表

	NH	CRB	ZX	ZT	ZM	ZG	ZC	M2Z	CNY	USDX	MT	MX	MM	MG	MC	M2M
ZG	-0.14	0.17	0.72	0.79	0.33	1.00										
ZC	-0.31	0.05	0.67	0.61	0.17	0.43	1.00									
M2Z	-0.20	0.09	0.61	0.75	0.08	0.59	0.35	1.00								
CNY	0.44	-0.14	-0.43	-0.49	-0.09	-0.26	-0.24	-0.16	1.00							
USDX	0.39	-0.09	-0.72	-0.81	-0.10	-0.62	-0.50	-0.58	0.58	1.00						
MT	0.12	0.09	-0.55	-0.54	0.02	-0.51	-0.34	-0.56	-0.21	0.46	1.00					
MX	0.55	0.68	0.06	0.11	0.01	0.12	0.02	-0.01	-0.04	-0.02	0.04	1.00				
MM	0.05	0.04	0.04	0.00	0.05	-0.05	0.03	-0.01	-0.09	-0.19	0.16	1.00				
MG	0.21	0.53	0.41	0.46	0.01	0.33	0.21	0.19	-0.29	-0.36	-0.24	0.59	0.18	1.00		
MC	-0.07	-0.25	-0.22	-0.24	0.03	-0.09	-0.14	-0.07	0.18	0.11	0.01	-0.16	0.04	-0.43	1.00	
M2M	-0.10	-0.15	-0.26	-0.26	0.08	-0.06	-0.19	-0.23	-0.16	-0.12	0.28	-0.11	0.43	-0.33	0.36	1.00

注：表格列示了 Pearson 相关性基于月度的观测值，样本区间为 2010 年 1 月—2023 年 9 月。

（三）模型选择

在金融领域，虽然很多时间序列的变量之间并非单纯的线性关系，但考虑到模型的直观性和可解释性，不像非线性模型采用的类似"黑箱子"处理方式，无法直接给出各变量的解释性，本文从更为直观的通俗性角度出发，依然选用多元线性回归模型，一方面是可以更好地得到宏观经济变量对商品指数的解释力，另一方面也可更方便地进行优化修整。本文在数据选择中已通过平稳性检验，得到商品指数和宏观经济变量都是一阶单整的，非平稳经济变量之间存在协整关系。

多元总体线性回归模型如下：

$$Y_i = \beta_0 + \beta_1 X_{1i} + \beta_2 X_{2i} + \beta_k X_{ki} + \mu_i, i = 1, 2, \cdots, n \tag{1}$$

其中，Y 是被解释变量，本文中即为商品指数；X 为解释变量，即为中美的各个宏观经济变量；β 为参数系数，μ 为随机误差项。

基于模型回归结果，对通过显著性检验的变量进一步分析不同滞后期的格兰杰因果关系，试图从时间序列滞后期上对模型进行调整，以期让模型有更强的解释力和符合金融理论基础，也可更好地为今后的中国特色商品指数提供参考。

（四）实证结果

1. 国内商品指数波动特征分析

本文将所有宏观经济变量纳入模型的解释变量，首先对南华商品指数进行了多元线性回归，得到结果：

$$NH_t = -1694.16 - 83.8ZX_t + 36.27ZT_t + 0.04ZM_t + 14.82ZG_t + 1.35ZC_t -$$
$$25.21M2Z_t + 481.81CNY_t + 2.37USDX_t - G_t + 1.35Z1.09MT_t + 51.45MX_t + 0.57MM_t +$$
$$8.96MG_t - 0.8MC_t + 4.72M2M_t + \varepsilon_t \tag{2}$$

回归结果显示（见表23），其中部分变量，如中国进出口、公共支出，及美元指数、美国建造支出、贸易差额、工业生产指数、政府支出、美国 M2 均无法通过显著性检验。

表23   式（2）的解释变量和回归方程的显著性检验结果

指标	Coefficients	t Stat	P-value
β_0	-1694.16	-2.59	0.01
ZX	-83.80	-9.69	0.00
ZT	36.27	4.07	0.00
ZM	0.04	0.78	0.44
ZG	14.82	2.28	0.02
ZC	1.35	0.66	0.51
M2Z	-15.21	-1.69	0.09
CNY	481.81	4.81	0.00
USDX	2.37	0.52	0.60
MT	-1.09	-0.23	0.81
MX	51.45	8.65	0.00
MM	0.57	0.49	0.62
MG	8.96	1.27	0.21
MC	-0.80	-1.35	0.18
M2M	-4.72	-0.91	0.36

$R^2 = 0.77$，T = 165，P（F-test）= 0.00

本文对模型进行优化，对变量进行筛选调整后，进一步回归得到结果：

$$NH_t = -2027.7 - 82.19ZX_t + 42.61ZT_t + 11.12ZG_t - 21.61M2Z_t + 560.75CNY_t +$$
$$58.58MX_t + \varepsilon_t \tag{3}$$

如表24所示，回归结果拟合优度 R^2 为 0.75，所有变量通过 t 检验，模型通过 F 检验。对南华商品指数来说，中国的消费、投资、工业增加值、M2、人民币汇率和美国消费等变量对其有一定的解释能力。

表24   式（3）的解释变量和回归方程的显著性检验结果

指标	Coefficients	t Stat	P-value
β_0	-2027.70	-4.76	0.00
ZX	-82.19	-10.40	0.00

续表

指标	Coefficients	t Stat	P – value
ZT	42.61	5.77	0.00
ZG	11.12	1.92	0.06
M2Z	−21.61	−2.62	0.01
CNY	560.75	8.25	0.00
MX	58.58	12.77	0.00

$R^2 = 0.75$, DW = 1.19, T = 165, P (F – test) = 0.00

但从系数来看，消费和 M2 增速与商品指数呈负相关，考虑滞后期影响，先分析各变量在不同滞后期的格兰杰因果关系，再对模型进行调整。

从表 25 中可见，中国的消费和投资增速对南华商品指数的格兰杰因滞后 2 期显著，中国的规模以上工业增加值增速滞后 3 期显著，人民币汇率滞后 5 期显著，但国内 M2 增速与南华商品指数不存在格兰杰因果关系，而南华商品指数一直是美国消费增速的格兰杰因。

表 25　　　　　　　　南华商品指数与中美宏观变量的因果关系

X	Y	南华商品指数	
	d	Y→X	X→Y
ZX	1	0.2376	0.4487
	2	0.3153	0.0952 *
	3	0.4559	0.2185
	4	0.7707	0.1868
	5	0.8603	0.1609
	6	0.8177	0.2996
ZT	1	0.7845	0.1861
	2	0.2017	0.0191 **
	3	0.8673	0.0249 **
	4	0.8799	0.0571 *
	5	0.8805	0.0641 *
	6	0.9495	0.1129
ZG	1	0.2764	0.5614
	2	0.3266	0.2978
	3	0.3576	0.0767 *
	4	0.7078	0.1856
	5	0.9102	0.1691
	6	0.9646	0.1683

续表

X	Y d	南华商品指数	
		Y→X	X→Y
M2Z	1	0.8437	0.2636
	2	0.9043	0.8285
	3	0.9348	0.8593
	4	0.9682	0.9141
	5	0.9315	0.8573
	6	0.8040	0.9319
CNY	1	0.1529	0.1146
	2	0.1987	0.2149
	3	0.4139	0.1038
	4	0.5724	0.1008
	5	0.5821	0.0910*
	6	0.7232	0.1065
MX	1	0.0001***	0.3059
	2	0.0000***	0.5745
	3	0.0002***	0.8031
	4	0.0006***	0.9221
	5	0.0032***	0.9797
	6	0.0069***	0.9888

经过滞后期的调整：

$$NH_t = -1296.47 - 66.64ZX_t + 20.94ZT_t + 11.34ZG_t + 1.08M2Z_t + 422.01CNY_t + 61.01MX_t + \varepsilon_t \tag{4}$$

从表26可以看出，回归结果拟合优度 R^2 为 0.71，模型通过 F 检验。调整后的方程中，国内 M2 增速在滞后期 1—6 之间调整均无法通过显著性检验，表明国内 M2 增速与南华商品指数确实不存在直接的相关关系。对比美国宏观变量，中国宏观变量对南华商品指数的解释性更强，可供参考变量也更多。

表26　　　　　　　　式（4）的解释变量和回归方程的显著性检验结果

指标	Coefficients	t Stat	P-value
β_0	-1296.47	-2.76	0.01
ZX	-66.64	-6.62	0.00
ZT	20.94	2.54	0.01
ZG	11.34	1.77	0.08
M2Z	1.08	0.10	0.92

续表

指标	Coefficients	t Stat	P-value
CNY	422.00	5.82	0.00
MX	61.01	10.52	0.00
$R^2=0.71$, DW=0.84, T=160, P(F-test)=0.00			

2. CRB 商品指数波动特征分析

本文首先将所有宏观经济变量代入到回归模型中，得到结果：

$$CRB_t = 519.75 - 16.53ZX_t + 9.32ZT_t + 0.01ZM_t + 1.6ZG_t + 1.2ZC_t - 2.38M2Z_t + 9.86CNY_t + 0.31USDX_t + 0.35MT_t + 8.85MX_t + 0.18MM_t + 2.23MG_t - 0.09MC_t - 1.26M2M_t + \varepsilon_t \quad (5)$$

回归结果显示（见表27），中国进出口、工业增加值、M2、人民币汇率，及美元指数、美国建造支出、贸易差额、政府支出、美国 M2 等宏观变量均无法通过显著性检验。本文对变量进行筛选调整后，进一步回归，得到结果如下：

$$CRB_t = 332.09 - 15.48ZX_t + 9.28ZT_t + 1.05ZC_t + 1.23USDX_t + 9.84MX_t + 5.32MG_t + 11.72DM2M_t + \varepsilon_t \quad (6)$$

表27　　　　式（5）的解释变量和回归方程的显著性检验结果

指标	Coefficients	t Stat	P-value
β_0	519.75	4.90	0.00
ZX	-16.53	-11.79	0.00
ZT	9.32	6.45	0.00
ZM	0.00	0.25	0.80
ZG	1.60	1.52	0.13
ZC	1.20	3.62	0.00
M2Z	-2.38	-1.64	0.10
CNY	-9.86	-0.61	0.54
USDX	0.31	0.43	0.67
MT	0.35	0.47	0.64
MX	8.85	9.17	0.00
MM	0.19	1.00	0.32
MG	2.23	1.95	0.05
MC	-0.10	-1.04	0.30
DM2M	-1.26	-1.50	0.14
$R^2=0.76$, T=165, P(F-test)=0.00			

从表 28 可以看出，回归结果拟合优度 R^2 为 0.76，模型通过 F 检验。对 CRB 商品指数而言，中国的消费、投资、财政支出，美元指数、美国消费、工业生产指数、M2 的一阶差分等变量均通过显著性检验。另外，对变量之间进行 1—6 期滞后期的格兰杰因果检验，结果见表 28。

表 28　　　　　式（6）的解释变量和回归方程的显著性检验结果

指标	Coefficients	t Stat	P - value
β_0	332.09	6.74	0.00
ZX	-15.48	-12.56	0.00
ZT	9.28	10.39	0.00
ZC	1.05	3.22	0.00
USDX	1.23	2.51	0.01
MX	9.84	10.01	0.00
MG	5.32	5.21	0.00
DM2M	11.72	3.21	0.00

$R^2 = 0.76$，DW = 1.11，T = 164，P（F - test）= 0.00

从表 29 中可见，中国的消费和投资增速对 CRB 现货商品指数的格兰杰因分别滞后 2 期和 3 期显著，美国的 M2 增速的一阶差分、工业生产指数增速对 CRB 现货商品指数的格兰杰因均滞后 1 期和 2 期显著。而美元指数和美国消费增速对 CRB 现货商品指数不存在格兰杰因，但是 CRB 指数的格兰杰果。

表 29　　　　　CRB 现货商品指数与中美宏观变量的因果关系

X	Y	CRB 现货商品指数	
	d	Y→X	X→Y
ZX	1	0.7424	0.4631
	2	0.2707	0.0009 ***
	3	0.2888	0.0186 **
	4	0.4024	0.0057 ***
	5	0.5643	0.0018 ***
	6	0.6541	0.0015 ***
ZT	1	0.6544	0.8927
	2	0.5044	0.1980
	3	0.7778	0.0014 ***
	4	0.6988	0.0033 ***
	5	0.3989	0.0068 ***
	6	0.3243	0.0032 ***

续表

X	Y d	CRB 现货商品指数	
		Y→X	X→Y
ZC	1	0.9695	0.9013
	2	0.7652	0.2042
	3	0.3224	0.5912
	4	0.4725	0.2128
	5	0.3851	0.1317
	6	0.4013	0.1154
USDX	1	0.0638 *	0.5090
	2	0.1708	0.8141
	3	0.3181	0.8436
	4	0.4346	0.9093
	5	0.0467	0.9453
	6	0.0822	0.9907
MX	1	0.0000 ***	0.3386
	2	0.0000 ***	0.6092
	3	0.0000 ***	0.6745
	4	0.0000 ***	0.7175
	5	0.0000 ***	0.7060
	6	0.0000 ***	0.6935
MG	1	0.1629	0.4465
	2	0.0160 **	0.8068
	3	0.0316 **	0.8164
	4	0.0900 *	0.8966
	5	0.1166	0.9163
	6	0.1485	0.7353
DM2M	1	0.1212	0.0982 *
	2	0.0050 ***	0.5609
	3	0.0032 ***	0.7104
	4	0.0091 ***	0.9038
	5	0.0231 **	0.9128
	6	0.0442 **	0.8943

经过滞后期的调整：

$$CRB_t = 557.41 - 10.96ZX_t + 4.31ZT_t + 1.01ZC_t - 1.10USDX_t + 10.22MX_t + 5.39MG_t + 1.36DM2M_t + \varepsilon_t \tag{7}$$

从表 30 中可知，回归结果拟合优度 R^2 为 0.71，模型通过 F 检验。但调整后的模型中，美国 M2 增速在滞后期 1—6 之间调整也均无法通过显著性检验，表明美国 M2 增速与 CRB 商品指数也不存在直接的相关关系，这与中国表现较为一致，即货币供应量的增速并不影响大宗商品价格指数。但是商品指数对 M2 存在单向格兰杰因的关系，无论是中国还是美国均如此。

表30　　　　式（7）的解释变量和回归方程的显著性检验结果

指标	Coefficients	t Stat	P-value
β_0	564.98	10.20	0.00
ZX	-11.07	-8.21	0.00
ZT	4.33	4.31	0.00
ZC	1.04	2.77	0.01
USDX	-1.16	-2.07	0.04
MX	9.99	10.97	0.00
MG	5.23	4.32	0.00
DM2M	-0.49	-0.12	0.90

$R^2 = 0.71$，DW = 1.03，T = 158，P（F-test）= 0.00

3. 结论总结

随着我国在融入全球经济的进程中不断推进，我国期货市场发展日益成熟，其在国际市场中的地位也日益提升。我国宏观经济变量对大宗商品价格指数的解释力和因果关系也引起了行业研究者和宏观政策决策者的较大关注。本文试图以最为直接的多元线性方程来探寻 2010 年之后大宗商品指数价格的走势的主要影响因素，并从因果关系和滞后关系上进行了优化。

首先，本研究对国内南华商品指数和国际 CRB 商品指数的波动特征进行了对比分析，发现中国的宏观经济变量对中、美大宗商品资价格均有一定的解释作用，其中，中国宏观经济变量对国内大宗商品指数的解释能力更强。

其次，从不同的宏观经济变量来看，无论是对国内还是国际的大宗商品指数，中国的消费和投资增速均是较为显著的价格波动解释因素，这主要是因为我国投资和消费是经济增长的主要拉动项，其增速可以很好地说明国内经济增长的周期规律。虽然在不同阶段的驱动因素有所不同，但总体来说，国内需求端变化还是起到较为关键的主导作用。另外，研究结果发现，商品市场对货币供应量的变动并不敏感。

最后，本章进一步检测了大宗商品指数与中美宏观经济变量之间的因果关系，且考虑滞后期的影响，进行了一定调整。我们发现，国内消费和投资增速对无论是国内还是国际大宗商品指数均存在滞后的格兰杰因；同时，我国的大宗商品指数是美国消费的单向格兰杰因。另外，无论是中国还是美国，商品指数对货币供应量均是单向因果关系，说明大宗商品价格的波动或为货币政策调整的影响因素。

从中可见，随着中国经济在全球中所占的比重增大，中国经济环境对大宗商品配置的指导意义增强。市场投资者在进行资产配置时，除了传统的股债资产组合，考虑将大宗商品指数分别加入资产配置组合中，也有助于我们观察中国特色大宗商品指数对优化国内资产配置的功能作用。而且宏观经济政策制定者也应考虑一些大宗商品价格的走势变动，这可能有助于提高政策对经济运行的指导意义。

四、中国特色大宗商品指数对优化我国资产配置的作用

（一）引言

大宗商品价格与股票、债券资产的弱相关性使其天然具备对冲投资组合系统性风险，优化组合投资绩效的功能。由于以国内期货价格作为标的的大宗商品指数更加反映国内宏观经济的景气影响，且相较于国际大宗商品指数，国内商品指数在相关性上与国内股票、债券资产的相关度更低，理论上更适合作为优化我国资产投资组合绩效的资产。本部分以南华商品指数与 CRB 指数为例，通过将国内外大宗商品指数分别加入国内股债资产组合，对比考察中国特色大宗商品指数对优化国内资产配置的功能作用。

（二）研究方法

1. 有效前沿理论

资产配置的目的是分散投资组合的风险，使得相较于持有单一资产，通过持有多资产组合可以达到在承担相同风险的同时获取更高收益的目标。因此，本文通过对比仅持有股票、债券资产组合与加入大宗商品资产之后组合的风险收益特征，以此验证大宗商品对优化资产配置的有效性。即若加入大宗商品资产后，新组合在承担相同风险的情况下预期收益更高，则表明加入大宗商品可以起到分散组合风险，提高组合收益的作用。

实践中，计算金融市场有效前沿是判断配置组合是否为最优组合的常用方法。有效前沿理论是美国经济学家哈里·马克奈尔·马科维茨（Harry Markowitz）在 20 世纪 50 年代提出的，帮助投资者在给定风险水平下找到最佳的资产配置方案的理论框架。马科维茨认为，投资者可以通过合理地在资产组合中配置不同资产的权重来降低风险，同时提高收益，其中，通常以资产期望收益率的期望度量收益，以收益率的方差度量风险。

有效前沿理论通过计算投资组合中每种资产的预期收益、方差及资产间的协方差，测算出不同配置比例下，投资组合的预期收益及标准差，并将其绘制在以组合标准差为横轴，以组合收益率为纵轴的坐标系中，得到表征不同资产配置比例下投资组合均值——标准差组合，即有效前沿，通过对比有效前沿上不同组合的风险收益特征，投资者可以准确得到在任意给定风险条件下，具有最高收益的投资组合。

2. 有效前沿的计算方法

绘制有效前沿需要分别计算资产组合的预期收益与风险，两种风险资产的情况下，假设以 r_1、r_2 代表资产的收益，σ_1^2、σ_2^2 代表资产方差，σ_1、σ_2 为标准差即风险，σ_{12} 为 r_1、r_2 的协方差，X_1、X_2 分别为组合中两种资产的投资比例，则 $X_1 + X_2 = 1$。

同时，以 r_p 表示组合的期望收益率，σ_p^2、σ_p 为组合的方差和波动率（组合的风险），则有：

$$r_p = X_1 r_1 + X_2 r_2$$
$$\sigma_p^2 = X_1^2 \sigma_1^2 + X_2^2 \sigma_2^2 + 2 X_1 X_2 \sigma_{12}$$
$$\sigma_p = (X_1^2 \sigma_1^2 + X_2^2 \sigma_2^2 + 2 X_1 X_2 \sigma_{12})^{1/2}$$

在加入第三种资产的情况下，仍以 r_p 表示组合的期望收益率，σ_p^2、σ_p 为组合的方差和风险，则组合收益及波动率的计算方法为：

$$r_p = X_1 r_1 + X_2 r_2 + X_3 r_3$$
$$\sigma_p^2 = X_1^2 \sigma_1^2 + X_2^2 \sigma_2^2 + X_3^2 \sigma_3^2 + 2 X_1 X_2 \sigma_{12} + 2 X_1 X_3 \sigma_{13} + 2 X_2 X_3 \sigma_{23}$$
$$\sigma_p = (X_1^2 \sigma_1^2 + X_2^2 \sigma_2^2 + X_3^2 \sigma_3^2 + 2 X_1 X_2 \sigma_{12} + 2 X_1 X_3 \sigma_{13} + 2 X_2 X_3 \sigma_{23})^{1/2}$$

其中，r_3、σ_3^2、σ_3 分别代表第三种资产的预期收益、方差及风险，X_3 为第三种资产在投资组合中的配置比例，σ_{13}、σ_{23} 为第三种资产与其他两种资产的协方差。

（三）数据选取与处理

本文分别选用南华商品指数、RJ/CRB 商品价格指数作为代表国内大宗商品价格及海外大宗商品价格的标的指数，选取沪深 300 指数作为国内股票价格代表指数，选取中债综合指数作为国内债券价格的代表指数。采集频率上，分别选择标的指数的交易日度数据作为计算指数日度收益率的基础数据。

时间区间选择上，考虑到 CRB 指数于 2011 年 1 月至 2012 年 9 月存在数据缺失，2013 年 8 月 19 日后的数据较为完整，为了保证数据时间区间的对等可比性，同时保障数据可以覆盖我国 10 年一个完整的经济周期，更加有效考察大宗商品指数在我们整个经济周期内的配置功能，本文在对国内商品指数的配置研究中，选取了 2013 年 1 月至 2023 年 11 月的交易日度数据，在对国外商品指数的配置研究中，选取了

2013年8月19日至2013年11月的交易日度数据。

异常数据处理上,对国内外假期差异导致国内外资产价格日度数据不对应的问题,数据处理上对于单日的数据缺失采用选取价格缺失日前后临近两个交易日价格平均数进行补充,对于国庆等长期假期导致的多日数据缺失问题,选择计算长假前后两个交易日的收益率的方式,统一国内外资产价格区间收益率。

(四) 商品指数投资组合的构建与分析

本文首先构建仅包含沪深300指数及中债综合指数两种资产的投资组合作为基础组合并计算其有效前沿,在此基础上,通过在基础组合中分别加入南华商品指数及RJ/CRB商品价格指数,并计算加入大宗商品资产后组合的有效前沿,对比考察在加入大宗商品配置后组合的有效前沿的改善程度,以及国内外大宗商品指数对我国资产组合优化程度的大小。

1. 仅包含股票、债券两种资产的投资组合有效前沿

通过计算2013年1月至2023年11月沪深300指数及中债综合指数日度收益率的均值作为其预期收益,日度收益率的方差为其风险,在允许做空的条件下,分别设定投资组合中沪深300指数与中债综合指数不同投资比例下,投资组合的收益率及风险(波动率),得到仅包含股票、债券两种资产的投资组合有效前沿,如图2所示。

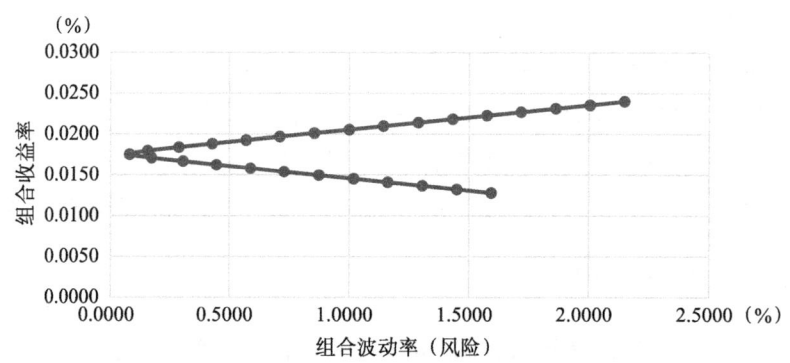

图2 股债组合有效前沿

2. 加入南华商品指数的投资组合有效前沿

进一步,在股债组合中加入南华商品指数,同样在允许做空的条件下,根据前述包含三种资产的组合收益及波动率的计算方法,分别设定投资组合中沪深300指数、中债综合指数及南华商品指数不同投资比例,计算投资组合的收益率及风险(波动率),得到加入南华商品指数的投资组合有效前沿,如图3所示。

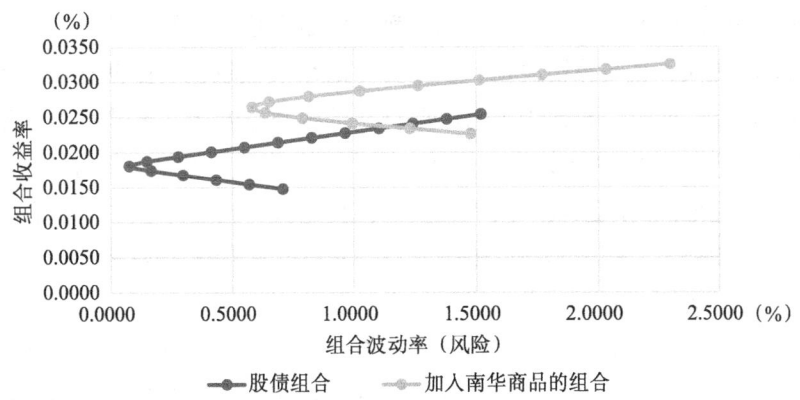

图 3　加入南华商品指数的投资组合有效前沿

通过对比股债组合与加入南华商品指数组合的有效前沿可以看出，在加入南华商品指数后，资产组合的有效前沿曲线出现了明显的上移和右移，这表明在承担相同风险的情况下，加入南华商品指数的组合预期收益高于仅包含股债两资产的组合，表明在我国，通过在投资组合中增加大宗商品资产的配置，可以有效实现分散投资风险，提高资产配置效率的作用。

3. 加入 RJ/CRB 商品价格指数的投资组合有效前沿

为考察中国特色大宗商品指数对优化我国资产配置的作用，本文进一步计算在股债两资产组合中加入 RJ/CRB 商品价格指数后的有效前沿，并将配置 CRB 指数组合的有效前沿与配置南华商品指数组合的有效前沿进行对比后发现，在允许做空的条件下，增大海外商品空头配置后的组合有效前沿更高，即通过卖出 CRB 商品指数并将卖出商品的资金买入国内股债资产的收益率在同等风险水平下要高于卖出南华商品指数的收益。但随着商品多头配置比例的增加，在不考虑卖空的情况下，配置国内南华商品组合的有效前沿始终高于配置 CRB 指数的组合（见图 4）。

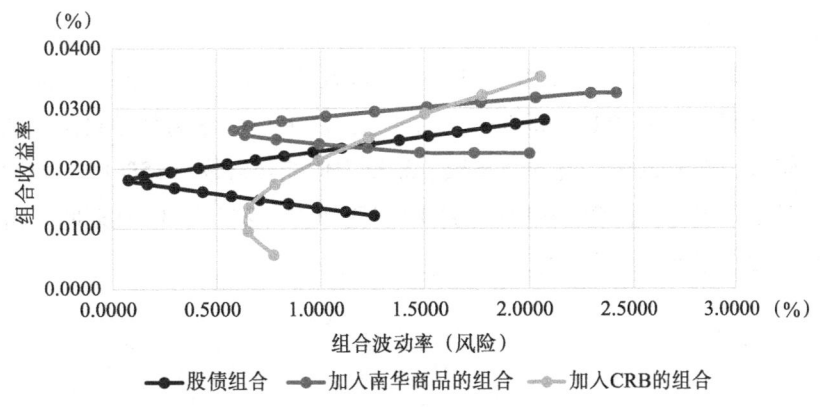

图 4　三种投资组合的有效前沿

造成这种现象的原因主要是,相比于南华商品指数,CRB 指数的预期收益水平更低,但波动更大,且与我国股票、债券资产的相关性较低,因此在卖空条件下更有利于对冲风险。同时,相比于国内股票资产的收益率水平,南华商品指数预期收益高于股票资产,而 CRB 指数收益远低于国内股票收益。因此,若组合中商品卖空比例越高,相应地国内股票资产买入配置的比例越高,而由于国内商品预期收益水平高于股票,增配股票资产会降低组合收益,但对配置 CRB 指数的组合来说,更多地卖出商品买入股票,相当于卖出低收益资产的同时更多地买入高收益资产,因而对组合收益的提升作用更大。考虑到我国对海外商品尚未建立卖空融资机制,卖空海外商品买入国内资产的可操作性不强,因此,从买入资产配置角度看,国内大宗商品仍是优化我国资产配置效率的最佳选择(见表 31)。

表 31 不同资产平均回报率、标准差及协方差

	沪深 300 指数	中债综合指数	南华商品指数	RJ/CRB 指数
平均回报	0.0250%	0.0181%	0.0320%	0.0012%
标准差	1.38%	0.08%	0.97%	1.12%
与沪深 300 指数协方差	1	$-7.96831E-07$	$3.58996E-05$	$2.35343E-05$
与中债综合指数协方差	$-7.96831E-07$	1	$-6.83945E-07$	$-3.77956E-07$

4. 对中国特色大宗商品指数优化我国投资组合绩效的回测检验

在前述各组合有效前沿的基础上,本文选取三类组合有效前沿上最优资产组合的配置比例,采用 2013 年 8 月 19 日至 2013 年 11 月 30 日的指数价格数据对三组最优资产组合的历史表现进行回测,以更直观地测试中国特色大宗商品指数在优化我国投资组合绩效的效果。其中,最优资产组合为不同资产配置比例下,夏普比例最高的组合,在计算夏普比例时,无风险利率参考 11 月 30 日的 10 年期中债国债收益率,收益率为 2.668%。在不考虑卖空的情况下,测算出三类组合风险收益及夏普比例如表 32 所示。

根据上述测算,分别选取 10% 沪深 300 指数及 90% 中债综合指数构建股债组合,选取 10% 沪深 300 指数、45% 中债综合指数及 45% 南华商品指数构建国内大宗商品指数组合,选取 30% 沪深 300 指数、35% 中债综合指数及 35% CRB 指数构建国外大宗商品指数组合,拟合 2013 年 8 月 19 日至 2013 年 11 月 30 日期间三组资产组合走势图及波动特征如图 5、表 33 所示。

表32　　　　　　　　　　　三种资产组合配置比率及收益表现

项目	配置比例（%）			组合收益率（%）	组合波动率（%）	夏普比率（%）
	沪深300	中债指数	商品			
股、债组合	80	20	0	0.0234	1.1032	1.1528
	70	30	0	0.0227	0.9648	1.2495
	60	40	0	0.0221	0.8265	1.3783
	50	50	0	0.0214	0.6883	1.5586
	40	60	0	0.0207	0.5506	1.8281
	30	70	0	0.0201	0.4135	2.2738
	20	80	0	0.0194	0.2782	3.1417
	10	90	0	0.0187	0.1494	5.4070
股、债、南华商品组合	80	10	10	0.0248	1.1335	1.2447
	70	15	15	0.0248	1.0140	2.4538
	60	20	20	0.0248	0.8985	2.7728
	50	25	25	0.0249	0.7888	3.1627
	40	30	30	0.0249	0.6876	3.6330
	30	35	35	0.0249	0.5992	4.1741
	20	40	40	0.0250	0.5302	4.7237
	10	45	45	0.0250	0.4887	5.1309
股、债、CRB组合	80	10	10	0.0219	1.1276	1.9488
	70	15	15	0.0204	1.0060	2.0322
	60	20	20	0.0189	0.8902	2.1246
	50	25	25	0.0173	0.7829	2.2205
	40	30	30	0.0158	0.6879	2.3045
	30	35	35	0.0143	0.6112	2.3435
	20	40	40	0.0128	0.5601	2.2838
	10	45	45	0.0112	0.5422	2.0773

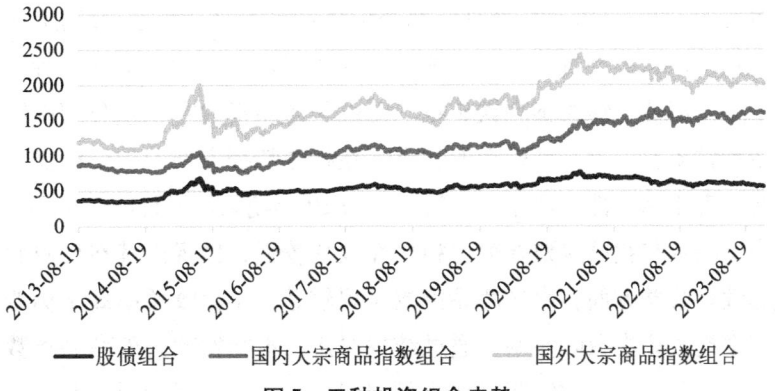

图5　三种投资组合走势

表33　　　　　　　　　　　　三种资产组合绩效表现对比

指标	股债组合（%）	国内大宗商品组合（%）	国外大宗商品组合（%）
年化收益率	7.6906	12.5339	10.2585
年化波动率	3.0294	2.7165	3.3737
最大回撤	55.3044	55.2375	56.2063
夏普比率	28.8570	59.8597	41.3253

从历史回测结果可以看出，加入国内大宗商品指数的投资组合，无论是在年化收益率、年化波动率还是最大回撤、夏普比率上均显著高于其他两组投资组合，验证了国内大宗商品指数可以有效提高我国资产配置绩效，且相对于国际商品指数，中国特色大宗商品指数在优化资产配置效率上的作用更加显著。而加入国际大宗商品组合的资产尽管在收益率上高于股债组合，但其最大回撤比率较大，显示组合抗风险能力较弱。

五、研究结论与深度思考

（一）结论及不足

1. 主要结论

本文主要围绕中国商品期货指数展开。首先，本文对国内外的指数分别进行举例研究，分别从指数结构和特征两个方面对比国内外商品指数的共同点和不同点。研究发现，路透CRB指数在能源类商品和农产品类商品的权重配比较为接近，分别为39%和34%，而标普高盛商品指数因其强调可投资性，更青睐于能源类商品，原油权重占比高达50.15%。在指数特征方面，路透CRB指数和标普高盛商品指数与我国股票指数均呈正相关性，且相关性较强，与10年期国债期货收益率呈现负相关性。收益方面，除Wind商品指数外，两个指数收益率均为最高，高于沪深300和上证指数。对比国内商品期货指数，中证商品指数采用流动性较强的品种，权重配置前三甲分别是：原油、螺纹钢和铁矿石。而南华商品指数在权重分配中同样给予原油、螺纹钢和铁矿石三个品种较大的权重。在指数特征方面，中证商品指数与我国股票指数均呈现正相关性，但相关性较弱，与10年期国债期货收益率具有弱负相关性。南华商品指数与我国股票指数正相关性表现较强，体现出其在反映我国经济环境中的成熟性。收益方面，南华商品指数表现较好，年化收益率高于标普高盛商品指数和我国主要股票指数收益率。通过结构对比，本文发现国外商品指数高度依赖能源类商品，而我国在指数编制时融入较多黑色系和化工类商品，与PPI相关性较高，具有较强的中国经济代表性。国外商品指数因对能源类商品依赖较高的缘故，受国际能源市场暴跌影响，路透 CRB 指数和标普高盛商品指数的收益率也出现了大幅下降。

其次，本文对影响中国大宗商品指数因素进行深入分析，以宏观视角对中国特色大宗商品价格波动特征分析。本文选用发布时间更早的南华商品指数进行影响因素分析，由国内外宏观基本面情况筛选出国内外 14 个宏观经济变量，并引入 CRB 商品指数进行对比分析。先利用多元线性回归模型对宏观经济变量进行初步建模和变量筛选，再通过格兰杰因果检验考虑变量的滞后性影响，对回归模型进行优化。最终模型结果显示，经过滞后期调整后，中国的消费、投资、工业增加值、人民币汇率和美国消费等变量对南华商品指数均有一定的解释能力，且国内宏观变量对南华商品指数解释性更强，中国的消费和投资增速的影响最为显著；中国的消费、投资、财政支出，美元指数、美国消费、工业生产指数、均对 CRB 商品指数均有一定的解释能力。南华商品指数和 CRB 商品指数对国内外 M2 增速存在单项格兰杰因关系，但国内外 M2 增速变化均无法对南华商品指数和 CRB 商品指数产生影响。

最后，本文对中国商品期货指数的实际应用进行扩展，利用有效前沿的方法对比加入商品指数后资产组合的有效前沿改善程度。结果显示，加入南华商品指数的资产组合有效前沿曲线出现了明显的上移和右移，表明在承担相同风险的情况下，加入南华商品指数的组合预期收益高于仅包含股债两资产的组合，对比 CRB 商品指数，在不考虑卖空的情况下，配置国内南华商品组合的有效前沿始终高于配置 CRB 指数的组合。同时，通过选取三种资产组合中最优资产配置比例，以市场历史数据进行回测检验，结果显示，加入国内大宗商品指数的投资组合，无论是在年化收益率、年化波动率还是最大回撤、夏普比率上均显著高于其他两组投资组合，验证了国内大宗商品指数可以有效提高我国资产配置绩效，且相对于国际商品指数，中国特色大宗商品指数在优化资产配置效率的作用更加显著。

2. 研究过程的不足

（1）数据样本较小。正如本文第三部分引言中所提到的，近两年来，国内外商品指数之间的一致性减弱，甚至出现分化。出现这种情况可能是因为在中美经济走势分化的背景下，商品指数结构差异所导致的。因此，在影响因素分析时将南华商品指数和宏观经济变量进行分段研究更为合适。尤其是在 2020—2022 年的新冠病毒流行阶段，我国政策和国外政策有显著的不同，因此金融市场表现也有分歧。对于上述情况，本文认为时间可以分为 2019 年前后。但考虑到宏观经济数据多数为月频数据，2019 年后数据量较小，若利用模型进行计量分析，对模型的检验和精确性都将增加难度。

(2) 量化模型难以展现其优势。在模型选择方面，首先，近几年伴随机器学习和人工智能的快速发展和普及，已有更多学者选择采用效率更高，学习方式更为复杂的机器学习模型如 XGboost 和 SVM 模型，并在期货价格研究中已有初步的实践。但考虑到机器学习等量化模型多为"黑箱"模型，对于高质量的历史数据和大样本量的需求较高。而金融市场的数据质量、数据获取的成本和样本时间跨度都可能影响模型的有效性。其次，黑箱模型通常会具有很高的复杂度，这使得模型内部的运作机制难以理解和解释。这种缺乏可解释性可能导致难以解释模型的决策过程，降低了对模型结果的信任度。同时，黑箱模型可能会因为过度拟合训练数据，而导致对新数据的预测效果不佳。模型在过度拟合时，可能过于关注训练集的细微变动，而忽视了真实的市场趋势。最后，金融市场的非线性特点和快速变化可能导致黑箱模型在应对市场变动时效果欠佳。模型难以捕捉到市场的突发变化和非稳定性，因而难以适应市场的动态变化。综合考虑来看，由于我国商品指数相较于国外起步较晚，且本文实证研究是以宏观视角展开，本文认为在数据量较小的限制下，XGboost 和 SVM 模型等量化模型很难在本文研究中展示出其优势。因此，本文选择过程解释性更清晰的多元线性回归模型。

(3) 线性模型的不足。本文选用的线性回归模型需满足的线性假设和正态分布假设在金融研究中受到诸多限制。一方面，多元线性回归假设因变量与自变量之间是线性关系，但实际金融市场往往具有非线性特征，可能使得模型无法完全捕捉到市场的复杂动态。对于正态分布假设，金融市场中价格变动往往很难符合，通常会存在厚尾、偏度等问题，这可能影响到模型的准确性和预测能力。另一方面，金融数据通常是时间序列数据，包含了时间相关性、季节性、异方差性等特点，而多元线性回归模型并未充分考虑这些特性，可能导致模型对时间序列数据的拟合不足。

(二) 对中国特色大宗商品期货指数影响因素的深度思考

经过本文研究发现，我国商品指数从初步建立到逐渐完善，均正在快速向国际化靠拢。但与国外商品指数相比，我国的商品指数无论是在编制上还是推广与应用方面，均有待进一步优化与发展。

1. 对中国商品指数编制的深度思考

目前我国商品指数在编制原则、商品选择、合约选取和权重分配等方面仍有不足。我国商品指数在编制原则多侧重标尺性，对投资性考虑较弱。在商品选择上，我国商品指数中包含的仅在国内上市的品种，也对我国商品指数在中国特色上的体现起到关键作用。合约选取方面，我国商品指数也有待进一步完善，可以更重视合约代表的活跃性和流动性。权重设计上，我国商品指数的权重分配与国外商品指数明显不同,这也是我国商品指数对中国宏观经济更具代表性的原因之一。经过十几年的更新和改进,目前我国商品指数的权重设计由原来的单边侧重期货市场或是现货市场改为可以同时兼顾两个市场,令商品指数更兼顾其标尺性和投资性。

综合来看,我国商品指数在编制上仍有改进空间,对此本文提出以下建议。

(1) 对我国期货市场商品品种建设的建议。伴随我国广州期货交易所的成立,我国对各类商品的上市与推广也正在紧锣密鼓地进行,但相较于国外的期货市场而言,我国的期货市场品种依旧有待完善。例如,在新兴产业快速发展的时代,可以考虑引入新兴产业相关的商品期货品种,如新能源汽车电池材料、稀土等,以满足市场对这些品种交易工具的需求。也可以创新衍生品种,推出具有创新性的商品期货品种,例如,跨品种套利品种、商品指数期货等,以丰富市场产品线,提供更多的交易选择。同时,也可以考虑引入与产业链相关的商品期货品种,如原材料到下游产品的衍生品种,以便更好地服务产业链的风险管理和企业经营需求。因中国商品指数更具中国特色,因此国家战略和政策导向也有必要融入期货品种中。可以根据国家政策和产业发展规划,推出符合国家战略的商品期货品种。例如,与"一带一路"倡议、供给侧结构性改革等相关的商品期货,有助于支持国家重点产业发展。

另外,在发展更多新型品种的同时,也应注意对已上市期货品种的维护与完善。在推广更多新品种的同时,如何保持其活跃性、流通性和可投资性也至关重要。目前很多品种均面临上市后成交较小,交易不活跃的困境,而不得已停盘或无人问津。对于这种情况,本文认为可以针对已有的商品品种,优化其交易机制、合约规则和交割制度。确保交易流程的合理性和透明度,提高期货市场的流动性和稳定性。

(2) 增加商品指数编制过程的透明度和可信度的建议。增加商品指数编制过程的透明度和可信度也可以为我国商品指数的普及和推广提供助力。首先,更详尽的编制方法和计算过程,明确指数的构建原理、数据源、权重分配方法等细节。这样的公开透明性有助于用户了解指数的构建方式和计算逻辑。其次,披露数据来源的详细信息,包括数据提供者、数据采集方法等,以及对数据质量的评估和验证过程,可以让投资者增加对商品指数的可信度。除此之外,对指数频率更新的确定和机制的调整,也有助于投资者对指数变动的跟踪和理解,更有助于商品指数在资产组合中的投资应用。最后,本文建议可以增设商品指数的用户交流和反馈渠道,接受用户关于指数编制的疑问、建议或意见,可以更有针对性、更及时地对商品指数的问题进行调整,增强我国商品指数对我国的期货市场的敏感程度。

2. 对我国即将上市的首个商品指数期货的深度思考

第一,中国商品指数因其编制结构包含仅在中国上市的品种,且权重较大,极具中国特色，对中国的宏观经济变量较为敏感。因宏观数据多为月度或者季度数据，且数据公布滞后，未能及时反映当月的宏观经济情况。中国商品指数期货的出现可以解决这一难题，在宏观经济中起到预测作用，可以为宏观经济政策制定提供指导。可以更及时且深入地了解哪些宏观经济变量更可能对商品指数产生显著影响，有助于政策制定者更有针对性地制定经济政策，以促进商品市场的稳定和经济的健康发展。

第二，除了宏观层面可以为政策制定者提供参考，在资产配置方面，同样可以增加资产风险管理的多样性和多元性。商品指数在资产配置中的应用已十分广泛，在本文研究中商品指数可以优化投资组合的有效前沿，在投资领域中起到风险管理的作用。而且因为其更具中国特色，与中国商品更相关，敏感性更高，因此对于投资者而言，商品指数期货因其同时具有指数的综合性和期货的预测性，对未来宏观经济走向将具有先行性和预测性，可以应用的投资组合将更为广泛。这对于资产配置、投资组合优化以及风险管理具有指导性作用。

第三，我国商品指数期货更快上市有利于后续学者对我国商品指数的相关研究。商品指数期货的上市提供了一个实验场景，学者们可以研究不同的市场机制和定价模型在期货市场的运作效果。可以考察基于商品指数的期货价格形成机制，探索定价模型对市场波动和资产定价的影响。同时，商品指数期货的上市也为研究市场流动性和价格发现机制提供了新的研究视角。学者们可以探索这些期货市场对商品价格形成的影响，以及期货市场对现货市场价格发现的作用。商品指数期货市场的上市也为跨市场关联性的研究提供了新的机会。学者们可以研究期货市场与其他金融市场的关联性，探讨其相互影响和传导机制。

参考文献

[1] Carlton D W. Vertical integration in competitive markets under uncertainty [J]. The Journal of Industrial Economics, 1979: 189 – 209.

[2] Smolík K, Karas M, Rejnuš O. How Macroecomic Factors Influence the Commodity Market in the Financialization Period: The Case of S & P GSCI Commodity Index [J]. Acta Univ. Agric. Silvic. Mendeliane Brunen, 2014, 62 (6): 1417 – 1425.

[3] Acharya R N, Gentle P F, Paudel K P. Examining the CRB index as a leading indicator for US inflation [J]. Applied Economics Letters, 2010, 17 (15): 1493 – 1496.

[4] Moreira R R. Commodities prices volatility, expected inflation and GDP levels: an application for a net – exporting economy [J]. Procedia Economics and Finance,

2014, 14: 435-444.

[5] Hess D, Huang H, Niessen A. How do commodity futures respond to macroeconomic news? [J]. Financial Markets and Portfolio Management, 2008, 22: 127-146.

[6] Hammoudeh S, Nguyen D K, Sousa R M. US monetary policy and sectoral commodityprices [J]. Journal of International Money and Finance, 2015, 57: 61-85.

[7] Barnett R C, Bessler D A, Thompson R L. The money supply and nominal agricultural prices [J]. American Journal of Agricultural Economics, 1983, 65 (2): 303-307.

[8] Lummer and Siegel. Commodity Futures Prices: Some Evidence on Forecast Power, Premiums and the Theory of Storage [J]. Journal of Business, 1993: 55-75.

[9] Finnerty and Becker. Predictive Evaluation of Econometric Forecasting Models in Commodity Futures Markets. Studies in Nonlinear Dynamics and Econometrics, 2000: 159-177.

[10] Charoula D, George S. Should investors include commodities in their portfolios after all? New evidence [J]. Journal of Banking and Finance, 2011.

[11] Eric O, Andrew V, Mark E W. Do commodities make effective hedges for equity investors? [J]. Journal of Alternative Investments, 2017.

[12] 王志强，王雪标. 中国商品期货价格指数与经济景气 [J]. 世界经济, 2001 (4): 69-73.

[13] 蔡慧，华仁海. 中国商品期货指数与 GDP 指数的关系研究 [J]. 理论探索, 2007 (8): 3-6.

[14] 危慧惠，李昕贺. 商品期货价格指数能有效预测通货膨胀吗？ [J]. 宏观经济研究, 2013 (10): 32-39.

[15] 冯玉林，汤珂，康文津. 中国大宗商品期货市场定价机制研究 [J]. 金融研究, 2022 (12).

[16] 贺辉辉，郭睿淇，叶周璟. 国际大宗商品定价权的影响因素和策略研究 [J]. 价格月刊, 2022 (9).

[17] 董方军. 铁矿石市场价格机制研究 [D]. 北京：北京交通大学, 2010.

[18] 王碧宏. RCEP 区域内大宗商品的定价机制与价值链重构浅析 [J]. 中国商论, 2023 (9).

[19] 张帆，高运胜. 论结构性权力对大宗商品国际定价权的影响及中国对策 [J]. 价格月刊, 2021 (3).

[20] 陈枫. 地缘政治和金融压力对我国商品期货的影响研究 [J]. 金融与经济, 2022 (1).

［21］焦东丹．美国货币政策意外对中国大宗商品期货价格的影响研究［J］．南京财经大学，2022．

［22］高环成，杨静．基于历史视角的大宗商品价格周期变化研究［J］．管理现代化，2013（6）．

［23］谭小芬，王欣康，张碧琼．全球大宗商品价格周期的驱动因素：基于2000—2021年月度数据的实证分析［J］．国际贸易问题，2022（8）．

［24］李俊文．中美贸易摩擦背景下国内外大宗商品期货价格的联动性研究［J］．中国商论，2023（15）．

［25］庄赟，曾五一．中国经济因素对国际大宗商品价格波动的影响［J］．统计与决策，2019，35（23）．

［26］刘鑫，陈学军．我国大宗商品价格波动的金融化因素影响研究——基于SVAR模型的分析［J］．上海立信会计金融学院学报，2020，32（3）．

［27］李霄．美元指数对国内外大宗商品价格的影响对比研究［D］．北京：对外经济贸易大学，2021．

［28］云璐，崔晓敏，肖立晟，史建平．国际大宗商品供需分析框架：全球视角与中国角色［J］．国际经济评论，2022（3）．

［29］吴立苗．供需视角下中国在国际大宗商品市场中的影响力研究［J］．现代工业经济和信息化，2023，13（6）．

［30］杨洋．经济政策不确定性对大宗商品价格的影响［D］．武汉：中南财经政法大学，2022．DOI：10.27660/d.cnki.gzczu.2020.001425．

［31］李挺．大宗商品期货在资产组合中的应用与分析［D］．上海：上海交通大学，2008．

［32］云志杰．商品期货指数在信托领域的应用［J］．中国有色金属，2014（19）．

［33］曹晓军．商品指数及其衍生品将推动期货公司业务创新［J］．中国有色金属，2014（23）．

［34］谭华清，赵学军，黄一黎．动量思想与大宗商品的战术配置价值——基于Black–Litterman模型［J］．经济理论与经济管理，2018（10）．

［35］周亮．商品指数的相对估值及配置策略研究——以马尔科夫区制转换模型为框架［J］．西南师范大学学报（自然科学版），2020，45（3）．

［36］冉燕．原油市场与大宗商品市场的风险传染效应研究——基于Hawkes跳跃–扩散模型［J］．西南财经大学，2023（3）．

［37］胡聪慧，刘学良．大宗商品与股票市场联动性研究：基于融资流动性的视角［J］．金融研究，2017（7）：123–139．

中期协联合研究计划（第十六期）项目

中国特色商品指数体系建设与完善研究

课题负责单位：新湖期货股份有限公司
课题研究编号：2023360313
课题负责人：李 强
课题组成员：李明玉　孙匡文　陈燕杰　李瑶瑶　柳晓怡

一、引言

近些年，中国期货市场发展非常迅速，上市期货品种覆盖的产业领域及产业链愈加完备。基于商品价格的各类商品综合指数，已成为反映国内大宗商品价格整体走势、行业发展现状及预判国内经济的重要先行指标。

国内目前已有的商品指数主要是被动型一代商品指数，在编制方法、指数特点、应用效果、指数体系的建设上还存在一些不足，限制了国内商品指数的使用范围及市场接纳度。国内商品指数的建设起步较晚，目前主要用于反映相关品种及板块的价格趋势，并不能直接进行投资交易。但从市场需要、应用前景及国际商品指数领域的发展趋势看，中国交易型商品指数的推出有其必要性及可行性。

本文通过分析中国商品指数体系的现状及不足，对比中外商品指数编制方法的差异，试图为中国商品指数体系的丰富及完善、商品指数编制方法的改进提供一些参考及建议。本文还对比了中外商品指数发展面临的制度环境、发展阶段的差异，分析了中国交易型商品指数推出的难点、必要性及前景，以便为中国交易型商品指数的推出提供理论及现实支撑。

本文属于理论型研究，主要采用文献研究法、调查法、对比法及归纳总结法。

二、商品指数基础介绍

（一）什么是商品指数

大宗商品关乎国计民生，作为重要的基础原材料、中间品及消费品，大宗商品在国民经济发展中具有基础性作用。大宗商品的价格走势与宏观经济密切相关，而且大多领先于经济运行指标，可为政府宏观经济调控提供参考价值及启发。为了反映大宗商品总体价格走势或某一类商品价格走势的变化，大宗商品指数应运而生。

商品指数是指以一篮子大宗商品的现货或期货价格为基础，按照一定的权重进行加权计算而生成的指数，主要用以反映大宗商品领域中某个品种、板块、或商品总体的价格走势，该指标具有多样性、流动性、连续性和透明性等特点。目前，海外市场具有代表性的大宗商品指数包括路透 CRB 指数、标普高盛商品指数（S&P GSCI）、彭博商品指数（BCOM）等。我国商品指数的发展起步较晚，目前具有代表性的有南华商品指数、文华商品指数、中证商品期货指数等。

海外商品指数的发展与全球经济的发展息息相关。回顾其发展历程，海外商品指数从展示商品价格走势的标尺型指数，已逐步过渡到了可交易型的市场化指数，这一过程是受大宗商品市场资产配置多样化需求、市场风险管理需求、金融市场投资成熟度不断提高推动的。

随着我国工业现代化进程的不断深入，以及制造业相对优势的不断扩大，我国对于大宗商品的需求量将继续攀升，大宗商品价格波动对国民经济和我国金融体系的影响力也将不断增强。因此，中国商品指数领域的持续发展及指数体系的进一步完善，不仅是国内经济持续发展的需要，也可为中国金融市场的繁荣添砖加瓦。

（二）商品指数的分类

根据其标的性质、构成样本、价格类型、跟踪策略不同，商品指数通常分为以下几大类。

1. 按照标的性质分类

按照标的性质，商品指数可分为商品现货指数和商品期货指数。

商品现货指数使用一篮子商品的现货价格进行组合。这种商品指数参照的现货价格，必须是公认的、明确的、权威的，只有这样指数才能被广泛认可。

商品期货指数使用一篮子商品的期货价格进行组合。由于期货价格一般先于现货价格对信息变化做出反应。并且，由于期货合约在期货交易所里上市交易，价格形成机制公允，易于采集获得，因此，相对现货价格来说，商品的期货价格更加公开、公平、透明、市场公信度高。本文所提到的商品指数主要指商品期货指数。

2. 按照构成样本分类

按照构成样本，商品指数可分为商品综合指数、商品大类指数和单一商品指数。商品综合指数的组成成分，通常包括整个商品期货市场的品种或各类商品期货领域的主要品种。商品大类指数和单一商品指数是仅包含某一商品期货大类或单一商品期货价格的指数。

3. 按照价格类型分类

相比于股票，商品期货具有以下独特之处：一是期货合约有到期时间；二是期货交易实行保证金制度，账户可能存在闲置资金。因此，长期的期货投资存在两大损益：合约换月的展期损益和未使用保证金（闲置资金）的投资收益。基于此，商品指数可分为价格指数、收益率指数和全收益指数。

价格指数是指只考虑期货价格的波动、能够反映当天或一段时间内、某个品种或一篮子商品期货品种的总体价格波动的指数。价格指数主要用于展示商品期货品种的价格走势。但由于没有考虑期货展期的损失，实际上价格指数不能反映完整的商品投资回报情况。这类指数虽然有一些弊端,但在商品投资领域依然使用广泛,也是使用历史较长的一类指数。

与价格指数对应的是综合考虑了商品价格波动收益、展期等收益的指数,包括收益率指数和全收益指数两大类。

收益率指数包括指数的价格波动收益和展期收益。如期货多头在展期时,近远月合约之间通常存在价差,若远月合约价格小于近月合约价格,则投资者能以更低的价格展期到远月合约,从而获得正的展期收益。反之,若远月合约价格大于近月合约价格,展期收益率为负。展期收益是价格指数与收益率指数的根本差异。

全收益指数则是在收益率指数的基础上叠加了无风险收益,由于商品期货具有保证金制度,全收益指数包含了未占用资金的现金管理收益。因此,全收益指数比收益率指数更能全面地描述商品投资的实际收益。

4. 按照跟踪策略分类

商品指数有相当悠久的演变历史,其发展经历了一个从被动到主动的变化,这也是商品指数投资属性不断增强的过程。按照跟踪策略,商品指数可分为被动跟踪型商品指数、期限结构管理型和主动管理型商品指数。

被动跟踪型商品指数通常严格按照既定规则进行交易,持有期间不做主动管理,采用被动跟踪策略,目标在于最小化跟踪误差。其优点在于,能跟踪大类商品的价格。被动跟踪型商品指数是目前全球指数基金追踪量最大的商品指数。但该类指数忽略了合约的期限结构,其成分品种需要频繁的移仓换月,提高了指数追踪的成本。

为了弥补被动跟踪型商品指数的弱点,期限结构管理型指数被开发出来。该类型指数不仅关注近月或主力合约,而且将潜在头寸分布于整个品种或大类的远期曲线,以提升展期收益。

主动管理型商品指数是在前两种的基础上,融入关键商品品种挑选机制的指数。这类指数主要利用动量、期限结构、市场中性、基本面和技术面结合等指标和策略来对商品期货进行灵活配置、提升风险溢价。其设计目标是最大化预期收益,并且对于某些低预期收益的品种予以剔除(或主动降低权重),从而达到投资目的。

(三)商品指数的作用

商品指数编制通常有两大属性:标尺性、投资性,也对应了商品指数的两大作用。

1. 标尺性作用

标尺性作用是指商品指数更能客观、全面、真实地反映商品期货市场的总体状况,其内部构成反映了各类商品在国民经济中的重要地位。并且能连续地描述商品市场的历史，是重要的宏观经济参考指标，能够为政府部门在制定宏观调控、经济管理政策等方面提供有力参考。

2. 投资性作用

投资性作用是指商品指数可作为商品期货投资的收益基准，投资者根据公开的指数成分信息建立商品期货投资组合，可获取与指数收益率相当的回报，有利于满足各类金融机构的资产配置需求。

商品指数通常是一篮子成分商品期货品种构成的，具有商品权重分布均衡、市场容量大、流动性好的优点，品种间的抵消效应让指数具有更低的波动性，走势更为平稳。此外，大宗商品指数与其他股债的相关性较低，投资者可以借助商品指数有效分散投资组合的风险。

除此之外，它还可以作为衍生品标的进行交易，为投资者提供新的对冲风险、套期保值及盈利的工具，进而为实体经济提供更好的服务。例如，对于金属企业来说，上期有色金属指数期货合约的推出，将使企业的套期保值工具有更多样化的选择。当然，品种的权重管理可能需要更精细化。对于金属贸易企业来说，其不仅可以利用个别金属期货合约进行保值，也可以针对一揽子的现货进行保值。有色板块的基础品种期货合约和上期有色金属指数期货合约也可以进行组合优化。

因此，商品指数不仅可以吸引机构投资者参与，促进我国商品期货市场引进和培育更多机构投资者、改善投资者结构、发挥机构投资者"压舱石"作用，也有利于提升期货市场接纳和服务产业客户套期保值的能力，同时，可以吸引长期资金入市，扩大市场规模及稳定性。

三、中国的商品指数体系介绍

（一）中国商品指数体系的发展及现状

1. 中国商品指数体系的发展

虽然中国期货市场起始于1990年，但发展之路并不顺畅。创立初期，由于行业监管及各项配套法规制度的不健全，中国期货市场经历了一段时间的混乱发展期。

1993—2000年，中国期货市场进入了长达8年的治理整顿期，直到2000年才逐步进入稳步发展期。这一阶段，中国期货市场逐步走向法治化和规范化。此后，随着监管规则和法规体系的不断完善，新的期货品种不断推出，期货市场的交易量也逐渐恢复并稳步增长。因此，基于国内商品期货价格的商品指数出现的时间也比较晚。

2005年，南华期货公司推出了南华商品指数，包括品种指数、品种大类指数及商品指数。创立至今，南华商品指数经历了从价格型指数到投资型指数的过渡，是国内最早且比较知名的大宗商品指数。

2010年之后，国内三大期货交易所也陆续推出基于本交易所品种的商品期货指数，包括品种指数、品种大类指数及商品指数等，在表征交易所上市期货品种的价格趋势上发挥了较大的作用。

与此同时，随着国内期货市场的蓬勃发展，基于信息技术的各类期货交易软件也在飞速发展。由于兼具软硬件技术和数据优势，市面上主流的期货交易软件大多推出了自身的商品指数，并将其作为合约展示在交易软件上，如文华财经、博易大师等机构，因其价格指数实时波动、便于查看，受到了用户的欢迎。

此外，基于服务期货类用户的需要，国内一些资讯及数据平台除了在推出相关的资讯服务、行情服务外，近些年也陆续推出了期货的单品种指数、商品大类及商品综合指数。

2. 中国商品指数体系的现状

目前，国内商品指数按照发布机构划分，主要有三大类：第一类是交易所编制的指数，如上期所、大商所、郑商所都构建了本交易所上市商品的指数体系；第二类是由官方性质的第三方研究机构发布，如中证商品期货综合指数、保证金监控中心价格指数等；第三类由期货公司或财经资讯机构发布，如南华期货商品指数、文华财经商品指数和Wind商品指数等。

当前国内已有的商品价格指数中，绝大多数都是被动跟踪为主，不能进行投资交易。不过，预计广期所不久会上市国内首批商品指数期货合约，将为金融机构进行大类资产配置提供全新的工具。

3. 中证商品指数简介

2020年，中证商品指数公司注册成立，这是全国首家证监会管理的商品指数编制运营服务平台。主要职能是商品指数、宏观指数、国债等金融指数的编制、运维、发布等。

2022年12月，中证商品指数公司自主研发的中证商品期货指数系列对外发布。该指数依托中国特色期货市场，以境内期货交易所上市运行的全部商品期货品种为样本范围，将成交活跃、流动性和现货代表性强、运行成熟稳定的期货品种纳入。

中证商品期货指数系列是中证商品指数公司编制发布的综合类期货指数，目前包括中证商品期货价格指数和中证商品期货指数，这两个指数的编制逻辑仅在计算公式上存在差异，其余权重等要素保持一致。该指数编制时，参考了全球主要商品指数的优秀之处以及相关经验，结合了我国现货市场的真实情况及各期货种类的实际运行模式,秉承流通性、连续性、多样性、透明性和抵制操控性这五大基本原则,以保障该指数的重要性和投资价值。

从指数类型来看,中证商品期货价格指数属于价格指数,仅展示成分品种价格的波动,不考虑期货展期的收益与损失。而中证商品期货指数属于超额收益指数,在展示价格波动的同时,显示了成分品种的价格变动和展期收益,是可跟踪的指数。中证商品指数走势如图1所示。

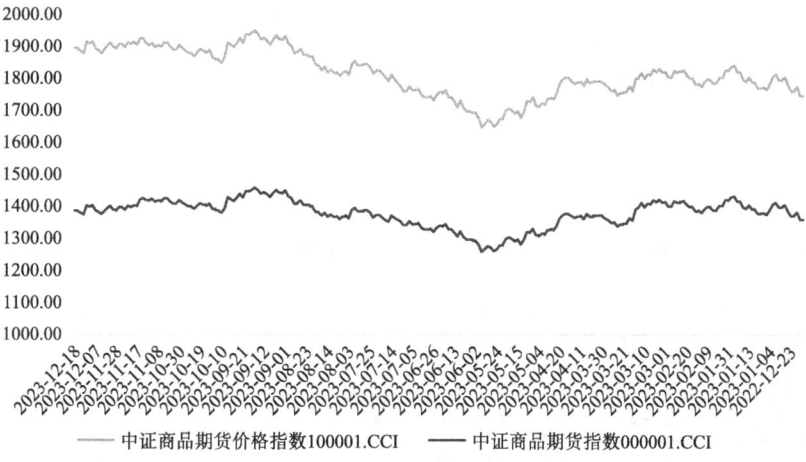

图1 中证商品指数走势

中证商品指数可直观反映国内商品期货品种的整体价格走势,并作为投资者评价收益的基准,为商品指数化产品创新提供基础标的。其样本范围覆盖能源化工、黑色、有色、农产品、贵金属、林产品、畜产品七个板块,根据不同的品种范围、品种筛选条件以及权重设置规则,后续可形成系列子指数。中证商品指数权重如图2所示。

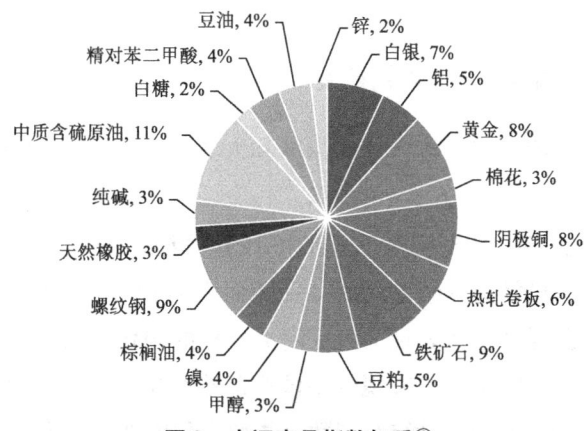

图2 中证商品指数权重①

数据来源:中证商品指数有限责任公司官网,网址:http://www.ccidx.com/。

---

① 本图数据进行了四舍五入处理。

目前我国商品指数期货的参与门槛尚未公布，但鉴于商品指数期货具有较强的专业性，预计会设置一定的准入门槛。这不仅对于个人专业投资者及机构投资者来说，是绝佳的商品配置工具，对于产业投资者来说，也是很好的套保工具。中证商品指数期货合约要素（拟）如表1所示。

表1　　　　　　　　　中证商品指数期货合约要素（拟）

交易品种	中证商品指数
合约乘数	每点人民币200元
报价单位	指数点位
最小变动单位	0.05点位
涨跌停板幅度	上一交易日结算价的4%
合约月份	连续3个近月以及随后3个季月
交易时间	每周一至周五9：00至11：30，13：30至15：00，以及交易所公布的其他时间
最后交易日	合约月份的最后一个交易日
交割日期	同最后交易日
交割方式	现金交割
每日结算价	按合约全天成交价格的成交量加权平均价计算
交割结算价	最后交易日指数的结算价格
最低交易保证金	合约价值的5%
手续费	每手0.8%
持仓限额	5000手
交易代码	CI
上市交易所	广州期货交易所

数据来源：广州期货交易所。

（二）中国商品指数的现实应用效果

商品可以作为观测宏观经济信号的指标和大类资产配置的投资标的，其诞生之初就是作为监测宏观经济运行的评估指标。

研究发现，商品指数大多领先于CPI和PPI。当经济进入增长期时，商品指数会走出牛市行情。当经济进入萎缩期时，伴随而来的就是商品指数的熊市。中国历史上较为严重的通胀时期，都表现为大宗商品价格的凶猛上涨。

我们以中证商品指数为例，来观测中国商品指数的现实应用效果。中证商品期货指数作为有较高标尺性的商品综合指数，指数点位的变化和通胀有较高的相关度，尤其是和更能代表大宗商品整体价格变化的PPI的相关性比较高，并且商品指数相对PPI指标有着较明显的时间领先优势。

为了验证并估计这一领先程度，我们通过历史数据回溯的方式计算，将商品期货指数在时间上进行平移,并与 PPI 同比数据进行相关系数计算,可以得到二者相关系数随商品指数领先期数变化的曲线图(见图 3 和图 4)。从图 3 和图 4 可以发现,中证商品指数领先 PPI 指标 2 个月左右。

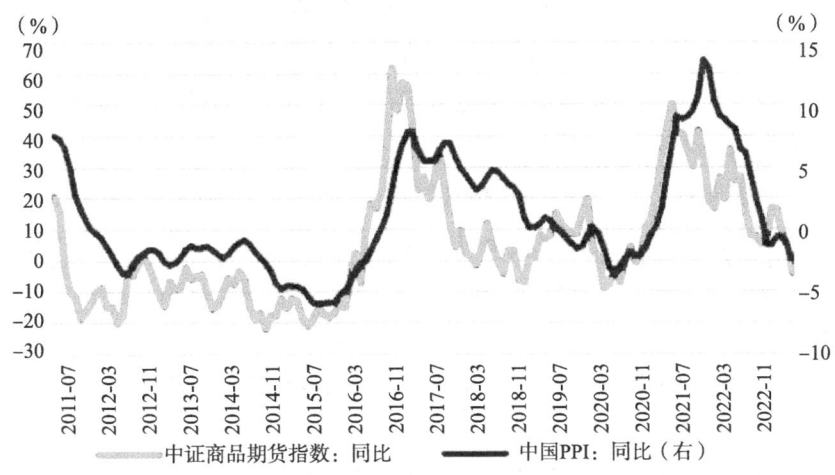

图 3　中证商品期货指数与 PPI

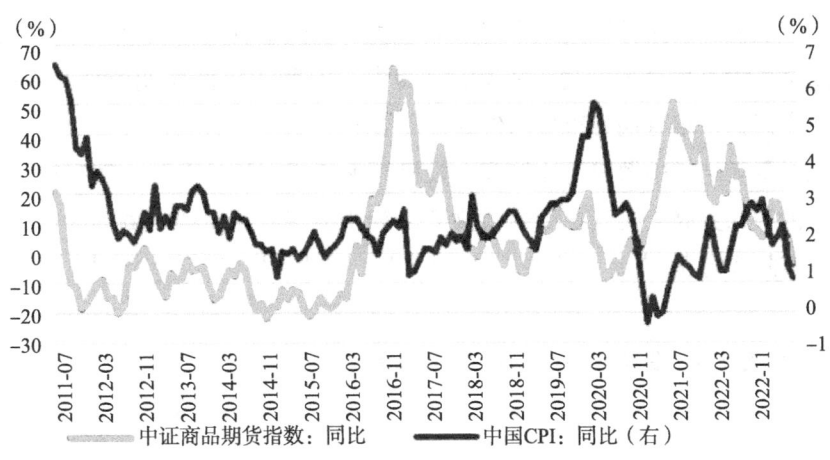

图 4　中证商品期货指数与 CPI

因此,至少在数据的实证方面,中国现有的商品指数在反映通胀变化、作为宏观经济先行指标方面,确实发挥着较为显著的作用。

(三)中国商品指数体系存在的不足及短板

商品指数期货作为金融产品中的一分子,能有效促进资产配置、提高投资效率。商品指数采取一般现金交割方式,能避免实物产品原料采购、仓储库存、物流运输等实物交割环节的烦琐,便利机构投资者的资产配置。此外,交易型的商品指数期货合约,可以作为资产配置的工具,相比其他资产,保证金交易可以节省投资者的交易成本。中国商品指数体系目前存在的不足及短板主要体现在以下几个方面：

首先，国商品指数的发展和研究仍处于起步阶段，其编制原则大多侧重于标尺性，较少考虑投资性。相比于股指，国内的商品指数还不能直接交易，必须以指数化投资工具的形式进行交易，如指数基金、指数期货、指数期权等，目前商品指数期货、期权尚未上市。国内目前已经上市的商品指数ETF共19只，有16只是跟踪现货黄金价格，其规模占商品型ETF总规模的90%以上。另外3只都跟踪大商所豆粕期货价格指数。

其次，三大期货交易所各自编制的指数，只纳入了自身挂牌的品种，指数覆盖面较窄；中证商品期货指数，因发布时间较短，市场影响力有限；财经资讯机构和期货公司编制的商品指数，更受市场认可，比如文华财经商品指数、Wind商品指数及南华期货指数等。但作为营利性组织，南华等期货公司所发布的指数的权威性受到质疑，Wind发布的指数的权重仅参考流动性，在宏观经济的标尺性方面存在欠缺。

最后，我国长期价值型投资者在使用期货进行对冲时，面临投资策略单一、同质化等问题，投资者成熟度不高。部分商品期货流动性不足、缺乏商品指数投资标的、机构转仓困难、交易冲击成本较大等，使长期资金投资期货存在难度。推出商品指数期货可为市场交易一揽子商品提供途径，有利于降低长期资金入市的成本，增强其入市意愿，培育期货市场的价值投资氛围。

我国投资者结构中散户占比较高，投机需求旺盛，相比海外，我国市场对商品指数期货的需求更高，尤其在商品指数ETF尚未大量发行阶段，商品指数期货的挂牌上市具有重要意义。

四、中国商品指数的编制方法与优化

（一）中国商品指数编制的常见方法及对比

通常，商品指数的编制方法包括：样本空间的确定、品种选择、合约及价格的选取、权重设计和调整、样本进出规定、展期方法等方面。

由前文可知，目前国内商品指数主要由期货交易所商品指数、期货交易软件商品指数、资讯数据平台商品指数、其他公司及机构商品指数构成。考虑到商品指数的知名度、应用普及性、发布平台的权威性等方面，我们选取了目前国内8个综合商品指数，通过对这些商品指数的编制方法进行对比，从中寻找出中国商品指数编制方法上的个性及共性。8个综合商品指数分别是：南华商品指数、上期商品指数、郑州易盛商品指数、大商所农产品及工业品指数、中证商品指数、Wind商品指数、文华商品指数、同花顺商品指数。

1. 样本空间

由表2可知，国内三大期货交易所的商品指数一般选用在本交易所上市交易的期货品种作为样本空间，其余商品指数多选择国内已经上市的期货品种作为样本空间，大多数指数对样本的流动性有一定要求。市面上一般用成交量、持仓量、成交额、持仓额来衡量品种合约的流动性。

表2　　　　　　　　　　　　中国主要商品指数的样本空间

指数名称	样本空间
南华商品指数	选取国内三大商品期货交易所上市品种中比较有代表性且具有较好流动性的商品
上期商品指数	选取上海期货交易所流动性较好的期货品种
郑州易盛商品指数	选取郑商所主要上市品种，商品期货品种依据上市时间长度、成交金额和成交持仓比进行考量
大商所农产及工业品商品指数	选取大连商品交易所上市的农产品品种
中证商品指数	选取境内期货交易所上市的所有商品期货品种
Wind商品指数	选取境内期货交易所上市的所有商品期货品种
文华商品指数	选取国内54种上市商品，包含14个大类品种
同花顺商品指数	选取国内商品交易所交易的所有商品期货品种

数据来源：指数官方网站或数据端平台。

这些商品指数都以商品的期货价格作为编制标的。因为期货价格在我国更具有代表性，作为现货市场价格的指引具有前瞻性，基于期货价格编制的商品指数才具有行业或经济先行指标的作用。此外，期货合约价格对市场供求更敏感，能更快地反映各种因素对价格的实时影响。期货价格、成交量、持仓量、资金进场等数据公开透明，也减少了价格被操纵的可能性。

2. 品种合约及价格

合约及价格的选取是商品指数的核心要素之一，直接决定了商品指数的类别及作用。

由表3可知，基于市场需求加上具备数据及技术优势，国内期货交易软件及资讯平台的商品指数大都选择所有期货合约的实时价格来计算单品种指数，但在编制商品综合指数时存在一定差异。其中，Wind商品指数是单品种活跃合约收盘价的加权算术值，文华商品指数是单品种指数的算术平均值，同花顺商品指数是单品种指数涨跌幅的加权算术值。由于不同的合约价格选择，三者商品指数走势呈现较大差异。

表 3　　　　　　　　　　中国主要商品指数的合约及价格的选择

指数名称	合约及价格
南华商品指数	选取商品主力合约收益率计算，主力合约为单个商品持仓量最大的合约
上期商品指数	选取主力合约的最新成交价（若在当日交易时间结束，则为结算价）计算，依据过去 3 年历史上主力合约代表月份出现次数最多的合约作为下一年的制定标准。主力合约为各品种每月第 1 至第 15 个自然日期间，总持仓量最大的合约
郑州易盛商品指数	选取各个商品的主力合约的市场价格计算，依据成交量和持仓量选择主力合约
大商所农产及工业品商品指数	选取商品主力合约的平滑价格或平滑结算价计算。主力合约为持仓量最大的合约，持仓量相同时选成交量大的合约，成交量相同时选择远月合约
中证商品指数	二类指数分别以实时价格、当日收益计算，选取具有足够代表性和流动性的合约
Wind 商品指数	单品种指数基于所有合约的实时价格计算，商品指数是单品种活跃合约收盘价的加权算术值
文华商品指数	单品种指数基于所有合约的实时价格计算，商品指数是单品种指数的算术平均数值
同花顺商品指数	单品种指数基于所有合约的实时价格计算，商品指数是品种指数涨跌幅的加权算术值

数据来源：指数官方网站或数据端平台。

其中，Wind 商品指数代表了所有品种活跃合约的价格趋势，文华商品指数代表了所有品种合约的价格趋势，同花顺商品指数代表了商品整体收益率的变化趋势。

国内三大交易所的商品指数及南华商品指数则都以品种的主力合约计算，这四个商品指数大多以持仓量最大作为主力合约的首选标准。在持仓量相同时，才以成交量来进一步确定主力合约。但在合约价格的选择上差异较大。其中，南华商品指数为收益率指数，选择主力合约的收益率来编制指数。上期所及郑商所选择品种的最新价编制指数，大商所以主力合约的平滑现价或平滑结算价来计算。

3. 权重设置及调整

商品指数的成分品种权重如何设置，是商品指数编制的核心要素之一。由表 4 可知，国内商品指数权重设计方法差异较大。品种的平均持仓额、平均成交额、持仓量是比较基础性的权重参考。

此外，郑商所易盛商品指数、中证商品指数和南华商品指数还考虑了商品的国内实际消费量，这些指数的权重是品种的消费权重和流动性权重的综合值。不仅考虑了期货市场的交易活跃性，也考虑了指数对实体经济重要性的反映，是期货市场和现货市场的综合考量。另外，这些商品指数都会对成分品种的权重进行调整，包括固定时间调整和临时调整。权重的临时调整大多是因为成分品种退市或流动性、权重等不符合指数最低要求。固定时间调整多以年为单位，也个别指数是以季度、半年度的频率进行权重的频率。

交易软件及资讯平台的商品指数通常是以单个品种的指数或板块的指数进行计算，单个品种指数一般以持仓量为权重实时计算，这意味着商品指数的权重也是根据盘面持仓量的变化在实时调整。

此外，为了增加权重的合理性，有的商品指数会对板块权重、单商品权重有上下限的限制，以防止同一个因素重复或过度影响上下游商品的权重。

表4　　　　　　　　　　　　　中国主要商品指数的权重设计

指数名称	指数品种权重的确定	权重上下限规定及权重调整频率
南华商品指数	以品种过去5年的年消费金额计算年均消费金额权重；以品种最近5年的年平均交易金额计算流动性权重；实际权重＝2/3流动性权重＋1/3消费权重	单品种权重不得高于25%，不得低于2%；权重通常一年调整一次
上期商品指数	各品种过去3年平均月度持仓金额	板块权重上限为65%，单品种权重上限为35%下限为2%；权重通常一年调整一次
郑州易盛商品指数	品种最近5年表观消费量计算该商品的预期消费量（ECA）。再利用资金占比与流动性指标上下限对ECA进行调整	权重调整分季度、年度频率进行
大商所农产及工业品商品指数	品种过去两个半年所有合约日均成交额计算	若某品种的真实权重>60%则定为60%，剩余权重按上述比例分配给其他成分品种；权重通常半年调整一次
中证商品指数	以品种最近3个考察周期内的平均持仓金额、平均成交额计算流动性百分比（CLP）。以品种最近三年的平均消费金额计算消费百分比（CCP）。初始权重＝2/3流动性百分比＋1/3消费百分比	品种权重不低于2%，不高于20%；商品类别权重不高于40%。若消费权重高于流动性百分比的2倍，则权重下调至流动性百分比的2倍；权重通常一年调整一次
Wind商品指数	品种指数以各月份合约的持仓额为权重，商品大类及商品指数权重为品种3个月内的日均持仓总额	权重每个季度调整一次

续表

指数名称	指数品种权重的确定	权重上下限规定及权重调整频率
文华商品指数	品种指数以各月份合约的持仓量为权重；商品指数按照行业指数、品种指数算术平均计算	实时
同花顺商品指数	品种指数以各月份合约的持仓量为权重；商品指数将各品种指数的涨跌幅根据持仓金额加权计算	实时

4. 计算方法

指数的计算方法通常分为算术平均法与几何平均法。算数平均值是一组数据的总和除以数据的个数，几何平均值是一组数据的乘积开根号。几何平均值适用于求连乘样本的均值，它是变化的中心，代表平均变化率；算术平均值适用于求连加样本的均值，它是数值的中心，代表平均数量。只有当所有成分商品变化程度相同时，两种算法带来的指数变化才会一致。

单个商品连续相等的变化在运用几何平均法计算的指数中会呈现出相同的变化率，在运用算术平均法计算的指数中通常价格上涨时变化率增大，而价格下跌时变化率减小。因此，算术平均法对于单个商品价格的上涨更为敏感，因此从领先指标意义的角度来说，其是更为合适的指数计算方法。此外，当单个商品价格下跌时，算术平均法的指数下降幅度比指数平均法更小，因此其能为指数提供更好的下行保护。

目前，国内及国际各大商品指数几乎都采用算术加权平均法进行计算。在对成本品种的价格进行算术平均计算的时候，都会加各自设置的权重计算（见表5）。

表5　中国主要商品指数的基期、基点及计算方法

指数名称	基期	基点	计算方法	是否归一化处理
南华商品指数	2004.6.1	1000	加权算术平均	
上期商品指数	2002.1.7	1000	加权算术平均	标准化常数（NC）处理
郑州易盛商品指数	2009.6.1	1000	加权算术平均	标准化常数（NC）处理
大商所农产及工业品商品指数	2013.1.4	1000	加权算术平均	标准化常数（NC）处理
中证商品指数	2010.7.12	1000	加权算术平均	用指数乘数CIM进行处理
Wind商品指数	行业内第一个上市	1000	加权算术平均	
文华商品指数	1994.9.12	100	加权算术平均	
同花顺商品指数	2010.1.1	100	加权算术平均	

此外,当商品指数的成分品种权重调整后,还需要进行归一化处理,通常用归一化常数/标准化常数(NC)进行平滑处理。标准化常数又称为调整系数,其主要作用是保证指数在时间序列上的连续性和可比性,即以基期指数及基点对每期指数进行处理。当每一次指数中成分商品的权重发生调整时,就需要对指数的计算进行相应的调整,做出这种调整的因子就称为"标准化常数"(NC)。此外,归一化常数 NC 也会在特定情形下进行调整。例如,郑州易盛商品指数的 NC 会以年度、季度和月度的频率进行调整。

国内目前多数商品指数的基期都集中在 2002—2010 年。其中,文华商品指数的基期最早的是 1994 年,大商所农产品指数基期最晚的是 2013 年,Wind 是选取行业内第一个上市品种的上市首日作为基期。

此外,多数商品指数的基点为 1000 点,文华商品指数及同花顺商品指数基点则为 100 点。

5. 成分品种进出原则

商品指数的成分品种进出通常遵循一定的原则,以确保品种的价格、成交量、市场作用的有效性、适用性、代表性等。

成分品种的上市年限、成交金额、成交量、持仓量、品种权重等指标通常是该品种能否进入指数的考量条件。除此之外,当成分品种退市或因政策等因素流动性大幅下降失去交易性,也需要退出。

另外,商品指数若采用主力(活跃)合约价格进行计算,主力合约在换月期间则通常需要进行展期操作,以避免直接换月产生的价格跳空及指数走势失真。

由表 6 可知,国内目前已有的商品指数,多数会先进行主力合约的判定,新主力合约判定后,一般分 5 个交易日对合约进行展期,换月期间旧主力合约及新主力合约的权重按照每日等比例(20%)的方式逐渐展期。但也有的商品指数是根据自身特点进行展期,如中证商品指数就是在固定时间展期。

表 6   中国主要商品指数样本的进出原则及展期管理

指数名称	样本进出原则	展期管理
南华商品指数	上市时间至少满一年、类别代表性、类别替代性、品种权量逐步下降低于 0.5%	按成交量判定主力合约,等持仓展期。即当下一个合约连续 3 个交易日的持仓量最大,分 5 个交易日将持仓头寸平均转移到下一个合约,平均每日移仓 20%
上期商品指数	过去 1 年的月均成交金额或月均持仓金额大于等于 20 亿元人民币	采用合约对照表的方式作为指数标的品种移仓换月的计算标准。每月 10 日(含当日,遇法定假日时顺延)及之后 4 个交易日(共 5 个交易日),每日有 20% 的展期比例

续表

指数名称	样本进出原则	展期管理
郑州易盛商品指数	成交金额判定、品种上市年限（大于一年）、成交持仓比（即流动性）	按成交量判定主力合约。当合约成交量连续5个交易日大于现有主力合约时，从第6个日开始，该合约成为新的主力合约，5日内每日以20%的权重展期
大商所农产品及工业品商品指数	新品种上市满一年，若上市不满一年但超过半年且成交量和持仓量稳步增长，远超已入选品种	判定新主力合约，5个交易日展期
中证商品指数	上市时间、合约可交易性、流动性等指标筛选	固定时期展期。在每月10日后的5个交易日，各品种持仓分5个交易日等比例移至成分合约对照表中指定月份合约

Wind、文华财经及同花顺商品指数选取的是所有上市期货品种的所有合约计算单个商品指数，商品指数是在单个商品指数的基础上计算。因此，不存在成分品种的换月问题，也不存在明显的样本进出限制。

（二）国际常见商品指数编制方法的对比及分析

国际商品期货指数的研究和发展已经超过半个世纪。许多研究机构、资讯机构、投资机构、经济学家等都对商品期货指数的编制理论及应用进行了深入的研究。经验表明，海外比较知名的商品指数无论在商品市场价格的研究分析还是作为对宏观经济的先行指标方面，都发挥了比较重要的作用。

最早出现的商品指数是1957年由美国商品研究局（Commodity Research Bureau）依据世界市场上22种基本的经济敏感商品价格编制的期货价格指数，简称为CRB指数。另外，标普高盛商品指数（S&P GSCI）、彭博商品指数（BCOM，原DG-AIG与DJ-UBS）、罗杰斯国际商品指数（RICI）和德意志银行流通商品指数（DBLCI）等也是比较知名的商品指数。这些商品指数几乎都涵盖了能源、工业金属、贵金属、农产品、畜产品等大宗商品，是商品综合指数。

本部分，我们主要对这些知名国际商品指数的合约选取、权重设计、计算方法等进行了解、梳理及对比，以便发现国内商品指数编制方法的不足，汲取国际商品指数编制方法的优点。

1. 路透CRB指数

路透商品研究局指数（Commodity Research Bureau Index，CRB Index）是由美国商品研究局在1957年推出的期货价格指数，是全球历史最悠久的商品指数。1986年，纽约期货交易所（NYFE）与CRB合作，推出了以CRB指数为标的的期货交易。2005 年，路透集团与 Jefferies 集团旗下的 Jefferies 金融产品公司进行合作，对 CRB 指数进行了第 10 次修改，更名为路透 – Jefferies 商品研究局指数（RJ – CRB），框架沿用至今。2008 年 Reuters 公司与 Thomson 公司合并；2009 年该指数被重新命名为 Thomson Reuters/Jefferies CRB 指数，简称为"TRJ/CRB"指数。

CRB 指数最早由 28 种大宗商品构成，其中 26 种在美国与加拿大交易所上市，2 种在现货市场上市。最初的基期被设定为 1947—1949 年，与美国劳工统计局现货市场指数（Bureau of Labor Statistics Spot Market Index）一致，目的是方便现货与期货指数之间的比较，后来调整为以 1967 年为基期。

CRB 指数在 2005 年第 10 次调整之前都更侧重于宏观经济意义，使用的更多是现货数据，导致其可投资性有限。

从编制目标与原则看，路透 CRB 指数更偏重经济意义，对全球宏观经济景气程度，尤其是通胀水平有着良好的领先性，同时兼顾可投资性。其成分商品与权重的调整由专门的监管委员确定。

（1）品种和权重。

CRB 商品指数目前包含 19 种大宗商品。CRB 商品指数成分品种权重的设置，综合考虑了成分品种的经济意义、流动性、代表性及多样性这几个方面。既保证了指数经济意义显著、成交活跃，也保证了指数的多样性，确保商品指数对组合风险的分散化作用，与商品选择的原则一脉相承。

从单个品种的权重来看，在 2005 年指数第 10 次调整以前，所有品种在路透 CRB 指数中权重相等。2005 年的第 10 次调整中，CRB 指数为不同品种赋予了不同的权重。

CRB 指数按流动性进行排名，将 19 种商品分为四大组别。其中，石油类品种有 3 个，总权重不低于 33%。高流动性的品种有 7 个，每个平均权重 6%，总权重不低于 42%。一般流动性的品种有 4 个，每个平均权重 5%，总权重不低于 20%。其他品种有 5 个，每个权重 1%，总权重不低于 5%。

按商品性质分类，CRB 指数中品种的具体权重为：能源类占 39%（WTI 原油、无铅汽油、燃料油、天然气），农产品类占 34%，金属类占 20%（基本金属 13%、贵金属 7%），畜产品占 7%。近几年，CRB 指数的品种权重基本保持不变。

在每月第 6 个工作日盘后，路透 CRB 指数会围绕既定的目标权重进行商品权重再平衡，增加指数整体回报以及降低指数的波幅，避免成分品种或者类别因为相关价格持续性变动而出现的权重偏离，以使指数维持稳定性与连续性。

（2）合约选择及计算方法。

从合约选取来看，国际知名大宗商品近月到期合约通常最为活跃，也成为各大商品指数的主流选择。路透 CRB 指数自 2005 年起也改为近月合约，且必要时随极端市场情形调整。

由于上市期货品种合约都有到期日,不可避免地存在近月合约的交割与滚动问题,为了保证指数的连续性及平滑。在2005年第10次指数调整之后,路透CRB指数设定了4天的滚动窗口,开启日为每月第1个交易日,截止日为每月第4个交易日(即每日滚动25%)。

CRB指数的计算方法采用加权算术平均法,即将各个成分品种近月活跃合约的价格按权重加权,然后计算平均数。路透CRB商品指数的品种权重如表7所示。

表7　　　　　　　　　路透CRB商品指数的品种权重

类别组	商品	权重(%)	类别权重(%)
石油类品种 (3个)	WTI原油	23	33
	燃料油	5	
	无铅汽油	5	
高流动性品种 (7个)	天然气	6	42
	玉米	6	
	大豆	6	
	活牛	6	
	黄金	6	
	铝	6	
	铜	6	
一般流动性品种 (4个)	白糖	5	20
	棉花	5	
	咖啡	5	
	可可	5	
其他品种 (5个)	镍	1	5
	小麦	1	
	生猪	1	
	橙汁	1	
	白银	1	

数据来源:CRB官网网址:https://cbr.org.br/。

2. 标普高盛商品指数

1991年,高盛公司建立高盛商品指数(Goldman Sachs Commodity Index, GSCI)。2007年2月,标准普尔公司从高盛公司手中购买了GSCI指数,并被重新命名为标准普尔—高盛商品指数(S&P GSCI),同年标准普尔终止了公司原有的标准普尔商品指数(SPCI)。标普—高盛商品指数是全球第一个"可投资"的商品指数,目前在国际市场上资金跟踪量最大,也被广泛认为是衡量大宗商品走势的代表性指标。

(1) 品种与权重。

S&P GSCI 强调可投资性,即流动性,同时强调通过与其他资产类别的低相关性分散风险。因此,该指数在选择品种时采取"流动性筛选",只有全球交易最为活跃的商品品种才可以入选指数。

该指数包括 24 种商品:6 种能源产品,5 种工业金属,8 种农产品,3 种畜牧产品,2 种贵金属。S&P GSCI 涵盖了尽可能多的商品品种,最大限度地减少了某些板块特殊事件对指数的影响,分散了风险。

品种权重设置上,S&P GSCI 基于成分品种的全球的产量比例分配权重,并参照其品种流动性,每年 1 月调整一次。

使用全球产量来计算权重的优势在于:第一,商品在经济活动中的重要性与其产量正相关;第二,对于一般的证券指数来说,市值加权是最通用的做法,而商品没有市值这一属性,与商品的"市值"最贴近的变量就是其产量。

由于原油是全球范围内美元总产值最高的商品,也是全球交易最活跃的期货品种,因此 S&P GSCI 特点是能源类品种在其中占很大权重。其中,原油权重占比最高 (50.15%)。非能源类中,农产品占比达 20.48%,工业金属占 12.71%,畜产品占 7.36%,贵金属仅占 5.97% (见表 8 和表 9)。

表 8　　　　　　　　　　　标普高盛商品指数的品种权重

交易所	商品	2022 年权重 (%)	2023 年权重 (%)	2023 年合约产值权重 (CPW)
CBT	芝加哥小麦	3.64	3.31	19263.74
KBT	堪萨斯城小麦	1.40	1.50	8365.251
CBT	玉米	6.54	5.66	43970.54
CBT	大豆	4.64	3.60	12491.57
ICE – US	咖啡	0.83	0.93	21127.24
ICE – US	白糖	1.81	1.45	391575
ICE – US	可可	0.36	0.25	5.17034
ICE – US	棉花	1.26	1.27	54332.83
CME	生猪	2.36	1.83	96620.79
CME	活牛	3.76	2.98	110633
CME	肥育母牛	1.25	1.05	31753.94
NYM/ICE	WTI 原油	20.34	21.83	12079.15
NYM	燃料油	3.50	4.62	75458.02
NYM	RBOB 汽油	4.34	4.60	82553.26
ICE – UK	布伦特原油	17.19	19.94	10693.69

续表

交易所	商品	2022年权重（%）	2023年权重（%）	2023年合约产值权重（CPW）
ICE-UK	柴油	4.78	5.76	319.4099
NYM/ICE	天然气	3.33	4.72	39421.14
LME	铝	4.18	3.80	67.89
LME	铜	5.80	4.35	23.84
LME	镍	1.00	0.98	2.0938
LME	铅	0.66	0.49	11.22
LME	锌	1.08	0.95	13.52
CMX	黄金	5.33	3.74	103.7183
CMX	白银	0.64	0.39	879.0015

数据来源：官网地址：https://www.spglobal.com/。

表9　　标普高盛商品指数商品类别权重

类别	2022年权重（%）	2023年权重（%）
能源	53.48	61.46
农业	20.48	17.98
畜牧	7.36	5.86
工业金属	12.71	10.58
贵金属	5.97	4.12

数据来源：官网地址：https://www.spglobal.com/。

权重计算步骤为：第一，计算世界平均产值（WPA）：大部分成分品种采用全世界产量的5年平均值，个别品种采用不同的计算。对于有较强的区域性特征的部分品种，采用地区产量，例如，天然气可采用北美地区产量。第二，计算合约产值权重（CPW）：当品种有多个对应的具体合约时，根据各合约的成交量的比重分配权重。

CPW也会动态调整，各商品权重也按季度复盘，维持指数的可交易性与流动性。

（2）合约与计算方法。

S&P GSCI合约月份选取为近月合约。合约展期的滚动窗口为5天，日期为每个月的第5至第9个交易日（每日滚动比例为20%）。

S&P GSCI的计算方法同样采用加权算术平均数。

3. 彭博商品指数

1998年，美国国际集团（AIG）创建了道琼斯AIG商品指数（DJAIG），隶属于道琼斯指数体系。2008年发生金融危机，AIG遭遇重创，2009年瑞士联合银行（以下简称"瑞银")收购了 AIG 商品指数,更名为道琼斯——瑞银商品指数(Dow Jones – UBS Commodity Index,DJ – UBSCI)。2014 年 7 月,瑞银的合作伙伴由道琼斯转为彭博,道琼斯 – UBS 商品指数系列整体更名为"彭博商品指数系列"(Bloomberg Commodity Index Family)。

彭博商品指数编制原则强调高流动性与可投资性,是国际市场资金跟踪量第二的商品指数,同时也具备对宏观经济的指导意义。

(1)品种和权重。

2019 年,随着轻硫柴油(Low Sulphur Gas Oil)的加入,彭博商品指数包含品种扩容至 23 种,2022 年仍为 23 种,分为能源、农产品、工业金属、贵金属、软商品、畜产品六大类。

品种权重根据品种最近 5 年的全球平均产量与全球平均交易量进行分配,在每年 1 月上旬进行一次调整。BCOM 设置品种权重的上下限,成分品种的权重低于 33%,但高于 2%。

与路透 CRB 指数相比,BCOM 各细分品类之间的权重差距较小(见表 10),能源及黄金权重相对较高,但整体分布更为均衡。由于其更侧重期货市场流动性,因此更适合于商品配置,波动率低于其他商品综合指数。

表 10　　　　　　　　　　彭博商品指数的品种权重

类别	商品	2022 年权重(%)	合计(%)	交易所
能源	WTI 原油	8.32	35.65	NYMEX
	天然气	11.96		NYMEX
	布伦特原油	7.19		ICE – EU
	低硫柴油	3.2		ICE – EU
	RBOB 汽油	2.52		NYMEX
	ULS 柴油	2.46		NYMEX
农产品	玉米	5.94	23.3	CBOT
	大豆	5.55		CBOT
	豆粕	2.91		CBOT
	芝加哥小麦	3.27		CBOT
	豆油	3.68		CBOT
	堪萨斯城小麦	1.95		CBOT
工业金属	铜	4.34	14.13	COMEX
	铝	3.47		LME
	锌	2.86		LME
	镍	3.46		LME

续表

类别	商品	2022年权重（%）	合计（%）	交易所
贵金属	黄金	12.51	16.42	COMEX
	白银	3.91		COMEX
软商品	白糖	2.33	5.89	ICE – US
	咖啡	2.03		ICE – US
	棉花	1.53		ICE – US
畜产品	活牛	2.75	4.6	CME
	生猪	1.85		CME

数据来源：彭博数据终端。

指数权重计算如下：

一是计算流动性指标：计算前5年该品种的总成交量、结算价以及合约乘数，得到品种5年的期货流动性均值（成交额），确定各品种的流动性百分比（CLP）。

二是计算现货产量指标：以近5年产量数据为基础，计算品种的产量权重值（CPW），进一步计算产量百分比（CPP）。

三是计算商品目标权重：临时商品指数权重（ICIP）= 2/3 商品的流动性权重（CLP）+ 1/3 商品的产量权重（CPP），再根据多样化要求与权重限制进行调整。

指数权重调整如下：

一是单一商品品种上限为15%。

二是单一商品以及其衍生品种系列上限为25%，以避免出现个别品种占主导指数走势的情况。

三是单一商品大类上限为33%，如能源类、贵金属类。

此外，BCOM每年会基于价格对指数进行权重再平衡。

（2）合约及计算方法。

彭博商品指数选择国际著名交易所的知名品种，合约月份选取也为近月合约。彭博商品指数在进行移仓时合约展期5天，每个月的第6到第10个交易日展期（每日滚动20%）。

彭博商品指数的计算也采用加权算术平均数。

4. 罗杰斯国际商品指数

1998年，"商品大王"吉姆·罗杰斯（Jim Rogers）建立了罗杰斯国际商品指数，为了反映全球的商品价格变化，满足国际大宗商品连续性投资的需求。目前指数由Beeland Interests, Inc. 持有，由罗杰斯国际商品指数委员会对指数进行运维。

（1）品种与权重。

跟其他国际知名商品指数相比，RICI包含的商品品种数量最多，覆盖广和国际化成为指数最鲜明的标签。该指数目前包含了 38 个品种,分为农产品、能源、金属三大类,金属下又分为工业金属和贵金属。其中,农产品数量最多,甚至包含燕麦、牛奶、钯金等冷门品种。选取的商品期货合约在 4 个国家的 10 家交易所上市,以 4 种货币计价。

罗杰斯国际商品指数委员会每年对指数的品种、品种权重进行评估以及调整,并在 11 月或 12 月公布来年的权重,权重的具体计算过程不对外公布。为了保持指数的稳定性以及可投资性,指数的成分品种并不会经常变化。

该指数的权重设计力求兼顾全球消费情况以及合约流动性(见表 11)。只有在全球范围消费量中占有显著地位的品种才会被纳入指数,而不是品种的产量。

表 11　　　　　　　　　　2022 年罗杰斯国际商品指数品种权重

商品	权重	交易所	货种	商品	权重	交易所	货种
铝	4	LME	USD	燕麦	0.5	CBOT	USD
布伦特原油	13	ICE – EU	USD	橙汁	0.6	ICE – US	USD
可可	1	ICE – EU	GBP	钯金	0.3	NYMEX	USD
咖啡	2	ICE – EU	USD	铂金	1.8	NYMEX	USD
铜	4	LME	USD	菜油	1	EURONE	EUR
玉米	4.75	CBOT	USD	RBOB 汽油	3	NYMEX	USD
棉花	4.2	ICE – US	USD	大米	0.75	CBoT	USD
WTI 原油	15	NYMEX	USD	橡胶	1	TOCOM	JPY
柴油	1.2	ICE – EU	USD	白银	4	COMEX	USD
黄金	5	COMEX	USD	豆粕	0.75	CBOT	USD
燃料油	1.8	NYMEX	USD	豆油	2	CBOT	USD
铅	2	LME	USD	大豆	3.5	CBOT	USD
生猪	1	CME	USD	白糖	1	ICE – US	USD
活牛	2	CME	USD	锡	1	LME	USD
木材	0.9	CME	USD	芝加哥小麦	2.75	CBOT	USD
牛奶(级别Ⅲ)	0.2	CME	USD	堪萨斯城小麦	1	CME	USD
小麦粉	2	EURONEXT	EUR	明尼阿波利斯小麦	1	MGEX	USD
天然气	6	NYMEX	USD	精制糖	1	ICE – EU	USD
镍	1	LME	USD	锌	2	LME	USD

数据来源:网络网址:https://t.10jqka.com.cn/pid_253759853.shtml。

(2)合约及计算方法。

罗杰斯国际商品指数根据品种合约的交易量以及流动性选择合约。如果一个品种合约在多个交易所上市,则选取流动性最好的。

计算方法上,该指数也是计算品种价格与权重的加权算术平均值。

5. 德意志银行流通商品指数

德意志银行流通商品指数（DBLCI）成立于2003年，虽然成立时间比较晚，但定位为全球最具流动性的商品指数。

（1）品种及权重。

该指数的编制目标是成为全球最具流动性的商品指数，流动性是品种选择的第一标准。因此，选取的品种均是行业中流动性最好的，包括WTI原油、燃油、黄金、铝、玉米、小麦6个品种，是各主流大宗商品指数中数量最少的。

该指数整体的权重方案主要考虑流动性最大化以及交易成本最小化。该指数是以成交量而非总产值作为权重的分配依据。其中，能源类（两个）合计权重长期超过一半。DBLCI由指数委员会确定权重，计算过程不予披露。

其中，能源类品种的权重每月调整一次，其他品种每年11月第一周调整，在调整月份的第2至第6个交易日进行。

（2）合约及计算方法。

由于流动性是指数的重要目标，因此品种选择流动性最好的合约，而不是近月合约。

指数的计算方法依旧是加权算术平均法。

（三）国内商品指数主流编制方法存在的不足

1. 国内外商品指数编制方法对比

我们对上文几个国际知名商品指数的编制方法进行了对比（见表12）。由于各商品指数的编制原则及目标不同，这些商品指数的区别主要集中在成分品种、品种合约，以及合约权重。这些商品指数的品种合约权重的调整频率虽然不同，但没有本质的差异，展期方法也相同，只是展期天数不同。虽然国际商品指数的样本品种数量不同，但都覆盖了主要的商品大类，包括能源、工业金属、贵金属、农产品、畜产品、软商品。

表12　　　　　国际商品指数编制方法的对比

指数名称	彭博大宗商品指数（BCOM）	路透CRB指数	标普高盛商品指数（S&P GSCI）	罗杰斯国际商品指数（RICI）	德意志银行流动商品指数（DBLCI）
编制原则	高流动性与可投资性，兼具宏观经济指导作用	偏重其经济意义，同时兼顾可投资性	投资性、流动性，低相关性分散风险	覆盖广、国际化、投资性	最具流动性

续表

指数名称	彭博大宗商品指数（BCOM）	路透CRB指数	标普高盛商品指数（S&P GSCI）	罗杰斯国际商品指数（RICI）	德意志银行流动商品指数（DBLCI）
能否交易	是	是	是	是	是
合约选择	近月合约	近月合约（通常最为活跃）	近月合约	流动性最佳合约	流动性最佳合约
商品数目（种）	23	19	24	38	6
权重确定	临时商品指数权重（ICIP）= 2/3 商品的流动性权重（CLP）+ 1/3 商品的产量权重（CPP）。再根据多样化要求与权重限制进行调整	能源类39%（WTI原油、无铅汽油、燃料油、天然气），农产品类34%，金属类20%（基本金属13%、贵金属7%），畜产品7%	以商品在全球范围内的产量分配指数权重，并通过商品期货交易量进行调整	根据全球消费情况、合约流动性计算权重	品种成交量分配权重
权重调整频率	每年一次	权重基本不变，每月一次再平衡	每月一次	每年一次	能源类品种权重每月调整一次，其他品种每年11月第一周调整一次
展期管理	5天展期，每个月的第6到第10个交易日（每日滚动20%）	4天展期，每月第1到第4个交易日（每日滚动25%）	5天展期，每个月的第5到第9个交易日（每日滚动20%）	3天展期，每月倒数第2个交易日至次月第1个交易日（每日滚动1/3）	5天展期，每月第2至第6个交易日（每日滚动20%）

在品种合约的选择上，虽然有的商品指数选择近月合约，有的选择流动性最佳合约，但目的都是要选择品种流动性最好、交投最活跃的合约。

在权重的确定上，成分品种的全球产量、全球消费量和成交量是权重确定的基础因素，品种成交额等流动性指标在权重的计算上通常占据主导作用。

对比国际商品指数的编制方法，可以发现随着时间的推移，国内商品指数上市越晚，其编制方法各个环节的设计就越合理、考虑越充分、与国际商品指数编制方法越接轨。

例如，在最为重要的权重设置方面，国内后期推出的商品指数已经由原来单方面地注重期货市场，演变成兼顾期现两个市场，既考虑国内的消费量，也考虑期货市场的品种流动性。其中，南华商品指数、中证商品指数的权重设计方法与彭博商品指数接近。郑州易盛商品指数的权重以表观消费量为基础，通过流动性指标进行调整，与标普—高盛指数、罗杰斯商品指数的权重设计有相似之处。

此外，在展期管理、权重调整频率上，国内商品指数与国际商品指数相似；展期原理也相同，区别只是展期的天数。

2. 国内商品指数编制方法的不足

由上文可知，从编制方法看，近些年新增的国内商品指数相比国际商品指数并没有明显的落后及不足之处，但仍在一些方面有提升的空间。

（1）商品指数编制目标有待升级。

国内商品价格指数的编制原则目前也注重多样化、流动性、经济指导性。但在编制目标上，大多还是注重标尺性，即指数走势对商品价格趋势的反映，对商品指数的投资性、风险分散性体现不够。

国内商品指数的投资性、风险分散性不足，既与国内商品指数相关监管及制度有关，也与国内商品期货的品种特点有关。例如，国内农产品期货的主力合约大多为1月、5月、9月合约，部分品种的主力合约切换甚至没有稳定的换月规律，造成指数的可投资性受限。因此，目前国内交易型的商品指数很少，必须以指数化投资工具的形式进行交易，商品指数期货尚未批准上市。

（2）商品指数自身特点及品种结构有待提升。

由前文可知，国内已有的很多商品指数，其成分品种数量明显大于国际商品指数。这些品种覆盖广的商品指数，其走势的价格代表性比较好，但没有鲜明的特点，在一定程度上导致指数的市场适用性及市场关注度不是很高。

如文华财经、同花顺、Wind及中证商品指数，几乎都选择国内期货交易所上市的大部分品种作为成分品种。其余商品指数，虽然未将所有商品品种纳入选择，但也只是在流动性上做了筛选。对于国内市场参与者而言，在商品指数的选择上难以形成选择及倾向性，不少商品指数市场宣传力度小、投资者关注少，限制了商品指数作用的充分发挥。

此外，相比国际商品指数，国内商品指数在能源大类上的品种较少，缺少汽柴油、天然气等权重大的品种，影响了国内商品综合指数的宏观经济代表性及标尺性。因此，国内商品指数的品种结构有待优化，但这也需要政策层面的推动和一定时间。

（3）投资型指数推出在即，国内商品指数编制方法需要升级。

国外商品指数发展时间较长，目前在编制方法上，不少商品指数已经是第二代甚至第三代。

第一代商品指数只是被动地复制大宗商品的期货价格趋势，忽略了期货合约的期限结构。

国外商品指数的主力合约多是近月合约,在临近交割时需要展期,而频繁展期会产生一定的展期损失(换月损益)以及跟踪误差。如果品种的期限结构是 BACK 结构,即远期合约价格低于近月合约,则展期时能获得正的收益。因为展期期间会以相对高的价格卖出当前合约,再以更低的价格买入下期合约。展期带来的正向回报会多次累积,能够为指数带来额外的回报。相反,若品种的期限结构是 Contango 结构,即远期合约价格高于近月合约。展期期间,需要低价卖出近月合约,高价买入远期合约,如此一来就产生展期损失。如果商品指数可以交易,商品指数的超额回报=现货回报+展期收益+再平衡收益。

第二代商品指数不仅关注近月合约,还将潜在头寸分布于整个远期曲线,以提升展期收益(Rolling Return)。主要有以下三种方式:

一是主动展期:将品种合约布局在曲线中段至远端并持有至接近到期。

二是连续到期展期:合约布局在若干个远月合约上。

三是隐含收益展期:在任意一个展期时间点,存在一种动态展期方案,追求远月合约中贴水幅度最大、升水幅度最小的合约,获取隐含展期收益。

第三代商品指数添加了成分品种的挑选机制。商品指数的设计目标就是获得更高的预期收益,对于某些低预期收益的品种予以剔除(或主动降低权重)。

常见的方法有两种:一种方法是人工差异分析方法,即基于研究分析挑选有较高投资预期收益的成分品种。但因为品种变化,这种方法难以追溯指数的历史表现。另一种方法是采用量化分析的方法,如 2019 年发布的 SummerHaven Dynamic Commodity Index(SDCI)指数就完全建立在量化模型的分析之上,依据基差和动量挑选品种并使用等权配置,以保证分散化条件。

而我国商品期货价格指数大多仍处于第一代阶段。其中,中证商品指数包含两种指数。中证商品期货价格指数是价格指数,以合约最新价计算。中证商品期货指数是超额收益指数,以展期后的收益计算。中证商品的两个指数可反映商品期货价格的走势和商品指数投资的收益走势。同花顺商品指数以品种指数的涨跌幅来计算,也属于超额收益指数。此外,郑州易盛商品指数也接近第二代指数,为了使指数跟踪品种在移仓时所产生的冲击成本较低,规定在移仓时成分商品的每日成交量与该商品期货主力合约日均成交量的比值,不得高于5%。

未来,若国内商品指数逐步实现可交易化,随着市场交易需求的提升,国内商品指数在编制方法上也需要逐渐升级。

(四)如何优化中国商品指数编制方法

我国商品指数从推出到现在历经 10 多年的发展,其编制方法在编制原则、商品选择、合约选取、权重设置及计算方法等方面一直在不断提高及改进。目前与国际商品指数的编制方法相比,已经没有明显不足及缺陷。但由于发展时间短,国内商品指数还处于初级阶段,后期还有比较长的发展道路及较大的改进空间。

1. 成分品种差异化,构建各具特点的商品指数

针对目前中国已有商品指数的适用性及特点不够鲜明的问题,可考虑构建具备一定特殊属性及范畴的商品指数,如原材料型商品指数、中间品型商品指数、进口依赖型商品指数、国内主导供需型商品指数、国际化商品指数、新能源材料类价格指数、生鲜类品种价格指数等。

从功能角度出发,丰富中国商品指数的种类,可以构建多层次、多领域的中国商品指数集群,以满足不同市场参与者的分析及投资需求。

2. 促进中国商品指数的更新迭代

我国商品指数的投资型产品太少。建议开发更多的商品指数基金,如商品指数ETF等投资产品,同时加快推进商品指数期货品种的上市。在市场交易需求的推动及磨合下,需要促进国内商品指数的更新迭代,以及国内商品期货价格指数编制方法的升级。要做到这些,需要以下条件:

首先,需要政策的允许及各项制度的完备。一旦中国的商品指数具备可投资性,指数的投资性及风险分散属性将在上市品种的交易过程中逐渐获得。

其次,加大期货市场对外开放程度,进一步改善国内品种的流动性,增强商品指数的投资价值及趋势代表性,对于一些期货品种合约的非连续活跃问题,要提高品种的活跃度。

五、中国特色商品指数体系的构建与完善

(一) 中外商品期货市场监管体系对比

1. 我国期货监管体系概况

历经30余年的发展,我国期货市场已逐渐走向成熟。在20世纪90年代初,期货市场的监管工作缺失,市场秩序亟待规范,彼时的风险也大幅增长。但从1998年开始,政府对期货市场实施了积极的治理,采取了撤并期货交易所、取消部分商品期货交易、提高特定品种期货交易的保证金等多项举措,逐渐建立起保障市场正常运转的基础法规结构(见图5)。从21世纪开始,国内期货市场开始迈向大规模发展阶段。

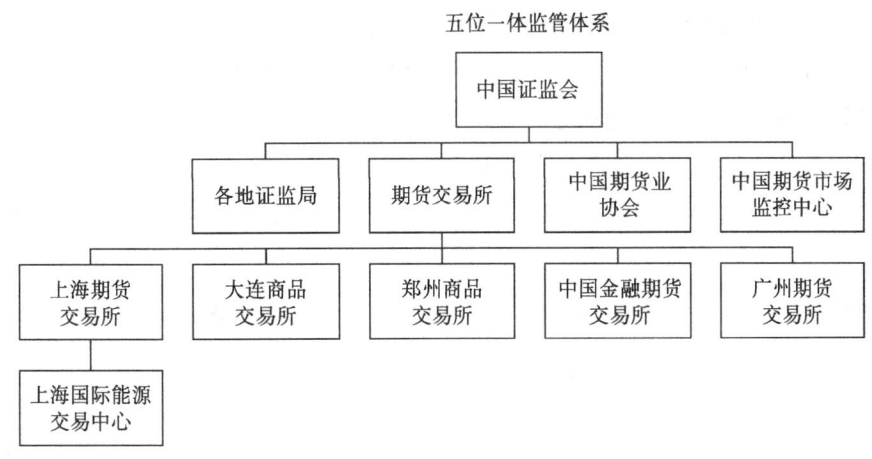

图 5　中国特色期货监管体系

资料来源：公开资料。

我国商品期货市场的监管体制，是在借鉴国外经验的基础上，根据我国实际国情逐步确立、完善的。我国期货市场监管体系可概况为"三级监管、五位一体"，即由中国证监会、各地证监局、中国期货业协会、各期货交易所、中国期货市场监控中心五大机构共同组成。

中国证监会作为最高管理机构，对其余机构进行监管。中国证监会成立于1992年，是期货市场最高管理机构，也是中国金融市场重要监管机构之一。中国证监会设立期货监管部，对我国期货市场进行监管，主要负责：拟定规则，审核相关机构设立，监管市场交易、结算等工作，防范和处理市场出现的重大问题并进行风险处置相关工作等。

我国现有五大期货交易所，分别是上海期货交易所、郑州商品交易所、大连商品交易所、中国金融期货交易所和广州期货交易所。其中，广州期货交易所于2021年1月成立，是最新成立的交易所，也是国内首家混合所有制交易所。不同交易所交易的期货产品有所不同，如上海期货交易所上市了金属和工业用品类期货，郑州商品交易所主要上市农产品类期货品种、部分工业品等，大连商品交易所则以工业品及农产品为主。

2000年，中国期货业协会正式注册成立，作为自我监管组织，它主要充当了连接的纽带和桥梁，有效填补了证监会与期货交易所之间的监管遗漏。其职责不仅包括定期向上级监管部门报告市场趋势，还需向下级传递最新的政策并进行市场教育，满足行业公平竞争和保护投资者权益的需求。

中国期货市场监控中心于2006年注册成立，主要负责对保证金、期货经营机构等的市场监控，防范个体性和系统性风险。

除了五大监管机构，在法律法规方面，我国也持续探索改革，如加快期货立法进程、完善法律法规体系，从而促进期货市场健康发展。

2007年，国务院发布《期货交易管理条例》及证监会修订的监管规章，标志着中国期货市场监管法规系统的成型。2022年4月，有关部门通过《中华人民共和国期货和衍生品法》（以下简称《期货和衍生品法》），并于2022年8月1日正式实施。《期货和衍生品法》填补了我国期货及衍生品领域法律的空白，明确了各监管机构的权责，为期货行业的发展提供了强有力的法律支撑，将推动行业和市场的发展，维护投资者权益，激活市场功能，更好地为实体经济服务。

2. 西方发达国家期货监管体系概况

西方发达国家期货业经过相当长时间的发展，已基本上形成一套成功的运作模式，可概括为：政府的高效监管、行业协会的严格自律、交易所的有效管理。

（1）美国。

美国期货市场监管体系由政府机构、行业协会和期货交易所三大主体构成，三者相辅相成。其中，政府机构为联邦商品期货交易委员会（CFTC），是最高管理监督机构；美国全国期货协会（NFA）为行业自律管理组织，主要发挥行业管理功能；交易所为会员制的公司组织，提供交易需要的基本服务职能，包括交易所内部、会员、交易员的管理和交易规则制定等。在三级管理体制支撑起美国期货监管市场的同时，严密的结算制度则提供了重要保障。结算制度主要包括登记结算、保证金结算、无负债、最高持仓限制和风险处理内容，五大制度确保了期货市场的公开透明性和稳定性。

《2000年商品期货交易现代法》《商品期货交易委员会法》与《联邦法例条例》共同构成了美国期货市场的法律制度基础。

（2）英国。

英国也是全球期货市场较早发展的几个国家之一，受美国现代期货市场监督经验的启示，构筑了以行业自律管理为核心的三级管理模式。

在英国的期货市场中，最高的监管权在金融服务局（FSA）手中，而自我管理则由证券期货业协会和期货期权协会进行。任何期货市场的宏观调控，如政府的法律法规的制定以及非直接方法的使用，主要都是基于行业的自我管理，这是在1996年"住友事件"发生之前的情况。然而，"住友事件"之后，政府虽然提高了监管的强度，但交易所和行业协会的自律管理仍是英国期货市场监管的核心元素。

同美国的监管相比，自律和自我监管是英国期货市场监管体系的一大特色。英国的政府一级监管力度明显较弱，除了必要的一些国家立法外，英国政府对市场干预明显较少，对市场的监管更多是依靠行业协会、交易所的监督和指导。根据王少飞（2011）的观点，英国之所以具有浓厚的自由市场主义风气，主要源于其作为自由市场经济的起源地,以及历经长期发展建立起的健全的行业自我规范机制和精神。

(3) 日本。

日本的期货市场也是依照三级管理系统进行运作。尽管日本期货市场的监控相当严密,但是全国层面的统一管理机构并未建立起来。农林水产省负责管理农产品期货,通商省负责管理工业产品期货,大藏省则对金融期货进行管理。至于日本商品期货经纪业的自我管理,则由日本的期货行业协会——日本商品期货交易协会(CFAJ)牵头。会员全部为期货经纪公司,原则上为自愿参加,但由于CFAJ负责经纪人注册工作,不加入CFAJ的期货经纪公司将不能进行经纪人注册,因此,不加入CFAJ就意味着不能够正常开展期货经纪业务。交易所则具体负责会员管理和场内交易管理。

3. 中外商品期货市场监管体系对比及改进建议

(1) 监管主体。

我国及欧美等期货市场都主要采用三级监管体制,即由政府监管机构发挥行政监管,期货交易所和行业协会发挥自律监管。但通过上述中外期货市场的监管体系对比,可以发现中国期货监管主体中存在一定问题,主要概况为中国证监会职权过度集中,行业协会和交易所职能弱化。

例如在美国,政府的合规管理力度与自我调控是相辅相成的,但在我国,政府的监督和管理则起主导作用,由中国证监会对国内的证券期货市场进行全面严格的管控。张全红(2005)提出,一方面证监会缺乏对产业发展的全局把握,另一方面,对于产业内的管理策略又太过宽松,如在交易所高层管理人员的任命权上。作为全国期货业务的最高级管理机构,中国证监会对证券期货市场进行垂直管理,并且不会受到地方政府的行政干预,这很可能使中国证监会的权力过于集中。若中国证监会的职权过宽和高度集中,将阻碍多层次资本市场体系的建立与发展,不利于资本市场的国际化进程。

此外,在监管主体的权力应用上,美国期货交易所和行业协会的自律管理发挥主要作用。在中国期货市场上,交易所和协会更多是发挥执行作用,虽是独立机构,但独立性并不高。中国期货行业协会职责和管理权限有限,主要起到道德建设、资格考试及年检、咨询研究、宣传普及、纠纷调解等职能,最大限度发挥了名誉和"桥梁"作用,而行业自律作用仍不足。

从行业自律的视角来看,应该提升国内行业组织的自律管理水平,同时,政府部门应该精简机构、下放权力。在此基础上,中国证监会及其他监管部门应健全信息交互与沟通的机制,这样才能促进市场的参与能力提升。

(2) 监管法律。

在期货市场中,法律法规是各级监管机构执行监管权力的重要依据和来源。美国市场中,各种规章制度、条例细则大部分为法律形式,具有最高效力。此外,为确保法律的完整性和严密性,紧随市场变化,美国法律的制定和修改十分频繁。例如,美国于2000年颁布的《商品期货交易现代化法》具有最高法律效力,并被不断修订,以满足市场发展的需求。

与美国相比,我国金融监管法律分为三大层次:一是全国人民代表大会通过的法律,具有最高法律效力;二是国务院颁布的行政法规;三是证监会等期货监管部门颁布的部门规章。

行业法律法规方面,2022年8月1日,《期货和衍生品法》正式实施,有效填补了期货市场法治建设的空白。它为期货行业及期货和衍生品市场制定了重要的法规,并成为期货行业的核心法律和基础法律依据。

2023年3月修订出台的《期货公司监督管理办法(征求意见稿)》,明确了期货公司9项业务,加上期货风险子公司4项业务,形成了期货经营机构"9+4"的综合服务体系,期货母公司可以从事13项六大类型的业务。

虽然法律法规明确了期货公司可从事的业务项目。但在具体执行的细则方面,还需要进一步配套或完善。如境外经纪业务、期货自营业务等。

4. 中国特色市场运行及监管体系已具备

由前文可知,我国的期货市场监管体系相比国外确实存在一些不足,但经过这些年的快速发展,中国期货行业已经为中国的实体产业编织了一个非常扎实和完善的风险管理网络,也形成了具有中国特色的运行及监管体系,具有自身优势。

首先,在保证金的安全方面,中国期货市场实施了保证金存管制度、保证金监控中心制度及保证金的封闭运行,有效隔离了市场各方参与主体的诸多风险,确保了客户保证金的绝对安全。

其次,在交易行为的监管方面,为有效监管市场交易行为,我国期货市场实行"账户实名制""一户一码制",禁止混码交易。2019年开始实施的"穿透式"监管,能更有效地监测市场参与者的交易行为。"穿透式"监管制度下,监管机构能够"穿透"中介机构,直接看到客户的保证金账户和交易结算账户,实时监测客户资金和交易行为,一旦出现违法违规的苗头,监管机构将及时跟进并进行调查处理,可实现欧美成熟期货市场无法实现的监管功能及效果,有效避免市场操纵行为的出现,具有显著的中国式特色及优势。

最后,在监管技术方面,中国期货市场监控中心的大数据监控、市场参与主体数据一体化,也是中国特色的期货市场监管体系的重要组成部分。通过监测大数据分析,监管机构能够及时发现风险萌芽、发现违规线索、准确定位违规账户和关联账户,为打击市场操纵、防范结算风险提供精准的数据支持,提高了违规查处效率,强化了监管效能。

这些中国特色的市场运行及监管体系,在中国交易型商品指数的后续发展中,将起到重要的市场制度及环境保障作用,有利于中国商品指数市场的稳定、持续、健康发展。

5. 中国特色的期货品种体系已形成

近几年,中国期货行业的发展进入了快车道。市场呈现多品种、多工具、多业务的特点,中国期货市场的功能得到了极大的发挥。

从全球经济体的产业链分布来看,经过多年的发展与布局,目前中国几乎拥有了最为完整的实体产业链。在服务实体经济的过程中,中国期货市场的品种也根据市场的需要持续增加。目前,中国期货市场已经构建出非常完整的大宗商品品种体系。期货品种注册制全面落地后,截至2023年12月国内期货总品种数达到131个,覆盖农产品、金属、能源、化工、航运、金融等国民经济主要领域。

从商品期货的角度看,国内商品期货已经从产业链单品种服务整个产业链风险对冲转变为产业链多品种对冲服务体系。品种的类别覆盖初级产品、加工产品和终端产品。整个大宗商品形成了产业链的网状结构体系。例如,在产业链体系中,纵向体系包括油料压榨产业链、饲料养殖产业链、黑色产业链、棉纺产业链、能源化工产业链等。横向包括有色金属板块、黑色板块、化工板块、能源板块、贵金属板块、农产品板块、软商品板块等。期货品种的纵向体系的建立一定程度上也推动了实体企业从价格趋势风险对冲需求升级为产业链利润风险对冲需求。

期货品种的广覆盖既有利于市场功能的发挥、上下游纵向体系的形成,也有利于稳定实体产业链,以及企业的行业前瞻性布局。

因此,目前中国期货市场构建的品种体系,全面覆盖了农业,工业的初级、中间、终端产品等。其中,一些品种是在中国生产、消费,由中国基本面决定并定价的,具有全产业链的中国式特征。

但国内商品指数领域的发展却相对薄弱,存在一些缺点及不足,与中国大宗商品市场的发展速度、市场规模不太匹配。中国商品指数的发展及体系的建设,后期可能是中国期货市场发展的新方向。

(二)中国特色商品指数—中国国际化商品指数介绍

1. 中国国际化商品指数推出的背景

2022年,《期货和衍生品法》得以公布并付诸实行,营造出完备的金融市场法律架构,几乎迎来了"四梁八柱"的完成阶段。该法多次显露出国际化的核心地位。"走出去，引进来"理念已经变成中国期货及衍生品市场持续优化与提升自我功能的重要指导思想。

诸多迹象都预示着中国期货市场已经以一个更为成熟、更有自信心的姿态，步入了全面对外开放的新时期。只有建设一个能够吸引全球企业和海外投资者广泛参与的交易平台，才能产生更多的大宗产品的"中国价格"，发挥"中国作用"。近几年，中国期货市场国际化主要体现在中国期货市场国际化品种数量显著增加、交割等制度的国际化创新及尝试、期货行业市场服务的国际化等方面。

2018年开始，我国期货市场逐步加入了原油、20号胶、低硫燃料油、国际铜期货以及棕榈油、原油期权6种国际化品种。随着2023年1月12日郑商所菜籽油、菜籽粕、花生期货和期权成为境内特定品种，中国期货市场境内已经有23个商品期货期权品种作为特定品种引入境外市场。覆盖农产品、能化、黑色及有色等板块。

2. 中国国际化商品指数的编制方法

伴随着中国期货市场推出的国际化品种数量越来越多，外资进入中国市场的速度也将不断加快。随着时间的推移及市场的扩容，国际化品种的市场参与者的构成预计将逐渐发生变化。

但如何评估引进外资后对品种价格走势的影响呢？如何衡量国际化对国内上述商品期货品类的整体影响呢？

虽然当前市场上存在各种商品指数，如各种交易软件实时变化的商品价格指数、交易所及保证金监控中心基于自身需要及特点设置的期货价格指数、其他各类平台及机构推出的现货及期货价格指数，但在反映中国国际化商品期货价格走势的指数建设方面，仍有不足。

2023年1月16日，国内某期货公司与境外交易平台共同推出了国内首个国际化商品指数，包括单个国际化商品指数及综合指数。该指数在设计过程中，全面参考了市面上其他商品指数编制方法的优缺点，最终确定以品种持仓额为权重、品种主力连续合约的收益率为计算变量的编制方法，具体如下：

一是编制目的及意义。编制中国国际化商品指数，既是基于中国期货市场规定的特色指数，也是为了让境内外的投资者了解中国期货市场国际化品种的价格趋势、资金动向，为大宗商品市场的参与各方提供交易参考和行情预判，对海外参与者预判中国宏观经济也具有重要的指导和参考意义。

二是品种、合约及价格选择。该国际化商品指数是基于单个国际化品种的指数进行计算。其中，单个品种的国际化指数，主要选择国内已经国际化或作为特定品种引入境外交易者的期货品种。以单个国际化品种所有上市合约中持仓量最大的合约作为主力合约，计算该品种主力合约的历史收益率。

三是成分品种权重的确定及调整。在编制国际化综合商品指数时,以每个成分品种最近3年的日均持仓额作为权重,基于成分品种的权重及单个国际化品种的指数计算加权算术平均值。

该指数权重的固定时间为每年2月第一个交易日。若指数的构成品种,在非固定时间权重调整窗口期间发生品种退市,或因不可抗力因素而使持仓量快速下滑情形,指数构建相关人员经过讨论后,对权重进行临时调整,必要时将其剔除指数。剔除后此商品的权重在余下各商品中重新分配(不包括权重被赋值的商品)。

四是权重上下限设置。为了确保某一个商品不能主导整个指数的变化,在权重设计上规定:每一个单个商品的权重不得高于15%,若某种单个商品的权重高于15%,则赋值为15%。若备选商品有7个,则该原则不适用;每一个单个商品的权重不得低于0.1%。

五是展期方式、基期及基点。品种主力合约在移仓换月过程中,当下一个合约连续3个交易日的持仓量最大,则对主力合约进行展期。展期方式为5日等持仓展期。中国国际化商品指数的基准日是2018年2月1日,基点100。

六是成分品种进出原则。新品种要上市时间至少满一年、上市之后的运行过程中表现较好且成交持仓量显示资金参与非常活跃,并且最近半年的成交金额占全国商品市场成交总额的比重超过0.5%,则经由指数委员会讨论后可以将其纳入指数备选品种中;当某一年其权重低于最低权重限度0.1%,或品种退市时,则将其剔除指数成分。此外,随着国内国际化期货品种数量的持续增加,会基于规则持续调整指数池中的商品及各自权重。

(三)中外商品指数在实际应用方面的差异

在全球范围内,商品期货指数的发展已经相对健全,并遍布经济的解析与预测、金融投资等各个领域中。

早在20世纪90年代末,美联储已将商品指数作为通胀指标,其会根据大宗商品指数和期望通胀率的变化适度调整货币政策。境外商品指数应用如图6所示。

2020年全球活跃的商品类投资产品的规模合计约3829亿美元,其中ETF占49%。在产品区域上,商品投资集中于美国市场。目前全球商品类型ETF约1266只,在美国交易所上市的产品有173只,占全球商品数量的14%,资金规模约1880亿美元,占全球市场的49%。在标的类型上,实物投资规模占全球商品投资规模的78%,其中贵金属投资占实物投资99%以上;期货类标的(非实物)投资规模占全球商品投资规模的22%,其中综合类商品规模占比一半以上,能源类占27%。在杠杆使用方面,根据相关数据统计,在披露的1140只产品中有175只明确表示使用了杠杆,规模约为600万美元。

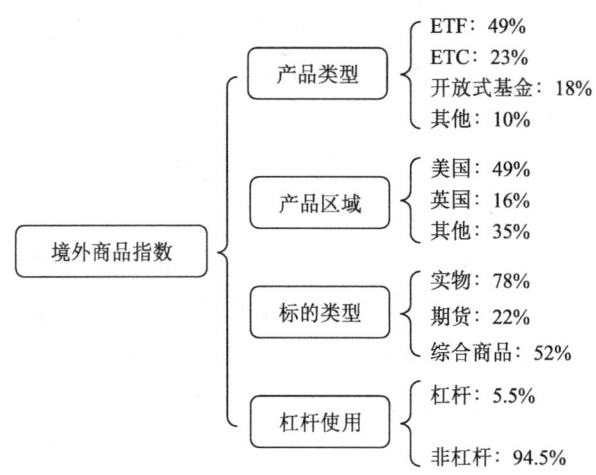

图 6　境外商品指数应用

数据来源：广州期货交易所。

我国的商品期货指数起步的时间较晚，发展的步伐较慢，除了提供商品价格的走势参照外，其在金融市场的其他运用仍然非常有限。在商品指数相关金融产品使用上，我国与境外产品在产品类型、标的类型、杠杆使用上也有较大差别。

1. 中外商品指数 ETF 的发展对比

国际商品指数投资的主要方向为 ETF，其中投资规模最大的为美国。20 世纪以来，美国的商品 ETF 市场发展迅猛，市场规模从 2004 年的不足 50 亿美元增长到 2020 年的 1880 亿美元。国际市场上，商品指数 ETF 投资以个人投资者为主，投资结构为以综合商品指数类为主导，比如美国综合性商品指数 ETF 规模超过 100 亿美元，规模占整个商品期货的 ETF 半壁江山，其次为能源商品、农产品。

我国商品指数 ETF 市场发展相对缓慢，市场结构单一。目前公募基金的商品指数是我国商品指数产品的主要构成，资管新规对产品规模要求上市后，加上商品交易所对产品指数类授权的限制，私募资管类产品并未形成明显发展趋势。

目前我国已上市的商品指数 ETF 仅 3 只，跟踪的分别是三大期货交易所各自编制的指数，并且各交易所编制的指数均只包含在本交易所上市的品种，导致指数的覆盖面较窄。

目前国内上市的这 3 个商品指数型 ETF 的品种权重和展期方式略有差异（见表13），但均采取被动型跟踪策略，投资者可以通过投资 ETF 获得该品种或者板块的风险敞口。由于期货的保证金交易，这些 ETF 通常会把闲置资金投资于现金管理工具，以获得一定的增强收益。目前，这 3 只 ETF 均为传统的无杠杆、做多型配置。另外，我国的商品指数 ETF 均采用现金结算来申赎，而不是用实物（一篮子期货合约）来申赎。

表 13　　　　　　　　　国内 3 只上市商品指数 ETF 对比

名称	代码	类别	标的	合计规模（亿元）	成立时间
华夏饲料豆粕期货 ETF	159985	农产品	大商所豆粕期货价格指数	8.11	2019/09/24
大成有色金属期货 ETF	159980	有色金属	上期所有色金属指数	3.23	2019/10/24
建新易盛郑商所能源化工期货 ETF	159981	能源化工	易盛郑商所能化指数 A	3.97	2019/12/13

资料来源：Wind 数据端。

2. 中外商品指数期货的发展对比

总体来看，海外商品指数期货持仓量比较平稳，交投并不活跃，只有在换月期间有较大的成交量。2023 年以来，标普—高盛商品指数期货日均成交量 65 手，持仓量 610 手，最新沉淀资金 8752 万美元。彭博商品指数期货日均成交量 1749 手，持仓量 52532 手，最新沉淀资金 5.5 亿美元。

商品指数期货在海外已有一定的发展历史，积累了一定的实战经验，值得国内市场借鉴。交易型商品指数期货方面，国内仍在研发阶段，预计将在广期所率先上市，挂钩中证商品指数。

当前主流的商品定价中心都在境外的交易所，但中国有全世界最大的商品消费市场，随着期货市场的发展，参与主体逐渐增多，资金流入变大，未来将获得更多的商品定价权。目前，国内综合性商品指数期货和综合性商品指数 ETF 前景十分广阔，具有良好的投资机遇。

（四）当前中国交易型商品指数推出的必要性及难点

1. 交易型商品指数推出的必要性

目前海外市场主流的商品指数均以交易型为主，标普—高盛商品指数、彭博商品指数等均有实际成交及沉淀资金。相对而言，目前国内已有的商品指数中以参考性指数为主，真正被作为投资标的并有实际交易的商品指数几乎为零。这就大大削弱了商品指数在金融市场中的功能和作用。

（1）中国期货市场发展的内在需要。

中国是全球商品期货期权第一大市场，成交量占全球商品市场超 7 成。根据国际期货业协会（FIA）统计，2023 年上半年内地商品期货与期权成交量为 38.65 亿手，占全球商品期货与期权总成交量（54.65 亿手）的 70.7%，较去年同期 69.1%

的占比上升了 1.6 个百分点。其中，内地商品期货成交量为 34.08 亿手，占全球商品期货总成交量（47.19 亿手）的 72.2%，较去年同期 70.9% 的占比上升 1.3 个百分点。内地商品期权成交 4.57 亿手，占全球商品期权总成交量（7.46 亿手）的 61.3%，较去年同期 47.5% 的占比提升了 13.8 个百分点。

中国不仅是全球最大的商品期货期权市场，同样是最大的商品消费市场，但当前主流的商品定价中心都在境外的交易所，这与国内商品市场消费及交易规模严重不匹配，不利于中国商品市场稳定、健康和可持续发展，也不利于金融市场有效服务实体经济进而推动经济发展。

推出交易型商品指数有利于提高商品期货市场的活跃度，扩大市场参与度，并引导商品定价权逐步向国内引导。

（2）有利于提升期货及衍生品市场活力。

近些年，国内期货及衍生品市场发展迅速，市场规模不断扩大，商品期货及衍生品市场占据全球最大份额，但从交易量、沉淀资金情况来看仍处于量变过程。虽然目前国内商品期货及衍生品市场产品不断丰富，但商品指数相关的投资产品相对较少。

交易型商品指数及相关的投资产品能给市场投资者提供更多的选择机会，进一步充实金融市场。交易型商品指数除能作为普通投资者的投资标的外，更主要的是吸引以基金结构为主的专业投资者，而这些机构往往具备较普通投资者更大体量的资金，能更大力度地提升金融市场规模。普通投资者通过购买相应基金产品，间接参与商品指数交易，资金的乘数效应得到发挥，市场活力也将得到提升。

（3）有利于维护期货市场稳定。

国内期货市场参与者大致有两类：第一类是法人参与者，以套期保值为主要目的；第二类是个人参与者，这类投资者在国内比例最大，而且大部分以投机盈利为主要目的。个人投资者过多，必然造成过度投机的情况。过度投机不仅对期货市场的稳定会造成不利影响，也直接扰动实体产业。过度投机的发生源于投机者往往抱着非理性的心理，再加上信息不对称等因素导致的跟风现象，引起投机者盲目地跟风依附，增加不稳定、不合理的期货市场现象的发生概率。

而商品指数则可以较好解决这一问题。首先，商品指数是一揽子商品期货价格的组合，与期货直接相关，间接满足投资者参与期货市场交易的需求；其次，由于商品指数是一揽子期货价格的组合，过度投机带来的单一品种期货价格的剧烈波动风险在一定程度上会被削弱；最后，参与商品指数交易的门槛相对普通商品期货高，参与交易的多为专业化水平较高的个人或机构，交易更为理性，也有利于期货市场健康发展。

（4）有利于促进期货市场功能的发挥。

通常，当市场上存在潜在价格波动，而这种波动会造成损失或收益，此时套期保值是最佳处理方案。但现实中，国内期货市场远达不到与现货相匹配的规模，绝大部分商品期货持仓量远低于现货实际供需量，这较大程度限制了期货市场价格发现及套期保值的功能发挥。而交易型商品指数的参与主体之一是基金公司，其具备较大的资金储备，作为交易对手不仅可以扩大期货市场的成交量，而且可以使市场更加充分地交易，更好地实现期货市场功能的发挥。

期货市场是集中化的交易场所，自由报价、公开竞争，避免了现货交易中的垄断、欺诈行为，由于纯粹投机主义者的参与，期货交易秩序容易受到干扰，使期货价格发生大幅偏离。交易型商品期货指数的基金管理人作为专业化的机构，将募集而来基金资产以理性的方式投资期货市场，在集中资金的同时，在一定程度上降低了噪声交易者的参与，可以降低期货交易过程中价格激烈动荡的程度，使期货市场的价格发现功能越来越完善，更好地反映供求影响因素，更准确地指示未来价格变化的趋势。

（5）有利于改善和优化投资组合。

单一的商品价格受宏观、供需等多方面因素影响，尤其是在供需、宏观环境等预期变化时往往会出现价格剧烈波动、涨跌瞬息多变的情况，难免为投资者带来较大风险。而商品指数作为一揽子商品价格的加权平均，单一商品价格的剧烈波动会被平滑，相应的风险也会被有效降低。有关研究表明在长期和最优资产组合中，商品期货指数占据了重要地位，可有效对冲价格风险。

对于涉足不同期货品种的产业企业，选择相关品种综合性的商品指数作为风险管理工具不失为一种选择，其可以通过不同单一品种及商品指数进行组合以实现更好的风险管理效果。

2. 交易型商品指数推出的难点

构建商品指数本身就是一项系统性工作。首先，数据采集和处理是一个重要环节。商品价格数据的获取和整理需要一定的技术和时间成本，同时也可能受到数据的可靠性和更新速度的影响。其次，商品指数的计算方法选择和参数设置也需要深入研究和实践经验的积累。最后，商品指数的应用需要结合实际情况进行灵活运用，需要对市场环境有着敏锐的触觉和综合分析能力。

与非交易型商品指数相比，交易型商品指数的构建则需要更加严谨，由于其直接用于交易，对其可靠性、连续性等各项指标都有更高的要求。除在交易型指数的构建方面存在较大难度外，在政策、配套体系、人才建设等方面均存在较大的难点。

（1）政策支持力度尚不足，配套体系待健全。

中国的期货市场在经历了最初阶段的清理、整顿与规范阶段后，在21世纪逐步迈入稳定发展阶段。彼时我国期货市场的主要任务仍是对前期奠定框架的稳步推进，而对于商品期货指数这类新兴金融衍生品品种则主要停留在理论研究层面。2014年《国务院关于进一步促进资本市场健康发展的若干意见》的颁布，标志着我国期货市场步入新时期的创新发展阶段，市场上商品期货指数的品种与数量明显增多。2022年《期货和衍生品法》的颁布则使期货及衍生品市场向高质量发展方向迈进。

然而，商品期货指数作为我国期货市场上极具发展潜力的新品种，却并未受到国家及相关部门的充分重视，已有的相关政策对商品指数的支持力度有限。

（2）指数的产品化受制于数据信息的分散性。

在商品期货指数的产品化应用过程中，数据授权是核心问题之一。从国际经验看，商品指数期货投资工具已经受到国际市场的广泛认可，在全部商品期货投资中占据了较大比重，同时特别受到大型投资机构的青睐。

从我国实际情况看，编制综合商品指数期货所需的核心资源是商品期货交易数据，而我国商品期货交易数据的知识产权属于不同期货交易所，由于缺乏明确的政策规定，各家期货交易所对数据授权均极为审慎，不仅彼此之间不予授权，且在基于所内品种的产品设计上也做了排他条款。这使得综合类商品期货指数在市场上的应用缺乏有效依据，阻碍了商品期货指数产品的设计、推广与进一步发展。

交易型商品指数是以交易为目的，指数变化来自商品期货价格的变化，指数与商品期货价格能否同步将直接影响参与指数交易的效果。即使获得各交易所的数据授权，跨交易所的数据信息处理系统也是技术层面的难点，相应的系统需要同时接收并处理来自不同交易所的数据，这需要计算能力更强的处理器以及相关人员来实现。

（3）相应高素质、专业化的人才队伍缺乏。

从期货行业的角度看，我国的期货市场历经了30年的发展，行业规模从小到大，已经逐步建立起一支高学历、高素质、专业化、年轻化的人才队伍，活跃于各类已上市商品期货品种的市场上。而随着我国金融市场迈入新的发展阶段，商品期货指数这一国际上已经发展较为成熟的品种势必会在我国迎来快速发展期。

商品期货指数作为一种金融衍生工具，是商品市场发展到高级阶段的产物，其对人才的各方面要求均更高。不仅需要从业人员掌握经济学、金融学及期货市场的传统理论与知识，更对其数理分析、数学建模能力，以及计算机编程水平提出更高要求。但从目前状况看，受限于我国商品期货指数市场仍处于初级阶段，行业既缺乏对已有高水平专业人才的吸引力，也尚未建立系统性的专业人才培养体系。显然，人才挖掘与培养的滞后性将在之后较长时间内制约商品期货指数在我国的进一步发展。

（4）散户过多的投资者结构不利于交易型商品指数的稳定发展。

商品指数期货是大型机构进行风险对冲的理想标的。一方面，商品指数期货的交割方式通常为现金交割,这避免了投资者直接参与商品期货投资可能面临的实物交割风险;另一方面,商品指数期货能够极大丰富商品期货市场的产品类型,诸如全市场综合商品价格指数、板块商品价格指数等多种类产品都被引入了商品投资市场,这为大型投资机构进行大类资产配置、丰富投资组合提供了理想标的。此外,挂钩指数也是常见的商品指数期货产品设计方式,通过挂钩商品指数的产品可以吸引更多的客户参与市场,丰富商品期货市场参与主体。

随着中国期货市场的快速发展,近几年国内资产管理机构对期货市场品种的配置权重也在不断提升。同时,参与期货市场的专业的自然人群体也日益体庞大,这在欧美成熟资本市场是比较少见的。这些高净值自然人客户具有丰富的专业知识、比较充足的资金、较高的交易风险管控能力,专业性及综合能力均较强。这些变化有利于提升中国期货市场价格发现的有效性、优化市场参与者结构,促进期货市场更加理性、健康、平稳地运行。

但整体来看,我国期货市场仍是散户众多且远高于机构及产业客户。投资者结构问题成为制约我国期货市场发展的重要因素。商品指数期货尤其是交易型商品指数的发展,可能是促进我国期货市场投资者结构优化升级的方法之一。

(五)中国交易型商品指数推出的前景展望

目前,国内商品指数研究已经取得一定进展,多家期货交易所、研究机构先后推出一系列商品指数,但被认可且具有权威性的指标寥寥无几,交易型商品指数更是一片空白。鉴于国内综合性商品指数期货和相关可用于交易的产品市场仍有大片空白,商品指数期货尚处发展初期,前景十分广阔,具有良好的投资机遇。

商品指数具有低波动特征,与其他资产之间相关性较低,这种低相关性极大地降低了投资组合的风险。因此,商品指数的低相关性能够降低资产配置组合的风险,具有低相关性、分散风险的优势。

除被作为投资标的进行交易外,交易型商品指数在中国还有很多应用场景及广阔发展前景。

1. 成为银行结构性理财产品的选择

银行与期货公司的业务交叉少,期货市场的资金容量上限相对于银行业巨大的资金体量来说,能提供的资金配置规模是有限的。同时,由于银行端的客户通常风险偏好都较为保守和稳健,从而导致银行的商品指数类结构化产品较少,规模体量较小。但作为资产配置的一环,商品指数的配置价值将逐步凸显。随着理财市场打破刚兑,银行理财子公司的资金,也要寻找新的出处。从长远来看,以配置作为根本理念的商品指数将发挥重要作用。

2. 可以扩大 ETF 产品市场

ETF 主要参与主体为公募基金，公募基金的商品指数是我国目前商品指数产品的主要构成部分。商品指数 ETF 是基于商品指数设计的可上市交易型基金，具备指数成分对应的期货合约资产的支撑。商品指数投资的主要方向为 ETF，其中投资规模最大的为美国。国内截至 2023 年 3 月 7 日，共有 3 只商品期货型 ETF：华夏饲料豆粕期货 ETF、大成有色金属期货 ETF 和易盛郑商所能源化工期货 ETF。目前三者的规模分别约 8.11 亿元、3.23 亿元和 3.97 亿元，合计 15.31 亿元。3 只 ETF 分别布局农产品、有色金属和能化领域。

交易型商品指数后期若能蓬勃发展，将有效扩大及丰富中国的 ETF 市场产品，为 ETF 参与方提供更多的资产选择。

3. 成为资产管理的重要组成部分

商品指数在资管领域中的参与主体，主要集中在私募基金与期货公司资管及其资管子公司。交易型商品指数在推出后，商品指数期货也将应运而生，其同质性和标准化程度较高，届时将既有商品期货特征，又有金融期货的特征。

近几年部分期货公司分别与第三方指数公司合作发行了相关商品的被动跟踪型私募类产品，但规模整体仍处于发展中，发展前景广阔，市场机遇多。在大资管时代，理论上具有资管牌照的金融机构未来都可以触及商品指数的投资。

4. 可以开展商品指数的场外互换业务

场外指数互换主要参与主体为产业客户和机构客户。互换交易商主要由银行和其他大型金融机构组成，它们是连通 OTC 市场和期货市场的桥梁。2018 年大商所开展商品互换业务，标志着我国期货交易所正式在商品场外衍生品市场发挥金融工具作用，为金融机构、实体企业的商品场外衍生品业务提供交易登记和结算等综合业务。

场外指数互换最大的特点是非标准化，可以根据参与双方的需求进行个性化定制，包括但不限于品种、期限和结算方式，具有极强的灵活性，又同时兼具标准化合约的保证金管理、逐日估值和资金划转等功能，促进了交易所的有效参与，减少了互换双方的违约风险。

六、结语

综上所述，随着时间的推移，国内越晚上市的商品指数其编制方法中各个环节的设计就越合理、考虑越充分、与国际商品指数的编制方法越接轨。因此，从指数的编制方法看，近些年新增的国内商品指数相比国际商品指数并没有明显的落后及不足之处，但仍在一些方面有提升的空间。

其中，中国目前的商品指数的编制目标需要更偏重投资性、风险分散性，而非单纯体现大宗商品价格及宏观经济的标尺作用。此外，国内商品指数在能源大类上的品种较少，缺少汽柴油、天然气等权重大的品种，商品指数的品种结构有待优化。另外，国内已有的很多商品指数，尤其是一些品种覆盖广的商品指数，其价格代表性比较好，但没有鲜明的特点，这在一定程度上导致指数的市场适用性及市场关注度不是很高。

针对目前中国商品指数特点不够鲜明的问题，可考虑构建具备一定特殊属性及范畴的商品指数，如原材料型商品指数、中间品型商品指数、进口依赖型商品指数、国内主导供需型商品指数、国际化商品指数、新能源材料类价格指数、生鲜类品种价格指数等。

此外，国外商品指数发展时间较长，目前在编制方法上，不少指数已经是第二代甚至第三代指数，这也是商品指数交易推动的结果。目前中国期货市场已经具备了一定的交易型商品指数上市的条件及必要性。交易型商品指数的推出，可以丰富中国商品指数的种类，构建多层次、多领域的中国商品指数集群，满足不同市场参与者的分析及投资需求。

要推动中国交易型商品指数，首先，建议开发更多的商品指数基金，如商品指数ETF等投资产品。同时，加快推进中国商品指数期货品种的上市。在市场交易需求的推动下，驱动国内商品指数的更新迭代，促进国内商品指数编制方法的升级及完善。要实现此目标，还需要政策的允许及各项制度的完善。其次，建议加大期货市场的对外开放程度，进一步改善国内期货品种的流动性，增强商品指数的投资价值及趋势代表性。对于一些期货品种合约的非连续活跃问题，扩大资金参与度，可以提高品种的活跃度。

随着全球资金流动的增加和贸易的自由化，以及中国期货市场国际化的推进，中国期货市场外资的影响力将逐渐增大，中国商品指数的研究也将得到进一步发展。未来，多样化的交易型商品指数将不断推出，不仅可以丰富中国金融市场的交易产品，也会吸引更多投资者、实体企业、金融机构参与商品指数市场，把商品指数作为重要的资产管理配置和风险管理工具，进一步发挥期货市场在国内金融市场的作用。

因此，交易型商品指数将是中国商品指数领域未来发展的重要方向，将令中国商品指数的体系建设实现新的飞跃。

参考文献

[1] 程安,陈海龙. 中国商品期货指数产品的发展现状、问题与对策 [J]. 北方金融,2020.

[2] 关于发布中证商品期货指数系列的公告. 来源:中证商品指数公司.

[3] 褚晓琳,王家晨,郭志强. 我国商品期货价格指数编制方法的现状与国际比较研究 [J]. 中国证券期货,2021.

[4] 胡俞越,张慧. 中国商品期货市场服务实体经济运行评估报告 [J]. 商业经济研究,2017.

[5] 李飞. 关于我国商品期货指数的战略思考 [J]. 价格理论与实践,2011.

[6] 姬雷雷. 商品型 ETF 产品设计基于监控中心中国商品期货指数 [D]. 华侨大学,2020.

[7] 尹中卿,雷雯,黄平.《期货和衍生品法》的制定对完善我国金融法律制度的重要意义 [J]. 清华金融评论,2022.

[8] 苏东荣. 世界主要金融期货市场监管模式及其比较研究 [J]. 财经理论与实践,1997(3):29 – 34.

[9] 张全红. 中外期货监管及运营模式比较 [J]. 市场论坛,2022(7):82 – 84.

[10] 崔闯,钟利明,林少非. 我国商品期货价格指数评价指标体系研究 [J]. 金融理论探索,2018(4):41 – 48.

[11] 王建建,何枫,陈忠莹. 中美两国商品期货价格指数与 CPI、利率关系的实证研究 [J]. 广义虚拟经济研究,2018,9(4):17 – 26.

[12] 王荆杰,胡岸,李代. 国际大宗商品指数及其投资方式分析 [N]. 期货日报,2021 – 09 – 08(003).

[13] 赖宝全. 对我国商品指数编制的探讨 [N]. 期货日报,2020 – 04 – 13(003).

[14] 王海玲,孙斯寒,钟利明等. 商品期货价格指数最优展期策略研究 [J]. 价格理论与实践,2018(5):91 – 94.

中期协联合研究计划（第十六期）项目

基于已实现波动率的商品期货可变阈值跳跃识别研究

课题负责单位：道通期货经纪有限公司
课题研究编号：2023360302
课题负责人：杨俊林
课题组成员：黄世俊　伊　晨　李　岩　黄天罡

一、引言

（一）研究背景

期货市场是资本市场的重要组成部分，与实体经济紧密相连。期货交易以其标准化合约、双向交易、结算制度、夜盘交易设计、按时交割等特点，一直受到套期保值者、期现套利者等各类市场参与者的青睐。近年来，我国衍生品市场蓬勃发展，上市品种数量不断增加，越来越多的产业进入了商品期货市场，大宗商品市场愈发成熟。随着期货市场的日益发展壮大，其具有的独特优势在不断体现，尤其在"一带一路"倡议、"双碳"目标等国家战略实施过程中，期货市场在服务实体经济方面发挥的作用有目共睹。

伴随着上市期货品种数量的不断提升，期货市场的业务创新也在有序推进：2012年底，期货公司资产管理业务获批，获取资格的期货公司立即高度重视，投入所需人力、物力，使得近年来期货资产管理业务逐渐发展壮大，成为期货公司营业收入的重要组成部分；2016年12月16日，郑州商品交易所发布《关于征集白糖期权做市商的通知》确定在白糖期货交易中引入做市商制度，随后其他交易所也纷纷推进做市业务，鼓励有实力的期货公司积极参与，随着期货公司做市业务的不断成熟，该业务已成为公司利润的重要来源。除此以外，场外期权业务、基差贸易业务、仓单业务等也不断吸引着新的市场参与者。

在期货市场各项业务快速发展的同时，我们也看到期货市场监管的不断增强。2022年4月20日，第十三届全国人民代表大会常务委员会通过《中华人民共和国期货和衍生品法》，并且自2022年8月1日起正式施行。《中华人民共和国期货和衍生品法》的通过对期货交易的风险管理提出了新的要求，其正式实施标志着商品期货市场的风险管理进入了新的阶段。

我们知道商品价格的波动不仅会影响金融交易者的投资决策、资产配置权重和相关产业参与者的经营计划、经营管理等，还会影响监管部门的政策抉择和政策指导。同时，商品期货市场也是全球化程度较高的市场，商品价格的波动对全球经济也将产生一定的影响。在期货市场交易管理中，由于保证金交易、强制平仓、大户限仓、涨跌停板等制度的存在，期货价格的风险管理工作尤为重要，有效的波动率分析和风险规避是期货市场参与者稳健经营的重要保障，因此期货价格的波动率预测研究是市场风险管理的重要内容。商品期货价格的波动率预测研究是学术界、投资者、产业经营者和监管部门长期关注的重点课题。随着场外业务、做市业务等新业务的蓬勃发展，以及新期货品种的不断推出，期货价格的波动率研究也越来越被学者和市场参与者所重视。期货价格的波动率建模分析对于期货市场的平稳运行和期货公司各项业务的稳健发展具有重要意义。

在早期的波动率建模研究中，研究模型主要集中于 ARCH 模型、GARCH 模型、SV 模型等以及它们的扩展模型。早期的波动率模型分析为期货市场波动率研究作出了巨大贡献，是对资产价格波动率研究的重要探索。然而，早期的波动率研究模型主要是基于日数据等低频数据的交易结果来进行分析建模，属于低频数据波动率建模范畴。低频数据在体现金融资产价格实时的变化特征时可能会表现欠佳，大量的日内交易信息可能会被忽略，从而导致低频数据波动率建模预测与真实波动率的估计存在一定的偏差。随着资本市场的不断发展和资产价格波动率研究的不断深入，学者们陆续发现高频数据建模对研究波动率预测的重要意义。随着计算机技术的不断提升，海量高频数据的获取和统计计算成为可能，高频金融交易数据分析建模在最近 30 年取得了巨大发展，逐步实现了在金融市场各类重要指标模型研究中的广泛应用。高频数据包含了更加丰富的日内价格波动信息，是各类市场参与者对大量的市场信息进行综合分析后做出的直观和迅速的反应，对波动率建模分析影响巨大。近年来，随着计算机、网络技术的进一步发展，高频数据的存储和计算效率又有了极大提升，大家越发觉得高频数据所包含的大量信息对波动率建模分析有巨大帮助，运用高频数据对金融波动率进行研究越来越受到学者们和市场参与者们的青睐。

安德森、布尔索夫和尼尔森等首先提出了采用基于高频交易数据计算得到的已实现波动率（Realized Volatility，RV）来测算股票市场的收益波动。已实现波动率是在高频金融时间序列研究中提炼出的一种波动率度量方法，其计算原理中包含了日内高频数据价格波动所体现的丰富信息。在已实现波动率模型提出后的持续研究中，随着理论基础的日臻完善，其模型得到了市场的一致认可，并且吸引了更多学者进行广泛、深入研究，大量实证研究表明已实现波动率的研究分析对金融市场的波动估计更为准确，其模型与低频波动率分析模型相比有更好的预测效果。目前，已实现波动率模型在理论界和投资界都得到了普遍认可，在金融资产价格风险管理工作中被广泛应用。

学者们在应用高频数据对金融资产价格的波动率进行研究时发现金融资产的价格、收益率等指标在日内近似连续的时间内有可能会出现大幅波动，学者们把这种大幅波动现象称为"跳跃"。"跳跃"现象是金融市场中无法避免的存在，出现重大新闻、市场参与者重大操作等情况都可能导致出现"跳跃"现象。随着波动率研究的深入，"跳跃"现象也越来越多地受到市场参与者和学者们的关注，学者们发现"跳跃"现象对波动率的影响分析在金融资产的收益波动率估计和预测中具有非常重要的意义，对比传统波动率研究模型可以发现，早期的低频波动率模型对于"跳跃"现象的捕捉能力欠佳。

在已实现波动率的研究分析中，学者们将波动分成了具有不同统计特征的连续波动和跳跃波动两部分，这两部分的研究都非常重要。跳跃波动部分的研究反映了真实价格轨道的不连续性和资产风险的集中体现，已实现波动率的研究也为跳跃现象的分析提出了崭新的思路。

在传统的已实现波动率建模研究中，对于跳跃现象的日内识别通常采用单一阈值的日内跳跃识别方法，其假设条件为标的资产日内的收益满足相同的分布，同一交易日的不同时间段内采用统一的阈值对跳跃进行判断识别。然而，近年来学者们对于中国商品市场的价格日内波动特征进行研究后，提出了商品期货日内收益波动呈现一定的L型模式：每个交易日的初始开盘时间段，商品价格波动较为剧烈，其后一段时间商品价格波动才恢复正常水平。学者们进一步提出假设：当日内收益波动存在明显的L型特征时，日内价格的收益并非满足相同的概率分布。继续采用单一阈值的日内价格跳跃判断存在不足，该跳跃识别方法在每日开盘时间段的波动较大时期可能会把部分价格的正常规律性大幅波动作为跳跃处理；另外，在剩余的时间段中可能因价格跳跃的判定阈值过高而无法很好捕捉该时间段价格的跳跃行为，从而有偏差地估计标的价格的连续波动与价格的跳跃波动。

鉴于此，本文以 Andersen 和 Bollerslev 的研究为基础，选取中国商品期货市场中上市时间较长、市场参与者较多、产业链较为成熟、市场认可度较高且有夜盘交易的期货品种为实证对象。此类品种具有成交量较大、价格关注度较高、内盘价格主导、外盘存在一定影响等特点。以 Andersen 等提出的单一阈值日内跳跃识别方法为理论基础，使用高频金融收益数据，建立两段式阈值日内跳跃识别方法，并据此构建样本路径方差和离散跳跃方差的估计量。而且，比较 HAR – RV – CJ 模型中已实现波动率标准形式以及标准差形式、对数形式在运用日跳跃识别方法、日内单一阈值跳跃识别方法和日内两段式阈值跳跃识别方法对短期、中期和长期的预测表现。

(二) 文献综述

国内外学者已经对已实现波动率、HAR – RV – CJ 模型、资本市场日内波动规律特征和波动率预测对衍生品市场发挥价格发现、风险管理作用等领域做了大量研究。

基于 Barndorff – Nielsen 和 Shephard 在二次幂变差测量方面的理论研究与成果，Andersen、Bollerslev 和 Diebold 将已实现波动率分解为连续波动（Continuous Sample Path Variation）和跳跃波动（Discontinuous Jump Variation）两部分，将价格波动中的跳跃现象进行提炼和特别分析，并且应用在 HAR – RV – CJ 模型对已实现波动率进行建模预测。已实现波动率模型及相关理论的提出与探索立刻引起了国内大量学者的关注，徐正国和张世英在对已实现波动率模型进行研究与分析的基础上，指出高频时间序列的分析与建模是金融计量学的一个全新的研究领域,已实现波动是一种全新的波动率度量方法。接着,王春峰、姚宁、房振明和李晔以二次幂变差的测量为理论基础,在股票市场中应用已实现波动率模型,研究了上证综指已实现波动率中的跳跃行为,分析了跳跃方差序列的统计特征,并且应用 HAR – RV – CJ 模型对上证综指的已实现波动率进行预测,得出了中国股市已实现波动率预报的重要结论:连续样本路径方差对日、周和月已实现波动率预测有重要意义。在随后的对已实现波动率模型的不断研究和实践应用中,学者们开始努力探索如何优化已实现波动率模型以更好地服务于各类市场的分析,如闵素芹、柳会珍总结出了国外研究中采用较多的三类选择最优抽样频率的方法,即波动率特征图法、利用序列相关性确定最优抽样频率的方法和基于最小均方误准则确定最优抽样频率的方法,并对其进行了相关分析。随着近年来期货市场的迅猛发展,已实现波动率的研究逐步在衍生品市场中展开。李倩、陈浪南和段连杰在国债期货中开展了已实现波动率研究分析,构建了基于结构突变的 16 种 HAR 族模型,用于对国债期货的已实现波动率进行预测,并且分析了预测模型样本内和样本外的比较结果。研究结果表明,国债期货收益率存在明显结构变化;投机活动变量可以为国债期货已实现波动率预测提供重要信息;无论在样本内还是样本外,所构建的基于结构突变的预测模型均较标准 HAR – RV 模型有更好的预测效果,而且所构建的 HAR – CJ 类模型具有最好的样本外预测能力。龚旭和林伯强在经典的 HAR – RV、HAR – S – RV 和 PSlev 模型中,加入了跳跃风险和结构突变因素的考量,构建了新的 HAR – RV – J – SB、HAR – S – RV – J – SB 和 PSlev – J – S 模型。对 WTI 原油期货的高频数据进行样本实证分析,发现原油期货市场存在明显的跳跃风险和结构突变现象;新构建的 HAR – RV – J – SB、HAR – S – RV – J – SB 和 PSlev – J – S 模型对原油期货价格波动的样本外预测精度都明显高于之前的传统模型,并且其结果显示是稳健的。

在之前的已实现波动率建模研究中,对于跳跃识别的一个重要假设是:标的资产价格的日内收益满足相同的分布。随着高频数据的研究深入,学者们发现实际情况有所不同,刘向丽、程刚、成思危、汪寿阳和洪永淼运用 1 分钟高频数据对我国三个市场、六个品种的商品期货收益率和交易量的日内变动模式进行研究,得出了日内绝对收益率及交易量的 L 型变化模式,价格的日内收益分布存在差异。进而,学者们开始了针对日内收益变化 L 型模式下的已实现波动率研究探索,瞿慧、黄世俊和周慧以单一阈值日内跳跃识别方法为理论出发,首次提出通过分析日内高频收益波动的模式,设计具有更强适应性的可变阈值 L 型日内跳跃识别方法,并据此区分日跳跃波动与连续波动,用于已实现波动 HAR – RV – CJ 模型的估计;使用大连商品交易所的线性低密度聚乙烯期货的 1 分钟高频价格数据进行实证分析,在应用 HAR – RV – CJ 模型的标准差形式与对数形式后,可以显著提高对短期、中期波动的拟合及预测能力。

从以上的研究成果中能够看出当前对于已实现波动率和日内波动模式参与衍生品市场风险管理和波动率预测研究主要集中在单一商品市场的波动率预测功能和风险管理功能研究以及股票指数的研究中，对于多商品期货的比较分析和波动率随着交易时间的变化存在衰减趋势的比较研究还比较欠缺。近年来，随着我国商品期货市场中加入夜盘交易的品种数量不断增多以及新品种不断上市通过，关于夜盘交易品种和新上市品种的高频数据波动率建模分析依然十分不足。因此，在已实现波动率跳跃识别中对于开通夜盘交易后的商品期货日内波动 L 型特征、新上市期货品种的波动率研究，以及波动率会出现日内衰减现象的建模方面需要进一步探讨。

（三）研究方法、研究意义与创新点

1. 研究方法

本文试图立足于商品期货市场的独特行业属性，重点研究和探讨商品期货价格的日内波动特点，以及针对日内波动的 L 型特征，设计两段式日内价格跳跃识别方法，比较商品期货价格连续波动与跳跃波动的测算情况。课题组再根据不同商品期货的市场特征，分析 HAR – RV – CJ 模型的估计特点。在课题研究过程中，课题组将采用如下研究方法：

（1）文献研究法。综合梳理已实现波动率及中国商品期货价格日内波动特点研究的相关文献，通过文献研究法，发现中国商品期货市场的特殊性，以及传统研究应用于中国商品市场的不足，补充及完善已实现波动率计算中我国商品期货市场日内跳跃的识别方式，提升已实现波动率建模对中国商品期货市场的价格波动预测效率。

（2）回归分析法。在商品期货高频数据研究中，对于日内价格的波动研究，采用回归分析法，寻找拟合误差最小的两段式日内价格波动划分，分析研究商品期货明显的日内波动 L 型特征。

（3）波动率建模法。在对商品期货波动率的研究中，采用 HAR – RV – CJ 模型对已实现波动率进行建模分析，比较各类跳跃识别方法和各类已实现波动率形式在短期、中期、长期预测中的特点，寻找较好的波动率预测方法。

2. 研究意义与创新点

（1）研究意义。

本文试图立足于期货市场独特的夜盘交易及日内 L 型波动特征，重点研究和探讨如何应用已实现波动率建模辅助期货市场风险管理；并以具有代表性的商品期货

为例,通过实证分析,对比两段式阈值跳跃识别研究在已实现波动率分析中的表现,重点探讨已实现波动率辅助衍生品市场风险管理的可行性与难点。最后,对如何充分利用已实现波动率促进期货市场价格发现、风险管理功能提出我们的建议;系统研究市场变化过程中,提升商品期货风险管理水平所需解决的问题,探究波动率建模研究发展对期货市场高质量发展的提升帮助作用。

(2)研究创新。

相较于传统的期货市场已实现波动率研究与波动率风险管理探索,我们研究期货市场不同品种的日内波动特点,并且根据期货品种的特性,及日内波动存在普遍的 L 型特征,改进日内跳跃的识别方式。我们对 HAR - RV - CJ 模型的日内跳跃识别提出两段式日内跳跃识别方法,以提升模型对波动率的预测效果。

当前商品期货市场新品种推出较快,并且大量品种已展开夜盘交易,我们对期货品种夜盘交易高频数据波动率研究提出了新的思路。

二、理论模型

(一)已实现波动率

已实现波动率(Realized Volatility,RV)是近年来学者们针对高频金融时间序列研究分析提出的一种新的波动率度量方法,Andersen 和 Bollerslev 以及 Barndorff - Nielsen 和 Shephard 通过大量的研究工作为其奠定了扎实的理论基础。市场研究发现,在无风险套利的金融环境中金融资产的对数收益率服从特殊半鞅(Special Half Martingale)过程。假设股票对数价格 $s_t = \log S_t$ 服从如下随机过程:

$$ds_t = \mu_t dt + \sigma_t dW_t + J_t dq_t \tag{1}$$

其中,μ_t 表示漂移系数,σ_t 是严格的随机波动过程,W_t 是标准布朗运动,$J_t dq_t$ 代表纯跳跃部分,q_t 是时变强度为 $\lambda(t)$ 的计数过程,$P[dq(t)=1]=\lambda(t)dt$,J_t 表示跳跃幅度。

$y_{t,j}$ 表示 t 日第 j 个长度为 Δ 的采样间隔末的对数价格,$r_{t,j}=100(y_{t,j}-y_{t,j-1})$ 表示 t 日第 j 个长度为 Δ 的采样间隔的对数收益率,M 代表日内观测到的收益率个数($M=1/\Delta$)。Andersen 和 Bollerslev 将已实现波动率定义为日内收益率的平方和,计算公式为:$RV_t(M)=\sum_{j=1}^{M} r_{t,j}^2$;接着,采用二次变差(Quadratic Variation)来度量日内波动率:

$$[r,r]_t = \int_0^t \sigma^2(s)ds + \sum_{0<s\leq t} J^2(s) \tag{2}$$

当 $\Delta \to 0$ 时,有:

$$RV_{t+1}(\Delta) \rightarrow \int_{t}^{t+1} \sigma^2(s)\,ds + \sum_{t<s\leq t+1} J^2(s) \tag{3}$$

根据 Barndorff – Nielsen 等的研究，若资产价格不存在跳跃行为，当 Δ→0 时，已实现波动率是积分方差的一致估计；为描述二次变差中的连续成分，Barndorff – Nielsen 等进一步提出已实现二次幂变差（Realized Bi – power Variation）：

$$BPV_t = \frac{\pi}{2} \frac{M}{M-1} \sum_{j=1}^{M-1} |r_{t,j}||r_{t,j+1}| \tag{4}$$

对于 Δ→0，有：

$$BPV_{t+1}(\Delta) \rightarrow \int_{t}^{t+1} \sigma^2(s)\,ds \tag{5}$$

因此，已实现波动率与已实现二次幂变差的差即为跳跃部分的一致估计。当 Δ→0，有：

$$RV_{t+1} - BPV_{t+1} \rightarrow \sum_{t<s\leq t+1} J^2(s) \tag{6}$$

为提高离散跳跃方差测量的精度，减少连续样本路径方差的测量误差，一般采用 Huang 和 Tauchen 的 Z 统计量来检验资产 t 日是否发生跳跃，该统计量的计算公式为：

$$Z_t = \frac{(RV_t - BPV_t)/RV_t}{\sqrt{\left(\left(\frac{\pi}{2}\right)^2 + \pi - 5\right)\frac{1}{M}\max\left(1, \frac{QPV_t}{BPV_t^2}\right)}} \tag{7}$$

其中，QPV_t 是积分四次方的估计量，其表达式为：

$$QPV_t = \frac{1}{4}\left[\frac{\Gamma(7/6)}{\Gamma(1/2)}\right]^{-3} \frac{M^2}{M-2} \sum_{j=1}^{M-2} |r_{t,j}|^{\frac{4}{3}} |r_{t,j+1}|^{\frac{4}{3}} |r_{t,j+2}|^{\frac{4}{3}} \tag{8}$$

其中，Γ（）表示 Gamma 函数。当价格在 t 日内没有发生日内跳跃，且 Δ→0 时，Z_t 服从渐进标准正态分布。统计量构建完成后可以对日内价格是否发生跳跃行为进行假设检验，若统计量 Z_t 大于标准正态分布函数在显著性水平 θ 的临界值 Φ_θ，则判断 t 日价格发生显著性跳跃。因此，t 日价格显著性跳跃的估计值为：$JV_t = I(Z_t > \Phi_\theta)(RV_t - BPV_t)$，这里的 $I(\cdot)$ 为示信函数；t 日价格的连续波动则相应表示为：$CV_t = RV_t - JV_t$。

（二）日内波动的跳跃识别

在已实现波动率日跳跃识别的研究基础上，Andersen 等指出在有效市场内若出现信息的重大变化可能会立即引起资产价格的跳跃，因此用高频价格来进行价格跳跃分析会发现以下现象：价格在日内可能发生了多次跳跃。在对波动率建模的进一步提升中需要对于日内价格发生的多次跳跃进行判定，他们假设日内高频收益符合相同的正态分布，在 t 日内第 i 个长度为 Δ 的采样间隔内的跳跃 $k_{t,i}$ 的识别方法为：

$$k_{t,i} = r_{t,i} \cdot I\left[|r_{t,i}| > \Phi_{1-\beta/2}\sqrt{\frac{1}{M}BPV_t}\right], i = 1, 2, \cdots, M \tag{9}$$

其中，$\Phi_{1-\beta/2}$ 表示标准正态分布临界值，对应显著性水平为 $1-\beta/2$。在设定跳跃识别方法在日水平上的置信度为 $1-\alpha$ 后，$\beta = 1-(1-\alpha)^{1/M}$，这里的 α 通常取值为 0.00001。这里对 t 日跳跃波动和连续波动的定义为：$JV_t = \sum_{i=1}^{M}|k_{t,i}|^2$，$CV_t = RV_t - JV_t$。

可以看出，在此跳跃识别方法中，假设了标的资产价格的日内收益满足相同的分布对于日内各时刻高频的收益率绝对值 $|r_{t,i}|$ 采用的跳跃识别使用了统一的 $\sqrt{\frac{1}{M}BPV_t}$ 作为其阈值计算标准，本文称该跳跃识别方法为单一阈值日内跳跃识别方法。

(三) 两段式阈值跳跃识别

1. 日内波动模式

本文对国内成交量较大、市场认可度较高的期货品种（纸浆、甲醇、菜粕、白糖、菜油、平板玻璃、纯碱、焦煤）的1分钟高频数据进行实证分析后，发现大量期货品种其日内收益水平（绝对值、平方值）在每日晚间交易时段刚开始时存在偏高现象，随后迅速走低，在交易日剩余的大部分时间中在一定的区间内上下波动，并且随着时间的推移，日内波动水平有逐步缓慢衰减的趋势。在较长时间段的取样中，取相同时间点均值进行研究，能发现其明显的日内波动 L 型折线特征。

国内的商品期货普遍开盘时间是 21：00，15：00 收盘后至晚间开盘这一段时间，是国内新闻发布和欧洲金融市场交易的一个重要窗口期。在晚间期货交易开盘前，欧洲市场、亚洲市场和美洲市场经常会出现一定的信息积累，大量的现货贸易商和投机者等市场参与者在各地进行交易博弈。这就可能导致晚间刚开盘时，不同性质、不同地区的投资者对价格产生不同的判断和预期，并且这些预期会在短时间内通过买、卖操作迅速地反映出来，从而导致资产价格在短时间内有较大幅度的波动。随着开盘交易时段的大量交易需求得到快速释放，市场的波动水平快速回落到稳定状态，并且在交易日内剩余的交易时间中，随着收盘时刻的不断临近，市场各类参与者的交易意愿逐步降低，市场的波动水平出现相应的下降。

2. 两段式阈值跳跃识别

单一阈值日内跳跃识别方法没有考虑到中国商品期货市场夜盘交易开始时短时期高波动特征以及日内剩余交易时间中的交易积极性变弱体现出的市场波动降低特

点，波动规律呈现的 L 型折线特点所包含信息没有充分反映在日内的价格跳跃识别中。这样可能导致每个交易日晚间刚开盘时间段价格出现的规律性大幅波动被判定为价格跳跃，然而对每个交易日其余时段的跳跃检验阈值设置存在过高的可能，导致其余时间段发生的价格跳跃行为可能没有办法得到有效的识别。鉴于此，本文根据我国商品期货夜盘交易的商品价格日内波动特征，提出使用两段式折线函数来刻画商品期货的日内波动 L 型特性，并据此为日内各时间段的跳跃采用有区别的阈值来进行识别，不再使用单一的 $\sqrt{\frac{1}{M}BPV_t}$ 作为阈值识别标准，本文称该方法为两段式阈值日内跳跃识别方法。

首先，针对商品期货日内波动水平明显的 L 型两段折线模式，使用具有一个折点的两段一次函数 f_1 和 f_2 来拟合日内收益平方值 $r_{t,j}^2$，分析在长度足够的 N 个样本区间中的均值 $r_i^2 = \frac{1}{N}\sum_{i=1}^{N} r_{t,i}^2$ 在日内的变化趋势，其中折线表示为：

$$f_1 = a_1 \times i + b_1, 1 \leq i \leq n \tag{10}$$

$$f_2 = a_2 \times i + b_2, n < i \leq M \tag{11}$$

这里的 n 代表波动模式发生变化的点，a_1 和 a_2 分别表示直线的斜率，b_1 和 b_2 分别表示直线的截距。

在确定两条折线时，我们采用最小二乘法最小化拟合误差平方和的准则，对于 n 取 1，2，$\cdots$，M 中的任意一个值，运用 Matlab 数学软件的 regress 回归函数进行两段直线拟合，寻找最小化拟合误差平方和：

$$se(n) = \sum_{i=1}^{n} (f_1(i) - r_i^2)^2 + \sum_{i=n+1}^{M} (f_2(i) - r_i^2)^2 \tag{12}$$

根据最小化拟合误差平方和的原则，确定两段折线的参数 a_1、a_2、b_1、b_2 以及折点位置 n。此时得到 L 型模式的两段折线方程为：

$$f(i) = \begin{cases} f_1(i), 1 \leq i \leq n \\ f_2(i), n < i \leq M \end{cases} \tag{13}$$

相对应地，两段式阈值日内跳跃识别方法对 t 日内第 i 个长度为 Δ 的时间间隔内的跳跃 $k_{t,i}$ 检验方法做出如下调整：

$$k_{t,i} = r_{t,i} \cdot I\left[|r_{t,i}| > \Phi_{1-\beta/2}\sqrt{(f(i)/\sum_{i=1}^{M}f(i)) \cdot BPV_t}\right], i = 1,2,\cdots,M \tag{14}$$

对 t 日跳跃波动和连续波动的定义与之前一致，分别为：

$$JV_t = \sum_{i=1}^{M} |k_{t,i}|^2,$$

$$CV_t = RV_t - JV_t$$

(四) HAR – RV – CJ 模型

在对连续波动和跳跃波动进行调整计算后,我们运用模型来对已实现波动率进行预测分析。在 HAR – RV – CJ 模型的研究中,定义多时期已实现波动率为单时期已实现波动率的算术平均值:$RV_{t:t+h-1} = \frac{1}{h}\sum_{j=0}^{h-1} RV_{t+j}$ 表示 h 日内的已实现波动,其中 $h = 1, 2, \cdots$,其中,称 $h = 5$ 和 $h = 22$ 的已实现波动率分别为周已实现波动率和月已实现波动率。同样地,定义多时期连续跳跃与多时期连续波动分别为:$JV_{t:t+h-1} = \frac{1}{h}\sum_{j=0}^{h-1} JV_{t+j}$ 和 $CV_{t:t+h-1} = \frac{1}{h}\sum_{j=0}^{h-1} CV_{t+j}$。

在 HAR – RV – CJ 模型以及其标准差形式、对数形式在对已实现波动率进行预测时,其表达式分别为:

$$RV_{t:t+h-1} = \alpha_0 + \alpha_d CV_{t-1} + \alpha_w CV_{t-5:t-1} + \alpha_m CV_{t-22:t-1} + \beta_d JV_{t-1} + \beta_w JV_{t-5:t-1} + \beta_m JV_{t-22:t-1} + \varepsilon_{1,t} \tag{15}$$

$$\sqrt{RV_{t:t+h-1}} = \alpha_0 + \alpha_d \sqrt{CV_{t-1}} + \alpha_w \sqrt{CV_{t-5:t-1}} + \alpha_m \sqrt{CV_{t-22:t-1}} + \beta_d \sqrt{JV_{t-1}} + \beta_w \sqrt{JV_{t-5:t-1}} + \beta_m \sqrt{JV_{t-22:t-1}} + \varepsilon_{2,t} \tag{16}$$

$$\ln(RV_{t:t+h-1}) = \alpha_0 + \alpha_d \ln(CV_{t-1}) + \alpha_w \ln(CV_{t-5:t-1}) + \alpha_m \ln(CV_{t-22:t-1}) + \beta_d \ln(JV_{t-1}+1) + \beta_w \ln(JV_{t-5:t-1}+1) + \beta_m \ln(JV_{t-22:t-1}+1) + \varepsilon_{3,t} \tag{17}$$

三、数据处理

(一) 我国商品期货价格数据处理

本文选取同花顺资讯提供的上海期货交易所、大连商品交易所以及郑州商品交易所交易成交量较大且有代表性的菜油期货、纸浆期货、甲醇期货、菜粕期货、白糖期货、平板玻璃期货、纯碱期货和焦煤期货的期货指数价格数据作为实证对象。本文选取的期货品种有效覆盖了农产品、工业品等板块,均为国内市场主导,且在国际市场有一定影响的期货品种,样本区间为 2020 年 5 月 6 日至 2023 年 9 月 28 日。2020 年初,新冠疫情暴发,我国经济活动遭受巨大冲击,金融市场进行了相应调整,各期货品种的交易情况存在一定的变化。2020 年 5 月以后,随着疫情影响逐步消退,市场交易逐步恢复常态,因此我们取样期货交易数据从 2020 年 5 月以后开始。

我国的商品期货指数价格是由各期货标的挂牌合约价格进行加权平均后得出,指数设计中保证了科学的赋权指标及权重算法设计,使指数权重分配与资金分配保持同构性。这避免了期货合约换月引起的交易量大幅变动问题,能较平稳地反映各品种的价格波动情况,价格指数中主力合约权重高,能有效反映该品种出现的价格跳跃现象。我国商品期货品种大部分开通了夜盘交易,当节假日来临时,为了统一风险管理,节假日前一晚不安排夜盘交易,我们剔除此类交易数据不一致的交易日。

经过数据的筛选和整理,合计选取 809 个交易日,每个品种 279105 个 1 分钟高频价格数据(日内采样间隔数 M = 344)来研究日内价格波动特性和已实现波动率建模。$y_{t,j}$ 表示 t 日第 j 个长度为 Δ 的采样间隔末的对数价格,$r_{t,j} = 100(y_{t,j} - y_{t,j-1})$ 表示 t 日第 j 个长度为 Δ 的采样间隔的对数收益率。表 1 为选取的实证期货品种收益率统计基本特征。

表 1　　　　　　　　　　　期货标的收益率统计

类别	样本容量	均值	标准差	最大值	中位数	最小值	偏度	峰度	JB 统计量
菜油	278296	0.001025	0.081477	6.506368	0.000183	-2.41771	8.651052	433.3401	2.15E+09
纸浆	278296	8.61E-05	0.072374	1.362165	0	-1.91559	-0.25059	18.23167	2693151
甲醇	278296	0.001341	0.102259	4.716687	0	-3.17926	1.545667	57.79721	34929517
菜粕	278296	0.000644	0.082419	4.016045	0	-3.14609	2.613959	136.806	2.08E+08
白糖	278296	0.00066	0.050541	3.403214	0	-1.44668	11.30277	485.4422	2.7E+09
平板玻璃	278296	0.001073	0.115689	5.570885	0	-3.45367	2.795693	116.5162	1.5E+08
纯碱	278296	0.001058	0.119385	6.622759	0	-2.32754	2.879003	115.7878	1.48E+08
焦煤	278296	7.43E-05	0.135295	7.056487	0	-3.74052	0.375753	48.12779	23621327

从表 1 的数值结果中可以看出所选的 8 个期货品种的 1 分钟高频收益率的均值和中位数都在 0 附近。收益率统计量中峰度值明显大于 3,收益率序列有较明显的尖峰肥尾属性,高数值的 JB 统计量也说明收益率序列显著不符合高斯分布。图 1 至图 8 显示了各期货品种高频收益的情况。

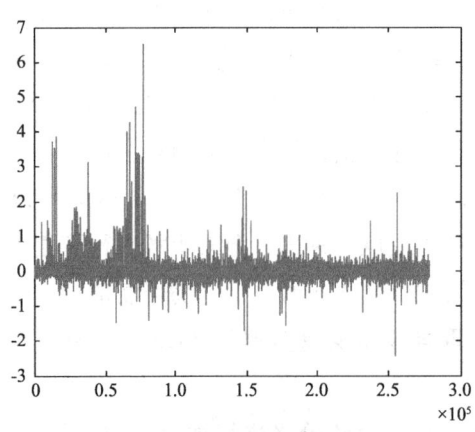

图 1　菜油指数收益率序列

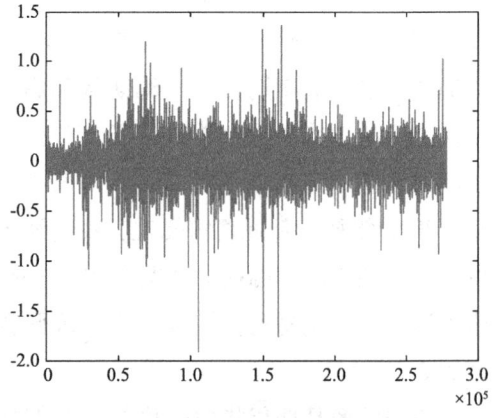

图 2　纸浆指数收益率序列

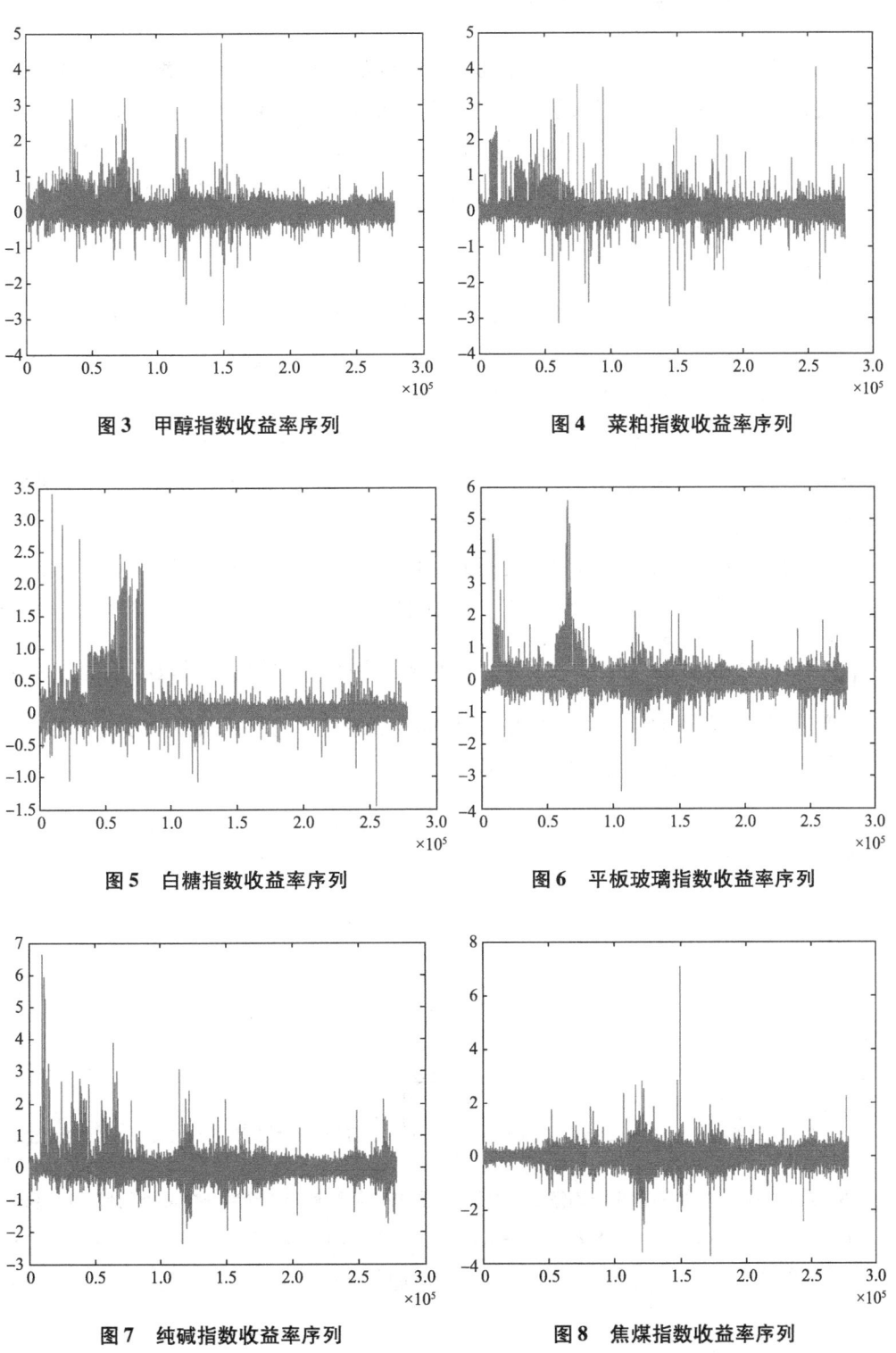

图 3　甲醇指数收益率序列

图 4　菜粕指数收益率序列

图 5　白糖指数收益率序列

图 6　平板玻璃指数收益率序列

图 7　纯碱指数收益率序列

图 8　焦煤指数收益率序列

（二）日内收益波动的 L 型模式

大宗商品市场是一个全球性的市场，标的价格的波动不仅会受到国内市场的信息影响，国际市场的有关信息也会对中国商品期货价格产生一定影响，我国很多期货品种的开盘时间为 21：00，这与美洲市场的开盘时间较吻合。我国商品期货在白天的交易时间段与亚洲主要交易市场的交易时间段相重合。我国白天的交易时间段又分为上午盘间休息时段和中午休市时段，因此我国商品期货市场每个交易日划分的交易时段较多，在不同交易时间段的市场波动表现有一定差异。研究表明，较多商品期货品种在夜盘刚开盘时数分钟内会出现波动幅度较大的情况。这主要是由于信息不对称、欧洲交易时段的信息消化等原因，在开盘一段时间后信息得到一定释放，市场各类参与者也从开始的交易中了解了更多的信息验证，并且完成了自己的交易价格与资产配置调整部署，整个市场的价格波动将进入一个较平稳的阶段。在一个交易日剩余的交易时间中，随着交易收盘时间的临近，市场参与者的交易积极性将逐渐减弱，市场的波动整体处于一个缓慢走弱的过程。

为研究商品期货价格的日内波动特征，我们取每个交易日相同时间点的对数收益率平方作为研究对象。观察 809 个交易日的 1 分钟高频平方收益均值 $r_i^2 = \frac{1}{809}\sum_{t=1}^{809} r_{t,i}^2$ 的变化情况。在图 9 至图 16 中体现各实证品种的价格对数收益率平方的日内变化情况，其中对上文所列举的 8 个期货品种进行两段式折线最小误差拟合，确定其日内波动率最佳拟合折线 $f(x)$。

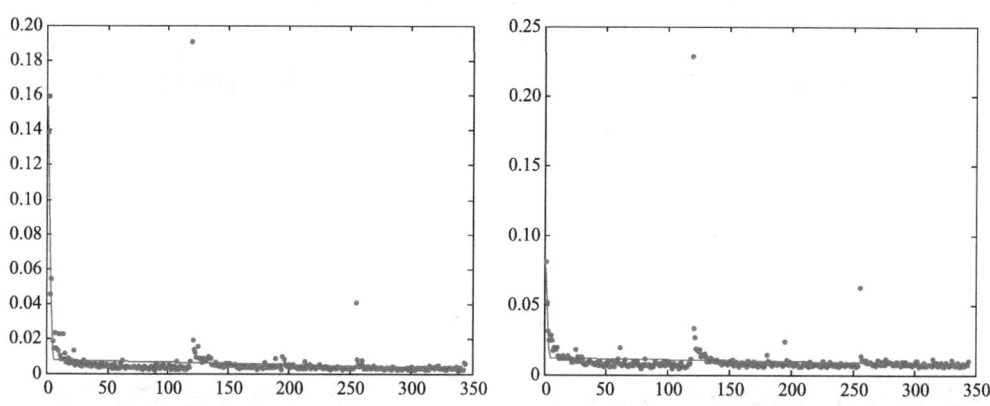

图 9　菜油期货 1 分钟平方收益均值日内过程　　图 10　甲醇期货 1 分钟平方收益均值日内过程

　　$n=5$，$a1=-0.035$，$b1=0.1872$，$a2=-1.4 \times$　　　$n=4$，$a1=-0.019$，$b1=0.095$，$a2=-1.27 \times$
10^{-5}，$b2=0.008$　　　　　　　　　　　　　　　10^{-5}，$b2=0.012$

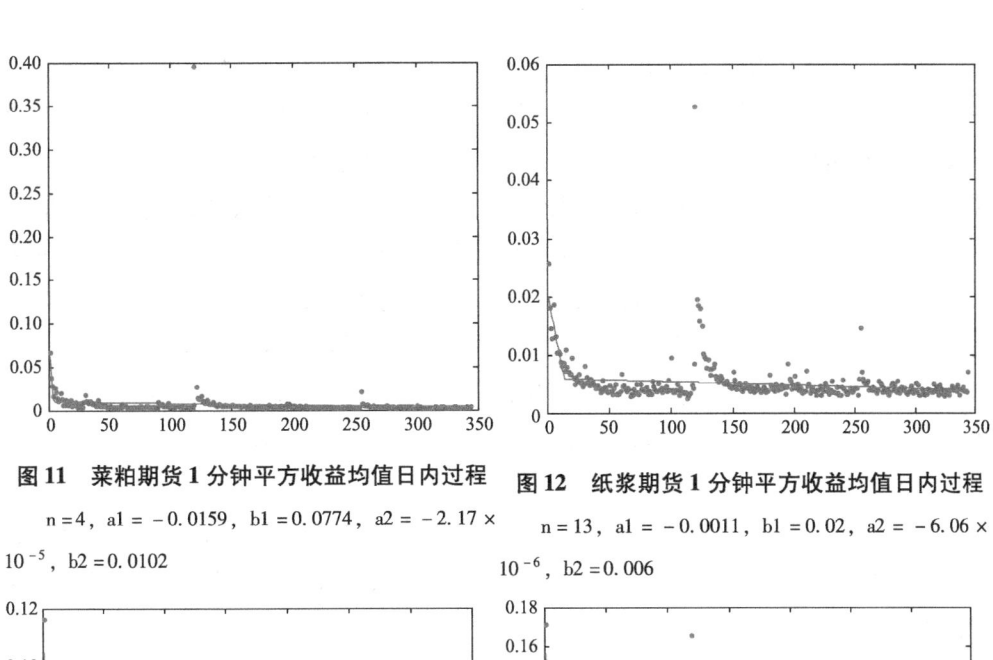

图 11 莱粕期货 1 分钟平方收益均值日内过程

$n=4$, a1 = −0.0159, b1 = 0.0774, a2 = −2.17 × 10^{-5}, b2 = 0.0102

图 12 纸浆期货 1 分钟平方收益均值日内过程

$n=13$, a1 = −0.0011, b1 = 0.02, a2 = −6.06 × 10^{-6}, b2 = 0.006

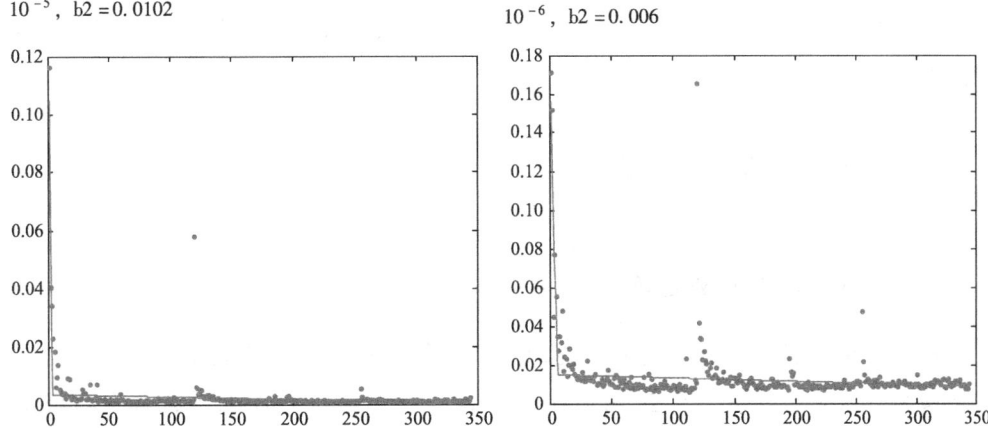

图 13 白糖期货 1 分钟平方收益均值日内过程

$n=3$, a1 = −0.0411, b1 = 0.1459, a2 = −8.53 × 10^{-6}, b2 = 0.0035

图 14 平板玻璃期货 1 分钟平方收益均值日内过程

$n=6$, a1 = −0.0268, b1 = 0.183, a2 = −1.79 × 10^{-5}, b2 = 0.0152

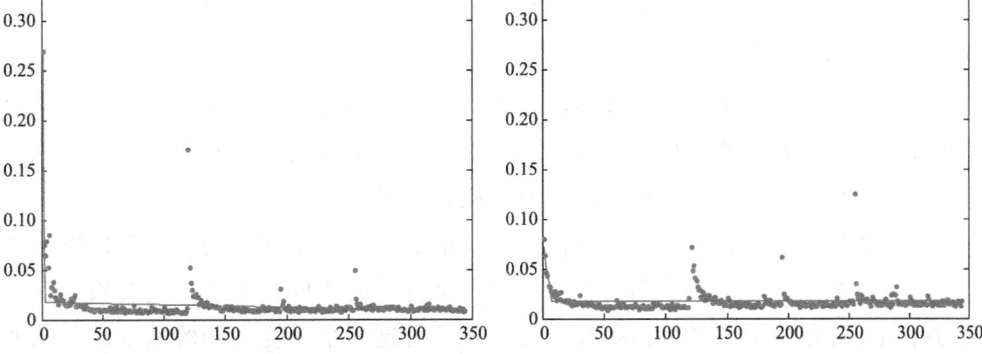

图 15 纯碱期货 1 分钟平方收益均值日内过程

$n=2$, a1 = −0.1948, b1 = 0.4649, a2 = −2.63 × 10^{-5}, b2 = 0.018

图 16 焦煤期货 1 分钟平方收益均值日内过程

$n=7$, a1 = −0.0083, b1 = 0.08, a2 = −1.69 × 10^{-6}, b2 = 0.018

从图9至图16中可以看出，我国具有代表性的商品期货标的1分钟平方收益率在一个日内交易时间段中存在明显的变化过程，并非具有相同的分布。其中，伴随着交易时间的间断（其中包括夜盘休市、上午小节休息和中午停盘），重新恢复交易的阶段整体波动率会出现一定幅度的跳动变化，也是由于无交易时间中积累信息的释放和市场各类参与者积累的交易需求释放的结果。从整体来看，商品期货价格波动趋势从开盘到收盘的时间段内表现出一定的L型特征，夜间开盘时间段前10分钟左右的品种的波动率明显高于日内其余时间段的品种波动率。随着开盘时间段的大幅波动结束，整体日内波动率呈现小幅走弱的趋势，随着交易时间的逐步推移，整体市场的交易积极性在下滑，市场波动逐步走低。其中，焦煤期货、纸浆期货的折点 n 取值较大，属于大幅波动损耗较慢的期货品种，市场中交易需求的释放过程相对较长；纯碱期货与白糖期货的折点 n 取值较小，属于明显的大幅波动损耗较快的期货品种，每日晚间开盘市场可以相对较快完成交易需求的释放，波动随即进入较为稳定的阶段。

四、波动率模型实证研究

（一）跳跃研究的品种选择

我国商品期货普遍的开盘时间是21：00，与美洲市场较为同步，第二日白天盘交易时间段是国内盘信息主导的交易时间段。若期货交易品种国内盘对价格影响因素过重，则夜盘开盘时，商品价格表现将较为平静，没有过多博弈信息需要释放，第二天白天交易时间段开始时，才是交易需求需要集中释放的阶段，在第二日9：00重启交易的时刻，价格大幅波动更加明显。若期货交易品种国际盘影响因素过重，国际盘不仅有美国市场，还有南美洲市场、欧洲市场等地区，各商品交易市场的开盘交易时间有一定差异，因此在交易时间段，可能出现数次一定规模的交易需求释放，这同样和模型刻画的L型日内波动模式有一定区别。综合以上各因素，我们在上海期货交易所、大连商品交易所和郑州商品交易所中选取了菜油期货、纸浆期货、甲醇期货、菜粕期货、白糖期货、平板玻璃期货、纯碱期货与焦煤期货作为日内跳跃波动两段式阈值识别方法的实证对象，这些品种均以国内市场交易为主，受到一定的国际市场信息影响，日内波动模式与两段式波动特征更匹配，并且这8个期货品种的夜盘交易时间相同，作为比较对象不存在交易时间差异带来的波动特性各异情况。我们对这8个期货品种的基本面情况做如下简单介绍。

1. 菜油期货

菜籽系列相关品种是全球油脂油料产业链的重要组成部分,全球的主要经济体都对菜籽系列品种相关市场保持关注。美国农业部(USDA)数据显示,2022/2023年度全球油料作物总产量6.4亿吨,其中油菜籽产量8314万吨,位居油料作物第二,占全球油料作物产量的13%,仅次于大豆的产量。菜籽系列期货市场是油脂油料期货市场的重要组成部分。2022/2023年度全球油料作物出口量2.0亿吨,其中油菜籽出口量1801万吨,位居油料作物第二,占全球油料作物出口量的9%。

全球菜油的主要进口国是中国和美国,中美两国占全球菜油总出口量的比重约为65%。我国菜油的产量由国产菜籽压榨的菜油、进口菜籽压榨的菜油构成,两个市场有一定区别。我国菜籽系列相关品种的价格波动(见图17)一直被高度重视,监管部门对菜油市场的变化保持持续关注,近年来我国的菜籽油产量和消费量双双处于上升趋势。为完善我国的菜籽产业链相关系列品种的期货市场建设,菜籽油期货于2007年6月8日在郑州商品交易所正式上市交易。

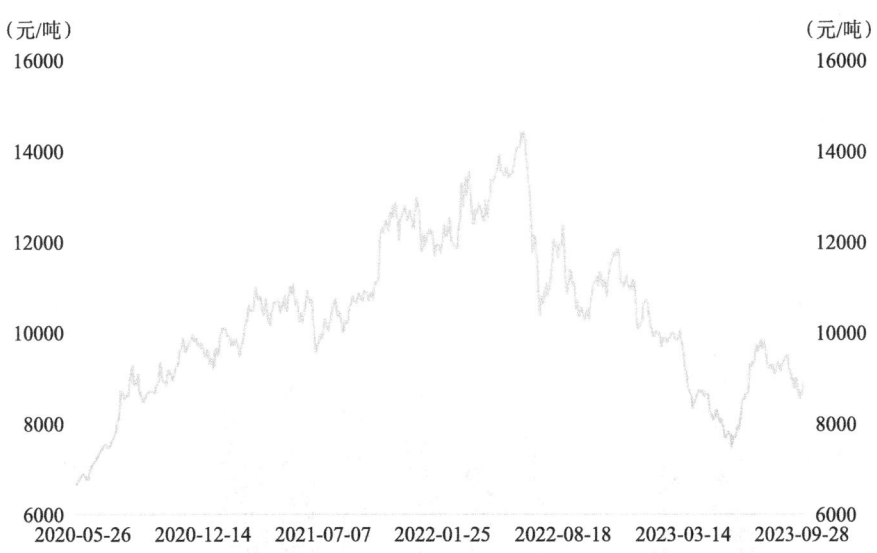

图17 菜油期货价格变化情况

数据来源:同花顺 iFinD。

全球菜籽油产量如图18所示。加拿大菜油进口数量如图19所示。

当前国际上较为主流的菜籽系期货品种市场为 ENX(泛欧交易所)菜粕期货和 ZCE(郑商所)进行交易的菜籽系相关期货品种。

菜籽油和芥子油进口数量如图20所示。全国油菜籽产量如图21所示。

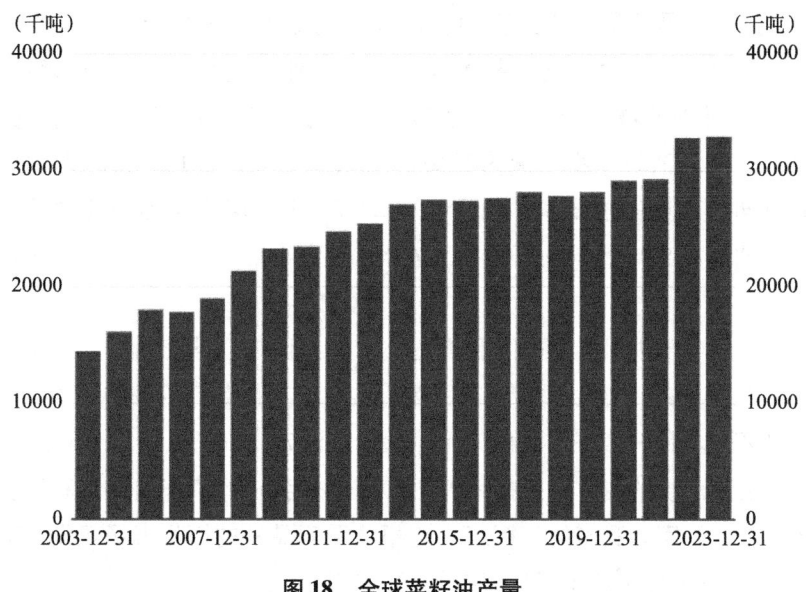

图 18　全球菜籽油产量

数据来源：同花顺 iFinD。

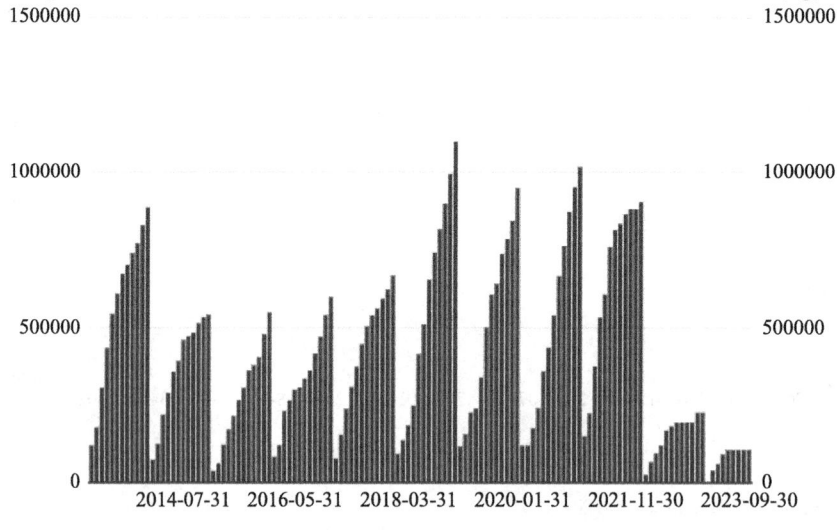

图 19　加拿大菜油进口数量

数据来源：同花顺 iFinD。

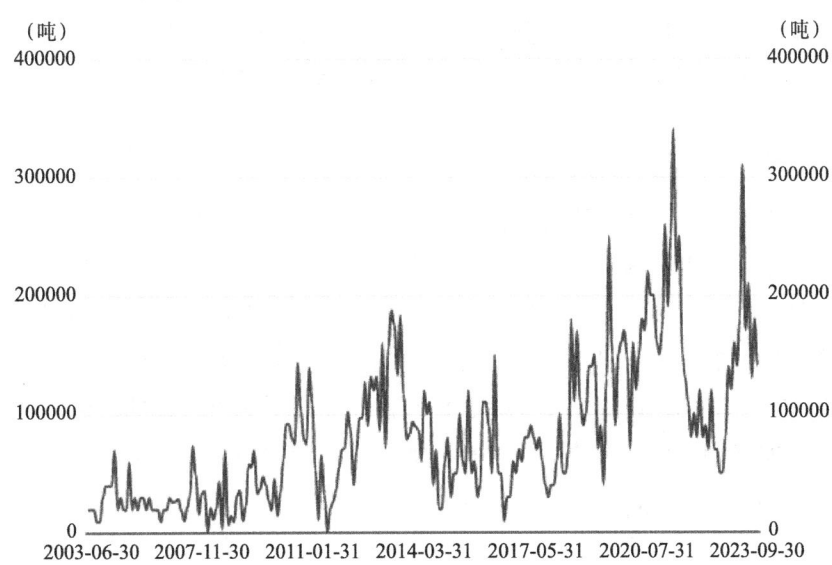

图 20 菜籽油和芥子油进口数量

数据来源：同花顺 iFinD。

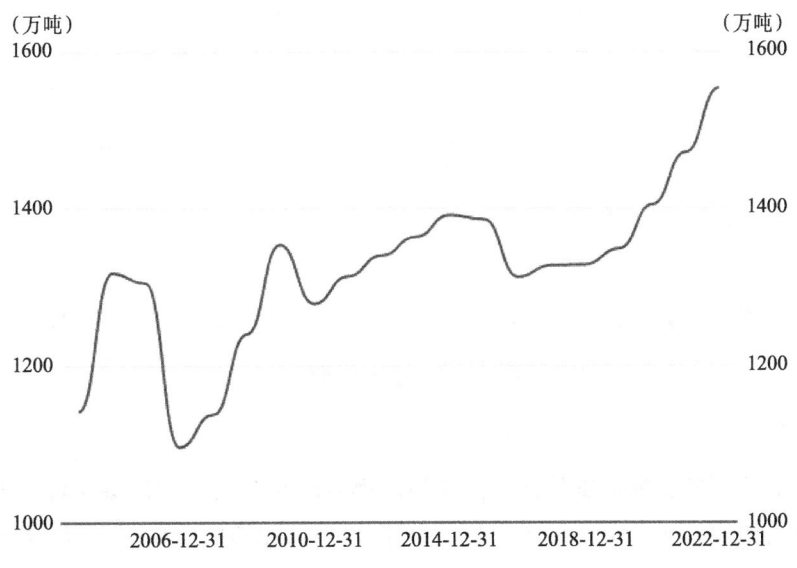

图 21 我国油菜籽产量

数据来源：同花顺 iFinD。

为了对国内菜籽产业进行保护,我国从政策上限制了菜籽和菜粕的进口国家数量,但是并没有限制菜油的进口国家数量,我国菜油的主要进口来源是加拿大。俄乌冲突对我国的菜油进口产生了一定的影响,但近年来我国菜油的进口量较为稳定,在70万—90万吨区间内。菜籽油期货是一个我国市场主导、受国际市场影响的期货品种。

2. 纸浆期货

纸浆是造纸行业的主要原材料,并且广泛应用于人造纤维、塑料、化工等其他工业领域。纸浆是以植物纤维为原料,经不同加工方式加工制成的纤维状物质,纸浆依据其原料来源、加工方式、加工程度等可以分为多个品种。随着现代工业技术和人类文明的发展,纸张早已与人们的生产生活紧密联系在了一起,并且为经济发展、社会建设、文化建设及人民生活水平的提高作出了无可替代的贡献。随着人类文明的不断发展和科技水平的不断提高,纸浆产业链的关注度在逐渐提升。纸浆期货价格变化如图22所示。

图22 纸浆期货价格变化

数据来源:同花顺iFinD。

纸浆是个国际化的期货品种,世界各地都有纸浆市场的积极参与者,中国纸浆市场是国际纸浆市场的重要组成部分。全球范围内,2001—2018年,纸浆产量稳定在1.8亿吨左右,最高点为2008年的1.92亿吨,最低点为受到金融危机冲击后的2009年的1.78亿吨。在每年的纸浆生产中,化学浆产量约1.35亿吨,机械浆产量约0.28亿吨,化机浆产量约0.17亿吨。

北美洲是全球纸浆的重要产地,年纸浆产量约为6400万吨,占全球纸浆总生产量的35.5%左右。欧洲纸浆和亚洲纸浆的年生产量分别约为4400万吨和4000万吨,约占全球纸浆总生产量的24.5%和22.2%。2015年纸浆产量最多的前五位国家分别为美国、巴西、加拿大、中国和瑞典。长期来看,我国纸浆的产量和消费量比较稳定(见图23),年表观消费量约为1.8亿吨,纸浆产业的供需基本保持平衡。我国纸浆的月度进口量如图24所示。

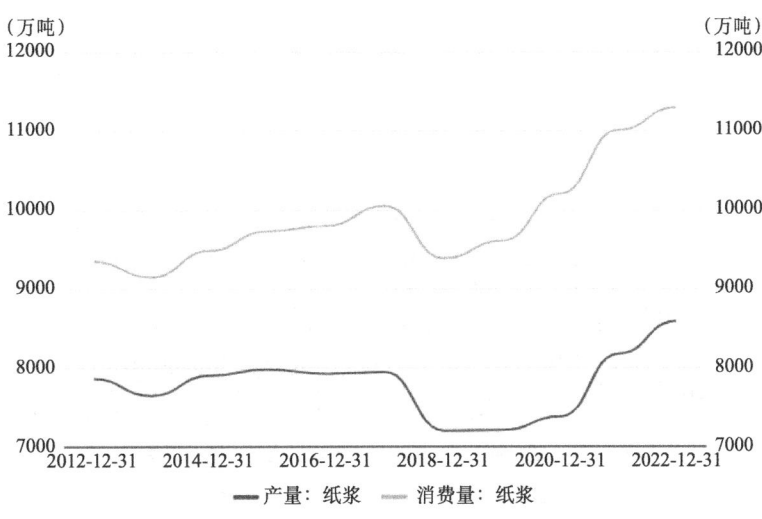

图23 我国纸浆的产量和消费量

数据来源:同花顺iFinD。

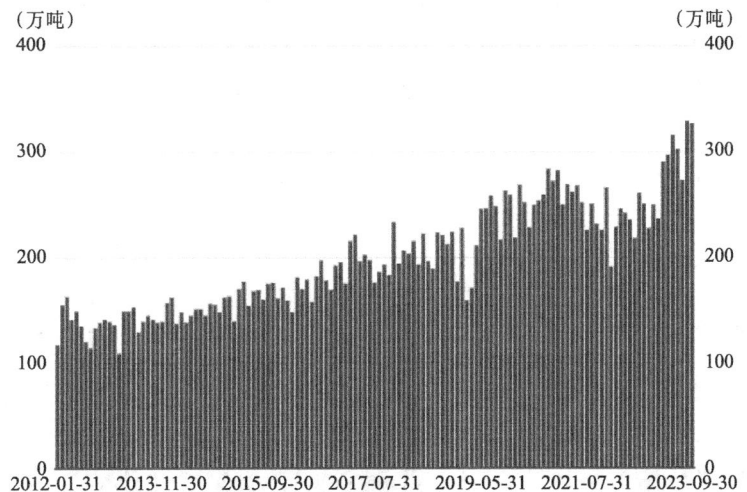

图24 我国纸浆的月度进口量

数据来源:同花顺iFinD。

纸浆按原料来源可以分为木浆、废纸浆和非木浆等。木浆可分为针叶浆和阔叶浆两大类。针叶浆和阔叶浆进口数量如图25所示。纸浆按照加工程度又可以分为精制浆、漂白浆、半漂浆和本色浆等。国内纸浆长期处于供给短缺的状态,我国为世界第一大纸浆进口国,占世界纸浆进口量的 30% 左右。中国造纸协会数据显示,2016 年我国进口木浆总量为 1881 万吨,进口依赖度高达 65.1%。

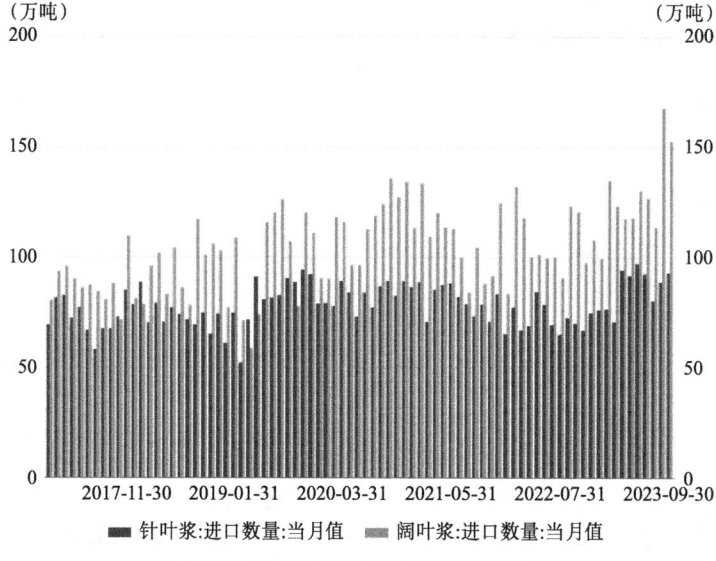

图 25　针叶浆和阔叶浆进口数量

数据来源:同花顺 iFinD。

为补充国内纸浆交易市场的空白,上海期货交易所于 2018 年 11 月 27 日正式开展纸浆期货交易,并且把市场化程度较高的漂白硫酸盐针叶木浆作为交易标的。纸浆期货的推出取得了巨大成功,近年来纸浆期货的成交量不断创出新高(见图 26),越来越多的市场参与者开始关注中国纸浆期货的价格。

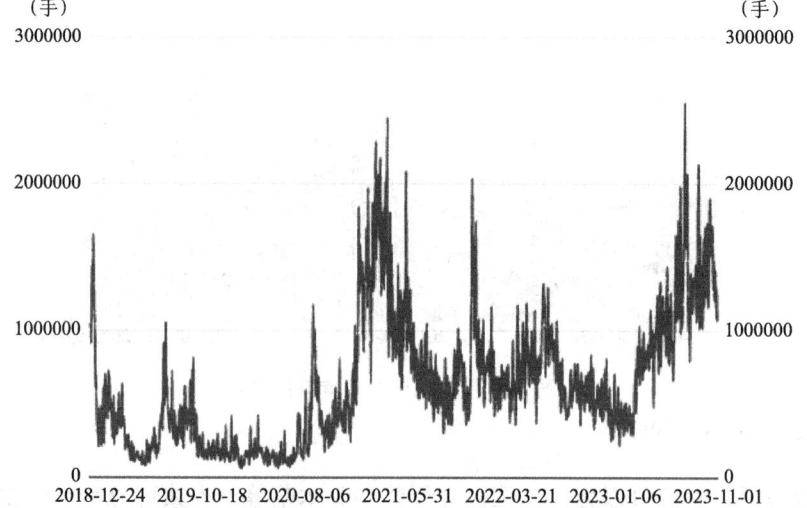

图 26　期货公司纸浆总成交量

数据来源:同花顺 iFinD。

3. 甲醇期货

甲醇，英文为 Methanol 或 Methyl Alcohol，为挥发性液体，能溶于水，属于危险化学品。甲醇是由合成气生产的重要化学品之一，既是重要的化工原料，也是一种燃料。甲醇期货价格变化如图 27 所示。

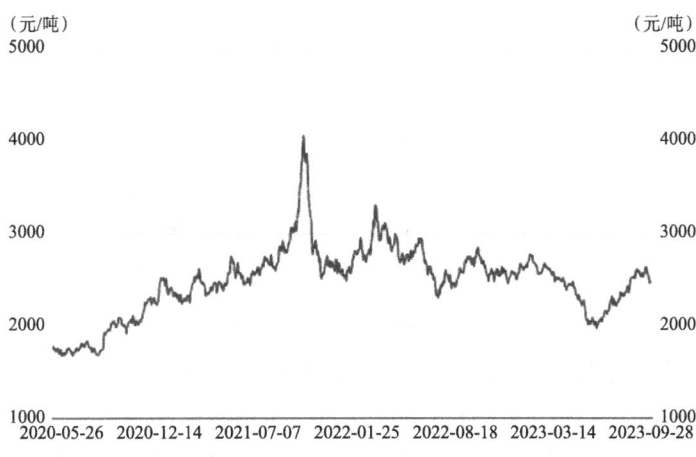

图 27　甲醇期货价格变化

数据来源：同花顺 iFinD。

甲醇的上游原料主要是煤炭、焦炉气和天然气，甲醇的下游产品非常丰富，主要包括煤/甲醇制烯烃（CTO/MTO）、醇醚燃料、甲醛、醋酸、二甲醚和 MTBE 等。我国是煤炭资源丰富的国家，因此甲醇产业链发展非常成熟，下游产品结构丰富，很多下游品种的市场化程度较高。加之甲醇能够期货交易，因此其成为我国化工品中参与者较为全面、市场化程度较高的品种之一。

甲醇产量情况如图 28 所示。甲醇库存情况如图 29 所示。

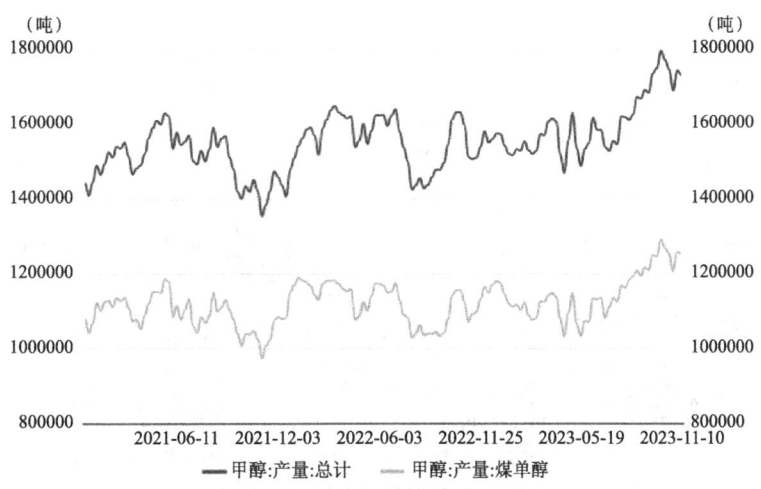

图 28　甲醇产量情况

数据来源：同花顺 iFinD。

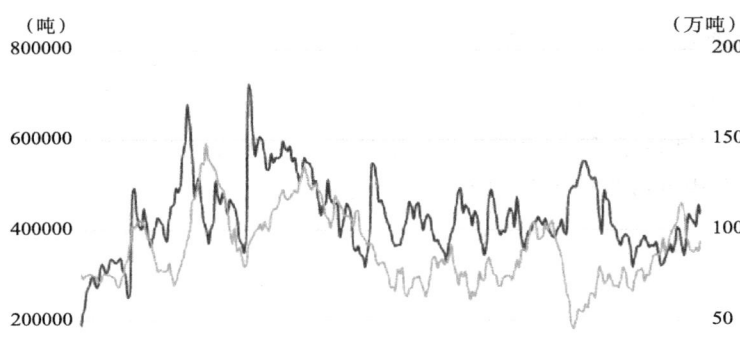

图 29　甲醇库存情况

数据来源：同花顺 iFinD。

截至 2020 年，全球甲醇总产能增加至 1.57 亿吨以上，且多集中在中国、中东及美洲市场，主产地多为煤炭、天然气等原材料资源储备丰富的地区。其中，中国甲醇产能约占全球甲醇总产能的 60%。截至 2020 年我国甲醇产能达到 9343 万吨；2020 年我国甲醇实际产量 7063 万吨，是全球最大的甲醇生产国。鉴于我国的化石能源储备特点，截至 2020 年我国甲醇生产原料中，煤制甲醇产能占比超 3/4，其占据了甲醇生产的主导地位，剩余产能为焦炉气、天然气制甲醇。2020 年 CTO/MTO 行业仍然占据中国甲醇下游消费的第一位置，甲醇制烯烃在甲醇下游需求中的占比达到 56%。另外，MTBE、醋酸、甲醇制氢、二甲醚和甲醛等下游都是甲醇消费中比较重要的板块。

甲醇期货成交量和持仓量如图 30 所示。甲醇进出口数量如图 31 所示。

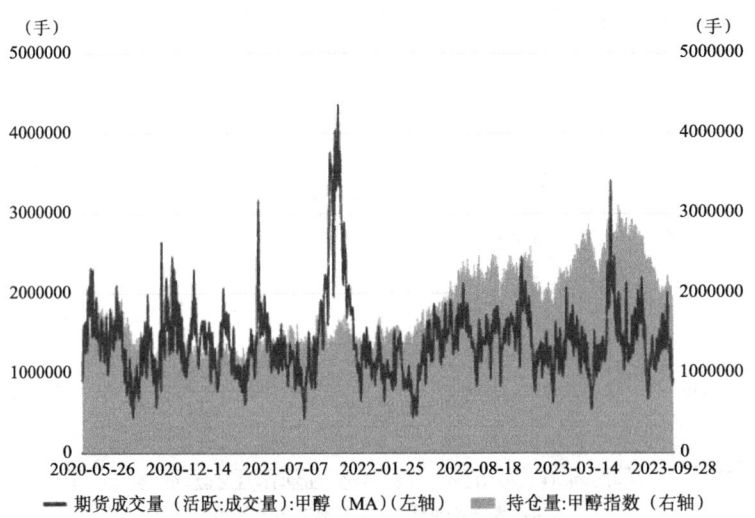

图 30　甲醇期货成交量和持仓量

数据来源：同花顺 iFinD。

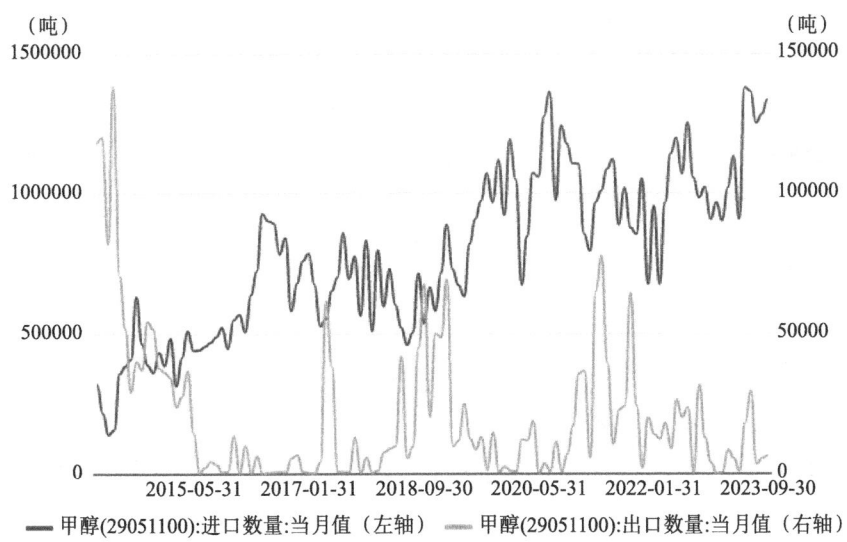

图 31　甲醇进出口数量

数据来源：同花顺 iFinD。

我国也是甲醇贸易中的进口大国，2019 年中国甲醇进口量突破 1000 万吨。我国的甲醇进口主要来自 3 个地区，供应量最大的是中东地区，包括阿联酋、伊朗、阿曼、沙特阿拉伯 4 个国家，合计供应占比为 69% 左右，2020 年中国甲醇进口量达到 1301 万吨。我国是甲醇的第一大消费国，2020 年我国甲醇表观消费量为 8352 万吨，同比增长 7.5%。

为满足甲醇市场的套期保值、价格发现等需求，甲醇期货于 2011 年 10 月 28 日在郑州商品交易所上市交易。

4. 菜粕期货

菜粕是油菜籽的另一个下游重要产品。菜粕主要用于饲料消费，由于其含有抗营养因子及其他毒素，因而作为蛋白原料在猪料及鸡料配方中的掺混比例较低，但在水产料中消费占比较大，部分鸭料中也有广泛运用，因此菜粕是饲料产业的重要组成部分。油菜粕饲料用量如图 32 所示。

根据美国农业部（USDA）数据，2022/2023 年度全球菜籽粕消费量 4394 万吨，同比增长 5.9%，较 2010/2011 年增长 31%，复合年均增长率为 2.25%。全球的菜籽粕消费主要集中在欧盟、中国、印度和美国。2022/2023 年度，欧盟菜籽粕消费量 1310 万吨，占全球菜籽粕消费量的 30%；中国菜籽粕消费量 1155 万吨（见图 33），占比 26%；印度菜籽粕消费量 495 万吨，占比 11%；美国菜籽粕消费量 458 万吨，占比 11%。欧盟、中国、印度、美国的菜籽粕消费量合计占全球消费量的 78%。

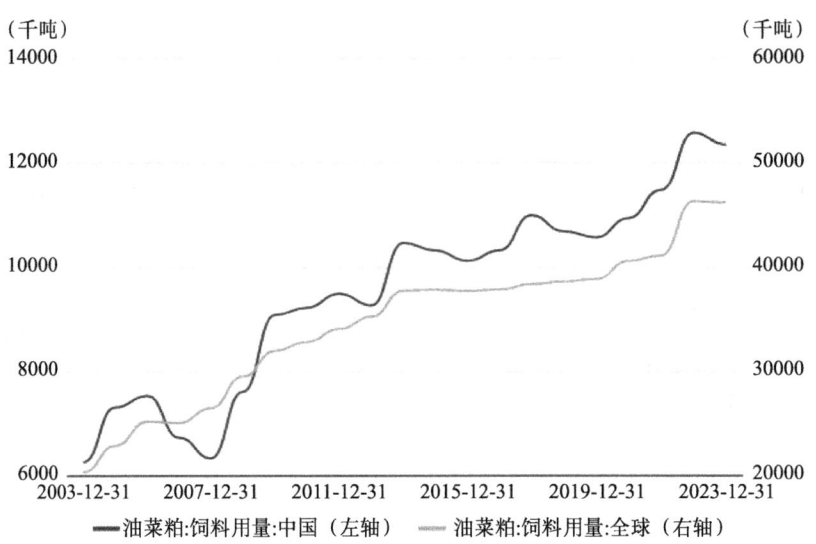

图32 油菜粕饲料用量

数据来源：同花顺 iFinD。

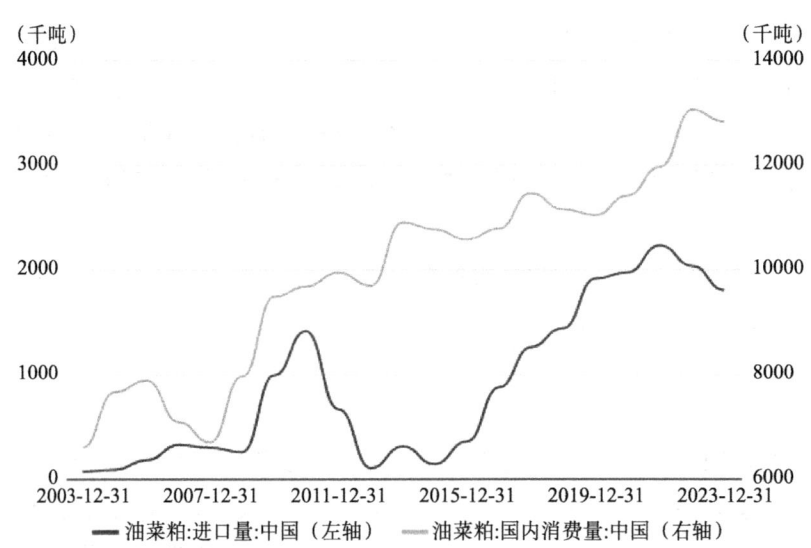

图33 油菜粕进口量和消费量

数据来源：同花顺 iFinD。

全球菜粕消费中饲用消费占据主导地位，2022/2023年度，全球菜粕消费中，饲用消费量4316万吨，占比98%；工业消费量78万吨，仅占2%。

油菜粕产量如图34所示。菜粕持仓量和成交量如图35所示。

由于菜粕保质期较短，仅能储存2—3个月，因此长途运输菜粕性价比较低，各国普遍采取进口油菜籽来弥补本国油菜籽的不足。进口菜粕一直是我国菜粕市场的重要组成部分，运输情况变化等原因导致2022年我国减少了菜籽进口并增加了菜粕

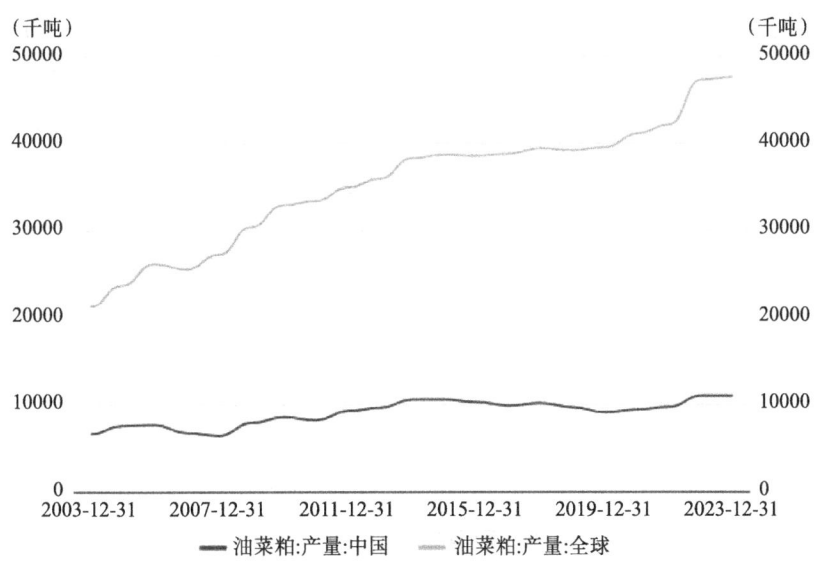

图 34　油菜粕产量

数据来源：同花顺 iFinD。

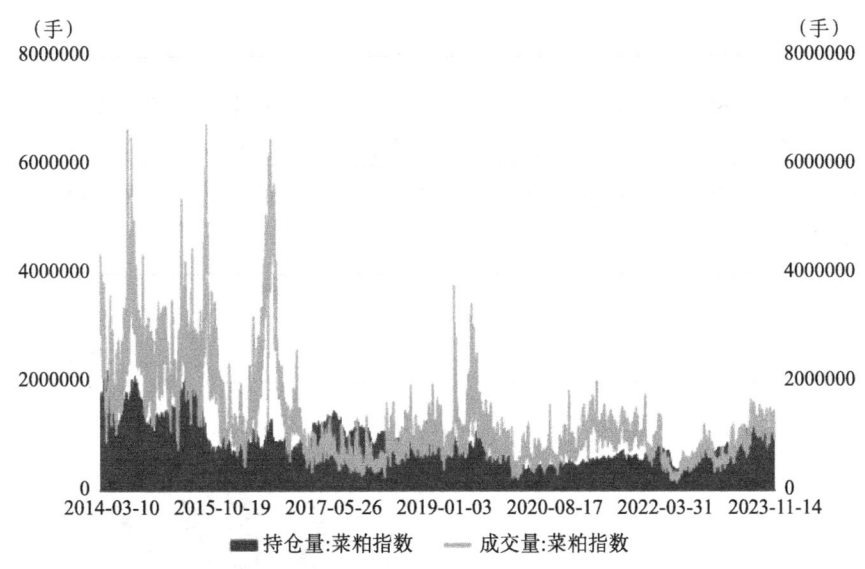

图 35　菜粕持仓量和成交量

数据来源：同花顺 iFinD。

的进口，2022/2023 年度，我国进口菜籽粕数量为 200 万吨，进口依存度 21%。由于我国对菜籽粕进口免收增值税，进口菜籽粕完税价格仍然相对较低，因此进口菜籽粕价格对国内菜籽粕价格形成了一定的抑制作用（见图 36）。

为完善我国的菜籽系列期货品种，菜粕期货于 2012 年 12 月 28 日在郑州商品交易所正式上市交易。

图 36　菜籽粕期货价格变化情况

数据来源：同花顺 iFinD。

5. 白糖期货

糖是天然甜味剂，是人们日常生活的必需品，是人体所必需的三大养分之一，食用后能供给人体较高的热量。我国早在 1960 年便正式将白糖、粮、棉、油列为同等重要的战备物资之一，还要求储量必须满足全国 3 个月消耗量。为了保障食糖供给安全，稳定白糖价格，我国对食糖的进口一向实行严格的管控，对储备库存环节进行精准的调节。

成品糖产量如图 37 所示。食糖进口数量如图 38 所示。

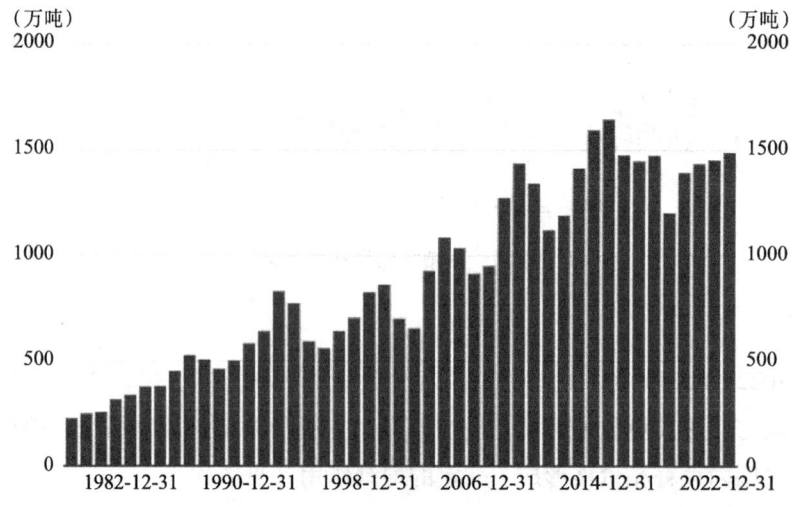

图 37　成品糖产量

数据来源：同花顺 iFinD。

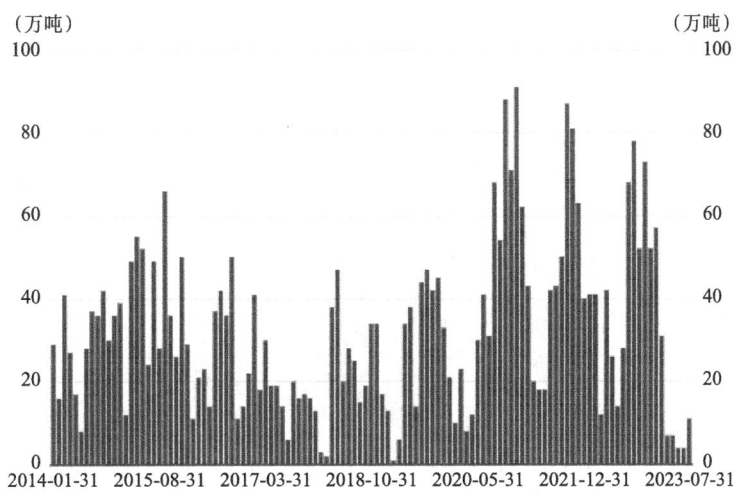

图 38 食糖进口数量

数据来源：同花顺 iFinD。

中国食糖与全球食糖的生产节奏联系紧密，全球食糖的生产中，甘蔗糖占比为 76%—81%，剩余为甜菜糖。从食糖生产国来看，食糖生产相对集中；从国际产量占比来看，巴西占比 23%，印度占比 19%，欧盟占比 8%，中国占比 6%。我国是世界第三大食糖消费国，第二大食糖进口国。2020/2021 年度，我国累计产糖 1067 万吨，其中甘蔗糖 917 万吨，2020 年我国进口食糖 526 万吨。

改革开放以来，中国白糖产业发生了几次重大变化。例如，1989 年 2 月中国糖业协会筹备组组建；1992 年 3 月 28 日，原轻工业部批复同意成立中国糖业协会；1992 年 6 月 22 日，中国糖业协会的社会团体法人资格被确立。

糖料作物产量如图 39 所示。白糖期货成交量和持仓量如图 40 所示。

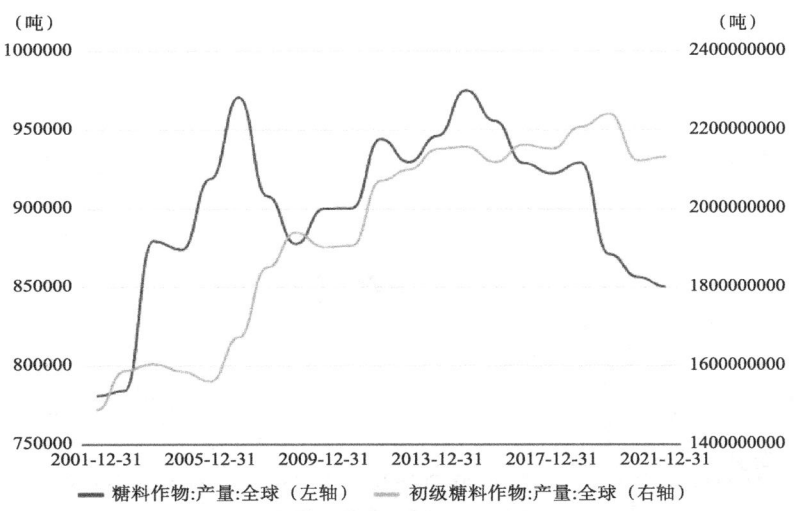

图 39 糖料作物产量

数据来源：同花顺 iFinD。

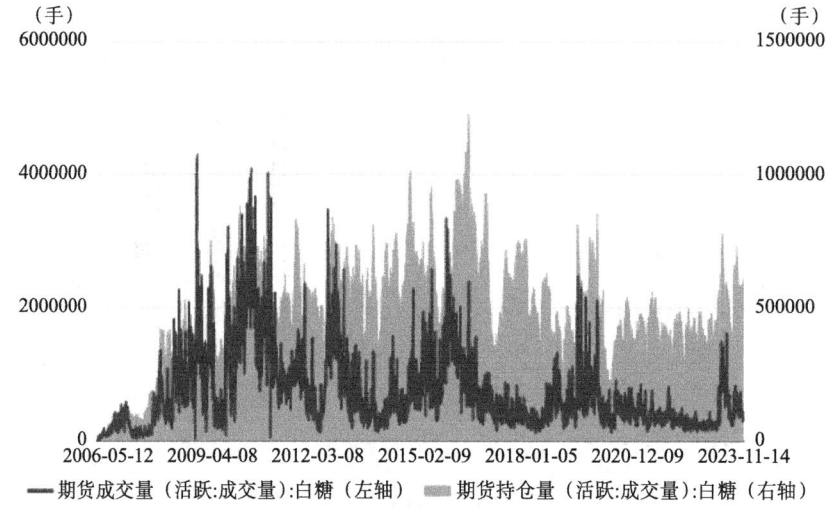

图 40　白糖期货成交量和持仓量

数据来源：同花顺 iFinD。

我国白糖的进出口政策在 2001 年加入世界贸易组织（WTO）签署农业协议时发生了较大变化。该协议规定：从 1999 年发放 160 万吨进口食糖关税配额，进口原糖关税为 20%、白糖为 30%，5 年内配额数量逐年增加。到 2004 年，进口食糖关税配额增长到 194.5 万吨，关税降低 15%；配额外食糖进口关税从 76% 降至 50%。自 2014 年 11 月 1 日起，商务部将配额外食糖纳入自动进口许可管理，同时积极支持中国糖业协会发起的行业自律、规范进口秩序举措。

白糖期货在我国上市时间比较早，2006 年 1 月 6 日白糖期货已在郑州商品交易所正式挂牌进行交易，白糖期货价格变化如图 41 所示。白糖期货弥补了白糖产业链套期保值工具的空白，为我国白糖产业的健康稳定发展作出了突出贡献。

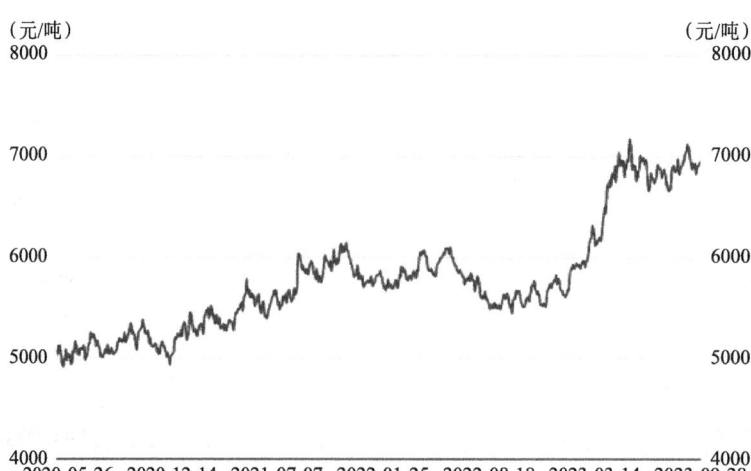

图 41　白糖期货价格变化

数据来源：同花顺 iFinD。

6. 平板玻璃期货

我国是世界上最大的玻璃生产国和消费国,随着近 20 年来中国房地产市场的高速发展,我国的玻璃产业链也获得了极大提升,国内平板玻璃产能由 2008 年的 5.69 亿重箱增长至 2020 年的 13.83 亿重箱,年均产能增速达 8%。

玻璃期货价格变化如图 42 所示。

图 42 玻璃期货价格变化

数据来源:同花顺 iFinD。

平板玻璃行业下游主要分为建筑玻璃、汽车玻璃等。浮法玻璃下游领域主要包括房地产、汽车、出口等。其中,房地产和汽车分别约占 88% 和 6%,因此这两大行业的景气度是浮法玻璃需求景气度的重要影响因素。2021 年由于对房地产的需求较高,我国历史性地从玻璃净出口国转变为净进口国。

平板玻璃产量和出口量分别如图 43 和图 44 所示。

平板玻璃生产成本主要由原材料和燃料构成,根据中国产业信息网数据,原材料和燃料成本占比分别为 43% 和 34%。纯碱是玻璃生产过程中主要的成本支出项,市场价格波动较大,其价格变动将显著影响玻璃生产成本,在一定程度上也会造成玻璃价格的波动。

为加强玻璃市场的建设,中国证监会通过了玻璃期货上市交易的申请,于 2012 年 12 月 3 日在郑州商品交易所正式挂牌交易,我国平板玻璃市场有了更多的价格参考选择。

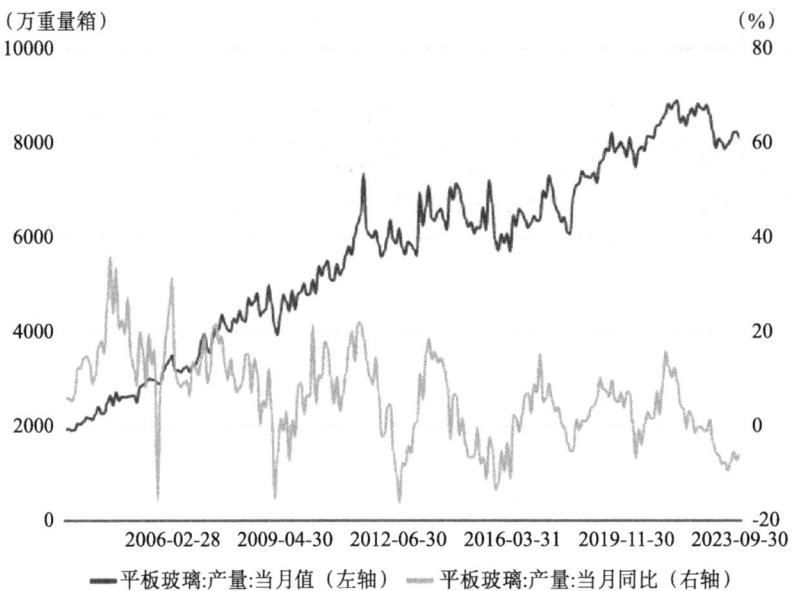

图 43　平板玻璃产量

数据来源：同花顺 iFinD。

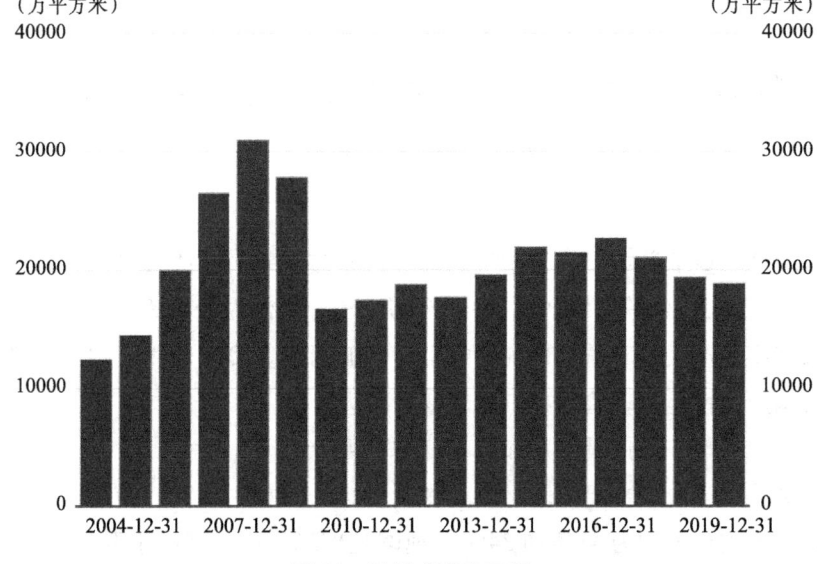

图 44　平板玻璃出口量

数据来源：同花顺 iFinD。

7. 纯碱期货

纯碱的成分为碳酸钠，碳酸钠常温下为白色无气味的粉末或颗粒，具有吸水性，暴露在空气中会逐渐吸收水分，形成结块。碳酸钠属于钠盐，在水溶液中电离产生氢氧根离子，水溶液呈碱性（pH = 11.6）。碳酸钠有一定的腐蚀性，稳定性较强，但高温下也可分解生成氧化钠和二氧化碳。

我国是世界纯碱产业的重要国家，自2003年起，我国纯碱产能和产量位居世界第一，2020年达到历史高点，截至2020年，我国纯碱产能为3317万吨，产量为2759.2万吨。纯碱进出口数量和产能分别如图45和图46所示。

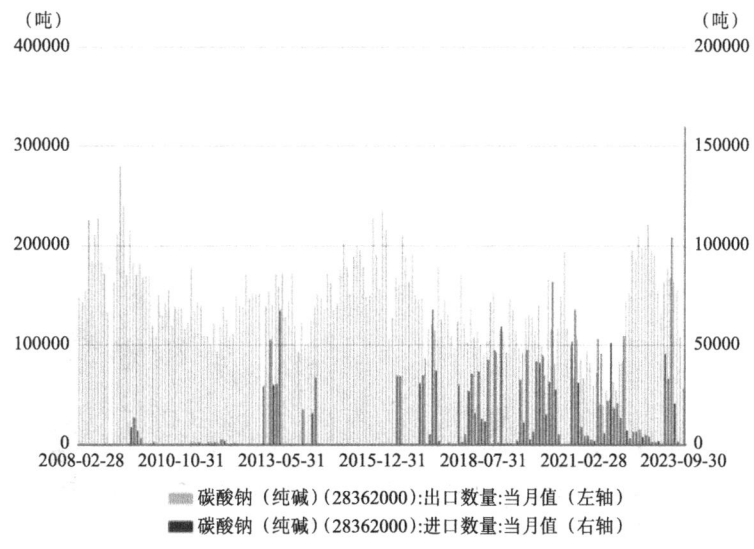

图45　纯碱进出口数量

数据来源：同花顺 iFinD。

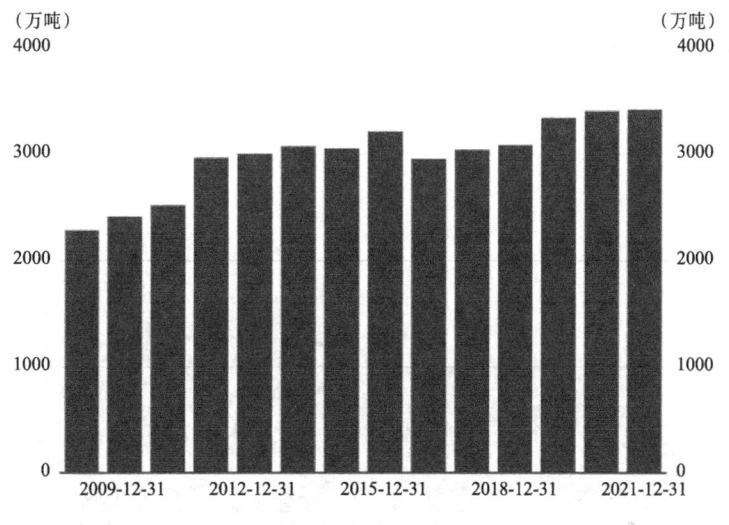

图46　纯碱产能

数据来源：同花顺 iFinD。

纯碱的下游行业中，平板玻璃行业是重碱最主要的消费领域，一般而言，生产1吨平板玻璃需要消耗0.2吨重碱，2015年以来，平板玻璃对纯碱的年需求量始终保持在 1000 万吨以上。近年来伴随着我国房地产市场的迅猛发展，我国成为世界第一大纯碱消费国。随着玻璃需求的不断攀升，中国纯碱消费量整体呈递增趋势，重碱需求的快速增长成为纯碱需求持续增长的最主要原因之一。纯碱持仓量和成交量如图 47 所示。纯碱产量如图 48 所示。

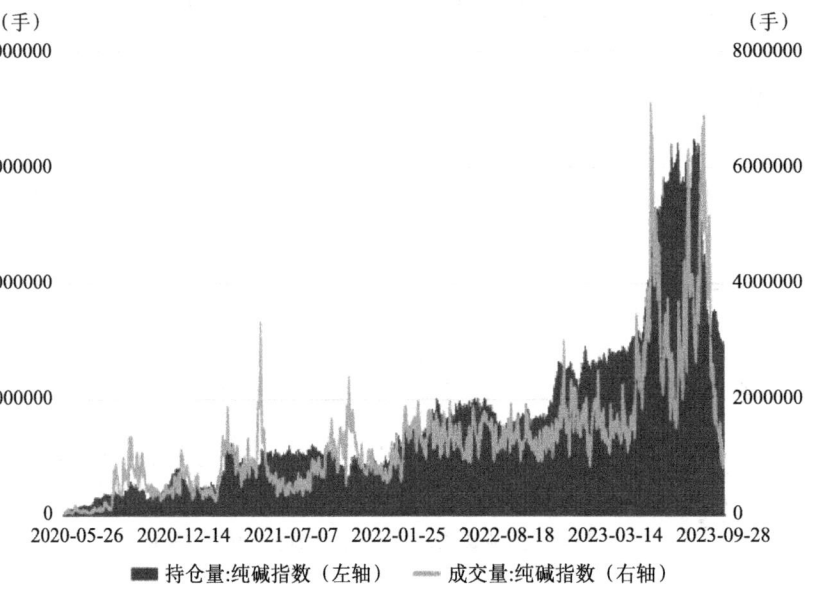

图 47 纯碱持仓量和成交量

数据来源：同花顺 iFinD。

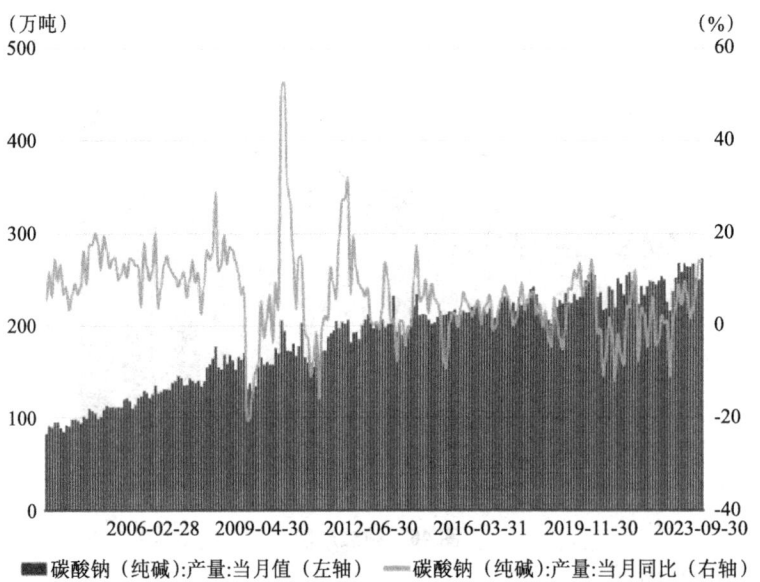

图 48 纯碱产量

数据来源：同花顺 iFinD。

2020年我国纯碱总需求量为2573万吨，较2010年增长36%。其中，重碱需求量1293万吨，较2010年增长64%；轻碱需求量为1280万吨，较2010年增长17%，重碱需求增长对纯碱总需求增长的贡献率达到80%以上。

在纯碱贸易方面，我国是纯碱净出口国，2010年以来，我国纯碱年平均净出口量为152.4万吨，其中，年平均出口量为165.2万吨，年平均进口量只有12.8万吨。

纯碱期货已于2019年12月6日在郑州商品交易所上市交易，上市后很快受到产业链中各类参与者的重点关注。纯碱期货价格变化如图49所示。

图49　纯碱期货价格变化

数据来源：同花顺iFinD。

8. 焦煤期货

焦煤是我国黑色产业链的重要原材料，而黑色产业链是我国工业的支柱产业，对国民经济影响重大。黑色产业链在成本、利润等方面的变化是政府部门时刻关注的焦点，因此焦煤期货的价格变化时刻受到市场的广泛关注。总体来看，世界煤炭资源分布极不平均，从BP能源发布的最新全球煤炭储量数据来看，截至2021年全球煤炭探明总储量占比最大的是美国，为23.9%；中国煤炭探明储量占全球煤炭探明总储量的13.3%。产量方面，2021年全球煤炭产量为81.73亿吨，其中，中国产量最高，为41.26亿吨，占全球煤炭总产量的50.5%，远远高于其他国家。

煤炭进口数量如图50所示。炼焦煤消费量如图51所示。

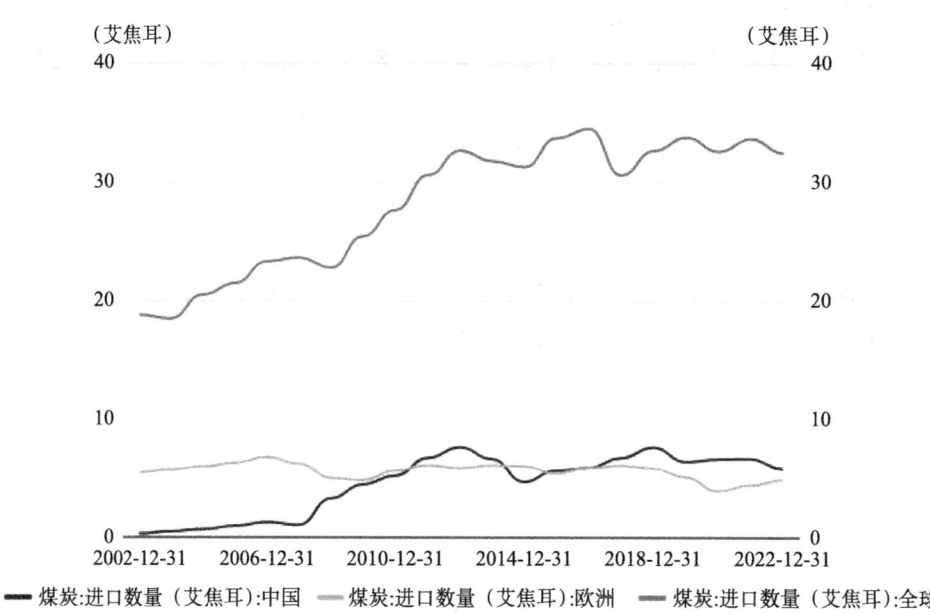

图 50　煤炭进口数量

数据来源：同花顺 iFinD。

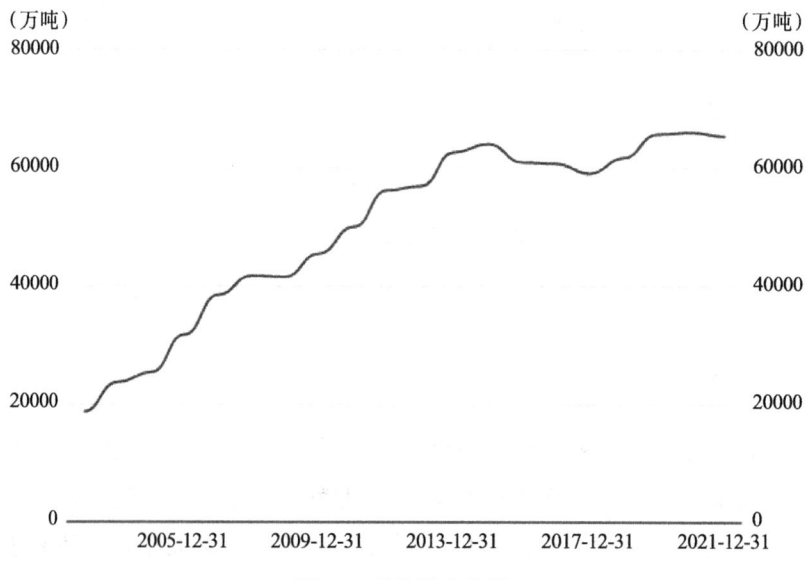

图 51　炼焦煤消费量

数据来源：同花顺 iFinD。

全球煤炭资源中炼焦煤不足 10%，是煤炭资源中占比较小的种类。就已探明的炼焦煤资源的分布来看，截至 2021 年，全球炼焦煤储量中俄罗斯占比最大，为 42%，第二位是中国，占比为 24%。

炼焦烟煤进口数量如图 52 所示。煤炭消费量如图 53 所示。

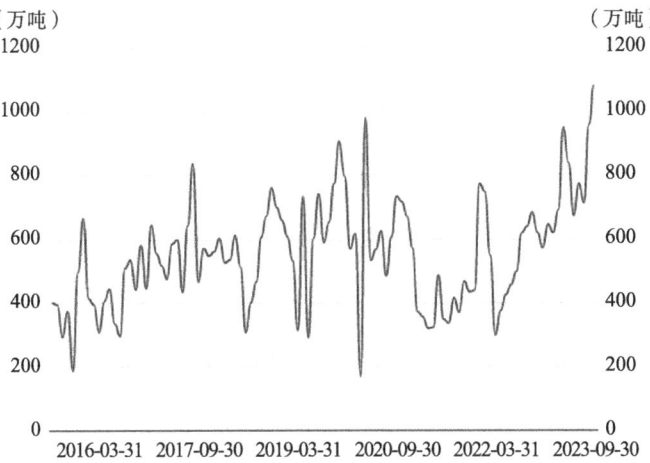

图 52　炼焦烟煤进口数量

数据来源：同花顺 iFinD。

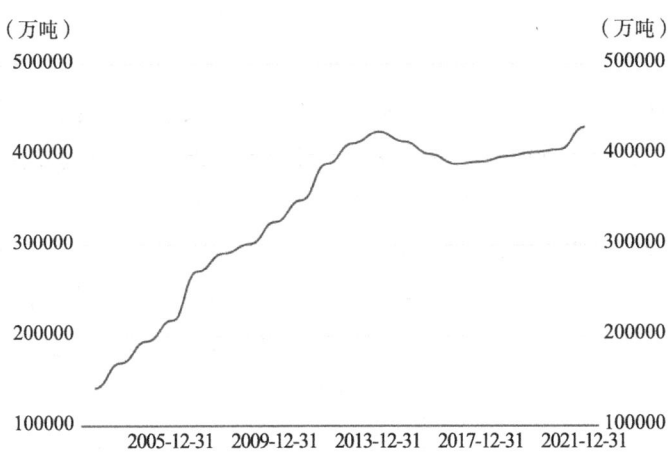

图 53　煤炭消费量

数据来源：同花顺 iFinD。

全球各主要经济体由于资源禀赋、发展模式等存在差异，因此它们对于煤炭的需求也有明显区别。例如，我国虽然炼焦煤储量较多，但是炼焦煤消费量也较多，因此我国的炼焦煤进口依赖度较高。2021 年中国炼焦煤产量 4.9 亿吨，领先世界其他各国，在全球炼焦煤产量排名中位列第一。

为加强我国焦煤市场建设，完善黑色产业链期货品种，焦煤期货于 2013 年 3 月 22 日在大连商品交易所上市交易，焦煤期货品种的推出开启了我国焦煤市场的新篇章。焦煤期货价格变化如图 54 所示。

图 54 焦煤期货价格变化

数据来源：同花顺 iFinD。

（二）已实现波动率分析

我们首先基于选取期货品种的高频数据计算已实现波动率（RV）并对其进行分析，图 55 至图 62 为 8 个实证期货品种的已实现波动率序列图，表 2 至表 9 为各实证标的已实现波动率及其标准差形式、对数形式的统计结果。从统计图表中的结果能够看出 8 个期货品种的已实现波动率序列和已实现波动率标准差形式序列均存在较明显的右偏现象，其峰度统计量普遍大于 3。在已实现波动率的对数形式序列统计中，其峰度与偏度出现明显下降，这与当前已实现波动率的普遍研究结果相一致，对数形式的已实现波动率更接近正态分布序列。各品种的比较中，白糖期货、纸浆期货和菜油期货的已实现波动率数值相对较小，纯碱期货、焦煤期货和平板玻璃期货的已实现波动率数值相对较大，其日内波动更加剧烈。在已实现波动率偏度统计量的比较中，白糖期货、菜油期货与焦煤期货的右偏现象更加明显，它们的已实现波动率峰度统计量也相对更高。

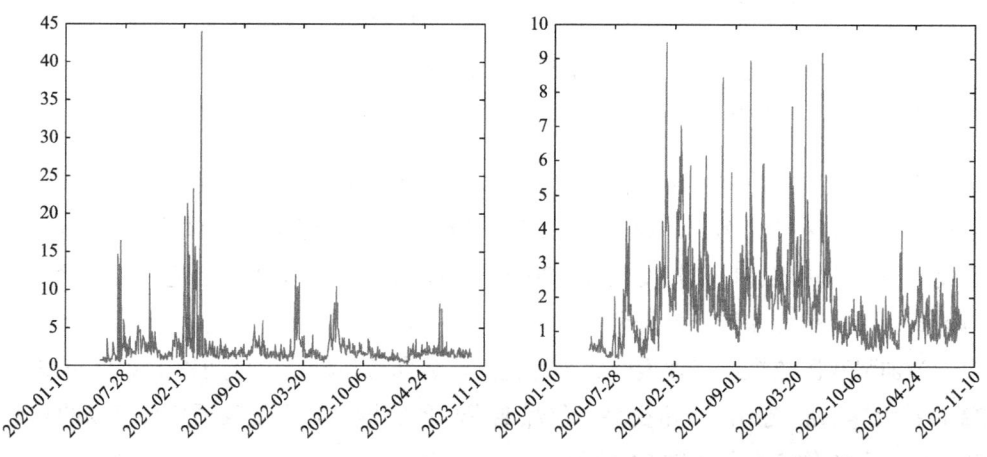

图 55 菜油期货已实现波动率序列   图 56 纸浆期货已实现波动率序列

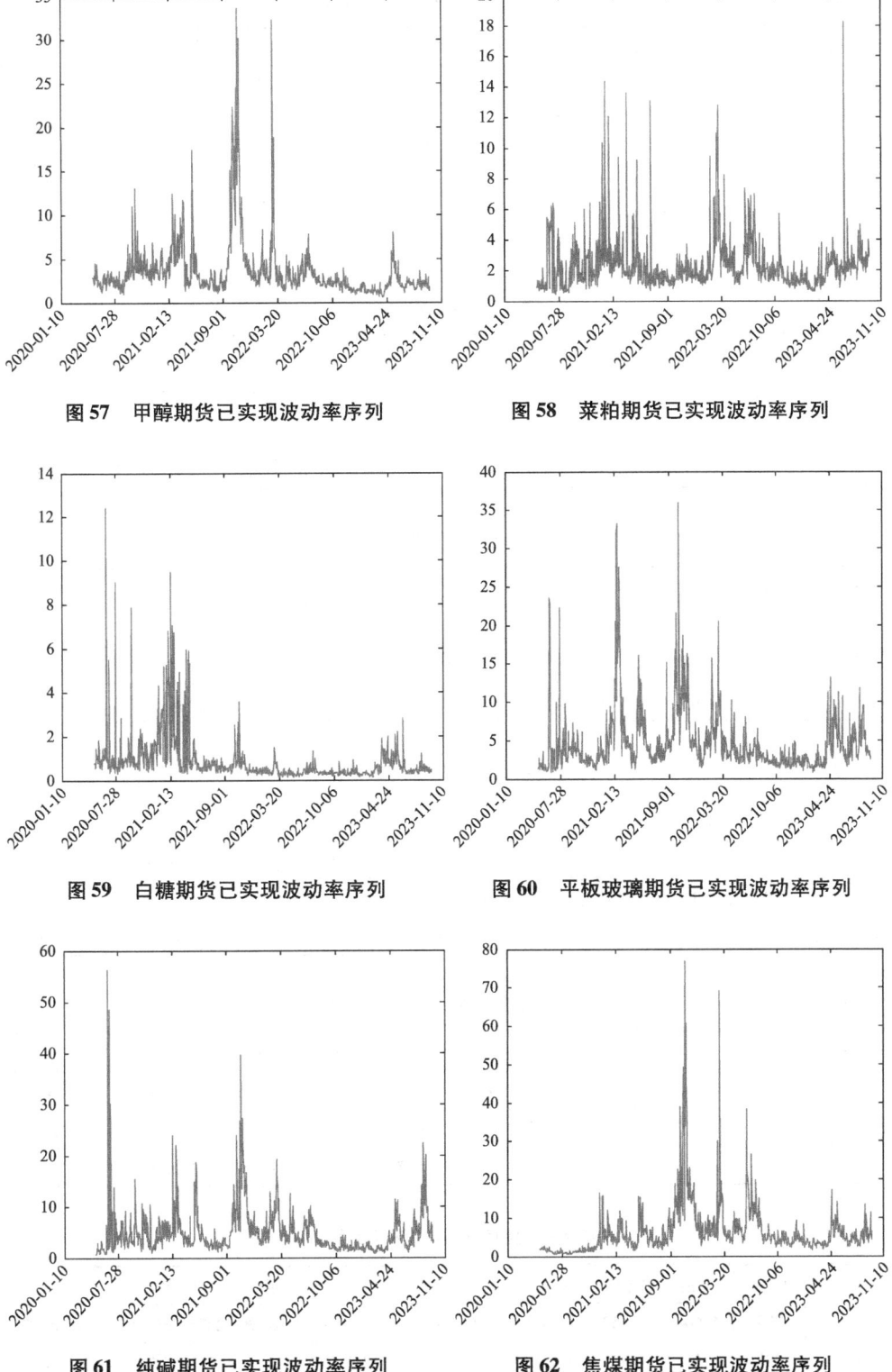

图 57　甲醇期货已实现波动率序列

图 58　莱粕期货已实现波动率序列

图 59　白糖期货已实现波动率序列

图 60　平板玻璃期货已实现波动率序列

图 61　纯碱期货已实现波动率序列

图 62　焦煤期货已实现波动率序列

表2 菜油期货已实现波动率统计

序列	样本数	均值	中位数	最大值	最小值	标准差	偏度	峰度	Q(20)	ADF
RV_t	809	2.284	1.603	43.921	0.262	2.796	6.746	74.991	790.6***	-13.4***
$RV_t^{1/2}$	809	1.395	1.266	6.627	0.512	0.582	3.013	17.473	1410.2***	-5.616***
$\log(RV_t)$	809	0.544	0.472	3.782	-1.339	0.657	0.990	5.225	1945.1***	-11.089***

注：Q(20)表示滞后20阶的Ljung-Box统计量；*** 表示在1%水平上显著，** 表示在5%水平上显著。下同。

表3 纸浆期货已实现波动率统计

序列	样本数	均值	中位数	最大值	最小值	标准差	偏度	峰度	Q(20)	ADF
RV_t	809	1.802	1.438	9.446	0.215	1.317	2.073	9.347	2275.9***	-7.345***
$RV_t^{1/2}$	809	1.269	1.199	3.073	0.464	0.438	0.894	4.215	3631.2***	-3.517***
$\log(RV_t)$	809	0.361	0.364	2.246	-1.535	0.687	-0.133	2.955	4878.7***	-9.203***

表4 甲醇期货已实现波动率统计

序列	样本数	均值	中位数	最大值	最小值	标准差	偏度	峰度	Q(20)	ADF
RV_t	809	3.598	2.668	33.61	0.556	3.445	4.29	27.55	3875.3***	-6.961***
$RV_t^{1/2}$	809	1.781	1.633	5.798	0.745	0.653	2.342	11.075	5042.9***	-3.089***
$\log(RV_t)$	809	1.051	0.981	3.515	-0.587	0.614	0.826	4.529	5703.6***	-4.471***

表5 菜粕期货已实现波动率统计

序列	样本数	均值	中位数	最大值	最小值	标准差	偏度	峰度	Q(20)	ADF
RV_t	809	2.337	1.906	18.219	0.465	1.748	3.531	22.10	668.96***	-10.44***
$RV_t^{1/2}$	809	1.459	1.381	4.268	0.682	0.457	1.732	8.226	1150.0***	-4.539***
$\log(RV_t)$	809	0.672	0.645	2.902	-0.765	0.565	0.486	3.711	1549.99***	-9.673***

表6 白糖期货已实现波动率统计

序列	样本数	均值	中位数	最大值	最小值	标准差	偏度	峰度	Q(20)	ADF
RV_t	809	0.879	0.536	12.44	0.124	1.157	4.431	28.9	1855.09***	-13.867***
$RV_t^{1/2}$	809	0.843	0.732	3.527	0.352	0.411	2.461	10.87	3519.5***	-6.064***
$\log(RV_t)$	809	-0.512	-0.624	2.521	-2.089	0.773	0.949	4.098	5105.9***	-10.189***

表7 平板玻璃期货已实现波动率统计

序列	样本数	均值	中位数	最大值	最小值	标准差	偏度	峰度	Q(20)	ADF
RV_t	809	4.604	3.453	36.00	0.762	3.956	3.249	18.28	2235.439***	-7.85066***
$RV_t^{1/2}$	809	2.018	1.858	6.000	0.873	0.729	1.680	7.110	3116.6***	-3.640***
$\log(RV_t)$	809	1.295	1.239	3.584	-0.271	0.642	0.562	3.308	3605.9***	-4.686***

表8　　　　　　　　　　　纯碱期货已实现波动率统计

序列	样本数	均值	中位数	最大值	最小值	标准差	偏度	峰度	Q(20)	ADF
RV_t	809	4.903	3.535	56.19	0.694	4.772	4.403	34.28	1615.55***	-10.59***
$RV_t^{1/2}$	809	2.062	1.88	7.496	0.833	0.809	1.871	9.191	2836.1***	-4.4192***
$\log(RV_t)$	809	1.319	1.263	4.029	-0.365	0.697	0.439	3.322	3861.0***	-5.051***

表9　　　　　　　　　　　焦煤期货已实现波动率统计

序列	样本数	均值	中位数	最大值	最小值	标准差	偏度	峰度	Q(20)	ADF
RV_t	809	6.297	4.527	76.842	0.494	6.911	4.606	34.866	4112.4***	-8.054***
$RV_t^{1/2}$	809	2.296	2.128	8.766	0.703	1.014	1.819	9.230	6629.8***	-3.372***
$\log(RV_t)$	809	1.492	1.510	4.342	-0.705	0.821	0.019	3.403	8765.2***	-3.354***

对菜油期货、纸浆期货、甲醇期货、菜粕期货、白糖期货、平板玻璃期货、纯碱期货和焦煤期货的已实现波动率进行自相关分析和单位根检验后，从Ljung-Box Q 统计量可以看出，各期货标的已实现波动率标准形式、标准差形式和对数形式序列均存在明显的自相关性质，Q 统计量的值都非常大。通过 ADF 检验发现各时间序列均为平稳时间序列，在1% 和5% 的置信区间中，均拒绝了存在单位根的零假设。因此，各期货品种价格指数的已实现波动率标准形式、标准差形式和对数形式均具有长记忆性，适合采用 HAR-RV-CJ 模型进行波动率预测分析。

（三）日跳跃识别分析

在对8个期货品种的已实现波动率统计分析完成后，开始进行期货品种发生的价格跳跃行为分析。在日跳跃识别中，对8个期货品种的日跳跃检验分别取显著性水平 θ 为0.05、0.01 和0.001 对应的临界值 $\Phi_{0.95}$、$\Phi_{0.99}$ 和 $\Phi_{0.999}$ 来进行日价格跳跃判定。在样本区间的809个交易日中，各期货品种进行日跳跃识别检验的结果如表10至表17所示。

表10　　　　　　　　　　菜油期货连续波动与跳跃波动统计

序列	样本数	均值	中位数	最大值	最小值	标准差	偏度	峰度	Q(20)	ADF
Z 统计量临界值取 $\Phi_{0.95}$										
CV_t	809	1.615	1.34	9.29	0.262	1.096	2.954	14.97	1983.8***	-6.55***
JV_t	809	0.669	0.098	41.765	0	2.451	9.01	117.25	675.16***	-18.52***
$JV_t>0$	416	1.30	0.354	41.77	0.055	3.297	6.635	64.46	416.18***	-12.53***
Z 统计量临界值取 $\Phi_{0.99}$										
CV_t	809	1.649	1.358	9.294	0.262	1.146	3.005	15.002	1835.6***	-7.019***
JV_t	809	0.635	0	41.77	0	2.452	9.026	117.38	698.56***	-18.52***
$JV_t>0$	317	1.62	0.56	41.77	0.055	3.712	5.854	50.65	279.31***	-10.89***

续表

序列	样本数	均值	中位数	最大值	最小值	标准差	偏度	峰度	Q (20)	ADF
Z 统计量临界值取 $\Phi_{0.99}$										
CV_t	809	1.679	1.379	11.97	0.262	1.219	3.481	20.47	1719.5***	-7.395***
JV_t	809	0.605	0	41.76	0	2.454	9.047	117.60	708.50***	-18.60***
$JV_t > 0$	250	1.958	0.728	41.77	0.074	4.108	5.245	41.11	207.08***	-8.74***

表 11 纸浆期货连续波动与跳跃波动统计

序列	样本数	均值	中位数	最大值	最小值	标准差	偏度	峰度	Q (20)	ADF
Z 统计量临界值取 $\Phi_{0.95}$										
CV_t	809	1.696	1.373	9.446	0.191	1.253	2.192	10.607	2269.8***	-7.381***
JV_t	809	0.106	0	2.52	0	0.225	4.405	32.662	68.289***	-23.15***
$JV_t > 0$	303	0.282	0.192	2.52	0.02	0.292	3.425	20.11	223.04***	-8.119***
Z 统计量临界值取 $\Phi_{0.99}$										
CV_t	809	1.728	1.406	9.446	0.191	1.273	2.150	10.179	2275.9***	-7.345***
JV_t	809	0.073	0	2.52	0	0.212	5.348	43.07	69.51***	-24.25***
$JV_t > 0$	182	0.3265	0.2095	2.52	0.032	0.344	3.054	15.503	150.99***	-6.654***
Z 统计量临界值取 $\Phi_{0.999}$										
CV_t	809	1.756	1.43	9.446	0.191	1.288	2.1	9.751	2281.7***	-7.33***
JV_t	809	0.046	0	2.52	0	0.189	7.131	68.82	35.22**	-27.27***
$JV_t > 0$	102	0.3661	0.233	2.52	0.040	0.409	2.814	12.348	94.75***	-4.629***

表 12 甲醇期货连续波动与跳跃波动统计

序列	样本数	均值	中位数	最大值	最小值	标准差	偏度	峰度	Q (20)	ADF
Z 统计量临界值取 $\Phi_{0.95}$										
CV_t	809	3.072	2.306	33.61	0.556	3.014	4.687	31.90	4696.02***	-6.208***
JV_t	809	0.526	0.106	20.87	0	1.346	7.380	83.53	826.29***	-17.84***
$JV_t > 0$	410	1.037	0.536	20.87	0.061	1.746	5.809	51.05	337.3***	-9.343***
Z 统计量临界值取 $\Phi_{0.99}$										
CV_t	809	3.119	2.343	33.61	0.556	3.043	4.632	31.09	4777.50***	-6.045***
JV_t	809	0.479	0	20.87	0	1.352	7.376	83.13	837.50***	-17.87***
$JV_t > 0$	299	1.297	0.758	20.87	0.114	1.972	5.151	40.2	225.05***	-7.965***
Z 统计量临界值取 $\Phi_{0.999}$										
CV_t	809	3.162	2.38	33.61	0.556	3.071	4.629	30.89	4782.04***	-5.899***
JV_t	809	0.436	0	20.87	0	1.354	7.418	83.43	826.98***	-18.21***
$JV_t > 0$	220	1.604	0.993	20.87	0.114	2.210	4.590	32.04	147.6***	-6.572***

表 13 菜粕期货连续波动与跳跃波动统计

序列	样本数	均值	中位数	最大值	最小值	标准差	偏度	峰度	Q (20)	ADF
Z 统计量临界值取 $\Phi_{0.95}$										
CV_t	809	1.853	1.618	11.22	0.402	1.08	2.607	15.43	2900.998***	−5.826***
JV_t	809	0.484	0	11.88	0	1.185	5.032	36.93	190.924***	−21.48***
$JV_t>0$	394	0.994	0.4185	11.876	0.049	1.5417	3.699	20.917	67.08***	−12.75***
Z 统计量临界值取 $\Phi_{0.99}$										
CV_t	809	1.881	1.652	12.75	0.402	1.106	2.944	20.16	2792.46***	−5.911***
JV_t	809	0.456	0	11.88	0	1.191	5.02	36.64	188.57***	−21.74***
$JV_t>0$	290	1.271	0.625	11.88	0.090	1.710	3.23	16.53	37.43	−10.47***
Z 统计量临界值取 $\Phi_{0.999}$										
CV_t	809	1.912	1.673	12.75	0.402	1.157	3.205	21.91	2728.31***	−6.090***
JV_t	809	0.425	0	11.88	0	1.189	5.083	37.30	201.66***	−21.87***
$JV_t>0$	223	1.541	0.868	11.88	0.109	1.848	2.926	13.89	29.10	−8.912***

表 14 白糖期货连续波动与跳跃波动统计

序列	样本数	均值	中位数	最大值	最小值	标准差	偏度	峰度	Q (20)	ADF
Z 统计量临界值取 $\Phi_{0.95}$										
CV_t	809	0.584	0.471	6.944	0.111	0.463	5.140	54.35	1832.20***	−9.983***
JV_t	809	0.295	0	11.79	0	0.962	5.808	46.06	752.32***	−19.465***
$JV_t>0$	404	0.59	0.132	11.79	0.013	1.297	4.076	23.99	610.12***	−11.67***
Z 统计量临界值取 $\Phi_{0.99}$										
CV_t	809	0.593	0.477	6.944	0.117	0.476	5.317	55.41	1710.32***	−10.28***
JV_t	809	0.286	0	11.79	0	0.964	5.807	45.995	725.96***	−19.539***
$JV_t>0$	317	0.731	0.195	11.79	0.020	1.432	3.585	19.16	433.54***	−10.24***
Z 统计量临界值取 $\Phi_{0.999}$										
CV_t	809	0.602	0.489	6.944	0.117	0.491	5.375	53.93	1663.99***	−10.57***
JV_t	809	0.277	0	11.79	0	0.965	5.817	46.06	679.73***	−19.71***
$JV_t>0$	244	0.918	0.299	11.793	0.0217	1.5822	3.118	15.14	323.47***	−8.855***

表 15 平板玻璃期货连续波动与跳跃波动统计

序列	样本数	均值	中位数	最大值	最小值	标准差	偏度	峰度	Q (20)	ADF
Z 统计量临界值取 $\Phi_{0.95}$										
CV_t	809	3.882	2.979	36.00	0.679	2.967	3.361	24.58	2958.5***	−7.534***
JV_t	809	0.722	0	30.49	0	2.528	7.352	67.13	1495.2***	−12.299***
$JV_t>0$	333	1.754	0.627	30.49	0.084	3.706	4.834	29.55	538.88***	−7.404***

续表

序列	样本数	均值	中位数	最大值	最小值	标准差	偏度	峰度	Q (20)	ADF
Z 统计量临界值取 $\Phi_{0.99}$										
CV_t	809	3.939	3.017	36.00	0.762	2.999	3.301	23.67	2975.239***	-7.4609***
JV_t	809	0.666	0	30.49	0	2.534	7.356	67.06	1514.4***	-12.399***
$JV_t > 0$	235	2.292	0.831	30.49	0.152	4.294	4.048	21.16	342.21***	-6.155***
Z 统计量临界值取 $\Phi_{0.999}$										
CV_t	809	4.001	3.037	36.00	0.762	3.060	3.220	22.20	2887.2***	-7.628***
JV_t	809	0.603	0	30.49	0	2.53	7.451	68.19	1387.8***	-13.04***
$JV_t > 0$	162	3.013	1.292	30.49	0.168	4.98	3.347	14.91	203.14***	-4.93***

表 16　　纯碱期货连续波动与跳跃波动统计

序列	样本数	均值	中位数	最大值	最小值	标准差	偏度	峰度	Q (20)	ADF
Z 统计量临界值取 $\Phi_{0.95}$										
CV_t	809	4.119	3.032	39.56	0.55	3.609	3.3	20.82	3723.01***	-6.60***
JV_t	809	0.785	0	54.47	0	3.065	12.37	191.37	469.44***	-22.898***
$JV_t > 0$	380	1.671	0.65	54.47	0.084	4.306	8.898	97.26	187.64***	-15.31***
Z 统计量临界值取 $\Phi_{0.99}$										
CV_t	809	4.23	3.1	39.56	0.55	3.749	3.242	19.46	3432.56***	-7.309***
JV_t	809	0.674	0	54.47	0	2.988	13.14	211.87	481.91***	-23.28***
$JV_t > 0$	263	2.073	0.874	54.47	0.115	4.962	7.993	76.61	125.83***	-12.78***
Z 统计量临界值取 $\Phi_{0.999}$										
CV_t	809	4.31	3.139	39.56	0.55	3.848	3.238	18.87	3436.16***	-7.209***
JV_t	809	0.594	0	54.47	0	2.981	13.30	215.36	492.61***	-23.46***
$JV_t > 0$	175	2.744	1.363	54.47	0.137	5.943	6.677	53.06	78.931***	-10.41***

表 17　　焦煤期货连续波动与跳跃波动统计

序列	样本数	均值	中位数	最大值	最小值	标准差	偏度	峰度	Q (20)	ADF
Z 统计量临界值取 $\Phi_{0.95}$										
CV_t	809	5.985	4.339	76.84	0.467	6.434	4.512	35.18	5002.1***	-7.035***
JV_t	809	0.312	0	46.07	0	1.758	22.34	571.84	17.02	-27.10***
$JV_t > 0$	234	1.078	0.622	46.07	0.054	3.144	12.81	181.5	26.97	-12.99***
Z 统计量临界值取 $\Phi_{0.99}$										
CV_t	809	6.049	4.347	76.84	0.494	6.461	4.453	34.47	4968.5***	-7.03***
JV_t	809	0.248	0	46.07	0	1.745	22.91	592.03	10.72	-27.73***
$JV_t > 0$	147	1.364	0.775	46.07	0.08	3.914	10.389	117.79	14.19372	-9.54022***
Z 统计量临界值取 $\Phi_{0.999}$										
CV_t	809	6.130	4.401	76.84	0.494	6.51	4.375	33.43	4933.1***	-7.04***
JV_t	809	0.167	0	46.07	0	1.714	24.26	640.67	0.520	-28.3***
$JV_t > 0$	72	1.874	0.912	46.07	0.160	5.494	7.467	59.99	5.064	-7.43291***

从表 10 至表 17 中的统计结果可以看出，在选取的样本区间 809 个交易日中，发生日价格跳跃的频率由高到低排序依次是：菜油期货、甲醇期货、白糖期货、菜粕期货、纯碱期货、平板玻璃期货、纸浆期货和焦煤期货。可以发现，受到外盘影响越明显的品种，在国内期货交易休息的时间段，外盘信息提升交易需求的现象越明显，其日内价格发生跳跃的比例越高，国内盘主导因素更多的期货品种，其价格发生跳跃的频率更低，农产品发生价格跳跃的频率普遍高于工业品。在菜油期货与甲醇期货的日跳跃识别检验中，当临界值取 $\Phi_{0.95}$ 时，分别有 416 个和 410 个交易日存在跳跃行为，占比为 51.42% 和 50.68%，有超过一半的交易日存在价格跳跃行为；当临界值取 $\Phi_{0.99}$ 时，分别有 317 个和 299 个交易日存在跳跃行为，占比为 39.18% 和 36.96%；当临界值取 $\Phi_{0.999}$ 时，分别有 250 个与 220 个交易日存在跳跃行为，占比为 30.9% 和 27.19%。剩余的两个农产品期货——白糖期货与菜粕期货发生价格日跳跃的频率也较高，当临界值取 $\Phi_{0.95}$ 时，分别有 404 个和 394 个交易日存在价格跳跃行为，占比为 49.94% 和 48.7%，有接近一半的交易日存在价格跳跃；当临界值取 $\Phi_{0.99}$ 时，分别有 317 个和 290 个交易日存在跳跃行为，占比为 39.18% 和 35.85%；当临界值取 $\Phi_{0.999}$ 时，分别有 244 个与 223 个交易日存在跳跃行为，占比为 30.16% 和 27.56%。处在同一产业链的纯碱期货与平板玻璃期货在日跳跃识别中发生跳跃的频率比较接近，当临界值取 $\Phi_{0.95}$ 时，分别有 380 个和 333 个交易日存在跳跃行为，占比为 46.97% 和 41.16%；当临界值取 $\Phi_{0.99}$ 时，分别有 263 个和 235 个交易日存在跳跃行为，占比为 32.51% 和 29.05%；当临界值取 $\Phi_{0.999}$ 时，分别有 175 个和 162 个交易日存在跳跃行为，占比为 21.63% 和 20.02%。对于发生跳跃频率最低的两个品种（纸浆期货和焦煤期货），在纸浆期货的日跳跃识别检验，当临界值取 $\Phi_{0.95}$ 时，有 303 个交易日存在跳跃行为，占比为 37.45%；当临界值取 $\Phi_{0.99}$ 时，有 182 个交易日存在跳跃行为，占比为 22.5%；当临界值取 $\Phi_{0.999}$ 时，有 102 个交易日存在跳跃行为，占比为 12.61%。在焦煤期货的日跳跃识别检验中，当临界值取 $\Phi_{0.95}$ 时，有 234 个交易日存在跳跃行为，占比为 28.92%；当临界值取 $\Phi_{0.99}$ 时，有 147 个交易日存在跳跃行为，占比为 18.17%；当临界值取 $\Phi_{0.999}$ 时，有 72 个交易日存在跳跃行为，占比为 8.9%，价格跳跃发生次数整体较少。

通过以上日跳跃识别的连续波动和跳跃波动的自相关性分析和单位根检验可以发现，在各不同置信区间的检测中连续性波动序列均存在明显的自相关性，在 ADF 检验中，1% 和 5% 的置信区间条件下均拒绝了存在单位根的零假设，表明该序列为平稳时间序列。各期货品种跳跃波动的表现存在一定差异，但是跳跃波动同样在 ADF 检验中的 1% 和 5% 的置信区间条件下均拒绝了存在单位根的零假设，为平稳时间序列，在日跳跃发生最少的焦煤期货的跳跃波动自相关性检验中，临界值取 $\Phi_{0.95}$、$\Phi_{0.99}$ 和 $\Phi_{0.999}$ 时，无法拒绝零假设；菜粕期货临界值取 $\Phi_{0.999}$ 时，其中 $JV_t > 0$

序列同样无法拒绝自相关性检验中的零假设。

(四) 日内跳跃识别分析

在 8 个期货品种的日跳跃识别统计比较完成后,对各品种进行日内价格跳跃的识别分析研究,对于日内价格可能发生不止一次的跳跃情况展开进一步的讨论。研究中我们把日内价格跳跃识别分成单一阈值跳跃识别分析与两段式阈值跳跃识别分析。

1. 单一阈值跳跃识别分析

在各期货指数价格高频数据的日内单一阈值跳跃识别中,α 取 0.00001,设定置信度为 $1-\alpha$ 后,对应 $\beta = 1 - (1-\alpha)^{1/M}$,相应的显著性水平为 $1-\beta/2$,$\Phi_{1-\beta/2}$ 表示标准正态分布临界值,在样本区间的 809 个交易日中观察 8 个品种的单一阈值日内跳跃识别情况(见表 18)。

表 18   期货品种的日内单一阈值跳跃识别统计

期货序列	菜油	纸浆	甲醇	菜粕	白糖	平板玻璃	纯碱	焦煤
观测天数	809	809	809	809	809	809	809	809
日内发生跳跃天数	459	293	378	437	463	313	321	246
日内发生跳跃天数占比(%)	56.74	36.22	46.72	54.02	57.23	38.69	39.68	30.41
日内发生跳跃累计次数	626	359	645	553	613	444	467	288
单日最多跳跃次数	9	3	6	4	4	4	5	3
发生跳跃交易日平均跳跃次数	1.3638	1.225	1.7063	1.2654	1.3240	1.419	1.4548	1.171

从 8 个期货品种的日内单一阈值跳跃识别中可以看出,日内发生跳跃天数由高至低依次是:白糖、菜油、菜粕、甲醇、纯碱、平板玻璃、纸浆和焦煤,与前文的日跳跃识别模型观测结果有所不同,日内发生跳跃天数占比由高到低依次为 57.23%、56.74%、54.02%、46.72%、39.68%、38.69%、36.22% 和 30.41%。白糖期货、菜油期货与菜粕期货三个农产品有超过一半的交易日存在价格跳跃行为,属于明显的跳跃发生频率较高的品种,与工业品有所不同。日内发生跳跃累积次数由高到低依次为甲醇、菜油、白糖、菜粕、纯碱、平板玻璃、纸浆和焦煤,该顺序与前文的日跳跃频率识别观测结果排序情况较为接近。

从日内发生跳跃天数占观测天数的比例来看,菜油期货、白糖期货、菜粕期货与焦煤期货这四个品种日内发生跳跃天数,比日跳跃识别检验中,当临界值取 $\Phi_{0.95}$ 时发生跳跃的天数还要多;纯碱期货、甲醇期货、平板玻璃期货与纸浆期货这四个品种日内发生跳跃的天数介于临界值取 $\Phi_{0.95}$ 与 $\Phi_{0.99}$ 时的日跳跃识别的天数结果之间。总体而言,各品种在进行日内跳跃波动识别时相比于日跳跃识别判定方法,能检测出价格波动中更多的跳跃行为，其中农产品期货尤为明显，该特点与日跳跃检验发生价格跳跃频率较高的结果相一致。

从单日发生跳跃次数最大值统计量的比较情况可以看出，菜油期货由于其受到不同交易市场的影响因素较多，包括有国内盘夜间开盘、美盘油脂油料期货开盘、国内夜盘停止交易等的影响，日内价格最多出现过单日 9 次跳跃行为，其余单日跳跃次数最大值较高的品种有甲醇期货与纯碱期货，分别为 6 次与 5 次。剩余期货品种的日内最大跳跃数基本接近，没有明显的特点，焦煤期货与纸浆期货的日内最大跳跃次数最少，均为 3 次，与品种发生价格跳跃次数整体最少相一致。

在发生跳跃的交易日平均日内跳跃次数计算中，数值由高到低依次为：甲醇、纯碱、平板玻璃、菜油、白糖、菜粕、纸浆和焦煤，此排序特点与之前的跳跃天数排序结果有一定的不同。可以看出，平板玻璃产业链相关品种在出现日内价格跳跃后，再次发生跳跃的概率明显较大；甲醇期货日内发生价格跳跃时，日内价格平均跳跃次数接近 2 次；焦煤期货与纸浆期货发生日内价格跳跃后，再次发生跳跃的概率较小，农产品期货日内发生价格跳跃后再次发生跳跃的概率处于中等水平。

从 8 个期货品种的日内跳跃分钟分布图（见图 63 至图 70）中可以看出，通过日内单一阈值跳跃识别判定，8 个期货品种发生的日内价格跳跃集中在开盘时间段情况较为明显，其中纯碱、平板玻璃、甲醇等工业品表现得更为突出，这与它们价格发生跳跃的次数多相一致，农产品期货中，虽然发生跳跃的频率更高，但相对于工业品，其价格发生跳跃集中于开盘时间段的情况不太明显，比较交易日中的各时间段，分布相对较为平均。在单一交易日中，在出现交易休息情况后，重启交易时各期货品种均较为容易发生价格跳跃，跳跃次数统计与其他时间段有较为明显的差别。由于白天的交易时间段，交易发生休息的次数更多，因此国内盘交易主导的期货品种重启交易后易发生跳跃的现象尤为凸显，该类品种在国内盘的白天交易时间段检测出更多跳跃的概率更大。

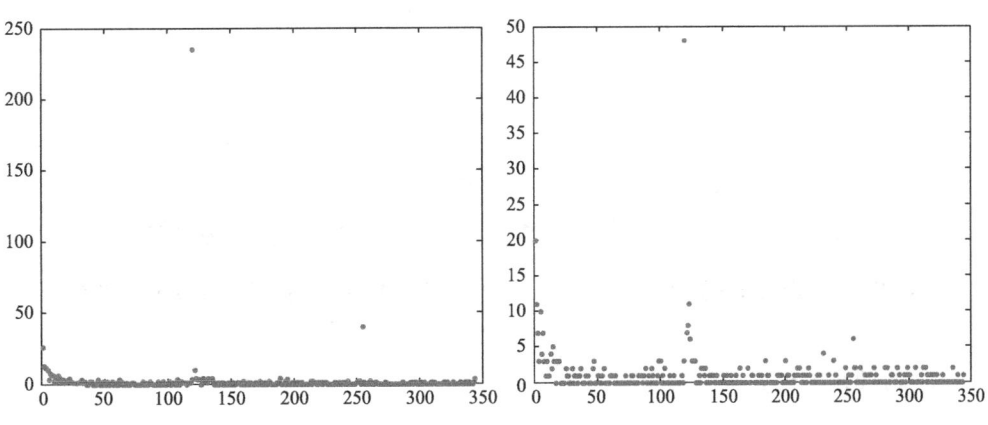

图 63　菜油期货日内跳跃分钟统计　　　图 64　纸浆期货日内跳跃分钟统计

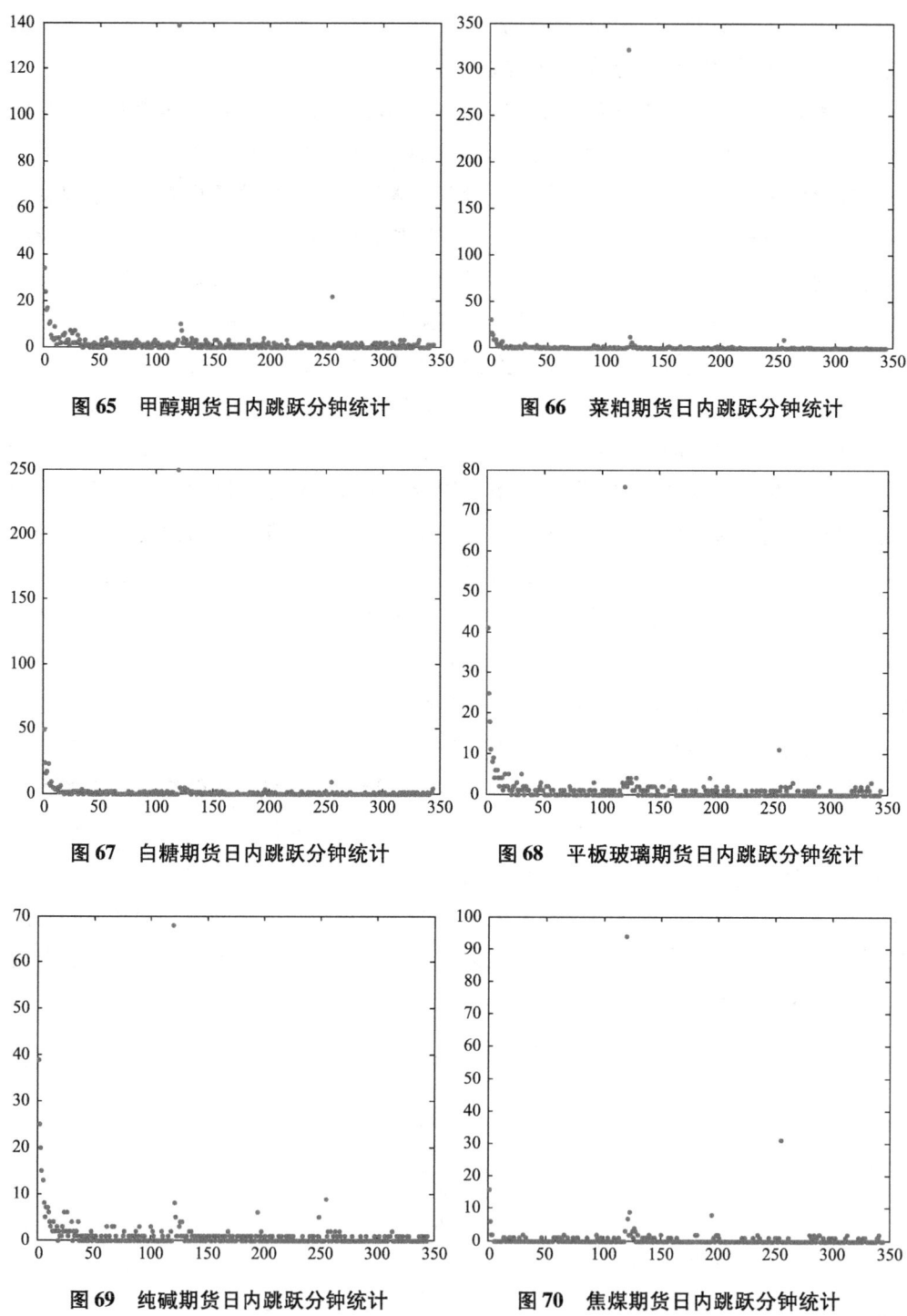

图65 甲醇期货日内跳跃分钟统计　　图66 菜粕期货日内跳跃分钟统计

图67 白糖期货日内跳跃分钟统计　　图68 平板玻璃期货日内跳跃分钟统计

图69 纯碱期货日内跳跃分钟统计　　图70 焦煤期货日内跳跃分钟统计

2. 两段式阈值跳跃识别分析

在对8个期货品种的日内单一阈值跳跃识别情况进行统计研究后，针对价格跳跃发生在晚间开盘时间段比例较高的情况，我们进行两段式阈值的跳跃识别，将日内价格跳跃的识别标准分时间段采用不同的阈值。希望通过对两段式跳跃阈值的识别改进，将开盘时间段出现的正常的大幅波动不再划归为跳跃处理；将日内较大的一些波动通过降低识别的阈值标准的方式进行有效的跳跃甄别。在日内两段式阈值跳跃识别中，α 取 0.00001，得到对应的 $\beta = 1 - (1-\alpha)^{1/M}$，相应的显著性水平为 $1 - \beta/2$，$\Phi_{1-\beta/2}$ 表示标准正态分布临界值，在样本区间的 809 个交易日中观察 8 个期货品种的日内两段式阈值跳跃识别情况，统计结果如表 19 所示。

表 19   期货品种日内两段式阈值跳跃识别统计

期货序列	菜油	纸浆	甲醇	菜粕	白糖	平板玻璃	纯碱	焦煤
观测天数	809	809	809	809	809	809	809	809
日内发生跳跃天数	513	270	384	425	580	322	338	246
折点发生的分钟数	5	13	4	4	3	6	2	7
前 n 分钟占交易时段比例（%）	1.45	3.78	1.16	1.16	0.87	1.74	0.58	2.03
日内发生跳跃天数占比（%）	64.15	33.37	47.47	52.53	71.69	39.8	41.78	30.41
日内发生跳跃累计次数	767	323	598	525	913	444	473	284
前 n 分钟发生跳跃数	31	7	27	34	25	21	17	0
前 n 分钟发生跳跃占比（%）	4.04	2.17	4.52	6.48	2.74	4.73	3.59	0
发生跳跃交易日平均跳跃次数	1.495	1.196	1.557	1.2353	1.5741	1.379	1.399	1.155
日最大跳跃次数	9	3	5	4	5	4	5	3

在进行两段式阈值跳跃识别检验后，我们发现发生日内价格跳跃的天数由高到低依次是：白糖期货、菜油期货、菜粕期货、甲醇期货、纯碱期货、纸浆期货和焦煤期货，该顺序与单一阈值跳跃识别结果的发生跳跃交易日次数排序一致。其中，白糖期货、菜油期货、甲醇期货、纯碱期货、平板玻璃期货发生价格跳跃的天数有所增加，菜粕期货与纸浆期货发生价格跳跃的天数有所减少，焦煤期货发生价格跳跃的交易日数量保持不变。

在日内价格跳跃的累计次数比较中，白糖期货、菜油期货、纯碱期货检测出的价格日内发生的跳跃次数上升；纸浆期货、甲醇期货、菜粕期货、焦煤期货检测出日内价格发生跳跃的次数下降；平板玻璃期货的日内价格跳跃检测数量相同。菜油期货、白糖期货与纯碱期货在经过开盘高波动阶段后，剩余交易时间段的价格发生跳跃概率较大，通过降低其检测阈值能发现更多的日内价格跳跃行为。两段式阈值日内跳跃识别检测方法识别出来的单日最大跳跃发生次数中有 6 个品种与单一阈值跳跃识别方法检验结果相一致，甲醇期货的两段式阈值日内跳跃识别检测方法识别出来的单日最大跳跃发生次数减少，而白糖期货的两段式阈值日内跳跃识别检测方法识别出来的单日最大跳跃发生次数增多。

从发生跳跃的交易日,再次发生跳跃的概率来看,白糖期货与甲醇期货的数值有较大的变化,白糖期货的数值有明显上升,甲醇期货的数值有明显下降。白糖期货超过了其他所有期货品种,成为在交易日内高频数据价格发生跳跃后再次发生价格跳跃概率最大的品种,甲醇期货在日内发生价格跳跃后,价格再次发生跳跃的概率明显降低,其余 6 个期货品种该频率数值变化不大。

对比 8 个期货品种单一阈值跳跃识别与两段式跳跃识别的日内价格跳跃统计图(见图 71 至图 78)可以发现,进行两段式阈值跳跃识别后,日内开盘时期价格波动较大情况下检测识别出的跳跃行为明显减少,跳跃的发生识别在日内各时间段呈现相对均衡,跳跃发生分布集中情况得以平滑。对于国内盘主导性更强的品种,其日间交易时间段,更易发生价格跳跃,在降低白天交易时间段的跳跃判断阈值后能发现,两段式阈值跳跃识别方法能检测出更多的白天交易时段跳跃行为。

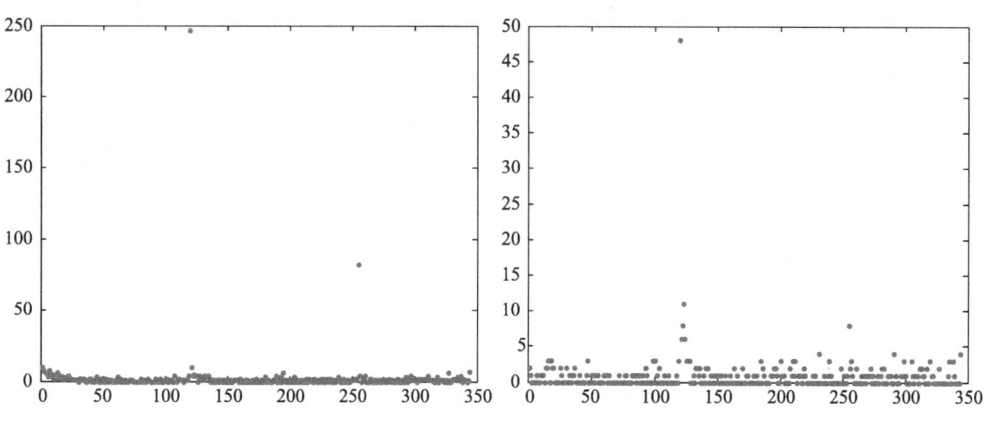

图 71　菜油期货两段式检验日内跳跃统计　　图 72　纸浆期货两段式检验日内跳跃统计

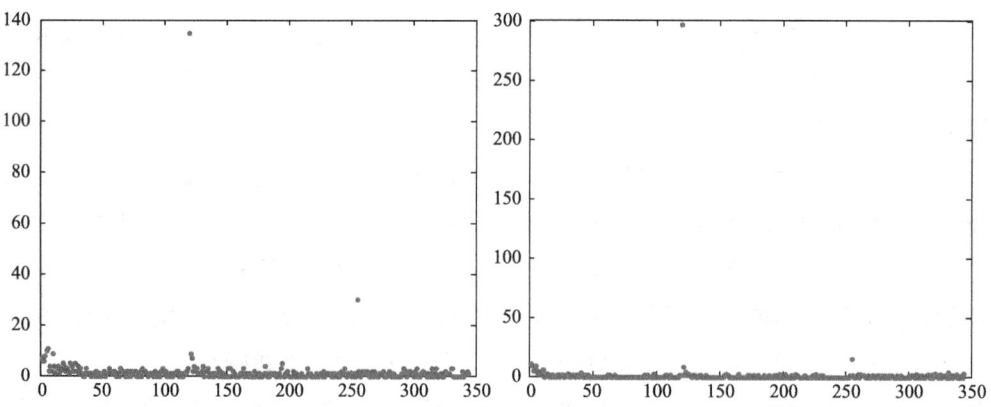

图 73　甲醇期货两段式检验日内跳跃统计　　图 74　菜粕期货两段式检验日内跳跃统计

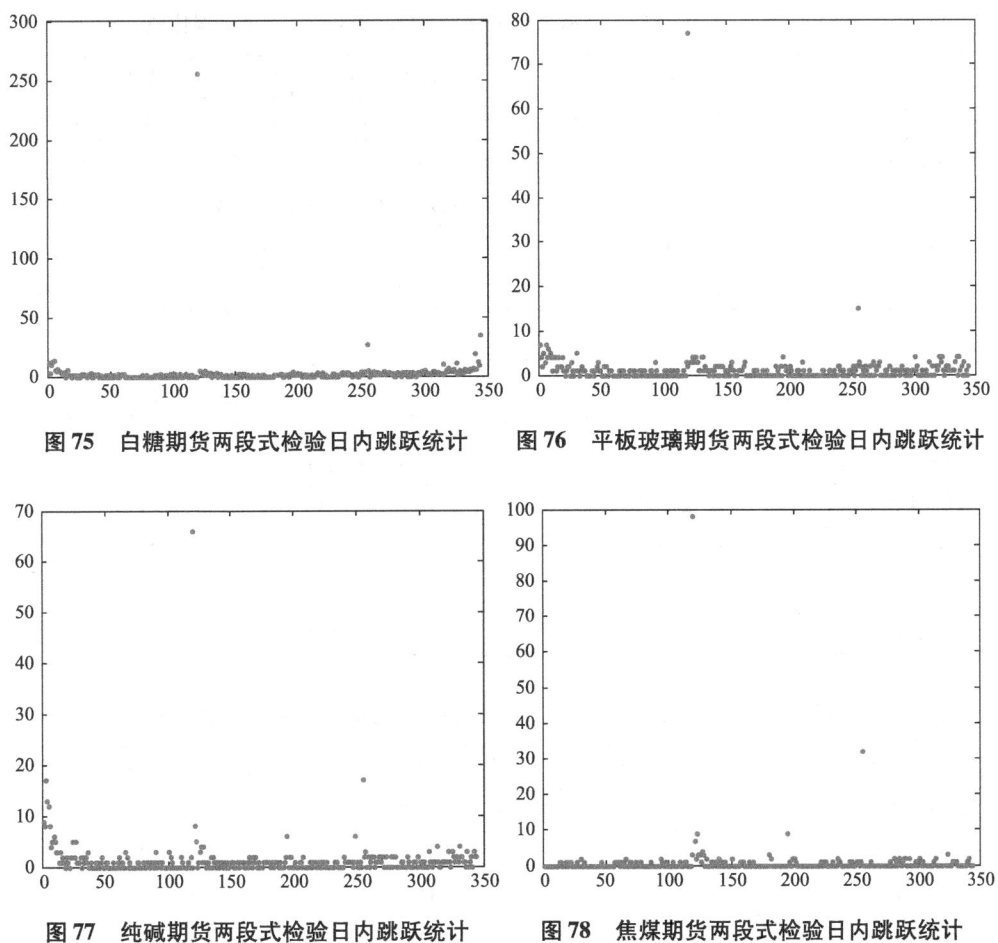

图 75 白糖期货两段式检验日内跳跃统计　　图 76 平板玻璃期货两段式检验日内跳跃统计

图 77 纯碱期货两段式检验日内跳跃统计　　图 78 焦煤期货两段式检验日内跳跃统计

不论在单一阈值的价格跳跃识别中，还是在两段式阈值价格跳跃识别中，每个交易日中发生交易暂停后再次重启交易时发生价格跳跃的情况都较为普遍，尤其是每日9：00恢复交易时，检测出价格跳跃的情况尤为凸显，上午的盘间休息和中午交易暂停后，重启交易时也容易检测出价格的跳跃行为，此种现象需引起市场参与者的额外关注。

（五）拟合预测模型比较分析

我们在对8个期货品种的高频交易数据进行日跳跃识别、单一阈值日内跳跃识别和两段式阈值日内跳跃识别的已实现波动率、连续波动和跳跃波动分析后，针对其日内波动明显的L型特征，运用HAR－RV－CJ模型对8个品种的短期、中期、长期已实现波动率进行建模分析，并且比较已实现波动率的标准形式、标准差形式和对数形式的预测表现，总结分析HAR－RV－CJ模型在各情况下的估计效果（见表20至表22）。

表20　HAR–RV–CJ模型标准形式拟合短期波动率（$h=1$）R^2统计量比较

序列	菜油	纸浆	甲醇	菜粕	白糖	平板玻璃	纯碱	焦煤
日跳跃识别（$\Phi_{0.95}$）法	0.2220	0.4624	0.6369	0.2135	0.3324	0.4866	**0.4084**	0.5989
日跳跃识别（$\Phi_{0.99}$）法	0.2215	0.4621	0.6410	0.2127	0.3331	0.4863	0.4024	0.5991
日跳跃识别（$\Phi_{0.999}$）法	0.2215	0.4616	0.6414	0.2152	**0.3372**	0.4858	0.4067	**0.5996**
单一阈值跳跃识别法	**0.2226**	**0.4755**	**0.6434**	0.2236	0.3149	0.4847	0.4046	0.5938
两段式阈值跳跃识别法	0.2204	0.4717	0.6409	**0.2257**	0.3253	**0.4871**	0.4071	0.5941

表21　HAR–RV–CJ模型标准差形式拟合短期波动率（$h=1$）R^2统计量比较

序列	菜油	纸浆	甲醇	菜粕	白糖	平板玻璃	纯碱	焦煤
日跳跃识别（$\Phi_{0.95}$）法	**0.3250**	0.5593	**0.6931**	0.2858	0.4610	0.5146	0.5211	0.7268
日跳跃识别（$\Phi_{0.99}$）法	0.3232	0.5595	0.6908	0.2845	0.4622	0.5162	0.5129	0.7268
日跳跃识别（$\Phi_{0.999}$）法	0.3236	0.5573	0.6919	0.2833	0.4632	**0.5204**	0.5144	**0.7270**
单一阈值跳跃识别法	0.3236	**0.5691**	0.6865	**0.2926**	0.4521	0.5127	0.5229	0.7209
两段式阈值跳跃识别法	0.3218	0.5663	0.6841	0.2912	**0.4637**	0.5161	**0.5260**	0.7211

表22　HAR–RV–CJ模型对数形式拟合短期波动率（$h=1$）R^2统计量比较

序列	菜油	纸浆	甲醇	菜粕	白糖	平板玻璃	纯碱	焦煤
日跳跃识别（$\Phi_{0.95}$）法	**0.3832**	0.626	**0.7035**	**0.3400**	0.5592	0.5466	0.5785	0.8057
日跳跃识别（$\Phi_{0.99}$）法	0.3829	0.626	0.7019	0.3390	0.5587	0.5477	0.5728	0.8050
日跳跃识别（$\Phi_{0.999}$）法	0.3816	0.6252	0.7033	0.3347	0.5592	**0.5491**	0.5717	0.8050
单一阈值跳跃识别法	**0.3832**	**0.6368**	0.6938	0.3397	0.5529	0.5415	0.5794	0.8052
两段式阈值跳跃识别法	0.3820	0.6341	0.6947	0.3358	**0.5614**	0.5465	**0.5838**	**0.8062**

在运用HAR–RV–CJ模型对8个期货品种的短期已实现波动率三种形式进行拟合分析的结果中可以看出，对数形式的已实现波动率拟合结果表现最好，标准差形式的拟合结果优于标准形式的拟合结果，日跳跃识别的整体表现不如日内跳跃识别的拟合结果。日跳跃识别法中，取$\Phi_{0.99}$进行日跳跃识别时效果最不理想，R^2统计量数值均比较低。各品种的比较结果有：焦煤期货与甲醇期货的已实现波动率拟合表现最为突出，有非常好的回归结果，R^2统计量值比较高；纸浆期货、平板玻璃期货、纯碱期货的表现较为接近；农产品期货的总体表现不如其他品种，R^2统计量的值普遍较低；菜油期货与菜粕期货的模型效果比白糖期货更差。

各品种在日跳跃检验识别方法中取不同临界值的跳跃检验结果和表现也存在一定差异。综合多个品种、多个已实现波动率形式的拟合比较中，日内跳跃识别方式表现得更为优秀，纯碱期货、白糖期货的日内两段式跳跃阈值跳跃识别结果表现得更好，相比其他的跳跃识别方法有明显优势；菜粕期货的各类识别方法互有补充，各跳跃识别方法没有特别突出的表现，与模型的整体表现结果比较一般有一定关系。纸浆期货与菜油期货的单一日内跳跃阈值检验的拟合结果更好。纸浆期货采用日内跳跃识别检验方法的拟合结果优于日跳跃识别检验法的拟合结果，各形式的拟合结果均有所提升，并且纸浆期货的日内单一阈值跳跃识别方法表现得最好。焦煤期货在标准形式与标准差形式的拟合中，日跳跃识别法表现优于日内跳跃识别的结果；在对数形式的拟合中，日内两段式阈值跳跃识别方法有出色的表现，使拟合结果有明显提升。平板玻璃期货采用两段式阈值跳跃识别方法，在三种形式的短期波动率预测中均有较好表现。菜油期货各形式的短期波动率估计结果无明显特征，这和菜油期货整体的 R^2 统计量值较低有一定关系。在纸浆期货与平板玻璃期货的日内跳跃识别方法比较中，两段式阈值跳跃识别方法表现优于单一阈值跳跃识别方法。甲醇期货的日跳跃识别方法表现得更好，在判定出更多跳跃的情况下，能够更好地预测波动率。

对 8 个品种的中期已实现波动率各形式进行拟合的结果中（见表 23 至表 25），我们发现标准形式、标准差形式和对数形式的拟合结果相比于短期已实现波动率的拟合效果均有一定程度的提升，HAR–RV–CJ 模型对于中期已实现波动率的拟合表现最佳。从整体上看，日跳跃识别的效果比日内跳跃识别的整体效果更好，但是当取 $\Phi_{0.99}$ 进行日跳跃识别时效果不理想，R^2 统计量数值依然难有出色表现。在三种形式下，取 $\Phi_{0.95}$ 时的表现都较为不错，进行日跳跃识别中，判定出更多的日跳跃行为，对波动率预测的效果更佳。从日内跳跃的识别效果上来看，两段式阈值的日内跳跃识别效果好于单一阈值的价格跳跃识别，运用两段式阈值跳跃识别在中期波动率预测中比短期波动率预测更具有优势。同样，8 个期货品种的中期已实现波动率回归表现中，对数形式的拟合结果最优，标准差形式的拟合结果优于标准形式的拟合结果。

表 23　HAR–RV–CJ 模型标准形式拟合中期波动率（$h=5$）R^2 统计量比较

序列	菜油	纸浆	甲醇	菜粕	白糖	平板玻璃	纯碱	焦煤
日跳跃识别（$\Phi_{0.95}$）法	0.3704	**0.5193**	**0.6765**	0.3917	0.6036	**0.5148**	**0.5200**	0.6832
日跳跃识别（$\Phi_{0.99}$）法	0.3709	0.5149	0.6757	0.3863	0.6056	0.5144	0.5143	0.6854
日跳跃识别（$\Phi_{0.999}$）法	**0.3713**	0.5135	0.6739	0.3912	**0.6106**	0.5134	0.5134	**0.6881**
单一阈值跳跃识别法	0.3615	0.5127	0.6727	0.4018	0.5801	0.5128	0.5104	0.6879
两段式阈值跳跃识别法	0.3579	0.5113	0.6716	**0.4056**	0.5917	0.5137	0.5113	0.6865

表 24　HAR–RV–CJ 模型标准差形式拟合中期波动率（$h=5$）R^2 统计量比较

序列	菜油	纸浆	甲醇	菜粕	白糖	平板玻璃	纯碱	焦煤
日跳跃识别（$\Phi_{0.95}$）法	**0.4653**	**0.6079**	0.7133	0.4266	0.6872	0.5308	0.5568	0.7734
日跳跃识别（$\Phi_{0.99}$）法	0.4620	0.6070	0.7114	0.4212	0.6888	0.5336	0.5470	0.7743

续表

序列	菜油	纸浆	甲醇	菜粕	白糖	平板玻璃	纯碱	焦煤
日跳跃识别（$\Phi_{0.999}$）法	0.4631	0.6045	**0.7137**	0.4170	**0.6905**	**0.5350**	0.5507	**0.7774**
单一阈值跳跃识别法	0.4528	0.6041	0.7057	0.4294	0.6703	0.5269	0.5680	0.7654
两段式阈值跳跃识别法	0.4521	0.6030	0.7042	**0.4297**	0.6775	0.5325	**0.5707**	0.7654

表25　HAR－RV－CJ模型对数形式拟合中期波动率（$h=5$）R^2统计量比较

序列	菜油	纸浆	甲醇	菜粕	白糖	平板玻璃	纯碱	焦煤
日跳跃识别（$\Phi_{0.95}$）法	**0.4982**	0.6686	0.7246	**0.4436**	**0.7177**	0.5514	0.5750	**0.8394**
日跳跃识别（$\Phi_{0.99}$）法	0.4972	**0.6687**	0.723	0.4393	0.7166	0.5524	0.5677	0.8387
日跳跃识别（$\Phi_{0.999}$）法	0.4952	0.6676	**0.7254**	0.4359	0.7165	**0.5535**	0.5661	0.8384
单一阈值跳跃识别法	0.4904	0.6643	0.7158	0.4355	0.7099	0.5480	0.5870	0.8300
两段式阈值跳跃识别法	0.4903	0.6630	0.7169	0.4338	0.7133	0.5533	**0.5933**	0.8308

具体分析，表现较好的品种依然是焦煤期货与甲醇期货，白糖期货的拟合表现有明显提升，整体的R^2统计量值有明显改进。菜粕期货与纯碱期货的日内两段式阈值跳跃识别效果比较好，是8个品种中表现得较为突出的两个品种，两段式阈值跳跃识别方法是对日跳跃识别的较好补充。8个品种的单一日内阈值识别方法的表现都比较一般，是中期波动率预测中各识别方法里R^2统计量值比较低的。

在长期的波动率预测中（见表26至表28）可以看出模型拟合结果的一些变化，日跳跃识别的效果与日内跳跃识别的拟合结果比较接近，看不出明显的比较优势。整体而言，长期波动率的预测效果相较于中期波动率和短期波动率的预测效果有所下降，各品种的R^2统计量值都比较低，各类期货品种运用HAR－RV－CJ模型进行长期波动率预测想要有较好的效果需要更进一步地完善研究模型。在日跳跃识别的比较中，当取$\Phi_{0.95}$进行日跳跃识别时依然有相对突出的表现，不过各临界值的差异不再明显，在取$\Phi_{0.99}$和$\Phi_{0.999}$时效果都有一定改进与提升，与检测出较多跳跃的拟合结果差距在缩小。在日内跳跃识别的结果中，两段式阈值跳跃识别结果比单一阈值跳跃识别结果有所改善，综合比较日内跳跃识别比较中两段式阈值跳跃识别方法的表现更好。

表26　HAR－RV－CJ模型标准形式拟合长期波动率（$h=22$）R^2统计量比较

序列	菜油	纸浆	甲醇	菜粕	白糖	平板玻璃	纯碱	焦煤
日跳跃识别（$\Phi_{0.95}$）法	0.3210	**0.4425**	**0.4170**	0.2538	0.5949	**0.3167**	0.2837	0.4947
日跳跃识别（$\Phi_{0.99}$）法	0.3246	0.4370	0.4141	0.2492	0.5962	0.3158	0.2843	0.4937
日跳跃识别（$\Phi_{0.999}$）法	**0.3250**	0.4389	0.4090	0.2493	0.5964	0.3141	**0.2890**	0.4962
单一阈值跳跃识别法	0.3196	0.4341	0.4105	0.2548	0.5823	0.3129	0.2697	0.5040
两段式阈值跳跃识别法	0.3087	0.4336	0.4086	**0.2571**	**0.5996**	0.3159	0.2706	**0.5106**

表 27　HAR – RV – CJ 模型标准差形式拟合长期波动率（$h=22$）R^2 统计量比较

序列	菜油	纸浆	甲醇	菜粕	白糖	平板玻璃	纯碱	焦煤
日跳跃识别（$\Phi_{0.95}$）法	0.3674	**0.5021**	0.4793	0.2848	0.7031	0.3823	0.3477	0.6165
日跳跃识别（$\Phi_{0.99}$）法	**0.3736**	0.5001	0.4754	0.2841	**0.7052**	0.3896	0.3433	0.6112
日跳跃识别（$\Phi_{0.999}$）法	0.3733	0.4964	0.4807	0.2803	0.7047	**0.3942**	0.3462	**0.6172**
单一阈值跳跃识别法	0.3427	0.4960	0.4838	0.2889	0.7030	0.3832	**0.3543**	0.5996
两段式阈值跳跃识别法	0.3375	0.4945	**0.4844**	**0.2889**	0.6917	0.3849	0.3479	0.6027

表 28　HAR – RV – CJ 模型对数形式拟合长期波动率（$h=22$）R^2 统计量比较

序列	菜油	纸浆	甲醇	菜粕	白糖	平板玻璃	纯碱	焦煤
日跳跃识别（$\Phi_{0.95}$）法	0.3534	**0.5375**	0.5091	0.2830	**0.7071**	0.4021	0.3805	**0.7147**
日跳跃识别（$\Phi_{0.99}$）法	**0.3585**	0.5366	0.5059	0.2831	0.7067	0.4045	0.3770	0.7100
日跳跃识别（$\Phi_{0.999}$）法	0.3580	0.5357	0.5106	0.2809	0.7066	**0.4060**	0.3737	0.7109
单一阈值跳跃识别法	0.3369	0.5284	0.5121	0.2867	0.7069	0.4009	**0.3911**	0.6969
两段式阈值跳跃识别法	0.3305	0.5266	**0.5148**	**0.2872**	0.7031	0.4051	0.3886	0.6983

在分品种分析中，整体拟合效果最好的是焦煤期货与白糖期货，纸浆期货的拟合结果出现了一定程度的下降。菜粕期货与甲醇期货在日内两段式阈值跳跃识别中的表现都比较亮眼，白糖期货与焦煤期货的标准形式已实现波动率预测中，两段式阈值跳跃识别结果最好。

综合分析以上 8 个期货品种的实证结果能够看出，用 HAR – RV – CJ 模型对短期波动率和中期波动率进行预测都有较好的结果，而其对长期波动率的拟合效果较为一般。在短期的波动率预测中，日内跳跃识别法有明显的优势，普遍有较为不错的表现；在中期的波动率预测中，日价格跳跃识别法表现更为良好；在对长期的价格波动率进行预测时，日价格跳跃识别法与日内价格跳跃识别法的结果各有特色，没有明显的比较优势。

比较标准形式、标准差形式和对数形式的 HAR – RV – CJ 模型拟合结果可以发现，在短期波动率、中期波动率和长期波动率预测中，对数形式的波动率预测表现优于标准差形式的波动率预测表现，标准形式的波动率预测表现与另外两种形式相比有一定差距。

分品种比较各形式与各周期的拟合结果来看，在农产品中价格发生跳跃较多的品种是菜油期货，HAR – RV – CJ 模型的预测效果比较一般，各形式、各周期的波动率预测结果 R^2 统计量值都比较低，并且在各形式、各周期的已实现波动率预测中，日跳跃识别的结果普遍优于日内跳跃识别结果，进行日跳跃识别和波动率预测是菜油期货风险管理的较好选择。菜粕期货的分析结果与菜油期货结果差异较为明显，虽然其整体的拟合结果 R^2 统计量值偏低，但是日内两段式阈值跳跃识别方法的拟合结果明显更好。白糖期货在短期已实现波动率的预测中，日内两段式阈值跳跃识别方法的表现比较突出，在中期波动率和长期波动率的预测中，日跳跃识别法的表现比日内跳跃识别方法稍好，不过没有明显的拟合结果优势，日内跳跃识别方法的比较中，两段式阈值跳跃识别方法比单一阈值跳跃识别法稍优，整体上看，两段式阈值跳跃识别方法可以作为单一阈值跳跃识别方法的一种日内跳跃识别方法的补充，随着分析周期的拉长，白糖期货拟合模型的表现将会逐渐变好。

在各工业品的比较中，如纸浆期货日内 L 型波动开盘高波动衰减较慢的期货品种，各种周期下拟合结果的比较区分较为明显，在三种形式的短期波动率预测中，采用日内跳跃识别的效果明显优于日跳跃识别的检验结果，日内单一阈值的跳跃识别表现最佳，在中期和长期的波动率预测中，日跳跃识别结果优于日内跳跃识别结果，且取 $\Phi_{0.95}$ 时表现结果尤为突出，因此对于短期波动率预测使用日内跳跃识别方法更为高效，对于中期波动率和长期波动率预测取 $\Phi_{0.95}$ 的日跳跃识别预测效果更佳。从甲醇的拟合结果我们能够看出，各种周期下的拟合结果有一定差异：在长期波动率预测方面，日内两段式阈值跳跃识别结果明显较好，对于短期波动率预测和中期波动率预测，日跳跃识别的结果比日内跳跃识别的结果稍好，且取 $\Phi_{0.95}$ 的临界值时表现也略好，对于不同周期的波动率预测不同方法表现差异明显。平板玻璃期货属于跳跃发生较少的期货品种，在各种周期及各种形式的已实现波动率预测中，日跳跃识别方法的整体表现较好，在不同的跳跃识别临界值选择中，表现也无明显的特点，各临界值识别结果互有优劣，在短期已实现波动率的标准形式建模中，日内两段式阈值跳跃识别方法的拟合结果最优。纯碱期货是除菜粕期货以外的另一个两段式阈值跳跃识别表现很好的期货品种，尤其在短期波动率和中期波动率的预测中，其标准差形式和对数形式的模型拟合结果均为日内两段式阈值跳跃识别方法表现最优；在长期波动率的预测结果中，整体数值结果表现一般，日内单一阈值跳跃识别方法表现较为突出，采用日内跳跃识别方法是纯碱期货已实现波动率预测的较优选择，在短期波动率和中期波动率预测中采用日内两段式阈值跳跃识别方法，在长期波动率预测中采用日内单一阈值跳跃识别方法。焦煤期货是跳跃现象发生最少的期货品种，日跳跃识别的三种方法和日内跳跃识别的两种方法应用在三种周期、三种形式的 9 个波动率预测模型中，没有明显的偏好，各方法结果较为均衡。HAR - RV - CJ 模型运用在焦煤期货中能取得较好的拟合效果，各跳跃识别方法均取得了不错的估计结果。

五、研究结论与政策建议

（一）研究结论

本文首先介绍了近年来期货市场波动率研究趋势以及期货创新业务快速发展的

基本情况，分析了高频数据波动率研究对传统波动率建模的改进、帮助作用。然后引出了当前市场普遍采用的高频数据已实现波动率建模运用在我国资本市场的研究情况、当前我国期货市场波动特点和近年来我国期货市场交易情况的新变化。在通过对学者们的研究文献进行分析和总结后，我们发现我国期货市场的日内波动模式有明显的 L 型特征，与传统已实现波动率日内跳跃识别的日内价格分布假设有所不同。我们对三大期货交易所的 8 个市场认可度较高的期货品种进行日内跳跃的分析总结后，针对其日内波动明显的 L 型特征，提出将两段式阈值日内跳跃识别方法作为传统已实现波动率日内单一阈值跳跃识别方法的补充与改进。

本文用日内单一阈值跳跃识别方法和两段式阈值跳跃识别方法对 8 个期货品种的日内 1 分钟高频交易数据进行了实证分析，比较两种方法中检测出的日内跳跃情况。在选取的样本区间 809 个交易日中，日内单一阈值跳跃识别方法和两段式阈值跳跃识别方法检测出的日内跳跃的频率由高到低排序均为：菜油期货、甲醇期货、白糖期货、菜粕期货、纯碱期货、平板玻璃期货、纸浆期货和焦煤期货。

利用传统日内跳跃识别方法检测出跳跃发生较多的期货品种中，在运用日内两段式阈值价格跳跃检验时，有更多的交易日识别出跳跃行为。每个期货品种在进行两段式阈值跳跃识别后，跳跃集中发生在开盘时间段的情况被平滑处理，跳跃行为的发生在日内各时间段的出现相对均衡。总体而言，期货品种检测出的日内价格跳跃数量下降较为明显，两段式阈值日内跳跃识别方法把部分开盘时间段的常规价格大幅波动不再作为跳跃处理。

本文比较了日跳跃识别方法、日内单一阈值跳跃识别方法以及日内两段式阈值跳跃识别方法在 HAR – RV – CJ 模型中标准形式、标准差形式和对数形式的已实现波动率预测情况。通过比较结果能够发现，用 HAR – RV – CJ 模型进行短期已实现波动率预测时，日内跳跃识别法有明显的优势；对于中期已实现波动率预测，日价格跳跃识别法表现更为良好；在对长期的价格波动率进行预测时，日价格跳跃识别法与日内价格跳跃识别法表现不突出。比较标准形式、标准差形式和对数形式的 HAR – RV – CJ 模型拟合结果可以发现，在短期波动率、中期波动率和长期波动率预测中，对数形式的波动率预测表现优于标准差形式的波动率预测表现，标准形式的波动率预测表现较为一般。

在各农产品的比较分析中，运用日内两段式跳跃识别方法进行补充日内单一阈值价格跳跃识别后，表现最好的是菜粕期货，不过其回归结果与菜油期货结果差异较为明显，日内两段式阈值跳跃识别方法的拟合结果明显更好。从短期已实现波动率的标准形式、中期已实现波动率的标准形式和标准差形式，以及长期波动率的三种形式回归分析结果上看，日内两段式阈值跳跃识别表现均为最好。白糖期货是 HAR – RV – CJ 模型拟合结果较好的期货品种，在短期已实现波动率的预测中，日内两段式阈值跳跃识别方法的表现比较突出,两段式阈值跳跃识别方法可以作为单一阈值跳跃识别方法的一种日内跳跃识别方法的补充。

在各工业品的比较中,平板玻璃期货在短期已实现波动率的标准形式建模中,两段式阈值跳跃识别方法的拟合结果最优,进行波动率预测分析最好的是日跳跃识别方法,在日内跳跃识别方法中,可以采用两段式阈值日内跳跃识别方法。纯碱期货在短期波动率和中期波动率的预测中,其标准差形式和对数形式的模型拟合结果均为日内两段式阈值跳跃识别方法表现最优。焦煤期货的各拟合结果较为均衡,R^2统计量值都比较高,在日内跳跃识别方法的比较中,两段式阈值跳跃识别法相比单一阈值跳跃识别方法表现略好。

(二) 政策建议

本文首先介绍了我国商品期货市场近年来推出的新品种,以及期货品种普遍开启夜盘交易呈现的日内波动L型特征,其次提出了调整HAR-RV-CJ模型进行日内跳跃识别,避免了采用单一阈值方法的局限性。将HAR-RV-CJ模型纳入高频数据波动率研究是当前认可度较高的研究方向,更科学的日内跳跃识别方式有助于市场参与者以及市场监管部门开展风险管理工作。

以近年来开展的场外期权、期权做市等创新业务为例,场外期权产品设计者及期权做市商和监管部门,需要对市场波动高度关注,对冲头寸的敞口和实时进行跟踪调整。依据我国期货市场日内波动的L型特征,期货市场在每日交易开盘时,波动幅度较为剧烈,头寸管理和对冲控制范围应适当扩大阈值,常规的开盘大幅波动会随交易需求的短期释放而趋于平稳,市场波动率将回归正常水平。

在分品种的管理中,农产品期货价格受到国际市场的影响更深,价格发生跳跃的频率更高,对于农产品期货的价格风险管理工作中,进行更多的跳跃识别判定,能对农产品期货的波动率进行更准确的测算。由于当前,我国商品期货市场每个交易日的交易时段较多,需要对农产品期货加入更多的重启交易价格跳跃监督。

在当前开展的衍生品相关业务中,不论是资产管理业务还是现货基差业务等,在运用HAR-RV-CJ模型对已实现波动率进行预测时,主要采用单一阈值的日内跳跃识别方法,这与我国商品期货的日内波动的L型特征不相匹配。我们用两段直线来拟合期货品种日内的波动特性,并且设计了两段式日内阈值跳跃识别方法,通过8个期货品种的实证结果,我们发现两段式阈值跳跃识别方法能够对单一阈值跳跃识别方法进行很好的补充与改进,不少品种在采用两段式阈值跳跃识别方法时的表现很好,菜粕期货与纯碱期货在采用两段式阈值跳跃识别方法时的结果最为突出,在短期波动率和中期波动率的预测中应用HAR-RV-CJ模型有较好的表现,普遍得到的R^2统计量值都比较高。因此,两段式阈值日内跳跃识别方法为监管部门以及期货公司创新业务的稳健发展提供了有力的风险管理工具，对于中国商品期货市场的长期波动率研究具有实际意义。

课题组接下来的研究工作包括对于每日重启交易后价格跳跃现象的研究，以及采用两段式阈值跳跃识别方法对于中期波动率和长期波动率预测最优的日期参数选择的研究等。

近年来，伴随着俄乌战争和巴以冲突等地缘冲突给全球经济带来的冲击，在我国经济结构的调整过程中，实体经济增速放缓还有可能持续，期货市场经营风险控制要求可能进一步提高，企业在使用金融工具时，对风险管理的要求越来越高。监管部门可以在金融业务创新的基础上，帮助更多的金融机构抓住机遇，围绕自己的主营业务拓展风险管理工作，提升波动率研究水平，迎接中国经济"新常态"的美好明天。

参考文献

[1] Andersen T G, Bollerslev T, 1998, Answering the skeptics: yes, standard volatility models do provide accurate forecasts, in International Economic Review, No. 39 (4): 885 – 905.

[2] Barndorff – Nielsen O E, Shephard N, 2002, Estimating quadratic variation using realized variance, in Journal of Applied Econometrics, No. 17 (5): 457 – 477.

[3] Andersen T G, Bollerslev T, D. Dobrev, 2007, No – arbitrage semi – martingale restrictions for continuous – time volatility models subject to leverage effects, jumps and I. I. D. Noise: theory and testable distributional implications, in Social Science Electronic Publishing, No. 138 (1): 125 – 180.

[4] Barndorff – Nielsen O E, Shephard N, 2004, Power and bipower variation with stochastic volatility and jumps, in Journal of Financial Econometrics, No. 2 (1): 1 – 37.

[5] Andersen T G, Bollerslev T, Diebold F X, 2007, Roughing it up: including jump components in the measurement, modeling, and forecasting of return volatility, in Review of Economics & Statistics, No. 89 (4): 701 – 720.

[6] 徐正国，张世英. 高频时间序列的改进"已实现"波动特性与建模 [J]. 系统工程，2005 (8).

[7] 王春峰，姚宁，房振明等. 中国股市已实现波动率的跳跃行为研究 [J]. 系统工程学报，2005.

[8] 闵素芹，柳会珍. "已实现"波动率中最优抽样频率的选择 [J]. 统计与决策，2009 (13): 13 – 15.

［9］李倩，陈浪南，段连杰．基于结构突变的国债期货已实现波动率的预测与评价［J］．金融学季刊，2017．

［10］龚旭，林伯强．跳跃风险、结构突变与原油期货价格波动预测［J］．中国管理科学，2018（26）：11．

［11］刘向丽等．中国期货市场日内效应分析［J］．系统工程理论与实践，2008（8）：63－80．

［12］瞿慧，黄世俊，周慧．基于日内收益波动模式的可变阈值日内跳跃识别方法［J］．系统工程，2016（1）：1－9．

［13］Huang X．，Tauchen G，2005，The relative contribution of jumps to total price variation，in Financial Econometrics，No. 3（4）：456－499．

［14］Andersen T G，Bollerslev T，Diebold F X，et al．，2003，Modeling and forecasting realized volatility，in Econometrica，No. 71（2）：579－625．

［15］Shephard，Neil，O. E. Barndorff－Nielsen，2008，When smaller families look contagious: a spatial look at the french fertility decline using an agent－based simulation model，in Economics．

［16］Andersen T G，Bollerslev T，Diebold F X，Paul Labys，2001，The distribution of realized exchange rate volatility，in Journal of the American Statistical Association．

［17］Meddahi，Nour，2002，A theoretical comparison between integrated and realized volatility，in Journal of Applied Econometrics，No. 17．

［18］Yacine，At－Sahalia，2002，Telling from discrete data whether the underlying continuous－time model is a diffusion，in The Journal of Finance，No. 57（5）：2075－2112．

［19］Andersen，Torben G．，D. Dobrev，E. Schaumburg，2012，Jump－robust volatility estimation using nearest neighbor truncation，in Journal of Econometrics，No. 169（1）：75－93．

［20］Tim Bollerslev，Viktor Todorov，2011，Tails，fears，and risk premia，in Journal of Finance，No. 66（6）：2165－2211．

［21］徐正国，张世英．多维高频数据的"已实现"波动建模研究［J］．系统工程学报，2006，21（1）：6－11．

［22］瞿慧，何佳诺．基于已实现波动率的50ETF期权定价研究［J］．管理科学，2019．

［23］田凤平，杨科，林洪．沪深300指数期货已实现波动率的跳跃行为［J］．系统工程，2014．

［24］李洋，乔高秀．沪深300股指期货市场连续波动与跳跃波动——基于已

实现波动率的实证研究 [J]. 中国管理科学, 2012.

[25] 韩立岩, 任光宇. 基于已实现二阶矩预测的期货套期保值策略及对股指期货的应用 [J]. 系统工程理论与实践, 2012.

[26] 郭名媛, 张世英. 赋权已实现波动及其长记忆性最优频率选择 [J]. 系统工程学报, 2006, 21 (6): 568 – 573.

[27] 宫晓莉, 和熊熊. 基于修正的已实现阈值幂变差的股市跳跃波动行为研究 [J]. 运筹与管理, 2019 (5): 124 – 133.

[28] 瞿慧, 陈静雯. 考虑跳跃波动与符号跳跃的50ETF期权定价研究 [J]. 管理评论, 2019 (9): 28 – 36.

[29] 万军, 刘思峰, 许海靖. 基于状态转换GARCH模型的上证综指已实现波动研究 [J]. 工业技术经济, 2008 (4).

[30] 叶五一, 缪柏其. 已实现波动与日内价差条件下的CVaR估计 [J]. 管理科学学报, 2012, 15 (8): 12.

[31] 吴鑫育, 周海林. 基于已实现SV模型的动态VaR测度研究 [J]. 管理工程学报, 2018, 32 (2): 144 – 150.

[32] 李胜歌, 张世英. 金融波动的赋权"已实现"双幂次变差及其应用 [J]. 中国管理科学, 2007, 15 (5): 9 – 15.

[33] 张伟, 李平, 曾勇. 中国股票市场个股已实现波动率估计 [J]. 管理学报, 2008, 5 (2): 5.

[34] 龙瑞等. 高频环境下沪深300股指期货波动测度——基于已实现波动及其改进方法 [J]. 系统工程理论与实践, 2011.

[35] 张小斐, 田金方. 异质金融市场驱动的已实现波动率计量模型 [J]. 数量经济技术经济研究, 2011, 28 (9): 14.

[36] 柳会珍, 顾岚, 胡啸兵. 极端波动、跳跃和尾部风险——基于已实现波动率的股票市场风险动态预测 [J]. 数理统计与管理, 2014, 33 (1): 12.

[37] 吴恒煜, 夏泽安, 聂富强. 引入跳跃和结构转换的中国股市已实现波动率预测研究: 基于拓展的HAR – RV模型 [J]. 数理统计与管理, 2015, 34 (6): 18.

[38] 段琳琳, 屠新曙. 已实现波动率在我国金融市场的应用前景 [J]. 统计与决策, 2005 (12).

[39] 陈国进等. 已实现跳跃波动与中国股市风险溢价研究——基于股票组合视角 [J]. 管理科学学报, 2016, 19 (6): 16.

[40] 万军, 刘思峰, 杨文翰. 日已实现波动的估计研究 [J]. 统计与决策, 2006 (10).

[41] 田凤平, 杨科. 基于 TVS-HAR 模型的农产品期货市场已实现波动率的预测研究 [J]. 系统工程理论与实践, 2016, 36 (12): 14.

[42] 胡晔, 刘智超. 基于已实现和极差波动率标准的沪深 300 指数波动率模型研究 [J]. 统计与决策, 2015 (6).

[43] 陈坚, 张轶凡. 中国股票市场的已实现偏度与收益率预测 [J]. 金融研究, 2018 (9).

[44] 吴鑫育, 李心丹, 马超群. 混合正态双因子已实现 SV 模型及其实证研究 [J]. 管理科学, 2019, 32 (2): 13.

[45] 沈根祥, 邹欣悦. 已实现波动 GAS-HEAVY 模型及其实证研究 [J]. 中国管理科学, 2019, 27 (1): 10.

[46] 朱映秋, 张波. 基于已实现波动率的上证综指异常时序检测 [J]. 系统工程理论与实践, 2021, 41 (3): 11.

[47] 钱龙等. 基于已实现半协方差的投资组合优化 [J]. 系统工程理论与实践, 2021, 41 (1): 34-44.

[48] 吴鑫育, 谢海滨, 李心丹. 基于双成分已实现 EGARCH 模型的 VaR 度量研究 [J]. 数理统计与管理, 2021, 40 (3): 15.

[49] 黄苒, 陈虎, 李梦圆. 基于符号变差和外部信息冲击的已实现极差波动率 [J]. 系统工程, 2022, 40 (5): 12.

[50] 王宜峰, 范时昊, 张晓磊. 已实现高阶矩的风险传染效应: 基于马尔科夫机制转换的实证分析 [J]. 系统管理学报, 2019, 28 (4): 8.

[51] 王天一, 刘浩, 黄卓. 基于混频数据抽样的已实现波动率长记忆模型 [J]. 系统工程学报, 2018.

[52] 周少甫, 王文畅. 得分驱动的已实现 Wishart-GARCH 模型及应用 [J]. 统计与决策, 2019 (11): 71-75.

[53] 周舟, 成思危. 沪深 300 股指期货市场中的宏观经济信息发布与价格发现 [J]. 系统工程理论与实践, 2013, 33 (12): 3045-3053.

[54] 林祥友, 代宏霞, 何萧肖. 股指期货价格发现功能的实证研究——来自沪深 300 股指期货仿真交易的证据 [J]. 山东经济, 2011 (1): 8.

中期协联合研究计划（第十六期）项目

"保险+期货"常态化机制化研究
——基于多元协同视角

课题负责单位：仲恺农业工程学院
课题合作单位：广发期货有限公司　广发商贸有限公司
　　　　　　　广东省广垦橡胶集团有限公司
课题研究编号：2023360326
课题负责人：何　琳
课题组成员：杨福云　吴小珍　李荷雨　肖　凡　周一峰
　　　　　　蔡　昊　汤楚谦　陆紫惠　吴俊杰　郭钟雄
　　　　　　张家琪

一、绪论

(一) 研究背景及意义

党的二十大报告和2023年中共中央政治局会议均强调推动高质量发展，第七次中央金融工作会议也首次提出"金融强国"目标。2023年中央一号文件再次提及"保险＋期货"，明确要发挥多层次资本市场支农作用。而"保险＋期货"自2016年正式实施以来，已经成为服务农业的重要金融工具。截至2023年10月31日，大连商品交易所在我国已实施975项"保险＋期货"试点，覆盖31个省份（省级）170万户农民，含134个贫困县的50多万贫困户。郑州期货交易所已支持实施148项"保险＋期货"试点，覆盖41.68万户农民，承保金额达120亿元，赔付总额达3.28亿元。上海期货交易所在全国范围内实施287项天然橡胶"保险＋期货"，覆盖67.8万吨，累计向64.6万余户贫困胶农赔付4.4亿元。"保险＋期货"模式已初具规模，逐渐被市场认可。

与此同时，期货业也加大力度，助推"保险＋期货"。截至2023年10月底，在农产品领域，中国期货市场已经上市29个期货品种，13个期权品种；已有71家期货公司开展了"保险＋期货"业务，涵盖了295个地市、1089个县，涉及500万户农民，2855个农村专业合作社，1109个家庭农场，1767家涉农企业。通过对"保险＋期货＋N"模式的持续创新，形成了"保险＋期货＋政府、保险＋期货＋银行、订单农业＋银行＋政府＋保险＋期货"等多种运作模式。"保险＋期货"模式促进了行业风险保障向更宽领域、更深层次扩展，为"保险＋期货"常态化的可持续营运奠定了市场基础。但参与主体的利益博弈、政策目标差异、产业间信息不对称等导致的激励不相容、交易成本过高等问题，对"保险＋期货"持续营运的市场基础带来挑战，相应的制度安排亟待跟进。

常态化是指"保险＋期货"被市场接纳且能持续运营，机制化是指通过制度安排保障"保险＋期货"的市场交易平稳有序，实现各方主体利益目标最优。常态化是机制化的目标，机制化是常态化的基础。应将看不见的市场之手与看得见的政府之手有机融合，以构建"保险＋期货"的常态化市场及适宜的制度机制。因此，"保险＋期货"常态化机制化，即将产品、工具和服务引入市场机制，通过供求关系和价格机制来调节和协调各方的需求和利益，实现市场化交易；通过政府协调组织体系、规范交易程序、界定政策目标方向和监督串谋共谋行为，以保障市场交易可持续。

基于"保险＋期货"特有的多元主体参与性，本文运用多元协同理论分析"保险+期货"多主体协同、多政策协同、多产业协同的市场路径和制度属性；运用博弈论研究"保险+期货"各方主体的竞合关系；运用风险管理理论探究"保险+期货"多元协同的风险特征，为期货交易所的项目设计提供依据；运用行为经济理论研究农户的心理认知、行为偏好和决策逻辑，为保险公司和地方政府的政策制定提供依据。

鉴于"保险+期货"实施案例的区域、产品和运行异质性，截面数据或面板数据的样本信效度的不确定，本研究拟使用质性分析方法，将回答三个问题："保险+期货"常态化机制化的瓶颈是什么？为什么"保险+期货"常态化机制化的瓶颈在于多元协同？如何实现"保险+期货"常态化机制化？同时，通过本研究以期探索构建中国式农业现代化道路的期货服务路径、金融支农高质量发展模式，探寻金融强国进程中期货服务农业、服务实体经济的可持续模式。

（二）研究综述

"保险+期货"实践已持续8年，相关研究也取得了丰硕成果。现有研究主要涉及以下三个方面。

第一，关于"保险+期货"支持政策制度的研究。现有文献表明，我国"保险+期货"的支持政策分为三个阶段：一是"保险+期货"完全靠补贴阶段。农业风险的系统性特点与保险的大数定律原则相违背，农业保险面临再保险不完善、高管理费及政府定价干预的问题（刘亚洲等，2019）。二是"保险+期货"半市场化阶段，即部分被市场接纳，部分不需要补贴。近年来，国家调整了农产品的价格支持策略，从"政府兜底"转为"随行就市"模式，导致农业保险需求大增（程国强，2011；陈锡文，2012；Meuleman 和 Maeseneire，2012）。越来越多的农户也想通过"保险+期货"来抵抗农业风险，保险公司和期货公司也在积极参与其中。三是"保险+期货"有待实现完全市场化阶段。部分学者认为"保险+期货"是一种过渡性产品，将最终回归期货期权交易本源（庹国柱等，2021）。因此，"保险+期货"作为金融市场化的产物，最终还是要回归市场化。现有研究也在逐步关注"保险+期货"市场化的运行条件和制度保障，但还未见系统性的研究。

第二，关于"保险+期货"多元协同瓶颈的研究。"保险+期货"涉及多个不同的主体，包括农户、保险公司、期货公司、期货交易所等。期货公司在开发新品种时存在一定难度，收入增长已遇到瓶颈（谢灵斌，2018）。保险公司的保费定价偏高（吴婉茹等，2017），"保险+期货"存在系统性风险隐患（朱俊生等，2017），无法完全取代农业价格支持政策（谢凤杰等，2017）。此外，还有研究发现，保费和期权权利金补贴负担较重（李铭等，2019）。也有学者从计量分析视角，运用Logit模型研究了农户参与"保险+期货"的影响因素，并且从期货市场、政府、农户多主体层面提出对策建议（王燕青等，2018）。基于"保险+期货"的参与主体多，每个主体有不同的风险偏好和行为目标，经过多重博弈，导致激励不相容、交易成本高、市场出清难的多元协同瓶颈的研究，还未见有系统性的报道。本文从"保险+期货"参与主体的多样性出发，从多元协同视角，分析"保险+期货"常态化的影响因素和机制化的制度安排。

第三，关于"保险+期货"制度机制构建的研究。在价格发现方面，"保险+期货"以市场化为基础，充分发挥期货期权与农业保险风险管理中的集成优势（郭晨光等，2021；Chang 等，2011），成为农户规避农业风险的重要金融工具（Alexander 和 Barbosa，2007；Bloom，2019）。在风险管理方面，将保险与期货结合有利于解决保险定价问题，提升服务水平和进行风险控制，增加期货机构收入，同时为农户、保险和期货机构提供风险转移工具，确保各方合理收益，实现共赢（Nicola，2015；唐金成等，2017；安毅等，2016；朱俊生等，2017；李亚茹等，2017）。在资源配置方面（安毅等，2016），对比中美两国农业保险与期货结合的运作模式及实施效果后，认为国内期货主力合约与价格保险需要的理论合约虽存在偏离，但保险与期货的深入结合，仍有利于提升市场配置资源效率，减少农产品价格扭曲风险。就"保险+期货"结合农业保险和期货交易两种金融工具的功能，针对小农户难以进入期货市场对冲风险的现实，如何将产品、工具和服务引入市场之手，将组织协调和秩序规范引入政府之手，以构建"保险+期货"的常态化市场工具及匹配的制度机制这一研究领域，还未见有系统性的报道。

本文主要贡献在于从以下三个方面扩展了"保险+期货"常态化机制化的研究：（1）鉴于"保险+期货"实施案例的区域、产品和运行异质性，截面数据或面板数据的样本信效度的不确定，本文拟采用质性分析方法，使用 NVivo 12 对案例进行编码处理与深度扫描，剖析"保险+期货"常态化机制化的瓶颈；（2）基于"保险+期货"参与主体的多样性，本文从多元协同视角分析"保险+期货"常态化的影响因素，发现"保险+期货"涉及的多个主体，风险偏好差异、行为目标差异及多重博弈等导致激励不相容、交易成本高、市场出清难的多元协同瓶颈；（3）探寻实现"保险+期货"常态化机制化的路径，从"保险+期货"的价格发现、风险管理、配置资源功能出发，将产品、工具和服务引入市场之手，将组织协调和秩序规范引入政府之手，以构建"保险+期货"的常态化市场工具及匹配的制度机制。

（三）研究内容与方法

1. 研究内容

本文主要采用文献调查法、田野调查法和深度访谈法获取一手数据和二手数据；

采用质性分析方法，对案例编码，深度扫描共性特征、异质属性，以解析理论观点。基于多元协同视角，在协同理论、风险管理理论、博弈论和行为经济理论框架下，探讨"保险+期货"多元主体参与下的市场交易基础和可持续营运的制度安排，如何通过解决多元协同瓶颈，促进"保险+期货"的常态化机制化路径向最优收敛。本研究内容分为四个部分：第一部分回答"保险+期货"常态化机制化面临的机遇与挑战是什么；第二部分回答"保险+期货"常态化机制化的瓶颈是什么；第三部分剖析"保险+期货"常态化机制化瓶颈的原因；第四部分回答"保险+期货"常态化机制化的路径是什么。

第一部分回答"保险+期货"常态化机制化面临的机遇与挑战是什么。拟采用质性分析方法，使用 NVivo 12 对案例进行编码处理与深度扫描，剖析"保险+期货"市场营运的机遇，探析制度保障的挑战。

第二部分回答"保险+期货"常态化机制化的瓶颈是什么。基于"保险+期货"参与主体的多样性，从多元协同视角识别"保险+期货"可持续营运过程中所面临的瓶颈和制约因素。拟从风险偏好差异、行为目标差异及多重博弈等导致的激励不相容、交易成本高、市场出清难等瓶颈方面进行分析。

第三部分剖析"保险+期货"常态化机制化瓶颈的原因。分析农户的行为目标、风险偏好，保险公司与期货公司的博弈机制，地方政府政策目标、交易所的项目管理成本与"保险+期货"可持续市场营运的激励相容性，揭示"保险+期货"常态化机制化的瓶颈及其原因。

第四部分回答"保险+期货"常态化机制化的路径是什么。拟从"保险+期货"的价格发现、风险管理、配置资源功能出发，提出参与主体的实施路径、多重政策目标融合的协同路径以及制度安排路径。

2. 研究方法

（1）文献调查法

通过查阅相关的学术文章、行业报告、案例研究等，收集关于"保险+期货"市场的历史数据、案例分析和理论观点。整合现有知识，梳理"保险+期货"模式试点已有的研究成果和理论框架，为"保险+期货"常态化市场工具以及匹配的制度机制质性分析提供理论支持。

（2）质性分析法

通过三大交易所官方网站和知网等相关网站查找公开并且具有代表性的"保险+期货"案例。采用质性分析方法，使用 NVivo 12 对案例进行编码处理与深度扫描，剖析"保险+期货"市场营运的机遇，探析制度保障的挑战。从风险偏好差异、行为目标差异及多重博弈等导致的激励不相容、交易成本高、市场出清难等角度探寻面临的瓶颈及其原因。

(3) 归纳总结法

通过选择多案例进行研究,并对这些案例之间的共同点和差异进行分析和比较,得出关于多元协同瓶颈问题的普遍性结论。"保险+期货"涉及多个主体,本文将从不同主体的角度分析其风险偏好、行为目标及多重博弈等方面的差异,从多元协同视角剖析"保险+期货"常态化机制化的协同瓶颈,从"保险+期货"的价格发现、风险管理、配置资源功能出发,提出参与主体的实施路径、多重政策目标融合的协同路径以及制度安排路径。

(四) 创新之处

1. 在学术思想方面

本文探索农户的行为目标、风险偏好,保险公司与期货公司的博弈机制,地方政府政策目标、交易所的项目管理成本与"保险+期货"可持续市场营运的激励相容性,揭示"保险+期货"常态化机制化的瓶颈及其原因。基于多元协同视角的"保险+期货"常态化机制化研究,重点关注"保险+模式"模式可持续性和配套的制度机制,体现了将传统金融理论应用于特定领域的创新思维。

2. 在研究方法方面

本文创新性地运用质性分析法,选择多案例进行研究,使用 NVivo 12 软件对案例进行编码和深度扫描。"保险+期货"涉及多个主体,将重点挖掘风险偏好、行为目标及多重博弈机制。质性分析法对案例数据进行有效的管理和分析,可以直观地剖析"保险+期货"常态化机制化存在的协同瓶颈,在农业金融领域的研究中较为契合和精确。

3. 在研究视角方面

由于"保险+期货"涉及多个主体,本文将从不同主体构建多维视角,分析风险偏好、行为目标及多重博弈。基于"保险+期货"参与主体的多样性,本文在多元协同视角下,揭示"保险+期货"常态化的影响因素和机制化的协同瓶颈。

二、"保险+期货"常态化机制化的机遇和挑战

"保险+期货"是金融支农的一种创新服务模式,目的是向风险承受能力弱的农户提供保障水平更高的农业保险产品。保险公司提供第一重保障,期货公司通过对农产品期货的套期保值保障保险资金的收益，增强保障能力。"保险+期货"具体操作分为三步：第一步，农户向保险公司购买价格保险；第二步，保险公司向风险管理公司购买场外期权；第三步，风险管理公司再通过期货市场进行套期保值，形成风险分散、各方受益的闭环。在这个模式中，涉及多个主体，包括农户、保险公司、期货公司、期货交易所以及地方政府农业部门。

（一）"保险+期货"常态化机制化的机遇

1. 政策机遇

早在2014年，农产品目标价格保险开始试点，规定当市场价格过高时补贴低收入消费者，当市场价格低于目标价格时按差价补贴生产者。大连商品交易所开始组织期货公司、龙头企业和种粮大户在东北三省尝试利用场外期权管理农户与合作社的玉米和大豆的价格风险，实现多方主体共赢。

在推进农业供给侧结构性改革、探索粮食市场化改革的背景下，为了适应和配合这一重大改革，帮助农户分散因为定价机制改革而带来的市场价格波动风险，稳定农户收入，并在之前积累了一定项目经验的基础上，大连商品交易所于2015年创设了农产品"保险+期货"模式，对"场外期权"模式进行了改善升级，开展了"新湖瑞丰玉米场外期权""新湖瑞丰鸡蛋价格险""美尔雅鸡蛋价格险"三个试点项目。在场外期权试点的基础上成功探索出我国"保险+期货"风险管理新模式，创造性地引入保险公司为农户提供价格保险、期货公司为保险公司分散风险的制度。在该阶段，创新了由保险与期货跨界融合而成的新型金融工具，改变了原有的农产品风险转移方式和农产品补贴方式，丰富了农户的风险管理工具，突破了农户进入期货、期权市场的瓶颈。

由于我国农产品期货交易规模有限，2016年中央一号文件指导期货市场不断深化内涵外延、拓展服务新领域，首次提出了稳步扩大"保险+期货"试点，探索建立农业补贴、涉农信贷、农产品期货和农业保险联动机制。由于我国农产品期货种类不多，大连商品交易所和郑州商品交易所在不同品种上对"保险+期货"模式进行了进一步探索，参与进来的金融机构数量进一步增加，试点规模和覆盖范围大幅增加。大连商品交易所先后在黑龙江、吉林、辽宁、内蒙古、安徽等12个地区开展了大豆和玉米价格"保险+期货"模式的试点。随后，郑州商品交易所也先后在新疆、广西、湖南、山东等6个地区开展了棉花和白糖价格"保险+期货"模式的试点。2018年试点规模呈现"井喷式"发展，试点业务模式不断创新，出现"保险+期货"嫁接订单农业的新模式，启动工业品铁矿石"保险+期货"模式领域的研究。2019年中央以及各大交易所加大资金供应力度，推广县域模式，商业化"保险+期货"发展模式。自试点开展以来,各期货交易所不断增加"保险+期货"的立项个数,试点项目在全国范围内渐渐从星星之火发展成燎原之势。在政策的推广引导下,农产品与"保险+期货"的市场化机制相对接的种类和数量增多,越来越多试点地区得到了政府有形之手的引导和无形市场之手的协调。

2020年中央一号文件首次提出了优化"保险+期货"试点模式,继续推进农产品期货期权品种上市,着重强调优化试点质量,从扩大"保险+期货"模式逐渐转化为优化"保险+期货"模式,多年量的积累得到了质的飞跃。2021年中央一号文件提出发挥"保险+期货"在服务乡村产业发展中的作用,明确了发展定位要和产业相结合。2022年中央一号文件再次提出优化完善"保险+期货"模式,并将其中的"试点"两字去掉。2023年在中央一号文件中,第8次提及了"保险+期货",指出发挥多层次资本市场支农作用,优化"保险+期货",为"保险+期货"进一步发展指明了方向、提供了新动能。2016—2023年中央一号文件对"保险+期货"的表述如表1所示。

表1　　2016—2023年中央一号文件提及"保险+期货"内容

年份	政策内容
2016	稳步扩大"保险+期货"试点
2017	深入推进农产品期货、期权市场建设,积极引导涉农企业利用期货、期权管理市场风险,稳步扩大"保险+期货"试点
2018	支持符合条件的涉农企业发行上市、新三板挂牌和融资、并购重组,深入推进农产品期货期权市场建设,稳步扩大"保险+期货"试点,探索"订单农业+保险+期货(权)"试点
2019	扩大农业大灾保险试点和"保险+期货"试点
2020	优化"保险+期货"试点模式,继续推进农产品期货期权品种上市
2021	发挥"保险+期货"在服务乡村产业发展中的作用
2022	积极发展农业保险和再保险,优化完善"保险+期货"模式
2023	发挥多层次资本市场支农作用,优化"保险+期货"

资料来源:根据历年"中央一号文件"整理。

自2016年以来,"保险+期货"连续8年被写入中央一号文件,试点规模不断扩大,激发多层次风险管理需求,优化完善"保险+期货"模式。党的二十大报告提出,推动经济高质量发展,坚持把发展经济的着力点放在实体经济上。2023年中共中央政治局会议再次强调"推动经济高质量发展",并在第七次中央金融工作会议上首次提出"金融强国"目标。

各类支农政策的出台,推动着我国"保险+期货"的品种不断丰富、规模不断扩大、模式不断创新、覆盖地域不断拓宽。"保险+期货"模式通过试点,经过了实践检验,得到了党中央和国务院的认可,通过政策导向有效引领农业保险和农产品期货融合创新，为"保险+期货"的常态化机制化提供了机遇。

2. 市场化机遇

(1) 期货期权市场化带来机遇

完全市场化的农产品期货期权为"保险+期货"提供常态化交易基础。"保险+期货"项目的试点品种一般只能选择已经上市的农产品期货品种，如果没有在期货市场上市交易，就无法获得相应的期货市场价格。期货市场上市交易的大都是大宗产品和基础性原材料，其适用范围还有特殊要求，主要体现在两个方面：第一，对应的农产品标的具有集中销售、生长和成熟周期鲜明等特征；第二，农产品对应的期货市场必须活跃，否则会导致定价出现较大的偏差。而大部分的水果、蔬菜等生鲜产品由于交易量小、不耐储存等原因难以上市，进一步限制"保险+期货"模式的适用范围。

表2列举了我国农产品期货市场交易品种，目前我国期货市场已经上市了29个农产品期货品种。期货市场作为农产品交易的重要工具，是现代农业的重要标志，它与现货市场互为补充，共同服务于农户的持续增收和农业的高质量发展。期货与农业保险的联合使用，对保障农户收入、分散投资风险、帮助农户作出正确生产销售决策、促进农业规模发展、完善农产品价格体制有着重要作用，该组合模式是大宗及鲜活农产品价格调控的重要市场化工具。

表2　　　　　　　　　　我国农产品期货市场交易品种

类别	农产品期货品种
粮食作物	强麦、普麦、早籼稻、粳稻、晚籼稻、玉米、黄大豆1号、黄大豆2号、粳米
油料作物	油菜籽、菜籽粕、菜籽油、豆粕、豆油、棕榈油、花生
糖类	白糖、玉米淀粉
纤维作物	棉花、棉纱
林产品	纤维板、胶合板、天然橡胶、20号胶、纸浆
畜牧养殖类	鸡蛋、生猪
水果生鲜类	苹果、红枣

数据来源：根据三大期货交易所信息整理。

期货市场农产品品种在增加的同时，也有更多的农产品期权品种被开发出来。期权具有较高效率和较小的市场扭曲，是引导农产品期货市场资源配置的重要手段，也是推动农业补贴政策由"黄箱"向"绿箱"转变的重要途径，可有效减轻财政的压力，助力"保险+期货"常态化机制化。我国三大交易所农产品期货期权上市情况如表3所示。

表3　　　　　　　　　三大交易所期货期权上市交易时间汇总

场所	农产品期货品种	期货上市日期	农产品期权品种	期权上市日期
郑州商品交易所	白糖	2006年01月06日	白糖	2017年4月19日
	棉花	2004年06月01日	棉花	2019年1月28日
	普麦	2008年03月24日	—	—
	强麦	2003年03月28日	—	—
	早籼稻	2009年04月20日	—	—
	晚籼稻	2014年07月08日	—	—
	粳稻	2013年11月18日	—	—
	菜籽粕	2012年12月28日	菜籽粕	2020年1月16日
	油菜籽	2012年12月28日	—	—
	菜籽油	2007年06月08日	菜籽油	2022年8月26日
	棉纱	2017年08月18日	—	—
	苹果	2017年12月22日	—	—
	红枣	2019年04月30日	—	—
	花生	2021年02月01日	花生	2022年8月26日
大连商品交易所	玉米	2004年09月22日	玉米	2019年1月28日
	玉米淀粉	2014年12月19日	—	—
	黄大豆1号	2002年03月15日	黄大豆1号	2022年8月8日
	黄大豆2号	2004年12月22日	黄大豆2号	2022年8月8日
	豆粕	2000年07月17日	豆粕	2017年3月31日
	豆油	2006年01月09日	豆油	2022年8月8日
	棕榈油	2007年10月29日	棕榈油	2021年6月18日
	鸡蛋	2013年11月08日	—	—
	粳米	2019年08月16日	—	—
	纤维板	2019年12月2日	—	—
	生猪	2021年01月8日	—	—
上海期货交易所	天然橡胶	1993年11月26日	天胶	2019年1月28日
	胶合板	2013年12月6日	合成橡胶	2023年7月28日
	纸浆	2018年11月27日	—	—
	20号胶	2019年8月12日	—	—

数据来源：根据三大交易所信息整理。

农产品期货期权品种逐年增加、种类多样化，农产品期货期权的市场体系不断完善，提升了农产品期货期权市场的活跃性，加快市场流通速度，有利于满足"保险＋期货"的常态化交易需求。

（2）补贴资金多元化带来市场机遇

大连商品交易所、郑州商品交易所、上海期货交易所在不同品种上分别开展了"保险＋期货"试点。由于每个交易所试点品种各不相同，因此试点个数、试点品种、参与省区、参与农户、支持资金等方面也不相同。大连商品交易所是"保险＋期货"模式的首倡者。大连商品交易所2016—2022年"保险＋期货"试点情况如表4所示。

表4　大连商品交易所2016—2022年"保险＋期货"试点情况

年份	试点数量(个)	试点品种	参与省区	省份数量(个)	参与农户(万户)	支持资金(万元)
2016	12	玉米、大豆	黑、吉、辽、蒙、皖	5	0.4	1960
2017	32	玉米、大豆	黑、吉、辽、蒙、冀、皖、渝	7	8	7000
2018	107	玉米、大豆、鸡蛋	黑、吉、辽、蒙、京、津、皖、豫、冀、渝、川、陕、甘、鲁、苏、湘	16	15.28	30000
2019	78	玉米、大豆、豆粕、鸡蛋、猪饲料成本指数	黑、吉、辽、蒙、陕、甘、鲁、湘、皖、豫、冀、渝等	21	29	16700
2020	146	玉米、大豆、豆粕、鸡蛋、猪饲料成本指数、蛋鸡饲料指数、蛋鸡利润指数	黑、吉、辽、蒙、京、津、皖、豫、冀、渝、川、陕、甘、鲁、苏、湘、桂、黔、云、宁、新、鄂、赣、粤、浙	25	38	17800
2021	238	玉米、大豆、鸡蛋、生猪、豆粕、猪饲料成本指数、生猪收益成本指数	黑、吉、辽、蒙、冀、鲁、豫、皖、川、鄂、湘、藏等	31	46	30500
2022	362	玉米、大豆、鸡蛋、生猪、豆粕、猪饲料成本指数、生猪收益成本指数	黑、吉、辽、蒙、冀、鲁、豫、皖、川、鄂、湘、藏等	31	33	26600
总计	975	玉米、大豆、鸡蛋、豆粕、生猪	黑、吉、辽、蒙、陕、甘、冀、鲁、豫、皖、川、鄂、湘等	31	170.68	130560

资料来源：根据大连商品交易所整理。

2016—2022年，大连商品交易所累计投入资金约13亿元。在玉米、大豆、鸡蛋、豆粕、生猪品种上支持开展975个"保险＋期货"试点，试点惠及全国31个省份的超170万农户，其中包括全国134个贫困县的50余万贫困户。数据显示，大连商品交易所"保险＋期货"的试点品种从2016年的2个品种增加到2022年的4

个品种，试点个数从原来的12个增加到362个，惠及农户从最初的400余户增加到46万户，支持资金从1960万元增加到3.05亿元，参与省份从5个扩大至31个。

2016—2022年，郑州商品交易所累计投入资金4.12亿元，在棉花、白糖、苹果、红枣、花生、甜菜、糖料蔗品种上支持开展148个"保险+期货"试点项目，为41.68万农户提供风险保障金额近120亿元，保险理赔金额累计3.28亿元，覆盖云南、陕西、河南、山东、安徽、甘肃、河北、新疆、湖南、广西、山西等十几个省份。郑州商品交易所2016—2022年"保险+期货"试点情况如表5所示。数据显示，7年间，郑州商品交易所"保险+期货"的试点品种从2016年的2个增加到2021年的6个，再到2022年的4个；试点个数从最初的6个增加到21个；惠及农户从2016年的0.7万户增加到2022年的16.28万户；支持资金从2016年的425万元增加到2021年的1.2亿元，再到2022年的9365.64万元。

表5　　　郑州商品交易所2016—2022年"保险+期货"试点情况

年份	试点数量（个）	试点品种	参与省份	参与农户（万户）	支持资金（万元）
2016	6	棉花、白糖	新、桂、湘、鲁	0.7	425
2017	24	棉花、白糖	新、桂、湘、冀、云	1.9	2000
2018	40	棉花、白糖、红枣	新、云、甘、陕、晋、冀、鲁、皖、桂	5.0	5000
2019	9	白糖、苹果、红枣	新、云、陕、甘	3.0	6000
2020	30	白糖、苹果、红枣	云、桂、陕、甘、新、豫	6.5	6500
2021	18	苹果、红枣、棉花、甜菜、糖料蔗、花生	新、桂、云、陕、甘、豫、鲁	8.3	12000
2022	21	红枣、花生、苹果、白糖	新、豫、甘、陕、桂	16.28	9365.64
总计	148	棉花、白糖、苹果、红枣、花生、甜菜、糖料蔗	新、云、甘、陕、晋、冀、鲁、豫、皖、桂、湘	41.68	41290.64

数据来源：根据郑州商品交易所网站整理。

2017—2022年，上海期货交易所累计投入超6亿元专项资金在海南和云南两个省份支持开展287个试点，为67.8万吨天然橡胶提供风险保障，累计向64.6万余户贫困胶农赔付4.4亿元。上海期货交易所2017—2022年"保险+期货"试点情况如表6所示。数据显示，6年间，上海期货交易所天然橡胶"保险+期货"试点项目从2017年的23个增加到2022年的75个；涉及现货量从3.6万吨增加至17.25万吨；惠及农户从2.3万户增加到17万户；支持资金从3960万元增加到5.8亿元；理赔金额从1848万元增加到1.24亿元。

表6　　上海期货交易所2017—2022年"保险+期货"试点情况

年份	试点数量（个）	试点品种	现货量（万吨）	贫困县数量（个）	参与农户（万户）	支持资金（万元）	理赔金额（万元）
2017	23	天然橡胶	3.6	15	2.3	3960	1848
2018	30	天然橡胶	7.7	21	5.6	7200	5861
2019	41	天然橡胶	10	19	11.4	9000	7036
2020	56	天然橡胶	16.25	25	15.0	13000	8351
2021	62	天然橡胶	13	17	13.3	11050	9041
2022	75	天然橡胶	17.25	21	17	13800	12422
总计	287	天然橡胶	67.8	118	64.6	58010	44559

数据来源：根据上海期货交易所网站整理。

综上所述，2016—2022年，大连商品交易所、郑州商品交易所、上海期货交易所累计投入18.6亿元专项资金，在玉米、大豆、棉花、白糖、天然橡胶、红枣、苹果、鸡蛋、生猪、豆粕、花生、甜菜、糖料蔗13个品种上支持开展1410个"保险+期货"试点，惠及全国31个省份的超200万农户。"保险+期货"试点取得了显著成效，在试点品种、参与农户、覆盖省区、赔付金额等方面都得到了大幅提高，达到了"扩面、提质、增效"的要求。

早期补贴资金来源于三大交易所，随着业务开展，部分地区出现了期货公司利用自有资金开展试点，资金来源的市场化渠道增加。中央财政为"保险+期货"优化给予支持，地方政府提供配套资金，资金多元化趋势逐步形成。而交易所与期货公司内生的市场属性，对项目营运的投资回报要求，必然引导"保险+期货"向市场化交易转变，客观上为"保险+期货"的常态化市场交易提供了机遇。中央财政和地方政府配套资金的杠杆性质，在引导金融支农工具创新的同时，也为社会资本进入"保险+期货"营运传递了信号，更多的社会资本及其依附的产业形态形成了"保险+期货+N"的创新模式，为"保险+期货"常态化奠定了经营基础。

（二）"保险+期货"常态化机制化的挑战

1. 主体间利益博弈带来挑战

"保险+期货"涉及多个主体、多方参与，参与主体基本情况如图1所示。

（1）地方政府面临的挑战

从地方政府的角度看，地方政府在"保险+期货"运行中并非短期的商业利益相关者，而是实现国家长期战略目标、保障农户实现共同富裕的协调人。地方政府通过使用补贴保费的方式替代农业直接补贴政策，利用"保险+期货"模式将风险

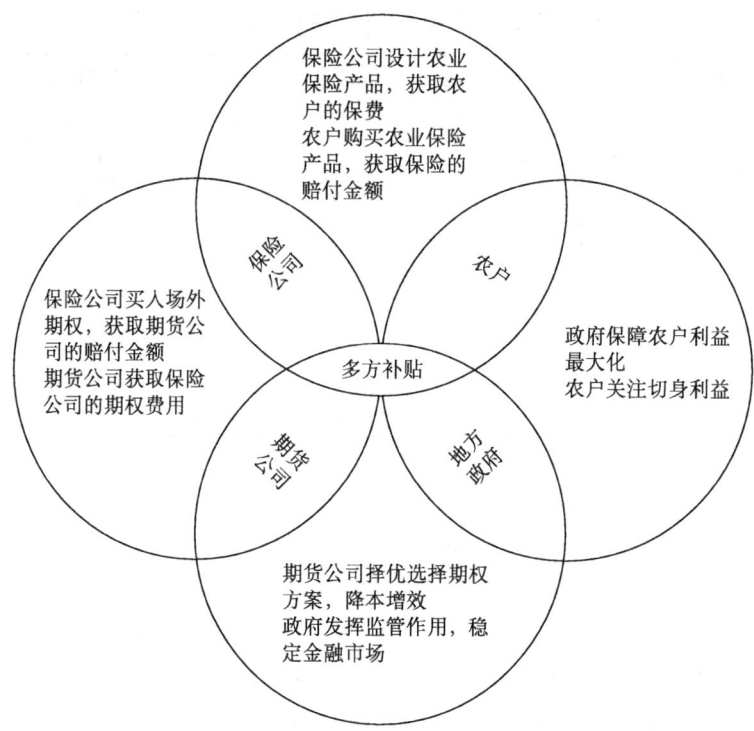

图 1　"保险 + 期货"参与主体多元化

分散到资本市场，在满足农户部分风险需求的同时，也通过释放政策信号，刺激地方金融市场，促进"保险 + 期货 + N"的形成，为"保险 + 期货"的常态化提供了更丰富的生态。

然而，地方政府补贴究竟达到何种水平，才能兼顾多方主体利益，维持"保险 + 期货"常态化，仍然是实践和理论研究面临的挑战。如果补贴力度过大，则不仅会增加地方政府财政负担的同时，还会削弱市场本身所具备的自主调节功能；如果补贴力度过小，则难以激励农户投保以及保险公司承保作用的发挥。随着"保险 + 期货"所涉及的农产品品种越来越丰富，地区越来越广，受众农户越来越多，需要统筹协调的主体表现出更明显的多元异质性。

（2）农户行为带来的挑战

作为经济活动中的个体，农户与其他经济人一样，其理性选择是追求个体利益最大化。在"保险 + 期货"模式中，农户是最核心的目标受众群体，但在多元主体参与下，如存在信息不对称，极易出现农户的机会主义行为。信息不对称可能造成机会主义行为，即信息少的一方对有私人信息的另一方不信任，明明对双方都有利可图的交易，却因为有欺骗的可能和缺乏互信而不能实现。它是经济人特有的行为，是内生交易费用产生的根源，由道德风险和信息不对称引起。其实质是一个有效率的激励和有效率的风险分担的两难冲突，对"保险 + 期货"常态化运行带来挑战。

此外，农户一直以来对农业保险这种金融工具抱有怀疑，在增加了期货这一风险工具后，更容易因农户的预防定向惯性，尽可能守住当下所拥有的，而不去追逐新的，使其参保的意愿受影响。农业活动容易受到自然灾害的影响，无法准确观察到经营结果究竟是自身努力还是运气所致，因此加剧了风险认知本就局限的农户对"保险+期货"可持续运营的保障程度的怀疑，对"保险+期货"常态化带来挑战。

(3) 保险公司经营带来的挑战

在"保险+期货"模式中，保险公司不仅面对农户购买扩大市场的挑战，也面临与期货公司进行风险分散的利益损失带来的挑战。从保险公司的角度看，需要前期进行大量的农户信息收集和农产品品类选择的信息筛选，否则将导致信息不对称，不能占据有利的市场地位。风险耐受程度低的农户，能接受的被保险条件比保险公司按平均水平制定的条件更高，这要求保险公司在"保险+期货"经营框架下，需更精确地确定赔付条件。一般情况下，保险公司根据纯损失率进行定价，其报价大多数情况是静态的。在"保险+期货"前期营运中，更多地强调对农户的高赔付率，打破了惯性状态下的静态报价，对保险公司的经营带来挑战。

按"保险+期货"对农户风险的充分分散的设计思路，农户按平均水平交保费，却以比平均水平高的概率领取赔偿费用，保险公司的经营面临亏本。保险公司是否能够保证不亏损，进而是否有足够的动机参与农业保险，探索出完全市场化的农产品价格保险模式，以利于"保险+期货"模式向市场化过渡，推动"保险+期货"常态化，这是内生于保险公司经营带来的挑战。

(4) 期货公司经营带来的挑战

在"保险+期货"运行链条中，由于不同标的所涉及主体在报价中基于的标准有所差异，关于保单的生成，对冲过程节点的把握，以及实际赔付过程等，保险公司和期货公司也存在很大的差异。保险公司购买期权的费用直接来自于农户向保险公司购买相关保险产品的费用，部分试点地区也有期货公司利用自有资金先期垫付。无论是经营过程中的相机决策，还是资金垫付，都增大了期货公司的经营成本，对"保险+期货"的常态化带来了挑战。

农户对风险分散的需求随着农产品种类的增多不断增加，但期货市场农产品期货种类的约束，对期货公司如何保障"保险+期货"的持续营运带来了挑战。虽然可以通过场外期权弥补场内合约的不足，但对场外期权定价依据标的合约价格的实时变化的动态性，增加了期货公司的经营成本，对"保险+期货"常态化的形成带来了挑战。

综上所述，"保险+期货"多元主体的利益博弈带来的挑战，为研究"保险+期货"可持续营运及由此要求的制度安排提供了必要的观察窗口，即多元协同是"保险+期货"常态化机制化的核心。然而，各主体内部因素以及主体之间交互机制关系的核心要素是保费的资金来源。由于交易所、政府和金融机构的共同努力，保费来源不断多样化，农民自缴费用的比例也有所下降。但是当"保险+期货"模式全面展开推广以后，交易所试点支持资金有限，单靠各家试点交易所的力量难以在更大范围内进一步扩大试点规模。现阶段，试点工作进一步优化保费来源结构，通过规定交易所的资金支持比例、鼓励承办单位与地方政府沟通对接等措施引导财政资金介入，形成了保费多方共担的局面。保费资金供给的多元化、长效化，加大财政补贴支持力度，推动建立常态化财政补贴机制，积极引导更多社会帮扶资金支持"保险+期货"项目开展，减少不同主体间利益的不平衡。如何在"保险+期货"的承载能力范围内，将各多元主体协同起来，仍然是目前亟待解决的问题。

2. 多元协同带来的挑战

"保险+期货"涉及中央政府与地方政府、地方政府和农户、保险公司和期货公司、保险公司和农户、农业与金融业之间有组织、有计划地协调联动。各方协作关系如图2所示。

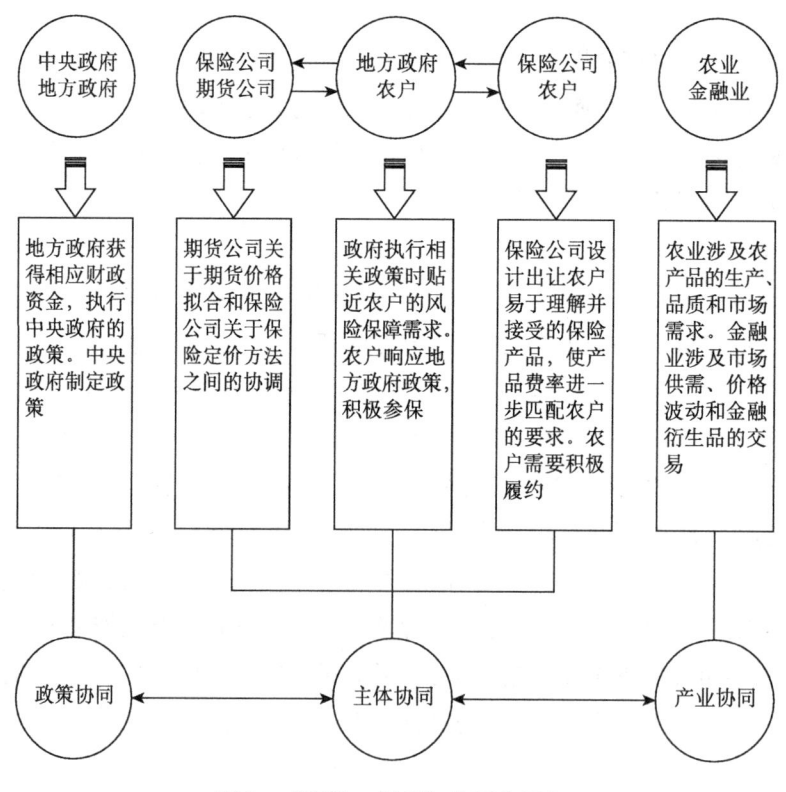

图2 "保险+期货"协同多元化

（1）政策协同带来的挑战

中央政府和地方政府的角色定位差异，必然导致各自政策目标着力点、目标时间长度和目标效应的不同。在"保险+期货"模式中，中央政府制定政策注重从宏观上进行农业和金融的风险管理，保障产业链安全，实现农业强国、金融强国目标；而地方政府注重提高本地经济收益、社会效益，提升地方产业竞争力，甚至有短期的任内指标快速提升的冲动。中央政府和地方政府针对"保险+期货"的政策着力点差异，为政策协同带来挑战。

同时，"保险+期货"的市场化属性、相关主体的行为偏好以及彼此竞合过程中的负外部性，也为各级政府的政策协同带来了挑战。决策主体自利行为之间的冲突，市场无形之手的作用，政策的监督效果与激励效果的平衡等，都对政策如何形成有效率的协同带来挑战。

（2）主体协同带来的挑战

参与的多重主体，将产生更多的内生交易费用，为"保险+期货"常态化运行的机制演进形成了更多维度的机会主义障碍。

首先是地方政府与农户的协同挑战。地方政府以贴近农业产业特征和农户风险保障需求为导向，制定相关补贴政策。但农户受自身知识水平和信息渠道的限制，以及金融机构"服务半径"不能有效触及农村地区的现实制约，对"保险+期货"运作原理和机制不了解，从而忽视"保险+期货"对保障自身收益的作用。另外，农户也存在大量公开信息可得性的限制，反映出政府与农户之间存在着信息不对称的挑战。

其次是保险公司与期货公司的协同挑战。保险公司、期货公司作为"保险+期货"能持续营运的两个重要相关方，存在合作竞争、利益博弈，二者既是利益相关者，也是保证获得纳什积净期望效益最大化的行为主体。保险公司从农户保费中获取利益，而期货公司从保险公司的期权费中获取利益，运作机制决定了双方需共同承担"保险+期货"中的风险，但风险分担的程度影响着利益分配，双方在利益与风险协同上面临挑战。

最后是保险公司与农户的协同挑战。保险产品设计的核心是将农户道德风险的发生概率降到最低，而农户购买保险的动机是寻求最大限度地降低损失，二者的利益诉求为彼此的协同带来挑战。最极端的产品是完全保险，必然导致道德风险，即在保险公司看不到农户的努力时，农户会减少规避风险的努力，产生内生交易费用。内生交易费用又使保险的功能不能充分发挥，对农业生产过程中农户是否努力的监测困难所产生的内生交易费用是农业保险商业化程度缓慢的主要原因，因此，农业保险产品设计和定价大多从保险公司经营风险规避和行业声誉角度出发。是否能在满足农户需求的基础上设计合理的农业保险产品，针对不同的农产品制定不同的保费和赔付率等，是"保险+期货"能否持续营运的核心基础。农户对农业保险的需求也日趋多样化，不同农户受教育程度、认知水平以及种养规模差异，对农业保险产品的品类和接受程度也不同。农户风险承受能力低,存在风险厌恶和追求低保费的特点,保险公司在保险产品种类、价格制定上与农户在异质性需求、低保费追求上面临协同挑战。

(3) 产业协同带来的挑战

"保险+期货"是金融业服务农业的创新尝试,产业发展规律差异带来的交易成本为"保险+期货"获得的期望净收益带来挑战。农业提供农产品供给涉及产品流,金融业提供风险保障和资源配置涉及资金流。农业的产业链韧性和供应链安全,不仅要提供数量充足、品质优良的农产品,更要防范自然灾害风险和市场风险。从金融业的视角看,农业存在周期长、收益低、风险高和信息不完全的短板,有"门槛效应"。农产品差异、地域区别和农户的异质性使农业的金融需求呈现复杂性和多样性,拉高了金融服务的成本。尽管如此,农业产业链的金融需求仍是一个巨大的市场潜能,亟待开发,特别是随着农业产业化、现代化的进程加快后,规模化、集约化和标准化的农业逐渐形成,为金融标准合约的供给提供了标的。"保险+期货"从场外期权占比较高到场内交易份额增加的转变,正是农业产业变迁的映射,产业协同的挑战也是产业演进的机遇。

综上所述,"保险+期货"的实践运行面临着主体间利益博弈和多元协同的挑战,有着激励不相容、交易成本过高等问题,阻碍了"保险+期货"常态化市场交易和形成稳定有效的制度机制。解决"保险+期货"常态化机制化的困境,需要寻找出在政策协同、主体协同、产业协同中存在的瓶颈,以及形成瓶颈的原因,从而推动"保险+期货"常态化机制化,更好地成为服务"三农"的重要抓手。"保险+期货"不仅为助力脱贫攻坚、乡村振兴等国家战略发挥了越来越重要的作用,也加速了建设金融强国、完善金融体制、优化金融服务、防范化解金融风险、推动我国金融高质量发展的进程。

"保险+期货"常态化最直接的表现是大规模和广覆盖,在全国范围内大面积开展、增加更多的农产品标的,惠及更多农户。对于是否能实现常态化、是否具备运行基础,本文不仅从已实施"保险+期货"的项目进行分析、研判,也从常态化的制度需求、机制保障的瓶颈出发,研究"保险+期货"的常态化机制化。

三、"保险+期货"常态化机制化的协同瓶颈

(一) 研究方法与设计

1. 研究方法

本文旨在从多元协同视角,分析解决"保险+期货"常态化机制化协同瓶颈的

措施。采用文献调查法、田野调查法和深度访谈法获取一手数据和二手数据，运用质性分析方法对所选的多个案例进行编码和深度扫描，以发掘其共性特征和异质属性，形成"保险+期货"常态化机制化实践运行的路径，实现对农业经营风险防范的金融支农理论探索。

针对"保险+期货"常态化机制化协同研究问题，本文选取质性分析研究方法，原因有三个：首先，选择质性分析研究方法对多个案例进行研究可以覆盖不同的理论观点和框架，从而对"保险+期货"常态化机制化涉及的多个主体和变量的相互影响有更全面的认识，即可以从不同角度对"保险+期货"常态化机制化的多元协同瓶颈进行深入研究，进而更准确地揭示其影响机制。因此，质性分析研究方法能够清晰地展示"保险+期货"常态化机制化的整体状况和特征，对本研究具有适用性（Eisenhardt，1989）。其次，本文的研究对象是"保险+期货"常态化机制化的构建与维持，这是一个具有情景化特征的概念。使用质性分析研究方法可以在微观层面洞察典型案例中主体动机、行为和后果之间的因果关系，因此在研究该问题上具有很大的优势（Eisenhardt，1989）。同时，质性分析研究方法还可以提供更多的证据和信息，从而增加对研究问题的理解和认识。通过对多个案例进行交叉验证，可以减少研究结果的主观偏差，提高研究的可靠性和有效性。因此，通过逻辑整合多个案例的研究结果，可以更加全面地认识和理解"保险+期货"常态化机制化的构建和维持。最后，质性分析研究方法可以综合考虑不同背景、环境和特征下的共同问题和挑战，从而得出更具可靠性和适用性的研究结论。

本文的研究目的是探讨如何保持"保险+期货"的可持续营运及与此适宜的制度安排，以解决"保险+期货"常态化机制化多元协同瓶颈这一问题的困扰。真实案例的存在和多个案例之间的重复验证有助于证明现象的存在以及研究解决问题的机制（王扬眉等，2020；Zuzul和Tripsas，2020）。通过选择多个真实案例进行研究，并对这些案例之间的共同点和差异进行整合和比较，可以得出关于"保险+期货"常态化机制化多元协同瓶颈问题的普遍性结论。每个案例都有其独特的背景和特征，但通过比较发现，它们都存在多元协同瓶颈，这验证了问题的存在性。通过质性分析，我们可以发现不同案例之间的共同因素，这些共同因素是构成多元协同瓶颈的主要原因。同时，我们也可以确定哪些因素是特定的，即因为特定背景或环境而导致的瓶颈。这有助于进一步验证研究结论的可靠性和适用性。因此，通过质性分析研究方法可以验证多元协同瓶颈问题的存在性，并为解决这一问题提供实证依据。研究对象和研究问题以及研究目的共同决定了本文应采用质性分析研究方法。

2. 理论抽样与案例背景简介

本文基于多元协同视角，在协同理论、风险管理理论、博弈论和行为经济理论框架下，探讨"保险+期货"多元主体参与下的市场交易基础和可持续营运的制度安排，如何通过解决多元协同瓶颈，促进"保险+期货"的常态化机制化路径向最优收敛。本文主要以郑州商品交易所、大连商品交易所、上海期货交易所三大交易所的"保险+期货"案例为研究对象。为了最大限度获取研究所需案例，研究团队通过三大交易所官方网站和知网等相关网站查找公开并且具有代表性的案例。它们均是业务规模达到了相应的水平或风险管理典型性的试点案例。因此，为了研究的严谨性，本文运用如下标准筛选出162个代表案例。

第一，案例典型性。首先，所选案例须直接参与"保险+期货"相关业务，且业务规模应达到相应的规模水平。其次，考虑到本文研究问题是"保险+期货"常态化机制化的构建过程中存在多元协同瓶颈，所选案例中"保险+期货"试点业务必须出现显著的可持续发展瓶颈，以及相应制度保障的不足问题。最后，优先选择极具典型性，即盛极而衰、后来居上、一直领先或转危为安的案例。

第二，案例可比性和多样性。尽量控制地区、产业、政策背景以及主体的差异，在众多案例中挑选风险管理模式更具多样性的案例。多样性包括农产品品种的种类、试点的省份区域、政策上的差异等。

第三，案例完整性。确保案例信息以及试点项目数据与官网上的信息一致。

综合以上标准，本文最终选定162个案例机构。对剩下的试点案例进行理论检验后，并无新构念产生，理论饱和度得到检验。从当前的研究来看，目前学术界基于多元协同视角对"保险+期货"常态化机制化的研究较少。据此，本文尝试运用Nvivo 12软件对具有代表性的"保险+期货"案例进行分析，进而揭示我国"保险+期货"模式营运的现状，分析我国"保险+期货"常态化机制化所面临的瓶颈，探寻改进我国"保险+期货"服务农业、农户的机制，以期为期货业服务实体经济、金融业制度创新提供有益参考。

3. 分析维度与数据编码

NVivo质性分析软件由澳洲QSR公司推出，是一款同时支持定性研究方法和混合研究方法的软件。NVivo作为目前国际上主流的质性分析工具，能够对文档、音频、视频和图像多种材料内容进行编码处理。本文以NVivo 12软件为工具对相关"保险+期货"农产品案例进行编码分析和词频统计。具体研究过程如下：一是将所收集的162份案例文本导入软件中，形成内部材料集；二是利用NVivo 12对这162份案例文本进行逐一编码；三是利用Nvivo 12软件对部分编码的节点内容进行词频统计，进一步探寻"保险+期货"常态化机制化面临的多元协同瓶颈。

NVivo编码可分为完全开放式编码和在已有理论框架设定编码变量，本文采用完全开放式编码的方式具体步骤如下。

第一步是开放式编码。在排除与"保险+期货"常态化机制化领域无关的内容后,编码人员独立对原始文本或语句进行标记,共得到多条原始证据。对原始证据进行归纳分类,再进一步总结成农业与金融业的产业信息差异、保险业与期货业的风险规避路径差异、农户与保险公司的风险偏好差异、地方政府与交易所的保费补贴差异、农户与地方政府的激励目标差异、地方政府和中央政府的政策目标差异、期货业与保险业的监管差异共7个范畴(见表7)。

表7 编码结构及范畴内涵界定

核心范畴	主范畴	二级编码	范畴内涵	一级编码
"保险+期货"常态化机制化	主体协同	保险公司与期货公司的风险规避路径差异	保险公司和期货公司都会进行风险控制,但它们的风险规避路径和策略可能有所不同。例如,保险公司通常采用保险产品和套期保值来降低风险,而期货公司则通常采用期货交易来规避风险。这种差异可能导致不同产业之间在风险规避方面存在一定的分歧和不协调	保险业的避险方式 期货业的避险方式
		农户与保险公司的风险偏好差异	农户和保险公司在对风险的接受程度和期望回报方面可能存在差异。例如,农户可能更关注实际收益,而保险公司则更注重风险管理。这种差异可能导致农户和保险公司在选择保险产品时存在一定的冲突和难以协调的情况	农户的风险偏好 保险公司的风险偏好
		地方政府与交易所的保费补贴差异	在运作初期,为确保试点项目运作成功并履行社会责任,期货交易所提供了一定比例的保费补贴。但"保险+期货"尚未被纳入政策性农业保险体系,政府提供保费补贴并无政策约束和机制保障。政府是否提供保费补贴视具体项目运作情况而定,即使给予保费补贴,政府补贴的占比依然较低。这种情况导致了地方政府与交易所的保费补贴差异	地方政府的保费补贴 交易所的保费补贴
	政策协同	农户与地方政府的激励目标差异	农民和地方政府之间的目标可能不完全一致。例如,地方政府可能更注重经济和税收收入的增加,而农民则更注重土地的保护和生产效益的提高。这种差异可能导致政府在推进农业发展政策时与农民之间存在一定的矛盾和冲突	农户的激励目标 地方政府的激励目标
		地方政府和中央政府的政策目标差异	地方政府和中央政府在政策目标上也可能存在差异。例如,中央政府可能更关注国家整体发展和长远利益,而地方政府则更关注本地区的经济发展和民生改善。这种差异可能导致地方政府和中央政府在制定和推行农业政策时出现一定程度的不协调和冲突	地方政府的政策目标 中央政府的政策目标

续表

核心范畴	主范畴	二级编码	范畴内涵	一级编码
"保险+期货"常态化机制化	产业协同	农业与金融业的产业信息差异	农业和金融业是不同的产业，它们涉及的信息和技术有所差异。农户和金融业或交易所之间可能存在信息不对称的问题，这会导致某些交易无法顺利进行或者无法达到最优解	农业的产业信息 金融业的产业信息
		期货业与保险业的监管差异	期货业与保险业的监管机构是不一样的。期货业的监管机构是证监会，专门负责期货市场的监管和规范。而保险业的监管机构为金监总局。同时它们的监管标准也不一样。期货业的监管机构制定和执行一系列的监管标准和规则，以确保市场的稳定运行和投资者的权益。这些标准可能包括交易品种、交易规则、风控要求、持仓限制等。保险业的监管机构也有类似的监管标准，但更多关注保险产品的设计、销售、投资风险控制等方面	期货业的监管 保险业的监管

第二步是主轴编码。从研究"保险+期货"常态化机制化所面临的多元协同瓶颈问题出发，本文根据范畴间逻辑关系，归纳出主体协同、政策协同、产业协同共3个主范畴。

第三步是选择式编码。在主范畴间的逻辑关系基础上，本文确定一个核心范畴，即"保险+期货"常态化机制化。表7中展示了全文的逻辑架构。后文会围绕这3个主范畴展开。

（二）研究过程与结果

1. 主体间的协同瓶颈

通过编码处理发现，"保险+期货"常态化机制化的主体协同受到保险公司与期货公司的风险规避路径差异、农户与保险公司的风险偏好差异和地方政府与交易所的保费补贴差异的影响。这些差异会造成"保险+期货"常态化机制化中各主体的协同出现困难，并导致"保险+期货"常态化机制化不能长效运行和可持续发展，相关范畴如表8所示。并通过词频图（见图3）可以看出"保险+期货"常态化机制化的重要主体为保险业主体和期货业主体。

表8 主体协同的编码举例及相关范畴

二级编码	一级编码	编码举例
保险公司与期货公司的风险规避路径差异	保险公司的避险方式 期货公司的避险方式	在项目过程中，由于农户文化程度低、思想保守、信息不畅等问题，农户对金融产品，尤其是期货、期权的理解程度低

续表

二级编码	一级编码	编码举例
农户与保险公司的风险偏好差异	农户的风险偏好 保险公司的风险偏好	项目实施过程中，合作社与农户还面临期现基差的风险，主要表现在两个方面：一是投保时，期货大幅贴水，目标价格低于现货价格，降低保障程度；二是保险到期时，期货大幅升水，弱化下跌保险的保障功能
地方政府与交易所的保费补贴差异	地方政府的保费补贴 交易所的保费补贴	首先，政府补贴的占比较低，目前占总保费的30%左右，而且保费多由各级地方政府提供，中央财政仅对极少数试点项目给予保费补贴。其次，交易所承担保费的负担较重。2015—2021年，三家期货交易所为"保险+期货"投入的资金超过15亿元，已基本达到交易所能承担保费补贴的极限

图3 词频图

首先，保险业与期货业的风险规避路径差异、农户与保险公司的风险偏好差异，表现为保险业主要通过合理的风险分散和契约来降低与管理风险。保险公司通过收取保费并承担某些损失的方式，帮助个人或企业转移风险。相比之下，期货业主要通过合约交易等方式进行风险管理。期货市场允许投资者在未来某个特定时间购买或出售实物或金融产品，以期获得价格波动的收益或对冲风险。期货交易通常包含更多的杠杆操作和追求收益的目标，其风险规避路径相对于保险业更直接和迅速。在农户与保险公司之间，由于其身份和激励约束机制的不同，在风险偏好上存在差异。农户作为实体经济的参与者，更加注重农业经营风险的降低和收入保障，更倾向于选择确定的保险保障，甚至完全保险，以应对意外风险对其经营活动的影响。而保险公司作为风险承担者和保险产品经营者，不能观察农户的努力程度，更倾向于采取不完全保险，以规避农业的产业风险和农户的道德风险。不仅如此，保险公司会通过科学的风险评估和精确的定价，降低机会主义带来的内生交易成本，以确保其业务的盈利能力。

其次,"保险+期货"常态化机制化中,主体协同是不同参与主体之间合作与协调以更有效地管理风险的过程。在风险规避方面,保险公司和期货公司采用不同的路径,在风险管理方式和手段上表现出差异。保险公司通过风险分散和建立保险契约等方式来规避风险,而期货公司则选择交易合约和对冲操作等手段来管理风险。保险公司注重资金规模化的大数定律进行风险转移,而期货公司更注重利用合约交易进行风险对冲和获得收益。农户与保险公司之间的风险偏好差异源自农户作为实体经济参与者和保险公司作为保险供应方之间激励约束机制的不同。农户更关注风险降低和收益保障,倾向于选择稳定的保险保障来应对意外风险。而保险公司作为风险承担者和经营者更注重风险控制和利益最大化。

最后,虽然"保险+期货"的初始运行依赖于补贴,但补贴机制并未健全,有来自交易所的补贴,也有来自地方政府的补贴,均缺乏政策约束和机制保障。地方政府与交易所的补贴差异会产生补贴政策的不一致,双方对边际成本和边际收益的权衡角度也不同。由此导致申请和核查程序的差异,申请者需要遵循不同的要求和程序,这不仅增加了参与者的交易成本还导致内生交易费用的增加,降低了"保险+期货"总期望收益。2015—2021年,三家期货交易所为"保险+期货"投入的资金超过15亿元,已经接近了交易所能够承担的资金补贴极限。地方政府也因财政紧张,而对是否提供保费补贴摇摆不定。即使提供了保费补贴,政府补贴的占比依然较低,目前大约占总保费的30%。从长远的角度来看,这将给交易所带来巨大的资金压力,进而导致"保险+期货"的补贴式营运无法长期有效运行,亟待寻找一种市场化、可持续和常态化的方式。

综上所述,保险公司与期货公司的风险规避路径差异、农户与保险公司的风险偏好差异,都将影响到彼此的协同与合作,成为"保险+期货"常态化的瓶颈。

2. 政策层面的协同瓶颈

通过编码处理发现,"保险+期货"常态化机制化的政策协同,受到农户与地方政府的激励目标差异、地方政府和中央政府的政策目标差异的影响。农户与地方政府的激励约束方式不同、地方政府和中央政府的政策绩效差异,都可能导致"保险+期货"在政策制定和执行中出现不一致性和发生冲突,相关范畴如表9所示。

首先,农户与地方政府的激励目标差异表现为:农户的激励目标主要在于个体层面,以最大化个体农业生产和家庭收入为目标,他们希望通过参与该项目来降低农业风险,获得边际收益。相比之下,地方政府的激励目标更为复杂,涵盖了地方整体社会福利提升,经济发展水平的提高。除了关注农户的规模返贫现象外,地方

表9 政策协同的编码举例及相关范畴

二级编码	一级编码	编码举例
农户与地方政府的激励目标差异	农户的激励目标 地方政府的激励目标	项目保费补贴来源单一，且价格保险只能保障生猪市场价格下跌时，养殖户所拥有的生猪现货跌价的风险，而收入险可以分散生猪的产量和饲料成本的风险，当生猪价格较高，但生猪产量下降或饲料成本上升时，价格险将无法很好地保障生猪养殖主体的收益
地方政府和中央政府的政策目标差异	地方政府的政策目标 中央政府的政策目标	近日在烟台市成功实施了苹果"保险+期货"试点项目。该项目旨在为保障广大果农收入，助力烟台市苹果产业健康发展和乡村振兴建设

政府还着眼于乡村振兴，城乡统筹发展，希望通过推动"保险+期货"项目来实现农业产业的边际产出最大化、提升农民的总福利水平，加速地方经济增长的收益最大化，降低综合管理的边际社会成本。此外，地方政府注重政绩考核和政府形象的提升，期望通过推动"保险+期货"项目来展现自己的政绩和形象，提升地方政府的声誉和地位。这种激励目标的差异可能导致在"保险+期货"常态化机制化的政策制定和执行中出现不一致性和冲突。例如，农户可能对于政府的政策和措施持怀疑态度，担心政府过度干预市场、限制农民的自主选择权，从而影响他们的利益最大化。地方政府可能为了实现自身的发展目标，过度推行"保险+期货"项目，导致农户感到压力和负担加重。

其次，地方政府和中央政府的政策目标差异表现为：地方政府注重地方经济发展，因此地方政府通常致力于地方经济增长和农业发展的边际产出最大化，希望通过"保险+期货"项目促进农业产业总产出的增长和地方经济的总福利水平提升。而中央政府注重政策一致性和统一性，其关注全国范围内的政策协调和统一，希望通过"保险+期货"项目提升农业保险和期货市场的整体运行效率，从而提高农业风险管理效率，保障农产品价格稳定，以推动全国范围内农业生产的边际成本最小化，农产品价格稳定带来的边际收益最大化。但是不同地区的农业资源禀赋、发展阶段和发展水平，也会导致地方政府和中央政府在政策目标上存在差异。一些地方政府可能更关注特定农产品的保护和市场化路径，而中央政府则更注重全国范围内的农业产业结构调整，农产品流通体系的完善，农业产业链供应链的韧性和安全。这些差异都将导致在"保险+期货"的政策制定、实践运行过程中的冲突和矛盾。

农户和地方政府在激励目标上存在明显的边际效益和成本的权衡差异：农户着眼于个体层面的利益追求和风险规避，而地方政府更注重农业产业结构的边际改进，地方经济增长的边际产出最大化。另外，地方政府和中央政府在政策目标上也存在明显的边际效应差异，地方政府可能更注重本地区的发展需求和特殊情况，而中央政府更注重全国范围内的政策整体性和统一性。这些差异会影响"保险+期货"常态化机制化的政策协同,可能导致政策制定和执行中的不一致性和冲突。因此,需要加强农户、地方政府和中央政府之间的沟通和协调,在各方激励约束路径上寻求协同最大化,从而获得效益最优,以推动"保险+期货"常态化,并形成可持续营运的制度保障。

3. 产业间的协同瓶颈

通过编码处理发现,"保险+期货"常态化机制化进程中的产业协同,受到农业与金融业的产业信息差异、期货业与保险业的监管机构差异的影响,存在行业间信息不对称,风险管理不匹配等问题。相关范畴如表10所示。

表10 产业协同的编码举例及相关范畴

二级编码	一级编码	编码举例
农业与金融业的产业信息差异	农业的产业信息 金融业的产业信息	苹果市场化程度较高,政策性支持补贴相对较弱,市场供大于求的格局越来越明显
期货业与保险业的监管差异	期货业的监管 保险业的监管	要知道当前是金监总局监管农业保险业务,期货业务监管则归证监会。若合并业务,两类公司展开合作时,就可能遇到跨业监管的情况

首先,农业与金融业的产业信息差异在"保险+期货"常态化机制化中产生了交互影响。一方面,农业自然禀赋属性、地域差异属性、长周期性以及地力边际产出的降低属性等,叠加市场风险,导致农业生产经营的结果更具风险性。而金融业更关注标的农产品的获利性、短周期性和量价波动水平,其风险既有来自标的农产品的自然风险和市场风险,也有来自金融市场投机者的投机风险。这种风险信息差异可能导致信息不对称,产生"保险+期货"运行中的内生交易成本。另一方面,农户对金融风险管理工具的认知缺乏,金融从业者对农业生产经营的认知缺乏,都将增加"保险+期货"实践运行中的总成本。

其次,"保险+期货"常态化机制化进程中,还受到期货业与保险业的监管差异的影响。保险业的监管机构是金监总局,期货业的监管机构是证监会,在业务要求、政策目标和规则约定等方面有差异;在交易的合法性、合规性和可行性方面有不同的边界。期货业与保险业的监管协同,不仅是对保险业和期货业的监管机构在"保险+期货"运行过程中的规范、标准和程序差异带来的运行成本进行协同,还是对道德风险引起的内生交易费用和减少道德风险的监督费用之间的两难冲突进行折中。

四、"保险+期货"常态化机制化协同瓶颈的原因分析

(一) 主体协同瓶颈

1. 保险公司与期货公司的风险规避路径差异

(1) 风险规避方式的差异

保险公司主要通过保险产品的合理设计和对客户的风险评估降低自身风险,依靠在不同领域进行投资或寻找其他金融机构进行再保险来转移风险。而期货公司则是通过在期货市场上交易标的物的期货合约进行对冲操作,以规避价格波动带来的风险。

在"保险+期货"模式中,保险公司设计农业保险合约,并向农户出售保险产品,将众多农户的风险转移需求集中在一起,形成一定规模的保险标的,但保险公司不具备直接进入期货市场进行交易的资质,所以保险公司需要委托期货公司购买场外期权产品,再由期货公司在期货市场上复制这一操作,实现"再保险"。期货公司则利用保费资金进行对冲操作把风险转移到期货市场。保险公司担任"中介"的角色,而期货公司是承担"保险+期货"风险的终端角色,保险公司的风险管理行为会影响期货公司在期货市场的操作难度,期货市场价格波动的不确定性也会增加保险公司投资的风险。双方存在合作竞争,为了获得更多的利益,会产生机会主义行为,导致内生交易费用增加,阻碍"保险+期货"的可持续营运。

(2) 风险分担程度的差异

在"保险+期货"模式中,保险公司不仅起到"中介""通道"作用,其自身也承担了来自期货市场的风险外溢。期货合约标准化的限制,期货合约规定的商品质量标准、数量和品类,与投保的实际农产品标的物不一致;期货市场与远期现货市场的价格差异,场外期权定价与标的价格波动的错配等,都将产生风险敞口,导致保险公司承担的价格风险,仍有一部分无法在期货市场上转移和分散。而期货公司也承担了期货市场交易风险,对"保险+期货"中两个主要经营主体的风险扩大起到了叠加作用。场外期权的定价是利用历史价格数据进行计算,而未来价格变动难以预测,市场信息不对称,价格发现机制未能完全发挥作用,诸多因素造成期货市场波动超出预期,期权定价偏离实际价值。同时,因为期货市场不完善,期货公司也面临无法找到完全符合期权复制操作要求的农产品期货合约进行充分的风险转移,而降低"保险+期货"组合模式的预期收益。期货公司为了减少风险暴露,通过提高期权定价,以保障收益现金流,这将使保险公司购买期权的成本增加。双方

的博弈趋向零和博弈，增加交易成本，且风险分担程度与收益目标的不相容，会打击保险公司和期货公司参与"保险+期货"项目的积极性，阻碍"保险+期货"持续运营的制度机制形成。

2. 农户与保险公司的风险偏好差异

（1）行为目标的差异

基于前景理论，农户在参与投保时会低估风险发生概率、在支付保费时会产生较强的损失厌恶，总希望以较低的保费投入获取较高的保险赔付，甚至希望农业保险产品是完全保险。而保险公司根据保险利润最大化原则进行决策，期望在为农户提供保障的同时，也能够通过"保险+期货"实现盈利。

在"保险+期货"模式中，农户的行为目标是保障自己的收入，获得尽量多的赔付；保险公司的目标是控制风险，追求盈利。农户厌恶风险，期望低保费高赔付，甚至获得完全保险。但保险公司要保证运行成本在产品定价中被冲销，倾向于收取足够的保费。在农户和保险公司这一对主体关系中，保险公司无法观察农户的生产经营行为，农户存在道德风险、机会主义，产生内生交易费用。保险公司的主要关注点是将农户道德风险的发生率降到最低。农户的自利行为决定了其会倾向于低风险的保险产品，农业生产过程中因农户行为监测困难而产生的内生交易费用，会推动保险公司设计出更优化的商业保险。彼此间的两难折中，使"保险+期货"在很长一段时间处于外部补贴和市场化交替的状态。

（2）主体影响因素的差异

农户通过农业生产实践积累农业的专业知识，但单个农户的种养规模小，在生产和销售过程中抵御农业经营风险的技术储备不足，风险识别能力、抗风险能力不够。同时，传统农户很少参与金融实践，对保险和期货等金融专业知识缺乏认知，金融素养还有待培育。这些因素的叠加将导致农户购买保险的意愿不足，参与"保险+期货"项目的主动性不够。农业活动受自然因素影响大，存在不确定性和不稳定性，农户无法准确判断经营结果是自身努力的成果还是外界因素所致，从而加剧了风险认知水平低的农户对"保险+期货"保障作用的怀疑。在"保险+期货"中，保险公司面临着复杂的风险：政策不匹配的风险、信息不对称引致的风险、产品风险、业务管理风险和巨灾风险以及道德风险等。这些都增加了其控制风险的难度，加大了保险公司的经营成本。从保险公司的商业利润视角看，这些影响因素会降低保险公司参加"保险+期货"项目的意愿，阻碍"保险+期货"常态化可持续运行。

3. 地方政府与交易所的保费补贴差异

在"保险+期货"项目中，地方政府和交易所的资金补贴是项目的主要资金来源。对于地方政府而言，稳定与提高农民收入，推动精准扶贫和巩固脱贫成果是地方政府的职责。期货交易所是期货市场的核心，其职责在于发挥期货市场作为金融工具的作用，积极推动政府、金融机构扶持"保险+期货"项目，引导农户参与"保险+期货"项目。交易所为"保险+期货"项目提供资金支持，吸引农户参与项目是必要的，但持续的大规模的资金投入既非交易所职责所在，又超过了交易所的承受范围，加大交易所的资金压力，不利于形成持续有效的保费补贴机制。同时，由于地方政府和交易所的保费补贴政策存在差异，可能导致补贴政策之间的衔接和执行上的不协调。保费补贴的申请和核查程序存在差异，申请者可能需要面对不同的要求和程序，这种不协调性增加了参与者的操作成本，降低了合作的便利性，阻碍了"保险+期货"的进一步推广和普及。

（二）政策协同瓶颈

1. 农户与地方政府的激励目标差异

农户与地方政府在参与动力上存在差异。农户参与"保险+期货"项目的动力主要来源于对经济效益的追求，希望通过农业生产获得更多的收入和利润。而地方政府则关注的是当地辖区内经济增长和社会发展，期望提升治理能力、增加就业机会和增加社会福利。对于收入较高、对农产品保险需求不大的部分农户存在参与"保险+期货"项目的积极性不高的情况。

农户和地方政府的行为偏好，将产生不同的关注点。农户更关注收入的增长能否持续，而地方政府更注重地方经济实力提升、生态环境保护和可持续发展。在"保险+期货"模式中，因为农户的专业素养、社会认知参差不齐，可能会出现因为有保险保障，短期收益稳定，而忽视对农地的管理，从而导致农产品质量下降和农地管理不当的情况。保险激励对农户带来的短期收益的稳定预期，与地方政府为保障农民收入并推动农村农业可持续发展的长期目标的时效性不匹配，导致"保险+期货"项目难以大规模可持续营运，市场化基础较为薄弱。

2. 地方政府和中央政府的政策目标差异

（1）经济发展目标的差异

地方政府关注地方经济的发展和稳定，特别是重点支持本地产业，关注农户规模性返贫和地方经济可持续发展。地方政府着重推动本地产业的发展，以吸引更多的投资和资金流入本地，增加更多的商流进入本地市场。通过提供优惠政策和资金支持吸引农户参与"保险+期货"交易，以提高其风险管理能力，促进本地农户增收。而中央政府则更关注全国性经济的稳定和发展，产业链韧性和安全，供应链的柔性和效率。通过推动"保险+期货"的持续营运，创新金融支农模式，增强金融支农的力度；同时，构建更完善的资本市场，实现金融强国、农业强国。从全国层面加强对金融市场的监管，确保各类市场的稳定和健康发展，引导保险和期货支农的发展方向，注重"保险+期货"对全国农业经济的系统性风险防范作用，对整个金融系统的稳定作用。地方政府侧重项目的可执行性和任期内政绩拉动作用，而中央政府侧重从宏观的指引出发，关注"保险+期货"模式对全国金融支农的推动作用。这种目标差异将影响各类政策执行效果，甚至出现地方政府过度干涉"保险+期货"项目的实施和市场交易，降低相关主体参与"保险+期货"的意愿。

（2）风险管理目标的差异

地方政府的风险管理目标是降低本地的系统性风险，分散非系统风险，充分利用"保险+期货"对农户的多重分散功能，弥补政策性农业保险的缺口，突出再保险的作用。而中央政府更注重全国性系统性风险管理的普适性，对保险和期货如何支持农业防范风险的创新尝试，并加强市场监管，维持系统运行的稳定和行业创新的效率改进之间的平衡。总之，地方政府和中央政府的风险管理目标差异，是部分和整体、局部和全域、地方和国家之间范围差异的体现，根本目标仍然是一致的，即通过"保险+期货"的市场化、可持续路径的探索，形成常态化的机制安排，降低激励不相容导致制度安排的交易成本。

（三）产业协同瓶颈

1. 农业及金融业的产业信息差异

（1）信息来源存在差异

农业生产一定程度上依赖于外部的自然因素、资源禀赋，自然因素的变化是人力难以控制的。其中，农户对自身的风险情况，包括土地的贫瘠程度、投入农药成本的多少等信息的掌握相较其他行为主体更多。但交易所作为金融市场的核心机构，对于期货交易规则、品种标准等方面存在特定的信息需求和交易要求，其他主体参与期货交易需要按照期货交易所制定的规则进行。而金融业掌握金融产品的制定权，但要获取农业的信息则需要通过专门的调查，受限于边际成本，金融业难以无限制地加大信息搜寻成本去了解全部的农业信息。而农户也因自身规模等客观因素制约，组织化程度较低，对国家金融政策、农产品市场形势、价格走向缺乏必要的了解，因此对保率、期货收益率等缺乏足够的认识。这种产业信息差异可能导致主体间的信息不对称，增加主体之间协同合作的成本，阻碍"保险+期货"市场交易的可持续性。

（2）主体行为的差异

在农业生产过程中，农户单方面管理农业生产过程，外部缺乏相应的人力与财力去监督农业主体的行为。一旦农户购买了保险，或被要求加入"保险+期货"营运生态，将存在农户因购买了保险，而产生投机心态，机会主义行为，如为降低投入成本而疏于管理导致损失增加，从而将风险转移给金融业中的参与主体，如保险公司等。交易所作为期货市场的运营平台，其主体行为包括制定交易规则、发布市场信息、监管交易行为等，交易所在信息披露、撮合交易和风险控制方面有着专门的要求和措施，以确保市场的公开、公平和有效运行。在"保险+期货"模式中来自金融业的交易所、期货公司和保险公司作为重要的营运主体，相较农户在保险事故、期货市场风险等金融风险的发生概率等方面拥有更多的信息，它们和农户存在金融信息不对称。一旦存在信息不对称，随之的道德风险也相应而生，金融主体为了获取自身利润的最大化，也存在给予不符合承保条件的农户承保保障、不真实理赔以套取资金等经营业务风险的情况。从"保险+期货"的外部视角来看，由于农户与各主体的行为是各自理性选择的结果，其真实的行为动机具有隐藏性，必然导致信息差异、彼此获得信息的不对称，创造了滋生内部机会主义行为的土壤，增加了内生交易费用。

(3) 信息渠道的差异

农户掌握的信息渠道较少，对于农业种养技术的信息获取往往只能通过自身的实践积累逐步形成，但对于金融的相关信息则主要通过农业合作社、村委会等来获取，极易导致信息变异。虽然互联网发达，但年纪较大的农户，信息获取能力弱，日常用于信息交流的渠道局限于线下通知、手机端短信息传递等，容易形成信息不完全的问题。而交易所、保险公司和期货公司的专业化和分工程度高，信息渠道通畅，信息传播的方式与农户接收信息的渠道不匹配，这会对"保险+期货"的市场接受程度产生了负面影响。虽然在近几年的推广工作中，交易所、保险公司和期货公司等金融机构也专门开发了如视频、讲座、宣传和培训材料，以普及推广"保险+期货"的知识，但作为"保险+期货"的主要服务对象——农户这一特殊群体，仍然存在推广效果差、市场受众群体很难在短时间内培养等诸多难题。信息渠道的差异，使农业与金融业之间的行业信息传递不通畅，阻碍了"保险+期货"形成可持续营运的长效机制。

2. 农业和金融业的产业特征差异

(1) 数字化水平的差异

农业数据化起步较晚，因数据元、数据接口、数据标准差异，地域间、机构间存在"信息孤岛"和"数据烟囱"等问题，涉农数据融合应用存在困难。数字经济在金融业中的推广速度快，人工智能、大数据、云计算等数字经济核心技术正重塑金融业务流程，金融业的数字平台搭建迅速。因为数据化水平较低，农业在数字信息获取、智能技术支撑等方面与金融业的数据对接存在间隙，导致农业与金融业在数字化水平上存在差异，这影响着"保险+期货"常态化可持续营运及相匹配的机制构建。

（2）风险预警的差异

农业对于事前风险防控的重视程度不足，多以事中风险控制和事后风险管理为主。金融业具有丰富的统计分析工具，能支撑其进行事前、事中和事后的风险管理。农业风险预警能力较弱，在风险发生的防控措施少，这样容易导致农业的产量和产品价值下降，可控性较差。在"保险+期货"模式下，金融业需要为农业分散风险，但农业和金融业的风险预警能力存在差异，会增加金融业风险控制的难度，不利于"保险+期货"形成长效机制。

3. 保险业与期货业监管机构的差异

（1）监管机构职责的差异

保险业的监管机构是金监总局，其职责主要是监管保险公司的经营行为、资本充足率、产品设计和销售、保险合同管理等，以确保保险市场的稳定运行和保险消费者的权益保护。期货业的监管机构是证监会，其职责主要是监管期货公司、期货交易所、期货交易参与者等，以确保期货市场的公平、公正、透明和有序运行，保护投资者的合法权益。保险业和期货业的监管分属不同的机构，监管系统不同，在监管的流程和要求上也存在着差异，这使参与"保险+期货"交易的市场参与者难以理解和遵守不同的监管规定，增加了运营的不确定性。监管机构职能的差异，也导致期货公司对保险公司的风险传递上存在缺口，无法阻断二者之间的风险传递，阻碍"保险+期货"平稳有序地进行市场交易。

（2）监管要求的差异

金监总局的监管注重引导保险业回归保障本源，提高保险公司的偿付能力。证监会的监管注重引导期货业发挥金融工具作用，减少机会主义行为。在"保险+期货"模式中，保险公司为了满足不同监管机构的要求而增加合规成本，期货公司为了对接保险公司的通道资金，接纳了系统外溢的风险。保险业和期货业在风险管控方面有不同的侧重点和要求，保险业主要关注风险分散和保障，而期货交易涉及高风险的杠杆交易。来自不同行业监管要求的差异，可能导致保险公司难以妥善管理和控制期货交易的外溢风险，增加资金安全和保险责任承担的风险。保险公司作为关键通道，对相关交易的合法性、合规性和可行性的资源投入，减少了预期收益，有时还会产生噪声，难以形成维持"保险+期货"长效运营的制度机制。

（3）监管政策的差异

"保险+期货"模式的监管涉及保险业和期货业的跨行业风险，在政策制定上更需要多部门协调，现有政策都是针对保险业或者期货业单独制定政策要求，而涉及"保险+期货"市场的政策仍有待完善。"保险+期货"缺乏监管政策，可能会在保费和权利金的厘定上进行信息交流和资金转移，甚至还可能出现利用监管漏洞进行内幕交易等违规行为。一旦参与方进行串谋，必然动摇"保险+期货"的营运基础，降低多方参与的意愿，最终丧失金融支农的基本功能。

五、"保险+期货"常态化机制化的政策建议

"保险+期货"是保险业和期货业对农业风险进行防范的一种创新，也是金融支农从贷款和保险，到期货和保险的模式改进，对农户的风险保障起到了重要的作用。然而，尽管"保险+期货"模式发展迅速，但并没有完全摆脱资金补贴，进入市场化营运阶段。主体、产业和政策三大协同带来的瓶颈，对"保险+期货"的常态化机制化影响是全方位的。为了应对这一问题，本文从多元协同的视角出发，对"保险+期货"常态化机制化的多元协同进行了深入分析，旨在凸显"保险+期货"模式在农业风险管理创新领域的核心地位和其不可或缺的作用。拟探索并构建一条与中国农业现代化道路相吻合的期货服务路径、再保险的实施路径，讨论如何维持"保险+期货"的持续、稳定运营，并寻找与其相适应的制度化机制。在农业强国、金融强国进程的背景下，推动金融支农领域的高质量发展，强化期货业为实体经济带来的期望效益，实现期货业和保险业的融合发展，金融业和农业的效率演进，进而构建一个健康、有序的金融支农市场环境。

（一）主体协同：风险分担，利益共享

1. 协调"保险+期货"的风险分担机制

保险公司和期货公司在"保险+期货"营运中，是两个最关键的风险管理环节，彼此决策之间的交互影响和作用，将产生一个整体风险管理效应的后果。为促进二者的协同改进，应制定一份协议，使它们都处于不完全合约状态的框架下，将内生交易费用最小化。这份"协议"需减少保险公司和期货公司的不对称剩余分配，保险公司形成资金池，保证"池"内资金规模，期货公司支出专业劳务（期货市场风险对冲）实现收益。如果期货市场的风险管理结果不理想，则有可能是期货公司的策略失误、员工不努力造成的，也可能是任何人无法控制的风险造成的。此时，最佳的策略是根据双方的风险偏好确定，即当一方承担更多风险也有利于整体福利改进时，对风险分担的范围水平进行确定，而不是简单地确定某一个绝对水平的临界值。

2. 提高"保险+期货"模式的收益水平

"保险+期货"的收益体现为参与主体实现利益共享、农户获得收入保障、保险公司获得保费收入、期货公司获得权利金收入、期货交易所获得行业和社会的认可。在农户和保险公司这对主体协同中,通过充分交流沟通,保证信息对称,获得互信,保险公司从农户获得规模保费资金,是提高"保险+期货"收益水平的基础。同时,"保险+期货"因期货市场具备价格发现功能,能够反映未来市场对商品价格的预期。相较于单纯的再保险,保险公司从农户获得的保费资金,具备获得更高收益的条件。在保险公司作为通道,形成一定规模的保费资金后,提高期货市场的效率则成为关键。为了增强期货市场的价格风向标功能,首先需要提升期货市场的透明度,保障交易的公开、公平和公正,确保市场价格的公允性。其次,经过投资者效用积累,提高期货市场知名度和社会公众的参与度,增加交易流量,引流到农产品期货,扩大农产品期货的标的覆盖面。

3. 保障"保险+期货"市场稳定运行并提升运行质量

为确保"保险+期货"市场的稳定运行及市场运行质量的提升,突破主体间的协同瓶颈,以降低参与主体的机会主义行为及相关的内生交易费用,具体可通过强化全面保证金制度、涨跌停板制度和大户报告制度防范风险。同时,必须强化市场监管,借助"保险+期货"从补贴运行到市场运行的机制构建过程,逐步完善风险管理制度和系统内部控制机制,从而加强主体间的协同。

(二)政策目标协同:风险管理,推动发展

1. 加强"保险+期货"运行的协同监管

通过对期货交易加强市场监管,对农险的产品设计加强政策监管,统筹"保险+期货"的协同监管,致力于建立健全的风险控制体系和预警机制,为"保险+期货"可持续营运提供制度保障。同时,推动交易所完善交易规则和监管制度,以提高期货市场的透明度和公正性,增强"保险+期货"的风险保障能力。在扩大农险保障范围的同时,鼓励探索商业化的农险品种,增加农险的供给层次,为农户提供更多的选择,为"保险+期货"常态化运行提供更丰富的标的。

2. 推动"保险+期货"模式市场化营运

促进保险业、期货业和农业的产业协同,增加合约的伸缩性,构建与行业产业特点相容的风险分担和利益分配机制。通过制定有针对性的政策和法规,进一步加

强对"保险+期货"常态化可持续营运的杠杆引导和市场培育；在规则与相机处置中权衡，实现政策法规的动态一致性，构建系统内生的组织选择和适配的制度安排。

3. 构建"保险+期货"多维度市场体系

改变保险市场、期货市场和农产品现货市场传统的二元分割状态，通过缩短农产品现货交易的物理距离，整合现货仓的配置，实现产业融合、仓单融合，以弥补大部分农产品不宜贮藏、坏损率高的缺陷。充分发挥"保险+期货"一体化功能，构建金融支农的多维度市场体系，增强市场的包容性，扩大交易主体的范围。

（三）产业协同：配置资源，提升效率

1. "保险+期货"推动产业链风险管理

"保险+期货"的常态化进程，也是产业链风险管理的改进过程。通过期货市场的价格发现功能，及时把握农产品市场价格趋势，在农户优化生产经营决策的同时，保险公司也获得及时的价格信息，用以优化保险合约。突破产业的协同瓶颈，促进农业产业链、保险资金链和期货风险管理价值链形成多链融合，为"保险+期货"常态化营运的制度安排提供产业保障。

2. "保险+期货"推动金融支农创新

"保险+期货"作为金融支农的创新模式，其演化改进也是常态化的进程。从最初单一的"保险+期货"，到现在的"保险+期货+信贷"，再到"保险+期货+信贷+订单"，形成了"保险+期货+N"的常态。通过更开放、更包容的营运模式，"保险+期货+产业链+价值链"融入产业链的拓展、价值链的提升，协同更多的元素，形成更多维的风险分担机制。通过创新金融支农路径、工具和模式，实现"保险+期货"的常态化营运；通过高度融合的产业形态，提供适配的组织模式和制度机制。

3. 建立"保险+期货"的协同管理机制

为了解决"保险+期货"常态化营运中，因多元协同出现的矛盾和冲突，政府部门应当建立由农业农村部主导，金监总局和证监会共同参与的协同管理机制。这一机制的主要职责在于统筹规划，构建制度机制，降低风险分担引发的利益冲突，以确保"保险+期货"的有效实施。

综上所述，本文从"保险+期货"多元协同视角出发，针对不同主体、政策目标、产业之间的协同瓶颈，研究了"保险+期货"可持续常态化营运机制；探索多

元协同背景下,"保险+期货"的风险分担机制和利益共享机制。在理论上,本文有助于弥补相关研究在研究视角、研究方法和研究内容等文献的不足;在实践上,将有利于金融支农模式创新实践的探索。

参考文献

[1] Alexander C and Barbosa A, 2007, Effectiveness of Minimum – Variance Hedging, in Journal of Portfolio Management, Vol. 33, No. 2.

[2] Chang C. C., Liao T. H., Tsao C. Y, 2011, Pricing and Hedging Quanto Forward – starting Floating – strike Asian Options, in The Journal of Derivatives, Vol. 18, No. 4.

[3] Clark, D. J., and C. Riis, 2007, Contingent Payments in Selection Contests, in Review of Economic Design, Vol. 11, No. 2.

[4] Tadesse, M. A, 2014, Fertilizer Adoption, Credit Access, and Safety Nets in Rural Ethiopia, in Agricultural Finance Review, Vol. 74, No. 3.

[5] Nicola, F. D, 2015, The Impact of Weather Insurance on Consumption, Investment and Welfare, in Quantitative Economics, Vol. 6, No. 3.

[6] Hartarska, V., D. Nadolnyak and X. Shen, 2015, Agricultural Credit and Economic Growth in Rural Areas [J]. Agricultural Finance Review, Vol. 75, No. 3.

[7] Lavie, D., J. Kang and L. Rosenkopf, 2011, Balance Within and Across Domains: The Performance Implications of Exploration and Exploitation in Alliances, in Organization Science, Vol. 22, No. 6.

[8] Meuleman, M., and W. De Maeseneire, 2012, Do R&D Subsidies Affect SMEs' Access to External Financing, in Research Policy, Vol. 41, No. 3.

[9] Bloom, N., J. Van Reenen, and H. Williams, 2019, A Toolkit of Policies to Promote Innovation, in Journal of Economic Perspectives, Vol. 33, No. 3.

[10] 黄昊舒,曹宝明. 农产品"保险+期货"模式的风险分担机制及其福利效果——基于农户收入视角的微观分析 [J]. 现代经济探讨,2023 (42):10.

[11] 李阳阳,淮建军. "保险+期货"模式与农户增收——基于全国124个县的多期双重差分估计 [J]. 中国农业资源与区划,2023 (44):8.

[12] 刘晓雪,周靖昀,邬志军. 中国"保险+期货"试点模式演变与实施效果评价研究 [J]. 价格理论与实践,2023 (42):8.

[13] 翁可欣,熊涛,尚燕. 市场风险经历与投保意愿:基于"保险+期货"试点的实证研究 [J]. 世界农业,2023 (45):8.

[14] 魏超,陈盛伟,牛浩. 我国农作物收入保险:深层理解、卡点难题与发展思路[J]. 兰州学刊,2023(44):10.

[15] 王宏宇. 基于中国特色现代资本市场体系下的"保险+期货"助力乡村振兴研究——以黑龙江实际经验为视角[J]. 清华金融评论,2023(11):6.

[16] 李俊海,吴本健. 美国"保险+期货"模式助力农业发展的经验与启示[J]. 世界农业,2023(45):3.

[17] 王鑫,夏英,杨海芬. 美国农业收入保险:制度缘起、路径选择与镜鉴[J]. 西南金融,2023(44):2.

[18] 张曦之,谢广营. "保险+期货"实践中的资金来源与赔付率问题研究[J]. 金融理论与实践,2022(45):12.

[19] 秦敏花. 我国"保险+期货"模式的优化路径研究[J]. 西南金融,2022(42):12.

[20] 尚燕,熊涛,李崇光. 农户参保行为的溢出效应研究——基于"保险+期货"试点的准自然实验[J]. 中国农村观察,2022(43):6.

[21] 余星,严思杨,李艳艳. 生猪"保险+期货"全链条风险管理模式与决策[J]. 系统管理学报,2023(32):3.

[22] 陈燕,林乐芬. 主粮作物市县级农业综合风险区划与收入保险定价研究[J]. 农业经济问题,2022(43):8.

[23] 徐媛媛,崔小年,王聪,张硕. "保险+期货"模式能实现农产品市场风险管理闭环吗?[J]. 保险研究,2022(43):7.

[24] 王鑫,夏英,袁福珍. 乡村振兴视域下"保险+期货"联动共赢模式:内在逻辑与路径优化[J]. 武汉金融,2022(42):4.

[25] 王鑫,夏英. 农业种植收入保险发展模式优化及政策创设[J]. 经济纵横,2022(38):4.

[26] 徐媛媛,李剑,王林洁. "保险+期货"服务地方优势特色农产品价格风险管理——运行机制、突出问题与政策融合空间[J]. 农业经济问题,2022(43):1.

[27] 方蕊,安毅,胡可为. "保险+期货"试点保险与传统农业保险——替代还是互补[J]. 农业技术经济,2021(40):11.

[28] 王鑫,夏英. 我国农业收入保险运行效果析论——基于"武进模式"与"桦川模式"的典型案例[J]. 中州学刊,2021(43):9.

[29] 张驰. 农产品"保险+期货"的金融创新模式对饲料产业增长的作用[J]. 中国饲料,2021(32):17.

[30] 钟叶锴,欧阳若澜,张晋华. "保险+期货"模式在养殖成本风险管理

中的应用——以海口养殖类价格险为例[J]. 金融理论与实践, 2021 (43): 8.

[31] 王鑫, 夏英. 美国和日本农业收入保险运行机制比较及借鉴[J]. 西南金融, 2021 (42): 8.

[32] 胡鼎鼎, 李青. 感知价值理论视角下种植户参与"保险+期货"决策行为分析——以国家现代农业产业园红枣试点区为例[J]. 资源开发与市场, 2021 (37): 9.

[33] 吴开兵, 仇铮, 曹思静. 保险公司视角下的"保险+期货"定价模型及其验证[J]. 保险研究, 2021 (42): 5.

[34] 安辉, 何萱, 齐晓东. 大商所"订单+保险+期货"模式的成本收益研究[J]. 管理案例研究与评论, 2021 (14): 2.

[35] 何军, 王越. 小农户与现代农业衔接机制及风险管理分析[J]. 现代经济探讨, 2020 (39): 11.

[36] 尚燕, 熊涛, 李崇光. 风险感知、风险态度与农户风险管理工具采纳意愿——以农业保险和"保险+期货"为例[J]. 中国农村观察, 2020 (41): 5.

[37] 姜德华. "保险+期货"在我国农产品价格风险管理中的应用——基于陕西富县苹果试点的案例分析[J]. 价格理论与实践, 2020 (40): 8.

[38] 李铭, 陈丽莉. 保险资金参与衍生品交易的理论逻辑、国际经验与监管应对[J]. 金融监管研究, 2020 (08): 7.

[39] 方蕊, 安毅. 粮食种植大户的农业风险管理策略选择——基于风险感知视角[J]. 农业现代化研究, 2020 (41): 2.

[40] 李铭, 陈丽莉. 保险资金参与衍生品市场的境外经验及启示[J]. 农业现代化研究, 2020 (42): 3.

[41] 吴烨. 农产品"价格保险+期货"模式选择机制研究——基于复杂适应性理论 (CAS) 的分析[J]. 价格理论与实践, 2019 (39): 8.

[42] 张田, 齐佩金. 农村金融支持体系的构建及其潜在风险研究——基于对"保险+期货"模式的扩展[J]. 金融与经济, 2019 (40): 11.

[43] 陈新华. "保险+期货"的基差风险及其影响因素研究——基于大豆基差数据的分析[J]. 价格理论与实践, 2019 (39): 10.

[44] 张田, 齐佩金. 农村金融支持体系的构建及其潜在风险研究——基于对"保险+期货"模式的扩展[J]. 投资研究, 2019 (38): 10.

[45] 方蕊, 安毅, 刘文超. "保险+期货"试点可以提高农户种粮积极性吗？——基于农户参与意愿中介效应与政府补贴满意度调节效应的分析[J]. 中国农村经济, 2019 (35): 6.

[46] 张瑞雪. 我国农产品价格风险管理研究[J]. 价格月刊, 2019 (35): 4.

[47] 李铭, 张艳. "保险+期货"服务农业风险管理的若干问题 [J]. 农业经济问题, 2019 (40): 2.

[48] 孟庆军, 熊检. "保险+期货"模式下农产品价格风险分散机制研究 [J]. 价格月刊, 2018 (34): 12.

[49] 谢灵斌. "保险+期货": 农产品价格风险管理路径选择 [J]. 价格理论与实践, 2018 (38): 10.

[50] 安毅, 方蕊. 我国农产品市场风险变化与新型防控体系建设 [J]. 经济纵横, 2018 (34): 10.

[51] 何琳, 张雪, 吴小珍. 市场深度、价格波动和市场效率——基于混合分布理论视角的中国生猪期货市场演化 [J]. 金融经济学研究, 2024 (39): 6.

附录

名称	材料来源	参考点
主体协同	14	15
保险公司与期货公司的风险偏好	14	15
保险公司	12	25
期货公司	14	29
农户与保险公司的风险偏好差异	14	15
农业经营主体	4	7
保险公司	12	25
地方政府与交易所的保费补贴差异	14	15
政府	13	17
期货交易所	9	14
政策协同	14	15
农户与地方政府的激励目标差异	14	15
农业经营主体	4	7
政府	13	17
地方政府和中央政府的政策目标差异	14	15
中央政策	5	9
地方政策	4	4
产业协同	14	15
期货业与保险业的监管差异	11	12
农业与金融业的产业信息差异	14	15

NViov 编码图